2026
순경공채, 경찰간부

박철완
경찰학
경찰행정법
OX

단계별기출 핵심지문

season 4

PREFACE
머리말

반복 또 반복을 통한 단계별 학습

1 객관식의 핵심은 회독!!

객관식 시험에서 정말 중요한 것은 누가 뭐라 그래도 회독입니다. 이해하기 힘든 헌법의 경우 오엑스 문제로 반복 또 반복하게 되면 이해에도 도움이 되고 암기에도 큰 도움이 될 것입니다. 따라서 이 오엑스 문제집은 자주 회독할 수 있도록 단계별로 오엑스를 만들게 되었습니다.

2 단계별 오엑스

1단계는 초보자들을 위한 기본 문장이나 중요지문으로, 2단계는 실전 기출에서 6-70점 정도를 맞을 수 있는 중간 난이도의 지문으로 3단계는 90점 이상을 노리는 학생들을 위해 조금 어려운 문제들로 구성하였습니다. 다만 기본목표는 회독을 많이 시키는데 그 목표가 있어서 중요지문들은 같은 지문이 1단계에도 2단계에도 3단계에도 반복적으로 들어가 있을 수 있습니다. 따라서 한 지문 한 지문의 난이도에 너무 신경쓰지 마시고 전체적으로 난이도가 조금씩 올라간다고 보시면 될 것입니다. 결국 문제집 하나로 공부한 것에 따라 3번을 진도별에 따른 다른 문제들로 회독할 수 있어 헌법을 이해하고 암기하는데 큰 도움이 되리라 생각합니다.

3 최근 5개년 기출로 구성

최근 5개년 기출문제만으로도 오엑스 문제가 수천 문제가 나옵니다. 기출은 지속적으로 반복되기에 이 교재만 반복하고 또 반복해도 어지간한 모의고사나 기출문제는 거의 다 해결된다고 생각합니다. 여기에 아직 출제되기 힘든 최신 판례 문제만 더 하신다면 헌법시험을 준비하는데 부족하지 않을 것이라 생각합니다. 이번 오엑스 문제에는 변호사 시험, 소방간부, 국회직 등 정말 다양하고 난이도 높은 문제지문들까지 모두 담겨져 있어 향후 어떤 시험을 준비하셔도 다 커버가 될 것입니다.

4 카페를 통한 질의·응답 가능

제 경찰 카페는 순경을 강의하시는 그 어느 선생님들 카페보다 활성화되어 있습니다. 공부하시다 모르시는 부분이 나오면 언제든지 https://cafe.naver.com/pchconstitution 제 경찰 카페를 이용하셔서 질의하시고 응답받으시면 됩니다. 이 카페에는 질의·응답 뿐만 아니라 최신 판례와 개정법 내용 등 헌법시험을 준비할 수 있는 모든 자료들이 들어가 있습니다. 따라서 해설을 통해서 해결되지 않은 부분은 카페에서 저에게 직접 문의하시면 될 것 같습니다.

5 가장 많은 합격생들이 추천하는 교재

네이버 카페에 올라온 합격수기 중에 가장 많은 수험생들이 추천하는 교재입니다. 기출은 무한 반복되며 최근 기출에서 가장 많이 출제됩니다. 이 책을 완벽하게 자신의 것으로 소화하게 된다면 어떤 모의고사도 충분히 고득점이 나올 것입니다. 박철한 네이버 카페의 수많은 합격수기를 검색해 보세요. 이미 충분히 검증받은 교재입니다.

6 맺으며

헌법은 추상적이고 이해하기 난해한 단어들이 많아 공부하시는 데 어려움을 겪으시는 분들이 많습니다. 한 번에 모든 것을 해결하려고 하지 마시고 단계별로 하나씩 하나씩 좀 더 업그레이드되신다면 분명 헌법에서 좋은 성적을 거두실 수 있을 것이라 생각됩니다. 모두들 열심히 공부하셔서 꼭 합격하시길 진심으로 기원합니다.

25년 9월 노량진 연구실에서
헌법 강사 **박철한**

CONTENTS
목차

I. OX 1단계

제1편 헌법총론 7
제1장 헌법의 개념과 헌법학 8
제2장 대한민국헌법 총설 11

제2편 기본권론 23
제1장 기본권총론 24
제2장 포괄적 기본권 30
제3장 자유권적 기본권 37
제1절 인신의 자유 37
제2절 사생활의 자유 46
제3절 정신적 자유 51
제4절 경제적 자유 62
제4장 정치적 기본권 69
제1절 기본원리 69
제2절 정당제도 69
제3절 선거제도 74
제4절 공무원제도와 공무담임권 76
제5장 청구권적 기본권 78
제6장 사회적 기본권 83
제7장 국민의 의무 91

II. OX 2단계

제1편 헌법총론 93
제1장 헌법의 개념과 헌법학 94
제1절 헌법의 개념 94
제2절 헌법의 흐름 97
제2장 대한민국헌법 총설 100
제1절 헌정사 100
제2절 국가의 구성요소 103
제3절 헌법의 기본원리 109

제2편 기본권론 139
제1장 기본권총론 140
제2장 포괄적 기본권 158
제3장 자유권적 기본권 180
제1절 인신의 자유 180
제2절 사생활의 자유 209
제3절 정신적 자유권 229
제4절 경제적 자유권 262
제4장 정치적 기본권 286
제1절 기본원리 286
제2절 정당의 자유 291
제3절 선거의 자유 300
제4절 공무원제도와 공무담임권 311
제5절 지방자치제도 323

제5장	청구권적 기본권	330
제1절	청원권	330
제2절	재판청구권	333
제3절	국가배상청구권	344
제4절	형사보상청구권	347
제5절	범죄피해자구조청구권	351
제6장	사회적 기본권	353
제1절	인간다운 생활을 할 권리	353
제2절	교육받을 권리	360
제3절	근로의 권리와 근로3권	370
제4절	환경권	383
제5절	보건권과 가족제도	387
제7장	국민의 의무	396

III. OX 3단계

제1편	헌법총론	401
제1장	헌법의 개념과 헌법학	402
제2장	대한민국헌법 총설	407

제2편	기본권론	445
제1장	기본권총론	446
제2장	포괄적 기본권	464
제3장	자유권적 기본권	492
제1절	인신의 자유	492
제2절	사생활의 자유	520
제3절	정신적 자유권	534
제4절	경제적 자유권	554
제4장	정치적 기본권	579
제1절	기본원리	579
제2절	정당제도	584
제3절	선거제도	590
제4절	공무원제도와 공무담임권	596
제5절	지방자치제도	603
제5장	청구권적 기본권	607
제6장	사회적 기본권	627
제7장	국민의 의무	652

I

OX 1단계

제1편 　헌법총론
제2편 　기본권론

제 **1** 편

헌법총론

CHAPTER 01 헌법의 개념과 헌법학

OX 문제 / 정답 및 해설

0001
우리나라는 성문헌법을 가진 나라로서 기본적으로 우리 헌법전이 헌법의 법원(法源)이 된다. 22년 경찰승진 ⃞O⃞X⃞

(O) 우리나라는 성문헌법을 가진 나라로서 기본적으로 우리 헌법전(憲法典)이 헌법의 법원(法源)이 된다(헌재 2004.10.21. 2004헌마554).

0002
성문헌법이라고 하여도 그 속에 모든 헌법사항을 빠짐없이 완전히 규율하는 것은 불가능하고 또한 헌법은 국가의 기본법으로서 간결성과 함축성을 추구하기 때문에 형식적 헌법 전에는 기재되지 아니한 사항이라도 이를 불문헌법 내지 관습헌법으로 인정할 소지가 있다. 23년 순경 1차, 23년 경찰간부, 22년 경찰승진 ⃞O⃞X⃞

(O) 성문헌법이라고 하여도 그 속에 모든 헌법사항을 빠짐없이 완전히 규율하는 것은 불가능하고 또한 헌법은 국가의 기본법으로서 간결성과 함축성을 추구하기 때문에 형식적 헌법 전에는 기재되지 아니한 사항이라도 이를 불문헌법(不文憲法) 내지 관습헌법으로 인정할 소지가 있다(헌재 2004.10.21. 2004헌마554).

0003
관습헌법이 성립하기 위하여서는 관습이 성립하는 사항이 단지 법률로 정할 사항이 아니라 반드시 헌법에 의하여 규율되어 법률에 대하여 효력상 우위를 가져야 할 만큼 헌법적으로 중요한 기본적 사항이 되어야 한다. 23년 순경 1차 ⃞O⃞X⃞

(O) 관습헌법이 성립하기 위하여서는 먼저 관습이 성립하는 사항이 단지 법률로 정할 사항이 아니라 반드시 헌법에 의하여 규율되어 법률에 대하여 효력상 우위를 가져야 할 만큼 헌법적으로 중요한 기본적 사항이 되어야 한다(헌재 2004.10.21. 2004헌마554).

0004
관습헌법이란 실질적 의미의 헌법사항이 관습으로 규율되고 있다는 것을 뜻할 뿐이며, 관습헌법이라고 해서 성문헌법과 똑같은 효력이 인정된다고 볼 근거가 없다. 23년 법원행시, 23년 경찰간부, 22년 법학경채 ⃞O⃞X⃞

(X) 관습헌법도 성문헌법과 마찬가지로 주권자인 국민의 헌법적 결단의 의사의 표현이며 성문헌법과 동등한 효력을 가진다(헌재 2004.10.21. 2004헌마554).

0005
관습헌법도 성문헌법과 마찬가지로 주권자인 국민의 헌법적 결단의 의사 표현이나, 성문헌법과 동등한 효력을 가진다고 볼 수는 없고, 보충적으로 효력을 가진다고 보아야 한다. 22년 경찰승진 ⃞O⃞X⃞

(X) 관습헌법도 성문헌법과 마찬가지로 주권자인 국민의 헌법적 결단의 의사의 표현이며 성문헌법과 동등한 효력을 가진다고 보아야 한다(헌재 2004.10.21. 2004헌마554).

0006
법률 또는 법률의 조항은 원칙적으로 가능한 범위 안에서 합헌적으로 해석함이 마땅하나 그 해석은 법의 문구와 목적에 따른 한계가 있다. 21년 비상기획관(상) ⃞O⃞X⃞

(O) 이를 문의적 한계 그리고 법목적적 한계라고 한다(헌재 1989.7.14. 88헌가5 참조).

8 | 제1편 헌법총론

| OX 문제 | 정답 및 해설 |

0007
법률의 합헌적 해석은 헌법의 최고규범성에서 나오는 법질서의 통일성에 바탕을 두고 법률이 헌법에 조화하여 해석될 수 있는 경우에는 위헌으로 판단하여서는 아니 된다는 것을 뜻하는 것으로서 권력분립과 입법권을 존중하는 정신에 그 뿌리를 두고 있다. 21년 국회직 5급

(O) 법률의 합헌적 해석은 헌법의 최고규범성에서 나오는 법질서의 통일성에 바탕을 두고, 법률이 헌법에 조화하여 해석될 수 있는 경우에는 위헌으로 판단하여서는 아니 된다는 것을 뜻하는 것으로서 권력분립과 입법권을 존중하는 정신에 그 뿌리를 두고 있다(헌재 2015.5.28. 2012헌마653).

0008
제안된 헌법개정안은 국회가 20일 이상의 기간 이를 공고하여야 한다. 24년 순경 2차, 24년 국회직 5급

(X) 제안된 헌법개정안은 대통령이 20일 이상의 기간 이를 공고하여야 한다(헌법 제129조).

0009
헌법개정안이 국회에서 의결된 후 60일 이내에 국민투표에 붙여 국회의원선거권자 과반수의 투표와 투표자 과반수의 찬성을 얻으면 헌법개정은 확정되며, 국회의장은 즉시 이를 공포하여야 한다. 22년 순경 1차

(X) 헌법개정안은 국회가 의결한 후 30일 이내에 국민투표에 붙여 국회의원선거권자 과반수의 투표와 투표자 과반수의 찬성을 얻어야 한다(헌법 제130조 제2항). 또한 국회의장이 아니라 대통령이 공포한다.

0010
헌법개정은 국회재적의원 과반수 또는 대통령의 발의로 제안된다. 24년 경찰 2차, 23년 5급 공채, 23년 법원직 9급, 22년 해경일반, 22년 법무사, 20년 소방간부, 20년 법원직, 20년 법원행시

(O) 헌법개정은 국회재적의원 과반수 또는 대통령의 발의로 제안된다(헌법 제128조 제1항).

0011
헌법개정의 발의는 국회재적의원 과반수 또는 대통령에 의해 행해지며, 대통령의 임기연장 또는 중임변경을 위한 헌법개정은 그 헌법개정 제안 당시의 대통령에 대하여는 효력이 없다. 24년 순경 2차, 23년 순경 1차, 22년 법무사, 20년 국가직 5급, 20년 소방간부

(O) 헌법개정은 국회재적의원 과반수 또는 대통령의 발의로 제안된다. / ② 대통령의 임기연장 또는 중임변경을 위한 헌법개정은 그 헌법 개정 제안 당시의 대통령에 대하여는 효력이 없다(헌법 제128조).

0012
제안된 헌법개정안은 대통령이 30일 이상의 기간 이를 공고하여야 한다. 24년 경찰 2차, 23년 5급 공채

(X) 제안된 헌법개정안은 대통령이 20일 이상의 기간 이를 공고하여야 한다(헌법 제129조).

0013
제안된 헌법개정안은 대통령이 20일 이상의 기간 이를 공고하여야 하고, 국회는 헌법개정안이 공고된 날로부터 60일 이내에 의결하여야 한다. 22년 법무사

(O) 헌법 제129조 제안된 헌법개정안은 대통령이 20일 이상의 기간 이를 공고하여야 한다(헌법 제129조). 국회는 헌법개정안이 공고된 날로부터 60일 이내에 의결하여야 하며, 국회의 의결은 재적의원 3분의 2 이상의 찬성을 얻어야 한다(헌법 제130조 제1항).

0014
헌법개정안은 국회가 의결한 후 30일 이내에 국민투표에 붙여 국회의원선거권자 과반수의 투표와 투표자 과반수의 찬성을 얻어야 한다. 24년 순경 2차, 23년 법원직 9급, 20년 소방간부, 20년 국회직 5급

(O) 헌법개정안은 국회가 의결한 후 30일 이내에 국민투표에 붙여 국회의원선거권자 과반수의 투표와 투표자 과반수의 찬성을 얻어야 한다(헌법 제130조 제2항).

| OX 문제 | 정답 및 해설 |

0015
국회는 헌법개정안이 공고된 날로부터 30일 이내에 의결하여야 하며, 국회의 의결은 출석의원 3분의 2 이상의 찬성을 얻어야 한다. 21년 국가직 7급, 20년 국가직 5급, 24년 국가직 5급, 25년 5급 공채

(X) 국회는 헌법개정안이 공고된 날로부터 60일 이내에 의결하여야 하며, 국회의 의결은 재적의원 3분의 2 이상의 찬성을 얻어야 한다(헌법 제130조 제1항).

0016
국회는 헌법개정안이 제안된 날로부터 60일 이내에 의결하여야 하며, 국회의 의결은 재적의원 3분의 2 이상의 찬성을 얻어야 한다. 20년 소방간부, 23년 법원직 9급

(X) 국회는 헌법개정안이 공고된 날로부터 60일 이내에 의결하여야 하며, 국회의 의결은 재적의원 3분의 2 이상의 찬성을 얻어야 한다(헌법 제130조 제1항).

0017
대통령이 「헌법」 개정을 발의하고 제안된 「헌법」 개정안을 공고하면 국회는 공고된 날로부터 90일 이내에 의결하여야 하며, 국회의 의결은 재적의원 3분의 2 이상의 찬성을 얻어야 한다. 22년 해경일반, 22년 해경간부

(X) 국회는 헌법개정안이 공고된 날로부터 60일 이내에 의결하여야 하며, 국회의 의결은 재적의원 3분의 2 이상의 찬성을 얻어야 한다(헌법 제130조 제1항).

0018
제7차 헌법개정에서는 대통령이 제안한 헌법개정안은 국민투표로 확정되며, 국회의원이 제안한 헌법개정안은 국회의 의결을 거쳐 통일주체국민회의의 의결로 확정되도록 하였다. 22년 순경 1차, 20년 국가직 7급

(O) 유신헌법은 대통령이 제안한 경우 국민투표로 확정되며, 국회의원이 제안한 경우에는 통일주체 국민회의에서 의결로 확정하였다.

0019
우리 헌법의 각 개별규정 가운데 무엇이 헌법제정규정이고 무엇이 헌법개정규정인지를 구분하는 것이 가능하지 아니할 뿐 아니라, 각 개별규정에 그 효력상의 차이를 인정하여야 할 형식적인 이유를 찾을 수 없다. 24년 경찰간부, 22년 순경 1차

(O) 우리 헌법의 각 개별규정 가운데 무엇이 헌법제정규정이고 무엇이 헌법개정규정인지를 구분하는 것이 가능하지 아니할 뿐 아니라, 각 개별규정에 그 효력상의 차이를 인정하여야 할 형식적인 이유를 찾을 수 없다(헌재 1995.12.28. 95헌바3).

0020
헌법은 전문과 각 개별조항이 서로 밀접한 관련을 맺으면서 하나의 통일된 가치체계를 이루고 있는 것으로서, 이념적·논리적으로 규범 상호간의 우열을 인정할 수 있다 하더라도, 그것이 헌법의 어느 특정규정이 다른 규정의 효력을 전면적으로 부인할 수 있을 정도의 개별적 헌법규정 상호간에 효력상의 차등을 의미하는 것이라고는 볼 수 없다. 23년 법원직 9급

(O) 헌법은 전문과 각 개별조항이 서로 밀접한 관련을 맺으면서 하나의 통일된 가치체계를 이루고 있는 것으로서 이념적·논리적으로는 규범 상호간의 우열을 인정할 수 있다 하더라도, 그러한 규범 상호간의 우열이 헌법의 어느 특정규정이 다른 규정의 효력을 전면적으로 부인할 수 있을 정도의 개별적 헌법규정 상호간에 효력상의 차등을 의미하는 것이라고는 볼 수 없으므로, 이 점에서도 헌법의 개별규정에 대한 위헌심사는 허용될 수 없다(헌재 2001.2.22. 2000헌바38).

0021
개정된 헌법규정에 위헌의 의심이 있더라도 헌법의 개별규정 자체는 헌법소원에 의한 위헌심사의 대상이 될 수 없다. 20년 법원행시

(O) 헌법 제111조 제1항 제1호, 제5호 및 헌법재판소법 제41조 제1항, 제68조 제2항은 위헌심사의 대상이 되는 규범을 '법률'로 명시하고 있으며, 여기서 '법률'이라고 함은 국회의 의결을 거쳐 제정된 이른바 형식적 의미의 법률을 의미하므로 헌법의 개별규정 자체는 헌법소원에 의한 위헌심사의 대상이 아니다(헌재 1996.6.13. 94헌바20).

CHAPTER 02 대한민국헌법 총설

OX 문제 / 정답 및 해설

0022
현행 헌법은 입법자에게 대한민국의 국민이 되는 요건을 법률로 정할 것을 위임하고 있다. 22년 법무사 [O/X]

(O) 대한민국의 국민이 되는 요건은 법률로 정한다(헌법 제2조 제1항).

0023
국적법은 부모양계혈통주의를 원칙으로 하고 출생지주의를 예외적으로 인정하고 있다. 22년 법원직 [O/X]

(O) 국적법은 부모양계혈통주의를 원칙으로 하고 부모가 분명하지 않거나 기아의 경우 출생지주의로 보충하고 있다(국적법 제2조).

0024
우리나라가 선천적 국적취득에 관하여 부계혈통주의에서 부모양계혈통주의로 개정한 것은 가족생활에 있어서 양성의 평등원칙에 부합한다. 22년 순경 2차 [O/X]

(O) 부계혈통주의가 평등의 원칙에 반하여 위헌(헌재 2000.8.31. 97헌가12)이기에 부모양계혈통주의로 개정한 것은 양성의 평등원칙에 부합한다.

0025
출생 당시에 부 또는 모가 대한민국 국민인 자는 출생과 동시에 대한민국 국적을 취득한다. 20년 경행특채 [O/X]

(O) 출생 당시에 부 또는 모가 대한민국의 국민인 자 / 다음 각 호의 어느 하나에 해당하는 자는 출생과 동시에 대한민국 국적을 취득한다(국적법 제2조 제1항 제1호).

0026
출생 당시에 부(父)가 대한민국의 국민인 자만 출생과 동시에 대한민국 국적을 취득한다. 20년 지방직 7급 [O/X]

(X) 다음 각 호의 어느 하나에 해당하는 자는 출생과 동시에 대한민국 국적을 취득한다. / 1. 출생 당시에 부 또는 모가 대한민국의 국민인 자(국적법 제2조 제1항 제1호)

0027
「국적법」상 부모가 모두 국적이 없는 경우라도 대한민국에서 출생한 사람은 대한민국 국적을 취득한다. 24년 경찰승진, 21년 비상기획관(하) [O/X]

(O) 다음 각 호의 어느 하나에 해당하는 자는 출생과 동시에 대한민국 국적(國籍)을 취득한다. / 3. 부모가 모두 분명하지 아니한 경우나 국적이 없는 경우에는 대한민국에서 출생한 자(국적법 제2조 제1항)

0028
대한민국 국적을 취득한 외국인으로서 외국 국적을 가지고 있는 자는 대한민국 국적을 취득한 날부터 1년 내에 그 외국 국적을 포기하여야 하며, 이를 이행하지 아니하여 대한민국 국적을 상실한 자가 그 후 1년 내에 그 외국 국적을 포기하면 법무부장관에게 신고함으로써 대한민국 국적을 재취득할 수 있다. 24년 해경간부, 23년 소방간부 [O/X]

(O) 제10조 제3항에 따라 대한민국 국적을 상실한 자가 그 후 1년 내에 그 외국 국적을 포기하면 법무부장관에게 신고함으로써 대한민국 국적을 재취득할 수 있다(국적법 제11조 제1항).

| OX 문제 | 정답 및 해설 |

0029
헌법 제2조 제1항은 대한민국 국적의 '취득'뿐만 아니라 국적의 유지, 상실을 둘러싼 전반적인 법률관계를 법률에 규정하도록 위임하고 있는 것으로 풀이할 수 있다. 23년 법원행시
[O X]

(O) 헌법 제2조 제1항은 "대한민국의 국민이 되는 요건은 법률로 정한다."고 하여 기본권의 주체인 국민에 관한 내용을 입법자가 형성하도록 하고 있다. 이는 대한민국 국적의 '취득'뿐만 아니라 국적의 유지, 상실을 둘러싼 전반적인 법률관계를 법률에 규정하도록 위임하고 있는 것으로 풀이할 수 있다(헌재 2014.6.26. 2011헌마502).

0030
출생 당시에 부 또는 모가 대한민국의 국민인 자는 출생과 동시에 대한민국 국적을 취득한다. 22년 해경일반
[O X]

(O) 다음 각 호의 어느 하나에 해당하는 자는 출생과 동시에 대한민국 국적을 취득한다. / 1. 출생 당시에 부 또는 모가 대한민국의 국민인 자(국적법 제2조 제1항)

0031
외국인이 귀화허가를 받기 위해서는 '품행이 단정할 것'의 요건을 갖추도록 한 구「국적법」제5조 제3호는 귀화신청자의 성별, 연령, 직업, 가족, 경력, 전과관계 등 여러 사정을 종합적으로 고려하여 판단하는 것이 자의적일 수 있어 명확성원칙에 위배된다. 24년 변호사, 23년 순경 2차, 23년 소방간부, 22년 변호사, 22년 지방직 7급
[O X]

(X) 심판대상조항은 외국인에게 대한민국 국적을 부여하는 '귀화'의 요건을 정한 것인데, '품행', '단정' 등 용어의 사전적 의미가 명백하고, 심판대상조항의 입법취지와 용어의 사전적 의미 및 법원의 일반적인 해석 등을 종합해 보면, '품행이 단정할 것'은 '귀화신청자를 대한민국의 새로운 구성원으로서 받아들이는 데 지장이 없을 만한 품성과 행실을 갖춘 것'을 의미하고, 구체적으로 이는 귀화신청자의 성별, 연령, 직업, 가족, 경력, 전과관계 등 여러 사정을 종합적으로 고려하여 판단될 것임을 예측할 수 있다. 따라서 심판대상조항은 명확성원칙에 위배되지 아니한다(헌재 2016.7.28. 2014헌바421).

0032
대한민국 국민의 양자로서 입양 당시 대한민국의 민법상 성년이었던 외국인은 대한민국에 3년 이상 계속하여 주소가 있는 경우 귀화허가를 받을 수 있다. 21년 법원행시
[O X]

(O) 다음 각 호의 어느 하나에 해당하는 외국인으로서 대한민국에 3년 이상 계속하여 주소가 있는 사람은 제5조 제1호 및 제1호의2의 요건을 갖추지 아니하여도 귀화허가를 받을 수 있다. 3. 대한민국 국민의 양자(養子)로서 입양 당시 대한민국의 「민법」상 성년이었던 사람(국적법 제6조 제1항)

0033
「국적법」상 '병역을 기피할 목적으로 대한민국 국적을 상실하였거나 이탈하였던 사람'에 대하여 법무부장관은 국적회복을 허가하지 아니한다. 21년 경행특채
[O X]

(O) 법무부장관은 국적회복허가 신청을 받으면 심사한 후 다음 각 호의 어느 하나에 해당하는 사람에게는 국적회복을 허가하지 아니한다. / 3. 병역을 기피할 목적으로 대한민국 국적을 상실하였거나 이탈하였던 사람(국적법 제9조 제2항).

0034
정부수립이전 이주동포를 「재외동포의 출입국과 법적 지위에 관한 법률」의 적용대상에서 제외함으로써 정부수립이후 이주동포와 차별하는 것은 평등원칙에 위배되지 않는다. 23년 경찰간부, 20년 경찰승진
[O X]

(X) 1948년 정부수립이전이주동포를 「재외동포의 출입국과 법적 지위에 관한 법률」의 적용대상에서 제외하는 것은 헌법 제11조의 평등원칙에 위배된다(헌재 2001.11.29. 99헌마494).

0035
우리 헌법이 영토조항 제3조를 두고 있는 이상 대한민국의 헌법은 북한지역을 포함한 한반도 전체에 그 효력이 미치고 따라서 북한지역은 당연히 대한민국의 영토가 된다. 21년 국가직 7급
[O X]

(O) 우리 헌법이 "대한민국의 영토는 한반도와 그 부속도서로 한다."는 영토조항(제3조)을 두고 있는 이상 대한민국의 헌법은 북한지역을 포함한 한반도 전체에 그 효력이 미치고 따라서 북한지역은 당연히 대한민국의 영토가 된다(헌재 2005.6.30. 2003헌바114).

OX 문제	정답 및 해설

0036
북한주민 역시 일반적으로 대한민국 국민에 포함된다. 22년 법무사 [O][X]

(O) 조선인을 부친으로 하여 출생한 자는 남조선 과도정부 법률 제11호 국적에 관한 임시조례 규정에 따라 조선 국적을 취득하였다가 제헌헌법의 공포와 동시에 대한민국 국적을 취득하였다 할 것이다(대판 1996.11.12. 96누1221).

0037
통일정신, 국민주권원리 등은 우리나라 헌법의 연혁적·이념적 기초로서 헌법이나 법률해석에서의 해석기준으로 작용할 뿐만 아니라 그에 기하여 곧바로 국민의 개별적 기본권성이 도출된다. 24년 소방간부, 23년 순경 1차, 22년 경찰간부, 22년 국회직 8급, 21년 국가직 7급, 21년 국회직 5급 [O][X]

(X) 헌법상의 여러 통일관련 조항들은 국가의 통일의무를 선언한 것이기는 하지만, 그로부터 국민 개개인의 통일에 대한 기본권, 특히 국가기관에 대하여 통일과 관련된 구체적인 행동을 요구하거나 일정한 행동을 할 수 있는 권리가 도출된다고 볼 수 없다(헌재 2000.7.20. 98헌바63).

0038
헌법의 기본원리는 헌법의 이념적 기초인 동시에 헌법을 지배하는 지도원리로서 입법이나 정책결정의 방향을 제시하며 공무원을 비롯한 모든 국민·국가기관이 헌법을 존중하고 수호하도록 하는 지침이 되며, 구체적 기본권을 도출하는 근거가 된다. 23년 법원직 9급, 22년 변호사, 21년 경행특채 [O][X]

(X) 청구인들이 침해받았다고 주장하는 기본권 가운데 '헌법 전문에 기재된 3·1 정신'은 우리나라 헌법의 연혁적·이념적 기초로써 헌법이나 법률해석에서의 해석기준으로 작용한다고 할 수 있지만, 그에 기하여 곧바로 국민의 개별적 기본권성을 도출해낼 수는 없다고 할 것이다(헌재 2001.3.21. 99헌마139 등).

0039
'헌법전문에 기재된 3.1정신'은 우리나라 헌법의 연혁적·이념적 기초로서 헌법이나 법률해석에서의 해석기준으로 작용한다고 할 수 있지만, 그에 기하여 곧바로 국민의 개별적 기본권성을 도출해낼 수는 없다. 24년 국가직 5급, 23년 소방간부, 23년 5급 공채, 22년 법무사, 21년 국가직 5급, 21년 지방직 7급, 20년 국가직 7급 [O][X]

(O) 3·1 운동과 4·19 민주이념에서 저항권을 긍정하는 견해가 있으나, 판례는 헌법전문에서는 기본권이 도출되지 않는다고 보고 있다(헌재 2001.3.21. 99헌마139).

0040
헌법전문에는 1948년 7월 12일에 제정되고 8차에 걸쳐 개정된 헌법이라고 규정되어 있다. 22년 해경일반 [O][X]

(O) 1948년 7월 12일에 제정되고 8차에 걸쳐 개정된 헌법을 이제 국회의 의결을 거쳐 국민투표에 의하여 개정한다(헌법전문).

0041
헌법전문은 1948년 7월 12일에 제정되고 9차에 걸쳐 개정된 헌법이라고 규정되어 있다. 22년 소방간부 [O][X]

(X) 1948년 7월 12일에 제정되고 8차에 걸쳐 개정된 헌법을 이제 국회의 의결을 거쳐 국민투표에 의하여 개정한다. 즉 9차가 아니라 8차이다.

0042
국민주권의 원리는 공권력의 구성·행사·통제를 지배하는 우리 통치질서의 기본원리이므로, 공권력의 일종인 지방자치권과 국가교육권도 이 원리에 따른 국민적 정당성기반을 갖추어야만 한다. 24년 소방간부, 24년 경찰간부 [O][X]

(O) 국민주권의 원리는 공권력의 구성·행사·통제를 지배하는 우리 통치질서의 기본원리이므로, 공권력의 일종인 지방자치권과 국가교육권(교육입법권·교육행정권·교육감독권 등)도 이 원리에 따른 국민적 정당성기반을 갖추어야만 한다(헌재 2000.3.30. 99헌바113).

| OX 문제 | 정답 및 해설 |

0043
국민주권주의는 국가권력의 민주적 정당성을 요구하는 것이므로, 국민전체가 직접 국가기관으로서 통치권을 행사하여야 한다는 것을 의미한다. 23년 5급 공채 ⓞⓧ

(X) 국민주권주의는 국가권력의 민주적 정당성을 의미하는 것이기는 하나, 그렇다고 하여 국민전체가 직접 국가기관으로서 통치권을 행사하여야 한다는 것은 아니므로 주권의 소재와 통치권의 담당자가 언제나 같을 것을 요구하는 것이 아니고, 예외적으로 국민이 주권을 직접 행사하는 경우 이외에는 국민의 의사에 따라 통치권의 담당자가 정해짐으로써 국가권력의 행사도 궁극적으로 국민의 의사에 의하여 정당화될 것을 요구하는 것이다(헌재 2009.3.26. 2007헌마843).

0044
헌법의 기본원리인 민주주의는 다원주의에 따라서 가치관의 다양성을 존중함을 전제로 한다. 22년 경행특채 ⓞⓧ

(O) 민주주의 원리는 하나의 초월적 원리가 만물의 이치를 지배하는 절대적 세계관을 거부하고, 다양하고 복수적인 진리관을 인정하는 상대적 세계관을 받아들인다(헌재 2014.12.19. 2013헌다1).

0045
민주주의 원리는 개인의 자율적 판단능력을 존중하고 사회의 자율적인 의사결정이 궁극적으로 올바른 방향으로 전개될 것이라는 신뢰를 바탕으로 하고 있다. 22년 경행특채 ⓞⓧ

(O) 민주주의 원리는 개인의 자율적 판단능력을 존중하고 사회의 자율적인 의사결정이 궁극적으로 올바른 방향으로 전개될 것이라는 신뢰를 바탕으로 하고 있다(헌재 2014.12.19. 2013헌다1).

0046
민주주의 원리는 사회의 자율적인 의사결정이 궁극적으로 올바른 방향으로 전개될 것이라는 신뢰를 바탕으로 한다.
21년 지방직 7급 ⓞⓧ

(O) 민주주의 원리는 개인의 자율적 판단능력을 존중하고 사회의 자율적인 의사결정이 궁극적으로 올바른 방향으로 전개될 것이라는 신뢰를 바탕으로 하고 있다(헌재 2014.12.19. 2013헌다1).

0047
국민의 정치적 의사형성을 매개하는 정당의 역할은 오늘날 민주주의에서 필수불가결한 요소이기 때문에 정당의 자유로운 설립과 활동은 민주주의 실현의 전제조건이 된다. 25년 소방간부 ⓞⓧ

(O) 정당은 오늘날 대중민주주의에 있어서 국민의 정치의사형성의 담당자이며 매개자이자 민주주의에 있어서 필수불가결한 요소이기 때문에, 정당의 자유로운 설립과 활동은 민주주의 실현의 전제조건이라고 할 수 있다(헌재 2004.3.25. 2001헌마710).

0048
헌법 제8조 제4항에서 규정하는 민주적 기본질서란 이것이 보장되지 않으면 우리의 입헌적 민주주의 체제가 유지될 수 없다고 평가되는 최소한의 핵심적인 내용을 뜻한다. 25년 소방간부 ⓞⓧ

(O) 정당해산심판제도가 수호하고자 하는 민주적 기본질서는 우리가 오늘날의 입헌적 민주주의 체제를 구성하고 운영하는 데에 필요한 가장 핵심적인 내용이나 요소를 의미하는 것이다(헌재 2014.12.19. 2013헌다1).

0049
우리 헌법의 전문과 본문의 전체에 담겨있는 최고 이념은 국민주권주의와 자유민주주의에 입각한 입헌민주헌법의 본질적 기본원리에 기초하고 있다. 23년 순경 1차 ⓞⓧ

(O) 우리 헌법의 전문과 본문 전체에 담겨 있는 최고 이념은 국민주권주의와 자유민주주의에 입각한 입헌민주헌법의 본질적 기본원리에 기초하고 있다. 기타 헌법상의 여러 원칙도 여기에서 연유되는 것이므로 이는 헌법전을 비롯한 모든 법령해석의 기준이 되고, 입법형성권 행사의 한계와 정책결정의 방향을 제시하며, 나아가 모든 국가기관과 국민이 존중하고 지켜가야 하는 최고의 가치규범이다(헌재 1989.9.8. 88헌가6, 판례집 1, 199, 205).

| OX 문제 | 정답 및 해설 |

0050
'책임 없는 자에게 형벌을 부과할 수 없다.'라는 책임주의는 헌법상 법치국가원리로부터 도출되는 원리이고, 법인의 경우도 자연인과 마찬가지로 책임주의원칙이 적용된다. 22년 소방간부, 21년 소방간부, 20년 경행특채 [O][X]

(O) 형벌에 관한 책임주의는 형사법의 기본원리로서, 헌법상 법치국가의 원리에 내재하는 원리인 동시에 헌법 제10조의 취지로부터 도출되는 원리이고, 법인의 경우도 자연인과 마찬가지로 책임주의 원칙이 적용된다(헌재 2016.3.31. 2016헌가4).

0051
부진정소급입법의 경우에도 신뢰보호의 필요성과 개정법률로 달성하려는 공익을 비교형량하여 종합적으로 판단하여야 한다. 21년 소방간부 [O][X]

(O) 부진정 소급입법에 속하는 입법에 대해서는 일반적으로 과거에 시작된 구성요건 사항에 대한 신뢰는 더 보호될 가치가 있다고 할 것이기 때문에 신뢰보호의 원칙에 대한 심사가 장래입법에 비해서보다는 일반적으로 더 강화되어야 할 것이다. 우리재판소는 신뢰보호의 원칙의 판단은 신뢰보호의 필요성과 개정법률로 달성하려는 공익을 비교형량하여 종합적으로 판단하여야 한다고 하였는바, 이러한 판시는 부진정 소급입법의 경우에도 당연히 적용되어야 할 것이다(헌재 1995.10.26. 94헌바12).

0052
신뢰보호원칙은 법률이나 그 하위법규뿐만 아니라 국가관리의 입시제도와 같이 국·공립대학의 입시전형을 구속하여 국민의 권리에 직접 영향을 미치는 제도운영지침의 개폐에도 적용되는 것이다. 22년 해경간부 [O][X]

(O) 법률이나 그 하위법규뿐만 아니라 국가관리의 입시제도와 같이 국·공립대학의 입시전형을 구속하여 국민의 권리에 직접 영향을 미치는 제도운영지침의 개폐에도 신뢰보호원칙은 적용된다(헌재 1997.7.16. 97헌마38).

0053
자기책임의 원리는 인간의 자유와 유책성, 그리고 인간의 존엄성을 진지하게 반영한 원리로서 헌법 제10조의 취지로부터 도출되는 것이지, 법치주의에 내재하는 원리는 아니다. 24년 소방간부, 24년 경찰승진, 22년 변호사, 22년 지방직 7급 [O][X]

(X) 자기책임의 원리는 인간의 자유와 유책성, 그리고 인간의 존엄성을 진지하게 반영한 원리로서 그것이 비단 민사법이나 형사법에 국한된 원리라기보다는 근대법의 기본이념으로서 법치주의에 당연히 내재하는 원리로 볼 것이고, 헌법 제13조 제3항은 그 한 표현에 해당하는 것으로서 자기책임의 원리에 반하는 제재는 그 자체로서 헌법위반을 구성한다(헌재 2011.9.29. 2010헌마68).

0054
'책임 없는 자에게 형벌을 부과할 수 없다.'는 형벌에 관한 책임주의는 형사법의 기본원리로서, 헌법상 법치국가의 원리에 내재하는 원리인 동시에 헌법 제10조의 취지로부터 도출되는 원리이므로 법인에게는 적용되지 않는다. 25년 5급 공채, 24년 순경 1차 [O][X]

(X) '책임 없는 자에게 형벌을 부과할 수 없다.'는 형벌에 관한 책임주의는 형사법의 기본원리로서, 헌법상 법치국가의 원리에 내재하는 원리인 동시에, 헌법 제10조의 취지로부터 도출되는 원리이고, 법인의 경우도 자연인과 마찬가지로 책임주의원칙이 적용된다(헌재 2016.3.31. 2016헌가4).

0055
오늘날 법률유보원칙은 단순히 행정작용이 법률에 근거를 두기만 하면 충분한 것이 아니라, 국가공동체와 그 구성원에게 기본적이고도 중요한 의미를 갖는 영역, 특히 국민의 기본권실현에 관련된 영역에 있어서는 행정에 맡길 것이 아니라 국민의 대표자인 입법자 스스로 그 본질적 사항에 대하여 결정하여야 한다는 요구까지 내포하는 것으로 이해하여야 한다. 25년 법원직, 23년 순경 2차, 22년 지방직 7급, 22년 입법고시 [O][X]

(O) 오늘날 법률유보원칙은 단순히 행정작용이 법률에 근거를 두기만 하면 충분한 것이 아니라, 국가공동체와 그 구성원에게 기본적이고도 중요한 의미를 갖는 영역, 특히 국민의 기본권실현에 관련된 영역에 있어서는 행정에 맡길 것이 아니라 국민의 대표자인 입법자 스스로 그 본질적 사항에 대하여 결정하여야 한다는 요구까지 내포하는 것으로 이해하여야 한다(이른바 의회유보원칙)(헌재 1999.5.27. 98헌바70).

| OX 문제 | 정답 및 해설 |

0056

헌법 제37조 제2항은 국민의 자유와 권리를 제한하는 근거와 그 제한의 한계를 설정하여 국민의 자유와 권리의 제한은 "법률"로써만 할 수 있다고 규정하고 있는바, 이는 기본권의 제한이 원칙적으로 국회에서 제정한 형식적 의미의 법률에 의해서만 가능하다는 것을 의미하고, 직접 법률에 의하지 아니하는 예외적인 경우라 하더라도 엄격히 법률에 근거하여야 한다는 것을 또한 의미한다. 25년 경찰승진 [O][X]

(O) 헌법 제37조 제2항은 국민의 자유와 권리를 제한하는 근거와 그 제한의 한계를 설정하여 국민의 자유와 권리의 제한은 "법률"로써만 할 수 있다고 규정하고 있는바, 이는 기본권의 제한이 원칙적으로 국회에서 제정한 형식적 의미의 법률에 의해서만 가능하다는 것을 의미하고, 직접 법률에 의하지 아니하는 예외적인 경우라 하더라도 엄격히 법률에 근거하여야 한다는 것을 또한 의미한다(헌재 2000.12.14. 2000헌마659).

0057

헌법은 법치주의를 그 기본원리의 하나로 하고 있으며, 법치주의는 행정작용에 국회가 제정한 형식적 법률의 근거가 요청된다는 법률유보를 그 핵심적 내용의 하나로 하고 있다. 24년 순경 1차 [O][X]

(O) 헌법은 법치주의를 그 기본원리의 하나로 하고 있으며, 법치주의는 행정작용에 국회가 제정한 형식적 법률의 근거가 요청된다는 법률유보를 그 핵심적 내용의 하나로 하고 있다. 헌법 제37조 제2항은 기본권제한에 관한 일반적 법률유보조항이라고 할 수 있는데, 법률유보의 원칙은 '법률에 의한 규율'만을 요청하는 것이 아니라 '법률에 근거한 규율'을 요청하는 것이기 때문에 기본권의 제한에는 법률의 근거가 필요할 뿐이고 기본권제한의 형식이 반드시 법률의 형식일 필요는 없다(헌재 2011.4.28. 2009헌바167).

0058

체계정당성의 원리는 동일 규범 내에서 또는 상이한 규범간에 그 규범의 구조나 내용 또는 규범의 근거가 되는 원칙면에서 상호 배치되거나 모순되어서는 안 된다는 하나의 헌법적 요청이고, 이러한 체계정당성 위반은 비례의 원칙이나 평등의 원칙 등 일정한 헌법의 규정이나 원칙을 위반하여야만 비로소 위헌이 된다. 25년 5급 공채, 23년 순경 2차, 22년 변호사 [O][X]

(O) 즉 체계정당성 위반(Systemwidrigkeit) 자체가 바로 위헌이 되는 것은 아니고 이는 비례의 원칙이나 평등원칙위반 내지 입법의 자의금지위반 등의 위헌성을 시사하는 하나의 징후일 뿐이다(헌재 2004.11.25. 2002헌바66). 즉 이러한 체계정당성 위반은 비례의 원칙이나 평등의 원칙 등 일정한 헌법의 규정이나 원칙을 위반하여야만 비로소 위헌이 된다.

0059

신뢰보호의 원칙은 법치국가원리에 근거를 두고 있는 헌법상의 원칙으로서 특정한 법률에 의하여 발생한 법률관계는 그 법에 따라 파악되고 판단되어야 하고, 과거의 사실관계가 그 뒤에 생긴 새로운 법률의 기준에 따라 판단되지 않는다는 국민의 신뢰를 보호하기 위한 것이다. 22년 순경 2차 [O][X]

(O) 신뢰보호원칙은 법치국가원리에 근거를 두고 있는 헌법상 원칙으로서, 특정한 법률에 의하여 발생한 법률관계는 그 법에 따라 파악되고 판단되어야 하고 과거의 사실관계가 그 뒤에 생긴 새로운 법률의 기준에 따라 판단되지 않는다는 국민의 신뢰를 보호하기 위한 것이다(헌재 2015.2.26. 2012헌마400).

0060

신뢰보호원칙의 위반 여부는 한편으로는 침해되는 이익의 보호가치, 침해의 정도, 신뢰의 손상 정도, 신뢰침해의 방법 등과 또 다른 한편으로는 새로운 입법을 통하여 실현하고자 하는 공익적 목적 등을 종합적으로 형량하여야 한다. 22년 해경간부 [O][X]

(O) 신뢰보호의 원칙의 위배 여부는 한편으로는 침해받은 이익의 보호가치, 침해의 중한 정도, 신뢰가 손상된 정도, 신뢰침해의 방법 등과 다른 한편으로는 새 입법을 통해 실현하고자 하는 공익적 목적을 종합적으로 비교·형량하여 판단하여야 하는데, 이 사건의 경우 투자유인이라는 입법목적을 감안하더라도 그로 인한 공익의 필요성이 구법에 대한 신뢰보호보다 간절한 것이라고 보여지지 아니한다(헌재 1995.10.26. 94헌바12).

| OX 문제 | 정답 및 해설 |

0061
신뢰보호의 원칙은 「헌법」상 법치국가의 원칙으로부터 도출되는 것이다. 22년 해경간부, 20년 소방간부 [O][X]

(O) 신뢰보호원칙은 법치국가원리에 근거를 두고 있는 헌법상 원칙이다(헌재 2015.2.26. 2012헌마400).

0062
사회환경이나 경제여건의 변화에 따른 필요성에 의하여 법률이 신축적으로 변할 수 있고, 변경된 새로운 법질서와 기존의 법질서 사이에 이해관계의 상충이 불가피하더라도 국민이 가지는 모든 기대 내지 신뢰는 헌법상 권리로서 보호되어야 한다. 22년 해경간부, 22년 법학경채, 20년 국가직 7급, 20년 소방간부 [O][X]

(X) 사회환경이나 경제여건의 변화에 따른 정책적인 필요에 의하여 공권력행사의 내용은 신축적으로 바뀔 수 밖에 없고, 그 바뀐 공권력행사에 의하여 발생된 새로운 법질서와 기존의 법질서와의 사이에는 어느정도 이해관계의 상충이 불가치하므로 국민들의 국가의 공권력행사에 관하여 가지는 모든 기대 내지 신뢰가 절대적인 권리로서 보호되는 것은 아니라고 할 것이다(1996.4.25. 94헌마119).

0063
신뢰보호의 원칙은 법률이나 그 하위법규뿐만 아니라 국가관리의 입시제도와 같이 국·공립대학의 입시전형을 구속하여 국민의 권리에 직접 영향을 미치는 제도운영지침의 개폐에도 적용된다. 20년 국회직 9급 [O][X]

(O) 법률이나 그 하위법규뿐만 아니라 국가관리의 입시제도와 같이 국·공립대학의 입시전형을 구속하여 국민의 권리에 직접 영향을 미치는 제도운영지침의 개폐에도 신뢰보호원칙은 적용된다(헌재 1997.7.16. 97헌마38).

0064
소급입법은 새로운 입법으로 이미 종료된 사실관계 또는 법률관계에 작용하도록 하는 진정소급입법과 현재 진행 중인 사실관계 또는 법률관계에 작용하도록 하는 부진정소급입법으로 나눌 수 있다. 22년 법학경채 [O][X]

(O) 일반적으로 과거의 사실관계 또는 법률관계를 규율하기 위한 소급입법의 태양을 이미 과거에 완성된 사실·법률관계를 규율의 대상으로 하는 '진정소급입법'과 이미 과거에 시작하였으나 아직 완성되지 아니하고 진행과정에 있는 사실·법률관계를 규율의 대상으로 하는 '부진정소급입법'으로 구분한다(헌재 2002.11.28. 2002헌바45).

0065
새로운 입법으로 이미 종료된 사실관계 또는 법률관계에 적용하도록 하는 진정소급입법은 개인의 신뢰보호와 법적 안정성을 내용으로 하는 법치국가원리에 의하여 특단의 사정이 없는 한 헌법적으로 허용되지 않는다. 21년 비상기획관(상) [O][X]

(O) 기존의 법에 의하여 형성되어 이미 굳어진 개인의 법적 지위를 사후입법을 통하여 박탈하는 것 등을 내용으로 하는 진정소급입법은 개인의 신뢰보호와 법적 안정성을 내용으로 하는 법치국가원리에 의하여 특단의 사정이 없는 한 헌법적으로 허용되지 아니하는 것이 원칙이다(헌재 1998.9.30. 97헌바38).

0066
기존의 법에 의하여 형성되어 이미 굳어진 개인의 법적 지위를 사후입법을 통하여 박탈하는 것 등을 내용으로 하는 진정소급입법은 개인의 신뢰보호와 법적 안정성을 내용으로 하는 법치국가원리에 의하여 헌법적으로 허용되지 않기 때문에 어떠한 경우라도 허용될 수 없다. 22년 입법고시 [O][X]

(X) 기존의 법에 의하여 형성되어 이미 굳어진 개인의 법적 지위를 사후입법을 통하여 박탈하는 것 등을 내용으로 하는 진정소급입법은 개인의 신뢰보호와 법적 안정성을 내용으로 하는 법치국가원리에 의하여 특단의 사정이 없는 한 헌법적으로 허용되지 아니하는 것이 원칙이고, 다만 일반적으로 국민이 소급입법을 예상할 수 있었거나 법적 상태가 불확실하고 혼란스러워 보호할 만한 신뢰이익이 적은 경우와 소급입법에 의한 당사자의 손실이 없거나 아주 경미한 경우 그리고 신뢰보호의 요청에 우선하는 심히 중대한 공익상의 사유가 소급입법을 정당화하는 경우 등에는 예외적으로 진정소급입법이 허용된다(헌재 1999.7.22. 97헌바76 등).

OX 문제

0067
진정소급입법은 예외적으로 국민이 소급입법을 예상할 수 있었거나 법적 상태가 불확실하고 혼란스러웠거나 하여 보호할 만한 신뢰의 이익이 적은 경우와 소급입법에 의한 당사자의 손실이 없거나 아주 경미한 경우 그리고 신뢰보호의 요청에 우선하는 심히 중대한 공익상의 사유가 소급입법을 정당화하는 경우에는 허용될 수 있다. 21년 비상기획관(상) [O X]

0068
소급입법은 신법이 이미 종료된 사실관계에 작용하는지 아니면 현재 진행중인 사실관계에 작용하는지에 따라 진정소급입법과 부진정소급입법으로 구분되고, 전자는 헌법적으로 허용되지 않는 것이 원칙이며 특단의 사정이 있는 경우에만 예외적으로 허용될 수 있는 반면, 후자는 원칙적으로 허용되지만 소급효를 요구하는 공익상의 사유와 신뢰보호의 요청 사이의 교량과정에서 신뢰보호의 관점이 입법자의 형성권에 제한을 가하게 된다. 23년 순경 2차, 22년 지방직 7급 [O X]

0069
법률에 따른 개인의 행위가 단지 법률이 반사적으로 부여하는 기회의 활용을 넘어서 국가에 의하여 일정 방향으로 유인된 것이라면 특별히 신뢰이익이 인정될 수 있고, 이러한 경우 원칙적으로 개인의 신뢰보호가 국가의 법률개정 이익에 우선된다고 볼 여지가 있다. 22년 해경간부 [O X]

0070
법률의 제정이나 개정 시 구법 질서에 대한 당사자의 신뢰가 합리적이고도 정당하며, 법률의 제정이나 개정으로 야기되는 당사자의 손해가 극심하여 새로운 입법으로 달성하고자 하는 공익적 목적이 그러한 당사자의 신뢰의 파괴를 정당화할 수 없다면, 그러한 새로운 입법은 신뢰보호의 원칙상 허용될 수 없다. 21년 국가직 7급 [O X]

0071
「헌법」제13조 제2항이 금하고 있는 소급입법은 진정소급효를 가지는 법률만을 의미하므로 부진정 소급효는 원칙적으로 허용된다. 22년 해경간부 [O X]

0072
기존에 자유업종이었던 인터넷컴퓨터게임시설제공업에 대하여 등록제를 도입하면서 1년 이상의 유예기간을 둔 게임산업진흥에 관한 법률 조항은 신뢰보호원칙에 위배되지 않는다. 21년 법원행시 [O X]

정답 및 해설

(O) 진정소급입법이 허용되는 예외적인 경우로는 ⓐ 일반적으로 국민이 소급입법을 예상할 수 있었거나 ⓑ 법적 상태가 불확실하고 혼란스러웠거나 하여 보호할 만한 신뢰의 이익이 적은 경우와 ⓒ 소급입법에 의한 당사자의 손실이 없거나 아주 경미한 경우, ⓓ 그리고 신뢰보호의 요청에 우선하는 심히 중대한 공익상의 사유가 소급입법을 정당화하는 경우 등을 들 수 있다(헌재 1998.9.30. 97헌바38).

(O) 일반적으로 과거의 사실관계 또는 법률관계를 규율하기 위한 소급입법의 태양을 이미 과거에 완성된 사실·법률관계를 규율의 대상으로 하는 '진정소급입법'과 이미 과거에 시작하였으나 아직 완성되지 아니하고 진행과정에 있는 사실·법률관계를 규율의 대상으로 하는 '부진정소급입법'으로 구분한다. 전자는 헌법적으로 허용되지 않는 것이 원칙이며, 특별한 사정이 있는 경우에만 예외적으로 허용될 수 있는 반면, 후자는 원칙적으로 허용되지만 소급효를 요구하는 공익상의 사유와 신뢰보호의 요청 사이의 교량과정에서 신뢰보호의 관점이 입법자의 형성권에 제한을 가하게 된다(헌재 2002.11.28. 2002헌바45).

(O) 법률에 따른 개인의 행위가 단지 법률이 반사적으로 부여하는 기회의 활용을 넘어서 국가에 의하여 일정 방향으로 유인된 것이라면 특별히 보호가치가 있는 신뢰이익이 인정될 수 있고, 원칙적으로 개인의 신뢰보호가 국가의 법률개정이익에 우선된다고 볼 여지가 있다(헌재 2002.11.28. 2002헌바45).

(O) 법률의 제정이나 개정 시 구법질서에 대한 당사자의 신뢰가 합리적이고도 정당하며 법률의 제정이나 개정으로 야기되는 당사자의 손해가 극심하여 새로운 입법으로 달성하고자 하는 공익적 목적이 그러한 당사자의 신뢰의 파괴를 정당화할 수 없다면 그러한 새 입법은 허용될 수 없다(헌재 2016.2.25. 2015헌바185 등).

(O) 부진정소급입법은 원칙적으로 허용되지만 소급효를 요구하는 공익상의 사유와 신뢰보호의 요청 사이의 교량과정에서 신뢰보호의 관점이 입법자의 형성권에 제한을 가하게 된다(헌재 2002.11.28. 2002헌바45).

(O) 종전부터 게임물이 사회적 문제를 야기하여 인터넷컴퓨터게임시설제공업을 포함한 게임산업 전반에 대한 제도의 재확립이 요청되고 있었다는 것을 청구인들로서는 충분히 예견할 수 있었다(헌재 2009.9.24. 2009헌바28).

OX 문제

0073
무기징역의 집행 중에 있는 자의 가석방 요건을 종전의 '10년 이상'에서 '20년 이상' 형 집행 경과로 강화한 개정 「형법」 조항을 「형법」 개정 당시에 이미 수용 중인 사람에게도 적용하는 「형법」 부칙 규정은 신뢰보호원칙에 위배되지 아니한다. 22년 지방직 7급 [O][X]

0074
명확성의 원칙은 기본적으로 최대한의 명확성을 요구한다. 만일 법 해석·적용단계에서 법관의 보충적인 가치판단을 통해서 비로소 그 의미내용을 확인해 낼 수 있다면, 이는 곧바로 명확성 원칙에 위반된다. 22년 법원행시 [O][X]

0075
규범의 의미내용으로부터 무엇이 금지되는 행위이고 무엇이 허용되는 행위인지를 수범자가 알 수 없다면 법적 안정성과 예측가능성은 확보될 수 없게 될 것이고, 법집행 당국에 의한 자의적 집행을 가능하게 만들 수 있다. 20년 법무사 [O][X]

0076
우리 헌법은 '사회국가원리'를 헌법전문과 경제질서 부분에서 명문으로 직접 규정하고 있다. 22년 경찰승진 [O][X]

0077
우리 헌법은 사회국가원리를 명문으로 규정하고 있지는 않지만, 헌법의 전문, 사회적 기본권의 보장, 경제 영역에서 적극적으로 계획하고 유도하고 재분배하여야 할 국가의 의무를 규정하는 경제에 관한 조항 등과 같이 사회국가원리의 구체화된 여러 표현을 통하여 사회국가원리를 수용하고 있다. 24년 소방간부 [O][X]

0078
우리 헌법의 경제질서는 사유재산제를 바탕으로 하고 자유경쟁을 존중하는 자유시장 경제질서를 기본으로 하면서도 이에 수반되는 갖가지 모순을 제거하고 사회복지·사회정의를 실현하기 위하여 국가적 규제와 조정을 용인하는 사회적 시장경제질서로서의 성격을 띠고 있다. 20년 국가직 5급, 21년 법무사, 21년 국회직 8급, 20년 소방간부 [O][X]

정답 및 해설

(O) 기존 10년 이상에서 20년 이상 형 집행경과로 강화한 개정 형법은 사회를 방위하기 위한 것으로 신뢰보호원칙에 위배되지 않는다(헌재 2013.8.29. 2011헌마408).

(X) 명확성의 원칙이란 기본적으로 최대한이 아닌 최소한의 명확성을 요구하는 것이다. 그러므로 법문언이 해석을 통해서, 즉 법관의 보충적인 가치판단을 통해서 그 의미내용을 확인해낼 수 있고, 그러한 보충적 해석이 해석자의 개인적인 취향에 따라 좌우될 가능성이 없다면 명확성의 원칙에 반한다고 할 수 없다 할 것이다(헌재 1998.4.30. 95헌가16).

(O) 규범의 의미내용으로부터 무엇이 금지되는 행위이고 무엇이 허용되는 행위인지를 수범자가 알 수 없다면 법적 안정성과 예측가능성은 확보될 수 없게 될 것이고, 또한 법집행 당국에 의한 자의적 집행을 가능하게 할 것이기 때문이다(헌재 2002.1.31. 2000헌가8).

(X) 우리 헌법은 사회국가는 명문으로 규정하고 있지 않고, 사회적 기본권들을 규정하고 있다.

(O) 우리 헌법은 사회국가원리를 명문으로 규정하고 있지는 않지만, 헌법의 전문, 사회적 기본권의 보장(헌법 제31조 내지 제36조), 경제 영역에서 적극적으로 계획하고 유도하고 재분배하여야 할 국가의 의무를 규정하는 경제에 관한 조항(헌법 제119조 제2항 이하) 등과 같이 사회국가원리의 구체화된 여러 표현을 통하여 사회국가원리를 수용하였다(헌재 2002.12.18. 2002헌마52).

(O) 우리 헌법의 경제질서는 사유재산제를 바탕으로 하고 자유경쟁을 존중하는 자유시장경제질서를 기본으로 하면서도 이에 수반되는 갖가지 모순을 제거하고 사회복지·사회정의를 실현하기 위하여 국가적 규제와 조정을 용인하는 사회적 시장경제질서로서의 성격을 띠고 있다(헌재 2001.6.28. 2001헌마132).

OX 문제

0079
헌법 제119조 제2항은 독과점규제라는 경제정책적 목표를 개인의 경제적 자유를 제한할 수 있는 정당한 공익의 하나로 명문화하고 있다. 독과점규제의 목적이 경쟁의 회복에 있다면 이 목적을 실현하는 수단 또한 자유롭고 공정한 경쟁을 가능하게 하는 방법이어야 한다. 20년 법원직 [O X]

0080
「헌법」 제119조 제2항은 국가가 경제영역에서 실현하여야 할 목표의 하나로 '적정한 소득의 분배'를 들고 있으나 이로부터 소득에 대해 누진세율에 따른 종합과세를 시행하여야 할 구체적인 헌법적 의무가 입법자에게 부과되는 것은 아니다. 24년 법원직, 22년 경찰간부, 22년 지방직 7급 [O X]

0081
수력(水力)은 법률이 정하는 바에 의하여 일정한 기간 그 이용을 특허할 수 있다. 20년 경찰승진 [O X]

0082
광물 기타 중요한 지하자원·수산자원·수력과 경제상 이용할 수 있는 자연력은 법률이 정하는 바에 의하여 일정한 기간 그 채취·개발 또는 이용을 특허할 수 있다. 23년 국회직 5급 [O X]

0083
농업생산성의 제고와 농지의 합리적인 이용을 위하거나 불가피한 사정으로 발생하는 농지의 소작제도는 법률이 정하는 바에 의하여 예외적으로 인정될 수 있다. 25년 소방간부 [O X]

0084
농지의 임대차는 절대 금지되나, 농업생산성의 제고와 농지의 합리적인 이용을 위한 농지의 위탁경영은 법률이 정하는 바에 의하여 인정된다. 23년 변호사 [O X]

0085
국방상 또는 국민경제상 긴절한 필요로 인하여 법률이 정하는 경우에는, 사영기업을 국유 또는 공유로 이전하거나 그 경영을 통제 또는 관리할 수 있다. 22년 국회직 8급, 21년 경행특채, 20년 국가직 5급, 20년 소방간부, 20년 지방직 7급 [O X]

정답 및 해설

(O) 헌법 제119조 제2항은 독과점규제라는 경제정책적 목표를 개인의 경제적 자유를 제한할 수 있는 정당한 공익의 하나로 명문화하고 있다. 독과점규제의 목적이 경쟁의 회복에 있다면 이 목적을 실현하는 수단 또한 자유롭고 공정한 경쟁을 가능하게 하는 방법이어야 한다(헌재 1996.12.26. 96헌가18).

(O) 헌법 제119조 제2항은 국가가 경제영역에서 실현하여야 할 목표의 하나로서 "적정한 소득의 분배"를 들고 있지만, 이로부터 반드시 소득에 대하여 누진세율에 따른 종합과세를 시행하여야 할 구체적인 헌법적 의무가 조세입법자에게 부과되는 것이라고 할 수 없다. 오히려 입법자는 사회·경제정책을 시행함에 있어서 소득의 재분배라는 관점만이 아니라 서로 경쟁하고 충돌하는 여러 목표, 예컨대 "균형있는 국민경제의 성장 및 안정", "고용의 안정" 등을 함께 고려하여 서로 조화시키려고 시도하여야 하고, 끊임없이 변화하는 사회·경제상황에 적응하기 위하여 정책의 우선순위를 정할 수도 있다(헌재 1999.11.25. 98헌마55).

(O) 광물 기타 중요한 지하자원·수산자원·수력과 경제상 이용할 수 있는 자연력은 법률이 정하는 바에 의하여 일정한 기간 그 채취·개발 또는 이용을 특허할 수 있다(헌법 제120조 제1항).

(O) 광물 기타 중요한 지하자원·수산자원·수력과 경제상 이용할 수 있는 자연력은 법률이 정하는 바에 의하여 일정한 기간 그 채취·개발 또는 이용을 특허할 수 있다(헌법 제120조 제1항).

(X) 국가는 농지에 관하여 경자유전의 원칙이 달성될 수 있도록 노력하여야 하며, 농지의 소작제도는 금지된다(헌법 제121조 제1항). / 예외는 허용되지 않는다.

(X) ① 국가는 농지에 관하여 경자유전의 원칙이 달성될 수 있도록 노력하여야 하며, 농지의 소작제도는 금지된다. ② 농업생산성의 제고와 농지의 합리적인 이용을 위하거나 불가피한 사정으로 발생하는 농지의 임대차와 위탁경영은 법률이 정하는 바에 의하여 인정된다(헌법 제121조).

(O) 국방상 또는 국민경제상 긴절한 필요로 인하여 법률이 정하는 경우를 제외하고는 사영기업을 국유 또는 공유로 이전하거나 그 경영을 통제 또는 관리할 수 없다(헌법 제126조).

| OX 문제 | 정답 및 해설 |

0086
우리 헌법상 문화국가원리는 견해와 사상의 다양성을 그 본질로 하며, 이를 실현하는 국가의 문화정책은 불편부당의 원칙에 따라야 한다. 22년 순경 2차 [O X]

(O) 오늘날에 와서는 국가가 어떤 문화현상에 대하여도 이를 선호하거나, 우대하는 경향을 보이지 않는 불편부당의 원칙이 가장 바람직한 정책으로 평가받고 있다(헌재 2004.5.27. 2003헌가1 등).

0087
국가의 문화육성의 대상에는 원칙적으로 다수의 사람에게 문화창조의 기회를 부여한다는 의미에서 엘리트문화를 제외한 서민문화, 대중문화를 정책적인 배려의 대상으로 하여야 한다. 22년 5급 공채, 22년 경찰간부, 21년 국가직 7급 [O X]

(X) 문화국가원리의 이러한 특성은 문화의 개방성 내지 다원성의 표지와 연결되는데, 국가의 문화육성의 대상에는 원칙적으로 모든 사람에게 문화창조의 기회를 부여한다는 의미에서 모든 문화가 포함된다. 따라서 엘리트문화뿐만 아니라 서민문화, 대중문화도 그 가치를 인정하고 정책적인 배려의 대상으로 하여야 한다(헌재 2004.5.27. 2003헌가1).

0088
정부는 문화국가실현에 관한 과제를 수행함에 있어 문화의 다양성, 자율성, 창조성이 조화롭게 실현될 수 있도록 중립성을 지키면서 문화에 대한 지원 및 육성을 하도록 유의하여야 한다. 24년 순경 1차 [O X]

(O) 아직까지 국가지원에의 의존도가 높은 우리나라 문화예술계 환경을 고려할 때, 정부는 문화국가실현에 관한 과제를 수행함에 있어 과거 문화간섭정책에서 벗어나 문화의 다양성, 자율성, 창조성이 조화롭게 실현될 수 있도록 중립성을 지키면서 문화에 대한 지원 및 육성을 하도록 유의하여야 한다(헌재 2020.12.23. 2017헌마416).

0089
고액 과외교습을 방지하기 위하여 모든 학생으로 하여금 오로지 학원에서만 사적으로 배울 수 있도록 규율한다는 것은 개성과 창의성, 다양성을 지향하는 문화국가원리에 위반된다. 22년 순경 2차 [O X]

(O) 단지 일부 지나친 고액과외교습을 방지하기 위하여 모든 학생으로 하여금 오로지 학원에서만 사적으로 배울 수 있도록 규율한다는 것은 어디에도 그 예를 찾아볼 수 없는 것일 뿐만 아니라 자기결정과 자기책임을 생활의 기본원칙으로 하는 헌법의 인간상이나 개성과 창의성, 다양성을 지향하는 문화국가원리에도 위반되는 것이다(헌재 2000.4.27. 98헌가16 등).

0090
헌법에 의하여 체결·공포된 조약과 달리 일반적으로 승인된 국제법규는 헌법절차에 의해서 승인되었다고 볼 수 없으므로 국내법과 같은 효력을 갖지 않는다. 23년 변호사 [O X]

(X) 헌법에 의하여 체결·공포된 조약과 일반적으로 승인된 국제법규는 국내법과 같은 효력을 가진다(헌법 제6조 제1항).

0091
조약은 국가·국제기구 등 국제법 주체 사이에 권리의무관계를 창출하기 위하여 서면 형식으로 체결되고 국제법에 의하여 규율되는 합의라고 할 수 있다. 22년 입법고시 [O X]

(O) 조약은 '국가·국제기구 등 국제법 주체 사이에 권리의무관계를 창출하기 위하여 서면형식으로 체결되고 국제법에 의하여 규율되는 합의'이다(헌재 2008.3.27. 2006헌라4). / 다만 최근에는 구두의 경우도 예외적으로 가능하다는 판시가 있다(헌재 2019.12.27. 2016헌마253).

0092
조약도 헌법재판소의 위헌법률심판의 대상이 된다. 21년 법원행시 [O X]

(O) 헌법 제107조 제1항, 제2항은 법원의 재판에 적용되는 규범의 위헌 여부를 심사할 때, '법률'의 위헌 여부는 헌법재판소가, 법률의 하위 규범인 '명령·규칙 또는 처분' 등의 위헌 또는 위법 여부는 대법원이 그 심사권한을 갖는 것으로 권한을 분배하고 있다. 이 조항에 규정된 '법률'인지 여부는 그 제정 형식이나 명칭이 아니라 규범의 효력을 기준으로 판단하여야 하고, '법률'에는 국회의 의결을 거친 이른바 형식적 의미의 법률은 물론이고 그 밖에 조약 등 '형식적 의미의 법률과 동일한 효력'을 갖는 규범들도 모두 포함된다(헌재 2013.3.21. 2010헌바132 등).

OX 문제

0093
이른바 한미주둔군지위협정(SOFA)은 비록 그 내용이 외국군대의 지위에 관한 것이고 국민에게 재정적 부담을 지우는 입법사항을 포함하고 있다 하더라도, 그 명칭이 협정으로 되어있어 국회의 동의 없이 체결될 수 있는 행정협정에 해당한다. 23년 변호사 O X

0094
헌법에 따라 적법하게 체결되어 공포된 조약은 국내법과 동일한 효력을 갖지만, 죄형법정주의원칙상 조약으로 새로운 범죄를 구성하거나 범죄자에 대한 처벌을 가중할 수 없다. 23년 변호사 O X

0095
마라케쉬협정에 의하여 관세법위반자의 처벌이 가중된다고 하더라도, 위 협정은 국내법과 같은 효력을 가지므로, 법률에 의하지 아니한 처벌이라고 할 수 없다. 23년 법원행시 O X

0096
1992. 2. 19. 발효된 '남북사이의 화해와 불가침 및 교류협력에 관한 합의서'는 일종의 공동성명 또는 신사협정에 준하는 성격을 가지는 것에 불과하고, 국회의 동의를 요하는 조약에 해당하지 않는다. 23년 법원행시 O X

0097
"세계인권선언"은 인권 및 기본적 자유의 보편적인 존중과 준수의 촉진을 위하여 모든 국민과 모든 나라가 달성하여야 할 공통의 기준으로 선언하는 의미가 있으므로, 그 선언내용인 각 조항은 바로 보편적인 법적 구속력을 가지거나 국제법적 효력을 갖는다. 25년 순경 1차 O X

정답 및 해설

(X) 이 사건 조약은 그 명칭이 "협정"으로 되어있어 국회의 관여없이 체결되는 행정협정처럼 보이기도 하나 우리나라의 입장에서 볼 때에는 외국군대의 지위에 관한 것이고, 국가에게 재정적 부담을 지우는 내용과 입법사항을 포함하고 있으므로 국회의 동의를 요하는 조약으로 취급되어야 한다(헌재 1999.4.29. 97헌가14).

(X) 마라케쉬협정도 적법하게 체결되어 공포된 조약이므로 국내법과 같은 효력을 갖는 것이어서 그로 인하여 새로운 범죄를 구성하거나 범죄자에 대한 처벌이 가중된다고 하더라도 이것은 국내법에 의하여 형사처벌을 가중한 것과 같은 효력을 갖게 되는 것이다. 따라서 마라케쉬협정에 의하여 관세법 위반자의 처벌이 가중된다 하더라도 이를 들어 법률에 의하지 아니한 형사처벌이라거나 행위시의 법률에 의하지 아니한 형사처벌이라고 할 수 없다(헌재 1998.11.26. 97헌바65).

(O) 마라케쉬협정도 적법하게 체결되어 공포된 조약이므로 국내법과 같은 효력을 갖는 것이어서 그로 인하여 새로운 범죄를 구성하거나 범죄자에 대한 처벌이 가중된다고 하더라도 이것은 국내법에 의하여 형사처벌을 가중한 것과 같은 효력을 갖게 되는 것이다. 따라서 마라케쉬협정에 의하여 관세법 위반자의 처벌이 가중된다 하더라도 이를 들어 법률에 의하지 아니한 형사처벌이라거나 행위시의 법률에 의하지 아니한 형사처벌이라고 할 수 없다(헌재 1998.11.26. 97헌바65).

(O) 1992. 2. 19. 발효된 '남북사이의 화해와 불가침 및 교류협력에 관한 합의서'는 일종의 공동성명 또는 신사협정에 준하는 성격을 가짐에 불과하여 법률이 아님은 물론 국내법과 동일한 효력이 있는 조약이나 이에 준하는 것으로 볼 수 없다(헌재 2000.7.20. 98헌바63).

(X) 국제연합의 '인권에 관한 세계선언'은 선언적인 의미를 가지고 있을 뿐 법적 구속력을 가진 것은 아니다(헌재 1991.7.22. 89헌가106).

제 **2** 편

기본권론

CHAPTER 01 기본권총론

OX 문제	정답 및 해설

0098
정당은 국민의 정치적 의사형성에 참여하기 위한 조직이지만, 구성원과는 독립하여 그 자체로서 기본권의 주체가 될 수 있다. 23년 순경 2차, 22년 해경간부, 20년 소방간부

(O) 정당은 권리능력 없는 사단이므로 기본권 주체성이 인정될 수 있다. 따라서 우리 헌법재판소는 정당의 기본권 주체성과 헌법소원청구능력을 인정한 바 있다(헌재 1991.3.11. 91헌마21).

0099
아직 모체에 착상되거나 원시선이 나타나지 않은 초기배아는 독립된 인간과 배아 간 개체적 연속성을 확정하기 어렵고, 배아는 모태 속에서 수용될 때 비로소 독립적인 인간으로의 성장 가능성을 기대할 수 있어 기본권 주체성을 인정하기 어렵다. 25년 소방간부, 24년 국회직 5급, 23년 순경 1차, 22년 해경간부, 22년 순경 2차, 20년 변호사

(O) 초기배아는 수정이 된 배아라는 점에서 형성 중인 생명의 첫걸음을 떼었다고 볼 여지가 있기는 하나 아직 모체에 착상되거나 원시선이 나타나지 않은 이상 현재의 자연과학적인 인식 수준에서 독립된 인간과 배아간의 개체적 연속성을 확정하기 어렵다고 봄이 일반적이다(헌재 2010.5.27. 2005헌마346).

0100
아동과 청소년은 인격의 발전을 위하여 어느 정도 부모와 학교의 교사 등 타인에 의한 결정을 필요로 하는 아직 성숙하지 못한 인격체이지만, 부모와 국가에 의한 단순한 보호의 대상이 아닌 독자적인 인격체이며, 그의 인격권은 성인과 마찬가지로 인간의 존엄성 및 행복추구권을 보장하는 헌법 제10조에 의하여 보호된다. 23년 순경 2차, 22년 경찰간부, 20년 변호사

(O) 아동과 청소년은 인격의 발전을 위하여 어느 정도 부모와 학교 교사 등의 지도를 필요로 하는 아직 성숙하지 못한 인격체이지만, 부모와 국가에 의한 단순한 보호의 대상이 아닌 독자적인 인격체이다. 이들의 인격권은 성인과 마찬가지로 인간의 존엄성 및 행복추구권을 보장하는 헌법 제10조에 의하여 보호된다(헌재 2016.5.26. 2014헌마374).

0101
사자에 대한 사회적 명예와 평가의 훼손은 사자와의 관계를 통하여 스스로의 인격상을 형성하고 명예를 지켜온 그들 후손의 인격권, 즉 유족의 명예 또는 유족의 사자에 대한 경애추모의 정을 침해한다. 23년 순경 1차

(O) 사자의 경우에도 인격적 가치에 대한 중대한 왜곡으로부터 보호되어야 하고, 사자에 대한 사회적 명예와 평가의 훼손은 사자와의 관계를 통하여 스스로의 인격상을 형성하고 명예를 지켜온 그들 후손의 인격권, 즉 유족의 명예 또는 유족의 사자에 대한 경애추모의 정을 침해한다(헌재 2010.10.28. 2007헌가23).

0102
거주·이전의 자유는 인간의 권리에 해당하므로 외국인에게 거주·이전의 자유의 내용인 출·입국의 자유에 대한 기본권주체성이 인정된다. 24년 순경 1차

(X) 참정권과 입국의 자유에 대한 외국인의 기본권주체성이 인정되지 않는다(헌재 2014.6.26. 2011헌마502). / 출국의 자유는 인정되나 외국인의 경우 입국의 자유는 부정된다.

| OX 문제 | 정답 및 해설 |

0103
불법체류 중인 외국인에 대해서는 기본권 주체성이 부인된다. 24년 국회직 5급 [O][X]

(X) 청구인들이 불법 체류 중인 외국인들이라 하더라도, 불법체류라는 것은 관련 법령에 의하여 체류자격이 인정되지 않는다는 것일 뿐이므로, '인간의 권리'로서 외국인에게도 주체성이 인정되는 일정한 기본권에 관하여 불법체류 여부에 따라 그 인정 여부가 달라지는 것은 아니다(헌재 2012.8.23. 2008헌마430).

0104
변호인의 조력을 받을 권리는 성질상 인간의 권리에 해당하므로 외국인도 그 주체가 된다. 24년 법원행시 [O][X]

(O) '누구든지'라고 규정되어 있어 불구속상태의 피의자·피고인의 경우도 당연히 변호인의 조력받을 권리가 인정된다(헌재 2004.9.23. 2000헌마138). 이는 외국인에게도 인정된다(헌재 2012.8.23. 2008헌마430).

0105
입국의 자유는 인간의 존엄과 가치 및 행복추구권과 밀접한 관련이 있는 인간의 권리에 속하므로, 입국의 자유에 대한 외국인의 기본권주체성은 인정된다. 24년 경찰 2차 [O][X]

(X) 참정권에 대한 외국인의 기본권주체성은 인정되지 아니하고, 이 사건에서 청구인 설○혁 등이 주장하는 거주·이전의 자유는 입국의 자유에 관한 것이므로 이에 대해서도 외국인의 기본권주체성은 인정되지 아니한다(헌재 2014.6.26. 2011헌마502). / 외국인이 입국의 자유의 주체가 안 된다는 것은 기본 문제이다.

0106
기본권 주체성의 인정 문제와 기본권 제한의 정도는 별개의 문제이므로 외국인에게 근로의 권리에 대한 기본권 주체성을 인정한다는 것이 곧바로 우리 국민과 동일한 수준의 보장을 한다는 것을 의미하는 것은 아니다. 20년 지방직 7급 [O][X]

(O) 기본권 주체성의 인정 문제와 기본권 제한의 정도는 별개의 문제이므로 외국인에게 근로의 권리에 대한 기본권 주체성을 인정한다는 것이 곧바로 우리 국민과 동일한 수준의 보장을 한다는 것을 의미하는 것은 아니다(헌재 2011.9.29. 2009헌마351).

0107
인간의 존엄과 가치, 행복추구권은 대체로 '인간의 권리'로서 외국인도 주체가 될 수 있다고 보아야 하고, 평등권도 인간의 권리로서 참정권 등에 대한 성질상의 제한 및 상호주의에 따른 제한이 있을 수 있을 뿐이다. 22년 국회직 8급 [O][X]

(O) 청구인들이 침해되었다고 주장하는 인간의 존엄과 가치, 행복추구권은 대체로 '인간의 권리'로서 외국인도 주체가 될 수 있다고 보아야 하고, 평등권도 인간의 권리로서 참정권 등에 대한 성질상의 제한 및 상호주의에 따른 제한이 있을 수 있을 뿐이다(헌재 2001.11.29. 99헌마494).

0108
국민과 유사한 지위에 있는 외국인도 원칙적으로 기본권의 주체가 될 수 있다. 23년 소방간부, 20년 소방간부 [O][X]

(O) 우리 재판소는, 헌법재판소법 제68조 제1항 소정의 헌법소원은 기본권의 주체이어야만 청구할 수 있다고 한 다음, '국민' 또는 국민과 유사한 지위에 있는 '외국인'은 기본권의 주체가 될 수 있다고 판시하였다(헌재 2011.9.29. 2009헌마351).

0109
인간으로서의 존엄과 가치는 자연인을 전제로 하는 것이므로, 법인은 인격권의 주체가 될 수 없다. 21년 국회직 8급, 20년 소방간부 [O][X]

(X) 법인도 법인의 목적과 사회적 기능에 비추어 볼 때 그 성질에 반하지 않는 범위 내에서 인격권의 한 내용인 사회적 신용이나 명예 등의 주체가 될 수 있고 법인이 이러한 사회적 신용이나 명예 유지 내지 법인격의 자유로운 발현을 위하여 의사결정이나 행동을 어떻게 할 것인지를 자율적으로 결정하는 것도 법인의 인격권의 한 내용을 이룬다고 할 것이다(헌재 2012.8.23. 2009헌가27).

0110
헌법 제14조의 거주·이전의 자유, 헌법 제21조의 결사의 자유는 그 성질상 법인에게도 인정된다. 23년 경찰간부, 20년 변호사 [O][X]

(O) 법인의 경우에도 법인의 본사를 이전할 수 있어 거주·이전의 주체가 된다(헌재 2013.5.30. 2011헌바171). / 또한 법인 등 결사체도 그 조직과 의사형성에 있어서 그리고 업무수행에 있어서 자기결정권을 가지므로 결사의 자유의 주체가 된다(헌재 2000.6.1. 99헌마553).

| OX 문제 | 정답 및 해설 |

0111
공법상 재단법인인 방송문화진흥회가 최다출자자인 방송사업자는 그 설립목적이 언론의 자유의 핵심 영역인 방송 사업이므로 이러한 업무 수행과 관련해서는 기본권 주체가 될 수 있다. 23년 소방간부

(O) 청구인은 공법상 재단법인인 방송문화진흥회가 최다출자자인 방송사업자로서 방송법 등 관련 규정에 의하여 공법상의 의무를 부담하고 있지만, 그 설립목적이 언론의 자유의 핵심 영역인 방송 사업이므로 이러한 업무 수행과 관련해서는 당연히 기본권 주체가 될 수 있다(헌재 2013.9.26. 2012헌마271).

0112
법인도 법인의 목적과 사회적 기능에 비추어 볼 때 그 성질에 반하지 않는 범위 내에서 인격권의 내용인 사회적 신용이나 명예 등의 주체가 될 수 있다. 24년 국회직 5급, 23년 소방간부, 21년 국가직 5급, 20년 경찰승진

(O) 법인도 법인의 목적과 사회적 기능에 비추어 볼 때 그 성질에 반하지 않는 범위 내에서 인격권의 한 내용인 사회적 신용이나 명예 등의 주체가 될 수 있고 법인이 이러한 사회적 신용이나 명예 유지 내지 법인격의 자유로운 발현을 위하여 의사결정이나 행동을 어떻게 할 것인지를 자율적으로 결정하는 것도 법인의 인격권의 한 내용을 이룬다고 할 것이다(헌재 2012.8.23. 2009헌가27).

0113
본래 자연인에게 적용되는 기본권 규정이라도 성질상 법인이 누릴 수 있는 기본권은 당연히 법인에게도 적용하여야 한다. 21년 국가직 5급

(O) 우리 헌법은 법인의 기본권향유능력을 인정하는 명문의 규정을 두고 있지 않지만, 본래 자연인에게 적용되는 기본권규정이라도 언론·출판의 자유, 재산권의 보장 등과 같이 성질상 법인이 누릴 수 있는 기본권을 당연히 법인에게도 적용하여야 한 것으로 본다(헌재 1991.6.3. 90헌마56).

0114
국가기관인 국회의 일부조직인 노동위원회는 기본권의 주체가 될 수 없다. 21년 국회직 5급

(O) 청구인은 국회의 노동위원회로 그 일부조직인 상임위원회 가운데 하나에 해당하는 것으로 국가기관인 국회의 일부조직이므로 기본권의 주체가 될 수 없고 따라서 헌법소원을 제기할 수 있는 적격이 없다고 할 것이다. 그렇다면 청구인의 이 사건 헌법소원심판청구는 부적법하므로 이를 각하하기로 한다(헌재 1994.12.29. 93헌마120).

0115
헌법상 기본권의 주체가 될 수 있는 법인은 원칙적으로 사법인(私法人)에 한하는 것이고 공법인(公法人)은 헌법의 수범자이지 기본권의 주체가 될 수 없다. 23년 경찰간부

(O) 공법인은 공권력의 행사주체로서 기본권을 실현하고 보호해야 할 권한과 책임을 지고 있으므로 원칙적으로 기본권의 적용대상인 수범자이지, 기본권을 주장하는 주체로서의 기본권의 보유자는 아니다. 따라서 국가나 지방자치단체는 기본권 주체가 될 수 없다(헌재 2000.6.1. 99헌마553).

0116
어떤 법령이 직업의 자유와 행복추구권 양자를 제한하는 외관을 띠는 경우 두 기본권의 경합문제가 발생하고, 보호영역으로서 '직업'이 문제될 때 행복추구권과 직업의 자유는 특별관계에 있다. 22년 경찰간부

(O) 행복추구권은 다른 기본권에 대한 보충적 기본권으로서의 성격을 지니므로, 공무담임권이라는 우선적으로 적용되는 기본권이 존재하여 그 침해 여부를 판단하는 이상, 행복추구권 침해 여부를 독자적으로 판단할 필요가 없다(헌재 2000.12.14. 99헌마112 등).

0117
하나의 규제로 인해 여러 기본권이 동시에 제약을 받는 기본권경합의 경우에는 기본권침해를 주장하는 청구인의 의도 및 기본권을 제한하는 입법자의 객관적 동기 등을 참작하여 사안과 가장 밀접한 관계에 있고 또 침해의 정도가 큰 주된 기본권을 중심으로 해서 그 제한의 한계를 따져 보아야 할 것이다. 24년 법원행시

(O) 하나의 규제로 인해 여러 기본권이 동시에 제약을 받는 기본권경합의 경우에는 기본권 침해를 주장하는 제청신청인과 제청법원의 의도 및 기본권을 제한하는 입법자의 객관적 동기 등을 참작하여 사안과 가장 밀접한 관계에 있고 또 침해의 정도가 큰 주된 기본권을 중심으로 해서 그 제한의 한계를 따져 보아야 할 것이다(헌재 1998.4.30. 95헌가16).

| OX 문제 | 정답 및 해설 |

0118
행복추구권은 다른 기본권에 대한 보충적 기본권으로서의 성격을 지니고, 보호영역으로서 재산권이 문제되는 경우 재산권과 행복추구권은 서로 특별관계에 있어 기본권의 내용상 특별성을 갖는 재산권의 침해 여부가 우선함에 따라 행복추구권의 침해 여부에 관한 심사는 배제된다. 21년 비상기획관(하) [O][X]

(O) 행복추구권은 다른 기본권에 대한 보충적 기본권으로서의 성격을 지니고, 보호영역으로서 재산권이 문제되는 경우 재산권과 행복추구권은 서로 특별관계에 있어 기본권의 내용상 특별성을 갖는 재산권의 침해 여부가 우선함에 따라 행복추구권의 침해 여부에 관한 심사는 배제되어야 하는 것이므로, 이 사건에 있어서 재산권 침해 여부를 판단한 이상 행복추구권의 침해 여부를 독자적으로 판단할 필요가 없는 것이다(헌재 2008.6.26. 2005헌마173).

0119
어떤 법령이 수범자의 직업의 자유와 행복추구권 양자를 제한하는 외관을 띠는 경우 행복추구권과 직업의 자유는 서로 일반−특별관계에 있어 직업의 자유의 침해 여부가 우선하므로 행복추구권 관련 위헌 여부의 심사는 배제되어야 한다.
21년 국회직 9급 [O][X]

(O) 어떠한 법령이 수범자의 직업의 자유와 행복추구권 양자를 제한하는 외관을 띠는 경우 두 기본권의 경합 문제가 발생하는데, 보호영역으로서 '직업'이 문제되는 경우 직업의 자유와 행복추구권은 서로 특별관계에 있어 기본권의 내용상 특별성을 갖는 직업의 자유의 침해 여부가 우선하므로, 행복추구권 관련 위헌 여부의 심사는 배제된다고 보아야 한다(헌재 2003.9.25. 2002헌마519).

0120
기본권의 충돌이란 하나의 동일한 사건에서 복수의 기본권 주체가 서로 대립적인 이익을 가지고 국가에 대하여 자신의 기본권을 주장하는 경우를 말한다. 24년 법원행시, 22년 해경간부 [O][X]

(O) 기본권의 충돌이란 상이한 기본권 주체가 하나의 동일한 사건에서 국가에 대해 각각 자신의 기본권 효력을 주장하는 경우를 말한다.

0121
기본권의 충돌은 충돌하는 기본권이 반드시 상이한 기본권이어야 하는 것은 아니다. 22년 해경간부 [O][X]

(O) 충돌은 대립하는 기본권이어야 하나 상이한 기본권이어야 하는 것은 아니다.

0122
상하의 위계질서가 있는 기본권끼리 충돌하는 경우에는 상위 기본권 우선의 원칙에 따라 하위 기본권이 제한될 수 있다.
22년 해경간부 [O][X]

(O) 인간의 존엄성, 생명권과 같은 기본권질서의 가치적 핵이라 할 수 있는 상위 기본권에 우선적 효력을 부여한다.

0123
흡연자들이 자유롭게 흡연할 권리는 행복추구권을 규정한 「헌법」제10조와 사생활의 자유를 규정한 「헌법」제17조에 의하여 뒷받침되는 기본권이 아니다. 24년 소방간부, 22년 해경일반, 20년 법무사 [O][X]

(X) 흡연자들이 자유롭게 흡연할 권리를 흡연권이라고 한다면, 이러한 흡연권은 인간의 존엄과 행복추구권을 규정한 헌법 제10조와 사생활의 자유를 규정한 헌법 제17조에 의하여 뒷받침된다(헌재 2004.8.26. 2003헌마457).

0124
흡연자와 비흡연자가 함께 생활하는 공간에서의 흡연행위는 필연적으로 흡연자의 기본권과 비흡연자의 기본권이 충돌하는 상황을 초래한다. 24년 법원행시 [O][X]

(O) 흡연자와 비흡연자가 함께 생활하는 공간에서의 흡연행위는 필연적으로 흡연자의 기본권과 비흡연자의 기본권이 충돌하는 상황이 초래된다(헌재 2004.8.26. 2003헌마457).

| OX 문제 | 정답 및 해설 |

0125
두 기본권이 서로 충돌하는 경우에는 헌법의 통일성을 유지하기 위하여 충돌하는 기본권 모두가 최대한으로 그 기능과 효력을 발할 수 있는 조화로운 방법이 모색되어야 한다. 20년 경행특채 [O][X]

(O) 두 기본권이 서로 충돌하는 경우에는 헌법의 통일성을 유지하기 위하여 충돌하는 기본권 모두가 최대한으로 그 기능과 효력을 발할 수 있는 조화로운 방법이 모색되어야 한다(헌재 1991.9.16. 89헌마165).

0126
입법목적을 달성하기 위한 수단으로서 반드시 가장 합리적이며 효율적인 수단을 선택하여야 하는 것은 아니라고 할지라도 적어도 현저하게 불합리하고 불공정한 수단의 선택은 피하여야 한다. 22년 경찰승진, 22년 해경일반 [O][X]

(O) 입법목적을 달성하기 위하여 가능한 여러 수단들 가운데 구체적으로 어느 것을 선택할 것인가의 문제가 기본적으로 입법재량에 속하는 것이기는 하다. 그러나 위 입법재량이라는 것도 자유재량을 말하는 것은 아니므로 입법목적을 달성하기 위한 수단으로서 반드시 가장 합리적이며 효율적인 수단을 선택하여야 하는 것은 아니라고 할지라도 적어도 현저하게 불합리하고 불공정한 수단의 선택은 피하여야 할 것이다(헌재 1996.4.25. 92헌바47).

0127
과잉금지의 원칙은 기본권 제한의 한계로서 헌법 제37조 제2항과 법치주의원리에서 그 근거를 찾을 수 있다. 22년 국회직 9급, 22년 해경일반 [O][X]

(O) 과잉금지원칙은 오늘날 법치국가의 원리에서 당연히 추출되는 확고한 원칙으로서 부동의 위치를 점하고 있으며, 헌법 제37조 제2항에서도 이러한 취지의 규정을 두고 있는 것이다(헌재 1990.9.3. 89헌가95).

0128
법익의 균형성이란 기본권 제한에 의하여 보호하려는 공익과 침해되는 사익을 비교·형량할 때 보호되는 공익이 더 크거나 혹은 적어도 양자간에 균형이 유지되어야 한다는 원칙이다. 22년 국회직 9급 [O][X]

(O) 어떠한 행위를 규제함으로써 초래되는 사적 불이익과 그 행위를 방치함으로써 초래되는 공적 불이익을 비교하여, 규제함으로써 확보되는 공익이 보다 크거나 적어도 양자간에 균형이 유지되어야 한다는 원칙을 말한다.

0129
국민의 기본권을 제한하는 입법은 그 목적이「헌법」및 법률의 체제상 정당성이 인정되어야 하고, 그 목적의 달성을 위하여 방법이 효과적이고 적절하여야 하며, 입법권자가 선택한 방법이 설사 적절하다고 하더라도 보다 완화된 형태나 방법을 모색함으로써 기본권의 제한은 필요한 최소한도에 그치도록 하여야 하며, 입법에 의하여 보호하려는 공익과 침해되는 사익을 비교형량할 때 보호되는 공익이 더 커야 한다. 22년 해경일반 [O][X]

(O) 국민의 기본권을 제한하는 입법은 그 목적이「헌법」및 법률의 체제상 정당성이 인정되어야 하고, 그 목적의 달성을 위하여 방법이 효과적이고 적절하여야 하며, 입법권자가 선택한 방법이 설사 적절하다고 하더라도 보다 완화된 형태나 방법을 모색함으로써 기본권의 제한은 필요한 최소한도에 그치도록 하여야 하며, 입법에 의하여 보호하려는 공익과 침해되는 사익을 비교형량할 때 보호되는 공익이 더 커야 한다(헌재 1992.12.24. 92헌가8).

0130
기본권 보호의무란 국민의 기본권적 법익을 기본권 주체인 사인에 의한 위법한 침해 또는 침해의 위험으로부터 보호하여야 하는 국가의 의무를 말하며, 주로 사인인 제3자에 의한 개인의 생명이나 신체의 훼손에서 문제된다. 22년 경찰승진 [O][X]

(O) 기본권 보호의무란 기본권적 법익을 기본권 주체인 사인에 의한 위법한 침해 또는 침해의 위험으로부터 보호하여야 하는 국가의 의무를 말하며, 주로 사인인 제3자에 의한 개인의 생명이나 신체의 훼손에서 문제되는데, 이는 타인에 의하여 개인의 신체나 생명 등 법익이 국가의 보호의무 없이는 무력화될 정도의 상황에서만 적용될 수 있다(헌재 2009.2.26. 2005헌마764 등).

OX 문제

0131
「공직선거법」이 정온한 생활환경이 보장되어야 할 주거지역에서 출근 또는 등교 이전 및 퇴근 또는 하교 이후 시간대에 확성장치의 최고출력 내지 소음을 제한하는 등 사용시간과 사용지역에 따른 수인한도 내에서 확성장치의 최고출력 내지 소음 규제기준에 관한 규정을 두지 아니한 것은 헌법에 위반된다. 24년 소방간부 [O][X]

0132
국가가 국민의 생명·신체의 안전에 대한 보호의무를 다하지 않았는지 여부를 헌법재판소가 심사할 때에는, 국가가 이를 보호하기 위한 최대한의 보호조치를 취하였는가 하는 이른바 '과잉금지원칙'의 위반 여부를 기준으로 삼아야 한다. 23년 경찰승진, 22년 법학경채, 20년 국회직 9급 [O][X]

0133
국가가 국민의 건강하고 쾌적한 환경에서 생활할 권리에 대한 보호의무를 다하지 않았는지 여부를 헌법재판소가 심사할 때에는 국가가 이를 보호하기 위하여 적어도 적절하고 효율적인 최소한의 보호조치를 취하였는가 하는 이른바 '과소보호금지원칙'의 위반 여부를 기준으로 삼아야 한다. 23년 법원행시 [O][X]

0134
국가는 사인인 제3자에 의한 국민의 환경권 침해에 대해서 기본권보호조치를 취할 의무를 지지 않는다. 21년 국회직 8급 [O][X]

정답 및 해설

(O) 국민이 건강하고 쾌적하게 생활할 수 있는 양호한 주거환경을 위하여 노력하여야 할 국가의 의무를 부과한 헌법 제35조 제3항에 비추어 보면, 적절하고 효율적인 최소한의 보호조치를 취하지 아니하여 국가의 기본권 보호의무를 과소하게 이행한 것으로서, 청구인의 건강하고 쾌적한 환경에서 생활할 권리를 침해하므로 헌법에 위반된다(헌재 2019.12.27. 2018헌마730).

(X) 일정한 경우 국가는 사인인 제3자에 의한 국민의 환경권 침해에 대해서도 적극적으로 기본권 보호조치를 취할 의무를 지나, 헌법재판소가 이를 심사할 때에는 국가가 국민의 기본권적 법익 보호를 위하여 적어도 적절하고 효율적인 최소한의 보호조치를 취했는가 하는 이른바 과소보호금지원칙의 위반 여부를 기준으로 삼아야 한다(헌재 2008.7.31. 2006헌마711).

(O) 일정한 경우 국가는 사인인 제3자에 의한 국민의 환경권 침해에 대해서도 적극적으로 기본권 보호조치를 취할 의무를 지나, 헌법재판소가 이를 심사할 때에는 국가가 국민의 기본권적 법익 보호를 위하여 적어도 적절하고 효율적인 최소한의 보호조치를 취했는가 하는 이른바 과소보호금지원칙의 위반 여부를 기준으로 삼아야 한다(헌재 2008.7.31. 2006헌마711).

(X) 국민이 건강하고 쾌적하게 생활할 수 있도록 노력하여야 할 국가의 기본권 보호의무를 과소하게 이행한 것으로서, 청구인의 건강하고 쾌적한 환경에서 생활할 권리의 침해를 가져온다(헌재 2019.12.27. 2018헌마730). 즉 국가는 보호의무를 부담하고 과소하게 이행하면 침해가 된다.

CHAPTER 02 포괄적 기본권

OX 문제 | 정답 및 해설

0135
행복추구권 속에는 일반적 행동자유권이 들어있고, 이 일반적 행동자유권으로부터 계약의 자유가 파생된다. 22년 법원행시

(O) 헌법 제10조는 행복을 추구할 권리를 보장하고 있는바, 여기의 행복추구권 속에는 일반적 행동자유권이 들어있고, 이 일반적 행동자유권으로부터 계약의 자유가 파생된다(헌재 2006.7.27. 2005헌바19).

0136
일반적 행동자유권에는 적극적으로 자유롭게 행동을 하는 것은 물론 소극적으로 행동을 하지 않을 자유, 즉 부작위의 자유도 포함된다. 24년 순경 2차, 22년 법원행시

(O) 일반적 행동자유권에는 적극적으로 자유롭게 행동을 하는 것은 물론 소극적으로 행동을 하지 않을 자유 즉, 부작위의 자유도 포함되며, 포괄적인 의미의 자유권으로서 일반조항적인 성격을 가진다(헌재 1991.6.3. 89헌마204).

0137
행복추구권 속에는 일반적 행동자유권, 개성의 자유로운 발현권이 포함되어 있다. 24년 순경 2차, 20년 국가직 5급

(O) 헌법 제10조 전문은 모든 국민은 인간으로서의 존엄과 가치를 지니며, 행복을 추구할 권리를 가진다고 규정하여 행복추구권을 보장하고 있고, 행복추구권은 그의 구체적인 표현으로서 일반적인 행동자유권과 개성의 자유로운 발현권을 포함한다(헌재 2003.10.30. 2002헌마518).

0138
일반적 행동자유권의 보호영역에는 개인의 생활방식과 취미에 관한 사항도 포함된다. 23년 소방간부

(O) 일반적 행동자유권은 모든 행위를 할 자유와 행위를 하지 않을 자유로 가치있는 행동만 그 보호영역으로 하는 것은 아닌 것으로, 그 보호영역에는 개인의 생활방식과 취미에 관한 사항도 포함되며, 여기에는 위험한 스포츠를 즐길 권리와 같은 위험한 생활방식으로 살아갈 권리도 포함된다(헌재 2003.10.30. 2002헌마518).

0139
행복추구권과 다른 기본권이 경합하는 경우, 우선적으로 적용되는 개별적 기본권이 존재하여 그 침해 여부를 판단하더라도 행복추구권 침해 여부를 독자적으로 판단하여야 한다. 22년 법학경채, 21년 소방간부, 20년 소방간부

(X) 헌법재판소는 사안에 대하여 직접 적용할 기본권 규정이 없는 경우에 보충적으로 적용해야 한다는 보충적 보장설을 취한다(헌재 2002.8.29. 2000헌가5).

0140
헌법 제10조로부터 도출되는 일반적 인격권에는 개인의 명예에 관한 권리도 당연히 포함되며, '명예'에는 사람이나 그 인격에 대한 '사회적 평가', 즉 객관적·외부적 가치평가뿐만 아니라 주관적·내면적인 명예감정도 포함된다. 24년 국가직 5급, 24년 경찰간부, 24년 국회직 5급, 23년 법원행시, 22년 경찰승진, 22년 변호사

(X) 헌법 제10조로부터 도출되는 일반적 인격권에는 개인의 명예에 관한 권리도 포함될 수 있으나, '명예'는 사람이나 그 인격에 대한 '사회적 평가', 즉 객관적·외부적 가치평가를 말하는 것이지 단순히 주관적·내면적인 명예감정은 포함되지 않는다(헌재 2005.10.27. 2002헌마425).

OX 문제

0141
한시적 번호이동을 허용하도록 한 방송통신위원회의 이행명령이 010 번호 이외의 식별번호를 사용하는 자의 행복추구권을 침해한다고 볼 수 없다. 22년 법학경채 ☐X

0142
비어업인이 잠수용 스쿠버장비를 사용하여 수산자원을 포획·채취하는 것을 금지하는 「수산자원관리법 시행규칙」의 규정 중 '잠수용 스쿠버장비 사용'에 관한 부분은 일반적 행동의 자유를 침해하지 않는다. 22년 경찰승진 ☐X

0143
인수자가 없는 시체를 생전의 본인의 의사와는 무관하게 해부용 시체로 제공될 수 있도록 규정한 「시체 해부 및 보존에 관한 법률」 조항은 연고가 없는 자의 시체처분에 대한 자기결정권을 침해한다. 22년 경찰승진, 22년 해경간부, 22년 해경일반, 22년 5급 공채 ☐X

0144
교정시설의 1인당 수용면적이 수형자의 인간으로서의 기본욕구에 따른 생활조차 어렵게 할 만큼 지나치게 협소하다면 이는 그 자체로 국가형벌권 행사의 한계를 넘어 수형자의 인간의 존엄과 가치를 침해하는 것이다. 25년 순경 2차, 23년 순경 2차 ☐X

0145
경찰이 언론사 기자들의 취재 요청에 응하여 피의자가 경찰서 내에서 양손에 수갑을 찬 채 조사받는 모습을 촬영할 수 있도록 허용한 행위는 피의자의 인격권을 침해하지 않는다. 23년 소방간부 ☐X

0146
사법경찰관이 보험사기범 검거라는 보도자료 배포 직후 기자들의 취재 요청에 응하여 피의자가 경찰서 조사실에서 양손에 수갑을 찬 채 조사받는 모습을 촬영할 수 있도록 허용한 행위는 과잉금지원칙에 위반되어 피의자의 인격권을 침해한다. 23년 순경 1차 ☐X

정답 및 해설

(O) 이용자의 편익을 증대시키고, 예비 번호자원을 확보하며, 95%가 010 번호를 이용하고 있는 점 등을 고려할 때 행복추구권을 침해하지 않는다(헌재 2013.7.25. 2011헌마63).

(O) 이 사건 규칙조항은 이 사건 규칙조항은 수산자원을 유지·보존하고 어업인들의 재산을 보호함으로써, 단기적으로는 어업인의 생계를 보장하고 장기적으로는 수산업의 생산성을 향상시키고자 함에 그 목적이 있는바 청구인의 일반적 행동의 자유를 침해하지 아니한다(헌재 2016.10.27. 2013헌마450).

(O) 본인의 의사와는 무관하게 해부용 시체로 제공될 수 있도록 규정하고 있다는 점에서 침해의 최소성원칙을 충족했다고 보기 어렵고 … 청구인의 시체 처분에 대한 자기결정권을 침해한다(헌재 2015.11.26. 2012헌마940).

(O) 교정시설의 1인당 수용면적이 수형자의 인간으로서 기본욕구에 따른 생활조차 어렵게 할 만큼 지나치게 협소하다면 이는 그 자체로 국가형벌권 행사의 한계를 넘어 수형자의 인간의 존엄과 가치를 침해하는 것이다(헌재 2016.12.29. 2013헌마142).

(X) 피청구인이 언론사 기자들의 취재 요청에 응하여 청구인이 경찰서 내에서 양손에 수갑을 찬 채 조사받는 모습을 촬영할 수 있도록 허용한 행위는 청구인의 인격권을 침해하여 위헌임을 확인한다(헌재 2014.3.27. 2012헌마652).

(O) 촬영허용행위는 목적의 정당성 자체가 인정되지 아니한다. 피청구인이 언론사 기자들의 취재 요청에 응하여 청구인이 경찰서 내에서 양손에 수갑을 찬 채 조사받는 모습을 촬영할 수 있도록 허용한 행위는 청구인의 인격권을 침해하여 위헌임을 확인한다(헌재 2014.3.27. 2012헌마652).

| OX 문제 | 정답 및 해설 |

0147
부모가 자녀의 이름을 지어주는 것은 자녀의 양육과 가족생활을 위하여 필수적인 것이고, 가족생활의 핵심적 요소라 할 수 있으므로, '부모가 자녀의 이름을 지을 자유'는 혼인과 가족생활을 보장하는 헌법 제36조 제1항과 행복추구권을 보장하는 헌법 제10조에 의하여 보호받는다. 23년 소방간부 [O][X]

(O) 부모가 자녀의 이름을 지어주는 것은 자녀의 양육과 가족생활을 위하여 필수적인 것이고, 가족생활의 핵심적 요소라 할 수 있으므로, '부모가 자녀의 이름을 지을 자유'는 혼인과 가족생활을 보장하는 헌법 제36조 제1항과 행복추구권을 보장하는 헌법 제10조에 의하여 보호받는다(헌재 2016.7.28. 2015헌마964).

0148
수용자를 교정시설에 수용할 때마다 전자영상 검사기를 이용하여 수용자의 항문 부위에 대한 신체검사를 하는 것이 수용자의 인격권을 침해하는 것은 아니다. 22년 순경 1차, 22년 해경간부 [O][X]

(O) 이 사건 신체검사로 인하여 수용자가 느끼는 모욕감이나 수치심이 결코 작다고 할 수는 없지만, 흉기 기타 위험물이나 금지물품을 교정시설 내로 반입하는 것을 차단함으로써 수용자 및 교정시설 종사자들의 생명·신체의 안전과 교정시설 내의 질서를 유지한다는 공적인 이익이 훨씬 크다 할 것이므로, 법익의 균형성 요건 또한 충족된다. 이 사건 신체검사는 필요한 최소한도를 벗어나 과잉금지원칙에 위배되어 청구인의 인격권 내지 신체의 자유를 침해한다고 볼 수 없다(헌재 2011.5.26. 2010헌마775).

0149
법률행위의 영역에 있어서 계약자유의 원칙은 일반적 행동자유권으로부터 파생되는 것이다. 24년 국회직 5급 [O][X]

(O) 일반적 행동자유권에는 적극적으로 자유롭게 행동을 하는 것은 물론 소극적으로 행동을 하지 않을 자유 즉 부작위의 자유도 포함되는 것으로, 법률행위의 영역에 있어서는 계약을 체결할 것인가의 여부, 체결한다면 어떠한 내용의, 어떠한 상대방과의 관계에서, 어떠한 방식으로 계약을 체결하느냐 하는 것도 당사자 자신이 자기의사로 결정하는 자유뿐만 아니라 원치 않으면 계약을 체결하지 않을 자유 즉 원치 않는 계약의 체결은 법이나 국가에 의하여 강제받지 않을 자유인 이른바 계약자유의 원칙도, 여기의 일반적 행동자유권으로부터 파생되는 것이라 할 것이다(헌재 1991.6.3. 89헌마204).

0150
이미 출국 수속 과정에서 일반적인 보안검색을 마친 승객을 상대로 촉수검색(patdown)과 같은 추가적인 보안 검색 실시를 예정하고 있는 국가항공보안계획은 달성하고자 하는 공익에 비해 추가 보안검색으로 인해 대상자가 느낄 모욕감이나 수치심의 정도가 크다고 할 수 있으므로 과잉금지원칙에 위반되어 해당 승객의 인격권을 침해한다. 24년 국회직 8급, 24년 경찰승진, 23년 경찰간부, 22년 국가직 7급 [O][X]

(X) 이미 출국 수속 과정에서 일반적인 보안검색을 마친 승객을 상대로, 촉수검색(patdown)과 같은 추가적인 보안 검색 실시를 예정하고 있는 국가항공보안계획은 과잉금지원칙에 위반되지 않아 청구인의 인격권을 침해하지 않는다(헌재 2018.2.22. 2016헌마780).

0151
사자(死者)에 대한 사회적 명예와 평가는 그들 후손의 인격권, 즉 유족의 명예 또는 유족의 사자에 대한 경애추모의 정에도 영향을 미친다. 23년 법원행시, 22년 국가직 7급 [O][X]

(O) 사자의 경우에도 인격적 가치에 대한 중대한 왜곡으로부터 보호되어야 하고, 사자에 대한 사회적 명예와 평가의 훼손은 사자와의 관계를 통하여 스스로의 인격상을 형성하고 명예를 지켜온 그들의 후손의 인격권, 즉 유족의 명예 또는 유족의 사자에 대한 경애추모의 정을 침해한다(헌재 2010.10.28. 2007헌가23).

| OX 문제 | 정답 및 해설 |

0152
좌석안전띠를 매지 않을 자유는 헌법 제10조의 행복추구권에서 나오는 일반적 행동자유권의 보호영역에 속하므로, 좌석안전띠를 매야 할 의무를 지우고 이에 위반했을 때 범칙금을 부과하는 법률조항에는 일반적 행동의 자유에 대한 제한이 존재하지만, 이는 정당한 공익의 실현을 위하여 필요한 정도의 제한으로 일반적 행동자유권에 대한 과도한 침해라고 볼 수는 없다. 23년 법원행시 [O][X]

(O) 좌석안전띠를 매지 않을 자유는 헌법 제10조의 행복추구권에서 나오는 일반적 행동자유권의 보호영역에 속한다. 이 사건 심판대상조항들은 운전할 때 좌석안전띠를 매야 할 의무를 지우고 이에 위반했을 때 범칙금을 부과하고 있으므로 청구인의 일반적 행동의 자유에 대한 제한이 존재한다. 사건 심판대상조항들에 의한 청구인의 일반적 행동자유권의 제한은 정당한 공익의 실현을 위하여 필요한 정도의 제한에 해당하는 것으로서 헌법 제37조 제2항의 비례의 원칙에 위반되어 국민의 일반적 행동자유권을 과도하게 침해하는 위헌적인 규정이라 할 수 없다(헌재 2003.10.30. 2002헌마518).

0153
일반적 행동자유권은 모든 행위를 할 자유와 행위를 하지 않을 자유로 그 보호영역에는 개인의 생활방식과 취미에 관한 사항도 포함되지만, 사회적으로 가치 있는 행동만 그 보호영역으로 하므로 위험한 스포츠를 즐길 권리와 같은 위험한 생활방식으로 살아갈 권리는 보호영역에 속하지 않는다. 24년 국회직 5급, 23년 경찰승진 [O][X]

(X) 일반적 행동자유권은 모든 행위를 할 자유와 행위를 하지 않을 자유로 가치있는 행동만 그 보호영역으로 하는 것은 아닌 것으로, 그 보호영역에는 개인의 생활방식과 취미에 관한 사항도 포함되며, 여기에는 위험한 스포츠를 즐길 권리와 같은 위험한 생활방식으로 살아갈 권리도 포함된다(헌재 2003.10.30. 2002헌마518).

0154
협의상 이혼을 하고자 하는 경우 부부가 함께 관할 가정법원에 출석하여 협의이혼의사확인신청서를 제출하도록 하는 「가족관계의 등록 등에 관한 규칙」상 조항은 청구인의 일반적 행동자유권을 침해하지 않는다. 23년 경찰간부 [O][X]

(O) 협의 이혼시 부부가 함께 법원에 직접 출석하여 협의이혼의사확인신청서를 제출하도록 강제하는 것은 당사자의 자유롭고 진지한 의사에 기하도록 하기 위함으로 일반적 행동자유권을 침해하지 아니한다(헌재 2016.6.30. 2015헌마894).

0155
일본제국주의의 국권침탈이 시작된 러·일전쟁 개전 시부터 1945년 8월 15일까지 조선총독부 중추원 참의로 활동한 행위를 친일반민족행위로 규정한 「일제강점하 반민족행위 진상규명에 관한 특별법」 조항은 조사대상자 또는 그 유족의 인격권을 제한한다. 24년 국회직 8급 [O][X]

(O) 헌법 제10조로부터 도출되는 일반적 인격권에는 개인의 명예에 관한 권리도 포함되는바, 이 사건 법률조항에 근거하여 반민규명위원회의 조사대상자 선정 및 친일반민족행위결정이 이루어지면(이에 관하여 작성된 조사보고서 및 편찬된 사료는 일반에 공개된다), 조사대상자의 사회적 평가가 침해되어 헌법 제10조에서 유래하는 일반적 인격권이 제한받는다고 할 수 있다. 다만 이 사건 결정의 조사대상자를 비롯하여 대부분의 조사대상자는 이미 사망하였을 것이 분명하나, 조사대상자가 사자(死者)의 경우에도 인격적 가치에 대한 중대한 왜곡으로부터 보호되어야 하고, 사자(死者)에 대한 사회적 명예와 평가의 훼손은 사자(死者)와의 관계를 통하여 스스로의 인격상을 형성하고 명예를 지켜온 그들의 후손의 인격권, 즉 유족의 명예 또는 유족의 사자(死者)에 대한 경애추모의 정을 제한하는 것이다(헌재 2010.10.28. 2007헌가23).

0156
경찰이 보도자료 배포 직후 기자들의 취재요청에 응하여 경찰서조사실에서 얼굴과 수갑이 드러난 채 조사받는 보험사기 피의자의 모습을 촬영할 수 있도록 허용한 행위는 보도를 실감나게 제공하려는 공익적 목적이 크므로 피의자의 인격권을 침해하지 않는다. 23년 경찰간부 [O][X]

(X) 피청구인은 기자들에게 청구인이 경찰서 내에서 수갑을 차고 얼굴을 드러낸 상태에서 조사받는 모습을 촬영할 수 있도록 허용하였는데, 청구인에 대한 이러한 수사 장면을 공개 및 촬영하게 할 어떠한 공익 목적도 인정하기 어려우므로 촬영허용행위는 목적의 정당성이 인정되지 아니한다(헌재 2014.3.27. 2012헌마652).

| | OX 문제 | 정답 및 해설 |

0157
모든 국민은 법 앞에 평등하다. 누구든지 성별·종교 또는 사회적 신분에 의하여 정치적·경제적·사회적·문화적 생활의 모든 영역에 있어서 차별을 받지 아니한다. 22년 소방간부 [O][X]

(O) 모든 국민은 법 앞에 평등하다. 누구든지 성별·종교 또는 사회적 신분에 의하여 정치적·경제적·사회적·문화적 생활의 모든 영역에 있어서 차별을 받지 아니한다(헌법 제11조 제1항).

0158
헌법 제11조 제1항의 규범적 의미는 '법 적용의 평등'에서 끝나지 않고, 더 나아가 입법자에 대해서도 그가 입법을 통해서 권리와 의무를 분배함에 있어서 적용할 가치평가의 기준을 정당화할 것을 요구하는 '법 제정의 평등'을 포함한다. 23년 경찰승진, 22년 소방간부, 21년 지방직 7급 [O][X]

(O) 헌법 제11조 제1항의 규범적 의미는 이와 같은 '법 적용의 평등'에서 끝나지 않고, 더 나아가 입법자에 대해서도 그가 입법을 통해서 권리와 의무를 분배함에 있어서 적용할 가치평가의 기준을 정당화할 것을 요구하는 '법 제정의 평등'을 포함한다(헌재 2000.8.31. 97헌가12).

0159
입법자가 헌법 제11조 제1항의 평등원칙에 어느 정도로 구속되는가는 그 규율대상과 차별기준의 특성을 고려하여 구체적으로 결정된다. 22년 소방간부 [O][X]

(O) 평등원칙은 입법자가 법률을 제정함에 있어서 법적 효과를 달리 부여하기 위하여 선택한 차별의 기준이 객관적으로 정당화될 수 없을 때에는 그 기준을 법적 차별의 근거로 삼는 것을 금지한다. 이때 입법자가 헌법 제11조 제1항의 평등원칙에 어느 정도로 구속되는가는 그 규율대상과 차별기준의 특성을 고려하여 구체적으로 결정된다(헌재 2000.8.31. 97헌가12).

0160
평등원칙은 법 적용상의 평등을 의미하여 행정권과 사법권만을 구속할 뿐이므로, 평등원칙이 입법권까지 구속하는 것은 아니다. 22년 변호사 [O][X]

(X) 우리 헌법이 선언하고 있는 "법앞의 평등"은 행정부나 사법부에 의한 법적용상의 평등만을 의미하는 것이 아니고, 입법권자에게 정의와 형평의 원칙에 합당하게 합헌적으로 법률을 제정하도록 하는 것을 명하는 법내용상의 평등을 의미하고 있기 때문에 그 입법내용이 정의와 형평에 반하거나 자의적으로 이루어진 경우에는 평등권 등의 기본권을 본질적으로 침해한 입법권의 행사로서 위헌성을 면하기 어렵다고 할 것이다(헌재 1995.10.26. 92헌바45).

0161
평등의 원칙은 국민의 기본권 보장에 관한 우리 헌법의 최고원리로서 국가가 입법을 하거나 법을 해석 및 집행함에 있어 따라야 할 기준인 동시에, 국가에 대하여 합리적 이유 없이 불평등한 대우를 하지 말 것과, 평등한 대우를 요구할 수 있는 모든 국민의 권리로서, 국민의 기본권중의 기본권인 것이다. 24년 소방간부 [O][X]

(O) 평등의 원칙은 국민의 기본권 보장에 관한 우리 헌법의 최고원리로서 국가가 입법을 하거나 법을 해석 및 집행함에 있어 따라야 할 기준인 동시에, 국가에 대하여 합리적 이유없이 불평등한 대우를 하지 말것과, 평등한 대우를 요구할 수 있는 모든 국민의 권리로서, 국민의 기본권중의 기본권인 것이다(헌재 1989.1.25. 88헌가7).

0162
헌법재판소는 평등권의 침해 여부를 심사할 때, 원칙적으로 완화된 심사의 경우 자의금지원칙에 의한 심사를 하고 엄격심사의 경우 과소보호금지원칙에 의한 심사를 한다. 24년 국가직 5급 [O][X]

(X) 헌법재판소에서 평등위반 여부를 심사함에 있어서는 헌법에서 특별히 평등을 요구하고 있는 경우나 차별적 취급으로 인하여 관련 기본권에 중대한 제한을 초래하는 경우에는 엄격한 심사척도가 적용되어야 하지만, 그렇지 않은 경우에는 완화된 심사척도인 자의금지원칙에 의하여 심사하면 족하다(헌재 2007.6.28. 2005헌마1179).

OX 문제

0163
평등의 원칙은 일체의 차별적 대우를 부정하는 절대적 평등을 의미하는 것이 아니라 입법과 법의 적용에 있어서 합리적 근거 없는 차별을 하여서는 아니 된다는 상대적 평등을 뜻하며, 합리적 근거 있는 차별 내지 불평등은 평등의 원칙에 반하는 것이 아니다. 24년 국가직 5급, 24년 소방간부, 23년 경찰승진, 20년 법무사 [O|X]

0164
헌법이 규정한 평등의 원칙은 국가가 언제 어디에서 어떤 계층을 대상으로 하여 기본권에 관한 상황이나 제도의 개선을 시작할 것인지를 선택하는 것을 방해하지는 않는다. 22년 소방간부 [O|X]

0165
헌법은 사회적 신분에 대한 차별금지와 같이 헌법 제11조 제1항 후문에서 예시한 사유가 있는 경우에 절대적으로 차별을 금지할 것을 요구함으로써 입법자에게 인정되는 입법형성권을 제한한다. 20년 법무사 [O|X]

0166
사회적 특수계급의 제도는 인정되지 아니하며, 어떠한 형태로도 이를 창설할 수 없다. 22년 국회직 9급, 21년 법원직 9급 [O|X]

0167
훈장 등의 영전은 이를 받은 자에게만 효력이 있고, 어떠한 특권도 이에 따르지 아니한다. 24년 국가직 5급, 21년 법원직 9급 [O|X]

0168
「국민의 형사재판 참여에 관한 법률」에서 국민참여재판 배심원의 자격을 만 20세 이상으로 규정한 것은 국민참여제도의 취지와 배심원의 권한 및 의무 등 여러 사정을 종합적으로 고려하여 만 20세에 이르기까지 교육 및 경험을 쌓은 자로 하여금 배심원의 책무를 담당하도록 한 것이므로 만 20세 미만의 자를 자의적으로 차별한 것은 아니다. 24년 경찰승진 [O|X]

정답 및 해설

(O) 헌법 제11조 제1항의 평등의 원칙은 일체의 차별적 대우를 부정하는 절대적 평등을 의미하는 것이 아니라 입법과 법의 적용에 있어서 합리적 근거 없는 차별을 하여서는 아니 된다는 상대적 평등을 뜻하고 따라서 합리적 근거 있는 차별 내지 불평등은 평등의 원칙에 반하는 것이 아니다(헌재 1994.2.24. 92헌바43).

(O) 헌법 제11조 제1항이 규정하는 평등의 원칙은 국가가 언제 어디에서 어떤 계층을 대상으로 하여 기본권에 관한 상황이나 제도의 개선을 시작할 것인지를 선택하는 것을 방해하지는 아니한다. 그것이 허용되지 아니한다면, 모든 사항과 계층을 대상으로 하여 동시에 제도의 개선을 추진하는 예외적 경우를 제외하고는 어떠한 제도의 개선도 평등의 원칙 때문에 그 시행이 불가능하다는 결과에 이르게 되어 불합리할 뿐 아니라 평등의 원칙이 실현하고자 하는 가치와도 어긋나기 때문이다(헌재 2019.9.26. 2018헌마315).

(X) 사회적 신분에 대한 차별금지는 헌법 제11조 제1항 후문에서 예시된 것인데, 헌법 제11조 제1항 후문의 규정은 불합리한 차별의 금지에 초점이 있는 것으로서, 예시한 사유가 있는 경우에 절대적으로 차별을 금지할 것을 요구함으로써 입법자에게 인정되는 입법형성권을 제한하는 것은 아니다(헌재 2011.3.31. 2008헌바141 등). / *합리적 이유가 있으면 차별이 가능하다.*

(O) 사회적 특수계급의 제도는 인정되지 아니하며, 어떠한 형태로도 이를 창설할 수 없다(헌법 제11조 제2항).

(O) 훈장등의 영전은 이를 받은 자에게만 효력이 있고, 어떠한 특권도 이에 따르지 아니한다(헌법 제11조 제3항).

(O) 심판대상조항이 우리나라 국민참여재판제도의 취지와 배심원의 권한 및 의무 등 여러 사정을 종합적으로 고려하여 만 20세에 이르기까지 교육 및 경험을 쌓은 자로 하여금 배심원의 책무를 담당하도록 정한 것은 입법형성권의 한계 내의 것으로 자의적인 차별이라고 볼 수 없다(헌재 2021.5.27. 2019헌가19).

| OX 문제 | 정답 및 해설 |

0169
「공직자윤리법」에서 혼인한 재산등록의무자 모두 배우자가 아닌 본인의 직계존·비속의 재산을 등록하도록 개정되었음에도 불구하고, 개정 전 조항에 따라 이미 배우자의 직계존·비속의 재산을 등록한 혼인한 여성 등록의무자의 경우에만, 예외적으로 종전과 동일하게 계속해서 배우자의 직계존·비속의 재산을 등록하도록 규정한 것은 평등원칙에 위배된다. 24년 경찰승진
[O|X]

(O) 이는 성별에 의한 차별금지 및 혼인과 가족생활에서의 양성의 평등을 천명하고 있는 헌법에 정면으로 위배되는 것으로 그 목적의 정당성을 인정할 수 없다. 따라서 이 사건 부칙조항은 평등원칙에 위배된다(헌재 2021.9.30. 2019헌가3).

0170
「산업재해보상보험법」에서 업무상 재해에 통상의 출퇴근 재해를 포함시키는 개정 법률조항을 개정법 시행 후 최초로 발생하는 재해부터 적용하도록 한 것은, 산재보험의 재정상황 등 실무적 여건이나 경제상황 등을 고려한 것으로 헌법상 평등원칙에 위반되지 않는다. 24년 경찰승진
[O|X]

(X) 심판대상조항이 신법 조항의 소급적용을 위한 경과규정을 두지 않음으로써 개정법 시행일 전에 통상의 출퇴근사고를 당한 비혜택근로자를 보호하기 위한 최소한의 조치도 취하지 않은 것은, 산재보험의 재정상황 등 실무적 여건이나 경제상황 등을 고려한 것이라고 하더라도, 그 차별을 정당화할 만한 합리적인 이유가 있는 것으로 보기 어렵고, 이 사건 헌법불합치결정의 취지에도 어긋난다. 따라서 심판대상조항은 헌법상 평등원칙에 위반된다(헌재 2019.9.26. 2018헌바218 등).

0171
초·중등학교 교원에 대하여는 정당가입을 금지하면서 대학교원에게는 허용하는 것은 기초적인 지식전달, 연구기능 등 직무의 본질이 서로 다른 점을 고려한 합리적 차별이므로 평등원칙에 반하지 아니한다. 22년 5급 공채
[O|X]

(O) 초·중등학교 교원에 대하여는 정당가입을 금지하면서 대학교원에게는 허용하는 것은, 기초적인 지식전달, 연구기능 등 직무의 본질이 서로 다른 점을 고려한 합리적 차별이므로 평등원칙에 반하지 아니한다(헌재 2014.3.27. 2011헌바42).

0172
공무원연금법에서 유족급여수급권의 대상을 19세 미만의 자녀로 한정한 것은 19세 이상 자녀들의 재산권과 평등권을 침해하지 않는다. 23년 법원직 9급
[O|X]

(O) 입법자가 연령과 장애 상태를 독자적 생계유지가능성의 판단기준으로 삼아 대통령령이 정하는 정도의 장애 상태에 있지 아니한 19세 이상의 자녀를 유족의 범위에서 제외하였음을 들어 유족급여수급권의 본질적 내용을 침해하였다거나 입법형성권의 범위를 벗어났다고 보기 어렵다(헌재 2019.11.28. 2018헌바335).

0173
일정한 범위의 공공기관 및 공기업으로 하여금 매년 정원의 100분의 3 이상씩 15세 이상 34세 이하의 청년 미취업자를 채용하도록 한 것은, 합리적 이유 없이 능력주의 내지 성적주의를 배제한 채 단순히 생물학적인 나이를 기준으로 특정 연령층에게 특혜를 부여함으로써 35세 이상 미취업자들의 평등권을 침해한다. 24년 법원행시
[O|X]

(X) 청년할당제가 추구하는 청년실업해소를 통한 지속적인 경제성장과 사회 안정은 매우 중요한 공익이며 청년할당제는 위와 같은 공익을 달성하는 데 기여하는 반면, 35세 이상 지원자들이 공공기관 취업기회에서 청년할당제 시행 때문에 새로이 불이익을 받을 가능성은 현실적으로 크다고 볼 수 없어 법익균형성원칙에도 위반된다고 볼 수 없다. 이 사건 청년할당제도는 청구인들의 평등권, 공공기관 취업의 자유를 침해하여 헌법에 위반된다고 볼 수 없다(헌재 2014.8.26. 2013헌마553).

0174
대한민국 국적을 가지고 있는 영유아 중에서 재외국민인 영유아를 보육료·양육수당의 지원대상에서 제외하는 보건복지부지침은 국내에 거주하면서 재외국민인 영유아를 양육하는 부모들을 합리적 이유 없이 차별하는 것이 아니다. 24년 법원행시
[O|X]

(X) 단순한 단기체류가 아니라 국내에 거주하는 재외국민, 특히 외국의 영주권을 보유하고 있으나 상당한 기간 국내에서 계속 거주하고 있는 자들은 주민등록법상 재외국민으로 등록·관리될 뿐 '국민인 주민'이라는 점에서는 다른 일반 국민과 실질적으로 동일하므로, 단지 외국의 영주권을 취득한 재외국민이라는 이유로 달리 취급할 아무런 이유가 없어 위와 같은 차별은 청구인들의 평등권을 침해한다(헌재 2018.1.25. 2015헌마1047).

CHAPTER 03 자유권적 기본권

제1절 인신의 자유

0175
생명권은 인간의 생존본능과 존재목적에 바탕을 둔 선험적이고 자연법적인 권리로서 헌법에 규정된 모든 기본권의 전제로서 기능하는 기본권 중의 기본권이다. 22년 경찰승진 ⓞⓧ

(O) 인간의 생명은 고귀하고, 이 세상에서 무엇과도 바꿀 수 없는 존엄한 인간 존재의 근원이다. 이러한 생명에 대한 권리, 즉 생명권은 비록 헌법에 명문의 규정이 없다 하더라도 인간의 생존본능과 존재목적에 바탕을 둔 선험적이고 자연법적인 권리로서 헌법에 규정된 모든 기본권의 전제로서 기능하는 기본권 중의 기본권이다(헌재 2008.7.31. 2004헌바81).

0176
국가는 헌법 제10조, 제12조 등에 따라 태아의 생명을 보호할 의무가 있지만, 태아는 헌법상 생명권의 주체로 인정되지 않는다. 22년 경찰승진 ⓞⓧ

(X) 모든 인간은 헌법상 생명권의 주체가 되며, 형성 중의 생명인 태아에게도 생명에 대한 권리가 인정되어야 한다. 따라서 태아도 헌법상 생명권의 주체가 되며, 국가는 헌법 제10조에 따라 태아의 생명을 보호할 의무가 있다(헌재 2008.7.31. 2004헌바81).

0177
태아도 헌법상 생명권의 주체가 되며, 국가는 헌법 제10조 제2문에 따라 태아의 생명을 보호할 의무가 있다. 21년 법원행시 ⓞⓧ

(O) 인간의 생명은 고귀하고, 이 세상에서 무엇과도 바꿀 수 없는 존엄한 인간 존재의 근원이다. 이러한 생명에 대한 권리, 즉 생명권은 비록 헌법에 명문의 규정이 없다 하더라도 인간의 생존본능과 존재목적에 바탕을 둔 선험적이고 자연법적인 권리로서 헌법에 규정된 모든 기본권의 전제로서 기능하는 기본권 중의 기본권이다. 모든 인간은 헌법상 생명권의 주체가 되며, 형성 중의 생명인 태아에게도 생명에 대한 권리가 인정되어야 한다. 따라서 태아도 헌법상 생명권의 주체가 되며, 국가는 헌법 제10조에 따라 태아의 생명을 보호할 의무가 있다(헌재 2008.7.31. 2004헌바81).

0178
「형법」상 자기낙태죄 조항은 입법목적을 달성하기 위하여 필요한 최소한의 정도를 넘어 임신한 여성의 자기결정권을 제한하고 있어 침해의 최소성을 갖추지 못하였고, 태아의 생명 보호라는 공익에 대하여만 일방적이고 절대적인 우위를 부여함으로써 법익균형성의 원칙도 위반하였으므로 과잉금지원칙을 위반하여 임신한 여성의 자기결정권을 침해한다. 22년 5급 공채 ⓞⓧ

(O) 다양하고 광범위한 사회적·경제적 사유를 이유로 낙태갈등 상황을 겪고 있는 경우까지도 예외 없이 전면적·일률적으로 임신의 유지 및 출산을 강제하고, 이를 위반한 경우 형사처벌하고 있다. 과잉금지원칙을 위반하여 임신한 여성의 자기결정권을 침해하는 위헌적인 규정이다(헌재 2019.4.11. 2017헌바127).

0179
임신한 여성의 자기낙태를 처벌하는 형법 규정은 임신한 여성의 자기결정권을 침해한다. 21년 법원행시 ⓞⓧ

(O) 다양하고 광범위한 사회적·경제적 사유를 이유로 낙태갈등 상황을 겪고 있는 경우까지도 예외 없이 전면적·일률적으로 임신의 유지 및 출산을 강제하고, 이를 위반한 경우 형사처벌하고 있다. 과잉금지원칙을 위반하여 임신한 여성의 자기결정권을 침해하는 위헌적인 규정이다(헌재 2019.4.11. 2017헌바127).

OX 문제

0180
상소제기 후의 미결구금일수 산입을 규정하면서 상소제기 후 상소취하시까지의 구금일수 통산에 관하여는 규정하지 아니함으로써 이를 본형 산입의 대상에서 제외되도록 한 관련 「형사소송법」 규정은 신체의 자유를 지나치게 제한하는 것으로서 「헌법」에 위반된다. 23년 법원행시, 22년 해경간부, 22년 국회직 9급 [O X]

0181
강제퇴거명령을 받은 사람을 보호할 수 있도록 하면서 보호기간의 상한을 마련하지 않은 출입국관리법 해당 조항은 침해의 최소성과 법익의 균형성을 충족하지 못하여 피보호자의 신체의 자유를 침해한다. 24년 법원직 [O X]

0182
형사법상 책임원칙은 형벌은 범행의 경중과 행위자의 책임 사이에 비례성을 갖추어야 하고 특별한 이유로 형을 가중하는 경우에도 형벌의 양은 행위자의 책임의 정도를 초과해서는 안 된다는 것을 의미한다. 23년 경찰승진 [O X]

0183
처벌법규의 구성요건이 어느 정도 명확하여야 하는가는 일률적으로 정할 수 없고, 각 구성요건의 특수성과 그러한 법적 규제의 원인이 된 여건이나 처벌의 정도 등을 고려하여 종합적으로 판단하여야 한다. 22년 법원행시 [O X]

0184
법규의 내용이 애매하거나 그 적용범위가 지나치게 광범위한 경우에는 「헌법」에 위반될 수 있다. 22년 해경간부 [O X]

0185
헌법상 신체의 자유에는 안정성이 외부로부터의 물리적인 힘이나 정신적인 위험으로부터 침해당하지 아니할 자유와 신체활동을 임의적이고 자율적으로 할 수 있는 자유가 포함된다. 22년 소방간부, 22년 법원직, 21년 소방간부 [O X]

0186
과태료는 행정상 의무위반자에게 부과하는 행정질서벌로서 그 기능과 역할이 형벌에 준하는 것이므로 죄형법정주의의 규율대상에 해당한다. 22년 경찰승진, 21년 법원직 9급 [O X]

정답 및 해설

(O) 상소도 하지 아니하는 경우 검사도 즉시 상소를 포기한 경우와 비교하면 법원이 선고한 형의 집행기간이 7일이나 연장되게 된다. 이러한 결과는 소송의 한 당사자인 검사의 의사에 따라 실질적으로 법원이 선고한 형에 변경을 가져오게 되고, 피고인의 신체의 자유를 침해하게 된다(헌재 2000.7.20. 99헌가7).

(O) 보호기간의 상한이 존재하지 아니한 것이 과잉금지원칙에 위배되며 보호의 개시나 연장 단계에서 공정하고 중립적인 기관에 의한 통제절차가 없고, 행정상 인신구속을 함에 있어 의견제출의 기회도 전혀 보장하고 있지 아니한 것이 적법절차원칙에 위배되어 피보호자의 신체의 자유를 침해한다(헌재 2023.3.23. 2020헌가1).

(O) 형사법상 책임원칙은 형벌은 범행의 경중과 행위자의 책임 사이에 비례성을 갖추어야 하고, 특별한 이유로 형을 가중하는 경우에도 형벌의 양은 행위자의 책임의 정도를 초과해서는 안 된다는 것을 의미한다(헌재 2016.12.29. 2016헌바258).

(O) 처벌법규의 구성요건이 어느 정도 명확하여야 하는가는 일률적으로 정할 수 없고, 각 구성요건의 특수성과 그러한 법적 규제의 원인이 된 여건이나 처벌의 정도 등을 고려하여 종합적으로 판단하여야 한다(헌재 1990.1.15. 89헌가203).

(O) 법규의 내용이 애매하거나 그 적용범위가 지나치게 광범위하면 어떠한 경우에 법을 적용하여야 합헌적인 것이 될 수 있는지 법집행자에게도 불확실하고 애매하게 되어 어떠한 것이 범죄인가를 법제정기관인 입법자가 법률로 확정하는 것이 아니라 사실상 법운영당국이 재량으로 정하는 결과가 되어 법치주의에 위배되고 죄형법정주의에 저촉될 소지가 생겨나는 것이다(헌재 1992.2.25. 89헌가104).

(O) 헌법 제12조 제1항은 "모든 국민은 신체의 자유를 가진다."라고 규정하여 신체의 자유를 헌법상 기본권의 하나로 보장하고 있다. 신체의 자유는 신체의 안정성이 외부로부터의 물리적인 힘이나 정신적인 위험으로부터 침해당하지 아니할 자유와 신체활동을 임의적이고 자율적으로 할 수 있는 자유를 말한다(헌재 2018.8.30. 2014헌마681).

(X) 죄형법정주의는 무엇이 범죄이며 그에 대한 형벌이 어떠한 것인가는 국민의 대표로 구성된 입법부가 제정한 법률로써 정하여야 한다는 원칙인데, 과태료는 행정상의 질서유지를 위한 행정질서벌에 해당할 뿐 형벌이라고 할 수 없어 죄형법정주의의 규율대상에 해당하지 아니한다(헌재 2003.12.18. 2002헌바49).

| OX 문제 | 정답 및 해설 |

0187

죄형법정주의는 무엇이 처벌될 행위인가를 국민이 예측가능한 형식으로 정하도록 하여 개인의 법적 안정성을 보호하고 성문의 형벌법규에 의한 실정법질서를 확립하여 국가형벌권의 자의적 행사로부터 개인의 자유와 권리를 보장하려는 법치국가 형법의 기본원칙이다. 23년 경찰승진 ｜O｜X｜

(O) 죄형법정주의는 이미 제정된 정의로운 법률에 의하지 아니하고는 처벌되지 아니한다는 원칙으로서 이는 무엇이 처벌될 행위인가를 국민이 예측가능한 형식으로 정하도록 하여 개인의 법적안정성을 보호하고 성문의 형벌법규에 의한 실정법질서를 확립하여 국가형벌권의 자의적 행사로부터 개인의 자유와 권리를 보장하려는 법치국가 형법의 기본원리이다(헌재 1991.7.8. 91헌가4).

0188

'여러 사람의 눈에 뜨이는 곳에서 공공연하게 알몸을 지나치게 내놓거나 가려야 할 곳을 내놓아 다른 사람에게 부끄러운 느낌이나 불쾌감을 준 사람'을 처벌하는 「경범죄처벌법」 조항은 죄형법정주의의 명확성 원칙에 위반되지 않는다. 24년 경찰승진, 22년 입법고시 ｜O｜X｜

(X) 심판대상조항은 알몸을 '지나치게 내놓는' 것이 무엇인지 그 판단기준을 제시하지 않아 무엇이 지나친 알몸노출행위인지 판단하기 쉽지 않고, '가려야 할 곳'의 의미도 알기 어렵다. 심판대상조항 중 '부끄러운 느낌이나 불쾌감'은 사람마다 달리 평가될 수밖에 없고, 노출되었을 때 부끄러운 느낌이나 불쾌감을 주는 신체부위도 사람마다 달라 '부끄러운 느낌이나 불쾌감'을 통하여 '지나치게'와 '가려야 할 곳' 의미를 확정하기도 곤란하다(헌재 2016.11.24. 2016헌가3). 따라서 명확성의 원칙에 위반된다.

0189

형식적 의미의 법률뿐만 아니라 명령·규칙에 의하여도 범죄와 형벌을 규정할 수 있다. 22년 해경간부 ｜O｜X｜

(X) 죄형법정주의는 무엇이 범죄이며 그에 대한 형벌이 어떠한 것인가는 국민의 대표로 구성된 입법부가 제정한 법률로써 정하여야 한다는 원칙이다(헌재 1994.6.30. 92헌바38).

0190

「응급의료에 관한 법률」 조항 중 '누구든지 응급의료종사자의 응급환자에 대한 진료를 폭행, 협박, 위계, 위력, 그 밖의 방법으로 방해하여서는 아니 된다.'는 부분 가운데 '그 밖의 방법' 부분은 죄형법정주의의 명확성원칙에 위반되지 않는다. 24년 국회직 5급 ｜O｜X｜

(O) 응급의료법의 입법 취지, 규정형식 및 문언의 내용을 종합하여 볼 때, 건전한 상식과 통상적인 법 감정을 가진 일반인이라면 구체적인 사건에서 어떠한 행위가 이 사건 금지조항의 '그 밖의 방법'에 의하여 규율되는지 충분히 예견할 수 있고, 이는 법관의 보충적 해석을 통하여 확정될 수 있는 개념이다. 따라서 이 사건 금지조항의 '그 밖의 방법' 부분은 죄형법정주의의 명확성의 원칙에 위반된다고 할 수 없다(헌재 2019.6.28. 2018헌바128).

0191

「형법」상 정당방위 규정은 범죄 성립을 정하는 구성요건 규정이 아니기 때문에 죄형법정주의가 요구하는 명확성원칙이 적용되지 않는다. 24년 국회직 5급 ｜O｜X｜

(X) 정당방위 규정은 한편으로는 위법성을 조각시켜 범죄의 성립을 부정하는 기능을 하지만, 다른 한편으로는 정당방위가 인정되지 않는 경우 위법한 행위로서 범죄의 성립을 인정하게 하는 기능을 하므로 적극적으로 범죄 성립을 정하는 구성요건 규정은 아니라 하더라도 죄형법정주의가 요구하는 명확성 원칙의 적용이 완전히 배제된다고는 할 수 없다(헌재 2001.6.28. 99헌바31).

0192

정당방위와 같은 위법성 조각사유 규정은 구성요건 조항에 대한 소극적 한계를 정하고 있는 규정이므로 명확성원칙이 적용되기는 하나, 적극적으로 범죄 성립을 정하는 구성요건 규정은 아니므로 죄형법정주의가 요구하는 정도의 명확성원칙이 적용된다고 할 수 없다. 25년 변호사 ｜O｜X｜

(X) 정당방위 규정은 법 각칙 전체의 구성요건 조항에 대한 소극적 한계를 정하고 있는 규정으로서, 한편으로는 위법성을 조각시켜 범죄의 성립을 부정하는 기능을 하지만, 다른 한편으로는 정당방위가 인정되지 않는 경우 위법한 행위로서 범죄의 성립을 인정하게 하는 기능을 하므로 적극적으로 범죄 성립을 정하는 구성요건 규정은 아니라 하더라도 죄형법정주의가 요구하는 명확성 원칙이 적용된다(헌재 2001.6.28. 99헌바31).

| OX 문제 | 정답 및 해설 |

0193
모든 국민은 행위시의 법률에 의하여 범죄를 구성하지 아니하는 행위로 소추되지 아니한다. 22년 해경간부 ⓞⓧ

(O) 모든 국민은 행위시의 법률에 의하여 범죄를 구성하지 아니하는 행위로 소추되지 아니하며, 동일한 범죄에 대하여 거듭 처벌받지 아니한다(헌법 제13조 제1항).

0194
이중처벌금지의 원칙에서 말하는 처벌이란 원칙적으로 범죄에 대한 국가의 형벌권 실행으로서의 과벌을 의미하는 것이다. 20년 소방간부 ⓞⓧ

(O) 헌법 제13조 제1항이 정한 "이중처벌금지의 원칙"은 동일한 범죄행위에 대하여 국가가 형벌권을 거듭 행사할 수 없도록 함으로써 국민의 기본권 특히 신체의 자유를 보장하기 위한 것이므로, 그 "처벌"은 원칙적으로 범죄에 대한 국가의 형벌권 실행으로서의 과벌을 의미하는 것이고, 국가가 행하는 일체의 제재나 불이익처분을 모두 그에 포함된다고 할 수는 없다(헌재 1994.6.30. 92헌바38).

0195
어떤 행정제재의 기능이 오로지 제재 및 이에 결부된 억지에 있다는 것만으로, 이를 헌법 제13조 제1항에 규정된 "처벌"에 해당한다고 할 수 없다. 20년 경행특채 ⓞⓧ

(O) 어떤 행정제재의 기능이 오로지 제재 및 이에 결부된 억지에 있다는 것만으로, 이를 헌법 제13조 제1항에 규정된 "처벌"에 해당한다고 할 수 없다(헌재 2003.7.24. 2001헌가25).

0196
동일한 범죄행위에 대하여 형벌과 보안처분이 병과된다고 하여 헌법 제13조 제1항 후단 소정의 이중처벌금지원칙에 위반된다고 할 수 없다. 24년 소방간부 ⓞⓧ

(O) 보안처분은 그 본질, 추구하는 목적 및 기능에 있어 형벌과는 다른 독자적 의의를 가진 사회보호적인 처분이므로 형벌과 보안처분은 서로 병과하여 선고한다고 해서 그것이 헌법 제13조 제1항 후단 소정의 이중처벌금지원칙에 해당되지 아니한다는 것이 헌법재판소의 확립된 견해이다(헌재 2015.11.26. 2014헌바475).

0197
확정된 구제명령을 따르지 않은 사용자에게 형벌을 부과하고 있음에도, 구제명령을 받은 후 이행기한까지 구제명령을 이행하지 아니한 사용자에게 별도의 이행강제금을 부과하는 것은 이중처벌금지원칙에 위배되지 아니한다. 24년 경찰승진 ⓞⓧ

(O) 이행강제금은 행정상 간접적인 강제집행 수단의 하나로서, 과거의 일정한 법률위반 행위에 대한 제재인 형벌이 아니라 장래의 의무이행 확보를 위한 강제수단일 뿐이어서, 범죄에 대하여 국가가 형벌권을 실행하는 과벌에 해당하지 아니한다. 따라서 심판대상 조항은 이중처벌금지원칙에 위배되지 아니한다(헌재 2014.5.29. 2013헌바171).

0198
추징은 몰수에 갈음하여 그 가액의 납부를 명령하는 사법처분이나 부가형의 성질을 갖는 일종의 형벌이고 출국금지처분 역시 거주·이전의 자유를 제한하는 형벌적 성격을 갖기 때문에, 일정 금액 이상의 추징금을 미납한 자에게 내리는 출국금지처분은 이중처벌금지원칙에 위배된다. 24년 경찰승진 ⓞⓧ

(X) 일정액수의 추징금을 납부하지 않은 자에게 내리는 출국금지의 행정처분은 형법 제41조상의 형벌이 아니라 형벌의 이행확보를 위하여 출국의 자유를 제한하는 행정조치의 성격을 지니고 있다. 그렇다면 심판대상 법조항에 의한 출국금지처분은 헌법 제13조 제1항 상의 이중처벌금지원칙에 위배된다고 할 수 없다(헌재 2004.10.28. 2003헌가18).

0199
보호관찰이나 사회봉사 또는 수강을 조건으로 집행유예를 선고받은 자의 집행유예가 취소되는 경우 사회봉사 등 의무를 이행하였는지 여부와 관계없이 유예되었던 본형 전부를 집행하는 것은 이중처벌금지원칙에 위반되지 아니한다. 24년 경찰승진 ⓞⓧ

(O) 집행유예가 취소되는 경우에 부활되는 본형은 이미 판결이 확정된 동일한 사건에 대하여 다시 심판한 결과 부과되는 것이 아니라 동일한 심판작용을 거쳐 집행유예의 선고와 함께 선고되었던 것으로 일사부재리의 원칙과는 무관하다고 할 것이다(헌재 2013.6.27. 2012헌바345 등).

| OX 문제 | 정답 및 해설 |

0200

헌법 제13조 제1항에서 말하는 '처벌'은 범죄에 대한 국가의 형벌권 실행으로서의 과벌을 의미하는 것인바, 국가가 행하는 일체의 제재나 불이익처분 모두 그 '처벌'에 포함이 된다.

22년 경찰승진, 22년 경찰간부

(X) 헌법 제13조 제1항에서 말하는 "처벌"은 원칙으로 범죄에 대한 국가의 형벌권 실행으로서의 과벌을 의미하는 것이고, 국가가 행하는 일체의 제재나 불이익처분을 모두 그 "처벌"에 포함시킬 수는 없다 할 것이다(헌재 1994.6.30. 92헌바38).

0201

운전면허 취소처분은 형법상에 규정된 형이 아니고, 그 절차도 일반 형사소송절차와는 다르며, 주취 중 운전금지라는 행정상 의무의 존재를 전제하면서 그 이행을 확보하기 위해 마련된 수단이라는 점에서 형벌과는 다른 목적과 기능을 가지고 있으므로, 이러한 처분을 이중처벌금지원칙에서 말하는 '처벌'로 보기 어렵다. 20년 경행특채

(O) 운전면허 취소처분은 형법상에 규정된 형이 아니고, 그 절차도 일반 형사소송절차와는 다르며, 주취 중 운전금지라는 행정상 의무의 존재를 전제하면서 그 이행을 확보하기 위해 마련된 수단이라는 점에서 형벌과는 다른 목적과 기능을 가지고 있으므로, 이러한 처분을 이중처벌금지원칙에서 말하는 '처벌'로 보기 어렵다(헌재 2010.3.25. 2009헌바83).

0202

이중처벌은 처벌 또는 제재가 동일한 행위를 대상으로 거듭 행해질 때 발생하는 문제로서, 하나의 형사재판절차에서 다루어진 사건을 대상으로 동시에 징역형과 자격정지형을 병과하는 것은 이중처벌금지원칙에 위반되지 아니한다. 22년 법학경채

(O) 이중처벌은 처벌 또는 제재가 동일한 행위를 대상으로 거듭 행해질 때 발생하는 문제로서, 심판대상조항과 같이 하나의 형사재판절차에서 다루어진 사건을 대상으로 동시에 징역형과 자격정지형을 병과하는 것은 이중처벌금지원칙에 위반되지 아니한다(헌재 2018.3.29. 2016헌바361).

0203

신상정보 공개·고지명령은 형벌과는 목적이나 심사대상 등을 달리하는 보안처분에 해당하므로 동일한 범죄행위에 대하여 형벌이 부과된 이후 다시 신상정보 공개·고지명령이 선고 및 집행된다고 하여 이중처벌금지원칙에 위반된다고 할 수 없다. 22년 경찰승진, 22년 경찰간부

(O) 이중처벌은 처벌 또는 제재가 동일한 행위를 대상으로 거듭 행해질 때 발생하는 문제이다. 그런데 신상정보 공개·고지명령은 형벌과는 목적이나 심사대상 등을 달리하는 보안처분에 해당하므로, 동일한 범죄행위에 대하여 형벌과 병과된다고 하여 이중처벌금지의 원칙에 위반된다고 할 수 없다(헌재 2016.5.26. 2015헌바212).

0204

일정한 성폭력범죄를 범한 사람에게 유죄판결을 선고하는 경우 성폭력치료프로그램 이수명령을 병과하도록 한 것은 그 목적이 과거의 범죄행위에 대한 제재로서 대상자의 건전한 사회복귀 및 범죄예방과 사회보호에 있어 형벌과 본질적 차이가 나지 않는 보안처분에 해당하므로, 동일한 범죄행위에 대하여 형벌과 병과될 경우 이중처벌금지원칙에 위배된다. 22년 경찰승진

(X) 이중처벌은 처벌 또는 제재가 동일한 행위를 대상으로 거듭 행해질 때 발생하는 문제이다. 그런데 이수명령은 그 목적이 과거의 범죄행위에 대한 제재가 아니라 대상자의 건전한 사회복귀의 촉진 및 범죄예방과 사회보호에 있다는 점에서, 형벌과 본질적 차이가 있는 보안처분에 해당한다. 따라서 동일한 범죄행위에 대하여 이수명령이 형벌과 병과된다고 하여 이중처벌금지원칙에 위반된다고 할 수 없다(헌재 2016.12.29. 2016헌바153).

| OX 문제 | 정답 및 해설 |

0205
무허가 건축행위에 대한 형사처벌 외에 위법건축물에 대한 시정명령의 이행을 강제하기 위하여 과태료나 이행강제금을 부과하는 것은 이중처벌에 해당한다. 22년 법학경채 [O][X]

(X) 이행강제금은 일정한 기한까지 의무를 이행하지 않을 때에는 일정한 금전적 부담을 과할 뜻을 미리 계고함으로써 의무자에게 심리적 압박을 주어 장래에 그 의무를 이행하게 하려는 행정상 간접적인 강제집행 수단의 하나로서 과거의 일정한 법률위반 행위에 대한 제재로서의 형벌이 아니라 장래의 의무이행의 확보를 위한 강제수단일 뿐이어서 범죄에 대하여 국가가 형벌권을 실행한다고 하는 과벌에 해당하지 아니하므로 헌법 제13조 제1항이 금지하는 이중처벌금지의 원칙이 적용될 여지가 없다(헌재 2011.10.25. 2009헌바140).

0206
회계책임자가 300만 원 이상의 벌금형을 선고받은 경우 후보자의 당선을 무효로 하는 것은 자기책임의 원칙에 위반되지 않는다. 24년 법원행시 [O][X]

(O) 회계책임자가 300만 원 이상의 벌금형을 선고받은 경우 후보자의 당선을 무효로 하는 것은 자기책임의 원칙에 위반되지 않는다(헌재 2010.3.25. 2009헌마170).

0207
배우자가 선거범죄로 300만 원 이상의 벌금형을 선고받은 경우 그 선거구 후보자의 당선을 무효로 하는 것은 자기책임의 원칙에 위반되지 않는다. 24년 법원행시 [O][X]

(O) 배우자가 선거범죄로 300만 원 이상의 벌금형을 선고받은 경우 그 선거구 후보자의 당선을 무효로 하는 것은 자기책임의 원칙에 위반되지 않는다(헌재 2011.9.29. 2010헌마68).

0208
헌법 제13조 제3항의 연좌제금지는 친족의 행위와 본인 간에 실질적으로 의미 있는 아무런 관련성을 인정할 수 없음에도 불구하고 오로지 친족이라는 사유 그 자체만으로 불이익한 처우를 가하는 경우에만 적용된다. 25년 소방간부 [O][X]

(O) "모든 국민은 자기의 행위가 아닌 친족의 행위로 인하여 불이익한 처우를 받지 아니한다."고 규정하고 있는 헌법 제13조 제3항은 '친족의 행위와 본인 간에 실질적으로 의미 있는 아무런 관련성을 인정할 수 없음에도 불구하고 오로지 친족이라는 사유 그 자체만으로' 불이익한 처우를 가하는 경우에만 적용된다(헌재 2005.12.22. 2005헌마19).

0209
적법절차원칙은 법률이 정한 형식적 절차와 실체적 내용이 모두 합리성과 정당성을 갖춘 적정한 것이어야 한다는 실질적 의미를 지니고 있는 것으로 이해된다. 22년 경찰승진, 22년 경찰간부 [O][X]

(O) 적법절차원칙은 법률이 정한 형식적 절차와 실체적 내용이 모두 합리성과 정당성을 갖춘 적정한 것이어야 한다는 실질적 의미를 지니고 있는 것으로서 특히 형사절차와 관련시켜 적용함에 있어서는 형사절차의 전반을 기본권 보장의 측면에서 규율하여야 한다는 기본원리를 천명하고 있는 것으로 이해된다(헌재 2021.1.28. 2020헌마264 등).

0210
누구든지 법률과 적법한 절차에 의하지 아니하고는 처벌·보안처분 또는 강제노역을 받지 아니한다. 22년 해경간부 [O][X]

(O) 법률과 적법한 절차에 의하지 아니하고는 처벌·보안처분 또는 강제노역을 받지 아니한다(헌법 제12조 제1항).

0211
우리 헌법은 변호인의 조력을 받을 권리가 불구속 피의자, 피고인 모두에게 포괄적으로 인정되는지 여부에 관하여 명시적으로 규율하고 있지는 않지만, 불구속 피의자의 경우에도 변호인의 조력을 받을 권리는 우리 헌법에 나타난 법치국가원리, 적법절차원칙에서 인정되는 당연한 내용이다. 23년 순경 1차 [O][X]

(O) 우리 헌법은 변호인의 조력을 받을 권리가 불구속 피의자·피고인 모두에게 포괄적으로 인정되는지 여부에 관하여 명시적으로 규율하고 있지는 않지만, 불구속 피의자의 경우에도 변호인의 조력을 받을 권리는 우리 헌법에 나타난 법치국가원리, 적법절차원칙에서 인정되는 당연한 내용이고, 헌법 제12조 제4항도 이를 전제로 특히 신체구속을 당한 사람에 대하여 변호인의 조력을 받을 권리의 중요성을 강조하기 위하여 별도로 명시하고 있다(헌재 2004.9.23. 2000헌마138).

| OX 문제 | 정답 및 해설 |

0212
헌법 제12조 제1항의 적법절차원칙은 형사소송절차에 국한되지 않고 모든 국가작용 전반에 대하여 적용되므로, 전투경찰순경의 인신구금을 내용으로 하는 영창처분에 있어서도 적법절차원칙이 준수되어야 한다. 24년 소방간부 ☐X

(O) 헌법 제12조 제1항의 적법절차원칙은 형사소송절차에 국한되지 않고 모든 국가작용 전반에 대하여 적용되므로, 전투경찰순경의 인신구금을 내용으로 하는 영창처분에 있어서도 적법절차원칙이 준수되어야 한다(헌재 2016.3.31. 2013헌바190).

0213
체포·구속·압수 또는 수색을 할 때에는 적법한 절차에 따라 검사의 신청에 의하여 법관이 발부한 영장을 제시하여야 한다. 다만, 현행범인인 경우와 장기 3년 이상의 형에 해당하는 죄를 범하고 도피 또는 증거인멸의 염려가 있을 때에는 사후에 영장을 청구할 수 있다. 22년 순경 1차, 22년 해경일반, 21년 국회직 8급, 20년 국가직 5급 ☐X

(O) 체포·구속·압수 또는 수색을 할 때에는 적법한 절차에 따라 검사의 신청에 의하여 법관이 발부한 영장을 제시하여야 한다. 다만, 현행범인인 경우와 장기 3년 이상의 형에 해당하는 죄를 범하고 도피 또는 증거인멸의 염려가 있을 때에는 사후에 영장을 청구할 수 있다(헌법 제12조 제3항).

0214
헌법은 사후영장을 청구할 수 있는 경우를 현행범인인 경우와 장기 3년 이상의 형에 해당하는 죄를 범하고 도피 또는 증거인멸의 염려가 있을 때로 한정하고 있다. 22년 법원직 ☐X

(O) 현행범인인 경우와 장기 3년 이상의 형에 해당하는 죄를 범하고 도피 또는 증거인멸의 염려가 있을 때에는 사후에 영장을 청구할 수 있다(헌법 제12조 제3항).

0215
행정상 즉시강제는 상대방의 임의이행을 기다릴 시간적 여유가 없을 때 하명 없이 바로 실력을 행사하는 것으로서, 그 본질상 급박성을 요건으로 하고 있어 법관의 영장을 기다려서는 그 목적을 달성할 수 없다고 할 것이므로, 원칙적으로 영장주의가 적용되지 않는다. 20년 경행특채 ☐X

(O) 행정상 즉시강제는 상대방의 임의이행을 기다릴 시간적 여유가 없을 때 하명 없이 바로 실력을 행사하는 것으로서, 그 본질상 급박성을 요건으로 하고 있어 법관의 영장을 기다려서는 그 목적을 달성할 수 없다고 할 것이므로, 원칙적으로 영장주의가 적용되지 않는다(헌재 2002.10.31. 2000헌가12).

0216
영장주의는 법관이 발부한 영장에 의하지 아니하고는 수사에 필요한 강제처분을 하지 못한다는 원칙으로서, 마약류사범인 청구인에게 마약류반응검사를 위하여 소변을 받아 제출하도록 한 것은 교도소의 안전과 질서유지를 위한 것으로 수사에 필요한 처분이 아닐 뿐만 아니라 검사대상자들의 협력이 필수적이어서 강제처분이라고 할 수도 없어 영장주의의 원칙이 적용되지 않는다. 22년 순경 2차 ☐X

(O) 영장주의는 법관이 발부한 영장에 의하지 아니하고는 수사에 필요한 강제처분을 하지 못한다는 원칙으로서, 마약류사범인 청구인에게 마약류반응검사를 위하여 소변을 받아 제출하도록 한 것은 교도소의 안전과 질서유지를 위한 것으로 수사에 필요한 처분이 아닐 뿐만 아니라 검사대상자들의 협력이 필수적이어서 강제처분이라고 할 수도 없어 영장주의의 원칙이 적용되지 않는다(헌재 2006.7.27. 2005헌마277).

0217
누구든지 체포 또는 구속의 이유와 변호인의 조력을 받을 권리가 있음을 고지받지 아니하고는 체포 또는 구속을 당하지 아니한다. 체포 또는 구속을 당한 자의 가족 등 법률이 정하는 자에게는 그 이유와 일시·장소가 지체없이 통지되어야 한다. 22년 순경 1차, 22년 해경일반, 21년 국회직 8급, 20년 국가직 5급, 20년 소방간부, 20년 경찰승진 ☐X

(O) 누구든지 체포 또는 구속의 이유와 변호인의 조력을 받을 권리가 있음을 고지받지 아니하고는 체포 또는 구속을 당하지 아니한다. 체포 또는 구속을 당한 자의 가족 등 법률이 정하는 자에게는 그 이유와 일시·장소가 지체 없이 통지되어야 한다(헌법 제12조 제5항).

OX 문제

0218
무죄추정의 원칙상 금지되는 '불이익'은 비단 형사절차 내에서의 불이익뿐만 아니라 기타 일반 법생활 영역에서의 기본권 제한과 같은 경우에도 적용된다. 24년 소방간부 ○×

0219
무죄추정의 원칙상 금지되는 '불이익'은 유죄를 근거로 그에 대하여 사회적 비난 내지 기타 응보적 의미의 차별 취급을 가하는 유죄 인정의 효과로서의 불이익을 의미한다. 25년 소방간부 ○×

0220
정식재판에 있어서 피고인의 자백이 그에게 불리한 유일한 증거일 때에는 이를 유죄의 증거로 삼거나 이를 이유로 처벌할 수 없다. 22년 해경간부 ○×

0221
모든 국민은 고문을 받지 아니하며, 형사상 자기에게 불리한 진술을 강요당하지 아니한다. 22년 해경일반 ○×

0222
진술거부권은 형사절차에서만 보장되는 것은 아니고, 행정절차 또는 국회에서의 질문 등 어디에서나 그 진술이 자기에게 형사상 불리한 경우 이를 강요받지 아니할 국민의 기본권으로 보장된다. 22년 법원직 ○×

0223
변호인의 조력을 받을 권리란 국가권력의 일방적인 형벌권 행사에 대항하여 자신에게 부여된 헌법상·소송법상 권리를 효율적이고 독립적으로 행사하기 위하여 변호인의 도움을 얻을 피의자 및 피고인의 권리를 말한다. 22년 순경 2차 ○×

0224
변호인의 조력을 받을 권리에 대한 헌법과 법률의 규정 및 취지에 비추어 보면 형사절차가 종료되어 교정시설에 수용중인 수형자는 원칙적으로 변호인의 조력을 받을 권리의 주체가 될 수 없다. 23년 5급 공채, 22년 국가직 7급, 22년 해경일반 ○×

정답 및 해설

(O) 무죄추정의 원칙상 금지되는 '불이익'이란 '범죄사실의 인정 또는 유죄를 전제로 그에 대하여 법률적·사실적 측면에서 유형·무형의 차별 취급을 가하는 유죄인정의 효과로서의 불이익'을 뜻하고, 이는 비단 형사절차 내에서의 불이익뿐만 아니라 기타 일반 법생활 영역에서의 기본권 제한과 같은 경우에도 적용된다(헌재 2010.9.2. 2010헌마418).

(O) 무죄추정의 원칙상 금지되는 '불이익'이란 '범죄사실의 인정 또는 유죄를 전제로 그에 대하여 법률적·사실적 측면에서 유형·무형의 차별 취급을 가하는 유죄인정의 효과로서의 불이익'을 뜻하고, 이는 비단 형사절차 내에서의 불이익뿐만 아니라 기타 일반 법생활 영역에서의 기본권 제한과 같은 경우에도 적용된다(헌재 2010.9.2. 2010헌마418).

(O) 정식재판에 있어서 피고인의 자백이 그에게 불리한 유일한 증거일 때에는 이를 유죄의 증거로 삼거나 이를 이유로 처벌할 수 없다(헌법 제12조 제7항).

(O) 모든 국민은 고문을 받지 아니하며, 형사상 자기에게 불리한 진술을 강요당하지 아니한다(헌법 제12조 제2항).

(O) 형사절차뿐 아니라 행정절차나 국회에서의 조사절차 등에서도 자신에게 형사상 불이익한 진술이나 증언을 거부할 수 있다(헌재 1997.3.27. 96헌가11).

(O) 변호인의 조력을 받을 권리란 국가권력의 일방적인 형벌권행사에 대항하여 자신에게 부여된 헌법상, 소송법상의 권리를 효율적이고 독립적으로 행사하기 위하여 변호인의 도움을 얻을 피의자·피고인의 권리를 의미한다(헌재 2015.12.23. 2013헌마182).

(O) 형사절차가 종료되어 교정시설에 수용 중인 수형자나 미결수용자가 형사사건의 변호인이 아닌 민사재판·행정재판·헌법재판 등에서 변호사와 접견할 경우에는 원칙적으로 변호인의 조력을 받을 권리의 주체가 될 수 없다(헌재 2013.8.29. 2011헌마122).

| OX 문제 | 정답 및 해설 |

0225
피의자 또는 피고인(이하 피의자등)이라고 함에게는 체포 또는 구속 여부에 불구하고 헌법상 변호인의 조력을 받을 권리가 인정된다. 20년 법원행시 [O][X]

(O) 헌법재판소는 "불구속 피의자의 경우에도 변호인의 조력을 받을 권리는 우리 헌법에 나타난 법치국가원리, 적법절차원칙에서 인정되는 당연한 내용이고, 헌법 제12조 제4항도 이를 전제로 특히 신체구속을 당한 사람에 대하여 변호인의 조력을 받을 권리의 중요성을 강조하기 위하여 별도로 명시하고 있다고 할 것이다."라고 판시한 바 있다. 이와 같이 피의자 또는 피고인(이하 '피의자 또는 피고인'을 '피의자 등'이라고 한다)에게는 체포 또는 구속 여부에 불구하고 변호인의 조력을 받을 권리가 인정된다(헌재 2019.2.28. 2015헌마1204).

0226
변호인이 피의자신문에 자유롭게 참여할 수 있는 권리는 피의자가 가지는 변호인의 조력을 받을 권리를 실현하는 수단이므로 헌법상 기본권인 변호인의 변호권으로서 보호되어야 한다. 23년 5급 공채 [O][X]

(O) 변호인이 피의자신문에 자유롭게 참여할 수 있는 권리는 피의자가 가지는 변호인의 조력을 받을 권리를 실현하는 수단이므로 헌법상 기본권인 변호인의 변호권으로서 보호되어야 한다(헌재 2017.11.30. 2016헌마503).

0227
변호인의 조력을 받을 권리에는 변호인을 선임하고, 변호인과 접견하며, 변호인의 조언과 상담을 받고, 변호인을 통해 방어권 행사에 필요한 사항들을 준비하고 행사하는 것 등이 모두 포함된다. 22년 국회직 9급 [O][X]

(O) 변호인의 조력을 받을 권리에는 변호인을 선임하고, 변호인과 접견하며, 변호인의 조언과 상담을 받고, 변호인을 통해 방어권 행사에 필요한 사항들을 준비하고 행사하는 것 등이 모두 포함된다(헌재 2011.5.26. 2009헌마341).

0228
피의자가 수사기관에서 신문을 받음에 있어서 진술거부권을 제대로 행사하기 위해서뿐만 아니라 진술거부권을 행사하지 않고 적극적으로 진술하기 위해서는 변호인이 피의자의 후방에 착석하는 것으로도 충분하다. 24년 국회직 8급, 23년 경찰간부, 22년 해경일반, 21년 국가직 5급 [O][X]

(X) 검찰수사관인 피청구인이 피의자신문에 참여한 청구인에게 피의자 후방에 앉으라고 요구한 행위는 변호인인 청구인의 변호권을 침해한다(헌재 2017.11.30. 2016헌마503).

0229
변호인접견실에 CCTV를 설치하여 교도관이 그 CCTV를 통해 미결수용자와 변호인 간의 접견을 관찰한 행위는 변호인의 조력을 받을 권리를 침해한다. 22년 순경 2차 [O][X]

(X) 이 사건 CCTV 관찰행위는 그 목적을 달성하기 위하여 필요한 범위 내의 제한으로 침해의 최소성을 갖추었다. CCTV 관찰행위로 침해되는 법익은 변호인접견 내용의 비밀이 폭로될 수 있다는 막연한 추측과 감시받고 있다는 심리적인 불안 내지 위축으로 법익의 침해가 현실적이고 구체화되어 있다고 보기 어려운 반면, 이를 통하여 구치소 내의 수용질서 및 규율을 유지하고 교정사고를 방지하고자 하는 것은 교정시설의 운영에 꼭 필요하고 중요한 공익이므로, 법익의 균형성도 갖추었다. 따라서 이 사건 CCTV 관찰행위가 청구인의 변호인의 조력을 받을 권리를 침해한다고 할 수 없다(헌재 2016.4.28. 2015헌마243).

0230
변호인의 조력을 받을 권리에는 피고인이 변호인을 통하여 수사서류를 포함한 소송관계서류를 열람 및 등사하고, 이에 대한 검토결과를 토대로 공격과 방어의 준비를 할 수 있는 권리도 포함된다. 24년 국회직 8급, 21년 국가직 7급 [O][X]

(O) 변호인의 조력을 받을 권리는 변호인과의 자유로운 접견교통권에 그치지 아니하고 더 나아가 변호인을 통하여 수사서류를 포함한 소송관계 서류를 열람·등사하고 이에 대한 검토결과를 토대로 공격과 방어의 준비를 할 수 있는 권리도 포함된다고 보아야 할 것이므로 변호인의 수사기록 열람·등사에 대한 지나친 제한은 결국 피고인에게 보장된 변호인의 조력을 받을 권리를 침해하는 것이다(헌재 1997.11.27. 94헌마60).

| OX 문제 | 정답 및 해설 |

0231
경찰서장이 구속적부심사 중에 있는 피구속자의 변호인에게 고소장과 피의자신문조서에 대한 열람 및 등사를 거부한 것은 변호인의 피구속자를 조력할 권리 및 알 권리를 침해한 것이다. 24년 법원행시, 22년 법원직 [O][X]

(O) 그렇다면 고소장과 피의자신문조서에 대한 열람 및 등사를 거부한 피청구인의 정보비공개결정은 청구인의 피구속자를 조력할 권리 및 알 권리를 침해하여 헌법에 위반된다고 할 것이다(헌재 2003.3.27. 2000헌마474).

제2절 사생활의 자유

0232
사생활의 비밀은 국가가 사생활영역을 들여다보는 것에 대한 보호를 제공하는 기본권이며, 사생활의 자유는 국가가 사생활의 자유로운 형성을 방해하거나 금지하는 것에 대한 보호를 의미한다. 22년 5급 공채, 20년 법무사 [O][X]

(O) 사생활의 비밀은 국가가 사생활영역을 들여다보는 것에 대한 보호를 제공하는 기본권이며, 사생활의 자유는 국가가 사생활의 자유로운 형성을 방해하거나 금지하는 것에 대한 보호를 의미한다(헌재 2003.10.30. 2002헌마518).

0233
사생활의 비밀은 국가가 사생활영역을 들여다보는 것에 대한 보호를 제공하는 기본권이다. 20년 법무사 [O][X]

(O) 헌법 제17조는 모든 국민이 사생활의 비밀과 자유를 침해받지 아니할 권리를 규정하고 있는바, 사생활의 비밀은 국가가 사생활 영역을 들여다보는 것에 대한 보호를 제공하는 기본권이며, 사생활의 자유는 국가가 사생활의 자유로운 형성을 방해하거나 금지하는 것에 대한 보호를 의미한다(헌재 2016.11.24. 2014헌바401).

0234
개인정보자기결정권은 자신에 관한 정보가 언제 누구에게 어느 범위까지 알려지고 또 이용되도록 할 것인지를 그 정보주체가 스스로 결정할 수 있는 권리로서, 인간의 존엄과 가치, 행복추구권을 규정한 헌법 제10조 제1문에서 도출되는 일반적 인격권 및 헌법 제17조의 사생활의 비밀과 자유에 의하여 보장된다. 23년 법원직 9급, 22년 해경간부 [O][X]

(O) 인간의 존엄과 가치, 행복추구권을 규정한 헌법 제10조 제1문에서 도출되는 일반적 인격권 및 헌법 제17조의 사생활의 비밀과 자유에 의하여 보장되는 개인정보자기결정권은 자신에 관한 정보가 언제 누구에게 어느 범위까지 알려지고 또 이용되도록 할 것인지를 그 정보주체가 스스로 결정할 수 있는 권리이다(헌재 2016.2.25. 2013헌마830).

0235
개인정보를 대상으로 한 조사, 수집, 보관, 처리이용 등의 행위는 모두 원칙적으로 개인정보자기결정권에 대한 제한에 해당한다. 22년 해경간부 [O][X]

(O) 개인정보를 대상으로 한 조사·수집·보관·처리·이용 등의 행위는 모두 원칙적으로 개인정보자기결정권에 대한 제한에 해당한다(헌재 2005.7.21. 2003헌마282 등).

0236
개인정보자기결정권의 보호대상이 되는 개인정보는 개인의 인격주체성을 특징짓는 사항으로서 그 개인의 동일성을 식별할 수 있게 하는 정보이다. 22년 해경간부 [O][X]

(O) 반드시 개인의 내밀한 영역이나 사사(私事)의 영역에 속하는 정보에 국한되지 않고 공적 생활에서 형성되었거나 이미 공개된 개인정보까지 포함한다. 또한 그러한 개인정보를 대상으로 한 조사·수집·보관·처리·이용 등의 행위는 모두 원칙적으로 개인정보자기결정권에 대한 제한에 해당한다(헌재 2005.5.26. 99헌마513 등).

| OX 문제 | 정답 및 해설 |

0237
사생활의 자유는 사회공동체의 일반적인 생활규범의 범위 내에서 사생활을 자유롭게 형성해 나가고 그 설계 및 내용에 대해서 외부로부터 간섭을 받지 아니할 권리이다. 24년 소방간부 ⓞⓧ

(O) 헌법 제17조가 보장하는 '사생활의 비밀'은 사생활과 관련된 사사로운 자신만의 영역이 본인의 의사에 반해서 타인에게 알려지지 않도록 할 수 있는 권리로서 국가가 사생활영역을 들여다보는 것에 대한 보호를 제공하는 기본권이라 할 것이고, '사생활의 자유'란 사회공동체의 일반적인 생활규범의 범위 내에서 사생활을 자유롭게 형성해 나가고 그 설계 및 내용에 대해서 외부로부터의 간섭을 받지 아니할 권리로서 국가가 사생활의 자유로운 형성을 방해하거나 금지하는 것에 대한 보호를 의미한다(헌재 2010.10.28. 2009헌마544).

0238
개인정보자기결정권의 보호대상이 되는 개인정보는 개인의 내밀한 영역이나 사사(私事)의 영역에 속하는 정보에 국한되지 않고, 공적 생활에서 형성되었거나 이미 공개된 정보까지 포함한다. 24년 국회직 5급, 20년 경행특채 ⓞⓧ

(O) 개인정보자기결정권의 보호대상이 되는 개인정보는 반드시 개인의 내밀한 영역이나 사사(私事)의 영역에 속하는 정보에 국한되지 않고 공적 생활에서 형성되었거나 이미 공개된 개인정보까지 포함한다(헌재 2010.2.25. 2008헌마324).

0239
4급 이상 공무원들의 병역 면제사유인 질병명을 관보와 인터넷을 통해 공개하도록 하는 것은 '부정한 병역면탈의 방지'와 '병역의무의 자진이행에 기여'라는 입법목적을 달성하기 위한 것으로서 사생활의 비밀과 자유를 침해하는 것이 아니다. 24년 경찰간부, 23년 법원직 9급, 22년 입법고시, 22년 해경 일반, 22년 5급 공채 ⓞⓧ

(X) 이 사건 법률조항이 공적 관심의 정도가 약한 4급 이상의 공무원들까지 대상으로 삼아 모든 질병명을 아무런 예외 없이 공개토록 한 것은 입법목적 실현에 치중한 나머지 사생활 보호의 헌법적 요청을 현저히 무시한 것이고, 이로 인하여 청구인들을 비롯한 해당 공무원들의 헌법 제17조가 보장하는 기본권인 사생활의 비밀과 자유를 침해하는 것이다(헌재 2007.5.31. 2005헌마1139).

0240
대통령의 지시로 문화체육관광부장관이 야당 소속 후보를 지지하였거나 정부에 비판적 활동을 한 문화예술인이나 단체를 정부의 문화예술 지원사업에서 배제할 목적으로 개인의 정치적 견해에 관한 정보를 수집·보유·이용한 행위는 개인정보자기결정권을 침해한다. 23년 소방간부 ⓞⓧ

(O) 이 사건 정보수집 등 행위의 대상인 정치적 견해에 관한 정보는 공개된 정보라 하더라도 개인의 인격주체성을 특징짓는 것으로, 개인정보자기결정권의 보호 범위 내에 속하며, 국가가 개인의 정치적 견해에 관한 정보를 수집·보유·이용하는 등의 행위는 개인정보자기결정권에 대한 중대한 제한이 되므로 이를 위해서는 법령상의 명확한 근거가 필요함에도 그러한 법령상 근거가 존재하지 않으므로 이 사건 정보수집 등 행위는 법률유보원칙을 위반하여 청구인들의 개인정보자기결정권을 침해한다(헌재 2020.12.23. 2017헌마416).

0241
엄중격리대상자의 수용거실에 CCTV를 설치하여 24시간 감시하는 행위는 교도관의 계호활동 중 육안에 의한 시선계호를 CCTV 장비에 의한 시선계호로 대체한 것에 불과하므로, 특별한 법적 근거가 없더라도 일반적인 계호활동을 허용하는 법률규정에 의하여 허용되고, 엄중격리대상자의 사생활의 비밀 및 자유를 침해하였다고 볼 수 없다. 20년 국가직 7급 ⓞⓧ

(O) CCTV는 교도관의 시선에 의한 감시를 대신하는 기술적 장비에 불과하므로, 교도관의 시선에 의한 감시가 허용되는 이상 CCTV에 의한 감시 역시 가능하다고 할 것이다(헌재 2008.5.29. 2005헌마137 등).

| OX 문제 | 정답 및 해설 |

0242
법무부 훈령인 구「계호업무지침」에 따라 교도소장이 수용자가 없는 상태에서 거실 및 작업장을 검사한 행위는 비록 교도소의 안전과 질서를 유지하고, 수형자의 교화·개선에 지장을 초래할 수 있는 물품을 차단하기 위한 것이라 하더라도, 보다 덜 제한적인 대체수단을 찾을 수 있으므로 수용자의 사생활의 비밀과 자유를 침해한다. 24년 경찰승진, 20년 법무사 [O][X]

(X) 이 사건 검사행위는 교도소의 안전과 질서를 유지하고, 수형자의 교화·개선에 지장을 초래할 수 있는 물품을 차단하기 위한 것으로서 그 목적이 정당하고, 수단도 적절하며, 검사의 실효성을 확보하기 위한 최소한의 조치로 보이고, 달리 덜 제한적인 대체수단을 찾기 어려운 점 등에 비추어 보면 이 사건 검사행위가 과잉금지원칙에 위배하여 사생활의 비밀 및 자유를 침해하였다고 할 수 없다(헌재 2011.10.25. 2009헌마691).

0243
성폭력범죄를 2회 이상 범하여 그 습벽이 인정된 때에 해당하고 성폭력범죄를 다시 범할 위험성이 인정되는 자에 대해 검사의 청구와 법원의 판결로 3년 이상 20년 이하의 기간 동안 전자 장치 부착을 명할 수 있도록 한 것은 사생활의 비밀과 자유를 침해하지 않는다. 25년 경찰승진 [O][X]

(O) 전자장치부착조항이 보호하고자 하는 이익에 비해 재범의 위험성이 있는 성폭력범죄자가 입는 불이익이 결코 크다고 할 수 없어 법익의 균형성원칙에 반하지 아니하므로, 이 사건 전자장치부착조항이 과잉금지원칙에 위배하여 피부착자의 사생활의 비밀과 자유, 개인정보자기결정권, 인격권을 침해한다고 볼 수 없다(헌재 2012.12.27. 2011헌바89).

0244
보호자 전원이 반대하지 않는 한 어린이집에 의무적으로 CCTV를 설치하도록 정한「영유아보육법」조항은 어린이집 보육교사의 사생활의 비밀과 자유를 침해하는 것은 아니다. 24년 경찰승진, 20년 비상기획관(하) [O][X]

(O) 어린이집에 폐쇄회로 텔레비전(CCTV) 설치를 원칙적으로 의무화하고, 보호자의 CCTV 영상정보 열람 요청 및 어린이집 참관에 대해 정한 영유아보육법 조항들이 어린이집 원장이나 보육교사 등의 기본권을 침해하지 아니한다(헌재 2017.12.28. 2015헌마994).

0245
공중밀집장소추행죄로 유죄판결이 확정된 자를 신상정보 등록대상자로 규정한 조항은 청구인의 개인정보자기결정권을 침해한다. 24년 변호사, 23년 경찰간부, 22년 경찰승진 [O][X]

(X) 이 사건 법률조항은 성폭력범죄자의 재범을 억제하고 효율적인 수사를 위한 것으로 정당한 목적을 달성하기 위한 적합한 수단이다. 신상정보 등록제도는 국가기관이 성범죄자의 관리를 목적으로 신상정보를 내부적으로만 보존·관리하는 것으로, 성범죄자의 신상정보를 일반에게 공개하는 신상정보 공개 및 고지제도와는 달리 법익침해의 정도가 크지 않다(헌재 2017.12.28. 2016헌마1124). / 따라서 개인정보자기결정권을 침해하지 않는다.

0246
지문은 개인의 고유성과 동일성을 나타내는 생체정보로서 개인이 임의로 변경할 수 없는 정보이고, 행정상 목적으로 신원확인이 필요한 경우 반드시 열 손가락 지문 전부가 필요한 것은 아니므로 주민등록증 발급신청서에 열 손가락 지문을 찍도록 하는 것은 개인정보자기결정권을 침해한다. 20년 법원직 [O][X]

(X) 궁극적으로 당사자의 자발적 협조가 필수적임을 전제로 하므로 물리력을 동원하여 강제로 이루어지는 위와 같은 경우와는 질적으로 차이가 있다. … 따라서 이 사건 법률조항에 의한 지문채취의 강요는 영장주의에 의하여야 할 강제처분이라 할 수 없다(헌재 2004.9.23. 2002헌가17 등).

0247
자동차를 도로에서 운전하는 중에 좌석안전띠를 착용할 것인가 여부의 생활관계는 개인의 전체적 인격과 생존에 관계되는 '사생활의 기본조건'이라 할 수 있으므로, 운전할 때 운전자가 좌석안전띠를 착용할 의무는 청구인의 사생활의 비밀과 자유를 침해한다. 21년 국가직 7급 [O][X]

(X) 자동차를 도로에서 운전하는 중에 좌석안전띠를 착용할 것인가 여부의 생활관계가 개인의 전체적 인격과 생존에 관계되는 '사생활의 기본조건'이라거나 자기결정의 핵심적 영역 또는 인격적 핵심과 관련된다고 보기 어려워 더 이상 사생활영역의 문제가 아니므로, 운전할 때 운전자가 좌석안전띠를 착용할 의무는 청구인의 사생활의 비밀과 자유를 침해하는 것이라 할 수 없다(헌재 2003.10.30. 2002헌마518).

| OX 문제 | 정답 및 해설 |

0248
개인별로 주민등록번호를 부여하면서 주민등록번호 변경에 관한 규정을 두고 있지 않은 구 주민등록법(2007. 5. 11. 법률 제8422호로 전부 개정된 것) 제7조는 과잉금지원칙에 위배되어 개인정보자기결정권을 침해한다. 24년 법원행시, 21년 법무사

(O) 심판대상조항은 국가가 주민등록번호를 부여·관리·이용하면서 그 변경에 관한 규정을 두지 않음으로써 주민등록번호 불법 유출 등을 원인으로 자신의 주민등록번호를 변경하고자 하는 청구인들의 개인정보자기결정권을 제한하고 있다. 주민등록번호 변경에 관한 규정을 두고 있지 않은 심판대상조항은 과잉금지원칙을 위반하여 청구인들의 개인정보자기결정권을 침해한다(헌재 2015.12.23. 2013헌바68).

0249
보안관찰처분대상자가 교도소 등에서 출소한 후 7일 이내에 출소사실을 신고하도록 정한 구 보안관찰법 제6조 제1항 전문 중 출소 후 신고의무에 관한 부분 및 이를 위반할 경우 처벌하도록 정한 보안관찰법 제27조 제2항 중 구 보안관찰법 제6조 제1항 전문 가운데 출소 후 신고의무에 관한 부분은 과잉금지원칙을 위반하여 사생활의 비밀과 자유 및 개인정보자기결정권을 침해하지 않는다. 24년 변호사, 23년 법원직 9급, 23년 소방간부

(O) 출소 후 신고조항 및 위반 시 처벌조항은 과잉금지원칙을 위반하여 청구인의 사생활의 비밀과 자유 및 개인정보자기결정권을 침해하지 아니한다(헌재 2021.6.24. 2017헌바479). *조심해야 한다. 출소 후 신고조항은 합헌이지만 무기한으로 변동신고해야 하는 경우 헌법에 위반된다.*

0250
개인정보자기결정권의 보호대상이 되는 개인정보는 개인의 신체, 신념, 사회적 지위, 신분 등과 같이 개인의 인격주체성을 특징짓는 사항으로서 그 개인의 동일성을 식별할 수 있게 하는 일체의 정보라고 할 수 있다. 24년 소방간부, 23년 법원직 9급

(O) 개인정보자기결정권의 보호대상이 되는 개인정보는 개인의 신체, 신념, 사회적 지위, 신분 등과 같이 개인의 인격주체성을 특징짓는 사항으로서 그 개인의 동일성을 식별할 수 있게 하는 일체의 정보라고 할 수 있고, 반드시 개인의 내밀한 영역이나 사사(私事)의 영역에 속하는 정보에 국한되지 않으며, 공적 생활에서 형성되었거나 이미 공개된 개인정보까지 포함한다(헌재 2016.2.25. 2013헌마830).

0251
주거는 생활의 기초단위로서 구성원 전체의 인격이 형성되고 발현되는 사적 공간이므로 그 보호의 필요성이 매우 크다. 24년 경찰간부

(O) 헌법 제16조에서는 모든 국민은 주거의 자유를 침해받지 아니한다고 규정하여 주거의 자유를 기본권으로 특별히 보호하고 있는바, 주거는 생활의 기초단위로서 구성원 전체의 인격이 형성되고 발현되는 사적 공간이므로 그 보호의 필요성이 매우 크다(헌재 2020.9.24. 2018헌바171).

0252
거주지를 기준으로 중·고등학교 입학을 제한하는 「교육법시행령」 조항은, 학부모가 원하는 경우 언제든지 자유로이 거주지를 이전할 수 있으므로 그와 같은 생활상의 불이익만으로는 거주이전의 자유를 제한한다고는 할 수 없고, 설혹 거주이전의 자유를 다소 제한한다고 하더라도 거주이전의 자유를 침해하는 것이라고는 할 수 없다. 25년 순경 1차

(O) 거주지를 기준으로 중·고등학교의 입학을 제한하는 교육법 시행령 제71조 및 제112조의6 등의 규정은 과열된 입시경쟁으로 말미암아 발생하는 부작용을 방지한다고 하는 입법목적을 달성하기 위한 방안의 하나이고, 도시와 농어촌에 있는 중·고등학교의 교육여건의 차이가 심하지 않으며, 획일적인 제도의 운용에 따른 문제점을 해소하기 위한 여러 가지 보완책이 상당히 마련되어 있어서 … 본질적 내용을 침해하였거나 과도하게 제한한 경우에 해당하지 아니한다(헌재 1995.2.23. 91헌마204).

0253
대한민국의 국민이 외국 체류를 중단하고 다시 대한민국으로 들어올 수 있는 입국의 자유는 거주·이전의 자유에 포함된다. 24년 법원직, 21년 국회직 8급

(O) 해외여행 및 해외이주의 자유는 필연적으로 외국에서 체류 또는 거주하기 위해서 대한민국을 떠날 수 있는 "출국의 자유"와 외국체류 또는 거주를 중단하고 다시 대한민국으로 돌아올 수 있는 '입국의 자유'를 포함한다(헌재 2004.10.28. 2003헌가18). / *외국인은 불포함*

| OX 문제 | 정답 및 해설 |

0254
법무부장관으로 하여금 형사재판에 계속 중인 사람에게 6개월 이내 기간을 정하여 출국을 금지할 수 있도록 한 출입국관리법 해당 규정은 출국의 자유를 침해하지 아니한다. 24년 법원직
[O] [X]

(O) 형사재판에 계속 중인 사람의 해외도피를 막아 국가 형벌권을 확보함으로써 실체적 진실발견과 사법정의를 실현하고자 하는 심판대상조항은 그 입법목적이 정당하고, 형사재판에 계속 중인 사람의 출국을 일정 기간 동안 금지할 수 있도록 하는 것은 이러한 입법목적을 달성하는 데 기여할 수 있으므로 수단의 적정성도 인정된다(헌재 2015.9.24. 2012헌바302). / 따라서 출국의 자유를 침해하지 않는다.

0255
여행금지국가로 고시된 사정을 알면서도 외교부장관으로부터 예외적 여권사용 등의 허가를 받지 않고 여행금지국가를 방문하는 등의 행위를 형사처벌하는 여권법 규정은 국가의 재외국민 보호의무를 이행하기 위하여 법률에 구체화된 것으로서 그 목적의 정당성은 인정되나, 과도한 처벌 규정으로 인하여 거주·이전의 자유를 침해한다. 24년 경찰승진, 24년 경찰간부, 22년 법원직, 22년 해경간부
[O] [X]

(X) 입법목적은 국외 위난상황으로부터 국민의 생명·신체나 재산을 보호하고 국외 위난상황으로 인해 국가·사회에 미칠 수 있는 파급효과를 사전에 예방하는 것이다. 이와 같은 이 사건 처벌조항의 입법목적은 정당하고, 여행금지국가를 방문한 사람을 형사처벌하도록 하여 이를 사전에 억지하는 것은 그 입법목적을 달성하기 위하여 적합한 수단이다(헌재 2020.2.27. 2016헌마945).

0256
「통신비밀보호법」상 '통신'이라 함은 우편물 및 전기통신을 말한다. 22년 순경 1차
[O] [X]

(O) "통신"이라 함은 우편물 및 전기통신을 말한다(통신비밀보호법 제2조 제1호).

0257
「통신비밀보호법」 제3조의 규정에 위반하여, 불법검열에 의하여 취득한 우편물이나 그 내용 및 불법감청에 의하여 지득 또는 채록된 전기통신의 내용은 재판 또는 징계절차에서 증거로 사용할 수 없다. 22년 경찰승진, 22년 입법고시
[O] [X]

(O) 통신비밀보호법 제4조(불법검열에 의한 우편물의 내용과 불법감청에 의한 전기통신내용의 증거사용 금지) 제3조(통신 및 대화비밀의 보호)의 규정에 위반하여, 불법검열에 의하여 취득한 우편물이나 그 내용 및 불법감청에 의하여 지득 또는 채록된 전기통신의 내용은 재판 또는 징계절차에서 증거로 사용할 수 없다.

0258
통신의 자유는 「헌법」 제37조 제2항에 따라 국가안전보장, 질서유지 또는 공공복리를 위하여 필요한 경우에 한하여 법률로써 제한할 수 있다. 22년 해경간부
[O] [X]

(O) 국민의 모든 자유와 권리는 국가안전보장·질서유지 또는 공공복리를 위하여 필요한 경우에 한하여 법률로써 제한할 수 있으며, 제한하는 경우에도 자유와 권리의 본질적인 내용을 침해할 수 없다(헌법 제37조 제2항).

0259
헌법 제18조로 보장되는 기본권인 통신의 자유란 통신수단을 자유로이 이용하여 의사소통할 권리이다. '통신수단의 자유로운 이용'이라 하더라도 자신의 인적 사항을 누구에게도 밝히지 않는 상태로 통신수단을 이용할 자유, 즉 통신수단의 익명성 보장은 포함된다고 볼 수 없다. 23년 법원직 9급
[O] [X]

(X) 헌법 제18조로 보장되는 기본권인 통신의 자유란 통신수단을 자유로이 이용하여 의사소통할 권리이다. '통신수단의 자유로운 이용'에는 자신의 인적 사항을 누구에게도 밝히지 않는 상태로 통신수단을 이용할 자유, 즉 통신수단의 익명성 보장도 포함된다(헌재 2019.9.26. 2017헌마1209).

제3절 정신적 자유

0260
양심은 어떤 일의 옳고 그름을 판단할 때 그렇게 행동하지 않고서는 자신의 인격적 존재가치가 파멸되고 말 것이라는 강력하고 진지한 마음의 소리로서 절박하고 구체적인 것이어야 한다. 21년 법무사

(O) 헌법 제19조에서 보호하는 양심은 어떤 일의 옳고 그름을 판단할 때 그렇게 행동하지 않고서는 자신의 인격적 존재가치가 파멸되고 말 것이라는 강력하고 진지한 마음의 소리로서 절박하고 구체적인 것이다(대판 2018.11.29. 2016도11841).

0261
헌법이 보호하려는 양심은 어떤 일의 옳고 그름을 판단함에 있어서 그렇게 행동하지 아니하고는 자신의 인격적인 존재가치가 허물어지고 말 것이라는 강력하고 진지한 마음의 소리이지 막연하고 추상적인 개념으로서의 양심은 아니다. 24년 경찰 2차, 21년 경행특채

(O) 양심이란 인간의 윤리적·도덕적 내심영역의 문제로서, 헌법이 보호하려는 양심은 어떤 일의 옳고 그름을 판단함에 있어서 그렇게 행동하지 아니하고는 자신의 인격적인 존재가치가 허물어지고 말 것이라는 강력하고 진지한 마음의 소리이지, 막연하고 추상적인 개념으로서의 양심이 아니다(헌재 2008.10.30. 2006헌마1401 등).

0262
양심은 민주적 다수의 사고나 가치관과 일치하는 것이 아니라, 개인적 현상으로서 지극히 주관적인 것이다. 24년 경찰 2차, 24년 소방간부

(O) '양심'은 민주적 다수의 사고나 가치관과 일치하는 것이 아니라, 개인적 현상으로서 지극히 주관적인 것이다(헌재 2018.6.28. 2011헌바379 등).

0263
'양심의 자유'가 보장하고자 하는 '양심'은 개인적 현상으로서 지극히 주관적인 것으로 그 대상이나 내용 또는 동기에 의하여 판단될 수 없으며, 특히 양심상의 결정이 이성적·합리적인가, 타당한가 또는 법질서나 사회규범, 도덕률과 일치하는가 하는 관점은 양심의 존재를 판단하는 기준이 될 수 없다. 24년 경찰 2차, 23년 순경 1차, 23년 국회직 5급, 23년 경찰간부, 22년 경찰승진, 22년 해경간부, 21년 법원직 9급

(O) '양심'은 민주적 다수의 사고나 가치관과 일치하는 것이 아니라, 개인적 현상으로서 지극히 주관적인 것이다. 양심은 그 대상이나 내용 또는 동기에 의하여 판단될 수 없으며, 특히 양심상의 결정이 이성적·합리적인가, 타당한가 또는 법질서나 사회규범·도덕률과 일치하는가 하는 관점은 양심의 존재를 판단하는 기준이 될 수 없다(헌재 2018.6.28. 2011헌바379 등).

0264
양심의 자유에서 현실적으로 문제가 되는 것은 법질서와 도덕에 부합하는 사고를 가진 사회적 다수의 양심을 의미한다. 20년 경찰승진, 20년 소방간부

(X) 양심의 자유에서 현실적으로 문제가 되는 것은 국가의 법질서나 사회의 도덕률에서 벗어나려는 소수의 양심이다(헌재 2004.8.26. 2002헌가1).

0265
양심의 자유는 양심을 형성할 자유와 양심에 따라 결정할 자유 등 내심의 자유일 뿐, 양심을 실현할 수 있는 자유는 포함되지 않는다. 21년 법무사

(X) 헌법 제19조가 보호하고 있는 양심의 자유는 양심형성의 자유와 양심적 결정의 자유를 포함하는 내심적 자유(forum internum) 뿐만 아니라, 양심적 결정을 외부로 표현하고 실현할 수 있는 양심실현의 자유(forum externum)를 포함한다고 할 수 있다(헌재 1998.7.16. 96헌바35).

| OX 문제 | 정답 및 해설 |

0266
양심형성의 자유는 내심에 머무르는 한 타인의 기본권이나 다른 헌법적 질서와 저촉되는 경우 헌법 제37조 제2항에 따라 국가안전보장·질서유지 또는 공공복리를 위하여 법률에 의하여 제한될 수 있는 상대적 자유라고 할 수 있다. 22년 경찰승진, 21년 법원직, 20년 국가직 5급, 20년 소방간부 [O][X]

(X) 내심적 자유, 즉 양심형성의 자유와 양심적 결정의 자유는 내심에 머무르는 한 절대적 자유라고 할 수 있지만, 양심실현의 자유는 타인의 기본권이나 다른 헌법적 질서와 저촉되는 경우 헌법 제37조 제2항에 따라 국가안전보장·질서유지 또는 공공복리를 위하여 법률에 의하여 제한될 수 있는 상대적 자유라고 할 수 있다(헌재 1998.7.16. 96헌바35).

0267
양심형성의 자유와 양심적 결정의 자유는 내심에 머무르는 한 절대적 자유라고 할 수 있지만, 양심실현의 자유는 타인의 기본권이나 다른 헌법적 질서와 저촉되는 경우 법률에 의하여 제한될 수 있는 상대적 자유라고 할 수 있다. 24년 소방간부 [O][X]

(O) 내심적 자유, 즉 양심형성의 자유와 양심적 결정의 자유는 내심에 머무르는 한 절대적 자유라고 할 수 있지만, 양심실현의 자유는 타인의 기본권이나 다른 헌법적 질서와 저촉되는 경우 헌법 제37조 제2항에 따라 국가안전보장 질서유지 또는 공공복리를 위하여 법률에 의하여 제한될 수 있는 상대적 자유라고 할 수 있다(헌재 1998.7.16. 96헌바35).

0268
부작위에 의한 양심실현은 내심의 의사를 외부에 표현하거나 실현하는 행위가 되는 것이고 이는 순수한 내심의 영역을 벗어난 것이어서 이에 대해서는 필요한 경우 법률에 의한 제한이 가능하다. 21년 소방간부 [O][X]

(O) 부작위에 의한 양심실현 즉 내심의 의사를 외부에 표현하거나 실현하는 행위가 되는 것이고 이는 이미 순수한 내심의 영역을 벗어난 것이므로 이에 대하여는 필요한 경우 법률에 의한 제한이 가능하다 할 것이다(헌재 1998.7.16. 96헌바35).

0269
주민등록발급을 위해 열 손가락의 지문을 날인케 하는 것은 지문을 날인할 것인지 여부의 결정이 선악의 기준에 따른 개인의 진지한 윤리적 결정에 해당하므로 이러한 의무를 부과하는 법령조항은 양심의 자유를 침해한다. 21년 소방간부 [O][X]

(X) 지문을 날인할 것인지 여부의 결정이 선악의 기준에 따른 개인의 진지한 윤리적 결정에 해당한다고 보기는 어려워, 열 손가락지문날인의 의무를 부과하는 이 사건 시행령조항에 대하여 국가가 개인의 윤리적 판단에 개입한다거나 그 윤리적 판단을 표명하도록 강제하는 것으로 볼 여지는 없다고 할 것이므로, 이 사건 시행령조항에 의한 양심의 자유의 침해가능성 또한 없는 것으로 보인다(헌재 2005.5.26. 99헌마513).

0270
열 손가락 지문날인의 의무를 부과하는 「주민등록법 시행령」 조항은 국가가 개인의 윤리적 판단에 개입한다거나 그 윤리적 판단을 표명하도록 강제하는 것이라고 할 수 없으므로 양심의 자유를 침해하는 것이 아니다. 22년 소방간부, 22년 해경간부 [O][X]

(O) 지문을 날인할 것인지 여부의 결정이 선악의 기준에 따른 개인의 진지한 윤리적 결정에 해당한다고 보기는 어려워, 열 손가락지문날인의 의무를 부과하는 이 사건 시행령조항에 대하여 국가가 개인의 윤리적 판단에 개입한다거나 그 윤리적 판단을 표명하도록 강제하는 것으로 볼 여지는 없다고 할 것이므로, 이 사건 시행령조항에 의한 양심의 자유의 침해가능성 또한 없는 것으로 보인다(헌재 2005.5.26. 99헌마513 등).

0271
국가가 수형자의 가석방 여부를 심사하면서 국법질서나 헌법체제를 준수하겠다는 취지의 준법서약서 제출을 요구한 조치는 양심의 자유와 자유로운 정신세계를 형성할 행복추구권을 침해한다. 21년 법무사 [O][X]

(X) 내용상 단순히 국법질서나 헌법체제를 준수하겠다는 취지의 서약을 할 것을 요구하는 이 사건 준법서약은 국민이 부담하는 일반적 의무를 장래를 향하여 확인하는 것에 불과하며, 어떠한 가정적 혹은 실제적 상황하에서 특정의 사유(思惟)를 하거나 특별한 행동을 할 것을 새로이 요구하는 것이 아니다. 따라서 이 사건 준법서약은 어떤 구체적이거나 적극적인 내용을 담지 않은 채 단순한 헌법적 의무의 확인·서약에 불과하다 할 것이어서 양심의 영역을 건드리는 것이 아니다(헌재 2002.4.25. 98헌마425 등).

| OX 문제 | 정답 및 해설 |

0272
전투경찰순경이 법률에 근거한 경찰공무원으로서 시위진압 업무를 수행하는 것이 양심의 자유를 침해한다고 판시한 바 있다. 20년 경찰승진 ⓞⓧ

(X) 입법목적과 필요성에 따라 대간첩작전의 수행을 임무로 하는 전투경찰순경을 현역병으로 입영하여 복무 중인 군인에서 전임시켜 충원할 수 있도록 한 이 사건 법률조항들이 그 자체로서 청구인의 행복추구권 및 양심의 자유를 침해한 것이라고 볼 수 없다(헌재 1995.12.28. 91헌마80).

0273
운전 중의 운전자에게 좌석안전띠 착용 의무를 부과하는 것은 운전자의 양심의 자유를 침해하는 것이라 할 수 없다. 22년 해경간부, 22년 소방간부 ⓞⓧ

(O) 제재를 받지 않기 위하여 어쩔 수 없이 좌석안전띠를 매었다 하여 청구인이 내면적으로 구축한 인간양심이 왜곡·굴절되고 청구인의 인격적인 존재가치가 허물어진다고 할 수는 없어 양심의 자유의 보호영역에 속하지 아니하므로, 운전 중 운전자가 좌석안전띠를 착용할 의무는 청구인의 양심의 자유를 침해하는 것이라 할 수 없다(헌재 2003.10.30. 2002헌마518).

0274
종교전파의 자유는 누구에게나 자신의 종교 또는 종교적 확신을 알리고 선전하는 자유를 말하지만, 이러한 종교전파의 자유에는 국민에게 그가 선택한 임의의 장소에서 자유롭게 행사할 수 있는 권리까지 보장한다고 할 수 없다. 23년 순경 1차, 22년 경찰간부, 21년 소방간부 ⓞⓧ

(O) 종교의 자유는 종교전파의 자유로서 누구에게나 자신의 종교 또는 종교적 확신을 알리고 선전하는 자유를 말하며, 포교행위 또는 선교행위가 이에 해당한다. 그러나 이러한 종교전파의 자유는 국민에게 그가 선택한 임의의 장소에서 자유롭게 행사할 수 있는 권리까지 보장한다고 할 수 없다(헌재 2008.6.26. 2007헌마1366).

0275
기독교재단이 설립한 사립대학에서 6학기 동안 대학예배에 참석할 것을 졸업요건으로 하는 학칙은 비록 위 대학예배가 복음 전도나 종교인 양성에 직접적인 목표가 있는 것이 아니고 신앙을 가지지 않을 자유를 침해하지 않는 범위 내에서 학생들에게 종교교육을 함으로써 진리·사랑에 기초한 보편적 교양인을 양성하는 데 목표를 두고 있다고 하더라도 헌법상 보장된 종교의 자유를 침해하는 것이다. 22년 순경 2차 ⓞⓧ

(X) 대학예배에의 6학기 참석을 졸업요건으로 정한 위 대학교의 학칙은 헌법상 종교의 자유에 반하는 위헌무효의 학칙이 아니다(대판 1998.11.10. 96다37268).

0276
국가에 의한 특정 종교의 우대나 차별대우는 금지된다. 23년 5급 공채 ⓞⓧ

(O) 종교의 자유에서 종교에 대한 적극적인 우대조치를 요구할 권리가 직접 도출되거나 우대할 국가의 의무가 발생하지 아니한다. 종교시설의 건축행위에만 기반시설부담금을 면제한다면 국가가 종교를 지원하여 종교를 승인하거나 우대하는 것으로 비칠 소지가 있어 헌법 제20조 제2항의 국교금지·정교분리에 위배될 수도 있다고 할 것이므로 종교시설의 건축행위에 대하여 기반시설부담금 부과를 제외하거나 감경하지 아니하였더라도, 종교의 자유를 침해하는 것이 아니다(헌재 2010.2.25. 2007헌바131등).

0277
학교 정화구역 내에 납골시설을 금지할 필요성은 납골시설의 운영주체가 국가·지방자치단체 등의 공공기관이거나 개인·문중·종교단체·재단법인이든 마찬가지라고 할 것이다. 24년 소방간부, 22년 경찰간부 ⓞⓧ

(O) 납골시설을 기피하는 정서는 사회의 일반적인 풍토와 문화에서 비롯된 것이고 금지되는 것은 학교 부근 200m 이내에 국한되는 것이므로, 과도한 제한으로 보기는 어렵다(헌재 2009.7.30. 2008헌가2).

| OX 문제 | 정답 및 해설 |

0278
모든 국민은 언론·출판의 자유와 집회·결사의 자유를 가진다. 22년 해경간부, 22년 해경일반 ⓞⓧ

(O) 모든 국민은 언론·출판의 자유와 집회·결사의 자유를 가진다(헌법 제21조 제1항).

0279
언론·출판에 대한 허가나 검열과 집회·결사에 대한 허가는 인정되지 아니한다. 21년 법원직 9급 ⓞⓧ

(O) 언론·출판에 대한 허가나 검열과 집회·결사에 대한 허가는 인정되지 아니한다(헌법 제21조 제2항).

0280
통신·방송의 시설기준은 법률로 정한다. 22년 해경간부, 22년 해경일반 ⓞⓧ

(O) 통신·방송의 시설기준과 신문의 기능을 보장하기 위하여 필요한 사항은 법률로 정한다(헌법 제21조 제3항).

0281
헌법 제21조 제1항에 의해 보장되는 언론·출판의 자유에는 방송의 자유가 포함된다. 20년 법무사 ⓞⓧ

(O) 헌법 제21조 제1항은 "모든 국민은 언론·출판의 자유와 집회·결사의 자유를 가진다."고 규정하였다. 같은 규정에 의해 보장되는 언론·출판의 자유에는 방송의 자유가 포함된다(헌재 2001.5.31. 2000헌바43 등).

0282
언론·출판은 타인의 명예나 권리 또는 공중도덕이나 사회 윤리를 침해하여서는 안 된다. 22년 해경간부, 22년 해경일반 ⓞⓧ

(O) 언론·출판은 타인의 명예나 권리 또는 공중도덕이나 사회윤리를 침해하여서는 아니 된다(헌법 제21조 제4항).

0283
헌법은 언론·출판은 타인의 명예나 권리 또는 공중도덕이나 사회윤리를 침해하여서는 아니되고, 언론·출판이 타인의 명예나 권리를 침해한 때에는 피해자는 이에 대한 피해의 배상을 청구할 수 있다고 규정하고 있다. 20년 법무사 ⓞⓧ

(O) 언론·출판은 타인의 명예나 권리 또는 공중도덕이나 사회윤리를 침해하여서는 아니 된다. 언론·출판이 타인의 명예나 권리를 침해한 때에는 피해자는 이에 대한 피해의 배상을 청구할 수 있다(헌법 제21조 제4항).

0284
언론·출판의 자유의 보호대상이 되는 의사표현 또는 전파의 매개체는 어떠한 형태이건 가능하며 그 제한이 없다. 22년 법원행시, 21년 소방간부 ⓞⓧ

(O) 헌법 제21조 제1항은 모든 국민은 언론·출판의 자유를 가진다고 규정하여 표현의 자유를 보장하고 있는바, 의사표현·전파의 자유에 있어서 의사표현 또는 전파의 매개체는 어떠한 형태이건 가능하며, 그 제한이 없다(헌재 2018.6.28. 2016헌가8 등)

0285
광고물도 사상·지식·정보 등을 불특정다수인에게 전파하는 것으로서 언론·출판의 자유에 의한 보호를 받는 대상이 된다. 23년 국회직 5급, 20년 법무사 ⓞⓧ

(O) 광고물도 사상·지식·정보 등을 불특정다수인에게 전파하는 것으로서 언론·출판의 자유에 의한 보호를 받는 대상이 됨은 물론이다(헌재 1998.2.27. 96헌바2).

0286
광고가 단순히 상업적인 상품이나 서비스에 관한 사실을 알리는 경우에는 그 내용이 공익을 포함하고 있더라도 헌법 제21조의 표현의 자유에 의하여 보호되는 것은 아니다. 24년 소방간부, 22년 경찰승진 ⓞⓧ

(X) 광고물도 사상·지식·정보 등을 불특정다수인에게 전파하는 것으로서 언론·출판의 자유에 의한 보호를 받는 대상이 됨은 물론이다(헌재 2002.12.18. 2000헌마764).

| OX 문제 | 정답 및 해설 |

0287

일반적으로 정보에 접근하고 수집·처리함에 있어 국가권력의 방해를 받지 아니할 권리뿐 아니라 국민의 정부에 대한 일반적 정보공개를 구할 권리 역시 별도의 입법이 없더라도 헌법 제21조(표현의 자유)에 의해 직접 보장될 수 있다. 20년 법원행시 [O][X]

(O) 이 경우 그러한 권리는 별도의 입법을 할 필요도 없이 보장되는 것이므로, 일반적으로 정보에 접근하고 수집·처리함에 있어 알 권리는 별도의 입법이 없더라도 국가권력의 방해를 받음이 없이 보장되어야 한다(헌재 2010.10.28. 2008헌마638).

0288

정보통신망 이용촉진 및 정보보호 등에 관한 법률은 음란한 화상 또는 영상을 배포하거나 공연히 전시하는 행위 등을 처벌하고 있는바 음란표현은 헌법 제21조가 규정하는 언론·출판의 자유의 보호영역에 해당하지 아니한다. 24년 법원직, 23년 5급 공채, 22년 순경 1차, 22년 경찰승진, 22년 해경간부, 21년 비상기획관(하), 20년 법무사 [O][X]

(X) '청소년이용음란물' 역시 의사형성적 작용을 하는 의사의 표현·전파의 형식 중 하나임이 분명하므로 언론·출판의 자유에 의하여 보호되는 의사표현의 매개체라는 점에는 의문의 여지가 없다(헌재 2009.5.28. 2006헌바109 등).

0289

공직선거에 후보자로 등록하고자 하는 자가 제출하여야 하는 범죄경력에 이미 실효된 금고 이상의 형까지 포함시키도록 정한 「공직선거법」 조항은 실효된 금고 이상의 형의 범죄경력을 가진 후보자의 공무담임권을 침해하지 않는다. 23년 경찰승진 [O][X]

(O) 청구인들은 이 사건 법률조항으로 인하여 공무담임권이 침해된다고 주장하나, 이 사건 법률조항은 후보자선택을 제한하거나 실효된 금고 이상의 형의 범죄경력을 가진 후보자의 당선기회를 봉쇄하는 것이 아니므로 공무담임권과는 직접 관련이 없다. 그러므로 이 사건 법률조항이 청구인들의 공무담임권을 침해한다고 볼 수 없다(헌재 2008.4.24. 2006헌마402 등).

0290

인터넷신문사업자에게 취재 인력 3명 이상을 포함하여 취재 및 편집 인력 5명 이상을 상시적으로 고용할 것을 요구하는 것은 소규모 인터넷신문이 언론으로서 활동할 수 있는 기회 자체를 원천적으로 봉쇄할 수 있음에 비하여, 인터넷신문의 신뢰도 제고라는 입법목적의 효과는 불확실하다는 점에서 과잉금지원칙에 위배되어 언론의 자유를 침해한다. 24년 경찰승진 [O][X]

(O) 고용조항 및 확인조항은 소규모 인터넷신문이 언론으로서 활동할 수 있는 기회 자체를 원천적으로 봉쇄할 수 있음에 비하여, 인터넷신문의 신뢰도 제고라는 입법목적의 효과는 불확실하다는 점에서 법익의 균형성도 잃고 있다. 따라서 고용조항 및 확인조항은 과잉금지원칙에 위배되어 청구인들의 언론의 자유를 침해한다(헌재 2016.10.27. 2015헌마1206 등).

0291

정보공개청구권은 정부나 공공기관이 보유하고 있는 정보에 대하여 정당한 이해관계가 있는 자가 그 공개를 요구할 수 있는 권리로, 헌법 제21조에 의해 직접 보장된다. 24년 법원직 [O][X]

(O) 정보공개청구권은 정부나 공공기관이 보유하고 있는 정보에 대하여 정당한 이해관계가 있는 자가 그 공개를 요구할 수 있는 권리로서, 알 권리의 청구권적 성질과 밀접하게 관련된다. 정보공개청구권은 알 권리의 당연한 내용으로서 헌법 제21조에 의하여 직접 보장된다(헌재 2019.7.25. 2017헌마1329).

0292

변호사시험 성적을 합격자에게 공개하지 않도록 규정한 구 변호사시험법 해당 조항은 알 권리(정보공개청구권)를 침해한다. 24년 법원직 [O][X]

(O) 시험성적을 공개하는 경우 경쟁력 있는 법률가를 양성할 수 있고, 각종 법조직역에 채용과 선발의 객관적 기준을 제공할 수 있다. 따라서 변호사시험 성적의 비공개는 기존 대학의 서열화를 고착시키는 등의 부작용을 낳고 있으므로 수단의 적절성이 인정되지 않는다(헌재 2015.6.25. 2011헌마769 등). / 따라서 알 권리를 침해한다.

| OX 문제 | 정답 및 해설 |

0293
표현의 자유는 알 권리와 표리일체의 관계에 있다. 24년 법원직

(O) 자유로운 의사의 형성은 정보에의 접근이 충분히 보장됨으로써 비로소 가능한 것이며, 그러한 의미에서 정보에의 접근·수집·처리의 자유, 즉 "알 권리"는 표현의 자유와 표리일체의 관계에 있으며 자유권적 성질과 청구권적 성질을 공유하는 것이다(헌재 1991.5.13. 90헌마133).

0294
게임물의 제작 및 판매·배포는 표현의 자유를 보장하는 헌법 제21조 제1항에 의하여 보장을 받는다. 21년 법원행시

(O) 의사표현의 자유는 언론·출판의 자유에 속하고, 여기서 의사표현의 매개체는 어떠한 형태이건 그 제한이 없는바, 게임물은 예술표현의 수단이 될 수도 있으므로 그 제작 및 판매·배포는 표현의 자유를 보장하는 헌법 제21조 제1항에 의하여 보장을 받는다(헌재 2002.2.28. 99헌바117).

0295
국가 또는 지방자치단체의 기관이 보관하고 있는 문서 등에 관하여 이해관계 있는 국민이 공개를 요구함에도 정당한 이유 없이 이에 응하지 아니하거나 거부하는 것은 당해 국민의 알 권리를 침해하는 것이다. 22년 순경 2차

(O) 국가 또는 지방자치단체의 기관이 보관하고 있는 문서 등에 관하여 이해관계 있는 국민이 공개를 요구함에도 정당한 이유 없이 이에 응하지 아니하거나 거부하는 것은 당해 국민의 알 권리를 침해하는 것이다(헌재 2017.12.28. 2015헌마632).

0296
반론보도청구권은 원보도를 진실에 부합되게 시정보도해 줄 것을 요구하는 권리이므로 원보도의 내용이 허위일 것을 조건으로 한다. 21년 국회직 8급

(X) ① 사실적 주장에 관한 언론보도등으로 인하여 피해를 입은 자는 그 보도 내용에 관한 반론보도를 언론사등에 청구할 수 있다. ② 제1항의 청구에는 언론사등의 고의·과실이나 위법성을 필요로 하지 아니하며, 보도 내용의 진실 여부와 상관없이 그 청구를 할 수 있다(언론중재 및 피해구제 등에 관한 법률 제16조).

0297
인터넷게시판을 설치·운영하는 정보통신서비스 제공자에게 본인확인조치의무를 부과한 법률규정은 과잉금지원칙에 위배되어 정보통신서비스 제공자의 언론의 자유를 침해한다. 21년 국회직 8급, 20년 경찰승진, 20년 법원직

(O) 인터넷게시판 운영자에게 게시판 이용자에 대한 본인확인조치를 하도록 하여 게시판 이용자가 본인확인절차를 거치지 아니하면 인터넷게시판에 정보를 게시할 수 없도록 하는 본인확인제는 아래와 같이 목적달성에 필요한 범위를 넘는 과도한 제한을 하는 것으로서 침해의 최소성이 인정되지 않는다(헌재 2012.8.23. 2010헌마47).

0298
구체적인 전달이나 전파의 상대방이 없는 집필의 단계를 표현의 자유의 보호영역에 포함시킬 것인지 의문이 있을 수 있으나 집필은 문자를 통한 모든 의사표현의 기본 전제가 된다는 점에서 당연히 표현의 자유의 보호영역에 속해 있다고 보아야 한다. 22년 해경간부

(O) 집필행위는 사람의 내면에 있는 생각이 외부로 나타나는 첫 단계의 행위란 점에서 문자를 통한 표현행위의 가장 기초적이고도 전제가 되는 행위라 할 것이다. 일반적으로 표현의 자유는 정보의 전달 또는 전파와 관련지어 생각되므로 구체적인 전달이나 전파의 상대방이 없는 집필의 단계를 표현의 자유의 보호영역에 포함시킬 것인지 의문이 있을 수 있으나, 집필은 문자를 통한 모든 의사표현의 기본 전제가 된다는 점에서 당연히 표현의 자유의 보호영역에 속해 있다고 보아야 한다(헌재 2005.2.24. 2003헌마289).

0299
건강기능식품 기능성 광고의 사전심의절차를 규정한 「건강기능식품에 관한 법률」 조항은 국민의 건강권을 보호하고 국민의 보건에 관한 국가의 보호의무를 이행하기 위하여 사전심의 절차를 법률로 규정한 것으로서 사전검열금지 원칙이 적용되지 않는다. 22년 해경간부, 20년 국가직 7급, 20년 경찰승진

(X) 사전심의를 받은 내용과 다른 내용의 건강기능식품 기능성 광고를 금지하고 이를 위반한 경우 처벌하는 건강기능식품에 관한 법률에 의한 건강기능식품 기능성 광고 사전심의는 그 검열이 행정권에 의하여 행하여진다고 볼 수 있어, 헌법이 금지하는 사전검열에 해당하므로 헌법에 위반된다(헌재 2018.6.28. 2016헌가8).

| OX 문제 | 정답 및 해설 |

0300
오늘날 정치적 표현의 자유는 자유민주적 기본질서의 구성요소로서 다른 기본권에 비하여 우월한 효력을 가지므로, 공무원이라는 지위에 있다는 이유만으로 정치적 표현의 자유를 전면적으로 부정할 수는 없다. 22년 법무사 O X

(O) 오늘날 정치적 표현의 자유는 자유민주적 기본질서의 구성요소로서 다른 기본권에 비하여 우월한 효력을 가지므로, 공무원이라는 지위에 있다는 이유만으로 정치적 표현의 자유를 전면적으로 부정할 수는 없다(헌재 2018.7.26. 2016헌바139).

0301
헌법 제21조 제2항의 사전검열금지원칙은 모든 형태의 사전적인 규제를 금지하는 것은 아니고, 의사표현의 발표 여부가 오로지 행정권의 허가에 달려있는 사전심사만을 금지한다. 헌법재판소는 헌법이 금지하는 사전검열의 요건으로 첫째, 일반적으로 허가를 받기 위한 표현물의 제출의무가 존재할 것, 둘째, 행정권이 주체가 된 사전심사절차가 존재할 것, 셋째, 허가를 받지 아니한 의사표현을 금지할 것, 넷째, 심사절차를 관철할 수 있는 강제수단이 존재할 것을 들고 있다. 20년 법무사 O X

(O) 검열금지의 원칙은 모든 형태의 사전적인 규제를 금지하는 것이 아니고, 단지 의사표현의 발표여부가 오로지 행정권의 허가에 달려있는 사전심사만을 금지하는 것을 뜻한다. 그러므로 검열은 일반적으로 허가를 받기 위한 표현물의 제출의무, 행정권이 주체가 된 사전심사절차, 허가를 받지 아니한 의사표현의 금지 및 심사절차를 관철할 수 있는 강제수단 등의 요건을 갖춘 경우에만 이에 해당하는 것이다(헌재 1996.10.4. 93헌가13 등).

0302
헌법이 특정한 표현에 대해 예외적으로 검열을 허용하는 규정을 두고 있지 않은 점 등을 고려하면, 헌법상 사전검열은 예외없이 금지되는 것으로 보아야 하고, 의료광고 역시 사전검열금지원칙의 적용대상이 된다. 21년 법원행시, 20년 법원행시, 20년 지방직 7급 O X

(O) 헌법이 특정한 표현에 대해 예외적으로 검열을 허용하는 규정을 두지 않은 점, 이러한 상황에서 표현의 특성이나 규제의 필요성에 따라 언론·출판의 자유의 보호를 받는 표현 중에서 사전검열금지원칙의 적용이 배제되는 영역을 따로 설정할 경우 그 기준에 대한 객관성을 담보할 수 없다는 점 등을 고려하면, 헌법상 사전검열은 예외 없이 금지되는 것으로 보아야 하므로 의료광고 역시 사전검열금지원칙의 적용대상이 된다(헌재 2015.12.23. 2015헌바75).

0303
학교 구성원으로 하여금 성별 등의 사유를 이유로 차별적 언사나 행동, 혐오적 표현 등을 통해 다른 사람의 인권을 침해하지 못하도록 한 서울특별시 학생인권조례 규정은 학교 구성원들의 표현의 자유를 침해한 것이라고 볼 수 없다. 22년 국가직 7급 O X

(O) 위 조례 중 차별·혐오표현을 통해 다른 사람의 인권을 침해하지 못하도록 규정하고 있는 제5조 제3항이 법률유보원칙과 과잉금지원칙에 위배되는 것은 아니라고 판단하였다(헌재 2019.11.28. 2017헌마1356).

0304
개인의 외적 명예에 관한 인격권 보호의 필요성, 일단 훼손되면 완전한 회복이 사실상 불가능하다는 보호법익의 특성, 사회적으로 명예가 중시되나 명예훼손으로 인한 피해는 더 커지고 있는 우리 사회의 특수성, 명예훼손죄의 비범죄화에 관한 국민적 공감대의 부족 등을 종합적으로 고려하면, 공연히 사실을 적시하여 다른 사람의 명예를 훼손하는 행위를 금지하고 위반시 형사처벌하도록 정하고 있다고 하여 바로 과도한 제한이라 단언하기 어렵다. 22년 경찰승진 O X

(O) 공연히 사실을 적시하여 다른 사람의 명예를 훼손하는 행위를 금지하고 위반시 형사처벌하도록 정하고 있다고 하여 바로 과도한 제한이라 단언하기 어렵다(헌재 2021.2.25. 2017헌마1113 등).

| OX 문제 | 정답 및 해설 |

0305
집회의 자유는 민주국가에서 사회·정치현상에 대한 불만과 비판을 공개적으로 표출케 함으로써 정치적 불만이 있는 자를 사회에 통합하고 정치적 안정에 기여하는 기능을 하는 중요한 수단이기 때문에, 평화적 수단을 이용한 의견의 표명뿐만 아니라 폭력을 사용한 의견의 강요 역시 헌법적으로 보호된다. 24년 소방간부, 22년 5급 공채, 22년 해경간부, 22년 법학경채 ○Ⓧ

(X) 평화적 수단을 이용한 의견의 표명은 헌법적으로 보호되지만, 폭력을 사용한 의견의 강요는 헌법적으로 보호되지 않는다(헌재 2003.10.30. 2000헌바67 등).

0306
집회의 자유에는 집회를 통하여 형성된 의사를 집단적으로 표현하고 이를 통하여 불특정 다수인의 의사에 영향을 줄 자유를 포함한다. 21년 법원직 9급 ○Ⓧ

(O) 헌법 제21조 제1항은 "모든 국민은 언론·출판의 자유와 집회·결사의 자유를 가진다."고 규정하여 집회의 자유를 표현의 자유로서 언론·출판의 자유와 함께 국민의 기본권으로 보장하고 있다. 집회의 자유에는 집회를 통하여 형성된 의사를 집단적으로 표현하고 이를 통하여 불특정 다수인의 의사에 영향을 줄 자유를 포함한다(헌재 2016.9.29. 2014헌바492).

0307
2인이 모인 집회도 집시법의 규제 대상이 된다. 23년 변호사 ○Ⓧ

(O) 구 집회 및 시위에 관한 법률에 의하여 보장 및 규제의 대상이 되는 집회란 '특정 또는 불특정 다수인이 공동의 의견을 형성하여 이를 대외적으로 표명할 목적 아래 일시적으로 일정한 장소에 모이는 것'을 말하고, 모이는 장소나 사람의 다과에 제한이 있을 수 없으므로, 2인이 모인 집회도 위 법의 규제 대상이 된다고 보아야 한다(대판 2012.5.24. 2010도11381).

0308
집회의 자유는 사회·정치현상에 대한 불만과 비판을 공개적으로 표출케 함으로써 정치적 불만이 있는 자를 사회에 통합하고 정치적 안정에 기여하는 기능을 한다. 22년 소방간부 ○Ⓧ

(O) 집회의 자유는 사회·정치현상에 대한 불만과 비판을 공개적으로 표출케 함으로써 정치적 불만이 있는 자를 사회에 통합하고 정치적 안정에 기여하는 기능을 한다(헌재 2003.10.30. 2000헌바67 등).

0309
집회의 자유는 개인의 인격발현의 요소이자 민주주의를 구성하는 요소라는 이중적 헌법적 기능을 가지고 있으며, 개인의 자기결정과 인격발현에 기여하는 기본권이다. 22년 소방간부, 22년 경찰승진, 21년 법원직, 20년 법원직 ○Ⓧ

(O) 집회의 자유는 개인의 인격발현의 요소이자 민주주의를 구성하는 요소라는 이중적 헌법적 기능을 가지고 있다. 인간의 존엄성과 자유로운 인격발현을 최고의 가치로 삼는 우리 헌법질서 내에서 집회의 자유도 다른 모든 기본권과 마찬가지로 일차적으로는 개인의 자기결정과 인격발현에 기여하는 기본권이다(헌재 2003.10.30. 2000헌바67 등).

0310
집회는 일정한 장소를 전제로 하여 특정 목적을 가진 다수인이 일시적으로 회합하는 것을 말하는 것으로, 여기서의 다수인이 가지는 공동의 목적은 '내적인 유대 관계'로 족하지 않고 공통의 의사형성과 의사표현이라는 공동의 목적이 포함되어야 한다. 23년 법원직 9급, 22년 해경일반, 22년 해경간부 ○Ⓧ

(X) 일반적으로 집회는, 일정한 장소를 전제로 하여 특정 목적을 가진 다수인이 일시적으로 회합하는 것을 말하는 것으로 일컬어지고 있고, 그 공동의 목적은 내적인 유대관계로 족하다(헌재 2009.5.28. 2007헌바22).

| OX 문제 | 정답 및 해설 |

0311
표현의 자유는 국민 개인적인 차원에서는 자유로운 인격발현의 수단임과 동시에 합리적이고 건설적인 의사형성 및 진리발견의 수단이 되며, 국가와 사회적인 차원에서는 민주주의 국가와 사회의 존립과 발전에 필수불가결한 기본권이다. 24년 순경 1차, 22년 소방간부 ⃞O ⃞X

(O) 표현의 자유는 국민 개인적인 차원에서는 자유로운 인격발현의 수단임과 동시에 합리적이고 건설적인 의사형성 및 진리발견의 수단이 되며, 국가와 사회적인 차원에서는 민주주의 국가와 사회의 존립과 발전에 필수불가결한 기본권이다. 자유로운 논쟁과 의견의 경합은 민주적 의사형성을 가능하게 한다는 점에서, 표현의 자유는 민주주의를 구성하는 본질적 요소이다(헌재 2023.9.26. 2020헌마1724 등).

0312
집회의 자유는 집회를 통하여 형성된 의사를 집단적으로 표현하고 이를 통하여 불특정 다수인의 의사에 영향을 줄 자유를 포함하므로 이를 내용으로 하는 시위의 자유 또한 집회의 자유를 규정한 헌법 제21조 제1항에 의하여 보호되는 기본권에 속한다. 그러나 집회의 자유 내지 시위의 자유가 국민에게 그가 선택한 임의의 장소에서 자유롭게 행사할 수 있는 권리까지 보장한다고 볼 수 없으며, 이른바 장소선택의 자유는 집회·시위의 자유의 영역에 속하지 아니한다. 24년 소방간부, 22년 순경 2차, 22년 5급 공채, 22년 해경간부, 22년 소방간부, 22년 경찰간부, 20년 경찰승진, 20년 법원행시 ⃞O ⃞X

(X) 집회·시위장소는 집회·시위의 목적을 달성하는데 있어서 매우 중요한 역할을 수행하는 경우가 많기 때문에 집회·시위장소를 자유롭게 선택할 수 있어야만 집회·시위의 자유가 비로소 효과적으로 보장되므로 장소선택의 자유는 집회·시위의 자유의 한 실질을 형성한다(헌재 2005.11.24. 2004헌가17).

0313
집회의 자유는 집회를 통하여 형성된 의사를 집단으로 표현하고 이를 통하여 불특정 다수인의 의사에 영향을 줄 자유를 포함하므로 이를 내용으로 하는 시위의 자유 또한 집회의 자유를 규정한 헌법 제21조 제1항에 의하여 보호되는 기본권이다. 22년 경찰승진 ⃞O ⃞X

(O) 집회의 자유는 집회를 통하여 형성된 의사를 집단적으로 표현하고 이를 통하여 불특정 다수인의 의사에 영향을 줄 자유를 포함하므로 이를 내용으로 하는 시위의 자유 또한 집회의 자유를 규정한 헌법 제21조 제1항에 의하여 보호되는 기본권이다(헌재 2005.11.24. 2004헌가17).

0314
외교기관 인근의 옥외집회·시위를 원칙적으로 금지하면서도 외교기관의 기능을 침해할 우려가 없는 예외적인 경우에는 허용하고 있다면 집회의 자유를 침해하는 것은 아니다. 20년 지방직 7급 ⃞O ⃞X

(O) 외교기관 인근의 옥외집회·시위를 원칙적으로 금지하면서도 외교기관의 기능을 침해할 우려가 없는 예외적인 경우에는 허용하고 있다면 집회의 자유를 침해하는것은 아니다(헌재 2010.10.28. 2010헌마111).

0315
국회의 헌법적 기능에 대한 보호의 필요성을 고려한다면 국회의사당의 경계지점으로부터 100미터 이내의 장소에서 예외 없이 옥외집회를 금지하는 것은 지나친 규제라고 할 수 없다. 20년 지방직 7급 ⃞O ⃞X

(X) 심판대상 조항은 입법목적을 달성하는 데 필요한 최소한도의 범위를 넘어, 규제가 불필요하거나 또는 예외적으로 허용하는 것이 가능한 집회까지도 이를 일률적·전면적으로 금지하고 있으므로 침해의 최소성의 원칙에 위배된다(헌재 2018.5.31. 2013헌바322).

| OX 문제 | 정답 및 해설 |

0316
각급 법원 인근에 집회·시위금지장소를 설정하는 것은 입법목적 달성을 위한 적합한 수단에 해당하나, 각급 법원 인근의 모든 옥외집회를 일률적·전면적으로 금지하는 것은 침해의 최소성 원칙과 법익의 균형성 원칙에 위배되어 집회의 자유를 침해한다. 21년 법원행시 [O][X]

(O) 입법목적을 달성하는 데 필요한 최소한도의 범위를 넘어 규제가 불필요하거나 또는 예외적으로 허용 가능한 옥외집회·시위까지도 일률적·전면적으로 금지하고 있으므로, 침해의 최소성 원칙에 위배된다(헌재 2018.7.26. 2018헌바137).

0317
국회의사당의 경계지점으로부터 100미터 이내의 장소에서 옥외집회 또는 시위를 할 경우 형사처벌하는 법률 조항은, 국회의 헌법적 기능에 대한 보호의 필요성을 고려하더라도 과잉금지원칙을 위반하여 집회의 자유를 침해한다. 24년 경찰간부, 24년 경찰승진, 21년 법원행시 [O][X]

(O) 국회의사당의 경계지점으로부터 100미터 이내의 장소에서 옥외집회 또는 시위를 할 경우 형사처벌하는 법률 조항은, 국회의 헌법적 기능에 대한 보호의 필요성을 고려하더라도 과잉금지원칙을 위반하여 집회의 자유를 침해한다(헌재 2018.5.31. 2013헌바322 등).

0318
대통령 관저의 경계 지점으로부터 100미터 이내의 장소에서는 옥외집회 또는 시위를 금지한 구「집회 및 시위에 관한 법률」조항은, 대통령 관저 인근 일대를 광범위하게 집회금지장소로 설정함으로써 집회가 금지될 필요가 없는 장소까지도 집회금지장소에 포함되게 하므로 집회의 자유를 침해한다. 24년 경찰간부 [O][X]

(O) 심판대상조항은 대통령 관저 인근 일대를 광범위하게 집회금지장소로 설정함으로써, 집회가 금지될 필요가 없는 장소까지도 집회금지장소에 포함되게 한다(헌재 2022.12.22. 2018헌바48 등). / 역시 예외를 두지 않아 헌법에 위반된다.

0319
법인 등 결사체도 그 조직과 의사형성 그리고 업무수행에 관한 자기결정권을 가지므로 결사의 자유의 주체가 된다. 21년 국회직 9급 [O][X]

(O) 법인 등 결사체도 그 조직과 의사형성에 있어서, 그리고 업무수행에 있어서 자기결정권을 가지고 있어 결사의 자유의 주체가 된다고 봄이 상당하므로, 축협중앙회는 그 회원조합들과 별도로 결사의 자유의 주체가 된다(헌재 2000.6.1. 99헌마553).

0320
사법인은 그 조직과 의사형성에 있어서, 그리고 업무수행에 있어서 자기결정권을 가진다고 할 수 없으므로 결사의 자유의 주체가 된다고 볼 수 없다. 24년 국가직 5급 [O][X]

(X) 법인 등 결사체도 그 조직과 의사형성에 있어서, 그리고 업무수행에 있어서 자기 결정권을 가지고 있어 결사의 자유의 주체가 된다고 봄이 상당하므로, 축협중앙회는 그 회원조합들과 별도로 결사의 자유의 주체가 된다(헌재 2000.6.1. 99헌마553).

0321
결사의 자유에는 단체활동의 자유도 포함되는데, 단체활동의 자유는 단체 외부에 대한 활동뿐만 아니라 단체의 조직, 의사형성의 절차 등의 단체의 내부적 생활을 스스로 결정하고 형성할 권리인 '단체 내부 활동의 자유'를 포함한다. 24년 국가직 5급 [O][X]

(O) 결사의 자유에 포함되는 단체활동의 자유는 단체 외부에 대한 활동뿐만 아니라 단체의 조직, 의사형성의 절차 등 단체의 내부적 생활을 스스로 결정하고 형성할 권리인 단체 내부 활동의 자유를 포함한다(헌재 2018.2.22. 2016헌바364).

0322
헌법은 학문의 자유를 명문으로 규정하고 있다. 23년 법원행시 [O][X]

(O) 모든 국민은 학문과 예술의 자유를 가진다(헌법 제22조 제1항).

| OX 문제 | 정답 및 해설 |

0323
대학의 자율이란 대학에 대한 공권력 등 외부세력의 간섭을 배제하고 대학구성원 자신이 대학을 자주적으로 운영할 수 있도록 함으로써 대학인으로 하여금 연구와 교육을 자유롭게 하여 진리탐구와 지도적 인격의 도야라는 대학의 기능을 충분히 발휘할 수 있도록 하기 위한 것이며, 헌법 제22조 제1항이 보장하고 있는 학문의 자유의 확실한 보장수단으로 꼭 필요한 것으로서 대학에게 부여된 헌법상의 기본권이다. 20년 법원행시 [O X]

(O) 헌법 제31조 제4항은 "교육의 자주성·전문성·정치적중립성 및 대학의 자율성은 법률이 정하는 바에 의하여 보장된다."라고 규정하여 교육의 자주성·대학의 자율성을 보장하고 있는데 이는 대학에 대한 공권력 등 외부세력의 간섭을 배제하고 대학구성원 자신이 대학을 자주적으로 운영할 수 있도록 함으로써 대학인으로 하여금 연구와 교육을 자유롭게 하여 진리탐구와 지도적 인격의 도야(陶冶)라는 대학의 기능을 충분히 발휘할 수 있도록 하기 위한 것이며, 교육의 자주성이나 대학의 자율성은 헌법 제22조 제12항이 보장하고 있는 학문의 자유의 확실한 보장수단으로 꼭 필요한 것으로서 이는 대학에게 부여된 헌법상의 기본권이다(헌재 1992.10.1. 92헌마68).

0324
대학의 자율권도 헌법상의 기본권이므로 기본권제한의 일반적 법률유보의 원칙을 규정한 헌법 제37조 제2항에 따라 국가안전보장·질서유지·공공복리 등을 이유로 제한될 수 있다. 20년 법원행시 [O X]

(O) 이러한 대학의 자율권도 헌법상의 기본권이므로 기본권제한의 일반적 법률유보의 원칙을 규정한 헌법 제37조 제2항에 따라 국가안전보장·질서유지·공공복리 등을 이유로 제한(필요, 최소한의 한도에서)될 수 있는 것이며, 대학입학방법을 규정하고 있는 교육법 제111조의2 및 교육법시행령 제71조의2의 규정은 바로 헌법 제37조 제2항에 의한 대학자율권 규제법률이다(헌재 1992.10.1. 92헌마68).

0325
초·중·고교 교사는 수업의 자유를 내세워 헌법과 법률이 지향하는 자유민주적 기본질서를 침해할 수 없다. 22년 해경일반 [O X]

(O) 수업의 자유를 내세워 함부로 학생들에게 여과(濾過)없이 전파할 수는 없다고 할 것이고, 나아가 헌법과 법률이 지향하고 있는 자유민주적 기본질서를 침해할 수 없음은 물론 사회상규나 윤리도덕을 일탈할 수 없으며, 따라서 가치편향적이거나 반도덕적인 내용의 교육은 할 수 없는 것이라고 할 것이다(헌재 1992.11.12. 89헌마88).

0326
학교 교육이 개인·사회·국가에 지대한 영향을 미친다는 점에서 사립학교도 국·공립학교와 본질적으로 다를 바 없다. 24년 법원행시 [O X]

(O) 학교 교육이 개인·사회·국가에 지대한 영향을 미친다는 점에서 사립학교도 국·공립학교와 본질적으로 다를 바 없다(헌재 2001.1.18. 99헌바63).

0327
사립학교 설립의 자유와 운영의 독자성을 보장할 필요가 있는 한편 사립학교도 공교육의 일익을 담당한다는 점에서 국·공립학교와 본질적인 차이가 있을 수 없기 때문에, 공적인 학교 제도를 보장하여야 할 책무를 진 국가가 일정한 범위 안에서 사립학교의 운영을 관리·감독할 권한과 책임을 진다. 24년 법원행시 [O X]

(O) 사립학교도 공교육의 일익을 담당한다는 점에서 국·공립학교와 본질적인 차이가 있을 수 없기 때문에 공적인 학교 제도를 보장하여야 할 책무를 진 국가가 일정한 범위 안에서 사립학교의 운영을 관리·감독할 권한과 책임을 지는 것 또한 당연하다(헌재 2021.11.25. 2019헌마542).

0328
국립대학도 대학의 자율권의 주체로서 헌법소원심판의 청구인능력이 인정된다. 24년 법원직 [O X]

(O) 헌법 제31조 제4항이 규정하는 교육의 자주성 및 대학의 자율성은 헌법 제22조 제1항이 보장하는 학문의 자유의 확실한 보장을 위해 꼭 필요한 것으로서 대학에 부여된 헌법상 기본권인 대학의 자율권이므로, 국립대학인 청구인도 이러한 대학의 자율권의 주체로서 헌법소원심판의 청구인능력이 인정된다(헌재 2015.12.23. 2014헌마1149).

제4절 경제적 자유

0329
공공필요에 의하여 재산권을 수용할 때에는 법률이 정하는 바에 의하여 상당한 보상을 지급하여야 한다. 22년 해경간부

(X) 공공필요에 의한 재산권의 수용·사용 또는 제한 및 그에 대한 보상은 법률로써 하되, 정당한 보상을 지급하여야 한다(헌법 제23조 제3항).

0330
모든 국민은 소급입법에 의하여 재산권을 박탈당하지 않는다. 22년 해경간부, 22년 해경일반

(O) 모든 국민은 소급입법에 의하여 참정권의 제한을 받거나 재산권을 박탈당하지 아니한다(헌법 제13조 제2항).

0331
재산권의 내용과 한계는 법률로 정한다. 22년 해경간부, 22년 해경일반

(O) 모든 국민의 재산권은 보장된다. 그 내용과 한계는 법률로 정한다(헌법 제23조 제1항).

0332
재산권의 행사는 공공복리에 적합하도록 하여야 한다. 22년 해경간부, 22년 해경일반

(O) 재산권의 행사는 공공복리에 적합하도록 하여야 한다(헌법 제23조 제2항).

0333
「공무원연금법」상 퇴직연금수급권은 재산권으로 볼 수 있다. 24년 경찰승진

(O) 공무원연금법상의 각종 급여는 기본적으로 모두 사회보장적 급여로서의 성격을 가짐과 동시에 공로보상 내지 후불임금으로서의 성격도 함께 가지며 특히 퇴직연금수급권은 경제적 가치 있는 권리로서 헌법 제23조에 의하여 보장되는 재산권으로서의 성격을 가진다(헌재 2005.6.30. 2004헌바42).

0334
「의료급여법」상 의료급여수급권은 재산권으로 볼 수 있다. 24년 경찰승진

(X) 의료급여수급권은 공공부조의 일종으로서 순수하게 사회정책적 목적에서 주어지는 권리이므로 개인의 노력과 금전적 기여를 통하여 취득되는 재산권의 보호대상에 포함된다고 보기 어려워, 이 사건 시행령조항 및 시행규칙조항이 청구인들의 재산권을 침해한다고 할 수 없다(헌재 2009.9.24. 2007헌마1092).

0335
헌법 제23조의 재산권은 「민법」상의 소유권으로 재산적 가치 있는 사법상의 물권·채권 등의 권리를 의미하며, 국가로부터의 일방적인 급부가 아닌 자기 노력의 대가나 자본의 투자 등 특별한 희생을 통하여 얻은 공법상의 권리는 포함하지 않는다. 24년 국가직 5급

(X) 헌법 제23조의 재산권은 민법상의 소유권뿐만 아니라, 재산적 가치있는 사법상의 물권, 채권 등 모든 권리를 포함하며, 또한, 국가로부터의 일방적인 급부가 아닌 자기 노력의 댓가나 자본의 투자 등 특별한 희생을 통하여 얻은 공법상의 권리도 포함한다(헌재 2009.9.24. 2007헌마1092).

| OX 문제 | 정답 및 해설 |

0336
재산권에 대한 제한의 허용정도는 재산권 객체의 사회적 기능, 즉 재산권의 행사가 기본권의 주체와 사회전반에 대하여 가지는 의미에 달려 있다. 24년 국가직 5급 O X

(O) 재산권에 대한 제한의 허용정도는 재산권행사의 대상이 되는 객체가 기본권의 주체인 국민 개개인에 대하여 가지는 의미와 다른 한편으로는 그것이 사회전반에 대하여 가지는 의미가 어떠한가에 달려 있다(헌재 1998.12.24. 89헌마214 등).

0337
헌법은 국민의 구체적 재산권의 자유로운 이용·수익·처분을 보장하면서도 다른 한편 공공필요에 의한 재산권의 수용을 헌법이 규정하는 요건이 갖춰진 경우에 예외적으로 인정하고 있다. 24년 국가직 5급 O X

(O) 우리 헌법은 국민의 구체적 재산권의 자유로운 이용·수익·처분을 보장하면서도 다른 한편 공공필요에 의한 재산권의 수용을 헌법이 규정하는 요건이 갖춰진 경우에 예외적으로 인정하고 있다(헌재 2020.11.26. 2019헌바131).

0338
재산권보장은 개인이 현재 누리고 있는 재산권을 개인의 기본권으로 보장한다는 의미와 개인이 재산권을 향유할 수 있는 법제도로서의 사유재산제도를 보장한다는 이중적 의미를 가지고 있다. 24년 국가직 5급 O X

(O) 재산권보장은 개인이 현재 누리고 있는 재산권을 개인의 기본권으로 보장한다는 의미와 개인이 재산권을 향유할 수 있는 법제도로서의 사유재산제도를 보장한다는 이중적 의미를 가지고 있다(헌재 1993.7.29. 92헌바20).

0339
헌법이 보장하고 있는 재산권은 경제적 가치가 있는 모든 공법상·사법상의 권리를 뜻한다. 24년 법원직, 21년 경행특채 O X

(O) 헌법이 보장하고 있는 재산권은 경제적 가치가 있는 모든 공법상·사법상의 권리를 뜻하고, 그 재산가액의 다과를 불문한다. 또 이 재산권의 보장은 재산권의 자유로운 처분의 보장까지 포함한 것이다(헌재 1992.6.26. 90헌바26).

0340
헌법 제23조 제1항의 재산권보장에 의하여 보호되는 재산권은 사적유용성 및 그에 대한 원칙적 처분권을 내포하는 재산가치 있는 구체적 권리이다. 그러므로 구체적인 권리가 아닌, 단순한 이익이나 재화의 획득에 관한 기회 등은 재산권보장의 대상이 아니다. 23년 법원직 9급, 21년 경행특채 O X

(O) 헌법 제23조 제1항의 재산권보장에 의하여 보호되는 재산권은 사적유용성 및 그에 대한 원칙적 처분권을 내포하는 재산가치 있는 구체적 권리이다. 그러므로 구체적인 권리가 아닌, 단순한 이익이나 재화의 획득에 관한 기회 등은 재산권보장의 대상이 아니다(헌재 1996.8.29. 95헌바36).

0341
인도적 차원의 시혜적 급부를 받을 권리는 헌법 제23조에 의하여 보장된 재산권이라고 할 수 없다. 21년 법원행시 O X

(O) 인도적 차원의 시혜적 급부를 받을 권리는 헌법 제23조에 의하여 보장된 재산권이라고 할 수 없다(헌재 2015.12.23. 2009헌바317 등).

0342
헌법이 규정한 '정당한 보상'이란 손실보상의 원인이 되는 재산권의 침해가 기존의 법질서 안에서 개인의 재산권에 대한 개별적인 침해인 경우에는 그 손실 보상은 원칙적으로 피수용재산의 객관적인 재산가치를 완전하게 보상하는 것이어야 한다는 완전보상을 뜻하는 것이다. 21년 법무사 O X

(O) 헌법이 규정한 '정당한 보상'이란 손실보상의 원인이 되는 재산권의 침해가 기존의 법질서 안에서 개인의 재산권에 대한 개별적인 침해인 경우에는 그 손실 보상은 원칙적으로 피수용재산의 객관적인 재산가치를 완전하게 보상하는 것이어야 한다는 완전보상을 뜻하는 것으로서 보상금액 뿐만 아니라 보상의 시기나 방법 등에 있어서도 어떠한 제한을 두어서는 아니 된다는 것을 의미한다(헌재 2011.12.29. 2010헌바205 등).

OX 문제

0343
연금수급권의 내용은 사회·경제적 상황을 고려한 입법자의 정책적 판단에 의하여 변경될 수 있어 조기노령연금의 수급개시연령에 대한 신뢰는 보호가치가 크지 않으므로, 조기노령연금을 수급할 수 있는 연령이 59세에서 60세로 인상하는 법률은 재산권을 침해하지 않는다. 21년 법무사 [O X]

0344
도로 등 영조물 주변 일정 범위에서 광업권자의 채굴행위를 제한하는 구「광업법」조항은 헌법 제23조가 정하는 재산권에 대한 사회적 제약의 범위 내에서 광업권을 제한한 것으로 과잉금지원칙에 위배되지 않고 재산권의 본질적 내용도 침해하지 않는 것이어서 광업권자의 재산권을 침해하지 않는다. 24년 국회직 8급 [O X]

0345
직업의 선택 혹은 수행의 자유는 각자의 생활의 기본적 수요를 충족시키는 방편이 되고, 또한 개성신장의 바탕이 된다는 점에서 주관적 공권의 성격이 두드러진 것이기는 하나, 다른 한편으로는 국민 개개인이 선택한 직업의 수행에 의하여 국가의 사회질서와 경제질서가 형성된다는 점에서 사회적 시장경제질서라고 하는 객관적 법질서의 구성요소이기도 하다. 22년 소방간부, 21년 경행특채 [O X]

0346
직업의 자유는 개인의 주관적 공권임과 동시에 사회적 시장경제질서라고 하는 객관적 법질서의 구성요소이다. 20년 법무사 [O X]

0347
헌법 제15조에서 보장하는 직업이란 생활의 기본적 수요를 충족시키기 위하여 행하는 계속적인 소득활동을 의미하고, 성매매는 그것이 가지는 사회적 유해성과는 별개로 성판매자의 입장에서 생활의 기본적 수요를 충족하기 위한 소득활동에 해당함을 부인할 수 없으나, 성매매자를 처벌하는 것은 과잉금지원칙에 반하지 않는다. 20년 지방직 7급 [O X]

정답 및 해설

(O) 연금수급권의 내용은 사회·경제적 상황을 고려한 입법자의 정책적 판단에 의하여 변경될 수 있어 조기노령연금의 수급개시연령에 대한 청구인의 신뢰는 보호가치가 크지 않고, 심판대상조항으로 인하여 청구인이 조기노령연금을 수급할 수 있는 연령이 59세에서 60세로 인상된 것에 불과하여 그 신뢰의 손상 정도가 중하다고 보기 어렵다. 그러므로 심판대상조항은 신뢰보호원칙을 위반하여 청구인의 재산권을 침해하지 않는다(헌재 2013.10.24. 2012헌마906).

(O) 철도·도로·수도 등 영조물과 일정 거리(50m) 이내의 장소에서 관청의 허가 없이 광물을 채굴하지 못하게 하는 것은 재산권 침해가 아니다(헌재 2014.2.27. 2010헌바483).

(O) 직업의 선택 혹은 수행의 자유는 각자의 생활의 기본적 수요를 충족시키는 방편이 되고, 또한 개성신장의 바탕이 된다는 점에서 주관적 공권의 성격이 두드러진 것이기는 하나, 다른 한편으로는 국민 개개인이 선택한 직업의 수행에 의하여 국가의 사회질서와 경제질서가 형성된다는 점에서 사회적 시장경제질서라고 하는 객관적 법질서의 구성요소이기도 하다(헌재 1995.7.21. 94헌마125).

(O) 직업의 선택 혹은 수행의 자유는 각자의 생활의 기본적 수요를 충족시키는 방편이 되고, 또한 개성신장의 바탕이 된다는 점에서 주관적 공권의 성격이 두드러진 것이기는 하나, 다른 한편으로는 국민 개개인이 선택한 직업의 수행에 의하여 국가의 사회질서와 경제질서가 형성된다는 점에서 사회적 시장경제질서라고 하는 객관적 법질서의 구성요소이기도 하다(헌재 1996.8.29. 94헌마113).

(O) 성매매는 그것이 가지는 사회적 유해성과는 별개로 성판매자의 입장에서 생활의 기본적 수요를 충족하기 위한 소득활동에 해당함을 부인할 수 없으나, 성매매자를 처벌하는 것은 과잉금지원칙에 반하지 않는다(헌재 2016.3.31. 2013헌가2).

| OX 문제 | 정답 및 해설 |

0348
게임이용자로부터 게임 결과물을 매수하여 다른 게임이용자에게 이윤을 붙여 되파는 게임 결과물의 환전업도 헌법 제15조가 보장하고 있는 직업에 해당한다. 21년 법원행시 [O][X]

(O) 이 사건에서 문제되는 게임 결과물의 환전은 게임이용자로부터 게임 결과물을 매수하여 다른 게임이용자에게 이윤을 붙여 되파는 것으로, 이러한 행위를 영업으로 하는 것은 생활의 기본적 수요를 충족시키는 계속적인 소득활동이 될 수 있으므로, 게임 결과물의 환전업은 헌법 제15조가 보장하고 있는 직업에 해당한다(헌재 2010.2.25. 2009헌바38).

0349
직업의 자유는 영업의 자유와 기업의 자유를 포함하고, 이러한 영업 및 기업의 자유를 근거로 원칙적으로 누구나가 자유롭게 경쟁에 참여할 수 있다. 20년 국가직 5급 [O][X]

(O) 직업의 자유는 영업의 자유와 기업의 자유를 포함하고, 이러한 영업 및 기업의 자유를 근거로 원칙적으로 누구나가 자유롭게 경쟁에 참여할 수 있다(헌재 1996.12.26. 96헌가18).

0350
경쟁의 자유는 기본권의 주체가 직업의 자유를 실제로 행사하는 데에서 나오는 결과이므로 당연히 직업의 자유에 의하여 보장되고, 다른 기업과의 경쟁에서 국가의 간섭이나 방해를 받지 않고 기업활동을 할 수 있는 자유를 의미한다. 22년 해경간부 [O][X]

(O) 직업선택의 자유는 특정 직종의 독점과 양립할 수 없으므로 자유경쟁을 원칙으로 한다(다수설). 경쟁의 자유는 직업의 자유에 포함되며, 다른 기업과의 경쟁에서 국가의 간섭 없이 기업활동을 할 수 있음을 의미한다. 다만, 사회적 시장경제질서하에서는 일정한 범위 내에서 자유경쟁이 제한되거나 경제의 조정이 행하여짐은 불가피하다고 본다.

0351
직업의 자유에는 직업을 자유롭게 선택하는 '좁은 의미의 직업선택의 자유'와 그가 선택한 직업을 자기가 원하는 방식으로 자유롭게 수행할 수 있는 '직업수행의 자유'가 포함된다. 23년 법원행시, 22년 해경간부, 20년 경찰승진 [O][X]

(O) 헌법재판소는 직업선택의 자유의 내용으로 ① 직업결정의 자유, ② 직업종사(수행)의 자유, ③ 직업이탈 및 전직의 자유, ④ 직장을 선택할 자유, ⑤ 겸직의 자유, ⑥ 경쟁의 자유도 그 내용으로 한다고 한다(헌재 1997.4.24. 95헌마90).

0352
직업의 자유는 직장선택의 자유를 포함하며, 직장선택의 자유는 원하는 직장을 제공하여 줄 것을 청구하거나 한번 선택한 직장의 존속보호를 청구할 권리를 보장하는 것이다. 20년 국가직 5급 [O][X]

(X) 직업의 자유는 원하는 직장을 제공하여 줄 것을 청구하거나 한 번 선택한 직장의 존속보호를 청구할 권리를 보장하지 않으며, 또한 사용자의 처분에 따른 직장 상실로부터 직접 보호하여 줄 것을 청구할 수도 없다(헌재 2002.11.28. 2001헌바50).

0353
헌법 제15조에서 보장하는 직업의 자유에는 기업의 설립과 경영의 자유를 의미하는 기업의 자유도 포함된다. 22년 법무사 [O][X]

(O) 헌법은 제15조에서 직업의 자유를 보장하고 있고 여기에는 기업의 설립과 경영의 자유를 의미하는 기업의 자유가 포함된다(헌재 2019.12.27. 2017헌마1366 등).

0354
금고 이상의 실형을 선고받고 그 집행이 종료된 날부터 3년이 경과되지 않은 경우 중개사무소 개설등록을 취소하도록 하는 「공인중개사법」 조항은 동 조항으로 인해 개설등록이 취소된 공인중개사의 직업선택의 자유를 침해하지 않는다. 24년 경찰승진, 24년 국회직 8급 [O][X]

(O) 심판대상조항은 공인중개사가 부동산 거래시장에서 수행하는 업무의 공정성 및 그에 대한 국민적 신뢰를 확보하기 위한 것으로서 입법목적의 정당성을 인정할 수 있고, 개업공인중개사가 금고 이상의 실형을 선고받는 경우 중개사무소 개설등록을 필요적으로 취소하여 중개업에 종사할 수 없도록 배제하는 것은 위와 같은 입법목적을 달성하는 데 적절한 수단이 된다(헌재 2019.2.28. 2016헌바467). / 따라서 직업의 자유를 침해하지 않는다.

OX 문제

0355
공무담임권은 국가 등에게 능력주의를 존중하는 공정한 공직자선발을 요구할 수 있는 권리라는 점에서 직업선택의 자유보다는 그 기본권의 효과가 현실적·구체적이므로, 공직을 직업으로 선택하는 경우에 있어서 직업선택의 자유는 공무담임권을 통해서 그 기본권보호를 받게 된다. 20년 국가직 5급 [O][X]

0356
직업의 자유에 '해당 직업에 합당한 보수를 받을 권리'까지 포함되어 있다고 보기 어렵다. 21년 법원행시 [O][X]

0357
직업수행의 자유에 대한 제한은 인격발현에 대한 침해의 효과가 일반적으로 직업선택의 자유에 대한 제한에 비하여 작기 때문에, 그에 대한 제한은 보다 폭넓게 허용된다. 24년 국회직 5급, 21년 법무사 [O][X]

0358
유사군복을 판매할 목적으로 소지하는 행위를 처벌하는 조항은 오인 가능성이 낮은 유사품이나 단순 밀리터리룩 의복을 취급하는 행위를 제외하고 있다고 하더라도 국가안전보장과 질서를 유지하려는 공익에 비추어 볼 때 직업선택의 자유를 과도하게 제한한다. 20년 국회직 8급 [O][X]

0359
시각장애인만이 안마사 자격인정을 받을 수 있도록 규정한 「의료법」 제82조 제1항 중 「장애인복지법」에 따른 시각장애인 중 부분, 시·도지사로부터 안마사 자격인정을 받지 아니한 자는 안마시술소 또는 안마원을 개설할 수 없도록 규정한 「의료법」 제82조 제3항 중 제33조 제2항 제1호를 준용하는 부분은 비시각 장애인인 청구인의 직업선택의 자유를 침해한다고 볼 수 없다. 23년 순경 2차 [O][X]

0360
변호사의 자격이 있는 자에게 더 이상 세무사 자격을 부여하지 않는 구 「세무사법」 조항은 시행일 이후 변호사 자격을 취득한 청구인의 직업선택의 자유를 침해한다고 볼 수 없다. 24년 경찰간부, 23년 순경 2차 [O][X]

정답 및 해설

(O) 공무담임권은 국가 등에게 능력주의를 존중하는 공정한 공직자선발을 요구할 수 있는 권리라는 점에서 직업선택의 자유보다는 그 기본권의 효과가 현실적·구체적이므로, 공직을 직업으로 선택하는 경우에 있어서 직업선택의 자유는 공무담임권을 통해서 그 기본권보호를 받게 된다고 할 수 있으므로 공무담임권을 침해하는지 여부를 심사하는 이상 이와 별도로 직업선택의 자유 침해 여부를 심사할 필요는 없다(헌재 2006.3.30. 2005헌마598).

(O) 직업의 자유에 '해당직업에 합당한 보수를 받을 권리'까지 포함되어 있다고 보기 어려우므로 이 사건 법령조항이 청구인이 원하는 수준보다 적은 봉급월액을 규정하고 있다고 하여 이로 인해 청구인의 직업선택이나 직업수행의 자유가 침해되었다고 할 수 없다(헌재 2008.12.26. 2007헌마444).

(O) 구체적으로는 직업선택의 자유와 직업수행의 자유는 기본권 주체에 대한 그 제한의 효과가 다르기 때문에 제한에 있어서 적용되는 기준도 다르며, 특히 직업수행의 자유에 대한 제한의 경우 인격발현에 대한 침해의 효과가 일반적으로 직업선택 그 자체에 대한 제한에 비하여 작기 때문에 그에 대한 제한은 보다 폭넓게 허용된다(헌재 2009.9.24. 2006헌마1264).

(X) 군인 아닌 자가 유사군복을 입고 군인임을 사칭하여 군인에 대한 국민의 신뢰를 실추시키는 행동을 하는 등 군에 대한 신뢰 저하 문제로 이어져 향후 발생할 국가안전보장상의 부작용을 상정해볼 때, 단지 유사군복의 착용을 금지하는 것으로는 입법목적을 달성하기에 부족하고, 유사군복을 판매 목적으로 소지하는 것까지 금지하여 유사군복이 유통되지 않도록 하는 사전적 규제조치가 불가피하다(헌재 2019.4.11. 2018헌가14).

(O) 안마업을 시각장애인에게 독점시키는 이 사건 법률조항으로 말미암아 일반 국민의 직업선택의 자유가 제한되는 것은 사실이지만, 안마업은 시각장애인이 정상적으로 영위할 수 있는 거의 유일한 직업이라는 점에서 시각장애인 안마사 제도는 시각장애인의 생존권 보장을 위한 불가피한 선택으로 볼 수밖에 없다(헌재 2008.10.30. 2006헌마1098 등). 따라서 비시각장애인의 직업선택의 자유를 과도하게 침해하여 헌법에 위반된다고 보기도 어렵다.

(O) 세무분야의 전문성을 제고하여 소비자에게 고품질의 세무서비스를 제공하기 위하여 마련된 조항이다. 변호사의 자격이 있는 자에게 더 이상 세무사 자격을 자동으로 부여하지 않는 구 세무사법은 헌법에 위반되지 않는다(헌재 2021.7.15. 2018헌마279).

OX 문제

0361
간행물 판매자에게 정가 판매 의무를 부과하고, 가격할인의 범위를 가격할인과 경제상의 이익을 합하여 정가의 15퍼센트 이하로 제한하는 도서정가제는 출판 유통질서의 확립 등을 위해 도입된 제도인 바, 판매자의 직업의 자유를 침해하지 않는다. 24년 경찰간부 ☐O☒X

0362
「학원의 설립·운영 및 과외교습에 관한 법률」에 따라 설립된 학원 및 「체육시설의 설치·이용에 관한 법률」에 따라 설립된 체육시설에서 어린이통학버스를 운영함에 있어서 어린이 등과 함께 보호자를 의무적으로 동승하여 운행하도록 하는 「도로교통법」 조항은 학원 및 체육시설 운영자의 직업수행의 자유를 침해한다. 22년 5급 공채 ☐O☒X

0363
"약사 또는 한약사가 아니면 약국을 개설할 수 없다."고 규정한 「약사법」 조항은 법인을 구성하여 약국을 개설·운영하려고 하는 약사들 및 이들로 구성된 법인의 직업선택(직업수행)의 자유와 결사의 자유를 침해한다. 22년 5급 공채 ☐O☒X

0364
대통령령으로 정하는 공공기관 및 공기업으로 하여금 매년 정원의 100분의 3 이상씩 34세 이하의 청년 미취업자를 채용하도록 한 이른바 청년할당제는 35세 이상 미취업자들의 평등권, 직업 선택의 자유를 침해한다. 22년 해경일반 ☐O☒X

0365
변호사의 자격이 있는 자에게 더 이상 세무사 자격을 부여하지 않는 구 세무사법 제3조는 시행일 이후 변호사 자격을 취득한 자들의 직업선택의 자유를 침해하지 아니한다. 23년 법원직 9급 ☐O☒X

0366
노래연습장에서 주류를 판매·제공하는 행위를 금지하고 이를 위반한 경우 형사처벌 하도록 하는 음악산업진흥에 관한 법률 조항은 노래연습장 운영자의 직업수행의 자유를 침해하지 아니한다. 23년 법원직 9급 ☐O☒X

정답 및 해설

(O) 헌법재판소는 출판문화산업에서 존재하고 있는 자본력, 협상력 등의 차이를 간과하고 이를 그대로 방임할 경우 우리 사회 전체의 문화적 다양성 축소로 이어지게 되고, 지식문화 상품인 간행물에 관한 소비자의 후생이 단순히 저렴한 가격에 상품을 구입함으로써 얻는 경제적 이득에만 한정되지는 않는 점 등에 비추어 이 사건 심판대상조항이 청구인의 직업의 자유를 침해하지 않는다고 판단하였다(헌재 2023.7.20. 2020헌마104).

(X) 이 사건 보호자동승조항이 과잉금지원칙에 반하여 청구인들의 직업수행의 자유를 침해한다고 볼 수 없다(헌재 2020.4.23. 2017헌마479).

(O) 법인을 구성하여 약국을 개설·운영하려고 하는 약사들 및 이들로 구성된 법인의 직업선택(직업수행)의 자유의 본질적 내용을 침해하는 것이고, 동시에 약사들이 약국경영을 위한 법인을 설립하고 운영하는 것에 관한 결사의 자유를 침해하는 것이다(헌재 2002.9.19. 2000헌바84).

(X) 청년할당제가 추구하는 청년실업해소를 통한 지속적인 경제성장과 사회 안정은 매우 중요한 공익이며 청년할당제는 위와 같은 공익을 달성하는 데 기여하는 반면, 35세 이상 지원자들이 공공기관 취업기회에서 청년할당제 시행 때문에 새로이 불이익을 받을 가능성은 현실적으로 크다고 볼 수 없어 법익균형성원칙에도 위반된다고 볼 수 없다(헌재 2014.8.26. 2013헌마553).

(O) 세무분야의 전문성을 제고하여 소비자에게 고품질의 세무서비스를 제공하기 위하여 마련된 조항이다. 변호사의 자격이 있는 자에게 더 이상 세무사 자격을 자동으로 부여하지 않는 구 세무사법은 헌법에 위반되지 않는다(헌재 2021.7.15. 2018헌마279).

(O) 노래연습장업자가 영업장 안에서 주류를 판매·제공하는 행위, 영업장 안에 주류를 보관하거나 고객이 주류를 반입하는 행위를 묵인하는 행위를 금지하는 것은 노래연습장을 건전한 생활문화공간이 되도록 하기 위한 것이다(헌재 2006.11.30. 2004헌마431). 따라서 헌법에 위반되지 아니한다.

| OX 문제 | 정답 및 해설 |

0367

직업행사의 자유에 대한 제한에 있어서는 직업선택의 자유에 비하여 상대적으로 그 침해의 정도가 작다고 할 것이며, 이에 대하여는 공공복리 등 공익상의 이유로 비교적 넓은 법률상의 규제가 가능하지만, 그 경우에도 헌법 제37조 제2항에서 정한 한계인 과잉금지의 원칙은 지켜져야 한다. 24년 소방간부

O X

(O) 직업행사의 자유에 대한 제한에 있어서는 직업선택의 자유에 비하여 상대적으로 그 침해의 정도가 작다고 할 것이며, 이에 대하여는 공공복리 등 공익상의 이유로 비교적 넓은 법률상의 규제가 가능하지만, 그 경우에도 헌법 제37조 제2항에서 정한 한계인 '과잉금지의 원칙'은 지켜져야 한다(헌재 2008.2.28. 2006헌마1028).

0368

직업이란 생활의 기본적 수요를 충족시키기 위한 계속적인 소득활동으로서 공공에 무해한 것을 의미하므로, 성매매를 한 자를 형사처벌하는 법률조항은 성판매자의 직업선택의 자유를 제한하는 것이 아니다. 24년 국회직 5급

O X

(X) 헌법 제15조에서 보장하는 '직업'이란 생활의 기본적 수요를 충족시키기 위하여 행하는 계속적인 소득활동을 의미하고, 성매매는 그것이 가지는 사회적 유해성과는 별개로 성판매자의 입장에서 생활의 기본적 수요를 충족하기 위한 소득활동에 해당함을 부인할 수 없다 할 것이므로, 심판대상조항은 성판매자의 직업선택의 자유도 제한하고 있다(헌재 2016.3.31. 2013헌가2).

0369

법인도 성질상 법인이 누릴 수 있는 기본권의 주체가 되는데, 직업의 자유는 법인에게도 인정된다. 24년 국회직 5급, 21년 법원행시

O X

(O) 법인도 성질상 법인이 누릴 수 있는 기본권의 주체가 되는데, 직업선택의 자유는 헌법상 법인에게도 인정되는 기본권이다(헌재 1991.6.3. 90헌마56).

CHAPTER 04 정치적 기본권

제1절 기본원리

0370
직접민주제는 대의제가 안고 있는 문제점과 한계를 극복하기 위하여 예외적으로 도입된 제도라 할 것이므로 법률에 의하여 직접민주제를 도입하는 경우에는 기본적으로 대의제와 조화를 이루어야 하고, 대의제의 본질적인 요소나 근본적인 취지를 부정하여서는 아니 된다. 22년 입법고시 [O][X]

(O) 근대국가가 대부분 대의제를 채택하고도 후에 이르러 직접민주제적인 요소를 일부 도입한 역사적인 사정에 비추어 볼 때, 직접민주제는 대의제가 안고 있는 문제점과 한계를 극복하기 위하여 예외적으로 도입된 제도라 할 것이므로, 헌법적인 차원에서 직접민주제를 직접 헌법에 규정하는 것은 별론으로 하더라도 법률에 의하여 직접민주제를 도입하는 경우에는 기본적으로 대의제와 조화를 이루어야 하고, 대의제의 본질적인 요소나 근본적인 취지를 부정하여서는 아니 된다는 내재적인 한계를 지닌다 할 것이다(헌재 2009.3.26. 2007헌마843).

0371
국민투표권이란 국민이 국가의 특정 사안에 대해 직접 결정권을 행사하는 권리로서, 각종 선거에서의 선거권 및 피선거권과 더불어 국민의 참정권의 한 내용을 이루는 헌법상 기본권이다. 24년 경찰간부 [O][X]

(O) 국민투표권이란 국가의 특정 사안에 대해 국민투표라는 형식을 통해 국민이 직접 결정권을 행사하는 권리로서, 각종 선거에서의 선거권 및 피선거권과 더불어 국민의 참정권의 한 내용을 이루는 헌법상 기본권이다(헌재 2007.6.28. 2004헌마644 등).

제2절 정당제도

0372
정당의 명칭은 그 정당의 정책과 정치적 신념을 나타내는 대표적인 표지에 해당하므로, 정당설립의 자유는 자신들이 원하는 명칭을 사용하여 정당을 설립하거나 정당활동을 할 자유도 포함한다. 21년 국회직 5급 [O][X]

(O) 헌법 제8조 제1항 전단은 단지 정당설립의 자유만을 명시적으로 규정하고 있지만, 정당의 설립만이 보장될 뿐 설립된 정당이 언제든지 해산될 수 있거나 정당의 활동이 임의로 제한될 수 있다면 정당설립의 자유는 사실상 아무런 의미가 없게 되므로, 정당설립의 자유는 당연히 정당존속의 자유와 정당활동의 자유를 포함하는 것이다. 한편, 정당의 명칭은 그 정당의 정책과 정치적 신념을 나타내는 대표적인 표지에 해당하므로, 정당설립의 자유는 자신들이 원하는 명칭을 사용하여 정당을 설립하거나 정당활동을 할 자유도 포함한다(헌재 2014.1.28. 2012헌마431등).

0373
복수정당제가 우리 헌법상 반드시 보장되는 것은 아니다. 21년 법무사 [O][X]

(X) 헌법 제8조는 제1항에서 "정당의 설립은 자유이며, 복수정당제는 보장된다."고 규정하여 국민 누구나가 원칙적으로 국가의 간섭을 받지 아니하고 정당을 설립할 권리를 국민의 기본권으로서 보장하면서, 아울러 정당설립의 자유를 보장한 것의 당연한 법적 산물인 복수정당제를 제도적으로 보장하고 있다(헌재 1999.12.23. 99헌마135).

| OX 문제 | 정답 및 해설 |

0374
정당은 법률이 정하는 바에 의하여 국가의 보호를 받으며, 국가는 법률이 정하는 바에 의하여 정당운영에 필요한 자금을 보조할 수 있다. 20년 법무사, 20년 국가직 5급 〇 X

(O) 정당은 법률이 정하는 바에 의하여 국가의 보호를 받으며, 국가는 법률이 정하는 바에 의하여 정당운영에 필요한 자금을 보조할 수 있다(헌법 제8조 제3항).

0375
정당은 그 목적·조직과 활동이 민주적이어야 하며, 국민의 정치적 의사형성에 참여하는데 필요한 조직을 가져야 한다. 20년 국가직 5급 〇 X

(O) 정당은 그 목적·조직과 활동이 민주적이어야 하며, 국민의 정치적 의사형성에 참여하는데 필요한 조직을 가져야 한다(헌법 제8조 제2항).

0376
정당의 목적이나 활동이 민주적 기본질서에 위배될 때에는 정부는 헌법재판소에 그 해산을 제소할 수 있고, 정당은 헌법재판소의 심판에 의하여 해산된다. 22년 법무사, 20년 국가직 5급, 20년 법원직 〇 X

(O) 정당의 목적이나 활동이 민주적 기본질서에 위배될 때에는 정부는 헌법재판소에 그 해산을 제소할 수 있고, 정당은 헌법재판소의 심판에 의하여 해산된다(헌법 제8조 제4항).

0377
헌법 제8조 제1항은 국민 누구나가 원칙적으로 국가의 간섭을 받지 아니하고 정당을 설립할 권리 기본권으로 보장함과 아울러 복수정당제를 제도적으로 보장하고 있다. 22년 법학경채, 22년 해경간부 〇 X

(O) 정당의 설립은 자유이며, 복수정당제는 보장된다(헌법 제8조 제1항).

0378
정당은 국민 일반이 정치나 국가작용에 영향력을 행사하는 매개체의 구실과 같은 중요한 공적기능을 수행한다. 22년 해경간부 〇 X

(O) 헌법재판소는 정당의 헌법상 위상에 대하여 "정치적 결사로서의 정당은 국민의 정치적 의사를 적극적으로 형성하고 각계각층의 이익을 대변하며, 정부를 비판하고 정책적 대안을 제시할 뿐만 아니라, 국민 일반이 정치나 국가작용에 영향력을 행사하는 매개체의 구실을 하는 등 현대의 대의제 민주주의에 없어서는 안 될 중요한 공적 기능을 수행하고 있으므로 그 설립과 활동의 자유를 보장하고 국가의 보호를 받는다."고 하였다(헌재 2014.3.27. 2011헌바42).

0379
헌법 제8조 제1항 전단은 단지 정당설립의 자유만을 명시적으로 규정하고 있지만 정당의 설립만이 보장될 뿐 설립된 정당이 언제든지 해산될 수 있거나 정당의 활동이 임의로 제한될 수 있다면 정당설립의 자유는 사실상 아무런 의미가 없게 되므로, 정당설립의 자유는 당연히 정당존속의 자유와 정당활동의 자유를 포함하는 것이다. 22년 법학경채 〇 X

(O) 헌법 제8조 제1항 전단의 정당설립의 자유는 정당설립의 자유만이 아니라 정당활동의 자유를 포함한다. 구체적으로 정당의 자유는 개개인의 자유로운 정당설립 및 정당가입의 자유, 조직형식 내지 법형식 선택의 자유를 포함한다(헌재 2014.4.24. 2012헌마287).

| OX 문제 | 정답 및 해설 |

0380
정당의 명칭은 그 정당의 정책과 정치적 신념을 나타내는 대표적인 표지에 해당하므로 정당설립의 자유는 자신들이 원하는 명칭을 사용하여 정당을 설립하거나 정당활동을 할 자유도 포함한다. 23년 순경 2차, 22년 법학경채, 22년 법무사, 20년 법무사 [O][X]

(O) 정당의 명칭은 그 정당의 정책과 정치적 신념을 나타내는 대표적인 표지에 해당하므로, 정당설립의 자유는 자신들이 원하는 명칭을 사용하여 정당을 설립하거나 정당활동을 할 자유도 포함한다고 할 것이다(헌재 2014.1.28. 2012헌마431 등).

0381
정당은 그 목적·조직과 활동 및 강령이 민주적이면 족하고, 국민의 정치적 의사형성에 참여하는데 필요한 조직을 반드시 가져야 하는 것은 아니다. 22년 경찰승진, 22년 경행특채 [O][X]

(X) 헌법 제8조 ② 정당은 그 목적·조직과 활동이 민주적이어야 하며, 국민의 정치적 의사형성에 참여하는데 필요한 조직을 가져야 한다.

0382
정당의 목적이나 활동이 민주적 기본질서에 위배될 때에는 정부는 헌법재판소에 그 해산을 제소할 수 있고, 정당은 헌법재판소의 심판에 의하여 해산된다. 22년 순경 1차, 22년 소방간부, 21년 국가직 7급, 20년 법원행시, 20년 법무사 [O][X]

(O) 정당의 목적이나 활동이 민주적 기본질서에 위배될 때에는 정부는 헌법재판소에 그 해산을 제소할 수 있고, 정당은 헌법재판소의 심판에 의하여 해산된다(헌법 제8조 제4항).

0383
정당의 목적이나 활동이 민주적 기본질서에 위배될 때에는 국회는 헌법재판소에 그 해산을 제소할 수 있고, 정당은 헌법재판소의 심판에 의하여 해산된다. 22년 경찰승진, 21년 법무사 [O][X]

(X) 정당의 목적이나 활동이 민주적 기본질서에 위배될 때에는 정부는 헌법재판소에 그 해산을 제소할 수 있고, 정당은 헌법재판소의 심판에 의하여 해산된다(헌법 제8조 제4항).

0384
정당의 목적이나 활동이 민주적 기본질서에 위배될 때에는 법원은 헌법재판소에 그 해산을 제소할 수 있고, 정당은 헌법재판소의 심판에 의하여 해산된다. 23년 순경 2차 [O][X]

(X) 정당의 목적이나 활동이 민주적 기본질서에 위배될 때에는 정부는 헌법재판소에 그 해산을 제소할 수 있고, 정당은 헌법재판소의 심판에 의하여 해산된다(헌법 제8조 제4항).

0385
정당의 중앙당과 지구당과의 복합적 구조에 비추어 정당의 지구당은 단순한 중앙당의 하부조직이 아니라 어느 정도의 독자성을 가진 단체로서 법인격 없는 사단에 해당한다. 23년 순경 2차 [O][X]

(O) 정당의 법적 지위는 적어도 그 소유재산의 귀속관계에 있어서는 법인격 없는 사단(社團)으로 보아야 하고, 중앙당과 지구당과의 복합적 구조에 비추어 정당의 지구당은 단순한 중앙당의 하부조직이 아니라 어느 정도의 독자성을 가진 단체로서 역시 법인격 없는 사단에 해당한다고 보아야 할 것이다(헌재 1993.7.29. 92헌마262).

0386
「헌법」 제8조 제1항은 정당설립의 자유, 정당조직의 자유, 정당활동의 자유를 포괄하는 정당의 자유를 보장하는 규정이므로 정당의 자유의 주체는 정당을 설립하려는 개개인과 이를 통해 조직된 정당이다. 22년 경찰간부 [O][X]

(O) 헌법 제8조 제1항은 정당설립의 자유, 정당조직의 자유, 정당활동의 자유 등을 포괄하는 정당의 자유를 보장하고 있다. 이러한 정당의 자유는 국민이 개인적으로 갖는 기본권일 뿐만 아니라, 단체로서의 정당이 가지는 기본권이기도 하다(헌재 2004.12.16. 2004헌마456).

OX 문제

0387
정당은 법인격 없는 사적 결사체에 불과하기 때문에 국가가 정당의 운영에 필요한 자금을 보조하는 것은 「헌법」상 허용되기 어렵고, 다만 선거 공영제에 따라 선거 경비를 보조한다. 22년 해경간부 ⃝✕

0388
정당설립의 자유는 개인이 정당 일반 또는 특정 정당에 가입하지 아니할 자유, 가입했던 정당으로부터 탈퇴할 자유 등 소극적 자유도 포함한다. 22년 해경간부, 22년 5급 공채 ⃝✕

0389
헌법 제8조 제1항이 명시하는 정당설립의 자유는 설립할 정당의 조직형태를 어떠한 내용으로 할 것인지에 관한 정당조직 선택의 자유 및 그와 같이 선택된 조직을 결성할 자유를 포함하지만 정당활동의 자유는 포함하지 않는다. 22년 입법고시 ⃝✕

0390
정당의 자유는 국민이 개인적으로 갖는 기본권일 뿐만 아니라, 단체로서의 정당이 가지는 기본권이기도 하다. 22년 해경간부, 22년 5급 공채 ⃝✕

0391
정당은 5 이상의 시·도당을 가져야 하며, 시·도당은 1천인 이상의 당원을 가져야 한다. 21년 국회직 8급 ⃝✕

0392
「정당법」상 시·도당은 당해 관할구역 안에 주소를 두고 있는 1천인 이상의 당원을 가져야 한다고 규정하고 있는데, 이는 정당의 자유를 침해하지 아니한다. 24년 경찰승진 ⃝✕

0393
정당이 자유민주적 기본질서를 부정하고 이를 적극적으로 제거하려는 경우 중앙선거관리위원회는 그 정당의 등록을 취소할 수 있다. 22년 변호사 ⃝✕

정답 및 해설

(✕) 정당은 법률이 정하는 바에 의하여 국가의 보호를 받으며, 국가는 법률이 정하는 바에 의하여 정당운영에 필요한 자금을 보조할 수 있다(헌법 제8조 제3항).

(O) 정당설립의 자유는 개인이 정당 일반 또는 특정 정당에 가입하지 아니할 자유, 가입했던 정당으로부터 탈퇴할 자유 등 소극적 자유도 포함한다(헌재 2006.3.30. 2004헌마246).

(✕) 헌법 제8조 제1항이 명시하는 정당설립의 자유는 설립할 정당의 조직형태를 어떠한 내용으로 할 것인가에 관한 정당조직 선택의 자유 및 그와 같이 선택된 조직을 결성할 자유를 포괄하는 '정당조직의 자유'를 포함한다(헌재 2004.12.16. 2004헌마456).

(O) 헌법 제8조 제1항은 정당설립의 자유, 정당조직의 자유, 정당활동의 자유 등을 포괄하는 정당의 자유를 보장하고 있다. 이러한 정당의 자유는 국민이 개인적으로 갖는 기본권일 뿐만 아니라, 단체로서의 정당이 가지는 기본권이기도 하다(헌재 2004.12.16. 2004헌마456).

(O) 정당은 5 이상의 시·도당을 가져야 한다(정당법 제17조). / 시·도당은 1천인 이상의 당원을 가져야 한다(정당법 제18조 제1항).

(O) 각 시·도당에 1천인 이상의 당원을 요구하는 법정당원수 조항이 신생정당의 창당을 현저히 어렵게 하여 과도한 부담을 지운 것으로 보기는 어렵다. 따라서 법정당원수 조항이 과잉금지원칙을 위반하여 정당의 자유를 침해한다고 볼 수 없다(헌재 2023.9.26. 2021헌가23 등).

(✕) 정당이 자유민주적 기본질서를 부정하는 등 실질적인 요건이 문제되는 경우 이를 해산시킬 수 있는 것은 헌법재판소 뿐이다. 선거관리위원회는 형식적인 요소가 문제될 경우 등록을 취소할 수 있다.

| OX 문제 | 정답 및 해설 |

0394
정당의 목적이나 활동이 헌법에 위반된 경우, 그 위반이 사소한 위반인 경우에도 그 정당을 해산하는 것이 헌법 정신에 부합한다. 21년 법무사 [O X]

(X) 정당에 대한 해산결정은 민주주의 원리와 정당의 존립과 활동에 대한 중대한 제약이라는 점에서, 정당의 목적과 활동에 관련된 모든 사소한 위헌성까지도 문제 삼아 정당을 해산하는 것은 적절하지 않다(헌재 2014.12.19. 2013헌다1).

0395
정당해산제도의 취지 등에 비추어 볼 때 헌법재판소의 정당해산결정이 있는 경우 그 정당 소속 국회의원의 의원직은 당선 방식을 불문하고 모두 상실되어야 한다. 24년 국가직 5급, 23년 소방간부 [O X]

(O) 정당해산제도의 취지 등에 비추어 볼 때 헌법재판소의 정당해산결정이 있는 경우 그 정당 소속 국회의원의 의원직은 당선 방식을 불문하고 모두 상실되어야 한다(헌재 2014.12.19. 2013헌다1).

0396
초·중등학교의 교원인 공무원에 대하여 정당가입을 전면적으로 금지하는 법률조항은 근무시간 내외를 불문하고 정당관련 활동을 금지함으로써 해당 교원의 정당가입의 자유를 침해한다. 21년 국회직 8급 [O X]

(X) 정당법조항 및 국가공무원법조항 중 '정당'에 관한 부분은 국가공무원이 정당의 발기인 및 당원이 되는 것을 금지하는 것이 헌법에 위반되지 않는다(헌재 2020.4.23. 2018헌마551). / 다만 정치단체 가입 금지에 대해서는 위헌으로 판단하였다.

0397
정당의 해산을 명하는 헌법재판소의 결정은 중앙선거관리위원회가 정당법에 따라 집행한다. 21년 국가직 7급, 20년 법무사 [O X]

(O) 정당의 해산을 명하는 헌법재판소의 결정은 중앙선거관리위원회가 「정당법」에 따라 집행한다(헌법재판소법 제60조).

0398
정당의 해산을 명하는 헌법재판소의 결정은 국회가 「정당법」에 따라 집행한다. 20년 국가직 5급 [O X]

(X) 정당의 해산을 명하는 헌법재판소의 결정은 중앙선거관리위원회가 「정당법」에 따라 집행한다(헌법재판소법 제60조). 정당해산을 집행하는 것이 중앙선거관리위원회라는 것을 아느냐가 포인트인데 너무 쉬운 문제에 해당한다.

0399
정당의 기회균등원칙에는 각 정당에 보조금을 균등하게 배분할 것을 요구하는 내용이 포함된다. 22년 입법고시 [O X]

(X) 정당의 기회균등원칙은 각 정당에 보조금을 균등하게 배분할 것을 요구하는 것이 아니라 보조금제도의 취지에 비추어 각 정당의 규모나 정치적 영향력, 정당이 선거에서 거둔 실적 등에 따라 어느 정도 차별을 할 수 있고, 그 내용이 현재의 각 정당들 사이의 경쟁상태를 현저하게 변경시킬 정도가 아니면 합리성을 인정할 수 있을 것이다(헌재 2006.7.27. 2004헌마655).

0400
국내·국외의 법인 또는 단체는 정치자금을 기부할 수 없다. 22년 입법고시 [O X]

(O) 외국인, 국내·외의 법인 또는 단체는 정치자금을 기부할 수 없다(정치자금법 제31조 제1항).

제3절 선거제도

0401
선거권의 제한은 불가피하게 요청되는 개별적·구체적 사유가 존재함이 명백할 경우 정당화될 수 있으며, 막연하고 추상적인 위험이나 국가의 노력에 의해 극복될 수 없는 기술상의 어려움이나 장애 등을 사유로도 그 제한이 정당화될 수 있다. 22년 경찰승진 ⓞⓧ

(X) 선거권의 제한은 불가피하게 요청되는 개별적·구체적 사유가 존재함이 명백할 경우에만 정당화될 수 있고, 막연하고 추상적인 위험이나 국가의 노력에 의해 극복될 수 있는 기술상의 어려움이나 장애 등을 사유로 그 제한이 정당화될 수 없다(헌재 2007.6.28. 2004헌마644 등).

0402
「주민등록법」상 주민등록을 할 수 없는 재외국민의 대통령 선거권 행사를 전면 부정하는 것은 헌법에 위배되지 않는다. 22년 경찰승진 ⓞⓧ

(X) 주민등록이 되어 있는지 여부에 따라 선거인명부에 오를 자격을 결정하여 그에 따라 선거권 행사 여부가 결정되도록 함으로써 엄연히 대한민국의 국민임에도 불구하고 주민등록법상 주민등록을 할 수 없는 재외국민의 선거권 행사를 전면적으로 부정하고 있는 법 제37조 제1항은 어떠한 정당한 목적도 찾기 어려우므로 헌법 제37조 제2항에 위반하여 재외국민의 선거권과 평등권을 침해하고 보통선거원칙에도 위반된다(헌재 2007.6.28. 2004헌마644 등).

0403
대통령 및 국회의원의 선거권 연령은 헌법에 18세 이상으로 명문화되어 있다. 24년 경찰승진 ⓞⓧ

(X) 18세 이상의 국민은 대통령 및 국회의원의 선거권이 있다. 다만, 지역구국회의원의 선거권은 18세 이상의 국민으로서 제37조 제1항에 따른 선거인명부작성기준일 현재 다음 각 호의 어느 하나에 해당하는 사람에 한하여 인정된다(공직선거법 제15조 제1항). / *대통령의 피선거권만 헌법에 규정되어 있다.*

0404
선거구 획정에 있어서 인구비례 원칙에 의한 투표가치의 평등은 헌법적 요청으로서 다른 요소에 비해 기본적이고 일차적인 기준이다. 21년 국회직 8급 ⓞⓧ

(O) 선거구 획정에 있어서 인구비례의 원칙에 의한 투표가치의 평등은 헌법적 요청으로서 다른 요소에 비하여 기본적이고 일차적인 기준이므로, 입법자로서는 인구편차의 허용한계를 최대한 엄격하게 설정함으로써 투표가치의 평등을 관철하기 위한 최대한의 노력을 기울여야 한다(헌재 2009.3.26. 2006헌마14).

0405
국회의원 지역선거구에 있어, 전국 선거구의 최대인구수와 최소인구수의 비율이 2:1 이하로 유지되면 평등선거원칙에 위배되지 않는다. 23년 국회직 5급 ⓞⓧ

(O) 현재의 시점에서 헌법이 허용하는 인구편차의 기준을 인구편차 상하 33⅓%를 넘어서지 않는 것으로 봄이 타당하다. 따라서 심판대상 선거구구역표 중 인구편차 상하 33⅓%의 기준(인구비례 2:1)을 넘어서는 선거구에 관한 부분은 위 선거구가 속한 지역에 주민등록을 마친 청구인들의 선거권 및 평등권을 침해한다(헌재 2014.10.30. 2012헌마192 등).

0406
1인 1표제 하에서의 비례대표의석 배분방식은 직접선거의 원칙과 평등선거의 원칙에 위반된다. 21년 국회직 8급 ⓞⓧ

(O) 비례대표제를 채택하는 경우 직접선거의 원칙은 의원의 선출 뿐만 아니라 정당의 비례적인 의석확보도 선거권자의 투표에 의하여 직접 결정될 것을 요구하는바, 비례대표의원의 선거는 지역구의원의 선거와 별도의 선거이므로 이에 관한 유권자의 별도의 의사표시, 즉 정당명부에 대한 별도의 투표가 있어야 함에도 현행제도는 정당명부에 대한 투표가 따로 없으므로 결국 비례대표의원의 선출에 있어서는 정당의 명부작성행위가 최종적·결정적인 의의를 지니게 되고, 선거권자들의 투표행위로써 비례대표의원의 선출을 직접·결정적으로 좌우할 수 없으므로 직접선거의 원칙에 위배된다(헌재 2001.7.19. 2000헌마91 등).

OX 문제

0407
자유선거의 원칙은 선거의 전 과정에 요구되는 선거권자의 의사형성의 자유와 의사실현의 자유를 말하고, 구체적으로는 투표의 자유, 입후보의 자유, 나아가 선거운동의 자유를 뜻한다. 21년 국회직 5급

0408
선거운동의 자유는 우리 헌법에 명시되어 있지 않다. 21년 법무사

0409
평등선거의 원칙은 평등의 원칙이 선거제도에 적용된 것으로서 투표의 수적 평등을 그 내용으로 할 뿐만 아니라, 일정한 집단의 의사가 정치과정에서 반영될 수 없도록 차별적으로 선거구를 획정하는 이른바 '게리맨더링'에 대한 부정을 의미하기도 한다. 24년 국가직 5급

0410
보통선거라 함은 개인의 납세액이나 소유하는 재산을 선거권의 요건으로 하는 제한선거에 대응하는 것으로, 이러한 요건 뿐만 아니라 그밖에 사회적 신분·인종·성별·종교·교육 등을 요건으로 하지 않고 일정한 연령에 달한 모든 국민에게 선거권을 인정하는 제도를 말한다. 24년 국가직 5급

정답 및 해설

(O) 자유선거의 원칙은 비록 우리 헌법에 명문으로 규정되지는 아니하였지만 민주국가의 선거제도에 내재하는 법원리로서, 국민주권의 원리, 의회민주주의의 원리 및 참정권에 관한 규정에서 그 근거를 찾을 수 있다. 이러한 자유선거의 원칙은 선거의 전 과정에 요구되는 선거권자의 의사형성의 자유와 의사실현의 자유를 말하고, 구체적으로는 투표의 자유, 입후보의 자유 나아가 선거운동의 자유를 뜻한다(헌재 2004.3.25. 2001헌마710).

(O) 자유선거의 원칙은 비록 우리 헌법에 명시되지는 아니하였지만 민주국가의 선거제도에 내재하는 법원리이다(헌재 2008.10.30. 2005헌바32).

(O) 평등선거의 원칙은 평등의 원칙이 선거제도에 적용된 것으로서 투표의 수적 평등, 즉 1인 1표의 원칙(one person, one vote)과 투표의 성과가치의 평등, 즉 1표의 투표가치가 대표자선정이라는 선거의 결과에 대하여 기여한 정도에 있어서도 평등하여야 한다는 원칙(one vote, one value)을 그 내용으로 할 뿐만 아니라, 일정한 집단의 의사가 정치과정에서 반영될 수 없도록 차별적으로 선거구를 획정하는 이른바 '게리맨더링'에 대한 부정을 의미하기도 한다(헌재 2001.10.25. 2000헌마92 등).

(O) 보통선거라 함은 개인의 납세액이나 소유하는 재산을 선거권의 요건으로 하는 제한선거에 대응하는 것으로 이러한 요건 뿐만 아니라 그 밖에 사회적 신분·인종·성별·종교·교육 등을 요건으로 하지 않고 일정한 연령에 달한 모든 국민에게 선거권을 인정하는 제도를 말한다(헌재 1997.6.26. 96헌마89).

제4절 공무원제도와 공무담임권

0411
헌법이 공무원의 신분 보장을 명문으로 규정하고 있고 공무 수행의 독자성과 영속성을 유지하는 것은 헌법상 목표이므로, 직업공무원제도는 최대한 보장의 원칙을 적용하여 그 위헌성 여부를 판단한다. 21년 소방간부 ☐☒

(X) 기본권 보장은 "최대한 보장의 원칙"이 적용됨에 반하여, 제도적 보장은 그 본질적 내용을 침해하지 아니하는 범위 안에서 입법자에게 제도의 구체적 내용과 형태의 형성권을 폭넓게 인정한다는 의미에서 "최소한 보장의 원칙"이 적용될 뿐이다. 직업공무원제도는 헌법이 보장하는 제도적 보장중의 하나임이 분명하므로 입법자는 직업공무원제도에 관하여 '최소한 보장'의 원칙의 한계안에서 폭넓은 입법형성의 자유를 가진다(헌재 1997.4.24. 95헌바48).

0412
직제폐지에 따른 직권면직을 규정한 「지방공무원법」 제62조 제1항 제3호는 직업공무원제도에 위반되지 않는다. 22년 해경간부 ☐☒

(O) 행정의 효율성 및 생산성 제고 차원에서는 행정수요가 소멸하거나 조직의 비대화로 효율성이 저하되는 경우 직제를 폐지하거나 인원을 축소하는 것은 불가피한 선택에 해당할 것이다. 그렇다면 이 사건 규정이 직업공무원제도를 위반하고 있다고는 볼 수 없다(헌재 2004.11.25. 2002헌바8).

0413
현행 「헌법」은 공무담임권을 명시적으로 규정하고 있다. 22년 해경간부, 22년 해경일반 ☐☒

(O) 모든 국민은 법률이 정하는 바에 의하여 공무담임권을 가진다(헌법 제25조).

0414
공무담임권이란 입법부, 집행부, 사법부는 물론 지방자치단체 등 국가, 공공단체의 구성원으로서 그 직무를 담당할 수 있는 권리를 말한다. 20년 소방간부 ☐☒

(O) 공무담임권이란 입법부, 집행부, 사법부는 물론 지방자치단체 등 국가, 공공단체의 구성원으로서 그 직무를 담당할 수 있는 권리를 말한다(헌재 2006.2.23. 2005헌마403).

0415
공무담임권은 국민이 국가나 공공단체의 구성원으로서 직무를 담당할 수 있는 권리를 뜻하고, 여기서 직무를 담당한다는 것은 공무담임에 관하여 능력과 적성에 따라 평등한 기회를 보장받는 것을 의미한다. 22년 해경일반 ☐☒

(O) 공무담임권은 국민이 국가나 공공단체의 구성원으로서 직무를 담당할 수 있는 권리를 뜻하고, 여기서 직무를 담당한다는 것은 공무담임에 관하여 능력과 적성에 따라 평등한 기회를 보장받는 것을 의미한다(헌재 2010.3.25. 2009헌마538).

0416
공무담임권의 보호영역에는 공직취임 기회의 자의적인 배제뿐 아니라, 공무원 신분의 부당한 박탈이나 권한의 부당한 정지도 포함된다. 22년 경찰간부, 22년 법원행시, 20년 법무사 ☐☒

(O) 공무담임권의 보호영역에는 공직취임의 기회의 자의적인 배제뿐 아니라, 공무원 신분의 부당한 박탈까지 포함되는 것이라고 할 것이다(헌재 2002.8.29. 2001헌마788 등).

OX 문제

0417
국가, 공공단체의 구성원으로서 그 직무를 담당할 수 있는 권리로서, 여기서 직무를 담당한다는 것은 국민이 공무담임에 관한 자의적이지 않고 평등한 기회를 보장받음을 의미한다. 21년 법원행시 ☐☒

0418
금고이상의 선고유예를 받고 그 기간 중에 있는 자를 임용 결격사유로 삼고 위 사유에 해당하는 자가 임용되더라도 이를 당연무효로 하는 구「국가공무원법」조항은. 입법자의 재량을 일탈하여 공무담임권을 침해한 것이라고 볼 수 없다. 23년 순경 1차 ☐☒

0419
공무담임권을 국가 등에게 능력주의를 존중하는 공정한 공직자 선발을 요구 할 수 있는 권리라는 점에서 직업선택의 자유보다는 그 기본권의 효과가 현실적, 구체적이므로 공직을 직업으로 선택하는 경우에 있어서 직업선택의 자유는 공무담임권을 통해서 그 기본권보호를 받게 된다고 할 수 있으므로 공무담임권을 침해하는지 여부를 심사하는 이상 이와 별도로 직업선택의 자유 침해 여부를 심사할 필요는 없다. 22년 순경 1차 ☐☒

0420
순경 공개경쟁채용시험의 응시연령 상한을 30세 이하로 규정한 경찰공무원임용령 조항은 공무담임권을 침해하지 않는다. 22년 국가직 7급 ☐☒

0421
군의 특수성을 고려하여 부사관으로 최초로 임용되는 사람의 최고연령을 27세로 정한 군인사법 조항은 부사관임용을 원하는 사람들의 공무담임권을 침해한다. 22년 국가직 7급 ☐☒

0422
주민등록을 하는 것이 법령의 규정상 아예 불가능한, 재외국민인 주민의 지방선거 피선거권을 부인하는 구「공직선거법」조항은 국내거주 재외국민의 공무담임권을 침해한다. 22년 경찰간부 ☐☒

정답 및 해설

(O) 헌법 제25조는 '모든 국민은 법률이 정하는 바에 의하여 공무담임권을 가진다.'고 규정하고 있다. 공무담임권이란 입법부, 집행부, 사법부는 물론 지방자치단체 등 국가, 공공단체의 구성원으로서 그 직무를 담당할 수 있는 권리를 말한다. 여기서 직무를 담당한다는 것은 모든 국민이 현실적으로 그 직무를 담당할 수 있다고 하는 의미가 아니라, 국민이 공무담임에 관해서 자의적이지 않고 평등한 기회를 보장받음을 의미한다(헌재 2018.4.26. 2014헌마274).

(O) 이 사건 법률조항이 '금고 이상의 형의 선고유예를 받은 경우에 그 선고유예기간 중에 있는 자'를 임용결격사유로 정하고, 이러한 사유에 해당하는 자에 대한 임용을 당연무효로 하는 것은 공직에 대한 국민의 신뢰라는 정당한 공익을 보호하기 위한 것으로서, 입법자의 재량을 일탈하여 청구인의 공무담임권을 침해한 것이라고 볼 수는 없다(헌재 2016.7.28. 2014헌바437).

(O) 공직을 직업으로 선택하는 경우에 있어서 직업선택의 자유는 공직 취임권을 통해서 그 기본권의 보호를 받는다고 할 수 있다. 따라서 직업선택의 자유 침해 여부를 따로 심사할 필요는 없다.

(X) 이 사건 심판대상 조항들이 순경 공채시험 등의 응시연령의 상한을 '30세 이하'로 제한하는 것이 합리적이라고 볼 수 없어 침해의 최소성원칙에 위배된다(헌재 2012.5.31. 2010헌마278).

(X) 군조직은 위계질서의 확립과 기강확보가 어느 조직보다 중요시되는 특수성을 고려할 필요가 있다. 소위도 27세로 정해져 있어 연령과 체력의 보편적 상관관계 등을 고려할 때 적합해 보인다(헌재 2014.9.25. 2011헌마414).

(O) 재외국민의 경우 대통령, 비례대표국회의원, 국민투표권은 보유하나, 지역구국회의원선거권은 인정되지 않는다. 국내거주 재외국민에게 주민참정권을 인정하지 않는 경우 헌법에 위반된다(헌재 2007.6.28. 2004헌마643).

CHAPTER 05 청구권적 기본권

OX 문제 | 정답 및 해설

0423
모든 국민은 법률이 정하는 바에 의하여 국가기관에 문서로 청원할 권리를 가진다. 21년 소방간부 ☐O ☐X

(O) 모든 국민은 법률이 정하는 바에 의하여 국가기관에 문서로 청원할 권리를 가진다(헌법 제26조 제1항).

0424
청원은 청원인의 성명과 주소 또는 거소를 적고 서명한 문서로 하여야 하고, 전자문서로 한 청원은 효력이 없다. 23년 국회직 5급, 22년 경찰간부 ☐O ☐X

(X) 청원은 청원서에 청원인의 성명(법인인 경우에는 명칭 및 대표자의 성명을 말한다)과 주소 또는 거소를 적고 서명한 문서(「전자문서 및 전자거래 기본법」에 따른 전자문서를 포함한다)로 하여야 한다(청원법 제9조 제1항).

0425
법률·명령·조례·규칙 등의 제정·개정 또는 폐지에 대하여 청원기관에 청원할 수 있다. 21년 지방직 7급 ☐O ☐X

(O) 청원은 다음 각 호의 어느 하나에 해당하는 경우에 한하여 할 수 있다. / 3. 법률·명령·조례·규칙 등의 제정·개정 또는 폐지(청원법 제4조 제3호).

0426
청원권의 보호범위에는 청원사항의 처리결과에 심판서나 재결서에 준하여 이유를 명시할 것을 요구하는 것이 포함된다. 23년 국회직 5급, 23년 경찰승진, 22년 법원직, 21년 소방간부 ☐O ☐X

(X) 헌법은 제26조 제2항에서 청원에 대한 수리와 심사의 의무만을 국가의 의무로 규정하고 있으나, 청원법에서는 그 결과를 청원인에게 통지할 의무까지 규정하고 있다(청원법 제9조). 다만, 그에 대한 재결이나 결정할 의무까지 있는 것은 아니고, 또한 처리결과를 통지할 경우에 법률에 특별한 규정이 없는 한 처리이유까지 밝혀야 할 필요는 없다(헌재 1994.2.24. 93헌마213 등).

0427
의원의 소개를 얻어야만 국회에 청원을 할 수 있도록 하는 것은 의원의 소개가 없는 한 국민이 국회에 자신의 이해관계나 국정에 관하여 의견을 진술할 권리인 청원권 자체를 박탈하는 결과가 되므로 청원권의 본질적인 내용을 침해하고 있다. 23년 경찰승진, 23년 국회직 5급 ☐O ☐X

(X) 국회가 '민원처리장화' 되는 것을 방지하기 위하여 적절한 수단을 선택할 수 있다 할 것이므로 의원의 소개를 청원서 제출의 요건으로 규정하여 의원의 소개를 얻은 민원은 일반의안과 같이 처리하고, 그 외 의원의 소개를 얻지 못한 민원은 진정으로 처리하는 방식을 택하는 것은 입법자에게 부여된 입법재량이라 할 것이다. 그렇다면 이 사건 법률조항은 입법형성의 재량의 범위를 넘어 기본권을 침해하였다고 볼 수 없다(헌재 2006.6.29. 2005헌마604).

0428
지방의회에 청원을 할 때 지방의회 의원의 소개를 얻도록 한 조항은 청원권을 침해하지 않는다. 22년 법원직, 22년 해경간부 ☐O ☐X

(O) 지방의회에 청원을 할 때에 지방의회의원의 소개를 얻도록 한 것은 의원이 미리 청원의 내용을 확인하고 이를 소개하도록 함으로써 청원의 남발을 규제하고 심사의 효율을 기하기 위한 것이다(헌재 1999.11.25. 97헌마54).

| OX 문제 | 정답 및 해설 |

0429
청원권은 공권력과의 관계에서 일어나는 여러 가지 이해관계, 의견, 희망 등에 관하여 적법한 청원을 한 모든 국민에게 그 주관관서인 국가기관이 청원을 수리할 뿐만 아니라 이를 심사하여 청원자에게 그 처리결과를 통지할 것을 요구할 수 있는 권리를 말한다. 24년 경찰승진 [O][X]

(O) 청원권은 공권력과의 관계에서 일어나는 여러 가지 이해관계, 의견, 희망 등에 관하여 적법한 청원을 한 모든 국민에게 국가기관이(그 주관관서가) 청원을 수리할 뿐만 아니라 이를 심사하여 청원자에게 그 처리결과를 통지할 것을 요구할 수 있는 권리를 말한다(헌재 2023.3.23. 2018헌마460 등).

0430
정부에 제출된 정부의 정책에 관계되는 청원의 심사와는 달리, 정부에 회부된 정부의 정책에 관계되는 청원의 심사는 반드시 국무회의의 심의를 거쳐야 하는 것은 아니다. 24년 경찰승진 [O][X]

(X) 헌법 제89조 다음 사항은 국무회의의 심의를 거쳐야 한다. / 15. 정부에 제출 또는 회부된 정부의 정책에 관계되는 청원의 심사 / 즉 반드시 거쳐야 한다.

0431
모든 국민은 헌법과 법률이 정한 법관에 의하여 법률에 의한 재판을 받을 권리를 가진다. 20년 법무사 [O][X]

(O) 모든 국민은 헌법과 법률이 정한 법관에 의하여 법률에 의한 재판을 받을 권리를 가진다(헌법 제27조 제1항).

0432
우리 헌법은 상고심재판을 받을 권리를 명문화하고 있지는 않지만, 헌법 제27조의 재판을 받을 권리로부터 당연히 도출된다고 볼 수 있다. 20년 법원직 [O][X]

(X) 헌법이 대법원을 최고법원으로 규정하였다고 하여 대법원이 곧바로 모든 사건을 상고심으로서 관할하여야 한다는 결론이 당연히 도출되는 것은 아니며, "헌법과 법률이 정하는 법관에 의하여 법률에 의한 재판을 받을 권리"가 사건의 경중을 가리지 않고 모든 사건에 대하여 대법원을 구성하는 법관에 의한 균등한 재판을 받을 권리를 의미한다거나 또는 상고심재판을 받을 권리를 의미하는 것이라고 할 수는 없다(헌재 2007.7.26. 2006헌마551 등).

0433
헌법 제27조 제1항의 '헌법과 법률이 정한 법관에 의하여 법률에 의한 재판을 받을 권리'는 사건의 경중을 가리지 않고 모든 사건에 대하여 대법원을 구성하는 법관에 의한 균등한 재판을 받을 권리를 의미한다. 24년 경찰승진, 21년 법원직 9급 [O][X]

(X) 헌법이 대법원을 최고법원으로 규정하였다고 하여 대법원이 곧바로 모든 사건을 상고심으로서 관할하여야 한다는 결론이 당연히 도출되는 것은 아니며, "헌법과 법률이 정하는 법관에 의하여 법률에 의한 재판을 받을 권리"가 사건의 경중을 가리지 않고 모든 사건에 대하여 대법원을 구성하는 법관에 의한 균등한 재판을 받을 권리를 의미한다거나 또는 상고심 재판을 받을 권리를 의미하는 것이라고 할 수는 없다(헌재 2007.7.26. 2006헌마551 등).

0434
범죄인인도절차는 본질적으로 형사소송절차적 성격을 갖는 것이고 재판절차로서의 형사소송절차는 당연히 상급심에의 불복절차를 포함하는 것이므로, 범죄인인도심사를 서울고등법원의 전속관할로 하고 그 결정에 대하여 대법원에의 불복절차를 인정하지 않는 법률조항은 범죄인의 재판청구권을 침해한다. 24년 변호사 [O][X]

(X) 이 사건에서 설사 범죄인인도를 형사처벌과 유사한 것이라 본다고 하더라도, 이 사건 법률조항이 적어도 법관과 법률에 의한 한 번의 재판을 보장하고 있고, 그에 대한 상소를 불허한 것이 적법절차원칙이 요구하는 합리성과 정당성을 벗어난 것이 아닌 이상, 그러한 상소 불허 입법이 입법재량의 범위를 벗어난 것으로서 재판청구권을 과잉 제한하는 것이라고 보기는 어렵다(헌재 2003.1.30. 2001헌바95).

| OX 문제 | 정답 및 해설 |

0435
피고인에게 치료감호에 대한 재판절차에의 접근권을 부여하는 것이 피고인의 권리를 보다 효율적으로 보장하기 위하여 필요하다고 인정되므로 '피고인 스스로 치료감호를 청구할 수 있는 권리' 역시 재판청구권의 보호범위에 포함된다. 24년 변호사 [O X]

(X) 법원이 직권으로 치료감호를 선고할 수 있는지 여부는 재판청구권의 적극적 측면은 물론 소극적 측면에도 해당하지 않는다. 따라서 청구인이나 제청법원이 주장하는 '피고인 스스로 치료감호를 청구할 수 있는 권리'뿐만 아니라 '법원으로부터 직권으로 치료감호를 선고받을 수 있는 권리'는 헌법상 재판청구권의 보호범위에 포함된다고 보기 어렵다(헌재 2021.1.28. 2019헌가24 등).

0436
헌법상 재판을 받을 권리의 보호범위에는 배심재판을 받을 권리가 포함되지 아니한다. 21년 지방직 7급 [O X]

(O) 배심재판을 받을 권리를 헌법상 권리로 보장하고 있는 미국의 경우와 달리 우리 헌법상 재판을 받을 권리의 보호범위에는 배심재판을 받을 권리가 포함되지 아니한다(헌재 2009.11.26. 2008헌바12).

0437
헌법재판소는 국민참여재판을 받을 권리도 헌법 제27조 제1항에서 규정한 재판을 받을 권리의 보호범위에 속한다고 보고 있다. 23년 국회직 5급, 23년 법원직 9급, 20년 국가직 5급, 20년 경찰승진 [O X]

(X) 우리 헌법상 헌법과 법률이 정한 법관에 의한 재판을 받을 권리는 직업법관에 의한 재판을 주된 내용으로 하는 것이므로 국민참여재판을 받을 권리가 헌법 제27조 제1항에서 규정한 재판을 받을 권리의 보호범위에 속한다고 볼 수 없다(헌재 2009.11.26. 2008헌바12).

0438
우리 헌법은 공정하고 신속한 공개재판을 받을 권리를 보장하고 있다. 20년 법원직 [O X]

(O) 헌법은 제27조 제1항에서 "모든 국민은 헌법과 법률이 정한 법관에 의하여 법률에 의한 재판을 받을 권리를 가진다."라고 규정하고 같은 조 제3항에서 "모든 국민은 신속한 재판을 받을 권리를 가진다. 형사피고인은 상당한 이유가 없는 한 지체없이 공개재판을 받을 권리를 가진다."라고 규정하여 공정하고 신속한 공개재판을 받을 권리를 보장하고 있다(헌재 1996.12.26. 94헌바1).

0439
심리불속행 상고기각판결의 경우 판결이유를 생략할 수 있도록 규정한 상고심절차에 관한 특례법 조항은 재판의 본질에 반하여 당사자의 재판청구권을 침해한다. 22년 국가직 7급 [O X]

(X) 한정된 법 발견자원의 합리적인 분배의 문제인 동시에 재판의 적정과 신속이라는 서로 상반되는 두 가지의 요청을 어떻게 조화시키느냐의 문제로 돌아가므로 원칙적으로 입법자의 형성의 자유에 속하는 사항이다. … 이 사건 법률조항은 헌법이 요구하는 대법원의 최고법원성을 존중하면서 민사, 가사, 행정, 특허 등 소송사건에 있어서 상고심 재판을 받을 수 있는 객관적인 기준을 정함에 있어 개별적 사건에서의 권리구제보다 법령해석의 통일을 더 우위에 둔 규정으로서 그 합리성이 있다고 할 것이므로 헌법에 위반되지 아니한다(헌재 1997.10.30. 97헌바37 등).

0440
군인·군무원·경찰공무원 기타 법률이 정하는 자가 전투·훈련 등 직무집행과 관련하여 받은 손해에 대하여는 법률이 정하는 보상 외에 국가 또는 공공단체에 공무원의 직무상 불법행위로 인한 정당한 배상을 청구할 수 있다. 23년 순경 2차 [O X]

(X) 군인·군무원·경찰공무원 기타 법률이 정한 자가 전투·훈련 등 직무집행과 관련하여 받은 손해에 대해서는 법률이 정하는 보상 외에 국가 또는 공공단체에 공무원의 직무상 불법행위로 인한 배상을 청구할 수 없다(헌법 제29조 제2항).

OX 문제

0441
헌법상 국가배상청구권에 관한 규정은 국가배상청구권을 청구권적 기본권으로 보장하며, 그 요건에 해당하는 사유가 발생한 개별 국민에게는 금전청구권으로서의 재산권으로서도 보장된다. 21년 법원직 9급 [O][X]

0442
대법원은 국회의원의 입법행위는 그 입법 내용이 헌법의 문언에 명백히 위반됨에도 불구하고 국회가 굳이 당해 입법을 한 것과 같은 특수한 경우가 아닌 한 국가배상법 제2조 제1항 소정의 위법행위에 해당된다고 볼 수 없다고 보았다. 24년 법원직 [O][X]

0443
형사피의자 또는 형사피고인으로서 구금되었던 자가 법률이 정하는 불기소처분을 받거나 무죄판결을 받은 때에는 법률이 정하는 바에 의하여 국가에 정당한 보상을 청구할 수 있다. 20년 소방간부, 20년 국회직 8급 [O][X]

0444
「형사보상 및 명예회복에 관한 법률」은 법원의 형사보상 결정에 대하여는 1주일 이내에 즉시항고를 할 수 있으나, 형사보상 청구기각 결정에 대하여는 즉시항고를 할 수 없다고 규정하고 있다. 23년 순경 2차 [O][X]

0445
형사피의자 또는 형사피고인으로서 구금되었던 자가 법률이 정하는 불기소처분을 받거나 무죄판결을 받은 때에는 법률이 정하는 바에 의하여 국가에 정당한 보상을 청구할 수 있다. 23년 순경 2차 [O][X]

0446
형사보상청구는 무죄재판이 확정된 사실을 안 날부터 3년, 무죄 재판이 확정된 때부터 5년 이내에 하여야 한다. 23년 순경 2차, 23년 경찰간부 [O][X]

정답 및 해설

(O) 헌법상의 국가배상청구권에 관한 규정은 국가배상청구권을 청구권적 기본권으로 보장하며, 국가배상청구권은 그 요건에 해당하는 사유가 발생한 개별 국민에게는 금전청구권으로서의 재산권으로 보장된다(헌재 2015.4.30. 2013헌바395).

(O) 국회의원은 입법에 관하여 원칙적으로 국민 전체에 대한 관계에서 정치적 책임을 질 뿐 국민 개개인의 권리에 대응하여 법적의무를 지는 것은 아니므로, 국회의원의 입법행위는 그 입법 내용이 헌법의 문언에 명백히 위반됨에도 불구하고 국회가 굳이 당해 입법을 한 것과 같은 특수한 경우가 아닌 한 국가배상법 제2조 제1항 소정의 위법행위에 해당된다고 볼 수 없다(대판 1997.6.13. 96다56115).

(O) 헌법 제28조 형사피의자 또는 형사피고인으로서 구금되었던 자가 법률이 정하는 불기소처분을 받거나 무죄판결을 받은 때에는 법률이 정하는 바에 의하여 국가에 정당한 보상을 청구할 수 있다(헌법 제28조).

(X) 제17조 제2항에 따른 청구기각결정에 대하여는 즉시항고를 할 수 있다(형사보상 및 명예회복에 관한 법률 제20조 제2항).

(O) 형사피의자 또는 형사피고인으로서 구금되었던 자가 법률이 정하는 불기소처분을 받거나 무죄판결을 받은 때에는 법률이 정하는 바에 의하여 국가에 정당한 보상을 청구할 수 있다(헌법 제28조).

(O) 보상청구는 무죄재판이 확정된 사실을 안 날부터 3년, 무죄재판이 확정된 때부터 5년 이내에 하여야 한다(형사보상 및 명예회복에 관한 법률 제8조).

| OX 문제 | 정답 및 해설 |

0447
형사보상청구는 무죄재판이 확정된 때로부터 1년 이내에 하도록 규정한 구 형사보상법 조항은 입법재량의 한계를 일탈하여 청구인의 형사보상청구권을 침해한 것이다. 24년 법원직, 21년 법원행시, 21년 법원직 9급 [O][X]

(O) 권리관계를 조속히 확정하기 위하여 인정되는 소멸시효기간이나 제척기간중 권리의 행사가 용이하고 일상 빈번히 발생하는 것이거나 권리의 행사로 인하여 상대방의 지위가 특별히 불안정해지는 경우 또는 법률관계를 보다 신속히 확정하여 분쟁을 방지할 필요가 있는 경우에는 특히 짧은 소멸시효나 제척기간을 인정할 필요가 있으나, 형사보상청구권의 제척기간을 1년으로 규정하고 있는 것은 위의 어떠한 사유에도 해당하지 아니하는 등 달리 합리적인 이유를 찾기 어려워, 일반적인 사법상의 권리보다 더 확실하게 보호되어야 할 권리인 형사보상청구권의 보호를 저해하고 있다(헌재 2010.7.29. 2008헌가4).

0448
「형사보상 및 명예회복에 관한 법률」규정에 의하면 형사보상을 받을 자는 다른 법률에 따라 손해배상을 청구하는 것이 금지되지 아니한다. 22년 경찰간부, 21년 국가직 5급 [O][X]

(O) 이 법은 보상을 받을 자가 다른 법률에 따라 손해배상을 청구하는 것을 금지하지 아니한다(형사보상 및 명예회복에 관한 법률 제6조).

0449
「범죄피해자 보호법」규정에 의하면 구조금의 신청은 해당 구조대상 범죄피해의 발생을 안 날부터 3년이 지나거나 해당 구조대상 범죄피해가 발생한 날부터 10년이 지나면 할 수 없다. 22년 경찰간부 [O][X]

(O) 제1항에 따른 신청은 해당 구조대상 범죄피해의 발생을 안 날부터 3년이 지나거나 해당 구조대상 범죄피해가 발생한 날부터 10년이 지나면 할 수 없다(범죄피해자 보호법 제25조 제2항).

0450
타인의 범죄행위로 인하여 생명·신체에 대한 피해를 받은 국민은 법률이 정하는 바에 의하여 국가로부터 구조를 받을 수 있다. 22년 경찰승진 [O][X]

(O) 헌법 제30조 타의 범죄행위로 인하여 생명·신체에 대한 피해를 받은 국민은 법률이 정하는 바에 의하여 국가로부터 구조를 받을 수 있다.

0451
범죄피해구조금을 받을 권리는 그 구조결정이 해당 신청인에게 송달된 날부터 1년간 행사하지 아니하면 시효로 인하여 소멸된다. 20년 경찰승진 [O][X]

(X) 범죄피해자 보호법 제31조(소멸시효) 구조금을 받을 권리는 그 구조결정이 해당 신청인에게 송달된 날부터 2년간 행사 하지 아니하면 시효로 인하여 소멸된다(범죄피해자 보호법 제31조).

0452
범죄피해자구조청구권의 대상이 되는 범죄피해의 범위에 관하여 해외에서 발생한 범죄피해는 포함하고 있지 아니한 조항이 평등원칙에 위배된다고 볼 수 없다. 23년 경찰간부, 22년 해경간부, 22년 법원직, 21년 법원행시, 20년 경찰승진 [O][X]

(O) 범죄피해자구조청구권의 대상이 되는 범죄피해에 해외에서 발생한 범죄피해의 경우를 포함하고 있지 아니한 것이 헌저하게 불합리한 자의적인 차별이라고 볼 수 없어 평등원칙에 위반되지 아니한다(헌재 2011.12.29. 2009헌마354).

CHAPTER 06 사회적 기본권

OX 문제 | 정답 및 해설

0453
인간다운 생활을 보장하기 위한 객관적인 내용의 최소한을 보장하고 있는지 여부는 특정한 법률에 의한 생계급여만을 가지고 판단하면 되고, 여타 다른 법령에 의해 국가가 최저생활보장을 위하여 지급하는 각종 급여나 각종 부담의 감면 등을 총괄한 수준으로 판단할 것을 요구하지는 않는다. 24년 경찰승진, 23년 순경 2차, 22년 해경간부, 20년 국가직 7급, 20년 법원직 [O|X]

(X) 국가가 행하는 생계보호의 수준이 그 재량의 범위를 명백히 일탈하였는지의 여부, 즉 인간다운 생활을 보장하기 위한 객관적 내용의 최소한을 보장하고 있는지의 여부는 생활보호법에 의한 생계보호급여만을 가지고 판단하여서는 아니되고 그 외의 법령에 의거하여 국가가 생계보호를 위하여 지급하는 각종 급여나 각종 부담의 감면 등을 총괄한 수준을 가지고 판단하여야 한다(헌재 1997.5.29. 94헌마33).

0454
인간다운 생활을 할 권리로부터 인간의 존엄에 상응하는 생활에 필요한 '최소한의 물질적인 생활'의 유지에 필요한 급부를 요구할 수 있는 구체적인 권리가 상황에 따라서는 직접 도출될 수 있어도 동 기본권이 직접 그 이상의 급부를 내용으로 하는 구체적인 권리까지 발생케 한다고 볼 수 없다. 23년 순경 2차 [O|X]

(O) 인간다운 생활을 할 권리로부터는 인간의 존엄에 상응하는 생활에 필요한 "최소한의 물질적인 생활"의 유지에 필요한 급부를 요구할 수 있는 구체적인 권리가 상황에 따라서는 직접 도출될 수 있다고 할 수는 있어도, 동 기본권이 직접 그 이상의 급부를 내용으로 하는 구체적인 권리를 발생케 한다고는 볼 수 없다고 할 것이다. 이러한 구체적 권리는 국가가 재정형편 등 여러 가지 상황들을 종합적으로 감안하여 법률을 통하여 구체화할 때에 비로소 인정되는 법률적 권리라고 할 것이다(헌재 1995.7.21. 93헌가14).

0455
인간다운 생활이란 그 자체가 추상적이고 상대적인 개념으로서 그 나라의 문화의 발달, 역사적·사회적·경제적 여건에 따라 어느 정도는 달라질 수 있다. 22년 법학경채 [O|X]

(O) "인간다운 생활"이란 그 자체가 추상적이고 상대적인 개념으로서 그 나라의 문화의 발달, 역사적·사회적·경제적 여건에 따라 어느 정도는 달라질 수 있는 것이다(헌재 2004.10.28. 2002헌마328).

0456
국가가 인간다운 생활을 보장하기 위한 헌법적 의무를 다하였는지의 여부가 사법적 심사의 대상이 된 경우에는, 국가가 최저생활보장에 관한 입법을 전혀 하지 아니하였다든가 그 내용이 현저히 불합리하여 「헌법」상 용인될 수 있는 재량의 범위를 명백히 일탈한 경우에 한하여 「헌법」에 위반된다고 할 수 있다. 22년 해경간부, 20년 법원직 [O|X]

(O) 국가가 생계보호에 관한 입법을 전혀 하지 아니하였다든가 그 내용이 현저히 불합리하여 헌법상 용인될 수 있는 재량의 범위를 명백히 일탈한 경우에 한하여 헌법에 위반된다고 할 수 있다(헌재 1997.5.29. 94헌마33).

0457
구치소·치료감호시설에 수용 중인 자에 대하여 「국민기초생활보장법」에 의한 중복적인 보장을 피하기 위하여 개별가구에서 제외하기로 한 입법자의 판단이 「헌법」상 용인될 수 있는 재량의 범위를 일탈하여 인간다운 생활을 할 권리와 보건권을 침해한다고 볼 수 없다. 22년 해경간부 [O|X]

(O) 구치소·치료감호시설에 수용 중인 자는 당해 법률에 의하여 생계유지의 보호와 의료적 처우를 받고 있으므로 이러한 구치소·치료감호시설에 수용 중인 자에 대하여 '국민기초생활 보장법'에 의한 중복적인 보장을 피하기 위하여 개별가구에서 제외하기로 한 입법자의 판단이 헌법상 용인될 수 있는 재량의 범위를 일탈하여 인간다운 생활을 할 권리와 보건권을 침해한다고 볼 수 없다(헌재 2012.2.23. 2011헌마123).

| OX 문제 | 정답 및 해설 |

0458
보건복지부장관이 고시한 생활보호사업지침상의 생계보호급여의 수준이 일반 최저생계비에 미치지 못한다고 하더라도 그 사실만으로 국민의 인간다운 생활을 보장하기 위하여 국가가 실현해야 할 객관적 내용의 최소한도의 보장에 이르지 못하였다거나 헌법상 용인될 수 있는 재량의 범위를 명백히 일탈하였다고 볼 수 없다. 24년 법원직 ⓞⓧ

(O) 1994년도를 기준으로 생활보호대상자에 대한 생계보호급여와 그 밖의 각종 급여 및 각종 부담감면의 액수를 고려할 때, 이 사건 생계보호기준이 청구인들의 인간다운 생활을 보장하기 위하여 국가가 실현해야 할 객관적 내용의 최소한도의 보장에도 이르지 못하였다거나 헌법상 용인될 수 있는 재량의 범위를 명백히 일탈하였다고는 보기 어렵고, 따라서 비록 위와 같은 생계보호의 수준이 일반 최저생계비에 못미친다고 하더라도 그 사실만으로 곧 그것이 헌법에 위반된다거나 청구인들의 행복추구권이나 인간다운 생활을 할 권리를 침해한 것이라고는 볼 수 없다(헌재 1997.5.29. 94헌마33).

0459
모든 국민은 그 보호하는 자녀에게 적어도 초등교육과 법률이 정하는 고등교육을 받게 할 의무를 진다. 22년 국회직 9급, 20년 경행특채 ⓞⓧ

(X) 모든 국민은 그 보호하는 자녀에게 적어도 초등교육과 법률이 정하는 교육을 받게 할 의무를 진다(헌법 제31조 제2항). / 헌법조문문제가 늘 이렇다. 고등이란 말은 헌법에 존재하지 않는다. 단어 하나만 바꿔어도 헌법조문은 오답이 된다.

0460
교육의 자주성 전문성 정치적 중립성 및 대학의 자율성은 법률이 정하는 바에 의하여 보장된다. 20년 경행특채 ⓞⓧ

(O) 교육의 자주성·전문성·정치적 중립성 및 대학의 자율성은 법률이 정하는 바에 의하여 보장된다(헌법 제31조 제4항).

0461
부모의 교육권은 다른 교육의 주체와의 관계에서 원칙적인 우위를 가진다. 22년 법원행시 ⓞⓧ

(O) 부모는 자녀의 교육에 관하여 전반적인 계획을 세우고 자신의 인생관·사회관·교육관에 따라 자녀의 교육을 자유롭게 형성할 권리를 가지며, 부모의 교육권은 다른 교육의 주체와의 관계에서 원칙적인 우위를 가진다(헌재 2000.4.27. 98헌가16 등).

0462
학교교육에 관한 한, 국가는 헌법 제31조에 의하여 부모의 교육권으로부터 원칙적으로 독립된 독자적인 교육권한을 부여받음으로써 부모의 교육권과 함께 자녀의 교육을 담당하므로 학교 밖의 교육영역에서도 국가의 교육권한은 부모의 교육권보다 언제나 우위를 차지한다. 22년 입법고시 ⓞⓧ

(X) 자녀의 양육과 교육에 있어서 부모의 교육권은 교육의 모든 영역에서 존중되어야 하며, 다만, 학교교육에 관한 한, 국가는 헌법 제31조에 의하여 부모의 교육권으로부터 원칙적으로 독립된 독자적인 교육권한을 부여받음으로써 부모의 교육권과 함께 자녀의 교육을 담당하지만, 학교 밖의 교육영역에서는 원칙적으로 부모의 교육권이 우위를 차지한다(헌재 2000.4.27. 98헌가16 등).

0463
자녀의 양육과 교육은 가족생활의 핵심적 요소로서 일차적으로 부모의 천부적인 권리인 동시에 부모에게 부과된 의무이기도 하다. 20년 비상기획관(상) ⓞⓧ

(O) 자녀의 양육과 교육은 가족생활의 핵심적 요소로서 일차적으로 부모의 천부적인 권리인 동시에 부모에게 부과된 의무이기도 하다(헌재 2009.4.30. 2005헌마514).

0464
학교교과교습학원 및 교습소의 교습시간을 05:00부터 22:00까지 규정하고 있는 조례는 학부모의 자녀교육권을 침해하지 않는다. 20년 국회직 9급 ⓞⓧ

(O) 이 사건 조항이 학교, 교육방송 및 다른 사교육에 대하여는 교습시간을 제한하지 않으면서 학원 및 교습소의 교습시간만 제한하였다고 하여도 공교육의 주체인 학교 및 공영방송인 한국교육방송공사가 사교육 주체인 학원과 동일한 지위에 있다고 보기 어렵고, 다른 사교육인 개인과외교습이나 인터넷 통신 강좌에 의한 심야교습이 초래하게 될 사회적 영향력이나 문제점이 학원에 의한 심야교습보다 적으므로 학원 및 교습소의 교습시간만 제한하였다고 하여 이를 두고 합리적 이유 없는 차별이라고 보기는 어려운바, 이 사건 조항이 학원 운영자 등의 평등권을 침해하였다고 보기는 어렵다(헌재 2009.10.29. 2008헌마635).

| OX 문제 | 정답 및 해설 |

0465
헌법 제31조 제3항의 의무교육의 무상의 범위는 국가의 재정상황과 국민의 소득수준, 학부모의 경제적 수준 및 사회적 합의 등을 고려하여 입법정책적으로 결정할 수 있다. 23년 국회직 5급

(O) 의무교육에 있어서 본질적이고 필수불가결한 비용 이외의 비용을 무상의 범위에 포함시킬 것인지는 국가의 재정상황과 국민의 소득수준, 학부모들의 경제적 수준 및 사회적 합의 등을 고려하여 입법자가 입법정책적으로 해결해야 할 문제이다(헌재 2012.4.24. 2010헌바164).

0466
학교의 급식활동은 의무교육에 있어서 필수불가결한 교육과정이고 이에 소요되는 경비는 의무교육의 실질적인 균등보장을 위한 본질적이고 핵심적인 항목에 해당하므로, 급식에 관한 경비를 전면무상으로 하지 않고 그 일부를 학부모의 부담으로 정하고 있는 것은 의무교육의 무상원칙에 위배된다. 21년 국가직 7급

(X) 급식활동 자체가 의무교육에 필수불가결한 내용이라 보기 어렵고, 국가나 지방자치단체의 지원으로 부담을 경감하는 조항이 마련되어 있으며, 특히 저소득층 학생들을 위한 지원방안이 마련되어 있다는 점을 고려해 보면 이 사건 심판대상조항이 입법형성권의 범위를 넘어 헌법상 의무교육의 무상원칙에 반한다고 할 수 없으므로 헌법에 위반되지 않는다는 것이다(헌재 2012.4.24. 2010헌바164).

0467
교육을 받을 권리가 국가에 대하여 특정한 교육제도나 시설의 제공을 요구할 수 있는 권리를 뜻하는 것은 아니므로, 대학의 구성원이 아닌 사람이 대학도서관에서 도서를 대출할 수 없거나 열람실을 이용할 수 없더라도 교육을 받을 권리가 침해된다고 볼 수 없다. 21년 국가직 7급

(O) 대학구성원이 아닌 자에게 대학도서관에서의 도서 대출 또는 열람실 이용을 제한한 서울교육대학교의 회신은 교육받을 권리를 침해하지 않는다(헌재 2016.11.24. 2014헌마977).

0468
국민의 수학권과 교사의 수업의 자유는 다 같이 보호되어야 하겠지만, 그 중에서도 국민의 수학권이 더 우선적으로 보호되어야 한다. 22년 변호사

(O) 국민의 수학권과 교사의 수업의 자유는 다 같이 보호되어야 하겠지만 그 중에서도 국민의 수학권이 더 우선적으로 보호되어야 한다(헌재 1992.11.12. 89헌마88).

0469
학문의 자유와 대학의 자율성에 따라 대학이 학생의 선발 및 전형 등 대학입시제도를 자율적으로 마련할 수 있다 하더라도 이를 내세워 국민의 교육받을 권리를 침해할 수 없다. 22년 경찰간부

(O) 헌법 제22조 제1항이 보장하고 있는 학문의 자유와 헌법 제31조 제4항에서 보장하고 있는 대학의 자율성에 따라 대학이 학생의 선발 및 전형 등 대학입시제도를 자율적으로 마련할 수 있다 하더라도, 이러한 대학의 자율적 학생 선발권을 내세워 국민의 '균등하게 교육을 받을 권리'를 침해할 수 없으며, 이를 위해 대학의 자율권은 일정부분 제약을 받을 수 있다(헌재 2017.12.28. 2016헌마649).

0470
근로자는 근로조건의 향상을 위하여 자주적인 단결권·단체교섭권 및 단체행동권을 가지며, 이는 헌법상 보장된 권리이다. 20년 법원행시

(O) 근로3권의 성격은 국가가 단지 근로자의 단결권을 존중하고 부당한 침해를 하지 아니함으로써 보장되는 자유권적 측면인 국가로부터의 자유 뿐이 아니라, 근로자의 권리행사의 실질적 조건을 형성하고 유지해야 할 국가의 적극적인 활동을 필요로 한다. 따라서 근로3권의 사회권적 성격은 입법조치를 통하여 근로자의 헌법적 권리를 보장할 국가의 의무에 있다(헌재 1998.2.27. 94헌바13).

| OX 문제 | 정답 및 해설 |

0471
노동조합을 설립할 때 행정관청에 설립신고서를 제출하게 하고 그 요건을 충족하지 못하는 경우 설립신고서를 반려하도록 하고 있는 「노동조합 및 노동관계조정법」 조항의 노동조합 설립신고서 반려제도가 헌법 제21조 제2항 후단에서 금지하는 결사에 대한 허가제라고 볼 수 없다. 23년 순경 2차 [O X]

(O) 이 사건 법률조항은 노동조합 설립에 있어 노동조합법상의 요건 충족 여부를 사전에 심사하도록 하는 구조를 취하고 있으나, 이 경우 노동조합법상 요구되는 요건만 충족되면 그 설립이 자유롭다는 점에서 일반적인 금지를 특정한 경우에 해제하는 허가와는 개념적으로 구분되고, 더욱이 행정관청의 설립신고서 수리 여부에 대한 결정은 재량 사항이 아니라 의무 사항으로 그 요건 충족이 확인되면 설립신고서를 수리하고 그 신고증을 교부하여야 한다는 점에서 단체의 설립 여부 자체를 사전에 심사하여 특정한 경우에 한해서만 그 설립을 허용하는 '허가'와는 다르다. 따라서 이 사건 법률조항의 노동조합 설립신고서 반려제도가 헌법 제21조 제2항 후단에서 금지하는 결사에 대한 허가제라고 볼 수 없다(헌재 2012.3.29. 2011헌바53).

0472
공무원인 근로자는 법률이 정하는 자에 한하여 단결권·단체교섭권 및 단체행동권을 가진다. 20년 법원행시 [O X]

(O) 공무원인 근로자는 법률이 정하는 자에 한하여 단결권·단체교섭권 및 단체행동권을 가진다(헌법 제33조 제2항).

0473
법률이 정하는 주요방위산업체에 종사하는 근로자의 단결권·단체교섭권 및 단체행동권은 법률이 정하는 바에 의하여 이를 제한하거나 인정하지 않을 수 있다. 20년 법원행시 [O X]

(X) 법률이 정하는 주요 방위산업체에 종사하는 근로자의 단체행동권은 법률이 정하는 바에 의하여 이를 제한하거나 인정하지 아니할 수 있다(헌법 제33조 제3항).

0474
근로의 권리의 내용 중 하나인 '일할 환경에 관한 권리'는 인간의 존엄성에 대한 침해를 방어하기 위한 권리로서 외국인에게도 인정된다. 24년 법원행시, 21년 법원행시, 20년 경찰승진 [O X]

(O) 헌법상 근로의 권리는 '일할 자리에 관한 권리'만이 아니라 '일할 환경에 관한 권리'도 의미하는데, '일할 환경에 관한 권리'는 인간의 존엄성에 대한 침해를 방어하기 위한 권리로서 외국인에게도 인정되며, 건강한 작업환경, 일에 대한 정당한 보수, 합리적인 근로조건의 보장 등을 요구할 수 있는 권리 등을 포함한다(헌재 2016.3.31. 2014헌마367).

0475
헌법상 근로의 권리는 '일할 자리에 관한 권리'만이 아니라 '일할 환경에 관한 권리'도 의미하는 것이다. 21년 법무사 [O X]

(O) 근로의 권리가 "일할 자리에 관한 권리"만이 아니라 "일할 환경에 관한 권리"도 함께 내포하고 있는바, 후자는 인간의 존엄성에 대한 침해를 방어하기 위한 자유권적 기본권의 성격도 갖고 있어 건강한 작업환경, 일에 대한 정당한 보수, 합리적인 근로조건의 보장 등을 요구할 수 있는 권리 등을 포함한다고 할 것이므로 외국인 근로자라고 하여 이 부분에까지 기본권 주체성을 부인할 수는 없다(헌재 2007.8.30. 2004헌마670).

0476
헌법에서는 국가유공자, 상이군경의 유가족, 전몰군경의 유가족에 대한 근로의 기회는 특별한 보호를 받는다고 규정하고 있다. 25년 경찰승진 [O X]

(X) 위 조항의 대상자는 조문의 문리해석대로 '국가유공자', '상이군경', 그리고 '전몰군경의 유가족'이라고 봄이 상당하다(헌재 2006.2.23. 2004헌마675). / 즉 상이군경만을 의미하고 상이군경의 유가족까지 포함하지는 않는다.

0477
근로의 권리는 사회적 기본권으로서 국가에 대하여 직접 일자리를 청구하거나 일자리에 갈음하는 생계비의 지급을 청구할 수 있는 권리를 의미하는 것이 아니라 고용증진을 위한 사회적·경제적 정책을 요구할 수 있는 권리에 그치며, 근로의 권리로부터 국가에 대한 직접적인 직장존속청구권이 도출되는 것도 아니다. 24년 법원행시, 22년 순경 2차 [O X]

(O) 근로의 권리로부터 국가에 대한 직접적인 직장존속청구권을 도출할 수도 없다. 단지 사용자의 처분에 따른 직장상실에 대하여 최소한의 보호를 제공하여야 할 의무를 국가에 지우는 것이다(헌재 2002.11.28. 2001헌바50).

| OX 문제 | 정답 및 해설 |

0478
일용근로자로서 3개월을 계속 근무하지 아니한 자를 해고예고제도의 적용제외사유로 규정하고 있는 「근로기준법」 규정은 일용근로자인 청구인의 근로의 권리를 침해하지 않는다.
24년 법원행시, 22년 순경 1차 [O][X]

(O) 근속기간 3월 미만의 일용근로자 해고예고 적용제외 규정은 합헌이다(헌재 2017.5.25. 2016헌마640).

0479
청원경찰의 복무에 관하여 「국가공무원법」의 해당 조항을 준용함으로써 노동운동을 금지하는 「청원경찰법」의 해당 조항 중 「국가공무원법」의 해당 조항 가운데 '노동운동' 부분을 준용하는 부분은 국가기관이나 지방자치단체 이외의 곳에서 근무하는 청원경찰 청구인들의 근로3권을 침해한다. 23년 법원행시, 22년 순경 1차 [O][X]

(O) 교원과 일부 공무원도 단결권과 단체교섭권을 인정받고 있는 상황에서 일반근로자인 청원경찰의 근로3권을 모두 제한하는 것은 사회의 변화에도 맞지 않는다(헌재 2017.9.28. 2015헌마653).

0480
고용 허가를 받아 국내에 입국한 외국인근로자의 출국만기보험금을 출국 후 14일 이내에 지급하도록 한 것은 외국인근로자의 근로의 권리를 침해하지 않는다. 22년 국회직 8급 [O][X]

(O) 이 사건 출국만기보험금이 근로자의 퇴직 후 생계 보호를 위한 퇴직금의 성격을 가진다고 하더라도 불법체류가 초래하는 여러 가지 문제를 고려할 때 불법체류 방지를 위해 그 지급시기를 출국과 연계시키는 것은 불가피하므로 심판대상조항이 청구인들의 근로의 권리를 침해한다고 보기 어렵다(헌재 2016.3.31. 2014헌마367).

0481
환경권의 내용과 행사는 법률에 의해 구체적으로 정해진다.
20년 법원행시 [O][X]

(O) 환경권의 내용과 행사에 관하여는 법률로 정한다(헌법 제35조 제2항).

0482
'건강하고 쾌적한 환경에서 생활할 권리'를 보장하는 환경권의 보호대상이 되는 환경에는 자연환경뿐만 아니라 인공적 환경과 같은 생활환경도 포함된다. 20년 법원행시 [O][X]

(O) '건강하고 쾌적한 환경에서 생활할 권리'를 보장하는 환경권의 보호대상이 되는 환경에는 자연환경뿐만 아니라 인공적 환경과 같은 생활환경도 포함되므로(환경정책기본법 제3조), 일상생활에서 소음을 제거·방지하여 '정온한 환경에서 생활할 권리'는 환경권의 한 내용을 구성한다(헌재 2019.12.27. 2018헌마730).

0483
환경권은 생명·신체의 자유를 보호하는 토대를 이루며 궁극적으로 삶의 질 확보를 목표로 하는 권리이다. 21년 소방간부, 21년 비상기획관(상) [O][X]

(O) 헌법은 "모든 국민은 건강하고 쾌적한 환경에서 생활할 권리를 가지며, 국가와 국민은 환경보전을 위하여 노력하여야 한다."고 규정하여(제35조 제1항) 국민의 환경권을 보장함과 동시에 국가에게 국민이 건강하고 쾌적하게 생활할 수 있는 양호한 환경을 유지하기 위하여 노력하여야 할 의무를 부여하고 있다. 이러한 환경권은 생명·신체의 자유를 보호하는 토대를 이루며, 궁극적으로 '삶의 질' 확보를 목표로 하는 권리이다(헌재 2019.12.27. 2018헌마730).

0484
국민은 국가로부터 건강하고 쾌적한 환경을 향유할 수 있는 자유를 침해당하지 않을 권리를 행사할 수 있고, 일정한 경우 국가에 대하여 건강하고 쾌적한 환경에서 생활할 수 있도록 요구할 수 있는 권리가 인정되기도 하는바, 환경권은 그 자체로 종합적 기본권으로서의 성격을 지닌다. 24년 국회직 8급, 23년 경찰간부, 21년 소방간부, 21년 비상기획관(상) [O][X]

(O) 환경권을 행사함에 있어 국민은 국가로부터 건강하고 쾌적한 환경을 향유할 수 있는 자유를 침해당하지 않을 권리를 행사할 수 있고, 일정한 경우 국가에 대하여 건강하고 쾌적한 환경에서 생활할 수 있도록 요구할 수 있는 권리가 인정되기도 하는바, 환경권은 그 자체 종합적 기본권으로서의 성격을 지닌다(헌재 2019.12.27. 2018헌마730).

| OX 문제 | 정답 및 해설 |

0485
환경권은 건강하고 쾌적한 생활을 유지하는 조건으로서 양호한 환경을 향유할 권리이고, 생명·신체의 자유를 보호하는 토대를 이루며, 궁극적으로 '삶의 질' 확보를 목표로 하는 권리이다. 24년 국회직 8급 [O][X]

(O) 환경권은 건강하고 쾌적한 생활을 유지하는 조건으로서 양호한 환경을 향유할 권리이고, 생명·신체의 자유를 보호하는 토대를 이루며, 궁극적으로 '삶의 질' 확보를 목표로 하는 권리이다(헌재 2014.6.26. 2011헌마150).

0486
'건강하고 쾌적한 환경에서 생활할 권리'를 보장하는 헌법 제35조 제1항의 환경권 보호대상이 되는 환경에는 자연환경뿐만 아니라 인공적 환경과 같은 생활환경도 포함된다. 24년 국회직 8급 [O][X]

(O) '건강하고 쾌적한 환경에서 생활할 권리'를 보장하는 환경권의 보호대상이 되는 환경에는 자연환경뿐만 아니라 인공적 환경과 같은 생활환경도 포함되므로, 일상생활에서 소음을 제거·방지하여 '정온한 환경에서 생활할 권리'는 환경권의 한 내용을 구성한다(헌재 2019.12.27. 2018헌마730).

0487
환경권의 내용과 행사에 관하여는 법률로 정하며, 국가는 주택개발정책 등을 통하여 모든 국민이 쾌적한 주거생활을 할 수 있도록 노력하여야 한다. 24년 국회직 8급 [O][X]

(O) ② 환경권의 내용과 행사에 관하여는 법률로 정한다. ③ 국가는 주택개발정책 등을 통하여 모든 국민이 쾌적한 주거생활을 할 수 있도록 노력하여야 한다(헌법 제35조).

0488
헌법상 환경권의 보호대상이 되는 환경에는 자연환경만 포함될 뿐 인공적 환경과 같은 생활환경은 포함되지 아니한다. 24년 국회직 5급 [O][X]

(X) '건강하고 쾌적한 환경에서 생활할 권리'를 보장하는 환경권의 보호대상이 되는 환경에는 자연환경뿐만 아니라 인공적 환경과 같은 생활환경도 포함되므로(환경정책기본법 제3조), 일상생활에서 소음을 제거·방지하여 '정온한 환경에서 생활할 권리'는 환경권의 한 내용을 구성한다(헌재 2019.12.27. 2018헌마730).

0489
헌법재판소가 사인인 제3자에 의한 국민의 환경권 침해에 대해서 국가의 적극적 기본권 보호조치를 취할 의무를 심사할 때는 국가가 국민의 기본권적 법익 보호를 위하여 적어도 적절하고 효율적인 최소한의 보호조치를 취했는가 하는 이른바 과소보호금지원칙의 위반 여부를 기준으로 삼아야 한다. 24년 국회직 5급 [O][X]

(O) 일정한 경우 국가는 사인인 제3자에 의한 국민의 환경권 침해에 대해서도 적극적으로 기본권 보호조치를 취할 의무를 지나, 헌법재판소가 이를 심사할 때에는 국가가 국민의 기본권적 법익 보호를 위하여 적어도 적절하고 효율적인 최소한의 보호조치를 취했는가 하는 이른바 "과소보호금지원칙"의 위반 여부를 기준으로 삼아야 한다(헌재 2008.7.31. 2006헌마711).

0490
교도소 수용자들의 자살을 방지하기 위하여 독거실 내 화장실 창문에 안전철망을 설치한 행위는 수형자의 환경권 등 기본권을 침해하지 않는다. 22년 경찰간부 [O][X]

(O) 이 사건 설치행위는 수용자의 자살을 방지하여 생명권을 보호하고 교정시설 내의 안전과 질서를 보호하기 위한 것으로 환경권을 침해하지 않는다(헌재 2014.6.26. 2011헌마150).

0491
모든 국민은 보건에 관하여 국가의 보호를 받는다. 21년 국가직 5급 [O][X]

(O) 모든 국민은 보건에 관하여 국가의 보호를 받는다(헌법 제36조 제3항).

| OX 문제 | 정답 및 해설 |

0492
헌법 제36조 제1항은 혼인과 가족에 관련되는 공법 및 사법의 모든 영역에 영향을 미치는 헌법원리 내지 원칙규범으로서의 성격도 가진다. 23년 순경 2차 ⓞⓧ

(O) 헌법 제36조 제1항은 혼인과 가족에 관련되는 공법 및 사법의 모든 영역에 영향을 미치는 헌법원리 내지 원칙규범으로서의 성격도 가진다(헌재 2002.8.29. 2001헌바82).

0493
헌법 제36조 제1항은 혼인제도와 가족제도에 관한 헌법원리를 규정한 것으로서 혼인제도와 가족제도는 인간의 존엄성 존중과 민주주의의 원리에 따라 규정되어야 함을 천명한 것이다. 24년 소방간부 ⓞⓧ

(O) 헌법 제36조 제1항은 혼인제도와 가족제도에 관한 헌법원리를 규정한 것으로서 혼인제도와 가족제도는 인간의 존엄성 존중과 민주주의의 원리에 따라 규정되어야 함을 천명한 것이다. 이 규정은 가족생활이 '양성의 평등'을 기초로 성립, 유지될 것을 명문화한 것으로 이해되므로 입법자가 가족제도를 형성함에 있어서는 이를 반드시 고려할 것을 요구하고 있다(헌재 2000.8.31. 97헌가12).

0494
헌법 제36조 제1항은 적극적으로는 적절한 조치를 통해서 혼인과 가족을 지원하고 제3자에 의한 침해 앞에서 혼인과 가족을 보호해야 할 국가의 과제를 포함하며, 소극적으로는 불이익을 야기하는 제한조치를 통해서 혼인과 가족을 차별하는 것을 금지해야 할 국가의 의무를 포함한다. 24년 소방간부 ⓞⓧ

(O) 적극적으로는 적절한 조치를 통해서 혼인과 가족을 지원하고 제3자에 의한 침해 앞에서 혼인과 가족을 보호해야 할 국가의 과제를 포함하며, 소극적으로는 불이익을 야기하는 제한조치를 통해서 혼인과 가족을 차별하는 것을 금지해야 할 국가의 의무를 포함한다(헌재 2012.5.31. 2010헌바87).

0495
부모가 자녀의 이름을 지어주는 것은 자녀의 양육과 가족생활을 위하여 필수적인 것이고, 가족생활의 핵심적 요소라 할 수 있으므로 '부모가 자녀의 이름을 지을 자유'는 혼인과 가족생활을 보장하는 헌법 제36조 제1항과 행복추구권을 보장하는 헌법 제10조에 의하여 보호받는다. 23년 순경 2차, 23년 법원직 9급 ⓞⓧ

(O) 부모가 자녀의 이름을 지어주는 것은 자녀의 양육과 가족생활을 위하여 필수적인 것이고, 가족생활의 핵심적 요소라 할 수 있으므로, '부모가 자녀의 이름을 지을 자유'는 혼인과 가족생활을 보장하는 헌법 제36조 제1항과 행복추구권을 보장하는 헌법 제10조에 의하여 보호받는다(헌재 2016.7.28. 2015헌마964).

0496
헌법 제36조 제1항에서 규정하는 '혼인'이란 양성이 평등하고 존엄한 개인으로서 자유로운 의사의 합치에 의하여 생활공동체를 이루는 것으로서 법적으로 승인받은 것을 말하므로, 법적으로 승인되지 아니한 사실혼은 헌법 제36조 제1항의 보호범위에 포함된다고 보기 어렵다. 24년 소방간부, 24년 국회직 5급, 23년 경찰승진, 23년 변호사, 22년 법원직, 22년 해경간부, 22년 경찰간부, 20년 법원행시 ⓞⓧ

(O) 헌법 제36조 제1항에서 규정하는 '혼인'이란 양성이 평등하고 존엄한 개인으로서 자유로운 의사의 합치에 의하여 생활공동체를 이루는 것으로서 법적으로 승인받은 것을 말하므로, 법적으로 승인되지 아니한 사실혼은 헌법 제36조 제1항의 보호범위에 포함된다고 보기 어렵다(헌재 2014.8.28. 2013헌바119).

| OX 문제 | 정답 및 해설 |

0497
가족제도에 관한 전통문화란 가족제도에 관한 헌법이념인 개인의 존엄과 양성평등에 반하는 것이어서는 안 된다는 한계가 도출되므로 어떤 가족제도가 개인의 존엄과 양성평등에 반한다면 「헌법」 제9조를 근거로 그 헌법적 정당성을 주장할 수는 없다. 22년 경찰간부 [O X]

(O) 전통문화도 헌법이념인 개인의 존엄과 양성의 평등에 반하는 것이어서는 안된다는 한계가 도출되므로 전래의 가족제도가 헌법 제36조 제1항이 요구하는 개인의 존엄과 양성평등에 반한다면 헌법 제9조(전통문화계승발전)를 근거로 그 헌법적 정당성을 주장할 수 없다(헌재 2005.2.3. 2001헌가9).

0498
혼인 종료 후 300일 이내에 출생한 자를 전남편의 친생자로 추정하는 것은 모가 가정생활과 신분관계에서 누려야 할 혼인과 가족생활에 관한 기본권을 침해하지 않는다. 25년 경찰 2차, 24년 경찰간부, 23년 소방간부, 22년 국회직 8급, 22년 해경간부 [O X]

(X) 민법 제정 이후의 사회적·법률적·의학적 사정변경을 전혀 반영하지 아니한 채, 이미 혼인관계가 해소된 이후에 자가 출생하고 생부가 출생한 자를 인지하려는 경우마저도, 아무런 예외 없이 그 자를 전남편의 친생자로 추정함으로써 친생부인의 소를 거치도록 하는 심판대상조항은 입법형성의 한계를 벗어나 모가 가정생활과 신분관계에서 누려야 할 인격권, 혼인과 가족생활에 관한 기본권을 침해한다(헌재 2015.4.30. 2013헌마623).

0499
헌법 제36조 제1항이 국가에게 자녀 양육을 지원할 의무를 부과하고 있고 해당 헌법 조항에서 육아휴직제도의 헌법적 근거를 찾을 수 있으므로, 육아휴직신청권은 헌법으로부터 개인에게 직접 주어지는 헌법적 차원의 권리라고 볼 수 있다. 24년 국회지 5급, 23년 경찰승진 [O X]

(X) 육아휴직신청권은 헌법 제36조 제1항 등으로부터 개인에게 직접 주어지는 헌법적 차원의 권리라고 볼 수는 없고, 입법자가 입법의 목적, 수혜자의 상황, 국가예산, 전체적인 사회보장수준, 국민정서 등 여러 요소를 고려하여 제정하는 입법에 적용요건, 적용대상, 기간 등 구체적인 사항이 규정될 때 비로소 형성되는 법률상의 권리이다(헌재 2008.10.30. 2005헌마1156).

0500
헌법 제36조 제1항은 혼인과 가족생활에서 양성의 평등대우를 명하고 있으므로 남녀의 성을 근거로 하여 차별하는 것은 원칙적으로 금지되고, 성질상 오로지 남성 또는 여성에게만 특유하게 나타나는 문제의 해결을 위하여 필요한 예외적 경우에만 성차별적 규율이 정당화된다. 24년 법무사 [O X]

(O) 헌법 제36조 제1항은 혼인과 가족생활에서 양성의 평등대우를 명하고 있으므로 남녀의 성을 근거로 하여 차별하는 것은 원칙적으로 금지되고, 성질상 오로지 남성 또는 여성에게만 특유하게 나타나는 문제의 해결을 위하여 필요한 예외적 경우에만 성차별적 규율이 정당화된다(헌재 2005.2.3. 2001헌가9 등).

0501
입법자는 혼인 및 가족관계가 가지는 고유한 특성 등을 두루 고려하여, 사회의 기초단위이자 구성원을 보호하고 부양하는 자율적 공동체로서의 가족의 순기능이 더욱 고양될 수 있도록 혼인과 가정을 보호하고 개인의 존엄과 양성의 평등에 기초한 혼인·가족제도를 실현해야 한다. 24년 경찰간부 [O X]

(O) 사회의 기초단위이자 구성원을 보호하고 부양하는 자율적 공동체로서의 가족의 순기능이 더욱 고양될 수 있도록 혼인과 가정을 보호하고, 개인의 존엄과 양성의 평등에 기초한 혼인·가족제도를 실현해야 한다(헌재 2022.10.27. 2018헌바115).

CHAPTER 07 국민의 의무

OX 문제

0502
국방의 의무는 법률이 정하는 바에 따라 부담하므로, 그 구체적인 이행방법과 내용은 법률로 정할 사항이다. 21년 법무사
[O][X]

0503
헌법은 국방의 의무를 국민에게 부과하면서 병역의무의 이행을 이유로 불이익한 처우를 하는 것을 금지하고 있는데, 여기서 '불이익한 처우'라 함은 법적인 불이익뿐만이 아니라 사실상, 경제상의 불이익을 모두 포함하는 것으로 이해해야 한다. 24년 순경 1차
[O][X]

0504
남자만을 징병검사의 대상이 되는 병역의무자로 정한 것은 현저히 자의적인 차별취급이라 보기 어려워 평등권을 침해하지 않는다. 24년 순경 2차
[O][X]

정답 및 해설

(O) 국방의 의무는 법률이 정하는 바에 따라 부담한다(헌법 제39조 제1항). 즉 국방의 의무의 구체적인 이행방법과 내용은 법률로 정할 사항이다. 그에 따라 병역법에서 병역의무를 구체적으로 정하고 있고, 병역법 제88조 제1항에서 입영의무의 불이행을 처벌하면서도 한편으로는 '정당한 사유'라는 문언을 두어 입법자가 미처 구체적으로 열거하기 어려운 충돌 상황을 해결할 수 있도록 하고 있다(대판 2018.11.1. 2016도10912).

(X) 헌법 제39조 제2항은 병역의무를 이행한 사람에게 보상조치를 취할 의무를 국가에게 지우는 것이 아니라, 법문 그대로 병역의무의 이행을 이유로 불이익한 처우를 하는 것을 금지하고 있을 뿐이다. 그리고 이 조항에서 금지하는 '불이익한 처우'라 함은 단순한 사실상, 경제상의 불이익을 모두 포함하는 것이 아니라 법적인 불이익을 의미하는 것으로 이해하여야 한다(헌재 2003.6.26. 2002헌마484).

(O) 집단으로서의 남자는 집단으로서의 여자에 비하여 보다 전투에 적합한 신체적 능력을 갖추고 있으며, 개개인의 신체적 능력에 기초한 전투적합성을 객관화하여 비교하는 검사체계를 갖추는 것이 현실적으로 어려운 점, 신체적 능력이 뛰어난 여자의 경우에도 월경이나 임신, 출산 등으로 인한 신체적 특성상 병력자원으로 투입하기에 부담이 큰 점 등에 비추어 남자만을 징병검사의 대상이 되는 병역의무자로 정한 것이 현저히 자의적인 차별취급이라 보기 어렵다. 결국 이 사건 법률조항이 성별을 기준으로 병역의무자의 범위를 정한 것은 자의금지원칙에 위배하여 평등권을 침해하지 않는다(헌재 2010.11.25. 2006헌마328).

II

OX 2단계

제1편 헌법총론
제2편 기본권론

제 1 편

헌법총론

CHAPTER 01 헌법의 개념과 헌법학

OX 문제 | 정답 및 해설

제1절 헌법의 개념

0505
성문헌법이라고 하여도 그 속에 모든 헌법사항을 빠짐없이 완전히 규율하는 것은 불가능하고 또한 헌법은 국가의 기본법으로서 간결성과 함축성을 추구하기 때문에 형식적 헌법전에는 기재되지 아니한 사항이라도 이를 불문헌법 내지 관습헌법으로 인정할 소지가 있다. 22년 법학경채, 22년 경찰간부 [O|X]

(O) 성문헌법이라고 하여도 그 속에 모든 헌법사항을 빠짐없이 완전히 규율하는 것은 불가능하고 또한 헌법은 국가의 기본법으로서 간결성과 함축성을 추구하기 때문에 형식적 헌법전에는 기재되지 아니한 사항이라도 이를 불문헌법 내지 관습헌법으로 인정할 소지가 있다(헌재 2004.10.21. 2004헌마554).

0506
헌법 제1조 제2항에 따라 국민이 대한민국의 주권자이며, 국민은 최고의 헌법제정권력이기 때문에 성문헌법의 제·개정에 참여할 뿐만 아니라 헌법전에 포함되지 아니한 헌법사항을 필요에 따라 관습의 형태로 직접 형성할 수 있다. 22년 경찰승진 [O|X]

(O) 헌법 제1조 제2항은 '대한민국의 주권은 국민에게 있고, 모든 권력은 국민으로부터 나온다.'고 규정한다. 이와 같이 국민이 대한민국의 주권자이며, 국민은 최고의 헌법제정권력이기 때문에 성문헌법의 제·개정에 참여할 뿐만 아니라 헌법전에 포함되지 아니한 헌법사항을 필요에 따라 관습의 형태로 직접 형성할 수 있다(헌재 2004.10.21. 2004헌마554).

0507
관습헌법은 일반적인 헌법사항에 해당하는 내용 중에서도 특히 국가의 기본적이고 핵심적인 사항으로서 법률에 의하여 규율하는 것이 적합하지 아니한 사항을 대상으로 한다. 22년 법학경채 [O|X]

(O) 관습헌법은 일반적인 헌법사항에 해당하는 내용 중에서도 특히 국가의 기본적이고 핵심적인 사항으로서 법률에 의하여 규율하는 것이 적합하지 아니한 사항을 대상으로 한다(헌재 2004.10.21. 2004헌마554).

0508
성문헌법의 개정은 헌법의 조문이나 문구의 명시적이고 직접적인 변경을 내용으로 하는 헌법개정안의 제출에 의하여야 하고, 하위규범인 법률의 형식으로, 일반적인 입법절차에 의하여 개정될 수 없다. 24년 경찰간부, 22년 변호사 [O|X]

(O) 성문헌법의 개정은 헌법의 조문이나 문구의 명시적이고 직접적인 변경을 내용으로 하는 헌법개정안의 제출에 의하여야 하고, 하위규범인 법률의 형식으로, 일반적인 입법절차에 의하여 개정될 수는 없다(헌재 2013.11.28. 2012헌마166).

| OX 문제 | 정답 및 해설 |

0509
우리 헌법은 제128조 내지 제130조에서 일반법률의 개정절차와는 다른 엄격한 헌법개정절차를 정하고 있으며 헌법개정절차의 대상을 단지 '헌법'이라고만 하고 있으므로, 관습헌법도 헌법에 해당하는 이상 여기서 말하는 헌법개정의 대상인 헌법에 포함된다고 보아야 한다. 24년 순경 1차 [O/X]

(O) 우리 헌법의 경우 헌법 제10장 제128조 내지 제130조는 일반법률의 개정절차와는 다른 엄격한 헌법개정절차를 정하고 있으며, 동 헌법개정절차의 대상을 단지 '헌법'이라고만 하고 있다. 따라서 관습헌법도 헌법에 해당하는 이상 여기서 말하는 헌법개정의 대상인 헌법에 포함된다고 보아야 한다(헌재 2004.10.21. 2004헌마554 등).

0510
관습헌법의 성립요건으로 관행의 존재, 관행의 반복·계속성, 항상성이 필요하고, 관행이 명료해야하지만, 국민이 그 관습헌법이 강제력을 가진다고 믿고 있을 필요는 없다. 23년 법원행시 [O/X]

(X) 기본적 헌법사항에 관하여 어떠한 관행 내지 관례가 존재하여야 한다. 관행은 국민이 그 존재를 인식하고 사라지지 않을 관행이라고 인정할 만큼 충분한 기간 동안 반복 내지 계속되어야 한다(반복·계속성). 관행은 지속성을 가져야 하는 것으로서 그 중간에 반대되는 관행이 이루어져서는 안 된다(항상성). 관행은 여러 가지 해석이 가능할 정도로 모호한 것이 아닌 명확한 내용을 가진 것이어야 한다(명료성). 관행이 헌법 관습으로서 국민들의 승인 내지 확신 또는 폭넓은 컨센서스(총의)를 얻어 국민이 강제력을 가진다고 믿고 있어야 한다(국민적 합의)(헌재 2004.10.21. 2004헌마554).

0511
관습헌법은 주권자인 국민에 의하여 유효한 헌법규범으로 인정되는 동안에만 존속한다. 22년 경찰간부 [O/X]

(O) 헌법재판소는 관습헌법이 그것을 지탱하고 있는 국민적 합의성을 상실함에 의하여 법적 효력을 상실할 수 있다고 판시하였다(헌재 2004.10.21. 2004헌마554).

0512
입법기관의 직무소재지라는 것은 수도로서의 성격의 중요한 요소의 하나이지만, 정부 각 부처의 소재지 및 헌법재판권을 포함한 사법권이 행사되는 장소는 수도를 결정하는 데 있어서 별도로 결정적인 요소가 된다고 볼 필요는 없다. 23년 법원행시 [O/X]

(O) 헌법재판권을 포함한 사법권이 행사되는 장소와 도시의 경제적 능력 등은 수도를 결정하는 필수적인 요소에는 해당하지 아니한다고 볼 것이다(헌재 2004.10.21. 2004헌마554).

0513
헌법정신에 맞도록 법률의 내용을 해석·보충하거나 정정하는 '헌법합치적 법률해석'은 '유효한' 법률조항의 의미나 문구를 대상으로 하는 것이므로 입법의 공백을 방지하기 위하여 실효된 법률 조항을 유효한 것으로 해석하는 결과에 이르는 것은 '헌법합치적 법률해석'을 이유로도 정당화될 수 없다. 23년 경찰승진, 22년 경찰간부 [O/X]

(O) 이 사건 부칙조항은 이 사건 전문개정법의 시행으로 인하여 실효되었다. 법률이 전부 개정된 경우에는 기존 법률을 폐지하고 새로운 법률을 제정하는 것과 마찬가지여서, 종전의 본칙은 물론 부칙 규정도, 그에 관한 경과규정을 두거나 이를 계속 적용한다는 등의 규정을 두지 않은 이상 위 전부개정법률의 시행으로 인하여 실효된다. 따라서 이 사건 부칙조항이 실효되지 않은 것으로 해석하는 것은 헌법에 위반된다(헌재 2012.5.31. 2009헌바123 등). / *조세감면규제법 내용임. 실효된 법을 유효하게 해석할 수 없다는 의미임*

0514
합헌적 법률해석은 어디까지나 법률조항의 문언과 목적에 비추어 가능한 범위 안에서의 해석을 전제로 하는 것이고, 법률조항의 문구 및 그로부터 추단되는 입법자의 명백한 의사에도 불구하고 문언상 가능한 해석의 범위를 넘어 다른 의미로 해석할 수는 없다. 23년 소방간부 [O/X]

(O) 합헌적 법률해석은 어디까지나 법률조항의 문언과 목적에 비추어 가능한 범위 안에서의 해석을 전제로 하는 것이고, 법률조항의 문구 및 그로부터 추단되는 입법자의 명백한 의사에도 불구하고 문언상 가능한 해석의 범위를 넘어 다른 의미로 해석할 수는 없다(헌재 2007.11.29. 2005헌가10).

| OX 문제 | 정답 및 해설 |

0515
종업원의 위반행위에 대하여 양벌조항으로서 개인인 영업주에게도 동일하게 처벌하도록 규정하고 있는 「보건범죄단속에 관한 특별조치법」 규정에 그 문언상 명백한 의미와 달리 "종업원의 범죄행위에 대해 영업주의 선임감독상의 과실(기타 영업주의 귀책사유)이 인정되는 경우"라는 요건을 추가하여 해석하는 것은 문언상 가능한 범위를 넘어서는 해석으로서 허용되지 않는다. 23년 소방간부 [O][X]

(O) 합헌적 법률해석은 어디까지나 법률조항의 문언과 목적에 비추어 가능한 범위 안에서의 해석을 전제로 하는 것이고, 법률조항의 문구 및 그로부터 추론되는 입법자의 명백한 의사에도 불구하고 문언상 가능한 해석의 범위를 넘어 다른 의미로 해석할 수는 없다. 따라서 이 사건 법률조항을 그 문언상 명백한 의미와 달리 "종업원의 범죄행위에 대해 영업주의 선임감독상의 과실이 인정되는 경우"라는 요건을 추가하여 해석하는 것은 문언상 가능한 범위를 넘어서는 해석으로 허용되지 않는다(헌재 2007.11.29. 2005헌가10).

0516
헌법재판소가 행하는 구체적 규범통제의 심사기준은 원칙적으로 규범이 제정될 당시의 헌법이 아니라 헌법재판을 할 당시에 규범적 효력을 가지는 헌법이다. 23년 법원직 9급 [O][X]

(O) 헌법재판소의 헌법 해석은 헌법이 내포하고 있는 특정한 가치를 탐색·확인하고 이를 규범적으로 관철하는 작업이므로, 헌법재판소가 행하는 구체적 규범통제의 심사기준은 원칙적으로 헌법재판을 할 당시에 규범적 효력을 가지는 헌법이라 할 것이다. 그러므로 이 사건 긴급조치들의 위헌성을 심사하는 준거규범은 유신헌법이 아니라 현행헌법이라고 봄이 타당하다(헌재 2013.3.21. 2010헌바132 등).

0517
일반적인 헌법사항 중 과연 어디까지가 기본적이고 핵심적인 헌법사항에 해당하는지 여부는 일반추상적인 기준을 설정하여 재단할 수는 없고, 개별적 문제 사항에서 헌법적 원칙성과 중요성 및 헌법 원리를 통하여 평가하는 구체적 판단에 의하여 확정하여야 한다. 23년 순경 1차 [O][X]

(O) 일반적인 헌법사항 중 과연 어디까지가 이러한 기본적이고 핵심적인 헌법사항에 해당하는지 여부는 일반추상적인 기준을 설정하여 재단할 수는 없는 것이고, 개별적 문제 사항에서 헌법적 원칙성과 중요성 및 헌법 원리를 통하여 평가하는 구체적 판단에 의하여 확정하여야 한다(헌재 1996.6.13. 94헌바20).

0518
조세법률주의가 지배하는 조세법의 영역에서 경과규정의 미비라는 명백한 입법의 공백을 방지하고 형평성의 왜곡을 시정하기 위해 실효된 법률조항을 유효한 것으로 해석하는 것은 헌법정신에 맞도록 법률의 내용을 해석·보충하거나 정정하는 '헌법합치적 법률해석'에 따른 해석이다. 24년 순경 1차, 24년 해경간부 [O][X]

(X) 헌법정신에 맞도록 법률의 내용을 해석·보충하거나 정정하는 '헌법합치적 법률해석' 역시 '유효한' 법률조항의 의미나 문구를 대상으로 하는 것이지, 이를 넘어 이미 실효된 법률조항을 대상으로 하여 헌법합치적인 법률해석을 할 수는 없는 것이어서, 유효하지 않은 법률조항을 유효한 것으로 해석하는 결과에 이르는 것은 '헌법합치적 법률해석'을 이유로도 정당화될 수 없다 할 것이다(헌재 2012.5.31. 2009헌바123 등). / 실효된 조항을 유효한 것으로 해석하는 것은 대법원의 입장이다.

0519
법률의 합헌적 해석은 그 법률이 위헌으로도 해석되고 합헌으로도 해석되는 경우에 가능한 것이지, 법률의 위헌성이 분명한 경우에는 반드시 위헌선언을 하여야 한다. 21년 국회직 5급 [O][X]

(O) 헌법의 해석은 헌법이 담고 추구하는 이상과 이념에 따른 역사적, 사회적 요구를 올바르게 수용하여 헌법적 방향을 제시하는 헌법의 창조적 기능을 수행하여 국민적 욕구와 의식에 알맞는 실질적 국민주권의 실현을 보장하는 것이어야 한다. 그러므로 헌법의 해석과 헌법의 적용이 우리 헌법이 지향하고 추구하는 방향에 부합하는 것이 아닐 때에는, 헌법적용의 방향제시와 헌법적 지도로써 정치적 불안과 사회적 혼란을 막는 가치관을 설정하여야 한다(헌재 1989.9.8. 88헌가6).

제2절 헌법의 흐름

0520
대통령의 임기를 4년으로 하고 중임을 허용하는 내용의 「헌법」개정은 가능하지만 그러한 「헌법」개정 제안 당시의 대통령에 대하여는 효력이 없다. 24년 국가직 5급, 22년 해경간부

(O) 대통령의 임기연장 또는 중임변경을 위한 헌법개정은 그 헌법개정 제안 당시의 대통령에 대하여는 효력이 없다(헌법 제128조 제2항).

0521
헌법개정은 국회재적의원 과반수 또는 대통령을 수반으로 하는 정부의 발의로 제안된다. 24년 순경 2차

(X) 헌법개정은 국회재적의원 과반수 또는 대통령의 발의로 제안된다(헌법 제128조 제1항). / 정부가 아니라 대통령이다.

0522
국회는 헌법개정안이 공고된 날로부터 90일 이내에 의결하여야 한다. 24년 국가직 5급

(X) 국회는 헌법개정안이 공고된 날로부터 60일 이내에 의결하여야 하며, 국회의 의결은 재적의원 3분의 2 이상의 찬성을 얻어야 한다(헌법 제130조 제1항).

0523
헌법개정안은 국회가 의결한 후 60일 이내에 국민투표에 붙여 국회의원선거권자 과반수의 투표와 투표자 과반수의 찬성을 얻어야 한다. 24년 순경 1차, 24년 순경 2차, 23년 5급 공채, 21년 국가직 7급

(X) 헌법개정안은 국회가 의결한 후 30일 이내에 국민투표에 붙여 국회의원선거권자 과반수의 투표와 투표자 과반수의 찬성을 얻어야 한다(헌법 제130조 제2항).

0524
국회는 헌법개정안의 공고기간이 만료된 날로부터 60일 이내에 의결하여야 하며 국회의 의결은 재적의원 3분의 2 이상의 찬성을 얻어야 한다. 24년 소방간부, 24년 국가직 5급, 24년 소방간부, 23년 순경 1차, 23년 5급 공채

(X) 국회는 헌법개정안이 공고된 날로부터 60일 이내에 의결하여야 하며, 국회의 의결은 재적의원 3분의 2 이상의 찬성을 얻어야 한다(헌법 제130조 제1항).

0525
대통령이 발의하는 헌법개정안에 대하여는 국무회의의 심의를 거쳐야 한다. 24년 국가직 5급, 22년 법무사, 20년 법원행시

(O) 다음 사항은 국무회의의 심의를 거쳐야 한다. / 3. 헌법개정안·국민투표안·조약안·법률안 및 대통령령안(헌법 제89조)

0526
국회는 헌법개정안이 공고된 날로부터 60일 이내에 의결하여야 하며, 국회의 의결은 재적의원 3분의 2 이상의 찬성을 얻어야 하는데, 표결은 무기명투표로 한다. 24년 경찰 2차, 22년 경찰승진, 20년 국회직 5급, 20년 법원직

(X) 국회는 헌법개정안이 공고된 날로부터 60일 이내에 의결하여야 하며, 국회의 의결은 재적의원 3분의 2 이상의 찬성을 얻어야 한다(헌법 제130조 제1항). 헌법개정안은 기명투표로 표결한다(국회법 제112조 제4항).

0527
국회에서 의결된 헌법개정안은 국민투표에 붙여져 국회의원선거권자 과반수의 투표와 투표자 2/3 이상의 찬성을 얻어야 헌법개정이 확정된다. 22년 비상기획관, 20년 법원행시

(X) 헌법개정안은 국회가 의결한 후 30일 이내에 국민투표에 붙여 국회의원선거권자 과반수의 투표와 투표자 과반수의 찬성을 얻어야 한다(헌법 제130조 제2항).

| OX 문제 | 정답 및 해설 |

0528
헌법개정안이 국회가 의결한 후 30일 이내에 국민투표에 붙여 국회의원선거권자 과반수의 투표와 투표자 과반수의 찬성을 얻은 때에는 헌법개정은 확정되며, 대통령은 즉시 이를 공포하여야 한다. 22년 경찰승진, 22년 해경간부 [O X]

(O) 헌법 제130조 ② 헌법개정안은 국회가 의결한 후 30일 이내에 국민투표에 붙여 국회의원선거권자 과반수의 투표와 투표자 과반수의 찬성을 얻어야 한다. ③ 헌법개정안이 제2항의 찬성을 얻은 때에는 헌법개정은 확정되며, 대통령은 즉시 이를 공포하여야 한다.

0529
현행 헌법은 제9차 개정헌법으로 국회의 의결을 거친 다음 국민투표에 의하여 확정되었고, 대통령이 즉시 이를 공포함으로써 그 효력이 발생하였다. 24년 소방간부, 22년 법원행시 [O X]

(X) 이 헌법은 1988년 2월 25일부터 시행한다(헌법 부칙 제1조). 헌법은 부칙에 특별한 시행규정을 두고 있기 때문에 즉시 공포함으로써 효력이 발생하는 것은 아니다.

0530
1948년 제헌헌법은 민주공화국, 국민주권주의, 국제평화주의에 관한 규정은 개폐할 수 없다고 규정하였다. 22년 비상기획관 [O X]

(X) 헌법 개정 금지조항은 제2차 개정에서 신설되었다. 또한, 민주공화국, 국민주권주의, 국민투표에 관한 규정이었다.

0531
1차 헌법개정은 정부안과 야당안을 발췌·절충한 개헌안을 대상으로 하여 헌법개정절차인 공고절차를 그대로 따랐다. 20년 국가직 7급 [O X]

(X) 제1차 헌법개정의 큰 문제가 발췌개헌 그리고 공고절차를 생략한 하자가 있었다는 것은 자주 출제되었던 지문이다.

0532
1954년 제2차 개정헌법에서는 "헌법개정의 제안은 대통령, 민의원 또는 참의원의 재적의원 3분지 1 이상 또는 민의원의원 선거권자 50만인 이상의 찬성으로써 한다."고 규정하였다. 22년 비상기획관 [O X]

(O) 헌법개정의 제안은 대통령, 민의원 또는 참의원의 재적의원 3분지 1이상 또는 민의원의원선거권자 50만인 이상의 찬성으로써 한다(제2차개헌 제98조 제1항).

0533
국회는 헌법개정안이 공고된 날로부터 60일 이내에 의결하여야 하며, 국회의 의결은 국회재적의원 300명 중 200명 이상의 찬성을 얻어야 한다. 22년 변호사 [O X]

(O) ① 국회는 헌법개정안이 공고된 날로부터 60일 이내에 의결하여야 하며, 국회의 의결은 재적의원 3분의 2 이상의 찬성을 얻어야 한다(헌법 제130조).

0534
헌법개정절차에 국민투표가 처음 도입된 것은 제5차 개정헌법이다. 22년 법원행시 [O X]

(O) 5차 개정 헌법 때 헌법개정안에 대한 국민투표제 도입되었다.

0535
1972년 제7차 개정헌법에서는 국회의원이 제안한 헌법개정안은 통일주체 국민회의의 의결을 거쳐 국민투표로 확정되도록 하였다. 22년 비상기획관 [O X]

(X) 대통령이 제안한 헌법개정안은 국민투표로 확정되며, 국회의원이 제안한 헌법개정안은 국회의 의결을 거쳐 통일주체국민회의의 의결로 확정된다(제7차 개헌 헌법 제124조). 즉 국회의원이 제안한 경우에는 국민투표를 따로 요하지 않는다.

OX 문제

0536
우리 헌법은 헌법개정의 한계에 관한 규정을 두고 있으며, 헌법의 개정을 법률의 개정과는 달리 국민투표에 의하여 이를 확정하도록 규정하고 있다. 22년 경찰승진 O X

0537
저항권이 헌법이나 실정법에 규정이 있는지 여부를 가려볼 필요도 없이 국회법 소정의 협의없는 개의시간의 변경과 회의일시를 통지하지 아니한 입법과정의 하자는 저항권행사의 대상이 되지 아니한다. 26년 경찰간부 O X

0538
저항권의 행사는 민주적 기본질서의 유지, 회복이라는 소극적 목적에 그쳐야 하고 정치적, 사회적, 경제적 체제를 개혁하기 위한 수단으로 이용될 수 없다. 26년 경찰간부 O X

0539
긴급재정경제명령은 일종의 국가긴급권으로서 대통령의 고도의 정치적 결단을 요하는 국가작용이므로 헌법재판소의 심판대상이 될 수 없다. 20년 경찰승진 O X

0540
대통령은 국가의 안위에 관계되는 중대한 교전상태에 있어서 국가를 보위하기 위하여 긴급한 조치가 필요하고 국회의 집회가 불가능한 때에 한하여 법률의 효력을 가지는 명령을 발할 수 있다. 24년 국가직 7급 O X

0541
대통령은 전시·사변 또는 이에 준하는 국가비상사태에 있어서 병력으로써 군사상의 필요에 응하거나 공공의 안녕질서를 유지할 필요가 있을 때에는 법률이 정하는 바에 의하여 계엄을 선포할 수 있다. 24년 국가직 7급 O X

0542
대통령은 내우·외환·천재·지변 또는 중대한 재정·경제상의 위기에 있어서 국가의 안전보장 또는 공공의 안녕질서를 유지하기 위하여 긴급한 조치가 필요하고 국회의 집회를 기다릴 여유가 없을 때에 한하여 최소한으로 필요한 재정·경제상의 처분을 하거나 이에 관하여 법률의 효력을 가지는 명령을 발할 수 있다. 24년 7급 국가직 O X

정답 및 해설

(X) 헌법개정의 한계에 관한 규정을 두지 아니하고 헌법의 개정을 법률의 개정과는 달리 국민투표에 의하여 이를 확정하도록 규정하고 있다(헌법 제130조 제2항).

(O) 저항권이 헌법이나 실정법에 규정이 있는지 여부를 가려볼 필요도 없이 제청법원이 주장하는 국회법 소정의 협의없는 개의시간의 변경과 회의일시를 통지하지 아니한 입법과정의 하자는 저항권행사의 대상이 되지 아니한다(헌재 1997.9.25. 97헌가4).

(O) 저항권은 공권력의 행사에 대한 '실력적' 저항이어서 그 본질상 질서교란의 위험이 수반되므로, 저항권의 행사에는 개별 헌법조항에 대한 단순한 위반이 아닌 민주적 기본질서라는 전체적 질서에 대한 중대한 침해가 있거나 이를 파괴하려는 시도가 있어야 하고, 이미 유효한 구제수단이 남아 있지 않아야 한다는 보충성의 요건이 적용된다. 또한 그 행사는 민주적 기본질서의 유지, 회복이라는 소극적인 목적에 그쳐야 하고 정치적, 사회적, 경제적 체제를 개혁하기 위한 수단으로 이용될 수 없다(헌재 2014.12.19. 2013헌다1).

(X) 이른바 통치행위를 포함하여 비록 고도의 정치적 결단에 의하여 행해지는 국가작용이라고 할지라도 그것이 국민의 기본권침해와 직접 관련되는 경우에는 당연히 헌법재판소의 심판대상이 될 수 있다(헌재 1996.2.29. 93헌마186).

(O) 대통령은 국가의 안위에 관계되는 중대한 교전상태에 있어서 국가를 보위하기 위하여 긴급한 조치가 필요하고 국회의 집회가 불가능한 때에 한하여 법률의 효력을 가지는 명령을 발할 수 있다(헌법 제76조 제2항).

(O) 대통령은 전시·사변 또는 이에 준하는 국가비상사태에 있어서 병력으로써 군사상의 필요에 응하거나 공공의 안녕질서를 유지할 필요가 있을 때에는 법률이 정하는 바에 의하여 계엄을 선포할 수 있다(헌법 제77조 제1항).

(O) 대통령은 내우·외환·천재·지변 또는 중대한 재정·경제상의 위기에 있어서 국가의 안전보장 또는 공공의 안녕질서를 유지하기 위하여 긴급한 조치가 필요하고 국회의 집회를 기다릴 여유가 없을 때에 한하여 최소한으로 필요한 재정·경제상의 처분을 하거나 이에 관하여 법률의 효력을 가지는 명령을 발할 수 있다(헌법 제76조 제1항).

CHAPTER 02 대한민국헌법 총설

제1절 헌정사

0543
1948년 제헌헌법에서 국회의원의 임기와 국회에서 선거되는 대통령의 임기는 모두 4년으로 규정되었다. 20년 국가직 7급

(O) 제헌헌법은 국회의원의 경우 실제 운용은 2년이었으나, 규정상으로는 4년이었다(제헌헌법 제33조).

0544
1954년 개정헌법(제2차 개헌)은 같은 헌법 공포 당시의 대통령에 한하여 중임제한을 철폐하고, 대통령의 궐위시에는 국무총리가 그 지위를 계승하도록 하였다. 20년 경찰승진

(X) 제2차 개정헌법에서는 국무총리가 폐지되었다.

0545
1960년 제3차 개정헌법은 중앙선거위원회를 처음으로 규정하였다. 24년 경찰승진

(O) 선거의 관리를 공정하게 하기 위하여 중앙선거위원회를 둔다(제3차 개정헌법 제75조의2).

0546
1962년 제5차 개정헌법에서는 최초로 인간으로서의 존엄과 가치를 명시하였다. 20년 국회직 5급

(O) 제5차 개정헌법에 인간으로서의 존엄과 가치가, 제5공화국 제8차 개헌때 행복추구권이 신설되었다.

0547
제7차 헌법개정(1972년 헌법)에서는 조국의 평화적 통일을 추진하기 위하여 온 국민의 총의에 의한 국민적 조직체로서 조국통일의 신성한 사명을 가진 국민의 주권적 수임기관으로서 통일주체국민회의를 설치하였다. 23년 경찰간부

(O) 통일주체국민회의는 조국의 평화적 통일을 추진하기 위한 온 국민의 총의에 의한 국민적 조직체로서 조국통일의 신성한 사명을 가진 국민의 주권적 수임기관이다(제7차 개정헌법 제35조).

0548
헌법에서 재외국민에 대한 국가의 보호를 처음으로 명시한 것은 제5공화국 헌법(제8차 개헌)이다. 23년 경찰간부

(O) 보호를 처음으로 명시한 것은 제5공화국 헌법이며, 보호의무를 규정한 것은 제6공화국 헌법이다.

0549
1980년 제8차 개정헌법에서는 적정임금 보장에 대해 규정하였다. 20년 국회직 5급

(O) 제8차 개헌때 적정임금이, 제9차 개헌때 최저임금이 신설되었다.

OX 문제

0550
1987년 제9차 개정헌법에서는 환경권과 국가의 최저임금제 시행의무를 최초로 규정하였다. 21년 국회직 5급 O X

0551
1948년 제헌헌법은 국민투표를 거치지 않고 국회에서 의결하였으며, 대통령제를 채택하였으나 부통령을 두지않고 의원내각제적 요소인 국무원제와 국무총리제를 가미하였다. 24년 국회직 8급 O X

0552
1960년 제3차 개정헌법은 대법원장과 대법관의 선거제를 채택하였으며, 중앙선거관리위원회의 헌법기관화 등을 규정하였다. 24년 국회직 8급, 24년 군무원 5급 O X

0553
1980년 제8차 개정헌법은 행복추구권, 형사피고인의 무죄추정, 사생활의 비밀과 자유의 불가침을 신설하였으며, 헌법에 국회의 국정조사권을 규정하였다. 24년 국회직 8급 O X

0554
제4차 개정헌법(1960년 개헌)에서는 부칙에 대통령, 부통령선거에 관련하여 부정행위를 한 자를 처벌하기 위한 특별법 또는 특정지위에 있음을 이용하여 현저한 반민주행위를 한 자의 공민권을 제한하기 위한 특별법을 제정할 수 있는 소급입법의 근거를 두었다. 24년 변호사 O X

0555
제5차 개정헌법(1962년 개헌)에서는 국민이 4년 임기의 대통령을 선거하고, 대통령은 1차에 한하여 중임할 수 있도록 하였으며, 위헌법률심사권을 대법원의 권한으로 하였다. 24년 변호사 O X

0556
제7차 개정헌법(1972년 개헌)에서는 5년 임기의 통일주체국민회의 대의원을 국민의 직접선거에 의하여 선출하고, 통일주체국민회의는 국회의원 정수 2분의 1에 해당하는 수의 국회의원을 선거하였다. 24년 변호사 O X

정답 및 해설

(X) 환경권은 제8차 개헌때 도입되었다. 최저임금은 제9차 개헌때 최초로 규정되었다.

(X) 대통령과 부통령은 국회에서 무기명투표로써 각각 선거한다(제헌헌법 제53조).

(O) 대법원장과 대법관은 법관의 자격이 있는 자로써 조직되는 선거인단이 이를 선거하고 대통령이 확인한다(제3차 개정헌법 제78조). 선거의 관리를 공정하게 하기 위하여 중앙선거위원회를 둔다(제3차 개정헌법 제75조의2).

(O) 1980년 제8차 개정헌법은 행복추구권, 형사피고인의 무죄추정, 사생활의 비밀과 자유의 불가침을 신설하였으며, 헌법에 국회의 국정조사권을 규정하였다

(O) 이 헌법 시행당시의 국회는 단기 4293년 3월 15일에 실시된 대통령, 부통령선거에 관련하여 부정행위를 한 자와 그 부정행위에 항의하는 국민에 대하여 살상 기타의 부정행위를 한 자를 처벌 또는 단기 4293년 4월 26일 이전에 특정지위에 있음을 이용하여 현저한 반민주행위를 한 자의 공민권을 제한하기 위한 특별법을 제정할 수 있으며 단기 4293년 4월 26일 이전에 지위 또는 권력을 이용하여 부정한 방법으로 재산을 축적한 자에 대한 행정상 또는 형사상의 처리를 하기 위하여 특별법을 제정할 수 있다(제4차 개정헌법 부칙).

(O) 제5차 개정헌법(1962년) 제64조 ① 대통령은 국민의 보통·평등·직접·비밀선거에 의하여 선출한다. 다만, 대통령이 궐위된 경우에 잔임기간이 2년미만인 때에는 국회에서 선거한다. 제5차 개정헌법(1962년) 제69조 ① 대통령의 임기는 4년으로 한다. ③ 대통령은 1차에 한하여 중임할 수 있다. 제5차 개정헌법(1962년) 제102조 ① 법률이 헌법에 위반되는 여부가 재판의 전제가 된 때에는 대법원은 이를 최종적으로 심사할 권한을 가진다.

(X) 통일주체국민회의는 국회의원 정수의 3분의 1에 해당하는 수의 국회의원을 선거한다(제7차 개정헌법 제40조 제1항).

| OX 문제 | 정답 및 해설 |

0557
1962년 제5차 개정 헌법에서 헌법 전문을 처음으로 개정하여 4·19의거의 이념을 명문화하였다. 24년 경찰간부 [O|X]

(O) 유구한 역사와 전통에 빛나는 우리 대한국민은 3·1운동의 숭고한 독립정신을 계승하고 4·19의거와 5·16혁명의 이념에 입각하여 새로운 민주공화국을 건설함에 있어서(제5차 개정헌법 전문).

0558
현행 헌법은 국가가 여자의 복지와 권익의 향상을 위하여 노력하고, 재해를 예방하고 그 위험으로부터 국민을 보호하기 위하여 노력하도록 규정하고 있다. 20년 변호사 [O|X]

(O) ③ 국가는 여자의 복지와 권익의 향상을 위하여 노력하여야 한다. ⑥ 국가는 재해를 예방하고 그 위험으로부터 국민을 보호하기 위하여 노력하여야 한다(헌법 제34조).

0559
1987년 개정헌법(제9차 개헌)은 현대적 인권인 환경권을 최초로 규정하였다. 20년 경찰승진 [O|X]

(X) 환경권을 최초로 규정한 것은 제9차 개정이 아니라 제8차 개정이다.

0560
1980년 개정헌법은 행복추구권, 친족의 행위로 인하여 불이익한 처우의 금지 및 범죄피해자구조청구권을 새로 도입하였다. 20년 국가직 7급 [O|X]

(X) 범죄피해자구조청구권이 새로 도입된 것은 1980년 헌법이 아니라 현행 헌법 즉 1987년 헌법이다.

0561
1987년 개정헌법은 여야합의에 의해 제안된 헌법개정안을 국회가 의결한 후 국민투표로 확정된 것이다. 20년 국가직 7급 [O|X]

(O) 옳은 지문이다.

0562
현행 헌법은 국가가 국민 모두의 생산 및 생활의 기반이 되는 국토의 효율적이고 균형 있는 이용·개발과 보전을 위하여 법률이 정하는 바에 의하여 그에 관한 필요한 제한과 의무를 과할 수 있게 하고 있다. 25년 경찰 2차 [O|X]

(O) 국가는 국민 모두의 생산 및 생활의 기반이 되는 국토의 효율적이고 균형있는 이용·개발과 보전을 위하여 법률이 정하는 바에 의하여 그에 관한 필요한 제한과 의무를 과할 수 있다(현행 헌법 제122조).

0563
1954년 제2차 개정헌법에서 초대 대통령에 대한 3선 제한을 철폐하였다. 25년 입법고시 [O|X]

(O) 대통령과 부통령의 임기는 4년으로 한다. 단 재선에 의하여 1차 중임할 수 있다(제2차 개정헌법 제55조). 이 헌법공포당시의 대통령에 대하여는 제55조 제1항 단서의 제한을 적용하지 아니한다(제2차 개정헌법 부칙).

0564
1960년 제3차 개정헌법은 의원내각제를 채택하였으며, 헌법재판소를 신설하였다. 25년 입법고시 [O|X]

(O) 제3차 개정헌법은 의원내각제를 채택하였으며, 최초로 헌법재판소를 신설하였다.

| OX 문제 | 정답 및 해설 |

0565
1972년 제7차 개정헌법은 대통령을 통일주체국민회의에서 선출하였으며, 국회의 국정감사권을 폐지하였다. 25년 입법고시 ⊙⊗

(O) 대통령은 통일주체국민회의에서 토론없이 무기명투표로 선거한다(제7차 개정헌법 제39조 제1항).

0566
1980년 제8차 개정헌법은 대통령을 대통령 선거인단에서 선출하였으며, 대통령에게 긴급조치권을 부여하였다. 25년 입법고시 ⊙⊗

(X) 제7차 개정헌법(1972년)은 대통령에게 긴급조치권을 부여하였고, 제8차 개정헌법(1980년)은 대통령에게 비상조치권을 부여하였다.

0567
1972년 제7차 개정헌법은 범죄피해자구조청구권에 관한 조항을 신설하였다. 25년 경찰승진 ⊙⊗

(X) 범죄피해자구조청구권은 제7차 개정헌법에 신설된 것이 아니라 제9차 개정헌법에서 신설되었다.

0568
1987년 제9차 개정헌법은 신체의 자유와 관련하여 적법절차 조항을 신설하였다. 25년 경찰승진 ⊙⊗

(O) 모든 국민은 신체의 자유를 가진다. 누구든지 법률에 의하지 아니하고는 체포·구속·압수·수색 또는 심문을 받지 아니하며, 법률과 적법한 절차에 의하지 아니하고는 처벌·보안처분 또는 강제노역을 받지 아니한다(현행 헌법 제12조 제1항). / 적법절차 조항은 현행 헌법에서 신설되었다.

0569
제5차 개정헌법(1962년 헌법)은 국가는 법률이 정하는 바에 의하여 정당의 운영에 필요한 자금을 보조할 수 있도록 하였다. 24년 군무원 5급 ⊙⊗

(X) 정당의 운영에 필요한 자금을 법률이 정하는 바에 의해 보조할 수 있도록 한 것은 제8차 개정헌법이다.

제2절 국가의 구성요소

0570
외국인이 복수국적을 누릴 자유는 우리 헌법상 행복추구권에 의하여 보호되는 기본권이라고 보기 어렵다. 22년 순경 2차 ⊙⊗

(O) 외국인이 대한민국 국적을 취득하면서 자신의 외국 국적을 포기한다 하더라도 이로 인하여 재산권 행사가 직접 제한되지 않으며, 외국인이 복수국적을 누릴 자유가 우리 헌법상 행복추구권에 의하여 보호되는 기본권이라고 보기 어렵다(헌재 2014.6.26. 2011헌마502).

0571
외국인인 개인이 특정한 국가의 국적을 선택할 권리가 자연권으로서 또는 우리 헌법상 당연히 인정된다고 할 수 없다. 22년 변호사, 20년 비상기획관 ⊙⊗

(O) 개인의 국적선택에 대하여는 나라마다 그들의 국내법에서 많은 제약을 두고 있는 것이 현실이므로, 국적은 아직도 자유롭게 선택할 수 있는 권리에는 이르지 못하였다고 할 것이다. 그러므로 "이중국적자의 국적선택권"이라는 개념은 별론으로 하더라도, 일반적으로 외국인인 개인이 특정한 국가의 국적을 선택할 권리가 자연권으로서 또는 우리 헌법상 당연히 인정된다고는 할 수 없다고 할 것이다(헌재 2006.3.30. 2003헌마806).

OX 문제	정답 및 해설

0572
대한민국의 국민이 아닌 자로서 대한민국의 국민인 부 또는 모에 의하여 인지된 자가 대한민국의 「민법」상 미성년자이면서 출생 당시에 부 또는 모가 대한민국의 국민이었을 경우에는 법무부장관에게 신고함으로써 대한민국 국적을 취득할 수 있다. 23년 순경 2차 ⓞⓧ

(O) 대한민국의 국민이 아닌 자(이하 '외국인'이라 한다)로서 대한민국의 국민인 부 또는 모에 의하여 인지된 자가 다음 각 호의 요건을 모두 갖추면 법무부장관에게 신고함으로써 대한민국 국적을 취득할 수 있다. / 1. 대한민국의 민법상 미성년일 것 / 2. 출생 당시에 부 또는 모가 대한민국의 국민이었을 것(국적법 제3조 제1항).

0573
현행 국적법은 부모양계혈통주의에 기초한 속인주의를 원칙으로 하면서 예외적으로 속지주의를 채택하고 있다. 21년 법원행시 ⓞⓧ

(O) ① 다음 각 호의 어느 하나에 해당하는 자는 출생과 동시에 대한민국 국적(國籍)을 취득한다. 1. 출생 당시에 부(父)또는 모(母)가 대한민국의 국민인 자 2. 출생하기 전에 부가 사망한 경우에는 그 사망 당시에 부가 대한민국의 국민이었던 자 3. 부모가 모두 분명하지 아니한 경우나 국적이 없는 경우에는 대한민국에서 출생한 자 ② 대한민국에서 발견된 기아(棄兒)는 대한민국에서 출생한 것으로 추정한다(국적법 제2조).

0574
국적에 관한 사항은 국가의 기본적 구성요소이며, 주권자인 국민의 범위를 확정하는 고도의 정치적 속성을 가지고 있다. 26년 경찰간부 ⓞⓧ

(O) 귀화허가 등 국적에 관한 사항은 국가의 기본적 구성요소이자 주권자인 국민의 범위를 확정하는 고도의 정치적 속성을 가지고 있어서 당해 국가가 역사적 전통과 정치·경제·사회·문화 등 제반사정을 고려하여 결정할 문제이다(헌재 2015.9.24. 2015헌바26).

0575
복수국적자가 외국에 주소가 있는 경우에만 국적이탈을 신고할 수 있도록 하는 「국적법」조항은 입법취지 및 그에 사용된 단어의 사전적 의미 등을 고려할 때 명확성원칙에 위배되지 않는다. 26년 경찰간부 ⓞⓧ

(O) 국적법 제14조 제1항 본문의 '외국에 주소가 있는 경우'라는 표현은 입법취지 및 그에 사용된 단어의 사전적 의미 등을 고려할 때 다른 나라에 생활근거가 있는 경우를 뜻함이 명확하므로 명확성원칙에 위배되지 아니한다(헌재 2023.2.23. 2020헌바603).

0576
대한민국 영토에서 출생한 자는 원칙적으로 대한민국 국민이 된다. 22년 법원행시 ⓞⓧ

(X) 우리나라 국적법은 속인주의를 원칙으로 하며 부모 국적을 따를 수 없을 경우에만 속지주의를 보충하고 있다. / 즉 예외적으로 가능

0577
부모가 모두 분명하지 아니한 경우에는 대한민국에서 출생한 자는 출생과 동시에 대한민국 국적을 취득한다. 20년 소방간부 ⓞⓧ

(O) 다음 각 호의 어느 하나에 해당하는 자는 출생과 동시에 대한민국 국적(國籍)을 취득한다. / 3. 부모가 모두 분명하지 아니한 경우나 국적이 없는 경우에는 대한민국에서 출생한 자(국적법 제2조 제1항).

0578
대한민국 국적을 취득한 사실이 없는 외국인은 법무부장관의 귀화허가를 받아 대한민국 국적을 취득할 수 있다. 20년 소방간부 ⓞⓧ

(O) 대한민국 국적을 취득한 사실이 없는 외국인은 법무부장관의 귀화허가(歸化許可)를 받아 대한민국 국적을 취득할 수 있다(국적법 제4조 제1항).

| OX 문제 | 정답 및 해설 |

0579
「국적법」 조항에서의 '품행이 단정할 것'은 귀화신청자를 대한민국의 새로운 구성원으로서 받아들이는 데 지장이 없을만한 품성과 행실을 갖춘 것을 의미하므로 명확성원칙에 위배되지 아니한다. 24년 변호사, 23년 변호사, 23년 법원행시, 22년 법원행시 ○×

(O) '품행이 단정할 것'은 '귀화신청자를 대한민국의 새로운 구성원으로서 받아들이는 데 지장이 없을 만한 품성과 행실을 갖춘 것'을 의미하고, 구체적으로 이는 귀화신청자의 성별, 연령, 직업, 가족, 경력, 전과관계 등 여러 사정을 종합적으로 고려하여 판단될 것임을 예측할 수 있다. 따라서 심판대상조항은 명확성원칙에 위배되지 아니한다(헌재 2016.7.28. 2014헌바421).

0580
부 또는 모가 대한민국의 국민이었던 외국인은 대한민국에서 3년 이상 계속하여 주소가 있는 경우 간이귀화허가를 받을 수 있다. 20년 국회직 8급 ○×

(O) 다음 각 호의 어느 하나에 해당하는 외국인으로서 대한민국에 3년 이상 계속하여 주소가 있는 사람은 제5조 제1호 및 제1호의2의 요건을 갖추지 아니하여도 귀화허가를 받을 수 있다. / 1. 부 또는 모가 대한민국의 국민이었던 사람(국적법 제6조 제1항 제1호)

0581
외국인이 대한민국 국민과 혼인하면 자동으로 대한민국 국적을 취득한다. 22년 법무사 ○×

(X) 외국인이 대한민국 국민과 혼인하면 자동으로 대한민국 국적을 취득하는 것이 아니라 간이귀화허가를 받아 우리 국적을 취득할 수 있다. 국적법 제6조(간이귀화 요건) ② 배우자가 대한민국의 국민인 외국인으로서 다음 각 호의 어느 하나에 해당하는 사람은 제5조 제1호 및 제1호의2의 요건을 갖추지 아니하여도 귀화허가를 받을 수 있다.

0582
대한민국에 특별한 공로가 있는 외국인으로서 대한민국에 주소가 있는 사람은 자신의 자산이나 기능에 의하거나 생계를 같이하는 가족에 의존하여 생계를 유지할 능력이 없더라도 귀화허가를 받을 수 있다. 21년 법원행시 ○×

(O) 다음 각 호의 어느 하나에 해당하는 외국인으로서 대한민국에 주소가 있는 사람은 제5조 제1호·제1호의2·제2호 또는 제4호의 요건을 갖추지 아니하여도 귀화허가를 받을 수 있다. / 2. 대한민국에 특별한 공로가 있는 사람(국적법 제7조 제1항)

0583
외국인의 자(子)로서 대한민국의 「민법」상 미성년인 사람은 부 또는 모가 귀화허가를 신청할 때 함께 국적 취득을 신청할 수 있다. 20년 국회직 8급 ○×

(O) 외국인의 자(子)로서 대한민국의 「민법」상 미성년인 사람은 부 또는 모가 귀화허가를 신청할 때 함께 국적 취득을 신청할 수 있다(국적법 제8조 제1항).

0584
대한민국 국민이었던 외국인은 법무부장관의 국적회복허가를 받아 대한민국 국적을 취득할 수 있는데, 병역을 기피할 목적으로 대한민국 국적을 상실하였거나 이탈하였던 사람은 제외된다. 22년 법무사 ○×

(O) ① 대한민국의 국민이었던 외국인은 법무부장관의 국적회복허가(國籍回復許可)를 받아 대한민국 국적을 취득할 수 있다. ② 법무부장관은 국적회복허가 신청을 받으면 심사한 후 다음 각 호의 어느 하나에 해당하는 사람에게는 국적회복을 허가하지 아니한다. 3. 병역을 기피할 목적으로 대한민국 국적을 상실하였거나 이탈하였던 사람(국적법 제9조)

0585
대한민국 국적을 취득한 사실이 없는 외국인은 법무부장관의 귀화허가를 받아 대한민국 국적을 취득할 수 있는 반면, 대한민국의 국민이었던 외국인은 법무부장관의 국적회복허가를 받아 대한민국 국적을 취득할 수 있다. 22년 국회직 9급 ○×

(O)

국적회복	국민이었던 외국인
	사유에 해당하면 배제
귀화	순수 외국인
	요건을 충족해야 허가

| OX 문제 | 정답 및 해설 |

0586
외국인이 「국적법」상 귀화요건을 갖추었더라도 법무부장관은 그 외국인의 귀화 허가 여부에 대한 재량권을 가진다. 22년 순경 2차, 20년 비상기획관 [O][X]

(O) 국적은 국민의 자격을 결정짓는 것이고, 이를 취득한 사람은 주권자가 되는 동시에 국가의 속인적 통치권의 대상이 되므로, 귀화허가는 외국인에게 대한민국 국적을 부여함으로써 국민으로서의 법적 지위를 포괄적으로 설정하는 행위이며, 귀화허가의 근거규정의 형식과 문언, 귀화허가의 내용과 특성 등을 고려해 보면, 법무부장관은 귀화신청인이 귀화요건을 갖추었다 하더라도 귀화를 허가할 것인지 여부에 관하여 재량권을 가진다(대판 2010.7.15. 2009두19069).

0587
대한민국 국적을 취득한 외국인으로서 외국 국적을 가지고 있는 자는 대한민국 국적을 취득한 날로부터 1년 내에 그 외국 국적을 포기하여야 하고 이를 이행하지 아니한 자는 대한민국 국적을 상실하며 이후 대한민국 국적을 재취득할 수 없다. 22년 국회직 9급, 21년 법원행시, 20년 경행특채 [O][X]

(X) 제10조 제3항에 따라 대한민국 국적을 상실한 자가 그 후 1년 내에 그 외국 국적을 포기하면 법무부장관에게 신고함으로써 대한민국 국적을 재취득할 수 있다(국적법 제11조 제1항).

0588
대한민국 국적을 취득한 외국인으로서 외국 국적을 가지고 있는 자는 대한민국 국적을 취득한 날부터 그 외국 국적을 상실한다. 20년 국회직 9급 [O][X]

(X) ① 대한민국 국적을 취득한 외국인으로서 외국 국적을 가지고 있는 자는 대한민국 국적을 취득한 날부터 1년 내에 그 외국 국적을 포기하여야 한다. / ③ 제1항 또는 제2항을 이행하지 아니한 자는 그 기간이 지난 때에 대한민국 국적을 상실(喪失)한다(국적법 제10조).

0589
복수국적자는 대한민국의 법령 적용에서 대한민국 국민으로만 처우한다. 22년 경찰간부 [O][X]

(O) 출생이나 그 밖에 이 법에 따라 대한민국 국적과 외국 국적을 함께 가지게 된 사람으로서 대통령령으로 정하는 사람[이하 "복수국적자"(複數國籍者)라 한다]는 대한민국의 법령 적용에서 대한민국 국민으로만 처우한다(국적법 제11조의2).

0590
제1국민역에 편입된 날부터 3개월 이내에 대한민국 국적을 이탈하지 않으면 병역의무를 해소한 후에야 국적이탈이 가능하도록 한 것은, 복수국적자의 국적이탈의 자유를 침해하지 않는다. 23년 변호사, 23년 소방간부, 22년 국회직 9급, 22년 법원직, 22년 변호사 [O][X]

(X) '병역의무의 공평성 확보'라는 입법목적을 훼손하지 않으면서도 기본권을 덜 침해하는 방법이 있는데도 심판대상 법률조항은 그러한 예외를 전혀 두지 않고 일률적으로 병역의무 해소 전에는 국적이탈을 할 수 없도록 하는바, 이는 피해의 최소성 원칙에 위배된다. … 복수국적자는 제1국민역에 편입된 날부터 3개월 이내에 대한민국 국적을 이탈하지 않으면 병역의무를 해소한 후에야 국적이탈이 가능하도록 한 것은 과잉금지원칙에 위반하여 복수국적자의 국적이탈의 자유를 침해한다(헌재 2020.9.24. 2016헌마889).

0591
대한민국의 국민으로서 자진하여 외국 국적을 취득한 자는 그 외국 국적을 취득한 날로부터 6개월이 지난 때에 대한민국 국적을 상실한다. 20년 지방직 7급 [O][X]

(X) 대한민국의 국민으로서 자진하여 외국 국적을 취득한 자는 그 외국 국적을 취득한 때에 대한민국 국적을 상실한다(국적법 제15조 제1항).

0592
대한민국 국민으로서 자진하여 외국 국적을 취득한 사람은 그 외국 국적을 취득한 때에 대한민국 국적을 상실한다. 24년 경찰승진, 20년 소방간부 [O][X]

(O) 대한민국의 국민으로서 자진하여 외국 국적을 취득한 자는 그 외국 국적을 취득한 때에 대한민국 국적을 상실한다(국적법 제15조 제1항).

OX 문제

0593
"대한민국의 국민으로서 자진하여 외국 국적을 취득한 자는 그 외국 국적을 취득한 때에 대한민국 국적을 상실한다."는 「국적법」 조항은 청구인의 거주·이전의 자유 및 행복추구권을 침해하는 것은 아니다. 22년 순경 2차 [O][X]

0594
대한민국 국적을 상실한 자는 국적을 상실한 때부터 대한민국의 국민만이 누릴 수 있는 권리를 향유할 수 없으며, 이들 권리 중 대한민국의 국민이었을 때 취득한 것으로서 양도할 수 있는 것은 그 권리와 관련된 법령에서 따로 정한 바가 없으면 3년 내에 대한민국의 국민에게 양도하여야 한다. 20년 지방직 7급 [O][X]

0595
1978. 6. 14.부터 1998. 6. 13. 사이에 태어난 모계출생자가 대한민국 국적을 취득할 수 있는 특례를 두면서 2004. 12. 31.까지 국적취득 신고를 한 경우에만 대한민국 국적을 취득하도록 한 것은, 특례의 적용을 받는 모계출생자가 그 권리를 조속히 행사하도록 하여 위 모계출생자가 권리를 남용할 가능성을 억제하기 위한 것으로 합리적 이유 있는 차별이다. 20년 경찰승진 [O][X]

0596
부계혈통주의 원칙은 출생한 당시 자녀의 국적을 부의 국적에만 맞추고 모의 국적은 단지 보충적인 의미만을 부여하는 차별을 의미하므로 위헌이다. 22년 국회직 9급 [O][X]

0597
대한민국 국적을 갖고 있는 영유아 중에서 재외국민인 영유아를 보육료·양육수당의 지원대상에서 제외하는 것은 국내에 거주하면서 재외국민인 영유아를 양육하는 부모들의 평등권을 침해한다. 23년 경찰간부 [O][X]

정답 및 해설

(O) 국적법 제15조 제1항이 자발적으로 외국 국적을 취득하는 대한민국 국민에게 원칙적으로 복수국적을 허용하지 아니함으로써, 청구인의 거주·이전의 자유 및 행복추구권을 제한하는 면이 있겠으나, 입법자가 위와 같이 예외적으로 복수국적을 허용함과 동시에, 대한민국 국민이었던 외국인에 대해서는 국적회복허가라는 별도의 용이한 절차를 통해 국적을 회복시켜주는 길을 열어둔 점 등을 종합하여 볼 때, 국적법 제15조 제1항이 청구인의 거주·이전의 자유 및 행복추구권을 지나치게 제한하여 침해의 최소성원칙을 위반하였다고 볼 수 없다(헌재 2014. 6.26. 2011헌마502).

(O) 제1항에 해당하는 권리 중 대한민국의 국민이었을 때 취득한 것으로서 양도할 수 있는 것은 그 권리와 관련된 법령에서 따로 정한 바가 없으면 3년 내에 대한민국의 국민에게 양도하여야 한다(국적법 제18조 제2항).

(O) 1978. 6. 14.부터 1998. 6. 13. 사이에 태어난 모계출생자가 대한민국 국적을 취득할 수 있는 특례를 두면서 2004. 12. 31.까지 국적취득 신고를 한 경우에만 대한민국 국적을 취득하도록 한 것은, 특례의 적용을 받는 모계출생자가 그 권리를 조속히 행사하도록 하여 위 모계출생자가 권리를 남용할 가능성을 억제하기 위한 것으로 합리적 이유 있는 차별이다(헌재 2015.11.26. 2014헌바211).

(O) 부계혈통주의 원칙을 채택한 구법조항은 출생한 당시의 자녀의 국적을 부의 국적에만 맞추고 모의 국적은 단지 보충적인 의미만을 부여하는 차별을 하고 있다. 이렇게 한국인 부와 외국인 모 사이의 자녀와 한국인 모와 외국인 부 사이의 자녀를 차별취급하는 것은, 모가 한국인인 자녀와 그 모에게 불리한 영향을 끼치므로 헌법 제11조 제1항의 남녀평등원칙에 어긋난다(헌재 2000.8.31. 97헌가12).

(O) 대한민국 국적을 가지고 있는 영유아 중에서도 재외국민인 영유아를 보육료·양육수당 지원대상에서 제외하는 보건복지부지침이 국내에 거주하면서 재외국민인 영유아를 양육하는 부모인 청구인들의 평등권을 침해하므로 헌법에 위반된다(헌재 2018.1.25. 2015헌마1047).

OX 문제

0598
국가의 재외국민 보호의무는 재외국민이 조약 기타 일반적으로 승인된 국제법규와 거류국의 법령에 의하여 누릴 수 있는 모든 분야에서 정당한 대우를 받도록 거류국과의 관계에서 국가가 외교적 보호를 행하는 것과 국외 거주 국민에 대하여 정치적인 고려에서 특별히 법률로써 정하여 베푸는 법률·문화·교육 기타 제반영역에서의 지원을 의미한다. 22년 법원직 O X

0599
국가의 안전과 자유민주적 기본질서를 보장하고 국민의 안전을 확보하는 가운데 평화적 통일을 이루기 위한 기반을 조성하기 위하여 북한주민 등과의 접촉에 관하여 남북관계의 전문기관인 통일부장관에게 그 승인권을 준 법률조항은 국민의 통일에 대한 기본권을 위헌적으로 침해한 것이다. 22년 국회직 8급 O X

0600
국민의 기본권 침해에 대한 권리구제를 위하여 그 전제조건으로서 영토에 관한 권리를 영토권이라 구성하여, 이를 헌법소원의 대상인 기본권으로 간주하는 것은 가능하다. 22년 경찰승진, 22년 법원행시, 22년 해경간부 O X

0601
우리 헌법이 "대한민국의 영토는 한반도와 그 부속도서로 한다."는 영토조항(제3조)을 두고 있는 이상 대한민국의 헌법은 북한지역을 포함한 한반도 전체에 그 효력이 미치고 따라서 북한지역은 당연히 대한민국의 영토가 된다. 22년 경찰승진, 22년 해경간부 O X

0602
우리 헌법이 "대한민국의 영토는 한반도와 그 부속도서로 한다."는 영토조항(제3조)을 두고 있는 이상 북한지역은 당연히 대한민국의 영토가 되므로, 개별법률의 적용 내지 준용에 있어서 남북한의 특수관계적 성격을 고려하더라도 북한지역을 외국에 준하는 지역으로 규정할 수 없다. 24년 경찰간부 O X

0603
북한이 국제사회에서 하나의 주권국가로 존속하고 있고, 우리 정부가 북한 당국자의 명칭을 쓰면서 정상회담 등을 제의하였다 하여 북한이 대한민국의 영토고권을 침해하는 반국가단체가 아니라고 단정할 수 없다. 23년 경찰간부 O X

정답 및 해설

(O) 조약 기타 일반적으로 승인된 국제법규와 당해 거류국의 법령에 의하여 누릴 수 있는 모든 분야에서 정당한 대우를 받도록 거류국과의 관계에서 국가가 하는 외교적 보호와 국외 거주 국민에 대하여 정치적인 고려에서 특별히 법률로써 정하여 베푸는 법률·문화·교육 기타 제반영역에서의 지원을 뜻하는 것이다(헌재 2010.7.29. 2009헌가13).

(X) 국가의 안전과 자유민주적 기본질서를 보장하고 국민의 안전을 확보하는 가운데 평화적 통일을 이루기 위한 기반을 조성하기 위하여 북한주민 등과의 접촉에 관하여 남북관계의 전문기관인 통일부장관에게 그 승인권을 준 이 사건 법률조항은 평화통일의 사명을 천명한 헌법 전문이나 평화통일원칙을 규정한 헌법 제4조, 대통령의 평화통일의무에 관하여 규정한 헌법 제66조 제3항의 규정 및 기타 헌법상의 통일관련조항에 위반된다고 볼 수 없다(헌재 2000.7.20. 98헌바63).

(O) 모든 국가권능의 정당성의 근원인 국민의 기본권 침해에 대한 권리구제를 위하여 그 전제조건으로서 영토에 관한 권리를, 이를테면 영토권이라 구성하여 이를 헌법소원의 대상인 기본권의 하나로 간주하는 것은 가능하다(헌재 2008.11.27. 2008헌마517).

(O) 우리 헌법이 "대한민국의 영토는 한반도와 그 부속도서로 한다."는 영토조항(제3조)을 두고 있는 이상 대한민국의 헌법은 북한지역을 포함한 한반도 전체에 그 효력이 미치고 따라서 북한지역은 당연히 대한민국의 영토가 된다(헌재 2005.6.30. 2003헌바114).

(X) 북한을 법 소정의 "외국"으로, 북한의 주민 또는 법인 등을 "비거주자"로 바로 인정하기는 어렵지만, 개별 법률의 적용 내지 준용에 있어서는 남북한의 특수관계적 성격을 고려하여 북한지역을 외국에 준하는 지역으로, 북한주민 등을 외국인에 준하는 지위에 있는 자로 규정할 수 있다고 할 것이다(헌재 2005.6.30. 2003헌바114).

(O) 헌법 제3조는 "대한민국의 영토는 한반도와 그 부속도서로 한다."고 규정하고 있어 법리상 이 지역에서는 대한민국의 주권과 부딪치는 어떠한 국가단체도 인정할 수가 없는 것이므로 비록 북한이 국제사회에서 하나의 주권국가로 존속하고 있고, 우리 정부가 북한 당국자의 명칭을 쓰면서 정상회담 등을 제의하였다 하여 북한이 대한민국의 영토고권을 침해하는 반국가단체가 아니라고 단정할 수 없다(대판 1990.9.25. 90도1451).

| OX 문제 | 정답 및 해설 |

0604
탈북의료인에게 국내 의료면허를 부여할 것인지 여부는 북한의 의학교육 실태와 탈북의료인의 의료수준, 탈북의료인의 자격증명방법등을 고려하여 입법자가 그의 입법형성권의 범위 내에서 규율할 사항이지, 헌법조문이나 헌법해석에 의하여 바로 입법자에게 국내 의료면허를 부여할 입법의무가 발생한다고 볼 수는 없다. 24년 경찰간부, 20년 국회직 9급 ○ X

(O) 청구인과 같은 탈북의료인에게 국내 의료면허를 부여할 것인지 여부는 북한의 의학교육 실태와 탈북의료인의 의료수준, 탈북의료인의 자격증명방법 등을 고려하여 입법자가 그의 입법형성권의 범위 내에서 규율한 사항이지, 헌법조문이나 헌법해석에 의하여 바로 입법자에게 국내 의료면허를 부여할 입법의무가 발생한다고 볼 수는 없다(헌재 2006.11.30. 2006헌마679).

0605
북한은 국제연합에도 가입한 국제법상의 국가이므로 북한과 체결한 '남북사이의 화해와 불가침 및 교류·협력에 관한 합의서'는 국가 간의 '조약'으로서 국내법과 동일한 효력을 갖는다. 22년 법원행시 ○ X

(X) 남북합의서는 남북관계를 나라와 나라 사이 관계가 아닌 통일을 지향하는 과정에서 잠정적으로 형성된 특수관계로 규정하고 있다. 또한 남북합의서는 법적 구속력이 없는 공동성명, 신사협정에 불과하다. 따라서 남북합의서로 북한의 반국가단체성이나 국가보안법의 필요성이 소멸되는 것은 아니다(헌재 1997.1.16. 92헌바6 등).

0606
남북합의서는 남북관계를 '나라와 나라 사이의 관계가 아닌 통일을 지향하는 과정에서 잠정적으로 형성되는 특수관계'임을 전제로 하여 이루어진 합의문서인바, 이는 한민족공동체 내부의 특수관계를 바탕으로 한 당국 간의 합의로서 남북당국의 성의있는 이행을 상호 약속하는 일종의 공동성명 또는 신사협정에 준하는 성격을 가진다. 22년 국회직 8급, 21년 국가직 7급 ○ X

(O) 남북합의서는 남북관계를 나라와 나라 사이 관계가 아닌 통일을 지향하는 과정에서 잠정적으로 형성된 특수관계로 규정하고 있다. 또한 남북합의서는 법적 구속력이 없는 공동성명, 신사협정에 불과하다(헌재 1997.1.16. 92헌바6 등).

제3절 헌법의 기본원리

0607
헌법전문에는 3·1운동으로 건립된 대한민국임시정부의 법통을 계승한다고 규정되어 있다. 22년 소방간부 ○ X

(O) 유구한 역사와 전통에 빛나는 우리 대한국민은 3·1 운동으로 건립된 대한민국 임시정부의 법통과 불의에 항거한 4·19 민주이념을 계승하고 …… (헌법 전문 중).

0608
헌법전문에는 민족문화의 창달이라고 규정되어 있다. 22년 해경일반 ○ X

(X) 국가는 전통문화의 계승·발전과 민족문화의 창달에 노력하여야 한다(헌법 제9조).

0609
우리 헌법은 전문에서 모든 사회적 폐습과 불의를 타파한다고 규정하고 있다. 21년 국가직 5급 ○ X

(O) 모든 사회적 폐습과 불의를 타파하며 … 라고 헌법 전문에 규정되어 있다.

| OX 문제 | 정답 및 해설 |

0610
국회의 의결을 거쳐 국민투표에 의하여 개정함을 명백히 밝히고 있다. 22년 법무사 ⓞⓧ

(O) 1948년 7월 12일에 제정되고 8차에 걸쳐 개정된 헌법을 이제 국회의 의결을 거쳐 국민투표에 의하여 개정한다(헌법전문).

0611
현행 헌법 전문은 조국의 민주개혁과 경제의 민주화를 명시적으로 규정하고 있다. 24년 국회직 9급 ⓞⓧ

(X) 국가는 균형있는 국민경제의 성장 및 안정과 적정한 소득의 분배를 유지하고, 시장의 지배와 경제력의 남용을 방지하며, 경제주체간의 조화를 통한 경제의 민주화를 위하여 경제에 관한 규제와 조정을 할 수 있다(헌법 제119조 제2항). / 이는 헌법전문이 아니라 헌법 본문 규정이다.

0612
1962년 제5차 개정 헌법에서 헌법 전문을 처음으로 개정하여 4·19의거의 이념을 명문화하였다. 24년 경찰간부 ⓞⓧ

(O) 유구한 역사와 전통에 빛나는 우리 대한국민은 3·1운동의 숭고한 독립정신을 계승하고 4·19의거와 5·16혁명의 이념에 입각하여 새로운 민주공화국을 건설함에 있어서(제5차 개정헌법 전문)

0613
헌법전문이 규정하는 대한민국임시정부의 법통 계승은 선언적·추상적 의미에 불과하므로, 우리 헌법이 제정되기 전에 발생한 일제강점기 피해자들의 훼손된 인간의 존엄과 가치를 회복시켜야 할 의무는 지금의 정부가 국민에 대하여 부담하는 근본적 보호의무에 속한다고 볼 수 없다. 22년 변호사 ⓞⓧ

(X) 우리 헌법은 전문에서 "3·1운동으로 건립된 대한민국임시정부의 법통"의 계승을 천명하고 있는바, 비록 우리 헌법이 제정되기 전의 일이라 할지라도 국가가 국민의 안전과 생명을 보호하여야 할 가장 기본적인 의무를 수행하지 못한 일제강점기에 일본군위안부로 강제 동원되어 인간의 존엄과 가치가 말살된 상태에서 장기간 비극적인 삶을 영위하였던 피해자들의 훼손된 인간의 존엄과 가치를 회복시켜야 할 의무는 대한민국임시정부의 법통을 계승한 지금의 정부가 국민에 대하여 부담하는 가장 근본적인 보호의무에 속한다고 할 것이다(헌재 2011.8.30. 2006헌마788).

0614
헌법전문이 대한민국 임시정부의 법통 계승을 천명하기는 하였으나 대한민국이 사실상 조선인을 보호해 줄 조국이 없던 상황 하에서 발생한 피해에 대해서 경제적 지원을 해야 하는지 여부 등의 문제는 기본적으로 국가의 재정부담 능력이나 전체적인 사회보장 수준 등에 따라 결정하여야 할 광범위한 입법 형성의 영역에 속한다. 25년 경찰 2차 ⓞⓧ

(O) 나아가 지원을 한다면 그 범위와 수준은 어떻게 설정할 것인지 등의 문제는 기본적으로 국가의 재정부담능력이나 전체적인 사회보장 수준 등에 따라 결정하여야 할 광범위한 입법형성의 영역에 속하는 것이다(헌재 2011.2.24. 2009헌마94).

0615
대한민국 국적을 갖고 있지 아니한 국외강제동원 희생자의 유족을 위로금 지급 대상에서 제외한 「대일항쟁기 강제동원 피해조사 및 국외강제동원 희생자 등 지원에 관한 특별법」 조항이 '정의·인도와 동포애로써 민족의 단결을 공고히' 할 것을 규정한 헌법전문의 정신에 위반된다고 볼 수 없다. 25년 경찰 2차 ⓞⓧ

(O) 국가가 개인에게 특정한 이유로 시혜적 급부를 하는 경우, 이러한 급부는 국민이 낸 세금 등을 재원으로 하는 것이므로 특별한 사정이 없는 한 그 나라의 국민을 급부의 대상으로 하는 것이 원칙이고, 외국인이 그러한 급부에 필요한 재원을 충당하는 데 기여하였다는 등으로 외국인에게 급부를 하여야 할 특별한 사정이 있지 않는 한 외국인을 그 대상으로 하지 않는다고 하여 평등원칙에 위배된다고 보기는 어렵다(헌재 2015.12.23. 2011헌바139).

| OX 문제 | 정답 및 해설 |

0616
헌법전문, 제10조, 제30조의 종합적 해석상 국가는 태평양전쟁 전후 국내 강제동원희생자에 대하여도 그 지원에 관한 법률을 제정하여야 할 헌법상 의무가 인정됨에도 불구하고 이를 위한 입법조치를 취하지 않고 있는 것은 국가책무의 우선순위나 공평의 관점에서도 입법재량의 한계를 넘는 입법의무 불이행으로서 헌법에 위반된다. 25년 경찰 2차 [O][X]

(X) 청구인의 이 사건 청구는 평등원칙의 관점에서 입법자가 구 국외강제동원자지원법의 적용대상에 '국내' 강제동원자도 당연히 '국외' 강제동원자와 같이 포함시켰어야 한다는 주장에 지나지 아니하므로, 이는 헌법적 입법의무에 근거한 진정입법부작위에 해당하는 것이 아니라 단지 혜택부여규정의 인적 범위의 제한에 따른 결과에 지나지 아니한다(헌재 2011.2.24. 2009헌마94). / 즉 헌법상 의무가 인정되지 않는다.

0617
우리 헌법이 제정되기 전의 일이라 할지라도 국가가 국민의 안전과 생명을 보호하여야 할 가장 기본적인 의무를 수행하지 못한 일제강점기에 일본군위안부로 강제 동원되어 인간의 존엄과 가치가 말살된 상태에서 장기간 비극적인 삶을 영위하였던 피해자들의 훼손된 인간의 존엄과 가치를 회복시켜야 할 의무는 대한민국임시정부의 법통을 계승한 지금의 정부가 국민에 대하여 부담하는 가장 근본적인 보호 의무에 속한다. 23년 소방간부, 23년 순경 1차, 21년 국가직 5급 [O][X]

(O) 우리 헌법은 전문에서 "3·1운동으로 건립된 대한민국임시정부의 법통"의 계승을 천명하고 있는바, 비록 우리 헌법이 제정되기 전의 일이라 할지라도 국가가 국민의 안전과 생명을 보호하여야 할 가장 기본적인 의무를 수행하지 못한 일제강점기에 징병과 징용으로 일제에 의해 강제이주 당하여 전쟁수행의 도구로 활용되다가 원폭피해를 당한 상태에서 장기간 방치됨으로써 심각하게 훼손된 청구인들의 인간으로서의 존엄과 가치를 회복시켜야 할 의무는 대한민국임시정부의 법통을 계승한 지금의 정부가 국민에 대하여 부담하는 가장 근본적인 보호 의무에 속한다고 할 것이다(헌재 2011.8.30. 2008헌마648).

0618
헌법전문은 "3·1운동으로 건립된 대한민국임시정부의 법통을 계승"한다고 선언하고 있다. 이는 대한민국이 일제에 항거한 독립운동가의 공헌과 희생을 바탕으로 이룩된 것임을 선언한 것이고, 그렇다면 국가는 일제로부터 조국의 자주독립을 위하여 공헌한 독립유공자와 그 유족에 대하여는 응분의 예우를 하여야 할 헌법적 의무를 지닌다. 25년 경찰 2차, 24년 경찰간부, 23년 순경 1차, 23년 소방간부, 22년 법무사 [O][X]

(O) '3·1 운동으로 건립된 대한민국 임시정부의 법통을 계승'한다는 것은 대한민국이 일제에 항거한 독립운동가의 공헌과 희생을 바탕으로 이룩된 것임을 선언한 것으로, 국가는 자주독립을 위하여 공헌한 독립유공자와 그 유족에 대해 응분의 예우를 해야 할 헌법적 의무를 지닌다(헌재 2005.6.30. 2004헌마859).

0619
헌법 전문에서 '3·1운동으로 건립된 대한민국임시정부의 법통을 계승'한다고 선언하고 있는바, 국가는 일제로부터 조국의 자주독립을 위하여 공헌한 독립유공자와 그 유족에 대하여는 응분의 예우를 하여야 할 헌법적 의무를 지니며, 이러한 헌법적 의무는 당사자가 주장하는 특정인을 독립유공자로 인정해야 한다는 것을 뜻한다. 21년 지방직 7급 [O][X]

(X) 국가보훈처장이 서훈추천 신청자에 대한 서훈추천을 하여 주어야 할 헌법적 작위의무가 있다고 할 수는 없으므로, 서훈추천을 거부한 것에 대하여 행정권력의 부작위에 대한 헌법소원으로서 다툴 수 없다(헌재 2005.6.30. 2004헌마859). 즉 특정인을 독립유공자로 인정해야 하는 것은 아니다.

OX 문제

0620
헌법 전문에서 '대한민국은 3·1운동으로 건립된 대한민국임시정부의 법통을 계승하(였다)'라고 규정되어 있지만, 국가가 독립유공자의 후손인 청구인에게 일본제국주의의 각종 통치기구 등으로부터 수탈당한 청구인 조상들의 특정 토지에 관하여 보상을 해주어야 할 작위의무가 헌법에서 유래하는 작위의무로 특별히 구체적으로 규정되어 있다거나 해석상 도출된다고 볼 수 없다. 24년 경찰간부 [O][X]

0621
국민주권주의는 성문이든 관습이든 실정법 전체의 정립에 국민의 참여를 요구한다고 할 것이며, 국민에 의하여 정립된 관습헌법은 입법권자를 구속하며 헌법으로서 효력을 가진다. 23년 경찰간부 [O][X]

0622
국민주권주의를 구현하기 위하여 헌법은 국가의 의사결정방식으로 대의제를 채택하고, 이를 가능하게 하는 선거제도를 규정함과 아울러 선거권, 피선거권을 기본권으로 보장하며, 대의제를 보완하기 위한 방법으로 직접민주제 방식의 하나인 국민투표제도를 두고 있다. 24년 경찰승진 [O][X]

0623
국민주권의 원리는 기본적 인권의 존중, 권력분립제도, 복수정당제도등과 함께 헌법 제8조 제4항이 의미하는 민주적 기본질서의 주요한 요소라고 볼 수 있다. 24년 경찰간부 [O][X]

0624
헌법재판소는 유신헌법에는 권력분립의 원리에 어긋나고 기본권을 과도하게 제한하는 등 제헌헌법으로부터 현행 헌법까지 일관하여 유지되고 있는 헌법의 핵심 가치인 '자유민주적 기본질서'를 훼손하는 일부 규정이 포함되어 있었다고 판단하였다. 22년 비상기획관 [O][X]

정답 및 해설

(O) 국가가 독립유공자의 후손인 청구인에게 일본제국주의의 각종 통치기구 등으로부터 수탈당한 청구인 조상들의 강릉 일대의 특정 토지에 관하여 보상을 해주어야 할 작위의무가 헌법에서 유래하는 작위의무로 특별히 구체적으로 규정되어 있다거나 해석상 도출된다고 볼 수 없다(헌재 2019.7.2. 2019헌마647).

(O) 국민주권주의는 성문이든 관습이든 실정법 전체의 정립에 국민의 참여를 요구한다고 할 것이며, 국민에 의하여 정립된 관습헌법은 입법권자를 구속하며 헌법으로서 효력을 가진다(헌재 2004.10.21. 2004헌마554 등).

(O) 국민주권주의를 구현하기 위하여 헌법은 국가의 의사결정 방식으로 대의제를 채택하고, 이를 가능하게 하는 선거제도를 규정함과 아울러 선거권, 피선거권을 기본권으로 보장하며, 대의제를 보완하기 위한 방법으로 직접민주제 방식의 하나인 국민투표제도를 두고 있다(헌재 2009.3.26. 2007헌마843).

(O) 헌법 제8조 제4항이 의미하는 '민주적 기본질서'는, 개인의 자율적 이성을 신뢰하고 모든 정치적 견해들이 각각 상대적 진리성과 합리성을 지닌다고 전제하는 다원적 세계관에 입각한 것으로서, 모든 폭력적·자의적 지배를 배제하고, 다수를 존중하면서도 소수를 배려하는 민주적 의사결정과 자유·평등을 기본원리로 하여 구성되고 운영되는 정치적 질서를 말하며, 구체적으로는 국민주권의 원리, 기본적 인권의 존중, 권력분립제도, 복수정당제도 등이 현행 헌법상 주요한 요소라고 볼 수 있다(헌재 2014.12.19. 2013헌다1).

(O) 유신헌법에는 권력분립의 원리에 어긋나고 기본권을 과도하게 제한하는 등 제헌헌법으로부터 현행 헌법까지 일관하여 유지되고 있는 헌법의 핵심 가치인 '자유민주적 기본질서'를 훼손하는 일부 규정이 포함되어 있었고, 주권자인 국민은 이러한 규정들을 제8차 및 제9차 개헌을 통하여 모두 폐지하였다(헌재 2013.3.21. 2010헌바132 등).

OX 문제

0625
우리 국민들의 정치적 결단인 자유민주적 기본질서 및 시장경제원리에 대한 깊은 신념과 준엄한 원칙은 현재뿐 아니라 과거와 미래를 통틀어 일관되게 우리 헌법을 관류하는 지배원리로서 모든 법령의 해석기준이 된다. 22년 비상기획관 [O][X]

0626
자유민주적 기본질서란 모든 폭력적 지배와 자의적 지배, 즉 반국가단체의 일인독재 내지 일당독재를 배제하고 다수의 의사에 의한 국민의 자치, 자유·평등의 기본원칙에 의한 법치주의적 통치질서를 말한다. 구체적으로는 기본적 인권의 존중, 권력분립, 의회제도, 복수정당제도, 선거제도, 사유재산과 시장경제를 골간으로 한 경제질서 및 사법권의 독립 등을 의미한다. 24년 경찰간부, 22년 국회직 5급, 21년 법무사 [O][X]

0627
원칙적으로 모든 국민이 균등하게 선거에 참여할 것을 요청하는 보통·평등선거원칙은 국민의 자기지배를 의미하는 국민주권의 원리에 입각한 민주국가를 실현하기 위한 필수적 요건이다. 23년 5급 공채 [O][X]

0628
민주주의 원리의 한 내용인 국민주권주의는 모든 국가권력이 국민의 의사에 기초해야 한다는 의미일 뿐만 아니라 국민이 정치적 의사결정에 관한 모든 정보를 제공받고 직접 참여하여야 한다는 의미이다. 24년 경찰승진, 24년 경찰간부 [O][X]

0629
현행 헌법에서 직접 '자유민주적 기본질서'를 명시하고 있는 것은 헌법 전문(前文)과 제4조의 통일조항이다. 22년 순경 1차 [O][X]

0630
정당해산 사유로서의 '민주적 기본질서의 위배'란, 민주적 기본질서에 대한 단순한 위반이나 저촉만으로도 족하며, 반드시 민주사회의 불가결한 요소인 정당의 존립을 제약해야 할 만큼 그 정당의 목적이나 활동이 민주적 기본질서에 대하여 실질적인 해악을 끼칠 수 있는 구체적 위험성을 초래하는 경우까지 포함하는 것은 아니다. 22년 순경 1차 [O][X]

정답 및 해설

(O) 우리 국민들의 정치적 결단인 자유민주적 기본질서 및 시장경제원리에 대한 깊은 신념과 준엄한 원칙은 현재뿐 아니라 과거와 미래를 통틀어 일관되게 우리 헌법을 관류하는 지배원리로서 모든 법령의 해석기준이 되므로 이 법의 해석 및 적용도 이러한 틀 안에서 이루어져야 할 것이다(헌재 2001.9.27. 2000헌마238 등).

(O) 우리 헌법은 자유민주적 기본질서의 보호를 그 최고의 가치로 인정하고 있고, 그 내용은 모든 폭력적 지배와 자의적 지배 즉 반국가단체의 일인독재 내지 일당독재를 배제하고 다수의 의사에 의한 국민의 자치, 자유·평등의 기본원칙에 의한 법치주의적 통치질서를 말한다. 구체적으로는 기본적 인권의 존중, 권력분립, 의회제도, 복수정당제도, 선거제도, 사유재산과 시장경제를 골간으로 한 경제질서 및 사법권의 독립 등을 의미한다(헌재 2001.9.27. 2000헌마238 등).

(O) 원칙적으로 모든 국민이 균등하게 선거에 참여할 것을 요청하는 보통·평등선거원칙은 국민의 자기지배를 의미하는 국민주권의 원리에 입각한 민주주국가를 실현하기 위한 필수적 요건이다(헌재 2007.6.28. 2005헌마772).

(X) 민주주의 원리의 한 내용인 국민주권주의는 모든 국가권력이 국민의 의사에 기초해야 한다는 의미일 뿐 국민이 정치적 의사결정에 관한 모든 정보를 제공받고 직접 참여하여야 한다는 의미는 아니므로, 청구인들의 이 부분 주장 역시 이유 없다(헌재 2016.10.27. 2012헌마121). / 민주주의의 정치체제는 대의제가 원칙임

(O) … 자율과 조화를 바탕으로 자유민주적 기본질서를 더욱 확고히 하여 … (헌법전문). / 대한민국은 통일을 지향하며, 자유민주적 기본질서에 입각한 평화적 통일 정책을 수립하고 이를 추진한다(헌법 제4조).

(X) 민주적 기본질서를 부정하지 않는 한 정당은 다양한 스펙트럼의 이념적 지향을 자유롭게 추구할 수 있다. 민주적 기본질서 위배란 민주적 기본질서에 대한 단순한 위반이나 저촉을 의미하는 것이 아니라 정당의 목적이나 활동이 민주적 기본질서에 대한 실질적 해악을 끼칠 수 있는 구체적 위험성을 초래하는 경우를 가리킨다(헌재 2014.12.19. 2013헌다1).

| OX 문제 | 정답 및 해설 |

0631
「헌법」제38조, 제59조가 선언하는 조세법률주의는 실질적 적법절차가 지배하는 법치주의를 뜻하므로, 비록 과세요건이 법률로 명확히 정해진 것일지라도 그것만으로 충분한 것은 아니고 조세법의 목적이나 내용이 기본권 보장의「헌법」이념과 이를 뒷받침하는「헌법」상 요구되는 제 원칙에 합치되어야 한다. 22년 해경간부 O X

(O) 조세법률주의도 이러한 실질적 적법절차가 지배하는 법치주의를 뜻한다. 따라서 비록 과세요건이 법률로 명확히 정해진 것일지라도 그것만으로 충분한 것은 아니고 조세법의 목적이나 내용이 기본권보장의 헌법이념과 이를 뒷받침하는 헌법상 요구되는 제원칙에 합치되어야 하고, 이에 어긋나는 조세법 규정은 헌법에 위반되는 것이다(헌재 2009.12.29. 2008헌바139).

0632
「형법」제129조 제1항의 수뢰죄를 범한 사람에게 수뢰액의 2배 이상 5배 이하의 벌금을 병과하도록 규정한「특정범죄 가중처벌 등에 관한 법률」조항은 책임과 형벌의 비례원칙에 위반되지 않는다. 20년 국회직 8급 O X

(O) 수뢰액은 죄의 경중을 가늠하는 중요한 기준 가운데 하나이며, 불법의 정도를 드러낼 수 있는 가장 보편적인 징표인바, 수뢰액이 증가하면 범죄에 대한 비난가능성도 일반적으로 높아진다고 할 수 있으므로 수뢰액을 기준으로 벌금을 산정하는 것 역시 책임을 벗어난 형벌이라고 보기 어렵다(헌재 2017.7.27. 2016헌바42).

0633
단체나 다중의 위력으로써「형법」상 상해죄를 범한 사람을 가중처벌하는 구「폭력행위 등 처벌에 관한 법률」조항은 책임과 형벌의 비례원칙에 위반되지 않는다. 20년 국회직 8급 O X

(O) 단체나 다중의 위력으로써 상해죄를 범하는 경우에는 이미 그 행위 자체에 내재되어 있는 불법의 정도가 크고, 중대한 법익 침해를 야기할 가능성이 높다. 심판대상조항의 법정형은 징역 3년 이상으로서 법관이 작량감경을 하지 않더라도 집행유예 선고가 가능하여 피고인의 책임에 상응하는 형을 선고할 수 있다(헌재 2017.7.27. 2015헌바450).

0634
법인의 대표자 등이 법인의 재산을 국외로 도피한 경우 행위자를 벌하는 외에 그 법인에도 도피액의 2배 이상 10배 이하에 상당하는 벌금형을 과하는「특정경제범죄 가중처벌 등에 관한 법률」제4조 제4항 본문 중 '법인에 대한 처벌'에 관한 부분은 책임주의에 위반되지 않는다. 20년 국회직 8급 O X

(O) 법인 대표자의 법규위반행위에 대한 법인의 책임은 법인 자신의 법규위반행위로 평가될 수 있는 행위에 대한 법인의 직접책임이므로, 대표자의 고의에 의한 위반행위에 대하여는 법인이 고의 책임을, 대표자의 과실에 의한 위반행위에 대하여는 법인이 과실 책임을 부담한다. 따라서 청구인이 대표자가 범한 횡령행위의 피해자로서 손해만을 입고 아무런 이익을 얻지 못한 경우라도, 법인이 대표자를 통하여 재산국외도피를 하였다면 그 자체로 법인 자신의 법규위반행위로 평가할 수 있다. 심판대상조항 중 법인의 대표자 관련 부분은 법인의 직접책임을 근거로 하여 법인을 처벌하므로 책임주의원칙에 반하지 아니한다(헌재 2019.4.11. 2015헌바443).

0635
법률이 국민의 기본권 실현과 관련된 영역에 있어서 본질적인 사항에 대하여 스스로 결정하지 않고 행정입법에 위임하였다고 하더라도, 법률유보원칙에 위반되는 것은 아니다. 21년 법무사 O X

(X) 오늘날 법률유보원칙은 단순히 행정작용이 법률에 근거를 두기만 하면 충분한 것이 아니라, 국가공동체와 그 구성원에게 기본적이고도 중요한 의미를 갖는 영역, 특히 국민의 기본권 실현에 관련된 영역에 있어서는 행정에 맡길 것이 아니라 국민의 대표자인 입법자 스스로 그 본질적 사항에 대하여 결정하여야 한다는 요구까지 내포하는 것으로 이해하여야 한다(헌재 1999.5.27. 98헌바70 ; 헌재 1999.5.27. 98헌바70).

0636
헌법 제37조 제2항은 기본권제한에 관한 일반적 법률유보 조항이고 법률유보의 원칙은 '법률에 의한 규율'을 요청하고 있으므로, 기본권 제한에는 법률의 근거가 필요하고 반드시 법률의 형식으로 하여야 한다. 23년 순경 2차 O X

(X) 헌법 제37조 제2항에 의하면 기본권은 원칙적으로 법률로써만 이를 제한할 수 있다고 할 것이지만, 헌법 제75조에 의하여 법률의 위임이 있고 그 위임이 구체적으로 범위를 정하여 하는 것이라면 명령·규칙에 의한 기본권의 제한도 가능하다(헌재 2003.11.27. 2002헌마193). 즉 반드시 법률의 형식이어야 하는 것은 아니다.

| OX 문제 | 정답 및 해설 |

0637
법률유보의 원칙은 기본권과 관련하여 국가 행정권에 의한 기본권 침해가 문제되는 경우뿐만 아니라 기본권규범과 전혀 관련 없는 경우에도 준수되어야 한다. 20년 경행특채 ☐O ☐X

(X) 국가 행정주체와 관련되고 기본권의 보호가 문제되는 것이 아니어서 여기에 법률유보의 원칙이 적용될 여지가 없으므로, 그 징계에 관한 사항을 법률에 정하지 않았다고 하여 법률유보의 원칙에 위반된다 할 수 없다(헌재 2010.2.25. 2008헌바160). 즉 기본권규범과 관련 없는 경우에는 준수되지 않아도 된다.

0638
상시 4명 이하의 근로자를 사용하는 사업 또는 사업장에 대하여 대통령령으로 정하는 바에 따라 근로기준법의 일부 규정을 적용할 수 있도록 위임한 근로기준법은 법률유보원칙에 위배되지 않는다. 23년 법원행시 ☐O ☐X

(O) 근로기준법 제11조 제1항에서 근로기준법을 전부적용하는 범위를 근로자 5인 이상 사업장으로 한정하였고, 4인 이하 사업장에 근로기준법을 일부만 적용할 수 있도록 한 것이 심판대상조항에 의하여 법률로 명시적으로 규정되어 있는 이상, 구체적인 개별 근로기준법 조항의 적용 여부까지 입법자가 반드시 법률로써 규율하여야 하는 사항이라고 볼 수 없다. 따라서 심판대상조항이 일부적용 대상 사업장에 대해 적용될 구체적인 근로기준법 조항을 결정하는 문제를 대통령령으로 규율하도록 위임한 것이 헌법 제75조에서 금지하는 포괄위임의 한계를 준수하는 한, 법률유보원칙에 위배되지는 아니한다(헌재 2019.4.11. 2013헌바112). / 세부적인 사안을 대통령령에 위임한 것은 헌법에 위반되지 않는다.

0639
법률유보의 원칙은 '법률에 의한' 규율만을 뜻하는 것이 아니라 '법률에 근거한' 규율을 요청하는 것이므로 기본권 제한의 형식이 반드시 법률의 형식일 필요는 없고 법률에 근거를 두면서 헌법 제75조가 요구하는 위임의 구체성과 명확성을 구비하기만 하면 위임입법에 의하여도 기본권 제한을 할 수 있다.
22년 경찰승진 ☐O ☐X

(O) 법률유보의 원칙은 '법률에 의한' 규율만을 뜻하는 것이 아니라 '법률에 근거한' 규율을 요청하는 것이므로 기본권 제한의 형식이 반드시 법률의 형식일 필요는 없고 법률에 근거를 두면서 헌법 제75조가 요구하는 위임의 구체성과 명확성을 구비하기만 하면 위임입법에 의하여도 기본권 제한을 할 수 있다 할 것이다(헌재 2005.2.24. 2003헌마289).

0640
규율대상이 기본권적 중요성을 가질수록 그리고 그에 관한 공개적 토론의 필요성 내지 상충하는 이익 간 조정의 필요성이 클수록, 그것이 국회의 법률에 의해 직접 규율될 필요성 및 그 규율밀도의 요구 정도는 그만큼 더 증대되는 것으로 보아야 한다. 22년 경찰간부 ☐O ☐X

(O) 규율대상이 기본권적 중요성을 가질수록 그리고 그에 관한 공개적 토론의 필요성 내지 상충하는 이익 간 조정의 필요성이 클수록, 그것이 국회의 법률에 의해 직접 규율될 필요성 및 그 규율밀도의 요구 정도는 그만큼 더 증대되는 것으로 보아야 한다(헌재 2004.3.25. 2001헌마882).

0641
헌법 제75조는 "대통령은 법률에서 구체적으로 범위를 정하여 위임받은 사항과 법률을 집행하기 위하여 필요한 사항에 관하여 대통령령을 발할 수 있다."고 규정하고 있고, 헌법 제95조는 "국무총리 또는 행정각부의 장은 소관사무에 관하여 법률이나 대통령령의 위임 또는 직권으로 총리령 또는 부령을 발할 수 있다."고 규정하고 있다. 24년 법원직 ☐O ☐X

(O) 헌법 제75조는 "대통령은 법률에서 구체적으로 범위를 정하여 위임받은 사항과 법률을 집행하기 위하여 필요한 사항에 관하여 대통령령을 발할 수 있다."고 규정하고 있고, 헌법 제95조는 "국무총리 또는 행정각부의 장은 소관사무에 관하여 법률이나 대통령령의 위임 또는 직권으로 총리령 또는 부령을 발할 수 있다."고 규정하고 있다(헌재 2016.2.25. 2015헌바191).

OX 문제

0642
텔레비전방송수신료금액의 결정은 납부의무자의 범위 등과 함께 수신료에 관한 본질적인 중요한 사항이라고 보기 어려우므로 「한국방송공사법」 제36조 제1항이 국회의 결정이나 관여를 배제하고 한국방송공사로 하여금 수신료금액을 결정해서 문화관광부장관의 승인을 얻도록 하더라도 법률유보원칙에 위반되지 않는다. 24년 법원직, 22년 경찰승진

0643
수신료는 국가의 일반적 재정수입을 목적으로 하는 것이 아니라 공영방송사업이라는 특정사업의 재정조달을 목적으로 하는 것으로 국가의 일반적 과제와는 구별되며, 부담금의 형식을 남용한 것으로 볼 수 없다. 20년 법원행시

0644
수신료 징수업무를 지정받은 자가 수신료를 징수하는 때 그 고유업무와 관련된 고지행위와 결합하여 이를 행해서는 안 된다고 규정한 「방송법 시행령」 조항으로 인하여, 한국방송공사가 징수할 수 있는 수신료의 금액이나 범위의 변경은 없고 오로지 그 징수방법이 기존 전기요금과 통합하여 납부통지하던 것에서 이를 분리하여 납부통지하는 것으로 변경될 뿐, 위 조항이 신뢰보호원칙에 위배된다고 볼 수 없다. 25년 순경 1차

0645
조례에 대한 법률의 위임은 법규명령에 대한 법률의 위임과 같이 반드시 구체적으로 범위를 정하여 할 필요가 없으며 포괄적인 것으로 족하다. 21년 법무사

0646
헌법 제75조와 제95조가 정하는 포괄적인 위임입법의 금지는 그 문리해석상 정관에 위임한 경우까지 그 적용대상으로 하고 있으므로 법률이 정관에 자치법적 사항을 위임한 경우에도 적용된다. 23년 경찰승진, 22년 경찰승진

0647
대통령령은 법률의 위임이 없어도 법률에 위반되지 않는 범위 내에서 국민의 권리·의무에 관한 사항을 규율할 수 있다. 21년 법무사

정답 및 해설

(X) 텔레비전방송수신료는 대다수 국민의 재산권 보장의 측면이나 한국방송공사에게 보장된 방송자유의 측면에서 국민의 기본권실현에 관련된 영역에 속하고, 수신료금액의 결정은 납부의무자의 범위 등과 함께 수신료에 관한 본질적인 중요한 사항이므로 국회가 스스로 행하여야 하는 사항에 속하는 것임에도 불구하고 한국방송공사법 제36조 제1항에서 국회의 결정이나 관여를 배제한 채 한국방송공사로 하여금 수신료금액을 결정해서 문화관광부장관의 승인을 얻도록 한 것은 법률유보원칙에 위반된다(헌재 1999.5.27. 98헌바70).

(O) 수신료는 국가의 일반적 재정수입을 목적으로 하는 것이 아니라 공영방송사업이라는 특정사업의 재정조달을 목적으로 하는 것으로 국가의 일반적 과제와는 구별되며, 부담금의 형식을 남용한 것으로 볼 수 없다(헌재 2008.2.28. 2006헌바70).

(O) 심판대상조항으로 인하여 청구인이 징수할 수 있는 수신료의 금액이나 범위의 변경은 없고 수신료 납부통지 방법만이 변경되는 점 등을 고려할 때 심판대상조항이 신뢰보호원칙에 위배된다고 볼 수 없다(헌재 2024.5.30. 2023헌마820 등).

(O) 조례의 제정권자인 지방의회는 선거를 통해서 그 지역적인 민주적 정당성을 지니고 있는 주민의 대표기관이고 헌법이 지방자치단체에 포괄적인 자치권을 보장하고 있는 취지로 볼 때, 조례에 대한 법률의 위임은 법규명령에 대한 법률의 위임과 같이 반드시 구체적으로 범위를 정하여 할 필요가 없으며 포괄적인 것으로 족하다(헌재 1995.4.20. 92헌마264 등).

(X) 헌법 제75조, 제95조가 정하는 포괄적인 위임입법의 금지는, 그 문리해석상 정관에 위임한 경우까지 그 적용 대상으로 하고 있지 않고, 또 권력분립의 원칙을 침해할 우려가 없다는 점 등을 볼 때, 법률이 정관에 자치법적 사항을 위임한 경우에는 원칙적으로 적용되지 않는다(헌재 2001.4.26. 2000헌마122).

(X) 대통령은 법률에서 구체적으로 범위를 정하여 위임받은 사항과 법률을 집행하기 위하여 필요한 사항에 관하여 대통령령을 발할 수 있다(헌법 제75조).

| OX 문제 | 정답 및 해설 |

0648
헌법 제75조가 요청하는 위임입법의 예측가능성은 법규명령에 의하여서가 아니라 먼저 그 수권법률의 내용으로부터 예견 가능하여야 하는 것을 의미하므로, 시행령에 그 내용이 명확히 규정되어 있다는 점만으로 위임입법의 포괄성 문제가 해소되는 것은 아니다. 21년 비상기획관(하) [O X]

(O) 헌법 제75조가 요청하는 위임입법의 예측가능성은 법규명령에 의하여서가 아니라 먼저 그 수권법률의 내용으로부터 예견 가능하여야 하는 것을 의미하므로 시행령에 그 내용이 명확히 규정되어 있다는 점만으로 위임입법의 포괄성 문제가 해소되는 것은 아니다(헌재 2005.7.21. 2004헌가30).

0649
포괄위임입법금지원칙에 대한 판단기준인 예측가능성의 유무는 당해 특정조항 하나만을 가지고 판단할 것은 아니고 관련 법조항 전체를 유기적·체계적으로 종합판단하여야 하며, 각 대상법률의 성질에 따라 구체적·개별적으로 검토하여야 한다. 23년 경찰승진 [O X]

(O) 위임의 구체성·명확성 내지 예측가능성의 유무는 당해 특정 조항 하나만을 가지고 판단할 것이 아니라 관련 법조항 전체를 유기적 체계적으로 종합하여 판단하여야 하고 위임된 사항의 성질에 따라 구체적·개별적으로 검토하여야 한다(헌재 2013.6.27. 2011헌바386).

0650
의료보험요양기관의 지정취소사유 등을 법률에서 직접 규정하지 아니하고 보건복지부령에 위임하고 있는 구「공무원 및 사립학교교직원 의료보험법」제34조 제1항은 포괄위임금지의 원칙에 위배된다. 20년 경찰승진 [O X]

(O) 보건복지부령에 정하여질 요양기관지정취소 사유를 짐작하게 하는 어떠한 기준도 제시하고 있지 않으므로 이는 헌법상 위임입법의 한계를 일탈한 것으로서 헌법 제75조 및 제95조에 위반되고, 나아가 우리 헌법상의 기본원리인 권력분립의 원리, 법치주의 원리, 의회입법의 원칙 등에 위배된다(헌재 2002.6.27. 2001헌가30).

0651
등록세 중과세의 대상이 되는 부동산등기의 지역적 범위에 관하여 대통령령으로 정하는 대도시라고 규정한 구「지방세법」제138조 제1항은 포괄위임금지의 원칙에 위반되지 아니한다. 20년 경찰승진 [O X]

(O) 이 법률조항은 중과세되는 부동산등기의 지역적 범위에 관한 기본사항을 정한 다음 단지 세부적, 기술적 사항만을 대통령령에 위임한 것이라 할 것이므로 조세법률주의나 포괄위임입법금지원칙에 위반되지 아니한다(헌재 2002.3.28. 2001헌바24 등).

0652
헌법 제75조는 대통령령으로 입법할 수 있는 사항을 법률에서 구체적으로 범위를 정하여 위임받은 사항으로 한정함으로써 위임입법의 범위와 한계를 제시하고 있고, 이는 법률에서 일정한 사항을 하위법령에 위임하는 경우의 일반원칙으로서 대통령령뿐만 아니라 헌법 제95조에 의하여 총리령 또는 부령에 위임하는 경우에도 동일하게 적용된다. 21년 비상기획관(하) [O X]

(O) 헌법 제75조는 위임입법의 근거를 마련하는 한편, 대통령령으로 입법할 수 있는 사항을 법률에서 구체적으로 범위를 정하여 위임받은 사항으로 한정함으로써 위임입법의 범위와 한계를 제시하고 있는 것으로, 이는 법률에서 일정한 사항을 하위법령에 위임하는 경우의 일반원칙으로서 대통령령뿐만 아니라 헌법 제95조에 의하여 총리령 또는 부령에 위임하는 경우에도 동일하게 적용된다(헌재 2016.2.25. 2015헌바191).

0653
위임조항 자체에서 위임의 구체적 범위를 규정하고 있지 아니하는 경우에도, 당해 법률의 전반적인 체계와 관련 규정에 비추어 위임의 범위나 한계를 객관적으로 분명히 확정할 수 있다면, 이를 일반적이고 포괄적인 백지위임에 해당하는 것으로 볼 수 없다. 21년 국회직 9급 [O X]

(O) 예측가능성의 유무는 당해 특정조항 하나만을 가지고 판단할 것은 아니고 관련 법조항 전체를 유기적·체계적으로 종합하여 판단하여야 할 것이므로, 위임조항 자체에서 위임의 구체적 범위를 명백히 규정하고 있지 않다고 하더라도 당해 법률의 전반적 체계와 관련규정에 비추어 위임조항의 내재적인 위임의 범위나 한계를 객관적으로 분명히 확정할 수 있다면 이를 포괄적인 백지위임에 해당하는 것으로는 볼 수 없다(헌재 2016.2.25. 2015헌바191).

| OX 문제 | 정답 및 해설 |

0654
긴급자동차가 그 본래의 긴급한 용도로 운행되고 있는 경우 등 전용차로로의 통행이 예외적으로 허용되는 경우를 대통령령으로 정하도록 위임하는 도로교통법 제15조 제3항 단서는 포괄위임금지원칙에 위반되지 않는다. 22년 비상기획관 [O][X]

(O) 전용차로 통행금지의 예외적 허용범위를 대통령령으로 정하도록 위임하고 있더라도 이것이 포괄위임금지원칙에 위반된다고 볼 수는 없다(헌재 2018.11.29. 2017헌바465).

0655
'식품접객영업자 등 대통령령으로 정하는 영업자'는 '영업의 위생관리와 질서유지, 국민의 보건위생 증진을 위하여 총리령으로 정하는 사항'을 지켜야 한다고 규정한 구 「식품위생법」조항은 수범자와 준수사항을 모두 하위법령에 위임하면서도 위임될 내용에 대해 구체화하고 있지 아니하여 그 내용들을 전혀 예측할 수 없게 하고 있으므로, 포괄위임금지원칙에 위반된다. 22년 경찰승진, 20년 변호사 [O][X]

(O) 결국 심판대상조항은 수범자와 준수사항을 모두 하위법령에 위임하면서도 위임될 내용에 대해 구체화하고 있지 아니하여 그 내용들을 전혀 예측할 수 없게 하고 있으므로, 포괄위임금지원칙에 위반된다(헌재 2016.11.24. 2014헌가6).

0656
의료인이 의약품 제조자 등으로부터 판매촉진을 목적으로 제공되는 금전 등 경제적 이익을 받는 행위를 처벌하는 「의료법」조항이 예외적 허용사유의 구체적 범위를 하위법령에 위임한 것은 포괄위임금지원칙에 위배되지 않는다. 22년 경찰승진 [O][X]

(O) 심판대상조항 본문이 경제적 이익의 수수를 원칙적으로 금지하고, 그 단서에서는 예외적으로 허용되는 사유를 열거하면서 그 구체적 범위만을 보건복지부령으로 정하도록 위임하였고, 그 방법도 '견본품 제공, 학술대회 지원, 임상시험 지원, 제품설명회, 대금결제조건에 따른 할인비용, 시판 후 조사 등의 행위로서 보건복지부령으로 정하는 범위 안의 경제적 이익 등인 경우'라고 규정하여 하위법령에서 규정될 내용 및 범위의 기본사항을 구체적으로 규정하고 있으므로 심판대상조항은 포괄위임금지원칙에 위배되지 않는다(헌재 2015.2.26. 2013헌바374).

0657
법률이 구체적인 사항을 대통령령에 위임하고 있고, 그 대통령령에 규정되거나 제외된 부분의 위헌성이 문제되는 경우, 헌법의 근본원리인 권력분립주의와 의회주의 내지 법치주의 원리상, 법률조항의 위임에 따라 대통령령으로 규정한 내용이 헌법에 위반될 경우라도 그로 인하여 정당하고 적법하게 입법권을 위임한 수권법률조항까지도 위헌으로 되는 것은 아니다. 22년 지방직 7급 [O][X]

(O) 법률이 구체적인 사항을 대통령령에 위임하고 있고, 그 대통령령에 규정되거나 제외된 부분의 위헌성이 문제되는 경우, 헌법의 근본원리인 권력분립주의와 의회주의 내지 법치주의 원리상, 법률조항의 위임에 따라 대통령령으로 규정한 내용이 헌법에 위반될 경우라도 그 대통령령의 규정이 위헌으로 되는 것은 별론으로 하고, 그로 인하여 정당하고 적법하게 입법권을 위임한 수권법률조항까지도 위헌으로 되는 것은 아니라고 할 것이다(헌재 2019.2.28. 2017헌바245).

0658
오늘날 사회현상의 복잡화에 따라 국민의 권리·의무에 관한 사항이라 하여 모두 입법부에서 제정한 법률만으로 다 정할 수는 없으므로 반드시 구체적이고 개별적으로 한정된 사항이 아니더라도 하위법령에 위임하는 것이 허용된다. 24년 해경간부 [O][X]

(X) 법률의 위임은 반드시 구체적이고 개별적으로 한정된 사항에 대하여 행해져야 한다. 그렇지 아니하고 일반적이고 포괄적인 위임을 한다면 이는 사실상 입법권을 백지위임하는 것이나 다름없어 의회입법의 원칙이나 법치주의를 부인하는 것이 되고 행정권의 부당한 자의와 기본권행사에 대한 무제한적 침해를 초래할 위험이 있기 때문이다(헌재 1994.7.29. 93헌가12).

| OX 문제 | 정답 및 해설 |

0659
개별사건법률의 위헌 여부는, 그 형식만으로 가려지는 것이 아니라, 나아가 평등의 원칙이 추구하는 실질적 내용이 정당한지 아닌지를 따져야 비로소 가려진다. 21년 지방직 7급 [O][X]

(O) 따라서 개별사건법률의 위헌 여부는, 그 형식만으로 가려지는 것이 아니라, 나아가 평등의 원칙이 추구하는 실질적 내용이 정당한지 아닌지를 따져야 비로소 가려진다(헌재 1996.2.16. 96헌가2).

0660
특정규범이 개별사건법률에 해당한다 하여 곧바로 위헌을 뜻하는 것은 아니며, 비록 특정법률 또는 법률조항이 단지 하나의 사건만을 규율하려고 한다 하더라도 이러한 차별적 규율이 합리적인 이유로 정당화될 수 있는 경우에는 합헌적일 수 있다. 22년 경찰승진, 22년 해경일반, 20년 법무사 [O][X]

(O) 개별사건법률금지의 원칙이 법률제정에 있어서 입법자가 평등원칙을 준수할 것을 요구하는 것이기 때문에, 특정규범이 개별사건법률에 해당한다 하여 곧바로 위헌을 뜻하는 것은 아니다. 비록 특정법률 또는 법률조항이 단지 하나의 사건만을 규율하려고 한다 하더라도 이러한 차별적 규율이 합리적인 이유로 정당화될 수 있는 경우에는 합헌적일 수 있다. 따라서 개별사건법률의 위헌 여부는, 그 형식만으로 가려지는 것이 아니라, 나아가 평등의 원칙이 추구하는 실질적 내용이 정당한지 아닌지를 따져야 비로소 가려진다(헌재 1996.2.16. 96헌가2).

0661
체계정당성의 원리는 동일 규범 내에서 또는 상이한 규범간에 그 규범의 구조나 내용 또는 규범의 근거가 되는 원칙면에서 상호 배치되거나 모순되어서는 안 된다는 하나의 헌법적 요청이며, 국가공권력에 대한 통제와 이를 통한 국민의 자유와 권리의 보장을 이념으로 하는 법치주의원리로부터 도출된다. 25년 경찰 2차, 24년 경찰승진, 21년 소방간부 [O][X]

(O) 체계정당성의 원리는 동일 규범 내에서 또는 상이한 규범 간에 그 규범의 구조나 내용 또는 규범의 근거가 되는 원칙면에서 상호 배치되거나 모순되어서는 안된다는 하나의 헌법적 요청이며, 국가공권력에 대한 통제와 이를 통한 국민의 자유와 권리의 보장을 이념으로 하는 법치주의원리로부터 도출되는데, 이러한 체계정당성 위반은 비례의 원칙이나 평등의 원칙 등 일정한 헌법의 규정이나 원칙을 위반하여야만 비로소 위헌이 되며, 체계정당성의 위반을 정당화할 합리적인 사유의 존재에 대하여는 입법 재량이 인정된다(헌재 2004.11.25. 2002헌바66).

0662
체계정당성 위반은 비례의 원칙이나 평등의 원칙 등 일정한 헌법의 규정이나 원칙을 위반하여야만 비로소 위헌이 되며, 체계정당성의 위반을 정당화할 합리적인 사유의 존재에 대하여는 입법재량이 인정된다. 25년 경찰 2차, 22년 입법고시, 20년 국회직 8급 [O][X]

(O) 체계정당성위반은 비례의 원칙이나 평등원칙위반 내지 입법자의 자의금지위반 등 일정한 위헌성을 시사하기는 하지만 아직 위헌은 아니고, 그것이 위헌이 되기 위해서는 결과적으로 비례의 원칙이나 평등의 원칙 등 일정한 헌법의 규정이나 원칙을 위반하여야 한다(헌재 2004.11.25. 2002헌바66).

0663
의료기관 시설의 일부를 변경하여 약국을 개설하는 것을 금지하는 조항을 신설하면서 이에 해당하는 기존 약국 영업을 개정법 시행일로부터 1년까지만 허용하고 유예기간 경과 후에는 약국을 폐쇄하도록 한 약사법 부칙 조항은 개정법 시행 이전부터 해당 약국을 운영해 온 기존 약국개설등록자의 신뢰이익을 침해하여 신뢰보호의 원칙에 위반된다. 21년 법원행시 [O][X]

(X) 의료기관과 약국간의 담합을 방지하여 의약분업을 효율적으로 실현함으로써 국민보건을 향상시키려는 공적 이익은 상당히 크기 때문에 직업의 자유를 침해하는 것이 아니다(헌재 2003.10.30. 2001헌마700 등).

OX 문제

0664
조세에 관한 법규·제도는 신축적으로 변할 수밖에 없다는 점에서 납세의무자로서는 구법 질서에 의거한 신뢰를 바탕으로 적극적으로 새로운 법률관계를 형성하였다든지 하는 특별한 사정이 없는 한 원칙적으로 현재의 세법이 변함없이 유지되리라고 기대하거나 신뢰할 수는 없다. 25년 순경 1차, 21년 국가직 7급 [O|X]

0665
사회 환경이나 경제여건의 변화에 따른 필요성에 의하여 법률은 신축적으로 변할 수밖에 없고 변경된 새로운 법질서와 기존의 법질서 사이에는 이해관계의 상충이 불가피하므로, 국민이 가지는 모든 기대 내지 신뢰가 헌법상 권리로서 보호될 것은 아니다. 21년 국가직 7급 [O|X]

0666
위헌인 법률일지라도 해당 법률에 대한 헌법재판소의 위헌결정이 있기 전까지는 합헌성이 추정되므로 합헌적인 법률에 기초한 신뢰이익과 동일한 정도의 보호, 즉 '헌법에서 유래하는 국가의 보호의무'까지 요청된다. 25년 변호사 [O|X]

0667
근대의 입헌적 민주주의 체제는 사회의 공적 자율성에 기한 정치적 의사결정을 추구하는 민주주의 원리와, 국가권력이나 다수의 정치적 의사로부터 개인의 권리, 즉 개인의 사적 자율성을 보호해 줄 수 있는 법치주의 원리라는 두 가지 주요한 원리에 따라 구성되고 운영된다. 22년 소방간부 [O|X]

0668
신법이 피적용자에게 유리한 경우에는 이른바 시혜적인 소급입법이 가능하지만 이를 입법자의 의무라고는 할 수 없고, 그러한 소급입법을 할 것인지의 여부는 입법재량의 문제로서 그 판단은 일차적으로 입법기관에 맡겨져 있으며, 이와 같은 시혜적 조치를 할 것인가 하는 문제는 국민의 권리를 제한하거나 새로운 의무를 부과하는 경우와는 달리 입법자에게 보다 광범위한 입법형성의 자유가 인정된다. 25년 5급 공채, 25년 경찰승진, 23년 경찰승진 [O|X]

정답 및 해설

(O) 조세에 관한 법규·제도는 신축적으로 변할 수밖에 없다는 점에서 납세의무자로서는 구법질서에 의거한 신뢰를 바탕으로 적극적으로 새로운 법률관계를 형성하였다든지 하는 특별한 사정이 없는 한 원칙적으로 세율 등 현재의 세법이 변함없이 유지되리라고 기대하거나 신뢰할 수는 없다(헌재 2002.2.28. 99헌바4).

(O) 사회환경이나 경제여건의 변화에 따른 필요성에 의하여 법률은 신축적으로 변할 수밖에 없고, 변경된 새로운 법질서와 기존의 법질서 사이에는 이해관계의 상충이 불가피하므로, 국민이 가지는 모든 기대 내지 신뢰가 헌법상 권리로서 보호될 것은 아니다(헌재 2019.8.29. 2017헌바496).

(X) 이러한 신뢰이익은 위헌적 법률의 존속에 관한 것에 불과하여 위헌적인 상태를 제거해야 할 법치국가적 공익과 비교형량해 보면 공익이 신뢰이익에 대하여 원칙적인 우위를 차지하기 때문에 합헌적인 법률에 기초한 신뢰이익과 동일한 정도의 보호, 즉 "헌법에서 유래하는 국가의 보호의무"까지는 요청할 수는 없다(헌재 2006.3.30. 2005헌마598).

(O) 근대의 입헌적 민주주의 체제는 사회의 공적 자율성에 기한 정치적 의사결정을 추구하는 민주주의 원리와, 국가권력이나 다수의 정치적 의사로부터 개인의 권리, 즉 개인의 사적 자율성을 보호해 줄 수 있는 법치주의 원리라는 두 가지 주요한 원리에 따라 구성되고 운영된다(헌재 2014.12.19. 2013헌다1).

(O) 신법이 피적용자에게 유리한 경우에는 이른바 시혜적인 소급입법이 가능하지만 이를 입법자의 의무라고는 할 수 없고, 그러한 소급입법을 할 것인지의 여부는 입법재량의 문제로서 그 판단은 일차적으로 입법기관에 맡겨져 있으며, 이와 같은 시혜적 조치를 할 것인가 하는 문제는 국민의 권리를 제한하거나 새로운 의무를 부과하는 경우와는 달리 입법자에게 보다 광범위한 입법형성의 자유가 인정된다고 할 것이다(헌재 1995.12.28. 95헌마196).

OX 문제

0669
신법이 피적용자에게 유리한 경우에는 이른바 시혜적인 소급입법이 가능하지만, 그러한 소급입법을 할 것인지 여부는 그 일차적인 판단이 입법기관에 맡겨져 있으므로 입법자는 입법목적, 사회실정, 법률의 개정 이유나 경위 등을 참작하여 결정할 수 있고, 그 판단이 합리적 재량의 범위를 벗어나 현저하게 불합리하고 불공정한 것이 아닌 한 헌법에 위반된다고 할 수는 없다. 22년 법무사 ☐O☐X

0670
구 법령에 따라 폐자동차재활용업 등록을 한 자에게도 3년 이내에 등록기준을 갖추도록 한 「전기·전자제품 및 자동차의 자원순환에 관한 법률 시행령」 부칙조항에서 정한 3년의 유예기간은 법령의 개정으로 인한 상황변화에 적절히 대처하기에는 지나치게 짧다고 할 수 있으므로 신뢰보호원칙에 위배된다. 25년 변호사 ☐O☐X

0671
댐사용권의 취소·변경 처분을 할 경우 국가는 댐사용권자가 납부한 부담금이나 납부금의 일부를 반환하도록 하고, 반환할 금액은 대통령령에서 정하는 상각액을 뺀 금액을 초과하지 못하도록 규정한 구 「댐건설 및 주변지역지원 등에 관한 법률」 조항을 이미 댐사용권을 취득하여 행사하고 있던 댐사용권자에 적용하더라도, 댐사용권의 존속에 대한 댐사용권자의 신뢰이익보다 다목적댐을 통한 수자원의 합리적 개발·이용이라는 공익적 가치가 매우 크다고 볼 수 있어 신뢰보호원칙에 위배되지 않는다. 25년 변호사 ☐O☐X

0672
여러 개의 의료기관을 운영할 수 있을 것이라는 의료인의 구법 질서에 대한 신뢰는 헌법상 보호가치가 있는 신뢰이므로, 이후 해당 「의료법」 조항이 의료인은 어떠한 명목으로도 둘 이상의 의료기관을 운영할 수 없다는 내용으로 개정되었다면 신뢰보호원칙에 위배된다. 25년 변호사 ☐O☐X

0673
선불식 할부거래업자에게 개정 법률이 시행되기 전에 체결된 선불식 할부계약에 대하여도 소비자피해보상보험계약 등을 체결할 의무를 부과한 「할부거래에 관한 법률」 조항은 소급입법금지원칙에 위반되지 아니한다. 24년 해경간부 ☐O☐X

정답 및 해설

(O) 신법이 피적용자에게 유리한 경우에는 이른바 시혜적인 소급입법이 가능하지만, 그러한 소급입법을 할 것인지 여부는 그 일차적인 판단이 입법기관에 맡겨져 있으므로 입법자는 입법목적, 사회실정, 법률의 개정이유나 경위 등을 참작하여 결정할 수 있고, 그 판단이 합리적 재량의 범위를 벗어나 현저하게 불합리하고 불공정한 것이 아닌 한 헌법에 위반된다고 할 수는 없다(헌재 2012.8.23. 2011헌바169).

(X) 이 사건 부칙조항이 정한 3년의 유예기간은 법령의 개정으로 인한 상황변화에 적절히 대처하기에 상당한 기간으로 지나치게 짧은 것이라 할 수 없으므로, 이 사건 부칙조항은 신뢰보호원칙에 위배되어 청구인의 직업의 자유를 침해하지 아니한다(헌재 2022.9.29. 2019헌마1352).

(O) 댐사용권은 공공재인 수자원의 효율적인 이용과 관련되고, 존속기한의 정함이 없으며 취소 또는 변경의 가능성이 내재되어 있는 점, 수자원의 중요성과 대체 불가능성 등을 고려하면 댐사용권의 존속에 대한 청구인의 신뢰이익보다는 다목적댐을 통한 수자원의 합리적 개발·이용이라는 공익적 가치가 매우 크다고 볼 수 있다. 따라서 부담금반환조항이 헌법상 신뢰보호원칙에 반한다고 볼 수 없다(헌재 2022.10.27. 2019헌바44).

(X) 이 사건 법률조항으로 인하여 침해되는 의료인의 신뢰이익이, 건전한 의료질서를 확립하고 나아가 국민건강상의 위해를 방지한다는 공익에 우선하여 특별히 헌법적으로 보호해야 할 가치나 필요성이 있다고 보기 어렵다. 따라서 이 사건 법률조항은 신뢰보호원칙에 반하지 않는다(헌재 2019.8.29. 2014헌바212 등).

(O) 선불식 할부계약이 체결되고 선수금이 지급되었다고 하더라도 그 계약에 따른 선불식 할부거래업자의 재화 또는 용역 제공 의무는 여전히 남아 있게 된다. 따라서 선수금보전의무조항은 현재 진행 중인 사실관계에 적용되는 것이어서 진정소급입법에 해당된다고 볼 수 없으므로 소급입법금지원칙에 위배되지 아니한다(헌재 2017.7.27. 2015헌바240).

OX 문제

0674
위계공무집행방해를 처벌하는 「형법」 조항의 '위계', '직무집행', '방해'는 모두 불확실성을 지닌 용어이고, 특히 '위계'는 의미가 모호하여 일관된 해석기준이 확립되어 있지 않으므로 죄형법정주의에서 파생되는 명확성원칙에 위반된다. 24년 국회직 9급 ☐O ☐X

0675
상조업은 물품 사재기 및 하위 판매원의 무한 확장에 의한 폐해가 없거나 미미하고, 「할부거래에 관한 법률」상 선불식 할부거래에 관한 규정을 통하여 소비자 피해를 충분히 예방할 수 있음에도 불구하고, 「방문판매 등에 관한 법률」 제2조 제5호가 다단계판매의 성립요건을 모호하게 규정하여 상조업체도 다단계판매에 관한 규제를 받게 되는 것은 명확성원칙에 반하는 것으로 영업의 자유가 침해된다. 25년 국회직 8급 ☐O ☐X

0676
전시·사변 등 국가비상사태에 있어서 전투에 종사하는 자에 대하여 각령(閣令)이 정하는 바에 의하여 전투근무수당을 지급하도록 한 구 「군인보수법」 제17조 중 '전시·사변 등 국가비상사태' 부분은 전시·사변과 같이 전투가 발생하였거나 발생할 수 있는 수준의 대한민국의 국가적인 비상사태를 의미함을 쉽게 알 수 있으므로 이는 명확성원칙에 위반되지 않는다. 25년 국회직 8급 ☐O ☐X

0677
복수국적자로서 외국 국적을 선택하려는 자는 외국에 주소가 있는 경우에만 국적이탈을 허용하고 있는 「국적법」 조항에서 '외국에 주소가 있는 경우'는 명확성원칙에 위배되지 않는다. 25년 변호사 ☐O ☐X

0678
세무당국에 사업자등록을 하고 운전교습업을 영위해오던 운전교습업자라도 「도로교통법」상의 운전학원으로 등록하지 아니하면 운전교육행위를 할 수 없도록 한 것은 신뢰보호의 원칙에 위배되지 않는다. 20년 국회직 9급 ☐O ☐X

정답 및 해설

(X) 심판대상조항의 '위계'는 그 사전적 의미와 법원의 일관된 해석을 종합하면 '행위자의 행위목적을 이루기 위하여 상대방에게 오인, 착각, 부지를 일으키게 하여 그 오인, 착각, 부지를 이용하는 것'을 의미한다고 볼 수 있고, '직무집행'과 '방해'에 관하여도 해석의 기준이 되는 판례가 확립되어 있다. 따라서 심판대상조항으로 인하여 금지되는 행위가 무엇인지 충분히 예측할 수 있으므로, 심판대상조항은 죄형법정주의의 명확성원칙에 위반되지 아니한다(헌재 2024.4.25. 2020헌바600).

(X) 심판대상조항은 다단계판매의 의미를 정의하는 조항에 불과하고 다단계판매와 관련한 금지나 제한은 방문판매법 제23조 제1항 제9호 등 다른 조항에서 규율하고 있으므로, 위 주장에 대하여는 더 나아가 판단하지 아니한다(헌재 2023.8.31. 2020헌바473).

(O) '국가비상사태'는 위 전시, 사변과 같이 전투가 발생하였거나 발생할 수 있는 수준의 대한민국의 국가적인 비상사태를 의미함을 쉽게 알 수 있다. 심판대상조항 중 '전시·사변 등 국가비상사태' 부분은 명확성원칙에 위반되지 않는다(헌재 2023.8.31. 2020헌바594).

(O) 국적법 제14조 제1항 본문의 '외국에 주소가 있는 경우'라는 표현은 입법취지 및 그에 사용된 단어의 사전적 의미 등을 고려할 때 다른 나라에 생활근거가 있는 경우를 뜻함이 명확하므로 명확성원칙에 위배되지 아니한다(헌재 2023.2.23. 2020헌바603).

(O) 청구인들이 비록 세무당국에 사업자등록을 하고 운전교습업에 종사하였다고 하더라도, 사업자등록은 과세행정상의 편의를 위하여 납세자의 인적사항 등을 공부에 등재하는 행위에 불과하므로 운전교습업의 계속에 대하여 국가가 신뢰를 부여하였다고 보기도 어렵다(헌재 2003.9.25. 2001헌마447 등).

| OX 문제 | 정답 및 해설 |

0679
법률에 따른 개인의 행위가 단지 법률이 반사적으로 부여하는 기회의 활용을 넘어서 국가에 의하여 일정 방향으로 유인된 것이라면 특별히 보호가치가 있는 신뢰이익이 인정될 수 있고, 원칙적으로 개인의 신뢰보호가 국가의 법률개정이익에 우선된다고 볼 여지가 있다. 23년 경찰승진 [O][X]

(O) 법률에 따른 개인의 행위가 단지 법률이 반사적으로 부여하는 기회의 활용을 넘어서 국가에 의하여 일정 방향으로 유인된 것이라면 특별히 보호가치가 있는 신뢰이익이 인정될 수 있고, 원칙적으로 개인의 신뢰보호가 국가의 법률개정이익에 우선된다고 볼 여지가 있다(헌재 2002.11.28. 2002헌바45).

0680
부진정소급입법에 있어서는 소급효를 요구하는 공익상의 사유와 신뢰보호의 요청 사이의 교량과정에서 신뢰보호의 관점이 입법자의 형성권에 제한을 가하게 되므로 원칙적으로 허용되지 않는다. 23년 경찰승진 [O][X]

(X) 새로운 입법으로 이미 종료된 사실관계에 작용케 하는 진정소급입법은 헌법적으로 허용되지 않는 것이 원칙이며 특단의 사정이 있는 경우에만 예외적으로 허용될 수 있는 반면, 현재 진행 중인 사실관계에 작용케 하는 부진정소급입법은 원칙적으로 허용되지만 소급효를 요구하는 공익상의 사유와 신뢰보호의 요청 사이의 교량과정에서 신뢰보호의 관점이 입법자의 형성권에 제한을 가하게 된다(헌재 1998.11.26. 97헌바58). / 부진정은 원칙적으로 허용된다고 보아야 한다.

0681
친일재산을 그 취득·증여 등 원인행위시에 국가의 소유로 하도록 규정한 「친일반민족행위자 재산의 국가귀속에 관한 특별법」 조항은 현재 진행 중인 사실관계 또는 법률관계에 작용하는 부진정소급입법에 해당한다. 22년 경찰간부 [O][X]

(X) 친일반민족행위자 재산의 국가귀속에 관한 특별법은 부진정소급입법이 아니라 진정소급입법에 해당한다(헌재 2011.3.31. 2008헌바141).

0682
친일재산을 그 취득·증여 등 원인행위시에 국가의 소유로 하도록 규정한 친일반민족행위자 재산의 국가귀속에 관한 특별법 조항은 진정소급입법에 해당하나 헌법 제13조 제2항에 반하지 않는다. 20년 법원직 [O][X]

(O) 진정소급입법이라 할지라도 예외적으로 소급입법을 정당화할 수 있는 경우에는 이를 허용할 수 있는바, 친일재산에 내포된 민족배반적 성격과 우리 헌법 전문의 내용에 비추어 친일재산의 소급적 박탈은 충분히 예상될 수 있었다고 보이고, 재산귀속의 대상을 사안이 중대하고 범위가 명백한 네 가지 유형으로 한정하고 있으며, 친일반민족행위자 측은 그 재산이 친일행위의 대가가 아니라는 점을 입증하여 얼마든지 국가귀속을 막을 수 있으므로, 친일재산의 국가귀속 규정이 헌법 제13조 제2항에 위반된다거나 재산권을 침해한다고 볼 수도 없다는 것이다(헌재 2011.3.31. 2008헌바141).

0683
법률의 개정 시 구법 질서에 대한 당사자의 신뢰가 합리적이고도 정당하며, 법률의 개정으로 야기되는 당사자의 손해가 극심하여 새로운 입법으로 달성하고자 하는 공익적 목적이 그러한 당사자의 신뢰의 파괴를 정당화할 수 없다면, 그러한 새 입법은 신뢰보호의 원칙상 허용될 수 없다. 22년 해경간부 [O][X]

(O) 신뢰보호의 원칙은 헌법상 법치국가의 원칙으로부터 도출되는데, 그 내용은 법률의 제정이나 개정시 구법질서에 대한 당사자의 신뢰가 합리적이고도 정당하며 법률의 제정이나 개정으로 야기되는 당사자의 손해가 극심하여 새로운 입법으로 달성하고자 하는 공익적 목적이 그러한 당사자의 신뢰의 파괴를 정당화할 수 없다면, 그러한 새로운 입법은 신뢰보호의 원칙상 허용될 수 없다는 것이다(헌재 2002.11.28. 2002헌바45).

0684
형벌불소급의 원칙은 형사소추가 "언제부터 어떠한 조건 하에서" 가능한가의 문제에 관한 것이고, "얼마동안" 가능한가의 문제에 관한 것이 아니다. 22년 경찰간부 [O][X]

(O) 형벌불소급의 원칙은 형사소추가 '언제부터 어떠한 조건하에서' 가능한가의 문제에 관한 것이고, '얼마동안' 가능한가의 문제에 관한 것은 아니다(헌재 1996.2.16. 96헌가2 등).

| OX 문제 | 정답 및 해설 |

0685

공소시효제도가 헌법 제12조 제1항 및 제13조 제1항에 정한 죄형법정주의의 보호범위에 바로 속하지 않는다면, 소급입법의 헌법적 한계는 법적 안정성과 신뢰보호원칙을 포함하는 법치주의의 원칙에 따른 기준으로 판단하여야 한다. 22년 순경 1차 [O X]

(O) 공소시효제도가 헌법 제12조 제1항 및 제13조 제1항에 정한 죄형법정주의의 보호범위에 바로 속하지 않는다면, 소급입법의 헌법적 한계는 법적 안정성과 신뢰보호원칙을 포함하는 법치주의의 원칙에 따른 기준으로 판단하여야 한다(헌재 2021.6.24. 2018헌바457). / 조심해야 한다. 공소시효는 형벌이 아니므로 형벌불소급으로 판단하는 것이 아니라 법치주의 원칙에 따라 판단해야 한다.

0686

전부개정된 「성폭력범죄의 처벌에 관한 특례법」 시행 전에 행하여졌으나 아직 공소시효가 완성되지 아니한 성폭력범죄에 대해서도 공소시효의 정지·배제조항을 적용하는 「성폭력범죄의 처벌에 관한 특례법」 조항은 신뢰보호원칙에 위반되지 않는다. 22년 경찰간부 [O X]

(O) 심판대상조항이 「형사소송법」의 공소시효에 관한 조항의 적용을 배제하고 새롭게 규정된 조항을 적용하도록 하였다고 하더라도, 이로 인하여 제한되는 성폭력 가해자의 신뢰이익이 공익에 우선하여 특별히 헌법적으로 보호해야 할 가치나 필요성이 있다고 보기 어렵다. 따라서 심판대상조항은 신뢰보호원칙에 반한다고 할 수 없다(헌재 2021.6.24. 2018헌바457).

0687

위법건축물에 대해 이행강제금을 부과하도록 하면서 이행강제금제도 도입 전의 건축물에 대해 이행강제금제도 적용의 예외를 두지 않는 「건축법」 부칙조항은 신뢰보호원칙에 위반되지 않는다. 22년 경찰간부 [O X]

(O) 이행강제금제도 도입 전의 위법건축물이라 하더라도 이행강제금을 부과함으로써 위법상태를 치유하여 건축물의 안전, 기능, 미관을 증진하여야 한다는 공익적 필요는 중대하다 할 것이다. 따라서 이 사건 부칙조항은 신뢰보호원칙에 위배된다고 볼 수 없다(헌재 2015.10.21. 2013헌바248).

0688

헌법 제13조 제2항이 금하고 있는 소급입법은, 이미 과거에 완성된 사실·법률관계를 규율의 대상으로 하는 이른바 진정소급효의 입법과 이미 과거에 시작하였으나 아직 완성되지 아니하고 진행과정에 있는 사실·법률관계를 규율의 대상으로 하는 이른바 부진정소급효의 입법을 모두 의미한다. 24년 변호사, 20년 법원직 [O X]

(X) 과거의 사실관계 또는 법률관계를 규율하기 위한 소급입법의 태양에는 이미 과거에 완성된 사실·법률관계를 규율의 대상으로 하는 이른바 진정소급효의 입법과 이미 과거에 시작하였으나 아직 완성되지 아니하고 진행과정에 있는 사실·법률관계를 규율의 대상으로 하는 이른바 부진정소급효의 입법이 있다. 헌법 제13조 제2항이 금하고 있는 소급입법은 전자, 즉 진정소급효를 가지는 법률만을 의미하는 것으로서, 이에 반하여 후자, 즉 부진정소급효의 입법은 원칙적으로 허용되는 것이다(헌재 1999.4.29. 94헌바37 등).

0689

기존의 퇴직연금 수급자에게 전년도 평균임금월액을 초과한 소득월액이 있는 경우에 그 초과 액수에 따라 퇴직연금 중 일부의 지급을 정지하는 것은 보호해야 할 퇴직연금 수급자의 신뢰의 가치는 매우 큰 반면, 공무원연금 재정의 파탄을 막고 공무원연금제도를 건실하게 유지하려는 공익적 가치는 그리 크지 않으므로 헌법상 신뢰보호의 원칙에 위반된다. 22년 경찰승진 [O X]

(X) 퇴직한 공무원이 평균임금월액을 초과한 소득월액을 얻는 경우는 드물 것이어서 지급정지 대상자 자체가 소수일 수밖에 없고 평균적인 지급정지액 역시 적은 액수에 그칠 것으로 보이므로, 이 사건 심판대상조항에 의하여 퇴직연금 수급자들이 입는 불이익은 그다지 크지 않다 할 것이다. 따라서 보호해야 할 퇴직연금 수급자의 신뢰의 가치는 그리 크지 않은 반면, 공무원연금 재정의 파탄을 막고 공무원연금제도를 건실하게 유지하려는 공익적 가치는 긴급하고 또한 중요한 것이므로, 이 사건 심판대상조항이 헌법상 신뢰보호의 원칙에 위반된다고 할 수 없다(헌재 2008.2.28. 2005헌마872 등).

| OX 문제 | 정답 및 해설 |

0690
외국에서 치과대학을 졸업한 대한민국 국민이 국내 치과의사 면허시험에 응시하기 위해서는 기존의 응시요건에 추가하여 새로이 예비시험에 합격할 것을 요건으로 규정한 「의료법」의 '예비시험' 조항은 외국에서 치과대학을 졸업한 국민들이 가지는 합리적 기대를 저버리는 것으로서 신뢰보호의 원칙상 허용되지 아니한다. 22년 경찰승진 ⓞⓧ

(X) 이 사건 법률조항은 청구인들의 신뢰이익을 충분히 고려하고 있다고 할 것이므로 신뢰보호원칙에 위배된다고 할 수 없다(헌재 2006.4.27. 2005헌마406).

0691
무기징역의 집행 중에 있는 자의 가석방 요건을 종전의 '10년 이상'에서 '20년 이상' 형 집행 경과로 강화한 개정 「형법」 조항을 「형법」 개정 시에 이미 수용 중인 사람에게도 적용하는 것은 가석방을 기대하고 있던 수형자가 국가 공권력에 대해 가지고 있던 적법한 신뢰를 보호하지 않는 것으로서 신뢰보호의 원칙에 위반된다. 22년 경찰승진, 21년 법원행시, 20년 국회직 ⓞⓧ

(X) 수형자가 형법에 규정된 형 집행경과기간 요건을 갖춘 것만으로 가석방을 요구할 권리를 취득하는 것은 아니므로, 10년간 수용되어 있으면 가석방 적격심사 대상자로 선정될 수 있었던 구 형법 제72조 제1항에 대한 청구인의 신뢰를 헌법상 권리로 보호할 필요성이 있다고 할 수 없다. … 이 사건 부칙조항이 신뢰보호원칙에 위배되어 청구인의 신체의 자유를 침해한다고 볼 수 없다(헌재 2013.8.29. 2011헌마408).

0692
사법연수원의 소정 과정을 마치더라도 바로 판사임용자격을 취득할 수 없고 일정 기간 이상의 법조경력을 갖추어야 판사로 임용될 수 있도록 한 「법원조직법」 개정조항의 시행일 및 그 경과조치에 관한 부칙은, 동법 개정 시점에 이미 사법연수원에 입소하여 사법연수생의 신분을 가지고 있었던 자가 사법연수원을 수료하는 해의 판사 임용에 지원하는 경우에 적용되는 한 신뢰보호의 원칙에 위반된다. 22년 경찰승진 ⓞⓧ

(O) 이 사건 심판대상 조항이 개정법 제42조 제2항을 법 개정 당시 이미 사법연수원에 입소한 사람들에게 적용되도록 한 것은 신뢰보호원칙에 반한다고 할 것이다(헌재 2012.11.29. 2011헌마786 등).

0693
「공무원연금법」이 개정되어 소방공무원이 재난·재해현장에서 화재진압이나 인명구조작업 중 입은 위해뿐만 아니라 그 업무수행을 위한 긴급한 출동 복귀 및 부수활동 중 위해에 의하여 사망한 경우까지 그 유족에게 순직공무원보상을 하여 주는 제도를 도입하면서 개정 법률 부칙에 신법을 소급하는 경과규정을 두지 않았다고 하더라도 이를 입법재량의 범위를 벗어난 불합리한 차별이라고 할 수 없다. 22년 법학경채 ⓞⓧ

(O) 소방공무원이 재난·재해현장에서 화재진압이나 인명구조작업 중 입은 위해뿐만 아니라 그 업무수행을 위한 긴급한 출동·복귀 및 부수활동 중 위해에 의하여 사망한 경우까지 그 유족에게 순직공무원보상을 하여 주는 제도를 도입하면서 이 사건 부칙조항이 신법을 소급하는 경과규정을 두지 않았다고 하더라도 소급적용에 따른 국가의 재정부담, 법적 안정성 측면 등을 종합적으로 고려하여 입법정책적으로 정한 것이므로 입법재량의 범위를 벗어나 불합리한 차별이라고 할 수 없다(헌재 2012.8.23. 2011헌바169).

| OX 문제 | 정답 및 해설 |

0694
'소급입법'은 신법이 이미 종료된 사실관계나 법률관계에 적용되는지, 아니면 현재 진행 중인 사실관계나 법률관계에 적용되는지에 따라 '진정소급입법'과 '부진정소급입법'으로 구분되고, 전자는 헌법상 원칙적으로 허용되지 않고 특단의 사정이 있는 경우에만 예외적으로 허용되는 반면, 후자는 원칙적으로 허용되지만 소급효를 요구하는 공익상의 사유와 신뢰보호 요청 사이의 비교형량 과정에서 신뢰보호의 관점이 입법자의 입법형성권에 일정한 제한을 가하게 된다. 22년 법무사, 20년 법원직 [O][X]

(O) 일반적으로 과거의 사실관계 또는 법률관계를 규율하기 위한 소급입법의 태양을 이미 과거에 완성된 사실·법률관계를 규율의 대상으로 하는 '진정소급입법'과 이미 과거에 시작하였으나 아직 완성되지 아니하고 진행과정에 있는 사실·법률관계를 규율의 대상으로 하는 '부진정소급입법'으로 구분한다. 전자는 헌법적으로 허용되지 않는 것이 원칙이며, 특별한 사정이 있는 경우에만 예외적으로 허용될 수 있는 반면, 후자는 원칙적으로 허용되지만 소급효를 요구하는 공익상의 사유와 신뢰보호의 요청 사이의 교량과정에서 신뢰보호의 관점이 입법자의 형성권에 제한을 가하게 된다(헌재 2002.11.28. 2002헌바45).

0695
우리 헌법이 규정한 형벌불소급의 원칙은 '행위의 가벌성'에 관한 것이기 때문에 소추가능성에만 연관될 뿐이고 가벌성에는 영향을 미치지 않는 공소시효에 관한 규정은 원칙적으로 그 효력범위에 포함되지 않는다. 24년 법원행시, 22년 법무사 [O][X]

(O) 우리 헌법이 규정한 형벌불소급의 원칙은 '행위의 가벌성'에 관한 것이기 때문에 소추가능성에만 연관될 뿐이고 가벌성에는 영향을 미치지 않는 공소시효에 관한 규정은 원칙적으로 그 효력범위에 포함되지 않는다(헌재 2021.6.24. 2018헌바457).

0696
형벌불소급원칙에서 의미하는 '처벌'은 형법에 규정되어 있는 형식적 의미의 형벌 유형에 국한되지 않으며, 범죄행위에 따른 제재의 내용이나 실제적 효과가 형벌적 성격이 강하여 신체의 자유를 박탈하거나 이에 준하는 정도로 신체의 자유를 제한하는 경우에는 형벌불소급원칙이 적용되어야 한다. 22년 법무사 [O][X]

(O) 형벌불소급원칙에서 의미하는 '처벌'은 형법에 규정되어 있는 형식적 의미의 형벌 유형에 국한되지 않으며, 범죄행위에 따른 제재의 내용이나 실제적 효과가 형벌적 성격이 강하여 신체의 자유를 박탈하거나 이에 준하는 정도로 신체의 자유를 제한하는 경우에는 형벌불소급원칙이 적용되어야 한다(헌재 2017.10.26. 2015헌바239 등).

0697
특정 범죄자에 대한 위치추적 전자장치 부착 등에 관한 법률에 의한 전자장치 부착명령은 형벌과 구별되는 비형벌적 보안처분으로서 소급효금지원칙이 적용되지 아니한다. 22년 법무사 [O][X]

(O) 이 사건 부착명령은 형벌과 구별되는 비형벌적 보안처분으로서 소급효금지원칙이 적용되지 아니한다(헌재 2012.12.27. 2010헌가82 등).

0698
법치국가원리의 한 표현인 명확성의 원칙은 기본적으로 모든 기본권 제한입법에 대하여 요구된다. 20년 법무사 [O][X]

(O) 법치국가원리의 한 표현인 명확성의 원칙은 기본적으로 모든 기본권제한 입법에 대하여 요구된다(헌재 2002.1.31. 2000헌가8).

0699
법률 위임의 구체성·명확성의 요구 정도는 규제대상의 종류와 성격에 따라서 달라지는데, 기본권침해 영역에서는 급부행정 영역에서보다는 구체성 요구가 강화되고, 다양한 사실관계를 규율하거나 사실관계가 수시로 변화될 것이 예상되면 위임의 명확성 요건이 완화되어야 한다. 25년 국회직 9급, 24년 경찰 2차 [O][X]

(O) 기본권침해영역에서는 급부행정영역에서보다는 구체성의 요구가 강화되고, 다양한 사실관계를 규율하거나 사실관계가 수시로 변화될 것이 예상될 때에는 위임의 명확성의 요건이 완화되어야 한다(헌재 2008.4.24. 2004헌바48).

OX 문제

0700
술에 취한 상태에서의 운전을 금지하는 도로교통법 조항을 2회 이상 위반한 음주운전자를 가중처벌하는 조항은 죄형법정주의의 명확성 원칙에 위배되지 않는다. 24년 국회직 5급, 22년 법원직

O X

0701
검사에 대한 징계사유 중 하나인 '검사로서의 체면이나 위신을 손상하는 행위를 하였을 때'의 의미는 그 포섭범위가 지나치게 광범위하므로 명확성의 원칙에 반하여 「헌법」에 위배된다. 22년 해경일반

O X

0702
기본권제한입법에 있어서 규율대상이 지극히 다양하거나 수시로 변화하는 성질의 것이어서 입법기술상 일의적으로 규정할 수 없는 경우라도 명확성의 요건이 강화되어야 한다. 22년 해경일반

O X

0703
헌법이 인정하고 있는 위임입법의 형식은 예시적인 것으로 보아야 할 것이고, 법률이 일정한 사항을 행정규칙에 위임하더라도 그 행정규칙은 위임된 사항만을 규율할 수 있으므로, 국회입법의 원칙과 상치되지 않는다. 25년 변호사

O X

0704
공중도덕상 유해한 업무에 취업시킬 목적으로 근로자를 파견한 사람을 형사처벌하도록 규정한 구 「파견근로자보호 등에 관한 법률」 조항은 그 조항의 입법목적, 위 법률의 체계, 관련 조항 등을 모두 종합하여 보더라도 '공중도덕상 유해한 업무'의 내용을 명확히 알 수 없고, 위 조항에 관한 이해관계기관의 확립된 해석기준이 마련되어 있다거나, 법관의 보충적 가치판단을 통한 법문 해석으로 그 의미내용을 확인하기도 어려우므로 명확성원칙에 위배된다. 22년 지방직 7급, 22년 해경간부, 20년 변호사

O X

정답 및 해설

(O) '술에 취한 상태에서 운전한 사람'을 의미함을 충분히 알 수 있으므로, 심판대상조항은 죄형법정주의의 명확성원칙에 위반된다고 할 수 없다(헌재 2021.11.25. 2019헌바446 등). 다만 비례의 원칙을 위반하였다.

(X) 구 검사징계법 제2조 제3호의 "검사로서의 체면이나 위신을 손상하는 행위"의 의미는, 공직자로서의 검사의 구체적 언행과 그에 대한 검찰 내부의 평가 및 사회 일반의 여론, 그리고 검사의 언행이 사회에 미친 파장 등을 종합적으로 고려하여 구체적인 상황에 따라 건전한 사회통념에 의하여 판단할 수 있으므로 명확성원칙에 위배되지 아니한다(헌재 2011.12.29. 2009헌바282).

(X) 그 규율대상이 지극히 다양하거나 수시로 변화하는 성질의 것이어서 입법기술상 일의적으로 규정할 수 없는 경우에는 이와 같은 예측가능성의 정도가 완화된다 할 것이다(헌재 2007.10.4. 2006헌바91).

(O) 헌법 제40조와 헌법 제75조, 제95조의 의미를 살펴보면, 국회입법에 의한 수권이 입법기관이 아닌 행정기관에게 법률 등으로 구체적인 범위를 정하여 위임한 사항에 관하여는 당해 행정기관에게 법정립의 권한을 갖게 되고, 입법자가 규율의 형식도 선택할 수도 있다 할 것이므로, 헌법이 인정하고 있는 위임입법의 형식은 예시적인 것으로 보아야 할 것이고, 그것은 법률이 행정규칙에 위임하더라도 그 행정규칙은 위임된 사항만을 규율할 수 있으므로, 국회입법의 원칙과 상치되지도 않는다(헌재 2004.10.28. 99헌바91).

(O) 공중도덕상 유해한 업무에 취업시킬 목적으로 근로자를 파견한 사람을 형사처벌하도록 한 파견근로자보호 등에 관한 법률 조항 중 공중도덕 부분은 명확성원칙에 위배된다(헌재 2016.11.24. 2015헌가23).

| OX 문제 | 정답 및 해설 |

0705
모든 법규범의 문언을 순수하게 기술적 개념만으로 구성하는 것은 입법적으로 불가능하고 바람직하지도 않기 때문에 입법자는 어느 정도 가치개념을 포함한 일반적, 규범적 개념을 사용할 수 있다. 22년 법원행시 [O|X]

(O) 모든 법규범의 문언을 순수하게 기술적 개념만으로 구성하는 것은 입법기술적으로 불가능하고 또 바람직하지도 않기 때문에 어느 정도 가치개념을 포함한 일반적, 규범적 개념을 사용하지 않을 수 없다(헌재 1998.4.30. 95헌가16).

0706
법률에서 저속한 간행물을 출간한 출판사에 대하여 등록취소를 할 수 있는 것으로 규정한 경우, 이때 '저속'은 다소 불명확하기는 하지만, 명확성의 원칙에 위반되지는 않는다. 22년 법원행시 [O|X]

(X) "음란"의 개념과는 달리 "저속"의 개념은 그 적용범위가 매우 광범위할 뿐만 아니라 법관의 보충적인 해석에 의한다 하더라도 그 의미내용을 확정하기 어려울 정도로 매우 추상적이다. 이 "저속"의 개념에는 출판사등록이 취소되는 성적 표현의 하한이 열려 있을 뿐만 아니라 폭력성이나 잔인성 및 천한 정도도 그 하한이 모두 열려 있기 때문에 출판을 하고자 하는 자는 어느 정도로 자신의 표현내용을 조절해야 되는지를 도저히 알 수 없도록 되어 있어 명확성의 원칙 및 과도한 광범성의 원칙에 반한다(헌재 1998.4.30. 95헌가16).

0707
방송편성에 관하여 간섭을 금지하는 조항의 '간섭'에 관한 부분은 명확성의 원칙에 위배되지 않는다. 22년 법원직 [O|X]

(O) 금지조항이 말하는 '간섭'이란 방송편성, 즉 방송되는 사항의 종류·내용·분량·시각·배열을 정함에 있어 특정한 편성을 하도록 하거나, 이미 정해진 방송편성을 중단·연기·변경하도록 강요·유도·조장·억압·방해하는 등 방송편성의 자유와 독립에 영향을 미칠 수 있는 일체의 행위를 포괄하는 개념이라고 할 수 있다. 따라서 이 사건 금지조항은 건전한 상식과 통상적인 법감정을 가진 사람이면 당해 처벌법규의 보호법익과 그에 의해 금지된 행위 및 처벌의 종류와 정도를 알 수 있다고 할 것이어서, 헌법이 요구하는 죄형법정주의의 명확성원칙에 위반된다고 볼 수 없다(헌재 2021.8.31. 2019헌바439).

0708
취소소송 등의 제기 시 '회복하기 어려운 손해'를 집행정지의 요건으로 규정한 「행정소송법」 조항은 명확성원칙에 위배되지 않는다. 22년 해경일반 [O|X]

(O) 집행정지 요건으로 규정한 '회복하기 어려운 손해'는 대법원 판례에 의하여 '특별한 사정이 없는 한 금전으로 보상할 수 없는 손해로서 이는 금전보상이 불능인 경우 내지는 금전보상으로는 사회관념상 행정처분을 받은 당사자가 참고 견딜 수 없거나 또는 참고 견디기가 현저히 곤란한 경우의 유형, 무형의 손해'를 의미한 것으로 해석할 수 있어 명확성에 반하지 않는다(헌재 2018.1.25. 2016헌바208).

0709
어린이집이 시·도지사가 정한 수납한도액을 초과하여 보호자로부터 필요경비를 수납한 것에 대해 해당 시·도지사가 「영유아보육법」에 근거하여 발할 수 있도록 한 '시정 또는 변경' 명령은 명확성원칙에 위배되지 않는다. 22년 해경일반, 22년 해경간부, 20년 국가직 7급 [O|X]

(O) 어린이집이 시·도지사가 정한 수납한도액을 초과하여 보호자로부터 필요경비를 수납한 경우, 해당 시·도지사는 영유아보육법에 근거하여 시정 또는 변경 명령을 발할 수 있는데, 이 시정 또는 변경 명령 조항의 내용으로 환불명령을 명시적으로 규정하지 않았다고 하여 명확성원칙에 위배된다고 볼 수 없다(헌재 2017.12.28. 2016헌바249).

0710
전문과목을 표시한 치과의원은 그 표시한 '전문과목'에 해당하는 환자만을 진료하여야 한다고 규정한 「의료법」 조항은 명확성원칙에 위배되지 않는다. 22년 해경일반 [O|X]

(O) 치과전문의가 되기 위해서는 치과의사 면허를 받은 자가 치과전공의 수련과정을 거쳐 치과전문의 자격시험에 합격해야 하므로, 심판대상조항의 수범자인 치과전문의는 각 전문과목의 진료내용과 진료영역 및 전문과목 간의 차이점 등을 알 수 있다. 따라서 심판대상조항은 명확성원칙에 위배되어 직업수행의 자유를 침해한다고 볼 수 없다(헌재 2015.5.28. 2013헌마799).

| OX 문제 | 정답 및 해설 |

0711
허가받은 지역 밖에서의 이송업의 영업을 금지하고 처벌하는 「응급의료에 관한 법률」 조항은 영업의 일반적 의미와 위 법률의 관련 규정을 유기적·체계적으로 종합하여 보더라도 허가받은 지역 밖에서 할 수 없는 이송업에 환자 이송 과정에서 부득이 다른 지역을 지나가는 경우 또는 허가받지 아니한 지역에서 실시되는 운동경기·행사를 위하여 부근에서 대기하는 경우 등도 포함되는지 여부가 불명확하여 명확성원칙에 위배된다. 20년 변호사 ⓞⓧ

(X) 영업의 일반적 의미와 응급의료법의 관련 규정을 유기적·체계적으로 종합하여 보면, 심판대상조항의 수범자인 이송업자는 처벌조항이 처벌하고자 하는 행위가 무엇이고 그에 대한 형벌이 어떤 것인지 예견할 수 있으며, 심판대상조항의 합리적인 해석이 가능하므로, 심판대상조항은 죄형법정주의의 명확성원칙에 위배되지 아니한다(헌재 2018.2.22. 2016헌바100).

0712
모의총포의 기준을 구체적으로 정한 「총포·도검·화약류 등의 안전관리에 관한 법률 시행령」 조항에서 '범죄에 악용될 소지가 현저한 것'은 진정한 총포로 오인·혼동되어 위협 수단으로 사용될 정도로 총포와 모양이 유사한 것을 의미하므로 죄형법정주의의 명확성원칙에 위반되지 않는다. 20년 국가직 7급 ⓞⓧ

(O) 모의총포의 기준을 구체적으로 정한 「총포·도검·화약류 등의 안전관리에 관한 법률 시행령」 조항에서 '범죄에 악용될 소지가 현저한 것'은 진정한 총포로 오인·혼동되어 위협 수단으로 사용될 정도로 총포와 모양이 유사한 것을 의미하므로 죄형법정주의의 명확성원칙에 위반되지 않는다(헌재 2018.5.31. 2017헌마67).

0713
사회국가란 경제·사회·문화의 모든 영역에서 정의로운 사회질서의 형성을 위하여 사회현상에 관여하고 간섭하고 분배하고 조정하는 국가이며, 궁극적으로는 국민 각자가 실제로 자유를 행사할 수 있는 그 실질적 조건을 마련해 줄 의무가 있는 국가이다. 22년 경찰승진 ⓞⓧ

(O) 사회국가란 사회정의의 이념을 헌법에 수용한 국가, 사회현상에 대하여 방관적인 국가가 아니라 경제·사회·문화의 모든 영역에서 정의로운 사회질서의 형성을 위하여 사회현상에 관여하고 간섭하고 분배하고 조정하는 국가이며, 궁극적으로는 국민 각자가 실제로 자유를 행사할 수 있는 그 실질적 조건을 마련해 줄 의무가 있는 국가를 의미한다(헌재 2004.10.28. 2002헌마328).

0714
사회적 기본권은 입법과정이나 정책결정과정에서 사회적 기본권에 규정된 국가목표의 무조건적인 최우선적 배려를 요청하는 것이며, 이러한 의미에서 사회적 기본권은 국가의 모든 의사결정과정에서 사회적 기본권이 담고 있는 국가목표를 최우선적으로 고려하여야 할 국가의 의무를 의미한다. 22년 경찰승진 ⓞⓧ

(X) 사회적 기본권은 입법과정이나 정책결정과정에서 사회적 기본권에 규정된 국가목표의 무조건적인 최우선적 배려가 아니라 단지 적절한 고려를 요청하는 것이다. 이러한 의미에서 사회적 기본권은, 국가의 모든 의사결정과정에서 사회적 기본권이 담고 있는 국가목표를 고려하여야 할 국가의 의무를 의미한다(헌재 2002.12.18. 2002헌마52).

0715
「헌법」 제119조 제1항에 비추어볼 때 개인의 사적 거래에 대한 공법적 규제는 사후적·구체적 규제보다는 사전적·일반적 규제방식을 택하여 국민의 거래자유를 최대한 보장하여야 한다. 22년 경찰간부 ⓞⓧ

(X) 국가적인 규제와 통제를 가하는 것도 보충의 원칙에 입각하여 어디까지나 자본주의 내지 시장경제질서의 기초라고 할 수 있는 사유재산제도와 아울러 경제행위에 대한 사적자치의 원칙이 존중되는 범위 내에서만 허용될 뿐이라 할 것이다(헌재 1989.12.22. 88헌가13). / 지문은 반대의견이었다.

OX 문제

0716
자경농지의 양도소득세 면제대상자를 '농지소재지에 거주하는 거주자'로 제한하는 것은 외지인의 농지투기를 방지하고 조세부담을 덜어주어 농업과 농촌을 활성화하기 위한 것이므로 경자유전의 원칙에 위배되지 않는다. 24년 해경 ⓞⓧ

0717
헌법 제119조 이하의 경제에 관한 장은 국가가 경제정책을 통하여 달성하여야 할 '공익'을 구체화하고, 동시에 헌법 제37조 제2항의 기본권제한을 위한 법률유보에서의 '공공복리'를 구체화하고 있다. 22년 국회직 8급 ⓞⓧ

0718
경제적 기본권을 제한하는 법률의 합헌성 여부를 심사하는 경우, 그 법률을 정당화하는 공익은 헌법에 명시적으로 규정된 목표에만 제한된다. 22년 지방직 7급 ⓞⓧ

0719
헌법 제119조 제2항에 규정된 '경제주체 간의 조화를 통한 경제민주화'의 이념은 경제영역에서 정의로운 사회질서를 형성하기 위하여 추구할 수 있는 국가목표로서 개인의 기본권을 제한하는 국가행위를 정당화하는 헌법규범이다. 24년 소방간부, 23년 국회직 5급, 22년 국회직 8급, 22년 지방직 7급, 22년 경찰간부 ⓞⓧ

0720
헌법은 단지 국가가 실현하려고 의도하는 전형적인 경제목표를 예시적으로 구체화하고 있을 뿐이므로 기본권의 침해를 정당화할 수 있는 모든 공익을 아울러 고려하여 법률의 합헌성 여부를 심사하여야 한다. 21년 국회직 5급, 20년 법원직 ⓞⓧ

0721
국가는 복지국가를 실현하기 위하여 가능한 수단을 동원할 책무를 진다고 할 것이나 가능한 여러 가지 수단들 가운데 구체적으로 어느 것을 선택할 것인가는 기본적으로 입법자의 재량에 속한다. 22년 국가직 7급 ⓞⓧ

정답 및 해설

(O) 위 규정의 입법목적이 외지인의 농지투기를 방지하고 조세부담을 덜어주어 농업·농촌을 활성화하는 데 있음을 고려하면 위 규정은 경자유전의 원칙을 실현하기 위한 것으로 볼 것이지 경자유전의 원칙에 위배된다고 볼 것은 아니라 할 것이다(헌재 2003.11.27. 2003헌바2).

(O) 우리 헌법은 헌법 제119조 이하의 경제에 관한 장에서 "균형있는 국민경제의 성장과 안정, 적정한 소득의 분배, 시장의 지배와 경제력남용의 방지, 경제주체간의 조화를 통한 경제의 민주화, 균형있는 지역경제의 육성, 중소기업의 보호육성, 소비자보호 등"의 경제영역에서의 국가목표를 명시적으로 언급함으로써 국가가 경제정책을 통하여 달성하여야 할 '공익'을 구체화하고, 동시에 헌법 제37조 제2항의 기본권제한을 위한 법률유보에서의 '공공복리'를 구체화하고 있다(헌재 2003.11.27. 2001헌바35).

(X) 경제적 기본권의 제한을 정당화하는 공익이 헌법에 명시적으로 규정된 목표에만 제한되는 것은 아니고, 헌법은 단지 국가가 실현하려고 의도하는 전형적인 경제목표를 예시적으로 구체화하고 있을 뿐이므로 기본권의 침해를 정당화할 수 있는 모든 공익을 아울러 고려하여 법률의 합헌성 여부를 심사하여야 한다(헌재 1996.12.26. 96헌가18).

(O) 헌법 제119조 제2항에 규정된 '경제주체간의 조화를 통한 경제민주화'의 이념은 경제영역에서 정의로운 사회질서를 형성하기 위하여 추구할 수 있는 국가목표로서 개인의 기본권을 제한하는 국가행위를 정당화하는 헌법규범이다(헌재 2003.11.27. 2001헌바35).

(O) 경제적 기본권의 제한을 정당화하는 공익이 헌법에 명시적으로 규정된 목표에만 제한되는 것은 아니고, 헌법은 단지 국가가 실현하려고 의도하는 전형적인 경제목표를 예시적으로 구체화하고 있을 뿐이므로 기본권의 침해를 정당화할 수 있는 모든 공익을 아울러 고려하여 법률의 합헌성 여부를 심사하여야 한다(헌재 1996.12.26. 96헌가18).

(O) 국가는 이러한 복지국가를 실현하기 위하여 가능한 수단을 동원할 책무를 진다고 할 것이다. 그러나, 가능한 여러가지 수단들 가운데 구체적으로 어느 것을 선택할 것인가는 기본적으로 입법자의 재량에 속하는 것이다(헌재 2001.1.18. 2000헌바7).

| OX 문제 | 정답 및 해설 |

0722
헌법 제119조 제1항이 규정하고 있는 '경제적 자유와 창의'는 직업의 자유, 재산권의 보장, 근로3권과 같은 경제에 관한 기본권 및 비례의 원칙과 같은 법치국가원리에 의하여 비로소 헌법적으로 구체화된다. 22년 국회직 9급 [O|X]

(O) 헌법은 제119조에서 개인의 경제적 자유를 보장하면서 사회정의를 실현하기 위한 경제질서를 선언하고 있다. 이 규정은 헌법상 경제질서에 관한 일반조항으로서 국가의 경제정책에 대한 하나의 헌법적 지침이고, 동 조항이 언급하는 '경제적 자유와 창의'는 직업의 자유, 재산권의 보장, 근로3권과 같은 경제에 관한 기본권 및 비례의 원칙과 같은 법치국가원리에 의하여 비로소 헌법적으로 구체화된다(헌재 2002.10.31. 99헌바76 등).

0723
고의나 과실로 타인에게 손해를 가한 경우에만 그 손해에 대한 배상책임을 가해자가 부담한다는 과실책임원칙은 헌법 제119조 제1항의 자유시장 경제질서에서 파생된 것으로 오늘날 민사책임의 기본원리이다. 21년 경행특채 [O|X]

(O) 고의나 과실로 타인에게 손해를 가한 경우에만 그 손해에 대한 배상책임을 가해자가 부담한다는 과실책임원칙은 헌법 제119조 제1항의 자유시장 경제질서에서 파생된 것으로 오늘날 민사책임의 기본원리이다(헌재 2015.3.26. 2014헌바202). / 즉 과실책임이 기본원칙이나 예외적으로 무과실책임을 부담할 수도 있다.

0724
특수한 불법행위책임에 관하여 위험책임의 원리를 수용하는 것은 입법정책에 관한 사항으로서 입법자의 재량에 속한다고 할 것이므로 자동차손해배상보장법 조항이 운행자의 재산권을 본질적으로 제한하거나 평등의 원칙에 위반되지 아니하는 이상 위험책임의 원리에 기하여 무과실책임을 지운 것만으로 헌법 제119조 제1항의 자유시장 경제질서에 위반된다고 할 수 없다. 22년 국가직 7급 [O|X]

(O) 자동차사고의 경우에는 일반불법행위와는 달리 가해자의 책임문제보다는 피해자에게 어떤 방식으로 공평·타당한 보상을 할 것인가가 법률적으로 중요한 과제이다. … 위험책임의 원리에 기하여 무과실책임을 지운 것만으로 헌법 제119조 제1항의 자유시장경제질서에 위반된다고 할 수 없다(헌재 1998.5.28. 96헌가4 등).

0725
저소득층 지역가입자에 대하여 국가가 국고지원을 통하여 보험료를 보조하는 것은 경제적·사회적 약자에게도 의료보험의 혜택을 제공해야 할 사회국가적 의무를 이행하기 위한 것으로서 국고지원에 있어서의 지역가입자와 직장가입자의 차별취급은 사회국가원리의 관점에서 합리적인 차별에 해당하여 평등원칙에 위반되지 아니한다. 22년 국가직 7급 [O|X]

(O) 저소득층 지역가입자에 대하여 국가가 국고지원을 통하여 보험료를 보조하는 것은, 경제적·사회적 약자에게도 의료보험의 혜택을 제공해야 할 사회국가적 의무를 이행하기 위한 것으로서, 국고지원에 있어서의 지역가입자와 직장가입자의 차별취급은 사회국가원리의 관점에서 합리적인 차별에 해당하는 것으로서 평등원칙에 위반되지 아니한다(헌재 2000.6.29. 99헌마289).

0726
의약품 도매상 허가를 받기 위해 필요한 창고면적의 최소기준을 규정하고 있는 「약사법」 조항들은 국가의 중소기업 보호·육성의무를 위반한다. 22년 국회직 9급 [O|X]

(X) 이 사건 면적조항이 규정한 264제곱미터라는 창고면적 기준은 과거 의약품 도매상 창고면적에 대한 기준이 있었던 때에 시행되었던 것과 같은 것으로, 이러한 시설기준이 지나치게 과도하다는 사정을 찾을 수 없으므로 이에 대한 입법자의 정책적 판단은 존중되어야 한다(헌재 2014.4.24. 2012헌마811).

0727
입법자는 경제영역에서의 국가목표를 이루기 위하여 가능한 여러 정책 중 필요하다고 판단되는 경제정책을 선택할 수 있고, 입법자의 그러한 정책판단과 선택은 경제에 관한 국가적 규제·조정 권한의 행사로서 존중되어야 하는 것이 원칙이다. 23년 변호사 [O|X]

(O) 입법자는 경제현실의 역사와 미래에 대한 전망, 목적달성에 소요되는 경제적·사회적 비용, 당해 경제문제에 관한 국민 내지 이해관계인의 인식 등 제반 사정을 두루 감안하여 시장의 지배와 경제력의 남용 방지, 경제의 민주화 달성 등의 경제영역에서의 국가목표를 이루기 위하여 가능한 여러 정책 중 필요하다고 판단되는 경제정책을 선택할 수 있고, 입법자의 그러한 정책판단과 선택은 그것이 현저히 합리성을 결여한 것이라고 볼 수 없는 한 경제에 관한 국가적 규제·조정권한의 행사로서 존중되어야 한다(헌재 2018.6.28. 2016헌바77 등).

| OX 문제 | 정답 및 해설 |

0728
「민법」상 일반불법행위에 관한 기본원리인 과실 책임의 원칙이 헌법 제119조 제1항의 자유시장 경제질서에서 파생된 것이라면, 위험원을 지배하는 자에게 책임을 지우는 위험책임의 원리는 헌법상 사회국가원리의 실현을 위한 것이다. 25년 소방간부 O X

(O) 현대산업사회에서는 고속교통수단, 광업 및 원자력산업 등의 위험원(危險源)이 발달하고 산업재해 및 환경오염으로 인한 피해가 증가함에 따라, 헌법이념의 하나인 사회국가원리의 실현을 위하여 과실책임의 원리를 수정하여 위험원을 지배하는 자로 하여금 그 위험이 현실화된 경우의 손해를 부담하게 하는 위험책임의 원리가 필요하게 되었다(헌재 1998.5.28. 96헌가4).

0729
토지는 원칙적으로 생산이나 대체가 불가능하여 공급이 제한되어 있고 국민경제의 측면에서 다른 재산권과 같게 다룰 수 있는 성질의 것이 아니어서 공동체의 이익이 더 강하게 관철될 것이 요구되므로 헌법은 토지재산권의 제한에 관한 광범위한 입법형성권을 부여하고 있다. 25년 소방간부 O X

(O) 토지는 생산이나 대체가 불가능하여 공급이 제한되어 있고 한국의 가용토지면적이 인구에 비하여 절대적으로 부족한 반면에, 모든 국민이 생산 및 생활의 기반으로서 토지의 합리적인 이용에 의존하고 있다. 따라서, 토지는 국민경제의 관점에서나 그 사회적 기능에 있어서 다른 재산권과 같게 다루어야 할 성질의 것이 아니므로 다른 재산권에 비하여 보다 강하게 공동체의 이익을 관철할 것이 요구된다(헌재 1999.10.21. 97헌바26).

0730
헌법 제119조 제2항은 국가가 경제영역에서 실현하여야 할 목표의 하나로서 '적정한 소득의 분배'를 들고 있지만, 이로부터 반드시 소득에 대하여 누진세율에 따른 종합과세를 시행하여야 할 구체적인 헌법적 의무가 조세입법자에게 부과되는 것이라고 할 수 없다. 22년 국회직 9급, 20년 법원직, 20년 변호사 O X

(O) 헌법 제119조 제2항은 국가가 경제영역에서 실현하여야 할 목표의 하나로서 "적정한 소득의 분배"를 들고 있지만, 이로부터 반드시 소득에 대하여 누진세율에 따른 종합과세를 시행하여야 할 구체적인 헌법적 의무가 조세입법자에게 부과되는 것이라고 할 수 없다(헌재 1999.11.25. 98헌마55).

0731
국가는 건전한 소비행위를 계도하고 생산품의 품질향상을 촉구하기 위한 소비자보호운동을 법률이 정하는 바에 의하여 보장한다. 23년 5급 공채, 21년 국가직 5급 O X

(O) 국가는 건전한 소비행위를 계도하고 생산품의 품질향상을 촉구하기 위한 소비자보호운동을 법률이 정하는 바에 의하여 보장한다(헌법 제124조).

0732
국방상 또는 국민경제상 긴절한 필요로 인하여 법률이 정하는 경우를 제외하고는, 사영기업을 국유 또는 공유로 이전하거나 그 경영을 통제 또는 관리할 수 없다. 23년 국회직 5급 O X

(O) 국방상 또는 국민경제상 긴절한 필요로 인하여 법률이 정하는 경우를 제외하고는, 사영기업을 국유 또는 공유로 이전하거나 그 경영을 통제 또는 관리할 수 없다(헌법 제126조).

0733
국가는 지역간의 균형있는 발전을 위하여 지역경제를 육성할 의무를 지나, 중소기업을 보호·육성하여야 할 의무를 지지 아니한다. 21년 국가직 5급 O X

(X) 국가는 중소기업을 보호·육성하여야 한다(헌법 제123조 제2항).

0734
국가는 농수산물의 수급균형과 유통구조의 개선에 노력하여 가격안정을 도모함으로써 농·어민의 이익을 보호한다. 23년 5급 공채, 21년 국가직 5급 O X

(O) 국가는 농수산물의 수급균형과 유통구조의 개선에 노력하여 가격안정을 도모함으로써 농·어민의 이익을 보호한다(헌법 제123조 제4항).

OX 문제

0735
헌법에서 채택하고 있는 사회국가의 원리는 자유민주적 기본질서의 범위 내에서 이루어져야 하고, 국민 개인의 자유와 창의를 보완하는 범위 내에서 이루어지는 내재적 한계를 지니고 있다. 22년 순경 1차 [O][X]

0736
우리 헌법은 사회국가원리를 명문으로 규정하고 있지는 않지만, 구체화된 여러 표현을 통하여 사회국가원리를 수용한 것으로 평가할 수 있다. 21년 법무사 [O][X]

0737
우리나라 헌법상의 경제질서는 사유재산제를 바탕으로 하고 자유경쟁을 존중하는 자유시장경제질서를 근간으로 하는 것이므로, 사회정의를 실현하기 위하여 국가적 규제와 조정을 용인하는 사회적 시장경제질서와는 양립할 수 없다. 22년 국회직 8급 [O][X]

0738
특정의료기관이나 특정의료인의 기능·진료방법에 관한 광고를 금지하는 것은 새로운 의료인들에게 자신의 기능이나 기술 혹은 진단 및 치료방법에 관한 광고와 선전을 할 기회를 배제함으로써 기존의 의료인과의 경쟁에서 불리한 결과를 초래하므로, 자유롭고 공정한 경쟁을 추구하는 헌법상의 시장경제질서에 부합되지 않는다. 22년 국회직 8급 [O][X]

0739
법령에 의한 인·허가 없이 장래의 경제적 손실을 금전 또는 유가증권으로 보전해 줄 것을 약정하고 회비 등의 명목으로 금전을 수입하는 행위를 금지하는 것은 사인 간의 사적 자치, 경제상의 자유와 창의를 존중함을 기본으로 하는 헌법 제119조 제1항의 경제질서에 어긋난다. 23년 변호사 [O][X]

0740
특정한 사회 경제적 또는 정치적 대의나 가치를 주장 옹호하거나 이를 진작시키기 위한 수단으로 선택한 소비자불매운동은 헌법상 보호를 받을 수 없다. 20년 경찰승진 [O][X]

정답 및 해설

(O) 옳은 지문이다. 사회국가의 원리는 자유민주적 기본질서의 범위 내에서 이루어져야 하고, 국민 개인의 자유와 창의를 보완하는 범위 내에서 이루어지는 내재적 한계를 지니고 있다.

(O) 우리 헌법은 사회국가원리를 명문으로 규정하고 있지는 않지만, 헌법의 전문, 사회적 기본권의 보장(헌법 제31조 내지 제36조), 경제영역에서 적극적으로 계획하고 유도하고 재분배하여야 할 국가의 의무를 규정하는 경제에 관한 조항(헌법 제119조 제2항 이하) 등과 같이 사회국가원리의 구체화된 여러 표현을 통하여 사회국가원리를 수용하였다(헌재 2002.12.18. 2002헌마52).

(X) 우리나라 헌법상의 경제질서는 사유재산제를 바탕으로 하고 자유경쟁을 존중하는 자유시장경제질서를 기본으로 하면서도 이에 수반되는 갖가지 모순을 제거하고 사회복지·사회정의를 실현하기 위하여 국가적 규제와 조정을 용인하는 사회적 시장경제질서로서의 성격을 띠고 있다(헌재 1996.4.25. 92헌바47).

(O) 이 사건 조항에 의한 의료광고의 금지는 새로운 의료인들에게 자신의 기능이나 기술 혹은 진단 및 치료방법에 관한 광고와 선전을 할 기회를 배제함으로써, 기존의 의료인과의 경쟁에서 불리한 결과를 초래할 수 있는데, 이는 자유롭고 공정한 경쟁을 추구하는 헌법상의 시장경제질서에 부합되지 않는다(헌재 2005.10.27. 2003헌가3).

(X) 이 사건 법률조항은 사기적·투기적·사행적 금융거래를 규제함으로써 선량한 거래자를 보호하고 건전한 금융질서를 확립하려는 데에 그 입법취지가 있다. 경제주체 간의 부조화를 방지하고 금융시장의 공정성을 확보하기 위하여 마련된 이 사건 법률조항은 그 정당성이 헌법 제119조 제2항에 의하여 뒷받침될 수 있으며, 따라서 우리 헌법의 경제질서에 반하는 것이라 할 수 없다(헌재 2003.2.27. 2002헌바4).

(X) 특히 물품 등의 공급자나 사업자 이외의 제3자를 상대로 불매운동을 벌일 경우 그 경위나 과정에서 제3자의 영업의 자유 등 권리를 부당하게 침해하는 것이 아니라면 정당한 소비자 보호운동에 해당한다(헌재 2011.12.29. 2010헌바54).

OX 문제

0741
헌법 제121조는 전근대적인 법률관계인 소작제도를 금지하고, 부재지주로 인하여 야기되는 농지이용의 비효율성을 제거하기 위한 경자유전의 원칙을 천명하고 있으므로 농지의 위탁경영은 허용되지 않는다. 20년 변호사

0742
강제저축 프로그램으로서의 국민연금제도는 상호부조의 원리에 입각한 사회연대성에 기초하여 국민간에 소득재분배의 기능을 함으로써 사회적 시장경제질서에 부합하는 제도이므로 헌법상의 시장경제질서에 위배되지 않는다. 21년 경행특채

0743
문화국가원리는 국가의 문화정책과 밀접 불가분의 관계를 맺고 있는 바, 오늘날 문화국가에서의 문화정책은 문화풍토의 조성이 아니라 문화 그 자체에 초점을 두어야 한다. 24년 해경

0744
문화창달을 위하여 문화예술 공연관람자 등에게 예술감상에 의한 정신적 풍요의 대가로 문화예술진흥기금을 납입하게 하는 것은 헌법의 문화국가이념에 반하는 것이 아니다. 22년 순경 2차

0745
문화는 사회의 자율영역을 바탕으로 하지만, 이를 근거로 혼인과 가족의 보호가 헌법이 지향하는 자유민주적 문화국가의 필수적인 전제조건이라 하기는 어렵다. 23년 경찰간부

0746
대학 부근 학교환경위생정화구역 내에서의 극장 시설 및 영업을 금지하는 것은 유해환경을 방지하고 학생들에게 평온하고 건강한 환경을 마련해 주기 위한 것으로서 대학생의 자유로운 문화향유에 관한 권리등 행복추구권을 침해한다고 볼 수 없다. 24년 해경

정답 및 해설

(X) 농업생산성의 제고와 농지의 합리적인 이용을 위하거나 불가피한 사정으로 발생하는 농지의 임대차와 위탁경영은 법률이 정하는 바에 의하여 인정된다(헌법 제121조 제2항).

(O) 사회보험방식에 의하여 재원을 조성하여 반대급부로 노후생활을 보장하는 강제저축 프로그램으로서의 국민연금제도는 상호부조의 원리에 입각한 사회연대성에 기초하여 고소득계층에서 저소득층으로, 근로 세대에서 노년 세대로, 현재 세대에서 미래 세대로 국민간의 소득재분배 기능을 함으로써 오히려 위 사회적 시장경제질서에 부합하는 제도라 할 것이므로 국민연금제도가 헌법상의 시장경제질서에 위배된다는 위 주장은 이유 없다 할 것이다(헌재 2001.2.22. 99헌마365).

(X) 오늘날에 와서는 국가가 어떤 문화현상에 대하여도 이를 선호하거나, 우대하는 경향을 보이지 않는 불편부당의 원칙이 가장 바람직한 정책으로 평가받고 있다. 오늘날 문화국가에서의 문화정책은 그 초점이 문화 그 자체에 있는 것이 아니라 문화가 생겨날 수 있는 문화풍토를 조성하는 데 두어야 한다(헌재 2004.5.27. 2003헌가1 등).

(X) 문화예술진흥기금의 모금대상인 시설을 이용하는 자는 연간 5,700만 명에 이르고 있다. 따라서 문화예술진흥기금을 납입하게 하는 것은 헌법의 문화국가이념에 반한다(헌재 2003.12.18. 2002헌가2).

(X) 혼인과 가족의 보호는 헌법이 지향하는 자유민주적 문화국가의 필수적인 전제조건이다. 개별성·고유성·다양성으로 표현되는 문화는 사회의 자율영역을 바탕으로 하고, 사회의 자율영역은 무엇보다도 바로 가정으로부터 출발하기 때문이다(헌재 2000.4.27. 98헌가16 등).

(X) 오늘날 영화 및 공연을 중심으로 하는 문화산업은 높은 부가가치를 실현하는 첨단산업으로서의 의미를 가지고 있다. 따라서 직업교육이 날로 강조되는 대학교육에 있어서 문화에의 손쉬운 접근가능성은 중요한 기본권으로서의 의미를 갖게 된다. 이 사건 법률조항은 대학생의 자유로운 문화향유에 관한 권리 등 행복추구권을 침해하고 있다(헌재 2004.5.27. 2003헌가1 등).

OX 문제

0747
국가의 문화육성의 대상에는 원칙적으로 모든 사람에게 문화창조의 기회를 부여한다는 의미에서 모든 문화가 포함되므로, 엘리트문화, 서민문화, 대중문화 모두 그 가치가 인정되고 정책적인 배려의 대상이 되어야 한다. 23년 경찰간부, 22년 순경 2차, 22년 변호사 [O|X]

0748
문화국가원리는 견해와 사상의 다양성을 그 본질로 하며, 이를 실현하는 국가의 문화정책은 불편부당의 원칙에 따라야 하는바, 모든 국민은 정치적 견해 등에 관계없이 문화 표현과 활동에서 차별을 받지 않아야 한다. 24년 경찰승진, 22년 5급 공채, 21년 국가직 7급 [O|X]

0749
우리나라는 제9차 개정 헌법에서 문화국가원리를 헌법의 기본원리로 처음 채택하였으며, 문화국가원리는 국가의 문화국가실현에 관한 과제 또는 책임을 통하여 실현된다. 21년 국가직 7급 [O|X]

0750
헌법은 문화국가를 실현하기 위하여 보장되어야 할 정신적 기본권으로 양심과 사상의 자유, 종교의 자유, 언론·출판의 자유, 학문과 예술의 자유 등을 규정하고 있는바, 이들 기본권은 견해와 사상의 다양성을 그 본질로 하는 문화국가원리의 불가결의 조건이라고 할 것이다. 22년 5급 공채 [O|X]

0751
헌법 제6조 제1항의 국제법존중주의는 우리나라가 가입한 조약과 일반적으로 승인된 국제법규가 국내법과 같은 효력을 가진다는 것으로서 조약이나 국제법규가 국내법에 우선한다는 것은 아니다. 22년 입법고시 [O|X]

0752
평화적 생존권은 이를 헌법에 열거되지 아니한 기본권으로서 특별히 새롭게 인정할 필요성이 있다거나 그 권리내용이 비교적 명확하여 구체적 권리로서의 실질에 부합한다고 보기 어려워 헌법상 보장된 기본권이라고 할 수 없다. 24년 국가직 5급, 22년 입법고시, 22년 해경간부 [O|X]

정답 및 해설

(O) 문화국가원리의 이러한 특성은 문화의 개방성 내지 다원성의 표지와 연결되는데, 국가의 문화육성의 대상에는 원칙적으로 모든 사람에게 문화창조의 기회를 부여한다는 의미에서 모든 문화가 포함된다. 따라서 엘리트문화뿐만 아니라 서민문화, 대중문화도 그 가치를 인정하고 정책적인 배려의 대상으로 하여야 한다(헌재 2004.5.27. 2003헌가1 등).

(O) 정치적 견해를 기준으로 청구인들을 문화예술계 정부지원사업에서 배제되도록 차별취급한 것은 헌법상 문화국가원리와 법률유보원칙에 반하는 자의적인 것으로 정당화될 수 없다(헌재 2020.12.23. 2017헌마416).

(X) 우리나라는 제헌헌법 이래 문화국가의 원리를 헌법의 기본원리로 채택하고 있다. 문화국가원리는 국가의 문화국가실현에 관한 과제 또는 책임을 통하여 실현되는바, 국가의 문화정책과 밀접 불가분의 관계를 맺고 있다(헌재 2020.12.23. 2017헌마416).

(O) 헌법은 문화국가를 실현하기 위하여 보장되어야 할 정신적 기본권으로 양심과 사상의 자유, 종교의 자유, 언론·출판의 자유, 학문과 예술의 자유 등을 규정하고 있는바, 개별성·고유성·다양성으로 표현되는 문화는 사회의 자율영역을 바탕으로 한다고 할 것이고, 이들 기본권은 견해와 사상의 다양성을 그 본질로 하는 문화국가원리의 불가결의 조건이라고 할 것이다(헌재 2004.5.27. 2003헌가1 등).

(O) 헌법 제6조 제1항의 국제법 존중주의는 우리나라가 가입한 조약과 일반적으로 승인된 국제법규가 국내법과 같은 효력을 가진다는 것으로서 조약이나 국제법규가 국내법에 우선한다는 것은 아니다(헌재 2001.4.26. 99헌가13).

(O) 평화적 생존권이란 이름으로 주장하고 있는 평화란 헌법의 이념 내지 목적으로서 추상적인 개념에 지나지 아니하고, 평화적 생존권은 이를 헌법에 열거되지 아니한 기본권으로서 특별히 새롭게 인정할 필요성이 있다거나 그 권리내용이 비교적 명확하여 구체적 권리로서의 실질에 부합한다고 보기 어려워 헌법상 보장된 기본권이라고 할 수 없다(헌재 2009.5.28. 2007헌마369).

| OX 문제 | 정답 및 해설 |

0753
국회는 상호원조 또는 안전보장에 관한 조약, 중요한 국제조직에 관한 조약, 우호통상항해조약, 주권에 관한 조약, 강화조약, 국가나 국민에게 중대한 재정적 부담을 지우는 조약 또는 입법 사항에 관한 조약의 체결·비준에 대한 동의권을 갖는다. 22년 입법고시

(O) 헌법 제60조 ① 국회는 상호원조 또는 안전보장에 관한 조약, 중요한 국제조직에 관한 조약, 우호통상항해조약, 주권의 제약에 관한 조약, 강화조약, 국가나 국민에게 중대한 재정적 부담을 지우는 조약 또는 입법사항에 관한 조약의 체결·비준에 대한 동의권을 가진다.

0754
국제법존중주의는 국제법과 국내법의 동등한 효력을 인정한다는 취지이므로, '유엔 시민적·정치적 권리 규약 위원회'가 「국가보안법」의 폐지나 개정을 권고하였다는 이유만으로도 이적행위 조항과 이적표현물 소지 조항은 국제법존중주의에 위배된다. 24년 순경 2차

(X) 청구인은 이적행위조항과 이적표현물 소지조항이 국제법존중주의에 위배된다고 주장한다. 그러나 헌법 제6조 제1항에서 선언하고 있는 국제법존중주의는 국제법과 국내법의 동등한 효력을 인정한다는 취지일 뿐이므로 유엔 자유권위원회가 국가보안법의 폐지나 개정을 권고하였다는 이유만으로 이적행위조항과 이적표현물 소지조항이 국제법존중주의에 위배되는 것은 아니다(헌재 2024.2.28. 2023헌바381).

0755
'세계무역기구설립을 위한 마라케쉬협정'은 적법하게 체결되어 공포된 조약이므로 국내법과 같은 효력을 갖는 것이지만, 그로 인하여 새로운 범죄를 구성하거나 범죄자에 대한 처벌이 가중되는 것은 법률에 의하지 아니한 형사처벌이다. 24년 순경 2차

(X) 마라케쉬협정도 적법하게 체결되어 공포된 조약이므로 국내법과 같은 효력을 갖는 것이어서 그로 인하여 새로운 범죄를 구성하거나 범죄자에 대한 처벌이 가중된다고 하더라도 이것은 국내법에 의하여 형사처벌을 가중한 것과 같은 효력을 갖게 되는 것이다. 따라서 마라케쉬협정에 의하여 관세법위반자의 처벌이 가중된다고 하더라도 이를 들어 법률에 의하지 아니한 형사처벌이라거나 행위시의 법률에 의하지 아니한 형사처벌이라고 할 수 없다(헌재 1998.11.26. 97헌바65).

0756
'대한민국과 일본국간의 어업에 관한협정'은 우리나라 정부가 일본 정부와의 사이에서 어업에 관해 체결·공포한 조약으로, 그 체결행위는 '공권력의 행사'에 해당한다. 23년 법원행시

(O) 이 사건 협정은 우리나라 정부가 일본 정부와의 사이에서 어업에 관해 체결·공포한 조약(조약 제1477호)으로서 헌법 제6조 제1항에 의하여 국내법과 같은 효력을 가지므로, 그 체결행위는 고권적 행위로서 '공권력의 행사'에 해당한다(헌재 2001.3.21. 99헌마139).

0757
한미주둔군지위협정(SOFA)은 미군의 국내 주둔을 위한 물적 기반으로서의 시설과 구역의 사용을 둘러싼 문제, 출입국, 통관과 관세, 과세에 관한 문제, 노무관련문제 등을 그 내용으로 하는 행정협정의 일종에 불과하고, 국회의 동의를 요하는 조약에 해당하지 않는다. 23년 법원행시

(X) 이 사건 조약은 그 명칭이 "협정"으로 되어있어 국회의 관여없이 체결되는 행정협정처럼 보이기도 하나 우리나라의 입장에서 볼 때에는 외국군대의 지위에 관한 것이고, 국가에게 재정적 부담을 지우는 내용과 입법사항을 포함하고 있으므로 국회의 동의를 요하는 조약으로 취급되어야 한다(헌재 1999.4.29. 97헌가14).

0758
헌법에 따라 적법하게 체결되어 공포된 조약은 국내법과 같은 효력을 갖지만, 조약으로 새로운 범죄를 구성하거나 범죄자에 대한 처벌이 가중되는 것은 법률에 의하지 아니한 형사처벌이고 행위시의 법률에 의하지 아니한 형사처벌에 해당하여 죄형법정주의의 원칙에 위배된다. 25년 입법고시

(X) 마라케쉬협정에 의하여 관세법위반자의 처벌이 가중된다고 하더라도 이를 들어 법률에 의하지 아니한 형사처벌이라거나 행위시의 법률에 의하지 아니한 형사처벌이라고 할 수 없으므로, 마라케쉬협정에 의하여 가중된 처벌을 하게 된 구 특가법 제6조 제2항 제1호나 농안법 제10조의3이 죄형법정주의에 어긋나거나 청구인의 기본적 인권과 신체의 자유를 침해하는 것이라고 할 수 없다(헌재 1998.11.26. 97헌바65).

| OX 문제 | 정답 및 해설 |

0759
「미국산 쇠고기 및 쇠고기 제품 수입위생조건」(구 농림수산식품부 고시)은 국회의 동의를 받아야 하는 조약에 해당하지 않는다. 25년 입법고시 ⓞⓧ

(O) 이 사건 고시가 헌법 제60조 제1항에서 말하는 조약에 해당하지 아니함이 분명하므로 국회의 동의를 받아야 하는 것은 아니다(헌재 2008.12.26. 2008헌마419).

0760
헌법에 의하여 체결·공포된 조약과 일반적으로 승인된 국제법규는 국내법과 같은 효력을 가진다. 21년 지방직 7급, 20년 소방간부 ⓞⓧ

(O) 헌법에 의하여 체결·공포된 조약과 일반적으로 승인된 국제법규는 국내법과 같은 효력을 가진다(헌법 제6조 제1항).

0761
국제연합(UN)의 "인권에 관한 세계선언" 각 조항이 바로 보편적인 법적 구속력을 가지거나 국제법적 효력을 갖는 것으로 볼 것은 아니다. 23년 5급 공채 ⓞⓧ

(O) 국제연합의 '인권에 관한 세계선언'은 선언적인 의미를 가지고 있을 뿐 법적 구속력을 가진 것은 아니다(헌재 1991.7.22. 89헌가106).

0762
'남북사이의 화해와 불가침 및 교류협력에 관한 합의서'는 일종의 공동성명 또는 신사협정에 준하는 성격을 가짐에 불과하여 법률이 아님은 물론 국내법과 동일한 효력이 있는 조약이나 이에 준하는 것으로 볼 수 없다. 23년 5급 공채 ⓞⓧ

(O) 남북합의서는 남북관계를 나라와 나라 사이 관계가 아닌 통일을 지향하는 과정에서 잠정적으로 형성된 특수관계로 규정하고 있다. 또한 남북합의서는 법적 구속력이 없는 공동성명, 신사협정에 불과하다. 따라서 남북합의서로 북한의 반국가단체성이나 국가보안법의 필요성이 소멸되는 것은 아니다(헌재 1997.1.16. 92헌바6 등).

0763
국제노동기구의 '결사의 자유위원회'나 국제연합의 '경제적·사회적 및 문화적 권리위원회' 및 경제협력개발기구(OECD)의 '노동조합자문위원회'가 우리나라에 대하여 가능한 한 빨리 모든 영역의 공무원들에게 노동3권을 보장할 것을 권고하고 있으므로, 이를 위헌심사 척도로 삼을 수 있다. 25년 순경 1차 ⓞⓧ

(X) 국제노동기구의 '결사의 자유위원회'나 국제연합의 '경제적·사회적 및 문화적 권리위원회' 및 경제협력개발기구(OECD)의 '노동조합자문위원회' 등의 국제기구들이 우리나라에 대하여 가능한 한 빨리 모든 영역의 공무원들에게 노동3권을 보장할 것을 권고하고 있다고 하더라도 이를 위 법률조항의 위헌심사 척도로 삼을 수는 없다(헌재 1998.7.16. 97헌바23).

0764
개인통보에 대한 '시민적 및 정치적 권리에 관한 국제규약'의 조약상 기구인 자유권규약위원회의 견해(Views)는 사법적인 판결이나 결정과 같은 법적 구속력이 인정된다고 볼 것이다. 25년 순경 1차 ⓞⓧ

(X) 자유권규약위원회의 심리가 서면으로 비공개로 진행되는 점 등을 고려하면, 개인통보에 대한 자유권규약위원회의 견해(Views)에 사법적인 판결이나 결정과 같은 법적 구속력이 인정된다고 단정하기는 어렵다(헌재 2018.7.26. 2011헌마306 등).

II

OX 2단계

제1편 **헌법총론**
제2편 **기본권론**

제 **2** 편

기본권론

CHAPTER 01 기본권총론

OX 문제 | 정답 및 해설

0765
기본권능력을 가진 사람은 모두 기본권 주체가 되지만, 기본권 주체가 모두 기본권의 행사능력을 가지는 것은 아니다. 20년 경찰승진

(O) 기본권 주체라고 하여 모두 기본권 행사능력을 가지는 것은 아니다. 헌법상 대통령이 되기 위해서는 만 40세 이상이 되어야 한다. 국회의원의 경우 피선거권은 25세, 선거권은 18세이다.

0766
초기배아는 수정이 된 배아라는 점에서 형성 중인 생명의 첫걸음을 떼었다고 볼 여지가 있기는 하나 인간과 배아 간의 개체적 연속성을 확정하기 어렵다는 점에서 기본권 주체성이 부인된다. 23년 국회직 5급, 22년 해경일반, 20년 국회직 8급

(O) 초기배아는 수정이 된 배아라는 점에서 형성 중인 생명의 첫걸음을 떼었다고 볼 여지가 있기는 하나 아직 모체에 착상되거나 원시선이 나타나지 않은 이상 현재의 자연과학적인 인식 수준에서 독립된 인간과 배아간의 개체적 연속성을 확정하기 어렵다고 봄이 일반적이다(헌재 2010.5.27. 2005헌마346).

0767
태아도 「헌법」상 생명권의 주체이고, 그 성장상태가 보호 여부의 기준이 되어서는 안된다. 22년 해경간부

(O) 태아의 경우 생명권을 비롯해서 일정한 경우 기본권 주체가 될 수 있다는 것이 판례의 태도이다(헌재 2008.7.31. 2004헌바81).

0768
근로의 권리가 '일할 자리에 관한 권리'만이 아니라 '일할 환경에 관한 권리'도 함께 내포하고 있는데, 이 중 '일할 환경에 관한 권리'는 인간의 존엄성에 대한 침해를 방어하기 위한 자유권적 기본권의성격도 갖고 있어 외국인 근로자라고 하여 이에 대한 기본권 주체성을 부인할 수는 없다. 24년 법원행시, 21년 국회직 5급

(O) 근로의 권리가 "일할 자리에 관한 권리"만이 아니라 "일할 환경에 관한 권리"도 함께 내포하고 있는바, 후자는 인간의 존엄성에 대한 침해를 방어하기 위한 자유권적 기본권의 성격도 갖고 있어 건강한 작업환경, 일에 대한 정당한 보수, 합리적인 근로조건의 보장 등을 요구할 수 있는 권리 등을 포함한다고 할 것이므로 외국인 근로자라고 하여 이 부분에까지 기본권 주체성을 부인할 수는 없다(헌재 2007.8.30. 2004헌마670).

0769
주택재개발정비사업조합이 공법인의 지위에서 행정처분의 주체가 되는 경우, 재개발사업에 관한 국가의 기능을 대신하여 수행하는 공권력 행사자 내지 기본권 수범자의 지위에 있어서 행정심판의 피청구인이 되므로 「행정심판법」을 다투는 헌법소원심판에서 기본권의 주체가 될 수 없다. 25년 국회직 8급

(O) 재개발조합이 기본권의 수범자로 기능하면서 행정심판의 피청구인이 된 경우에 적용되는 심판대상조항의 위헌성을 다투는 이 사건에 있어, 재개발조합인 청구인은 기본권의 주체가 된다고 볼 수 없다(헌재 2022.7.21. 2019헌바543 등).

OX 문제

0770
근로의 권리의 구체적인 내용에 따라, 국가에 대하여 고용증진을 위한 사회적·경제적 정책을 요구할 수 있는 권리는 사회권적 기본권으로서 국민에 대하여만 인정해야 하지만, 자본주의 경제 질서하에서 근로자가 기본적 생활수단을 확보하고 인간의 존엄성을 보장받기 위하여 최소한의 근로조건을 요구할 수 있는 권리는 자유권적 기본권의 성격도 아울러 가지므로 이러한 경우 외국인 근로자에게도 그 기본권 주체성을 인정함이 타당하다. 25년 국회직 8급, 22년 순경 1차 ⊙Ⓧ

(O) 근로의 권리가 "일할 자리에 관한 권리"만이 아니라 "일할 환경에 관한 권리"도 함께 내포하고 있는바, 후자는 인간의 존엄성에 대한 침해를 방어하기 위한 자유권적 기본권의 성격도 갖고 있어 건강한 작업환경, 일에 대한 정당한 보수, 합리적인 근로조건의 보장 등을 요구할 수 있는 권리 등을 포함한다고 할 것이므로 외국인 근로자라고 하여 이 부분에까지 기본권 주체성을 부인할 수는 없다(헌재 2007.8.30. 2004헌마670).

0771
외국인이 법률에 따라 고용허가를 받아 적법하게 근로관계를 형성한 경우에도 외국인은 그 근로관계를 유지하거나 포기하는 데 있어서 직장선택의 자유에 대한 기본권 주체성을 인정할 수 없다. 20년 변호사 ⊙Ⓧ

(X) 청구인들이 이미 적법하게 고용허가를 받아 적법하게 우리나라에 입국하여 우리나라에서 일정한 생활관계를 형성, 유지하는 등, 우리 사회에서 정당한 노동인력으로서의 지위를 부여받은 상황임을 전제로 하는 이상, 청구인들이 선택한 직업분야에서 이미 형성된 근로관계를 계속 유지하거나 포기하는 데 있어 국가의 방해를 받지 않고 자유로운 선택·결정을 할 자유는 외국인인 청구인들도 누릴 수 있는 인간의 권리로서의 성질을 지닌다고 볼 것이다(헌재 2011.9.29. 2007헌마1083 등).

0772
「외국인근로자의 고용 등에 관한 법률」에서 외국인근로자를 고용한 사업 또는 사업장의 사용자는 외국인근로자의 출국 등에 따른 퇴직금 지급을 위하여 외국인근로자를 피보험자로 하는 보험 또는 신탁에 가입하도록 규정하고 있는데, 이 출국만기보험금은 퇴직금의 성질을 가지고 있어서 그 지급시기에 관한 것은 근로조건의 문제이므로 외국인근로자에게도 기본권 주체성이 인정된다. 25년 변호사, 22년 소방간부 ⊙Ⓧ

(O) 출국만기보험금은 퇴직금의 성질을 가지고 있어서 그 지급시기에 관한 것은 근로조건의 문제이므로 외국인인 청구인들에게도 기본권 주체성이 인정된다(헌재 2016.3.31. 2014헌마367).

0773
직장의료보험조합은 공법인으로서 기본권의 주체가 될 수 없다. 24년 법무사 ⊙Ⓧ

(O) 국민건강보험법 부칙 제6조 및 제7조의 직접적인 수규자는 법인이나, 직장의료보험조합은 공법인으로서 기본권의 주체가 될 수 없다(헌재 2000.6.29. 99헌마289).

0774
카자흐스탄 국적의 고려인은 외국국적동포로서 '인간의 권리' 뿐 아니라 '국민의 권리'에 대해서도 기본권 주체성이 있다.
24년 순경 2차 ⊙Ⓧ

(X) 인간의 존엄과 가치 및 행복추구권 등과 같이 단순히 '국민의 권리'가 아닌 '인간의 권리'로 볼 수 있는 기본권에 대해서는 외국인도 기본권 주체가 될 수 있다고 하여 인간의 권리에 대하여는 원칙적으로 외국인의 기본권 주체성을 인정하였다. 이와 같이 외국인에게는 모든 기본권이 무한정 인정될 수 있는 것이 아니라 '인간의 권리'의 범위 내에서만 인정되는 것이므로, 먼저 이 사건 법률조항이 제한하고 있는 것이 어떤 기본권과 관련되는 것인지를 확정하고, 그 기본권이 권리성질상 외국인인 청구인에게 기본권 주체성을 인정할 수 있는 것인지 살펴야 할 것이다(헌재 2011.9.29. 2007헌마1083 등). / *즉 동포에게 국민의 권리를 인정할 수는 없다.*

OX 문제

0775
불법체류 중인 외국인들이라 하더라도, 불법체류라는 것은 관련 법령에 의하여 체류자격이 인정되지 않는다는 것일 뿐이므로, '인간의 권리'로서 외국인에게도 주체성이 인정되는 일정한 기본권에 관하여 불법체류 여부에 따라 그 인정 여부가 달라지는 것은 아니다. 22년 순경 1차 [O][X]

(O) 불법체류외국인도 신체의 자유, 주거의 자유, 변호인의 조력을 받을 권리, 재판청구권 등은 성질상 인간의 권리로 외국인에게도 기본권 주체성이 인정된다(헌재 2012.8.23. 2008헌마430).

0776
청구인은 공법상 재단법인인 방송문화진흥회가 최다출자자인 방송사업자로서「방송법」등 관련 규정에 의하여 공법상의 의무를 부담하고 있으므로, 그 설립목적이 언론의 자유의 핵심 영역인 방송 사업이라고 하더라도 이러한 업무수행과 관련해서는 기본권 주체가 될 수 없다. 22년 순경 1차 [O][X]

(X) 청구인은 공법상 재단법인인 방송문화진흥회가 최다출자자인 방송사업자로서 방송법 등 관련 규정에 의하여 공법상의 의무를 부담하고 있지만, 그 설립목적이 언론의 자유의 핵심 영역인 방송 사업이므로 이러한 업무 수행과 관련해서는 당연히 기본권 주체가 될 수 있다(헌재 2013.9.26. 2012헌마271).

0777
외국인에게 직장 선택의 자유에 대한 기본권주체성을 인정한다는 것은 곧바로 이들에게 우리 국민과 동일한 수준의 직장 선택의 자유가 보장된다는 것을 의미한다. 22년 국회직 8급 [O][X]

(X) 기본권 주체성의 인정문제와 기본권제한의 정도는 별개의 문제이므로, 외국인에게 직장 선택의 자유에 대한 기본권 주체성을 인정한다는 것이 곧바로 이들에게 우리 국민과 동일한 수준의 직장 선택의 자유가 보장된다는 것을 의미하는 것은 아니라고 할 것이다(헌재 2011.9.29. 2009헌마351).

0778
신체의 자유, 주거의 자유, 변호인의 조력을 받을 권리, 재판청구권 등은 성질상 인간의 권리에 해당한다고 볼 수 있으므로, 이 기본권들에 관하여는 외국인들의 기본권 주체성이 인정된다. 24년 소방간부, 23년 변호사, 20년 지방직 7급 [O][X]

(O) 신체의 자유, 주거의 자유, 변호인의 조력을 받을 권리, 재판청구권 등은 성질상 인간의 권리에 해당한다고 볼 수 있으므로, 이 기본권들에 관하여는 외국인들의 기본권 주체성이 인정된다(헌재 2012.8.23. 2008헌마430).

0779
국가 정책에 따라 정부의 허가를 받은 외국인은 정부가 허가한 범위 내에서 소득활동을 할 수 있는 것이므로 외국인이 국내에서 누리는 직업의 자유는 법률 이전에 헌법에 의해서 부여된 기본권이라고 할 수는 없고, 법률에 따른 정부의 허가에 의해 비로소 발생하는 권리이다. 22년 국가직 7급 [O][X]

(O) 직업의 자유는 원칙적으로 대한민국 국민에게 인정되는 기본권이지, 외국인에게 인정되는 기본권은 아니다. 국가 정책에 따라 정부의 허가를 받은 외국인은 정부가 허가한 범위 내에서 소득활동을 할 수 있는 것이므로, 외국인이 국내에서 누리는 직업의 자유는 법률 이전에 헌법에 의해서 부여된 기본권이라고 할 수는 없고, 법률에 따른 정부의 허가에 의해 비로서 발생하는 권리이다(헌재 2014.8.28. 2013헌마359).

0780
고용허가를 받아 우리 사회에서 정당한 노동인력으로서 지위를 부여받은 외국인들은 직장선택의 자유와 근로의 권리 중 인간의 존엄성 보장에 필요한 최소한의 근로조건을 요구할 수 있는 '일할 환경에 관한 권리'가 보장된다. 24년 경찰간부, 23년 국회직 5급, 22년 경찰간부 [O][X]

(O) 근로의 권리가 "일할 자리에 관한 권리"만이 아니라 "일할 환경에 관한 권리"도 함께 내포하고 있는바, 후자는 인간의 존엄성에 대한 침해를 방어하기 위한 자유권적 기본권의 성격도 갖고 있어 건강한 작업 환경, 일에 대한 정당한 보수, 합리적인 근로조건의 보장 등을 요구할 수 있는 권리 등을 포함한다고 할 것이므로 외국인 근로자라고 하여 이 부분에까지 기본권 주체성을 부인할 수는 없다(헌재 2007.8.30. 2004헌마670).

| OX 문제 | 정답 및 해설 |

0781
난민인정신청을 하였으나 난민인정심사불회부결정을 받고 인천국제공항 송환대기실에 약 5개월째 수용된 외국인에게 변호인의 접견신청을 거부한 것은 헌법 제12조 제4항 본문에 의한 변호인의 조력을 받을 권리를 침해한 것이다. 24년 국회직 8급, 22년 법원행시 [O][X]

(O) 이 사건 변호인 접견신청 거부는 현행법상 아무런 법률상 근거가 없이 청구인의 변호인의 조력을 받을 권리를 제한한 것이므로, 청구인의 변호인의 조력을 받을 권리를 침해한 것이다(헌재 2018.5.31. 2014헌마346).

0782
「헌법재판소법」제68조 제1항의 헌법소원은 기본권의 주체만 청구할 수 있는데, 단순히 '국민의 권리'가 아니라 '인간의 권리'로 볼 수 있는 기본권에 대해서는 외국인도 기본권의 주체이지만, 청구인이 침해받았다고 주장하는 변호인의 조력을 받을 권리는 성질상 국민의 권리에 해당되므로 청구인인 외국인은 그 주체가 될 수 없다. 25년 경찰승진 [O][X]

(X) '국민의 권리'가 아니라 '인간의 권리'로 볼 수 있는 기본권에 대해서는 외국인도 기본권의 주체이다. 청구인이 침해받았다고 주장하는 변호인의 조력을 받을 권리는 성질상 인간의 권리에 해당되므로 외국인도 주체이다(헌재 2018.5.31. 2014헌마346).

0783
대통령도 국민의 한사람으로서 제한적으로나마 기본권의 주체가 될 수 있는바, 대통령은 소속 정당을 위하여 정당활동을 할 수 있는 사인으로서의 지위와 국민 모두에 대한 봉사자로서 공익 실현의 의무가 있는 헌법기관으로서의 지위를 동시에 갖는데 최소한 전자의 지위와 관련하여는 기본권 주체성을 갖는다고 할 수 있다. 25년 국회직 8급, 22년 순경 1차 [O][X]

(O) 예컨대 대통령은 국민 모두에 대한 봉사자로서 공익실현의 의무가 있는 헌법기관으로서의 지위와 소속 정당을 위하여 정당 활동을 할 수 있는 사인(私人)으로서의 법적 지위도 가지므로 후자의 경우 제한적으로나마 기본권의 주체가 될 수 있다(헌재 2008.1.17. 2007헌마700).

0784
특별한 예외적인 경우를 제외하고, 단체는 그 구성원의 권리구제를 위하여 대신 헌법소원심판을 청구한 경우에는 헌법소원심판청구의 자기관련성을 인정할 수 없다. 20년 국가직 7급 [O][X]

(O) 단체는 단체 자신의 기본권이 직접 침해당한 경우에만 헌법소원심판청구를 할 수 있을 뿐이고, 그 구성원을 위하여 또는 구성원을 대신하여 헌법소원심판을 청구할 수 없다(헌재 1994.12.29. 89헌마2).

0785
공직자가 국가기관의 지위에서 순수한 직무상의 권한행사와 관련하여 기본권 침해를 주장하는 경우에는 기본권의 주체성을 인정하기 어려우나, 그 외의 사적인 영역에 있어서는 기본권의 주체가 될 수 있다. 25년 소방간부 [O][X]

(O) 공직자가 국가기관의 지위에서 순수한 직무상의 권한행사와 관련하여 기본권 침해를 주장하는 경우에는 기본권의 주체성을 인정하기 어렵다 할 것이나, 그 외의 사적인 영역에 있어서는 기본권의 주체가 될 수 있는 것이다. 청구인은 선출직 공무원인 하남시장으로서 이 사건 법률 조항으로 인하여 공무담임권 등이 침해된다고 주장하여, 순수하게 직무상의 권한행사와 관련된 것이라기보다는 공직의 상실이라는 개인적인 불이익과 연관된 공무담임권을 다투고 있으므로, 이 사건에서 청구인에게는 기본권의 주체성이 인정된다 할 것이다(헌재 2009.3.26. 2007헌마843).

OX 문제

0786
정당이 등록이 취소된 이후에도 '등록정당'에 준하는 '권리능력 없는 사단'으로서의 실질을 유지하고 있다고 볼 수 있으면 헌법소원의 청구인능력을 인정할 수 있다. 24년 국회직 5급, 23년 경찰승진, 23년 법원행시, 22년 국가직 7급 [O][X]

(O) 정당설립의 자유는 그 성질상 등록된 정당에게만 인정되는 기본권이 아니라 청구인과 같이 등록정당은 아니지만 권리능력 없는 사단의 실체를 가지고 있는 정당에게도 인정되는 기본권이라 할 수 있다(헌재 2006.3.30. 2004헌마246).

0787
인간의 존엄과 가치에서 유래하는 인격권은 자연적 생명체로서 개인의 존재를 전제로 하는 기본권으로서 그 성질상 법인에게는 적용될 수 없으므로 법인의 인격권을 과잉제한 했는지 여부를 판단하기 위해 기본권 제한에 대한 헌법원칙인 비례심사를 할 수는 없다. 20년 국가직 7급 [O][X]

(X) 법인의 인격권의 주체가 될 수 있으나, 인간의 존엄과 가치의 주체는 되지 못한다(헌재 2012.8.23. 2009헌가27).

0788
한국신문편집인협회는 언론인들의 협동단체로서 법인격은 없으나 사단으로서의 실체를 가지고 있으므로 권리능력 없는 사단이라고 할 것이고, 따라서 기본권의 성질상 자연인에게만 인정될 수 있는 기본권이 아닌 한 기본권의 주체가 될 수 있다. 20년 국회직 8급 [O][X]

(O) 청구인협회(한국신문편집인협회)는 언론인들의 협동단체로서 법인격은 없으나, 대표자와 총회가 있고, 단체의 명칭, 대표의 방법, 총회 운영, 재산의 관리 기타 단체의 중요한 사항이 회칙으로 규정되어 있는 등 사단으로서의 실체를 가지고 있으므로 권리능력 없는 사단이라고 할 것이고, 따라서 기본권의 성질상 자연인에게만 인정될 수 있는 기본권이 아닌 한 기본권의 주체가 될 수 있으며, 헌법상의 기본권을 향유하는 범위 내에서는 헌법소원심판청구능력도 있다고 할 것이다(헌재 1995.7.21. 92헌마177 등).

0789
정당은 국민의 정치적 의사형성에 참여하기 위한 조직으로 성격상 권리능력 없는 단체에 속하지만 구성원과는 독립하여 기본권의 주체가 될 수 있으므로 생명·신체의 안전에 관한 기본권 행사에 있어 그 주체가 될 수 있다. 20년 국회직 8급 [O][X]

(X) 청구인 진보신당은 국민의 정치적 의사형성에 참여하기 위한 조직으로 성격상 권리능력 없는 단체에 속하지만, 구성원과는 독립하여 그 자체로서 기본권의 주체가 될 수 있고, 그 조직 자체의 기본권이 직접 침해당한 경우 자신의 이름으로 헌법소원심판을 청구할 수 있으나, 이 사건에서 침해된다고 하여 주장되는 기본권은 생명·신체의 안전에 관한 것으로서 성질상 자연인에게만 인정되는 것이므로, 이와 관련하여 청구인 진보신당과 같은 권리능력 없는 단체는 위와 같은 기본권의 행사에 있어 그 주체가 될 수 없다(헌재 2008.12.26. 2008헌마419 등).

0790
헌법상 기본권인 참정권에 대한 외국인의 기본권주체성은 인정되지 아니한다. 23년 법원행시 [O][X]

(O) 참정권과 입국의 자유에 대한 외국인의 기본권주체성이 인정되지 않는다(헌재 2014.6.26. 2011헌마502).

0791
선거권 및 국민투표권은 대한민국 국적을 가진 자연인인 대한민국 국민에게만 인정되는 것이고, 그 권리의 성질상 법인이나 단체는 선거권 및 국민투표권 행사의 주체가 될 수 없다. 23년 법원행시 [O][X]

(O) 헌법상 기본권인 선거권 및 국민투표권은 대한민국 국적을 가진 자연인인 대한민국 국민에게만 인정되는 것이고, 그 권리의 성질상 법인이나 단체는 선거권 및 국민투표권 행사의 주체가 될 수 없다(헌재 2014.7.24. 2009헌마256).

| OX 문제 | 정답 및 해설 |

0792
지방자치단체는 기본권의 주체가 될 수 있다. 21년 경행특채, 20년 소방간부 ⓞⓧ

(X) 지방자치단체는 기본권의 주체가 될 수 없다는 것이 헌법재판소의 입장이며, 이를 변경해야 할만한 사정이나 필요성이 없으므로 지방자치단체인 춘천시의 헌법소원 청구는 부적법하다(헌재 2006.12.28. 2006헌마312).

0793
법인도 법인의 목적과 사회적 기능에 비추어 볼 때 그 성질에 반하지 않는 범위 내에서 인격권의 한 내용인 사회적 신용이나 명예 등의 주체가 될 수 있다. 23년 변호사, 23년 국회직 5급, 23년 경찰승진, 22년 해경일반 ⓞⓧ

(O) 법인도 법인의 목적과 사회적 기능에 비추어 볼 때 그 성질에 반하지 않는 범위 내에서 인격권의 한 내용인 사회적 신용이나 명예 등의 주체가 될 수 있고 법인이 이러한 사회적 신용이나 명예 유지 내지 법인격의 자유로운 발현을 위하여 의사결정이나 행동을 어떻게 할 것인지를 자율적으로 결정하는 것도 법인의 인격권의 한 내용을 이룬다고 할 것이다(헌재 2012.8.23. 2009헌가27).

0794
헌법 제31조 제4항이 규정하는 교육의 자주성 및 대학의 자율성은 대학에 부여된 헌법상 기본권인 대학의 자율권이므로 국립대학도 이러한 대학의 자율권의 주체로서 헌법소원심판의 청구인능력이 인정된다. 23년 국회직 5급 ⓞⓧ

(O) 헌법 제31조 제4항이 규정하는 교육의 자주성 및 대학의 자율성은 헌법 제22조 제1항이 보장하는 학문의 자유의 확실한 보장을 위해 꼭 필요한 것으로서 대학에 부여된 헌법상 기본권인 대학의 자율권이므로, 국립대학인 청구인도 이러한 대학의 자율권의 주체로서 헌법소원심판의 청구인능력이 인정된다(헌재 2015.12.23. 2014헌마1149).

0795
헌법에 법인의 기본권 향유능력을 인정하는 명문의 규정이 없지만 언론·출판의 자유, 재산권의 보장 등과 같이 성질상 법인이 누릴 수 있는 기본권은 법인에게 적용된다. 22년 순경 2차 ⓞⓧ

(O) 우리 헌법은 법인의 기본권향유능력을 인정하는 명문의 규정을 두고 있지 않지만, 본래 자연인에게 적용되는 기본권규정이라도 언론·출판의 자유, 재산권의 보장 등과 같이 성질상 법인이 누릴 수 있는 기본권을 당연히 법인에게도 적용하여야 한 것으로 본다(헌재 1991.6.3. 90헌마56).

0796
헌법은 법인의 기본권 주체성에 관한 명문의 규정을 두고 있지 않다. 24년 국가직 5급 ⓞⓧ

(O) 우리 헌법은 법인의 기본권향유능력을 인정하는 명문의 규정을 두고 있지 않다(헌재 2006.1.26. 2005헌마424).

0797
대학 자치의 주체를 기본적으로 대학으로 본다고 하더라도 교수나 교수회의 주체성이 부정된다고 볼 수 없는 바, 가령 학문의 자유를 침해하는 대학의 장에 대한 관계에서는 교수나 교수회가 주체가 될 수 있고, 또한 국가에 의한 침해에 있어서는 대학 자체 외에도 대학 전구성원이 자율성을 갖는 경우도 있을 것이므로 문제되는 경우에 따라서 대학, 교수, 교수회 모두가 단독, 혹은 중첩적으로 주체가 될 수 있다고 보아야 할 것이다. 23년 변호사, 22년 순경 2차, 21년 국회직 9급, 21년 국회직 5급 ⓞⓧ

(O) 국가에 의한 침해에 있어서는 대학 자체 외에도 대학 전 구성원이 자율성을 갖는 경우도 있을 것이므로 문제되는 경우에 따라서 대학, 교수, 교수회 모두가 단독 혹은 중첩적으로 주체가 될 수 있다(헌재 2006.4.27. 2005헌마1047 등).

0798
법인인 서울대학교와 인천대학교를 제외하고 국립대학교는 「정부조직법」 제4조 부속기관의 일종인 교육훈련기관으로서 영조물에 불과하므로 대학의 자율권과 관련하여 기본권 주체가 될 수 없다. 24년 순경 2차, 21년 국가직 5급 ⓞⓧ

(X) 헌법 제31조 제4항이 규정하는 교육의 자주성 및 대학의 자율성은 헌법 제22조 제1항이 보장하는 학문의 자유의 확실한 보장을 위해 꼭 필요한 것으로서 대학에 부여된 헌법상 기본권인 대학의 자율권이므로, 국립대학인 청구인도 이러한 대학의 자율권의 주체로서 헌법소원심판의 청구인능력이 인정된다(헌재 2015.12.23. 2014헌마1149). / 세무대, 강원대등도 인정하였다.

| OX 문제 | 정답 및 해설 |

0799
축협중앙회는 공법인으로서의 성격이 상대적으로 크지만 공법인성과 사법인성을 겸유한 특수한 법인으로서 기본권의 주체가 될 수 있다. 21년 국회직 8급, 21년 경행특채 [O X]

(O) 축협중앙회는 지역별·업종별 축협과 비교할 때, 회원의 임의탈퇴나 임의해산이 불가능한 점 등 그 공법인성이 상대적으로 크다고 할 것이지만, 이로써 공법인이라고 단정할 수는 없을 것이고, 이 역시 그 존립목적 및 설립형식에서의 자주적 성격에 비추어 사법인적 성격을 부인할 수 없으므로, 축협중앙회는 공법인성과 사법인성을 겸유한 특수한 법인으로서 이 사건에서 기본권의 주체가 될 수 있다(헌재 2000.6.1. 99헌마553).

0800
공권력의 행사자인 국가, 지방자치단체나 그 기관 또는 국가조직의 일부나 공법인은 국민의 기본권을 보호 내지 실현해야 할 책임과 의무를 지는 것이지 원칙적으로 기본권 주체가 될 수는 없다. 20년 법원행시, 20년 경행특채 [O X]

(O) 공법인은 예외적으로 기본권에 의하여 보호되는 생활영역에 속해 있으며, 자연인의 개인적 기본권을 실현하는 데 기여하고 있을 뿐 아니라 조직법상 국가로부터 독립되어 고유한 업무영역을 가지고 있는 경우에는 기본권 주체성이 인정된다고 할 것이다(헌재 1992.10.1. 92헌마68 등).

0801
공법인이나 이에 준하는 지위를 가진 자라 하더라도 공무를 수행하거나 고권적 행위를 하는 경우가 아닌 사경제 주체로서 활동하는 경우나 조직법상 국가로부터 독립한 고유 업무를 수행하는 경우, 그리고 다른 공권력 주체와의 관계에서 지배복종관계가 성립되어 일반 사인처럼 그 지배하에 있는 경우 등에는 기본권 주체가 될 수 있다. 24년 국회직 5급, 24년 순경 2차 [O X]

(O) 국가, 지방자치단체나 그 기관 또는 국가조직의 일부나 공법인은 국민의 기본권을 보호 내지 실현해야 할 '책임'과 '의무'를 지는 주체로서 헌법소원을 청구할 수 없다. 다만 공법인이나 이에 준하는 지위를 가진 자라 하더라도 공무를 수행하거나 고권적 행위를 하는 경우가 아닌 사경제 주체로서 활동하는 경우나 조직법상 국가로부터 독립한 고유 업무를 수행하는 경우, 그리고 다른 공권력 주체와의 관계에서 지배복종관계가 성립되어 일반 사인처럼 그 지배하에 있는 경우 등에는 기본권 주체가 될 수 있다(헌재 2013.9.26. 2012헌마271).

0802
기본권 규정은 그 성질상 사법관계에 직접 적용될 수 있는 예외적인 것을 제외하고는 사법상의 일반원칙을 규정 한 「민법」 제2조, 제103조, 제750조, 제751조 등의 내용을 형성하고 그 해석 기준이 되어 간접적으로 사법관계에 효력을 미치게 된다. 25년 소방간부 [O X]

(O) 기본권 규정은 그 성질상 사법관계에 직접 적용될 수 있는 예외적인 것을 제외하고는 사법상의 일반원칙을 규정한 「민법」 제2조, 제103조, 제750조, 제751조 등의 내용을 형성하고 그 해석 기준이 되어 간접적으로 사법관계에 효력을 미치게 된다(대판 2010.4.22. 2008다38288).

0803
공무원직의 선택 내지 제한에 있어서는 공무담임권에 관한 헌법규정이 직업의 자유에 대한 특별규정으로서 우선적으로 적용되어야 한다. 23년 경찰승진 [O X]

(O) 공무원직의 선택 내지는 제한에 있어서는 공무담임권에 관한 헌법규정이 직업의 자유에 대한 특별규정으로서 우선적으로 적용되어야 하며 직업의 자유의 적용은 배제된다고 보아야 할 것이므로, 위 부분에 대하여도 별도 판단을 하지 아니한다(헌재 2005.10.27. 2004헌바41).

0804
기본권 경합의 경우에는 기본권 침해를 주장하는 청구인의 의도 및 기본권을 제한하는 입법자의 객관적 동기 등을 참작하여 사안과 가장 밀접한 관계에 있고 또 침해의 정도가 큰 주된 기본권을 중심으로 그 제한의 한계를 살핀다. 23년 경찰간부 [O X]

(O) 하나의 규제로 인해 여러 기본권이 동시에 제약을 받는 기본권경합의 경우에는 기본권침해를 주장하는 제청신청인과 제청법원의 의도 및 기본권을 제한하는 입법자의 객관적 동기 등을 참작하여 사안과 가장 밀접한 관계에 있고 또 침해의 정도가 큰 주된 기본권을 중심으로 해서 그 제한의 한계를 따져 보아야 할 것이다(헌재 1998.4.30. 95헌가16).

| OX 문제 | 정답 및 해설 |

0805
헌법상 기본권은 제1차적으로 개인의 자유로운 영역을 공권력의 침해로부터 보호하기 위한 방어적 권리이지만 다른 한편으로 헌법의 기본적인 결단인 객관적인 가치질서를 구체화한 것으로서, 사법(私法)을 포함한 모든 법 영역에 그 영향을 미치는 것이므로 사인 간의 사적인 법률관계도 헌법상의 기본권 규정에 적합하게 규율되어야 한다. 25년 소방간부, 22년 법원행시 [O X]

(O) 헌법상의 기본권은 제1차적으로 개인의 자유로운 영역을 공권력의 침해로부터 보호하기 위한 방어적 권리이지만 다른 한편으로 헌법의 기본적인 결단인 객관적인 가치질서를 구체화한 것으로서, 사법을 포함한 모든 법 영역에 그 영향을 미치는 것이므로 사인간의 사적인 법률관계도 헌법상의 기본권 규정에 적합하게 규율되어야 한다(대판 2011.1.27. 2009다19864).

0806
하나의 법률관계를 둘러싸고 사인 사이의 기본권이 충돌하는 경우에는 구체적인 사안에서의 사정을 종합적으로 고려한 이익형량과 함께 양 기본권 사이의 실제적인 조화를 꾀하는 해석 등을 통하여 이를 해결하여야하고, 그 결과에 따라 정해지는 양 기본권 행사의 한계등을 감안하여 그 행위의 최종적인 위법성 여부를 판단하여야 한다. 22년 법원행시 [O X]

(O) 하나의 법률관계를 둘러싸고 두 기본권이 충돌하는 경우에는 구체적인 사안에서의 사정을 종합적으로 고려한 이익형량과 함께 양 기본권 사이의 실제적인 조화를 꾀하는 해석 등을 통하여 이를 해결하여야 하고, 그 결과에 따라 정해지는 양 기본권 행사의 한계 등을 감안하여 그 행위의 최종적인 위법성 여부를 판단하여야 한다(대판 2010.4.22. 2008다38288).

0807
흡연권과 혐연권의 관계처럼 상하의 위계질서가 있는 기본권끼리 충돌하는 경우 상위기본권우선의 원칙에 따라 하위기본권이 제한될 수 있으므로, 흡연권은 혐연권을 침해하지 않는 한에서 인정되어야 한다. 22년 법원직, 20년 경행특채 [O X]

(O) 흡연권과 혐연권의 관계처럼 상하의 위계질서가 있는 기본권끼리 충돌하는 경우 상위기본권우선의 원칙에 따라 하위기본권이 제한될 수 있으므로, 흡연권은 혐연권을 침해하지 않는 한에서 인정되어야 한다(헌재 2004.8.26. 2003헌마457).

0808
노동조합이 당해 사업장에 종사하는 근로자의 3분의 2 이상을 대표하고 있을 때에는 근로자가 그 노동조합의 조합원이 될 것을 고용조건으로 하는 단체협약[이른바 유니언 샵(Union Shop)]과 관련하여 근로자의 단결하지 아니할 자유와 노동조합의 적극적 단결권(조직강제권)이 충돌하나, 근로자에게 보장되는 적극적 단결권이 단결하지 아니할 자유보다 특별한 의미를 가지고 있으므로 노동조합의 적극적 단결권은 근로자 개인의 단결하지 않을 자유보다 중시된다. 23년 경찰간부, 22년 법원직, 22년 해경간부 [O X]

(O) 노동조합의 적극적 단결권은 근로자 개인의 단결하지 않을 자유보다 중시된다고 할 것이고, 또 노동조합에게 위와 같은 조직강제권을 부여한다고 하여 이를 근로자의 단결하지 아니할 자유의 본질적인 내용을 침해하는 것으로 단정할 수는 없다(헌재 2005.11.24. 2002헌바95 등).

0809
「노동조합 및 노동관계조정법」상 유니온 샵(Union Shop) 조항은 특정한 노동조합의 가입을 강제하는 단체협약의 체결을 용인하고 있으므로 근로자의 개인적 단결권과 노동조합의 집단적 단결권이 서로 충돌하는 경우에 해당하며 이를 기본권의 서열이론이나 법익형량의 원리에 입각하여 어느 기본권이 더 상위기본권이라고 단정할 수는 없다. 22년 경찰간부 [O X]

(O) 개인적 단결권과 집단적 단결권이 충돌하는 경우 기본권의 서열이론이나 법익형량의 원리에 입각하여 어느 기본권이 더 상위기본권이라고 단정할 수는 없다(헌재 2005.11.24. 2002헌바95 등)

OX 문제

0810
명예훼손적 표현의 피해자가 공적 인물인지 아니면 사인인지, 그 표현이 공적인 관심 사안에 관한 것인지 순수한 사적인 영역에 속하는 사안인지의 여부에 따라 헌법적 심사기준에는 차이가 있어야 한다. 21년 소방간부 O X

0811
수용자의 지위에서 예정되어 있는 기본권 제한이라도 형의 집행과 도주 방지라는 구금의 목적과 관련되어야 하고 다른 방법으로는 그 목적을 달성할 수 없는 경우에만 예외적으로 허용되어야 한다. 22년 경행특채 O X

0812
직사살수는 타인의 법익이나 공공의 안녕질서에 대한 직접적인 위험이 명백히 초래되었고, 다른 방법으로는 그 위험을 제거할 수 없는 경우에 한하여 이루어져야 하며, 부득이 직사살수를 하는 경우에도 구체적인 상황에서 필요한 최소한의 범위 내로 조절하여야 한다. 22년 경행특채 O X

0813
인터넷게임의 '강제적 셧다운제'가 과잉금지원칙에 위배되는지 여부를 심사함에 있어서는 청소년의 과도한 인터넷게임 이용 및 그 중독 문제가 사회적으로 심각하게 대두되고 있음에도 가정 및 학교 등의 자율적인 노력만으로는 적절한 대처가 어렵다는 사정도 함께 고려해야 한다. 22년 경행특채 O X

0814
과잉금지원칙은 기본권 제한의 방법상 한계로서 헌법 제37조 제2항의 '필요한 경우에 한하여' 부분에서 그 근거를 찾을 수 있다. 22년 경찰승진 O X

0815
육군3사관학교 사관생도는 군 장교를 배출하기 위하여 국가가 모든 재정을 부담하는 특수교육기관인 육군3사관학교의 구성원으로서, 학교에 입학한 날에 육군 사관생도의 병적에 편입하고 준사관에 준하는 대우를 받는 특수한 신분관계에 있다고 하더라도 그 존립목적을 달성하기 위하여 일반 국민보다 상대적으로 기본권이 더 제한될 수는 없다. 25년 경찰승진 O X

정답 및 해설

(O) 명예훼손적 표현의 피해자가 공적 인물인지 아니면 사인인지, 그 표현이 공적인 관심 사안에 관한 것인지 순수한 사적인 영역에 속하는 사안인지의 여부에 따라 헌법적 심사기준에는 차이가 있어야 하고, 공적 인물의 공적 활동에 대한 명예훼손적 표현은 그 제한이 더 완화되어야 한다. 다만, 공인 내지 공적인 관심 사안에 관한 표현이라 할지라도 일상적인 수준으로 허용되는 과장의 범위를 넘어서는 명백한 허위사실로서 개인에 대한 악의적이거나 현저히 상당성을 잃은 공격은 제한될 수 있어야 한다(헌재 2013.12.26. 2009헌마747).

(O) 수용자의 지위에서 예정되어 있는 기본권 제한이라도 형의 집행과 도주 방지라는 구금의 목적과 관련되어야 하고 다른 방법으로는 그 목적을 달성할 수 없는 경우에만 예외적으로 허용되어야 한다(헌재 2003.12.18. 2001헌마163).

(O) 직사살수는 타인의 법익이나 공공의 안녕질서에 대한 직접적인 위험이 명백히 초래되었고, 다른 방법으로는 그 위험을 제거할 수 없는 경우에 한하여 이루어져야 하며, 부득이 직사살수를 하는 경우에도 구체적인 상황에서 필요한 최소한의 범위 내로 조절하여야 한다(헌재 2020.4.23. 2015헌마1149).

(O) 청소년의 건전한 성장과 인터넷게임 중독을 예방하기 위하여 16세 미만 청소년에 한하여 심야시간대만 그 제공을 금지하는 것이 청소년의 일반적 행동자유권, 부모의 자녀교육권 및 인터넷게임 제공자의 직업수행의 자유에 대한 과도한 제한이라고 보기는 어려우므로 헌법에 위반되지 않는다는 이유로 기각 결정하였다(헌재 2014.3.27. 2011헌마659).

(O) 과잉금지원칙은 오늘날 법치국가의 원리에서 당연히 추출되는 확고한 원칙으로서 부동의 위치를 점하고 있으며, 헌법 제37조 제2항에서도 이러한 취지의 규정을 두고 있는 것이다(헌재 1990.9.3. 89헌가95).

(X) 사관생도는 군 장교를 배출하기 위하여 국가가 모든 재정을 부담하는 특수교육기관인 육군3사관학교의 구성원으로서, 학교에 입학한 날에 육군 사관생도의 병적에 편입하고 준사관에 준하는 대우를 받는 특수한 신분관계에 있다. 따라서 그 존립 목적을 달성하기 위하여 필요한 한도 내에서 일반 국민보다 상대적으로 기본권이 더 제한될 수 있으나, 그러한 경우에도 법률유보원칙, 과잉금지원칙 등 기본권 제한의 헌법상 원칙들을 지켜야 한다(대판 2018.8.30. 2016두60591).

| OX 문제 | 정답 및 해설 |

0816
국민의 기본권을 제한하는 입법은 그 목적이 헌법 및 법률의 체제상 정당성이 인정되어야 하고, 그 목적의 달성을 위하여 방법이 효과적이고 적절하여야 하며, 입법권자가 선택한 방법이 설사 적절하다고 하더라도 보다 완화된 형태나 방법을 모색함으로써 기본권의 제한은 필요한 최소한도에 그치도록 하여야 하며, 입법에 의하여 보호하려는 공익과 침해되는 사익을 비교형량할 때 보호되는 공익이 더 커야 한다. 22년 경찰승진   O X

(O) 국민의 기본권을 제한하려는 입법목적이 헌법 및 법률의 체제상 그 정당성이 인정되어야 하고(목적의 정당성), 그 목적의 달성을 위하여 방법이 효과적이고 적절하여야 하며(방법의 적정성), 입법권자가 선택한 기본권 제한의 조치가 입법목적의 달성을 위하여 설사 적절하다 할지라도 보다 완화된 형태나 방법을 모색함으로써 기본권의 제한은 필요한 최소한도에 그치도록 하여야 하고(피해의 최소성), 그 입법에 의하여 보호하려는 공익과 침해되는 사익을 비교형량할 때 보호되는 공익이 더 커야 한다(법익의 균형성)는 과잉금지원칙이 지켜져야 하므로, 이 사건 응시제한이 이러한 과잉금지 원칙을 위반하였는지 검토한다(헌재 2012.5.31. 2010헌마139 등).

0817
수단의 적합성은 해당 기본권 제한조치가 목적의 달성에 어느 정도 기여하는 것으로 충분하며, 목적을 달성하는데 유일한 수단일 필요는 없다. 22년 국회직 9급   O X

(O) 반드시 가장 합리적이고 효율적인 수단을 선택하여야 하는 것은 아니라고 할지라도 적어도 현저하게 불합리하고 불공정한 수단의 선택은 피해야 할 것이라고 판시하였다(헌재 1996.4.25. 92헌바47).

0818
직업선택의 자유에 있어서 필요한 경우 객관적 사유에 따라 직업에의 접근을 제한하여야 하며, 이러한 조치를 통하여 목적을 달성할 수 없는 경우 주관적 사유에 따라 직업선택의 자유를 제한하여야 한다. 22년 국회직 9급   O X

(X) 이미 선택한 직업을 어떠한 제약아래 수행하느냐의 관점이나 당사자의 능력이나 자격과도 상관없는 객관적 사유에 의한 이러한 제한은 직업의 자유에 대한 제한 중에서도 가장 심각한 제약이 아닐 수 없다. 따라서 이러한 제한은 월등하게 중요한 공익을 위하여 명백하고 확실한 위험을 방지하기 위한 경우에만 정당화될 수 있다고 보아야 한다(헌재 2002.4.25. 2001헌마614). 따라서 직업선택의 자유에 있어서 필요한 경우 주관적 사유에 따라 직업에의 접근을 제한하여야 하며, 이러한 조치를 통하여 목적을 달성할 수 없는 경우 객관적 사유에 따라 직업선택의 자유를 제한하여야 한다.

0819
입법자가 선택한 수단보다 국민의 기본권을 덜 침해하는 수단이 존재하더라도 그 다른 수단이 효과 측면에서 입법자가 선택한 수단과 동등하거나 유사하다고 단정할 만한 명백한 근거가 없는 이상 과잉금지원칙에 위반된다고는 할 수 없다. 24년 경찰승진   O X

(O) 과잉금지원칙의 한 내용인 '최소침해의 원칙'이라는 것은 어디까지나 입법목적의 달성에 있어 동일한 효과를 나타내는 수단 중에서 되도록 당사자의 기본권을 덜 침해하는 수단을 채택하라는 헌법적 요구인바, 입법자가 택한 수단보다 국민의 기본권을 덜 침해하는 수단이 존재하더라도 그 다른 수단이 효과 측면에서 입법자가 선택한 수단과 동등하거나 유사하다고 단정할 만한 명백한 근거가 없는 이상, 그것이 과잉금지원칙에 반한다고 할 수는 없다(헌재 2012.8.23. 2010헌가65).

0820
침해의 최소성의 관점에서, 입법자는 그가 의도하는 공익을 달성하기 위하여 우선 기본권을 보다 적게 제한하는 단계인 기본권행사의 '방법'에 관한 규제로써 공익을 실현할 수 있는가를 시도하고 이러한 방법으로는 공익달성이 어렵다고 판단되는 경우에 비로소 그 다음 단계인 기본권행사의 '여부'에 관한 규제를 선택해야 한다. 22년 경찰승진   O X

(O) 침해의 최소성의 관점에서 입법자는 그가 의도하는 공익을 달성하기 위하여 우선 기본권을 보다 적게 제한하는 단계인 기본권행사의 '방법'에 관한 규제로써 공익을 실현할 수 있는가를 시도하고 이러한 방법으로는 공익달성이 어렵다고 판단되는 경우에 비로소 그 다음 단계인 기본권행사의 '여부'에 관한 규제를 선택해야 한다(헌재 1998.5.28. 96헌가5).

OX 문제

0821
운전면허를 받은 사람이 다른 사람의 자동차등을 훔친 경우에는 운전면허를 필요적으로 취소하도록 한 구「도로교통법」조항 중 '다른 사람의 자동차등을 훔친 경우' 부분은 다른 사람의 자동차 등을 훔친 범죄행위에 대한 행정적 제재를 강화하여 자동차등의 운행과정에서 야기될 수 있는 교통상의 위험과 장해를 방지함으로써 안전하고 원활한 교통을 확보하고자 하는 것으로서 그 입법목적이 정당하다. 22년 순경 1차

0822
검찰수사관인 피청구인이 피의자신문에 참여한 변호인인 청구인에게 피의자 후방에 앉으라고 요구한 행위와 관련하여 변호인의 피의자신문참여권이 헌법상 기본권에 해당한다고 보더라도, 청구인은 적극적으로 피의자에게 진술거부권 행사를 조력하는 등 피의자신문참여권을 행사함에 있어 어떠한 지장도 받지 않았으므로 후방착석요구행위의 목적의 정당성과 수단의 적절성을 인정할 수 있다. 25년 경찰 2차, 23년 경찰승진

0823
금치처분을 받은 수형자에 대하여 집필의 목적과 내용 등을 묻지 아니하고 일체의 집필행위를 금지하는 것은 입법목적 달성을 위한 필요최소한의 제한이라는 한계를 벗어난 것으로서 과잉금지의 원칙에 위반된다. 22년 5급 공채

0824
정부에 대한 반대 견해나 비판에 대하여 합리적인 홍보와 설득으로 대처하는 것이 아니라 비판적 견해를 가졌다는 이유만으로 국가의 지원에서 일방적으로 배제함으로써 정치적 표현의 자유를 제재하는 공권력의 행사는 헌법의 근본원리인 국민주권주의와 자유민주적 기본질서에 반하는 것으로 그 목적의 정당성을 인정할 수 없다. 23년 경찰승진, 22년 5급 공채

0825
국가의 기본권보호의무의 이행은 입법자의 입법을 통하여 비로소 구체화되는 것이고, 국가가 그 보호의무를 어떻게 어느 정도로 이행할 것인지는 원칙적으로 한 나라의 정치·경제·사회·문화적인 제반 여건과 재정 사정 등을 감안하여 입법정책적으로 판단하여야 하는 입법재량의 범위에 속한다. 22년 경찰승진

정답 및 해설

(O) 심판대상조항은 다른 사람의 자동차등을 훔친 범죄행위에 대한 행정적 제재를 강화하여 자동차등의 운행과정에서 야기될 수 있는 교통상의 위험과 장해를 방지함으로써 안전하고 원활한 교통을 확보하고자 하는 것으로서 그 입법목적이 정당하다(헌재 2017.5.25. 2016헌가6).

(X) 피의자신문에 참여한 변호인이 피의자 옆에 앉는다고 하여 피의자 뒤에 앉는 경우보다 수사를 방해할 가능성이 높아진다거나 수사기밀을 유출할 가능성이 높아진다고 볼 수 없으므로, 이 사건 후방착석요구행위의 목적의 정당성과 수단의 적절성을 인정할 수 없다(헌재 2017.11.30. 2016헌마503).

(O) 금치처분을 받은 자에 대하여 집필의 목적과 내용 등을 묻지 않고, 또 대상자에 대한 교화 또는 처우상 필요한 경우까지도 예외 없이 일체의 집필행위를 금지하고 있음은 입법목적 달성을 위한 필요최소한의 제한이라는 한계를 벗어난 것으로서 과잉금지의 원칙에 위반된다(헌재 2005.2.24. 2003헌마289).

(O) 이른바 문화예술계 블랙리스트 사건과 관련하여, 정부의 지원을 차단할 목적으로 개인의 정치적 견해에 관한 정보를 수집·보유·이용한 행위가 개인의 개인정보자기결정권을 침해하는 것으로 위헌임을 확인하였다. 또한, 정부에 대한 비판적 견해를 가졌다는 이유로 지원사업에서 배제되도록 지시한 것은, 정치적 표현의 자유에 대한 사후적인 제한으로서, 헌법상 허용될 수 없음을 확인하였다(헌재 2020.12.23. 2017헌마416).

(O) 국가의 기본권보호의무의 이행은 입법자의 입법을 통하여 비로소 구체화되는 것이고, 국가가 그 보호의무를 어떻게 어느 정도로 이행할 것인지는 원칙적으로 한 나라의 정치·경제·사회·문화적인 제반여건과 재정사정 등을 감안하여 입법정책적으로 판단하여야 하는 입법재량의 범위에 속하는 것이기 때문이다(헌재 1997.1.16. 90헌마110 등).

| OX 문제 | 정답 및 해설 |

0826
국가가 기본권 보호의무를 어떻게 실현할 것인지는 입법자의 책임범위에 속하는 것으로서 보호의무 이행을 위한 행위의 형식에 관하여도 폭넓은 형성의 자유가 인정되고, 반드시 법령에 의하여야 하는 것은 아니다. 21년 국가직 5급 [O][X]

(O) 여기서 국가가 기본권 보호의무를 이행함에 있어서는 그 행위의 형식에 관하여도 폭넓은 형성의 자유가 인정되고, 반드시 법령에 의하여 이행하여야 하는 것은 아니므로, 국가의 보호조치가 침해되는 기본권을 보호하는 데 적절한지 여부를 판단함에 있어서는 이 사건 결정 선고 시까지 취해진 국가행위를 전체적으로 고려하여 판단하여야 한다(헌재 2016.10.27. 2012헌마121).

0827
헌법재판소는 권력분립의 관점에서 소위 "과소보호금지원칙"을, 국가가 국민의 기본권 보호를 위하여 적어도 적절하고 효율적인 최소한의 보호조치를 취했는가를 기준으로 국가의 기본권 보호의무 이행을 심사하여야 하지만, 입법부작위나 불완전한 입법에 의한 기본권의 침해는 입법자의 보호의무에 대한 명백한 위반이 있는 경우에만 인정되는 것은 아니다. 25년 경찰 2차, 22년 변호사 [O][X]

(X) 이른바 '과소보호금지원칙'의 위반 여부를 기준으로 삼아, 국민의 생명·신체의 안전을 보호하기위한 조치가 필요한 상황인데도 ① 국가가 아무런 보호조치를 취하지 않았든지 ② 아니면 취한 조치가 법익을 보호하기에 전적으로 부적합하거나 매우 불충분한 것임이 명백한 경우에 한하여 국가의 보호의무 위반을 확인하여야 하는 것이다(헌재 2009.2.26. 2005헌마764).

0828
선거운동을 위하여 확성장치를 허용하여야 할 공익적 필요성이 인정된다고 하더라도, 「공직선거법」이 주거지역에서의 최고출력내지 소음을 제한하는 등 대상지역에 따른 수인한도 내에서 공직선거운동에 사용되는 확성장치의 최고출력 내지 소음규제기준을 두고 있지 아니한 것은, 국민이 건강하고 쾌적하게 생활할 수 있는 양호한 주거환경을 유지하기 위하여 노력하여야 할 국가의 의무를 부과한 헌법 규정에 비추어 보면 국가의 기본권 보호의무를 과소하게 이행하고 있는 것이다. 23년 경찰승진, 22년 변호사 [O][X]

(O) 선거운동의 자유를 감안하여 선거운동을 위한 확성장치를 허용할 공익적 필요성이 인정된다고 하더라도 정온한 생활환경이 보장되어야 할 주거지역에서 출근 또는 등교 이전 및 퇴근 또는 하교 이후 시간대에 확성장치의 최고출력 내지 소음을 제한하는 등 사용시간과 사용지역에 따른 수인한도 내에서 확성장치의 최고출력 내지 소음 규제기준에 관한 규정을 두지 아니한 것은, 국민이 건강하고 쾌적하게 생활할 수 있도록 노력하여야 할 국가의 기본권 보호의무를 과소하게 이행한 것으로서, 청구인의 건강하고 쾌적한 환경에서 생활할 권리의 침해를 가져온다(헌재 2019.12.27. 2018헌마730).

0829
국가가 국민의 건강하고 쾌적한 환경에서 생활할 권리에 관한 보호의무를 다하지 않았는지를 헌법재판소가 심사할 때에는 '과소보호금지원칙'의 위반 여부를 기준으로 삼아, 개별 사례에서 기본권침해가 예상되어 보호가 필요한 '위험상황'에 대응하는 '보호조치'의 내용이 문제 되는 위험상황의 성격에 상응하는 보호조치로서 필요한 최소한의 성격을 갖고 있는지에 따라 판단하는데, 위험상황의 성격 등은 '과학적 사실'과 '국제기준'에 근거하여 객관적으로 검토되어야 한다. 25년 경찰승진 [O][X]

(O) 개별 사례에서 기본권침해가 예상되어 보호가 필요한 '위험상황'에 대응하는 '보호조치'의 내용이, 문제 되는 위험상황의 성격에 상응하는 보호조치로서 필요한 최소한의 성격을 갖고 있는지에 따라 판단하는데, 위험상황의 성격 등은 '과학적 사실'과 '국제기준'에 근거하여 객관적으로 검토되어야 한다(헌재 2024.8.29. 2020헌마389 등).

| OX 문제 | 정답 및 해설 |

0830
탄소중립기본법령이 설정한 온실가스 감축목표 등이 과소보호금지원칙을 위반하였는지 여부는 기후위기라는 위험상황의 성격에 상응하는 보호조치로서 필요한 최소한의 성격을 갖추었는지를 기준으로 판단하여야 하며, 온실가스감축의 구체적인 목표치가 전 지구적인 감축 노력의 관점에서 우리나라가 기여해야 할 몫에 부합하는지, 감축목표 설정의 체계가 기후변화의 영향과 온실가스배출제한의 측면에서 미래에 과중한 부담을 이전하지 않는 방식으로, 또한 온실가스 감축이 실효적으로 담보될 수 있는 방식으로 제도화되어 있는지 등을 과학적 사실과 국제기준을 고려하여 판단하여야 한다. 25년 순경 1차 [O][X]

(O) 온실가스감축의 구체적인 목표치가 전 지구적인 감축 노력의 관점에서 우리나라가 기여해야 할 몫에 부합하는지, 감축목표 설정의 체계가 기후변화의 영향과 온실가스배출제한의 측면에서 미래에 과중한 부담을 이전하지 않는 방식으로, 또한 온실가스감축이 실효적으로 담보될 수 있는 방식으로 제도화되어 있는지 등을 과학적 사실과 국제기준을 고려하여 판단하여야 한다(헌재 2024.8.29. 2020헌마389 등).

0831
기후위기대응을 위한 탄소중립·녹색성장기본법 제8조 제1항이 2031년부터 2049년까지의 감축목표에 관하여 정량적 수준을 규정하지 않고 이에 관해 정부가 5년마다 정하도록 하였다고 하더라도, 온실가스 감축목표의 수치와 경로를 정하는 것은 과학적 예측과 분석에 기반한 전문적이고 기술적인 영역에 해당하여 법률에 이를 상세하게 정하는 것은 한계가 있으므로, 이를 들어 의회유보원칙과 법률유보원칙을 위반하였다고 할 수 없다. 26년 경찰간부 [O][X]

(X) 중장기적인 온실가스 감축목표와 감축경로를 계획할 때에는 매우 높은 수준의 사회적 합의가 필요하다는 점, 미래세대는 민주적 정치과정에 참여하는 것이 제약되어 있다는 점과 관련하여 입법자에게 더욱 구체적인 입법의무와 책임이 있음을 고려할 때, 2031년부터 2049년까지의 감축목표에 관하여 대강의 정량적 수준도 규정하지 않고 이에 관해 정부가 5년마다 정하도록 한 것은 의회유보원칙을 포함하는 법률유보원칙을 위반한 것이다. 결국 탄소중립기본법 제8조 제1항은 과소보호금지원칙 및 법률유보원칙에 반하여 기본권 보호의무를 위반하였으므로 청구인들의 환경권을 침해한다(헌재 2024.8.29. 2020헌마389등).

0832
헌법 제35조 제1항은 국가와 국민에게 환경보전을 위하여 노력하여야 할 의무를 부여하고 있고, 환경침해는 사인에 의해서도 빈번하게 유발되고 있으며 생명·신체와 같은 중요한 기본권의 법익 침해로 이어질 수 있다는 점에서 국가는 사인인 제3자에 의한 환경권 침해에 대해서도 기본권 보호조치를 취할 의무를 진다. 22년 변호사 [O][X]

(O) 국가가 국민의 기본권을 적극적으로 보장하여야 할 의무가 인정된다는 점, 헌법 제35조 제1항이 국가와 국민에게 환경보전을 위하여 노력하여야 할 의무를 부여하고 있는 점, 환경침해는 사인에 의해서 빈번하게 유발되므로 입법자가 그 허용 범위에 관해 정할 필요가 있다는 점, 환경피해는 생명·신체의 보호와 같은 중요한 기본권적 법익 침해로 이어질 수 있다는 점 등을 고려할 때, 일정한 경우 국가는 사인인 제3자에 의한 국민의 환경권 침해에 대해서도 적극적으로 기본권 보호조치를 취할 의무를 진다(헌재 2019.12.27. 2018 헌마730).

0833
국가가 국민의 법익을 보호하기 위하여 아무런 보호조치를 취하지 않았든지 아니면 취한 조치가 법익을 보호하기에 명백하게 부적합하거나 불충분한 경우에 한하여 국가의 보호의무의 위반을 확인할 수 있다. 21년 국가직 5급 [O][X]

(O) 국가가 국민의 법익을 보호하기 위하여 아무런 보호조치를 취하지 않았든지 아니면 취한 조치가 법익을 보호하기에 명백하게 부적합하거나 불충분한 경우에 한하여 헌법재판소는 국가의 보호의무의 위반을 확인할 수 있을 뿐이다(헌재 2008.7.31. 2004헌바81).

OX 문제

0834
국가가 기본권 보호의무를 다하지 못하였다는 이유로 입법부작위 내지 불완전한 입법이 헌법에 위반된다고 판단할 때에는, 국가권력에 의해 국민의 기본권이 침해당하는 경우와는 다른 판단기준이 적용되어서는 아니 된다. 24년 경찰간부 O X

0835
국가는 개인이 가지는 불가침의 기본적 인권을 확인하고 이를 보장할 의무를 지기에, 적어도 생명·신체의 보호와 같은 중요한 기본권적 법익 침해에 대해서는 그것이 국가가 아닌 제3자로서의 사인에 의해서 유발된 것이라고 하더라도 국가가 적극적인 보호의 의무를 진다. 24년 소방간부 O X

0836
국가의 기본권 보호의무란 사인인 제3자에 의한 생명이나 신체에 대한 침해로부터 이를 보호하여야 할 국가의 의무를 말하는것으로, 국가가 직접 주방용오물분쇄기의 사용을 금지하여 개인의 기본권을 제한하는 경우에는 국가의 기본권 보호의무 위반 여부가 문제되지 않는다. 23년 국회직 5급 O X

0837
국가가 국민의 생명·신체의 안전에 대한 보호의무를 다하지 않았는지 여부를 헌법재판소가 심사할 때에는 국가가 이를 보호하기 위하여 적어도 적절하고 효율적인 최소한의 보호조치를 취하였는지 여부를 기준으로 삼아야 한다. 23년 국회직 5급 O X

0838
「담배사업법」은 담배성분의 표시나 경고문구의 표시, 담배광고의 제한 등 여러 규제들을 통하여 직접흡연으로부터 국민의 생명 신체의 안전을 보호하려고 노력하고 있어, 「담배사업법」이 국가의 보호 의무에 관한 과소보호금지 원칙을 위반하여 흡연자의 생명·신체의 안전에 관한 권리를 침해하였다고 볼 수 없다. 24년 해경, 23년 순경 1차, 22년 순경 2차, 20년 법원행시 O X

정답 및 해설

(X) 기본권에 대한 보호의무자로서의 국가는 국민의 기본권에 대한 침해자로서의 지위에 서는 것이 아니라 국민과 동반자로서의 지위에 서는 점에서 서로 다르다. 따라서 국가가 국민의 기본권을 보호하기 위한 충분한 입법조치를 취하지 아니함으로써 기본권보호의무를 다하지 못하였다는 이유로 입법부작위 내지 불완전한 입법이 헌법에 위반된다고 판단하기 위하여는, 국가권력에 의해 국민의 기본권이 침해당하는 경우와는 다른 판단기준이 적용되어야 마땅하다(헌재 1997.1.16. 90헌마110). / 보호의무의 경우 과소보호금지의 원칙을 적용한다.

(O) 헌법 제10조의 규정에 의하면, 국가는 개인이 가지는 불가침의 기본적 인권을 확인하고 이를 보장할 의무를 지고 기본권은 공동체의 객관적 가치질서로서의 성격을 가지므로, 적어도 생명·신체의 보호와 같은 중요한 기본권적 법익 침해에 대해서는 그것이 국가가 아닌 제3자로서의 사인에 의해서 유발된 것이라고 하더라도 국가가 적극적인 보호의 의무를 진다(헌재 2019.12.27. 2018헌마730).

(O) 국가의 기본권 보호의무란 사인인 제3자에 의한 생명이나 신체에 대한 침해로부터 이를 보호하여야 할 국가의 의무를 말하는 것으로, 이 사건처럼 국가가 직접 주방용오물분쇄기의 사용을 금지하여 개인의 기본권을 제한하는 경우에는 국가의 기본권 보호의무 위반 여부가 문제되지 않는다(헌재 2018.6.28. 2016헌마1151).

(O) 일정한 경우 국가는 사인인 제3자에 의한 국민의 환경권 침해에 대해서도 적극적으로 기본권 보호조치를 취할 의무를 지나, 헌법재판소가 이를 심사할 때에는 국가가 국민의 기본권적 법익 보호를 위하여 적어도 적절하고 효율적인 최소한의 보호조치를 취했는가 하는 이른바 과소보호금지원칙의 위반 여부를 기준으로 삼아야 한다(헌재 2008.7.31. 2006헌마711).

(O) 담배사업법은 담배성분의 표시나 경고문구의 표시, 담배광고의 제한 등 여러 규제들을 통하여 직접흡연으로부터 국민의 생명·신체의 안전을 보호하려고 노력하고 있다(헌재 2015.4.30. 2012헌마38).

| OX 문제 | 정답 및 해설 |

0839
기본권 보호의무는 주로 사인인 제3자에 의한 개인의 생명이나 신체의 훼손에서 문제되는데 이는 국가의 보호의무 없이는 타인에 의하여 개인의 신체나 생명 등 법익이 무력화될 정도의 상황에서만 적용될 수 있다. 24년 경찰간부, 21년 국가직 5급
O X

(O) 기본권 보호의무란 기본권적 법익을 기본권 주체인 사인에 의한 위법한 침해 또는 침해의 위험으로부터 보호하여야 하는 국가의 의무를 말하며, 주로 사인인 제3자에 의한 개인의 생명이나 신체의 훼손에서 문제되는데, 이는 타인에 의하여 개인의 신체나 생명 등 법익이 국가의 보호의무 없이는 무력화될 정도의 상황에서만 적용될 수 있다(헌재 2009.2.26. 2005헌마764).

0840
국가는 헌법 제10조에 의거하여 태아의 생명을 보호할 의무가 있지만, 태아를 위하여 민법상 일반적 권리능력까지도 인정해야 하는 헌법적 요청이 도출되는 것은 아니다. 20년 국회직 9급
O X

(O) 태아는 형성 중의 인간으로서 생명을 보유하고 있으므로 국가는 태아를 위하여 각종 보호조치들을 마련해야 할 의무가 있다. 하지만 그와 같은 국가의 기본권 보호의무로부터 태아의 출생 전에, 또한 태아가 살아서 출생할 것인가와는 무관하게, 태아를 위하여 민법상 일반적 권리능력까지도 인정하여야 한다는 헌법적 요청이 도출되지는 않는다(헌재 2008.7.31. 2004헌바81).

0841
국가가 국민의 생명·신체의 안전을 보호할 의무를 진다하더라도 국가의 보호의무를 입법자 또는 그로부터 위임받은 집행자가 어떻게 실현하여야 할 것인가 하는 문제는 원칙적으로 입법자의 책임범위에 속하므로, 헌법재판소는 단지 제한적으로만 입법자 또는 그로부터 위임받은 집행자에 의한 보호의무의 이행을 심사할 수 있다. 24년 소방간부, 24년 경찰승진, 20년 법원행시
O X

(O) 국가가 국민의 생명·신체의 안전을 보호할 의무를 진다하더라도 국가의 보호의무를 입법자 또는 그로부터 위임받은 집행자가 어떻게 실현하여야 할 것인가 하는 문제는 원칙적으로 권력분립과 민주주의의 원칙에 따라 국민에 의하여 직접 민주적 정당성을 부여받고 자신의 결정에 대하여 정치적 책임을 지는 입법자의 책임범위에 속하므로, 헌법재판소는 단지 제한적으로만 입법자 또는 그로부터 위임받은 집행자에 의한 보호의무의 이행을 심사할 수 있는 것이다(헌재 2008.12.26. 2008헌마419).

0842
태아가 살아서 출생한 경우 태아 상태에서 가해진 불법행위로 인한 손해배상청구는 민법 제762조에 의해 유효하게 행사할 수 있으므로, 태아가 사산한 경우 태아 자신에게 불법적인 생명침해로 인한 손해배상청구권을 인정하지 않고 있다고 하여 입법자가 태아의 생명보호를 위해 국가에게 요구되는 최소한의 보호조치마저 취하지 않은 것이라 비난할 수는 없다. 22년 경찰승진, 22년 법학경채, 21년 법원행시, 20년 법원행시
O X

(O) 태아도 헌법상 생명권의 주체가 되며, 국가는 헌법 제10조에 따라 태아의 생명을 보호할 의무가 있다. 다만, 국가의 기본권보호의무로부터 태아의 출생 전에, 또한 태아가 살아서 출생할 것인가와는 무관하게, 태아를 위하여 민법상 일반적 권리능력까지도 인정하여야 한다는 헌법적 요청이 도출되지는 않는다(헌재 2008.7.31. 2004헌바81).

0843
검사만 치료감호를 청구할 수 있고 법원은 검사에게 치료감호청구를 요구할 수 있다고만 정하여 치료감호대상자의 치료감호청구권이나 법원의 직권에 의한 치료감호를 인정하지 않은 것은 국민의 보건에 관한 국가의 보호의무에 반한다. 22년 국회직 8급
O X

(X) '정신건강증진 및 정신질환자 복지서비스 지원에 관한 법률', '형의 집행 및 수용자의 처우에 관한 법률'에 있는 다른 제도들을 통하여 국민의 정신건강을 유지하는 데에 필요한 국가적 급부와 배려가 이루어지고 있으므로, 이 사건 법률조항들에서 치료감호대상자의 치료감호 청구권이나 법원의 직권에 의한 치료감호를 인정하지 않는다 하더라도 국민의 보건에 관한 국가의 보호의무에 반한다고 보기 어렵다(헌재 2021.1.28. 2019헌가24 등).

OX 문제

0844
주거지역에서 출근 또는 등교 이전 및 퇴근 또는 하교 이후 시간대에 확성장치의 최고출력 내지 소음을 제한하는 등 사용시간과 사용지역에 따른 수인한도 내에서 확성장치의 최고출력 내지 소음 규제기준에 관한 구체적인 규정을 두어야 함에도 이러한 규정을 두지 아니한 것은 적절하고 효율적인 최소한의 보호조치를 취하지 아니하여 국가의 기본권 보호의무를 과소하게 이행한 것이다. 22년 국회직 8급 ☐O ☐X

(O) 심판대상조항이 선거운동의 자유를 감안하여 선거운동을 위한 확성장치를 허용할 공익적 필요성이 인정된다고 하더라도 정온한 생활환경이 보장되어야 할 주거지역에서 출근 또는 등교 이전 및 퇴근 또는 하교 이후 시간대에 확성장치의 최고출력 내지 소음을 제한하는 등 사용시간과 사용지역에 따른 수인한도 내에서 확성장치의 최고출력 내지 소음 규제기준에 관한 규정을 두지 아니한 것은, 국민이 건강하고 쾌적하게 생활할 수 있는 양호한 주거환경을 위하여 노력하여야 할 국가의 의무를 부과한 헌법 제35조 제3항에 비추어 보면, 적절하고 효율적인 최소한의 보호조치를 취하지 아니하여 국가의 기본권 보호의무를 과소하게 이행한 것으로서, 청구인의 건강하고 쾌적한 환경에서 생활할 권리를 침해하므로 헌법에 위반된다(헌재 2019.12.27. 2018헌마730).

0845
구 「산업단지 인·허가 절차 간소화를 위한 특례법」에서 산업단지의 지정권자로 하여금 산업단지계획안에 대한 주민의견청취와 동시에 환경영향평가서 초안에 대한 주민의견청취를 진행하도록 한 의견청취동시진행조항은 환경상 위해로부터 지역 주민을 포함한 국민의 생명·신체의 안전을 보호하기 위하여 필요한 최소한의 보호조치를 취한 것으로 보기는 어려우므로 국가의 기본권 보호의무에 위배된다. 25년 경찰승진 ☐O ☐X

(X) 국가가 산업단지계획의 승인 및 그에 따른 산업단지의 조성·운영으로 인하여 초래될 수 있는 환경상 위해로부터 지역주민을 포함한 국민의 생명·신체의 안전을 보호하기 위하여 필요한 최소한의 보호조치를 취하지 아니한 것이라고 보기는 어려우므로, 의견청취동시진행조항이 국가의 기본권 보호의무에 위배되었다고 할 수 없다(헌재 2016.12.29. 2015헌바280).

0846
국가의 기본권 보호의무의 이행은 입법자의 입법을 통하여 비로소 구체화되는 것이고, 국가가 그 보호의무를 어떻게 어느 정도로 이행할 것인지는 원칙적으로 한 나라의 정치·경제·사회·문화적인 제반 여건과 재정 사정 등을 감안하여 입법정책적으로 판단하여야 하는 입법재량의 범위에 속하는 것이다. 22년 법학경채 ☐O ☐X

(O) 국가의 기본권보호의무의 이행은 입법자의 입법을 통하여 비로소 구체화되는 것이고, 국가가 그 보호의무를 어떻게 어느 정도로 이행할 것인지는 원칙적으로 한 나라의 정치·경제·사회·문화적인 제반여건과 재정사정 등을 감안하여 입법정책적으로 판단하여야 하는 입법재량의 범위에 속하는 것이기 때문이다(헌재 1997.1.16. 90헌마110 등).

0847
무면허 의료행위를 일률적, 전면적으로 금지하고 이를 위반하는 경우에는 그 치료결과에 관계없이 형사처벌을 받게 하는 규제 방법은 헌법 제10조가 규정하는 인간으로서의 존엄과 가치를 보장하고 헌법 제36조 제3항이 규정하는 국민보건에 관한 국가의 보호의무를 다하고자 하는 것으로서, 국민의 생명권·건강권·보건권 및 그 신체활동의 자유 등을 보장하는 규정이지 이를 제한하거나 침해하는 규정이라고 할 수 없다. 22년 법학경채 ☐O ☐X

(O) 의료인이 아닌 자의 의료행위를 전면적으로 금지한 것은 매우 중대한 헌법적 법익인 국민의 생명권과 건강권을 보호하고 국민의 보건에 관한 국가의 보호의무(헌법 제36조 제3항)를 이행하기 위하여 적합한 조치로서, … 헌법에 위반되지 않는다(헌재 2002.12.18. 2001헌마370).

OX 문제

0848
태평양전쟁 전후 강제동원된 자 중 국외 강제동원자에 대해서만 의료지원금을 지급하도록 규정하고 있는 구「태평양전쟁 전후 국외 강제동원희생자 등 지원에 관한 법률」조항은 국내 강제 동원자들에 대한 국가의 지원이 매우 불충분하므로 국민에 대한 국가의 기본권보호의무에 위배된다. 25년 경찰승진 [O|X]

0849
원자력발전소건설을 내용으로 하는 전원개발사업 실시계획에 대한 승인권한을 산업통상자원부장관에게 부여하고 있는「전원개발촉진법」조항은 비록「원자력안전법」에서 건설허가 및 운영허가 등의 절차를 거치도록 하여 원전으로 인한 피해가 발생하지 않도록 조치들을 강구하고 있다고 하더라도 국가가 국민의 생명·신체의 안전을 보호하기 위하여 필요한 최소한의 보호조치를 취하지 아니한 것으로 국가의 기본권 보호의무에 위배된다. 25년 경찰승진 [O|X]

0850
위원은 인권문제에 관하여 전문적인 지식과 경험이 있고 인권의 보장과 향상을 위한 업무를 공정하고 독립적으로 수행할 수 있다고 인정되는 사람으로서 국가인권위원회법 제5조 제3항 각 호의 어느 하나에 해당하는 자격을 갖춘 자 중에서 국회가 선출하는 4명(상임위원 2명을 포함), 대통령이 지명하는 4명(상임위원 1명을 포함), 대법원장이 지명하는 3명을 대통령이 임명한다. 23년 법원행시 [O|X]

0851
위원회는 개인의 사생활을 침해하거나 계속 중인 재판 또는 수사 중인 사건의 소추에 부당하게 관여할 목적으로 조사를 하여서는 아니 된다. 23년 법원행시 [O|X]

0852
국가인권위원회는 진정에 관한 위원회의 조사, 증거의 확보 또는 피해자의 권리 구제를 위하여 필요하다고 인정하면 피해자를 위하여 대한법률구조공단 등에게 법률구조를 요청할 수 있으나, 피해자의 명시한 의사에 반하여 법률구조를 요청할 수는 없다. 24년 법무사 [O|X]

0853
국가인권위원회가 진정에 대해 각하 또는 기각결정을 하면 이 결정은 헌법소원의 대상이 되고 헌법소원의 보충성 요건을 충족한다. 20년 경찰승진 [O|X]

정답 및 해설

(X) 국가의 재정부담능력 등을 고려하여 일반적으로 볼 때 강제동원으로 인한 정신적 고통이 더욱 크다고 볼 수 있는 '국외' 강제동원자 집단을 우선적으로 처우하는 것이 객관적으로 정의와 형평에 반한다거나 자의적인 차별이라고 보기는 어렵다(헌재 2011.2.24. 2009헌마94).

(X) 이 사건 승인조항에서 원전 건설을 내용으로 하는 전원개발사업 실시계획에 대한 승인권한을 다른 전원개발과 마찬가지로 산업통상자원부장관에게 부여하고 있다 하더라도, 국가가 국민의 생명·신체의 안전을 보호하기 위하여 필요한 최소한의 보호조치를 취하지 아니한 것이라고 보기는 어렵다(헌재 2016.10.27. 2015헌바358).

(O) ① 위원회는 위원장 1명과 상임위원 3명을 포함한 11명의 인권위원(이하 "위원"이라 한다)으로 구성한다. ② 위원은 다음 각 호의 사람을 대통령이 임명한다. 1. 국회가 선출하는 4명(상임위원 2명을 포함한다) 2. 대통령이 지명하는 4명(상임위원 1명을 포함한다) 3. 대법원장이 지명하는 3명(국가인권위원회법 제5조 제1항)

(O) 위원회는 개인의 사생활을 침해하거나 계속 중인 재판 또는 수사 중인 사건의 소추(訴追)에 부당하게 관여할 목적으로 조사를 하여서는 아니 된다(국가인권위원회법 제35조 제2항).

(O) 제1항에 따른 법률구조 요청은 피해자의 명시한 의사에 반하여 할 수 없다(국가인권위원회법 제47조 제2항).

(X) 이 사건 심판청구는 행정심판이나 행정소송 등의 사전 구제절차를 모두 거친 후 청구된 것이 아니므로 보충성 요건을 충족하지 못하였다(헌재 2015.3.26. 2013헌마214). 기존판례가 변경된 것으로 기존에는 헌법소원 대상으로 인정하였으나, 최근에 판례가 변경되어 부정하였다.

| OX 문제 | 정답 및 해설 |

0854
국가인권위원회는 재적위원 과반수의 찬성으로 의결하고, 의사는 공개한다. 24년 법무사 [O][X]

(O) 위원회의 회의는 위원장이 주재하며, 이 법에 특별한 규정이 없으면 재적위원 과반수의 찬성으로 의결한다(국가인권위원회법 제13조 제1항). / 위원회의 의사는 공개한다(국가인권위원회법 제14조).

0855
사인(私人)으로부터 차별행위를 당한 경우에도 국가인권위원회에 그 내용을 진정할 수 있다. 24년 법무사 [O][X]

(O) 사인(私人)으로부터 차별행위를 당한 경우에도 국가인권위원회에 그 내용을 진정할 수 있다.

0856
위원회의 조사대상은 국가기관, 지방자치단체 또는 구금 보호시설의 업무수행(국회의 입법 및 법원·헌법재판소의 재판을 제외한다)과 관련하여 헌법 10조부터 제22조에 보장된 인권을 침해당하거나 차별행위를 당한 경우 및 법인, 단체 또는 사인으로부터 차별행위를 당한 경우로 되어 있다. 20년 경찰승진 [O][X]

(O) 국가기관, 지방자치단체 또는 구금·보호시설의 업무수행(국회의 입법 및 법원·헌법재판소의 재판을 제외한다)과 관련하여 헌법 제10조 내지 제22조에 보장된 인권을 침해당하거나 차별행위를 당한 경우 또는 법인, 단체 또는 사인에 의하여 차별행위를 당한 경우, 인권침해나 차별행위를 당한 사람 또는 그 사실을 알고 있는 사람이나 단체는 위원회에 그 내용을 진정할 수 있다(국가인권위원회법 제30조 제1항).

0857
진정에 대한 국가인권위원회의 각하 또는 기각결정은 행정처분에 해당하므로, 그에 대한 다툼은 우선 행정심판이나 행정소송에 의하여야 한다. 24년 법원행시 [O][X]

(O) 진정에 대한 국가인권위원회의 각하 및 기각결정은 피해자인 진정인의 권리행사에 중대한 지장을 초래하는 것으로서 항고소송의 대상이 되는 행정처분에 해당하므로, 그에 대한 다툼은 우선 행정심판이나 행정소송에 의하여야 할 것이다. 따라서 이 사건 심판청구는 행정심판이나 행정소송 등의 사전 구제절차를 모두 거친 후 청구된 것이 아니므로 보충성 요건을 충족하지 못하였다(헌재 2015.3.26. 2013헌마214).

0858
법원의 재판을 국가인권위원회에 진정할 수 있는 대상에서 제외하는 것이 평등원칙에 위반된 것이라고 할 수 없다. 24년 법원행시 [O][X]

(O) 법원의 재판도 국민의 기본권을 침해할 가능성이 없지 아니하나, 기본권침해에 대한 보호의무를 담당하는 법원에 의한 기본권침해의 가능성은 입법기관인 국회나 집행기관인 행정부에 의한 경우보다 상대적으로 적고, 상급심법원이 하급심법원이 한 재판이 기본권을 침해하는지 여부에 관하여 다시 심사할 기회가 있다는 점에서 다른 기관에 의한 기본권침해의 경우와는 본질적인 차이가 있어 차별을 정당화하므로, 평등의 원칙에 위반된 것이라고 할 수 없다(헌재 2004.8.26. 2002헌마302).

0859
국가인권위원회는 인권의 보호와 향상에 중대한 영향을 미치는 재판이 계속 중인 경우 법원 또는 헌법재판소의 요청이 있거나 필요하다고 인정할 때에는 법원의 담당 재판부 또는 헌법재판소에 법률상의 사항에 관하여 의견을 제출할 수 있다. 24년 법원행시 [O][X]

(O) 위원회는 인권의 보호와 향상에 중대한 영향을 미치는 재판이 계속(係屬) 중인 경우 법원 또는 헌법재판소의 요청이 있거나 필요하다고 인정할 때에는 법원의 담당 재판부 또는 헌법재판소에 법률상의 사항에 관하여 의견을 제출할 수 있다(국가인권위원회법 제28조 제1항).

0860
국가인권위원회법은 대한민국 국민과 대한민국의 영역에 있는 외국인에 대하여 적용한다. 24년 법원행시 [O][X]

(O) 이 법은 대한민국 국민과 대한민국의 영역에 있는 외국인에 대하여 적용한다(국가인권위원회법 제4조).

CHAPTER 02 포괄적 기본권

OX 문제 / 정답 및 해설

0861
헌법 제10조의 행복추구권은 국민이 행복을 추구하기 위하여 필요한 급부를 국가에게 적극적으로 요구할 수 있는 것을 내용으로 하는 것이 아니라, 국민이 행복을 추구하기 위한 활동을 국가권력의 간섭없이 자유롭게 할 수 있다는 포괄적인 의미의 자유권으로서의 성격을 가진다. 23년 국회직 5급, 22년 경찰승진, 22년 순경 1차, 22년 법학경채, 22년 국회직 9급, 21년 소방간부 [O X]

(O) 헌법(憲法) 제10조의 행복추구권은 국민이 행복을 추구하기 위하여 필요한 급부를 국가에게 적극적으로 요구할 수 있는 것을 내용으로 하는 것이 아니라, 국민이 행복을 추구하기 위한 활동을 국가권력의 간섭없이 자유롭게 할 수 있다는 포괄적(包括的)인 의미의 자유권으로서의 성격을 가지므로 국민에 대한 일정한 보상금의 수급기준을 정하고 있는 이 사건 규정이 행복추구권을 침해한다고 할 수 없다(헌재 1995. 7.21. 93헌가14).

0862
일반 공중에게 개방된 장소인 서울광장을 개별적으로 통행하거나 서울광장에서 여가활동이나 문화활동을 하는 것은 일반적 행동자유권의 내용으로 보장된다. 23년 경찰승진 [O X]

(O) 이처럼 일반 공중에게 개방된 장소인 서울광장을 개별적으로 통행하거나 서울광장에서 여가활동이나 문화활동을 하는 것은 일반적 행동자유권의 내용으로 보장됨에도 불구하고, 피청구인이 이 사건 통행제지행위에 의하여 청구인들의 이와 같은 행위를 할 수 없게 하였으므로 청구인들의 일반적 행동자유권의 침해 여부가 문제된다(헌재 2011. 6.30. 2009헌마406).

0863
지역아동센터 시설별 신고정원의 80% 이상을 돌봄취약아동으로 구성하도록 정한 '2019년 지역아동센터 지원 사업안내' 규정은 돌봄취약아동이 일반아동과 교류할 기회를 제한하므로 청구인 아동들의 인격권을 침해한다. 23년 경찰간부 [O X]

(X) 돌봄에 취약한 환경에 놓인 아동들에게 지역아동센터가 제공하는 돌봄서비스를 우선적으로 제공할 정당성과 필요성이 인정된다고 하면서, 지역아동센터 운영자의 직업수행의 자유 및 지역아동센터 이용아동의 인격권을 침해한다고 볼 수 없다고 하였다(헌재 2022.1.27. 2019헌마583).

0864
언어와 그 언어를 표기하는 방식인 글자는 정신생활의 필수적인 도구이며 타인과의 소통을 위한 가장 기본적인 수단인바, 한자를 의사소통의 수단으로 사용하는 것은 행복추구권에서 파생되는 일반적 행동의 자유 내지 개성의 자유로운 발현의 한 내용이다. 24년 소방간부 [O X]

(O) 헌법 제10조 전문은 "모든 국민은 인간으로서의 존엄과 가치를 가지며, 행복을 추구할 권리를 가진다."고 규정하여 행복추구권을 보장하고, 이러한 행복추구권은 일반적인 행동자유권과 개성의 자유로운 발현권을 포함한다. 언어와 그 언어를 표기하는 방식인 글자는 정신생활의 필수적인 도구이며 타인과의 소통을 위한 가장 기본적인 수단인바, 한자를 의사소통의 수단으로 사용하는 것은 행복추구권에서 파생되는 일반적 행동의 자유 내지 개성의 자유로운 발현의 한 내용이다(헌재 2016.11.24. 2012헌마854).

0865
자기결정권에는 여성이 그의 존엄한 인격권을 바탕으로 하여 자율적으로 자신의 생활영역을 형성해 나갈 수 있는 권리가 포함되고, 여기에는 임신한 여성이 자신의 신체를 임신상태로 유지하여 출산할 것인지 여부에 대하여 결정할 수 있는 권리가 포함되어 있다. 24년 소방간부 [O X]

(O) 자기결정권에는 여성이 그의 존엄한 인격권을 바탕으로 하여 자율적으로 자신의 생활영역을 형성해 나갈 수 있는 권리가 포함되고, 여기에는 임신한 여성이 자신의 신체를 임신상태로 유지하여 출산할 것인지 여부에 대하여 결정할 수 있는 권리가 포함되어 있다(헌재 2019.4.11. 2017헌바127).

| OX 문제 | 정답 및 해설 |

0866
자동차 운전자가 좌석안전띠를 매지 않을 자유는 일반적 행동자유권의 보호영역에 속하지 않는다. 24년 소방간부, 23년 경찰승진 [O][X]

(X) 일반적 행동자유권은 모든 행위를 할 자유와 행위를 하지 않을 자유로 가치있는 행동만 그 보호영역으로 하는 것은 아닌 것으로, 그 보호영역에는 개인의 생활방식과 취미에 관한 사항도 포함되며, 여기에는 위험한 스포츠를 즐길 권리와 같은 위험한 생활방식으로 살아갈 권리도 포함된다. 따라서 좌석안전띠를 매지 않을 자유는 헌법 제10조의 행복추구권에서 나오는 일반적 행동자유권의 보호영역에 속한다(헌재 2003.10.30. 2002헌마518). 다만 사생활의 보호영역에는 속하지 않는다.

0867
헌법 제10조에 의하여 보장되는 행복추구권 속에는 일반적 행동자유권이 포함되고, 이러한 일반적 행동자유권으로부터 계약 체결의 여부, 계약의 상대방, 계약의 방식과 내용 등을 당사자의 자유로운 의사에 따라 결정할 수 있는 계약의 자유가 파생된다. 계약의 자유는 절대적인 것이 아니라 헌법 제37조 제2항에 따라 공공복리 등을 위하여 제한될 수 있다. 23년 법원행시 [O][X]

(O) 계약의 자유는 절대적인 것이 아니라 헌법 제37조 제2항에 따라 공공복리 등을 위하여 제한될 수 있으며, 다만 이와 같이 법률상 제한을 하더라도 헌법 제37조 제2항에 규정된 기본권 제한입법의 한계를 준수하여야 하므로, 이 사건 법률조항에 의한 계약의 자유 제한이 이러한 헌법적 한계 내의 것인지를 본다(헌재 2013.12.26. 2011헌바234).

0868
공공장소에서 전면금연을 실시하는 금연구역조항이 흡연자의 일반적 행동자유권을 침해한다고 볼 수 없다. 22년 법원행시 [O][X]

(O) 금연구역조항이 기존의 금연·흡연구역의 분리운영만으로는 담배연기를 완전히 차단하기 어렵다는 점을 고려하여 공공장소에서 전면금연을 실시함으로써 국민 건강을 증진시키기 위하여 만들어진 것인 점, 흡연실을 별도로 설치할 수 있는 점, 우리나라 흡연율은 여전히 높은 점 등을 고려할 때, 금연구역조항이 흡연자의 일반적 행동자유권을 침해한다고 볼 수 없다(헌재 2014.9.25. 2013헌마411).

0869
초등학교 정규교과에서 영어를 배제하거나 영어교육 시수를 제한하는 것은 학생들의 인격의 자유로운 발현권을 제한하나, 이는 균형적인 교육을 통해 초등학생의 전인적 성장을 도모하고 영어과목에 대한 지나친 사교육의 폐단을 막기 위한 것으로 학생들의 기본권을 침해하지 않는다. 20년 경찰승진 [O][X]

(O) 초등학교 정규교과에서 영어를 배제하거나 영어교육시수를 제한하는 것은 학생들의 인격의 자유로운 발현권을 제한하나, 이는 균형적인 교육을 통해 초등학생의 전인적 성장을 도모하고 영어과목에 대한 지나친 사교육의 폐단을 막기 위한 것으로 학생들의 기본권을 침해하지 않는다(헌재 2016.2.25. 2013헌마838).

0870
행복추구권에서 도출되는 일반적 행동의 자유는 적극적으로 자유롭게 행동하는 것은 물론 소극적으로 행동을 하지 않을 자유도 포함하므로, 교통사고 발생 시 사상자 구호 등 필요한 조치를 하지 않은 자에 대한 형사처벌을 규정한 구「도로교통법」조항은 과잉금지원칙에 위반되어 운전자인 청구인의 일반적 행동자유권을 침해한다. 23년 순경 2차 [O][X]

(X) 교통사고 발생 시 조치의무를 형사처벌로 강제하는 심판대상조항은, 교통사고로 인한 사상자의 신속한 구호 및 교통상의 위험과 장해의 방지·제거를 통하여 안전하고 원활한 교통을 확보하기 위한 것으로, 입법목적의 정당성 및 수단의 적합성을 인정할 수 있다. 교통사고 관련 운전자 등이 조치의무를 이행하지 않고 그대로 현장을 벗어날 유인이 많은 점을 고려할 때, 과태료와 같은 행정적 제재만으로는 조치의무의 실효성을 담보할 수 없으므로 최소침해성의 원칙에 위배되지 않으며, 심판대상조항이 운전자등의 시간적, 경제적 손해를 유발할 가능성이 있는 것은 사실이나 이미 발생한 피해자의 생명·신체에 대한 피해 구호와 안전한 교통의 회복이라는 공익은 운전자등이 제한당하는 사익보다 크므로, 심판대상조항은 법익균형성을 갖추었다. 따라서 심판대상조항은 청구인의 일반적 행동자유권을 침해하지 않는다(헌재 2019.4.11. 2017헌가28).

| OX 문제 | 정답 및 해설 |

0871
자기책임원리는 자기결정권의 한계논리로서 책임부담의 근거로 기능하는 동시에, 자기가 결정하지 않은 것이나 결정할 수 없는 것에 대하여는 책임을 지지 않고 책임부담의 범위도 스스로 결정한 결과 내지 그와 상관관계가 있는 부분에 국한됨을 의미하는 책임의 한정원리로 기능한다. 23년 순경 2차 O X

(O) 자기책임원리는 이와 같이 자기결정권의 한계논리로서 책임부담의 근거로 기능하는 동시에 자기가 결정하지 않은 것이나 결정할 수 없는 것에 대하여는 책임을 지지 않고 책임부담의 범위도 스스로 결정한 결과 내지 그와 상관관계가 있는 부분에 국한됨을 의미하는 책임의 한정원리로 기능한다(헌재 2017.5.25. 2014헌바360).

0872
건설업 등록을 하지 않은 건설공사 하수급인이 근로자에게 임금을 지급하지 못한 경우에, 하수급인의 직상 수급인에 대하여 하수급인과 연대하여 임금을 지급할 의무를 부과하고 직상 수급인이 그 의무를 이행하지 않으면 처벌하도록 한 「근로기준법」 조항은 자기책임원칙에 위배된다고 볼 수 없다. 24년 변호사 O X

(O) 이 사건 법률조항이 직상 수급인의 임금지급의무 불이행을 처벌하도록 한 것은 직상 수급인 자신의 의무 불이행에 대한 책임을 묻는 것이고, 직상 수급인이 건설업 등록이 되어있지 않아 건설공사를 위한 자금력 등이 확인되지 않는 자에게 건설공사를 하도급하는 위법행위를 함으로써 하수급인의 임금지급의무 불이행에 관한 추상적 위험을 야기한 잘못에 대하여, 실제로 하수급인이 임금지급의무를 이행하지 아니하여 그러한 위험이 현실화되었을 때 그 책임을 묻는 것이다. 따라서 이 사건 법률조항은 자기책임원칙에 위배된다고 볼 수 없다(헌재 2014.4.24. 2013헌가12).

0873
각 중앙관서의 장이 경쟁의 공정한 집행 또는 계약의 적정한 이행을 해칠 염려가 있는 자 등에 대하여 2년 이내의 범위에서 대통령령이 정하는 바에 따라 입찰참가자격을 제한하도록 한 구 「국가를 당사자로 하는 계약에 관한 법률」 조항은, 부정당업자가 제재처분의 사유가 되는 행위의 책임을 자신에게 돌릴 수 없다는 점 등을 증명하여 제재처분에서 벗어날 수 있게 하므로 자기책임원칙에 위배되지 아니한다. 24년 변호사 O X

(O) 부정당업자는 제재처분의 사유가 되는 행위의 책임을 자신에게 돌릴 수 없다는 점 등을 증명하여 제재처분에서 벗어날 수 있으므로, 심판대상조항은 자기책임원칙에 위배되지 아니한다(헌재 2016.6.30. 2015헌바125 등).

0874
청구인인 수형자가 출정할 때 교도관이 동행하면서 청구인에게 행정법정 방청석에서 청구인의 변론 순서가 될 때까지 보호장비를 착용하도록 한 것은, 과잉금지의 원칙에 위반되어 청구인의 인격권을 침해한다. 24년 경찰간부 O X

(X) 보호장비 사용행위는 수형자가 법정에 출정하게 된 기회를 이용하여 도주와 같은 교정사고를 저지르는 것을 예방하기 위한 것으로 청구인의 신체의 자유와 인격권을 침해하지 않는다(헌재 2018.7.26. 2017헌마1238).

0875
본인의 생전 의사에 관계없이 인수자가 없는 시체를 해부용으로 제공하도록 규정하고 있는 법률조항은 자신의 사후에 시체가 본인의 의사와는 무관하게 처리될 수 있게 한다는 점에서 시체의 처분에 대한 자기결정권을 제한한다. 24년 국회직 5급 O X

(O) 본인의 생전 의사에 관계없이 인수자가 없는 시체를 해부용으로 제공하도록 규정하고 있는 이 사건 법률조항은 청구인의 시체의 처분에 대한 자기결정권을 제한한다고 할 것이다(헌재 2015.11.26. 2012헌마940).

| OX 문제 | 정답 및 해설 |

0876
배아생성자의 배아에 대한 결정권은 헌법상 명문으로 규정되어 있지는 아니하지만, 헌법 제10조로부터 도출되는 일반적 인격권의 한 유형으로서의 헌법상 권리라 할 것이다. 24년 국회직 5급, 24년 경찰승진 ⓞⓧ

(O) 배아생성자는 배아에 대해 자신의 유전자정보가 담긴 신체의 일부를 제공하고, 또 배아가 모체에 성공적으로 착상하여 인간으로 출생할 경우 생물학적 부모로서의 지위를 갖게 되므로, 배아의 관리 또는 처분에 대한 결정권을 가진다. 이러한 배아생성자의 배아에 대한 결정권은 헌법상 명문으로 규정되어 있지는 아니하지만, 헌법 제10조로부터 도출되는 일반적 인격권의 한 유형으로서의 헌법상 권리라 할 것이다(헌재 2010.5.27. 2005헌마346).

0877
범죄사실에 관한 보도 과정에서 대상자의 실명 공개에 대한 공공의 이익이 대상자의 명예나 사생활의 비밀에 관한 이익보다 우월하다고 인정되어 실명에 의한 보도가 허용되는 경우에는, 비록 대상자의 의사에 반하여 그의 실명이 공개되었다고 하더라도 그의 성명권이 위법하게 침해되었다고 할 수 없다. 23년 순경 1차 ⓞⓧ

(O) 사생활의 비밀은 본인이 비밀로 하고자 하는 사항, 즉 개인사의 공개, 명예나 신용, 본인에게 고유한 인격적 징표 등을 의미한다. 다만, 이 경우 범죄행위까지 사생활에서 보호하지는 않는다(헌재 2002.3.28. 2000헌바53).

0878
형사재판의 피고인으로 출석하는 수형자에 대하여 사복착용을 허용하지 아니한 것은 공정한 재판을 받을 권리, 인격권, 행복추구권을 침해하지만, 민사재판의 당사자로 출석하는 수형자에 대하여 사복착용을 허용하지 아니한 것은 인격권과 행복추구권을 침해하지 아니한다. 23년 법원행시, 22년 법학경채, 20년 국회직 8급 ⓞⓧ

(O) 민사재판에서 법관이 당사자의 복장에 따라 불리한 심증을 갖거나 불공정한 재판진행을 하게 되는 것은 아니므로, 심판대상조항이 민사재판의 당사자로 출석하는 수형자에 대하여 사복착용을 불허하는 것으로 공정한 재판을 받을 권리가 침해되는 것은 아니다(헌재 2015.12.23. 2013헌마712).

0879
일반적 행동자유권은 가치 있는 행동만 그 보호영역으로 하는 것은 아니다. 그 보호영역에는 개인의 생활방식과 취미에 관한 사항도 포함되며, 여기에는 위험한 스포츠를 즐길 권리와 같은 위험한 생활방식으로 살아갈 권리도 포함된다. 23년 국회직 5급, 22년 변호사, 22년 해경간부, 22년 해경일반, 22년 국회직 9급 ⓞⓧ

(O) 일반적 행동자유권의 보호영역에는 개인의 생활방식과 취미에 관한 사항도 포함되며, 여기에는 위험한 스포츠를 즐길 권리와 같은 위험한 생활방식으로 살아갈 권리도 포함된다(헌재 2003.10.30. 2002헌마518).

0880
일반적 행동자유권의 보호영역에는 가치 있는 행동만 포함된다. 24년 경찰 2차 ⓞⓧ

(X) 일반적 행동자유권은 가치 있는 행동만 그 보호영역으로 하는 것은 아니다. 그 보호영역에는 개인의 생활방식과 취미에 관한 사항도 포함되며, 여기에는 위험한 스포츠를 즐길 권리와 같은 위험한 생활방식으로 살아갈 권리도 포함된다(헌재 2016.2.25. 2015헌가11). / 전형적인 변형출제 문제이다.

| OX 문제 | 정답 및 해설 |

0881
무상 또는 일회적·일시적으로 가르치는 행위는 일반적 행동자유권에 속한다. 24년 경찰 2차 [O][X]

(O) 직업의 자유에 의하여 헌법상 보호되는 생활영역인 '직업'은 그 개념상 '어느 정도 지속적인 소득활동'을 그 요건으로 하므로, 무상 또는 일회적·일시적으로 가르치는 행위는 헌법 제15조의 직업의 자유에 의하여 보호되는 생활영역이 아니다. 이러한 성격과 형태의 가르치는 행위는 일반적 행동의 자유에 속하는 것으로서 헌법 제10조의 행복추구권에 의하여 보호된다(헌재 2000.4.27. 98헌가16 등).

0882
행복추구권은 그의 구체적인 표현으로서 일반적인 행동자유권과 개성의 자유로운 발현권을 포함하기 때문에, 기부금품의 모집행위는 행복추구권에 의하여 보호된다. 20년 소방간부 [O][X]

(O) 기부금품의 모집행위도 행복추구권에서 파생하는 일반적인 행동자유권에 의하여 기본권으로 보장된다. 기부금품을 모집하고자 하는 국민에게 허가를 청구할 법적 권리를 부여하지 아니함으로써 국민의 기본권(행복추구권)을 침해하는 위헌적인 규정이다(헌재 1998.5.28. 96헌가5).

0883
행복추구권에는 개인의 자기운명결정권이 전제되는 것이고, 이 자기운명결정권에는 성행위여부 및 그 상대방을 결정할 수 있는 성적 자기결정권 또한 포함되어 있다. 24년 법원행시, 24년 법원행시, 23년 법원직 9급, 20년 소방간부 [O][X]

(O) 개인의 인격권·행복추구권에는 개인의 자기운명결정권이 전제되는 것이고, 이 자기운명결정권에는 성행위여부 및 그 상대방을 결정할 수 있는 성적자기결정권이 또한 포함되어 있으며 간통죄의 규정이 개인의 성적자기결정권을 제한하는 것임은 틀림없다(헌재 1990.9.10. 89헌마82).

0884
헌법 제10조에 의하여 보장되는 행복추구권 속에는 일반적 행동자유권이 포함되고, 이 일반적 행동자유권으로부터 계약 체결의 여부, 계약의 상대방, 계약의 방식과 내용 등을 당사자의 자유로운 의사로 결정할 수 있는 계약의 자유가 파생한다. 20년 지방직 7급 [O][X]

(O) 헌법 제10조에 의하여 보장되는 행복추구권 속에는 일반적 행동자유권이 포함되고, 이 일반적 행동자유권으로부터 계약 체결의 여부, 계약의 상대방, 계약의 방식과 내용 등을 당사자의 자유로운 의사로 결정할 수 있는 계약의 자유가 파생한다(헌재 2013.10.24. 2010헌마219).

0885
헌법 제10조가 정하고 있는 행복추구권에서 파생하는 자기결정권 내지 일반적 행동자유권은 이성적이고 책임감 있는 사람의 자기 운명에 대한 결정·선택을 존중하되 그에 대한 책임은 스스로 부담함을 전제로 한다. 20년 지방직 7급 [O][X]

(O) 헌법 제10조가 정하고 있는 행복추구권에서 파생하는 자기결정권 내지 일반적 행동자유권은 이성적이고 책임감 있는 사람의 자기 운명에 대한 결정·선택을 존중하되 그에 대한 책임은 스스로 부담함을 전제로 한다(헌재 2004.6.24. 2002헌가27).

0886
장래 가족의 구성원이 될 태아의 성별 정보에 대한 접근을 국가로부터 방해받지 않을 부모의 권리는 일반적 인격권에 의하여 보호된다. 25년 법원직, 24년 국회직 5급, 22년 법원행시, 22년 해경간부, 22년 국가직 7급, 20년 법원직 [O][X]

(O) 이 사건 규정은 일반적 인격권으로부터 나오는 부모의 태아 성별 정보에 대한 접근을 방해받지 않을 권리를 제한하고 있다고 할 것이다(헌재 2008.7.31. 2004헌마1010 등). / *행복추구권과 알 권리는 관련 기본권이 아니다.*

| OX 문제 | 정답 및 해설 |

0887
구 형법 제304조 중 '혼인을 빙자하여 음행의 상습없는 부녀를 기망하여 간음한 자' 부분은 과잉금지원칙을 위반하여 남성의 성적자기결정권 및 사생활의 비밀과 자유를 침해한다. 22년 법원행시 ⓞⓧ

(O) 남성의 여성에 대한 유혹의 방법은 남성의 내밀한 성적 자기결정권의 영역에 속하는 것이고 또한 애정행위는 그 속성상 과장이 수반되게 마련이다. 이 사건 법률조항은 남녀평등의 사회를 지향하고 실현해야 할 국가의 헌법적 의무에 반하는 것이자, 여성을 보호한다는 미명 아래 사실상 국가 스스로가 여성의 성적 자기결정권을 부인하는 행위이다(헌재 2009.11.26. 2008헌바58).

0888
행복추구권은 다른 기본권에 대한 보충적 기본권으로서의 성격을 지니므로, 우선적으로 적용되는 기본권이 존재하여 그 침해여부를 판단하는 이상, 행복추구권 침해 여부를 독자적으로 판단할 필요가 없다. 22년 법원행시 ⓞⓧ

(O) 행복추구권은 다른 기본권에 대한 보충적 기본권으로서의 성격을 지니므로, 공무담임권이라는 우선적으로 적용되는 기본권이 존재하여 그 침해 여부를 판단하는 이상, 행복추구권 침해 여부를 독자적으로 판단할 필요가 없다(헌재 2000.12.14. 99헌마112 등).

0889
수용자를 교정시설에 수용할 때마다 전자영상 검사기를 이용하여 수용자의 항문 부위에 대한 신체검사를 하는 것이 필요한 최소한도를 벗어나 과잉금지원칙에 위배되어 수용자의 인격권 내지 신체의 자유를 침해한다고 볼 수 없다. 20년 법원직 ⓞⓧ

(O) 이 사건 신체검사는 교정시설의 안전과 질서를 유지하기 위한 것으로 그 목적이 정당하고, 항문 부위에 대한 금지물품의 은닉여부를 효과적으로 확인할 수 있는 적합한 검사방법으로 그 수단이 적절하다. … 또한 이 사건 신체검사로 인하여 수용자가 느끼는 모욕감이나 수치심이 결코 작다고 할 수는 없지만, 흉기 기타 위험물이나 금지물품을 교정시설 내로 반입하는 것을 차단함으로써 수용자 및 교정시설 종사자들의 생명·신체의 안전과 교정시설 내의 질서를 유지한다는 공적인 이익이 훨씬 크다 할 것이므로, 법익의 균형성 요건 또한 충족된다. 이 사건 신체검사는 필요한 최소한도를 벗어나 과잉금지원칙에 위배되어 청구인의 인격권 내지 신체의 자유를 침해한다고 볼 수 없다(헌재 2011.5.26. 2010헌마775).

0890
지역 방언을 자신의 언어로 선택하여 공적 또는 사적인 의사소통과 교육의 수단으로 사용하는 것은 일반적 행동의 자유 내지 개성의 자유로운 발현의 한 내용이 된다. 24년 국회직 5급 ⓞⓧ

(O) 이와 같은 지역 방언을 자신의 언어로 선택하여 공적 또는 사적인 의사소통과 교육의 수단으로 사용하는 것은 행복추구권에서 파생되는 일반적 행동의 자유 내지 개성의 자유로운 발현의 한 내용이 된다 할 것이다(헌재 2009.5.28. 2006헌마618).

0891
부모의 분묘를 가꾸고 봉제사를 하고자 하는 권리는 행복추구권의 한 내용으로 봄이 타당하다. 22년 법학경채 ⓞⓧ

(O) 청구인은 부모의 분묘를 가꾸고 봉제사를 하고자 하는 권리를 제한당한다고 할 수 있다. 청구인은 이러한 권리가 헌법 제34조의 사회보장권이라고 하나 이는 헌법 제10조의 행복추구권의 한 내용으로 봄이 타당하다(헌재 2009.9.24. 2007헌마872).

0892
친생부인의 소의 제척기간을 규정한 「민법」 규정 중 "부(夫)가 그 사유가 있음을 안 날부터 2년 내" 부분은 부(夫)가 가정생활과 신분관계에서 누려야 할 인격권을 침해한다. 22년 순경 1차 ⓞⓧ

(X) 친생부인의 소의 제척기간을 규정한 민법 제847조 제1항 중 '부가 그 사유가 있음을 안 날로부터 2년 내' 부분은 친생부인의 소의 제척기간에 관한 입법재량의 한계를 일탈하지 않은 것으로서 헌법에 위반되지 아니한다(헌재 2015.3.26. 2012헌바357; 헌재 2015.4.30. 2013헌마623).

| OX 문제 | 정답 및 해설 |

0893
외부 민사재판에 출정할 때 운동화를 착용하게 해달라는 수형자인 청구인의 신청에 대하여 이를 불허한 피청구인 교도소장의 행위는 청구인의 인격권을 침해한다고 볼 수 없다. 24년 국회직 5급, 22년 순경 1차 ☐☒

(O) 이 사건 운동화착용불허행위가 기본권 제한에 있어서의 과잉금지원칙에 반하여 청구인의 인격권과 행복추구권을 침해하였다고 볼 수 없다(헌재 2011.2.24. 2009헌마209).

0894
선거기사심의위원회가 불공정한 선거기사를 보도하였다고 인정한 언론사에 대하여 언론중재위원회를 통하여 사과문을 게재할 것을 명하도록 하는 「공직선거법」 조항 중 '사과문 게재' 부분과, 해당 언론사가 사과문 게재 명령을 지체없이 이행하지 않을 경우 형사처벌하는 구 「공직선거법」 규정 중 해당 부분은 언론사의 인격권을 침해한다. 24년 국회직 8급, 24년 경찰간부, 22년 순경 1차 ☐☒

(O) 이 사건 법률조항들이 추구하는 목적, 즉 선거기사를 보도하는 언론사의 공적인 책임의식을 높임으로써 민주적이고 공정한 여론 형성 등에 이바지한다는 공익이 중요하다는 점에는 이론의 여지가 없으나, 언론에 대한 신뢰가 무엇보다 중요한 언론사에 대하여 그 사회적 신용이나 명예를 저하시키고 인격의 자유로운 발현을 저해함에 따라 발생하는 인격권 침해의 정도는 이 사건 법률조항들이 달성하려는 공익에 비해 결코 작다고 할 수 없다. 결국 이 사건 법률조항들은 언론사의 인격권을 침해하여 헌법에 위반된다(헌재 2015.7.30. 2013헌가8).

0895
우리나라의 경우 행복추구권은 제8차개정 헌법(제5공화국 헌법)에서 처음으로 이를 규정하였다. 22년 해경간부 ☐☒

(O) 우리나라에서는 인간의 존엄·가치조항은 제5차 헌법개정시 처음 도입되었고, 행복추구권은 제8차 헌법개정 때 도입되었다.

0896
공문서의 한글전용을 규정한 「국어기본법」 및 「국어기본법 시행령」의 해당 조항은 '공공기관 등이 작성하는 공문서'에 대하여만 적용되고, 일반 국민이 공공기관 등에 접수 제출하기 위하여 작성하는 문서나 일상생활에서 사적 의사소통을 위해 작성되는 문서에는 적용되지 않으므로 청구인들의 행복추구권을 침해하지 않는다. 22년 해경간부, 21년 국가직 7급 ☐☒

(O) 공문서를 한글로 작성하면 학력이나 한자 독해력 등에 관계없이 모든 국민이 공문서의 내용을 쉽게 이해할 수 있기 위함으로 청구인들의 행복추구권을 침해하지 않는다(헌재 2016.11.24. 2012헌마854).

0897
운전면허를 받은 사람이 다른 사람의 자동차등을 훔친 경우에는 운전면허를 필요적으로 취소하도록 하는 것은 임의적 취소 혹은 정지라는 보다 덜 제한적인 수단이 있어 일반적 행동자유권(운전을 업으로 하는 자에 대하여는 직업의 자유)에 대한 과도한 침해가 되어 위헌이다. 22년 지방직 7급 ☐☒

(O) 자동차등의 절도 범죄로 야기되는 교통상의 위험과 장해를 방지하기 위하여 그에 대한 행정적 제재를 강화할 필요가 있다 하더라도, 위와 같이 임의적 운전면허 취소 또는 정지사유로 규정하면서 철저한 단속과 엄격한 법집행 등을 통해 불법의 정도에 상응하는 제재수단을 선택하도록 하는 것으로도 충분히 그 목적을 달성하는 것이 가능하다(헌재 2017.5.25. 2016헌가6). / 따라서 필요적 취소는 헌법에 위반된다.

0898
교정시설의 1인당 수용면적이 수형자의 인간으로서의 기본욕구에 따른 생활조차 어렵게 할 만큼 지나치게 협소하다면, 이는 그 자체로 국가 형벌권 행사의 한계를 넘어 수형자의 인간의 존엄과 가치를 침해하는 것이다. 22년 해경간부 ☐☒

(O) 교정시설의 1인당 수용면적*이 수형자의 인간으로서 기본욕구에 따른 생활조차 어렵게 할 만큼 지나치게 협소하다면 이는 그 자체로 국가형벌권 행사의 한계를 넘어 수형자의 인간의 존엄과 가치를 침해하는 것이다(헌재 2016.12.29. 2013헌마142).

| OX 문제 | 정답 및 해설 |

0899

변호사에 대한 징계결정정보를 인터넷 홈페이지에 공개하도록 한 「변호사법」 조항은 전문적인 법률지식, 윤리적 소양, 공정성 및 신뢰성을 갖추어야 할 변호사가 징계를 받은 경우 국민이 이러한 사정을 쉽게 알 수 있도록 하여 변호사를 선택할 권리를 보장하고, 변호사의 윤리의식을 고취시킴으로써 법률사무에 대한 전문성, 공정성 및 신뢰성을 확보하여 국민의 기본권을 보호하며 사회정의를 실현하기 위한 것으로서 청구인의 인격권을 침해하지 아니한다. 22년 해경간부 ○ ✗

(O) 변호사에 대한 징계결정정보를 인터넷 홈페이지에 공개하도록 한 변호사법 조항과 징계결정정보의 공개범위와 시행방법을 정한 변호사법 시행령 조항은 청구인의 인격권을 침해하지 않는다(헌재 2018.7.26. 2016헌마1029).

0900

버스전용차로로 통행할 수 있는 차가 아닌 차의 버스전용차로 통행을 원칙적으로 금지하고 대통령령으로 정하는 예외적인 경우에만 이를 허용하도록 규정한 것은 일반승용차 소유자의 일반적 행동자유권의 일환인 통행의 자유를 침해한다.
22년 변호사 ○ ✗

(✗) 이 사건 각 심판대상조항은 원활하고 효율적인 교통을 확보하는 것을 목적으로 하는 것으로서 입법목적의 정당성이 인정되고, 전용차로통행차가 아닌 차에 대하여 전용차로 통행을 원칙적으로 금지하고 이를 위반한 운전자에게 과태료를 부과하는 것은 원활한 교통의 확보라는 입법목적을 달성하기 위한 적합한 수단이다(헌재 2018.11.29. 2017헌바465).

0901

「성폭력범죄의 처벌 등에 관한 특례법」상 정신적인 장애로 항거불능 또는 항거곤란 상태에 있음을 이용하여 사람을 간음한 사람을 무기징역 또는 7년 이상의 징역에 처하도록 규정한 것은 정신적 장애인의 성적 자기결정권을 침해한다. 22년 5급 공채 ○ ✗

(✗) 심판대상조항은 정신적 장애인과 성관계를 한 모든 사람을 처벌하는 것이 아니라, 정신적 장애를 원인으로 한 항거불능 혹은 항거곤란 상태를 이용하여, 즉 성적 자기결정권을 행사할 수 없는 장애인을 간음한 사람을 처벌하는 조항이다. 성적 자기결정권을 행사할 능력이 있는 19세 이상의 정신적 장애인과 정상적인 합의 하에 성관계를 한 사람은 심판대상조항에 의하여 처벌되지 아니하므로, 심판대상조항이 정신적 장애인의 성적 자기결정권을 침해하거나 장애인과 비장애인을 차별하지 아니한다(헌재 2016.11.24. 2015헌바136).

0902

전동킥보드의 최고속도를 25km/h 이내로 제한하는 것은 소비자가 그보다 빠른 제품을 구매하지 못하여 겪는 자기결정권 및 일반적 행동자유권의 제약에 비하여, 소비자의 생명·신체에 대한 위해 및 도로교통상의 위험을 방지하고 향후 자전거도로 통행이 가능해질 경우를 대비하여 소비자의 편의를 도모한다는 공익이 중대하므로 과잉금지원칙에 위반되지 않는다. 22년 5급 공채 ○ ✗

(O) 전동킥보드의 최고속도는 25km/h를 넘지 않아야 한다고 규정한 구 안전확인대상생활용품의 안전기준 부속서 32 제2부 5.3.2.는 소비자의 자기결정권 및 일반적 행동자유권을 침해하지 않는다(헌재 2020. 2.27. 2017헌마1339).

0903

변호사 정보 제공 웹사이트 운영자가 변호사들의 개인신상정보를 기반으로 한 인맥지수를 공개하는 서비스를 제공하는 행위는 변호사들의 개인정보에 관한 인격권을 침해한다. 24년 국회직 5급, 22년 국가직 7급 ○ ✗

(O) 인맥지수서비스를 제공하는 행위는 개인정보에 관한 인격권을 침해하는 것이다. 승소율과 전문성 지수를 제공하는 행위는 위법하지 않다(대판 2011.9.2. 2008다42430).

OX 문제

0904
계약의 자유는 계약을 체결할 것인지의 여부, 체결한다면 어떠한 내용의 계약을, 어떠한 상대방과의 관계에서, 어떠한 방식으로 체결하느냐 하는 것도 당사자 자신이 자기의사로 결정하는 자유뿐만 아니라, 원치 않는 계약의 체결을 법이나 국가에 의하여 강제 받지 않을 자유도 포함한다. 22년 법원직 [O|X]

0905
주방용오물분쇄기의 사용을 금지하는 환경부고시는 공공수역의 수질오염을 방지함으로써 달성되는 공익이 인정되나, 분쇄기를 이용하여 음식물 찌꺼기 등을 처리할 수 없으므로 행복추구권으로부터 도출되는 일반적 행동자유권을 침해한다. 22년 경찰간부, 20년 국회직 8급 [O|X]

0906
교도소 사동에서 인원점검을 하면서 청구인을 비롯한 수형자들을 정렬시킨 후 차례로 번호를 외치도록 한 행위는 과잉금지원칙에 위배되어 청구인의 인격권 및 일반적 행동의 자유를 침해하지 않는다. 22년 경찰간부 [O|X]

0907
공기총의 소지허가를 받은 자로 하여금 그 공기총을 일률적으로 허가관청이 지정하는 곳에 보관하도록 하고 있는 「총포·도검·화약류 등의 안전관리에 관한 법률」 조항은 보관방법에 대한 제한일 뿐이므로 과잉금지원칙에 위배되지 않는다. 24년 경찰승진 [O|X]

0908
마약거래범죄자인 북한이탈주민을 보호대상자로 결정하지 않을 수 있도록 규정한 「북한이탈주민의 보호 및 정착지원에 관한 법률」 규정은 마약거래범죄자인 북한이탈주민의 행복추구권을 침해한다고 볼 수 없다. 24년 경찰간부, 21년 소방간부 [O|X]

0909
수상레저안전법상 조종면허를 받은 사람이 동력수상레저기구를 이용하여 범죄행위를 하는 경우에 조종면허를 필요적으로 취소하도록 하는 구 「수상레저안전법」상 규정은 직업의 자유 내지 일반적 행동의 자유를 침해한다. 21년 국가직 7급 [O|X]

정답 및 해설

(O) 계약의 자유는 계약을 체결할 것인지의 여부, 체결한다면 어떠한 내용의 계약을, 어떠한 상대방과의 관계에서, 어떠한 방식으로 체결하느냐 하는 것도 당사자 자신이 자기의사로 결정하는 자유뿐만 아니라 원치 않으면 계약을 체결하지 않을 자유, 즉 원치 않는 계약의 체결은 법이나 국가에 의하여 강제 받지 않을 자유이다(헌재 2021.10.28. 2019헌마288).

(X) 음식물 찌꺼기 등이 하수도로 바로 배출되더라도 이를 적절히 처리할 수 있는 하수도 시설을 갖추는 등 주방용오물분쇄기의 판매와 사용을 허용할 수 있는 사회적 기반시설이 갖추어져 있다고 보기 어렵기 때문에 이는 청구인들의 일반적 행동자유권, 직업의 자유를 침해하지 않는다(헌재 2018.6.28. 2016헌마1151).

(O) 인원점검을 위해 번호를 외치도록 한 것은 행복추구권의 침해가 아니며, 안녕하십니까라고 수형자들에게 인사하도록 한 행위는 헌법소원의 대상이 되지 않는다(헌재 2012.7.26. 2011헌마332).

(O) 심판대상조항들은 공기총을 안전하게 관리하고 공기총으로 인한 위험과 재해를 미리 방지하여 공공의 안전을 유지하기 위한 것으로서, 공기총을 지정된 장소에 보관하도록 한 것은 위와 같은 목적을 달성하는 데에 적합한 수단이다. 따라서 심판대상조항들은 목적의 정당성 및 수단의 적합성이 인정된다(헌재 2019.6.28. 2018헌바400).

(O) 헌법 제10조의 행복추구권은 국민이 행복을 추구하기 위한 활동에 대한 국가권력의 간섭을 배제하는 내용의 포괄적인 의미의 자유권으로서의 성격을 가질 뿐, 국민이 행복을 추구하기 위하여 필요한 급부를 국가에 대하여 적극적으로 요구할 수 있음을 내용으로 하는 것이 아니다. 따라서 심판대상조항이 마약거래범죄자인 북한이탈주민의 행복추구권을 침해한다고 볼 수 없다(헌재 2014.3.27. 2012헌바192).

(O) 범죄행위의 유형, 경중이나 위법성의 정도, 동력수상레저기구의 당해 범죄행위에 대한 기여도 등 제반사정을 전혀 고려하지 않고 필요적으로 조종면허를 취소하도록 규정하였으므로 심판대상조항은 침해의 최소성 원칙에 위배되고, 심판대상조항에 따라 조종면허가 취소되면 면허가 취소된 날부터 1년 동안은 조종면허를 다시 받을 수 없게 되어 법익의 균형성 원칙에도 위배된다. 따라서 심판대상조항은 직업의 자유 및 일반적 행동의 자유를 침해한다(헌재 2015.7.30. 2014헌가13).

| OX 문제 | 정답 및 해설 |

0910
먹는샘물 제조업자에게 부과되는 수질개선부담금은 먹는샘물에 대한 선택권을 박탈하거나 봉쇄하는 것이 아니고 국민에게 먹는샘물에 대한 원칙적 선택권을 인정하는 가운데 가격 전가를 통하여 먹는샘물의 소비자에게 경제적 부담을 가하는 것에 그치고 있으므로 국민의 행복추구권을 침해하지 아니한다. 22년 국회직 9급 [O|X]

(O) 먹는샘물을 마시는 사람은 유한재화인 지하수, 즉 환경재화를 소비하는 사람이므로 이들에 대하여 환경보전에 대한 비용을 부담하게 할 수도 있다는 점을 감안한다면 이 사건 법률조항이 국민의 행복추구권을 침해하는 것이라고 볼 수는 없다고 할 것이다(헌재 1998.12.24. 98헌가1).

0911
6·25전몰군경자녀에게 수당 지급에 있어 수급권자 수를 확대할 수 있는 어떤 예외도 없고 나이가 많은 1명을 한정하여 우선하도록 한 것은, 나이가 많다는 우연한 사정을 기준으로 순위를 정한 것으로 합리성을 인정하기 어렵다. 21년 국회직 9급 [O|X]

(O) 불가피하게 6·25전몰군경자녀 중 1명에게 한정하여 이 사건 수당을 지급하여야 한다면 그 선정기준을 정당화할 만한 별도의 합리적 이유가 요구된다. 그런데 이 사건 법률조항은 6·25전몰군경자녀에게 이 사건 수당을 지급함에 있어 수급권자의 수를 확대할 수 있는 어떠한 예외도 두지 않고 1명에게만 한정하여 지급하도록 하고, 그 1명도 나이가 많은 자를 우선하도록 정하고 있는바, 다음과 같은 이유에서 그 합리성을 인정하기 어렵다(헌재 2021.3.25. 2018헌가6).

0912
민사법정 내 보호장비 사용행위는 「형의 집행 및 수용자의 처우에 관한 법률」 조항 등에 근거를 두고 있으므로 법률유보원칙에 위배되어 민사법정에 출정하는 수형자의 인격권을 침해하지 않는다. 24년 국회직 8급 [O|X]

(O) 민사법정 내 보호장비 사용행위는 법정에서 계호업무를 수행하는 교도관으로 하여금 수용자가 도주 등 돌발행동으로 교정사고를 일으키고 법정질서를 문란하게 할 우려가 있는 때에 교정사고를 예방하고 법정질서 유지에 협력하기 위하여 수용자에게 수갑, 포승을 사용할 수 있도록 한 것으로, '형의 집행과 수용자의 처우에 관한 법률' 제97조 제1항, 제98조, 같은 법 시행령 제120조 제2항, 같은 법 시행규칙 제172조 제1항, 제179조 제1항, 제180조 등에 근거를 두고 있으므로, 법률유보원칙에 위반되어 청구인의 인격권과 신체의 자유를 침해하지 아니한다(헌재 2018.6.28. 2017헌마181).

0913
이동통신사사업자가 제공하는 전기통신역무를 타인의 통신용으로 제공하는 것을 원칙적으로 금지하고 위반 시에는 형사처벌하는 「전기통신사업법」 조항은 이동통신서비스 이용자의 일반적 행동자유권을 침해한다. 24년 경찰승진 [O|X]

(X) 이동통신서비스를 타인의 통신용으로 제공한 사람들은 이동통신 시장에 대포폰이 다량 공급되는 원인으로 작용하고 있으므로, 대포폰을 이용한 보이스피싱 등 신종범죄로부터 통신의 수신자 등을 보호하기 위해서는 이동통신서비스를 타인의 통신용으로 제공하는 것을 금지하고 위반시 처벌할 필요성이 크다(헌재 2022.6.30. 2019헌가14). / 따라서 헌법에 위반되지 않는다.

0914
명의신탁이 증여로 의제되는 경우 명의신탁의 당사자에게 증여세의 과세가액 및 과세표준을 납세지 관할 세무서장에게 신고할 의무를 부과하는 「상속세 및 증여세법」 조항은 해당 명의신탁 당사자의 일반적 행동자유권을 침해하지 않는다. 24년 경찰승진 [O|X]

(O) 심판대상조항은 명의신탁이 증여로 의제되는 경우 명의신탁의 당사자에게도 다른 여타의 증여세 납세의무자와 동일하게 증여세 신고의무를 부과함으로써, 효과적인 조세 부과 및 징수를 담보하고, 궁극적으로는 명의신탁을 내세워 조세를 회피하는 것을 방지하여 조세정의와 조세평등을 실현하려는 것이다(헌재 2022.2.24. 2019헌바225 등). 따라서 헌법에 위반되지 않는다.

OX 문제

0915
누구든지 금융회사 등에 종사하는 자에게 타인의 금융거래의 내용에 관한 정보 또는 자료를 요구하는 것을 금지하고, 이를 위반 시 형사처벌하는 금융실명거래 및 비밀보장에 관한 법률 조항은 과잉금지원칙에 반하여 일반적 행동자유권을 침해하지 아니한다. 24년 법무사

0916
'자동차운전전문학원을 졸업하고 운전면허를 받은 사람 중 교통사고를 일으킨 비율이 대통령령이 정하는 비율을 초과하는 때'에는 운전전문학원의 등록을 취소하거나 1년 이내의 운영정지를 명할 수 있도록 한 「도로교통법」 조항은, 운전전문학원의 귀책사유를 불문하고 수료생이 일으킨 교통사고를 자동적으로 운전전문학원의 법적 책임으로 연관시키는 것으로, 운전전문학원이 주체적으로 행해야 하는 자기책임의 범위를 벗어난 것이다. 25년 순경 1차

0917
유치장에서 불충분한 차폐상태의 화장실을 사용하도록 한 행위는 인간으로서의 품위유지를 어렵게 하는 면이 있으나, 구금의 목적상 수인하기 어려운 정도라고 볼 수 없다. 25년 국회직 8급

0918
계약자유의 원칙 내지 경제상의 자유는 절대적인 것이 아니라 약자보호·독점방지·실질적 평등·경제 정의 등의 관점에서 법률상 제한될 수 있음은 물론이고, 국가의 과세작용과 관련하여서도 적지 않은 제약을 받지 않을 수 없다. 25년 입법고시

0919
단순변심을 포함하여 학습자가 수강을 계속할 수 없는 사유가 발생한 경우 학원설립·운영자로 하여금 학습자로부터 받은 교습비 등을 반환하도록 하면서, 그 반환 사유 및 반환 금액 등을 대통령령으로 정하도록 한 「학원의 설립·운영 및 과외교습에 관한 법률」 조항은 과잉금지원칙에 위배되어 학원설립·운영자의 계약의 자유를 침해한다. 25년 입법고시

정답 및 해설

(X) 금융거래의 비밀보장이 중요한 공익이라는 점은 인정할 수 있으나, 심판대상조항이 정보제공요구를 하게 된 사유나 행위의 태양, 요구한 거래정보의 내용을 고려하지 아니하고 일률적으로 일반 국민들이 거래정보의 제공을 요구하는 것을 금지하고 그 위반시 형사처벌을 하는 것은 그 공익에 비하여 지나치게 일반 국민의 일반적 행동자유권을 제한하는 것으로 법익의 균형성을 갖추지 못하였다. 따라서 일반적 행동자유권을 침해하므로 헌법에 위반된다(헌재 2022.2.24. 2020헌가5).

(O) 이 사건 조항이 운전전문학원의 귀책사유를 불문하고 수료생이 일으킨 교통사고를 자동적으로 운전전문학원의 법적 책임으로 연관시키고 있는 것은 운전전문학원이 주체적으로 행해야 하는 자기책임의 범위를 벗어난 것이며 … 비례의 원칙에 어긋나 운전전문학원 운영자의 직업의 자유를 침해한다(헌재 2005.7.21. 2004헌가30).

(X) 유치기간동안 위와 같은 구조의 화장실을 사용하도록 강제한 피청구인의 행위는 인간으로서의 기본적 품위를 유지할 수 없도록 하는 것으로서, 수인하기 어려운 정도라고 보여지므로 전체적으로 볼 때 비인도적·굴욕적일 뿐만 아니라 동시에 비록 건강을 침해할 정도는 아니라고 할지라도 헌법 제10조의 인간의 존엄과 가치로부터 유래하는 인격권을 침해하는 정도에 이르렀다고 판단된다(헌재 2001.7.19. 2000헌마546).

(O) 계약의 자유 내지 경제상의 자유는 절대적인 것이 아니라 약자보호, 독점 방지, 실질적 평등, 경제정의 등의 관점에서 법률상 제한될 수 있을 뿐 아니라 국가의 과세작용과 관련하여서도 적지 않은 제약을 받지 않을 수 없다 할 것이다(헌재 2002.1.31. 2000헌바35).

(X) 교습계약의 특성상 장기간의 교습비등을 일시불로 선불하도록 하는 경우가 많아 분쟁발생의 소지가 크므로 국가가 이에 일부 개입할 필요가 있는 점, 교습계약 당사자들이 교습비등의 반환여부 및 반환금액 등을 자유롭게 정하도록 한다면 상대적으로 불리한 지위에 놓이는 학습자에게 계약해지로 인한 위험이 전가될 수 있는 점, 구체적인 반환사유 및 반환금액 등을 대통령령으로 정하도록 하고 있다(헌재 2024.8.29. 2021헌바74).

| OX 문제 | 정답 및 해설 |

0920
학습자가 수강을 계속할 수 없는 경우 학원설립·운영자로 하여금 교습비 등을 반환하도록 규정한 학원의 설립·운영 및 과외교습에 관한 법률 해당조항은 과잉금지원칙에 반하여 학원설립·운영자의 계약의 자유를 침해한다고 볼 수 없다. 25년 법원직 ⃝ ⃝

(O) 교습계약의 특성상 장기간의 교습비등을 일시불로 선불하도록 하는 경우가 많아 분쟁발생의 소지가 크므로 국가가 이에 일부 개입할 필요가 있는 점, 교습계약 당사자들이 교습비등의 반환여부 및 반환금액 등을 자유롭게 정하도록 한다면 상대적으로 불리한 지위에 놓이는 학습자에게 계약해지로 인한 위험이 전가될 수 있는 점, 구체적인 반환사유 및 반환금액 등을 대통령령으로 정하도록 하고 있다(헌재 2024.8.29. 2021헌바74). 따라서 계약의 자유를 침해하지 않는다.

0921
'사회복지법인의 운영의 자유'는 헌법 제10조에서 보장되는 행복 추구권의 구체적인 한 표현인 일반적인 행동자유권 내지 사적 자치권으로 보장되는 것이다. 25년 경찰승진 ⃝ ⃝

(O) 모든 국민에게 사회복지법인을 설립할 자유가 인정되고 사회복지법인은 복지사업의 주체로서 이용자들에 대한 자율적인 복지사업을 행하기 위한 포괄적인 법인운영권을 보장받아야 한다. 이러한 '사회복지법인의 운영의 자유'는 헌법 제10조에서 보장되는 행복추구권의 구체적인 한 표현인 일반적인 행동자유권 내지 사적자치권으로 보장되는 것이다(헌재 2005.2.3. 2004헌바10).

0922
거짓이나 그 밖의 부정한 수단으로 운전면허를 받은 경우 모든 범위의 운전면허를 필요적으로 취소하도록 규정하여, '부정 취득하지 않은 운전면허'까지 필요적으로 취소하도록 한 것은, 과잉금지원칙에 반하여 운전면허 소유자의 일반적 행동의 자유를 침해하지 않는다. 24년 경찰간부 ⃝ ⃝

(X) 심판대상조항 중 각 '거짓이나 그 밖의 부정한 수단으로 받은 운전면허를 제외한 운전면허'를 필요적으로 취소하도록 한 부분은, 과잉금지원칙에 반하여 일반적 행동의 자유 또는 직업의 자유를 침해한다(헌재 2020.6.25. 2019헌가9 등).

0923
석조, 석회조, 연와조 또는 이와 유사한 견고한 건물 기타 공작물의 소유를 목적으로 하는 토지임대차나 식목, 채염을 목적으로 하는 토지임대차를 제외한 임대차의 존속기간을 예외 없이 20년으로 제한한 조항은 사적 자치에 의한 자율적 거래관계 형성을 왜곡하므로 계약의 자유를 침해한다. 22년 법원직 ⃝ ⃝

(O) 이 사건 법률조항은 제정 당시에 비해 현저히 변화된 현재의 사회경제적 현상을 제대로 반영하지 못하는 데 그치는 것이 아니라, 당사자가 20년이 넘는 임대차를 원할 경우 우회적인 방법을 취할 수밖에 없게 함으로써 사적 자치에 의한 자율적 거래관계 형성을 왜곡하고 있다(헌재 2013.12.26. 2011헌바234).

0924
초·중등학교 교원에 대해서는 정당가입의 자유를 금지하면서 대학의 교원에게 이를 허용한다 하더라도, 이는 양자 간 직무의 본질과 내용, 근무 태양이 다른 점을 고려한 합리적인 차별이므로 평등원칙에 위배되지 않는다. 21년 법무사 ⃝ ⃝

(O) 초·중등학교 교원에 대해서는 정당가입과 선거운동의 자유를 금지하면서 대학교원에게는 이를 허용한다 하더라도, 이는 양자간 직무의 본질이나 내용 그리고 근무태양이 다른 점을 고려할 때 합리적인 차별이라고 할 것이므로 청구인이 주장하듯 헌법상의 평등권을 침해한 것이라고 할 수 없다(헌재 2004.3.25. 2001헌마710).

0925
행정소송에 심리불속행제도를 적용하는 「상고심절차에 관한 특례법」 조항이 평등권을 침해하여 헌법에 위반된다고 볼 수 없다. 25년 국회직 8급 ⃝ ⃝

(O) 청구인이 주장하는 위와 같은 특성은 행정소송 고유의 특성이 아닐 뿐만 아니라 청구인의 추측에 불과한 것이거나 상고심법 제2조 중 '행정소송'에 관한 부분의 위헌 여부와 성질상 무관한 것으로서 행정소송을 상고심법 적용에서 배제하여야 하는 사유로 보기 어렵다. 따라서 상고심법 제2조 중 '행정소송'에 관한 부분이 청구인의 평등권을 침해하여 헌법에 위반된다고 볼 수 없다(헌재 2021.12.23. 2018헌바211).

| OX 문제 | 정답 및 해설 |

0926
성폭력범죄를 저질러 벌금형이 확정된 체육지도자의 자격을 필요적으로 취소하도록 개정된 「국민체육진흥법」조항을 개정법 시행 후 발생하는 자격취소사유부터 적용하도록 한 같은 법 부칙 제4조 중 해당 부분은 개정법 시행일을 기준으로 하여 성폭력범죄로 이미 벌금형이 확정된 체육지도자와 그렇지 않은 체육지도자를 합리적인 이유 없이 달리 취급하는 것이므로 평등원칙에 위반된다. 25년 순경 1차 ◯ ⓧ

(X) 시행일을 기준으로 하여 성폭력범죄로 이미 벌금형이 확정된 체육지도자와 그렇지 않은 체육지도자를 달리 취급하지만, 이는 자격취소조항의 입법목적을 효과적으로 달성하기 위한 것이다. 개정 전 국민체육진흥법 시행 당시 이미 성폭력범죄로 벌금형이 확정된 체육지도자의 경우 개정 전 국민체육진흥법에 근거한 제재처분의 요건이 충족된 상태이므로, 이들과 유죄판결 등의 확정 여부가 아직 결정되지도 아니한 체육지도자 사이에는 본질적인 차이가 있다. 따라서 이 사건 부칙조항은 평등원칙에 위반되지 아니한다(헌재 2024.8.29. 2023헌바73).

0927
국·공립학교 채용시험에서 국가유공자의 가족에게 10%의 가산점을 부여하는 것은 능력주의를 바탕으로 하여야 하는 공직취임권의 규율에 있어서 중요한 예외를 구성하므로, 관련 공익과 일반응시자의 공무담임권의 차별 사이에 엄밀한 법익형량이 이루어져야 한다. 20년 국회직 9급 ◯ ⓧ

(O) 이 사건 조항은 일반 응시자들의 공직취임의 기회를 차별하는 것이며, 이러한 기본권 행사에 있어서의 차별은 차별목적과 수단 간에 비례성을 갖추어야만 헌법적으로 정당화될 수 있다(헌재 2006.2.23. 2004헌마675 등).

0928
교원임용시험의 일자를 일요일로 정함으로써 종교행사를 갖는 수험생들의 예배 참석 등에 현실적인 불편이나 불이익이 초래되지만, 수많은 수험생들의 응시상의 편의와 시험장소의 마련 및 시험관리상의 편의 도모와 같은 합리적인 이유가 있으므로 평등권을 침해하지 않는다. 20년 국회직 9급 ◯ ⓧ

(O) 이 사건 공고를 통하여 이 사건 시험의 일자를 일요일로 정하여 공고한 것은 특정 종교를 믿는 수험생들을 차별대우하려는 것으로는 보이지 아니하고, 일요일로 시험일자가 정해지다보니 그날에 종교행사를 갖는 수험생들의 예배 참석 등에 현실적인 불편이나 불이익이 초래된 점이 있다 하더라도 앞서 본 바와 같이 일요일 시험일자 선정에는 수많은 수험생들의 응시 상의 편의와 시험장소의 마련 및 시험관리상의 편의 등의 도모와 같은 합리적인 이유가 있는 것이므로 청구인의 평등권을 침해한 것으로 볼 수 없다(헌재 2010.11.25. 2010헌마199).

0929
헌법에서 특별히 평등을 요구하고 있는 경우나 차별적 취급으로 인하여 관련 기본권에 대한 중대한 제한을 초래하게 되는 경우에는 입법형성권은 축소되고, 보다 엄격한 심사척도가 적용되어야 할 것이다. 24년 소방간부, 21년 법원직 9급 ◯ ⓧ

(O) 평등원칙 위반 여부를 심사함에 있어 엄격한 심사척도에 의할 것인지, 완화된 심사척도에 의할 것인지는 입법자에게 인정되는 입법형성권의 정도에 따라 다르게 되는데, 헌법에서 특별히 평등을 요구하고 있는 경우나 차별적 취급으로 인하여 관련 기본권에 대한 중대한 제한을 초래하게 되는 경우에는 입법형성권은 축소되고, 보다 엄격한 심사척도가 적용되어야 할 것이다(헌재 2013.9.26. 2011헌바272).

0930
헌법재판소의 심사기준이 되는 행위규범으로서의 평등원칙은 단지 자의적인 입법의 금지기준만을 의미하는 것이 아니므로 헌법재판소는 입법자의 결정에서 차별을 정당화할 수 있는 합리적인 이유가 있는 경우에도 평등원칙의 위반을 선언해야 한다. 22년 소방간부 ◯ ⓧ

(X) 평등원칙은 행위규범으로서 입법자에게, 객관적으로 같은 것은 같게 다른 것은 다르게, 규범의 대상을 실질적으로 평등하게 규율할 것을 요구하고 있다. 그러나 헌법재판소의 심사기준이 되는 통제규범으로서의 평등원칙은 단지 자의적인 입법의 금지 기준만을 의미하게 되므로 헌법재판소는 입법자의 결정에서 차별을 정당화할 수 있는 합리적인 이유를 찾아볼 수 없는 경우에만 평등원칙의 위반을 선언하게 된다. 즉 헌법에 따른 입법자의 평등실현의무는 헌법재판소에 대하여는 단지 자의금지원칙으로 그 의미가 한정축소된다(헌재 1997.1.16. 90헌마110).

| OX 문제 | 정답 및 해설 |

0931
일반 응시자와 달리 공무원의 근무연수 및 계급에 따라 행정사 자격시험의 제1차시험을 면제하거나 제1차 시험의 전 과목과 제2차시험의 일부과목을 면제하는 것은 평등권을 침해하지 않는다. 22년 국회직 9급 [O X]

(O) 15년 이상 공무원으로 근무하면서 7급 이상의 직에 근무한 경험이 있거나, 5급 이상 공무원의 지위에서 5년 이상 근무하였다면, 행정절차 및 사무관리에 관하여 상당한 수준의 경험 및 전문지식을 갖춘 것으로 볼 수 있으므로, 제2차시험 중 행정절차론 및 사무관리론을 면제한 시험면제조항은 합리적인 이유가 있다(헌재 2016.2.25. 2013헌마626 등).

0932
보훈보상 대상자의 부모에 대한 유족보상금 지급 시, 부모 중 수급권자를 나이가 많은 1인에 한정하고 어떠한 예외도 두지 않는「보훈보상대상자 지원에 관한 법률」규정은 보상금을 지급받지 못하는 부모 일방의 평등권을 침해하지 않는다. 24년 경찰승진, 22년 국회직 9급 [O X]

(X) 국가의 재정부담능력의 한계를 이유로 하여 부모 1명에 한정하여 보상금을 지급하도록 하면서 어떠한 예외도 두지 않은 것에는 합리적 이유가 있다고 보기 어렵다(헌재 2018.6.28. 2016헌가14).

0933
군인·군무원·경찰공무원 기타 법률이 정하는 자가 전투·훈련 등 직무집행과 관련하여 받은 손해에 대하여는 법률이 정하는 보상 외에 국가 또는 공공단체에 공무원의 직무상 불법행위로 인한 배상은 청구할 수 없다. 22년 국회직 9급 [O X]

(O) 군인·군무원·경찰공무원 기타 법률이 정하는 자가 전투·훈련등 직무집행과 관련하여 받은 손해에 대하여는 법률이 정하는 보상외에 국가 또는 공공단체에 공무원의 직무상 불법행위로 인한 배상은 청구할 수 없다(헌법 제29조 제2항).

0934
국민참여재판 배심원의 자격을 만 20세 이상으로 규정한 것은 국민참여재판제도의 취지와 배심원의 권한 및 의무 등 여러 사정을 종합적으로 고려하여 만 20세에 이르기까지 교육 및 경험을 쌓은 자로 하여금 배심원의 책무를 담당하도록 한 것이므로 만 20세 미만의 자를 자의적으로 차별한 것은 아니다. 22년 변호사, 22년 5급 공채 [O X]

(O) 배심원으로서의 권한을 수행하고 의무를 부담할 능력과 민법상 행위능력, 선거권 행사능력, 군 복무능력, 연소자 보호와 연계된 취업능력 등이 동일한 연령기준에 따라 판단될 수 없고, 각 법률들의 입법취지와 해당 영역에서 고려하여야 할 제반사정, 대립되는 관련 이익들을 교량하여 입법자가 각 영역마다 그에 상응하는 연령기준을 달리 정할 수 있다. 따라서 심판대상조항이 우리나라 국민참여재판제도의 취지와 배심원의 권한 및 의무 등 여러 사정을 종합적으로 고려하여 만 20세에 이르기까지 교육 및 경험을 쌓은 자로 하여금 배심원의 책무를 담당하도록 정한 것은 입법형성권의 한계 내의 것으로 자의적인 차별이라고 볼 수 없다(헌재 2021.5.27. 2019헌가19).

0935
대한민국 국민인 남자에 한하여 병역의무를 부과하는「병역법」조항은 우리 헌법이 특별히 명시적으로 차별을 금지하는 사유인 '성별'을 기준으로 병역의무를 부과하므로 이 조항이 평등권을 침해하는지 여부에 대해서는 자의금지원칙이 아닌 비례성원칙에 따른 심사를 하여야 한다. 22년 변호사 [O X]

(X) 이 사건 법률조항은 헌법이 특별히 양성평등을 요구하는 경우나 관련 기본권에 중대한 제한을 초래하는 경우의 차별취급을 그 내용으로 하고 있다고 보기 어려우며, 징집대상자의 범위 결정에 관하여는 입법자의 광범위한 입법형성권이 인정된다는 점에 비추어 이 사건 법률조항이 평등권을 침해하는지 여부는 완화된 심사기준에 따라 판단하여야 한다(헌재 2010.11.25. 2006헌마328).

0936
조세를 비롯한 공과금 부과에서의 평등원칙은, 공과금 납부의무자가 법률에 의하여 법적인 평등 부담뿐만 아니라 사실적으로도 평등하게 부담을 받을 것을 요청한다. 22년 순경 2차 [O X]

(O) 조세를 비롯한 공과금의 부과에서의 평등원칙은 공과금 납부의무자가 법률에 의하여 법적 및 사실적으로 평등하게 부담을 받을 것을 요청한다(헌재 2016.12.29. 2015헌바199).

| OX 문제 | 정답 및 해설 |

0937
유사한 성격의 규율대상에 대하여 이미 입법이 있다 하더라도, 평등원칙을 근거로 입법자에게 청구인들에게도 적용될 입법을 하여야 할 헌법상의 의무가 발생한다고 볼 수 없다. 22년 순경 2차 ⃞O⃞X

(O) 본질적으로 동일하다고 보더라도 이를 근거로 입법자에게 청구인들에게도 적용될 유사한 내용의 입법을 하여야 할 헌법상의 의무가 발생한다고 볼 수 없다. 왜냐하면 평등원칙은 원칙적으로 입법자에게 헌법적으로 아무런 구체적인 입법의무를 부과하지 않는다(헌재 2003. 1.30. 2002헌마358).

0938
특정한 범죄에 대한 형벌이 그 자체로서의 책임과 형벌의 비례원칙에 위반되지 않더라도 보호법익과 죄질이 유사한 범죄에 대한 형벌과 비교할 때 현저히 불합리하거나 자의적이어서 형벌체계상의 균형을 상실한 것이 명백한 경우에는 평등원칙에 반하여 위헌이라 할 수 있다. 21년 지방직 7급 ⃞O⃞X

(O) 특정 범죄에 대한 형벌이 죄질과 보호법익이 유사한 범죄에 대한 형벌과 비교할 때 현저히 형벌체계의 균형성을 잃은 것이 명백한 경우에는, 인간의 존엄성과 가치를 보장하는 헌법의 기본원리에 위배될 뿐만 아니라 법의 내용에 있어서도 평등원칙에 반하여 위헌이라 할 수 있다(헌재 2021.4.29. 2019헌바83).

0939
국가라 할지라도 국고작용으로 인한 민사관계에 있어서는 일반인과 같이 원칙적으로 대등하게 다루어져야 하며 국가라고 하여 우대하여야 할 헌법상의 근거가 없다. 22년 순경 2차 ⃞O⃞X

(O) 비록 국가라 할지라도 국고작용으로 인한 민사(民事)관계에 있어서는 원칙적으로 사인(私人)과 동등하게 다루어져야 할 것이다(헌재 1991. 5.13. 89헌가97).

0940
국가를 상대로 하는 당사자소송의 경우에는 가집행선고를 할 수 없다고 규정한 「행정소송법」 제43조는 공법상 법률관계를 전제로 한다는 점에서 일반 사법상 법률관계와 달리 취급할 합리적 이유가 있으므로 평등원칙에 위배되지 아니한다. 24년 소방간부, 24년 국회직 5급, 23년 순경 1차, 23년 소방간부, 22년 순경 2차, 22년 법무사 ⃞O⃞X

(X) 가집행의 선고는 불필요한 상소권의 남용을 억제하고 신속한 권리실행을 하게 함으로써 국민의 재산권과 신속한 재판을 받을 권리를 보장하기 위한 제도이다. 보상금증액 청구라는 동일한 성격인 공법상 금전지급 청구소송임에도 피고가 누구인지에 따라 가집행선고를 할 수 있는지 여부가 달라진다면 상대방 소송당사자인 원고로 하여금 불합리한 차별을 받도록 하는 결과가 된다. 따라서 평등의 원칙에 반한다(헌재 2022.2.24. 2020헌가12).

0941
중혼의 취소권자를 민법이 규정하면서 직계비속을 제외한 것은 합리적 이유 없이 직계존속에게는 중혼의 취소청구권을 부여하고 직계비속에게는 부여하지 않았다고 할 것이어서 평등원칙에 반한다. 22년 법원직 ⃞O⃞X

(O) 중혼 당사자와 가장 가까운 직계존속인 부모와 직계비속 중에 가장 가까운 자식을 비교해보면, 그 촌수는 모두 1촌으로 동일하며, 그와 같은 차별을 한 이유는 부모의 중혼 여부에 대하여 자식이 이를 문제 삼아서는 안 된다는 가부장적·종법제적인 사고가 바탕이 된 것으로 보일 뿐이다(헌재 2010.7.29. 2009헌가8).

0942
국채에 대한 소멸시효를 5년 단기로 규정하여 민사 일반채권자나 회사채 채권자에 비하여 국채 채권자를 차별 취급한 것은 합리적인 이유 없는 차별에 해당하지 않는다. 22년 법원직 ⃞O⃞X

(O) 이 사건 법률조항이 국채에 대한 소멸시효를 5년 단기로 규정하여 민사 일반채권자나 회사채 채권자에 비하여 국채 채권자를 차별 취급한 것은 합리적인 사유가 존재하므로 헌법상 평등원칙에 위배되지 아니한다(헌재 2010.4.29. 2009헌바120 등).

OX 문제	정답 및 해설

0943

우체국보험금 및 환급금 청구채권 전액에 대하여 압류를 금지하여 우체국보험 가입자의 채권자와 일반 인보험 가입자의 채권자를 차별 취급하는 것은 합리적인 사유가 존재하므로 헌법상 평등원칙에 위배되지 아니한다. 22년 법원직 [O][X]

(X) 국가가 운영하는 우체국보험에 가입한다는 사정만으로, 일반 보험회사의 인보험에 가입한 경우와는 달리 그 전액에 대하여 무조건 압류를 금지하여 우체국보험 가입자를 보호함으로써 우체국보험 가입자의 채권자를 일반 인보험 가입자의 채권자에 비하여 불합리하게 차별취급하는 것이므로 평등원칙에 위반된다(헌재 2008.5.29. 2006헌바5).

0944

「초·중등교육법」 시행령 중 자율형사립고(자사고) 지원자의 평준화지역 후기학교 중복지원금지조항은 고등학교 진학 기회에 있어서 자사고 지원자들에 대한 차별을 정당화할 수 있을 정도로 차별 목적과 차별 정도 간에 비례성을 갖춘 것이다. 22년 경찰간부 [O][X]

(X) 이 사건 중복지원금지 조항은 중복지원금지 원칙만을 규정하고 자사고 불합격자에 대하여 아무런 고등학교 진학 대책을 마련하지 않았다. 결국 이 사건 중복지원금지 조항은 고등학교 진학 기회에 있어서 자사고 지원자들에 대한 차별을 정당화할 수 있을 정도로 차별 목적과 차별 정도 간에 비례성을 갖춘 것이라고 볼 수 없다(헌재 2019.4.11. 2018헌마221).

0945

개정전 「공직자윤리법」 조항에 따라 이미 재산등록을 한 혼인한 여성 등록의무자에게만 배우자의 직계존·비속의 재산을 등록하도록 예외를 규정한 「공직자윤리법」 부칙조항은 평등원칙에 위배되지 않는다. 24년 법원행시, 22년 경찰간부 [O][X]

(X) 혼인한 남성 등록의무자와 혼인한 여성 등록의무자의 등록대상 재산의 범위를 다르게 정하는 것을 정당화할 수 있는 목적을 발견하기 어렵다. 헌법재판소는 개정 전 공직자윤리법 조항에 따라 재산등록을 마친 혼인한 여성 등록의무자의 경우에만 본인이 아닌 배우자의 직계존·비속의 재산을 등록하도록 정하고 있는 것이 위헌임을 선언하였다(헌재 2021.9.30. 2019헌가3).

0946

헌법 제11조 제1항에서의 사회적 신분이란 사회에서 장기간 점하는 지위로서 일정한 사회적 평가를 수반하는 것을 의미하므로 전과자도 사회적 신분에 해당되고, 따라서 누범을 가중처벌하는 것은 전과자라는 사회적 신분을 이유로 차별대우를 하는 것이어서 평등원칙에 위배된다. 23년 국회직 5급, 22년 변호사 [O][X]

(X) 누범을 가중처벌하는 것은 전범에 대한 형벌의 경고적 기능을 무시하고 다시 범죄를 저질렀다는 점에서 비난가능성이 많고, 누범이 증가하고 있다는 현실에서 사회방위, 범죄의 특별예방 및 일반예방이라는 형벌목적에 비추어 보아, 이는 합리적 근거 있는 차별이어서 헌법상의 평등의 원칙에 위배되지 아니한다고 할 것이다(헌재 1995.2.23. 93헌바43).

0947

입법자가 「근로자퇴직급여보장법」상 퇴직급여제도를 설정함에 있어 4주간을 평균하여 1주간의 소정근로시간이 15시간 미만인 근로자를 그 지급대상에서 배제함으로써 차별취급이 발생하였다고 하더라도 이를 입법재량을 벗어난 자의적인 재량권 행사라고 보기는 어렵다. 22년 비상기획관 [O][X]

(O) 사용자의 부담이 요구되는 퇴직급여제도를 입법함에 있어 해당 사업 또는 사업장에의 전속성이나 기여도가 낮은 일부 근로자를 한정하여 그 지급대상에서 배제한 것을 두고 입법형성권의 한계를 일탈하여 명백히 불공정하거나 불합리한 판단이라 볼 수는 없다. 소정근로시간이 1주간 15시간 미만인 이른바 '초단시간근로'는 일반적으로 임시적이고 일시적인 근로에 불과하여 초단시간근로자에 대한 퇴직급여 지급이 사용자의 부담을 용인할 수 있을 정도의 기여를 전제로 하는 퇴직급여제도의 본질에 부합한다고 보기 어렵다(헌재 2021.11.25. 2015헌바334).

| OX 문제 | 정답 및 해설 |

0948
제도의 단계적 개선을 추진하는 경우에 언제 어디에서 어떤 계층을 대상으로 하여 기본권에 관한 사항이나 제도의 개선을 시작할 것인지를 선택하는 것에는 입법형성의 자유가 인정된다. 22년 비상기획관 ☐☒

(O) 헌법상 평등의 원칙은 국가가 언제 어디에서 어떤 계층을 대상으로 하여 기본권에 관한 사항이나 제도의 개선을 시작할 것인지를 선택하는 것을 방해하지 않는다. 말하자면 국가는 합리적인 기준에 따라 능력이 허용하는 범위 내에서 법적 가치의 상향적 구현을 위한 제도의 단계적인 개선을 추진할 수 있는 길을 선택할 수 있어야 한다(헌재 2011. 6.30. 2008헌마715).

0949
국가가 합리적인 기준에 따라 능력이 허용하는 범위 내에서 법적가치의 상향적인 구현을 위한 제도의 단계적 개선을 추진할 수 있는 방안을 선택하는 것은 평등원칙에 위배되지 않는다. 23년 국회직 5급 ☐☒

(O) 헌법상 평등의 원칙은 국가가 언제 어디에서 어떤 계층을 대상으로 하여 기본권에 관한 사항이나 제도의 개선을 시작할 것인지를 선택하는 것을 방해하지는 않는다. 말하자면 국가는 합리적인 기준에 따라 능력이 허용하는 범위 내에서 법적 가치의 상향적 구현을 위한 제도의 단계적 개선을 추진할 수 있는 길을 선택할 수 있어야 한다(헌재 1991. 2.11. 90헌가27).

0950
형벌체계에 있어서 법정형의 균형은 한치의 오차도 없이 반드시 실현되어야 하는 헌법상 절대원칙이므로, 특정한 범죄에 대한 형벌이 그 자체로서의 책임과 형벌의 비례원칙에 위반되지 않더라도 보호법익과 죄질이 유사한 범죄에 대한 형벌과 비교할 때 형벌체계상의 균형을 상실할 우려가 있는 경우에는 평등원칙에 반한다고 할 수 있다. 22년 5급 공채 ☐☒

(X) 형벌체계에 있어서 법정형의 균형은 한치의 오차도 없이 반드시 실현되어야 하는 헌법상 절대원칙은 아니다. 법정형의 종류와 범위를 정함에 있어서 당해 범죄의 보호법익과 죄질뿐만 아니라 범죄예방을 위한 형사정책적 사정 등도 모두 고려되어야 하므로, 보호법익과 죄질이 다르면 법정형의 내용이 다를 수 있고, 형사정책적 고려가 다르면 또 그에 따라 법정형의 내용이 달라질 수밖에 없다(헌재 2021.2.25. 2019헌바58).

0951
근로자의 날을 법정유급휴일로 할 것인지에 있어서 공무원과 일반근로자를 다르게 취급할 이유가 없으므로 근로자의 날을 공무원의 법정유급휴일로 정하지 않은 것은 공무원과 일반근로자를 자의적으로 차별하는 것에 해당하여 평등권을 침해한다. 22년 5급 공채 ☐☒

(X) 심판대상조항이 근로자의 날을 공무원의 법정유급휴일에 해당하는 관공서 공휴일로 규정하지 않은 데에는 합리적인 이유가 있다 할 것이므로, 심판대상조항이 청구인들의 평등권을 침해한다고 볼 수 없다(헌재 2015.11.26. 2015헌마756).

0952
지역가입자에 대한 보험료 산정·부과 시 소득 외에 재산 등의 요소를 추가적으로 고려하도록 한 국민건강보험법 조항은 합리적 이유 없이 지역가입자를 차별하는 것이므로 헌법상 평등원칙에 위배된다. 22년 비상기획관 ☐☒

(X) 지역가입자에 대한 보험료 산정·부과 시 소득 외에 재산 등의 요소를 추가적으로 고려하는 데에 합리적 이유가 있다 할 것이고, 재산 등의 요소를 추가적으로 고려함에 있어 발생하는 문제점은 보험재정의 안정성을 유지하는 한도 내에서 개선되어 나아가는 중이므로, 심판대상조항이 헌법상 평등원칙에 위반된다고 할 수 없다(헌재 2016.12. 29. 2015헌바199).

0953
가산점제도는 제대군인에게 채용시험 응시횟수에 무관하게, 가산점제도의 혜택을 받아 채용시험에 합격한 적이 있었는지에 관계없이 제대군인은 계속 가산점혜택을 부여하여, 한 사람의 제대군인을 위하여 몇 사람의 비제대군인의 기회가 박탈당할 수 있는 불합리한 결과를 초래한다. 23년 5급 공채, 20년 법무사 ☐☒

(O) 가산점제도는 제대군인에 대한 이러한 혜택을 몇 번이고 아무런 제한없이 부여하고 있다. 채용시험 응시횟수에 무관하게, 가산점제도의 혜택을 받아 채용시험에 합격한 적이 있었는지에 관계없이 제대군인은 계속 가산점혜택을 받을 수 있다. 이는 한 사람의 제대군인을 위하여 몇 사람의 비제대군인의 기회가 박탈당할 수 있음을 의미하는 것이다(헌재 1999.12.23. 98헌마363).

| OX 문제 | 정답 및 해설 |

0954
보건복지부장관이 최저생계비를 고시함에 있어 장애로 인한 추가지출비용을 반영한 별도의 최저생계비를 결정하지 않은 채 가구별 인원수만을 기준으로 최저생계비를 결정한 고시는 엄격한 기준인 비례성원칙에 따른 심사를 함이 타당하다. 20년 경찰승진 [O|X]

(X) 이 사건 고시로 인한 장애인가구와 비장애인 가구의 차별취급이 평등위반인지 여부를 심사함에 있어서는 완화된 심사기준인 자의금지원칙을 적용함이 상당하다(헌재 2004.10.28. 2002헌마328).

0955
헌법재판소는 헌법이 특별히 평등을 요구하고 있는 경우와 차별적 취급으로 인하여 관련 기본권에 대한 중대한 제한을 초래하게 되는 경우에는 엄격한 심사척도인 비례성원칙에 따른 심사를 한다. 23년 경찰승진 [O|X]

(O) 평등원칙 위반 여부에 대한 심사척도는 입법자에게 인정되는 입법형성권의 정도에 따라 달라지게 될 것이나 헌법에서 특별히 평등을 요구하고 있는 경우와 차별적 취급으로 인하여 관련 기본권에 대한 중대한 제한을 초래하게 된다면 입법형성권은 축소되어보다 엄격한 심사척도가 적용되어야 한다(헌재 2000.8.31. 97헌가12).

0956
평등의 원칙 위반 여부를 심사함에 있어 엄격한 심사척도에 의할 것인지, 완화된 심사척도에 의할 것인지는 입법자에게 인정되는 입법형성권의 정도에 따라 달라지게 된다. 20년 법무사 [O|X]

(O) 평등위반 여부를 심사함에 있어 엄격한 심사척도에 의할 것인지, 완화된 심사척도에 의할 것인지는 입법자에게 인정되는 입법형성권의 정도에 따라 달라지게 될 것이다(헌재 2008.11.27. 2006헌가1).

0957
평등권으로서 교육을 받을 권리는 '취학·진학의 기회균등', 즉 각자의 능력에 상응하는 교육을 받을 수 있도록 학교 입학에 있어서 자의적 차별이 금지되어야 한다는 차별금지원칙을 의미한다. 24년 순경 1차 [O|X]

(O) 평등권으로서 교육을 받을 권리는 '취학의 기회균등', 즉 각자의 능력에 상응하는 교육을 받을 수 있도록 학교 입학에 있어서 자의적 차별이 금지되어야 한다는 차별금지원칙을 의미한다(헌재 2017.12.28. 2016헌마679).

0958
구「감염병의 예방 및 관리에 관한 법률」제70조 제1항에 감염병환자가 방문한 영업장의 폐쇄 등과 달리, 감염병의 예방을 위하여 집합제한 조치를 받은 영업장의 손실을 보상하는 규정을 두고 있지 않은 것은 평등권을 침해한다. 24년 국회직 8급 [O|X]

(X) 정부는 다양한 지원을 하였고, 포장·배달을 통한 영업은 가능하였다. 따라서 손실을 보상하는 규정을 두고 있지 않다고 하여 평등권을 침해하지는 않는다(헌재 2023.6.29. 2020헌마1669).

0959
사업주가 제공하거나 그에 준하는 교통수단을 이용하여 출퇴근하던 중에 산업재해보상보험 가입 근로자가 입은 재해를 업무상 재해로 인정하는 것과 달리, 도보나 자기 소유 교통수단 또는 대중교통수단 등을 이용하여 출퇴근하는 산업재해보상보험 가입 근로자가 사업주의 지배관리 아래 있다고 볼 수 없는 통상적 경로와 방법으로 출퇴근하던 중에 입은 재해를 업무상 재해로 인정하지 않는 것은 자의적 차별로 평등원칙에 위배된다. 24년 법원행시, 23년 법원직 9급, 20년 변호사 [O|X]

(O) 사업장 규모나 재정여건의 부족 또는 사업주의 일방적 의사나 개인 사정 등으로 출퇴근용 차량을 제공받지 못하거나 그에 준하는 교통수단을 지원받지 못하는 비혜택근로자는 비록 산재보험에 가입되어 있다 하더라도 출퇴근 재해에 대하여 보상을 받을 수 없는데, 이러한 차별을 정당화할 수 있는 합리적 근거를 찾을 수 없다(헌재 2016.9.29. 2014헌바254).

| OX 문제 | 정답 및 해설 |

0960
자도소주구입명령제도는 대기업 제조업자의 독과점을 막고 지역소주제조 업자를 보호함으로써 독과점규제와 지역경제육성이라는 헌법상의 경제 목표를 구체화하고자 하는 제도이므로 주류판매업자와 다른 상품 판매업자 간에 차별에는 합리적인 이유가 있어 평등원칙에 위배되지 않는다. 20년 비상기획관(하) [O|X]

(X) 구입명령제도는 소주판매업자의 직업의 자유는 물론 소주제조업자의 경쟁 및 기업의 자유, 즉 직업의 자유와 소비자의 행복추구권에서 파생된 자기결정권을 지나치게 침해하는 위헌적인 규정이다. 소주시장과 다른 상품시장, 소주판매업자와 다른 상품의 판매업자, 중소소주제조업자와 다른 상품의 중소제조업자 사이의 차별을 정당화할 수 있는 합리적인 이유를 찾아 볼 수 없으므로 이 사건 법률조항은 평등원칙에도 위반된다(헌재 1996.12.26. 96헌가18).

0961
구「건설근로자의 고용개선 등에 관한 법률」제14조 제2항 중 구「산업재해보상보험법」제63조 제1항 가운데 '그 근로자가 사망할 당시 대한민국 국민이 아닌 자로서 외국에서 거주하고 있던 유족은 제외한다.'를 준용하는 부분은 합리적 이유없이 외국거주 외국인 유족을 대한민국 국민인 유족 및 국내 거주 외국인 유족과 차별하는 것이므로 평등원칙에 위반된다. 25년 경찰 2차, 23년 순경 2차 [O|X]

(O) 건설근로자가 사망한 경우 '외국거주 외국인유족'은 자신이 거주하는 국가에서 발행하는 공신력 있는 문서로서 '퇴직공제금을 지급받을 유족의 자격'을 충분히 입증할 수 있어 건설근로자공제회의 퇴직공제금 지급 업무에 특별한 어려움이 초래될 일도 없다는 점에서 '외국거주 외국인유족'을 퇴직공제금을 지급받을 유족의 범위에서 제외할 이유가 없다(헌재 2023.3.23. 2020헌바471).

0962
사회복무요원에게 현역병의 봉급에 해당하는 보수를 지급하도록 정한 구「병역법 시행령」제62조 제1항 본문, 사회복무요원에게 교통비, 중식비의 실비를 지급하도록 정한 구「병역법 시행령」제62조 제2항 전단, 구「사회복무요원 복무관리 규정」제41조 제3항 본문 전단은 사회복무요원을 현역병에 비하여 합리적 이유없이 자의적으로 차별한 것이라 볼 수 없어 사회복무요원인 청구인의 평등권을 침해하지 않는다. 23년 순경 2차, 20년 비상기획관(하) [O|X]

(O) 현역병의 경우 엄격한 규율이 적용되는 내무생활과 총기·폭발물 사고 등 위험에 노출되어 이는 특수성을 감안할 때 의식주 등에 제공하여도 합리적 이유가 있는 차별이다(헌재 2019.2.28. 2017헌마374).

0963
1983. 1. 1. 이후 출생한 A형 혈우병 환자에 한하여 유전자재조합제제에 대한 요양급여를 인정하는 '요양급여의 적용기준 및 방법에 관한 세부사항'은 1983. 1. 1. 전에 출생한 A형 혈우병 환자들의 평등권을 침해한다. 23년 법원행시 [O|X]

(O) 수혜자 한정의 기준으로 정한 환자의 출생 시기는 그 부모가 언제 혼인하여 임신, 출산을 하였는지와 같은 우연한 사정에 기인하는 결과의 차이일 뿐, 이러한 차이로 인해 A형 혈우병 환자들에 대한 치료제인 유전자재조합제제의 요양급여 필요성이 달라진다고 할 수는 없으므로, A형 혈우병 환자들의 출생 시기에 따라 이들에 대한 유전자재조합제제의 요양급여 허용 여부를 달리 취급하는 것은 합리적인 이유가 있는 차별이라고 할 수 없다. 따라서 이 사건 고시 조항은 청구인들의 평등권을 침해하는 것이다(헌재 2012.6.27. 2010헌마716).

0964
애국지사 본인과 순국선열의 유족은 본질적으로 다른 집단이므로 구「독립유공자예우에 관한 법률 시행령」조항이 순국선열의 유족보다 애국지사 본인에게 높은 보상금 지급액 기준을 두고 있다고 하여 순국선열의 유족의 평등권이 침해되었다고 볼 수 없다. 23년 순경 1차 [O|X]

(O) 독립유공자예우에 관한 법률이 같은 서훈 등급임에도 순국선열의 유족보다 애국지사 본인에게 높은 보상금 지급액 기준을 두고 있다 하여 곧 청구인의 평등권을 침해하였다고 볼 수 없다(헌재 2018.1.25. 2016헌마319).

| OX 문제 | 정답 및 해설 |

0965
보상금의 지급을 신청할 수 있는 자의 범위를 '내부 공익신고자'로 한정함으로써 '외부 공익신고자'를 보상금 지급대상에서 배제하도록 정한 「공익신고자 보호법」 조항 중 '내부 공익신고자' 부분은 평등원칙에 위배되지 않는다. 23년 순경 1차 ☐O ☐X

(O) 내부 공익신고자는 조직 내에서 배신자라는 오명을 쓰기 쉬우며, 공익신고로 인하여 신분상, 경제상 불이익을 받을 개연성이 높다. 이 때문에 보상금이라는 경제적 지원조치를 통해 내부 공익신고를 적극적으로 유도할 필요성이 인정된다. 반면, '내부 공익신고자가 아닌 공익신고자'(이하 '외부 공익신고자'라 한다)는 내부 공익신고자에 비해 상대적으로 신고의 정확성 및 타당성이 낮을 수밖에 없어 양자의 차별에는 합리적인 이유가 있다(헌재 2021.5.27. 2018헌바127).

0966
사법시험에 합격하여 사법연수원의 과정을 마친 자와 달리 변호사시험 합격자들에게 6개월의 실무수습을 거치도록 하는 변호사법규정이 합리적 이유가 없는 자의적 차별이라고 보기는 어렵다. 23년 5급 공채 ☐O ☐X

(O) 변호사시험 합격자의 6개월 실무수습 기간 중 단독 법률사무소 개설과 수임을 금지한 변호사법 제21조의2 제1항 등이 변호사시험 합격자인 청구인들의 직업수행의 자유나 평등권 등 기본권을 침해하지 아니한다(헌재 2014.9.25. 2013헌마424).

0967
국공립어린이집, 사회복지법인어린이집, 법인·단체등어린이집 등과 달리 민간어린이집에는 보육교직원 인건비를 지원하지 않는 '2020년도 보육사업안내(2020. 1. 10. 보건복지부지침)'상 조항은 합리적 근거 없이 민간어린이집을 운영하는 청구인을 차별하여 청구인의 평등권을 침해한다. 23년 경찰간부 ☐O ☐X

(X) 민간어린이집, 가정어린이집은 보육예산으로부터 인건비 지원을 받지 못하지만 영리를 추구하는 것이 일반적이다. 두 유형 사이에는 성격상 차이가 있으므로, 둘을 단순 비교하여 인건비 지원이 자의적으로 이루어지는지 판단하기는 쉽지 않다(헌재 2022.2.24. 2020헌마177). / 따라서 평등권을 침해하지 않는다.

0968
경찰공무원은 교육훈련 또는 직무수행 중 사망한 경우 「국가유공자 등 예우 및 지원에 관한 법률」상 순직군경으로 예우받을 수 있는 것과는 달리, 소방공무원은 화재진압, 구조·구급업무수행 또는 이와 관련된 교육훈련 중 사망한 경우에 한하여 순직군경으로서 예우를 받을 수 있도록 하는 「소방공무원법」 규정은 소방공무원에 대한 합리적인 이유없는 차별에 해당한다. 22년 경찰승진 ☐O ☐X

(X) 그동안 국가는 소방공무원이 국가유공자로 예우를 받게 되는 대상자의 범위 등을 국가의 재정능력, 전체적인 사회보장의 수준과 국가에 대한 공헌과 희생의 정도 등을 감안하여 합리적인 범위 내에서 단계적으로 확대해 왔다. … 그렇다면 국가에 대한 공헌과 희생, 업무의 위험성의 정도, 국가의 재정상태 등을 고려하여 현장활동등 이외의 사유로 직무수행 중 사망한 소방공무원에 대하여 순직군경으로서의 보훈혜택을 부여하지 않는다고 해서 이를 합리적인 이유없는 차별에 해당한다고 볼 수 없다(헌재 2005.9.29. 2004헌바53).

0969
대한민국 국민인 남자에 한하여 병역의무를 부과한 구 「병역법」 조항이 평등권을 침해하는지 여부는 완화된 심사척도에 따라 자의금지원칙 위반 여부에 의하여 판단한다. 24년 법원행시, 24년 소방간부, 23년 5급 공채, 22년 경찰승진 ☐O ☐X

(O) 이 사건 법률조항은 헌법이 특별히 양성평등을 요구하는 경우나 관련 기본권에 중대한 제한을 초래하는 경우의 차별취급을 그 내용으로 하고 있다고 보기 어려우며, 징집대상자의 범위 결정에 관하여는 입법자의 광범위한 입법형성권이 인정된다는 점에 비추어 이 사건 법률조항이 평등권을 침해하는지 여부는 완화된 심사기준에 따라 판단하여야 한다(헌재 2010.11.25. 2006헌마328).

| OX 문제 | 정답 및 해설 |

0970
조례에 의한 규제가 지역 여건이나 환경 등 그 특성에 따라 다르게 나타나는 것은 헌법이 지방자치단체의 자치입법권을 인정한 이상 당연히 예상되는 결과이다. 자신들이 거주하는 지역의 학원조례조항으로 인하여 다른 지역 주민들에 비하여 더한 규제를 받게 되었다하여 평등권이 침해되었다고 볼 수는 없다. 24년 법원직 [O][X]

(O) 조례에 의한 규제가 지역 여건이나 환경 등 그 특성에 따라 다르게 나타나는 것은 헌법이 지방자치단체의 자치입법권을 인정한 이상 당연히 예상되는 결과이다. 청구인들이 자신들이 거주하는 지역의 학원조례조항으로 인하여 다른 지역 주민들에 비하여 더한 규제를 받게 되었다 하여 평등권이 침해되었다고 볼 수는 없다(헌재 2016.5.26. 2014헌마374).

0971
친고죄에 있어서 고소 취소가 가능한 시기를 제1심 판결선고 전까지로 제한한 형사소송법 조항은 항소심 단계에서 고소 취소된 사람을 자의적으로 차별하는 것이 아니다. 22년 법무사 [O][X]

(O) 친고죄의 고소 취소를 인정할 것인지의 문제 및 이를 인정한다고 하더라도 형사소송절차 중 어느 시점까지 이를 허용할 것인지의 문제는 국가형벌권과 국가소추주의에 대한 국민 일반의 가치관과 법감정, 범죄피해자의 이익보호 등을 종합적으로 고려하여 정할 수 있는 입법정책의 문제이다(헌재 2011.2.24. 2008헌바40).

0972
변호인선임서 등을 공공기관에 제출할 때 소속 지방변호사회를 경유하도록 하는 변호사법 조항은 다른 전문직과 비교하여 차별취급의 합리적 이유가 있다고 할 것이므로 변호사의 평등권을 침해하지 아니한다. 22년 국가직 7급 [O][X]

(O) 이는 사건수임비리의 근절 및 사건수임 투명화라는 입법목적을 위한 것이었다. 이 사건 결정은, 변호사는 기본적 인권을 옹호하고 사회정의를 실현함을 사명으로 하는 자로서 법률전문가로서의 능력뿐만 아니라 공공성 및 고도의 사회적 책임과 직업윤리가 강조되는 직역임을 고려할 때, 변호사법 제29조의 경유제도는 변호사의 직업수행의 자유 및 평등권을 침해하지 아니함을 선언한 사건이다(헌재 2013.5.30. 2011헌마131).

0973
국군포로로서 억류기간 동안의 보수를 지급받을 권리를 국내로 귀환하여 등록절차를 거친 자에게만 인정하는 「국군포로의 송환 및 대우 등에 관한 법률」 제9조 제1항은 귀환하지 않은 국군포로를 합리적 이유없이 차별한 것이라 볼 수 없어 평등원칙에 위배 되지 않는다. 23년 순경 2차 [O][X]

(O) 귀환하지 못한 국군포로의 경우 등록을 할 수가 없고, 억류지 출신 포로가족이 대신 등록을 신청하는 경우 억류기간 중의 행적 파악에 한계가 있고, 대우와 지원을 받을 대상자가 현재 대한민국에 존재하지 않아 보수를 지급하는 것의 실효성이 인정되기 어렵다(헌재 2022.12.22. 2020헌바39). 따라서 지급하지 않는 것은 평등원칙에 반하지 않는다.

0974
'계속근로기간 1년 미만인 근로자'를 퇴직급여 지급대상에서 제외하여 '계속근로기간이 1년 이상인 근로자'와 차별 취급하는 것은 합리적 이유 없는 차별로서 평등원칙에 위반된다. 22년 법원행시 [O][X]

(X) 이 사건 법률조항에서 '계속근로기간이 1년 미만인 근로자'를 퇴직급여 대상에서 제외하여 '계속근로기간이 1년 이상인 근로자'와 차별취급하는 것은, 퇴직급여가 1년 이상 장기간 근속한 근로자의 공로를 보상하고 업무의 효율성과 생산성의 증대 등을 위해 장기간 근무를 장려하기 위한 것으로 볼 수 있다(헌재 2011.7.28. 2009헌마408). / 따라서 평등권을 침해하지 않는다.

OX 문제

0975
평등원칙 위반의 특수성은 대상 법률이 정하는 '법률효과' 자체가 위헌이 아니라 그 법률효과가 수범자의 한 집단에만 귀속되어 '다른 집단과 사이에 차별'이 발생한다는 점에 있기 때문에, 평등원칙의 위반을 인정하기 위해서는 우선 법적용과 관련하여 상호 배타적인 '두 개의 비교집단'을 일정한 기준에 따라서 구분할 수 있어야 한다. 22년 국가직 7급 [O][X]

0976
3·1운동의 정신과 4·19민주이념이 헌법 전문에 함께 규정되어 있는 점을 감안하여 보면, 4·19혁명공로자에 대한 보훈 수준은 애국지사와 동일하게 설정되어야 한다. 22년 법무사 [O][X]

0977
우편을 이용한 접근의 금지를 피해자보호명령에 포함시키지 아니한 구 「가정폭력범죄의 처벌 등에 관한 특례법」 조항은 전기통신을 이용한 접근과 비교하여 볼 때 우편을 이용한 접근이 피해자의 안전에 위협이 되지 않는다거나 그러한 접근금지가 피해자 보호에 실효성이 없다는 사정은 발견되지 않으므로, 전기통신을 이용한 접근금지를 규정하고 있는 것과 달리 우편을 이용한 접근금지에 대하여 규정하지 아니한 것은 합리적 이유없는 차별로서 평등원칙에 위반된다. 25년 경찰 2차 [O][X]

정답 및 해설

(O) 평등원칙 위반의 특수성은 대상 법률이 정하는 '법률효과' 자체가 위헌이 아니라 그 법률효과가 수범자의 한 집단에만 귀속되어 '다른 집단과 사이에 차별'이 발생한다는 점에 있기 때문에, 평등원칙의 위반을 인정하기 위해서는 우선 법적용과 관련하여 상호 배타적인 '두 개의 비교집단'을 일정한 기준에 따라서 구분할 수 있어야 한다(헌재 2003.12.18. 2002헌마593).

(X) 입법자가 4·19혁명공로자의 희생과 공헌의 정도를 건국포장을 받은 애국지사와 달리 평가하여 이 사건 법률조항에서 4·19혁명공로자에 대한 보훈급여의 종류를 수당으로 정하고, 이 사건 시행령조항에서 보훈급여의 지급금액을 애국지사보다 적게 규정한 것이 합리적인 이유 없는 차별이라 할 수 없다(헌재 2022.2.24. 2019헌마883).

(X) 피해자보호명령제도는 가정폭력행위자가 피해자와 시간적·공간적으로 매우 밀접하게 관련되어 즉시 조치를 취하지 않으면 피해자에게 회복할 수 없는 피해를 입힐 가능성이 있을 때에 법원의 신속한 권리보호명령이 이루어질 수 있도록 하는 것이 입법의 주요한 목적 중 하나이다. 그런데 전기통신을 이용한 접근행위의 피해자와 우편을 이용한 접근행위의 피해자는 피해의 긴급성, 광범성, 신속한 조치의 필요성 등의 측면에서 차이가 있다(헌재 2023.2.23. 2019헌바43). / 따라서 차이가 있는 우편의 경우 피해자보호명령의 종류로 정하지 아니하였다고 하더라도 평등원칙에 위반되지 않는다.

CHAPTER 03 자유권적 기본권

제1절 인신의 자유

0978
헌법은 절대적 기본권을 명문으로 인정하고 있지 아니하며, 헌법 제37조 제2항에서는 국민의 모든 자유와 권리는 국가안전보장·질서유지 또는 공공복리를 위하여 필요한 경우에 한하여 법률로써 제한할 수 있도록 규정하고 있어, 비록 생명이 이념적으로 절대적 가치를 지닌 것이라 하더라도 생명에 대한 법적 평가가 예외적으로 허용될 수 있다. 23년 법원직 9급 [O|X]

(O) 헌법은 절대적 기본권을 명문으로 인정하고 있지 아니하며, 헌법 제37조 제2항에서는 국민의 모든 자유와 권리는 국가안전보장·질서유지 또는 공공복리를 위하여 필요한 경우에 한하여 법률로써 제한할 수 있도록 규정하고 있어, 비록 생명이 이념적으로 절대적 가치를 지닌 것이라 하더라도 생명에 대한 법적 평가가 예외적으로 허용될 수 있다고 할 것이므로, 생명권 역시 헌법 제37조 제2항에 의한 일반적 법률유보의 대상이 될 수밖에 없다(헌재 2010.2.25. 2008헌가23).

0979
생명권의 경우, 다른 일반적인 기본권 제한의 구조와는 달리, 생명의 일부 박탈이라는 것을 상정할 수 없고 생명권에 대한 제한은 필연적으로 생명권의 완전한 박탈을 의미하게 되기 때문에 생명권의 제한이 정당화될 수 있는 예외적인 경우라 하더라도 생명권의 박탈이 초래된다면 곧바로 기본권의 본질적인 내용을 침해하는 것이라 볼 수 있다. 23년 법원직 9급 [O|X]

(X) 생명권의 경우, 다른 일반적인 기본권 제한의 구조와는 달리, 생명의 일부 박탈이라는 것을 상정할 수 없기 때문에 생명권에 대한 제한은 필연적으로 생명권의 완전한 박탈을 의미하게 되는바, 위와 같이 생명권의 제한이 정당화될 수 있는 예외적인 경우에는 생명권의 박탈이 초래된다 하더라도 곧바로 기본권의 본질적인 내용을 침해하는 것이라 볼 수는 없다(헌재 2010.2.25. 2008헌가23). / 사형제도가 합헌인 것만 알아도 이 문제는 풀 수 있는 문제임

0980
환자가 장차 죽음에 임박한 상태에 이를 경우에 대비하여 미리 의료인 등에게 연명치료 거부 또는 중단에 관한 의사를 밝히는 등의 방법으로 죽음에 임박한 상태에서 인간으로서의 존엄과 가치를 지키기 위하여 연명치료의 거부 또는 중단을 결정할 수 있다 할 것이고, 위 결정은 헌법상 기본권인 자기결정권의 한 내용으로 보장이 되나, 입법자에게 헌법 해석상 '연명치료 중단 등에 관한 법률'을 제정할 입법의무까지 인정된다고 보기는 어렵다. 22년 순경 2차 [O|X]

(O) 입법은 사회적 논의가 성숙되고 공론화 과정을 거친 후 비로소 국회가 그 필요성을 인정하여 이를 추진할 사항이다. 또한 '연명치료 중단에 관한 자기결정권'을 보장하는 방법으로서 '법원의 재판을 통한 규범의 제시'와 '입법' 중 어느 것이 바람직한가는 입법정책의 문제로서 국회의 재량에 속한다 할 것이다. 그렇다면 헌법해석상 '연명치료 중단 등에 관한 법률'을 제정할 국가의 입법의무가 명백하다고 볼 수 없다(헌재 2009.11.26. 2008헌마385).

| OX 문제 | 정답 및 해설 |

0981
「형법」상 자기낙태죄 조항은 「모자보건법」이 정한 예외를 제외 하고는 임신기간 전체를 통틀어 모든 낙태를 전면적·일률적으로 금지하고, 이를 위반할 경우 형벌을 부과함으로써 임신의 유지·출산을 강제하고 있으므로, 임신한 여성의 자기결정권을 제한한다. 22년 순경 2차 [O][X]

(O) 자기낙태죄 조항은 모자보건법이 정한 예외를 제외하고는 임신기간 전체를 통틀어 모든 낙태를 전면적·일률적으로 금지하고, 이를 위반할 경우 형벌을 부과함으로써 임신의 유지·출산을 강제하고 있으므로, 임신한 여성의 자기결정권을 제한한다(헌재 2019.4.11. 2017헌바127).

0982
자기낙태죄 조항은 모자보건법에서 정한 사유에 해당하지 않는다면 결정가능기간 중에 다양하고 광범위한 사회적 경제적 사유를 이유로 낙태갈등 상황을 겪고 있는 경우까지도 예외 없이 전면적 일률적으로 임신의 유지 및 출산을 강제하고 이를 위반한 경우 형사처벌하고 있으므로 임신한 여성의 자기결정권을 제한하고 있어 침해의 최소성을 갖추지 못하였다. 20년 경찰승진 [O][X]

(O) 자기낙태죄 조항은 모자보건법에서 정한 사유에 해당하지 않는다면 결정가능기간 중에 다양하고 광범위한 사회적 경제적 사유를 이유로 낙태갈등 상황을 겪고 있는 경우까지도 예외 없이 전면적 일률적으로 임신의유지 및 출산을 강제하고 이를 위반한 경우 형사처벌하고 있으므로 임신한 여성의 자기결정권을 제한하고 있어 침해의 최소성을 갖추지 못하였다(헌재 2019.4.11. 2017헌바127).

0983
개인의 인격권·행복추구권에는 개인의 자기운명결정권이 전제되는 것이고, 이 자기운명결정권에는 임신과 출산에 관한 결정, 즉 임신과 출산의 과정에 내재하는 특별한 희생을 강요당하지 않을 자유가 포함되어 있다. 24년 경찰간부 [O][X]

(O) 개인의 인격권·행복추구권에는 개인의 자기운명결정권이 전제되는 것이고, 이 자기운명결정권에는 임신과 출산에 관한 결정, 즉 임신과 출산의 과정에 내재하는 특별한 희생을 강요당하지 않을 자유가 포함되어 있다(헌재 2012.8.23. 2010헌바402).

0984
상관을 살해한 경우 사형만을 유일한 법정형으로 규정한 군형법은 군대 내 명령·지휘체계를 유지하고 유사시 군의 전투력을 확보할 필요성에 비추어 볼 때 헌법에 위반되지 않는다. 23년 경찰승진, 20년 국회직 5급 [O][X]

(X) 가해자와 상관 사이에 명령복종관계가 있는지 여부를 불문하고 전시와 평시를 구분하지 아니한 채 다양한 동기와 행위태양의 범죄를 동일하게 평가하여 사형만을 유일한 법정형으로 규정하고 있는 이 사건 법률조항은, 범죄의 중대성 정도에 비하여 심각하게 불균형적인 과중한 형벌을 규정함으로써 죄질과 그에 따른 행위자의 책임 사이에 비례관계가 준수되지 않아 인간의 존엄과 가치를 존중하고 보호하려는 실질적 법치국가의 이념에 어긋나고, 형벌체계상 정당성을 상실한 것이다(헌재 2007.11.29. 2006헌가13).

0985
연명치료 중단, 즉 생명단축에 관한 자기결정은 생명권 보호의 헌법적 가치와 충돌하므로 '연명치료 중단에 관한 자기결정권'의 인정 여부가 문제되는 '죽음에 임박한 환자'란 '의학적으로 환자가 의식의 회복가능성이 없고 생명과 관련된 중요한 생체기능의 상실을 회복할 수 없으며 환자의 신체상태에 비추어 짧은 시간 내에 사망에 이를 수 있음이 명백한 경우'를 의미한다. 22년 경찰승진 [O][X]

(O) '연명치료 중단, 즉 생명단축에 관한 자기결정'은 '생명권 보호'의 헌법적 가치와 충돌하므로 '연명치료 중단에 관한 자기결정권'의 인정 여부가 문제되는 '죽음에 임박한 환자'란 '의학적으로 환자가 의식의 회복가능성이 없고 생명과 관련된 중요한 생체기능의 상실을 회복할 수 없으며 환자의 신체상태에 비추어 짧은 시간 내에 사망에 이를 수 있음이 명백한 경우', 즉 '회복 불가능한 사망의 단계'에 이른 경우를 의미한다 할 것이다(헌재 2009.11.26. 2008헌마385).

OX 문제

0986
모든 인간의 생명은 자연적 존재로서 동등한 가치를 갖는다고 할 것이나 그 동등한 가치가 서로 충돌하게 되거나 생명의 침해에 못지아니한 중대한 공익을 침해하는 등의 경우에는 국민의 생명·재산 등을 보호할 책임이 있는 국가는 어떠한 생명 또는 법익이 보호되어야 할 것인지 그 규준을 제시할 수 있다. 25년 5급 공채 ☐☒

0987
생명권의 제한은 어떠한 상황에서든 곧바로 개인의 생명권의 본질적인 내용을 침해하는 것으로서 기본권 제한의 한계를 넘는 것으로 본다면, 이는 생명권을 제한이 불가능한 절대적 기본권으로 인정하는 것과 동일한 결과를 가져오게 된다. 25년 경찰승진 ☐☒

0988
「헌법」제12조 제1항의 처벌, 보안처분, 강제노역 및 제12조 제3항의 영장주의와 관련하여 각각 적법절차의 원칙을 규정하고 있지만, 이는 그 대상을 한정적으로 열거하고 있는 것으로 해석하는 것이 우리나라의 통설적 견해이다. 22년 경찰간부 ☐☒

0989
체포·구속·압수 또는 수색을 할 때에는 적법한 절차에 따라 검사의 신청에 의하여 법관이 발부한 영장을 제시하여야 한다. 다만, 현행범인인 경우와 장기 3년 이상의 형에 해당하는 죄를 범하고 도피 또는 증거인멸의 염려가 있을 때에는 사후에 영장을 청구할 수 있다. 24년 국가직 5급, 22년 소방간부, 21년 법원직 9급 ☐☒

0990
현행범인인 경우와 장기 5년 이상의 형에 해당하는 죄를 범하고 도피 또는 증거인멸의 염려가 있을 때에는 사후에 영장을 청구할 수 있다. 21년 국회직 9급 ☐☒

0991
누구든지 체포 또는 구속을 당한 때에는 즉시 변호인의 조력을 받을 권리를 가진다. 다만, 형사피의자가 스스로 변호인을 구할 수 없을 때에는 법률이 정하는 바에 의하여 국가가 변호인을 붙인다. 24년 국가직 5급, 22년 해경간부, 21년 법원직 9급, 21년 소방간부, 21년 국회직 8급 ☐☒

정답 및 해설

(O) 결국 모든 인간의 생명은 자연적 존재로서 동등한 가치를 갖는다고 할 것이나 그 동등한 가치가 서로 충돌하게 되거나 생명의 침해에 못지아니한 중대한 공익을 침해하는 등의 경우에는 국민의 생명·재산 등을 보호할 책임이 있는 국가는 어떠한 생명 또는 법익이 보호되어야 할 것인지 그 규준을 제시할 수 있는 것이다(헌재 1996.11.28. 95헌바1).

(O) 생명권의 제한은 어떠한 상황에서든 곧바로 개인의 생명권의 본질적인 내용을 침해하는 것으로서 기본권 제한의 한계를 넘는 것으로 본다면, 이는 생명권을 제한이 불가능한 절대적 기본권으로 인정하는 것과 동일한 결과를 가져오게 된다(헌재 2010.2.25. 2008헌가23).

(X) 우리 현행 헌법에서는 제12조 제1항의 처벌, 보안처분, 강제노역 등 및 제12조 제3항의 영장주의와 관련하여 각각 적법절차의 원칙을 규정하고 있지만 이는 그 대상을 한정적으로 열거하고 있는 것이 아니라 그 적용대상을 예시한 것에 불과하다고 해석하는 것이 우리의 통설적 견해이다(헌재 1992.12.24. 92헌가8).

(O) 체포·구속·압수 또는 수색을 할 때에는 적법한 절차에 따라 검사의 신청에 의하여 법관이 발부한 영장을 제시하여야 한다. 다만, 현행범인인 경우와 장기 3년 이상의 형에 해당하는 죄를 범하고 도피 또는 증거인멸의 염려가 있을 때에는 사후에 영장을 청구할 수 있다(헌법 제12조 제3항).

(X) 체포·구속·압수 또는 수색을 할 때에는 적법한 절차에 따라 검사의 신청에 의하여 법관이 발부한 영장을 제시하여야 한다. 다만, 현행범인인 경우와 장기 3년 이상의 형에 해당하는 죄를 범하고 도피 또는 증거인멸의 염려가 있을 때에는 사후에 영장을 청구할 수 있다(헌법 제12조 제3항).

(X) 누구든지 체포 또는 구속을 당한 때에는 즉시 변호인의 조력을 받을 권리를 가진다. 다만, 형사피고인이 스스로 변호인을 구할 수 없을 때에는 법률이 정하는 바에 의하여 국가가 변호인을 붙인다(헌법 제12조 제4항). / 피의자가 아니라 피고인이다.

| OX 문제 | 정답 및 해설 |

0992
누구든지 체포 또는 구속의 이유와 변호인의 조력을 받을 권리가 있음을 고지받지 아니하고는 체포 또는 구속을 당하지 아니한다. 체포 또는 구속을 당한 자의 가족등 법률이 정하는 자에게는 그 이유와 일시·장소가 지체없이 통지되어야 한다. 22년 소방간부 [O X]

(O) 누구든지 체포 또는 구속의 이유와 변호인의 조력을 받을 권리가 있음을 고지받지 아니하고는 체포 또는 구속을 당하지 아니한다. 체포 또는 구속을 당한 자의 가족등 법률이 정하는 자에게는 그 이유와 일시·장소가 지체없이 통지되어야 한다(헌법 제12조 제5항).

0993
누구든지 체포 또는 구속을 당한 때에는 적부의 심사를 법원에 청구할 수 있다. 24년 국가직 5급, 21년 국회직 8급 [O X]

(O) 누구든지 체포 또는 구속을 당한 때에는 적부의 심사를 법원에 청구할 권리를 가진다(헌법 제12조 제6항).

0994
피고인의 자백이 고문·폭행·협박·구속의 부당한 장기화 또는 기망 기타의 방법에 의하여 자의로 진술된 것이 아니라고 인정될 때 또는 정식재판에 있어서 피고인의 자백이 그에게 불리한 유일한 증거일 때에는 이를 유죄의 증거로 삼거나 이를 이유로 처벌할 수 없다. 22년 순경 1차 [O X]

(O) 피고인의 자백이 고문·폭행·협박·구속의 부당한 장기화 또는 기망 기타의 방법에 의하여 자의로 진술된 것이 아니라고 인정될 때 또는 정식재판에 있어서 피고인의 자백이 그에게 불리한 유일한 증거일 때에는 이를 유죄의 증거로 삼거나 이를 이유로 처벌할 수 없다(헌법 제12조 제7항).

0995
최루액 혼합살수방법은 이미 법률 및 대통령령에 위해성 경찰장비의 하나로 규정되어 있는 최루제와 그 발사장치, 살수차 등을 실제 사용할 때 그 운용하는 형태의 하나를 말하는 것으로서 새로운 위해성 경찰장비의 하나로 볼 수 없고, 관련 법령의 근거에 따라 이루어진 것으로서 법률유보원칙에 위배되지 않는다. 21년 비상기획관(상) [O X]

(X) 혼합살수방법은 법령에 열거되지 않은 새로운 위해성 경찰장비에 해당하고 이 사건 지침에 혼합살수의 근거 규정을 둘 수 있도록 위임하고 있는 법령이 없으므로, 이 사건 지침은 법률유보원칙에 위배되고 이 사건 지침만을 근거로 한 이 사건 혼합살수행위 역시 법률유보원칙에 위배된다. 따라서 이 사건 혼합살수행위는 청구인들의 신체의 자유와 집회의 자유를 침해한다(헌재 2018.5.31. 2015헌마476).

0996
음주운전 금지규정을 2회 이상 위반한 사람을 2년 이상 5년 이하의 징역이나 1천만 원 이상 2천만 원 이하의 벌금에 처하도록 한 구 도로교통법 조항은 보호법익에 미치는 위험 정도가 비교적 낮은 유형의 재범 음주운전행위도 일률적으로 그 법정형의 하한인 2년 이상의 징역 또는 1천만 원 이상의 벌금을 기준으로 처벌하도록 하고 있어 책임과 형벌 간의 비례원칙에 위반된다. 22년 국가직 7급 [O X]

(O) 가중요건이 되는 과거 음주운전 금지규정 위반행위와 처벌대상이 되는 재범 음주운전 금지규정 위반행위 사이에 아무런 시간적 제한이 없고, 과거 위반행위가 형의 선고나 유죄의 확정판결을 받은 전과일 것을 요구하지도 않는다. 일률적으로 가중처벌하도록 하고 있으므로 형벌 본래의 기능에 필요한 정도를 현저히 일탈하는 과도한 법정형을 정한 것이다(헌재 2021.11.25. 2019헌바446).

0997
검사조사실에 소환되어 피의자신문을 받을 때 포승으로 팔과 상반신을 묶고 양손에 수갑을 채운 상태에서 피의자조사를 받도록 한 것은 신체의 자유를 침해하는 것이다. 22년 해경간부 [O X]

(O) 도주, 폭행, 소요, 자해 등의 위험이 분명하고 구체적으로 드러나는 경우에만 예외적으로 계구를 사용하여야 할 것이다. 따라서 이 조항이 취하고 있는 원칙과 예외의 이러한 완전한 전도는 신체의 자유를 원칙적으로 과도하게 제한하여 이를 침해하는 결과를 가져오므로 헌법에 위반된다(헌재 2005.5.26. 2004헌마49).

| OX 문제 | 정답 및 해설 |

0998
교도소 내 엄중격리대상자에 대한 동행계호행위는 신체의 자유 등을 침해하는 것이 아니다. 22년 해경간부 ☐☒

(O) 청구인들은 상습적으로 교정질서를 문란케 하는 등 교정사고의 위험성이 높은 엄중격리대상자들인바, 이들에 대한 계구사용행위, 동행계호행위 및 1인 운동장을 사용하게 하는 처우는 그 목적의 정당성 및 수단의 적정성이 인정되며, 필요한 경우에 한하여 부득이한 범위 내에서 실시되고 있다고 할 것이고, 이로 인하여 수형자가 입게 되는 자유 제한에 비하여 교정사고를 예방하고 교도소 내의 안전과 질서를 확보하는 공익이 더 크다고 할 것이다(헌재 2008.5.29. 2005헌마137).

0999
공연한 방법으로 상관을 모욕한 사람을 처벌하는 「군형법」 조항은 법관이 징역형이나 금고형 외에 벌금형을 선택할 수 없도록 하여 형벌의 개별화원칙에 부응하지 못하고 있으므로 형벌과 책임 간의 비례원칙에 위배된다. 25년 입법고시 ☐☒

(X) 군조직의 특성상 상관을 모욕하는 행위는 개인의 인격적 법익에 대한 침해를 넘어 군기를 문란하게 하는 행위로서 군조직의 위계질서를 파괴할 위험성이 크므로, 죄질과 책임이 가볍지 않다(헌재 2024.8.29. 2022헌가7 등). / 따라서 이는 헌법에 위반되지 않는다.

1000
「관세법」상의 몰수·추징은 재산상 이익을 환수하는 데 그치는 것이 아니라 징벌적인 성격도 가지고 있고 행위자의 책임과 형벌의 비례관계는 주형과 부가형을 통산하여 인정되는 것이므로 주형의 구체적 양형과정에서 필요적 몰수·추징의 부가형을 참작하여 구체적 형평성을 기할 수도 있다. 25년 입법고시 ☐☒

(O) 관세법상의 몰수·추징은 재산상 이익을 환수하는 데 그치는 것이 아니라 징벌적인 성격도 가지고 있고, 행위자의 책임과 형벌의 비례관계는 주형과 부가형을 통산하여 인정되는 것이어서 주형의 구체적인 양형과정에서 필요적 몰수·추징의 부가형을 참작하여 구체적 형평성을 기할 수 있다(헌재 2010.5.27. 2009헌가28). / 따라서 헌법에 위반되지 않는다.

1001
어떤 범죄를 어떻게 처벌할 것인가 하는 문제, 즉 법정형의 종류와 범위의 선택은 입법자가 결정할 사항으로서 광범위한 입법재량 내지 형성의 자유가 인정되어야 할 분야이다. 25년 입법고시 ☐☒

(O) 어떤 범죄를 어떻게 처벌할 것인가 하는 문제, 즉 법정형의 종류와 범위의 선택은 그 범죄의 죄질과 보호법익에 대한 고려뿐만이 아니라 우리의 역사와 문화, 입법 당시의 시대적 상황, 국민 일반의 가치관 내지 법감정 그리고 범죄예방을 위한 형사정책적측면 등 여러 가지 요소를 종합적으로 고려하여 입법자가 결정할 사항으로서 광범위한 입법재량 내지 형성의 자유가 인정되어야 할 분야이다(헌재 2006.4.27. 2005헌가2).

1002
수형자가 민사재판에 출정하여 법정 대기실 내 쇠창살 격리시설 안에 유치되어 있는 동안 교도소장이 출정계호교도관을 통해 수형자에게 양손수갑 1개를 앞으로 사용한 행위는 수형자의 신체의 자유를 침해하지 않는다. 24년 법무사 ☐☒

(O) 이 사건 보호장비 사용행위는 수형자가 도주나 자해, 다른 사람에 대한 위해와 같은 교정사고를 저지르는 것을 예방하고, 법원 내 질서 유지에 협력하기 위한 것으로, 그 목적의 정당성 및 수단의 적합성이 인정된다(헌재 2023.6.29. 2018헌마1215).

1003
누구든지 이 법의 규정에 의한 공개장소에서의 연설·대담 장소에서 기타 어떠한 방법으로도 연설·대담 장소 등의 질서를 문란하게 하는 행위를 금지하고 있는 「공직선거법」 조항 중 '기타 어떠한 방법으로도' 부분은 죄형법정주의의 명확성원칙에 위배된다. 25년 변호사 ☐☒

(X) 심판대상조항의 입법취지와 목적, 다른 공직선거법 규정과의 관계, 문언적 의미 등을 종합하면, '기타 어떠한 방법으로도'가 연설·대담을 방해할 정도에 이르지 않더라도 자유롭고 평온한 분위기를 깨뜨려 후보자 등과 선거인 사이에 원활한 소통을 저해하거나 사고가 발생할 우려가 있는 모든 행위태양을 의미한다는 것을 알 수 있다. 따라서 심판대상조항은 죄형 법정주의의 명확성원칙에 위배되지 않는다(헌재 2023.5.25. 2019헌가13).

| OX 문제 | 정답 및 해설 |

1004
상관을 살해한 경우 사형만을 유일한 법정형으로 규정한 「군형법」 조항은 형벌과 책임 간의 비례원칙에 위배된다. 25년 입법고시 [O X]

(O) 군대 내 명령체계유지 및 국가방위라는 이유만으로 가해자와 상관 사이에 명령복종관계가 있는지 여부를 불문하고 전시와 평시를 구분하지 아니한 채 다양한 동기와 행위태양의 범죄를 동일하게 평가하여 사형만을 유일한 법정형으로 규정하고 있는 이 사건 법률조항은, 범죄의 중대성 정도에 비하여 심각하게 불균형적인 과중한 형벌을 규정함으로써 죄질과 그에 따른 행위자의 책임 사이에 비례관계가 준수되지 않아 인간의 존엄과 가치를 존중하고 보호하려는 실질적 법치국가의 이념에 어긋나고, 형벌체계상 정당성을 상실한 것이다(헌재 2007. 11. 29. 2006헌가13).

1005
「형법」상 모욕죄와 사자명예훼손죄를 친고죄로 정하고 있음에 반하여, 「정보통신망 이용촉진 및 정보보호 등에 관한 법률」상 명예훼손죄를 반의사불벌죄로 정하고 있는 것은 형벌체계상 균형을 상실하지 않아 평등원칙에 위반되지 아니한다. 25년 경찰승진 [O X]

(O) 모욕죄는 피해자에 대한 구체적 사실이 아닌 추상적 판단과 감정을 표현하고, 형법상 사자명예훼손죄는 생존한 사람이 아닌 사망한 사람에 대한 허위사실 적시라는 점에서 불법성이 감경된다. 반면, 정보통신망법의 명예훼손죄는 비방할 목적으로 정보통신망을 이용하여 거짓 사실을 적시한다는 점에서 불법성이 가중된다는 차이가 있다(헌재 2021. 4. 29. 2018헌바113). / 따라서 평등원칙에 위반되지 아니한다.

1006
자산유동화계획에 의하지 아니하고 여유자금을 투자한 자를 처벌하는 「자산유동화에 관한 법률」 제40조 제2호 중 '제22조의 규정에 위반하여 자산유동화계획에 의하지 아니하고 여유자금을 투자한 자' 부분은 죄형법정주의의 명확성원칙에 반하지 않는다. 25년 순경 1차 [O X]

(O) 수범자는 유동화전문회사의 임직원이거나 자산유동화거래 업무와 관련된 전문 지식과 경험을 가진 자로 한정될 것인데, 이들은 자산유동화계획의 내용 중 여유자금의 투자에 관한 사항이 무엇인지, 그리고 어떠한 행위가 '자산유동화계획에 의하지 않은 여유자금 투자'인지를 충분히 파악하고 예측할 수 있는 지위에 있다. 따라서 심판대상조항이 수범자의 입장에서 예측가능성 내지 명확성을 결여한 조항이라고 보기 어렵다(헌재 2023. 10. 26. 2023헌가1).

1007
허위재무제표작성죄와 허위감사보고서작성죄에 대하여 배수벌금을 규정하면서도, '그 위반행위로 얻은 이익 또는 회피한 손실액이 없거나 산정하기 곤란한 경우'에 관한 벌금 상한액을 규정하지 아니한 「주식회사 등의 외부감사에 관한 법률」 제39조 제1항 중 '그 위반행위로 얻은 이익 또는 회피한 손실액의 2배 이상 5배 이하의 벌금'에 관한 부분은 죄형법정주의의 명확성원칙에 위배된다. 25년 순경 1차 [O X]

(X) '그 위반행위로 얻은 이익 또는 회피한 손실액의 2배 이상 5배 이하의 벌금형'을 규정한 심판대상조항은 애매모호하거나 추상적이어서 법관의 자의적인 해석이 가능하다고 볼 수 없어 죄형법정주의의 명확성원칙에 위배되지 않는다(헌재 2024. 7. 18. 2022헌가6).

1008
누구든지 선박의 감항성의 결함을 발견한 때에는 해양수산부령이 정하는 바에 따라 그 내용을 해양수산부장관에게 신고하여야 한다고 규정한 구 「선박안전법」 조항 중 '선박의 감항성의 결함'에 관한 부분은 명확성원칙에 위배된다. 24년 경찰간부 [O X]

(X) 신고의무조항의 '선박의 감항성의 결함'이란 '선박안전법에서 규정하고 있는 각종 검사 기준에 부합하지 아니하는 상태로서, 선박이 안전하게 항해할 수 있는 성능인 감항성과 직접적인 관련이 있는 흠결'이라는 의미로 명확하게 해석할 수 있으므로, 신고의무조항은 죄형법정주의의 명확성원칙에 위배되지 않는다(헌재 2024. 5. 30. 2020헌바234).

OX 문제

1009
법률사건의 수임에 관하여 알선의 대가로 금품을 제공하거나 이를 약속한 변호사를 형사처벌하는 구「변호사법」조항 중 '법률사건'과 '알선'의 의미가 불분명하다고 할 수 없으므로 위 조항은 죄형법정주의 명확성원칙에 위배되지 않는다. 24년 해경 ☐O ☐X

1010
건설업자가 부정한 방법으로 건설업의 등록을 한 경우, 건설업 등록을 필요적으로 말소하도록 규정한「건설산업기본법」조항 중 '부정한 방법'의 개념은 모호하여 법률해석을 통하여 구체화될 수 없으므로 명확성원칙에 위배된다. 24년 해경 ☐O ☐X

1011
죄형법정주의란 무엇이 범죄이며 그에 대한 형벌이 어떠한 것인가를 반드시 국민의 대표로 구성된 입법부가 제정한 법률로써 정하여야 한다는 원칙을 말하므로, 형사처벌요건을 입법부가 행정부에서 제정한 명령이나 규칙에 위임하는 것은 허용되지 않는다. 22년 지방직 7급 ☐O ☐X

1012
형벌 구성요건의 실질적 내용을 법률에서 직접 규정하지 아니하고 새마을금고의 정관에 위임한 것은 범죄와 형벌에 관하여는 입법부가 제정한 형식적 의미의 법률로써 정하여야 한다는 죄형법정주의 원칙에 위반된다. 22년 경찰승진 ☐O ☐X

1013
법정형의 폭이 지나치게 넓게 되면 자의적인 형벌권의 행사가 가능하게 되어 형벌체계상의 불균형을 초래할 수 있을 뿐만 아니라, 피고인이 구체적인 형의 예측이 현저하게 곤란해지고 죄질에 비하여 무거운 형에 처해질 위험에 직면하게 되므로 법정형의 폭이 지나치게 넓어서는 아니 된다는 것은 죄형법정주의의 한 내포라고 할 수 있다. 22년 경찰승진 ☐O ☐X

1014
죄형법정주의에서 파생되는 명확성의 원칙은, 누구나 법률이 처벌하고자 하는 행위가 무엇이며 그에 대한 형벌이 어떠한 것인지를 예견할 수 있고 그에 따라 자신의 행위를 결정 지울 수 있도록 구성요건이 명확할 것을 의미한다. 23년 법원직 9급, 22년 경찰승진 ☐O ☐X

정답 및 해설

(O) 이 사건 법률조항이 규정하는 '법률사건'이란 '법률상의 권리·의무의 발생·변경·소멸에 관한 다툼 또는 의문에 관한 사건'을 의미하고, '알선'이란 법률사건의 당사자와 그 사건에 관하여 대리 등의 법률사무를 취급하는 상대방(변호사 포함) 사이에서 양자 간에 법률사건이나 법률사무에 관한 위임계약 등의 체결을 중개하거나 그 편의를 도모하는 행위를 말하는바, 이 사건 법률조항에 의하여 금지되고, 처벌되는 행위의 의미가 문언상 불분명하다고 할 수 없으므로 이 사건 법률조항은 죄형법정주의의 명확성원칙에 위배되지 않는다(헌재 2013.2.28. 2012헌바62).

(X) 법 제83조 단서 중 제1호에서의 '부정한 방법'이란, 실제로는 기술능력·자본금·시설·장비 등에 관하여 법령이 정한 건설업 등록요건을 갖추지 못하였음에도 자본금의 납입을 가장하거나 허위신고를 통하여 기술능력이나 시설, 장비 등의 보유를 가장하는 수단을 사용함으로써 등록요건을 충족시킨 것처럼 위장하여 등록하는 방법을 말하는 것으로 그 내용이 충분히 구체화되고 제한된다고 판단된다(헌재 2004.7.15. 2003헌바35 등).

(X) 죄형법정주의란 자유주의, 권력분립, 법치주의 및 국민주권의 원리에 입각한 것으로서, 무엇이 범죄이며 그에 대한 형벌이 어떠한 것인가를 반드시 국민의 대표로 구성된 입법부가 제정한 법률로써 정하여야 한다는 원칙을 말한다. 하지만 현대국가의 사회적 기능이 증대되고 사회현상이 복잡·다양화됨에 따라 모든 형사처벌요건을 입법부가 제정한 법률만으로 다 정할 수는 없기 때문에 합리적인 이유가 있으면 예외적으로 행정부에서 제정한 명령이나 규칙에 위임하는 것이 허용된다(헌재 2014.2.27. 2013헌바106).

(O) 형벌 구성요건의 실질적 내용을 법률에서 직접 규정하지 아니하고 금고의 정관에 위임한 것은 범죄와 형벌에 관하여는 입법부가 제정한 형식적 의미의 "법률"로써 정하여야 한다는 죄형법정주의 원칙에 위반된다(헌재 2001.1.18. 99헌바112).

(O) 형벌체계상의 균형의 상실은 가혹한 법정형의 설정뿐 아니라 지나치게 폭넓은 법정형의 설정에 의하여도 초래될 수 있을 것이다. 법정형의 폭이 지나치게 넓게 되면 자의적인 형벌권의 행사가 가능하게 되어 피고인으로서는 구체적인 형의 예측이 현저하게 곤란해질 뿐만 아니라, 죄질에 비하여 무거운 형에 처해질 위험성에 직면하게 된다고 할 수 있다. 따라서 법정형의 폭이 지나치게 넓어서는 아니 된다는 것은 죄형법정주의의 한 내포라고도 할 수 있다(헌재 1997.9.25. 96헌가16).

(O) 죄형법정주의의 원칙은 법률이 처벌하고자 하는 행위가 무엇이며 그에 대한 형벌이 어떠한 것인지를 누구나 예견할 수 있고, 그에 따라 자신의 행위를 결정할 수 있게끔 구성요건을 명확하게 규정할 것을 요구한다(헌재 1994.7.29. 93헌가4 등).

OX 문제

1015
처벌법규의 구성요건을 일일이 세분하여 명확성의 요건을 모든 경우에 요구하는 것은 입법기술상 불가능하거나 현저히 곤란하므로, 처벌법규의 구성요건이 어느 정도 명확하여야 하는가는 일률적으로 정할 수 없고, 각 구성요건의 특수성과 그러한 법적 규제의 원인이 된 여건이나 처벌의 정도 등을 고려하여 종합적으로 판단하여야 하며, 다소 광범위하고 어느 정도의 범위에서는 법관의 보충적인 해석을 필요로 하는 개념을 사용하여 규정하였다고 하더라도 그 적용단계에서 다의적으로 해석될 우려가 없는 이상 그 점만으로 헌법이 요구하는 명확성의 요구에 배치된다고는 보기 어렵다. 23년 법원직 9급 [O|X]

1016
범죄의 처벌에 관한 문제, 즉 법정형의 종류와 범위의 선택은 입법자가 결정할 사항이지만, 광범위한 입법재량 내지 형성의 자유가 인정된다고 볼 수 없다. 23년 법원직 9급 [O|X]

1017
국회의 입법재량 내지 입법정책적 고려에 있어서도 국민의 자유와 권리의 제한은 필요 최소한에 그쳐야 하며, 기본권의 본질적인 내용을 침해하는 입법은 할 수 없으므로, 헌법이나 법률에 의하여 명시된 죄형법정주의와 소급효의 금지 및 이에 유래하는 유추해석금지의 원칙 외에 지켜져야 할 입법원칙이 있다. 23년 법원직 9급 [O|X]

1018
노역장유치조항의 시행 전에 행해진 범죄행위에 대해서 공소제기의 시기가 노역장유치조항의 시행 이후이면 노역장유치조항을 적용하도록 하는 것은 헌법상 형벌불소급원칙에 위반된다. 24년 순경 1차, 23년 경찰간부 [O|X]

1019
「형법」상의 노역장유치 조항은 재력 있는 자가 단기간의 노역장유치로 고액의 벌금을 면제받는 이른바 황제노역을 방지하기 위해 벌금액수에 따라 유치기간의 하한을 정한 것으로 과잉금지원칙에 반해 신체의 자유를 침해하는 것이라 볼 수 없다. 22년 입법고시 [O|X]

정답 및 해설

(O) 처벌법규의 구성요건을 일일이 세분하여 명확성의 요건을 모든 경우에 요구하는 것은 입법기술상 불가능하거나 현저히 곤란한 것이므로 어느 정도의 보편적이거나 일반적인 뜻을 지닌 용어를 사용하는 것은 부득이 하다고 할 수밖에 없고, 당해 법률이 제정된 목적과 다른 법률조항과의 연관성을 고려하여 합리적인 해석이 가능한지의 여부에 따라 명확성의 요건을 갖추었는지의 여부를 가릴 수밖에 없다 할 것이다(헌재 1996.12.26. 93헌바65).

(X) 범죄의 처벌에 관한 문제, 즉 법정형의 종류와 범위의 선택은 그 범죄의 죄질과 보호법익에 대한 고려뿐만 아니라 우리의 역사와 문화, 입법 당시의 시대적 상황, 국민 일반의 가치관 내지 법감정 그리고 범죄예방을 위한 형사정책적 측면 등 여러 가지 요소를 종합적으로 고려하여 입법자가 결정할 사항으로서 광범위한 입법재량 내지 형성의 자유가 인정되어야 할 분야라 할 것이다(헌재 2002.4.25. 2001헌가27).

(O) 국회의 입법재량 내지 입법정책적 고려에 있어서도 국민의 자유와 권리의 제한은 필요한 최소한에 그쳐야 하며, 기본권의 본질적인 내용을 침해하는 입법은 할 수 없으므로, 헌법이나 법률에 의하여 명시된 죄형법정주의와 소급효의 금지 및 이에 유래하는 유추해석금지의 원칙 외에 지켜져야 할 입법원칙이 있다(헌재 2002.4.25. 2001헌가27).

(O) 부칙조항은 노역장유치조항의 시행전에 행해진 범죄행위에 대해서도 공소제기의 시기가 노역장유치조항의 시행 이후이면 이를 적용하도록 하고 있으므로, 이는 범죄행위 당시보다 불이익한 법률을 소급적용하도록 하는 것으로서 헌법상 형벌불소급원칙에 위반된다(헌재 2017.10.26. 2015헌바239 등).

(O) 노역장유치조항은 유치기간의 하한을 정하고 있을 뿐이므로 법관은 그 범위 내에서 다양한 양형요소들을 고려하여 1일 환형유치금액과 노역장유치기간을 정할 수 있다. 이러한 점들을 종합하면 노역장유치조항은 과잉금지원칙에 반하여 청구인들의 신체의 자유를 침해한다고 볼 수 없다(헌재 2017.10.26. 2015헌바239 등).

OX 문제

1020
디엔에이신원확인정보의 수집·이용이 범죄의 예방효과를 가지는 보안처분으로서의 성격을 일부 지닌다고 하더라도 이는 비형벌적 보안처분으로서 소급입법금지원칙이 적용되지 않는다. 23년 경찰간부, 21년 국가직 7급 ⊙⊠

1021
「아동·청소년의 성보호에 관한 법률」이 정하고 있는 아동·청소년 대상 성범죄자의 아동·청소년 관련 교육기관 등에의 취업제한 제도는 「형법」이 규정하고 있는 형벌에 해당되지 않으므로 헌법 제13조 제1항 전단의 형벌불소급원칙이 적용되지 않는다. 24년 법원행시, 23년 경찰간부 ⊙⊠

1022
전자장치(전자발찌) 부착명령은 형벌불소급원칙이 적용되지 아니한다. 21년 국회직 9급, 20년 법원직, 20년 법원행시 ⊙⊠

1023
보안처분은 형벌과는 달리 행위자의 장래 재범위험성에 근거하는 것으로서, 행위시가 아닌 재판시의 재범위험성 여부에 대한 판단에 따라 보안처분 선고를 결정하므로 원칙적으로 재판 당시 현행법을 소급적용할 수 있다고 보는 것이 타당하고 합리적이다. 21년 국회직 9급 ⊙⊠

1024
형벌불소급원칙에서 의미하는 '처벌'은 단지 형법에 규정되어 있는 형식적 의미의 형벌 유형에 국한되지 않으므로 구 사회보호법상 보호감호처분에도 형벌불소급의 원칙이 적용된다. 24년 법원행시 ⊙⊠

정답 및 해설

(O) 디엔에이신원확인정보의 수집·이용은 수형인 등에게 심리적 압박으로 인한 범죄예방효과를 가진다는 점에서 보안처분의 성격을 지니지만, 처벌적인 효과가 없는 비형벌적 보안처분으로서 소급입법금지원칙이 적용되지 않는다(헌재 2014.8.28. 2011헌마28 등).

(O) 청소년성보호법이 정하고 있는 취업제한제도로 인해 성범죄자에게 일정한 직종에 종사하지 못하는 제재가 부과되기는 하지만, 위 취업제한제도는 형벌이 규정하고 있는 형벌에 해당하지 않으므로, 헌법 제13조 제1항 전단의 형벌불소급원칙이 적용되지 않는다(헌재 2016.3.31. 2013헌마585 등).

(O) 전자장치 부착명령은 전통적 의미의 형벌이 아닐 뿐 아니라, 성폭력범죄자의 성행교정과 재범방지를 도모하고 국민을 성폭력범죄로부터 보호한다고 하는 공익을 목적으로 하며, 전자장치의 부착을 통해서 피부착자의 행동 자체를 통제하는 것도 아니라는 점에서 자유를 박탈하는 구금 형식과는 구별되고 이 사건 부칙조항이 적용되었을 때 처벌적인 효과를 나타낸다고 보기 어렵다. 그러므로 이 사건 부착명령은 범죄행위를 한 사람에 대한 응보를 주된 목적으로 그 책임을 추궁하는 사후적 처분인 형벌과 구별되는 비형벌적 보안처분으로서 소급효금지원칙이 적용되지 아니한다(헌재 2012.12.27. 2010헌가82).

(O) 보안처분은 형벌과는 달리 행위자의 장래 재범위험성에 근거하는 것으로서, 행위시가 아닌 재판시의 재범위험성 여부에 대한 판단에 따라 보안처분 선고를 결정하므로 원칙적으로 재판 당시 현행법을 소급 적용할 수 있다고 보는 것이 타당하고 합리적이다(헌재 2012.12.27. 2010헌가82 등).

(O) 형벌불소급원칙에서 의미하는 '처벌'은 단지 형법에 규정되어 있는 형식적 의미의 형벌 유형에 국한되지 않는다. 헌법재판소는 일찍이 보안처분인 구 사회보호법상 '보호감호'에 대하여 '상습범 등에 대한 보안처분의 하나로서 신체에 대한 자유의 박탈을 그 내용으로 하는 보호감호처분은 형벌과 같은 차원에서의 적법한 절차와 헌법 제13조 제1항에 정한 죄형법정주의의 원칙에 따라 비로소 과해질 수 있는 것이라 할 수 있고, 따라서 그 요건이 되는 범죄에 관한 한 소급입법에 의한 보호감호처분은 허용될 수 없다(헌재 2017.10.26. 2015헌바239).

| OX 문제 | 정답 및 해설 |

1025
보안처분이라 하더라도 형벌적 성격이 강하여 신체의 자유를 박탈하거나 박탈에 준하는 정도로 신체의 자유를 제한하는 경우에는 소급입법금지원칙을 적용하는 것이 법치주의 및 죄형법정주의에 부합한다. 24년 소방간부, 24년 국회직 8급, 22년 입법고시, 21년 국회직 9급, 20년 법원직 O X

(O) 보안처분에 속한다는 이유만으로 일률적으로 소급입법금지원칙이 적용된다거나 그렇지 않다고 단정해서는 안되고, 보안처분이라는 우회적인 방법으로 형벌불소급의 원칙을 유명무실하게 하는 것을 허용해서도 안된다. 따라서 보안처분이라 하더라도 형벌적 성격이 강하여 신체의 자유를 박탈하거나 박탈에 준하는 정도로 신체의 자유를 제한하는 경우에는 소급입법금지원칙을 적용하는 것이 법치주의 및 죄형법정주의에 부합한다(헌재 2014.8.28. 2011헌마28 등).

1026
처벌을 규정하고 있는 법률조항이 구성요건이 되는 행위를 같은 법률조항에서 직접 규정하지 않고 다른 법률조항에서 이미 규정한 내용을 원용하였다거나 그 내용 중 일부를 괄호 안에 규정한 경우 그 사실만으로 명확성 원칙에 위반된다. 22년 경찰승진 O X

(X) 처벌을 규정하고 있는 법률조항이 구성요건이 되는 행위를 같은 법률조항에서 직접 규정하지 않고 다른 법률조항에서 이미 규정한 내용을 원용하였다거나 그 내용 중 일부를 괄호 안에 규정하였다는 사실만으로 명확성 원칙에 위반된다고 할 수는 없다(헌재 2010.3.25. 2009헌바121).

1027
납세의무자가 체납처분의 집행을 면탈할 목적으로 그 재산을 은닉·탈루하거나 거짓 계약을 하였을 때 형사처벌하는 「조세범 처벌법」 제7조 제1항 중 '납세의무자가 체납처분의 집행을 면탈할 목적으로' 부분은 죄형법정주의의 명확성원칙에 위배되지 않는다. 24년 국회직 8급 O X

(O) 심판대상조항이 명시적으로 요구하고 있는 '체납처분의 집행을 면탈할 목적'은 적어도 체납처분의 집행을 받을 우려가 있는 시점에서야 인정될 수 있는 점 등을 고려한다면, 심판대상조항은 '체납처분의 집행을 받을 우려가 있는 객관적인 상태가 발생한 이후'의 시기에 행해진 행위만을 처벌하는 것임이 명백하다. 심판대상조항은 죄형법정주의의 명확성원칙에 위배되지 않는다(헌재 2023.8.31. 2020헌바498).

1028
공익을 해할 목적으로 전기통신설비에 의하여 공연히 허위의 통신을 한 자를 형사 처벌하는 구 「전기통신사업법」 조항은, 수범자인 국민에 대하여 일반적으로 허용되는 '허위의 통신' 가운데 어떤 목적의 통신이 금지되는 것인지 고지하여 주지 못하므로 표현의 자유에서 요구하는 명확성원칙에 위배된다. 23년 순경 1차 O X

(O) 이 사건 법률조항은 표현의 자유에 대한 제한입법이며, 동시에 형벌조항에 해당하므로, 엄격한 의미의 명확성원칙이 적용된다. 그런데 이 사건 법률조항은 "공익을 해할 목적"의 허위의 통신을 금지하는바, 여기서의 "공익"은 형벌조항의 구성요건으로서 구체적인 표지를 정하고 있는 것이 아니라, 헌법상 기본권 제한에 필요한 최소한의 요건 또는 헌법상 언론·출판의 자유의 한계를 그대로 법률에 옮겨 놓은 것에 불과할 정도로 그 의미가 불명확하고 추상적이다(헌재 2010.12.28. 2008헌바157). 즉 명확성의 원칙에 위배된다.

1029
여러 사람의 눈에 뜨이는 곳에서 공공연하게 알몸을 지나치게 내놓거나 가려야 할 곳을 내놓아 다른 사람에게 부끄러운 느낌이나 불쾌감을 준 사람을 처벌하는 구 「경범죄 처벌법」 조항은 무엇이 지나친 알몸노출행위인지 판단하기 쉽지 않고, 가려야 할 곳의 의미도 알기 어려우며, '부끄러운 느낌이나 불쾌감'을 통하여 '지나치게'와 '가려야 할 곳' 의미를 확정하기도 곤란하여 죄형법정주의의 명확성원칙에 위배된다. 23년 순경 1차 O X

(O) '여러 사람의 눈에 뜨이는 곳에서 공공연하게 알몸을 지나치게 내놓거나 가려야 할 곳을 내놓아 다른 사람에게 부끄러운 느낌이나 불쾌감을 준 사람'을 처벌하는 경범죄 처벌법 조항은 그 의미를 알기 어렵고 그 의미를 확정하기도 곤란하므로 명확성원칙에 위배된다(헌재 2016.11.24. 2016헌가3).

| | OX 문제 | 정답 및 해설 |

1030
구 아동·청소년의 성보호에 관한 법률 제8조 제2항 및 제4항 중 아동·청소년이용음란물 가운데 "아동·청소년으로 인식될 수 있는 사람이나 표현물이 등장하여 그 밖의 성적행위를 하는 내용을 표현하는 것"에 관한 부분은 명확성의 원칙에 위배되지 않는다. 23년 법원행시 ◯ ✕

(O) 아동청소년성보호법의 입법목적, 가상의 아동·청소년이용음란물의 규제 배경, 법정형의 수준 등을 고려할 때, "아동·청소년으로 인식될 수 있는 사람"은 일반인의 입장에서 실제 아동·청소년으로 오인하기에 충분할 정도의 사람이 등장하는 경우를 의미함을 알 수 있고, "아동·청소년으로 인식될 수 있는 표현물" 부분도 아동·청소년을 상대로 한 비정상적 성적 충동을 일으키기에 충분한 행위를 담고 있어 아동·청소년을 대상으로 한 성범죄를 유발할 우려가 있는 수준의 것에 한정된다고 볼 수 있으며, 기타 법관의 양식이나 조리에 따른 보충적인 해석에 의하여 판단기준이 구체화되어 해결될 수 있으므로, 위 부분이 불명확하다고 할 수 없다(헌재 2015.6.25. 2013헌가17).

1031
공중도덕상 유해한 업무에 취업시킬 목적으로 근로자를 파견한 사람을 형사처벌하도록 규정한 구 파견근로자보호 등에 관한 법률의 조항 중 "공중도덕상 유해한 업무" 부분은 그 내용을 명확히 알 수 없어 명확성의 원칙에 위배된다. 23년 법원행시 ◯ ✕

(O) 공중도덕상 유해한 업무에 취업시킬 목적으로 근로자를 파견한 사람을 형사처벌하도록 규정한 구 '파견근로자보호 등에 관한 법률' 제42조 제1항 중 '공중도덕상 유해한 업무' 부분 및 '파견근로자보호 등에 관한 법률' 제42조 제1항 중 '공중도덕상 유해한 업무' 부분은 죄형법정주의의 명확성원칙에 위배된다(헌재 2016.11.24. 2015헌가23).

1032
「개발제한구역의 지정 및 관리에 관한 특별조치법」 위반으로 인해 시정명령을 받고도 이를 이행하지 아니한 위반행위자 등에 대해, 이를 상당한 기간까지 이행하지 않으면 이행강제금을 부과 징수한다는 뜻을 토지소유자에게 미리 문서로 계고하도록 하는 규정에서 '상당한 기간' 부분은 명확성원칙에 위배되지 않는다. 24년 경찰승진 ◯ ✕

(O) 이 경우 상당한 기간이 어느 정도의 기간을 의미하는지를 수범자가 예측할 수 있는가에 관한 문제는 여전히 남아있는데, 토지소유자로서는 이행강제금의 사전계고를 받기 전에 시정명령을 이미 받은 상태에 있었을 것이며, 그와 더불어 이행강제금은 1년에 2회를 초과하여 부과하지는 못한다는 제한이 있으므로 이를 감안하면 이행강제금 부과의 사전계고 시에 부여될 이행기간이 어느 정도일지를 대략 예측할 수 있다. 이러한 점들을 종합하면, 사전계고조항은 불명확한 규정이라고 할 수 없다(헌재 2023.2.23. 2019헌바550).

1033
의약외품이 아닌 것을 용기·포장 또는 첨부 문서에 의학적 효능·효과 등이 있는 것으로 오인될 우려가 있는 표시를 하거나, 이와 같은 의약외품과 유사하게 표시된 것을 판매하는 것을 금지하는 구「약사법」 조항 가운데 '표시' 및 '표시된 것의 판매'에 관한 부분을 준용하는 부분의 '의학적 효능·효과 등' 이라는 표현은 명확성원칙에 위배된다. 24년 경찰간부 ◯ ✕

(✕) '표시' 및 '표시된 것의 판매'에 관한 부분을 준용하는 부분의 '의학적 효능·효과 등'이라는 표현은 해당 물품이 약사법 제2조 제7호에서 정한 바대로 사용됨으로써 발생할 것으로 기대되는 일정한 효능·효과를 의미하는바, 약사법의 다른 규정들과의 체계 조화적 해석 등을 통해 법률의 적용단계에서 다의적 해석의 우려 없이 그 의미가 구체화될 수 있으므로, 죄형법정주의의 명확성원칙에 위반되지 않는다(헌재 2024.4.25. 2022헌바204).

1034
카메라 등을 이용하여 성적 욕망 또는 수치심을 유발할 수 있는 다른 사람의 신체를 촬영한 촬영물을 그 의사에 반하여 반포한 경우 등을 처벌하는 「성폭력범죄의 처벌 등에 관한 특례법」 조항은 죄형법정주의의 명확성 원칙에 위반되지 않는다. 22년 입법고시 ◯ ✕

(O) '성적 욕망 또는 수치심을 유발할 수 있는 다른 사람의 신체'는 구체적, 개별적, 상대적으로 판단할 수밖에 없는 개념이고, 사회와 시대의 문화, 풍속 및 가치관의 변화에 따라 수시로 변화하는 개념이므로, 심판대상조항이 다소 개방적이거나 추상적인 표현을 사용하면서 그 의미를 법관의 보충적 해석에 맡긴 것은 어느 정도 불가피하다. 법원은 이에 대해 합리적인 해석기준을 제시하고 그 기준에 따라 심판대상조항의 해당 여부를 판단하고 있으므로, 법 집행기관이 심판대상조항을 자의적으로 해석할 염려가 있다고 보기도 어렵다. 따라서 심판대상조항은 죄형법정주의의 명확성원칙에 위배되지 아니한다(헌재 2017.6.29. 2015헌바243).

OX 문제

1035
「응급의료에 관한 법률」조항 중 '누구든지 응급의료종사자의 응급환자에 대한 진료를 폭행, 협박, 위계, 위력, 그 밖의 방법으로 방해하여서는 아니 된다.'는 부분 가운데 '그 밖의 방법' 부분은 죄형법정주의의 명확성 원칙에 위반되지 않는다. 22년 입법고시 [O][X]

1036
구「미성년자보호법」의 해당 조항 중 "잔인성"과 "범죄의 충동을 일으킬 수 있게"라는 부분은 그 적용 범위를 법집행기관의 자의적인 판단에 맡기고 있으므로 죄형법정주의에서 파생된 명확성의 원칙에 위배된다. 21년 국가직 7급 [O][X]

1037
「도로교통법」조항 중 '자동차의 운전자는 고속도로 등에서 자동차의 고장 등 부득이한 사정이 있는 경우를 제외하고는 갓길로 통행하여서는 아니 된다.' 부분 중 '부득이한 사정' 부분은 죄형법정주의 명확성 원칙에 위반되지 않는다. 24년 경찰승진, 22년 입법고시 [O][X]

1038
교도소 내 엄중격리대상자에 대하여 이동시 계구를 사용하고 교도관이 동행계호하는 행위 및 1인 운동장을 사용하게 하는 처우가 필요한 경우에 한하여 부득이한 범위 내에서 실시되고 있으므로 신체의 자유를 과도하게 제한하여 헌법을 위반한 것이라고 볼 수 없다. 22년 경찰승진 [O][X]

1039
보호의무자 2인의 동의와 정신건강의학과 전문의 1인의 진단으로 정신질환자에 대한 보호입원이 가능하도록 한 것은 신체의 자유를 침해하지 않는다. 25년 경찰승진, 24년 경찰승진, 20년 국회직 5급 [O][X]

1040
수용시설내의 안전과 질서를 유지하기 위하여 일부 제한이 불가피하다 하더라도, 그 본질적인 내용을 침해하거나, 목적의 정당성, 방법의 적정성, 피해의 최소성 및 법익의 균형성 등을 의미하는 과잉금지의 원칙에 위배되어서는 안된다. 21년 소방간부 [O][X]

정답 및 해설

(O) 응급의료법의 입법취지, 규정형식 및 문언의 내용을 종합하여 볼 때, 건전한 상식과 통상적인 법 감정을 가진 일반인이라면 구체적인 사건에서 어떠한 행위가 이 사건 금지조항의 '그 밖의 방법'에 의하여 규율되는지 충분히 예견할 수 있고, 이는 법관의 보충적 해석을 통하여 확정될 수 있는 개념이다. 따라서 이 사건 금지조항의 '그 밖의 방법' 부분은 죄형법정주의의 명확성의 원칙에 위반된다고 할 수 없다(헌재 2019.6. 28. 2018헌바128).

(O) '잔인성'에 대하여는 아직 판례상 그 개념규정이 확립되지 않은 상태이고 그 사전적 의미는 "인정이 없고 모짊"이라고 할 수 있는바, 이에 의하면 미성년자의 감정이나 의지, 행동 등 그 정신생활의 모든 영역을 망라하는 것으로서 죄형법정주의에서 파생된 명확성의 원칙에 위배된다(헌재 2002.2.28. 99헌가8).

(O) 금지조항이 규정한 '부득이한 사정'이란 사회통념상 차로의 통행을 기대하기 어려운 특별한 사정을 의미한다고 해석된다. 건전한 상식과 통상적인 법감정을 가진 수범자는 금지조항이 규정한 부득이한 사정이 어떠한 것인지 충분히 알 수 있고, 법관의 보충적인 해석을 통하여 그 의미가 확정될 수 있다. 그러므로 금지조항 중 '부득이한 사정' 부분은 죄형법정주의의 명확성원칙에 위배되지 않는다(헌재 2021.8.31. 2020헌바100).

(O) 이 사건 실외운동 제한행위가 청구인들의 기본권을 부당하게 침해한다고 보기 어렵다(헌재 2008.5.29. 2005헌마137 등).

(X) 심판대상조항의 위헌성은 보호입원을 통한 치료의 필요성 등에 관하여 독립적이고 중립적인 제3자에게 판단받을 수 있는 절차를 두지 아니한 채 보호의무자 2인의 동의와 정신과전문의 1인의 판단만으로 정신질환자 본인의 의사에 반하는 보호입원을 가능하게 함으로써, 제도의 악용이나 남용 가능성을 배제하지 못하고 있다는 점에 있다(헌재 2016.9.29. 2014헌가9). / 조심할 것은 신체의 자유를 침해하지만 자기결정권이나 통신의 자유 침해로 판단하지는 않았다.

(O) 수형자의 기본권 제한에 대한 구체적인 한계는 헌법 제37조 제2항에 따라 법률에 의하여, 구체적인 자유·권리의 내용과 성질, 그 제한의 태양과 정도 등을 교량하여 설정하게 되며, 수용시설 내의 안전과 질서를 유지하기 위하여 이들 기본권의 일부 제한이 불가피하다 하더라도 그 본질적인 내용을 침해하거나, 목적의 정당성, 방법의 적정성, 피해의 최소성 및 법익의 균형성 등을 의미하는 과잉금지의 원칙에 위배되어서는 안 된다(헌재 2004.12.16. 2002헌마478).

| OX 문제 | 정답 및 해설 |

1041
전동킥보드의 최고속도는 25km/h를 넘지 않아야 한다고 규정한 조항은 소비자의 자기결정권 및 일반적 행동자유권을 제한할 뿐, 신체의 자유를 제한하는 것은 아니다. 24년 소방간부, 22년 법원직 [O X]

(O) 심판대상조항은 청구인의 신체의 자유를 제한하는 것은 아니다. 심판대상조항은 청구인의 소비자로서의 자기결정권 및 일반적 행동자유권을 제한할 뿐, 그 외에 신체의 자유와 평등권을 침해할 여지는 없다(헌재 2020.2.27. 2017헌마1339).

1042
병에 대한 징계처분으로 영창처분이 가능하도록 규정한 군인사법 조항은 군 조직 내 복무규율 준수 강화라는 군의 특수성 등을 고려할 때 과잉금지원칙에 위배되지 않는다. 22년 법원직 [O X]

(X) 영창처분이 가능한 징계사유는 지나치게 포괄적이고, 그 기준이 불명확하여 영창처분의 보충성이 담보되고 있지 아니한바, 이를 두고 최소한의 범위에서 제한적으로만 활용되는 제도라고 볼 수 없다. 이 사건 결정으로 병에 대한 영창처분의 근거조항이 헌법에 위반된다고 판단함으로써, 영창처분에 의한 징계구금이 헌법에 위반됨을 명확히 하였다(헌재 2020.9.24. 2017헌바157). / 전의경의 영창은 합헌

1043
특정 범죄를 범한 수형인 등에 대한 디엔에이(DNA) 감식시료채취의 근거조항인 디엔에이신원확인정보의 이용 및 보호에 관한 법률 규정은 신체의 자유를 침해하지 않는다. 21년 국회직 5급 [O X]

(O) 재범의 위험성이 높은 범죄를 범한 수형인 등은 생존하는 동안에는 재범의 위험성이 있다고 할 수 있으므로, 디엔에이신원확인정보를 수형인 등이 사망할 때까지 관리하여 범죄 수사 및 예방에 이바지하고자 하는 이 사건 삭제조항은 입법목적의 정당성과 수단의 적절성이 인정된다(헌재 2014.8.28. 2011헌마28).

1044
수형자와 그가 제기한 민사소송의 소송대리인인 변호사의 접견을 일반 접견에 포함시켜 시간은 30분 이내로, 횟수는 월 4회로 제한하는 규정은 교정시설의 안전과 질서유지 및 소지금지물품의 반입을 예방하려는 공익이 수형자가 입게 되는 불이익보다 크므로 수형자의 재판청구권을 침해하지 아니한다. 24년 국회직 8급, 21년 법원행시 [O X]

(X) 심판대상조항들은 법률전문가인 변호사와의 소송상담의 특수성을 고려하지 않고 소송대리인 변호사와의 접견을 그 성격이 전혀 다른 일반 접견에 포함시켜 접견 시간 및 횟수를 규정함으로써 수형자의 재판청구권을 지나치게 제한하여 위헌이다(헌재 2015.11.26. 2012헌마858).

1045
디엔에이감식시료 채취 및 디엔에이신원확인정보의 수집 수록 검색 회보 행위는 장래에 대한 위험을 방지하여 사회를 보호하기 위한 것으로서 형벌과는 다른 목적과 기능을 가지고 있으므로 형벌 외에 또 다른 형벌로서 신체형이나 명예형에 해당한다고 볼 수는 없고, 헌법 제13조 제1항에서 말하는 처벌이라고 할 수 없다. 22년 법학경채 [O X]

(O) 디엔에이감식시료 채취 및 디엔에이신원확인정보의 수집, 수록, 검색, 회보 행위는 장래에 대한 위험을 방지하여 사회를 보호하기 위한 것으로서 형벌과는 다른 목적과 기능을 가지고 있으므로, 형벌 외에 또 다른 형벌로서 신체형이나 명예형에 해당한다고 볼 수는 없고, 헌법 제13조 제1항에서 말하는 '처벌'이라고 할 수 없다(헌재 2014.8.28. 2011헌마28 등).

1046
벌금형을 선고받는 자가 그 벌금을 납입하지 않은 때에 그 집행방법의 변경으로 하게 되는 노역장 유치는 이미 형벌을 받은 사건에 대해 또다시 형을 부과하는 것이 아니라, 단순한 형벌 집행 방법의 변경에 불과한 것이므로「헌법」제13조 제1항 후단의 이중처벌금지의 원칙에 위반되지 않는다. 22년 경찰간부 [O X]

(O) 벌금형에 대한 노역장 유치는 이미 형벌을 받은 사건에 대해 또다시 형을 부과하는 것이 아니라 단순한 형벌 집행 방법의 변경에 불과한 것이므로 이중처벌금지원칙과는 관련이 없다(헌재 2010.7.29. 2008헌바88).

| OX 문제 | 정답 및 해설 |

1047
집행유예의 취소 시 부활되는 본형은 집행유예의 선고와 함께 선고되었던 것으로 판결이 확정된 동일한 사건에 대하여 다시 심판한 결과 부과되는 것이 아니므로 일사부재리의 원칙과 무관하다. 22년 경찰간부, 20년 경행특채 [O][X]

(O) 집행유예의 취소시 부활되는 본형은 집행유예의 선고와 함께 선고되었던 것으로 판결이 확정된 동일한 사건에 대하여 다시 심판한 결과 부과되는 것이 아니므로 일사부재리의 원칙과 무관하다(헌재 2013. 6.27. 2012헌바345).

1048
외국에서 형의 전부 또는 일부의 집행을 받았더라도 우리 형법에 의한 처벌 시 이를 전혀 반영하지 않을 수 있도록 한 형법조항은 신체의 자유를 침해한다. 24년 국가직 5급, 24년 법원직, 21년 국회직 5급, 20년 법무사 [O][X]

(O) 입법자는 국가형벌권의 실현과 국민의 기본권 보장의 요구를 조화시키기 위하여 형을 필요적으로 감면하거나 외국에서 집행된 형의 전부 또는 일부를 필요적으로 산입하는 등의 방법을 선택하여 청구인의 신체의 자유를 덜 침해할 수 있음에도 이 사건 법률조항과 같이 우리 형법에 의한 처벌시 외국에서 받은 형의 집행을 전혀 반영하지 아니할 수도 있도록 한 것은, 입법재량의 범위를 일탈하여 필요 최소한의 범위를 넘어선 과도한 기본권제한이라고 할 것이다(헌재 2015.5.28. 2013헌바129).

1049
헌법재판소는 공무원의 징계 사유가 공금 횡령인 경우에는 해당 징계 외에 공금 횡령액의 5배 내의 징계부가금을 부과하도록 한 「지방공무원법」 조항에 대하여, 징계부가금이 제재적 성격을 지니고 있더라도 이를 헌법 제13조 제1항에서 말하는 '처벌'에 해당한다고 볼 수 없으므로 이중처벌금지원칙에 위배되지 않는다고 판단하였다. 23년 경찰승진 [O][X]

(O) 징계부가금은 공무원의 업무질서를 유지하기 위하여 공금의 횡령이라는 공무원의 의무 위반행위에 대하여 지방자치단체가 사용자의 지위에서 행정절차를 통해 부과하는 행정적 제재이다. 비록 징계부가금이 제재적 성격을 지니고 있더라도 이를 두고 헌법 제13조 제1항에서 금지하는 국가형벌권 행사로서의 '처벌'에 해당한다고 볼 수 없으므로, 심판대상조항은 이중처벌금지원칙에 위배되지 않는다(헌재 2015. 2.26. 2012헌바435).

1050
양도담보 채권자가 이전등기시 채권관계를 기재한 서면을 제출하지 않은 경우, 형사처벌 이외에 과징금을 부과하는 것은 범죄에 대하여 국가가 형벌권을 실행하는 '과벌'에 해당하지 않는다. 24년 해경간부 [O][X]

(O) 부동산실명법상의 의무위반에 대하여 처벌을 함과 동시에 과징금 또는 이행강제금을 부과하는 것이 바로 이중처벌에 해당하여 헌법에 위반된다고 보기는 어렵다 할 것이다(헌재 2001.5.31. 99헌가18).

1051
헌법재판소는 일정한 성폭력범죄를 범한 사람에 대하여 유죄판결을 선고하면서 성폭력 치료프로그램의 이수명령을 병과하도록 한 「성폭력범죄의 처벌 등에 관한 특례법」 조항에 대하여, 이 조항에 의한 이수명령은 보안처분에 해당하므로 이중처벌금지원칙에 위반되지 않는다고 판단하였다. 23년 경찰승진 [O][X]

(O) 이수명령은 그 목적이 과거의 범죄행위에 대한 제재가 아니라 대상자의 건전한 사회복귀의 촉진 및 범죄예방과 사회보호에 있다는 점에서, 형벌과 본질적 차이가 있는 보안처분에 해당한다. 따라서 동일한 범죄행위에 대하여 이수명령이 형벌과 병과된다고 하여 이중처벌금지원칙에 위반된다고 할 수 없다(헌재 2016.12.29. 2016헌바153).

| OX 문제 | 정답 및 해설 |

1052
헌법재판소는 특정 범죄자에 대하여 위치추적 전자장치를 부착할 수 있도록 한 구「특정 범죄자에 대한 위치추적 전자장치 부착 등에 관한 법률」조항에 대하여, 이 조항에 의한 전자장치 부착은 보안처분에 해당하므로 이중처벌금지원칙에 위반되지 않는다고 판단하였다. 23년 경찰승진 ⓞⓧ

(O) 부착명령청구조항에 의한 전자장치 부착은 책임의 한계 안에서 과거 불법에 대한 응보를 주된 목적으로 하는 형벌이 아닌 장래 재범의 위험성을 전제로 새로운 범죄를 예방하기 위한 보안처분에 해당한다. 그러므로 부착명령청구조항에 의하여 이미 형사처벌된 범죄행위에 대해 다시 전자장치 부착을 명한다고 해서 이중처벌금지원칙에 위반된다고 할 수 없다(헌재 2015.9.24. 2015헌바35).

1053
이미 3회 이상의 음주운전으로 운전면허취소처분을 받은 사람이 신규면허를 취득한 후에 음주운전으로 1회만 적발되더라도 이미 처벌받은 3회의 음주운전 전력에 근거해 운전면허를 재차 취소하도록 하는 것은 이중처벌 금지원칙에 위배된다. 24년 경찰승진 ⓞⓧ

(X) 운전면허 취소처분은 형법상에 규정된 형(刑)이 아니고, 그 절차도 일반 형사소송절차와는 다를 뿐만 아니라, 주취 중 운전금지라는 행정상 의무의 존재를 전제하면서 그 이행을 확보하기 위해 마련된 수단이라는 점에서 형벌과는 다른 목적과 기능을 가지고 있다고 할 것이므로, 운전면허 취소처분을 이중처벌금지원칙에서 말하는 "처벌"로 보기 어렵다. 따라서 이 사건 법률조항은 이중처벌금지원칙에 위반되지 아니한다(헌재 2010.3.25. 2009헌바83).

1054
헌법재판소는 보호감호와 형벌은 다같이 신체의 자유를 박탈하는 수용처분이라는 점에서 집행상 뚜렷한 구분이 되지 않기 때문에 형벌과 보호감호를 서로 병과하여 선고하는 것은 이중처벌금지원칙에 위반된다고 판단하였다. 23년 경찰승진 ⓞⓧ

(X) 보호감호와 형벌은 비록 다같이 신체의 자유를 박탈하는 수용처분이라는 점에서 집행상 뚜렷한 구분이 되지 않는다고 하더라도 그 본질, 추구하는 목적과 기능이 전혀 다른 별개의 제도이므로 형벌과 보호감호를 서로 병과하여 선고한다 하여 헌법 제13조 제1항에 정한 이중처벌금지의 원칙에 위반되는 것은 아니라 할 것이다(헌재 1989.7.14. 88헌가5). / 보호감호는 형벌불소급에서는 위반이 될 수 있으나, 이중처벌에는 처벌로 보지 않는다.

1055
헌법은 동일한 범죄에 대하여 거듭 처벌받지 않는다고 하고 있는데, 여기서 말하는 처벌은 국가가 행하는 일체의 제재나 불이익처분을 모두 포함하는 것이다. 22년 해경일반, 20년 5급 공채 ⓞⓧ

(X) 헌법 제13조 제1항에서 말하는 "처벌"은 원칙으로 범죄에 대한 국가의 형벌권 실행으로서의 과벌을 의미하는 것이고, 국가가 행하는 일체의 제재나 불이익처분을 모두 그 "처벌"에 포함시킬 수는 없다 할 것이다(헌재 1994.6.30. 92헌바38).

1056
일정기간 수사관서에 출석하지 않았다는 사유로 관세법 위반 압수물품을 별도의 재판이나 처분없이 국고에 귀속 시키도록 한 구「관세법」조항은 적법절차원칙에 위배된다. 24년 경찰승진 ⓞⓧ

(O) 이 사건 법률조항은 재판이나 청문의 절차도 밟지 아니하고 압수한 물건에 대한 피의자의 재산권을 박탈하여 국고귀속시킴으로써 그 실질은 몰수형을 집행한 것과 같은 효과를 발생하게 하는 것이므로 헌법상의 적법절차의 원칙과 무죄추정의 원칙에 위배된다(헌재 1997.5.29. 96헌가17).

1057
법원에 의한 범죄인인도심사는 형사절차와 같은 전형적인 사법절차의 대상에 해당되지 않으며 법률에 의하여 인정된 특별한 절차이므로, 「범죄인인도법」이 범죄인인도심사를 서울고등법원의 전속관할인 단심제로 정하고 있더라도, 적법절차원칙에서 요구되는 합리성과 정당성을 결여한 것은 아니다. 24년 경찰승진 ⓞⓧ

(O) 법원에 의한 범죄인인도심사는 국가형벌권의 확정을 목적으로 하는 형사절차와 같은 전형적인 사법절차의 대상에 해당되는 것은 아니며, 법률에 의하여 인정된 특별한 절차라 볼 것이다. 그렇다면 심급제도에 대한 입법재량의 범위와 범죄인인도심사의 법적 성격, 그리고 범죄인인도법에서의 심사절차에 관한 규정 등을 종합할 때, 이 사건 법률조항이 범죄인인도심사를 서울고등법원의 단심제로 하고 있다고 해서 적법절차원칙에서 요구되는 합리성과 정당성을 결여한 것이라 볼 수 없다(헌재 2003.1.30. 2001헌바95).

OX 문제

1058
헌법에서 채택하고 있는 적법절차원칙은 모든 국가작용이 아닌 신체의 자유와 관련되는 형사처벌에만 적용되며, 행정상의 불이익으로 전투경찰순경에 대한 징계처분 중 하나인 인신구금을 내용으로 하는 영창처분에는 적용되지 않는다. 24년 경찰승진 ⓞⓧ

1059
강제퇴거명령을 받은 사람을 보호할 수 있도록 하면서 보호기간의 상한을 마련하지 아니한 「출입국관리법」 조항은 행정의 편의성과 획일성만을 강조한 것으로, 피보호자의 신체의 자유를 과도하게 제한하는 것인 점에서 입법목적의 정당성과 수단의 적합성은 충족하지만 피보호자인 외국인 불법체류자의 신체의 자유를 침해한다. 25년 경찰 2차, 24년 순경 1차, 24년 변호사, 24년 국회직 8급, 22년 입법고시, 22년 법원행시, 21년 비상기획관 ⓞⓧ

1060
강제퇴거명령을 받은 사람을 보호할 수 있도록 하면서 보호기간의 상한을 마련하지 아니한 「출입국관리법」 조항에 의한 보호는 형사절차상 '체포 또는 구속'에 준하는 것으로 볼 수 있는 점을 고려하면, 보호의 개시 또는 연장 단계에서 그 집행기관인 출입국관리공무원으로부터 독립되고 중립적인 지위에 있는 기관이 보호의 타당성을 심사하여 이를 통제할 수 있어야 한다. 24년 해경 ⓞⓧ

1061
헌법 제12조 제1항 후단은 '법률과 적법한 절차에 의하지 아니하고는 처벌을 받지 아니한다.'라고 규정하여 죄형법정주의를 천명하고 있는데, 여기서 '법률'이란 입법부에서 제정한 형식적 의미의 법률을 의미한다. 23년 법원행시 ⓞⓧ

1062
적법절차원칙은 형사절차상의 제한된 범위 내에서만 적용되는 것이 아니라 국가작용으로서 기본권 제한과 관련되든 아니든 모든 입법작용 및 행정작용에도 광범위하게 적용된다. 23년 경찰승진, 23년 법원직 9급, 22년 경찰간부 ⓞⓧ

정답 및 해설

(X) 헌법 제12조 제1항의 적법절차원칙은 형사소송절차에 국한되지 않고 모든 국가작용 전반에 대하여 적용되므로, 전투경찰순경의 인신구금을 내용으로 하는 영창처분에 있어서도 적법절차원칙이 준수되어야 한다(헌재 2016.3.31. 2013헌바190).

(O) 현재 출입국관리법상 보호의 개시 또는 연장 단계에서 집행기관으로부터 독립된 중립적 기관에 의한 통제절차가 마련되어 있지 아니하다. 또한 당사자에게 의견 및 자료 제출의 기회를 부여하는 것은 적법절차원칙에서 도출되는 중요한 절차적 요청이므로, 심판대상 조항에 따라 보호를 하는 경우에도 피보호자에게 위와 같은 기회가 보장되어야 하나, 심판대상조항에 따른 보호명령을 발령하기 전에 당사자에게 의견을 제출할 수 있는 절차적 기회가 마련되어 있지 아니하다. 따라서 심판대상조항은 적법절차원칙에 위배되어 피보호자의 신체의 자유를 침해한다(헌재 2023.3.23. 2020헌가1 등).

(O) 심판대상조항에 의한 보호는 신체의 자유를 제한하는 정도가 박탈에 이르러 형사절차상 '체포 또는 구속'에 준하는 것으로 볼 수 있는 점을 고려하면, 보호의 개시 또는 연장 단계에서 그 집행기관인 출입국관리공무원으로부터 독립되고 중립적인 지위에 있는 기관이 보호의 타당성을 심사하여 이를 통제할 수 있어야 한다. 그러나 현재 출입국관리법상 보호의 개시 또는 연장 단계에서 집행기관으로부터 독립된 중립적 기관에 의한 통제절차가 마련되어 있지 아니하다(헌재 2023.3.23. 2020헌가1 등). / 따라서 이는 신체의 자유를 침해한다.

(O) 헌법 제12조 제1항은 '법률과 적법한 절차에 의하지 아니하고는 처벌을 받지 아니한다.'라고 규정하여 죄형법정주의를 천명하고 있다. 여기서 말하는 '법률'이란 입법부에서 제정한 형식적 의미의 법률을 의미한다(헌재 2019.5.30. 2018헌가12).

(O) 적법절차의 원칙은 공권력에 의한 국민의 생명·자유·재산의 침해는 반드시 합리적이고 정당한 법률에 의거해서 정당한 절차를 밟은 경우에만 유효하다는 원리로서 형사절차상의 제한된 범위 내에서만 적용되는 것이 아니라 국가작용으로서 기본권 제한과 관련되든 아니든 모든 입법작용 및 행정작용에도 광범위하게 적용된다(헌재 2013.7.25. 2012헌가1).

| OX 문제 | 정답 및 해설 |

1063
적법절차원칙이란, 국가공권력이 국민에 대하여 불이익한 결정을 하기에 앞서 국민은 자신의 견해를 진술할 기회를 가짐으로써 절차의 진행과 그 결과에 영향을 미칠 수 있어야 한다는 법원리를 말하는 것이므로, 국가기관이 국민과의 관계에서 공권력을 행사함에 있어서 준수해야 할 법원칙으로서 형성된 적법절차의 원칙을 국가기관에 대하여 헌법을 수호하고자 하는 탄핵소추절차에는 직접 적용할 수 없다. 23년 경찰승진 [O|X]

(O) 국가기관이 국민과의 관계에서 공권력을 행사함에 있어서 준수해야 할 법원칙으로서 형성된 적법절차의 원칙을 국가기관에 대하여 헌법을 수호하고자 하는 탄핵소추절차에는 직접 적용할 수 없다고 할 것이고, 그 외 달리 탄핵소추절차와 관련하여 피소추인에게 의견진술의 기회를 부여할 것을 요청하는 명문의 규정도 없으므로, 국회의 탄핵소추절차가 적법절차원칙에 위배되었다는 주장은 이유 없다(헌재 2004. 5.14. 2004헌나1).

1064
구 「친일반민족행위자 재산의 국가귀속에 관한 특별법」(이하, 「친일재산귀속법」이라 한다) 제2조 제1호에 따라 친일반민족행위자로 결정한 경우에는 현행 「친일재산귀속법」 제2조 제1호에 따라 결정한 것으로 보는, 현행 「친일재산귀속법」 부칙조항은 친일재산귀속법의 입법목적을 관철하기 위하여 불가피한 입법적 결단을 한 것으로 보이므로 적법절차원칙에 위반된다고 볼 수 없다. 20년 국회직 8급 [O|X]

(O) 친일재산귀속법 자체가 태생적으로 과거의 행위를 역사적·법적으로 재평가하기 위한 진정소급입법에 해당하는 점과 현행 친일재산귀속법 제2조 제1호의 개정 경위를 아울러 종합하여 보면, 입법자는 친일재산귀속법의 입법목적을 관철하기 위하여 과거의 행위를 법적으로 재평가하는 매우 특수하고 이례적인 공동체적 과업을 계속해서 수행해 나가는 과정에서 불가피한 입법적 결단을 한 것으로 보인다. 따라서 이 사건 경과조치조항이 적법절차원칙 등에 위반된다고 볼 수 없다(헌재 2018.4.26. 2016헌바454).

1065
전자우편에 대한 압수수색 집행의 경우에 급속을 요하는 때에는 사전통지를 생략할 수 있도록 한 것은 적법절차원칙에 위배되지 않는다. 20년 국회직 5급 [O|X]

(O) 전자우편에 대한 압수수색 집행의 경우에도 급속을 요하는 때에는 사전통지를 생략할 수 있도록 한 이 사건 법률조항이 적법절차원칙에 위배되지 않는다(헌재 2012.12.27. 2011헌바225).

1066
법관으로 하여금 미결구금일수를 형기에 산입하되, 그 미결구금일수 중 일부를 산입하지 않을 수 있게 허용하는 「형법」 규정은 무죄추정의 원칙 및 적법절차의 원칙 등을 위배하여 신체의 자유를 침해한다. 22년 경찰승진, 20년 법무사 [O|X]

(O) 인권보호 및 공평의 원칙상 형기에 전부 산입되어야 한다. 따라서 형법 제57조 제1항 중 "또는 일부 부분"은 헌법상 무죄추정의 원칙 및 적법절차의 원칙 등을 위배하여 합리성과 정당성 없이 신체의 자유를 침해한다(헌재 2009.6.25. 2007헌바25).

1067
피청구인인 중앙선거관리위원회 위원장이 청구인인 대통령에게 한 '대통령의 선거중립의무 준수요청 조치'와 '대통령의 선거 중립의무준수 재촉구 조치' 전에 청구인에게 의견 진술의 기회를 부여하지 않은 것이 적법절차원칙에 어긋나서 청구인의 기본권을 침해한다고 볼 수 없다. 22년 비상기획관 [O|X]

(O) 사안의 경우 대통령은 공무원에 대한 임용권자로 비록 신분보장이 되어있는 공무원이라 할지라도 영향을 받지 않을 수 없으므로, 선거중립의무를 부과하는 본 규정은 합헌이다(헌재 2008.1.17. 2007헌마700).

| OX 문제 | 정답 및 해설 |

1068
형사소송절차와 관련하여 보면 적법절차원칙은 형벌권의 실행 절차인 형사소송의 전반을 규율하는 기본원리로서, 형사피고인의 기본권이 공권력에 의하여 침해당할 수 있는 가능성을 최소화하도록 절차를 형성·유지할 것을 요구하고 있다. 22년 경찰승진 ⊙⊗

(O) 적법절차원칙은 절차가 법률로 정하여져야 할 뿐만 아니라 적용되는 법률의 내용에 있어서도 합리성과 정당성을 갖춘 적정한 것이어야 한다는 것을 뜻하고, 특히 형사소송절차와 관련하여 보면 형벌권의 실행절차인 형사소송의 전반을 규율하는 기본원리로서, 형사피고인의 기본권이 공권력에 의하여 침해당할 수 있는 가능성을 최소화하도록 절차를 형성·유지할 것을 요구하고 있다(헌재 1998.7.16, 97헌바22).

1069
세무대학의 폐지를 목적으로 하는 법률안을 의결하는 경우 입법절차에 있어서 당연히 이해관계자들의 의견을 조사하는 등 청문절차를 거쳐야 하므로, 별도의 청문절차를 거치지 않은 것만으로도 헌법 제12조 적법절차에 위반된다. 24년 경찰 2차 ⊙⊗

(X) 정부는 이 사건 폐지법률안을 국회에 제출하기에 앞서 행정절차법 제41조와 법제업무운영규정 제15조에 따라 입법예고를 통해 이해당사자는 물론 전 국민에게 세무대학 폐지의 의사를 미리 공표하였으며, 헌법 제89조에 따라 국무회의의 심의를 거치는 등 헌법과 법률이 정한 절차와 방법을 준수하였다. 따라서 국회가 이 사건 폐지법을 제정하는 과정절차를 거치지 않았다고 해서 그것만으로 곧 헌법 제12조의 적법절차를 위반하였다고 볼 수는 없다(헌재 2001.2.22, 99헌마613).

1070
송·수신이 완료된 전기통신에 대한 압수·수색 사실을 수사대상이 된 가입자에게만 통지하도록 하고, 그 상대방에 대하여는 통지하지 않도록 한 통신비밀보호법 조항은 적법절차원칙에 위배되지 않는다. 23년 법원행시 ⊙⊗

(O) 수사의 밀행성을 확보하기 위하여 송·수신이 완료된 전기통신에 대한 압수·수색영장 집행 사실을 수사대상이 된 가입자에게만 통지하도록 하고, 그 상대방에 대해서는 통지하지 않도록 한 것은 적법절차원칙에 위배되어 청구인들의 개인정보자기결정권을 침해한다고 볼 수 없다(헌재 2018.4.26, 2014헌마1178).

1071
적법절차의 원칙은 헌법조항에 규정된 형사절차상의 제한된 범위내에서만 적용되는 것이 아니라 국가작용으로서 기본권 제한과 관련되든 관련되지 않든 모든 입법작용 및 행정작용에도 광범위하게 적용된다. 23년 국회직 5급 ⊙⊗

(O) 적법절차의 원칙은 공권력에 의한 국민의 생명·자유·재산의 침해는 반드시 합리적이고 정당한 법률에 의거해서 정당한 절차를 밟은 경우에만 유효하다는 원리로서 형사절차상의 제한된 범위 내에서만 적용되는 것이 아니라 국가작용으로서 기본권 제한과 관련되든 아니든 모든 입법작용 및 행정작용에도 광범위하게 적용된다(헌재 2013.7.25, 2012헌가1).

1072
판결선고 전 구금일수의 산입을 규정한「형법」제57조 제1항 중 '또는 일부' 부분은 헌법상 무죄추정의 원칙 및 적법절차의 원칙 등을 위배하여 합리성과 정당성 없이 신체의 자유를 지나치게 제한함으로써 헌법에 위반된다. 25년 국회직 8급 ⊙⊗

(O) 헌법상 무죄추정의 원칙에 따라 유죄판결이 확정되기 전에 피의자 또는 피고인을 죄 있는 자에 준하여 취급함으로써 법률적·사실적 측면에서 유형·무형의 불이익을 주어서는 아니되고, 특히 미결구금은 신체의 자유를 침해받는 피의자 또는 피고인의 입장에서 보면 실질적으로 자유형의 집행과 다를 바 없으므로, 인권보호 및 공평의 원칙상 형기에 전부 산입되어야 한다. 따라서 형법 제57조 제1항 중 "또는 일부 부분"은 헌법상 무죄추정의 원칙 및 적법절차의 원칙 등을 위배하여 합리성과 정당성 없이 신체의 자유를 침해한다(헌재 2009.6.25, 2007헌바25).

1073
법원의 구속집행정지결정에 대하여 검사가 즉시항고할 수 있도록 한「형사소송법」조항은 헌법 제12조 제3항의 영장주의 원칙에 위배되지만, 헌법 제12조 제1항의 적법절차원칙에는 위배되지 않는다. 25년 국회직 8급 ⊙⊗

(X) 검사의 불복을 그 피고인에 대한 구속집행을 정지할 필요가 있다는 법원의 판단보다 우선시킬 뿐만 아니라, 사실상 법원의 구속집행정지결정을 무의미하게 할 수 있는 권한을 검사에게 부여한 것이라는 점에서 헌법 제12조 제3항의 영장주의원칙에 위배된다. 또한 헌법 제12조 제3항의 영장주의는 헌법 제12조 제1항의 적법절차원칙의 특별규정이므로, 헌법상 영장주의원칙에 위배되는 이 사건 법률조항은 헌법 제12조 제1항의 적법절차원칙에도 위배된다(헌재 2012.6.27, 2011헌가36).

OX 문제

1074
헌법 제12조 제1항은 적법절차원칙의 일반조항이고, 제12조 제3항의 적법절차원칙은 기본권 제한 정도가 가장 심한 형사상 강제처분의 영역에서 기본권을 더욱 강하게 보장하려는 의지를 담아 중복 규정된 것이다. 25년 경찰승진 [O X]

1075
징벌혐의의 조사를 위하여 14일간 청구인을 조사실에 분리수용 하고 공동행사참가 등 처우를 제한한 교도소장의 행위에 대해 법원에 의한 개별적인 통제절차를 두고 있지 않다는 점만으로 적법절차원칙에 위반된 것이라고 볼 수는 없다.
25년 경찰승진 [O X]

1076
헌법상 영장주의의 본질은 강제처분을 함에 있어 중립적인 법관이 구체적 판단을 거쳐야 한다는 점에 있는바, 수사기관이 전기통신사업자에게 통신사실 확인자료 제공을 요청함에 있어 관할 지방법원 또는 지원의 허가를 받도록 한「통신비밀보호법」상 조항은 헌법상 영장주의에 위배되지 아니한다.
25년 순경 1차 [O X]

1077
수사기관 등이 전기통신사업자에게 이용자의 성명 등 통신자료의 제공을 요청할 수 있도록 규정한「전기통신사업법」상 조항은, 전기통신사업자에게 통신자료 제공요청에 응하거나 협조하여야 할 의무를 부과하지 않으며, 달리 전기통신사업자의 통신자료 제공을 강제할 수 있는 수단을 마련하고 있지 아니하여 임의수사에 해당하고, 이를 통한 수사기관 등의 통신자료 취득에는 영장주의가 적용되지 아니한다. 25년 순경 1차
[O X]

1078
헌법 제16조 후문은 영장주의에 대한 예외를 명문화하고 있지 않지만, 헌법 제16조의 영장주의에 대해서도 그 예외를 인정하되, 그 장소에 범죄혐의 등을 입증할 자료나 피의자가 존재할 개연성이 소명되고, 사전에 영장을 발부받기 어려운 긴급한 사정이 있는 경우에만 제한적으로 허용될 수 있다고 보는 것이 타당하다. 25년 순경 1차 [O X]

정답 및 해설

(O) 헌법 제12조 제1항은 적법절차원칙의 일반조항이고, 제12조 제3항의 적법절차원칙은 기본권 제한 정도가 가장 심한 형사상 강제처분의 영역에서 기본권을 더욱 강하게 보장하려는 의지를 담아 중복 규정된 것이라고 해석함이 상당하다(헌재 2012.6.27. 2011헌가36).

(O) 분리수용과 처우제한은 징벌제도의 일부로서 징벌 혐의의 입증을 위한 과정이고, 그 과정을 거쳐 징벌처분을 내리기 위해서는 징벌위원회의 의결이라는 사전 통제절차를 거쳐야 하며, 내려진 징벌처분에 대해서는 행정소송을 통해 불복할 수 있다는 점, 조사단계에서의 분리수용이나 처우제한에까지 일일이 법원에 의한 사전 또는 사후통제를 요구한다면 징벌제도 시행에 있어서 비효율을 초래할 수 있다(헌재 2014.9. 25. 2012헌마523). / 따라서 헌법에 위반되지 않는다.

(O) 이 사건 허가조항은 수사기관이 전기통신사업자에게 위치정보 추적자료 제공을 요청함에 있어 관할 지방법원 또는 지원의 허가를 받도록 규정하고 있으므로 헌법상 영장주의에 위배되지 아니한다(헌재 2018.6.28. 2012헌마191 등). / 통신사실 확인자료이기 때문에 영장주의가 적용된다. 다만 위반되지는 않는다.

(O) 전기통신사업자에게 수사기관 등의 통신자료 제공요청에 응하거나 협조하여야 할 의무를 부과하지 않으며, 달리 전기통신사업자의 통신자료 제공을 강제할 수 있는 수단을 마련하고 있지 아니하다. 따라서 이 사건 법률조항에 따른 통신자료 제공요청은 강제력이 개입되지 아니한 임의수사에 해당하고 이를 통한 수사기관 등의 통신자료 취득에는 영장주의가 적용되지 아니하는바, 이 사건 법률조항은 헌법상 영장주의에 위배되지 아니한다(헌재 2022.7.21. 2016헌마388 등).

(O) 헌법 제16조의 영장주의에 대해서도 그 예외를 인정하되, 이는 그 장소에 범죄혐의 등을 입증할 자료나 피의자가 존재할 개연성이 소명되고, 사전에 영장을 발부받기 어려운 긴급한 사정이 있는 경우에만 제한적으로 허용될 수 있다고 보는 것이 타당하다(헌재 2018.4.26. 2015헌바370 등).

OX 문제

1079
법원이 피고인의 구속 또는 그 유지 여부의 필요성에 관하여 한 재판의 효력이 검사나 다른 기관의 이견이나 불복이 있다 하여 좌우되거나 제한받는다면 이는 영장주의에 위반된다. 25년 경찰승진 ⊙⊗

1080
현행범을 체포한 때부터 "48시간 이내"를 사후영장의 청구기간으로 정한 「형사소송법」 조항은 입법재량을 현저히 일탈한 것으로 헌법상 영장주의에 위반된다. 25년 경찰승진 ⊙⊗

1081
교도소장이 교도소 수용자가 없는 상태에서 거실이나 작업장을 검사하는 행위는 적법절차원칙에 위배된다. 23년 소방간부, 20년 국가직 7급 ⊙⊗

1082
적법절차의 원칙은 모든 국가작용을 지배하는 독자적인 「헌법」의 기본원리로서 해석되어야 할 원칙이라는 점에서 입법권의 유보적 한계를 선언하는 과잉입법금지의 원칙과 구별된다. 22년 경찰간부 ⊙⊗

1083
형식적으로 영장주의를 준수하였다면 실질적인 측면에서 입법자가 합리적인 선택범위를 일탈하는 등 그 입법형성권을 남용하였더라도 그러한 법률이 자의금지원칙에 위배되어 위헌이라고 볼 수는 없다. 22년 법원직 ⊙⊗

1084
형사재판에 계속 중인 사람에 대하여 출국을 금지할 수 있다고 규정한 「출입국관리법」 조항에 따른 출국금지결정은 성질상 신속성과 밀행성을 요하므로 출국금지 대상자에게 사전통지를 하거나 청문을 실시하지 않더라도, 출국금지 후 즉시 서면으로 통지하도록 하고 있고, 출국금지결정에 대해 사후적으로 다툴 수 있는 기회를 제공하므로 적법절차원칙에 위배된다고 보기 어렵다. 24년 경찰 2차, 20년 변호사 ⊙⊗

정답 및 해설

(O) 구속집행정지결정에 대한 검사의 즉시항고를 인정하는 이 사건 법률조항은 검사의 불복을 그 피고인에 대한 구속집행을 정지할 필요가 있다는 법원의 판단보다 우선시킬 뿐만 아니라, 사실상 법원의 구속집행정지결정을 무의미하게 할 수 있는 권한을 검사에게 부여한 것이라는 점에서 헌법 제12조 제3항의 영장주의원칙에 위배된다(헌재 2012.6.27. 2011헌가36).

(X) 체포한 때부터 '48시간 이내'를 사후영장의 청구기간으로 정한 것이 입법재량을 현저히 일탈한 것으로 볼 수도 없다. 따라서 이 사건 영장청구 조항은 헌법상 영장주의에 반하지 않는다(헌재 2012.5.31. 2010헌마672).

(X) 이 사건 검사행위가 추구하는 목적의 중대성, 검사행위의 불가피성과 은밀성이 요구되는 특성, 이에 비하여 수형자의 부담이 크지 아니한 점, 수형자의 이의나 불복이 있을 경우 그 구제를 위해 일정한 절차적 장치를 두고 있는 점 등을 종합해 볼 때 이 사건 검사행위는 적법절차원칙에 위배되지 아니한다(헌재 2011.10.25. 2009헌마691).

(O) 적법절차의 원칙은 단순히 입법권의 유보제한이라는 한정적인 의미에 그치는 것이 아니라 모든 국가작용을 지배하는 독자적인 헌법의 기본원리로서 해석되어야 할 원칙이라는 점에서 입법권의 유보적 한계를 선언하는 과잉입법금지의 원칙과는 구별된다고 할 것이다(헌재 1992.12.24. 92헌가8).

(X) 형식적으로는 영장주의를 준수하였더라도 실질적인 측면에서 입법자가 합리적인 선택범위를 일탈하는 등 그 입법형성권을 남용하였다면 그러한 법률은 자의금지원칙에 위배되어 헌법에 위반된다고 보아야 한다(헌재 2012.12.27. 2011헌가5).

(O) 심판대상조항에 따른 출국금지결정은 성질상 신속성과 밀행성을 요하므로, 출국금지 대상자에게 사전통지를 하거나 청문을 실시하도록 한다면 국가 형벌권 확보라는 출국금지제도의 목적을 달성하는 데 지장을 초래할 우려가 있다. 나아가 출국금지 후 즉시 서면으로 통지하도록 하고 있고, 이의신청이나 행정소송을 통하여 출국금지결정에 대해 사후적으로 다툴 수 있는 기회를 제공하여 절차적 참여를 보장해 주고 있으므로 적법절차원칙에 위배된다고 보기 어렵다(헌재 2015.9.24. 2012헌바302).

OX 문제

1085
행정상 즉시강제는 그 본질상 급박성을 요건으로 하고 있어 법관의 영장을 기다려서는 그 목적을 달성할 수 없어 원칙적으로 영장주의가 적용되지 않는다. 23년 법원직 9급 ⓞⓧ

1086
긴급체포한 피의자를 구속하고자 할 때에는 48시간 이내에 구속영장을 청구하되, 그렇지 않은 경우 사후 영장청구 없이 피의자를 즉시 석방하도록한「형사소송법」조항은 헌법상 영장주의에 위반되지 않는다. 23년 소방간부 ⓞⓧ

1087
피청구인 김포시장이 2015년 7월 3일 피청구인 김포경찰서장에게 피의자인 청구인들의 이름, 생년월일, 전화번호, 주소를 제공한 행위는 영장주의가 적용되지 않는다. 24년 국가직 7급 ⓞⓧ

1088
법원이 직권으로 발부하는 영장은 허가장으로서의 성질을 갖지만, 수사기관의 청구에 의하여 발부하는 구속영장은 명령장으로서의 성질을 갖는다. 24년 변호사 ⓞⓧ

1089
특별검사가 참고인에게 지정된 장소까지 동행할 것을 명령할 수 있게 하고 참고인이 정당한 이유 없이 위 동행명령을 거부한 경우 천만 원 이하의 벌금형에 처하도록 규정한 동행명령조항은 영장주의 또는 과잉금지 원칙에 위배하여 참고인의 신체의 자유를 침해하는 것이다. 20년 경찰승진 ⓞⓧ

정답 및 해설

(O) 영장주의가 행정상 즉시강제에도 적용되는지에 관하여는 논란이 있으나, 행정상 즉시강제는 상대방의 임의이행을 기다릴 시간적 여유가 없을 때 하면 없이 바로 실력을 행사하는 것으로서, 그 본질상 급박성을 요건으로 하고 있어 법관의 영장을 기다려서는 그 목적을 달성할 수 없다고 할 것이므로, 원칙적으로 영장주의가 적용되지 않는다고 보아야 할 것이다(헌재 2002.10.31. 2000헌가12).

(O) 이 사건 영장청구조항은 수사기관이 긴급체포한 피의자를 사후 영장청구 없이 석방할 수 있도록 규정하고 있다. 피의자를 긴급체포하여 조사한 결과 구금을 계속할 필요가 없다고 판단하여 48시간 이내에 석방하는 경우까지도 수사기관이 반드시 체포영장발부절차를 밟게 한다면, 이는 피의자, 수사기관 및 법원 모두에게 비효율을 초래할 가능성이 있고, 경우에 따라서는 오히려 인권침해적인 상황을 발생시킬 우려도 있다. 형사소송법은 긴급체포를 예외적으로만 허용하고 있고 피의자 석방 시 석방의 사유 등을 법원에 통지하도록 하고 있으며 긴급체포된 피의자도 체포적부심사를 청구할 수 있어 긴급체포제도의 남용을 예방하고 있다(헌재 2021.3.25. 2018헌바212). / 즉 합헌임.

(O) 이 사건 사실조회조항은 수사기관이 공사단체 등에 대하여 범죄수사에 관련된 사실을 조회할 수 있다고 규정하여 수사기관에 사실조회의 권한을 부여하고 있을 뿐이고, 김포시장은 이 사건 사실조회행위에 응하거나 협조하여야 할 의무를 부담하지 않는다. 따라서 이 사건 사실조회행위는 강제력이 개입되지 아니한 임의수사에 해당하므로, 이에 응하여 이루어진 이 사건 정보제공행위에도 영장주의가 적용되지 않는다(헌재 2018.8.30. 2016헌마483).

(X) 구속에는 피고인의 구속과 피의자의 구속이 있는데, 전자는 법관이 직권으로 발부한 영장에 의하고, 후자는 검사의 청구에 의하여 법관이 발부한 영장에 의한다. 법원이 직권으로 발부하는 영장과 수사기관의 청구에 의하여 발부하는 구속영장의 법적성격은 같지 않다. 즉 전자는 명령장으로서의 성질을 갖지만 후자는 허가장으로서의 성질을 갖는 것으로 이해되고 있다(헌재 1997.3.27. 96헌바28 등).

(O) 특별검사가 참고인에게 지정된 장소까지 동행할 것을 명령할 수 있게 하고 참고인이 정당한 이유 없이 위 동행명령을 거부한 경우 천만 원 이하의 벌금형에 처하도록 규정한 동행명령조항은 영장주의 또는 과잉금지원칙에 위배하여 참고인의 신체의 자유를 침해하는 것이다(헌재 2008.1.10. 2007헌마1468).

OX 문제

1090
헌법 제12조 제3항의 영장주의는 법관이 발부한 영장에 의하지 아니하고는 수사에 필요한 강제처분을 하지 못한다는 원칙으로, 교도소장이 마약류 관련 수형자에게 소변을 받아 제출하도록 한 것은 교도소의 안전과 질서유지를 위한 것으로 수사에 필요한 처분이 아닐 뿐만 아니라 검사대상자들의 협력이 필수적이어서 강제처분이라고 할 수도 없어 영장주의의 원칙이 적용되지 않는다. 22년 지방직 7급 [O][X]

1091
관계행정청이 등급분류를 받지 아니하거나 등급분류를 받은 게임물과 다른 내용의 게임물을 발견한 경우 관계공무원으로 하여금 이를 수거·폐기하게 할 수 있도록 한 것은, 급박한 상황에 대처하기 위한 것으로서 그 불가피성과 정당성이 충분히 인정되는 경우이므로, 영장 없는 수거를 인정한다고 하더라도 영장주의에 위배되는 것으로 볼 수 없다. 22년 변호사 [O][X]

1092
범죄피의자로 입건된 사람에게 검사의 신문을 받으면서 자신의 신원을 밝히지 않고 지문채취에 불응하는 경우 형사처벌을 통하여 지문채취를 강제하더라도 이를 영장주의에 의하여야 할 강제처분이라고 할 수 없다. 22년 변호사 [O][X]

1093
헌법에 규정된 영장신청권자로서의 검사는 검찰권을 행사하는 국가기관인 검사로서 공익의 대표자이자 수사단계에서의 인권옹호기관으로서의 지위에서 그에 부합하는 직무를 수행하는 자를 의미하는 것이지, 「검찰청법」상 검사만을 지칭하는 것으로 보기 어렵다. 22년 국회직 8급 [O][X]

1094
수사기관이 법원으로부터 영장 또는 감정처분허가장을 발부받지 아니한 채 피의자의 동의 없이 피의자의 신체로부터 혈액을 채취하고 사후에도 지체 없이 영장을 발부받지 아니한 채 그 혈액 중 알코올농도에 관한 감정을 의뢰하였다면, 이러한 과정을 거쳐 얻은 감정의뢰회보 등은 원칙적으로 그 절차위반행위가 적법절차의 실질적인 내용을 침해하여 피고인이나 변호인의 동의가 있더라도 유죄의 증거로 사용할 수 없다. 22년 경찰승진 [O][X]

정답 및 해설

(O) 헌법 제12조 제3항의 영장주의는 법관이 발부한 영장에 의하지 아니하고는 수사에 필요한 강제처분을 하지 못한다는 원칙으로 소변을 받아 제출하도록 한 것은 교도소의 안전과 질서유지를 위한 것으로 수사에 필요한 처분이 아닐 뿐만 아니라 검사대상자들의 협력이 필수적이어서 강제처분이라고 할 수도 없어 영장주의의 원칙이 적용되지 않는다(헌재 2006.7.27. 2005헌마277).

(O) 영장주의가 행정상 즉시강제에도 적용되는지에 관하여는 논란이 있으나, 행정상 즉시강제는 상대방의 임의이행을 기다릴 시간적 여유가 없을 때 하명 없이 바로 실력을 행사하는 것으로서, 그 본질상 급박성을 요건으로 하고 있어 법관의 영장을 기다려서는 그 목적을 달성할 수 없다고 할 것이므로, 원칙적으로 영장주의가 적용되지 않는다고 보아야 할 것이다(헌재 2002.10.31. 2000헌가12).

(O) 이 사건 법률조항은 수사기관이 직접 물리적 강제력을 행사하여 피의자에게 강제로 지문을 찍도록 하는 것을 허용하는 규정이 아니며 형벌에 의한 불이익을 부과함으로써 심리적·간접적으로 지문채취를 강요하고 있으므로 피의자가 본인의 판단에 따라 수용여부를 결정한다는 점에서 궁극적으로 당사자의 자발적 협조가 필수적임을 전제로 하므로 물리력을 동원하여 강제로 이루어지는 경우와는 질적으로 차이가 있다. 따라서 이 사건 법률조항에 의한 지문채취의 강요는 영장주의에 의하여야 할 강제처분이라 할 수 없다(헌재 2004.9.23. 2002헌가17 등).

(O) 헌법상 영장신청권자로서의 검사가 검찰청법상 검사로 한정되는 것은 아니라 하더라도, 영장신청권자는 공익의 대표자이자 인권옹호기관으로서 법률전문가의 자격을 갖추어야 한다. 공수처검사는 법률전문가로서 자격을 가지고 있어 영장주의에 위배되지 않는다(헌재 2021.1.28. 2020헌마264).

(O) 수사기관이 법원으로부터 영장 또는 감정처분허가장을 발부받지 아니한 채 피의자의 동의 없이 피의자의 신체로부터 혈액을 채취하고 사후에도 지체없이 영장을 발부받지 아니한 채 그 혈액 중 알코올농도에 관한 감정을 의뢰하였다면, 이러한 과정을 거쳐 얻은 감정의뢰회보 등은 형사소송법상 영장주의 원칙을 위반하여 수집하거나 그에 기초하여 획득한 증거로서, 그 절차위반행위가 적법절차의 실질적인 내용을 침해하여 피고인이나 변호인의 동의가 있더라도 유죄의 증거로 사용할 수 없다(대판 2014.11.13. 2013도1228).

| OX 문제 | 정답 및 해설 |

1095
「형의 집행 및 수용자의 처우에 관한 법률」에 따라 미결수용자의 접견 내용을 녹음·녹화하는 것은 직접적으로 물리적 강제력을 수반하는 강제처분이 아니므로 영장주의가 적용되지 않는다. 23년 순경 1차 ☐☒

(O) 이 사건 녹음조항에 따라 접견내용을 녹음·녹화하는 것은 직접적으로 물리적 강제력을 수반하는 강제처분이 아니므로 영장주의가 적용되지 않아 영장주의에 위배된다고 할 수 없다(헌재 2016.11.24. 2014헌바401).

1096
병(兵)에 대한 징계처분으로 일정기간 부대나 함정(艦艇) 내의 영창, 그 밖의 구금장소에 감금하는 영창처분이 가능하도록 규정한 조항은 병(兵)의 신체의 자유를 침해하지 않는다. 23년 법원행시, 22년 법원직 ☐☒

(X) 이 사건 결정으로 병에 대한 영창처분의 근거조항이 헌법에 위반된다고 판단함으로써, 영창처분에 의한 징계구금이 헌법에 위반됨을 명확히 하였다(헌재 2020.9.24. 2017헌바157).

1097
피의자를 긴급체포한 경우 사후 체포영장을 청구하도록 규정하지 않고 피의자를 구속하고자 할 때에 한하여 구속영장을 청구하도록 규정한 「형사소송법」상 영장청구조항은 헌법상 영장주의에 위반된다고 단정할 수 없다. 22년 경찰간부 ☐☒

(O) 이 사건 영장청구조항은 사후 구속영장의 청구시한을 체포한 때부터 48시간으로 정하고 있다. 이는 긴급체포의 특수성, 긴급체포에 따른 구금의 성격, 형사절차에 불가피하게 소요되는 시간 및 수사현실 등에 비추어 볼 때 입법재량을 현저하게 일탈한 것으로 보기 어렵다(헌재 2021.3.25. 2018헌바212).

1098
영장주의는 구속개시 시점에 있어서 신체의 자유에 대한 박탈의 허용만이 아니라 그 구속영장의 효력을 계속 유지할 것인지 아니면 정지 또는 실효시킬 것인지 여부의 결정도 오직 법관의 판단에 의하여만 결정되어야 한다는 것을 의미한다. 22년 순경 2차 ☐☒

(O) 영장주의(令狀主義)는 구속(拘束)의 개시시점(開始時點)에 한하지 않고 구속영장의 효력을 계속 유지할 것인지 아니면 취소(取消) 또는 실효(失效)시킬 것인지의 여부도 사법권독립(司法權獨立)의 원칙에 의하여 신분(身分)이 보장(保障)되고 있는 법관(法官)의 판단에 의하여 결정되어야 한다는 것을 의미한다(헌재 1992.12.24. 92헌가8). / 사후통제까지는 아님

1099
체포영장을 발부받아 피의자를 체포하는 경우에 필요한 때에는 영장 없이 타인의 주거 등 내에서 피의자 수사를 할 수 있도록 한 형사소송법 규정은 별도 영장을 발부받기 어려운 긴급한 사정이 있는지 여부를 구별하지 아니하고 피의자가 소재할 개연성만 소명되면 영장 없이 타인의 주거 등을 수색할 수 있도록 허용하고 있으므로 헌법 제16조의 영장주의에 위반된다. 24년 경찰간부, 23년 법원행시, 21년 국회직 5급 ☐☒

(O) 심판대상조항은 체포영장을 발부받아 피의자를 체포하는 경우에 '필요한 때'에는 영장 없이 타인의 주거 등 내에서 피의자 수사를 할 수 있다고 규정함으로써, 별도로 영장을 발부받기 어려운 긴급한 사정이 있는지 여부를 구별하지 아니하고 피의자가 소재할 개연성이 있으면 영장 없이 타인의 주거 등을 수색할 수 있도록 허용하고 있다. 이는 체포영장이 발부된 피의자가 타인의 주거 등에 소재할 개연성은 인정되나, 수색에 앞서 영장을 발부받기 어려운 긴급한 사정이 인정되지 않는 경우에도 영장 없이 피의자 수색을 할 수 있다는 것이므로, 위에서 본 헌법 제16조의 영장주의 예외 요건을 벗어난다(헌재 2018.4.26. 2015헌바370).

1100
영장주의는 적법절차원칙에서 도출되는 원리로서 형사절차와 관련하여 체포·구속·압수·수색의 강제처분을 할 때에는 사법권 독립에 의하여 신분이 보장되는 법관이 발부한 영장에 의하지 않으면 안 된다는 것이다. 21년 경행특채 ☐☒

(O) 영장주의는 적법절차원칙에서 도출되는 원리로서 형사절차와 관련하여 체포·구속·압수·수색의 강제처분을 할 때에는 사법권 독립에 의하여 신분이 보장되는 법관이 발부한 영장에 의하지 않으면 안 된다는 것이다(헌재 2012.5.31. 2010헌마672).

| OX 문제 | 정답 및 해설 |

1101
법무부장관이 형사사건으로 공소가 제기된 변호사에 대하여 판결이 확정될 때까지 업무정지를 명하도록 한 구「변호사 법」제15조는 무죄추정의 원칙에 위배되지 않는다. 20년 경찰승진 [O][X]

(X) 법무부장관의 일방적 명령에 의하여 변호사 업무를 정지시키는 것은 당해 변호사가 자기에게 유리한 사실을 진술하거나 필요한 증거를 제출할 수 있는 청문의 기회 있는 장이 되지 아니하여 적법절차를 존중하지 아니한 것이 된다(헌재 1990.11.19. 90헌가48).

1102
지방자치단체의 장이 공소제기 된 후 구금상태에 있는 경우 부단체장이 그 권한을 대행하도록 하였더라도 무죄추정의 원칙에 반하지 아니한다. 23년 법원행시 [O][X]

(O) 이 사건 법률조항은 공소 제기된 자로서 구금되었다는 사실 자체에 사회적 비난의 의미를 부여한다거나 그 유죄의 개연성에 근거하여 직무를 정지시키는 것이 아니라, 구금의 효과, 즉 구속되어 있는 자치단체장의 물리적 부재상태로 말미암아 자치단체행정의 원활하고 계속적인 운영에 위험이 발생할 것이 명백하여 이를 미연에 방지하기 위하여 직무를 정지시키는 것이므로, '범죄사실의 인정 또는 유죄의 인정에서 비롯되는 불이익'이라거나 '유죄를 근거로 하는 사회윤리적 비난'이라고 볼 수 없다. 따라서 무죄추정의 원칙에 위반되지 않는다(헌재 2011.4.28. 2010헌마474).

1103
소년보호사건에서 1심 결정 집행에 의한 소년원 수용기간을 항고심 결정에 의한 보호기간에 산입하지 않는 것은 무죄추정원칙에 위배된다. 22년 경찰간부 [O][X]

(X) 소년보호사건에 있어 제1심 결정에 의한 소년원 수용기간을 항고심 결정에 의한 보호기간에 산입하지 아니하는 소년법 규정은 무죄추정의 원칙에 위배되지 아니한다(헌재 2015.12.23. 2014헌마768).

1104
구「아동 청소년의 성보호에 관한 법률」상 성폭력범죄 피해아동의 진술이 수록된 영상녹화물에 대하여 피해아동의 법정 진술 없이도 조사과정에 동석하였던 신뢰관계에 있는 자의 진술에 의하여 그 성립의 진정함이 인정된 때 그 증거능력을 인정하는 조항은 무죄추정원칙에 위배된다. 24년 경찰승진 [O][X]

(X) 증거능력 특례조항은 피고인이 유죄라는 전제에서 전문증거의 증거능력을 인정하는 것이 아니라, 피해 아동이 법정에서 피해경험을 진술함으로 인하여 입을 수 있는 2차 피해를 방지하는 데 목적이 있을 뿐이다. 또 아동진술의 특수성에 비추어, 사건이 발생한 초기에 이루어진 피해아동의 진술을 영상녹화하여 전문적이고 과학적인 방법을 통해 그 신빙성을 검증하는 것이 피고인의 무고함을 밝히는 데 보다 적합한 수단이 될 수도 있으므로, 증거능력 특례조항이 피고인이 유죄임을 전제로 한 규정이라고 볼 수 없다(헌재 2013.12.26. 2011헌바108).

1105
수형자로 하여금 형사재판 출석 시 아무런 예외 없이 사복착용을 금지하는 것은 무죄추정원칙에 위배될 소지가 크나, 민사재판의 당사자로 출석 시 사복착용 불허로 인하여 공정한 재판을 받을 권리가 침해되는 것은 아니다. 25년 국회직 8급, 24년 경찰간부, 22년 경찰간부 [O][X]

(O) 재판과 관련하여 미결수용자의 지위임에도 이미 유죄의 확정판결을 받은 수형자와 같은 외관을 형성하게 함으로써 재판부나 검사 등 소송관계자들에게 유죄의 선입견을 줄 수 있는 등 무죄추정의 원칙에 위배될 소지가 크다(헌재 2015.12.23. 2013헌마712). 다만, 최근에 민사법정의 경우에는 재소자용 의류 착용이 헌법에 위반되지 않는다고 판시하였다(헌재 2015.12.23. 2013헌마712).

1106
교도소에 수용된 때에는 국민건강보험급여를 정지하도록 한 규정은 유죄의 확정 판결이 있기 전인 미결수용자에게 불이익을 주는 것으로서 무죄추정의 원칙에 위반된다. 21년 국회직 5급 [O][X]

(X) 위 조항은 수용자의 의료보장체계를 일원화하기 위한 입법 정책적 판단에 기인한 것이며 유죄의 확정 판결이 있기 전인 미결수용자에게 어떤 불이익을 주기 위한 것은 아니므로 무죄추정의 원칙에 위반된다고 할 수 없다(헌재 2005.2.24. 2003헌마31 등).

OX 문제

1107
무죄추정의 원칙상 금지되는 '불이익'이란 '범죄사실의 인정 또는 유죄를 전제로 그에 대하여 법률적·사실적 측면에서 유형·무형의 차별취급을 가하는 유죄인정의 효과로서의 불이익'을 뜻하고, 이는 비단 형사절차 내에서의 불이익뿐만 아니라 기타 일반 법생활 영역에서의 기본권 제한과 같은 경우에도 적용된다. 23년 법원행시 ○ⓧ

(O) 무죄추정의 원칙상 금지되는 '불이익'이란 '범죄사실의 인정 또는 유죄를 전제로 그에 대하여 법률적·사실적 측면에서 유형·무형의 차별취급을 가하는 유죄인정의 효과로서의 불이익'을 뜻하고, 이는 비단 형사절차 내에서의 불이익뿐만 아니라 기타 일반 법생활 영역에서의 기본권 제한과 같은 경우에도 적용된다(헌재 2010.9.2. 2010헌마418).

1108
진술거부권의 보호대상이 되는 진술이란 형사상 자신에게 불이익이 될 수 있는 진술이므로 범죄의 성립과 양형에서의 불리한 사실 등을 말하는 것이며, 그 진술내용이 자기의 형사책임에 관련되는 것일 것을 전제로 한다. 25년 경찰 2차, 22년 국회직 9급 ○ⓧ

(O) 진술거부권에 있어서의 진술이란 형사상 자신에게 불이익이 될 수 있는 진술이므로 범죄의 성립과 양형에서의 불리한 사실 등을 말하는 것이고, 그 진술내용이 자기의 형사책임에 관련되는 것일 것을 전제로 한다(헌재 2014.9.25. 2013헌마11).

1109
육군 장교가 민간법원에서 약식명령을 받아 확정되면 자진신고할 의무를 규정한 '2020년도 장교 진급 지시' 중 '민간법원에서 약식명령을 받아 확정된 사실이 있는 자'에 관한 부분은 육군 장교인 청구인의 진술거부권을 침해한다. 24년 법원행시, 23년 경찰간부 ○ⓧ

(X) 범죄의 성립과 양형에서의 불리한 사실 등을 말하게 하는 것이라 볼 수 없다. 따라서 20년도 육군지시 자진신고조항은 어느 모로 보나 형사상 불이익한 진술을 강요한다고 볼 수 없으므로, 진술거부권을 제한하지 아니한다(헌재 2021.8.31. 2020헌마12 등).

1110
진술거부권은 형사절차에서만 보장되는 것은 아니고, 행정절차에서도 그 진술이 자기에게 형사상 불리한 경우에는 묵비권을 가지고 이를 강요받지 아니할 국민의 기본권으로 보장된다. 24년 국회직 8급 ○ⓧ

(O) 진술거부권은 형사절차에서만 보장되는 것은 아니고 행정절차이거나 국회에서의 질문 등 어디에서나 그 진술이 자기에게 형사상 불리한 경우에는 묵비권을 가지고 이를 강요받지 아니할 국민의 기본권으로 보장된다(헌재 1990.8.27. 89헌가118).

1111
성매매를 한 자를 형사처벌 하도록 규정한 「성매매알선 등 행위의 처벌에 관한 법률」상 자발적 성매매와 성매매피해자를 구분하는 차별적 범죄화는 성판매자로 하여금 성매매피해자로 구제받기 위하여 성매매 사실을 스스로 진술하게 하므로 성판매자의 진술거부권을 침해한다. 23년 경찰간부 ○ⓧ

(X) 제청법원은 심판대상조항이 진술거부권을 침해하고 국제협약에 위반된다고 주장하나, 심판대상조항은 성판매자에게 형사상 불이익한 진술의무를 부과하는 조항이라 볼 수 없으므로 진술거부권을 제한하지 아니하며, 국내법과 동일한 효력을 가지는 국제협약은 위헌심사의 기준이 되지 못한다는 점에서 위 주장은 모두 이유 없다(헌재 2016.3.31. 2013헌가2).

OX 문제

1112
진술거부권은 형사절차뿐만 아니라 행정절차나 국회에서의 조사절차등에서도 보장되고, 현재 피의자나 피고인으로서 수사 또는 공판절차에 계속 중인 사람뿐만 아니라 장차 피의자나 피고인이 될 사람에게도 보장되며, 고문 등 폭행에 의한 강요는 물론 법률로써도 진술을 강요당하지 아니함을 의미한다. 24년 경찰간부 [O X]

1113
교정시설 내 수용자와 변호사 사이의 접견교통권의 보장은 헌법상 보장되는 재판청구권의 한 내용 또는 그로부터 파생되는 권리로 볼 수 있다. 22년 순경 2차 [O X]

1114
'변호인이 되려는 자'의 접견교통권은 피의자 등을 조력하기 위한 핵심적인 부분으로서, 피의자 등이 가지는 헌법상의 기본권인 '변호인이 되려는 자'와의 접견교통권과 표리의 관계에 있으므로 피의자 등이 가지는 '변호인이 되려는 자'의 조력을 받을 권리가 실질적으로 확보되기 위해서는 '변호인이 되려는 자'의 접견교통권 역시 헌법상 기본권으로서 보장되어야 한다. 24년 경찰간부, 24년 변호사, 23년 경찰승진, 22년 순경 2차, 22년 법원직, 20년 국회직 5급, 20년 법원행시 [O X]

1115
피의자 등을 조력할 변호인의 권리 중 그것이 보장되지 않으면 그들이 변호인의 조력을 받는다는 것이 유명무실하게 되는 핵심적인 부분은 헌법상 기본권인 피의자 등이 가지는 변호인의 조력을 받을 권리와 표리의 관계에 있다. 따라서 피의자 등이 가지는 변호인의 조력을 받을 권리가 실질적으로 확보되기 위해서는, 피의자 등에 대한 변호인의 조력할 권리의 핵심적인 부분은 헌법상 기본권으로서 보호되어야 한다. 24년 경찰간부, 20년 법원행시 [O X]

1116
피의자·피고인의 구속 여부를 불문하고 변호인과 상담하고 조언을 구할 권리는 변호인의 조력을 받을 권리의 내용 중 구체적인 입법형성이 필요한 다른 절차적 권리의 필수적인 전제요건으로서 변호인의 조력을 받을 권리 그 자체에서 막바로 도출되는 것이다. 24년 법원행시, 22년 해경일반 [O X]

정답 및 해설

(O) 진술거부권은 형사절차뿐만 아니라 행정절차나 국회에서의 조사절차 등에서도 보장되며, 현재 피의자나 피고인으로서 수사 또는 공판절차에 계속 중인 사람뿐만 아니라 장차 피의자나 피고인이 될 사람에게도 보장된다. 또한 진술거부권은 고문 등 폭행에 의한 강요는 물론 법률로써도 진술을 강요당하지 아니함을 의미한다(헌재 2014.9.25, 2013헌마11).

(O) 변호사 사이의 접견교통권의 보장은 헌법상 보장되는 재판청구권의 한 내용 또는 그로부터 파생되는 권리로 볼 수 있다(헌재 2013.8.29, 2011헌마122).

(O) '체포되어 구속영장이 청구된 피의자를 신문하는 과정에서 변호사인 청구인이 위 피의자 가족의 의뢰를 받아 접견신청을 하였음에도 검사가 이를 허용하기 위한 조치를 취하지 않은 것은, 변호인이 되려는 청구인의 접견교통권을 침해한 것이고, 위 접견교통권은 헌법상 보장된 기본권에 해당하여 그 침해를 이유로 헌법소원심판을 청구할 수 있다.'는 취지로, 청구인의 심판청구를 인용하는 결정을 선고하였다(헌재 2019.2.28, 2015헌마1204).

(O) 피구속자를 조력할 변호인의 권리 중 그것이 보장되지 않으면 피구속자가 변호인으로부터 조력을 받는다는 것이 유명무실하게 되는 핵심적인 부분은, '조력을 받을 피구속자의 기본권'과 표리의 관계에 있기 때문에 이러한 핵심부분에 관한 변호인의 조력할 권리 역시 헌법상의 기본권으로서 보호되어야 한다(헌재 2003.3.27, 2000헌마474).

(O) 변호인과 상담하고 조언을 구할 권리는 변호인의 조력을 받을 권리의 내용 중 구체적인 입법형성이 필요한 다른 절차적 권리의 필수적인 전제요건으로서 변호인의 조력을 받을 권리 그 자체에서 막 바로 도출되는 것이다(헌재 2004.9.23, 2000헌마138). / 변호인의 조력받을 권리는 누구든지 보장된다.

OX 문제

1117
불구속 피의자나 피고인의 경우 「형사소송법」상 특별한 명문의 규정이 없더라도 스스로 선임한 변호인의 조력을 받기 위하여 변호인을 옆에 두고 조언과 상담을 구하는 것은 수사절차의 개시에서부터 재판절차의 종료에 이르기까지 언제나 가능하다. 24년 해경간부 ⓞⓧ

1118
변호인의 조력을 받을 권리는 불구속 피의자와 피고인 모두에게 포괄적으로 인정된다. 20년 국회직 5급 ⓞⓧ

1119
일반적으로 형사사건에 있어 변호인의 조력을 받을 권리는 피의자나 피고인을 불문하고 보장되나, 그 중 특히 국선변호인의 조력을 받을 권리는 피고인에게만 인정되는 것으로 해석함이 상당하다. 24년 국회직 5급 ⓞⓧ

1120
'변호인이 되려는 자'의 접견교통권은 피의자 등을 조력하기 위한 핵심적인 권리로서, 피의자 등이 가지는 '변호인이 되려는 자'의 조력을 받을 권리가 실질적으로 확보되기 위하여 법률상의 권리로 보장되어야 한다. 23년 경찰승진, 22년 해경 ⓞⓧ

1121
변호인의 조력을 받을 권리는 체포 또는 구속을 당하지 아니한 불구속 피의자나 피고인에게도 인정된다. 23년 5급 공채 ⓞⓧ

1122
행정절차에서 구속된 사람에게도 변호인의 조력을 받을 권리가 인정된다. 23년 5급 공채 ⓞⓧ

1123
살인미수 등 사건의 수형자이면서 공무집행방해 등 사건의 미결수용자와 같은 지위에 있는 수형자의 변호인이 위 수형자에게 보낸 서신을 교도소장이 금지물품 동봉 여부를 확인하기 위하여 개봉한 후 교부한 행위는 위 수형자가 갖는 변호인의 조력을 받을 권리를 침해하지 않는다. 24년 경찰간부, 23년 경찰간부 ⓞⓧ

정답 및 해설

(O) 불구속 피의자나 피고인의 경우 형사소송법상 특별한 명문의 규정이 없더라도 스스로 선임한 변호인의 조력을 받기 위하여 변호인을 옆에 두고 조언과 상담을 구하는 것은 수사절차의 개시에서부터 재판절차의 종료에 이르기까지 언제나 가능하다(헌재 2004.9.23. 2000헌마138).

(O) 우리 헌법은 변호인의 조력을 받을 권리가 불구속 피의자·피고인 모두에게 포괄적으로 인정되는지 여부에 관하여 명시적으로 규율하고 있지는 않지만, 불구속 피의자의 경우에도 변호인의 조력을 받을 권리는 우리 헌법에 나타난 법치국가원리, 적법절차원칙에서 인정되는 당연한 내용이다(헌재 2004.9.23. 2000헌마138).

(O) 헌법 제12조 제4항의 "누구든지 체포 또는 구속을 당한 때에는 즉시 변호인의 조력을 받을 권리를 가진다. 다만, 형사피고인이 스스로 변호인을 구할 수 없을 때에는 법률이 정하는 바에 의하여 국가가 변호인을 붙인다."는 규정은, 일반적으로 형사사건에 있어 변호인의 조력을 받을 권리는 피의자나 피고인을 불문하고 보장되나, 그 중 특히 국선변호인의 조력을 받을 권리는 피고인에게만 인정되는 것으로 해석함이 상당하다(헌재 2008.9.25. 2007헌마1126).

(X) '변호인이 되려는 자'의 접견교통권은 피의자 등을 조력하기 위한 핵심적인 부분으로서, 피의자 등이 가지는 헌법상의 기본권인 '변호인이 되려는 자'와의 접견교통권과 표리의 관계에 있다. 따라서 피의자 등이 가지는 '변호인이 되려는 자'의 조력을 받을 권리가 실질적으로 확보되기 위해서는 '변호인이 되려는 자'의 접견교통권 역시 헌법상 기본권으로서 보장되어야 한다(헌재 2019.2.28. 2015헌마1204).

(O) 누구든지 체포 또는 구속을 당한 때에는 즉시 변호인의 조력을 받을 권리를 가진다(헌법 제12조 제4항).

(O) 헌법 제12조 제4항 본문에 규정된 "구속"은 사법절차에서 이루어진 구속뿐 아니라, 행정절차에서 이루어진 구속까지 포함하는 개념이다(헌재 2018.5.31. 2014헌마346).

(O) 이 사건 서신개봉행위와 같이 금지물품이 들어 있는지를 확인하기 위하여 서신을 개봉하는 것만으로는 미결수용자와 같은 지위에 있는 수형자가 변호인의 조력을 받을 권리를 침해하지 아니한다(헌재 2021.10.28. 2019헌마973).

OX 문제

1124
별건으로 공소제기 후 확정되어 검사가 보관하고 있는 서류에 대하여 법원의 열람·등사 허용 결정이 있었음에도 검사가 청구인에 대한 형사사건과의 관련성을 부정하면서 해당 서류의 열람·등사를 허용하지 아니한 행위는 청구인의 신속·공정한 재판을 받을 권리 및 변호인의 조력을 받을 권리를 침해하지 아니한다. 25년 경찰 2차, 24년 국회직 8급, 23년 경찰간부 [O][X]

1125
가사소송에서는 헌법 제12조 제4항의 변호인의 조력을 받을 권리가 보장되지 않는다. 20년 국회직 5급 [O][X]

1126
구속된 피의자 또는 피고인이 갖는 변호인 아닌 자와의 접견교통권은 일반적 행동자유권 또는 무죄추정의 원칙에서 도출되는 헌법상의 기본권이다. 20년 소방간부 [O][X]

1127
피고인에게 보장된 변호인의 조력을 받을 권리는 변호인과의 자유로운 접견교통권에 그치지 아니하고 더 나아가 변호인을 통하여 수사서류를 포함한 소송관계 서류를 열람·등사하고 이에 대한 검토결과를 토대로 공격과 방어의 준비를 할 수 있는 권리도 포함된다. 22년 경찰승진 [O][X]

1128
변호인과의 자유로운 접견은 신체구속을 당한 사람에게 보장된 변호인의 조력을 받을 권리의 가장 중요한 내용이어서 국가안전보장·질서유지 또는 공공복리 등 어떠한 명분으로도 제한될 수 있는 성질의 것이 아니라고 할 것이나, 이는 구속된 자와 변호인 간의 접견이 실제로 이루어지는 경우에 있어서의 '자유로운 접견', 즉 '대화내용에 대하여 비밀이 완전히 보장되고 어떠한 제한, 영향, 압력 또는 부당한 간섭 없이 자유롭게 대화할 수 있는 접견'을 제한할 수 없다는 것이지, 변호인과의 접견 자체에 대해 아무런 제한도 가할 수 없다는 것을 의미하는 것은 아니다. 25년 경찰승진, 25년 순경 2차, 22년 경찰승진, 22년 국자기 7급 [O][X]

정답 및 해설

(X) 법원이 검사의 열람·등사 거부처분에 정당한 사유가 없다고 판단하고 그러한 거부처분이 피고인의 헌법상 기본권을 침해한다는 취지에서 수사서류의 열람·등사를 허용하도록 명한 이상, 법치국가와 권력분립의 원칙상 검사로서는 당연히 법원의 그러한 결정에 지체 없이 따라야 하며, 이는 별건으로 공소제기되어 확정된 관련 형사사건 기록에 관한 경우에도 마찬가지이다. 그렇다면 피청구인의 이 사건 거부행위는 청구인의 신속·공정한 재판을 받을 권리 및 변호인의 조력을 받을 권리를 침해한다(헌재 2022.6.30. 2019헌마356).

(O) 헌법 제12조 제4항의 변호인의 조력을 받을 권리는 신체의 자유에 관한 영역으로서 가사소송에서 당사자가 변호사를 대리인으로 선임하여 그 조력을 받는 것을 그 보호영역에 포함된다고 보기 어렵고, 이 사건 법률조항이 가사소송의 당사자가 변호사의 조력을 얻어 소송수행을 하는데 제약을 가하는 것도 아니므로, 재판청구권을 침해하는 것이라 볼 수도 없다(헌재 2012.10.25. 2011헌마598). *조심해야 할 것은 변호인의 조력받을 권리는 신체의 자유를 위한 것으로 신체의 자유에 대한 제한 또는 이에 준하는 제약이어야 한다. 따라서 주로 형사재판에서 문제된다.

(O) 구속된 피의자 또는 피고인이 갖는 변호인 아닌 자와의 접견교통권은 가족 등 타인과 교류하는 인간으로서의 기본적인 생활관계가 인신의 구속으로 인하여 완전히 단절되어 파멸에 이르는 것을 방지하고, 또한 피의자 또는 피고인의 방어를 준비하기 위해서도 반드시 보장되지 않으면 안되는 인간으로서의 기본적인 권리에 해당하므로 이는 성질상 헌법상의 기본권에 속한다고 보아야 할 것이다(헌재 2003.11.27. 2002헌마193).

(O) 변호인의 조력을 받을 권리는 변호인과의 자유로운 접견교통권에 그치지 아니하고 더 나아가 변호인을 통하여 수사서류를 포함한 소송관계 서류를 열람·등사하고 이에 대한 검토결과를 토대로 공격과 방어의 준비를 할 수 있는 권리도 포함된다고 보아야 할 것이므로 변호인의 수사기록 열람·등사에 대한 지나친 제한은 결국 피고인에게 보장된 변호인의 조력을 받을 권리를 침해하는 것이다(헌재 1997.11.27. 94헌마60).

(O) 헌법재판소가 91헌마111 결정에서 미결수용자와 변호인과의 접견에 대해 어떠한 명분으로도 제한할 수 없다고 한 것은 구속된 자와 변호인 간의 접견이 실제로 이루어지는 경우에 있어서의 '자유로운 접견', 즉 '대화내용에 대하여 비밀이 완전히 보장되고 어떠한 제한, 영향, 압력 또는 부당한 간섭 없이 자유롭게 대화할 수 있는 접견'을 제한할 수 없다는 것이지, 변호인과의 접견 자체에 대해 아무런 제한도 가할 수 없다는 것을 의미하는 것이 아니므로 미결수용자의 변호인 접견권 역시 국가안전보장·질서유지 또는 공공복리를 위해 필요한 경우에는 법률로써 제한될 수 있음은 당연하다(헌재 2011.5.26. 2009헌마341).

| OX 문제 | 정답 및 해설 |

1129
변호인의 조력을 받을 권리는 '형사사건에서 변호인의 조력을 받을 권리'를 의미한다고 보아야 할 것이므로 형사절차가 종료되어 교정시설에 수용 중인 수형자나 미결수용자가 형사사건의 변호인이 아닌 민사재판, 행정재판, 헌법재판 등에서 변호사와 접견할 경우에는 원칙적으로 헌법상 변호인의 조력을 받을 권리의 주체가 될 수 없다. 24년 법원행시, 24년 국회직 5급, 22년 경찰승진 ⃞O⃞X

(O) 변호인의 조력을 받을 권리에 대한 헌법과 법률의 규정 및 취지에 비추어 보면, '형사사건에서 변호인의 조력을 받을 권리'를 의미한다고 보아야 할 것이므로 형사절차가 종료되어 교정시설에 수용 중인 수형자나 미결수용자가 형사사건의 변호인이 아닌 민사재판, 행정재판, 헌법재판 등에서 변호사와 접견할 경우에는 원칙적으로 헌법상 변호인의 조력을 받을 권리의 주체가 될 수 없다(헌재 2013.8.29. 2011헌마122).

1130
검사 등의 요청에 따라 교도소장이 접견내용을 녹음한 파일을 제공하는 행위는 제공된 접견녹음파일로 특정 개인을 식별할 수 있고, 그 대화내용 등은 인격주체성을 특징짓는 사항으로 그 개인의 동일성을 식별할 수 있게 하는 정보이므로, 정보주체인 수용자의 동의 없이 접견녹음파일을 관계기관에 제공하는 것은 개인정보자기결정권을 침해한다. 21년 법원행시 ⃞O⃞X

(X) 부산구치소장이 청구인과 배우자의 접견을 녹음하여 부산지방검찰청 검사장에게 그 접견녹음파일을 제공한 행위가 청구인의 기본권을 침해하지 않는다는 결정을 선고하였다(헌재 2012.12.27. 2010헌마153).

1131
청구인이 구속된 후 6월 1일에 청구인의 국선변호인이 선정되었고 그 국선변호인은 6월 5일에 청구인에 대한 접견을 신청하였는데, 접견을 희망한 6월 6일이 현충일로 공휴일이라는 이유로 접견이 거부되었고 이로부터 이틀 후인 6월 8일에 청구인과 변호인의 접견이 실시된 것은 청구인의 변호인의 조력을 받을 권리를 침해하였다고 볼 수 없다. 25년 경찰 2차 ⃞O⃞X

(O) 그 시점을 전후한 변호인 접견의 상황이나 수사 또는 재판의 진행 과정에 비추어 미결수용자가 방어권을 행사하기 위해 변호인의 조력을 받을 기회가 충분히 보장되었다고 인정될 수 있는 경우에는, 비록 미결수용자 또는 그 상대방인 변호인이 원하는 특정 시점에는 접견이 이루어지지 못하였다 하더라도 변호인의 조력을 받을 권리가 침해되었다고 할 수 없는 것이다(헌재 2011.5.26. 2009헌마341).

1132
헌법 제12조 제4항 본문에 규정된 변호인의 조력을 받을 권리는 형사절차에서 피의자 또는 피고인의 방어권을 보장하기 위한 것으로서 출입국관리법상 보호 또는 강제퇴거의 절차에는 적용되지 않는다. 21년 국가직 7급 ⃞O⃞X

(X) 헌법 제12조 제4항 본문에 규정된 변호인의 조력을 받을 권리는 형사절차에서 피의자 또는 피고인의 방어권을 보장하기 위한 것으로서 출입국관리법상 보호 또는 강제퇴거의 절차에도 적용된다고 보기 어렵다고 판시한 우리 재판소 결정은, 이 결정 취지와 저촉되는 범위 안에서 변경한다(헌재 2018.5.31. 2014헌마346).

제2절 사생활의 자유

1133
인터넷 언론사의 공개된 게시판·대화방에서 스스로의 의사에 의하여 정당·후보자에 대한 지지·반대의 글을 게시하는 행위가 사생활 비밀의 자유에 의하여 보호되는 영역이라고 할 수 없다. 23년 순경 2차 [O X]

(O) 인터넷언론사의 공개된 게시판·대화방에서 스스로의 의사에 의하여 정당·후보자에 대한 지지·반대의 글을 게시하는 행위가 양심의 자유나 사생활 비밀의 자유에 의하여 보호되는 영역이라고 할 수 없다 (헌재 2010.2.25. 2008헌마324 등).

1134
공직자의 공무집행과 직접적인 관련이 없는 개인적인 사생활에 관한 사실은 어떠한 경우에도 공적인 관심사안에 해당될 수 없다. 23년 순경 2차 [O X]

(X) 병역사항의 공개는 사생활영역의 범주를 벗어난 것이고, 설사 그렇지 않다 하더라도 공인의 사생활은 공적 관심사로서 일반인의 알 권리의 대상이다(헌재 2007.5.31. 2005헌마1139).

1135
존속상해치사죄와 같은 범죄행위는 헌법상 보호되는 사생활의 영역에 속한다고 볼 수 없을 뿐만 아니라, 가중처벌하는 것이 사생활의 자유를 침해하는 것은 아니다. 22년 국회직 9급 [O X]

(O) 존속상해치사죄와 같은 범죄행위가 헌법상 보호되는 사생활의 영역에 속한다고 볼 수 없을 뿐만 아니라, 이 사건 법률조항의 입법목적이 정당하고 그 형의 가중에 합리적 이유가 있으며 직계존속이 아닌 통상인에 대한 상해치사죄도 형사상 처벌되고 있는 이상, 그 가중처벌에 의하여 가족관계상 비속의 사생활이 왜곡된다거나 존속에 대한 효의 강요나 개인 윤리문제에의 개입 등 외부로부터 부당한 간섭이 있는 것이라고는 말할 수 없으므로, 이 사건 법률조항은 헌법 제17조의 사생활의 자유를 침해하지 아니한다(헌재 2002.3.28. 2000헌바53).

1136
선거운동 과정에서 자신의 인격권이나 명예권을 보호하기 위하여 대외적으로 해명을 하는 행위는 사생활의 자유에 의하여 보호되는 범주를 벗어난 행위라고 볼 것이다. 22년 국회직 9급 [O X]

(O) 이 사건에 있어서와 같이 자신의 인격권이나 명예권을 보호하기 위하여 대외적으로 해명을 하는 행위는 표현의 자유에 속하는 영역이라고 할 수 있을 뿐 이미 사생활의 자유에 의하여 보호되는 범주를 벗어난 행위라고 볼 것이므로, 위 법 조항이 선거의 자유와 공정이라는 이념을 실현하기 위한 입법목적하에 선거에 영향을 미치게 하기 위한 일정한 선거운동행위를 제한한다고 하여 위 청구인의 사생활의 자유가 침해된다고는 볼 수 없고, 달리 위 법 조항이 사생활의 자유를 침해한다고 볼 만한 사정도 없다(헌재 2001.8.30. 99헌바92 등).

1137
변호사에게 전년도에 처리한 수임사건의 건수 및 수임액을 소속 지방변호사회에 보고하도록 하는 법규정은 헌법상 필요한 부분을 넘어 사생활 비밀의 자유를 과도하게 침해한다. 22년 국회직 9급 [O X]

(X) 일반적으로 경제적 내지 직업적 활동은 복합적인 사회적 관계를 전제로 하여 다수 주체 간의 상호작용을 통하여 이루어지는 것이고, 특히 변호사의 업무는 다른 어느 직업적 활동보다도 강한 공공성을 내포한다는 점 등을 감안하여 볼 때, 변호사의 업무와 관련된 수임사건의 건수 및 수임액이 변호사의 내밀한 개인적 영역에 속하는 것이라고 보기 어렵고, 따라서 이 사건 법률조항이 청구인들의 사생활의 비밀과 자유를 침해하는 것이라 할 수 없다(헌재 2009.10.29. 2007헌마667).

| OX 문제 | 정답 및 해설 |

1138
교도소장이 수용자가 없는 상태에서 실시한 거실 검사 행위는 교도소의 안전과 질서를 유지하고 수형자의 교화·개선에 지장을 초래할 수 있는 물품을 차단하기 위한 것으로서, 과잉금지원칙에 위배하여 수형자의 사생활의 비밀과 자유를 침해하였다고 할 수 없다. 22년 국회직 9급, 22년 입법고시 [O|X]

(O) 이 사건 검사행위는 교도소의 안전과 질서를 유지하고, 수형자의 교화·개선에 지장을 초래할 수 있는 물품을 차단하기 위한 것으로서 그 목적이 정당하고, 수단도 적절하며, 검사의 실효성을 확보하기 위한 최소한의 조치로 보이고, 달리 덜 제한적인 대체수단을 찾기 어려운 점 등에 비추어 보면 이 사건 검사행위가 과잉금지원칙에 위배하여 사생활의 비밀 및 자유를 침해하였다고 할 수 없다(헌재 2011.10.25. 2009헌마691).

1139
피고인이나 변호인에 의한 공판정에서의 녹취는 진술인의 인격권 또는 사생활의 비밀과 자유에 대한 침해를 수반하고, 실체적 진실발견 등 다른 법익과 충돌할 개연성이 있으므로, 녹취를 금지해야 할 필요성이 녹취를 허용함으로써 달성하고자 하는 이익보다 큰 경우에는 녹취를 금지 또는 제한함이 타당하다. 22년 국회직 9급 [O|X]

(O) 피고인이나 변호인에 의한 공판정에서의 녹취는 진술인의 인격권 또는 사생활의 비밀과 자유에 대한 침해를 수반하고, 실체적 진실발견 등 다른 법익과 충돌할 개연성이 있으므로, 녹취를 금지해야 할 필요성이 녹취를 허용함으로써 달성하고자 하는 이익보다 큰 경우에는 녹취를 금지 또는 제한함이 타당하다(헌재 1995.12.28. 91헌마114).

1140
인터넷회선 감청은 타인과의 관계를 전제로 하는 개인의 사적 영역을 보호하려는 헌법 제18조의 통신의 비밀과 자유 외에 헌법 제17조 사생활의 비밀과 자유도 제한한다. 22년 5급 공채 [O|X]

(O) 인터넷회선 감청은 타인과의 관계를 전제로 하는 개인의 사적 영역을 보호하려는 헌법 제18조의 통신의 비밀과 자유 외에 헌법 제17조의 사생활의 비밀과 자유도 제한하게 된다(헌재 2018.8.30. 2016헌마263).

1141
공직자의 자질·도덕성·청렴성에 관한 사실이 개인적인 사생활에 관한 것이라면, 순수한 사생활의 영역에 있다고 보아야 할 것이므로 공적인 관심 사안에 해당할 수 없다. 24년 경찰간부, 22년 5급 공채 [O|X]

(X) 공직자의 공무집행과 직접적인 관련이 없는 개인적인 사생활에 관한 사실이라도 일정한 경우 공적인 관심 사안에 해당할 수 있다. 공직자의 자질·도덕성·청렴성에 관한 사실은 그 내용이 개인적인 사생활에 관한 것이라 할지라도 순수한 사생활의 영역에 있다고 보기 어렵다(헌재 2013.12.26. 2009헌마747).

1142
일반교통에 사용되고 있는 도로는 국가와 지방자치단체가 그 관리책임을 맡고 있는 영역이며, 수많은 다른 운전자 및 보행자 등의 법익 또는 공동체의 이익과 관련된 영역으로, 그 위에서 자동차를 운전하는 행위는 더 이상 개인적인 내밀한 영역에서의 행위가 아니다. 24년 경찰승진, 22년 5급 공채, 22년 입법고시, 20년 법무사 [O|X]

(O) 자동차를 도로에서 운전하는 중에 좌석안전띠를 착용할 것인가 여부의 생활관계가 개인의 전체적 인격과 생존에 관계되는 '사생활의 기본조건'이라거나 자기결정의 핵심적 영역 또는 인격적 핵심과 관련된다고 보기 어려워 더 이상 사생활영역의 문제가 아니므로, 운전할 때 운전자가 좌석안전띠를 착용할 의무는 청구인의 사생활의 비밀과 자유를 침해하는 것이라 할 수 없다(헌재 2003.10.30. 2002헌마518).

| OX 문제 | 정답 및 해설 |

1143
'전자발찌'로 불리는 '위치추적 전자장치'의 부착명령을 규정한 「특정 범죄자에 대한 위치추적 전자장치 부착 등에 관한 법률」 조항은 피부착자의 개인정보자기결정권을 제한할 뿐만 아니라 피부착자의 위치와 이동경로를 실시간으로 파악하여 24시간 감시할 수 있도록 하고 있으므로 피부착자의 사생활의 비밀과 자유를 제한한다. 22년 입법고시 O X

(O) 전자감시 부착명령에 의하여 제한받는 피부착자의 기본권은 사생활의 비밀과 자유, 개인정보자기결정권 및 인격권이다(헌재 2012.12.27. 2010헌가82 등).

1144
금융감독원의 4급 이상 직원에 대하여 재산등록의무를 부과하는 구 「공직자윤리법」 제3조 제1항 제13호 중 구 「공직자윤리법 시행령」 제3조 제4항 제15호에 관한 부분이 금융감독원의 4급 직원인 청구인의 사생활의 비밀과 자유를 침해하는 것은 아니다. 23년 순경 2차, 22년 해경, 20년 국가직 7급 O X

(O) 이 사건 재산등록 조항은 금융감독원 직원의 비리유혹을 억제하고 업무 집행의 투명성 및 청렴성을 확보하기 위한 것으로 입법목적이 정당하고, 금융기관의 업무 및 재산상황에 대한 검사 및 감독과 그에 따른 제재를 업무로 하는 금융감독원의 특성상 소속 직원의 금융기관에 대한 실질적인 영향력 및 비리 개연성이 클 수 있다는 점을 고려할 때 일정 직급 이상의 금융감독원 직원에게 재산등록의무를 부과하는 것은 적절한 수단이다(헌재 2014.6.26. 2012헌마331). / 즉 사생활의 비밀과 자유를 침해하는 것은 아니다.

1145
교육감이 졸업생 관련 증명업무를 위해 졸업생의 성명, 생년월일 및 졸업일자에 대한 정보를 교육정보시스템에 보유하는 행위는 개인정보보호법제가 완비되지 않은 상황에서 그 보유의 목적과 수단의 적정성을 인정할 수 없어 졸업생의 개인정보자기결정권을 침해한다. 22년 법원행시, 21년 법원직 9급 O X

(X) 개인정보의 종류 및 성격, 수집목적, 이용형태, 정보처리방식 등에 따라 개인정보자기결정권의 제한이 인격권 또는 사생활의 자유에 미치는 영향이나 침해의 정도는 달라지므로 개인정보자기결정권의 제한이 정당한지 여부를 판단함에 있어서는 위와 같은 요소들과 추구하는 공익의 중요성을 헤아려야 하는바, 피청구인들이 졸업증명서 발급업무에 관한 민원인의 편의 도모, 행정효율성의 제고를 위하여 개인의 존엄과 인격권에 심대한 영향을 미칠 수 있는 민감한 정보라고 보기 어려운 성명, 생년월일, 졸업일자 정보만을 NEIS에 보유하고 있는 것은 목적의 달성에 필요한 최소한의 정보만을 보유하는 것이라 할 수 있고, 공공기관의 개인정보보호에 관한 법률에 규정된 개인정보 보호를 위한 법규정들의 적용을 받을 뿐만 아니라 피청구인들이 보유목적을 벗어나 개인정보를 무단 사용하였다는 점을 인정할 만한 자료가 없는 한 NEIS라는 자동화된 전산시스템으로 그 정보를 보유하고 있다는 점만으로 피청구인들의 적법한 보유행위 자체의 정당성마저 부인하기는 어렵다(헌재 2005.7.21. 2003헌마282 등).

1146
구치소장이 검사의 요청에 따라 미결수용자와 그 배우자의 접견녹음파일을 미결수용자의 동의 없이 제공하더라도, 이러한 제공행위는 형사사법의 실체적 진실을 발견하고 이를 통해 형사사법의 적정한 수행을 도모하기 위한 것으로 미결수용자의 개인정보자기결정권을 침해하는 것은 아니다. 23년 경찰승진 O X

(O) 부산구치소장이 청구인과 배우자의 접견을 녹음하여 부산지방검찰청 검사장에게 그 접견녹음파일을 제공한 행위가 청구인의 기본권을 침해하지 않는다는 결정을 선고하였다(헌재 2012.12.27. 2010헌마153).

OX 문제

1147
카메라등이용촬영죄로 유죄판결이 확정된 자의 신상등록정보를 최초 등록일부터 20년간 법무부장관이 보존·관리하여야 한다고 규정한 조항은 청구인들의 개인정보자기결정권을 침해한다. 23년 경찰간부 [O|X]

1148
강제추행죄로 유죄판결이 확정된 자는 신상정보 등록대상자로서 성명, 주민등록번호 등을 제출하여야 하고, 이 정보가 변경된 경우 그 사유와 변경내용을 제출하여야 한다고 규정한 조항은 청구인의 개인정보자기결정권을 침해한다. 24년 경찰승진, 23년 경찰간부, 20년 국회직 8급 [O|X]

1149
사람의 육체적·정신적 상태나 건강에 대한 정보, 성생활에 대한 정보와 같은 것은 인간의 존엄성이나 인격의 내적 핵심을 이루는 요소이다. 따라서 외부세계의 어떤 이해관계에 따라 그에 대한 정보를 수집하고 공표하는 것이 쉽게 허용되어서는 개인의 내밀한 인격과 자기정체성이 유지될 수 없다. 23년 법원직 9급 [O|X]

1150
전기통신역무제공에 관한 계약을 체결하는 경우 전기통신사업자로 하여금 가입자에게 본인임을 확인할 수 있는 증서등을 제시하도록 요구하고 부정가입방지시스템 등을 이용하여 본인인지 여부를 확인하도록 한 전기통신사업법 조항은 과잉금지원칙에 반하여 익명으로 이동통신서비스에 가입하여 통신하고자 하는 자들의 개인정보자기결정권 및 통신의 자유를 침해한다. 23년 법원직 9급 [O|X]

1151
초상권, 사생활의 비밀과 자유에 대한 부당한 침해는 불법행위를 구성하고 위 침해는 그것이 공개된 장소에서 이루어졌다거나 민사소송의 증거를 수집할 목적으로 이루어졌다는 사유만으로는 정당화되지 않는다. 23년 법원직 9급 [O|X]

정답 및 해설

(O) 모든 등록대상자에게 20년 동안 신상정보를 등록하게 하고 위 기간 동안 각종 의무를 부과하는 것은 비교적 경미한 등록대상 성범죄를 저지르고 재범의 위험성도 많지 않은 자들에 대해서는 달성되는 공익과 침해되는 사익 사이의 불균형이 발생할 수 있으므로 이 사건 관리조항은 개인정보자기결정권을 침해한다(헌재 2015.7.30. 2014헌마340 등).

(X) 제출조항은 범죄 수사 및 예방을 위하여 일정한 신상정보를 제출하도록 하는 것으로서, 목적의 정당성 및 수단의 적합성이 인정된다. 제출조항은 복수의 정보를 요구하여 고정적인 거주지가 없거나 이동이 잦은 직업에 종사하는 등록대상자에 대한 수사가 효율적으로 이루어지게 하고, 종교, 질병, 가족관계 등 입법목적과 직접적인 관련성이 인정되지 않는 정보의 제출을 제한하고 있으므로 침해의 최소성이 인정된다. 제출조항으로 인하여 청구인은 일정한 신상정보를 제출해야 하는 불이익을 받게 되나, 이에 비하여 제출조항이 달성하려는 공익이 크다고 보이므로 법익의 균형성도 인정된다. 따라서 제출 조항은 청구인의 개인정보자기결정권을 침해하지 않는다(헌재 2016.3.31. 2014헌마457).

(O) 사람의 육체적·정신적 상태나 건강에 대한 정보, 성생활에 대한 정보와 같은 것은 인간의 존엄성이나 인격의 내적 핵심을 이루는 요소이다. 따라서 외부세계의 어떤 이해관계에 따라 그에 대한 정보를 수집하고 공표하는 것이 쉽게 허용되어서는 개인의 내밀한 인격과 자기정체성이 유지될 수 없다(헌재 2007.5.31. 2005헌마1139).

(X) 개인정보자기결정권, 통신의 자유가 제한되는 불이익과 비교했을 때, 명의도용피해를 막고, 차명휴대전화의 생성을 억제하여 보이스피싱 등 범죄의 범행도구로 악용될 가능성을 방지함으로써 잠재적 범죄 피해 방지 및 통신망 질서 유지라는 더욱 중대한 공익의 달성효과가 인정된다(헌재 2019.9.26. 2017헌마1209). / 따라서 개인정보자기결정권 및 통신의 자유 침해하지 않는다.

(O) 공개된 장소에서 이루어졌다거나 민사소송의 증거를 수집할 목적으로 이루어졌다는 사유만으로 정당화되지 않는다. 일상생활을 본인 동의 없이 촬영한 행위는 초상권 및 사생활의 비밀과 자유를 침해하는 불법행위에 해당한다(대판 2006.10.13. 2004다16280).

| OX 문제 | 정답 및 해설 |

1152
개인정보자기결정권은 헌법에 명시된 기본권이다. 21년 법원직 9급 ⓞⓧ

(X) 개인정보자기결정권은 이들을 이념적 기초로 하는 독자적 기본권으로서 헌법에 명시되지 아니한 기본권이라고 보아야 할 것이다(헌재 2005.5.26. 99헌마513 등).

1153
헌법 제17조의 사생활의 자유란 사회공동체의 일반적인 생활규범의 범위 내에서 사생활을 자유롭게 형성해 나가고 그 설계 및 내용에 대해서 외부로부터의 간섭을 받지 아니할 권리를 말하는바 흡연을 하는 행위는 이와 같은 사생활의 영역에 포함된다. 22년 입법고시 ⓞⓧ

(O) 사생활의 자유란 사회공동체의 일반적인 생활규범의 범위 내에서 사생활을 자유롭게 형성해 나가고 그 설계 및 내용에 대해서 외부로부터의 간섭을 받지 아니할 권리를 말하는바, 흡연을 하는 행위는 이와 같은 사생활의 영역에 포함된다고 할 것이므로, 흡연권은 헌법 제17조에서 그 헌법적 근거를 찾을 수 있다(헌재 2004.8.26. 2003헌마457).

1154
구치소장이 수용자의 거실에 폐쇄회로 텔레비전을 설치하여 계호한 행위는 수용자의 사생활의 비밀 및 자유를 침해하지 않는다. 22년 해경일반 ⓞⓧ

(O) CCTV는 교도관의 시선에 의한 감시를 대신하는 기술적 장비에 불과하므로, 교도관의 시선에 의한 감시가 허용되는 이상 CCTV에 의한 감시 역시 가능하다고 할 것이다(헌재 2008.5.29. 2005헌마137 등).

1155
게임물 관련사업자에게 게임물 이용자의 회원가입 시 본인인증을 할 수 있는 절차를 마련하도록 규정한 법조항은 개인정보자기결정권을 침해하지 아니한다. 24년 변호사 ⓞⓧ

(O) 본인인증 조항은 인터넷게임에 대한 연령 차별적 규제수단들을 실효적으로 보장하고, 인터넷게임 이용자들이 게임물 이용시간을 자발적으로 제한하도록 유도하여 인터넷게임 과몰입 내지 중독을 예방하고자 하는 것으로 그 입법목적에 정당성이 인정되며, 본인인증절차를 거치도록 하는 것은 이러한 목적 달성을 위한 적절한 수단이다(헌재 2015.3.26. 2013헌마517). 따라서 헌법에 위반되지 않는다.

1156
어린이집에 폐쇄회로 텔레비전(CCTV)을 원칙적으로 설치하도록 정한 「영유아보호법」 조항은 보호자 전원이 반대하지 않는 한 어린이집에 의무적으로 CCTV를 설치하도록 정하고 있으므로 어린이집 보육교사(원장 포함) 및 영유아의 사생활의 비밀과 자유를 침해한다. 24년 경찰 2차, 23년 경찰승진 ⓞⓧ

(X) 어린이집 CCTV 설치는 어린이집에서 발생하는 안전사고와 보육교사 등에 의한 아동학대를 방지하기 위한 것으로, 그 자체로 어린이집 운영자나 보육교사 등으로 하여금 사전에 영유아 안전사고 방지에 만전을 기하고 아동학대행위를 저지르지 못하도록 하는 효과가 있고, 어린이집 내 안전사고나 아동학대 발생 여부의 확인이 필요한 경우 도움이 될 수 있으므로, CCTV 설치 조항은 목적의 정당성과 수단의 적합성이 인정된다. 그러므로 CCTV 설치 조항은 과잉금지원칙을 위반하여 청구인들의 기본권을 침해하지 않는다(헌재 2017.12.28. 2015헌마994).

1157
대체복무요원 생활관 내부의 공용공간에 CCTV를 설치하여 촬영하는 행위는 군부대와 달리 대체복무요원들의 모든 사적 활동의 동선을 촬영하여, 개인의 행동과 심리에 심각한 제약을 느끼게 하므로 대체복무요원들의 사생활의 비밀과 자유를 침해한다. 24년 경찰 2차 ⓞⓧ

(X) CCTV 촬영행위는 교정시설의 계호, 경비, 보안, 안전, 관리 등을 위한 목적에서 행해지는 것이다. CCTV 촬영행위는 대체복무 생활관에서 합숙하는 청구인들의 안전한 생활을 보호해주는 측면도 있다. 청구인들의 생활관 내부에 설치된 CCTV들은 외부인의 허가 없는 출입이나 이동, 시설의 안전, 화재, 사고 등을 확인할 수 있는 위치들에 설치되어 있고, 개별적인 생활공간에는 CCTV가 설치되어 있지 않다. 따라서 CCTV 촬영행위는 과잉금지원칙을 위반하여 청구인들의 사생활의 비밀과 자유를 침해하지 아니한다(헌재 2024.5.30. 2022헌마707 등).

| OX 문제 | 정답 및 해설 |

1158
특정범죄의 수형자로부터 디엔에이감식시료를 채취하여 그 채취대상자가 사망할 때까지 디엔에이신원확인정보를 데이터베이스에 수록, 관리할 수 있도록 규정한 구 디엔에이신원확인정보의 이용 및 보호에 관한 법률(2010. 1. 25. 법률 제9944호로 제정되고, 2020. 1. 21. 법률 제16866호로 개정되기 전의 것) 규정은 개인정보자기결정권을 침해하는 것이 아니다. 24년 변호사, 22년 법원행시 [O][X]

(O) 재범의 위험성이 높은 범죄를 범한 수형인 등은 생존하는 동안에는 재범의 위험성이 있다고 할 수 있으므로, 디엔에이신원확인정보를 수형인 등이 사망할 때까지 관리하여 범죄 수사 및 예방에 이바지하고자 하는 이 사건 삭제조항은 입법목적의 정당성과 수단의 적절성이 인정된다(헌재 2014.8.28. 2011헌마28).

1159
'각급학교 교원의 교원단체 및 교원노조 가입현황 실명자료'를 인터넷을 통하여 일반 대중에게 공개하는 국회의원의 행위는 해당 교원들의 개인정보자기결정권을 침해한다. 24년 경찰승진, 21년 국가직 5급 [O][X]

(O) 국회의원인 甲 등이 '각급학교 교원의 교원단체 및 교원노조 가입현황 실명자료'를 인터넷을 통하여 공개한 사안에서, 위 정보는 개인정보자기결정권의 보호대상이 되는 개인정보에 해당하므로 이를 일반 대중에게 공개하는 행위는 해당 교원들의 개인정보자기결정권과 전국교직원노동조합의 존속, 유지, 발전에 관한 권리를 침해하는 것이다(대판 2014.7.24. 2012다49933).

1160
개인정보자기결정권은 자신에 관한 정보가 언제 누구에게 어느 범위까지 알려지고 또 이용되도록 할 것인지를 그 정보주체가 스스로 결정할 수 있는 권리로서, 헌법 제10조 제1문에서 도출되는 일반적 인격권 및 헌법 제17조의 사생활의 비밀과 자유에 의하여 보장된다. 22년 법원행시, 21년 국가직 5급, 21년 법무사 [O][X]

(O) 개인정보자기결정권은 자신에 관한 정보가 언제 누구에게 어느 범위까지 알려지고 또 이용되도록 할 것인지를 그 정보주체가 스스로 결정할 수 있는 권리로서, 헌법 제10조 제1문에서 도출되는 일반적 인격권 및 헌법 제17조의 사생활의 비밀과 자유에 의하여 보장된다(헌재 2018.8.30. 2016헌마483).

1161
통신매체이용음란죄로 유죄판결이 확정된 자는 신상정보 등록대상자가 된다고 규정한 「성폭력범죄의 처벌 등에 관한 특례법」 제42조 제1항 중 "제13조의 범죄로 유죄판결이 확정된 자는 신상정보 등록대상자가 된다."는 부분은 청구인의 개인정보 자기 결정권을 침해한다. 23년 경찰간부, 22년 순경 1차 [O][X]

(O) 통신매체이용음란죄로 유죄판결이 확정된 자는 신상정보등록대상자가 된다고 규정한 조항은 목적의 정당성 및 수단의 적합성은 인정되나, 통신매체이용음란죄로 유죄의 확정판결을 받은 자에 대하여 개별 행위 유형에 따른 죄질 및 재범의 위험성을 고려하지 않고 모두 신상정보 등록대상자가 되도록 하여 개인정보자기결정권을 침해하여 헌법에 위반된다(헌재 2016.3.31. 2015헌마688).

1162
가상의 아동·청소년이용음란물배포죄로 유죄판결이 확정된 자는 신상정보 등록대상자가 되도록 규정한 「성폭력범죄의 처벌 등에 관한 특례법」 제42조 제1항 중 구 「아동·청소년의 성보호에 관한 법률」 제8조 제4항의 아동·청소년이용음란물 가운데 "아동·청소년으로 인식될 수 있는 사람이나 표현물이 등장하는 것"에 관한 부분으로 유죄판결이 확정된 자에 관한 부분은 청구인의 개인정보자기결정권을 침해한다. 22년 순경 1차 [O][X]

(X) 이 사건 등록조항을 통하여 달성되는 아동·청소년대상 성범죄의 발생 및 재범 방지와 사회 방위의 공익이 매우 중요한 것임은 명백하다. 따라서 이 사건 등록조항으로 인하여 제한되는 사익에 비하여 달성되는 공익이 크다는 점에서, 이 사건 등록조항은 법익의 균형성이 인정된다(헌재 2017.10.26. 2016헌마656).

| OX 문제 | 정답 및 해설 |

1163
소년에 대한 수사경력자료의 삭제 및 보존기간에 대해 규정하면서 법원에서 불처분결정된 소년부송치 사건에 대해서는 규정하지 않은 구「형의 실효 등에 관한 법률」조항은 소년부송치 후 불처분결정을 받은 자의 개인정보자기결정권을 침해한다. 23년 소방간부, 23년 법원직 9급, 22년 경찰간부, 22년 국회직 8급, 21년 국가직 7급 [O][X]

(O) 불처분결정된 소년부송치사건의 수사경력자료가 조회 및 회보되는 경우에도 이를 통해 추구하는 실체적 진실발견과 형사사법의 정의구현이라는 공익에 비해, 당사자가 입을 수 있는 실질적 또는 심리적 불이익과 그로 인한 재사회화 및 사회복귀의 어려움이 더 크다. 따라서 심판대상조항은 과잉금지원칙을 위반하여 소년부송치 후 불처분결정을 받은 자의 개인정보자기결정권을 침해한다(헌재 2021.6.24, 2018헌가2).

1164
검사 또는 사법경찰관이 수사를 위하여 필요한 경우 전기통신사업법에 의한 전기통신사업자에게 정보통신망에 접속된 정보통신기기의 위치를 확인할 수 있는 발신기지국의 위치추적자료의 열람이나 제출을 요청할 수 있도록 한 통신비밀보호법 조항은 해당 정보주체의 개인정보자기결정권을 침해한다. 20년 비상기획관(하) [O][X]

(O) 검사 또는 사법경찰관이 수사를 위하여 필요한 경우「전기통신사업법」에 의한 전기통신사업자에게 정보통신망에 접속된 정보통신기기의 위치를 확인할 수 있는 발신기지국의 위치추적자료의 열람이나 제출을 요청할 수 있도록 한 통신비밀보호법 조항은 해당 정보주체의 개인정보자기결정권을 침해한다(헌재 2018.6.28, 2012헌마191).

1165
개인정보자기결정권의 보호대상이 되는 개인정보란 개인의 신체, 신념, 사회적 지위, 신분 등과 같이 개인의 인격주체성을 특징짓는 사항으로서 그 개인의 동일성을 식별할 수 있게 하는 일체의 정보라고 할 수 있고, 반드시 개인의 내밀한 영역이나 사사(私事)의 영역에 속하는 정보에 국한되지 않으며 공적 생활에서 형성되었거나 이미 공개된 개인정보까지 포함한다. 24년 순경 1차, 24년 경찰승진, 22년 법원행시, 22년 국회직 8급, 20년 비상기획관(하) [O][X]

(O) 개인정보자기결정권의 보호대상이 되는 개인정보는 개인의 신체, 신념, 사회적 지위, 신분 등과 같이 개인의 인격주체성을 특징짓는 사항으로서 그 개인의 동일성을 식별할 수 있게 하는 일체의 정보라고 할 수 있고, 반드시 개인의 내밀한 영역이나 사사(私事)의 영역에 속하는 정보에 국한되지 않고 공적 생활에서 형성되었거나 이미 공개된 개인정보까지 포함한다. 또한 그러한 개인정보를 대상으로 한 조사·수집·보관·처리·이용 등의 행위는 모두 원칙적으로 개인정보자기결정권에 대한 제한에 해당한다(헌재 2005.5.26, 99헌마513 등).

1166
경찰이 미신고 옥외집회·시위 또는 신고범위를 벗어난 집회·시위에 대해 조망촬영이 아닌 근접촬영의 방식으로 촬영함으로써 적법한 경찰의 해산명령에 불응하는 집회·시위의 경위나 전후 사정에 관한 자료를 수집하는 것은 해당 집회·시위 참가자의 개인정보자기결정권을 침해한다. 20년 비상기획관(하) [O][X]

(X) 이 사건에서 피청구인이 신고범위를 벗어난 동안에만 집회참가자들을 촬영한 행위가 과잉금지원칙을 위반하여 집회참가자인 청구인들의 일반적 인격권, 개인정보자기결정권 및 집회의 자유를 침해한다고 볼 수 없다(헌재 2018.8.30, 2014헌마843).

1167
디엔에이신원확인정보는 개인 식별을 목적으로 디엔에이감식을 통하여 취득한 정보로서 당해 정보만으로는 특정개인을 식별할 수 없더라도 다른 정보와 쉽게 결합하여 당해 개인을 식별할 수 있는 정보에 해당하는 개인정보이다. 24년 순경 1차 [O][X]

(O) 디엔에이신원확인정보는 개인 식별을 목적으로 디엔에이감식을 통하여 취득한 정보로서 일련의 숫자 또는 부호의 조합으로 표기된 것인데, 이는 '개인정보 보호법' 제2조 제1호에서 말하는 생존하는 개인에 관한 정보로서 당해정보만으로는 특정개인을 식별할 수 없더라도 다른 정보와 쉽게 결합하여 당해 개인을 식별할 수 있는 정보에 해당하는 개인정보이다(헌재 2014.8.28, 2011헌마28 등).

OX 문제

1168
국가는 개인정보보호법 등으로 정보보호를 위한 조치를 취하고 있으므로, 이미 유출되어 발생된 피해에 대해서는 당사자가 원하는 해결책을 제시해 주지 못하더라도 국가는 국민의 개인정보에 대해서 이를 충분히 보호하고 있다고 볼 수 있다.
24년 법원행시

1169
법무부장관은 변호사시험 합격자가 결정되면 즉시 명단을 공고하여야 한다고 규정한「변호사시험법」규정 중 '명단 공고' 부분은 변호사시험 응시자들의 개인정보자기결정권을 침해한다. 22년 경찰승진

1170
개인정보에 관한 인격권 보호에 의하여 얻을 수 있는 이익과 정보처리 행위로 얻을 수 있는 이익 즉, 정보처리자의 '알 권리'와 이를 기반으로 한 정보수용자의 '알 권리' 및 표현의 자유, 정보처리자의 영업의 자유, 사회 전체의 경제적 효율성 등의 가치를 구체적으로 비교 형량하여 어느 쪽 이익이 더 우월한 것으로 평가할 수 있는지에 따라 정보처리 행위의 최종적인 위법성 여부를 판단하여야 한다. 22년 경찰승진

1171
개인정보를 대상으로 한 조사·수집·보관·처리·이용 등의 행위는 모두 원칙적으로 개인정보자기결정권에 대한 제한에 해당한다. 21년 법무사

1172
국가가 경찰공무원에 대해 사유재산에 관한 정보를 등록하게 하는 것은 사유재산에 관한 사적 영역의 자유로운 형성과 설계를 제한하는 것이므로, 사생활의 비밀과 자유를 제한한다.
25년 소방간부

정답 및 해설

(X) 국가가 개인정보보호법 등으로 정보보호를 위한 조치를 취하고 있더라도, 여전히 주민등록번호를 처리하거나 수집·이용할 수 있는 경우가 적지 아니하며, 이미 유출되어 발생된 피해에 대해서는 뚜렷한 해결책을 제시해 주지 못하므로, 국민의 개인정보를 충분히 보호하고 있다고 보기 어렵다. 비록 국가가 개인정보보호법 등으로 정보보호를 위한 조치를 취하고 있더라도, 여전히 주민등록번호를 처리하거나 수집·이용할 수 있는 경우가 적지 아니하며, 이미 유출되어 발생된 피해에 대해서는 뚜렷한 해결책을 제시해 주지 못하므로, 국민의 개인정보를 충분히 보호하고 있다고 보기 어렵다(헌재 2015.12.23. 2013헌바68).

(X) 심판대상조항의 입법목적은 공공성을 지닌 전문직인 변호사에 관한 정보를 널리 공개하여 법률서비스 수요자가 필요한 정보를 얻는 데 도움을 주고, 변호사시험 관리 업무의 공정성과 투명성을 간접적으로 담보하는 데 있다. 심판대상조항은 법무부장관이 시험 관리 업무를 위하여 수집한 응시자의 개인정보 중 합격자의 성명을 공개하도록 하는 데 그치므로, 청구인들의 개인정보자기결정권이 제한되는 범위와 정도는 매우 제한적이다(헌재 2020.3.26. 2018헌마77 등).

(O) 정보처리자에게 영리 목적이 있었다는 사정만으로 곧바로 그 정보처리 행위를 위법하다고 할 수는 없다(대판 2016.8.17. 2014다235080).

(O) 개인정보를 대상으로 한 조사·수집·보관·처리·이용 등의 행위는 모두 원칙적으로 개인정보자기결정권에 대한 제한에 해당한다(헌재 2018.8.30. 2014헌마368).

(O) 본인이나 배우자 등이 소유하고 있는 부동산이나 동산, 유가증권 등 재산의 종류와 그 가액 또는 그 재산의 변동사항 등에 관한 정보는 스스로의 뜻에 따라 삶을 영위해 나가면서 개성을 신장시키기 위한 전제가 되는 사유재산에 관한 정보로서 사적 영역에 관한 것이다. 따라서 국가가 사유재산에 관한 정보를 등록하게 하는 것은 사유재산에 관한 사적 영역의 자유로운 형성과 설계를 제한하는 것이므로, 헌법 제17조가 보장하는 사생활의 비밀과 자유를 제한하는 것이라고 할 것이다(헌재 2010.10.28. 2009헌마544).

| OX 문제 | 정답 및 해설 |

1173
가명정보는 원래의 상태로 복원하기 위한 추가 정보의 사용·결합 없이 그 자체만으로는 특정 개인을 알아볼 수 없고 극히 예외적인 경우에만 정보주체의 식별이 이루어지므로 개인정보자기결정권의 보호대상이 되는 개인정보에 해당하지 아니한다. 25년 소방간부 [O][X]

(X) 이 법에서 사용하는 용어의 뜻은 다음과 같다. / 1. "개인정보"란 살아 있는 개인에 관한 정보로서 다음 각 목의 어느 하나에 해당하는 정보를 말한다. / 다. 가목 또는 나목을 제1호의2에 따라 가명처리함으로써 원래의 상태로 복원하기 위한 추가 정보의 사용·결합 없이는 특정 개인을 알아볼 수 없는 정보(이하 "가명정보"라 한다). / 1의2. "가명처리"란 개인정보의 일부를 삭제하거나 일부 또는 전부를 대체하는 등의 방법으로 추가 정보가 없이는 특정 개인을 알아볼 수 없도록 처리하는 것을 말한다(개인정보 보호법 제2조). / 따라서 가명정보도 개인정보에 해당한다.

1174
자신의 주민등록표를 열람하거나 그 등·초본을 교부받는 경우에도 소정의 수수료를 부과하도록 하고 있는 규정은 개인정보자기결정권을 침해한다고 볼 수 없다. 25년 5급 공채 [O][X]

(O) 주민등록표 열람 및 그 등·초본 교부에 따른 수수료는 특정인의 신원증명 등의 편익을 위하여 행정기관의 인적·물적 시설에 드는 비용을 조달하려는 목적에서 부과되는 것으로서 수수료 부과 자체의 정당성이 인정되고, 소요되는 비용에 비하여 그 수수료 액수가 지나치게 고액이라든가 부당하게 책정되었다고 볼 수 없으므로, 이 사건 심판대상조항으로 인하여 청구인들의 개인정보자기결정권 및 재산권이 침해된다고 할 수 없다(헌재 2013.7.25. 2011헌마364).

1175
수사경력자료의 보존 및 보존기간을 정하면서 범죄경력자료의 삭제에 대해 규정하지 않은 형의 실효 등에 관한 법률 제8조의2는 개인정보자기결정권을 침해한다. 25년 5급 공채 [O][X]

(X) 혐의없음의 불기소처분을 받은 경우에도 수사경력자료를 보존하고 그 보존기간을 두는 것은 수사의 반복을 피하기 위한 것으로 개인정보자기결정권을 침해하지 아니한다(헌재 2012.7.26. 2010헌마446).

1176
감염병 전파 차단을 위한 개인정보 수집의 수권조항인 구「감염병의 예방 및 관리에 관한 법률」 제76조의2 제1항 제1호는 정보수집의 목적 및 대상이 제한되어 있고, 관련 규정에서 절차적 통제장치를 마련하여 정보의 남용 가능성을 통제하고 있으므로 과잉금지 원칙에 반하여 청구인의 개인정보자기결정권을 침해하지 않는다. 25년 경찰 2차, 25년 입법고시 [O][X]

(O) 심판대상조항은 보건당국이 전문성을 가지고 감염병의 성질과 전파정도, 유행상황이나 위험정도, 예방 백신이나 치료제의 개발 여부 등에 따라 정보 수집이 필요한 범위를 판단하여 정보를 요청할 수 있도록 하여 효과적인 방역을 달성할 수 있도록 한다. 또한 정보수집의 목적 및 대상이 제한되어 있고, 관련 규정에서 절차적 통제장치를 마련하여 정보의 남용 가능성을 통제하고 있다(헌재 2024.4.25. 2020헌마1028). / 따라서 개인정보자기결정권 침해가 아니다.

1177
연말정산 간소화를 위하여 의료기관에게 환자들의 의료비 내역에 관한 정보를 국세청에 제출하도록 한「소득세법」조항은 환자들의 개인정보자기결정권을 침해한다. 25년 입법고시 [O][X]

(X) 이 사건 법령조항은 의료비 특별공제를 받고자 하는 근로소득자의 연말정산을 위한 소득공제증빙자료 제출의 불편을 해소하는 동시에 이에 따른 근로자와 사업자의 시간적·경제적 비용을 절감하고 부당한 소득공제를 방지하려는데 그 목적이 있고, 위 목적을 달성하기 위하여, 연말정산에 필요한 항목 등을 제출대상으로 삼고 있으므로, 그 방법의 적절성 또한 인정된다(헌재 2008.10.30. 2006헌마1401 등). / 따라서 개인정보자기결정권을 침해하지 않는다.

1178
미결수용자인 청구인에게 징벌을 부과한 뒤 그 규율위반 내용 및 징벌처분 결과 등을 법원에 양형 참고자료로 통보한 행위는 개인정보자기결정권을 침해한다. 25년 입법고시 [O][X]

(X) 이 사건 통보행위로 인해 제공되는 정보의 성격이나 제공 상대방의 한정된 범위를 고려할 때 그로 인한 기본권 제한의 정도가 크지 않은 데 비해, 이로 인하여 달성하고자 하는 적정한 양형의 실현 및 형사재판절차의 원활한 진행과 같은 공익은 훨씬 중대하다. 이 사건 통보행위는 과잉금지원칙에 위배되어 청구인의 개인정보자기결정권을 침해하였다고 볼 수 없다(헌재 2023.9.26. 2022헌마926).

| OX 문제 | 정답 및 해설 |

1179
보안관찰처분대상자가 교도소 등에서 출소한 후 7일 이내에 출소 사실을 신고하도록 하고 이를 위반한 경우 처벌하도록 정한 「보안 관찰법」 조항은 과잉금지원칙을 위반하여 그 대상자의 개인정보 자기결정권을 침해하지 아니한다. 25년 경찰승진 O X

(O) 법이 대상자의 재범의 위험성을 예방하고 건전한 사회복귀를 촉진하기 위해 보안관찰처분에 대해 규정하고 있는 점 등에 비추어 그 입법목적의 정당성이 인정된다. 따라서 출소 후 신고조항 및 위반 시 처벌조항은 과잉금지원칙을 위반하여 청구인의 사생활의 비밀과 자유 및 개인정보자기결정권을 침해하지 아니한다(헌재 2021.6.24. 2017헌바479).

1180
법무부장관은 변호사시험 합격자가 결정되면 즉시 명단을 공고하여야 한다고 규정한 「변호사시험법」 조항은 성명이 공개된 사람의 합격 사실 뿐만 아니라 위 정보를 결합하여 특정인의 불합격 사실도 알 수 있으므로 응시자들의 개인정보자기결정권을 침해한다. 25년 경찰승진 O X

(X) 심판대상조항의 입법목적은 공공성을 지닌 전문직인 변호사에 관한 정보를 널리 공개하여 법률서비스 수요자가 필요한 정보를 얻는 데 도움을 주고, 변호사시험 관리 업무의 공정성과 투명성을 간접적으로 담보하는 데 있다(헌재 2020.3.26. 2018헌마77 등). / 따라서 개인정보자기결정권을 침해하지 않는다.

1181
공직자의 공무집행과 직접적인 관련이 없는 개인적인 사생활에 관한 사실이라면 공적인 관심 사안에 해당할 수 없고, 비록 공직자의 자질·도덕성·청렴성에 관한 사실이라도 그 내용이 개인적인 사생활에 관한 것이라면 사생활의 영역에 있는 것이므로, 이러한 사실은 공직자 등의 사회적 활동에 대한 비판 내지 평가의 한 자료가 될 수 없다. 25년 순경 1차 O X

(X) 공직자의 자질·도덕성·청렴성에 관한 사실은 그 내용이 개인적인 사생활에 관한 것이라 할지라도 순수한 사생활의 영역에 있다고 보기 어렵다. 이러한 사실은 공직자 등의 사회적 활동에 대한 비판 내지 평가의 한 자료가 될 수 있고, 업무집행의 내용에 따라서는 업무와 관련이 있을 수도 있으므로, 이에 대한 문제제기 내지 비판은 허용되어야 한다(헌재 2013.12.26. 2009헌마747).

1182
어린이집에 폐쇄회로 텔레비전(CCTV: Closed Circuit Television)을 원칙적으로 설치하도록 정한 「영유아보육법」 조항은 CCTV 설치로 보육교사 및 영유아의 신체나 행동이 그대로 CCTV에 촬영·녹화된다는 점에서 보육교사 및 영유아의 사생활의 비밀과 자유를 제한한다. 24년 해경 O X

(O) CCTV 설치 조항으로 인해 보호자 전원이 반대하지 않는 한 어린이집 설치·운영자는 어린이집에 CCTV를 설치할 의무를 지게 되고 CCTV 설치 시 녹음기능 사용을 할 수 없으므로, 위 조항은 어린이집 설치·운영자인 청구인들의 직업수행의 자유를 제한한다. 그리고 어린이집에 CCTV 설치로 어린이집 원장을 포함하여 보육교사 및 영유아의 신체나 행동이 그대로 CCTV에 촬영·녹화되므로 CCTV 설치 조항은 이들의 사생활의 비밀과 자유를 제한하며, 어린이집에 CCTV 설치를 원하지 않는 부모의 자녀교육권도 제한한다(헌재 2017.12.28. 2015헌마994).

1183
지문은 그 정보주체를 타인으로부터 식별가능하게 하는 개인정보가 아니므로, 경찰청장이 이를 보관·전산화하여 범죄수사목적에 이용하는 것은 정보주체의 개인정보자기결정권을 제한하는 것이 아니다. 24년 해경 O X

(X) 개인의 고유성, 동일성을 나타내는 지문은 그 정보주체를 타인으로부터 식별가능하게 하는 개인정보이므로, 시장·군수 또는 구청장이 개인의 지문정보를 수집하고, 경찰청장이 이를 보관·전산화하여 범죄수사목적에 이용하는 것은 모두 개인정보자기결정권을 제한하는 것이다(헌재 2005.5.26. 99헌마513 등).

| OX 문제 | 정답 및 해설 |

1184
구「특정 범죄자에 대한 위치추적 전자장치 부착 등에 관한 법률」전자장치부착조항은 피부착자의 위치와 이동경로를 실시간으로 파악하여 피부착자를 24시간 감시할 수 있도록 하고 있으므로 피부착자의 사생활의 비밀과 자유를 제한하며, 피부착자의 위치와 이동경로 등 위치 정보를 수집, 보관, 이용한다는 측면에서 개인정보자기결정권도 제한한다. 25년 국회직 8급 [O|X]

(O) 전자장치부착조항은 피부착자의 위치와 이동경로를 실시간으로 파악하여 피부착자를 24시간 감시할 수 있도록 하고 있으므로 피부착자의 사생활의 비밀과 자유를 제한하며, 피부착자의 위치와 이동경로 등 '위치 정보'를 수집, 보관, 이용한다는 측면에서 개인정보자기결정권도 제한한다(헌재 2012.12.27. 2011헌바89).

1185
정보주체의 배우자나 직계혈족이 정보주체의 위임 없이도 정보 주체의 가족관계 상세증명서의 교부 청구를 할 수 있도록 하는「가족관계의 등록 등에 관한 법률」제14조 제1항 본문 중 '배우자, 직계혈족은 제15조 제1항 제1호에 규정된 가족관계증명서에 대한 상세증명서의 교부를 청구할 수 있다.'고 한 부분은 정보 주체의 현재의 혼인의 배우자 및 직계혈족의 이익 보호에만 지나치게 치우친 방법이므로, 달성하려는 입법목적과 그로 인해 제한되는 개인정보자기결정권 사이에 적절한 균형을 달성하지 못해 청구인의 개인정보자기결정권을 침해한다. 25년 경찰 2차 [O|X]

(X) 심판대상조항은 정보주체의 배우자나 직계혈족이 스스로의 정당한 법적 이익을 지키기 위하여 정보주체 본인의 위임 없이도 가족관계상세증명서를 간편하게 발급받을 수 있게 해주는 것이므로, 상세증명서 추가 기재 자녀의 입장에서 보아도 자신의 개인정보가 공개되는 것을 중대한 불이익이라고 평가하기는 어렵다. 나아가 가족관계 관련 법령은 가족관계증명서 발급 청구에 관한 부당한 목적을 파악하기 위하여 '청구사유기재'라는 나름의 소명절차를 규정하는 점 등을 아울러 고려하면 심판대상조항은 그 입법목적과 그로 인해 제한되는 개인정보자기결정권 사이에 적절한 균형을 달성한 것으로 평가할 수 있다(헌재 2022.11.24. 2021헌마130).

1186
「가족관계의 등록 등에 관한 법률」제14조 제1항 본문 중 '직계혈족이 제15조에 규정된 증명서 가운데 가족관계증명서 및 기본증명서의 교부를 청구'하는 부분은 가정폭력 피해자인 청구인의 개인정보가 가정폭력 가해자인 전 배우자에게 무단으로 유출될 수 있는 가능성을 열어놓아 청구인의 개인정보자기결정권을 침해한다. 25년 경찰 2차 [O|X]

(O) 가정폭력 가해자에 대하여 특별한 제한을 두지 아니한 관계로, 가정폭력 가해자인 전 배우자라도 직계혈족으로서 그 자녀의 가족관계증명서와 기본증명서를 사실상 자유롭게 발급받아서 거기에 기재된 가정폭력 피해자인 청구인의 개인정보를 무단으로 취득하게 되는 위헌성을 지적하고 이 사건 법률 조항에 대하여 헌법불합치를 선언하였다(헌재 2020.8.28. 2018헌마927).

1187
피고인이나 변호인에 의한 공판정에서의 녹취는 진술인의 인격권 또는 사생활의 비밀과 자유에 대한 침해를 수반하고, 실체적 진실발견등 다른 법익과 충돌할 개연성이 있으므로, 녹취를 금지해야 할 필요성이 녹취를 허용함으로써 달성하고자 하는 이익보다 큰 경우에는 녹취를 금지 또는 제한함이 타당하다. 21년 국가직 7급 [O|X]

(O) 피고인이나 변호인에 의한 공판정에서의 녹취는 진술인의 인격권 또는 사생활의 비밀과 자유에 대한 침해를 수반하고, 실체적 진실발견 등 다른 법익과 충돌할 개연성이 있으므로, 녹취를 금지해야 할 필요성이 녹취를 허용함으로써 달성하고자 하는 이익보다 큰 경우에는 녹취를 금지 또는 제한함이 타당하다(헌재 1995.12.28. 91헌마114).

| OX 문제 | 정답 및 해설 |

1188
대한민국의 국민이 대한민국의 국적을 포기하고 다른 나라의 국적을 선택할 자유는 거주·이전의 자유에 포함된다. 21년 국회직 8급 [O X]

(O) 구체적으로는 국내에서 체류지와 거주지를 자유롭게 정할 수 있는 자유영역뿐 아니라 나아가 국외에서 체류지와 거주지를 자유롭게 정할 수 있는 '해외여행 및 해외 이주의 자유'를 포함하고 덧붙여 대한민국의 국적을 이탈할 수 있는 '국적변경의 자유' 등도 그 내용에 포섭된다고 보아야 한다(헌재 2004.10.28. 2003헌가18).

1189
거주·이전의 자유는 국민에게 그가 선택할 직업 내지 그가 취임할 공직을 그가 선택하는 임의의 장소에서 자유롭게 행사할 수 있는 권리까지 보장하는 것은 아니다. 23년 순경 1차 [O X]

(O) 거주·이전의 자유는 공권력의 간섭을 받지 아니하고 일시적으로 머물 체류지와 생활의 근거되는 거주지를 자유롭게 정하고 체류지와 거주지를 변경할 목적으로 자유롭게 이동할 수 있는 자유를 내용으로 한다. 그러나 거주·이전의 자유가 국민에게 그가 선택할 직업 내지 그가 취임할 공직을 그가 선택하는 임의의 장소에서 자유롭게 행사할 수 있는 권리까지 보장하는 것은 아니다(헌재 1996.6.26. 96헌마200).

1190
법무부령이 정하는 금액 이상의 추징금 미납자에 대해 출국금지를 규정한 구 「출입국관리법」 조항은 기본권에 대한 침해가 적은 수단이 마련되어 있음에도 불구하고 추징금 납부를 강제하기 위한 압박 수단으로 출국금지를 하는 것으로, 이는 필요한 정도를 넘는 과도한 출국의 자유를 제한하는 것이어서 과잉금지원칙에 위배된다. 24년 경찰간부, 23년 순경 1차 [O X]

(X) 일정금액 이상의 추징금을 납부하지 아니한 자에게 법무부장관이 출국을 금지할 수 있도록 함으로써 헌법 제14조 상의 거주·이전의 자유 중 출국의 자유를 제한하고 있다. 이 법조항은 추징금을 미납한 국민이 출국을 이용하여 재산을 해외로 도피하는 방법으로 강제집행을 곤란하게 하는 것을 방지함으로써 추징금에 관한 국가의 형벌권을 실현하고자 하는 것에 그 목적이 있고, 출국금지의 대상이 되는 추징금은 2,000만 원으로 규정하여 출국의 자유를 제한할 수 있도록 하고 있으며, … 합헌적 근거 법조항에 따라 시행되는 제도라 할 것이다(헌재 2004.10.28. 2003헌가18).

1191
거주 이전의 자유에는 국내에서의 거주 이전의 자유 외에도 국외 이주, 해외여행의 자유는 포함되나 귀국의 자유까지 포함되는 것은 아니다. 23년 경찰승진 [O X]

(X) 우리 헌법 제14조 제1항은 "모든 국민은 거주·이전의 자유를 가진다."고 규정하고 있고, 이러한 거주·이전의 자유에는 국내에서의 거주·이전의 자유뿐 아니라 국외 이주의 자유, 해외여행의 자유 및 귀국의 자유가 포함된다(헌재 2008.6.26. 2007헌마1366).

1192
형사재판에 계속 중인 사람에 대하여 출국을 금지할 수 있다고 규정한 「출입국관리법」은 과잉금지원칙에 위배되어 출국의 자유를 침해한다. 24년 변호사, 23년 경찰승진, 21년 법원행시, 20년 법무사 [O X]

(X) 심판대상조항에 따른 출국금지결정은 성질상 신속성과 밀행성을 요하므로, 출국금지 대상자에게 사전통지를 하거나 청문을 실시하도록 한다면 국가형벌권 확보라는 출국금지제도의 목적을 달성하는 데 지장을 초래할 우려가 있다. 따라서 헌법에 위반되지 않는다(헌재 2015.9.24. 2012헌바302).

1193
병역법령에 의할 때 예외적인 경우가 아니면 27세까지만 징집연기가 가능하다는 점을 고려하여, 병역준비역에 대하여 27세를 초과하지 않는 범위에서만 단기 국외여행을 허가하도록 규정하는 것은 단기 국외여행허가를 받고자 하는 27세가 넘은 병역준비역의 거주·이전의 자유를 침해한다. 24년 경찰승진, 24년 경찰간부 [O X]

(X) 심판대상 조항은 공정하고 효율적인 병역의무의 이행을 확보한다는 입법목적을 해치지 않으면서도 징집 연기가 가능한 범위에서 국외여행의 자유를 최대한 보장하고 있다. 따라서 심판대상조항은 청구인의 거주·이전의 자유를 침해하지 않는다(헌재 2023.2.23. 2019헌마1157).

| OX 문제 | 정답 및 해설 |

1194
거주이전의 자유에는 국내에서의 거주이전의 자유, 귀국의 자유가 포함되나 국외 이주의 자유와 해외여행의 자유는 포함되지 않는다. 22년 해경간부 [O][X]

(X) 헌법 제14조 제1항은 "모든 국민은 거주·이전의 자유를 가진다."고 규정하고 있다. 거주·이전의 자유는 국내에서 체류지와 거주지를 자유롭게 정할 수 있는 자유영역뿐 아니라 국외에서 체류지와 거주지를 자유롭게 정할 수 있는 해외여행 및 해외이주의 자유를 포함한다(헌재 2013.6.27. 2011헌마475).

1195
거주·이전의 자유는 성질상 법인이 누릴 수 있는 기본권이 아니므로, 법인의 대도시 내 부동산 취득에 대하여 통상보다 높은 세율인 5배의 등록세를 부과함으로써 법인의 대도시 내 활동을 간접적으로 억제하는 것은 법인의 직업 수행의 자유를 제한할 뿐이다. 20년 법원직 [O][X]

(X) 법인도 성질상 법인이 누릴 수 있는 기본권의 주체가 되고, 위 조항에 규정되어 있는 법인의 설립이나 지점 등의 설치, 활동거점의 이전(이하 "설립 등"이라 한다) 등은 법인이 그 존립이나 통상적인 활동을 위하여 필연적으로 요구되는 기본적인 행위유형들이라고 할 것이므로 이를 제한하는 것은 결국 헌법상 법인에게 보장된 직업수행의 자유와 거주·이전의 자유를 제한하는 것인가의 문제로 귀결된다(헌재 1996.3.28. 94헌바42).

1196
헌법 제14조의 거주·이전의 자유는 대한민국 영토 안에서 국가의 간섭이나 방해를 받지 않고 생활의 근거지와 거주지를 임의로 선택할 수 있는 자유를 뜻하는 것이지, 자신이 소속된 국적을 버리거나 변경할 자유, 즉 국적이탈의 자유가 포함되는 것은 아니다. 25년 순경 1차 [O][X]

(X) 국적을 이탈하거나 변경하는 것은 헌법 제14조가 보장하는 거주·이전의 자유에 포함된다(헌재 2015.11.26. 2013헌마805 등). / 다만 외국인에게도 인정되는 것은 아니다.

1197
「출입국관리법」에 의한 보호에 있어서 용의자에 대한 긴급보호를 위해 그의 주거에 들어간 것이라면 그 긴급보호가 적법한 이상 주거의 자유를 침해한 것으로 볼 수 없으므로 청구인에 대한 긴급보호가 적법한 이상 그 긴급보호 과정에서 청구인의 주거에 들어갔다고 하더라도 주거의 자유를 침해하였다고 볼 수 없다. 25년 경찰승진 [O][X]

(O) 출입국관리법에 의한 보호에 있어서 용의자에 대한 긴급보호를 위해 그의 주거에 들어간 것이라면 그 긴급보호가 적법한 이상 주거의 자유를 침해한 것으로 볼 수 없으므로 청구인에 대한 긴급보호가 적법한 이상 그 긴급보호 과정에서 청구인의 주거에 들어갔다고 하더라도 주거의 자유를 침해하였다고 볼 수 없다(헌재 2012.8.23. 2008헌마430).

1198
법인이 과밀억제권역 내에 본점의 사업용 부동산으로 건축물을 신축하여 이를 취득하는 경우 취득세를 중과세하는 구「지방세법」해당 조항 본문 중 "본점의 사업용 부동산을 취득하는 경우"에 관한 부분은 인구유입이나 경제력집중 효과에 관한 판단을 전적으로 배제한 것이므로 거주·이전의 자유를 침해한다. 24년 국가직 7급 [O][X]

(X) 이 사건 법률조항은 수도권에 인구 및 경제·산업시설이 밀집되어 발생하는 문제를 해결하고 국토의 균형 있는 발전을 도모하기 위하여 법인이 과밀억제권역 내에 본점의 사업용 부동산으로 건축물을 신축·증축하여 이를 취득하는 경우 취득세를 중과세하는 조항으로서, 구법과 달리 인구유입과 경제력 집중의 효과가 뚜렷한 건물의 신축, 증축 그리고 부속토지의 취득만을 그 적용대상으로 한정하여 부당하게 중과세할 소지를 제거하였다(헌재 2014.7.24. 2012헌바408).

1199
법무부령이 정하는 금액 이상의 추징금을 납부하지 아니한 자의 출국을 금지할 수 있도록 한「출입국관리법」조항은 거주·이전의 자유 중 출국의 자유를 제한하는 것은 아니다. 24년 7급 국가직 [O][X]

(X) 심판대상 법조항은 일정금액 이상의 추징금을 납부하지 아니한 자에게 법무부장관이 출국을 금지할 수 있도록 함으로써 헌법 제14조상의 거주·이전의 자유 중 출국의 자유를 제한하고 있다(헌재 2004.10.28. 2003헌가18).

| OX 문제 | 정답 및 해설 |

1200
복수국적자가 외국에 주소가 있는 경우에만 국적이탈을 신고할 수 있도록 하는 「국적법」 조항은 기회주의적 국적이탈을 방지하기 위한 것으로, 복수국적자의 국적이탈의 자유를 침해하지 아니한다. 24년 경찰간부 ⓞⓧ

(O) 외국에 생활근거 없이 주로 국내에서 생활하며 대한민국과 유대관계를 형성한 자가 단지 법률상 외국 국적을 지니고 있다는 사정을 빌미로 기회주의적 국적을 이탈하려는 행위를 제한하기 위한 것으로 헌법에 위반되지 아니한다(헌재 2023.2.23. 2020헌바603).

1201
아프가니스탄 등 전쟁이나 테러위험이 있는 해외 위난지역에서 여권 사용을 제한하거나 방문 또는 체류를 금지한 외교통상부 고시는 거주·이전의 자유를 침해한다. 24년 경찰 2차 ⓞⓧ

(X) 외교통상부가 해외 위난지역에서의 국민을 보호하고자 특정 해외 위난지역에서의 여권사용, 방문 또는 체류를 금지한 이 사건 고시는 국민의 생명·신체 및 재산을 보호하기 위한 것으로 그 목적의 정당성과 수단의 적절성이 인정된다(헌재 2008.6.26. 2007헌마1366).

1202
국민의 거주·이전의 자유는 국외에서 체류지와 거주지를 자유롭게 정할 수 있는 '해외여행 및 해외이주의 자유'와 외국에서 체류하거나 거주하려고 대한민국을 떠날 수 있는 '출국의 자유'를 포함하지만, 외국체류나 거주를 중단하고 다시 대한민국으로 돌아올 수 있는 '입국의 자유'는 포함하지 않는다. 24년 경찰 2차 ⓞⓧ

(X) 헌법 제14조의 거주·이전의 자유는 국가의 간섭 없이 자유롭게 거주와 체류지를 정할 수 있는 자유로서, 정치·경제·사회·문화 등 모든 생활영역에서 개성 신장을 촉진함으로써 헌법상 보장되고 있는 다른 기본권의 실효성을 증대시키는 기능을 한다. 거주·이전의 자유에는 국외에서 체류지와 거주지를 자유롭게 정할 수 있는 '해외여행 및 해외이주의 자유'가 포함되고, 이는 필연적으로 외국에서 체류하거나 거주하기 위해서 대한민국을 떠날 수 있는 '출국의 자유'와 외국체류 또는 거주를 중단하고 다시 대한민국으로 돌아올 수 있는 '입국의 자유'를 포함한다(헌재 2015.9.24. 2012헌바302).

1203
국가기관의 감청설비 보유 사용에 대한 관리와 통제를 위한 법적 제도적 장치가 마련되어 있다면 국가기관이 인가 없이 감청설비를 보유 사용할 수 있다는 사실만 가지고 바로 국가기관에 의해 통신의 자유가 침해된다고 볼 수 없다. 20년 경행특채 ⓞⓧ

(O) 이 사건 법률조항에서 사인이 감청설비를 제조·수입·판매 등을 하기 위해서는 정보통신부장관의 인가를 받도록 규정한 것은 사인에 의한 통신비밀 침해행위를 사전에 예방하기 위한 것이다. 그리고 국가기관의 감청설비 보유·사유에 대한 관리와 통제를 위한 법적·제도적 장치가 마련되어 있으므로, 통신의 자유를 침해한다고 볼 수는 없다(헌재 2001.3.21. 2000헌바25).

1204
통신의 자유란 통신수단을 자유로이 이용하여 의사소통할 권리이고, 이러한 '통신수단의 자유로운 이용'에는 자신의 인적 사항을 누구에게도 밝히지 않는 상태로 통신수단을 이용할 자유, 즉 통신수단의 익명성 보장도 포함된다. 24년 국회직 8급, 23년 변호사, 22년 지방직 7급, 21년 법원행시, 20년 법원직 ⓞⓧ

(O) 헌법 제18조로 보장되는 기본권인 통신의 자유란 통신수단을 자유로이 이용하여 의사소통할 권리이다. '통신수단의 자유로운 이용'에는 자신의 인적 사항을 누구에게도 밝히지 않는 상태로 통신수단을 이용할 자유, 즉 통신수단의 익명성 보장도 포함된다. 심판대상조항은 휴대전화를 통한 문자·전화·모바일 인터넷 등 통신기능을 사용하고자 하는 자에게 반드시 사전에 본인확인 절차를 거치는 데 동의해야만 이를 사용할 수 있도록 하므로, 익명으로 통신하고자 하는 청구인들의 통신의 자유를 제한한다(헌재 2019.9.26. 2017헌마1209).

1205
육군 신병훈련소에서 교육훈련을 받는 동안 전화사용을 통제하는 내용의 육군 신병교육 지침서 부분은 신병교육훈련생들의 통신의 자유를 침해하지 않는다. 20년 법원직 ⓞⓧ

(O) 이 사건 지침은 신병교육훈련을 받고 있는 군인의 통신의 자유를 제한하고 있으나, 신병들을 군인으로 육성하고 교육훈련과 병영생활에 조속히 적응시키기 위하여 신병교육기간에 한하여 신병의 외부 전화통화를 통제한 것이다. … 이 사건 지침에서 신병교육훈련기간 동안 전화사용을 하지 못하도록 정하고 있는 규율이 청구인을 포함한 신병교육훈련생들의 통신의 자유 등 기본권을 필요한 정도를 넘어 과도하게 제한하는 것이라고 보기 어렵다(헌재 2010.10.28. 2007헌마890).

| OX 문제 | 정답 및 해설 |

1206
통신제한조치기간의 연장을 허가함에 있어 총연장기간 또는 총연장횟수의 제한을 두지 않은 것은, 주요 범죄 내지 국가 안위를 위협하는 음모나 조직화된 집단범죄의 음모가 있는 경우 장기간에 걸친 지속적인 수사가 필요하고 그 증거수집을 위하여 지속적인 통신제한조치가 허용될 필요가 있기 때문이므로, 통신의 자유를 침해하지 않는다. 23년 변호사, 22년 법무사, 22년 경찰승진 ⊙⊗

(X) 통신제한조치의 기간연장절차의 남용을 통제하는데 한계가 있는 이상 통신제한조치기간 연장에 사법적 통제절차가 있다는 사정만으로는 그 남용으로 인하여 개인의 통신의 비밀이 과도하게 제한되는 것을 막을 수 없기 때문에, 통신제한조치기간을 연장함에 있어 법운용자의 남용을 막을 수 있는 최소한의 한계를 설정할 필요가 있다. 그럼에도 통신제한조치의 총연장기간이나 총연장횟수를 제한하지 않고 계속해서 통신제한조치가 연장될 수 있도록 한 이 사건 법률조항은 최소침해성원칙을 위반한 것이다(헌재 2010.12.28. 2009헌가30).

1207
검사 또는 사법경찰관이 수사를 위하여 필요한 경우 「전기통신사업법」에 의한 전기통신사업자에게 위치정보 추적자료의 열람이나 제출을 요청할 수 있도록 하는 「통신비밀보호법」상 조항은 과잉금지원칙에 반하여 정보주체의 통신의 자유를 침해한다. 23년 경찰간부 ⊙⊗

(O) 수사의 필요성만을 그 요건으로 하고 있어 절차적 통제마저도 제대로 이루어지기 어려운 현실인 점 등을 고려할 때, 이 사건 요청조항은 과잉금지원칙에 반하여 청구인들의 개인정보자기결정권과 통신의 자유를 침해한다(헌재 2018.6.28. 2012헌마191 등).

1208
미결수용자와 변호인 아닌 자와의 접견내용을 녹음·녹화함으로써 증거인멸이나 형사 법령 저촉 행위의 위험을 방지하고 교정시설 내의 안전과 질서유지에 기여하려는 공익은 미결수용자가 받게 되는 사익의 제한보다 훨씬 크고 중요한 것이므로 법익의 균형성이 인정된다. 23년 경찰간부 ⊙⊗

(O) 청구인의 접견내용을 녹음·녹화함으로써 증거인멸이나 형사 법령 저촉 행위의 위험을 방지하고, 교정시설 내의 안전과 질서유지에 기여하려는 공익은 미결수용자가 받게 되는 사익의 제한보다 훨씬 크고 중요한 것이라고 할 것이므로 법익의 균형성도 인정된다. 따라서 이 사건 녹음조항은 과잉금지원칙을 위배하여 청구인의 사생활의 비밀과 자유 및 통신의 비밀을 침해하지 아니한다(헌재 2016.11.24. 2014헌바401).

1209
범죄 수사 목적을 이유로 통신제한조치 허가 대상 중 하나로 정하는 인터넷회선 감청의 경우 그 집행단계나 집행 이후에 수사기관의 권한 남용을 통제하고 관련 기본권의 침해를 최소화하기 위한 제도적 조치가 제대로 마련되지 않은 상태에서는 침해의 최소성 요건을 충족하지 않는다. 23년 경찰간부 ⊙⊗

(O) 이 사건 법률조항은 인터넷회선 감청의 특성을 고려하여 그 집행단계나 집행 이후에 수사기관의 권한 남용을 통제하고 관련 기본권의 침해를 최소화하기 위한 제도적 조치가 제대로 마련되어 있지 않은 상태에서, 범죄수사 목적을 이유로 인터넷회선 감청을 통신제한조치 허가 대상 중 하나로 정하고 있으므로 침해의 최소성 요건을 충족한다고 할 수 없다(헌재 2018.8.30. 2016헌마263).

1210
수사기관이 수사를 위하여 필요한 경우 법원의 허가를 얻어 전기통신사업자에게 정보주체의 위치정보 추적자료의 제공을 요청할 수 있게 한 법률조항은, 수사의 필요성만을 그 요건으로 하고 있어 절차적 통제마저도 제대로 이루어지기 어려운 현실인 점 등을 고려할 때, 과잉금지원칙에 반하여 정보주체인 전기통신가입자의 통신의 자유를 침해한다. 22년 국회직 8급 ⊙⊗

(O) 수사기관의 위치정보 추적자료 제공요청에 대해 법원의 허가를 거치도록 규정하고 있으나 수사의 필요성만을 그 요건으로 하고 있어 절차적 통제마저도 제대로 이루어지기 어려운 현실인 점 등을 고려할 때, 이 사건 요청조항은 과잉금지원칙에 반하여 청구인들의 개인정보자기결정권과 통신의 자유를 침해한다(헌재 2018.6.28. 2012헌마191 등).

| OX 문제 | 정답 및 해설 |

1211
「통신비밀보호법」조항 중 '인터넷회선을 통하여 송·수신하는 전기통신'에 관한 부분은 인터넷회선 감청의 특성을 고려하여 그 집행 단계나 집행 이후에 수사기관의 권한 남용을 통제하고 관련 기본권의 침해를 최소화 하기 위한 제도적 조치가 제대로 마련되어 있지 않은 상태에서, 범죄수사 목적을 이유로 인터넷 회선 감청을 통신제한조치 허가 대상 중 하나로 정하고 있으므로 청구인의 기본권을 침해한다. 22년 순경 1차 ⓞⓧ

(O) 인터넷회선 감청의 특성을 고려하여 그 집행 단계나 집행 이후에 수사기관의 권한남용을 통제하고 관련 기본권의 침해를 최소화하기 위한 제도적 조치가 제대로 마련되어 있지 않은 상태에서, 범죄수사 목적을 이유로 인터넷회선 감청을 통신제한조치 허가 대상 중 하나로 정하고 있으므로 이는 헌법에 위반된다(헌재 2018.8.30. 2016헌마263).

1212
미결수용자가 교정시설 내에서 규율위반행위 등을 이유로 금지처분을 받은 경우 금지기간 중 서신수수, 접견, 전화통화를 제한 하는 「형의 집행 및 수용자의 처우에 관한 법률」조항 중 미결수용자에게 적용되는 부분은 미결수용자인 청구인의 통신의 자유를 침해하지 않는다. 22년 순경 1차 ⓞⓧ

(O) 금치 징벌의 목적 자체가 징벌실에 수용하고 엄격한 격리에 의하여 개전을 촉구하고자 하는 것이므로 접견·서신수발의 제한은 불가피하며, 행형법시행령 제145조 제2항은 금치 기간 중의 접견·서신수발을 금지하면서도, 그 단서에서 소장으로 하여금 "교화 또는 처우상 특히 필요하다고 인정되는 때"에는 금치 기간 중이라도 접견·서신수발을 허가할 수 있도록 예외를 둠으로써 과도한 규제가 되지 않도록 조치하고 있다(헌재 2004.12.16. 2002헌마478).

1213
금치처분을 받은 수형자에 대하여 서신 수수를 제한하는 것은 징벌실 수용에 따른 격리에 추가하여 통신의 제한을 더하는 것이므로 이는 수형자의 통신의 자유를 침해한다. 22년 입법고시 ⓞⓧ

(X) 서신수수 제한의 경우 외부와의 접촉을 금지시키고 구속감과 외로움 속에 반성에 전념토록 하는 징벌의 목적에 상응하는 점, 서신수수를 허가할 수 있는 예외를 규정하고 있는 점 등을 감안하면, 이 사건 서신수수제한 조항은 청구인의 통신의 자유를 침해하지 아니한다(헌재 2014.8.28. 2012헌마623).

1214
청구인인 금치처분을 받은 사람에게 최장 30일 이내의 기간 동안 공동행사에 참가할 수 없게 하였으나, 서신수수·접견을 통해 외부와 통신할 수 있게 하였고 종교상담을 통해 종교활동을 할 수 있도록 한 것은 청구인의 통신의 자유, 종교의 자유를 침해하지 않는다. 20년 국회직 8급 ⓞⓧ

(O) 형집행법 제112조 제3항 본문 중 제108조 제4호에 관한 부분은 금치의 징벌을 받은 사람에 대해 금치기간 동안 공동행사 참가 정지라는 불이익을 가함으로써, 규율의 준수를 강제하여 수용시설 내의 안전과 질서를 유지하기 위한 것으로서, 목적의 정당성 및 수단의 적합성이 인정된다. 금치처분을 받은 사람은 최장 30일 이내의 기간 동안 공동행사에 참가할 수 없으나, 서신수수, 접견을 통해 외부와 통신할 수 있고, 종교상담을 통해 종교활동을 할 수 있다. 또한, 위와 같은 불이익은 규율 준수를 통하여 수용질서를 유지한다는 공익에 비하여 크다고 할 수 없다. 따라서 위 조항은 청구인의 통신의 자유, 종교의 자유를 침해하지 아니한다(헌재 2016.5.26. 2014헌마45).

1215
화상접견시스템이라는 전기통신수단을 이용하여 마약류사범인 미결수용자와 변호인이 아닌 접견인 사이의 접견내용을 모두 녹음·녹화하는 것은 미결수용자의 통신의 비밀을 침해하지 않는다. 22년 입법고시 ⓞⓧ

(O) 이 사건 녹음조항은 수용자의 증거인멸의 가능성 및 추가범죄의 발생 가능성을 차단하고, 교정시설 내의 안전과 질서유지를 위한 것으로 목적의 정당성이 인정되며, 수용자는 증거인멸 또는 형사 법령 저촉 행위를 할 경우 쉽게 발각될 수 있다는 점을 예상하여 이를 억제하게 될 것이므로 수단의 적합성도 인정된다(헌재 2016.11.24. 2014헌바401).

OX 문제

1216
「통신비밀보호법」상 '감청'이란 대상이 되는 전기통신의 송·수신과 동시에 이루어지는 경우만을 의미하고, 이미 수신이 완료된 전기통신의 내용을 지득하는 등의 행위는 포함되지 않는다. 22년 경찰간부 [O X]

1217
누구든지 공개되지 아니한 타인간의 대화를 녹음하거나 전자장치 또는 기계적 수단을 이용하여 청취할 수 없다. 22년 경찰간부, 20년 경행특채 [O X]

1218
수사기관의 인터넷 회선 감청을 다른 감청과 달리 별도의 제한절차 없이 허용하는 것은 오늘날 정보화 사회에서 날로 지능화되는 범죄 수사를 위해 불가피하므로 헌법에 위반된다고 할 수 없다. 22년 입법고시 [O X]

1219
수형자가 수발하는 서신에 대한 검열로 인하여 수형자의 통신의 비밀이 일부 제한되는 것은 국가안전보장·질서유지 또는 공공복리라는 정당한 목적을 위하여 부득이할 뿐만 아니라 유효적절한 방법에 의한 최소한의 제한이며 통신의 자유의 본질적 내용을 침해하는 것이 아니므로 헌법에 위반된다고 할 수 없다. 22년 지방직 7급 [O X]

1220
"3인 간의 대화에 있어서 그 중 한 사람이 그 대화를 녹음하는 경우에 다른 두 사람의 발언은 그 녹음자에 대한 관계에서 타인 간의 대화라고 할 수 있으므로 이를 녹음한 행위는 공개되지 아니한 타인 간의 대화를 녹음 또는 청취하지 못한다."고 규정한 「통신비밀보호법」 제3조 제1항에 위배된다. 24년 경찰간부, 22년 법학경채, 21년 법원행시 [O X]

1221
타인 간의 대화내용을 위법하게 취득한 자와 위법하게 취득된 타인 간의 대화내용을 공개 누설한 자를 동일한 법정형으로 규정하였다고 하더라도 그리고 벌금형을 선택적으로 규정하지 않았다고 하더라도 그것이 형벌 본래의 목적과 기능을 달성함에 있어 필요한 정도를 일탈하여 지나치게 과중한 형벌이라고는 보기 어렵다. 22년 법학경채 [O X]

정답 및 해설

(O) 전기통신의 '감청'은 위 '감청'의 개념 규정에 비추어 현재 이루어지고 있는 전기통신의 내용을 지득·채록하는 경우와 통신의 송·수신을 직접적으로 방해하는 경우를 의미하는 것이지 전자우편이 송신되어 수신인이 이를 확인하는 등으로 이미 수신이 완료된 전기통신에 관하여 남아 있는 기록이나 내용을 열어보는 등의 행위는 포함하지 않는다 할 것이다(대판 2012.11.29. 2010도9007).

(O) 누구든지 이 법과 형사소송법 또는 군사법원법의 규정에 의하지 아니하고는 우편물의 검열·전기통신의 감청 또는 통신사실확인자료의 제공을 하거나 공개되지 아니한 타인간의 대화를 녹음 또는 청취하지 못한다(통신비밀보호법 제3조 제1항).

(X) 인터넷회선의 감청을 허용하는 것은 개인의 통신 및 사생활의 비밀과 자유에 심각한 위협을 초래하게 되므로 이 사건 법률조항으로 인하여 달성하려는 공익과 제한되는 사익 사이의 법익 균형성도 인정되지 아니한다. 그러므로 이 사건 법률조항은 과잉금지원칙에 위반하는 것으로 청구인의 기본권을 침해한다(헌재 2018.8.30. 2016헌마263).

(O) 현행법령과 제도하에서 수형자가 수발하는 서신에 대한 검열로 인하여 수형자의 통신의 비밀이 일부 제한되는 것은 국가안전보장·질서유지 또는 공공복리라는 정당한 목적을 위하여 부득이할 뿐만 아니라 유효적절한 방법에 의한 최소한의 제한이며 통신의 자유의 본질적 내용을 침해하는 것이 아니므로 헌법에 위반된다고 할 수 없다(헌재 1998.8.27. 96헌마398).

(X) 통신비밀보호법 제3조 제1항이 "공개되지 아니한 타인간의 대화를 녹음 또는 청취하지 못한다."고 정한 것은, 대화에 원래부터 참여하지 않는 제3자가 그 대화를 하는 타인들 간의 발언을 녹음해서는 아니 된다는 취지이다. 3인간의 대화에 있어서 *그 중 한 사람이* 그 대화를 녹음하는 경우에 다른 두 사람의 발언은 그 녹음자에 대한 관계에서 '타인간의 대화'라고 할 수 없으므로 이와 같은 녹음행위가 통신비밀보호법 제3조 제1항에 위배된다고 볼 수는 없다(대판 2006.10.12. 2006도4981).

(O) 이 사건 법률조항이 타인간의 대화내용을 위법하게 취득한 자와 위법하게 취득된 타인간의 대화내용을 공개·누설한 자를 동일한 법정형으로 규정하였다고 하더라도, 그리고 벌금형을 선택적으로 규정하지 않았다고 하더라도 그것이 형벌 본래의 목적과 기능을 달성함에 있어 필요한 정도를 일탈하여 지나치게 과중한 형벌이라고는 보기 어렵다(헌재 2011.8.30. 2009헌바42).

OX 문제

1222 수사를 위하여 필요한 경우 수사기관으로 하여금 법원의 허가를 얻어 전기통신사업자에게 특정 시간대 특정 기지국에서 발신된 모든 전화번호의 제공을 요청할 수 있도록 하는 것은 그 통신 서비스이용자의 통신의 자유를 침해한다. 23년 법원직 9급, 23년 법원행시, 22년 법학경채, 21년 국가직 5급 [O][X]

1223 피청구인 구치소장이 구치소에 수용 중인 수형자에게 온 서신에 '허가 없이 수수되는 물품'인 녹취서와 사진이 동봉되어 있음을 확인하여 서신수수를 금지하고 발신인인 청구인에게 위 물품을 반송한 것은 과잉금지원칙에 위반되어 청구인의 통신의 자유를 침해한다. 22년 경찰승진 [O][X]

1224 송·수신이 완료된 전기통신에 대한 압수·수색 사실을 수사대상이 된 가입자에게만 통지하도록 하고, 그 상대방에 대하여는 통지하지 않도록 한 통신비밀보호법 조항은 청구인들의 개인정보자기결정권을 침해하지 아니한다. 21년 법원직 9급 [O][X]

1225 인터넷회선 감청은 타인과의 관계를 전제로 하는 개인의 사적 영역을 보호하려는 헌법 제18조의 통신의 비밀과 자유 외에 헌법 제17조의 사생활의 비밀과 자유도 제한하므로, 인터넷회선 감청을 범죄수사를 위한 통신제한조치 허가 대상으로 정함에 있어서는 과잉금지원칙을 준수하여야 한다. 22년 법무사 [O][X]

1226 수용자가 밖으로 내보내는 모든 서신을 봉함하지 않은 상태로 교정시설에 제출하도록 하는 것은 수용자의 통신비밀의 자유를 침해한다. 22년 법무사 [O][X]

1227 대화에 원래부터 참여하지 않는 제3자가 일반 공중이 알 수 있도록 공개되지 않은 타인 간의 발언을 녹음하는 것은 특별한 사정이 없는 한 「통신비밀보호법」 제3조 제1항에 위반된다. 24년 경찰간부 [O][X]

정답 및 해설

(O) 기지국수사의 허용과 관련하여서는 유괴·납치·성폭력범죄 등 강력범죄나 국가안보를 위협하는 각종 범죄와 같이 피의자나 피해자의 통신사실 확인자료가 반드시 필요한 범죄로 그 대상을 한정하는 방안 또는 다른 방법으로는 범죄수사가 어려운 경우(보충성)를 요건으로 추가하는 방안 등을 검토함으로써 수사에 지장을 초래하지 않으면서도 불특정 다수의 기본권을 덜 침해하는 수단이 존재하는 점을 고려할 때, 이 사건 요청조항은 과잉금지원칙에 반하여 청구인의 개인정보자기결정권과 통신의 자유를 침해한다(헌재 2018.6.28. 2012헌마538).

(X) 수용자 사이에 사진을 자유롭게 교환할 수 있도록 하는 경우 각종 교정사고가 발생할 가능성이 있다. 이와 같은 점을 종합적으로 고려하면, 이 사건 반송행위는 과잉금지원칙에 위반되어 청구인의 통신의 자유를 침해하지 않는다(헌재 2019.12.27. 2017헌마413 등).

(O) 형사소송법 조항과 영장실무가 압수·수색영장의 효력범위를 한정하고 있으므로, 송·수신이 완료된 전기통신에 관하여 수사대상이 된 가입자의 상대방에 대한 기본권 침해를 최소화하는 장치는 어느 정도 마련되어 있다. 따라서 심판대상조항은 적법절차원칙에 위배되어 청구인들의 개인정보자기결정권을 침해한다고 볼 수 없다(헌재 2018.4.26. 2014헌마1178).

(O) 인터넷회선 감청은 타인과의 관계를 전제로 하는 개인의 사적 영역을 보호하려는 헌법 제18조의 통신의 비밀과 자유 외에 헌법 제17조의 사생활의 비밀과 자유도 제한하게 된다. 따라서 인터넷회선 감청도 범죄수사를 위한 통신제한조치 허가 대상으로 정한 이 사건 법률조항이 과잉금지원칙에 반하여 피의자 또는 피내사자와 같은 대상자뿐만 아니라 이용자들의 통신 및 사생활의 비밀과 자유를 침해하는지 여부에 대하여 본다(헌재 2018.8.30. 2016헌마263). / 즉 과잉금지원칙을 준수하여야 한다.

(O) 이 사건 시행령조항이 수용자가 보내려는 모든 서신에 대해 무봉함 상태의 제출을 강제함으로써 수용자의 발송 서신 모두를 사실상 검열 가능한 상태에 놓이도록 하는 것은 기본권 제한 규범이 지켜야 할 침해의 최소성 요건을 위반하는 것이다(헌재 2012.2.23. 2009헌마333).

(O) 통신비밀보호법 제3조 제1항이 "공개되지 아니한 타인 간의 대화를 녹음 또는 청취하지 못한다."라고 정한 것은, 대화에 원래부터 참여하지 않는 제3자가 그 대화를 하는 타인들 간의 발언을 녹음해서는 아니 된다는 취지이다(대판 2006.10.12. 2006도4981).

OX 문제

1228
방송통신심의위원회가 정보통신서비스제공자 등에 대하여 특정 웹사이트에 대한 접속차단의 시정을 요구한 것은, 불법정보 등의 유통을 차단함으로써 정보통신에서의 건전한 문화를 창달하고 정보통신의 올바른 이용환경을 조성하고자 하는 것으로서, 정보통신서비스제공자의 통신의 비밀과 자유를 침해하지 아니한다. 24년 경찰간부 [O X]

1229
헌법 제18조는 통신의 비밀보호를 그 핵심내용으로 하는 통신의 자유를 기본권으로 보장하고 있는데, 자유로운 의사소통은 통신 내용의 비밀을 보장하는 것만으로 충분하고 구체적인 통신으로 발생하는 외형적인 사실관계, 특히 통신관여자의 인적 동일성·통신시간·통신장소·통신횟수 등 통신의 외형을 구성하는 통신 이용의 전반적 상황의 비밀까지도 보장해야 하는 것은 아니다. 25년 경찰승진 [O X]

1230
「통신비밀보호법」상 통신사실 확인자료 제공요청은 수사 또는 내사의 대상이 된 가입자 등의 동의나 승낙을 얻지 아니하고도 공공기관이 아닌 전기통신사업자를 상대로 이루어지는 것으로 수사기관의 강제처분에 해당되어 헌법상 영장주의가 적용된다. 25년 경찰승진 [O X]

1231
방송통신심의위원회가 2019. 2. 11. 주식회사 ○○ 외 9개 정보통신서비스제공자 등에 대하여 895개 웹사이트에 대한 접속차단의 시정을 요구한 행위는, 그 차단 과정에서 정보통신서비스이용자들이 접속하고자 하는 웹사이트를 알 수 있는 SNI 등의 접속정보가 정보통신서비스제공자에게 공개되어, 정보통신서비스이용자들의 통신의 비밀과 자유를 제한한다. 25년 순경 1차 [O X]

1232
'패킷감청'의 방식으로 이루어지는 인터넷회선 감청은 현대사회에 가장 널리 이용되는 의사소통 수단인 인터넷 통신망을 통해 송·수신하는 전기통신에 대한 감청을 범죄수사를 위한 통신제한조치의 하나로 정하고 있으므로, 일차적으로 헌법 제18조가 보장하는 통신의 비밀과 자유를 제한한다. 25년 순경 1차 [O X]

정답 및 해설

(O) 정보통신서비스제공자 등이 참여하는 협의체를 구성하여, 보안접속 프로토콜(https)을 이용하여 통신하는 경우에도 불법정보 등에 대한 접속차단이 가능하도록 'SNI 차단 방식'을 도입하기로 협의하고 주식회사 케이티 외 9개 정보통신서비스제공자 등에 대하여 불법정보 등에 해당하는 895개 웹사이트에 대한 이용자들의 접속을 차단하도록 시정을 요구하였다. 이용자들의 통신의 비밀과 자유 및 알 권리를 침해하지 않는다(헌재 2023.10.26. 2019헌마158).

(X) 자유로운 의사소통은 통신내용의 비밀을 보장하는 것만으로는 충분하지 아니하고 구체적인 통신으로 발생하는 외형적인 사실관계, 특히 통신관여자의 인적 동일성·통신시간·통신장소·통신횟수 등 통신의 외형을 구성하는 통신이용의 전반적 상황의 비밀까지도 보장해야 한다(헌재 2018.6.28. 2012헌마191 등).

(O) 통신사실 확인자료 제공요청은 수사 또는 내사의 대상이 된 가입자 등의 동의나 승낙을 얻지 아니하고도 공공기관이 아닌 전기통신사업자를 상대로 이루어지는 것으로 통신비밀보호법이 정한 수사기관의 강제처분이다(헌재 2018.6.28. 2012헌마191 등). / 따라서 영장주의가 적용된다.

(O) 시정요구는 정보통신서비스제공자 등이 피청구인과 사전에 협의한 내용을 바탕으로 기존의 차단 방식과 SNI 차단 방식을 함께 적용하여 특정 웹사이트에 대한 접속을 차단하도록 하므로, 그 차단 과정에서 청구인들이 접속하고자 하는 웹사이트를 알 수 있는 SNI 등의 접속정보가 정보통신서비스제공자에게 공개되어 청구인들의 통신의 비밀과 자유가 제한된다(헌재 2023.10.26. 2019헌마158 등). / 다만 침해하지는 않는다.

(O) 이 사건 법률조항은 현대 사회에 가장 널리 이용되는 의사소통 수단인 인터넷 통신망을 통해 송·수신하는 전기통신에 대한 감청을 범죄수사를 위한 통신제한조치의 하나로 정하고 있으므로, 일차적으로 헌법 제18조가 보장하는 통신의 비밀과 자유를 제한한다(헌재 2018.8.30. 2016헌마263).

OX 문제

1233
누구든지 단말기기 고유번호를 제공하거나 제공받아서는 아니되며, 이동전화단말기 제조업체 또는 이동통신사업자가 단말기의 개통처리 및 수리 등 정당한 업무의 이행을 위하여 제공하거나 제공받는 경우에도 그러하다. 24년 국회직 9급

1234
감청설비 제조·수입 등의 경우 정보통신부장관의 인가를 받도록 하되 국가기관은 예외로 하도록 하는 것은, 국가기관에 의한 통신비밀침해 행위를 용이하게 하는 결과를 초래함으로써 통신의 자유를 침해한다. 20년 비상기획관(하)

1235
통신의 비밀이란 서신·우편·전신의 통신수단을 통하여 개인 간에 의사나 정보의 전달과 교환이 이루어지는 경우, 통신의 내용과 통신이용의 상황이 개인의 의사에 반하여 공개되지 아니할 자유를 의미하므로, 휴대전화 통신계약 체결 단계에서는 아직 통신의 비밀에 대한 제한이 이루어진다고 보기 어렵다. 20년 법원직

1236
방송통신심의위원회가 정보통신서비스제공자 등에 대하여 특정 웹사이트에 대한 접속차단의 시정을 요구한 것은, 불법정보 등의 유통을 차단함으로써 정보통신에서의 건전한 문화를 창달하고 정보통신의 올바른 이용환경을 조성하고자 하는 것으로서, 정보통신서비스제공자의 통신의 비밀과 자유를 침해하지 아니한다. 24년 경찰간부

정답 및 해설

(X) 누구든지 단말기기 고유번호를 제공하거나 제공받아서는 아니 된다. 다만, 이동 전화단말기 제조업체 또는 이동통신사업자가 단말기의 개통처리 및 수리 등 정당한 업무의 이행을 위하여 제공하거나 제공받는 경우에는 그러하지 아니하다(통신비밀보호법 제3조 제3항).

(X) 국가기관을 이 사건 법률조항에 의한 규율대상에서 제외하는 것은 결과적으로 국가기관에 의한 통신비밀침해행위를 널리 허용하는 결과를 초래한다는 청구인의 주장과 같은 견해도 있을 수는 있겠으나, 앞서 본 바와 같이 국가기관의 경우에는 감청설비의 보유와 사용이 제도적으로 관리, 감독될 수 있고, 특히 수사기관의 경우 통신비밀침해 행위를 억제하기 위한 통제수단이 법적으로 마련되어 있으므로, 정보통신부장관의 '인가'가 없이 국가기관이 감청설비를 보유, 사용할 수 있다 하더라도 그 사실만 가지고 바로 국가기관에 의한 통신비밀침해 행위를 용이하게 하는 결과를 초래함으로써 통신의 자유를 침해한다고 볼 수는 없다(헌재 2001.3.21. 2000헌바25).

(O) 통신의 비밀이란 서신·우편·전신의 통신수단을 통하여 개인 간에 의사나 정보의 전달과 교환(의사소통)이 이루어지는 경우, 통신의 내용과 통신이용의 상황이 개인의 의사에 반하여 공개되지 아니할 자유를 의미한다. 그러나 가입자의 인적사항이라는 정보는 통신의 내용·상황과 관계없는 '비 내용적 정보'이며 휴대전화 통신계약 체결 단계에서는 아직 통신수단을 통하여 어떠한 의사소통이 이루어지는 것이 아니므로 통신의 비밀에 대한 제한이 이루어진다고 보기는 어렵다(헌재 2019.9.26. 2017헌마1209). / 통신의 자유, 개인정보자기결정권이 문제된다.

(O) 정보통신서비스제공자 등이 참여하는 협의체를 구성하여, 보안접속 프로토콜(https)을 이용하여 통신하는 경우에도 불법정보 등에 대한 접속차단이 가능하도록 'SNI 차단 방식'을 도입하기로 협의하고 주식회사 케이티 외 9개 정보통신서비스제공자 등에 대하여 불법정보 등에 해당하는 895개 웹사이트에 대한 이용자들의 접속을 차단하도록 시정을 요구하였다. 이용자들의 통신의 비밀과 자유 및 알 권리를 침해하지 않는다(헌재 2023.10.26. 2019헌마158).

제3절 정신적 자유권

1237
양심이란 세계관·인생관·주의·신조 등은 물론 이에 이르지 아니하여도 보다 널리 개인의 인격형성에 관계되는 내심에 있어서의 가치적·윤리적 판단도 포함된다. 24년 소방간부, 21년 소방간부, 20년 지방직 7급, 20년 소방간부 〔O X〕

(O) 헌법 제19조는 모든 국민은 양심의 자유를 가진다고 규정하여 양심의 자유를 기본권의 하나로 보장하고 있는바, 여기서 말하는 양심이란 세계관·인생관·주의·신조 등은 물론 이에 이르지 아니하여도 보다 널리 개인의 인격형성에 관계되는 내심에 있어서의 가치적·윤리적 판단도 포함된다. 그러므로 양심의 자유에는 널리 사물의 시시비비나 선악과 같은 윤리적 판단에 국가가 개입해서는 아니되는 내심적 자유는 물론, 이와 같은 윤리적 판단을 국가권력에 의하여 외부에 표명하도록 강제받지 아니할 자유까지 포괄한다(헌재 1998.7.16. 96헌바35).

1238
보호되어야 할 양심에는 세계관·인생관·주의·신조 등은 물론 널리 개인의 인격형성에 관계되는 내심에 있어서의 가치적·윤리적 판단이나 단순한 사실관계의 확인과 같이 가치적·윤리적 판단이 개입될 여지가 없는 경우까지도 포함될 수 있다. 23년 경찰간부, 22년 소방간부, 22년 해경간부, 20년 국가직 5급 〔O X〕

(X) 단순한 사실관계의 확인과 같이 가치적·윤리적 판단이 개입될 여지가 없는 경우는 물론, 법률해석에 관하여 여러 견해가 갈리는 경우처럼 다소의 가치관련성을 가진다고 하더라도 개인의 인격형성과는 관계가 없는 사사로운 사유나 의견 등은 그 보호대상이 아니라고 할 것이다(헌재 2002. 1. 31. 2001헌바43).

1239
경제규제법적 성격을 가진 공정거래법에 위반하였는지 여부는 각 개인의 소신에 따라 어느 정도의 가치판단이 개입될 수 있고 그 한도에서 다소의 윤리적 도덕적 관련성을 가질 수 있으나 개인의 인격형성과는 무관하므로 사업자단체의 독점거래 및 공정거래법 위반행위가 있을 때 공정거래위원회가 당해 사업자단체에 대하여 법위반사실 공표를 명할 수 있도록 하는 법률조항은 양심의 자유와 무관하다. 23년 법원행시, 21년 경행특채 〔O X〕

(O) 경제규제법적 성격을 가진 공정거래법에 위반하였는지 여부에 있어서도 각 개인의 소신에 따라 어느 정도의 가치판단이 개입될 수 있는 소지가 있고 그 한도에서 다소의 윤리적 도덕적 관련성을 가질 수도 있겠으나, 이러한 법률판단의 문제는 개인의 인격형성과는 무관하며, 대화와 토론을 통하여 가장 합리적인 것으로 그 내용이 동화되거나 수렴될 수 있는 포용성을 가지는 분야에 속한다고 할 것이므로 헌법 제19조에 의하여 보장되는 양심의 영역에 포함되지 아니한다(헌재 2002.1.31. 2001헌바43).

1240
음주측정요구와 그 거부는 양심의 자유의 보호영역에 포괄되지 아니하므로 양심의 자유를 침해하는 것이라고 할 수 없다. 24년 경찰승진, 21년 소방간부 〔O X〕

(O) 음주측정에 응해야 할 것인지, 거부해야 할 것인지 그 상황에서 고민에 빠질 수는 있겠으나 그러한 고민은 선(善)과 악(惡)의 범주에 관한 진지한 윤리적 결정을 위한 고민이라 할 수 없으므로 그 고민 끝에 어쩔 수 없이 음주측정에 응하였다 하여 내면적으로 구축된 인간양심이 왜곡·굴절된다고 할 수도 없다. 따라서 음주측정요구와 그 거부는 양심의 자유의 보호영역에 포괄되지 아니하므로 이 사건 법률조항을 두고 헌법 제19조에서 보장하는 양심의 자유를 침해하는 것이라고 할 수 없다(헌재 1997.3.27. 96헌가11).

| OX 문제 | 정답 및 해설 |

1241
근로관계의 속성상 사용자가 비위행위를 저지른 근로자에게 자신의 잘못을 반성하고 사죄한다는 내용의 시말서 제출을 명령하는 것은 양심의 자유 침해로 볼 수 없다. 24년 경찰승진, 21년 법무사 [O][X]

(X) 취업규칙에서 사용자가 사고나 비위행위 등을 저지른 근로자에게 시말서를 제출하도록 명령할 수 있다고 규정하는 경우, 그 시말서가 단순히 사건의 경위를 보고하는 데 그치지 않고 더 나아가 근로관계에서 발생한 사고 등에 관하여 '자신의 잘못을 반성하고 사죄한다는 내용'이 포함된 사죄문 또는 반성문을 의미하는 것이라면, 이는 헌법이 보장하는 내심의 윤리적 판단에 대한 강제로서 양심의 자유를 침해하는 것이므로, 그러한 취업규칙 규정은 헌법에 위배되어 근로기준법 제96조 제1항에 따라 효력이 없고, 그에 근거한 사용자의 시말서 제출명령은 업무상 정당한 명령으로 볼 수 없다(대판 2010.1.14. 2009두6605).

1242
국가의 존립과 안전을 위한 불가결한 헌법적 가치를 담고 있는 국방의 의무와 개인의 인격과 존엄의 기초가 되는 양심의 자유가 서로 충돌하는 경우, 입법자는 두 가치를 양립시킬 수 있는 조화점을 최대한 모색해야 하고, 그것이 불가능해 부득이 어느 하나의 헌법적 가치를 후퇴시킬 수밖에 없는 경우에도 그 목적에 비례하는 범위 내에 그쳐야 한다. 24년 경찰승진 [O][X]

(O) 이 사건 법률조항은 헌법상 기본의무인 국방의 의무를 구체적으로 형성하는 것이면서 또한 동시에 양심적 병역거부자들의 양심의 자유를 제한하는 것이기도 하다. 이 사건 법률조항으로 인해서 국가의 존립과 안전을 위한 불가결한 헌법적 가치를 담고 있는 국방의 의무와 개인의 인격과 존엄의 기초가 되는 양심의 자유가 상충하게 된다. 이처럼 헌법적 가치가 서로 충돌하는 경우, 입법자는 두 가치를 양립시킬 수 있는 조화점을 최대한 모색해야 하고, 그것이 불가능해 부득이 어느 하나의 헌법적 가치를 후퇴시킬 수밖에 없는 경우에도 그 목적에 비례하는 범위 내에 그쳐야 한다(헌재 2018.6.28. 2011헌바379 등).

1243
양심의 자유에는 널리 사물의 시시비비나 선악과 같은 윤리적 판단에 국가가 개입해서는 아니되는 내심적 자유는 물론, 이와 같은 윤리적 판단을 국가권력에 의하여 외부에 표명하도록 강제받지 아니할 자유, 즉 침묵의 자유까지 포괄한다. 22년 법원행시 [O][X]

(O) 헌법 제19조는 모든 국민은 양심의 자유를 가진다고 규정하여 양심의 자유를 기본권의 하나로 보장하고 있는바, 여기서 말하는 양심이란 세계관·인생관·주의·신조 등은 물론 이에 이르지 아니하여도 보다 널리 개인의 인격형성에 관계되는 내심에 있어서의 가치적·윤리적 판단도 포함된다. 그러므로 양심의 자유에는 널리 사물의 시시비비나 선악과 같은 윤리적 판단에 국가가 개입해서는 아니되는 내심적 자유는 물론, 이와 같은 윤리적 판단을 국가권력에 의하여 외부에 표명하도록 강제받지 아니할 자유까지 포괄한다고 할 것이다(헌재 1991.4.1. 89헌마160).

1244
국가보안법과 집회 및 시위에 관한 법률 등을 위반한 수형자의 가석방 결정 전 준법의지를 확인하기 위해 제출하도록 한 준법서약서에 대하여 헌법재판소는 합헌 결정을 하였으나, 이후 준법서약서 제도는 법무부령의 개정으로 폐지되었다. 22년 법원행시 [O][X]

(O) 이 사건의 경우, 가석방심사 등에 관한 규칙 제14조에 의하여 준법서약서의 제출이 반드시 법적으로 강제되어 있는 것이 아니다. 이와 같이 위 규칙조항은 내용상 당해 수형자에게 하등의 법적 의무를 부과하는 것이 아니며 이행강제나 처벌 또는 법적 불이익의 부과 등 방법에 의하여 준법서약을 강제하고 있는 것이 아니므로 당해 수형자의 양심의 자유를 침해하는 것이 아니다(헌재 2002.4.25. 98헌마425 등).

1245
내용상 단순히 국법질서나 헌법체제를 준수하겠다는 취지의 서약을 할 것을 요구하는 준법서약은 어떤 구체적이거나 적극적인 내용을 담지 않은 채 단순한 헌법적 의무의 확인·서약에 불과하다 할 것이어서 양심의 영역을 건드리는 것이 아니다. 24년 순경 1차 [O][X]

(O) 내용상 단순히 국법질서나 헌법체제를 준수하겠다는 취지의 서약을 할 것을 요구하는 이 사건 준법서약은 국민이 부담하는 일반적 의무를 장래를 향하여 확인하는 것에 불과하며, 어떠한 가정적 혹은 실제적 상황하에서 특정의 사유(思惟)를 하거나 특별한 행동을 할 것을 새로이 요구하는 것이 아니다. 따라서 이 사건 준법서약은 어떤 구체적이거나 적극적인 내용을 담지 않은 채 단순한 헌법적 의무의 확인·서약에 불과하다 할 것이어서 양심의 영역을 건드리는 것이 아니다(헌재 2002.4.25. 98헌마425 등).

| OX 문제 | 정답 및 해설 |

1246
내심적 자유, 즉 양심형성의 자유와 양심적 결정의 자유는 내심에 머무르는 한 절대적 자유라고 할 수 있지만, 양심실현의 자유는 타인의 기본권이나 다른 헌법적 질서와 저촉되는 경우 헌법 제37조 제2항에 따라 국가안전보장·질서유지 또는 공공복리를 위하여 법률에 의하여 제한될 수 있는 상대적 자유라고 할 수 있다. 22년 법원직, 22년 법원행시, 20년 지방직 7급 [O X]

(O) 내심적 자유, 즉 양심형성의 자유와 양심적 결정의 자유는 내심에 머무르는 한 절대적 자유라고 할 수 있지만, 양심실현의 자유는 타인의 기본권이나 다른 헌법적 질서와 저촉되는 경우 헌법 제37조 제2항에 따라 국가안전보장·질서유지 또는 공공복리를 위하여 법률에 의하여 제한될 수 있는 상대적 자유라고 할 수 있다(헌재 1998.7.16. 96헌바35).

1247
양심상 결정이 어떠한 종교관·세계관 또는 그 밖의 가치체계에 기초하고 있는지와 관계없이, 모든 내용의 양심상 결정이 양심의 자유에 의하여 보장되어야 한다. 24년 소방간부, 20년 소방간부 [O X]

(O) 양심상의 결정이 어떠한 종교관·세계관 또는 그 외의 가치체계에 기초하고 있는가와 관계없이, 모든 내용의 양심상의 결정이 양심의 자유에 의하여 보장된다(헌재 2004.8.26. 2002헌가1).

1248
보안관찰처분은 보안관찰처분대상자가 보안관찰해당범죄를 다시 저지를 위험성이 내심의 영역을 벗어나 외부에 표출되는 경우에 재범의 방지를 위하여 내려지는 특별예방적 목적의 처분이므로, 보안관찰처분의 요건과 절차를 규정한 「보안관찰법」제2조, 제3조, 제4조, 제12조 제1항, 제14조는 보안관찰처분대상자의 양심의 자유를 침해하지 아니한다. 24년 순경 1차 [O X]

(O) 보안관찰처분은 보안관찰처분대상자의 내심의 작용을 문제 삼는 것이 아니라, 보안관찰처분대상자가 보안관찰해당범죄를 다시 저지를 위험성이 내심의 영역을 벗어나 외부에 표출되는 경우에 재범의 방지를 위하여 내려지는 특별예방적 목적의 처분이므로, 보안관찰처분 근거규정은 양심의 자유를 침해하지 아니한다(헌재 2015.11.26. 2014헌바475).

1249
특정한 내적인 확신 또는 신념이 양심으로 형성된 이상 그 내용 여하를 떠나 양심의 자유에 의해 보호되는 양심이 될 수 있으므로, 헌법상 양심의 자유에 의해 보호받는 양심으로 인정할 것인지의 판단은 그것이 깊고, 확고하며, 진실된 것인지 여부와 관계없다. 21년 법무사, 20년 국가직 5급 [O X]

(X) 특정한 내적인 확신 또는 신념이 양심으로 형성된 이상 그 내용 여하를 떠나 양심의 자유에 의해 보호되는 양심이 될 수 있으므로, 헌법상 양심의 자유에 의해 보호받는 '양심'으로 인정할 것인지의 판단은 그것이 깊고, 확고하며, 진실된 것인지 여부에 따르게 된다. 그리하여 양심적 병역거부를 주장하는 사람은 자신의 '양심'을 외부로 표명하여 증명할 최소한의 의무를 진다(헌재 2018.6.28. 2011헌바379).

1250
양심적 병역거부는 실상 당사자의 양심에 따른 혹은 양심을 이유로 한 병역거부를 가리키는 것이며 병역거부가 도덕적이고 정당하다는 의미도 갖는다. 23년 경찰간부, 20년 경찰승진 [O X]

(X) '양심적' 병역거부는 실상 당사자의 '양심에 따른' 혹은 '양심을 이유로 한' 병역거부를 가리키는 것일 뿐이지 병역거부가 '도덕적이고 정당하다.'는 의미는 아닌 것이다. 따라서 '양심적' 병역거부라는 용어를 사용한다고 하여 병역의무이행은 '비양심적'이 된다거나, 병역을 이행하는 거의 대부분의 병역의무자들과 병역의무이행이 국민의 숭고한 의무라고 생각하는 대다수 국민들이 '비양심적'인 사람들이 되는 것은 결코 아니다(헌재 2018.6.28. 2011헌바379 등).

| OX 문제 | 정답 및 해설 |

1251
현역 입영 또는 소집 통지서를 받은 사람이 정당한 사유 없이 입영일이나 소집일부터 3일이 지나도 입영하지 아니하거나 소집에 응하지 아니한 경우를 처벌하는 병역법 해당 조항은 과잉금지원칙을 위반하여 양심적 병역 거부자의 양심의 자유를 침해한다. 24년 법원행시 O X

(X) 현역입영 또는 소집 통지서를 받은 사람이 정당한 사유 없이 입영일이나 소집일부터 3일이 지나도 입영하지 아니하거나 소집에 응하지 아니한 경우를 처벌하는 조항은 과잉금지원칙을 위반하여 양심적 병역거부자의 양심의 자유를 침해한다고 볼 수 없다(헌재 2018.6.28. 2011헌바379). / 종류조항은 헌법에 위반되나 처벌조항은 헌법에 위반되지 않는다.

1252
헌법재판소는 양심적 병역거부가 일반적으로 승인된 국제법규로서 우리나라에 수용될 수는 없다는 입장이다. 21년 법원행시 O X

(O) 전 세계적으로 양심적 병역거부권의 보장에 관한 일반적으로 승인된 국제법규가 존재한다거나 국제관습법이 형성되었다고 할 수 없다. 따라서 양심적 병역거부가 일반적으로 승인된 국제법규로서 우리나라에 수용될 수는 없다(헌재 2011.8.30. 2008헌가22 등).

1253
일정한 죄를 범한 자라는 정을 알면서 수사기관 또는 정보기관에 고지하지 아니한 자를 처벌하는 구「국가보안법」조항은 개인의 세계관·인생관·주의·신조 등이나 내심에 있어서의 윤리적 판단을 그 고지의 대상으로 하는 것은 아니므로 양심의 자유 특히 침묵의 자유를 직접적으로 침해하는 것이라고 볼 수 없다. 25년 국회직 8급 O X

(O) 불고지죄는 국가의 존립과 안전에 저해가 되는 타인의 범행에 관한 객관적 사실을 고지할 의무를 부과할 뿐이고 개인의 세계관·인생관·주의·신조 등이나 내심에 있어서의 윤리적 판단을 그 고지의 대상으로 하는 것은 아니므로 양심의 자유 특히 침묵의 자유를 직접적으로 침해하는 것이라고 볼 수 없다(헌재 1998.7.16. 96헌바35).

1254
사죄광고의 강제는 법인의 경우라면 그 대표자에게 양심표명의 강제를 요구하는 결과가 된다. 25년 국회직 8급 O X

(O) 사죄광고는 헌법에 위반된다. 다만 법인의 경우는 양심을 가질 수 없으니 그 대표자에게 양심표명의 강제를 요구하는 결과가 된다(헌재 1991.4.1. 89헌마160).

1255
대체복무요원의 복무기간을 '36개월'로 정한「대체역의 편입 및 복무 등에 관한 법률」조항은, 대체복무요원의 복무강도가 통상의 현역병과 큰 차이가 나지 않도록 정해졌음에도 대체복무기간을 육군 현역병의 실제 복무기간인 18개월의 2배로 정한 것으로 과잉금지원칙을 위반하여 대체복무요원의 양심의 자유를 침해한다. 25년 순경 1차 O X

(X) 병역법에 따르면 육군의 복무기간이 2년이 원칙이어서 기간이 크게 차이나지 않는다. 현역병은 각종 사고와 위험에 노출되기 때문에 합리적이다(헌재 2024.5.30. 2021헌마117). / 따라서 양심의 자유를 침해하지 않는다.

1256
현 상황에서 순수 민간단체가 주관하는 사회봉사를 수행하고자 하는 자를 위한 적절한 대체복무제도를 통해 병역자원을 효율적으로 관리하고 병역의무의 형평성을 유지하는 것이 가능하므로, 이러한 제도를 대체복무의 형태로 인정하지 아니한 입법자의 판단은 수긍할 수 없다. 25년 순경 1차 O X

(X) 민간 사회봉사제도를 통해 병역자원을 효율적으로 관리하고 병역의무의 형평성을 유지하는 것을 기대하기는 어려우므로, 민간 사회봉사제도를 대체복무의 형태로 인정하지 아니한 입법자의 판단은 수긍할 만하다(헌재 2024.8.29. 2021헌마1278). / 따라서 양심의 자유를 침해하지 않는다.

| OX 문제 | 정답 및 해설 |

1257
이적표현물의 소지·취득행위만으로도 그 표현물의 이적내용이 전파될 가능성을 배제하기 어려우며, 최근 늘어나고 있는 전자매체 형식의 표현물들은 실시간으로 다수에게 반포가 가능하고, 이적표현물이 소지·취득한 사람의 의사와 무관하게 전파, 유통될 가능성도 배제할 수 없으므로, 이적행위를 할 목적으로 문서, 도화 기타의 표현물을 제작·소지·반포·취득한 자를 처벌하는 「국가보안법」 조항은 과잉금지원칙에 위배되어 양심의 자유를 침해하지 않는다. 25년 순경 1차 [O X]

(O) 이적표현물의 소지·취득행위만으로도 그 표현물의 이적내용이 전파될 가능성을 배제하기 어렵고, 특히 최근 늘어나고 있는 전자매체 형식의 표현물들은 실시간으로 다수에게 반포가 가능하고 소지·취득한 사람의 의사와 무관하게 전파, 유통될 가능성도 배제할 수 없으므로, 이적표현물을 소지·취득하는 행위가 지니는 위험성이 이를 제작·반포하는 행위에 비해 결코 적다고 보기 어렵다. 따라서 이적표현물 조항은 표현의 자유 및 양심의 자유를 침해하지 아니한다(헌재 2015.4.30. 2012헌바95 등).

1258
병역법 제88조 제1항은 국방의 의무를 실현하기 위하여 현역입영 또는 소집통지서를 받고도 정당한 사유 없이 이에 응하지 않은 사람을 처벌하고 있는데, 여기에서 '정당한 사유'는 구체적인 사안에서 법관이 개별적으로 판단해야 하는 불확정개념으로서, 실정법의 엄격한 적용으로 생길 수 있는 불합리한 결과를 막고 구체적 타당성을 실현하기 위한 것이다. 20년 법원행시 [O X]

(O) 정당한 사유는 구체적인 사안에서 법관이 개별적으로 판단해야 하는 불확정개념으로서, 실정법의 엄격한 적용으로 생길 수 있는 불합리한 결과를 막고 구체적 타당성을 실현하기 위한 것이다(대판 2018.11.1. 2016도10912).

1259
양심적 병역거부자에 대한 대체복무제를 규정하지 아니한 병역종류조항은 과잉금지원칙에 위배하여 양심적 병역거부자의 양심의 자유를 침해한다. 24년 소방간부, 22년 법원직, 21년 소방간부 [O X]

(O) 병역의 종류를 현역, 예비역, 보충역, 병역준비역, 전시근로역의 다섯 가지로 한정하여 규정하고 양심적 병역거부자에 대한 대체복무제를 규정하지 아니한 병역종류조항이 과잉금지원칙을 위반하여 양심적 병역거부자의 양심의 자유를 침해한다(헌재 2018.6.28. 2011헌바379 등). / 주의할 것은 처벌조항은 헌법에 위반되지 않는다.

1260
종교적 행위의 자유는 종교상의 의식·예배 등 종교적 행위를 각 개인이 임의로 할 수 있는 등 종교적인 확신에 따라 행동하고 교리에 따라 생활할 수 있는 자유와 소극적으로는 자신의 종교적인 확신에 반하는 행위를 강요당하지 않을 자유 그리고 선교의 자유, 종교교육의 자유 등이 포함된다. 21년 소방간부 [O X]

(O) 종교적 행위의 자유는 종교상의 의식·예배 등 종교적 행위를 각 개인이 임의로 할 수 있는 등 종교적인 확신에 따라 행동하고 교리에 따라 생활할 수 있는 자유와 소극적으로는 자신의 종교적인 확신에 반하는 행위를 강요당하지 않을 자유 그리고 선교의 자유, 종교교육의 자유 등이 포함된다(헌재 2011.12.29. 2009헌마527).

1261
종교단체가 운영하는 학교 혹은 학원 형태의 교육기관도 예외 없이 학교 설립인가 혹은 학원설립등록을 받도록 규정함으로써 종교교단의 재정적 능력에 따라 학교 내지 학원의 설립상 차별을 초래한다고 해도 이는 합리적 이유가 있으므로 평등원칙에 위배된다고 할 수 없다. 21년 소방간부 [O X]

(O) 헌법 제31조 제6항이 교육제도에 관한 기본사항을 법률로 입법자가 정하도록 한 취지, 종교교육기관이 자체 내부의 순수한 성직자 양성기관이 아니라 학교 혹은 학원의 형태로 운영될 경우 일반국민들이 받을 수 있는 부실한 교육의 피해의 방지, 현행 법률상 학교 내지 학원의 설립절차가 지나치게 엄격하다고 볼 수 없다(헌재 2000.3.30. 99헌바14).

OX 문제

1262
국가 또는 지방자치단체외의 자가 양로시설을 설치하고자 하는 경우 신고하도록 규정하고 이를 위반한 경우 처벌하는 「노인복지법」조항은 종교적 활동의 자유나 일반적 행동의 자유, 법인운영의 자유에 대한 제한의 정도가 노인들의 쾌적하고 안전한 주거환경을 보장한다는 공익에 비하여 결코 가볍지 않으므로 과잉금지원칙에 위배되어 헌법상 기본권을 침해한다. 25년 순경 2차, 24년 변호사, 24년 국회직 8급 〇 ✕

1263
금치처분을 받은 자에게 금치처분 기간 중 종교상담을 통한 종교활동을 제외하고, 종교의식 또는 종교행사 참석을 금지하는 법조항은 이러한 불이익이 규율 준수를 통하여 수용질서를 유지한다는 공익에 비하여 크다 할 수 없으므로 해당 수용자의 종교의 자유를 침해하지 않는다. 24년 변호사, 24년 국회직 8급 〇 ✕

1264
피청구인 A구치소장이 구치소 내 미결수용자를 대상으로 B 종교행사를 4주에 1회, 일요일이 아닌 요일에 실시한 행위는 해당 구치소에 종교행사 공간이 1개뿐이고, 종교행사는 종교, 수형자와 미결수용자, 성별, 수용동 별로 진행되며, 미결수용자는 공범이나 동일사건 관련자가 있는 경우 이를 분리하여 참석하게 해야하는 점 등을 고려하면 청구인의 종교의 자유를 과도하게 제한하였다고 보기 어렵다. 25년 순경 2차, 24년 경찰 2차, 24년 소방간부, 24년 국회직 8급, 23년 경찰간부 〇 ✕

1265
2009. 6. 1.부터 2009. 10. 8.까지 구치소 내에서 실시하는 종교의식 또는 행사에 일률적으로 미결수용자의 참석을 금지한 구치소장의 종교행사 등 참석불허 처우는, 미결수용자의 기본권을 덜 침해하는 수단이 존재함에도 불구하고 이를 전혀 고려하지 아니하였으므로 과잉금지원칙을 위반하여 미결수용자의 종교의 자유를 침해하였다. 24년 경찰 2차, 21년 소방간부, 21년 법원행시 〇 ✕

정답 및 해설

(✕) 양로시설에 입소한 노인들에게 편안하고 쾌적한 주거환경을 제공하도록 국가나 지방자치단체가 관리·감독을 하기 위한 것으로, 이러한 입법목적은 정당하고 신고의무를 위반한 경우 형사제재를 가하는 것은 양로시설 현황을 파악하고 감독하기 위한 것으로 수단의 적절성도 인정된다. 양로시설을 설치하고자 하는 경우 일정한 시설기준과 인력기준 등을 갖추어야 하나, 이는 노인들의 안전한 주거공간 보장을 위한 최소한의 기준에 불과하므로 신고의무 부과가 지나치다고 할 수 없다(헌재 2016.6.30. 2015헌바46).

(O) 금치처분을 받은 사람은 최장 30일 이내의 기간 동안 공동행사에 참가할 수 없으나, 서신수수, 접견을 통해 외부와 통신할 수 있고, 종교상담을 통해 종교활동을 할 수 있다. 또한, 위와 같은 불이익은 규율 준수를 통하여 수용질서를 유지한다는 공익에 비하여 크다고 할 수 없다. 따라서 위 조항은 청구인의 통신의 자유, 종교의 자유를 침해하지 아니한다(헌재 2016.5.26. 2014헌마45).

(O) 미결수용자는 공범이나 동일사건 관련자가 있는 경우 이를 분리하여 참석하게 해야 하는 점을 고려하면 피청구인이 미결수용자 대상 종교행사를 4주에 1회 실시한 것이 침해의 최소성에 반한다고 보기 어렵다(헌재 2015.4.30. 2013헌마190).

(O) 이 사건 결정은, 무죄가 추정되는 미결수용자에 대한 기본권 제한은 수형자의 경우보다 더 완화되어야 함에도, 미결수용자에 대하여만 일률적으로 종교행사 등에의 참석을 불허한 피청구인의 행위가 미결수용자의 종교의 자유를 침해한 것이라는 헌법재판소의 입장을 밝힌 것이다. 종교행사 등 참석불허 처우는 과잉금지원칙을 위반하여 청구인의 종교의 자유를 침해한 것이다(헌재 2011.12.29. 2009헌마527).

| OX 문제 | 정답 및 해설 |

1266
금치처분을 받은 사람은 최장 30일 이내의 기간 동안 종교의식 또는 행사에 참석할 수 없으나 종교상담을 통해 종교활동은 할 수 있어서, 금치기간 중 30일 이내 공동행사 참가를 정지하는 「형의 집행 및 수용자의 처우에 관한 법률」조항은 수용자의 종교의 자유를 침해하지 아니한다. 24년 경찰 2차 [O X]

(O) 금치처분을 받은 사람은 최장 30일 이내의 기간 동안 공동행사에 참가할 수 없으나, 서신수수, 접견을 통해 외부와 통신할 수 있고, 종교상담을 통해 종교활동을 할 수 있다. 또한, 위와 같은 불이익은 규율 준수를 통하여 수용질서를 유지한다는 공익에 비하여 크다고 할 수 없다. 따라서 위 조항은 청구인의 통신의 자유, 종교의 자유를 침해하지 아니한다(헌재 2016.5.26, 2014헌마45).

1267
대부분의 지방자치단체에서 시험장소 임차 및 인력동원 등의 이유로 일요일 시험실시가 불가하거나 현실적으로 어려우므로, 연 2회 실시하는 간호조무사 국가시험의 시행일시를 모두 토요일 일몰 전으로 정한 '2021년도 간호조무사 국가시험 시행계획 공고'는 제칠일안식일예수재림교를 믿는 응시자의 종교의 자유를 침해하지 아니한다. 24년 경찰간부, 24년 소방간부, 24년 법원직 [O X]

(O) 대부분의 지방자치단체에서 시험장소 임차 및 인력동원 등의 이유로 일요일 시험실시가 불가하거나 어려워, 현재로서는 일요일에 시험을 시행하는 것도 현실적으로 어려운 상황이다. 이러한 사정을 고려할 때, 연 2회 실시되는 간호조무사 국가시험을 모두 토요일에 실시한다고 하여 그로 인한 기본권 제한이 지나치다고 볼 수 없다. 따라서 이 사건 공고는 과잉금지원칙에 반하여 청구인의 종교의 자유를 침해하지 아니한다(헌재 2023.6.29, 2021헌마171).

1268
독학학위 취득시험의 시험일을 일요일로 정한 것은 시험장소의 확보와 시험관리를 용이하게 하기 위한 것으로 기독교인인 응시자의 종교의 자유를 침해하지 아니한다. 24년 경찰간부 [O X]

(O) 독학학위 취득시험의 시험일을 일요일로 정한 것은, 가능한 한 다수의 국민이 본인의 학업·생계활동 등 일상생활에 지장 없이 시험에 응시할 수 있도록 하고, 시험장소의 확보와 시험관리를 용이하게 하기 위한 것이다(헌재 2022.12.22, 2021헌마271). / 따라서 종교의 자유를 침해하지 않는다.

1269
종교의 자유로부터 종교를 이유로 일반적으로 적용되는 조세나 부담금을 부과하는 법률적용의 면제 등 적극적인 우대 조치를 요구할 권리가 직접 도출된다거나 적극적인 우대조치를 할 국가의 의무가 발생하는 것은 아니다. 24년 법원직 [O X]

(O) 헌법 제20조 제1항이 보장하고 있는 종교의 자유는 국민을 종교와 관련된 공권력의 강제와 개입으로부터 보호하지만, 이로부터 종교를 이유로 국민이 일반적으로 적용되는 조세나 부담금을 부과하는 법률적용의 면제 등 적극적인 우대조치를 요구할 권리가 직접 도출된다거나 적극적인 우대조치를 할 국가의 의무가 발생하는 것은 아니다(헌재 2010.2.25, 2007헌바131 등).

1270
종교의 자유에는 자기가 신봉하는 종교를 선전하고 새로운 신자를 규합하기 위한 선교의 자유가 포함되나, 선교의 자유에는 다른 종교의 신자에 대하여 개종을 권고하는 자유를 넘어 타 종교를 비판하는 자유까지 포함되었다고 볼 수 없다. 22년 법원직, 22년 순경 2차 [O X]

(X) 자신의 종교적인 확신을 남에게 선전하고 전파함으로써 신앙을 실현시키는 자유이다. 종교선전의 자유에는 순수한 교리적인 방법에 의해 타 종교를 비판하고 개종시키는 자유도 포함된다(대판 2007.2.8, 2006도4486).

| OX 문제 | 정답 및 해설 |

1271
종교적 목적을 위한 언론·출판의 자유를 행사하는 과정에서 타 종교의 신앙 대상을 우스꽝스럽게 묘사하거나 다소 모욕적이고 불쾌하게 느껴지는 표현을 사용하였더라도 그것이 그 종교를 신봉하는 신도들에 대한 증오의 감정을 드러내는 것이거나 그 자체로 폭행·협박 등을 유발할 우려가 있는 정도가 아닌 이상 허용된다고 보아야 한다. 22년 경찰간부 [O|X]

(O) 종교적 목적을 위한 언론·출판의 자유를 행사하는 과정에서 타 종교의 신앙의 대상을 우스꽝스럽게 묘사하거나 다소 모욕적이고 불쾌하게 느껴지는 표현을 사용하였더라도 그것이 그 종교를 신봉하는 신도들에 대한 증오의 감정을 드러내는 것이거나 그 자체로 폭행·협박 등을 유발할 우려가 있는 정도가 아닌 이상 허용된다고 보아야 한다(대판 2014.9.4. 2012도13718).

1272
신앙의 자유는 신과 피안 또는 내세에 대한 인간의 내적 확신에 대한 자유를 말하는 것으로서 이러한 신앙의 자유는 그 자체가 내심의 자유의 핵심이기 때문에 법률로써도 이를 침해할 수 없다. 24년 국직직 8급, 24년 소방간부, 24년 법원직, 23년 국회직 5급 [O|X]

(O) 신앙의 자유는 신과 피안 또는 내세에 대한 인간의 내적 확신에 대한 자유를 말하는 것으로서 이러한 신앙의 자유는 그 자체가 내심의 자유의 핵심이기 때문에 법률로써도 이를 침해할 수 없다(헌재 2011.12.29. 2009헌마527).

1273
헌법상 보호되는 종교의 자유에는 특정 종교단체가 그 종교의 지도자와 교리자를 자체적으로 교육시킬 수 있는 종교교육의 자유가 포함된다. 23년 5급 공채 [O|X]

(O) 헌법상 보호되는 종교의 자유에는 특정 종교단체가 그 종교의 지도자와 교리자를 자체적으로 교육시킬 수 있는 종교교육의 자유가 포함된다고 볼 것이다(헌재 2000.3.30. 99헌바14).

1274
종교적 집회·결사의 자유는 그 자체가 내심의 자유의 핵심이기 때문에 헌법 제37조 제2항의 과잉금지의 원칙이 적용되지 않는다. 23년 5급 공채 [O|X]

(X) 종교적 집회·결사의 자유는 종교적 목적으로 같은 신자들이 집회하거나 종교단체를 결성할 자유를 말한다. 이러한 종교적 행위의 자유와 종교적 집회·결사의 자유는 신앙의 자유와는 달리 절대적 자유는 아니지만, 이를 제한할 경우에는 헌법 제37조 제2항의 과잉금지원칙을 준수하여야 한다(헌재 2001.9.27. 2000헌마159; 헌재 2011.12.29. 2009헌마527 등 참조). / 종교적 집회·결사의 자유도 과잉금지의 원칙이 적용되는 것은 너무 당연한 내용이다.

1275
'2010학년도 법학적성시험 시행계획 공고'가 시험의 시행일을 일요일로 정한 것은 청구인의 종교의 자유를 침해하는 것이라 할 수 없다. 23년 5급 공채 [O|X]

(O) 기독교 문화를 사회적 배경으로 하는 구미 제국과 달리 우리나라에서는 일요일이 특정 종교의 종교의식일이 아니라 일반적 공휴일에 해당한다는 점 등을 고려하면 일요일에 적성시험을 실시하는 것이 특정 종교를 믿는 자들을 불합리하게 차별대우하는 것이라고 볼 수도 없다(헌재 2010.4.29. 2009헌마399).

1276
'집회 및 시위에 관한 법률'은 종교에 관한 집회에는 옥외집회 및 시위의 신고제를 적용하지 아니한다. 22년 법원직 [O|X]

(O) 학문, 예술, 체육, 종교, 의식, 친목, 오락, 관혼상제 및 국경행사에 관한 집회에는 제6조(옥외집회 및 시위의 신고 등)부터 제12조까지의 규정을 적용하지 아니한다(집회 및 시위에 관한 법률 제15조(적용의 배제)).

1277
지방자치단체가 유서 깊은 천주교 성당 일대를 문화관광지로 조성하기 위하여 상급단체로부터 문화관광지 조성계획을 승인받은 후 사업부지 내 토지 등을 수용재결한 것은 헌법의 정교분리원칙에 위배되지 않는다. 22년 순경 2차 [O|X]

(O) 지방자치단체가 유서 깊은 천주교 성당 일대를 문화관광지로 조성하기 위하여 상급단체로부터 문화관광지 조성계획을 승인받은 후 사업부지 내 토지 등을 수용재결한 것은 헌법의 정교분리원칙에 위배되지 않는다(대판 2009.5.28. 2008두16933).

| OX 문제 | 정답 및 해설 |

1278
종교시설의 건축행위에만 기반시설부담금을 면제한다면 국가가 종교를 지원하여 종교를 승인하거나 우대하는 것으로 비칠 소지가 있어 헌법 제20조 제2항의 국교금지·정교분리에 위배 될 수도 있다. 24년 소방간부, 22년 순경 2차 ⓞⓧ

(O) 종교시설의 건축행위에만 기반시설부담금을 면제한다면 국가가 종교를 지원하여 종교를 승인하거나 우대하는 것으로 비칠 소지가 있어 헌법 제20조 제2항의 국교금지·정교분리에 위배될 수도 있다고 할 것이므로 종교시설의 건축행위에 대하여 기반시설부담 부과를 제외하거나 감경하지 아니하였더라도, 종교의 자유를 침해하는 것이 아니다(헌재 2010.2.25. 2007헌바131 등).

1279
사법시험 제1차 시험의 시행일자를 일요일로 정하여 공고한 공무원임용시험시행계획 공고는 종교의 자유를 침해하는 것이 아니다. 22년 법학경채 ⓞⓧ

(O) 공공복리를 위한 부득이한 제한으로 보아야 할 것이고 그 정도를 보더라도 비례의 원칙에 벗어난 것으로 볼 수 없고 청구인의 종교의 자유의 본질적 내용을 침해한 것으로 볼 수도 없다(헌재 2001.9.27. 2000헌마159).

1280
종교(선교활동)의 자유는 국민에게 그가 선택한 임의의 장소에서 자유롭게 행사할 수 있는 권리까지 보장한다고 할 수 없으며 그 임의의 장소가 대한민국의 주권이 미치지 아니하는 지역 나아가 국가에 의한 국민의 생명·신체 및 재산의 보호가 강력히 요구되는 해외 위난지역인 경우에는 더욱 그러하다. 22년 법학경채 ⓞⓧ

(O) 종교(선교활동)의 자유는 국민에게 그가 선택한 임의의 장소에서 자유롭게 행사할 수 있는 권리까지 보장한다고 할 수 없으며, 그 임의의 장소가 대한민국의 주권이 미치지 아니하는 지역 나아가 국가에 의한 국민의 생명·신체 및 재산의 보호가 강력히 요구되는 해외 위난지역인 경우에는 더욱 그러하다(헌재 2008.6.26. 2007헌마1366).

1281
종교교육이라 하더라도 그것이 학교나 학원이라는 교육기관의 형태를 취할 경우에는 구 「교육법」이나 구 「학원의 설립·운영에 관한 법률」상의 규정에 의한 규제를 받게 된다고 보아야 할 것이고, 종교교육이라고 해서 예외가 될 수 없다. 25년 경찰승진 ⓞⓧ

(O) 종교교육이라 하더라도 그것이 학교나 학원이라는 교육기관의 형태를 취할 경우에는 교육법이나 학원법상의 규정에 의한 규제를 받게 된다고 보아야 할 것이고, 종교교육이라고 해서 예외가 될 수 없다 할 것이다(헌재 2000.3.30. 99헌바14).

1282
국가의 종교적 중립성은 종교의 자유를 온전히 실현하기 위하여도 필요하지만, 국가가 특정한 종교를 장려하는 것이 다른 종교 또는 무종교의 자유에 대한 침해가 되지는 아니한다. 25년 법원직 ⓞⓧ

(X) 헌법 제20조 제2항에서 정하고 있는 정교분리원칙은 종교와 정치가 분리되어 상호간의 간섭이나 영향력을 행사하지 않는 것으로 국가의 종교에 대한 중립을 의미한다. 정교분리원칙에 따라 국가는 특정 종교의 특권을 인정하지 않고 종교에 대한 중립을 유지하여야 한다. 국가의 종교적 중립성은 종교의 자유를 온전히 실현하기 위하여도 필요한데, 국가가 특정한 종교를 장려하는 것은 다른 종교 또는 무종교의 자유에 대한 침해가 될 수 있다(헌재 2022.11.24. 2019헌마941).

1283
군인이라 하더라도 종교의 자유는 보장되어야 하며, 특히 전시·사변 등 국가비상사태가 발생하여 군인이 실제 무장 전투에 동원되는 경우 사상자가 발생하는 등 죽음에 대한 공포가 극대화되는 상황에서는 종교가 군인들에게 더욱 중요한 의미를 가질 수 있다. 25년 법원직 ⓞⓧ

(O) 군인이라 하더라도 종교의 자유는 보장되어야 하며, 특히 전시·사변 등 국가비상사태가 발생하여 군인이 실제 무장 전투에 동원되는 경우 사상자가 발생하는 등 죽음에 대한 공포가 극대화되는 상황에서는 종교가 군인들에게 더욱 중요한 의미를 가질 수 있다(헌재 2022.11.24. 2019헌마941).

| OX 문제 | 정답 및 해설 |

1284
육군훈련소장이 훈련병들로 하여금 개신교, 천주교, 불교, 원불교 4개 종교의 종교행사 중 하나에 참석하도록 한 것은 종교단체가 군대라는 국가권력에 개입하여 선교행위를 하는 등 영향력을 행사할 수 있는 기회를 제공하는 것은 아니므로 정교분리원칙에 위배되는 것은 아니다. 24년 경찰간부, 24년 소방간부, 24년 변호사, 23년 순경 1차 ☐O ☒X

(X) 훈련병들의 정신전력을 강화할 수 있는 방법으로 종교적 수단 이외에 일반적인 윤리교육 등 다른 대안도 택할 수 있으며, 종교는 개인의 인격을 형성하는 가장 핵심적인 신념일 수 있는 만큼 종교에 대한 국가의 강제는 심각한 기본권 침해에 해당하는 점을 고려할 때, 이 사건 종교행사 참석조치는 과잉금지원칙을 위반하여 청구인들의 종교의 자유를 침해한다(헌재 2022.11.24. 2019헌마941).

1285
정보통신망의 발달에 따라 선거기간 중 인터넷 언론사의 선거와 관련한 게시판·대화방 등도 정치적 의사를 형성·전파하는 매체로서 역할을 담당하고 있으므로, 의사의 표현·전파의 형식의 하나로 인정되고 따라서 언론·출판의 자유에 의하여 보호된다고 할 것이다. 22년 경찰간부 ☐O ☒X

(O) 정보통신망의 발달에 따라 선거기간 중 인터넷 언론사의 선거와 관련한 게시판·대화방 등도 정치적 의사를 형성·전파하는 매체로서 역할을 담당하고 있으므로, 의사의 표현·전파의 형식의 하나로 인정되고 따라서 언론·출판의 자유에 의하여 보호된다고 할 것이다(헌재 2010.2.25. 2008헌마324).

1286
일반적으로 표현의 자유는 정보의 전달 또는 전파와 관련지어 생각되므로 구체적인 전달이나 전파의 상대방이 없는 집필의 단계를 표현의 자유의 보호영역에 포함시킬 것인지 의문이 있을 수 있으나, 집필은 문자를 통한 모든 의사표현의 기본 전제가 된다는 점에서 당연히 표현의 자유의 보호영역에 속해 있다고 보아야 한다. 20년 국가직 7급 ☐O ☒X

(O) 일반적으로 표현의 자유는 정보의 전달 또는 전파와 관련지어 생각되므로 구체적인 전달이나 전파의 상대방이 없는 집필의 단계를 표현의 자유의 보호영역에 포함시킬 것인지 의문이 있을 수 있으나, 집필은 문자를 통한 모든 의사표현의 기본 전제가 된다는 점에서 당연히 표현의 자유의 보호영역에 속해 있다고 보아야한다(헌재 2005.2.24. 2003헌마289).

1287
「군형법」상 상관모욕죄는 군조직의 특수성과 강화된 군인의 정치적 중립의무 등에 비추어 수인의 한도 내에 있으므로 군인의 표현의 자유를 침해하는 것은 아니다. 25년 입법고시, 24년 국회직 5급 ☐O ☒X

(O) 만약 군인의 상관에 대한 모욕행위를 형법상의 모욕죄로 처벌한다면, 개인적인 합의로 고소가 취소되었다는 사정만으로 처벌이 불가능하게 되고, 그로 인하여 근무기강을 해이하게 할 위험이 농후할 뿐만 아니라 군의 지휘체계와 사기를 무너뜨려 국토방위와 국가의 안위를 위험에 빠뜨릴 수도 있다(헌재 2016.2.25. 2013헌바111). 따라서 이는 표현의 자유를 침해하지 않는다.

1288
음란표현은 사회의 건전한 성도덕을 크게 해칠 뿐만 아니라 사상의 경쟁매커니즘에 의해서도 그 해악이 해소되기 어려워 언론·출판의 자유의 보호영역에 해당하지 않는 반면, 저속한 표현은 이러한 정도에 이르지 않는 성표현 등을 의미하는 것으로서 헌법적인 보호영역 안에 있다. 23년 국회직 5급, 22년 입법고시, 21년 법원직 9급 ☐O ☒X

(X) 음란표현은 헌법 제21조가 규정하는 언론·출판의 자유의 보호영역 내에 있다고 볼 것인바, 종전에 이와 견해를 달리하여 음란표현은 헌법 제21조가 규정하는 언론·출판의 자유의 보호영역에 해당하지 아니한다는 취지로 판시한 우리 재판소의 의견을 변경한다(헌재 2009.5.28. 2006헌바109 등).

| OX 문제 | 정답 및 해설 |

1289
의사의 자유로운 표명과 전파의 자유에는 자신의 신원을 누구에게도 밝히지 아니한 채 익명 또는 가명으로 자신의 사상이나 견해를 표명하고 전파할 익명표현의 자유가 포함되지 않는다. 24년 국회직 5급, 24년 경찰승진, 22년 입법고시, 22년 법원행시, 21년 비상기획관(하), 20년 비상기획관(하) [O|X]

(X) 이러한 '자유로운' 표명과 전파의 자유에는 자신의 신원을 누구에게도 밝히지 아니한 채 익명 또는 가명으로 자신의 사상이나 견해를 표명하고 전파할 익명표현의 자유도 그 보호영역에 포함된다고 할 것이다(헌재 2010.2.25. 2008헌마324 등).

1290
구 「옥외광고물 등 관리법 시행령」 제13조(광고물 등의 일반적 표시방법) 제9항 본문이 교통수단이용 광고물의 표시와 관련하여 자동차 소유자 자신에 관한 광고는 허용하면서 타인에 관한 광고를 금지하는 것은 표현내용에 따른 과도한 규제에 해당하여 표현의 자유를 침해한다. 25년 경찰 2차 [O|X]

(X) 타인에 관한 광고를 허용하게 되면 무분별한 광고를 하게 되고 이로 인하여 도로교통의 안전과 도시미관을 저해하는 폐해가 발생하게 될 것이다. 따라서 이 사건 시행령 조항이 표현의 자유를 침해한다고 볼 수 없다(헌재 2002.12.18. 2000헌마764).

1291
'익명표현'은 표현의 자유를 행사하는 하나의 방법으로서 그 자체로 규제되어야 하는 것은 아니고, 부정적 효과가 발생하는 것이 예상되는 경우에 한하여 규제될 필요가 있다. 22년 순경 1차 [O|X]

(O) 심판대상조항의 입법목적은 앞서 본 바와 같이 정당이나 후보자에 대한 인신공격과 흑색선전으로 인한 사회경제적 손실과 부작용을 방지하고 선거의 공정성을 확보하기 위한 것이므로, 익명표현이 허용될 경우 발생할 수 있는 부정적 효과를 막기 위하여 그 필요성을 인정할 수는 있다(헌재 2021.1.28. 2018헌마456 등).

1292
국가가 개인의 표현행위를 규제하는 경우, 표현내용에 대한 규제는 원칙적으로 중대한 공익의 실현을 위하여 불가피한 경우에 한하여 엄격한 요건 하에서 허용되는 반면, 표현내용과 무관하게 표현의 방법을 규제하는 것은 합리적인 공익상의 이유로 폭넓은 제한이 가능하다. 21년 법원행시 [O|X]

(O) 일반적으로 국가가 개인의 표현행위를 규제하는 경우, 표현내용에 대한 규제는 원칙적으로 중대한 공익의 실현을 위하여 불가피한 경우에 한하여 엄격한 요건 하에서 허용되는 반면, 표현내용과 무관하게 표현의 방법을 규제하는 것은 합리적인 공익상의 이유로 폭넓은 제한이 가능하다(헌재 2002.12.18. 2000헌마764).

1293
교원의 개인정보 공개를 금지하고 있는 「교육관련기관의 정보공개에 관한 특례법」 조항은 학부모들의 알 권리를 침해한다. 24년 경찰승진 [O|X]

(X) 이 사건 법률조항은 교원의 개인정보 공개를 일률적으로 금지하는 듯이 보이지만, 위 법에 의해 준용되는 '공공기관의 정보공개에 관한 법률'은 개인정보라고 하더라도 그 공개의 여지를 두고 비공개결정에 대해서는 불복의 수단을 마련하고 있으므로, 이 사건 법률조항은 학부모들의 알 권리를 침해하지 않는다(헌재 2011.12.29. 2010헌마293).

1294
저속한 간행물의 출판을 전면 금지시키고 이를 위반하면 출판사의 등록을 취소시킬 수 있도록 한다고 해서 청소년보호를 위해 지나치게 과도한 수단을 선택했다거나 성인의 알 권리를 침해하는 것은 아니다. 24년 경찰승진 [O|X]

(X) 저속한 간행물의 출판을 전면 금지시키고 출판사의 등록을 취소시킬 수 있도록 하는 것은 청소년보호를 위해 지나치게 과도한 수단을 선택한 것이고, 또 청소년보호라는 명목으로 성인이 볼 수 있는 것까지 전면 금지시킨다면 이는 성인의 알 권리의 수준을 청소년의 수준으로 맞출 것을 국가가 강요하는 것이어서 성인의 알 권리까지 침해하게 된다(헌재 1998.4.30. 95헌가16).

| OX 문제 | 정답 및 해설 |

1295
국군의 이념 및 사명을 해할 우려가 있는 도서로 인하여 군인들의 정신전력이 저해되는 것을 방지하기 위하여 불온도서의 소지·전파 등을 금지하는 「군인복무규율」 조항은 군인의 알 권리를 침해한다. 24년 경찰승진

(X) 이 사건 복무규율조항으로 달성되는 군의 정신전력 보존과 이를 통한 군의 국가안전보장 및 국토방위의무의 효과적인 수행이라는 공익은 이 사건 복무규율조항으로 인하여 제한되는 군인의 알 권리라는 사익보다 결코 작다 할 수 없다(헌재 2010.10.28. 2008헌마638). 따라서 이는 헌법에 위반되지 않는다.

1296
알 권리는 표현의 자유와 표리일체의 관계에 있고, 정보의 공개 청구권은 알 권리의 당연한 내용이 되는 것이다. 23년 5급 공채

(O) 알 권리는 표현의 자유와 표리일체의 관계에 있고, 정보의 공개 청구권은 알 권리의 당연한 내용이 되는 것이다(헌재 2010.12.28. 2009헌바258).

1297
미결수용자의 규율위반행위 등에 대한 제재로서 금치처분과 함께 금치기간 중 신문과 자비구매도서의 열람을 제한하고 있는 형의 집행 및 수용자의 처우에 관한 법률 조항은 최장 30일의 기간 내에서만 신문이나 도서의 열람을 금지하고 열람을 금지하는 대상에 수용시설 내 비치된 도서는 포함시키지 않고 있으므로 미결수용자의 알 권리를 과도하게 제한한다고 보기 어렵다. 22년 국가직 7급

(O) 이 사건 신문 및 도서열람제한 조항은 최장 30일의 기간 내에서만 신문이나 도서의 열람을 금지하고 열람을 금지하는 대상에 수용시설 내 비치된 도서는 포함시키지 않고 있으므로 위 조항들이 청구인의 알 권리를 과도하게 제한한다고 보기 어렵다(헌재 2016.4.28. 2012헌마549 등).

1298
변호사시험 성적을 합격자에게 공개하지 않도록 규정한 구 「변호사시험법」 조항은 과잉금지원칙에 위배하여 변호사시험 합격자의 알 권리를 침해한다. 23년 순경 1차, 23년 5급 공채, 20년 법원행시

(O) 변호사시험 성적 공개를 금지한 변호사시험법 제18조 제1항 본문이 청구인들의 알 권리(정보공개청구권)를 침해하여 헌법에 위반된다. 변호사시험 성적 비공개로 인하여 변호사시험 합격자의 능력을 평가할 수 있는 객관적인 자료가 없어서 오히려 대학의 서열에 따라 합격자를 평가하게 되어 대학의 서열화는 더욱 고착화된다(헌재 2015.6.25. 2011헌마769). 따라서 알 권리를 침해한다.

1299
인터넷언론사가 선거운동기간 중 당해 홈페이지 게시판 등에 정당·후보자에 대한 지지·반대 등의 정보를 게시하는 경우 실명을 확인받도록 정한 「공직선거법」 조항은 인터넷언론사를 통한 정보의 특성과 우리나라 선거문화의 현실 등을 고려하고 선거의 공정성 확보를 위한 것으로, 게시판 이용자의 정치적 익명표현의 자유, 개인정보자기결정권 및 인터넷언론사의 언론의 자유를 침해한다고 볼 수 없다. 24년 법원직, 23년 순경 1차, 23년 경찰간부, 22년 국회직 8급, 21년 법원행시, 20년 국가직 7급

(X) "인터넷언론사"가 명확성원칙에 반하지는 않는다고 하더라도 그 범위가 광범위하다는 점까지 고려하면 심판대상조항으로 인하여 발생할 수 있는 기본권 제한의 정도는 결코 작다고 볼 수 없다. 실명확인제가 표방하고 있는 선거의 공정성이라는 목적은 인터넷 이용자의 표현의 자유나 개인정보자기결정권을 제약하지 않는 다른 수단(삭제요청 등)에 의해서도 충분히 달성할 수 있다(헌재 2021.1.28. 2018헌마456). 즉 언론의 자유를 침해한다.

| OX 문제 | 정답 및 해설 |

1300
인터넷언론사에 대하여 선거일 전 90일부터 선거일까지 후보자 명의의 칼럼이나 저술을 게재하는 보도를 제한하는 구「인터넷 선거보도 심의기준 등에 관한 규정」은 인터넷 선거보도의 공정성과 선거의 공정성을 확보하려는 것이므로 후보자인 청구인의 표현의 자유를 침해하지 않는다. 23년 경찰간부, 22년 순경 1차, 21년 법원직 9급, 20년 국회직 8급 [O X]

(X) 인터넷언론사가 선거일 전 90일부터 선거일까지 후보자명의의 칼럼이나 저술을 게재하는 보도를 할 수 없도록 한 것은 필요 이상으로 표현의 자유를 제한하여 헌법에 위반된다(헌재 2019.11.28. 2016헌마90).

1301
국가형벌권의 행사를 형법으로 규정하고자 할 때는 최소한의 행위에 국한되어야 하는 점, 단순한 추상적 판단이나 경멸적 감정의 표현행위에 대하여는 시민사회의 자기 교정기능에 맡기거나 민사적 책임을 지우는 것으로 규제할 수 있는 점 등을 종합하여 볼 때,「형법」제311조 모욕죄 조항은 과잉금지원칙에 위반하여 표현의 자유를 침해한다. 25년 경찰 2차 [O X]

(X) 사람의 인격을 공연히 경멸하는 표현을 금지할 필요가 있다는 점, 피해자의 고소가 있어야 형사처벌이 가능한 점, 그 법정형의 상한이 비교적 낮은 점 등을 고려할 때, 심판대상조항은 과잉금지원칙에 위배되어 표현의 자유를 침해하지 않는다고 판단하였다(헌재 2020.12.23. 2017헌바456).

1302
군사기밀의 범위는 국민의 표현의 자유 내지 알 권리의 대상영역을 최대한 넓혀줄 수 있도록 필요한 최소한도에 한정되어야 할 것인바, 구「군사기밀보호법」제6조 등은 군사상의 기밀이 비공지의 사실로서 적법절차에 따라 군사기밀로서의 표지를 갖추고 그 누설이 국가의 안전보장에 명백한 위험을 초래한다고 볼만큼의 실질가치를 지닌 것으로 인정되는 경우에 한하여 적용된다 할 것이므로 이러한 해석하에 헌법에 위반되지 아니한다. 22년 순경 2차 [O X]

(O) "국가기밀"의 의미는, 결국 일반인에게 알려지지 아니한 것으로서 그 내용이 누설되는 경우 국가의 안전에 명백한 위험을 초래한다고 볼 만큼의 실질가치를 지닌 사실, 물건 또는 지식이라고 한정 해석해야 한다(헌재 1997.1.16. 92헌바6 등).

1303
누구든지「공직선거법」에 의한 공개장소에서의 연설·대담장소에서 '기타 어떠한 방법으로도' 연설·대담장소 등의 질서를 문란하게 하는 행위를 금지하는「공직선거법」조항은, 질서문란행위만을 금지하고 질서를 문란하게 하지 않는 범위 내에서는 다소 소음을 유발하거나 후보자나 정당에 대한 부정적인 견해나 비판적인 의사표현도 가능하므로, 정치적 표현의 자유를 침해한다고 보기 어렵다. 24년 경찰간부 [O X]

(O) 심판대상조항은 질서문란행위만을 금지하고 질서를 문란하게 하지 않는 범위 내에서는 다소 소음을 유발하거나 후보자나 정당에 대한 부정적인 견해나 비판적인 의사표현도 가능하다. 따라서 심판대상조항이 과잉금지원칙에 위배되어 정치적 표현의 자유를 침해한다고 보기 어렵다(헌재 2023.5.25. 2019헌가13).

1304
일간신문의 지배주주가 뉴스통신 법인의 주식 또는 지분의 2분의1 이상을 취득 또는 소유하지 못하도록 함으로써 이종 미디어 간의 결합을 규제하는 신문법 조항은 언론의 다양성을 보장하기 위한 필요한 한도 내의 제한이라고 할 것이어서 신문의 자유를 침해한다고 할 수 없다. 22년 국가직 7급 [O X]

(O) 신문법 제15조 제3항에서 일간신문의 지배주주가 뉴스통신 법인의 주식 또는 지분의 2분의 1 이상을 취득 또는 소유하지 못하도록 함으로써 이종 미디어 간의 결합을 규제하는 부분은 언론의 다양성을 보장하기 위한 필요한 한도 내의 제한이라고 할 것이어서 신문의 자유를 침해한다고 할 수 없다(헌재 2006.6.29. 2005헌마165).

OX 문제

1305
방송의 자유는 주관적 권리로서의 성격과 함께 자유로운 의견형성이나 여론형성을 위해 필수적인 기능을 행하는 객관적 규범질서로서 제도적 보장의 성격을 함께 가진다. 21년 법무사

1306
방송사 외부에 있는 자가 방송편성에 관계된 자에게 방송편성에 관해 특정한 요구를 하는 등의 방법으로, 방송편성에 관한 자유롭고 독립적인 의사결정에 영향을 미칠 수 있는 행위 일체를 금지하고 이를 위반한 자를 처벌하는 것은 시청자의 건전한 방송 비판 내지 의견제시까지 처벌대상으로 삼는 것으로 시청자들의 표현의 자유를 침해한다. 22년 국회직 8급

1307
「영화진흥법」이 규정하고 있는 영상물등급위원회에 의한 등급분류보류제도는 등급분류보류의 횟수제한이 없어 실질적으로 영상물등급위원회의 허가를 받지 않는 한 영화를 통한 의사표현이 무한정 금지될 수 있으므로 검열에 해당한다. 21년 국가직 5급

1308
검열을 행정기관이 아닌 독립적인 위원회에서 행한다고 하더라도, 행정권이 주체가 되어 검열절차를 형성하고 검열기관의 구성에 지속적인 영향을 미칠 수 있는 경우라면 실질적으로 그 검열기관은 행정기관이라고 보아야 한다. 21년 국가직 5급

1309
민간심의기구가 심의를 담당하는 경우에도 행정권이 개입하여 그 사전심의에 자율성이 보장되지 않는다면 이 역시 행정기관의 사전검열에 해당하게 된다. 21년 국가직 5급

1310
헌법상 사전검열은 표현의 자유 보호대상이면 예외 없이 금지되므로, 건강기능식품의 기능성 광고는 인체의 구조 및 기능에 대하여 보건용도에 유용한 효과를 준다는 기능성 등에 관한 정보를 널리 알려 해당 건강기능식품의 소비를 촉진시키기 위한 상업광고이지만, 헌법 제21조 제1항의 표현의 자유의 보호 대상이 됨과 동시에 같은 조 제2항의 사전검열 금지 대상도 된다. 24년 국회직 5급, 22년 입법고시, 20년 지방직 7급, 20년 비상기획관(하)

정답 및 해설

(O) 방송의 자유는 주관적 권리로서의 성격과 함께 자유로운 의견형성이나 여론형성을 위해 필수적인 기능을 행하는 객관적 규범질서로서 제도적 보장의 성격을 함께 가진다(헌재 2003.12.18. 2002헌바49).

(X) 방송의 자유는 민주주의의 원활한 작동을 위한 기초인바, 국가권력은 물론 정당, 노동조합, 광고주 등 사회의 여러 세력이 법률에 정해진 절차에 의하지 아니하고 방송편성에 개입한다면 국민 의사가 왜곡되고 민주주의에 중대한 위해가 발생하게 된다. 심판대상조항은 방송편성의 자유와 독립을 보장하기 위하여 방송에 개입하여 부당하게 영향력을 행사하는 '간섭'에 이르는 행위만을 금지하고 처벌할 뿐이고, 방송법과 다른 법률들은 방송 보도에 대한 의견 개진 내지 비판의 통로를 충분히 마련하고 있다. 따라서 심판대상조항이 과잉금지원칙에 반하여 표현의 자유를 침해한다고 볼 수 없다(헌재 2021.8.31. 2019헌바439).

(O) 등급제는 검열로 볼 수 없으나, 등급분류보류제도는 검열에 해당한다(헌재 2001.8.30. 2000헌가9).

(O) 검열을 행정기관이 아닌 독립적인 위원회에서 행한다고 하더라도, 행정권이 주체가 되어 검열절차를 형성하고 검열기관의 구성에 지속적인 영향을 미칠 수 있는 경우라면 실질적으로 그 검열기관은 행정기관이라고 보아야 한다(헌재 2015.12.23. 2015헌바75).

(O) 민간심의기구가 심의를 담당하는 경우에도 행정권이 개입하여 그 사전심의에 자율성이 보장되지 않는다면 이 역시 행정기관의 사전검열에 해당하게 될 것이다(헌재 2015.12.23. 2015헌바75).

(O) 건강기능식품의 소비를 촉진시키기 위한 상업광고도 헌법 제21조 제1항의 표현의 자유의 보호 대상이 됨과 동시에 같은 조 제2항의 사전검열 금지 대상도 된다(헌재 2018.6.28. 2016헌가8 등).

OX 문제

1311
광고의 심의기관이 행정기관인지 여부는 기관의 형식에 의하기보다는 그 실질에 따라 판단되어야 하고, 행정기관의 자의로 민간심의기구의 심의업무에 개입할 가능성이 열려 있다면 개입 가능성의 존재 자체로 「헌법」이 금지하는 사전검열이라고 보아야 한다. 22년 경찰간부 ⊙⊗

1312
헌법상 사전검열은 표현의 자유의 보호대상이더라도 예외 없이 금지되지는 않는다. 24년 국회직 5급, 22년 경찰간부 ⊙⊗

1313
검열은 언론의 내용에 대한 허용될 수 없는 사전적 제한이라는 점에서 「헌법」 제21조 제2항 전단의 "허가"와 "검열"은 본질적으로 같은 것이라고 할 것이다. 22년 경찰간부 ⊙⊗

1314
헌법 제21조 제2항이 금지하는 검열은 사전검열만을 의미하므로, 헌법상 보호되지 않는 의사표현에 대하여 공개한 뒤에 국가기관이 간섭하는 것을 금지하는 것은 아니다. 20년 법원직 ⊙⊗

1315
검열은 일반적으로 허가를 받기 위한 표현물의 제출의무, 행정권이 주체가 된 사전심사절차, 허가를 받지 아니한 의사표현의 금지 및 심사절차를 관철할 수 있는 강제수단 등의 요건을 갖춘 경우에만 이에 해당하는 것이다. 20년 법원직 ⊙⊗

1316
보건복지부장관으로부터 위탁을 받은 각 의사협회의 사전심의를 받지 아니한 의료광고를 금지하고 이를 위반한 경우 처벌하는 것은 헌법상 사전검열에 해당하여 헌법에 위반된다. 23년 국회직 5급 ⊙⊗

1317
선거일 전 120일부터 선거일까지 선거에 영향을 미치기 위한 화환설치를 금지하는 「공직선거법」 조항은 목적 달성에 필요한 범위를 넘어 장기간 동안 화환의 설치를 금지하는 것으로 정치적 표현의 자유를 침해한다. 24년 경찰간부 ⊙⊗

정답 및 해설

(O) 검열기관으로서 행정기관인지 여부는 형식이 아니라 실질을 기준으로 한다(헌재 2018.6.28. 2016헌가8).

(X) 현행 헌법상 사전검열은 표현의 자유 보호대상이면 예외 없이 금지된다(헌재 2018.6.28. 2016헌가8). 검열은 법률로도 허용되지 않는 절대금지이다.

(O) "허가"와 "검열"은 본질적으로 같은 것이라고 할 것이며 위와 같은 요건에 해당되는 허가·검열은 헌법적으로 허용될 수 없다(헌재 2001.5.31. 2000헌바43).

(O) 헌법 제21조 제2항이 금지하는 검열은 사전검열만을 의미하므로 개인이 정보와 사상을 발표하기 이전에 국가기관이 미리 그 내용을 심사·선별하여 일정한 범위 내에서 발표를 저지하는 것만을 의미하고, 헌법상 보호되지 않는 의사표현에 대하여 공개한 뒤에 국가기관이 간섭하는 것을 금지하는 것은 아니다(헌재 1996.10.4. 93헌가13 등).

(O) 검열은 일반적으로 허가를 받기 위한 표현물의 제출의무, 행정권이 주체가 된 사전심사절차, 허가를 받지 아니한 의사표현의 금지 및 심사절차를 관철할 수 있는 강제수단등의 요건을 갖춘 경우에만 이에 해당하는 것이다(헌재 1996.10.4. 93헌가13 등).

(O) 각 의사협회는 행정권의 영향력에서 벗어나 독립적이고 자율적으로 사전심의업무를 수행하고 있다고 보기 어렵다. 따라서 이는 사전검열금지원칙에 위배된다(헌재 2015.12.23. 2015헌바75).

(O) 목적 달성에 필요한 범위를 넘어 장기간(선거일 전 180일부터) 동안 선거에 영향을 미치게 하기 위한 화환의 설치를 금지하는 것으로, 과잉금지원칙에 위반되어 정치적 표현의 자유를 침해한다(헌재 2023.6.29. 2023헌가12). / 헌법불합치 결정을 받은 이후에 개정된 지문으로 출제하여 문제가 좀 이상하다. 즉 180일은 위반되지만 120일은 판례가 존재하지 않는다. 지문이 문제가 좀 있어 보인다.

OX 문제

1318
누구든지 선거일 전 180일부터 선거일까지 선거에 영향을 미치게 하기 위하여 화환을 설치하는 행위를 금지하는 구 공직선거법 해당 조항은 정치적 표현의 자유를 침해하지 않는다. 24년 법원행시

1319
일정기간 동안 선거에 영향을 미치게 하기 위한 벽보 게시, 인쇄물 배부·게시를 금지하는 구 공직선거법 해당 조항은 정치적 표현의 자유를 침해하지 않는다. 24년 법원행시

1320
선거운동기간 중 어깨띠 등 표시물을 사용한 선거운동을 금지하고, 이를 위반한 경우 처벌하는 구 공직선거법 해당 조항은 정치적 표현의 자유를 침해하지 않는다. 24년 법원행시

1321
여론조사 실시행위에 대한 신고의무를 부과하고 있는 「공직선거법」 조항은 여론조사결과의 보도나 공표행위를 규제하는 것이 아니라 여론조사의 실시행위에 대한 신고의무를 부과하는 것으로, 허가받지 아니한 것의 발표를 금지하는 헌법 제21조 제2항의 사전검열과 관련이 있다고 볼 수 없으므로 검열금지원칙에 위반되지 아니한다. 20년 경찰승진

1322
신문의 편집인 등으로 하여금 아동보호사건에 관련된 아동학대행위자를 특정하여 파악할 수 있는 인적사항 등을 신문 등 출판물에 싣거나 방송매체를 통하여 방송할 수 없도록 하는 「아동학대범죄의 처벌 등에 관한 특례법」상 보도금지 조항은 국민의 알 권리를 침해하지 않는다. 23년 경찰간부

1323
「정치자금법」에 따라 회계보고된 자료의 열람기간을 3월간으로 제한한 동법상 열람기간제한 조항은 청구인의 알 권리를 침해한다. 24년 법원직, 23년 경찰간부

정답 및 해설

(X) 누구든지 선거일 전 180일부터 선거일까지 선거에 영향을 미치게 하기 위하여 화환을 설치하는 행위를 금지하는 것은 정치적 표현의 자유를 침해한다(헌재 2023.6.29. 2023헌가12).

(X) 일정기간 동안 선거에 영향을 미치게 하기 위한 벽보 게시, 인쇄물 배부·게시를 금지하는 공직선거법 제93조 제1항 본문 중 '인쇄물 살포'에 관한 부분 및 이에 위반한 경우 처벌하는 공직선거법 제255조 제2항 제5호 중 '제93조 제1항 본문의 인쇄물 살포'에 관한 부분(이하 '심판대상조항'이라 한다)은 정치적 표현의 자유를 침해한다(헌재 2023.3.23. 2023헌가4).

(X) 일반 유권자가 선거운동기간 중 어깨띠, 모양과 색상이 동일한 모자나 옷, 표찰·수기·마스코트·소품, 그 밖의 표시물을 사용하여 선거운동을 할 수 없도록 전면적으로 금지·처벌하는 심판대상 조항은 과잉금지원칙에 반하여 정치적 표현의 자유를 침해하므로 헌법에 위반된다(헌재 2022.7.21. 2017헌가4).

(O) 여론조사 실시행위에 대한 신고의무를 부과하고 있는 「공직선거법」 조항은 여론조사결과의 보도나 공표행위를 규제하는 것이 아니라 여론조사의 실시행위에 대한 신고의무를 부과하는 것으로, 허가받지 아니한 것의 발표를 금지하는 헌법 제21조 제2항의 사전검열과 관련이 있다고 볼 수 없으므로 검열금지원칙에 위반되지 아니한다(헌재 2015.4.30. 2014헌마360).

(O) 헌법재판소는 아동학대 사건처리 과정에서 발생할 수 있는 사생활 노출 등 2차 피해로부터의 피해아동 보호를 중요한 공익으로 인정하면서, 아동학대행위자의 식별정보의 보도는 그와 밀접한 관계에 있는 피해아동의 2차 피해로 이어질 수 있는 점, 언론기능 및 국민의 알 권리는 익명화된 사건보도로도 충족될 수 있는 점 등을 고려하여 재판관 전원일치 의견으로 심판대상조항이 언론·출판의 자유 및 국민의 알 권리를 침해하지 않는다고 판단하였다(헌재 2022.10.27. 2021헌가4).

(O) 정치자금의 투명성 강화 및 부정부패 근절에 대한 국민적 요구가 커지고 선거관리위원회가 데이터 생성·저장·유통 기술 발전을 이용해 업무부담을 줄일 수 있다는 점 등을 고려해 위 선례를 변경하고 이 사건 열람기간제한조항에 대하여 위헌 결정을 하였다(헌재 2021.5.27. 2018헌마1168).

| OX 문제 | 정답 및 해설 |

1324
남북합의서 위반행위로서 전단 등 살포를 하여 국민의 생명·신체에 위해를 끼치거나 심각한 위험을 발생시키는 것을 금지하는 「남북관계 발전에 관한 법률」 제24조 제1항 제3호 및 이에 위반한 경우 처벌하는 같은 법 제25조 중 제24조 제1항 제3호에 관한 부분은 전단을 살포하려는 자의 표현의 자유를 침해한다고 볼 수 없다. 24년 국회직 8급, 24년 법원직 [O][X]

(X) 심판대상조항으로 북한의 적대적 조치가 유의미하게 감소하고 이로써 접경지역 주민의 안전이 확보될 것인지, 나아가 남북 간 평화통일의 분위기가 조성되어 이를 지향하는 국가의 책무 달성에 도움이 될 것인지 단언하기 어려운 반면, 심판대상조항이 초래하는 정치적 표현의 자유에 대한 제한은 매우 중대하다. 그렇다면 심판대상조항은 과잉금지원칙에 위배되어 청구인들의 표현의 자유를 침해한다(헌재 2023.9.26. 2020헌마1724 등).

1325
사생활의 비밀의 보호 필요성을 고려할 때 공연히 사실을 적시하여 사람의 명예를 훼손한 자를 처벌하도록 규정한 「형법」 제307조 제1항 중 '진실한 것으로서 사생활의 비밀에 해당하지 아니한' 사실 적시에 관한 부분은 헌법상 표현의 자유에 위반된다. 24년 국회직 8급 [O][X]

(X) 개인의 외적 명예에 관한 인격권 보호의 필요성, 일단 훼손되면 완전한 회복이 사실상 불가능하다는 보호법익의 특성, 사회적으로 명예가 중시되나 명예훼손으로 인한 피해는 더 커지고 있는 우리 사회의 특수성, 명예훼손죄의 비범죄화에 관한 국민적 공감대의 부족 등을 종합적으로 고려하면, 공연히 사실을 적시하여 다른 사람의 명예를 훼손하는 행위를 금지하고 위반 시 형사처벌하도록 정하고 있다고 하여 바로 과도한 제한이라 단언하기 어렵다(헌재 2021.2.25. 2017헌마1113 등). 따라서, 표현의 자유를 침해하지 않는다.

1326
비의료인의 의료에 관한 광고를 금지하고 처벌하는 「의료법」 조항은 국민의 생명권과 건강권을 보호하고 국민의 보건에 관한 국가의 보호의무를 이행하기 위하여 필요한 최소한도 내의 제한이라고 할 것이므로, 비의료인의 표현의 자유를 침해하지 않는다. 24년 경찰승진 [O][X]

(O) 비의료인에게 의료에 관한 광고를 허용할 경우에는 비의료인에 의하여 의료에 관한 부정확한 광고가 양산되고, 그에 의하여 일반인들이 올바른 의료선택을 하지 못하게 되며, 무면허 의료행위가 조장·확산될 위험이 있다. 이 사건 법률조항은 이러한 결과를 방지하여 국민의 생명권과 건강권을 보호하고 국민의 보건에 관한 국가의 보호의무를 이행하기 위하여 필요한 최소한도 내의 제한이라고 할 것이므로, 비의료인인 청구인의 표현의 자유, 직업수행의 자유를 침해한다고 볼 수 없다(헌재 2016.9.29. 2015헌바325).

1327
사전허가금지의 대상은 언론·출판의 자유의 내재적 본질인 표현의 내용을 보장하는 것뿐만 아니라, 언론·출판을 위해 필요한 물적 시설이나 언론기업의 주체인 기업인으로서의 활동까지 포함된다. 24년 경찰승진 [O][X]

(X) 사전허가금지의 대상은 어디까지나 언론·출판 자유의 내재적 본질인 표현의 내용을 보장하는 것을 말하는 것이지, 언론·출판을 위해 필요한 물적 시설이나 언론기업의 주체인 기업인으로서의 활동까지 포함되는 것으로 볼 수는 없다(헌재 2016.10.27. 2015헌마1206 등).

1328
사회복무요원이 정당 가입을 할 수 없도록 규정한 「병역법」 조항은 사회복지시설에 근무하는 사회복무요원의 경우에는 민간 영역에서 근무하고 그 직무의 성질상 정치적 중립성을 훼손할 가능성이 거의 없음에도 불구하고 일괄적으로 정당에 가입하는 행위를 금지한다는 점에서 과잉금지원칙에 위배되어 사회복무요원인 청구인의 정치적 표현의 자유를 침해한다. 24년 순경 1차, 23년 법원직 9급 [O][X]

(X) 이 사건 법률조항 중 '정당'에 관한 부분은 사회복무요원의 정치적 중립성을 유지하고 업무전념성을 보장하기 위한 것으로, 정당은 개인적 정치활동과 달리 국민의 정치적 의사형성에 미치는 영향력이 크므로 사회복무요원의 정당 가입을 금지하는 것은 입법목적을 달성하기 위한 적합한 수단이다(헌재 2021.11.25. 2019헌마534). 즉 표현의 자유를 침해하지 않는다.

| OX 문제 | 정답 및 해설 |

1329
대한민국을 모욕할 목적으로 국기를 손상, 제거 또는 오욕한 자를 처벌하는 「형법」 조항은 이러한 국기모독행위를 단순히 경범죄로 취급하거나 형벌 이외의 다른 수단으로 제재하여서는 입법목적을 효과적으로 달성하기 어렵다는 점에서 과잉금지원칙에 위배되어 해당 청구인의 표현의 자유를 침해하지 않는다. 24년 순경 1차 [O][X]

(O) 심판대상조항은 국가가 가지는 고유의 상징성과 위상을 고려하여 일정한 표현방법을 규제하는 것에 불과하므로, 국기모독 행위를 처벌한다고 하여 이를 정부나 정권, 구체적 국가기관이나 제도에 대한 비판을 허용하지 않거나 이를 곤란하게 하는 것으로 볼 수 없다(헌재 2019.12.27. 2016헌바96). / 국기는 합헌, 국가는 위헌

1330
변호사시험성적 공개청구기간을 「변호사시험법」 시행일부터 6개월 내로 제한하는 동법 부칙조항은 청구인의 정보공개 청구권을 침해한다. 23년 경찰간부 [O][X]

(O) 변호사시험 성적의 의미와 기능, 변호사시험 합격자의 취업과 이직에 관한 현실 등을 고려하였을 때, 특례조항이 정하고 있는 '개정 변호사시험법 시행일부터 6개월 내'라는 성적 공개 청구기간은 지나치게 짧아 청구인의 정보공개청구권을 침해한다(헌재 2019.7.25. 2017헌마1329).

1331
의료기기에 대한 광고는 표현의 자유의 보호를 받는 대상이 되지만, 사상이나 지식에 관한 정치적, 시민적 표현행위와는 달리 인격발현과 개성신장에 미치는 효과가 중대하지 아니하므로, 사전검열금지원칙의 적용대상에서 제외된다. 24년 법원직 9급, 22년 경찰간부, 21년 법원직 9급, 21년 국회직 8급 [O][X]

(X) 현행 헌법상 사전검열은 표현의 자유 보호대상이면 예외 없이 금지된다. 의료기기에 대한 광고는 의료기기의 성능이나 효능 및 효과 또는 그 원리 등에 관한 정보를 널리 알려 해당 의료기기의 소비를 촉진시키기 위한 상업광고로서 헌법 제21조 제1항의 표현의 자유의 보호대상이 됨과 동시에 같은 조 제2항의 사전검열금지원칙의 적용대상이 된다(헌재 2020.8.28. 2017헌가35 등).

1332
모욕죄의 형사처벌은 다양한 의견 간의 자유로운 토론과 비판을 제한하여 정치적·학술적 표현행위가 위축되고 열린 논의의 가능성이 줄어들게 되어 표현의 자유를 침해한다. 21년 국회직 8급 [O][X]

(X) 사람의 인격을 경멸하는 표현이 공연히 이루어진다면 그 사람의 사회적 가치는 침해되고 그로 인하여 사회구성원으로서 생활하고 발전해 나갈 가능성도 침해받지 않을 수 없으므로, 모욕적 표현으로 사람의 명예를 훼손하는 행위는 분명 이를 금지시킬 필요성이 있고, 모욕죄는 피해자의 고소가 있어야 형사처벌이 가능한 점, 그 법정형의 상한이 비교적 낮은 점, 법원은 개별 사안에서 형법 제20조의 정당행위 규정을 적정하게 적용함으로써 표현의 자유와 명예보호 사이에 적절한 조화를 도모하고 있는 점 등을 고려할 때, 심판대상조항이 표현의 자유를 침해한다고 볼 수 없다(헌재 2013.6.27. 2012헌바37).

1333
「세종특별자치시 옥외광고물 관리 조례」에서 특정구역 안에서 업소별로 표시할 수 있는 옥외광고물의 총수량을 원칙적으로 1개로 제한한 것은 표현의 자유를 침해한다. 20년 국회직 8급 [O][X]

(X) 청구인들은 자신들이 원하는 위치에 원하는 종류의 옥외광고물을 원하는 만큼 표시·설치할 수 없어 표현의 자유 및 직업수행의 자유를 다소 제한받게 되나, 심판대상조항들에 의하여 달성하려는 공익에 비하여 중대하다고 할 수 없어 법익균형성도 충족된다. 따라서 심판대상조항들이 비례의 원칙에 위배되어 청구인들의 표현의 자유 및 직업수행의 자유를 침해한다고 볼 수 없다(헌재 2016.3.31. 2014헌마79).

1334
언론·출판은 타인의 명예나 권리 또는 공중도덕이나 사회윤리를 침해하여서는 아니 된다. 언론·출판이 타인의 명예나 권리를 침해한 때에는 피해자는 이에 대한 피해의 배상을 청구할 수 있다. 21년 국회직 9급 [O][X]

(O) 언론·출판은 타인의 명예나 권리 또는 공중도덕이나 사회윤리를 침해하여서는 아니 된다. 언론·출판이 타인의 명예나 권리를 침해한 때에는 피해자는 이에 대한 피해의 배상을 청구할 수 있다(헌법 제21조 제4항).

| OX 문제 | 정답 및 해설 |

1335
「국가공무원법」 제66조 제1항 본문 중 '그 밖에 공무 외의 일을 위한 집단행위'는 '공익에 반하는 목적을 위하여 직무전념의무를 해태하는 등의 영향을 가져오거나, 공무에 대한 국민의 신뢰에 손상을 가져올 수 있는 공무원 다수의 결집된 행위'를 말하는 것으로 한정 해석되므로 명확성원칙에 위반되지 않는다. 24년 해경 ⓞⓧ

(O) 이 사건 국가공무원법 규정의 '공무 외의 일을 위한 집단 행위'는 언론·출판·집회·결사의 자유를 보장하고 있는 헌법 제21조 제1항과 국가공무원법의 입법취지, 국가공무원법상 공무원의 성실의무와 직무전념의무 등을 종합적으로 고려할 때, '공익에 반하는 목적을 위하여 직무전념의무를 해태하는 등의 영향을 가져오거나, 공무에 대한 국민의 신뢰에 손상을 가져올 수 있는 공무원 다수의 결집된 행위'를 말하는 것으로 한정 해석되므로 명확성원칙에 위반된다고 볼 수 없다(헌재 2014.8.28. 2011헌바32 등).

1336
국가공무원법 제66조 제1항 본문은 "공무원은 노동운동이나 그 밖에 공무 외의 일을 위한 집단행위를 하여서는 아니 된다."라고 규정하고 있는데, 위 규정 중 '그 밖에 공무 외의 일을 위한 집단행위' 부분은 명확성 원칙에 위반될 뿐 아니라 공무에 속하지 아니하는 어떤 일을 위하여 공무원들이 하는 모든 집단적 행위를 금지함으로써 표현의 자유에 대한 과도한 제한에 해당하므로, 헌법에 위반된다. 24년 변호사, 21년 법무사 ⓞⓧ

(X) '공익에 반하는 목적을 위한 행위로서 직무전념의무를 해태하는 등의 영향을 가져오는 집단적 행위'라고 해석된다. 위 규정을 위와 같이 해석한다면 수범자인 공무원이 구체적으로 어떠한 행위가 여기에 해당하는지를 충분히 예측할 수 없을 정도로 적용 범위가 모호하다거나 불분명하다고 할 수 없으므로 위 규정이 명확성의 원칙에 반한다고 볼 수 없고, 또한 위 규정이 적용 범위가 지나치게 광범위하거나 포괄적이어서 공무원의 표현의 자유를 과도하게 제한한다고 볼 수 없으므로, 과잉금지의 원칙에 반한다고 볼 수도 없다(대판 2017.4.13. 2014두8469).

1337
「국가공무원복무규정」 제8조의2 제2항 등은 "공무원이 직무를 수행할 때 정치적 주장을 표시 또는 상징하는 복장을 하거나 관련 물품을 착용해서는 아니 된다."라고 규정하고 있는바, 정치적 주장을 표시·상징하는 복장 등 관련 물품을 착용하는 행위는 복장 등 비언어적인 방법을 통해 정치적 의사표현을 행하는 것이라 할 수 있다. 24년 변호사, 22년 해경간부 ⓞⓧ

(O) 「국가공무원복무규정」 제8조의2 제2항 등은 "공무원이 직무를 수행할 때 정치적 주장을 표시 또는 상징하는 복장을 하거나 관련 물품을 착용해서는 아니 된다."라고 규정하고 있는바, 정치적 주장을 표시·상징하는 복장 등 관련 물품을 착용하는 행위는 복장 등 비언어적인 방법을 통해 정치적 의사표현을 행하는 것이라 할 수 있다(헌재 2012.5.31. 2009헌마705 등).

1338
'식품 등의 표시기준'상 식품이나 식품의 용기포장에 음주전후 또는 숙취 해소라는 표시를 금지하는 것은 영업의 자유, 표현의 자유 및 특허권을 침해한다. 22년 경찰간부 ⓞⓧ

(O) 헌법재판소는 식품에 숙취해소 작용이 있음에도 불구하고 이러한 표시를 금지하는 것은 숙취해소용 식품의 제조·판매에 관한 영업의 자유 및 광고표현의 자유를 침해하는 것이며, '숙취해소용 천연차 및 그 제조방법'에 관하여 특허권도 침해하였다고 결정하였다(헌재 2000.3.30. 99헌마143).

1339
선거일에 선거운동을 한 자를 처벌하는 구 「공직선거법」 조항은 정치적 표현의 자유를 침해하지 않는다. 22년 경찰간부 ⓞⓧ

(O) 선거운동방법의 다양화로 포괄적인 규제조항을 두는 것이 불가피한 측면이 있다. 선거운동이 금지되는 기간은 선거일 0시부터 투표 마감시각 전까지로 하루도 채 되지 않고, 선거일 전일까지 선거운동기간 동안 선거운동이 보장되는 등 사정을 고려하면, 이 사건 처벌조항으로 인해 제한되는 정치적 표현의 자유가 선거운동의 과열을 방지하고 유권자의 올바른 의사형성에 대한 방해를 방지하는 공익에 비해 더 크다고 보기 어렵다(헌재 2021.12.23. 2018헌바152).

OX 문제

1340
사람을 비방할 목적으로 정보통신망을 통하여 공공연하게 거짓의 사실을 드러내어 다른 사람의 명예를 훼손한 자를 형사처벌하도록 규정한 「정보통신망 이용촉진 및 정보보호 등에 관한 법률」 조항 중 '사람을 비방할 목적' 부분은 청구인들의 표현의 자유를 침해하지 않는다. 22년 경찰간부, 22년 국회직 8급
O X

1341
시청자는 왜곡된 보도에 대해서 의견 개진 내지 비판을 할 수 있음에도, 방송편성에 관하여 간섭을 금지하는 「방송법」 조항의 '간섭'에 관한 부분 및 그 위반 행위자를 처벌하는 구 「방송법」 조항의 '간섭'에 관한 부분은 청구인의 표현의 자유를 침해한다. 22년 경찰간부
O X

1342
헌법상 군무원은 국민의 구성원으로서 정치적 표현의 자유를 보장받지만, 그 특수한 지위로 인하여 국가공무원으로서 헌법 제7조에 따라 그 정치적 중립성을 준수하여야 할 뿐만 아니라, 나아가 국군의 구성원으로서 헌법 제5조 제2항에 따라 그 정치적 중립성을 준수할 필요성이 더욱 강조되므로, 정치적 표현의 자유에 대해 일반 국민보다 엄격한 제한을 받을 수밖에 없다. 20년 국가직 7급
O X

1343
인터넷신문의 언론으로서의 신뢰성을 제고하기 위해 5인 이상의 취재 및 편집 인력을 정식으로 고용하도록 강제하고, 이에 대한 확인을 위하여 국민연금 등 가입사실을 확인하는 것은 언론의 자유를 침해한다고 할 수 없다. 22년 국가직 7급
O X

1344
구 「신문 등의 진흥에 관한 법률」 제9조 제1항 중 인터넷신문에 관한 부분이 인터넷신문의 명칭, 발행인과 편집인의 인적사항, 발행소 소재지, 발행목적과 발행내용, 발행 구분(무가 또는 유가) 등 인터넷신문의 외형적이고 객관적 사항을 제한적으로 등록하도록 하는 것은 인터넷신문의 내용을 심사·선별하여 사전에 통제하기 위한 규정이 명백하므로 헌법 제21조 제2항에 위배된다. 24년 국가직 7급
O X

정답 및 해설

(O) 이러한 명예훼손적인 표현을 규제함으로써 인격권을 보호해야 할 필요성은 매우 크다. 심판대상조항은 이러한 명예훼손적 표현을 규제하면서도 '비방할 목적'이라는 초과주관적 구성요건을 추가로 요구하여 그 규제 범위를 최소한도로 하고 있다(헌재 2016.2.25. 2013헌바105).

(X) 방송편성에 관하여 간섭을 금지하고 그 위반 행위자를 처벌하는 방송법의 간섭에 관한 부분은 표현의 자유를 침해하지 않는다(헌재 2021.8.31. 2019헌바439).

(O) 헌법상 군무원은 국민의 구성원으로서 정치적 표현의 자유를 보장받지만, 그 특수한 지위로 인하여 국가공무원으로서 헌법 제7조에 따라 그 정치적 중립성을 준수하여야 할 뿐만 아니라, 나아가 국군의 구성원으로서 헌법 제5조 제2항에 따라 그 정치적 중립성을 준수할 필요성이 더욱 강조되므로, 정치적 표현의 자유에 대해 일반국민보다 엄격한 제한을 받을 수밖에 없다(헌재 2018.7.26. 2016헌바139).

(X) 고용조항 및 확인조항은 소규모 인터넷신문이 언론으로서 활동할 수 있는 기회 자체를 원천적으로 봉쇄할 수 있음에 비하여, 인터넷신문의 신뢰도 제고라는 입법목적의 효과는 불확실하다는 점에서 법익의 균형성도 잃고 있다. 따라서 고용조항 및 확인조항은 과잉금지원칙에 위배되어 청구인들의 언론의 자유를 침해한다(헌재 2016.10.27. 2015헌마1206).

(X) 등록조항은 인터넷신문의 명칭, 발행인과 편집인의 인적사항 등 인터넷신문의 외형적이고 객관적 사항을 제한적으로 등록하도록 하고 있고, 고용조항 및 확인조항은 5인 이상 취재 및 편집 인력을 고용하되, 그 확인을 위해 등록 시 서류를 제출하도록 하고 있다. 이런 조항들은 인터넷신문에 대한 인적 요건의 규제 및 확인에 관한 것으로, 인터넷신문의 내용을 심사·선별하여 사전에 통제하기 위한 규정이 아님이 명백하다. 따라서 등록조항은 사전허가금지원칙에도 위배되지 않는다(헌재 2016.10.27. 2015헌마1206)

| OX 문제 | 정답 및 해설 |

1345
신문보도의 명예훼손적 표현의 피해자가 공적 인물인지 아니면 사인인지, 그 표현이 공적인 관심 사안에 관한 것인지 순수한 사적인 영역에 속하는 사안인지의 여부에 따라 헌법적 심사기준에는 차이가 있어야 한다. 22년 경찰승진 O X

(O) 신문보도의 명예훼손적 표현의 피해자가 공적 인물인지 아니면 사인인지, 그 표현이 공적인 관심 사안에 관한 것인지 순수한 사적인 영역에 속하는 사안인지의 여부에 따라 헌법적 심사기준에는 차이가 있어야 한다(헌재 1999.6.24. 97헌마265).

1346
집회의 자유는 집회를 통하여 형성된 의사를 집단으로 표현하고 이를 통하여 불특정 다수인의 의사에 영향을 줄 자유를 포함하므로 이를 내용으로 하는 시위의 자유도 보장한다. 22년 법학경채, 21년 국회직 9급 O X

(O) 집회의 자유는 집회를 통하여 형성된 의사를 집단적으로 표현하고 이를 통하여 불특정 다수인의 의사에 영향을 줄 자유를 포함하므로 이를 내용으로 하는 시위의 자유 또한 집회의 자유를 규정한 헌법 제21조 제1항에 의하여 보호되는 기본권이다(헌재 2005.11.24. 2004헌가17).

1347
집회의 자유는 국가에 대한 방어권으로서 집회의 주체, 주관, 진행, 참가 등에 관하여 국가권력의 간섭이나 방해를 배제할 수 있는 주관적 권리로서의 성격을 가지는 동시에, 자유민주주의를 실현하려는 사회공동체에 있어서 불가결한 객관적 가치질서로서의 성격을 아울러 가진다. 20년 경행특채 O X

(O) 우리 헌법상 집회의 자유는 국가에 대한 방어권으로서 집회의 주체, 주관, 진행, 참가 등에 관하여 국가권력의 간섭이나 방해를 배제할 수 있는 주관적 권리로서의 성격을 가지는 동시에, 자유민주주의를 실현하려는 사회공동체에 있어서 불가결한 객관적 가치질서로서의 성격을 아울러 가진다(헌재 2016.9.29. 2014헌가3 등).

1348
집회의 자유는 집권세력에 대한 정치적 반대의사를 공동으로 표명하는 효과적인 수단으로서 현대사회에서 언론매체에 접근 할 수 없는 소수집단에게 그들의 권익과 주장을 옹호하기 위한 적절한 수단을 제공한다. 22년 순경 2차 O X

(O) 집회의 자유는 집권세력에 대한 정치적 반대의사를 공동으로 표명하는 효과적인 수단으로서 현대사회에서 언론매체에 접근 할 수 없는 소수집단에게 그들의 권익과 주장을 옹호하기 위한 적절한 수단을 제공한다.

1349
대의민주주의 체제에서 집회의 자유는 불만과 비판을 공개적으로 표출하게 함으로써 정치적 안정에 기여하는 긍정적 기능을 수행하므로 단지 평화적 또는 비폭력적 집회만 집회의 자유에 의해 보호된다고 할 수 없다. 21년 국회직 9급 O X

(X) 집회의 자유에 의하여 보호되는 것은 단지 '평화적' 또는 '비폭력적' 집회이다. 집회의 자유는 민주국가에서 정신적 대립과 논의의 수단으로서, 평화적 수단을 이용한 의견의 표명은 헌법적으로 보호되지만, 폭력을 사용한 의견의 강요는 헌법적으로 보호되지 않는다(헌재 2003.10.30. 2000헌바67,83).

1350
일반적으로 집회는 일정한 장소를 전제로 하여 특정 목적을 가진 다수인이 일시적으로 회합하는 것을 말하는 것으로 일컬어지고 있고, 그 공동의 목적은 '내적인 유대 관계'로 족하다. 23년 순경 1차, 23년 소방간부, 20년 경찰승진 O X

(O) 일반적으로 집회는, 일정한 장소를 전제로 하여 특정 목적을 가진 다수인이 일시적으로 회합하는 것을 말하는 것으로 일컬어지고 있고, 그 공동의 목적은 내적인 유대관계로 족하다(헌재 2009.5.28. 2007헌바22).

OX 문제

1351
옥외집회를 주최하고자 하는 자는 집시법에서 정한 시간 전에 관할 경찰관서장에게 집회신고서를 제출하여 접수시키기만 하면 원칙적으로 옥외집회를 할 수 있으므로, 옥외집회신고서를 반려한 행위가 동일한 경위로 반복적으로 이루어졌다 하더라도 이 반려행위는 헌법소원의 대상이 될 수 없다. 23년 변호사 O X

정답 및 해설

(X) 이 사건 반려행위는 법률의 근거 없이 청구인들의 집회의 자유를 침해한 것으로서 헌법상 법률유보원칙에 위반된다고 할 것이다(헌재 2008.5.29. 2007헌마712). / 즉 헌법소원 대상이 된다.

1352
누구나 '어떤 장소에서' 자신이 계획한 집회를 할 것인가를 원칙적으로 자유롭게 결정할 수 있어야만 집회의 자유가 비로소 효과적으로 보장되는 것이므로, 집회의 자유는 다른 법익의 보호를 위하여 정당화되지 않는 한, 집회장소를 항의의 대상으로부터 분리시키는 것을 금지한다. 23년 순경 1차 O X

(O) 집회장소가 바로 집회의 목적과 효과에 대하여 중요한 의미를 가지기 때문에, 누구나 '어떤 장소에서' 자신이 계획한 집회를 할 것인가를 원칙적으로 자유롭게 결정할 수 있어야만 집회의 자유가 비로소 효과적으로 보장되는 것이다. 따라서 집회의 자유는 다른 법익의 보호를 위하여 정당화되지 않는 한, 집회장소를 항의의 대상으로부터 분리시키는 것을 금지한다(헌재 2003.10.30. 2000헌바67 등).

1353
집단적인 폭행·협박·손괴·방화 등으로 공공의 안녕질서에 직접적인 위험을 가할 것이 명백한 집회 또는 시위의 주최를 금지하는 구「집회 및 시위에 관한 법률」조항은 집회의 자유를 침해하지 아니한다. 23년 순경 1차 O X

(O) 집단적인 폭행·협박 등이 발생한 집회 또는 시위를 해산하고 질서를 회복시키는 데는 일반적으로 상당한 시간과 경찰력이 동원되고, 그 과정에서 공공의 안녕질서나 참가자나 제3자의 신체와 재산의 안전 등이 중대하게 침해되거나 위협받을 수밖에 없으므로, 그와 같은 집회 또는 시위의 주최를 절대적으로 금지하는 것은 공공의 안녕질서를 유지하고, 집회 또는 시위의 참가자나 이에 참가하지 않은 제3자의 생명·신체·재산의 안전 등 기본권을 보호하기 위한 것으로서 정당한 목적달성을 위한 적합한 수단이며, 목적달성에 필요한 정도를 넘은 과도한 제한이 된다고 보기 어렵다(헌재 2010.4.29. 2008헌바118).

1354
집회·시위 장소는 그 목적을 달성하는 데 매우 중요한 역할을 담당하므로 장소선택의 자유는 집회·시위의 자유의 한 실질을 형성한다. 24년 국가직 5급, 21년 국회직 9급 O X

(O) 집회·시위장소는 집회·시위의 목적을 달성하는데 있어서 매우 중요한 역할을 수행하는 경우가 많기 때문에 집회·시위장소를 자유롭게 선택할 수 있어야만 집회·시위의 자유가 비로소 효과적으로 보장되므로 장소선택의 자유는 집회·시위의 자유의 한 실질을 형성한다(헌재 2005.11.24. 2004헌가17). / *종교는 장소선택의 자유까지 보장하지는 않는다.*

1355
집회의 자유는 국가가 개인의 집회참가행위를 감시하고 그에 대한 정보를 수집함으로써 집회에 참가하고자 하는 자로 하여금 불이익을 두려워하여 미리 집회참가를 포기하도록 집회참가의사를 약화시키는 것 등 집회의 자유행사에 영향을 미치는 모든 조치를 금지한다. 23년 경찰승진, 20년 법원행시 O X

(O) 집회의 자유는 집회에 참가하지 못하게 하는 국가의 강제를 금지할 뿐 아니라, 예컨대 집회장소로의 여행을 방해하거나, 집회장소로부터 귀가하는 것을 방해하거나, 집회참가자에 대한 검문의 방법으로 시간을 지연시킴으로써 집회장소에 접근하는 것을 방해하거나, 국가가 개인의 집회참가행위를 감시하고 그에 관한 정보를 수집함으로써 집회에 참가하고자 하는 자로 하여금 불이익을 두려워하여 미리 집회참가를 포기하도록 집회참가의사를 약화시키는 것 등 집회의 자유행사에 영향을 미치는 모든 조치를 금지한다(헌재 2003.10.30. 2000헌바67).

| OX 문제 | 정답 및 해설 |

1356
입법자는 법률로써 옥외집회에 대하여 일반적으로 시간적, 장소적 및 방법적인 제한을 할 수 있으므로, 이러한 법률적 제한이 실질적으로는 행정청의 허가 없는 옥외집회를 불가능하게 하는 것이라고 하더라도 헌법상 금지되는 사전허가제에 해당되는 것은 아니다. 21년 비상기획관(하) [O X]

(X) 이러한 법률적 제한이 실질적으로는 행정청의 허가 없는 옥외집회를 불가능하게 하는 것이라면 헌법상 금지되는 사전허가제에 해당되지만, 그에 이르지 않는 한 헌법 제21조 제2항에 반하는 것이 아니라, 위 법률적 제한이 헌법 제37조 제2항에 위반하여 집회의 자유를 과도하게 제한하는지 여부만이 문제된다고 할 것이다(헌재 2009.9.24. 2008헌가25).

1357
옥외집회나 시위를 주최하려는 자가 그에 관하여 집회 및 시위에 관한 법률의 규정에 따른 사항 모두를 적은 신고서를 옥외집회나 시위를 시작하기 720시간 전부터 48시간 전에 관할 경찰서장에게 제출하도록 한 것은 경찰관청 등 행정관청으로 하여금 집회의 순조로운 개최와 공공의 안전보호를 위하여 필요한 준비를 할 수 있는 시간적 여유를 주기 위한 것이므로 헌법 제21조 제2항의 사전허가금지에 위배되지 않는다. 21년 비상기획관(하) [O X]

(O) 집회에 대한 사전신고제도는 헌법 제21조 제2항의 사전허가금지에 위배되지 않는다(헌재 2014.1.28. 2011헌바174 등).

1358
집회 또는 시위를 하기 위하여 인천애(愛)뜰 중 잔디마당과 그 경계내 부지에 대한 사용허가 신청을 한 경우 인천광역시장이 이를 허가할 수 없도록 제한하는 '인천애(愛)뜰의 사용 및 관리에 관한 조례'는 잔디마당을 집회 장소로 선택할 자유를 완전히 제한하는바, 시민들의 집회의 자유를 침해한다. 26년 경찰간부 [O X]

(O) 심판대상조항에 의하여 잔디마당을 집회 장소로 선택할 자유가 완전히 제한되는바, 공공에 위험을 야기하지 않고 시청사의 안전과 기능에도 위협이 되지 않는 집회나 시위까지도 예외 없이 금지되는 불이익이 발생한다. 그렇다면 심판대상조항은 과잉금지원칙에 위배되어 청구인들의 집회의 자유를 침해한다(헌재 2023.9.26. 2019헌마1417).

1359
헌법은 집회의 자유를 국민의 기본권으로 보장함으로써, 평화적 집회 그 자체는 공공의 안녕질서에 대한 위험이나 침해로서 평가되어서는 아니되고, 개인이 집회의 자유를 집단적으로 행사함으로써 불가피하게 발생하는 일반대중에 대한 불편함이나 법익에 대한 위험은 보호법익과 조화를 이루는 범위 내에서 국가와 제3자에 의하여 수인되어야 한다는 것을 스스로 규정하고 있다. 21년 비상기획관(하) [O X]

(O) 헌법은 집회의 자유를 국민의 기본권으로 보장함으로써, 평화적 집회 그 자체는 공공의 안녕질서에 대한 위험이나 침해로서 평가되어서는 아니되고, 개인이 집회의 자유를 집단적으로 행사함으로써 불가피하게 발생하는 일반대중에 대한 불편함이나 법익에 대한 위험은 보호법익과 조화를 이루는 범위 내에서 국가와 제3자에 의하여 수인되어야 한다는 것을 스스로 규정하고 있다(헌재 2003.10.30. 2000헌바67 등).

1360
집회신고를 하지 아니하였다는 이유만으로 그 옥외집회를 헌법의 보호범위를 벗어나 개최가 허용되지 않는 집회라고 단정할 수 없다. 23년 변호사 [O X]

(O) 집회의 자유가 가지는 헌법적 가치와 기능, 집회에 대한 허가 금지를 선언한 헌법정신, 신고제도의 취지 등을 종합하여 보면, 신고는 행정관청에 집회에 관한 구체적인 정보를 제공함으로써 공공질서의 유지에 협력하도록 하는 데에 그 의의가 있는 것이지 집회의 허가를 구하는 신청으로 변질되어서는 아니 되므로, 신고를 하지 아니하였다는 이유만으로 그 옥외집회 또는 시위를 헌법의 보호 범위를 벗어나 개최가 허용되지 않는 집회 내지 시위라고 단정할 수 없다(헌재 2014.1.28. 2011헌바174 등).

OX 문제

1361
경찰이 신고범위를 벗어난 동안에만 집회참가자들을 촬영한다 할지라도, 집회참가자에 대한 촬영 행위는 집회참가자들에게 심리적 부담으로 작용하여 집회의 자유를 전체적으로 위축시키는 결과를 가져올 수 있으므로 집회의 자유를 침해한다. 23년 순경 1차

1362
「집회 및 시위에 관한 법률」상의 시위는 반드시 '일반인이 자유로이 통행할 수 있는 장소'에서 이루어져야 하며 '행진' 등 장소 이동을 동반해야만 성립한다. 24년 순경 1차, 24년 경찰승진, 22년 해경간부, 22년 5급 공채

1363
집회의 자유에 대한 제한은 다른 중요한 법익의 보호를 위하여 반드시 필요한 경우에 한하여 정당화되는 것이며, 특히 집회의 금지는 원칙적으로 공공의 안녕질서에 대한 위협이 예상되는 경우에 한하여 허용될 수 있다. 24년 순경 1차

1364
집회의 금지와 해산은 원칙적으로 공공의 안녕질서에 대한 직접적인 위협이 명백하게 존재하는 경우에 한하여 허용될 수 있다. 24년 경찰승진, 22년 해경간부, 22년 5급 공채

1365
누구든지 선거기간 중 선거에 영향을 미치게 하기 위하여 '그 밖의 집회나 모임'을 개최할 수 없고, 이를 위반하는 자를 처벌하는 「공직선거법」 조항은 선거의 공정이나 평온에 대한 구체적인 위험이 없는 경우에도 해당 목적을 위한 일반 유권자의 집회나 모임을 전면적으로 금지하고 위반 시 처벌한다는 점에서 과잉금지원칙에 위배되어 해당 일반 유권자의 집회의 자유를 침해한다. 24년 순경 1차

정답 및 해설

(X) 미신고 옥외집회·시위 또는 신고범위를 넘는 집회·시위에서 단순 참가자들에 대한 경찰의 촬영행위는 비록 그들의 행위가 불법행위로 되지 않는다 하더라도 주최자에 대한 집시법 위반에 대한 증거를 확보하는 과정에서 불가피하게 이루어지는 측면이 있다. 이러한 촬영행위에 의하여 수집된 자료는 주최자의 집시법 위반에 대한 직접·간접의 증거가 될 수 있을 뿐만 아니라 그 집회 및 시위의 규모·태양·방법 등에 대한 것으로서 양형자료가 될 수 있다. 따라서 이 사건에서 피청구인이 신고범위를 벗어난 동안에만 집회참가자들을 촬영한 행위가 과잉금지원칙을 위반하여 집회참가자인 청구인들의 일반적 인격권, 개인정보자기결정권 및 집회의 자유를 침해한다고 볼 수 없다(헌재 2018. 8.30. 2014헌마843).

(X) 집시법상의 시위는 반드시 '일반인이 자유로이 통행할 수 있는 장소'에서 이루어져야 한다거나 '행진' 등 장소 이동을 동반해야만 성립하는 것은 아니다(헌재 2014.3.27. 2010헌가2 등).

(X) 집회의 자유에 대한 제한은 다른 중요한 법익의 보호를 위하여 반드시 필요한 경우에 한하여 정당화되는 것이며, 특히 집회의 금지와 해산은 원칙적으로 공공의 안녕질서에 대한 직접적인 위협이 명백하게 존재하는 경우에 한하여 허용될 수 있다(헌재 2003.10.30. 2000헌바67 등).

(O) 집회의 자유를 제한하는 대표적인 공권력의 행위는 집시법에서 규정하는 집회의 금지, 해산과 조건부 허용이다. 집회의 자유에 대한 제한은 다른 중요한 법익의 보호를 위하여 반드시 필요한 경우에 한하여 정당화되는 것이며, 특히 집회의 금지와 해산은 원칙적으로 공공의 안녕질서에 대한 직접적인 위협이 명백하게 존재하는 경우에 한하여 허용될 수 있다(헌재 2003.10.30. 2000헌바67 등).

(O) 선거의 공정이나 평온에 대한 구체적인 위험이 없어, 규제가 불필요하거나 또는 예외적으로 허용하는 것이 가능한 경우에도, 선거기간 중 선거에 영향을 미칠 염려가 있거나 미치게 하기 위한 일반유권자의 집회나 모임을 전면적으로 금지하고 위반 시 처벌하는 것은 침해의 최소성에 반한다(헌재 2022.7.21. 2018헌바164). 따라서 집회의 자유를 침해한다.

| OX 문제 | 정답 및 해설 |

1366
일출시간 전, 일몰시간 후의 옥외집회 또는 시위를 원칙적으로 금지하면서 다만 옥외집회의 경우 예외적으로 관할 경찰관서장이 허용할 수 있도록 하고, 이에 위반하여 옥외집회 또는 시위에 참가한 자를 형사처벌하는 구「집회 및 시위에 관한 법률」조항은 헌법 제21조 제2항의 사전허가제금지에 위배되어 집회의 자유를 침해한다. 22년 경찰승진 ⊙⊗

(X) 단서의 규정은 본문에 의한 제한을 완화시키려는 것이므로, 본문에 의한 시간적 제한이 집회의 자유를 과도하게 제한하는지 여부는 별론으로 하고, 단서의 '관할경찰관서장의 허용'이 '옥외집회에 대한 일반적인 사전허가'라고는 볼 수 없는 것이다. 결국 이 사건 집회조항은 법률에 의하여 옥외집회의 시간적 제한을 규정한 것으로서 그 단서 조항의 존재에 관계없이 헌법 제21조 제2항의 '사전허가금지'에 위반되지 않는다고 할 것이다(헌재 2014.4.24. 2011헌가29). / 조심할 것은 이는 제1차적 심사기준은 사전허가금지에는 위반되지 않으나 과잉금지의 원칙에 위반되어 위헌이다.

1367
야간옥외집회가 공공질서나 타인의 법익을 해칠 위험성이 있다고 하나, 모든 야간옥외집회가 항상 타인의 법익을 침해할 것이라고 볼 수 있는 것은 아니므로 야간옥외집회의 법익침해가능성을 내세워 모든 야간옥외집회를 금지할 수는 없다.
20년 국회직 5급, 20년 소방간부 ⊙⊗

(O) 도시화·산업화가 진행된 현대 사회에서, '야간'이라는 시간으로 인한 특징이나 차별성은 보다 구체적으로 표현하면 '심야'의 특수성으로 인한 위험성이라고도 할 수 있다. 집시법 제10조는 목적달성을 위해 필요한 정도를 넘는 지나친 제한이다(헌재 2009.9.24. 2008헌가25).

1368
관할경찰관서장은 집회 또는 시위의 시간과 장소가 중복되는 2개 이상의 신고가 있는 경우 그 목적으로 보아 서로 상반되거나 방해가 된다고 인정되면 각 옥외집회 또는 시위 간에 시간을 나누거나 장소를 분할하여 개최하도록 권유하는 등 각 옥외집회 또는 시위가 서로 방해되지 아니하고 평화적으로 개최·진행될 수 있도록 노력하여야 한다. 24년 경찰승진 ⊙⊗

(O) 관할경찰관서장은 집회 또는 시위의 시간과 장소가 중복되는 2개 이상의 신고가 있는 경우 그 목적으로 보아 서로 상반되거나 방해가 된다고 인정되면 각 옥외집회 또는 시위 간에 시간을 나누거나 장소를 분할하여 개최하도록 권유하는 등 각 옥외집회 또는 시위가 서로 방해되지 아니하고 평화적으로 개최·진행될 수 있도록 노력하여야 한다(집회 및 시위에 관한 법률 제8조 제2항).

1369
집회나 시위 해산을 위한 살수차 사용은 집회의 자유 및 신체의 자유에 대한 중대한 제한을 초래하므로 살수차 사용요건이나 기준은 법률에 근거를 두어야 하고, 살수차와 같은 위해성 경찰장비는 본래의 사용방법에 따라 지정된 용도로 사용되어야 하며 다른 용도나 방법으로 사용하기 위해서는 반드시 법령에 근거가 있어야 한다. 22년 경찰간부, 22년 경찰승진 ⊙⊗

(O) 집회나 시위 해산을 위한 살수차 사용은 집회의 자유 및 신체의 자유에 대한 중대한 제한을 초래하므로 살수차 사용요건이나 기준은 법률에 근거를 두어야 하고, 살수차와 같은 위해성 경찰장비는 본래의 사용방법에 따라 지정된 용도로 사용되어야 하며 다른 용도나 방법으로 사용하기 위해서는 반드시 법령에 근거가 있어야 한다(헌재 2018.5.31. 2015헌마476).

1370
미신고 시위로 인하여 타인의 법익이나 공공의 안녕질서에 대한 직접적이고 명백한 위험이 발생한 경우에 해산명령을 발할 수 있도록 하고 이에 응하지 아니하는 행위에 대해 처벌하는 「집회 및 시위에 관한 법률」상 조항은 달성하려는 공익과 이로 인해 제한되는 청구인의 기본권 사이의 균형을 상실하였다고 보기 어렵다. 23년 경찰간부, 20년 법원행시 ⊙⊗

(O) 심판대상조항은 미신고 시위를 처음부터 금지하거나 참가 자체를 처벌하는 것이 아니고, 다만 그 시위로 인하여 타인의 법익이나 공공의 안녕질서에 직접적이고 명백한 위험이 발생한 경우에 해산명령을 발할 수 있도록 하고, 이에 응하지 아니하는 행위에 대하여 처벌하는 조항이다. 그렇다면 심판대상조항이 달성하려는 공공의 안녕질서 유지 및 회복이라는 공익과 심판대상조항으로 인하여 제한되는 청구인의 기본권 사이의 균형을 상실하였다고 보기 어렵다. 따라서 심판대상조항은 과잉금지원칙을 위반하여 집회의 자유를 침해한다고 볼 수 없다(헌재 2016.9.29. 2014헌바492).

OX 문제

1371
신고 범위를 뚜렷이 벗어난 집회·시위로 인하여 질서를 유지할 수 없어 해산을 명령하였음에도 불구하고 이에 불응한 경우에 처벌하는 「집회 및 시위에 관한 법률」상 조항은 과잉금지원칙을 위반하여 집회의 자유를 침해한다고 볼 수 없다. 23년 경찰간부, 22년 경찰간부, 20년 국회직 9급 ⊙Ⓧ

1372
집회 또는 시위의 주최자는 집회 또는 시위의 질서 유지에 관하여 자신을 보좌하도록 18세 이상의 사람을 질서유지인으로 임명할 수 있다. 22년 법학경채 ⊙Ⓧ

1373
국무총리 공관 경계지점으로부터 100미터 이내의 장소에서 옥외집회 또는 시위를 예외 없이 절대적으로 금지하고 있는 법률조항은 집회의 자유를 침해한다. 20년 지방직 7급 ⊙Ⓧ

1374
막연히 폭력·불법적이거나 돌발적인 상황이 발생할 위험이 있다는 가정만을 근거로 하여 대통령 관저 인근이라는 특정한 장소에서 열리는 모든 집회를 금지하는 것은 헌법적으로 정당화되기 어렵다. 23년 경찰간부 ⊙Ⓧ

1375
국회의장 공관의 경계지점으로부터 100미터 이내의 장소에서의 옥외집회 또는 시위를 일률적으로 금지하고, 이를 위반한 집회·시위의 참가자를 처벌하는 것은 해당 장소에서 옥외집회·시위가 개최되더라도 국회의장에게 물리적 위해를 가하거나 국회의장 공관으로의 출입 내지 안전에 위협을 가할 우려가 없는 장소까지 포함되어 있다는 점에서 입법목적 달성에 필요한 범위를 넘어 집회의 자유를 과도하게 제한하는 것으로 집회의 자유를 침해한다. 24년 법원행시, 23년 법원직 9급 ⊙Ⓧ

1376
각급 법원 인근의 모든 옥외집회를 전면적으로 금지한 「집회 및 시위에 관한 법률」 규정은 해당 법원에서 심리 중인 사건의 재판에 영향을 미칠 위험을 차단하기 위한 것으로서 집회의 자유를 침해하지 않는다. 23년 경찰승진, 20년 국회직 9급, 20년 경행특채, 20년 국회직 5급 ⊙Ⓧ

정답 및 해설

(O) 집시법은 옥외집회나 시위가 사전신고한 범위를 뚜렷이 벗어나 신고제도의 목적달성을 심히 곤란하게 하고, 그로 인하여 질서를 유지할 수 없게 된 경우에 공공의 안녕질서 유지 및 회복을 위해 해산명령을 할 수 있도록 하고 있다. 심판대상조항은 이러한 해산명령 제도의 실효성 확보를 위해 해산명령에 불응하는 자를 형사처벌하도록 한 것으로서 입법목적의 정당성과 수단의 적절성이 인정된다(헌재 2016.9.29. 2015헌바309 등).

(O) 집회 또는 시위의 주최자는 집회 또는 시위의 질서유지에 관하여 자신을 보좌하도록 18세 이상의 사람을 질서유지인으로 임명할 수 있다(집회 및 시위에 관한 법률 제16조 제2항).

(O) 국무총리 공관 경계지점으로부터 100미터 이내의 장소에서 옥외집회 또는 시위를 예외 없이 절대적으로 금지하고 있는 법률조항은 집회의 자유를 침해한다(헌재 2018.6.28. 2015헌가28).

(O) '대통령 등의 안전이나 대통령 관저 출입과 직접적 관련이 없는 장소'에서 '소규모 집회'가 열릴 경우에는, 이러한 위험성은 더욱 낮아진다. 결국 심판대상조항은 법익에 대한 위험 상황이 구체적으로 존재하지 않는 집회까지도 예외 없이 금지하고 있어서 헌법에 위반된다(헌재 2022.12.22. 2018헌바48).

(O) 심판대상조항이 국회의장 공관의 기능과 안녕을 저해할 우려가 있는 집회를 금지하는 데 머무르지 않고 국회의장 공관 인근의 모든 집회를 예외 없이 금지함으로써, 구체적인 상황을 고려하여 상충하는 법익 간의 조화를 이루려는 노력을 전혀 기울이지 않고 있으므로 집회의 자유를 침해한다(헌재 2023.3.23. 2021헌가1).

(X) 심판대상조항은 입법목적을 달성하는 데 필요한 최소한도의 범위를 넘어 규제가 불필요하거나 또는 예외적으로 허용 가능한 옥외집회·시위까지도 일률적·전면적으로 금지하고 있으므로, 침해의 최소성 원칙에 위배된다. 심판대상조항은 각급 법원 인근의 모든 옥외집회를 전면적으로 금지함으로써 상충하는 법익 사이의 조화를 이루려는 노력을 전혀 기울이지 않아, 법익의 균형성 원칙에도 어긋난다. 심판대상조항은 과잉금지원칙을 위반하여 집회의 자유를 침해한다(헌재 2018.7.26. 2018헌바137).

| OX 문제 | 정답 및 해설 |

1377
국회의사당의 경계지점으로부터 100미터 이내의 장소에서 옥외집회 또는 시위를 한 자를 처벌하는 「집회 및 시위에 관한 법률」 규정은 국회의 헌법적 기능을 보호하기 위한 것으로서 집회의 자유를 침해하지 않는다. 24년 국가직 5급, 20년 법원직, 20년 국가직 5급, 20년 국회직 9급 ○☓

(✗) 심판대상조항은 입법목적을 달성하는 데 필요한 최소한도의 범위를 넘어, 규제가 불필요하거나 또는 예외적으로 허용하는 것이 가능한 집회까지도 이를 일률적·전면적으로 금지하고 있으므로 침해의 최소성 원칙에 위배된다(헌재 2018.5.31. 2013헌바322 등).

1378
대한민국을 방문하는 외국의 국가 원수를 경호하기 위하여 지정된 경호구역 안에서 서울종로경찰서장이 안전 활동의 일환으로 청구인들의 삼보일배행진을 제지한 행위는 집회의 자유를 침해한다. 22년 순경 2차 ○☓

(✗) 이 사건 공권력행사로 인해 제한된 사익은 집회 또는 시위의 자유 일부에 대한 제한으로서 국가 간 신뢰를 공고히 하고 발전적인 외교관계를 맺으려는 공익이 위 제한되는 사익보다 덜 중요하다고 할 수 없다. 따라서 이 사건 공권력 행사는 과잉금지원칙을 위반하여 청구인들의 집회의 자유 등을 침해하였다고 할 수 없다(헌재 2021.10.28. 2019헌마1091).

1379
각급 법원 인근에서의 옥외집회·시위를 금지하고 있는 법률조항에는 위헌적인 부분과 합헌적인 부분이 공존하고 있는 데, 입법자로 하여금 어떠한 경우 옥외집회·시위가 허용된다고 할 것인지를 정하도록 하는 것이 입법재량을 존중하는 것이다. 24년 국회직 9급 ○☓

(○) 입법자로 하여금 법관의 독립이나 법원의 재판에 영향을 미칠 우려가 없는 상황 등 제반 사정을 감안하여 어떤 경우 예외적으로 옥외집회·시위가 허용된다고 할 것인지 정하도록 하는 것이 심판대상조항의 위헌성을 제거하면서도 입법자의 입법재량을 존중하는 방법이다(헌재 2018.7.26. 2018헌바137).

1380
집회 또는 시위를 하기 위하여 인천애(愛)뜰 중 잔디마당과 그 경계 내 부지에 대한 사용허가 신청을 한 경우 인천광역시장이 이를 허가할 수 없도록 제한하는 「인천애(愛)뜰의 사용 및 관리에 관한 조례」 조항은 잔디마당에서 집회 또는 시위를 하려고 하는 경우 시장이 그 사용허가를 할 수 없도록 전면적·일률적으로 불허하고, '예외적 허용'의 가능성을 열어 두고 있지 않아, 헌법 제21조 제2항에서 금지하는 허가제를 규정하였다고 보기 어렵다. 25년 순경 1차 ○☓

(○) 심판대상조항은 잔디마당에서 집회 또는 시위를 하려고 하는 경우 시장이 그 사용허가를 할 수 없도록 전면적·일률적으로 불허하고, '허가제'의 핵심 요소라 할 수 있는 '예외적 허용'의 가능성을 열어 두고 있지 않다. 그렇다면 심판대상조항은 집회에 대한 허가제를 규정하였다고 보기 어려우므로, 헌법 제21조 제2항 위반 주장에 대해서는 나아가 살펴보지 않기로 한다(헌재 2023.9.26. 2019헌마1417).

1381
누구든지 선거기간 중 선거에 영향을 미치게 하기 위하여 그 밖의 집회나 모임을 개최할 수 없도록 하는 「공직선거법」 제103조 제3항은, 선거기간에 예외적으로 집회를 허용하는 것이 불가능하므로, 과잉금지원칙에 반하지 않아 일반 유권자의 집회의 자유를 침해하지 않는다. 25년 순경 1차 ○☓

(✗) 선거의 공정성과 평온에 구체적 위험이 있는 경우가 아니라면, 단순히 선거의 공정성이라는 추상적인 위험성을 들어 선거에 영향을 미치게 하기 위한 집회나 모임을 전면적·포괄적으로 제한하는 것을 정당화하기 어렵다(정치적 표현의 자유 침해)(헌재 2022.7.21. 2018헌바164).

| OX 문제 | 정답 및 해설 |

1382
집회 또는 시위의 주최자 및 질서유지인은 특정한 사람이나 단체가 집회나 시위에 참가하는 것을 막을 수 있지만, 신분증을 제시하고 기자임을 표시한 완장을 착용한 언론사의 기자는 출입이 보장되어야 한다. 25년 국회직 8급 ○ ✕

(O) 집회 또는 시위의 주최자 및 질서유지인은 특정한 사람이나 단체가 집회나 시위에 참가하는 것을 막을 수 있다. 다만, 언론사의 기자는 출입이 보장되어야 하며, 이 경우 기자는 신분증을 제시하고 기자임을 표시한 완장(腕章)을 착용하여야 한다(집회 및 시위에 관한 법률 제4조).

1383
교통방해가 헌법상 보장되는 집회의 자유에 의하여 국가와 제3자에 의하여 수인되어야 할 것으로 인정되는 범위라면 사회상규에 반하지 아니하는 행위로서 위법성이 인정될 수 없어 일반교통방해죄로 처벌될 수 없다. 25년 국회직 8급 ○ ✕

(O) 교통방해가 헌법상 보장되는 집회의 자유에 의하여 국가와 제3자에 의하여 수인되어야 할 것으로 인정되는 범위라면, 사회상규에 반하지 아니하는 행위로서 위법성이 인정될 수 없고 형사처벌의 대상이 될 수 없는바, 이는 구체적 사안을 전제로 법원이 판단하여야 할 개별 사건에서의 법률의 해석·적용에 관한 문제일 뿐, 집회의 자유의 실질적 침해문제가 발생하지 않는다(헌재 2010.3.25. 2009헌가2).

1384
「집회 및 시위에 관한 법률」에 의하면, 경찰관은 집회 또는 시위의 주최자에게 알리고 그 집회 또는 시위의 장소에 정복(正服)을 입고 출입할 수 있다. 다만, 옥내집회 장소에 출입하는 것은 직무 집행을 위하여 긴급한 경우에만 할 수 있다. 25년 경찰승진 ○ ✕

(O) 경찰관은 집회 또는 시위의 주최자에게 알리고 그 집회 또는 시위의 장소에 정복(正服)을 입고 출입할 수 있다. 다만, 옥내집회 장소에 출입하는 것은 직무집행을 위하여 긴급한 경우에만 할 수 있다(집회 및 시위에 관한 법률 제19조 제1항).

1385
집회의 금지는 원칙적으로 공공의 안녕질서에 대한 직접적인 위협이 명백하게 존재하는 경우에 한하여 허용될 수 있다. 집회의 금지는 집회의 자유를 보다 적게 제한하는 다른 수단, 즉 집회참가자 수의 제한, 집회 대상과의 거리 제한, 집회 방법·시기·소요 시간의 제한등과 같은 조건을 붙여 집회를 허용하는 가능성을 모두 소진한 후에 비로소 고려될 수 있는 최종적인 수단이다. 25년 법원직 ○ ✕

(O) 집회의 자유를 제한하는 대표적인 공권력의 행사는 집시법에서 규정하는 집회의 금지, 해산과 조건부 허용이다. 집회의 자유에 대한 제한은 다른 중요한 법익의 보호를 위하여 반드시 필요한 경우에 한하여 정당화되는 것이며, 특히 집회의 금지와 해산은 원칙적으로 공공의 안녕질서에 대한 직접적인 위협이 명백하게 존재하는 경우에 한하여 허용될 수 있다. 집회의 금지와 해산은 집회의 자유를 보다 적게 제한하는 다른 수단, 즉 조건(예컨대 시위참가자수의 제한, 시위대상과의 거리제한, 시위방법, 시기, 소요시간의 제한 등)을 붙여 집회를 허용하는 가능성을 모두 소진한 후에 비로소 고려될 수 있는 최종적인 수단이다(헌재 2003.10.30. 2000헌바67).

1386
안마사들로 하여금 의무적으로 대한안마사협회의 회원이 되어 정관을 준수하도록 한 의료법 조항은, 시각장애가 있는 안마사들 사이에 정보를 교환하고 직업수행 능력을 높일 수 있는 점 등을 고려하면, 안마사들의 결사의 자유를 침해하는 것으로 보기 어렵다. 21년 법원행시 ○ ✕

(O) 안마사들은 시각장애로 말미암아 공동의 이익을 증진하기 위하여 개인적으로나 이익단체를 조직하여 활동하는 것이 용이하지 않고, 안마사들로 하여금 하나의 중앙회에 의무적으로 가입하도록 하여 전국적 차원의 단체를 존속시키는 것은 그들 사이에 정보를 교환하고 친목을 도모하며 직업수행 능력을 높일 수 있고, 시각장애인으로 하여금 직업 활동을 효과적으로 수행하도록 하기 위하여 국가가 적극적으로 개입하는 것이 필요하다. 이 사건 법률조항으로 안마사회에 의무적으로 가입하고 정관을 준수하고 회비를 납부하게 되지만 과다한 부담이라고 단정하기 어렵다. 이 사건 법률 조항은 안마사들의 결사의 자유를 침해하지 않는다(헌재 2008.10.30. 2006헌가15).

OX 문제	정답 및 해설

1387
상공회의소는 목적이나 설립, 관리 면에서 자주적인 단체로 사법인이므로 결사의 자유는 보장된다. 20년 법원행시 [O X]

(O) 상공회의소는 사업범위, 조직, 회계 등에 있어서 상공회의소법에 따른 규율을 받고 있는 특수성을 가지고 있으나, 기본적으로는 관할구역의 상공업계를 대표하여 그 권익을 대변하고 회원에게 기술 및 정보 등을 제공하여 회원의 경제적·사회적 지위를 높임으로써 상공업의 발전을 꾀함을 목적으로 하는 조직으로 목적이나 설립, 관리 면에서 자주적인 단체로 사법인이라고 할 것이므로 상공회의소와 관련해서도 결사의 자유는 보장된다고 할 것이다(헌재 2006.5.25. 2004헌가1).

1388
농협 조합장 선출행위는 결사 내 업무집행 및 의사결정기관의 구성에 관한 자율적인 활동이라 할 수 있으므로, 농협 조합장의 임기와 조합장선거의 시기에 관한 사항은 결사의 자유의 보호범위에 속한다. 25년 경찰승진 [O X]

(O) 조합장 선출행위는 결사 내 업무집행 및 의사결정기관의 구성에 관한 자율적인 활동이라 할 수 있으므로, 농협 조합장의 임기와 조합장 선거의 시기에 관한 사항은 결사의 자유의 보호범위에 속한다(헌재 2012.12.27. 2011헌마562 등).

1389
결사의 자유에는 '단체활동의 자유'도 포함되는데, 단체활동의 자유는 단체 외부에 대한 활동뿐만 아니라 단체의 조직, 의사형성의 절차 등의 단체의 내부적 생활을 스스로 결정하고 형성할 권리인 '단체 내부 활동의 자유'를 포함한다. 25년 경찰 2차 [O X]

(O) 단체활동의 자유는 단체 외부에 대한 활동뿐만 아니라 단체의 조직, 의사형성의 절차 등의 단체의 내부적 생활을 스스로 결정하고 형성할 권리인 '단체 내부 활동의 자유'를 포함한다(헌재 2012.12.27. 2011헌마562 등).

1390
조합장선거에서 후보자가 아닌 사람의 선거운동을 금지하는 「공공단체등 위탁선거에 관한 법률」 조항은, 조합장선거의 과열과 혼탁을 방지함으로써 선거의 공정성을 담보하고자 하는 것으로서, 조합장선거의 후보자 및 선거인인 조합원의 결사의 자유 등 기본권을 침해하지 아니한다. 24년 경찰간부 [O X]

(O) 조합장선거의 과열과 혼탁을 방지함으로써 선거의 공정성을 담보하고자 하는 것으로서 그 입법목적이 정당하고, 후보자가 아닌 사람의 선거운동을 전면 금지하고 이를 위반하면 형사처벌하는 것은 입법목적을 달성하기 위한 적정한 수단이 된다(헌재 2024.2.28. 2021헌가16). / 따라서 헌법에 위반되지 않는다.

1391
지역농협 이사 선거의 경우 전화(문자메시지를 포함한다)·컴퓨터 통신(전자우편을 포함한다)을 이용한 지지 호소의 선거운동방법을 금지하고, 이를 위반한 자를 처벌하는 구「농업협동조합법」조항은 과잉금지원칙을 위반하여 청구인들의 결사의 자유, 표현의 자유를 침해하여 헌법에 위반된다. 25년 경찰 2차, 23년 경찰간부, 23년 소방간부 [O X]

(O) 농협이사 선거에서 전화·컴퓨터통신을 이용한 지지 호소의 선거운동방법까지 금지하는 방안은 과도한 제한이다(헌재 2016.11.24. 2015헌바62). 즉 선거후보자의 결사의 자유와 표현의 자유를 침해한다.

1392
새마을금고 임원선거와 관련하여 법률에서 정하고 있는 방법 이외의 방법으로 선거운동을 할 수 없도록 하고 이를 위반한 자에 대한 형사처벌을 규정한 「새마을금고법」상 조항은 비례원칙에 위반된다. 23년 경찰간부 [O X]

(X) 새마을금고의 임원선거와 관련하여 법률에서 정하고 있는 방법 외의 방법으로 선거운동을 할 수 없도록 하고 이를 위반한 경우 형사처벌하도록 정하고 있는 새마을금고법 규정은 표현의 자유를 침해하지 않는다(헌재 2018.2.22. 2016헌바364).

제3장 자유권적 기본권 | 257

OX 문제

1393
변리사의 변리사회 가입의무를 규정한 「변리사법」상 조항은 비례원칙에 위반된다. 23년 경찰간부 [O][X]

1394
대한민국고엽제전우회와 대한민국월남전참전자회의 중복가입을 금지하는 「참전유공자예우 및 단체설립에 관한 법률」상 조항은 비례원칙에 위반된다. 23년 경찰간부 [O][X]

1395
대학의 자율은 대학시설의 관리·운영만이 아니라 학사관리 등 전반적인 것이라야 하므로 연구와 교육의 내용, 그 방법과 그 대상, 교과과정의 편성, 학생의 선발, 학생의 전형도 자율의 범위에 속해야 하고 따라서 입학시험제도도 자주적으로 마련될 수 있어야 한다. 20년 법원행시 [O][X]

1396
대학의 자율권은 헌법상의 기본권이므로 기본권제한의 일반적 법률유보의 원칙을 규정한 헌법 제37조 제2항에 따라 제한될 수 있고, 대학의 자율의 구체적인 내용은 법률이 정하는 바에 의하여 보장된다. 23년 순경 2차 [O][X]

1397
국가가 사립학교의 운영을 관리·감독할 권한과 책임에 관한 규율의 정도는 교육의 본질을 침해하지 않는 한 궁극적으로는 입법권자의 형성의 자유에 속한다. 24년 법원행시 [O][X]

1398
사립학교의 '교비회계에 속하는 수입 및 재산'이 본래의 용도인 학교의 학문 연구와 교육 및 학교 운영을 위해 사용될 수 있도록 강제함으로써 사립학교가 교육 기관으로서 양질의 교육을 제공하는 동시에 교육의 공공성을 지킬 수 있는 재정적 기초를 보호할 필요가 있다. 24년 법원행시 [O][X]

정답 및 해설

(X) 변리사회의 법적 지위를 강화하여 공익사업을 수행하고 지식재산권에 관한 민간차원의 국제협력을 증진하고자 하는 입법목적의 정당성이 인정되고, … 직업수행의 자유에 대한 제한보다 그 입법목적을 달성함으로써 얻게 되는 공익의 비중과 정도가 더 크다 할 것이므로 … 결사의 자유를 침해하지 않는다(헌재 2008.7.31. 2006헌마666).

(X) 양 법인의 중복가입에 따라 발생할 수 있는 두 단체 사이의 마찰, 중복지원으로 인한 예산낭비, 중복가입자의 이해상반행위를 방지하기 위한 것으로, 그 정당성이 인정되고, 고엽제 관련자의 중복가입을 금지하는 것은 이러한 목적달성에 기여한다(헌재 2016.4.28. 2014헌바442). / 즉 합헌이다.

(O) 여기서 대학의 자율은 대학시설의 관리·운영만이 아니라 학사관리 등 전반적인 것이라야 하므로 연구와 교육의 내용, 그 방법과 그 대상, 교과과정의 편성, 학생의 선발, 학생의 전형도 자율의 범위에 속해야 하고 따라서 입학시험제도도 자주적으로 마련될 수 있어야 한다(헌재 1992.10.1. 92헌마68).

(O) 대학의 자율도 헌법상의 기본권이므로 기본권제한의 일반적 법률유보의 원칙을 규정한 헌법 제37조 제2항에 따라 제한될 수 있고, 대학의 자율의 구체적인 내용은 법률이 정하는 바에 의하여 보장된다(헌재 2006.4.27. 2005헌마1047 등).

(O) 사립학교도 공교육의 일익을 담당한다는 점에서 국·공립학교와 본질적인 차이가 있을 수 없기 때문에 공적인 학교 제도를 보장하여야 할 책무를 진 국가가 일정한 범위 안에서 사립학교의 운영을 관리·감독할 권한과 책임을 지는 것 또한 당연하다 할 것이고, 그 규율의 정도는 그 시대의 사정과 각급 학교의 형편에 따라 다를 수밖에 없는 것이므로, 교육의 본질을 침해하지 않는 한 궁극적으로는 입법권자의 형성의 자유에 속한다(헌재 2021.11.25. 2019헌마542).

(O) 교비회계의 전용을 금지하고 이를 위반할 경우 처벌하는 이 사건 금지조항과 처벌조항은 사립학교의 '교비회계에 속하는 수입 및 재산'이 본래의 용도인 학교의 학문 연구와 교육 및 학교운영을 위해 사용될 수 있도록 강제함으로써 사립학교가 교육기관으로서 양질의 교육을 제공하는 동시에 교육의 공공성을 지킬 수 있는 재정적 기초를 보호하고 있다. 우리나라에서 사립학교가 공교육에서 차지하는 비중은 매우 높은바, 교비회계에 속하는 수입 및 재산의 전용을 금지하고 그 위반시 처벌하는 강력한 제재는 사립학교의 발전을 이루기 위해 반드시 필요한 조치이다(헌재 2023.8.31. 2021헌바180).

OX 문제

1399
국가는 헌법 제31조 제6항에 따라 모든 학교제도의 조직, 계획, 운영, 감독에 관한 포괄적인 권한 즉, 학교제도에 관한 전반적인 형성권과 규율권을 부여받았다고 할 수 있고, 다만 그 규율의 정도는 그 시대의 사정과 각급 학교에 따라 다를 수 밖에 없는 것이므로 교육의 본질을 침해하지 않는 한 궁극적으로는 입법권자의 형성의 자유에 속한다. 20년 법원행시 ⓞⓧ

(O) 헌법은 제31조 제1항에서 모든 국민은 능력에 따라 균등하게 교육을 받을 권리가 있음을 선언하고, 같은 조 제6항에서 학교교육을 포함한 교육제도와 그 운영, 교육재정 및 교원의 지위에 관한 기본적인 사항은 법률로 정하도록 규정하고 있다. 이는 모든 국민이 능력에 따른 교육을 받을 수 있도록 교육제도를 마련하여야 할 국가의 의무를 규정하는 한편, 학교교육에 관한 국가의 책임을 규정하고 있는 것이다. 이에 따라 국가는 모든 학교제도의 조직, 계획, 운영, 감독에 관한 포괄적인 권한, 즉 학교제도에 관한 전반적인 형성권과 규율권을 부여받았다고 할 수 있다. 다만 그 규율의 정도는 그 시대의 사정과 각급 학교에 따라 다를 수밖에 없는 것이므로 교육의 본질을 침해하지 않는 한 궁극적으로는 입법권자의 형성의 자유에 속한다(헌재 2014.3.27. 2012헌마404).

1400
대학의 자치에 있어서 대학 전 구성원이 자율성을 갖지만, 대학교, 교수, 교수회 모두가 단독 혹은 중첩적으로 주체가 될 수는 없다. 23년 법원행시, 22년 해경일반 ⓞⓧ

(X) 국가에 의한 침해에 있어서는 대학 자체 외에도 대학 전 구성원이 자율성을 갖는 경우도 있을 것이므로 문제되는 경우에 따라서 대학, 교수, 교수회 모두가 단독 혹은 중첩적으로 주체가 될 수 있다(헌재 2006.4.27. 2005헌마1047 등).

1401
대학교수가 반국가단체로서의 북한의 활동을 찬양·고무·선전 또는 이에 동조할 목적 아래 '한국 전쟁과 민족통일'이란 논문을 제작·반포하거나 발표한 것은 「헌법」이 보장하는 학문의 자유의 범위 안에 있지 않다. 22년 해경일반 ⓞⓧ

(O) 피고인이 반국가단체로서의 북한의 활동을 찬양·고무·선전 또는 이에 동조할 목적 아래 위 논문 등을 제작·반포하거나 발표한 것이어서 그것이 헌법이 보장하는 학문의 자유의 범위 내에 있지 않다(대판 2010.12.9. 2007도10121).

1402
서울대학교 2023학년도 저소득학생 특별전형의 모집인원을 모두 수능위주전형으로 선발하도록 정한 '서울대학교 2023학년도 대학 신입학생 입학전형 시행계획'은 저소득학생 특별전형에 응시하고자 하는 수험생들의 기회를 불합리하게 박탈하였고, 이는 대학의 자율성의 범위 내에 있는 것으로 볼 수 없다. 24년 경찰 2차 ⓞⓧ

(X) 농어촌학생 특별전형과 저소득학생 특별전형의 전형방법을 동일하게 정하여야 하는 것은 아니고, 수능 성적이 사회통념적 가치기준에 적합한 합리적인 입학전형자료 중 하나인 이상, 이 사건 입시계획이 저소득 학생 특별전형에서 학생부 기록 등을 반영함이 없이 수능 성적만으로 학생을 선발하도록 정하였다 하더라도, 이는 대학의 자율성의 범위 내에 있는 것으로서 저소득학생의 응시기회를 불합리하게 박탈하고 있다고 보기 어렵다(헌재 2022.9.29. 2021헌마929).

1403
교수의 자유는 대학 등 고등교육기관에서 교수 및 연구자가 자신의 학문적 연구와 성과에 따라 가르치고 강의를 할 수 있는 자유로서 교수의 내용과 방법 등에 있어 어떠한 지시나 간섭·통제를 받지 아니할 자유를 의미한다. 22년 법원행시 ⓞⓧ

(O) 교수의 자유는 대학 등 고등교육기관에서 교수 및 연구자가 자신의 학문적 연구와 성과에 따라 가르치고 강의를 할 수 있는 자유로서 교수의 내용과 방법 등에 있어 어떠한 지시나 간섭·통제를 받지 아니할 자유를 의미한다(대판 2018.7.12. 2014도3923).

1404
국립대학 교수들에게는 대학총장 후보자 선출에 참여할 권리가 있고, 이 권리는 대학의 자치의 본질적 내용에 포함되므로, 헌법상 기본권으로 인정된다. 23년 법원행시 ⓞⓧ

(O) 대학교수에게는 대학총장 후보자 선출에 참여할 권리가 있고, 이 권리는 대학의 자치의 본질적인 내용에 포함되므로 헌법상의 기본권으로 인정될 수 있다(헌재 2014.1.28. 2011헌마239).

| OX 문제 | 정답 및 해설 |

1405
대학의 자율권의 보호영역에는 학사관리 등 전반적인 것으로 연구와 교육의 내용, 그 방법과 대상, 교과과정의 편성, 학생의 선발, 학생의 전형이 포함되며, 대학의 재산권 행사와 관련된 대학시설의 관리·운영도 포함된다. 24년 법원직 O X

(O) 대학의 자율권의 보호영역에는 대학시설의 관리·운영만이 아니라 학사관리 등 전반적인 것으로 연구와 교육의 내용, 그 방법과 대상, 교과과정의 편성, 학생의 선발, 학생의 전형도 포함된다(헌재 2015.12.23. 2014헌마1149).

1406
설립자가 사립학교나 학교법인을 자유롭게 운영할 자유, 즉 사학의 자유는 비록 헌법에 명문규정은 없으나 헌법 제10조에서 보장되는 행복추구권의 한 내용을 이루는 일반적인 행동의 자유권과 교육의 자주성·전문성·정치적 중립성 및 대학의 자율성을 규정하고 있는 헌법 제31조 제4항 등에 의하여 인정되는 기본권의 하나이다. 24년 법원직, 22년 법원행시 O X

(O) 설립자가 사립학교나 학교법인을 자유롭게 운영할 자유, 즉 사학의 자유는 비록 헌법에 명문규정은 없으나 헌법 제10조에서 보장되는 행복추구권의 한 내용을 이루는 일반적인 행동의 자유권과 교육의 자주성·전문성·정치적 중립성 및 대학의 자율성을 규정하고 있는 헌법 제31조 제4항 등에 의하여 인정되는 기본권의 하나이다(헌재 2018.12.27. 2016헌바217).

1407
대학 본연의 기능인 학술의 연구나 교수, 학생선발·지도 등과 관련된 교부·학사행정의 영역에서는 대학구성원의 결정이 우선한다고 볼 수 있으나, 대학의 재정, 시설 및 인사 등의 영역에서는 학교법인이 기본적인 윤곽을 결정하게 되므로, 대학구성원에게는 이러한 영역에 대한 참여권이 인정될 여지가 없다. 22년 순경 1차 O X

(X) 재학생들의 대학 자치에의 참여권을 비록 인정한다 하더라도, 건의·비판을 통한 참여가능성 자체가 봉쇄되지 않은 이상 재학생의 건의내용과 다른 결정이 내려졌다하여 그들의 참여권이 침해되는 것은 아니다(헌재 1997.3.27. 94헌마277). 참여권 인정 가능합니다.

1408
헌법 제31조 제4항이 규정하는 교육의 자주성 및 대학의 자율성은 헌법 제22조 제1항이 보장하는 학문의 자유의 확실한 보장을 위해 꼭 필요한 것으로서 대학에 부여된 헌법상 기본권인 대학의 자율권이므로, 국립대학인 청구인도 이러한 대학의 자율권의 주체로서 헌법소원심판의 청구인능력이 인정된다. 22년 순경 1차 O X

(O) 국립대학인 서울대학교는 다른 국가기관 내지 행정기관과는 달리 공권력의 행사자의 지위와 함께 기본권의 주체라는 점도 중요하게 다루어져야 한다(헌재 1992.10.1. 92헌마68 등).

1409
대학의 자율성 즉, 대학의 자치란 대학이 그 본연의 임무인 연구와 교수를 외부의 간섭 없이 수행하기 위하여 인사·학사·시설·재정 등의 사항을 자주적으로 결정하여 운영하는 것을 말한다. 따라서 연구·교수 활동의 담당자인 교수가 그 핵심주체라 할 것이나, 연구·교수활동의 범위를 좁게 한정할 이유가 없으므로 학생·직원 등도 포함될 수 있다. 24년 법원직, 22년 순경 1차 O X

(O) 대학의 자율성 즉, 대학의 자치란 대학이 그 본연의 임무인 연구와 교수를 외부의 간섭 없이 수행하기 위하여 인사·학사·시설·재정 등의 사항을 자주적으로 결정하여 운영하는 것을 말한다. 따라서 연구·교수활동의 담당자인 교수가 그 핵심주체라 할 것이나, 연구·교수활동의 범위를 좁게 한정할 이유가 없으므로 학생, 직원 등도 포함될 수 있다(헌재 2013.11.28. 2007헌마1189 등).

OX 문제

1410
이사회와 재경위원회에 일정 비율 이상의 외부인사를 포함하는 내용 등을 담고 있는 구 「국립대학법인 서울대학교 설립·운영에 관한 법률」 규정의 이른바 '외부인사 참여 조항'이 대학의 자율의 본질적인 부분을 침해하였다고 볼 수 없다. 22년 순경 1차 [O][X]

1411
'대통령긴급조치 제9호'는 학생의 모든 집회·시위와 정치관여행위를 금지하고, 위반자에 대하여는 주무부장관이 학생의 제적을 명하고 소속 학교의 휴업, 휴교, 폐쇄조치를 할 수 있도록 규정하여, 학생의 집회·시위의 자유, 학문의 자유와 대학의 자율성 내지 대학자치의 원칙을 본질적으로 침해한다. 24년 순경 2차 [O][X]

1412
극장은 영상물·공연물 등 의사표현의 매개체를 일반 공중에게 표현하는 장소로서의 의미가 있으므로 극장의 자유로운 운영에 대한 제한은 공연물, 영상물이 지니는 표현물, 예술작품으로서의 성격에 기하여 표현의 자유 및 예술의 자유의 제한효과도 가지고 있다. 22년 순경 2차 [O][X]

1413
자신의 미적 감상 등을 문신시술을 통하여 시각적으로 표현할 수 있다는 측면에서 문신시술이 예술의 자유 또는 표현의 자유의 영역에 포함될 수 있다. 22년 순경 2차 [O][X]

1414
헌법 제22조 제2항은 저작자·발명가·과학기술자와 예술가의 권리는 법률로써 보호한다고 하여 학문과 예술의 자유를 제도적으로 뒷받침해 주고 학문과 예술의 자유에 내포된 문화국가실현의 실효성을 높이기 위하여 저작자 등의 권리보호를 국가의 과제로 규정하고 있다. 22년 순경 2차 [O][X]

정답 및 해설

(O) 이사회와 재경위원회에 외부인사를 일정 비율 이상 포함시키도록 한 것은 다양한 이해관계자의 참여를 통해 개방적인 의사결정을 보장하고, 외부의 환경 변화에 민감하게 반응함과 동시에 외부의 감시와 견제를 통해 대학의 투명한 운영을 보장하기 위한 것으로 그 정당성이 인정된다(헌재 2014.4.24. 2011헌마612).

(O) 긴급조치 제9호 제1항 다호, 제5항에서는 허가받지 않은 학생의 모든 집회·시위와 정치관여행위를 금지하고, 이를 위반한 자에 대하여는 주무부장관이 학생의 제적을 명하고 소속 학교의 휴업, 휴교, 폐쇄조치를 할 수 있도록 규정하였다. 이는 집회·시위의 자유, 학문의 자유와 대학의 자율성 내지 대학자치의 원칙을 본질적으로 침해하는 것이다(헌재 2013.3.21. 2010헌바132 등).

(O) 이 사건 법률조항은 극장운영자의 표현의 자유 및 예술의 자유도 필요한 이상으로 과도하게 침해하고 있으며, 표현·예술의 자유의 보장과 공연장 및 영화상영관 등이 담당하는 문화국가형성의 기능의 중요성을 간과하고 있다. 따라서 이 사건 법률조항은 표현의 자유 및 예술의 자유를 침해하는 위헌적인 규정이다(헌재 2004.5.27. 2003헌가1 등).

(O) 청구인들이 자신의 미적 감상 등을 문신시술을 통하여 시각적으로 표현할 수 있다는 측면에서 문신시술이 예술의 자유 또는 표현의 자유의 영역에 포함될 수 있다(헌재 2022.3.31. 2017헌마1343 등).

(O) 헌법 제22조 제2항은 "저작자·발명가·과학기술자와 예술가의 권리는 법률로써 보호한다."고 하여, 학문과 예술의 자유를 제도적으로 뒷받침하고 학문과 예술의 자유에 내포된 문화국가실현의 실효성을 높이기 위하여 저작자 등의 권리보호를 국가의 과제로 규정하고 있는바, 저작자 등의 권리를 보호하는 것은 학문과 예술을 발전·진흥시키고 문화국가를 실현하기 위하여 불가결하다(헌재 2002.4.25. 2001헌마200).

제4절 경제적 자유권

1415
지역구국회의원선거 예비후보자가 정당의 공천심사에서 탈락한 후 후보자등록을 하지 않은 경우를 기탁금 반환 사유로 규정하지 않은 것은 예비후보자의 재산권을 침해한다. 24년 법원직, 22년 국회직 8급, 20년 국회직 5급 [O X]

(O) 지역구국회의원 예비후보자의 기탁금 반환 사유를 예비후보자의 사망, 당내경선 탈락으로 한정하고 있는 공직선거법 규정은 헌법에 합치하지 아니한다(헌재 2018.1.25. 2016헌마541).

1416
퇴직연금 수급자가 유족연금을 함께 받게 될 경우 그 유족연금액의 2분의 1을 빼고 지급하도록 하는 구「공무원연금법」조항은 공무원 퇴직연금의 급여 수준, 유족연금의 특성, 사회보장의 기본원리 등을 종합적으로 고려하여 유족연금액의 2분의 1을 감액하여 지급하도록 한 것이므로, 입법형성의 한계를 벗어나 퇴직연금 수급자의 인간다운 생활을 할 권리 및 재산권을 침해하였다고 볼 수 없다. 25년 비상계획관 [O X]

(O) 심판대상조항은 퇴직연금 수급자의 유족연금 수급권을 구체화함에 있어 급여의 적절성을 확보할 필요성, 한정된 공무원연금 재정의 안정적 운영, 우리 국민 전체의 소득 및 생활수준, 공무원 퇴직연금의 급여 수준, 유족연금의 특성, 사회보장의 기본원리 등을 종합적으로 고려하여 유족연금액의 2분의 1을 감액하여 지급하도록 한 것이므로, 입법형성의 한계를 벗어나 청구인의 인간다운 생활을 할 권리 및 재산권을 침해하였다고 볼 수 없다(헌재 2020.6.25. 2018헌마865).

1417
공무원이거나 공무원이었던 사람이 재직 중의 사유로 금고 이상의 형을 받거나 형이 확정된 경우 퇴직급여 및 퇴직수당의 일부를 감액하여 지급함에 있어 그 이후 형의 선고의 효력을 상실하게 하는 특별사면 및 복권을 받은 경우를 달리 취급하는 규정을 두지 아니한 것은 재산권을 침해하지 않는다. 22년 국회직 8급 [O X]

(O) 공무원이 재직 중 사유로 금고 이상의 형을 받은 경우 퇴직급여 및 퇴직수당의 일부를 감액하여 지급함에 있어, 그 이후 형의 선고의 효력을 상실하게 하는 특별사면 및 복권을 받은 경우를 달리 취급하는 규정을 두지 아니한 구 공무원연금법 제64조 제1항 제1호가 헌법에 위반되지 않는다(헌재 2020.4.23. 2018헌바402).

1418
개인택시면허는 자신의 노력으로 혹은 금전적 대가를 치르고 얻은 재산권이라고 할 수 있다. 22년 입법고시 [O X]

(O) 개인택시운송사업자는 장기간의 모범적인 택시운전에 대한 보상의 차원에서 개인택시면허를 취득하였거나, 고액의 프리미엄을 지급하고 개인택시면허를 양수한 사람들이므로 개인택시면허는 자신의 노력으로 혹은 금전적 대가를 치르고 얻은 재산권이라고 할 수 있다(헌재 2012.3.29. 2010헌마443).

1419
공무원의 보수청구권이 법령에 의하여 구체적 내용이 형성되기 전이라면 공무원이 국가 또는 지방자치단체에 대하여 어느 수준의 보수를 청구할 수 있는 권리는 단순한 기대이익에 불과하여 재산권의 내용에 포함된다고 볼 수 없다. 22년 입법고시 [O X]

(O) 공무원의 보수청구권은, 법률 및 법률의 위임을 받은 하위법령에 의해 그 구체적 내용이 형성되면 재산적 가치가 있는 공법상의 권리가 되어 재산권의 내용에 포함되지만, 법령에 의하여 구체적 내용이 형성되기 전의 권리, 즉 공무원이 국가 또는 지방자치단체에 대하여 어느 수준의 보수를 청구할 수 있는 권리는 단순한 기대이익에 불과하여 재산권의 내용에 포함된다고 볼 수 없다(헌재 2008.12.26. 2007헌마444).

| OX 문제 | 정답 및 해설 |

1420
헌법 제22조 제2항은 발명가의 권리를 법률로써 보호하도록 하고 있고, 이에 따라 「특허법」은 특허권자에게 업으로서 그 특허발명을 실시할 권리를 독점적으로 부여하고 있다. 따라서 특허권자가 그 특허발명의 방법에 의하여 생산한 물건에 발명의 명칭과 내용을 표시하는 것은 특허실시권에 내재된 요소이며, 그러한 표시를 제한하는 것은 곧 특허권에 대한 제한이라고 보아야 한다. 23년 순경 2차 [O X]

(O) 특허권자가 그 특허발명의 방법에 의하여 생산한 물건에 발명의 명칭과 내용을 표시하는 것은 특허실시권에 내재된 요소이며, 그러한 표시를 제한하는 것은 곧 특허권에 대한 제한이라고 보아야 할 것이다(헌재 2000.3.30. 99헌마143).

1421
헌법재판소는 공법상의 권리가 재산권보장의 보호를 받기 위해서는 '개인의 노력과 금전적 기여를 통하여 취득되고 자신과 그의 가족의 생활비를 충당하기 위한 경제적 가치가 있는 권리'여야 한다고 판시하고, 공무원연금법 및 군인연금법상의 연금수급권이 헌법상 보장되는 재산권에 포함됨을 밝힌 바 있다. 23년 법원직 9급 [O X]

(O) 헌법재판소는 공법상의 권리가 재산권보장의 보호를 받기 위해서는 '개인의 노력과 금전적 기여를 통하여 취득되고 자신과 그의 가족의 생활비를 충당하기 위한 경제적 가치가 있는 권리'여야 한다고 판시하고, 공무원연금법 및 군인연금법상의 연금수급권이 헌법상 보장되는 재산권에 포함됨을 밝힌 바 있다(헌재 2004.6.24. 2002헌바15).

1422
「우편법」에 규정된 우편물의 지연배달에 따른 손해배상청구권은 헌법이 보장하는 재산권의 내용에 포함되는 권리이다. 24년 경찰승진, 22년 입법고시 [O X]

(O) 우편물의 수취인인 청구인은 우편물의 지연배달에 따른 손해배상청구권을 갖게 되는바, 이는 헌법이 보장하는 재산권의 내용에 포함되는 권리라 할 것이고, 심판대상조항은 위 손해배상청구권의 범위를 제한하는 것이므로 그에 따른 재산권 제한이 발생한다(헌재 2013.6.27. 2012헌마426).

1423
재산권은 자유의 실현과 물질적 삶의 기초이고, 자유실현의 물질적 바탕을 보호하는 재산권의 자유보장적 기능으로 말미암아 자유와 재산권은 불가분의 관계이자 상호보완관계에 있다. 22년 법원행시 [O X]

(O) 재산권보장은 헌법상의 기본권체계 내에서 각 개인이 자신의 생활을 자기 책임하에서 형성하도록 그에 필요한 경제적 조건을 보장해 주는 기능을 한다. 즉 재산권은 자유의 실현과 물질적 삶의 기초이고, 자유실현의 물질적 바탕을 보호하는 재산권의 자유보장적 기능으로 말미암아 자유와 재산권은 불가분의 관계이자 상호보완관계에 있다(헌재 2000.6.29. 99헌마289).

1424
교원의 정년단축으로 기존 교원이 입는 경제적 불이익은 헌법상 보장되는 재산권에 해당한다. 24년 경찰승진 [O X]

(X) 교원의 정년단축으로 기존 교원이 입는 경제적 불이익은 계속 재직하면서 재화를 획득할 수 있는 기회를 박탈당한다는 것인데 이러한 경제적 기회는 재산권 보장의 대상이 아니다(헌재 2000.12.14. 99헌마112 등).

1425
정당한 지목을 토지대장에 등록함으로써 토지소유자가 누리게 될 이익은 헌법상 보장되는 재산권에 해당한다. 24년 경찰승진 [O X]

(O) 지목에 관한 등록이나 등록변경 또는 등록의 정정은 단순히 토지행정의 편의나 사실증명의 자료로 삼기 위한 것에 그치는 것이 아니라, 해당 토지소유자의 재산권에 크건 작건 영향을 미친다고 볼 것이며, 정당한 지목을 등록함으로써 토지소유자가 누리게 될 이익은 국가가 헌법 제23조에 따라 보장하여 주어야 할 재산권의 한 내포(內包)로 봄이 상당하다(헌재 1999.6.24. 97헌마315).

OX 문제

1426
공제회가 관리·운용하는 학교안전공제 및 사고예방기금은 헌법상 보장되는 재산권에 해당한다. 24년 소방간부 [O|X]

1427
상공회의소의 의결권은 헌법상 보장되는 재산권에 해당한다. 24년 소방간부 [O|X]

1428
임차인이 3기의 차임액에 해당하는 금액에 이르도록 차임을 연체한 경우 임대인의 권리금 회수기회 보호의무가 발생하지 않도록 규정한 상가건물 임대차보호법 해당 조항은 재산권을 침해하지 않는다. 24년 법원직 [O|X]

1429
선거범죄로 당선이 무효로 된 사람에게 반환받은 기탁금과 보전받은 선거비용을 반환하도록 하는 구 공직선거법 해당 조항은 재산권을 침해한다. 24년 법원직 [O|X]

1430
사회부조와 같이 수급자의 자기기여 없이 국가의 일방적인 급부를 내용으로 하는 공법상 권리는 재산권의 보호대상에 포함되지 않는다. 24년 국회직 5급, 22년 법원행시 [O|X]

정답 및 해설

(X) 공제회가 관리·운용하는 기금은 학교안전사고보상공제 사업 등에 필요한 재원을 확보하고, 공제급여에 충당하기 위하여 설치 및 조성되는 것으로서 학교안전법령이 정하는 용도에 사용되는 것일 뿐, 각 공제회에 귀속되어 사적 유용성을 갖는다거나 원칙적 처분권이 있는 재산적 가치라고 보기 어렵다(헌재 2015.7.30. 2014헌가7).

(X) 상공회의소의 의결권 또는 회원권은 상공회의소라는 법인의 의사형성에 관한 권리일 뿐 이를 따로 떼어 헌법상 보장되는 재산권이라고 보기 어렵고, 상공회의소의 재산은 법인인 상공회의소의 고유재산이지 회원들이 지분에 따라 반환받을 수 있는 재산이라고 보기 어려워서, 상공업자들의 재산권 제한과도 무관하다(헌재 2006.5.25. 2004헌가1).

(O) 심판대상조항은 임차인이 임대차계약에 있어 임차인의 가장 기본적이고 주된 의무인 차임의 지급을 3기의 차임액에 해당하는 금액에 이르도록 이행하지 아니한 경우 임대인과 임차인 간의 신뢰관계가 깨졌다고 보아 당해 임차인을 권리금 회수기회 보호대상에서 제외함으로써 임대인과 임차인 양자 간의 이해관계를 조절하고 있는 것이라 할 수 있다(헌재 2023.6.29. 2021헌바264). / 따라서 재산권을 침해하지 않는다.

(X) 이 사건 법률조항은 선거범죄를 억제하고 공정한 선거문화를 확립하고자 하는 목적으로 선거범에 대한 제재를 규정한 것인바, 선거범죄를 범하여 형사처벌을 받은 자에게 가할 불이익에 관하여는 기본적으로 입법자가 결정할 것이고, 이 사건 법률조항이 선고형에 따라 제재대상을 정함으로써 사소하고 경미한 선거범과 구체적인 양형사유가 있는 선거범을 제외하고 있는 등의 사정을 종합해 볼 때, 과잉금지원칙을 위반한 재산권침해라고 할 수 없다(헌재 2011.4.28. 2010헌바232).

(O) 헌법재판소는 공법상의 권리가 헌법상의 재산권보장의 보호를 받기 위해서는 일정한 요건을 갖추어야 한다고 판시하였는데, 첫째, 공법상의 권리가 권리주체에게 귀속되어 개인의 이익을 위하여 이용가능해야 하며(사적 유용성), 둘째, 국가의 일방적인 급부에 의한 것이 아니라 권리주체의 노동이나 투자, 특별한 희생에 의하여 획득되어 자신이 행한 급부의 등가물에 해당하는 것이어야 하며(수급자의 상당한 자기기여), 셋째, 수급자의 생존의 확보에 기여해야 한다는 것이다. 따라서 사회부조와 같이 국가의 일방적인 급부에 대한 권리는 재산권의 보호대상에서 제외되고, 단지 사회법상의 지위가 자신의 급부에 대한 등가물에 해당하는 경우에 한하여 사법상의 재산권과 유사한 정도로 보호받아야 할 공법상의 권리가 인정된다(헌재 2009.9.24. 2007헌마1092).

| OX 문제 | 정답 및 해설 |

1431
상속회복청구권의 행사기간을 상속 개시일로부터 10년으로 제한하는 것은 재산권의 본질적 내용을 침해하는 것으로서 헌법에 위반된다. 22년 법원행시 ☐O☐X

(O) 상속회복청구권에 대하여 상속 개시일부터 10년이라는 단기의 행사기간을 규정함으로 인하여, 기간이 경과된 후에는 진정한 상속인은 상속인으로서의 지위와 함께 상속에 의하여 승계한 개개의 권리·의무도 총괄적으로 상실하여 참칭상속인을 상대로 재판상 그 권리를 주장할 수 없고, 오히려 그 반사적 효과로서 참칭상속인의 지위는 확정되어 참칭상속인이 상속개시의 시점으로부터 소급하여 상속인으로서의 지위를 취득하게 되므로, 이는 진정상속인의 권리를 심히 제한하여 오히려 참칭상속인을 보호하는 규정으로 기능하고 있는 것이라 할 것이어서, 기본권 제한의 한계를 넘어 헌법상 보장된 상속인의 재산권, 행복추구권, 재판청구권 등을 침해하고 평등원칙에 위배된다(헌재 2001.7.19. 99헌바9 등).

1432
산업재해보상보험법상 보험급여와 같이 수급권의 발생요건이 법정되어 있는 경우, 그러한 법정요건을 갖추기 전이라고 하더라도, 헌법이 보장하는 재산권에 해당한다. 22년 법원행시 ☐O☐X

(X) 산재법상 보험급여와 같이 수급권의 발생요건이 법정되어 있는 경우, 그러한 법정요건을 갖추기 전에는 헌법이 보장하는 재산권이라고 할 수 없다(헌재 2006.11.30. 2005헌바25).

1433
재산권은 「민법」상의 소유권·물권·채권을 물론 특별법상의 권리인 광업권 어업권·수렵권 그리고 공법상의 권리인 환매권·퇴직연금수급권·퇴직급여청구권 등도 포함된다. 22년 해경일반 ☐O☐X

(O) 재산권은 「민법」상의 소유권·물권·채권을 물론 특별법상의 권리인 광업권·어업권·수렵권 그리고 공법상의 권리인 환매권·퇴직연금수급권·퇴직급여청구권 등도 포함된다(헌재 1994.2.24. 92헌가15 등).

1434
의료보험조합의 적립금은 조합원 개인에게 보장되는 재산권의 내용에 포함된다. 25년 입법고시 ☐O☐X

(X) 적립금에는 사법상의 재산권과 비교될 만한 최소한의 재산권적 특성이 결여되어 있다. 따라서 의료보험조합의 적립금은 헌법 제23조에 의하여 보장되는 재산권의 보호대상이라고 볼 수 없다. 그리고 의료보험수급권은 「의료보험법」상 재산권의 보장을 받는 공법상의 권리이다(헌재 2000.6.29. 99헌마289).

1435
헌법이 보장하는 재산권에는 특별법상의 광업권이나 관행 어업권이 포함된다. 24년 군무원 5급 ☐O☐X

(O) 헌법이 보장하는 재산권에는 특별법상의 광업권이나 관행 어업권이 포함된다(헌재 2001.3.15. 2001헌가1 등).

1436
가축전염병 예방법상의 살처분으로 인한 재산권의 제약은 헌법 제23조 제1항 및 제2항에 따라 가축 소유자가 부담하여야 하는 사회적 제약에 속하므로, 권리자에게 수인의 한계를 넘어 가혹한 부담이 발생하는 예외적인 경우에도 이를 완화하는 보상규정을 둘 필요는 없다. 25년 소방간부 ☐O☐X

(X) 가축의 살처분으로 인한 재산권의 제약은 헌법 제23조 제3항에 따라 보상을 요하는 수용에 해당하지 않고, 가축의 소유자가 수인해야 하는 사회적 제약의 범위에 속한다. 그러나 헌법 제23조 제1항 및 제2항에 따라 재산권의 사회적 제약을 구체화하는 법률조항이라 하더라도 권리자에게 수인의 한계를 넘어 가혹한 부담이 발생하는 예외적인 경우에는 이를 완화하는 보상규정을 두어야 한다(헌재 1998.12.24. 89헌마214 등 참조). 이러한 조정적 보상의 일환으로 '가축전염병 예방법'은 가축을 살처분한 경우에는 원칙적으로 가축의 소유자에게 보상금을 지급하도록 하고 있다(헌재 2024.5.30. 2021헌가3).

1437
살처분된 가축의 소유자가 축산계열화사업자인 경우에는 계약 사육농가의 수급권 보호를 위하여 보상금을 계약사육농가에 지급한다고 규정한 「가축전염병 예방법」제48조 제1항 제3호 단서는 축산계열화사업자가 가축의 소유자라 하여 살처분 보상금을 오직 계약사육농가에게만 지급하는 방식으로 축산 계열화사업자에 대한 재산권의 과도한 부담을 완화하기에 적절한 보상조치라고 할 수 없으므로 입법형성재량의 한계를 벗어나 가축의 소유자인 축산계열화사업자의 재산권을 침해한다. 25년 경찰승진 ⊙ⓧ

(O) 축산계열화사업자가 가축의 소유자라 하여 살처분 보상금을 오직 계약사육농가에게만 지급하는 방식은 축산계열화사업자에 대한 재산권의 과도한 부담을 완화하기에 적절한 보상조치라고 할 수 없다. 따라서 심판대상조항은 입법형성재량의 한계를 벗어나 가축의 소유자인 축산계열화사업자의 재산권을 침해한다(헌재 2024.5.30. 2021헌가3).

1438
「민법」조항에 따른 유류분제도는 피상속인의 증여나 유증에 의한 자유로운 재산처분을 제한하고, 피상속인으로부터 증여나 유증을 받았다는 이유로 유류분반환청구의 상대방이 되는 자의 재산권을 역시 제한한다. 25년 소방간부 ⊙ⓧ

(O) 심판대상조항에 따른 유류분제도는 그 구체적 내용에 비추어 볼 때, 피상속인의 증여나 유증에 의한 자유로운 재산처분을 제한하고, 피상속인으로부터 증여나 유증을 받았다는 이유로 유류분반환청구의 상대방이 되는 자의 재산권을 역시 제한한다(헌재 2024.4.25. 2020헌가4 등).

1439
입법자가 헌법 제23조 제1항 및 제2항에 의하여 재산권의 내용을 구체적으로 형성하고 공익을 위하여 재산권을 제한하는 과정에서 이를 합헌적으로 규율하고자 하는 조정적 보상은 직접적인 금전적 보상에 의하여야 한다. 25년 소방간부 ⊙ⓧ

(X) 재산권의 침해와 공익간의 비례성을 다시 회복하기 위한 방법은 헌법상 반드시 금전보상만을 해야 하는 것은 아니다. 입법자는 지정의 해제 또는 토지매수청구권제도와 같이 금전보상에 갈음하거나 기타 손실을 완화할 수 있는 제도를 보완하는 등 여러 가지 다른 방법을 사용할 수 있다(헌재 1998.12.24. 89헌마214 등).

1440
사업계획승인을 받은 민간사업주체가 주택건설 대지면적의 95퍼센트 이상의 사용권원을 확보한 경우 사용권원을 확보하지 못한 대지의 모든 소유자에게 매도청구를 할 수 있도록 하는 「주택법」조항은 과잉금지원칙에 위배되지 않으므로 재산권을 침해하지 않는다. 25년 입법고시 ⊙ⓧ

(O) 심판대상조항은 국토계획법 제49조에 따른 지구단위계획의 결정이 필요한 주택건설사업에서 주택건설대지면적의 95퍼센트 이상의 사용권원을 확보한 민간사업주체에게 매도청구권을 부여하고 있다. 이는 지구단위계획에 따라 승인받은 주택건설사업을 가능하게 하여 주택의 건설·공급을 촉진함으로써 국민의 주거를 안정화하고 주거환경을 개선하기 위한 것으로서 입법목적의 정당성이 인정되고, 공공필요성의 요건도 갖추었다(헌재 2023.8.31. 2019헌바221 등). / 따라서 이는 재산권을 침해하지 않는다.

1441
헌법 제23조 제3항이 규정한 '정당한 보상'이란 원칙적으로 피수용 재산의 객관적인 재산가치를 완전하게 보상하는 것을 의미하는 바, 공시지가를 기준으로 토지수용으로 인한 손실보상액을 산정하되 개발이익을 배제하고 공시기준일부터 재결 시까지의 시점보정을 인근 토지의 가격변동률과 생산자물가상승률에 의하도록 한 것은 정당보상원칙에 위배되지 않는다. 25년 입법고시 ⊙ⓧ

(O) 이 사건 토지보상조항이 '부동산 가격공시 및 감정평가에 관한 법률'에 의한 공시지가를 기준으로 토지수용으로 인한 손실보상액을 산정하되, 개발이익을 배제하고 공시기준일부터 재결 시까지의 시점보정을 인근 토지의 가격변동률과 생산자물가상승률에 의하도록 한 것은 공시기준일의 표준지의 객관적 가치를 정당하게 반영하는 것이고 표준지의 선정과 시점보정의 방법이 적정하므로, 이 사건 토지보상조항은 헌법 제23조 제3항이 규정한 정당보상의 원칙에 위배되지 않는다(헌재 2013.12.26. 2011헌바162).

OX 문제

1442
골프장 입장행위에 대하여 1명 1회 입장마다 1만 2천 원의 개별소비세를 골프장 경영자에게 부과하는 「개별소비세법」해당 조항은 과잉금지원칙에 반하여 재산권을 침해한다고 볼 수 없다. 25년 순경 1차 [O][X]

1443
수분양자가 아닌 개발사업자를 부과대상으로 하는 구 「학교용지 확보 등에 관한 특례법」상 학교용지부담금은 교육의 기회를 균등하게 보장하여야 한다는 공익과 개발사업자의 재산적 이익이라는 사익을 적절히 형량하고 있으므로, 개발사업자의 재산권을 침해하지 않는다. 25년 변호사 [O][X]

1444
분묘기지권에 관한 관습법 중 '분묘기지권의 존속기간에 관하여 당사자 사이에 약정이 있는 등 특별한 사정이 없는 경우에는 권리자가 분묘의 수호와 봉사를 계속하는 한 그 분묘가 존속하고 있는 동안은 분묘기지권은 존속한다.'는 부분은 토지소유자의 재산권을 침해하지 않는다. 25년 변호사 [O][X]

1445
어떤 공과금이 조세인지 아니면 부담금인지는 단순히 법률에서 그것의 성격을 무엇으로 규정하고 있느냐를 기준으로 할 것이 아니라, 그 실질적인 내용을 결정적인 기준으로 삼아야 한다. 25년 국회직 8급 [O][X]

1446
재산권의 사회적 제약을 구체화하는 법률 조항이 수인의 한계를 넘어 가혹한 부담을 주는 경우, 가혹한 부담의 조정이란 '목적'을 달성하기 위하여 어떠한 '방법'으로 보상할 것인가를 선택함에 있어서는 입법자에게 광범위한 형성의 자유가 부여된다. 25년 국회직 8급 [O][X]

1447
재산권에 대한 제한의 허용 정도는 그 객체가 지닌 사회적 연관성과 기능에 따라 달라진다고 할 수는 없으나, 재산권에 대한 제한입법 역시 다른 기본권을 제한하는 입법과 마찬가지로 과잉금지원칙을 준수해야 한다. 25년 국회직 8급 [O][X]

정답 및 해설

(O) 개별소비세 부과는 담세력에 상응하는 조세부과를 통해 과세의 형평을 도모하기 위한 것으로서 세율이 자의적이라거나 골프장 이용객 수의 과도한 감소를 초래할 정도라고 보이지 아니하며, 사치성이 없다고 볼 수 있는 골프장 입장에 대하여는 개별소비세를 배제할 수 있는 길을 열어놓고 있는 점에 비추어 과잉금지원칙에 위반되어 재산권을 침해하지 않는다(헌재 2024.8.29. 2021헌바34).

(O) 이 사건 법률조항에 의한 학교용지부담금은 학교용지 확보를 위한 새로운 재원의 마련이라는 정당한 입법목적을 달성하기 위한 적절한 수단으로서 교육의 기회를 균등하게 보장해야 한다는 공익과 개발사업자의 재산적 이익이라는 사익을 적절히 형량하고 있으므로 이 사건 법률조항은 개발사업자의 재산권을 과도하게 침해하지 아니한다(헌재 2008.9.25. 2007헌가1).

(O) 비록 오늘날 전통적인 장묘문화에 일부 변화가 생겼다고 하더라도 우리 사회에는 분묘기지권의 기초가 된 매장문화가 여전히 자리 잡고 있고, 분묘를 모시는 자손들에게 분묘의 강제적 이장은 경제적 손실을 넘어 분묘를 매개로 형성된 정서적 애착관계 및 지역적 유대감의 상실로 이어질 수밖에 없으며, 이는 우리의 전통문화에도 배치되므로, 이 사건 관습법을 통해 분묘기지권을 보호해야 할 필요성은 여전히 존재한다(헌재 2020.10.29. 2017헌바208). / 따라서 재산권을 침해하지 않는다.

(O) 어떤 공과금이 조세인지 아니면 부담금인지는 단순히 법률에서 그것을 무엇으로 성격 규정하고 있느냐를 기준으로 할 것이 아니라, 그 실질적인 내용을 결정적인 기준으로 삼아야 한다(헌재 2016.6.30. 2013헌바191 등).

(O) 입법자에게는 헌법적으로 가혹한 부담의 조정이란 '목적'을 달성하기 위하여 어떠한 '방법'으로 보상하여 가혹한 부담을 완화·조정할 것인가를 선택함에 있어서는 광범위한 형성의 자유가 부여된다(헌재 2024.5.30. 2021헌가3).

(X) 재산권에 대한 제한의 허용정도는 그 객체가 지닌 사회적 연관성과 기능에 따라 달라지는 것으로서, 그 이용이나 처분이 소유자 개인의 생활영역에 머무르지 않고 일반국민 다수의 일상생활에 큰 영향을 미치는 경우에는 입법자가 공동체의 이익을 위하여 개인의 재산권을 규제하는 권한을 폭넓게 가질 수 있다(헌재 2014.2.27. 2010헌바483).

OX 문제

1448
잠수기어업허가를 받아 키조개 등을 채취하는 직업에 종사한다고 하더라도 이는 원칙적으로 자신의 계획과 책임 하에 행동하면서 법제도에 의하여 반사적으로 부여되는 기회를 활용하는 것에 불과하므로 잠수기어업허가를 받지 못하여 상실된 이익 등 청구인 주장의 재산권은 헌법 제23조에서 규정하는 재산권의 보호범위에 포함된다고 볼 수 없다. 22년 경찰승진 ☐O ☐X

(O) 이 사건의 경우 청구인이 잠수기어업허가를 받아 키조개 등을 채취하는 직업에 종사한다고 하더라도 이는 원칙적으로 자신의 계획과 책임하에 행동하면서 법제도에 의하여 반사적으로 부여되는 기회를 활용하는 것에 불과하므로 잠수기어업허가를 받지 못하여 상실된 이익 등 청구인 주장의 재산권은 헌법 제23조에서 규정하는 재산권의 보호범위에 포함된다고 볼 수 없다(헌재 2008.6.26. 2005헌마173).

1449
「고엽제후유의증 환자지원 등에 관한 법률」에 의한 고엽제후유증환자 및 그 유족의 보상수급권은 법률에 의하여 비로소 인정되는 권리로서 재산권적 성질을 갖는 것이긴 하지만 그 발생에 필요한 요건이 법정되어 있는 이상 이러한 요건을 갖추기 전에는 헌법이 보장하는 재산권이라고 할 수 없다. 20년 국가직 7급 ☐O ☐X

(O) 고엽제후유증환자의 유족이 보상수급권을 취득하기 위한 요건을 규정한 것인데 청구인들은 이러한 요건을 충족하지 못하였기 때문에 보상수급권이라고 하는 재산권을 현재로서는 취득하지 못하였다고 할 것이다(헌재 2001.6.28. 99헌마516).

1450
토지의 협의취득 또는 수용 후 당해 공익사업이 다른 공익사업으로 변경되는 경우에 당해 토지의 원소유자 또는 그 포괄승계인의 환매권을 제한하고, 환매권 행사기간을 변환 고시일부터 기산하도록 한 구 「공익사업을 위한 토지 등의 취득 및 보상에 관한 법률」 조항은 이들의 재산권을 침해한다. 20년 국가직 7급 ☐O ☐X

(X) 이 사건 법률조항으로 인하여 제한되는 사익인 환매권은 이미 정당한 보상을 받은 소유자에게 수용된 토지가 목적 사업에 이용되지 않을 경우에 인정되는 것이고, 변환된 공익사업을 기준으로 다시 취득할 수 있어, 이 사건 법률조항으로 인하여 제한되는 사익이 이로써 달성할 수 있는 공익에 비하여 중하다 할 수 없으므로, 이 사건 법률조항은 과잉금지원칙에 위배되어 청구인의 재산권을 침해한다고 할 수 없다(헌재 2012.11.29. 2011헌바49).

1451
의료급여수급권은 공공부조의 일종으로서 순수하게 사회정책적 목적에서 주어지는 권리이므로 개인의 노력과 금전적 기여를 통하여 취득되는 재산권의 보호대상에 포함된다고 보기 어렵다. 20년 국가직 7급 ☐O ☐X

(O) 의료급여수급권은 공공부조의 일종으로서 순수하게 사회정책적 목적에서 주어지는 권리이므로 개인의 노력과 금전적 기여를 통하여 취득되는 재산권의 보호대상에 포함된다고 보기 어렵다(헌재 2009.9.24. 2007헌마1092).

1452
영화관 관람객이 입장권 가액의 100분의 3을 부담하도록 하고 영화관 경영자는 이를 징수하여 영화진흥위원회에 납부하도록 강제하는 내용의 영화상영관 입장권 부과금 제도는 영화관 관람객의 재산권을 침해하지 않는다. 20년 국가직 7급 ☐O ☐X

(O) 영화관 관람객이 입장권 가액의 100분의 3을 부담하도록 하고 영화관 경영자는 이를 징수하여 영화진흥위원회에 납부하도록 강제하는 내용의 영화상영관 입장권 부과금 제도는 영화관 관람객의 재산권을 침해하지 않는다(헌재 2008.11.27. 2007헌마860).

| OX 문제 | 정답 및 해설 |

1453
공법상의 권리가 헌법상의 재산권보장의 보호를 받기 위해서는 첫째, 공법상의 권리가 권리주체에게 귀속되어 개인의 이익을 위하여 이용 가능해야 하며, 둘째, 국가의 일방적인 급부에 의한 것이 아니라 권리주체의 노동이나 투자, 특별한 희생에 의하여 획득되어 자신이 행한 급부의 등가물에 해당하는 것이어야 하며, 셋째, 수급자의 생존의 확보에 기여해야 한다. 20년 법원행시

(O) ㉠ 공법상의 권리가 권리주체에게 귀속되어 개인의 이익을 위하여 이용 가능해야 하며, ㉡ 국가의 일방적인 급부에 의한 것이 아니라 권리주체의 노동이나 투자, 특별한 희생에 의하여 획득되어 자신이 행한 급부의 등가물에 해당하는 것이어야 하며, ㉢ 수급자의 생존의 확보에 기여해야 한다. ㉣ 그리고 입법자에 의하여 수급요건·수급자의 범위·수급액 등 구체적인 사항이 법률에 규정됨으로써 구체적인 법적 권리로 형성되어 개인의 주관적 공권의 형태를 갖추어야 한다(헌재 2000.6.29. 99헌마289).

1454
「공무원연금법」상의 연금수급권과 같이 사회보장수급권과 재산권의 두 요소가 불가분적으로 혼재되어 있는 경우 입법자로서는 그 구체적 내용을 정함에 있어 어느 한 쪽의 요소에 보다 중점을 둘 수도 있다. 21년 국회직 5급

(O) 비록 연금수급권에 재산권의 성격이 일부 있다 하더라도 그것은 이미 사회보장법리의 강한 영향을 받지 않을 수 없다 할 것이고, 또한 사회보장수급권과 재산권의 두 요소가 불가분적으로 혼재되어 있다면 입법자로서는 연금수급권의 구체적 내용을 정함에 있어 이를 하나의 전체로서 파악하여 어느 한 쪽의 요소에 보다 중점을 둘 수도 있다 할 것이다(헌재 1999.4.29. 97헌마333).

1455
헌법이 규정한 '정당한 보상'이란 손실보상의 원인이 되는 재산권의 침해가 기존의 법질서 안에서 개인의 재산권에 대한 개별적인 침해인 경우에 원칙적으로 피수용재산의 객관적인 재산가치를 완전하게 보상하는 것을 의미한다. 23년 변호사

(O) 헌법이 규정한 '정당한 보상'이란 손실보상의 원인이 되는 재산권의 침해가 기존의 법질서 안에서 개인의 재산권에 대한 개별적인 침해인 경우에는 그 손실보상은 원칙적으로 피수용재산의 객관적인 재산가치를 완전하게 보상하는 것이어야 한다는 완전보상을 뜻하는 것으로서 보상금액뿐만 아니라 보상의 시기나 방법 등에 있어서도 어떠한 제한을 두어서는 아니 된다는 것을 의미한다(헌재 2011.12.29. 2010헌바205 등).

1456
공익사업의 시행으로 인한 개발이익은 완전보상의 범위에 포함되는 피수용토지의 객관적 가치 내지 피수용자의 손실이라고 볼 수 없으므로 개발이익을 배제하고 손실보상액을 산정한다 하여 헌법이 규정한 정당보상의 원리에 어긋나는 것은 아니다. 20년 법원행시

(O) 공익사업의 시행으로 지가가 상승하여 발생하는 개발이익은 기업자의 투자에 의하여 발생하는 것으로서 피수용자인 토지소유자의 노력이나 자본에 의하여 발생한 것이 아니다. 따라서 이러한 개발이익은 형평의 관념에 비추어 볼 때, 토지소유자에게 당연히 귀속되어야 할 성질의 것은 아니고, 오히려 투자자인 기업자 또는 궁극적으로는 국민 모두에게 귀속되어야 할 성질의 것이다. 또한 개발이익은 공공사업의 시행에 의하여 비로소 발생하는 것이므로 그것이 피수용토지가 수용 당시 갖는 객관적 가치에 포함된다고 볼 수도 없다(헌재 1990.6.25. 89헌마107).

1457
수용된 토지가 당해 공익사업에 필요 없게 되거나 이용되지 아니하였을 경우에 피수용자가 그 토지소유권을 회복할 수 있는 권리, 즉 환매권은 피수용자가 수용 당시 정당한 손실보상을 받은 이상 헌법이 보장하는 재산권의 내용에 포함되는 권리라고 볼 수 없다. 20년 법원행시

(X) 수용된 토지가 당해 공익사업에 필요없게 되거나 이용되지 아니하였을 경우에 피수용자가 그 토지소유권을 회복할 수 있는 권리 즉 토지수용법 제71조 소정의 환매권은 헌법상의 재산권 보장규정으로부터 도출되는 것으로서 헌법이 보장하는 재산권의 내용에 포함되는 권리라고 할 수 있다(헌재 1994.2.24. 92헌가15).

1458
일본국에 의하여 광범위하게 자행된 반인도적 범죄행위에 대하여 일본군위안부 피해자들이 일본에 대하여 가지는 배상청구권은 헌법상 보장되는 재산권이 아니다. 22년 입법고시, 21년 경행특채

(X) 일본국에 의하여 광범위하게 자행된 반인도적 범죄행위에 대하여 일본군위안부 피해자들이 일본에 대하여 가지는 배상청구권은 헌법상 보장되는 재산권일 뿐 아니라, 그 배상청구권의 실현은 무자비하게 지속적으로 침해된 인간으로서의 존엄과 가치 및 신체의 자유를 사후적으로 회복한다는 의미를 가지는 것이다(헌재 2011.8.30. 2006헌마788).

| OX 문제 | 정답 및 해설 |

1459
헌법 제23조 제3항은 재산권 수용의 주체를 한정하지 않고 있으므로 그 수용의 주체를 국가 등의 공적 기관에 한정하여 해석할 이유가 없다. 24년 순경 1차, 24년 국회직 5급, 23년 변호사 [O X]

(O) 헌법 제23조 제3항은 정당한 보상을 전제로 하여 재산권의 수용 등에 관한 가능성을 규정하고 있지만, 재산권 수용의 주체를 한정하지 않고 있다. 이는 재산의 수용과 관련하여 그 수용의 주체가 국가 등에 한정되어야 하는지, 아니면 민간기업에게도 허용될 수 있는지 여부에 대하여 헌법이라는 규범적 층위에서는 구체적으로 결정된 내용이 없다는 점을 의미하는 것이다. 따라서 위 수용 등의 주체를 국가 등의 공적 기관에 한정하여 해석할 이유가 없다(헌재 2009.9.24. 2007헌바114).

1460
회원제 골프장용 부동산의 재산세에 대하여 1천분의 40의 중과세율을 규정한 구「지방세법」조항은 모든 회원제 골프장을 동일하게 취급하고 있는바, 이는 회원제 골프장 운영자 등의 재산권을 침해하는 것으로서 과잉금지원칙에 반하여 헌법에 위반된다. 23년 순경 2차, 23년 법원행시, 23년 소방간부 [O X]

(X) 회원제 골프장용 부동산의 재산세에 대하여 1천분의 40의 중과세율을 규정한 구 지방세법 제111조 제1항 제1호 다목 2) 중 골프장용 토지에 관한 부분 및 구 지방세법 제111조 제1항 제2호 가목 중 골프장용 건축물에 관한 부분은 헌법에 위반되지 않는다(헌재 2020.3.26. 2016헌가17).

1461
공익사업을 위한 토지 등의 취득 및 보상에 관한 법률 제91조 제1항이 환매권의 발생기간을 '취득일로부터 10년 이내'로 제한한 것은 환매권의 구체적 행사를 위한 내용을 정한 것이라기보다는 환매권의 발생 여부 자체를 정하는 것이어서 사실상 원소유자의 환매권을 배제하는 결과를 초래할 수 있으므로, 침해의 최소성 및 법익의 균형성 등 기본권 제한입법의 한계를 준수하지 못하고 있어 헌법에 위반된다. 21년 법무사 [O X]

(O) 환매권은 헌법상 재산권의 존속보장과 밀접한 관련을 가지는 권리라 할 것인데, 이 사건 법률조항은 '취득일로부터 10년 이내'로 환매권의 발생기간을 제한함으로써, 원래 토지수용 등의 원인이 되었던 공공필요성이 소멸하더라도 그 토지취득일로부터 10년이 지나기만 하면 원소유자에게 환매권 자체가 발생하지 않도록 정하고 있다. 이러한 환매권의 발생기간 제한은 환매권이 인정됨을 전제로 환매권의 구체적 행사를 위한 행사기간, 방법, 환매가격 등 환매권의 내용을 정한 것이라기보다는 환매권 발생 여부 자체를 정하는 것이어서 사실상 원소유자의 환매권을 배제하는 효과를 초래할 수 있으므로, 헌법 제37조 제2항에 반하여 재산권을 침해한다(헌재 2020.11.26. 2019헌바131).

1462
상업용 음반 등에 관한 저작재산권자의 공연권 및 저작인접권자의 보상청구권은 헌법 제23조에 의하여 보장되는 재산적 가치가 있는 권리에 해당한다. 24년 순경 1차 [O X]

(O) 심판대상조항에 따라 제한되는 상업용 음반 등에 관한 저작재산권자의 공연권 및 저작인접권자의 보상청구권은 헌법 제23조에 의하여 보장되는 재산적 가치가 있는 권리에 해당하는바, 심판대상조항이 저작재산권자 및 저작인접권자(이하 '저작재산권자 등'이라 한다)의 재산권을 침해하는지 여부가 문제된다(헌재 2019.11.28. 2016헌마1115 등).

1463
건강보험수급권은 가입자가 납부한 보험료에 대한 반대급부의 성격을 가지며, 보험사고로 초래되는 재산상 부담을 전보하여 주는 경제적 유용성을 가지므로, 헌법상 재산권의 보호범위에 속한다. 21년 법무사 [O X]

(O) 건강보험수급권은 가입자가 납부한 보험료에 대한 반대급부의 성격을 가지며, 보험사고로 초래되는 재산상 부담을 전보하여 주는 경제적 유용성을 가지므로, 헌법상 재산권의 보호범위에 속한다고 볼 수 있다(헌재 2020.4.23. 2017헌바244).

1464
공무원이 국가 또는 지방자치단체에 대하여 어느 수준의 보수를 청구할 수 있는 권리는 헌법 제23조에 의하여 보장되는 재산권의 내용에 포함된다고 볼 수 없다. 21년 법원행시 [O X]

(O) 공무원의 보수청구권은, 법률 및 법률의 위임을 받은 하위법령에 의해 그 구체적 내용이 형성되면 재산적 가치가 있는 공법상의 권리가 되어 재산권의 내용에 포함되지만, 법령에 의하여 구체적 내용이 형성되기 전의 권리, 즉 공무원이 국가 또는 지방자치단체에 대하여 어느 수준의 보수를 청구할 수 있는 권리는 단순한 기대이익에 불과하여 재산권의 내용에 포함된다고 볼 수 없다(헌재 2008.12.26. 2007헌마444).

| OX 문제 | 정답 및 해설 |

1465
시혜적 입법의 시혜대상에서 제외되었다는 이유만으로 재산권의 침해가 발생하는 것은 아니고 시혜대상에 포함될 경우 얻을 수 있었던 재산상 이익의 기대가 성취되지 않았다고 하여도 이와 같은 단순한 재산상 이익에 대한 기대는 헌법이 보호하는 재산권의 영역에 포함되지 아니한다. 21년 법무사 ⓞⓧ

(O) 시혜적 입법의 시혜대상에서 제외되었다는 이유만으로 재산권의 침해가 발생하는 것은 아니고 시혜대상에 포함될 경우 얻을 수 있었던 재산상 이익의 기대가 성취되지 않았다고 하여도 이와 같은 단순한 재산상 이익에 대한 기대는 헌법이 보호하는 재산권의 영역에 포함되지 아니한다(헌재 2008.9.25. 2007헌가9).

1466
헌법상 재산권에 관한 규정은 그 내용과 한계가 법률에 의해 구체적으로 형성되는 기본권 형성적 법률유보의 형태를 띠고 있고, 헌법이 보장하는 재산권의 내용과 한계는 국회에 의하여 제정되는 형식적 의미의 법률에 의하여 정해진다. 21년 법원직 9급 ⓞⓧ

(O) 헌법상의 재산권에 관한 규정은 다른 기본권 규정과는 달리 그 내용과 한계가 법률에 의해 구체적으로 형성되는 기본권 형성적 법률유보의 형태를 띠고 있다. 그리하여 헌법이 보장하는 재산권의 내용과 한계는 국회에서 제정되는 형식적 의미의 법률에 의하여 정해지므로, 재산권의 구체적 모습은 재산권의 내용과 한계를 정하는 법률에 의하여 형성된다(헌재 2005.7.21. 2004헌바57).

1467
영리획득의 단순한 기회 또는 기업활동의 사실적·법적 여건 또한 재산권보장의 대상이 된다. 21년 법원직 9급 ⓞⓧ

(X) 헌법상 보장된 재산권은 사적 유용성 및 그에 대한 원칙적인 처분권을 내포하는 재산가치 있는 구체적인 권리이므로, 구체적 권리가 아닌 영리획득의 단순한 기회나 기업활동의 사실적·법적 여건은 기업에게는 중요한 의미를 갖는다고하더라도 재산권 보장의 대상이 아니다(헌재 2018.7.31. 2018헌마753).

1468
금융위원회위원장이 2019. 12. 16. 시중 은행을 상대로 투기지역·투기과열지구 내 초고가 아파트(시가 15억 원 초과)에 대한 주택구입용 주택담보대출을 2019. 12. 17.부터 금지한 조치는 투기적 대출수요뿐 아니라 실수요자의 경우에도 예외 없이 대출을 금지한 점 등을 고려할 때, 해당 주택담보대출을 받고자 하는 청구인의 재산권을 침해한다. 24년 순경 1차 ⓞⓧ

(X) 이 사건 조치는 전반적인 주택시장 안정화를 도모함과 동시에 금융기관의 대출 건전성 관리 차원에서 부동산 부문으로의 과도한 자금 흐름을 개선하기 위한 것으로 목적이 정당하다. 또한 초고가 주택에 대한 주택담보대출 금지는 수요 억제를 통해 주택 가격 상승 완화에 기여할 것이므로 수단도 적합하다(헌재 2023.3.23. 2019헌마1399).

1469
재산권 제한으로 인하여 토지소유자가 종래의 지목과 토지현황에 의한 이용방법에 따른 토지의 사용도 할 수 없거나 실질적으로 토지의 사용·수익을 전혀 할 수 없는 경우에는, 그러한 재산권 제한은 토지소유자가 수인해야 할 사회적 제약의 범주를 넘는 것으로서 손실을 완화하는 보상적 조치가 있어야 비례원칙에 부합한다. 21년 지방직 7급 ⓞⓧ

(O) 종래의 지목과 토지현황에 의한 이용방법에 따른 토지의 사용도 할 수 없거나 더 이상 법적으로 허용된 토지이용 방법이 없어 실질적으로 사용·수익을 할 수 없는 경우에는 토지소유자가 수인하여야 할 사회적 제약의 범주를 넘는 것으로서 이러한 경우에는 손실을 완화하는 보상적 조치가 있어야 비로소 비례원칙에 부합한다(헌재 2007.7.26. 2005헌마501).

| OX 문제 | 정답 및 해설 |

1470

소액임차인이 보증금 중 일부를 우선하여 변제받으려면 주택에 대한 경매신청의 등기 전에 대항력을 갖추어야 한다고 규정한 「주택임대차보호법」 조항은 입법형성의 한계를 벗어나 주택에 대한 경매신청의 등기 전까지 주민등록을 미처 갖추지 못한 소액임차인의 재산권을 침해한다고 보기 어렵다. 21년 지방직 7급 O X

(O) 주택에 대한 경매신청의 등기 전에 주택을 인도받아 주민등록을 갖춘 임차인에 한정하여 우선변제권을 보장하도록 한 것은, 담보권자 등 이해관계인을 보호하기 위해 필요한 최소한의 조치라고 볼 수 있다. 위와 같은 점들을 종합하여 볼 때, 심판대상조항이 주택에 대한 경매신청의 등기 전까지 주민등록을 갖춘 소액임차인에 한하여 우선변제를 받을 수 있도록 한 것이 입법형성의 한계를 벗어나 청구인의 재산권을 침해한다고 보기 어렵다(헌재 2020.8.28. 2018헌바422).

1471

초·중·고등학교 및 대학교 경계선으로부터 200미터 내로 설정된 학교환경위생정화구역 안에서 여관시설 및 영업행위를 금지하고 있는 「학교보건법」 조항은 재산권 제한의 범위나 정도는 초·중·고등학교 및 대학교의 건전한 교육환경의조성과 교육의 능률화라는 공익과 비교형량 하여 볼 때, 재산권을 침해하는 것이라고 할 수 없다. 23년 소방간부 O X

(O) 재산권 제한의 범위나 정도는 초·중·고등학교 및 대학교의 건전한 교육환경의 조성과 교육의 능률화라는 공익과 비교형량 하여 볼 때 헌법에서 허용되지 아니한 과도한 제한이라고 할 수는 없다. 따라서 이 사건 법률조항이 재산권을 침해하는 것이라고 할 수 없다(헌재 2006. 3.30. 2005헌바110).

1472

법정이율을 연 5분으로 정한 「민법」 조항은 법정이율은 다른 법률의 정함이나 당사자 사이의 약정이 없는 경우에만 적용되고, 법정이율 고정제와 다른 방식으로 이러한 입법목적을 실현하면서 채무자의 재산권을 덜 제한하는 수단이 명백히 존재한다고 보기 어려우므로 채무자의 재산권을 침해하지 않는다. 23년 소방간부 O X

(O) 법정이율은 다른 법률의 정함이나 당사자 사이의 약정이 없는 경우에만 적용된다. 이율에 관한 표준 규범을 정립한다는 입법목적을 효과적으로 달성하기 위해서는 법률이 일정한 이율을 사전에 고지하여 당사자들에게 명확한 행위지침을 제시할 필요가 있다. 법정이율 고정제와 다른 방식으로 이러한 입법목적을 실현하면서 채무자의 재산권을 덜 제한하는 수단이 명백히 존재한다고 보기 어렵다(헌재 2017.5.25. 2015헌바421). / 결론적으로 헌법에 위반되지 않는다.

1473

임차인의 계약갱신요구권 행사 기간을 10년으로 규정한 「상가 건물 임대차보호법」의 개정법 조항을 개정법 시행 후 갱신되는 임대차에 대하여도 적용하도록 규정한 동법 부칙의 규정은 신뢰 보호원칙에 위배되어 임대인의 재산권을 침해한다고 볼 수 없다. 24년 법원직, 23년 법원행시, 22년 순경 1차, 22년 경찰간부 O X

(O) 상가건물 임대차의 계약갱신요구권 행사 기간을 5년에서 10년으로 연장하면서, 이를 개정법 시행 후 갱신되는 임대차에 대하여도 적용하도록 규정한 '상가건물 임대차보호법' 부칙 제2조 중 '갱신되는 임대차'에 관한 부분은 헌법에 위반되지 않는다(헌재 2021.10.28. 2019헌마106).

1474

사업주로 하여금 일정 비율 이상의 장애인을 고용하도록 하고, 이를 위반한 경우 장애인 고용부담금을 납부하도록 한 것은 사업주의 직업의 자유 및 재산권을 침해하지 아니한다. 24년 법원직 O X

(O) 이 사건 고용의무조항 및 고용부담금조항은 장애인이 그 능력에 맞는 직업생활을 통하여 인간다운 생활을 할 수 있도록 장애인의 고용을 촉진하기 위한 것으로 그 입법목적의 정당성이 인정되고, 사업주에게 일정한 비율의 장애인을 고용할 의무를 부과하고 이를 지키지 못한 사업주에게 부담금을 부과하는 것은 장애인고용을 촉진한다는 입법목적을 달성하기 위한 효과적인 방법이므로 방법의 적절성도 인정된다 (헌재 2012.3.29. 2010헌바432). / 따라서 헌법에 위반되지 않는다.

| OX 문제 | 정답 및 해설 |

1475
재산권의 내용과 한계를 구체적으로 형성함에 있어서 입법자는 일반적으로 광범위한 입법형성권을 가진다고 할 것이고, 재산권의 본질적 내용을 침해하여서는 아니 된다거나 사회적 기속성을 함께 고려하여 균형을 이루도록 하여야 한다는 등의 입법형성권의 한계를 일탈하지 않는 한 재산권 형성적 법률규정은 헌법에 위반되지 아니한다. 21년 지방직 7급 [O][X]

(O) 재산권의 내용과 한계를 구체적으로 형성함에 있어서 입법자는 일반적으로 광범위한 입법형성권을 가지지만 재산권의 본질적 내용을 침해하여서는 아니 되고 사회적 기속성을 함께 고려하여 균형을 이루도록 해야 한다는 등 입법형성권의 한계를 일탈해서는 안 된다(헌재 2000.2.24. 97헌바41).

1476
국민연금제도의 가입대상을 18세 이상 60세 미만의 국민으로 제한한 것은 평등원칙을 침해한 것이다. 21년 비상기획관(상) [O][X]

(X) 국민연금제도는 자기기여를 전제로 하지 않고, 국가로부터 소득을 보장받는 순수한 사회부조형 사회보장제도가 아니라, 가입자의 보험료를 재원으로 하여 가입기간, 기여도 및 소득수준 등을 고려하여 소득을 보장받는 사회보험제도이다. … 그렇다면 국민연금의 가입대상을 경제활동이 가능한 18세 이상 60세 미만의 국민으로 제한하고 있는 이 사건 법률조항은 평등원칙을 침해한다고 볼 수 없다(헌재 2001.4.26. 2000헌마390).

1477
부담금은 국가 등이 제공하는 특정한 급부에 대한 반대급부로서 부과되는 것으로, 부담금과 관련된 공적 과제의 수행으로부터 납부의무자 중 일부 또는 전부가 이익을 얻을 수 있어야 한다. 20년 비상기획관(상) [O][X]

(X) 부담금은 국가 등이 제공하는 특정한 급부에 대한 반대급부로서 부과되는 것이 아니다. 물론 부담금과 관련된 공적 과제의 수행으로부터 납부의무자 중 일부 또는 전부가 이익을 얻을 수도 있지만, 부담금의 산정에는 그러한 이익과의 엄밀한 등가관계가 관철되고 있지 않으며, 이러한 의미에서 여전히 반대급부적 성격은 부인된다(헌재 2004.7.15. 2002헌바42).

1478
직업의 자유에 의한 보호의 대상이 되는 직업은 '생활의 기본적 수요를 충족시키기 위한 계속적 소득활동'을 의미하며, '생활수단성'에 관해서는 단순한 여가활동이나 취미활동은 직업의 개념에 포함되지 않으나 겸업이나 부업은 삶의 수요를 충족하기에 적합하므로 직업에 해당한다. 23년 법원행시 [O][X]

(O) '생활수단성'과 관련하여서는 단순한 여가활동이나 취미활동은 직업의 개념에 포함되지 않으나 겸업이나 부업은 삶의 수요를 충족하기에 적합하므로 직업에 해당한다고 말할 수 있다(헌재 2003.9.25. 2002헌마519).

1479
대학생이 방학기간을 이용하여 또는 휴학 중에 학비 등을 벌기 위해 학원강사로서 일하는 행위는 어느 정도 계속성을 띤 소득활동으로서 직업의 자유의 보호영역에 속한다. 24년 국가직 5급, 21년 국회직 8급 [O][X]

(O) '직업'의 개념에 비추어 보면 비록 학업 수행이 청구인과 같은 대학생의 본업이라 하더라도 방학기간을 이용하여 또는 휴학 중에 학비 등을 벌기 위해 학원강사로서 일하는 행위는 어느 정도 계속성을 띤 소득활동으로서 직업의 자유의 보호영역에 속한다고 봄이 상당하다(헌재 2003.9.25. 2002헌마519).

1480
직업의 자유에는 다른 기업과의 경쟁에서 국가의 간섭이나 방해를 받지 않고 기업활동을 할 수 있는 경쟁의 자유와 누구든지 자기가 선택한 직업에 종사하여 이를 영위하고 언제든지 임의로 그것을 바꿀 수 있는 자유가 포함된다. 24년 경찰 2차 [O][X]

(O) 헌법 제15조는 모든 국민은 직업선택의 자유를 가진다고 규정하고 있는데 그 뜻은 누구든지 자기가 선택한 직업에 종사하여 이를 영위하고 언제든지 임의로 그것을 바꿀 수 있는 자유와 여러 개의 직업을 선택하여 동시에 함께 행사할 수 있는 자유, 즉 겸직의 자유도 가질 수 있다는 것이다(헌재 1997.4.24. 95헌마90).

OX 문제

1481
최저임금의 적용을 위해 주 단위로 정해진 근로자의 임금을 시간에 대한 임금으로 환산할 때, 해당 임금을 1주 동안의 소정근로시간 수와 법정 주휴시간 수를 합산한 시간 수로 나누도록 규정한 최저임금법 시행령 조항은 사용자의 직업의 자유를 침해하지 않는다. 21년 국회직 8급

1482
직업의 자유를 제한함에 있어, 당사자의 능력이나 자격과 상관없는 객관적 사유에 의한 직업선택의 자유의 제한은 월등하게 중요한 공익을 위하여 명백하고 확실한 위험을 방지하기 위한 경우에만 정당화될 수 있다. 24년 소방간부, 24년 국회직 5급, 24년 경찰승진, 21년 국회직 8급

1483
범죄의 종류와 관계없이 금고 이상의 형의 집행유예를 선고받고 그 유예기간이 지난 후 2년간 변호사가 될 수 없도록 규정한 것은 변호사의 직업선택의 자유를 침해하지 아니한다. 21년 국회직 5급

1484
자격제도를 시행함에 있어서 설정하는 자격요건에 대한 판단은 원칙적으로 입법자의 입법형성권의 영역에 있으므로, 그것이 입법재량의 범위를 일탈하여 현저히 불합리한 경우에 한하여 헌법에 위반된다고 할 수 있다. 21년 법무사

1485
직업선택의 자유에는 자신이 원하는 직업 내지 직종에 종사하는데 필요한 전문지식을 습득하기 위한 직업교육장을 임의로 선택할 수 있는 '직업교육장 선택의 자유'도 포함된다. 24년 법원행시, 24년 소방간부, 21년 법원행시

1486
직장선택의 자유는 개인이 그 선택한 직업분야에서 구체적인 취업의 기회를 가지거나, 이미 형성된 근로관계를 계속 유지하거나 포기하는 데에 있어 국가의 방해를 받지 않는 자유로운 선택·결정을 보호하는 것을 내용으로 하므로 한 번 선택한 직장의 존속보호를 청구할 권리까지 보장한다. 21년 법원행시

정답 및 해설

(O) 소정근로시간 수와 법정 주휴시간 수 모두에 대하여 시간급 최저임금액 이상을 지급하도록 하는 것이 그 자체로 사용자에게 지나치게 가혹하다고 보기는 어렵다. 따라서 이 사건 시행령조항은 과잉금지원칙에 위배되어 사용자의 계약의 자유 및 직업의 자유를 침해한다고 볼 수 없다(헌재 2020.6.25. 2019헌마15).

(O) 당사자의 능력이나 자격과 상관없는 객관적 사유에 의한 제한은 월등하게 중요한 공익을 위하여 명백하고 확실한 위험을 방지하기 위한 경우에만 정당화될 수 있고, 따라서 헌법재판소가 이 사건을 심사함에 있어서는 헌법 제37조 제2항이 요구하는바 과잉금지의 원칙, 즉 엄격한 비례의 원칙이 그 심사척도가 된다(헌재 2002.4.25. 2001헌마614).

(O) 집행유예기간이 지난 후에도 2년간 변호사시험 응시 자체를 제한하였다고 하더라도, 입법재량의 범위를 벗어나 청구인의 직업선택의 자유를 침해한다고 볼 수 없다(헌재 2013.9.26. 2012헌마365).

(O) 자격제도에서 입법자에게는 그 자격요건을 정함에 있어 광범위한 입법재량이 인정되는 만큼, 자격요건에 관한 법률조항은 합리적인 근거 없이 현저히 자의적인 경우에만 헌법에 위반된다고 할 수 있다. 그렇다면 자격제도를 시행함에 있어서 설정하는 자격요건에 대한 판단은 원칙적으로 입법자의 입법형성권의 영역에 있다고 할 것이므로, 헌법재판소는 그것이 입법재량의 범위를 일탈하여 현저히 불합리한 경우에 한하여 그 위헌성을 선언할 수 있다(헌재 2008.11.27. 2007헌바51).

(O) 직업선택의 자유에는 자신이 원하는 직업 내지 직종에 종사하는 데 필요한 전문지식을 습득하기 위한 직업교육장을 임의로 선택할 수 있는 '직업교육장 선택의 자유'도 포함된다(헌재 2009.2.26. 2007헌마1262).

(X) 직장선택의 자유는 개인이 그 선택한 직업분야에서 구체적인 취업의 기회를 가지거나, 이미 형성된 근로관계를 계속 유지하거나 포기하는 데에 있어 국가의 방해를 받지 않는 자유로운 선택·결정을 보호하는 것을 내용으로 한다. 그러나 이 기본권은 원하는 직장을 제공하여 줄 것을 청구하거나 한번 선택한 직장의 존속보호를 청구할 권리를 보장하지 않는다(헌재 2002.11.28. 2001헌바50).

| OX 문제 | 정답 및 해설 |

1487
생활폐기물 수집·운반 대행 계약과 관련하여 뇌물공여, 사기 등 범죄를 범한 자를 일정 기간 동안 대행 계약 대상에서 제외하도록 규정한 폐기물관리법 해당 조항은 과잉금지원칙에 위배 되어 직업수행의 자유를 침해한다고 볼 수 없다. 24년 법원행시

(O) 그동안 생활폐기물 수집·운반 대행자가 지방자치단체와 장기간 반복적으로 수의계약을 하면서 매년 대행료가 과도하게 상승하거나, 지방자치단체와 대행자 간의 유착비리가 발생하거나, 청소서비스의 질이 저하되는 등의 문제점이 발생하였다. 따라서 생활폐기물 수집·운반 대행계약과 관련하여 뇌물공여, 사기 등 범죄를 범하여 일정한 형을 선고받은 자를 3년 간 위 대행계약 대상에서 제외한 것은 과잉금지원칙에 위배되지 아니한다(헌재 2023.12.21. 2020헌바189).

1488
사립학교 교원이 금고 이상의 형의 집행유예를 받은 경우 그 직에서 당연퇴직하도록 하는 것이 헌법상 직업의 자유를 침해하는 것은 아니다. 21년 경행특채, 21년 국회직 8급

(O) 금고 이상의 형의 집행유예를 받은 경우 사회적 비난가능성이 결코 적지 아니함을 의미한다. 이러한 사정은 당해 공무원이 저지른 범죄행위가 직무와 직접적 관련이 없거나 과실에 의한 것이거나 마찬가지이다(헌재 1997.11.27. 95헌바14 등).

1489
복수면허 의료인에게 양방이든 한방이든 하나의 의료기관만을 개설하도록 하는 것은 복수면허 의료인들의 직업의 자유를 침해한다. 20년 국가직 5급

(O) 의사와 한의사의 복수면허 의료인도 한방이든 양방이든 '하나의' 의료기관만을 개설할 수 있도록 하는 의료법은 직업의 자유를 침해한다(헌재 2007.12.27. 2004헌마1021).

1490
국가기술자격증을 다른 자로부터 빌려 건설업의 등록기준을 충족시킨 경우 그 건설업 등록을 필요적으로 말소하도록 한 법률규정은 건설업자의 직업의 자유를 침해하지 않는다. 20년 국회직 5급

(O) 법이 정하는 등록요건인 기술능력을 충족하지 못하게 된 자가 타인의 국가기술자격증을 빌려 건설업 등록을 유지하는 행위는 이러한 등록제도의 취지를 형해화하는 것이고, 그 결과 건설공사의 적정한 시공과 시설물의 안전에 위험을 야기하여 국민의 생명·재산에 돌이킬 수 없는 손해를 초래할 수 있기 때문에, 임의적 등록말소만으로 이러한 위험을 방지하기에 충분하다고 단정하기 어렵다(헌재 2016.12.29. 2015헌바429).

1491
현금영수증 의무발행업종 사업자에게 건당 10만 원 이상 현금을 거래할 때 현금영수증을 의무 발급하도록 하고, 위반 시 현금영수증 미발급 거래대금의 100분의 50에 상당하는 과태료를 부과하도록 한 규정은 공익과 비교할 때 과태료 제재에 따른 불이익이 매우 커서 직업수행의 자유를 침해한다. 20년 국회직 8급, 20년 법무사

(X) 변호사, 의사, 일반교습학원 운영자 등 고액 현금거래가 많은 업종의 사업자에 대하여 과세표준을 양성화하여 세금탈루를 방지하기 위한 것이므로, 직업수행의 자유 등을 침해하지 않는다(헌재 2017.5.25. 2017헌바57).

1492
직업의 자유에는 해당 직업에 합당한 보수를 받을 권리까지 포함되어 있다고 보기 어려우므로 자신이 원하는 수준보다 적은 보수를 법령에서 규정하고 있다고 하여 직업선택이나 직업수행의 자유가 침해된다고 할 수 없다. 20년 변호사

(O) 직업의 자유에 '해당 직업에 합당한 보수를 받을 권리'까지 포함되어 있다고 보기 어려우므로 이 사건 법령조항이 청구인이 원하는 수준 보다 적은 봉급월액을 규정하고 있다고 하여 이로 인해 청구인의 직업선택이나 직업수행의 자유가 침해되었다고 할 수 없고, 위 조항은 경찰공무원인 경장의 봉급표를 규정한 것으로서 개성 신장을 위한 행복추구권의 제한과는 직접적인 관련이 없으므로, 청구인의 위 주장들은 모두 이유 없다(헌재 2008.12.26. 2007헌마444).

| OX 문제 | 정답 및 해설 |

1493
법인의 임원이 「학원의 설립·운영 및 과외교습에 관한 법률」을 위반하여 벌금형을 선고받은 경우, 법인의 등록이 효력을 잃도록 규정하는 것은 과잉금지원칙을 위배하여 법인의 직업수행의 자유를 침해한다. 20년 지방직 7급 O X

(O) 법인의 임원이 「학원의 설립·운영 및 과외교습에 관한법률」을 위반하여 벌금형을 선고받은 경우, 법인의 등록이 효력을 잃도록 규정하는 것은 과잉금지원칙을 위배하여 법인의 직업수행의 자유를 침해한다(헌재 2015.5.28. 2012헌마653).

1494
변호사시험의 응시기회를 법학전문대학원의 석사학위 취득자의 경우 석사학위를 취득한 달의 말일부터 또는 석사학위 취득예정자의 경우 그 예정기간 내 시행된 시험일부터 5년 내에 5회로 제한한 「변호사시험법」 규정은 응시기회의 획일적 제한으로 청구인들의 직업선택의 자유를 침해한다. 20년 지방직 7급 O X

(X) 장기간의 시험 준비로 인력 낭비가 문제되었던 사법시험의 폐해를 극복하고 교육을 통하여 법조인을 양성한다는 법학전문대학원의 도입취지를 살리기 위하여 응시기회에 제한을 두어 시험 합격률을 일정 비율로 유지하고, 법학전문대학원의 교육이 끝난 때로부터 일정기간 동안만 시험에 응시할 수 있게 한 것은 정당한 입법목적을 달성하기 위한 적합한 수단이다(헌재 2016.9.29. 2016헌마47).

1495
교육부장관이 학교법인 ○○학당에게 한 법학전문대학원 설치인가 중 여성만을 입학자격요건으로 하는 입학전형계획을 인정한 부분은 남성인 청구인의 직업선택의 자유를 제한한다. 24년 순경 1차 O X

(O) 교육부장관의 이 사건 인가처분은 학교법인 이화학당이 법학전문대학원 설치인가를 받기 위해 제출한 입학전형계획을 그대로 인정함으로써 남성인 청구인의 직업선택의 자유를 제한하고 있다(헌재 2013.5.30. 2009헌마514).

1496
의료인이 아닌 자의 무면허의료행위를 일률적·전면적으로 금지한 구 「의료법」 조항은 국민의 생명권과 건강권을 보호하고 국민의 보건에 관한 국가의 보호의무를 이행하기 위한 조치로서, 이러한 기본권의 제한은 비례의 원칙에 부합한다. 22년 경찰간부 O X

(O) 의료인이 아닌 자의 의료행위를 전면적으로 금지한 것은 매우 중대한 헌법적 법익인 국민의 생명권과 건강권을 보호하고 국민의 보건에 관한 국가의 보호의무(헌법 제36조 제3항)를 이행하기 위하여 적합한 조치로서, … 헌법에 위반되지 않는다(헌재 2002.12.18. 2001헌마370).

1497
세무 관련 분야에서 전문성이 인정되는 자격증을 소지한 자를 7급 세무직 공무원 공개경쟁채용시험에서 우대하는 것은 업무상 전문성을 강화하고 자격증 소지 여부가 시험에서 우대를 고려할 객관적 근거가 되며, 가산점제도가 자격증 없는 자들의 응시기회 자체를 제한한다고 보기 어려우므로 과잉금지원칙에 반하지 않는다. 23년 소방간부, 23년 법원행시, 22년 경찰간부 O X

(O) 세무직 국가공무원의 업무상 전문성 강화라는 공익과 함께, 위와 같은 가산점 제도가 1993. 12. 31. 이후 유지되어 온 점, 자격증 없는 자들의 응시기회 자체가 박탈되거나 제한되는 것이 아닌 점, 가산점 부여를 위해서는 일정한 요건을 갖추도록 하고 있는 점 등을 고려하면 법익균형성이 인정된다(헌재 2020.6.25. 2017헌마1178).

1498
법학전문대학원 입학자 중 법학 외의 분야 및 당해 법학전문대학원이 설치된 대학 외의 대학에서 학사학위를 취득한 자가 차지하는 비율이 입학자의 3분의 1 이상이 되도록 규정한 「법학전문대학원 설치·운영에 관한 법률」 조항은 직업의 자유를 침해하지 않는다. 22년 경찰간부 O X

(O) 로스쿨제도의 도입을 통하여 추구하는 입법목적은, 현행 법조인 양성제도가 가지고 있는 문제를 해결하여 다양한 학문적 배경을 가진 학위 소지자를 대상으로 전문적인 법률이론 및 실무에 관한 교육을 실시함으로써 다양하고 경쟁력 있는 우수한 법조인을 많이 양성하는 것이라고 할 것이다. … 청구인들의 직업선택의 자유를 침해하지 아니한다(헌재 2009.2.26. 2007헌마1262).

| OX 문제 | 정답 및 해설 |

1499
특정 직업분야에 관한 자격제도를 만들면서 그 자격요건을 어떻게 설정할 것인가는 그 입법재량의 폭이 좁다 할 것이므로 과잉금지원칙을 적용함에 있어서 다른 방법으로 직업선택의 자유를 제한하는 경우에 비해 보다 엄격한 심사가 필요하다. 22년 경찰간부 O X

(X) 과잉금지의 원칙을 적용함에 있어서도, 어떠한 직업분야에 관한 자격제도를 만들면서 그 자격요건을 어떻게 설정할 것인가에 관하여는 국가에게 폭넓은 입법재량권이 부여되어 있는 것이므로 다른 방법으로 직업선택의 자유를 제한하는 경우에 비하여 보다 유연하고 탄력적인 심사가 필요하다 할 것이다(헌재 2003.9.25. 2002헌마519).

1500
유치원 주변 학교환경위생 정화구역에서 성관련 청소년유해물건을 제작·생산·유통하는 청소년유해업소를 예외 없이 금지하는 구「학교보건법」조항은 청구인들의 직업의 자유를 침해하지 않는다. 22년 경찰간부 O X

(O) 유치원 주변의 일정구역 안에서 해당 업소를 절대적으로 금지하는 것은 그러한 유해성으로부터 청소년을 격리하기 위하여 필요·적절한 방법이며, 그 범위가 유치원 부근 200미터 이내에서 금지되는 것에 불과하므로, 청구인들의 직업의 자유를 침해하지 아니한다(헌재 2013.6.27. 2011헌바8).

1501
성매매는 그것이 가지는 사회적 유해성과는 별개로 성판매자의 입장에서 생활의 기본적 수요를 충족하기 위한 소득활동에 해당함을 부인할 수 없다 할 것이므로, 「성매매알선 등 행위의 처벌에 관한 법률」에서 성매매를 한 사람을 처벌하는 것은 성판매자의 직업선택의 자유도 제한하고 있다. 24년 순경 1차, 24년 법원행시, 24년 법원직, 22년 경찰간부 O X

(O) 성매매도 직업의 자유에서 보호된다. 성매매는 사회적 유해성과는 별개로 성판매자의 입장에서 계속적 소득활동에 해당하므로 성매매 행위를 처벌하는 것은 성판매자의 직업의 자유 제한이다(헌재 2016.3.31. 2013헌가2).

1502
직업의 개념표지 가운데 '계속성'과 관련하여서는 주관적으로 활동의 주체가 어느 정도 계속적으로 해당 소득활동을 영위할 의사가 있고, 객관적으로도 그러한 활동이 계속성을 띨 수 있으면 족한 것으로, 휴가기간 중에 하는 일, 수습직으로서의 활동 등도 포함된다. 24년 법원직, 21년 국회직 5급, 20년 변호사 O X

(O) '계속성'과 관련하여서는 주관적으로 활동의 주체가 어느 정도 계속적으로 해당 소득활동을 영위할 의사가 있고, 객관적으로도 그러한 활동이 계속성을 띨 수 있으면 족하다고 해석되므로 휴가기간 중에 하는 일, 수습직으로서의 활동 따위도 이에 포함된다고 볼 것이고, 또 '생활수단성'과 관련하여서는 단순한 여가활동이나 취미활동은 직업의 개념에 포함되지 않으나 겸업이나 부업은 삶의 수요를 충족하기에 적합하므로 직업에 해당한다고 말할 수 있다(헌재 2003.9.25. 2002헌마519).

1503
시각장애인에 한하여 안마사 자격인정을 받을 수 있도록 하는 것은 비시각장애인의 직업선택의 자유를 침해하지 않는다. 22년 국회직 9급 O X

(O) 이 사건 법률조항이 헌법 제37조 제2항에서 정한 기본권제한입법의 한계를 벗어나서 비시각장애인의 직업선택의 자유를 침해하거나 평등권을 침해한다고 볼 수는 없다(헌재 2008.10.30. 2006헌마1098 등).

1504
일반게임제공업자 등이 게임물의 버튼 등 입력장치를 자동으로 조작하여 게임을 진행하는 장치 또는 소프트웨어를 제공하거나 게임물 이용자가 이를 이용하게 해서는 안 된다고 하는 것은 일반 게임제공업자의 직업의 자유를 침해하지 않는다. 22년 국회직 9급 O X

(O) 심판대상조항은 과잉금지원칙을 위반하여 일반게임제공업자인 청구인들의 직업의 자유를 침해한다고 볼 수 없다(헌재 2022.5.26. 2020헌마670 등).

| OX 문제 | 정답 및 해설 |

1505
약사 또는 한약사가 아닌 자연인의 약국 개설을 금지하고 위반 시 형사처벌하는 것은 약사 또는 한약사가 아닌 자의 직업선택의 자유를 침해하지 않는다. 22년 국회직 9급 〇 ✕

(O) 비약사의 약국 개설이 허용되면, 영리 위주의 의약품 판매로 인해 의약품 오남용 및 국민 건강상의 위험이 증대할 가능성이 높고, 대규모 자본이 약국시장에 유입되어 의약품 유통체계 및 판매질서를 위협할 우려가 있다. 또한 비약사의 약국 개설은, 개설등록 취소나 약사의 자격정지, 부당이득 보험급여 징수 등 행정제재만으로는 예방하기에 미흡하고, 그에 가담한 약사를 형사처벌 대상에서 제외할 특별한 사정이 있다고도 할 수 없다. 약국 개설은 전 국민의 건강과 보건, 나아가 생명과도 직결된다는 점에서, 달성되는 공익보다 제한되는 사익이 더 중하다고 볼 수 없다. 심판대상조항은 과잉금지원칙에 반하여 직업의 자유를 침해하지 않는다(헌재 2020.10.29. 2019헌바249).

1506
자연인인 변호사의 영리행위 겸직을 원칙적으로 금지하고 지방변호사회의 허가를 받아 예외적으로 겸직할 수 있도록 한 「변호사법」 조항을 법무법인에 대하여 준용하지 않고 있는 것은 법무법인의 영업의 자유를 침해한다. 25년 경찰승진 〇 ✕

(X) 법무법인이 변호사 직무에 속하는 업무를 집중적으로 수행할 수 있도록 하는 한편, 법무법인이 변호사 직무와 구분되는 영리행위는 할 수 없도록 함으로써 법무법인이 단순한 영리추구 기업으로 변질되는 것을 방지하고, 또한 법무법인이 변호사 직무와 영리행위를 함께 수행할 때 발생할 수 있는 양자의 혼입(混入)을 방지하기 위한 것이다(헌재 2020.7.16. 2018헌바195). / 따라서 영업의 자유를 침해하지 않는다.

1507
게임 결과물의 환전은 게임이용자로부터 게임 결과물을 매수하여 다른 게임이용자에게 이윤을 붙여 되파는 것으로, 이러한 행위를 영업으로 하는 것은 생활의 기본적 수요를 충족시키는 계속적인 소득활동이 될 수 있으므로 게임 결과물의 환전업은 헌법 제15조가 보장하고 있는 직업에 해당한다. 25년 경찰승진 〇 ✕

(O) 이 사건에서 문제되는 게임 결과물의 환전은 게임이용자로부터 게임 결과물을 매수하여 다른 게임이용자에게 이윤을 붙여 되파는 것으로, 이러한 행위를 영업으로 하는 것은 생활의 기본적 수요를 충족시키는 계속적인 소득활동이 될 수 있으므로, 게임 결과물의 환전업은 헌법 제15조가 보장하고 있는 직업에 해당한다(헌재 2010.2.25. 2009헌바38).

1508
금고 이상의 형의 집행유예선고를 받고 그 유예기간 중에 있는 자에 대하여 특수경비원이 될 수 없도록 규정한 구 「경비업법」 조항은 민간근로자인 특수경비원에게 공무원과 같은 수준의 준법의무내지 성실의무를 요구하여 지나치게 공익만을 우선하는 것이므로 직업의 자유를 침해한다. 25년 변호사 〇 ✕

(X) 심판대상조항은 특수경비원의 도덕성, 준법의식 등을 확보하고, 성실하고 공정한 직무수행을 위한 자질을 담보하여 국민의 신뢰를 제고하기 위한 것이므로, 입법목적의 정당성 및 수단의 적합성이 인정된다(헌재 2023.6.29. 2021헌마157). 따라서 이는 헌법에 위반되지 아니한다.

1509
아동학대관련범죄로 벌금형이 확정된 날부터 10년이 지나지 아니한 사람은 어린이집을 설치·운영하거나 어린이집에 근무할 수 없도록 한 「영유아보육법」 조항은 사전에 영유아를 아동학대의 위험으로부터 철저히 보호해야 할 필요성이 인정되므로 직업의 자유를 침해하지 않는다. 25 변호사 〇 ✕

(X) 범행의 정도가 가볍고 재범의 위험성이 상대적으로 크지 않은 자에게까지 10년 동안 일률적인 취업제한을 부과하고 있는데, 이는 침해의 최소성 원칙과 법익의 균형성 원칙에 위배된다. 따라서 이 사건 법률조항은 청구인들의 직업선택의 자유를 침해한다(헌재 2018.6.28. 2017헌마130 등).

1510
고체 형태의 세안용 비누를 수입·판매하려는 자에게 화장품 책임판매업 등록을 하고, 책임판매관리자를 의무적으로 두도록 요구하는 「화장품법」 조항은 직업선택의 자유를 침해한다. 26년 경찰간부 〇 ✕

(X) 심판대상조항은 국민보건향상에 기여하고 국민들이 안심하고 화장품을 사용할 수 있도록 하기 위한 것이다. 고형세안비누는 화장품법상의 화장품에 해당하고, 피부에 매일 직접 작용하는 제품이므로, 식품의약품안전처에서 화장품으로 관리하는 것이 필요하다(헌재 2024.5.30. 2021헌마291). / 따라서 이는 직업선택의 자유를 침해하지 않는다.

OX 문제

1511
국민권익위원회 심사보호국 소속 5급 이하 7급 이상의 일반직공무원으로 하여금 퇴직일부터 3년간 취업심사대상기관에 취업할 수 없도록 한 「공직자윤리법」 및 동법 시행령 조항은 과잉금지원칙에 위배되어 직업선택의 자유를 침해하지 않는다. 24년 해경간부

1512
「세무사법」 위반으로 벌금형을 받은 세무사의 등록을 필요적으로 취소하도록 한 「세무사법」 조항은 세무사인 청구인의 직업선택의 자유를 침해하지 않는다. 24년 해경간부

1513
학원설립·운영자가 학원의 설립·운영 및 과외교습에 관한 법률을 위반하여 벌금형을 선고받은 경우 등록의 효력을 잃도록 정하고 있는 위 법률의 규정은 직업선택의 자유를 침해하지 않는다. 24년 법무사

1514
읍·면의 이장은 직업의 자유에서 말하는 직업에 해당한다고 볼 수 없다. 24년 법무사

1515
새마을금고법위반죄로 벌금형을 선고받을 경우 그 선고받은 벌금액수에 상관없이 해당 임원이 당연퇴임되도록 규정한 새마을금고법의 규정은 직업선택의 자유를 침해하지 않는다. 24년 법무사

1516
제1종 운전면허의 취득요건으로 양쪽 눈의 시력이 각각 0.5(교정시력 포함) 이상일 것을 요구하는 도로교통법 시행령의 규정은 직업선택의 자유를 침해하지 아니한다. 24년 법무사

1517
의료인이 아닌 자의 문신시술업을 금지하고 처벌하는 것은 비의료인의 직업선택의 자유를 침해하지 않는다. 24년 순경 1차, 22년 국회직 9급

정답 및 해설

(O) 국민권익위원회 심사보호국 소속 5급 이하 7급 이상의 일반직공무원으로 하여금 퇴직일부터 3년간 취업심사대상기관에 취업할 수 없도록 한 「공직자윤리법」 및 동법 시행령 조항은 과잉금지원칙에 위배되어 직업선택의 자유를 침해하지 않는다(헌재 2024.3.28. 2020헌마1527).

(O) 「세무사법」 위반으로 벌금형을 받은 세무사의 등록을 필요적으로 취소하도록 한 「세무사법」 조항은 세무사인 청구인의 직업선택의 자유를 침해하지 않는다(헌재 2021.10.28. 2020헌바221).

(X) 사회통념상 벌금형이 중한 형벌이라거나, 벌금형을 선고받은 피고인의 불법 및 책임의 정도가 중하고 그에 대한 사회적 비난가능성이 높다고 보기 어려우므로 등록의 효력상실사유로서 벌금형 판결을 받은 학원법 위반범죄를 규정할 경우, 범죄의 유형, 내용 등으로 그 범위를 가급적 한정하여 규정해야 함에도 이 사건 효력상실조항은 학원법 위반으로 벌금형이 확정되기만 하면 일률적으로 등록을 상실하도록 규정하고 있어 지나친 제재라 하지 않을 수 없다(헌재 2014.1.28. 2011헌바252).

(O) 이장이라는 지위는 위에서 살펴본 바와 같이 "생활의 기본적 수요를 충족시키기 위한 계속적인 소득활동"으로 정의되는 직업의 자유에서 말하는 직업에 해당한다고 할 수 없으므로, 이 부분 주장도 이유 없다(헌재 2009.10.29. 2009헌마127).

(O) 선거의 공정성을 가장 쉽게 해치는 기부행위를 하여 벌금형 이상의 형을 선고받을 경우 선출된 새마을금고 임원직에서 자동으로 퇴직시킴으로써 위와 같은 입법목적을 도모하고 있는바, 그 입법목적은 정당하고 수단은 적절하다(헌재 2010.10.28. 2008헌마612).

(O) 제1종 운전면허를 취득하기 위해서는 두 눈을 동시에 뜨고 잰 시력이 0.8 이상이고, 양쪽 눈의 시력이 각각 0.5 이상일 것을 요구하는 것은 합헌이다(헌재 2003.6.26. 2002헌마677).

(O) 심판대상조항은 명확성원칙이나 과잉금지원칙을 위반하여 청구인들의 직업선택의 자유를 침해하지 않는다(헌재 2022.3.31. 2017헌마1343 등).

| OX 문제 | 정답 및 해설 |

1518
운전면허를 받은 사람이 다른 사람의 자동차 등을 훔친 경우에는 운전면허를 필요적으로 취소하도록 한 「도로교통법」 조항은 운전면허 소지자의 직업의 자유를 침해한다. 22년 입법고시 [O][X]

(O) 자동차등을 훔친 범죄행위에 대한 행정적 제재를 강화하더라도 불법의 정도에 상응하는 제재수단을 선택할 수 있도록 임의적 운전면허 취소 또는 정지사유로 규정하여도 충분히 그 목적을 달성하는 것이 가능함에도, 심판대상조항은 필요적으로 운전면허를 취소하도록 하여 구체적 사안의 개별성과 특수성을 고려할 수 있는 여지를 일절 배제하고 있다. 심판대상조항은 직업의 자유 내지 일반적 행동의 자유를 침해한다(헌재 2017.5.25. 2016헌가6).

1519
임원이 건설업과 관련 없는 죄로 금고 이상의 형을 선고받은 경우까지 법인의 건설업 등록을 필요적으로 말소하도록 규정한 「건설산업기본법」 조항은 직업수행의 자유를 침해한다. 22년 입법고시 [O][X]

(O) 심판대상조항이 건설업과 관련 없는 죄로 임원이 형을 선고받은 경우까지도 법인이 건설업을 영위할 수 없도록 하는 것은 입법목적달성을 위한 적합한 수단에 해당하지 아니하고, 이러한 경우까지도 가장 강력한 수단인 필요적 등록말소라는 제재를 가하는 것은 최소침해성 원칙에도 위배된다(헌재 2014.4.24. 2013헌바25).

1520
국가정책에 따라 정부의 허가를 받은 외국인은 정부가 허가한 범위 내에서 소득활동을 할 수 있는 것이므로 외국인이 국내에서 누리는 직업의 자유는 법률에 따른 정부의 허가에 의해 비로소 발생하는 권리이다. 22년 입법고시 [O][X]

(O) 헌법에서 인정하는 직업의 자유는 원칙적으로 대한민국 국민에게 인정되는 기본권이지, 외국인에게 인정되는 기본권은 아니다. 국가 정책에 따라 정부의 허가를 받은 외국인은 정부가 허가한 범위 내에서 소득활동을 할 수 있는 것이므로, 외국인이 국내에서 누리는 직업의 자유는 법률 이전에 헌법에 의해서 부여된 기본권이라고 할 수는 없고, 법률에 따른 정부의 허가에 의해 비로소 발생하는 권리이다(헌재 2014.8.28. 2013헌마359).

1521
학원이나 체육시설에서 어린이통학버스를 운영하는 자로 하여금 어린이통학버스에 학원 강사 등의 보호자를 동승하여 운행하도록 한 것은 학원 등 운영자의 직업수행의 자유를 지나치게 제한하여 입법형성권의 범위를 현저히 벗어났다거나 기본권 침해의 최소성 원칙에 반한다고 볼 수 없다. 22년 국회직 8급, 21년 국회직 5급 [O][X]

(O) 학원이나 체육시설에서 어린이통학버스를 운영하는 자는 어린이통학버스에 보호자를 동승하여 운행하도록 한 부분이 청구인들의 직업수행의 자유를 침해하지 않는다(헌재 2020.4.23. 2017헌마479).

1522
변호사의 자격이 있는 자에게 더 이상 세무사 자격을 자동으로 부여하지 않도록 한 것은 과잉금지원칙에 반하여 직업선택의 자유를 침해한다고 볼 수 없다. 25년 순경 2차, 24년 경찰간부, 23년 소방간부, 23년 법원행시, 22년 국회직 8급 [O][X]

(O) 세무분야의 전문성을 제고하여 소비자에게 고품질의 세무서비스를 제공하기 위하여 마련된 조항이다. 변호사의 자격이 있는 자에게 더 이상 세무사 자격을 자동으로 부여하지 않는 구 세무사법은 헌법에 위반되지 않는다(헌재 2021.7.15. 2018헌마279).

1523
안경사 면허를 가진 자연인에게만 안경업소의 개설 등을 할 수 있도록 한 것은 안경사들로만 구성된 법인 형태의 안경업소 개설까지 허용하지 않으므로 과잉금지원칙에 반하여 자연인 안경사와 법인의 직업의 자유를 침해한다. 24년 경찰간부, 24년 경찰승진, 22년 국회직 8급, 22년 국회직 9급, 22년 국가직 7급 [O][X]

(X) 안경의 잘못된 조제로 인한 분쟁 발생시 법인과 고용된 안경사간의 책임 소재가 불분명해지는 문제도 발생할 수 있고, 법인 안경업소가 무면허자를 고용하는 등의 행위를 사전에 차단하기 어렵다. 사후적 단속·규제로는 국민보건상 부작용을 미연에 방지할 수 없다(헌재 2021.6.24. 2017헌가31). / 따라서 직업의 자유를 침해하지 않는다.

| OX 문제 | 정답 및 해설 |

1524
의료인으로 하여금 어떠한 명목으로도 둘 이상의 의료기관을 개설할 수 없도록 하고 이를 위반할 경우 형사처벌하는 것은 여러 개의 의료기관을 개설하고자 하는 의료인의 직업수행 방법을 제한하고 있다. 22년 국회직 8급 [O][X]

(O) 의료인으로 하여금 어떠한 명목으로도 둘 이상의 의료기관을 개설할 수 없도록 하고 이를 위반할 경우 형사처벌하는 것은 여러 개의 의료기관을 개설하고자 하는 의료인의 직업수행 방법을 제한하고 있다(헌재 2021.6.24. 2019헌바342). / 다만 헌법에 위반되지는 않는다.

1525
'거짓이나 그 밖의 부정한 수단으로 운전면허를 받은 행위'에 대한 불이익 처분으로 '부정 취득한 해당 운전면허와 함께 해당 운전자가 보유하고 있는 나머지 운전면허'도 필요적으로 취소하도록 규정한 「도로교통법」 조항은 일반적 행동의 자유 또는 직업의 자유를 침해하지 않는다. 22년 5급 공채, 22년 국회직 8급, 22년 변호사 [O][X]

(X) 부정 취득한 해당 운전면허와 함께 해당 운전자가 보유하고 있는 나머지 운전면허'도 필요적으로 취소하도록 규정한 「도로교통법」 조항은 일반적 행동의 자유 또는 직업의 자유를 침해한다(헌재 2020.6.25. 2019헌가9 등).

1526
직장선택의 자유는 원하는 직장을 제공하여 줄 것을 청구하거나 한 번 선택한 직장의 존속보호를 청구할 권리를 보장하지 않으나, 국가는 직장선택의 자유로부터 나오는 객관적 보호의무, 즉 사용자에 의한 해고로부터 근로자를 보호할 의무를 진다. 24년 법원직, 22년 법학경채, 21년 법원행시, 20년 변호사 [O][X]

(O) 이러한 직장선택의 자유는 개인이 그 선택한 직업분야에서 구체적인 취업의 기회를 가지거나, 이미 형성된 근로관계를 계속 유지하거나 포기하는 데에 있어 국가의 방해를 받지 않는 자유로운 선택·결정을 보호하는 것을 내용으로 한다. 그러나 이 기본권은 원하는 직장을 제공하여 줄 것을 청구하거나 한번 선택한 직장의 존속보호를 청구할 권리를 보장하지 않으며, 또한 사용자의 처분에 따른 직장 상실로부터 직접 보호하여 줄 것을 청구할 수도 없다. 다만 국가는 이 기본권에서 나오는 객관적 보호의무, 즉 사용자에 의한 해고로부터 근로자를 보호할 의무를 질 뿐이다(헌재 2002.11.28. 2001헌바50).

1527
소송사건의 대리인인 변호사가 수형자를 접견하고자 하는 경우 소송계속 사실을 소명할 수 있는 자료를 제출하도록 규정하고 있는 「형의 집행 및 수용자의 처우에 관한 법률 시행규칙」 중 '수형자 접견'에 관한 부분은 변호사의 직업수행의 자유를 침해하지 않는다. 23년 법원직 9급, 22년 5급 공채 [O][X]

(X) 소 제기 전 단계에서 충실한 소송준비를 하기 어렵게 하여 변호사의 직무수행에 큰 장애를 초래하고, 변호사의 도움이 가장 필요한 시기에 접견에 대한 제한의 정도가 위와 같이 크다는 점에서 수형자의 재판청구권 역시 심각하게 제한될 수밖에 없고, 이로 인해 법치국가원리로 추구되는 정의에 반하는 결과를 낳을 수도 있다. 따라서 심판대상조항은 과잉금지원칙에 위배되어 변호사인 청구인의 직업수행의 자유를 침해한다(헌재 2021.10.28. 2018헌마60).

1528
금고 이상의 실형을 선고받고 그 집행이 종료된 날부터 3년이 경과되지 않은 경우 중개사무소 개설등록을 취소하도록 한 「공인중개사법」 조항은 직업선택의 자유를 침해한 것이다. 25년 순경 2차, 22년 해경간부 [O][X]

(X) 공인중개업은 국민의 재산권에 큰 영향을 미치므로 업무의 공정성과 신뢰를 확보할 필요성이 큰 반면, 심판대상조항으로 인하여 중개사무소 개설등록이 취소된다 하더라도 공인중개사 자격까지 취소되는 것이 아니어서 3년이 경과한 후에는 다시 중개사무소를 열 수 있다. 따라서 심판대상조항은 과잉금지원칙에 반하여 직업선택의 자유를 침해하지 아니한다(헌재 2019.2.28. 2016헌바467).

| OX 문제 | 정답 및 해설 |

1529
직업수행의 자유는 직업결정의 자유에 비하여 상대적으로 그 제한의 정도가 작다고 할 것이므로 이에 대하여는 공공복리 등 공익상의 이유로 비교적 넓은 법률상의 규제가 가능하다. 22년 소방간부, 22년 해경일반 ⓞⓧ

(O) 헌법 제15조는 "모든 국민은 직업선택의 자유를 가진다."고 규정함으로써 직업선택의 자유를 보장하고 있으며, 직업선택의 자유는 직업결정의 자유, 직업수행의 자유 등을 포괄하는 직업의 자유를 의미한다. 직업수행의 자유는 직업결정의 자유에 비하여 상대적으로 그 침해의 정도가 작다고 할 것이어서, 이에 대하여는 공공복리 등 공익상의 이유로 비교적 넓은 법률상의 규제가 가능하나, 직업수행의 자유를 제한할 때에도 헌법 제37조 제2항에 의거한 비례의 원칙에 위배되어서는 안된다(헌재 2017.11.30. 2015헌바377).

1530
건설업자가 명의대여행위를 한 경우 그 대여행위의 동기, 과정 및 피해자의 유무 등을 고려하여 그에 상응하는 조치나 영업정지 및 등록말소 등의 행정상 제재를 부과할 수 있음에도 불구하고, 그 건설업의 등록을 필요적으로 말소하도록 하는 것은 과잉금지원칙을 위반하여 건설업자의 직업수행의 자유를 침해하는 것이다. 22년 소방간부 ⓞⓧ

(X) 건설업자가 명의대여행위를 한 경우 그 건설업 등록을 필요적으로 말소하도록 한 이 사건 법률조항은 건설업등록제도의 근간을 유지하고 부실공사를 방지하여 국민의 생명과 재산을 보호하려는 것으로 그 목적의 정당성이 인정되고, 명의대여행위가 국민의 생명과 재산에 미치는 위험과 그 위험방지의 긴절성을 고려할 때 반드시 필요하며, 청구인의 직업수행의 자유 및 재산권을 침해한다고 할 수 없다(헌재 2001.3.21. 2000헌바27).

1531
법 규정이 직업의 자유를 직접 규율하고자 하는 것은 아니지만 간접적으로 직업의 행사를 저해하거나 불가능하게 하는 경우에도 직업의 자유에 대한 제한이 인정될 수 있다. 22년 법무사 ⓞⓧ

(O) 법규정이 비록 직업의 자유를 직접 규율하고자 하는 것은 아니지만 간접적으로 직업의 행사를 저해하거나 또는 불가능하게 하는 경우에도, 직업의 자유에 대한 제한이 인정될 수 있다(헌재 2002.12.18. 2000헌마764).

1532
최저임금의 적용을 위하여 주(週) 단위로 정해진 비교대상임금을 시간에 대한 임금으로 환산할 때, 1주 동안의 소정 근로시간 수와 법정 주휴시간 수를 합산한 시간 수로 해당 임금을 나누도록 하는 규정은 근로자를 고용하여 재화나 용역을 제공하는 사용자의 활동을 제한한다는 측면에서 직업의 자유를 제한한다. 22년 법무사 ⓞⓧ

(O) 이 사건 시행령조항은 최저임금의 적용을 위하여 주(週) 단위로 정해진 비교대상 임금을 시간에 대한 임금으로 환산할 때, 1주 동안의 소정근로시간 수와 법정 주휴시간 수를 합산한 시간 수로 해당 임금을 나누도록 하고 있다. 이에 따라, 사용자는 주 단위로 임금이 지급되는 근로자에게 시간급 최저임금액에 '소정근로시간 수와 법정 주휴시간 수를 합산한 시간 수'를 곱한 금액 이상을 지급하여야 한다. 따라서 이 사건 시행령조항은 임금의 수준에 관한 사용자와 근로자 간의 계약 내용을 제한한다는 측면에서는 헌법 제10조 행복추구권의 일반적 행동자유권에서 파생되는 사용자의 계약의 자유를 제한하고, 근로자를 고용하여 재화나 용역을 제공하는 사용자의 활동을 제한한다는 측면에서는 헌법 제15조의 직업의 자유를 제한한다(헌재 2020.6.25. 2019헌마15).

1533
외국인근로자의 사업장 변경 사유를 제한하는 규정은, 그로 인해 외국인근로자가 일단 형성된 근로관계를 포기하고 직장을 이탈하는 데 있어 제한을 받게 되므로 직업선택의 자유 중 직장선택의 자유를 제한한다. 22년 법무사 ⓞⓧ

(O) 직업의 자유 중 이 사건에서 문제되는 직장선택의 자유는 인간의 존엄과 가치 및 행복추구권과도 밀접한 관련을 가지는 만큼 단순히 국민의 권리가 아닌 인간의 권리로 보아야 할 것이므로 외국인도 제한적으로라도 직장선택의 자유를 향유할 수 있다고 보아야 한다. … 외국인고용법은 일정한 사유가 있는 경우에 3년의 체류기간 동안 3회까지 사업장을 변경할 수 있도록 하고 대통령령이 정하는 부득이한 사유가 있는 경우에는 추가로 사업장변경이 가능하도록 하고 있으므로 이 사건 법률조항이 입법자의 재량의 범위를 넘어 명백히 불합리하다고 할 수는 없다(헌재 2011.9.29. 2007헌마1083 등).

| OX 문제 | 정답 및 해설 |

1534
택시운전자격을 취득한 사람이 강제추행 등 성범죄를 범하여 금고 이상의 형의 집행유예를 선고받은 경우 그 자격을 취소하도록 규정한 여객자동차 운수사업법 조항은 택시운전자격을 취득한 사람의 직업의 자유를 침해한다. 22년 국가직 7급, 20년 국회직 5급 ☐O☐X

(X) 택시를 이용하는 국민을 성범죄 등으로부터 보호하고, 여객운송서비스 이용에 대한 불안감을 해소하며, 도로교통에 관한 공공의 안전을 확보하려는 심판대상조항의 입법목적은 정당하고, 또한 해당 범죄를 범한 택시운송사업자의 운전자격의 필요적 취소라는 수단의 적합성도 인정된다. … 따라서 심판대상조항은 과잉금지원칙에 위배되지 않는다(헌재 2018.5.31. 2016헌바14 등).

1535
청원경찰이 금고 이상의 형의 선고유예를 받은 경우 당연 퇴직되도록 하는 것이 헌법상 직업의 자유를 침해하는 것은 아니다. 22년 국가직 7급, 21년 경행특채, 20년 경찰승진, 20년 국회직 5급 ☐O☐X

(X) 이 사건 법률조항은 금고 이상의 선고유예의 판결을 받은 모든 범죄를 포괄하여 규정하고 있을 뿐 아니라, 심지어 오늘날 누구에게나 위험이 상존하는 교통사고 관련 범죄 등 과실범의 경우마저 당연퇴직의 사유에서 제외하지 않고 있으므로 최소침해성의 원칙에 반한다. 따라서 공무담임권을 침해하고 있는 것으로 판단된다(헌재 2002.8.29. 2001헌마788 등).

1536
교통사고로 사람을 사상한 후 필요한 조치 및 신고를 하지 아니하여 벌금 이상의 형을 선고받고 운전면허가 취소된 사람은 운전면허가 취소된 날부터 4년간 운전면허를 받을 수 없도록 한 도로교통법 조항은 운전자의 직업의 자유를 침해한다. 22년 국가직 7급 ☐O☐X

(X) 국민의 생명·신체를 보호하고 도로교통에 관련된 공공의 안전을 확보함과 동시에 4년의 운전면허 결격기간이라는 엄격한 제재를 통하여 교통사고 발생 시 구호조치의무 및 신고의무를 이행하도록 하는 예방적 효과를 달성하고자 하는 데 그 입법목적을 가지고 있다. 이러한 입법목적은 정당하고, 그 수단의 적합성 또한 인정된다(헌재 2017.12.28. 2016헌바254).

1537
헌법재판소는 일정한 경력을 가진 공무원이 법무사시험을 보지 않고도 법무사 자격을 취득할 수 있도록 하는 경력공무원에 대한 자격부여제도를 규정하고 있던 법무사법 조항에 대하여 경력공무원이 아닌 일반인들도 법무사시험을 보아 합격하면 법무사가 될 수 있는 길을 열어 놓고 있고, 경력공무원에 대한 자격부여제도가 합리성을 갖고 있어서 법무사시험제도를 유명무실하게 하는 요소를 찾기 어렵다고 보아 법무사라는 직업을 선택하는 자유를 침해하지 않는다고 결정한 적이 있다. 22년 법무사 ☐O☐X

(O) 경력공무원에 해당하지 않는 청구인들과 같은 일반인들도 법무사시험을 보아 합격하면 법무사가 될 수 있게 길을 열어 놓고 있으며, 경력공무원에 대한 자격부여제도가 합리성을 갖고 있어서 법무사법의 어느 곳에도 법무사시험제도를 유명무실하게 하는 요소는 찾아 볼 수 없다. 따라서 이 사건 법률조항은 청구인들이 법무사라는 직업을 선택하는 자유를 침해하지 않는다(헌재 2001.11.29. 2000헌마84).

1538
제1종 운전면허 취득요건으로 양쪽 눈의 시력(교정시력 포함)이 각각 0.5 이상일 것을 요구하는 「도로교통법 시행령」 조항은 좁은 의미의 직업선택의 자유와 직업수행의 자유를 침해하지 아니한다. 22년 법학경채 ☐O☐X

(O) 제1종 운전면허를 취득하기 위해서는 두 눈을 동시에 뜨고 잰 시력이 0.8 이상이고, 양쪽 눈의 시력이 각각 0.5 이상일 것을 요구하는 것은 합헌이다(헌재 2003.6.26. 2002헌마677).

1539
의료인이 치료효과를 보장하는 등 소비자를 현혹할 우려가 있는 내용의 광고를 한 경우 형사처벌하도록 규정한 「의료법」 조항은 의료인의 직업수행의 자유를 침해한다고 볼 수 없다. 22년 법학경채 ☐O☐X

(O) '소비자를 현혹할 우려가 있는 내용의 광고'란 의료소비자를 혼란스럽게 하고 합리적인 선택을 방해할 것으로 걱정되는 광고를 의미하는 것으로 해석할 수 있다(헌재 2014.9.25. 2013헌바28).

| OX 문제 | 정답 및 해설 |

1540
탐정 유사 명칭의 사용 금지를 규정한 「신용정보의 이용 및 보호에 관한 법률」해당 규정이 탐정업 유사직역에 종사하면서 탐정 명칭을 사용하지 못하게 하는 것은 직업수행의 자유를 침해한다. 23년 소방간부 ⓞⓧ

(X) '탐정 등 명칭사용 금지조항'은 정보원, 탐정, 그 밖에 이와 비슷한 명칭을 사용하는 일을 금지함으로써 탐정 유사 명칭을 수단으로 이용해서 개인정보 등을 취득할 수 없게 하여 사생활의 비밀 침해를 예방하고, 개별 법률에 의해 허용되는 정보조사업무에 대한 신용질서 확립에도 기여한다(헌재 2018.6.28. 2016헌마473).

1541
주방에서 발생하는 음식물 찌꺼기 등을 분쇄하여 오수와 함께 배출하는 주방용오물분쇄기의 판매와 사용을 금지하는 환경부고시 「주방용오물분쇄기의 판매·사용금지」의 규정은 주방용오물분쇄기를 사용하거나 판매하려는 사람들의 직업의 자유를 침해한다. 23년 소방간부 ⓞⓧ

(X) 음식물 찌꺼기 등이 하수도로 바로 배출되더라도 이를 적절히 처리할 수 있는 하수도 시설을 갖추는 등 주방용오물분쇄기의 판매와 사용을 허용할 수 있는 사회적 기반시설이 갖추어져 있다고 보기 어렵기 때문에 이는 청구인들의 일반적 행동자유권, 직업의 자유를 침해하지 않는다(헌재 2018.6.28. 2016헌마1151).

1542
세무사 자격 보유 변호사로 하여금 세무사로서 세무사의 업무를 할 수 없도록 규정한 세무사법은 세무사 자격 보유 변호사의 직업선택의 자유를 침해하지 않는다. 23년 법원행시 ⓞⓧ

(X) 세무사 자격 보유 변호사로 하여금 세무사로서 세무사의 업무를 할 수 없도록 규정한 세무사법 제6조 제1항 및 세무사법 제20조 제1항 본문 중 변호사에 관한 부분은 세무사 자격 보유 변호사의 직업선택의 자유를 침해한다(헌재 2018.4.26. 2015헌가19).

1543
변호사법의 위임을 받아 대한변호사협회에서 정한 '변호사광고에 관한 규정' 중 '변호사 또는 소비자로부터 대가를 받고 법률상담 또는 사건 등을 소개·알선·유인하기 위하여 변호사 등을 광고·홍보·소개하는 행위'를 금지하고 있는 규정은 표현의 자유와 직업의 자유를 침해한다. 23년 법원행시 ⓞⓧ

(O) 변호사 등이 다양한 매체의 광고업자에게 광고비를 지급하고 광고하는 것은 허용된다고 할 것인데, 이러한 행위를 일률적으로 금지하는 위 규정은 수단의 적합성을 인정하기 어렵다. 따라서 대가수수 광고금지규정은 과잉금지원칙에 위반되어 청구인들의 표현의 자유와 직업의 자유를 침해한다(헌재 2022.5.26. 2021헌마619).

1544
아동학대관련범죄로 처벌받은 어린이집 원장 또는 보육교사의 자격을 행정청으로 하여금 취소할 수 있도록 규정한 「영유아보육법」상 조항은 비례원칙에 위반된다. 25년 순경 2차, 23년 경찰간부 ⓞⓧ

(X) 영유아를 보호·양육하는 어린이집 원장 또는 보육교사의 역할에 비추어 그에 부합하는 자질을 갖추지 못한 사람을 보육현장에서 배제할 필요가 크다는 점, 아동학대관련범죄를 저지른 어린이집 원장 또는 보육교사에 대한 형사처벌만으로는 어린이집의 윤리성과 신뢰성을 높여 영유아를 안전한 환경에서 건강하게 보육한다는 입법목적을 달성하지 못하는 경우가 있다는 점, 법원에서 아동복지법에 따른 아동관련기관에 대한 취업제한명령을 면제한 경우에도 영유아를 직접 대면하여 보육하는 어린이집 원장 또는 보육교사 자격을 취소할 필요는 여전히 존재할 수 있다는 점 등을 고려하여 심판대상조항이 헌법에 위반되지 않는다(헌재 2023.5.25. 2021헌바234).

1545
거짓이나 그 밖의 부정한 수단으로 운전면허를 받은 경우 부정취득하지 않은 기존 보유 운전면허까지 필요적으로 취소하도록 규정한 「도로교통법」상 조항은 비례원칙에 위반된다. 23년 경찰간부 ⓞⓧ

(O) 심판대상조항 중 각 '거짓이나 그 밖의 부정한 수단으로 받은 운전면허를 제외한 운전면허'를 필요적으로 취소하도록 한 부분은, 과잉금지원칙에 반하여 일반적 행동의 자유 또는 직업의 자유를 침해한다(헌재 2020.6.25. 2019헌가9 등).

| OX 문제 | 정답 및 해설 |

1546
조종면허를 받은 사람이 동력수상레저기구를 이용하여 범죄행위를 하는 경우 조종면허를 필요적으로 취소하도록 규정한 구 「수상레저안전법」상 조항은 비례원칙에 위반된다. 23년 경찰간부, 22년 해경간부 [O][X]

(O) 범죄행위의 유형, 경중이나 위법성의 정도, 동력수상레저기구의 당해 범죄행위에 대한 기여도 등 제반사정을 전혀 고려하지 않고 필요적으로 조종면허를 취소하도록 규정하였으므로 심판대상조항은 침해의 최소성 원칙에 위배되고, 심판대상조항에 따라 조종면허가 취소되면 면허가 취소된 날부터 1년 동안은 조종면허를 다시 받을 수 없게 되어 법익의 균형성 원칙에도 위배된다. 따라서 심판대상조항은 직업의 자유 및 일반적 행동의 자유를 침해한다(헌재 2015.7.30. 2014헌가13).

1547
어린이통학버스를 운영함에 있어서 반드시 보호자를 동승하도록 하는 조항은 동승보호자의 추가 고용에 따른 비용지출을 유발할 뿐 학원의 영업방식을 직접 제한하는 것은 아니므로 그로 인해 직업수행의 자유는 제한되지 아니한다. 23년 법원행시 [O][X]

(X) 이 사건 보호자동승조항은 어린이통학버스를 운영함에 있어서 반드시 보호자를 동승하도록 함으로써 학원 등의 영업방식에 제한을 가하고 있으므로 청구인들의 직업수행의 자유를 제한한다(헌재 2020.4.23. 2017헌마479). 다만 이는 위헌은 아니다. 제한과 침해를 반드시 구별해야 한다.

1548
법학전문대학원에 입학하는 자들에 대하여 학사 전공별, 출신 대학별로 법학전문대학원 입학정원의 비율을 각각 규정한 「법학 전문대학원 설치·운영에 관한 법률」 조항은 변호사가 되기 위한 과정에 있어 필요한 전문지식을 습득할 수 있는 법학전문대학원에 입학하는 것을 제한할 뿐이므로 직업선택의 자유를 제한하는 것으로 보기 어렵다. 23년 경찰승진 [O][X]

(X) 출신 대학별로 로스쿨 입학정원의 비율을 각각 규정한 것은 변호사가 되기 위하여 필요한 전문지식을 습득할 수 있는 로스쿨에 입학하는 것을 제한하는 것이기 때문에 직업교육장 선택의 자유 내지 직업선택의 자유를 제한한다고 할 것이다(헌재 2009.2.26. 2007헌마1262).

1549
시설경비업을 허가받은 경비업자로 하여금 '허가받은 경비업무 외의 업무에 경비원을 종사하게 하는 것'을 금지하고, 이를 위반한 경비업자에 대한 허가를 취소하도록 정하고 있는 「경비업법」 제7조 제5항 중 시설경비업무에 관한 부분, 같은 법 제19조 제1항 제2호 중 '시설경비업무'에 관한 부분은 과잉금지원칙에 위반하여 시설경비업을 수행하는 경비업자의 직업의 자유를 침해한다. 23년 순경 2차 [O][X]

(O) 경비업무의 전념성을 직접적으로 훼손하지 아니하는 경우가 있음에도 불구하고 이러한 사정을 고려하지 아니한 채 경비업자가 경비원으로 하여금 비경비업무에 종사하도록 하는 것을 일률적·전면적으로 금지하고 이를 위반한 경우 허가받은 경비업 전체를 필요적으로 취소하도록 한 것이 과잉금지원칙에 반한다(헌재 2023.3.23. 2020헌가19).

1550
유치원, 초·중·고등학교, 대학교 학교환경위생정화구역 내에 당구장시설을 하지 못하도록 제한하는 것은 직업행사의 자유를 침해하는 것이라 할 수 없다. 23년 경찰승진 [O][X]

(X) 초·중·고등학교의 경우 학교환경위생정화구역 내에서의 당구장시설을 제한하는 것은 합헌으로 보고 있으나(헌재 1997.3.27. 94헌마196 등), 유치원과 대학교의 경우에는 기본권제한의 한계를 벗어난 것으로 헌법에 위반된다고 보았다(헌재 1997.3.27. 94헌마196 등).

1551
소주도매업자로 하여금 그 영업장소 소재지에서 생산되는 자도 소주를 의무적으로 총구입액의 100분의 50 이상을 구입하도록 하는 자도소주 구입명령제도는 소비자가 자신의 의사에 따라 자유롭게 상품을 선택하는 자기결정권을 제한한다. 22년 순경 2차 [O][X]

(O) 구입명령제도는 비록 직접적으로는 소주판매업자에게만 구입의무를 부과하고 있으나 실질적으로는 구입명령제도가 능력경쟁을 통한 시장의 점유를 억제함으로써 소주제조업자의 "기업의 자유" 및 "경쟁의 자유"를 제한하고, 소비자가 자신의 의사에 따라 자유롭게 상품을 선택하는 것을 제약함으로써 소비자의 행복추구권에서 파생되는 "자기결정권"도 제한하고 있다(헌재 1996.12.26. 96헌가18).

CHAPTER 04 정치적 기본권

OX 문제 | 정답 및 해설

제1절 기본원리

1552
특정한 국가기관을 구성함에 있어 입법부, 행정부, 사법부가 그 권한을 나누어 가지거나 기능적인 분담을 하는 것은 권력분립의 원칙에 반하는 것이 아니라 권력분립의 원칙을 실현하는 것으로 볼 수 있다. 22년 변호사 [O][X]

(O) 헌법상 권력분립의 원칙이란 국가권력의 기계적 분립과 엄격한 절연을 의미하는 것이 아니라, 권력 상호 간의 견제와 균형을 통한 국가권력의 통제를 의미하는 것이다. 따라서 특정한 국가기관을 구성함에 있어 입법부, 행정부, 사법부가 그 권한을 나누어 가지거나 기능적인 분담을 하는 것은 권력분립의 원칙에 반하는 것이 아니라 권력분립의 원칙을 실현하는 것으로 볼 수 있다(헌재 2008.1.10. 2007헌마1468).

1553
지방의회 사무직원의 임용권을 지방자치단체의 장에게 부여하도록 규정한 것은 지방의회와 지방자치단체의 장 사이의 상호견제와 균형의 원리에 비추어 헌법상 권력분립원칙에 위반된다. 22년 변호사 [O][X]

(X) 지방자치단체의 장에게 지방의회 사무직원의 임용권을 부여하고 있는 심판대상조항은 지방자치법 제101조, 제105조 등에서 규정하고 있는 지방자치단체의 장의 일반적 권한의 구체화로서 우리 지방자치의 현황과 실상에 근거하여 지방의회 사무직원의 인력수급 및 운영 방법을 최대한 효율적으로 규율하고 있다고 할 것이다. 심판대상조항에 따른 지방의회 의장의 추천권이 적극적이고 실질적으로 발휘된다면 지방의회 사무직원의 임용권이 지방자치단체의 장에게 있다고 하더라도 그것이 곧바로 지방의회와 집행기관 사이의 상호견제와 균형의 원리를 침해할 우려로 확대된다거나 또는 지방자치제도의 본질적 내용을 침해한다고 볼 수는 없다(헌재 2014.1.28. 2012헌바216).

1554
권력분립원칙이란 국가권력의 기계적 분립과 엄격한 절연을 의미하는 것이 아니라 권력상호간의 견제와 균형을 통한 국가권력의 통제를 의미한다. 22년 변호사 [O][X]

(O) 헌법상 권력분립의 원칙이란 국가권력의 기계적 분립과 엄격한 절연을 의미하는 것이 아니라, 권력 상호 간의 견제와 균형을 통한 국가권력의 통제를 의미하는 것이다. 따라서 특정한 국가기관을 구성함에 있어 입법부, 행정부, 사법부가 그 권한을 나누어 가지거나 기능적인 분담을 하는 것은 권력분립의 원칙에 반하는 것이 아니라 권력분립의 원칙을 실현하는 것으로 볼 수 있다(헌재 2008.1.10. 2007헌마1468).

1555
헌법원칙으로서의 권력분립원칙은 구체적인 헌법질서와 분리하여 파악될 수 없는 것으로서 권력분립원칙의 구체적 내용은 헌법으로부터 나오므로 어떠한 국가행위가 권력분립원칙에 위배되는지 여부는 구체적인 헌법규범을 토대로 판단되어야 한다. 24년 경찰승진, 22년 입법고시 [O][X]

(O) 헌법원칙으로서의 권력분립원칙은 구체적인 헌법질서와 분리하여 파악될 수 없는 것으로 권력분립원칙의 구체적 내용은 헌법으로부터 나오므로, 어떠한 국가행위가 권력분립원칙에 위배되는지 여부는 구체적인 헌법규범을 토대로 판단되어야 한다(헌재 2021.1.28. 2020헌마264 등).

| OX 문제 | 정답 및 해설 |

1556
대통령이 국군을 이라크에 파견하기로 한 결정은 그 성격상 국방 및 외교에 관련된 고도의 정치적 결단을 요하는 문제로서 헌법과 법률이 정한 절차를 지켜 이루어진 것임이 명백하므로, 대통령과 국회의 판단은 존중되어야 하고 헌법재판소가 사법적 기준만으로 이를 심판하는 것은 자제되어야 한다. 22년 입법고시 ⓞⓧ

(O) 이 사건 파견결정은 그 성격상 국방 및 외교에 관련된 고도의 정치적 결단을 요하는 문제로서, 헌법과 법률이 정한 절차를 지켜 이루어진 것임이 명백하므로, 대통령과 국회의 판단은 존중되어야 하고 헌법재판소가 사법적 기준만으로 이를 심판하는 것은 자제되어야 한다(헌재 2004.4.29. 2003헌마814).

1557
우리 헌법은 자유민주주의 헌법의 원리에 따라 국가의 기능을 입법·행정·사법으로 분립하여 견제와 균형을 이루게 하는 권력분립제도를 채택하고 있어 행정과 사법은 법률에 기속되므로, 국회가 특정한 사항에 대하여 행정부에 위임하였음에도 불구하고 행정부가 정당한 이유 없이 이를 이행하지 않는다면 권력분립의 원칙과 법치국가의 원칙에 위배되는 것이다. 22년 입법고시 ⓞⓧ

(O) 우리 헌법은 국가권력의 남용으로부터 국민의 자유와 권리를 보호하려는 법치국가의 실현을 기본이념으로 하고 있고, 자유민주주의 헌법의 원리에 따라 국가의 기능을 입법·행정·사법으로 분립하여 견제와 균형을 이루게 하는 권력분립제도를 채택하고 있어, 행정과 사법은 법률에 기속되므로, 국회가 특정한 사항에 대하여 행정부에 위임하였음에도 불구하고 행정부가 정당한 이유 없이 이를 이행하지 않는다면 권력분립의 원칙과 법치국가의 원칙에 위배되는 것이다(헌재 2004.2.26. 2001헌마718).

1558
금융실명제실시의 효과를 목적으로 한 긴급재정경제명령과 같이 국가긴급권에 관련된 고도의 정치적 결단이 요구되는 사안에 대한 대통령의 결정은 통치행위라도 헌법소원심판의 대상이 될 수 있다. 23년 국회직 5급 ⓞⓧ

(O) 통치행위를 포함하여 모든 국가작용은 국민의 기본권적 가치를 실현하기 위한 수단이라는 한계를 반드시 지켜야 하는 것이고, 헌법재판소는 헌법의 수호와 국민의 기본권 보장을 사명으로 하는 국가기관이므로 비록 고도의 정치적 결단에 의하여 행해지는 국가작용이라고 할지라도 그것이 국민의 기본권 침해와 직접 관련되는 경우에는 당연히 헌법재판소의 심판대상이 된다(헌재 1996.2.29. 93헌마186).

1559
한미연합사령부의 창설 및 한미연합연습 양해각서의 체결 이후 연례적으로 실시되어 온 한미연합 군사훈련의 일종인 전시증원연습을 하기로 한 대통령의 결정은 국방에 관련되는 고도의 정치적 결단을 요하는 통치행위에 해당된다고 보기 어려워 헌법소원심판의 대상이 될 수 있다. 23년 국회직 5급 ⓞⓧ

(O) 한미연합 군사훈련은 1978. 한미연합사령부의 창설 및 1979. 2. 15. 한미연합연습 양해각서의 체결 이후 연례적으로 실시되어 왔고, 특히 이 사건 연습은 대표적인 한미연합 군사훈련으로서, 피청구인이 2007. 3.경에 한 이 사건 연습결정이 새삼 국방에 관련되는 고도의 정치적 결단에 해당하여 사법심사를 자제하여야 하는 통치행위에 해당된다고 보기 어렵다(헌재 2009.5.28. 2007헌마369).

1560
남북정상회담의 개최는 고도의 정치적 성격을 지니고 있는 행위이므로 특별한 사정이 없는 한 그 당부를 심판하는 것은 사법권의 내재적·본질적 한계를 넘어서는 것이지만, 남북정상회담의 개최과정에서 관할 주무관청에 신고하지 아니하거나 관할 주무관청의 협력사업 승인을 얻지 아니한 채 북한측에 사업권의 대가명목으로 송금한 행위 자체는 헌법상 법치국가원리와 평등원칙등에 비추어 볼 때 사법심사의 대상이 된다. 23년 국회직 5급 ⓞⓧ

(O) 남북정상회담의 개최는 고도의 정치적 성격을 지니고 있는 행위라 할 것이므로 특별한 사정이 없는 한 그 당부를 심판하는 것은 사법권의 내재적·본질적 한계를 넘어서는 것이 되어 적절하지 못하지만, 남북정상회담의 개최과정에서 재정경제부장관에게 신고하지 아니하거나 통일부장관의 협력사업 승인을 얻지 아니한 채 북한측에 사업권의 대가 명목으로 송금한 행위 자체는 헌법상 법치국가의 원리와 법 앞에 평등원칙 등에 비추어 볼 때 사법심사의 대상이 된다(대판 2004.3.26. 2003도7878).

| OX 문제 | 정답 및 해설 |

1561
특정한 국가기관을 구성함에 있어 입법부, 행정부, 사법부가 그 권한을 나누어 가지거나 기능적인 분담을 하는 것은 권력분립의 원칙에 반하는 것이 아니라 권력분립의 원칙을 실현하는 것으로 볼 수 있다. 20년 경찰승진 [O][X]

(O) 특정한 국가기관을 구성함에 있어 입법부, 행정부, 사법부가 그 권한을 나누어 가지거나 기능적인 분담을 하는 것은 권력분립의 원칙에 반하는 것이 아니라 권력분립의 원칙을 실현하는 것으로 볼 수 있다(헌재 2008.1.10. 2007헌마1468).

1562
공무원이 선거에서 특정정당 또는 특정인을 지지하기 위하여 타인에게 정당에 가입하도록 권유 운동을 한 경우 형사처벌하는 조항은 공무원의 정치적 표현의 자유를 침해한다. 22년 법무사 [O][X]

(X) 정당가입권유금지조항은 선거에서 특정정당·특정인을 지지하기 위하여 정당가입을 권유하는 적극적·능동적 의사에 따른 행위만을 금지함으로써 공무원의 정치적 표현의 자유를 최소화하고 있고, 이러한 행위는 단순한 의견개진의 수준을 넘어 선거운동에 해당하므로 입법자는 헌법 제7조 제2항이 정한 공무원의 정치적 중립성 보장을 위해 이를 제한할 수 있다. 그러므로 정당가입권유금지조항은 과잉금지원칙에 반하여 정치적 표현의 자유를 침해하지 아니한다(헌재 2021.8.31. 2018헌바149).

1563
당원이 아닌 자에게도 투표권을 부여하는 당내경선에서 지방공기업법에 규정된 시설관리공단의 상근직원이 경선 운동을 할 수 없도록 금지하는 조항은 정치적 표현의 자유를 침해한다. 22년 법무사 [O][X]

(O) 공단의 상근직원의 지위와 권한에 비추어 볼 때, 이 사건 공단의 상근직원이 특정 경선후보자의 당선 또는 낙선을 위한 경선운동을 한다고 하여 그로 인한 부작용과 폐해가 크다고 보기 어렵다. 그럼에도 불구하고 심판대상조항이 직급에 따른 업무의 내용과 수행하는 개별 구체적인 직무의 성격에 대한 검토 없이 모든 상근직원의 경선운동을 금지하고 이에 위반한 경우 처벌하는 것은 정치적 표현의 자유를 지나치게 제한하는 것이다(헌재 2021.4.29. 2019헌가11).

1564
군무원이 연설, 문서 등의 방법으로 정치적 의견을 공표하는 경우 2년 이하의 금고에 처하도록 한 조항은 군무원의 정치적 표현의 자유를 침해하지 않는다. 22년 법무사 [O][X]

(O) 군조직의 질서와 규율을 유지·강화하여 군 본연의 사명인 국방의 임무에 전력을 기울이도록 하고, 우리나라의 민주헌정체제와 이에 대한 국민의 신뢰를 보호하려는 심판대상조항의 입법목적은 정당하고, 심판대상조항에서 군무원이 연설, 문서 또는 그 밖의 방법으로 정치적 의견을 공표하는 것을 금지하고 이를 위반하면 처벌하도록 하는 것은 그러한 입법목적을 달성하기 위한 효과적이고 적합한 수단이 된다(헌재 2018.7.26. 2016헌바139).

1565
우리 헌법에서 권력분립원칙은 권력의 분할뿐만 아니라 권력간의 상호작용과 통제의 원리로 형성되어 있으므로 '국가기관 상호 간의 통제 및 협력과 공조'는 권력분립원칙에 대한 예외가 되는 것이 아니라 헌법상 권력분립원칙을 구성하는 하나의 요소가 된다. 25년 경찰승진 [O][X]

(O) 우리 헌법에서 권력분립원칙은 권력의 분할뿐만 아니라 권력간의 상호작용과 통제의 원리로 형성되어 국가기관 상호간의 통제 및 협력과 공조는 권력분립원칙에 대한 예외가 아니라 헌법상 권력분립원칙을 구성하는 하나의 요소가 된 것이다(헌재 2021.1.28. 2020헌마264 등).

1566
정치적·행정적 수요에 발맞추어 위임입법을 허용하되 그와 함께 권력분립의 원리를 구현하기 위하여나 법치주의의 원리를 수호하기 위하여 위임입법에 대한 통제도 필요하다. 25년 경찰승진 [O][X]

(O) 위임입법의 양적 증대와 질적 고도화라고 하는 정치수요의 현대적 변용에 대한 제도적 대응이 불가피하다고 하더라도, 권력분립이라는 헌법상의 기본원리와의 조정 또한 불가피하다. 따라서 위와 같은 정치적·행정적 수요에 발맞추어 위임입법을 허용하되 그와 함께 권력분립의 원리를 구현하기 위하여나 법치주의의 원리를 수호하기 위하여 위임입법에 대한 통제도 필요하다(헌재 1998.5.28. 96헌가1).

| OX 문제 | 정답 및 해설 |

1567
헌법 제72조는 국민투표에 부쳐질 중요정책인지 여부를 대통령이 재량에 의하여 결정하도록 명문으로 규정하고 있는바, 중요 정책에 관한 사항이라 하더라도 반드시 국민의 직접적인 의사를 확인하여 결정해야 한다고 보는 것은 전체적인 헌법체계와 조화를 이룰 수 없다. 25년 경찰승진 ☐X

(O) 국민투표에 부쳐질 중요정책인지 여부를 대통령이 재량에 의하여 결정하도록 명문으로 규정하고 있다. 특히 우리 헌법은 국민에 의하여 직접 선출된 국민의 대표자가 국민을 대신하여 국가의사를 결정하는 대의민주주의를 기본으로 하고 있어, 중요 정책에 관한 사항이라 하더라도 반드시 국민의 직접적인 의사를 확인하여 결정해야 한다고 보는 것은 전체적인 헌법체계와 조화를 이룰 수 없다(헌재 2005.11.24. 2005헌마579 등).

1568
대통령은 헌법상 국민에게 자신에 대한 신임을 국민투표의 형식으로 물을 수 없을 뿐만 아니라, 특정 정책을 국민투표에 붙이면서 이에 자신의 신임을 결부시키는 대통령의 행위도 위헌적인 행위로서 헌법적으로 허용되지 않는다. 25년 경찰승진 ☐X

(O) 대통령은 헌법상 국민에게 자신에 대한 신임을 국민투표의 형식으로 물을 수 없을 뿐만 아니라, 특정 정책을 국민투표에 붙이면서 이에 자신의 신임을 결부시키는 대통령의 행위도 위헌적인 행위로서 헌법적으로 허용되지 않는다(헌재 2004.5.14. 2004헌나1).

1569
헌법 제117조 및 제118조를 통해 대의제 또는 대표제 지방자치를 보장하고 있는바, 「지방자치법」에서 규정한 주민투표권은 국민투표권과 같이 헌법이 보장하는 참정권이다. 25년 경찰승진 ☐X

(X) 지방자치법 제13조의2에서 규정한 주민투표권은 그 성질상 선거권, 공무담임권, 국민투표권과 전혀 다른 것이어서 이를 법률이 보장하는 참정권이라고 할 수 있을지언정 헌법이 보장하는 참정권이라고 할 수는 없다(헌재 2001.6.28. 2000헌마735).

1570
「국민투표법」조항이 국회의원선거권자인 재외선거인에게 국민투표권을 인정하지 않은 것은 국회의원선거권자의 헌법개정안 국민투표참여를 전제하고 있는 헌법 제130조 제2항의 취지에 부합하지 않는다. 24년 경찰승진, 20년 경찰승진 ☐X

(O) 국회의원선거권자인 재외선거인에게 국민투표권을 인정하지 않은 것은 국회의원선거권자의 헌법개정안 국민투표 참여를 전제하고 있는 헌법 제130조 제2항의 취지에 부합하지 않는다(헌재 2014.7.24. 2009헌마256).

1571
국민투표권과 선거권은 모두 국민이 국가의 의사형성에 직접 참여하는 헌법에 의해 보장되는 직접적인 참정권이다. 20년 비상기획관(상) ☐X

(X) 우리 헌법은 참정권에 관하여 간접적인 참정권으로 공무원선거권(헌법 제24조), 공무담임권(헌법 제25조)을, 직접적인 참정권으로 국민투표권(헌법 제72조, 제130조)을 규정하고 있다(헌재 2005.10.4. 2005헌마848).

1572
헌법상 직접민주주의에 따른 참정권으로 헌법개정안에 대한 국민투표권과, 외교·국방·통일 기타 국가안위에 관한 중요정책에 대한 국민투표권이 규정되어 있는데 전자는 필수적이고 후자는 대통령의 재량으로 이뤄진다. 22년 지방직 7급 ☐X

(O) 헌법 제72조의 중요정책에 대한 국민투표 부의제는 대통령의 임의적 국민투표제이지만, 헌법 제130조의 헌법개정안에 대한 국민투표제는 필요적 국민투표제이다.

OX 문제

1573
「헌법」의 개정은 반드시 국민투표를 거쳐야 하므로 국민은 「헌법」 개정에 관하여 찬반투표로 그 의견을 표명할 권리를 가지는데, 「헌법」 개정사항인 수도의 이전을 「헌법」 개정의 절차를 밟지 아니하고 단지 단순 법률의 형태로 실현시킨 것은 「헌법」 제130조에 따라 「헌법」 개정에 있어서 국민이 가지는 참정권적 기본권인 국민투표권을 침해한다. 22년 해경일반 [O|X]

(O) 「헌법」의 개정은 반드시 국민투표를 거쳐야 하므로 국민은 「헌법」 개정에 관하여 찬반투표로 그 의견을 표명할 권리를 가지는데, 「헌법」 개정사항인 수도의 이전을 「헌법」 개정의 절차를 밟지 아니하고 단지 단순 법률의 형태로 실현시킨 것은 「헌법」 제130조에 따라 「헌법」 개정에 있어서 국민이 가지는 참정권적 기본권인 국민투표권을 침해한다(헌재 2004.10.21. 2004헌마554).

1574
국민투표는 선거와 달리 국민이 직접 국가의 정치에 참여하는 절차이므로, 국민투표권은 대한민국 국민의 자격이 있는 사람에게 반드시 인정되어야 하는 권리이다. 22년 해경일반 [O|X]

(O) 국민의 본질적 지위에서 도출되는 국민투표권을 추상적 위험 내지 선거기술상의 사유로 배제하는 것은 헌법이 부여한 참정권을 사실상 박탈한 것과 다름없다. 따라서 국민투표법 조항은 재외선거인인 나머지 청구인들의 국민투표권을 침해한다(헌재 2014.7.26. 2009헌마256).

1575
대법원은 헌법개정에 관한 국민투표에 관하여 「국민투표법」 또는 「국민투표법」에 의하여 발하는 명령에 위반하는 사실이 있는 경우라도 국민투표의 결과에 영향이 미쳤다고 인정하는 때에 한하여 국민투표 무효의 판결을 하여야 하며, 국민투표의 일부의 무효를 판결할 수는 없다. 24년 경찰간부, 20년 경찰승진 [O|X]

(X) 대법원은 제92조의 규정에 의한 소송에 있어서 국민투표에 관하여 이 법 또는 이 법에 의하여 발하는 명령에 위반하는 사실이 있는 경우라도 국민투표의 결과에 영향이 미쳤다고 인정하는 때에 한하여 국민투표의 전부 또는 일부의 무효를 판결한다(국민투표법 제93조).

1576
대통령이 자신에 대한 재신임 국민투표를 국민들에게 제안한 것은 그 자체로서 헌법 제72조에 반하는 것으로 헌법을 실현하고 수호하여야 할 대통령의 의무를 위반한 것이다. 22년 변호사 [O|X]

(O) 대통령이 위헌적인 재신임 국민투표를 단지 제안만 하였을 뿐 강행하지는 않았으나, 헌법상 허용되지 않는 재신임 국민투표를 국민들에게 제안한 것은 그 자체로서 헌법 제72조에 반하는 것으로 헌법을 실현하고 수호해야 할 대통령의 의무를 위반한 것이다(헌재 2004.5.14. 2004헌나1).

1577
헌법 제130조 제2항에 의한 헌법개정에 관한 국민투표는 대통령 또는 국회가 제안하고 국회의 의결을 거쳐 확정된 헌법개정안에 대하여 주권자인 국민이 최종적으로 그 승인 여부를 결정하는 절차이다. 24년 경찰간부 [O|X]

(O) 헌법 제130조 제2항에 의한 헌법개정에 관한 국민투표는 대통령 또는 국회가 제안하고 국회의 의결을 거쳐 확정된 헌법개정안에 대하여 주권자인 국민이 최종적으로 그 승인 여부를 결정하는 절차이다(헌재 2007.6.28. 2004헌마644 등).

1578
국민투표의 가능성은 국민주권주의나 민주주의원칙과 같은 일반적인 헌법원칙에 근거하여 인정될 수 없으며, 헌법에 명문으로 규정되지 않는 한 허용되지 않는다. 22년 변호사 [O|X]

(O) 헌법은 명시적으로 규정된 국민투표 외에 다른 형태의 재신임 국민투표를 허용하지 않는다. 이는 주권자인 국민이 원하거나 또는 국민의 이름으로 실시하더라도 마찬가지이다. 국민은 선거와 국민투표를 통하여 국가권력을 직접 행사하게 되며, 국민투표는 국민에 의한 국가권력의 행사방법의 하나로서 명시적인 헌법적 근거를 필요로 한다. 따라서 국민투표의 가능성은 국민주권주의나 민주주의원칙과 같은 일반적인 헌법원칙에 근거하여 인정될 수 없으며, 헌법에 명문으로 규정되지 않는 한 허용되지 않는다(헌재 2004.5.14. 2004헌나1).

| OX 문제 | 정답 및 해설 |

1579
국민투표법은 헌법 제72조의 규정에 의한 외교·국방·통일 기타 국가안위에 관한 중요정책과 헌법 제130조의 규정에 의한 헌법개정안에 대한 국민투표에 관하여 필요한 사항을 규정하고 있다. 22년 법원행시 ⓞⓧ

(O) 이 법은 헌법 제72조의 규정에 의한 외교·국방·통일 기타 국가안위에 관한 중요정책과 헌법 제130조의 규정에 의한 헌법개정안에 대한 국민투표에 관하여 필요한 사항을 규정함을 목적으로 한다(국민투표법 제1조).

1580
19세 이상의 국민은 투표권이 있으나, 투표일 현재 공직선거법에 따라 선거권이 없는 자는 투표권이 없다. 22년 법원행시 ⓞⓧ

(O) 19세 이상의 국민은 투표권이 있다. 국민투표법 제9조(투표권이 없는 자) 투표일 현재 「공직선거법」 제18조의 규정에 따라 선거권이 없는 자는 투표권이 없다(국민투표법 제7조).

1581
국민투표의 효력에 관하여 이의가 있는 투표인은 투표인 10만인 이상의 찬성을 얻어 대통령을 피고로 하여 투표일로부터 20일 이내에 대법원에 제소할 수 있다. 22년 법원행시 ⓞⓧ

(X) 국민투표의 효력에 관하여 이의가 있는 투표인은 투표인 10만인 이상의 찬성을 얻어 중앙선거관리위원회위원장을 피고로 하여 투표일로부터 20일 이내에 대법원에 제소할 수 있다(국민투표법 제92조).

1582
헌법개정에 관한 국민투표의 효력에 관하여 이의가 있는 투표인은 투표인 10만인 이상의 찬성을 얻어 중앙선거관리위원회위원장을 피고로 하여 투표일로부터 20일 이내에 대법원에 제소할 수 있다. 24년 경찰간부 ⓞⓧ

(O) 국민투표의 효력에 관하여 이의가 있는 투표인은 투표인 10만인 이상의 찬성을 얻어 중앙선거관리위원회위원장을 피고로 하여 투표일로부터 20일 이내에 대법원에 제소할 수 있다(국민투표법 제92조).

제2절 정당의 자유

1583
정당의 설립은 자유이나 복수정당제는 헌법상 바로 보장되는 것은 아니고, 구체적인 법률의 규정이 존재하여야 비로소 보장된다. 22년 경찰승진 ⓞⓧ

(X) 헌법 제8조는 제1항에서 "정당의 설립은 자유이며, 복수정당제는 보장된다."고 규정하여 국민 누구나가 원칙적으로 국가의 간섭을 받지 아니하고 정당을 설립할 권리를 국민의 기본권으로 보장하면서, 아울러 정당설립의 자유를 보장한 것의 당연한 법적 산물인 복수정당제를 제도적으로 보장하고 있다(헌재 2006.3.30. 2004헌마246).

1584
헌법 제8조 제1항 정당설립의 자유는 헌법 제8조 전체의 규정 속에서 유기적으로 해석되어야 한다. 헌법 제8조 제4항에서 정당해산제도를 규정하고 있으므로 정당설립의 자유에 정당존속의 자유와 정당활동의 자유가 당연히 포함된다고 할 수 없다. 22년 국회직 9급 ⓞⓧ

(X) 정당설립의 자유는 당연히 정당존속의 자유와 정당활동의 자유를 포함하는 것이다(헌재 2014.1.28. 2012헌마431 등).

| OX 문제 | 정답 및 해설 |

1585
임기만료에 의한 국회의원선거에 참여하여 의석을 얻지 못하고 유효투표총수의 100분의 2 이상을 득표하지 못한 때 정당의 등록을 취소하도록 규정한 것은 과잉금지원칙에 위반되어 정당설립의 자유를 침해하는 것이다. 22년 국회직 9급 O X

(O) 일정기간 동안 공직선거에 참여할 기회를 수회 부여하고 그 결과에 따라 등록취소 여부를 결정하는 등 덜 기본권 제한적인 방법을 상정할 수 있고, 정당법에서 법정의 등록요건을 갖추지 못하게 된 정당이나 일정기간 국회의원선거 등에 참여하지 아니한 정당의 등록을 취소하도록 하는 등 입법목적을 실현할 수 있는 다른 법적 장치도 마련되어 있으므로, 정당등록취소조항은 침해의 최소성 요건을 갖추지 못하였다(헌재 2014.1.28. 2012헌마431).

1586
헌법 제8조 제1항은 정당설립의 자유, 정당조직의 자유, 정당 활동의 자유 등을 포괄하는 정당의 자유를 보장하는 규정이므로, 국민이 개인적으로 가지는 기본권일 뿐만 아니라 정당이 단체로서 가지는 기본권이다. 24년 경찰승진, 24년 국회직 8급, 20년 국회직 5급 O X

(O) 헌법 제8조 제1항은 정당설립의 자유, 정당조직의 자유, 정당활동의 자유 등을 포괄하는 정당의 자유를 보장하고 있다. 이러한 정당의 자유는 국민이 개인적으로 갖는 기본권일 뿐만 아니라, 단체로서의 정당이 가지는 기본권이기도 하다(헌재 2004.12.16. 2004헌마456).

1587
정당은 개인과 국가를 잇는 중간매체로서, 정당의 중개인적 역할로 말미암아 국민의 정치적 의사는 선거를 통하지 아니하고도 국가기관 의사결정에 영향력을 미칠 수 있다. 24년 경찰 2차 O X

(O) 정당은 정치권력에 영향을 행사하려는 모든 중요한 세력, 이익, 시도 등을 인식하고 취합·선별하여 내부적으로 조정을 한 다음, 국민이 선택할 수 있는 정책으로 형성한다. 정당은 정부와 국회의 주요 핵심 공직의 선출이나 임명에 결정적인 역할을 하고 의회와 정부 등 정치적 지도기관의 정책의 결정에 영향력을 행사함으로써 국가의사형성에 결정적 영향을 미친다. 정당은 개인과 국가를 잇는 중간매체로서, 정당의 중개인적 역할로 말미암아 국민의 정치적 의사가 선거를 치르지 아니하고도 국가기관의 의사결정에 영향력을 미칠 수 있다(헌재 1999.11.25. 95헌마154).

1588
대한민국 국민이 아닌 자는 정당의 당원이 될 수 없으며, 누구든지 2 이상의 정당의 당원이 되지 못한다. 23년 순경 2차 O X

(O) 외국인은 정당의 당원이 될 수 없으며, 복수 당적 보유가 허용될 경우 정당 간의 부당한 간섭이 발생하거나 정당의 정체성이 약화될 수 있고, 그 결과 정당이 국민의 정치적 의사형성에 참여하고 필요한 조직을 갖추어야 한다는 헌법적 과제를 효과적으로 수행하지 못하게 될 우려가 있다(헌재 2022.3.31. 2020헌마1729). 따라서 복수당적 금지는 합헌이다.

1589
정당의 시·도당 하부조직의 운영을 위하여 당원협의회 등의 사무소를 두는 것을 금지한 정당법 조항은 고비용 저효율의 정당구조를 개선하기 위한 것으로 정당활동의 자유를 침해하지 않는다. 21년 국회직 5급, 20년 비상기획관(상) O X

(O) 과거 지구당의 고비용 저효율의 정당구조를 개선하기 위해 사무소를 설치할 수 없도록 하는 것이므로 이는 정당활동의 자유를 침해하지 아니한다(헌재 2016.3.31. 2013헌가22).

1590
정당등록요건으로 "5 이상의 시·도당과 각 시·도당 1,000명 이상의 당원"을 정한 규정은 국민의 정당설립의 자유에 어느 정도 제한을 가한다. 그러나 이는 "상당한 기간 또는 계속해서", "상당한 지역에서" 국민의 정치적 의사형성 과정에 참여해야 한다는 헌법상 정당의 개념표지를 구현하기 위한 것이므로 헌법적으로 정당화된다. 24년 법원행시, 22년 국회직 9급 O X

(O) 이 사건 법률조항이 비록 정당으로 등록되기에 필요한 요건으로서 5개 이상의 시·도당 및 각 시·도당마다 1,000명 이상의 당원을 갖출 것을 요구하고 있기 때문에 국민의 정당설립의 자유에 어느 정도 제한을 가하는 점이 있는 것은 사실이나, 이러한 제한은 "상당한 기간 또는 계속해서", "상당한 지역에서" 국민의 정치적 의사형성 과정에 참여해야 한다는 헌법상 정당의 개념표지를 구현하기 위한 합리적인 제한이라고 할 것이므로, 그러한 제한은 헌법적으로 정당화된다고 할 것이다(헌재 2006.3.30. 2004헌마246).

| OX 문제 | 정답 및 해설 |

1591
국민의 자유로운 정당설립 및 가입을 제한하는 법률은 그 목적이 헌법상 허용된 것이어야 할 뿐만 아니라 중대한 것이어야 하고, 그를 넘어서 제한을 정당화하는 공익이나 대처해야 할 위험이 어느 정도 명백하게 현실적으로 존재해야만 비로소 헌법에 위반되지 아니한다. 24년 국회직 8급 O X

(O) 정당이 국민의 정치적 의사형성에서 차지하는 중요성과 정당에 대한 각별한 보호를 규정한 헌법적 결정에 비추어, 국민의 자유로운 정당설립 및 가입을 제한하는 법률은 그 목적이 헌법상 허용된 것이어야 할 뿐 아니라 중대한 것이어야 하고, 그를 넘어서 제한을 정당화하는 공익이나 대처해야 할 위험이 어느 정도 명백하게 현실적으로 존재해야만 비로소 헌법에 위반되지 아니한다(헌재 1999.12.23. 99헌마135).

1592
정당을 창당하고자 하는 창당준비위원회가 「정당법」상의 요건을 갖추어 등록을 신청하면 중앙선거관리위원회는 「정당법」상 외의 요건으로 이를 거부할 수 없고 반드시 수리하여야 한다. 22년 비상기획관 O X

(O) 정당법 제15조도 "등록신청을 받은 관할 선거관리위원회는 형식적 요건을 구비하는 한 이를 거부하지 못한다."라고 규정하여, 정당이 정당법에서 정한 형식적 요건을 구비한 경우 중앙선거관리위원회는 이를 반드시 수리하도록 하고, 정당법에 명시된 요건이 아닌 다른 사유로 정당등록신청을 거부하는 등으로 정당설립의 자유를 제한할 수 없도록 하고 있다(헌재 2023.9.26. 2021헌가23 등). / *즉 우리법은 허가제가 아닌 등록제로 형식적인 요건을 구비하면 수리하여야 한다.*

1593
정당에 둘 수 있는 유급사무직원은 중앙당에는 200명을 초과할 수 없으며, 시·도당에는 총 50인 이내에서 각 시·도당별로 중앙당이 정한다. 22년 비상기획관 O X

(X) 정당에 둘 수 있는 유급사무직원은 중앙당에는 100명을 초과할 수 없으며, 시·도당에는 총 100인 이내에서 각 시·도당별로 중앙당이 정한다(정당법 제30조 제1항).

1594
헌법 제8조 제2항은 정당의 목적·조직과 활동이 민주적일 것을 요구하고 있으므로, 정당의 등록신청을 받은 관할선거관리위원회는 정당의 이념적 목적이 민주적 기본질서에 반한다고 인정되는 경우 그 등록을 거부할 수 있다. 24년 법원행시, 20년 법원직 O X

(X) 등록신청을 받은 관할 선거관리위원회는 형식적 요건을 구비하는 한 이를 거부하지 못한다. 다만, 형식적 요건을 구비하지 못한 때에는 상당한 기간을 정하여 그 보완을 명하고, 2회 이상 보완을 명하여도 응하지 아니할 때에는 그 신청을 각하할 수 있다(정당법 제15조).

1595
정당이 그 소속 국회의원을 제명하기 위해서는 당헌이 정하는 절차를 거치는 외에 그 소속 국회의원 전원의 3분의 2 이상의 찬성이 있어야 한다. 22년 비상기획관 O X

(X) 정당이 그 소속 국회의원을 제명하기 위해서는 당헌이 정하는 절차를 거치는 외에 그 소속 국회의원 전원의 2분의 1 이상의 찬성이 있어야 한다(정당법 제33조).

1596
정당이 그 소속 국회의원을 제명하기 위해서는 당헌이 정하는 절차를 거치는 외에 그 소속 국회의원 전원의 3분의 1 이상의 찬성이 있어야 한다. 22년 국가직 7급 O X

(X) 정당이 그 소속 국회의원을 제명하기 위해서는 당헌이 정하는 절차를 거치는 외에 그 소속 국회의원 전원의 2분의 1 이상의 찬성이 있어야 한다(정당법 제33조).

1597
정당이 등록취소되거나 자진해산한 때에는 그 잔여재산은 국고에 귀속한다. 24년 경찰승진, 22년 소방간부 O X

(X) 정당이 제44조(등록의 취소)제1항의 규정에 의하여 등록이 취소되거나 제45조(자진해산)의 규정에 의하여 자진해산한 때에는 그 잔여재산은 당헌이 정하는 바에 따라 처분한다(정당법 제48조 제1항).

| OX 문제 | 정답 및 해설 |

1598
정당등록취소조항에 의하여 등록취소된 정당의 명칭과 같은 명칭을 등록취소된 날부터 최초로 실시하는 임기만료에 의한 국회의원선거의 선거일까지 정당의 명칭으로 사용할 수 없도록 한 「정당법」 조항은 정당활동과 무관하여 정당설립의 자유를 침해하지 않는다. 21년 소방간부 ⓞⓧ

(X) 정당등록취소조항은 입법목적의 정당성과 수단의 적합성이 인정될 수 있지만 침해의 최소성과 법익의 균형성이 인정되지 않으므로 과잉금지원칙에 위배되어 청구인들의 정당설립의 자유를 침해한다. 정당명칭사용금지조항은 정당등록취소조항에 의하여 등록이 취소된 정당의 명칭을 등록취소된 날부터 최초로 실시하는 임기만료에 의한 국회의원선거의 선거일까지 정당의 명칭으로 사용할 수 없게 하는 조항인바, 이는 앞서 본 정당등록취소조항을 전제로 하고 있으므로 같은 이유에서 정당설립의 자유를 침해한다고 할 것이다(헌재 2014.1.28. 2012헌마431 등).

1599
정당이 최근 4년간 임기만료에 의한 국회의원선거 또는 임기만료에 의한 지방자치단체의 장선거나 시·도의회의원선거에 참여하지 아니한 때에는 당해 선거관리위원회는 그 등록을 취소한다. 22년 해경간부, 22년 5급 공채, 21년 국회직 8급 ⓞⓧ

(O) 정당이 다음 각 호의 어느 하나에 해당하는 때에는 당해 선거관리위원회는 그 등록을 취소한다. 2. 최근 4년간 임기만료에 의한 국회의원선거 또는 임기만료에 의한 지방자치단체의 장선거나 시·도의회의원선거에 참여하지 아니한 때 (정당법 제44조 제1항)

1600
국회의원선거에 참여하여 의석을 얻지 못하고 유효투표총수의 100분의 2 이상을 득표하지 못한 정당에 대해 그 등록을 취소하도록 한 「정당법」상의 정당등록취소조항은 정당설립의 자유를 침해하지 않는다. 24년 경찰 2차, 22년 법학경채, 21년 국회직 5급, 20년 지방직 7급 ⓞⓧ

(X) 일정기간 동안 공직선거에 참여할 기회를 수회 부여하고 그 결과에 따라 등록취소 여부를 결정하는 등 덜 기본권 제한적인 방법을 상정할 수 있고, 정당법에서 법정의 등록요건을 갖추지 못하게 된 정당이나 일정 기간 국회의원선거 등에 참여하지 아니한 정당의 등록을 취소하도록 하는 등 입법목적을 실현할 수 있는 다른 법적 장치도 마련되어 있으므로, 정당등록취소조항은 침해의 최소성 요건을 갖추지 못하였다(헌재 2014.1.28. 2012헌마431).

1601
헌법재판소의 결정으로 정당이 해산되는 경우에 정당해산결정의 실효성을 위해서 해산된 정당 소속의 국회의원과 지방의회의원은 당연히 그 자격을 상실한다. 20년 소방간부 ⓞⓧ

(X) 엄격한 요건 아래 위헌정당으로 판단하여 정당 해산을 명하는 것은 헌법을 수호한다는 방어적 민주주의 관점에서 비롯된 것이므로, 이러한 비상상황에서는 국회의원의 국민 대표성은 부득이 희생될 수밖에 없다. 헌법재판소의 해산결정으로 해산되는 정당 소속 국회의원의 의원직 상실은 위헌정당해산 제도의 본질로부터 인정되는 기본적 효력이다(헌재 2014.12.19. 2013헌다1). / 지방의원의 경우는 별도로 언급이 없었다. 따라서 오답이다.

1602
헌법 제8조 제4항의 '민주적 기본질서'는 현행 헌법이 채택한 민주주의의 구체적 모습과 동일하게 보아야 한다. 23년 경찰간부 ⓞⓧ

(X) 민주적 기본질서를 부정하지 않는 한 정당은 다양한 스펙트럼의 이념적 지향을 자유롭게 추구할 수 있다. 민주적 기본질서 위배란 민주적 기본질서에 대한 단순한 위반이나 저촉을 의미하는 것이 아니라 정당의 목적이나 활동이 민주적 기본질서에 대한 실질적 해악을 끼칠 수 있는 구체적 위험성을 초래하는 경우를 가리킨다(헌재 2014.12.19. 2013헌다1). / 헌법이 추구하는 민주주의는 다양한 스펙트럼, 즉 넓은 개념이지만 위헌정당해산의 사유인 민주주의는 좁은 개념이다.

1603
헌법 제8조 제4항은 정당해산심판의 사유를 "정당의 목적이나 활동이 민주적 기본질서에 위배될 때"로 규정하고 있는데, 여기서 말하는 민주적 기본질서의 '위배'란, 민주적 기본질서에 대한 단순한 위반이나 저촉을 의미하는 것이다. 24년 법원행시, 23년 소방간부, 20년 소방간부, 20년 법원행시 ⓞⓧ

(X) 헌법 제8조 제4항은 정당해산심판의 사유를 "정당의 목적이나 활동이 민주적 기본질서에 위배될 때"로 규정하고 있는데, 여기서 말하는 민주적 기본질서의 '위배'란, 민주적 기본질서에 대한 단순한 위반이나 저촉을 의미하는 것이 아니라, 민주사회의 불가결한 요소인 정당의 존립을 제약해야 할 만큼 그 정당의 목적이나 활동이 우리 사회의 민주적 기본질서에 대하여 실질적인 해악을 끼칠 수 있는 구체적 위험성을 초래하는 경우를 가리킨다(헌재 2014.12.19. 2013헌다1).

| OX 문제 | 정답 및 해설 |

1604
정당의 해산을 명하는 헌법재판소의 결정은 중앙선거관리위원회가 「정당법」에 따라 집행한다. 24년 경찰승진, 20년 소방간부 [O][x]

(O) 정당의 해산을 명하는 헌법재판소의 결정은 중앙선거관리위원회가 「정당법」에 따라 집행한다(헌법재판소법 제60조).

1605
정당이 헌법재판소의 결정으로 해산된 때에는 해산된 정당의 강령(또는 기본정책)과 동일하거나 유사한 것으로 정당을 창당하지 못한다. 22년 소방간부 [O][x]

(O) 정당법 제40조(대체정당의 금지) 정당이 헌법재판소의 결정으로 해산된 때에는 해산된 정당의 강령(또는 기본정책)과 동일하거나 유사한 것으로 정당을 창당하지 못한다(정당법 제40조).

1606
국민의 정치적 의사형성에 참여하는 한 정당의 목적이나 활동이 자유민주적 기본질서를 부정하고 이를 적극적으로 제거하려는 정당도 헌법재판소의 해산결정이 있기까지는 두터운 정당설립의 자유의 보호를 받는 정당이다. 22년 국회직 9급 [O][x]

(O) 헌법 제8조 제4항은 그 목적이나 활동이 자유민주적 기본질서를 부정하고 이를 적극적으로 제거하려는 정당까지도 국민의 정치적 의사형성에 참여하는 한 '정당설립의 자유'의 보호를 받는 정당으로 보고 오로지 헌법재판소가 그의 위헌성을 확인한 경우에만 정치생활의 영역으로부터 축출될 수 있음을 규정하여 정당설립의 자유를 두텁게 보호하고 있다(헌재 2014.1.28. 2012헌마431 등).

1607
정당해산심판제도가 정당을 보호하기 위한 취지에서 도입된 것이고 다른 한편으로는 정당의 강제적 해산가능성을 헌법상 인정하는 것이므로, 그 자체가 민주주의에 대한 제약이자 위협이 될 수는 없다. 24년 국가직 5급 [O][x]

(X) 정당해산심판제도가 비록 정당을 보호하기 위한 취지에서 도입된 것이라 하더라도 다른 한편 이는 정당의 강제적 해산가능성을 헌법상 인정하는 것이므로, 그 자체가 민주주의에 대한 제약이자 위협이 될 수 있음을 또한 깊이 주의해야 한다(헌재 2014.12.19. 2013헌다1).

1608
대통령의 해외순방 중 국무총리가 주재한 국무회의에서 정당해산심판청구서 제출안에 대한 의결은 위법하지 아니하다. 21년 국회직 9급 [O][x]

(O) 대통령은 국무회의의 의장으로서 회의를 소집하고 이를 주재하지만 대통령이 사고로 직무를 수행할 수 없는 경우에는 국무총리가 그 직무를 대행할 수 있고, 대통령이 해외 순방 중인 경우는 '사고'에 해당되므로, 대통령의 직무상 해외 순방 중 국무총리가 주재한 국무회의에서 이루어진 정당해산심판청구서 제출안에 대한 의결은 위법하지 아니하다(헌재 2014.12.19. 2013헌다1).

1609
정당해산제도의 취지 등에 비추어 볼 때 헌법재판소의 정당해산결정이 있는 경우 그 정당 소속 국회의원의 의원직은 당선 방식을 불문하고 모두 상실되어야 한다. 21년 국회직 9급, 21년 국회직 8급, 21년 국가직 7급, 20년 국가직 7급 [O][x]

(O) 헌법재판소의 해산결정으로 정당이 해산되는 경우에 그 정당 소속 국회의원이 의원직을 상실하는지에 대하여 명문의 규정은 없으나, 정당해산심판제도의 본질은 민주적 기본질서에 위배되는 정당을 정치적 의사형성과정에서 배제함으로써 국민을 보호하는 데에 있는데 해산정당 소속 국회의원의 의원직을 상실시키지 않는 경우 정당해산결정의 실효성을 확보할 수 없게 되므로, 이러한 정당해산제도의 취지 등에 비추어 볼 때 헌법재판소의 정당해산결정이 있는 경우 그 정당 소속 국회의원의 의원직은 당선 방식을 불문하고 모두 상실되어야 한다(헌재 2014.12.19. 2013헌다1).

| OX 문제 | 정답 및 해설 |

1610
헌법 제8조 제4항이 의미하는 '민주적 기본질서'는, 개인의 자율적 이성을 신뢰하고 모든 정치적 견해들이 각각 상대적 진리성과 합리성을 지닌다고 전제하는 다원적 세계관에 입각한 것으로서, 모든 폭력적·자의적 지배를 배제하고, 다수를 존중하면서도 소수를 배려하는 민주적 의사결정과 자유·평등을 기본원리로 하여 구성되고 운영되는 정치적 질서를 말하며, 구체적으로는 국민주권의 원리, 기본적 인권의 존중, 권력분립제도, 복수정당제도 등이 현행 헌법상 주요한 요소라고 볼 수 있다. 21년 지방직 7급 [O][X]

(O) 자유민주적 기본질서에 위해를 준다 함은 모든 폭력적 지배와 자의적 지배, 즉 반국가단체의 일인독재 내지 일당독재를 배제하고 다수의 의사에 의한 국민의 자치, 자유평등의 기본원칙에 의한 법치주의적 통치질서의 유지를 어렵게 만드는 것이고, 이를 보다 구체적으로 말하면 기본적 인권의 존중, 권력분립, 의회제도, 복수정당제도, 선거제도, 사유재산과 시장경제를 골간으로 한 경제질서 및 사법권의 독립 등 우리의 내부체제를 파괴, 변혁시키려는 것으로 풀이할 수 있을 것이다(헌재 1990.4.2. 89헌가113).

1611
모든 정당의 존립과 활동이 최대한 보장되어야 하는 것은 아니므로, 어떤 정당이 민주적 기본질서를 부정하고 이를 적극적으로 공격하는 경우에는 행정부의 통상적인 처분에 의해서도 해산될 수 있다. 24년 국가직 5급, 21년 지방직 7급 [O][X]

(X) 어떤 정당이 민주적 기본질서를 부정하고 이를 적극적으로 공격하는 것으로 보인다 하더라도 국민의 정치적 의사형성에 참여하는 정당으로서 존재하는 한 헌법에 의해 최대한 두텁게 보호되므로, 단순히 행정부의 통상적인 처분에 의해서는 해산될 수 없다(헌재 2014.12.19. 2013헌다1).

1612
헌법 제8조 제4항이 의미하는 '민주적 기본질서'는 그 외연이 확장될수록 정당해산결정의 가능성은 확대되고 이와 동시에 정당활동의 자유는 축소될 것이므로, 헌법 제8조 제4항의 민주적 기본질서는 최대한 엄격하고 협소한 의미로 이해해야 한다. 22년 경찰승진 [O][X]

(O) 민주 사회에서 정당의 자유가 지니는 중대한 함의나 정당해산심판제도의 남용가능성 등을 감안한다면, 헌법 제8조 제4항의 민주적 기본질서는 최대한 엄격하고 협소한 의미로 이해해야 한다(헌재 2014.12.19. 2013헌다1).

1613
정당의 활동은 정당 기관의 행위나 주요 정당관계자의 행위로서 그 정당에게 귀속시킬 수 있는 활동 일반을 의미하며 일반 당원의 활동은 제외한다. 20년 경찰승진 [O][X]

(X) '정당의 활동'이란, 정당 기관의 행위나 주요 정당관계자, 당원 등의 행위로서 그 정당에게 귀속시킬 수 있는 활동 일반을 의미한다(헌재 2014.12.19. 2013헌다1).

1614
정당 소속원이 민주적 기본질서에 위반된 행위를 하였다고 하더라도, 개인적 차원의 행위에 불과한 것이라면, 이러한 행위에 대해서까지 정당해산심판의 심판대상이 되는 활동으로 보기는 어렵다. 21년 법무사 [O][X]

(O) 당원의 행동으로 해산되기 위해서는 그 행동이 당의 명령이나 당수의 지시에 의한 것이어야 한다. 정당의 기본방침에 반하여 일부 당원의 탈선 정도로는 해산사유가 될 수 없다(헌재 2014.12.19. 2013헌다1).

1615
헌법재판소의 결정에 의하여 해산된 정당의 명칭과 동일한 명칭은 해산된 날부터 최초로 실시하는 임기만료에 의한 국회의원선거의 선거일까지만 정당의 명칭으로 사용할 수 없다. 20년 지방직 7급 [O][X]

(X) 헌법재판소의 결정에 의하여 해산된 정당의 명칭과 같은 명칭은 정당의 명칭으로 다시 사용하지 못한다(정당법 제41조 제2항) 제44조 제1항의 규정에 의하여 등록취소된 정당의 명칭과 같은 명칭은 등록취소된 날부터 최초로 실시하는 임기만료에 의한 국회의원선거의 선거일까지 정당의 명칭으로 사용할 수 없다(정당법 제41조 제4항).

| OX 문제 | 정답 및 해설 |

1616
헌법재판소는 정당해산심판의 청구를 받은 때에는 직권 또는 청구인의 신청에 의하여 종국결정의 선고 시까지 피청구인의 활동을 정지하는 결정을 할 수 있다. 24년 법원행시, 20년 법원행시, 20년 법무사

(O) 헌법재판소는 정당해산심판의 청구를 받은 때에는 직권 또는 청구인의 신청에 의하여 종국결정의 선고 시까지 피청구인의 활동을 정지하는 결정을 할 수 있다(헌법 제57조).

1617
정당이 아닌 단체에 정당만큼의 선거운동이나 정치활동을 허용하지 아니하였다 하여 곧 그것이 그러한 단체의 평등권이나 정치적 의사표현의 자유를 제한한 것이라고는 말할 수 없다. 21년 소방간부

(O) 정당이 아닌 단체에게 정당만큼의 선거운동이나 정치활동을 허용하지 아니하였다 하여 곧 그것이 그러한 단체의 평등권이나 정치적 의사표현의 자유를 제한한 것이라고는 말할 수 없는 점, … 등을 모두 종합하여 보면, 단체의 선거운동 금지를 규정한 위법 제87조가 청구인들의 평등권이나 정치적 의사표현의 자유의 본질적인 내용을 침해하였거나 이를 과도하게 제한한 것이라고 보기 어렵다(헌재 1995.5.25. 95헌마105).

1618
임기만료에 의한 국회의원선거에 참여하여 의석을 얻지 못하고 유효투표 총수의 100분의 2 이상을 득표하지 못한 정당에 대해 그 등록을 취소하도록 한 「정당법」상의 정당등록 취소조항은 정당설립의 자유를 침해한다. 24년 국회직 9급

(O) 정당등록취소조항은 어느 정당이 대통령선거나 지방자치선거에서 아무리 좋은 성과를 올리더라도 국회의원선거에서 일정 수준의 지지를 얻는 데 실패하면 등록이 취소될 수밖에 없어 불합리하고, 신생·군소정당으로 하여금 국회의원선거에의 참여 자체를 포기하게 할 우려도 있어 법익의 균형성 요건도 갖추지 못하였다. 따라서 정당등록취소조항은 과잉금지원칙에 위반되어 청구인들의 정당설립의 자유를 침해한다(헌재 2014.1.28. 2012헌마431 등)

1619
정당은 공법상 법인으로서 공권력행사의 주체에 해당하지만, 국립대학이나 공영방송과 마찬가지로 헌법소원심판을 청구할 수 있다. 25년 순경 1차

(X) 그 법적 성격은 일반적으로 사적·정치적 결사 내지는 법인격 없는 사단으로 파악되고 있고, 이러한 정당의 법률관계에 대하여는 정당법의 관계 조문 이외에 일반 사법 규정이 적용되므로, 정당은 공권력 행사의 주체가 될 수 없다(헌재 2007.10.30. 2007헌마1128). / 헌법소원을 청구할 수는 있으나 공권력행사의 주체에 해당하지 않는다.

1620
헌법재판소의 해산결정에 의하여 해산된 정당의 잔여재산은 당헌이 정하는 바에 따라 처분하고, 처분되지 아니한 정당의 잔여재산은 국고에 귀속한다. 24년 법무사

(X) 헌법재판소의 해산결정에 의하여 해산된 정당의 잔여재산은 국고에 귀속한다(정당법 제48조 제2항). / 즉 당헌에 따라 처분하는 것이 아니라 국고귀속한다.

1621
정당의 본질적 기능과 기본적 활동을 보장하기 위한 합리적이고 상대적인 차별은 허용된다 할 것이므로, 정당 후보자에게 무소속 후보자보다 우선순위의 기호를 부여하는 것은 평등권을 침해한다고 할 수 없다. 24년 군무원 5급

(O) 정당의 본질적 기능과 기본적 활동을 보장하기 위한 합리적이고 상대적인 차별은 허용된다 할 것이므로, 정당 후보자에게 무소속 후보자보다 우선순위의 기호를 부여하는 것은 평등권을 침해한다고 할 수 없다(헌재 1996.3.28. 96헌마9).

1622
정당법상 등록되지 않은 단체에 대하여 정당의 명칭사용을 전면적으로 금지하고 위반 시 1년 이하의 징역 또는 100만 원 이하의 벌금에 처하도록 한 정당명칭사용 금지조항은 과잉금지원칙을 위반하여 정당의 자유를 침해한 것이다. 24년 군무원 5급

(X) 정당명칭사용금지조항은 정당법에 따른 등록요건을 갖추지 못한 단체들이 임의로 정당이라는 명칭을 사용하는 것을 금지하여 정당등록제도 및 등록요건의 실효성을 담보하고, 국민의 정치적 의사형성 참여과정에 혼란이 초래되는 것을 방지하기 위한 것이다(헌재 2023.9.26. 2021헌가23). / 따라서 헌법에 위반되지 않는다.

| OX 문제 | 정답 및 해설 |

1623
자유민주적 기본질서를 부정하고 이를 적극적으로 제거하려는 조직도, 국민의 정치적 의사 형성에 참여하는 한 '정당의 자유'의 보호를 받는 정당에 해당하며 오로지 헌법재판소가 그의 위헌성을 확인한 경우에만 정당은 정치 생활의 영역으로부터 축출될 수 있다. 24년 군무원 5급 O X

(O) 헌법은 정당의 금지를 민주적 정치과정의 개방성에 대한 중대한 침해로서 이해하여 오로지 제8조 제4항의 엄격한 요건 하에서만 정당설립의 자유에 대한 예외를 허용하고 있다. 이에 따라 자유민주적 기본질서를 부정하고 이를 적극적으로 제거하려는 조직도, 국민의 정치적 의사형성에 참여하는 한, '정당의 자유'의 보호를 받는 정당에 해당하며, 오로지 헌법재판소가 그의 위헌성을 확인한 경우에만 정당은 정치생활의 영역으로부터 축출될 수 있다(헌재 1999.12.23. 99헌마135).

1624
1958년 진보당이 강제해산된 사례가 있으나, 이것은 행정청(공보실장)의 직권에 의한 것이었다. 24년 군무원 5급 O X

(O) 제1공화국의 진보당은 최근 해산된 통합진보당과 달리 헌법재판소가 아닌 공보처장의 행정처분으로 해체되었다.

1625
정당의 등록요건으로 '5 이상의 시·도당과 각 시·도당 1천인 이상의 당원'을 요구하는 것은 국민의 정당설립의 자유에 어느 정도 제한을 가하지만, 이러한 제한은 '상당한 기간 또는 계속해서', '상당한 지역에서' 국민의 정치적 의사형성과정에 참여해야 한다는 정당의 개념표지를 구현하기 위한 합리적인 제한이다. 25년 법원직 O X

(O) 이 사건 법률조항이 비록 정당으로 등록되기에 필요한 요건으로서 5개 이상의 시·도당 및 각 시·도당마다 1,000명 이상의 당원을 갖출 것을 요구하고 있기 때문에 국민의 정당설립의 자유에 어느 정도 제한을 가하는 점이 있는 것은 사실이나, 이러한 제한은 "상당한 기간 또는 계속해서", "상당한 지역에서" 국민의 정치적 의사형성 과정에 참여해야 한다는 헌법상 정당의 개념표지를 구현하기 위한 합리적인 제한이라고 할 것이므로, 그러한 제한은 헌법적으로 정당화된다고 할 것이다(헌재 2006.3.30. 2004헌마246).

1626
대한민국 국적이 없는 외국인도 18세 이상이면 정당원이 될 수 있다. 25년 순경 1차 O X

(X) 대한민국 국민이 아닌 자는 당원이 될 수 없다(정당법 제22조 제2항).

1627
복수 당적 보유를 금지하는 「정당법」 조항은 당원들의 존재와 당원들 사이에 공유되는 가치를 기반으로 하는 정당의 정체성을 보존하고 정당 간의 위법·부당한 간섭을 방지함으로써 정당정치를 보호·육성하기 위한 것으로 볼 수 있다. 25년 소방간부 O X

(O) 심판대상조항은 정당의 정체성을 보존하고 정당 간의 위법·부당한 간섭을 방지함으로써 정당정치를 보호·육성하기 위한 것으로 볼 수 있다. 이러한 입법목적은 국민의 정치적 의사형성에 중대한 영향을 미치는 정당의 헌법적 기능을 보호하기 위한 것으로 정당하고, 복수 당적 보유를 금지하는 것은 입법목적 달성을 위한 적합한 수단에 해당한다(헌재 2022.3.31. 2020헌마1729). / 따라서 헌법에 위반되지 아니한다.

1628
헌법은 정당의 자유 보장을 전제로 하여 정당의 목적·조직·활동이 민주적이어야 하고 그 조직이 국민의 정치적 의사형성에 참여하는데 필요한 조직이어야 한다는 요청을 규정하고 있으나, 이 규정이 정당의 자유의 헌법적 근거를 제공하는 근거규범으로 기능한다고는 볼 수 없다. 25년 5급 공채 O X

(O) 헌법 제8조 제2항은 헌법 제8조 제1항에 의하여 정당의 자유가 보장됨을 전제로 하여, 그러한 자유를 누리는 정당의 목적·조직·활동이 민주적이어야 한다는 요청, 그리고 그 조직이 국민의 정치적 의사형성에 참여하는데 필요한 조직이어야 한다는 요청을 내용으로 하는 것으로서, 정당에 대하여 정당의 자유의 한계를 부과하는 것임과 동시에 입법자에 대하여 그에 필요한 입법을 해야 할 의무를 부과하고 있다. 그러나 이에 나아가 정당의 자유의 헌법적 근거를 제공하는 근거규범으로서 기능한다고는 할 수 없다(헌재 2004.12.16. 2004헌마456).

| OX 문제 | 정답 및 해설 |

1629
정당의 명칭은 그 정당의 정책과 정치적 신념을 나타내는 대표적인 표지에 해당하지만, 헌법상 정당설립의 자유에 자신들이 원하는 명칭을 사용하여 정당을 설립하거나 활동할 자유까지 포함하는 것은 아니다. 25년 5급 공채 O X

(X) 정당의 명칭은 그 정당의 정책과 정치적 신념을 나타내는 대표적인 표지에 해당하므로, 정당설립의 자유는 자신들이 원하는 명칭을 사용하여 정당을 설립하거나 정당활동을 할 자유도 포함한다고 할 것이다(헌재 2014.1.28. 2012헌마431 등).

1630
정당이 그 목적을 달성하기 위하여 행하는 고유한 기능과 통상적인 활동은 선거에 있어서도 보장되어야 하며, 따라서 그로 인하여 무소속후보자와 정당후보자 간에 차별이 생긴다 하더라도 그것은 불합리한 차별이라고 할 수 없다. 21년 소방간부 O X

(O) 정당은 정치적 결사로서 국민의 정치적 의사를 적극적으로 형성하고 각계 각층의 이익을 대변하며, 정부를 비판하고 정책적 대안을 제시할 뿐만 아니라, 국민 일반이 정치나 국가작용에 영향력을 행사하는 매개체의 역할을 수행하는 등 현대의 대의제 민주주의에 없어서는 안될 중요한 공적기능을 수행하고 있다. 그러므로 정당이 그 목적을 달성하기 위하여 행하는 고유한 기능과 통상적인 활동은 선거에 있어서도 보장되어야 하며 따라서 그로 인하여 무소속후보자와 정당후보자 간에 차별이 생긴다 하더라도 그것은 불합리한 차별이라고 할 수 없다(헌재 1996.8.29. 96헌마99).

1631
초·중등학교 교원에 대해서는 정당가입의 자유를 금지하면서 대학의 교원에게 이를 허용한다 하더라도, 이는 양자간 직무의 본질이나 내용 그리고 근무 태양이 다른 점을 고려한 합리적인 차별이라고 할 것이므로 평등원칙에 위배된다고 할 수 없다. 21년 소방간부 O X

(O) 초·중등학교의 교육은 일반적으로 승인된 기초적인 지식의 전달에 중점이 있는데 비하여, 대학의 교육은 학문의 연구·활동과 교수기능을 유기적으로 결합하여 학문의 발전과 피교육자인 대학생들에 대한 교육의 질을 높일 필요성이 있기 때문에 대학교원의 자격기준도 이와 같은 기능을 수행할 수 있는 능력을 갖출 것이 요구된다. 그렇다면 초·중등학교 교원에 대해서는 정당가입과 선거운동의 자유를 금지하면서 대학교원에게는 이를 허용한다 하더라도, 이는 양자간 직무의 본질이나 내용 그리고 근무태양이 다른 점을 고려할 때 합리적인 차별이라고 할 것이므로 청구인이 주장하듯 헌법상의 평등권을 침해한 것이라고 할 수 없다(헌재 2004.3.25. 2001헌마710).

1632
정당에 대한 재정적 후원을 금지하고 이를 위반 시 형사처벌하는 정치자금법 조항은 정당 후원회를 금지함으로써 불법 정치자금 수수로 인한 정경유착을 막고 정당의 정치자금 조달의 투명성을 확보하여 정당 운영의 투명성과 도덕성을 제고하기 위한 것이므로, 정당의 정당활동의 자유를 침해하지 않는다. 22년 법원행시, 21년 국회직 5급 O X

(X) 정당제 민주주의하에서 정당에 대한 재정적 후원이 전면적으로 금지됨으로써 정당이 스스로 재정을 충당하고자 하는 정당활동의 자유와 국민의 정치적 표현의 자유가 제한되는 불이익은 더욱 크다(헌재 2015.12.23. 2013헌바168).

1633
당비는 정당의 당헌·당규 등에 의하여 정당의 당원이 부담하는 금전으로서 유가증권이나 그 밖의 물건을 제외한다. 20년 국회직 9급 O X

(X) 이 법에서 사용하는 용어의 정의는 다음과 같다. / 3. "당비"라 함은 명목여 하에 불구하고 정당의 당헌·당규 등에 의하여 정당의 당원이 부담하는 금전이나 유가증권 그 밖의 물건을 말한다(정치자금법 제3조).

1634
법인 또는 단체는 정치자금을 기부할 수 있다. 20년 국회직 9급 O X

(X) ① 외국인, 국내·외의 법인 또는 단체는 정치자금을 기부할 수 없다. / ② 누구든지 국내·외의 법인 또는 단체와 관련된 자금으로 정치자금을 기부할 수 없다(정치자금법 제31조).

| OX 문제 | 정답 및 해설 |

1635
국회의원을 후원회지정권자로 정하면서 지방의회의원을 후원회지정권자에서 제외하는 구 정치자금법 해당 조항은, 지방의회의원에게 소요되는 정치자금이 국회의원에 비해 적고 후원회의 설치 및 운영을 허용할 필요도 크지 않으므로, 평등권을 침해한다고 보기 어렵다. 24년 법원직 ⓞⓧ

(X) 지방의회의원은 주민의 대표자이자 지방의회의 구성원으로서 주민들의 다양한 의사와 이해관계를 통합하여 지방자치단체의 의사를 형성하는 역할을 하므로, 지방의회의원의 전문성을 확보하고 원활한 의정활동을 지원하기 위해서는 지방의회의원들에게도 후원회를 허용하여 정치자금을 합법적으로 확보할 수 있는 방안을 마련해 줄 필요가 있다(헌재 2022.11.24. 2019헌마528 등). / 따라서 평등권을 침해한다.

1636
누구든지 국내·외의 법인 또는 단체와 관련된 자금으로 정치자금을 기부할 수 없다는 「정치자금법」조항은 과잉금지원칙을 위반하여 정치활동의 자유 내지 정치적 의사표현의 자유를 침해한다. 24년 국회직 9급 ⓞⓧ

(X) 이 사건 기부금지 조항에 의한 개인이나 단체의 정치적 표현의 자유 제한은 내용중립적인 방법 제한으로서 수인 불가능할 정도로 큰 것이 아닌 반면, 금권정치와 정경유착의 차단, 단체와의 관계에서 개인의 정치적 기본권 보호 등 이 사건 기부금지 조항에 의하여 달성되는 공익은 대의민주제를 채택하고 있는 민주국가에서 매우 크고 중요하다는 점에서 법익균형성원칙도 충족된다. 따라서 이 사건 기부금지 조항이 과잉금지원칙에 위반하여 정치활동의 자유 등을 침해하는 것이라 볼 수 없다(헌재 2010.12.28. 2008헌바89).

제3절 선거의 자유

1637
국회의원과 대통령에 대한 선거권을 비롯한 국민의 참정권은 국민주권의 원칙을 실현하기 위한 가장 기본적이고 필수적인 권리이다. 21년 소방간부 ⓞⓧ

(O) 국민의 선거권 행사는 국민주권의 현실적 행사수단으로서 한편으로는 국민의 의사를 국정에 반영할 수 있는 중요한 통로로서 기능하며, 다른 한편으로는 주기적 선거를 통하여 국가권력을 통제하는 수단으로서의 기능도 수행한다. 국회의원과 대통령에 대한 선거권(이하 이를 편의상 '국정선거권'이라 한다)을 비롯한 국민의 참정권이 국민주권의 원칙을 실현하기 위한 가장 기본적이고 필수적인 권리로서 다른 기본권에 대하여 우월한 지위를 갖는 것으로 평가되는 것도 바로 그러한 이유 때문이다(헌재 2007.6.28. 2004헌마644 등).

1638
선거권 자체를 제한하는 것이 아니라 선거권의 행사를 제한하는 법률의 경우에는 입법자에게 일정한 형성의 자유가 인정되지만, 이러한 경우에도 입법자는 헌법에 명시된 선거제도의 원칙을 존중하고 국민의 선거권이 부당하게 제한되지 않도록 하여야 한다는 헌법적 한계를 준수해야 한다. 21년 국회직 5급 ⓞⓧ

(O) 선거권의 부여나 박탈과 같이 선거권 자체를 제한하는 것이 아니라 선거권 행사의 방법이나 절차 등을 규정하여 선거권의 행사를 제한하는 법률의 경우, 선거권 행사를 용이하게 하는 여러 다양한 수단과 방법 중에 어떠한 방법을 채택하고 결합할 것인지는 당시의 기술 수준이나, 사회적·경제적 여건을 종합적으로 고려하지 않을 수 없는 것으로서 입법자에게 일정한 형성의 자유가 인정된다(헌재 2020.8.28. 2017헌마813).

1639
「공직선거법」상 선거일 현재 1년 이상의 징역 또는 금고의 형의 선고를 받고 그 집행이 종료되지 아니하거나 그 집행을 받지 아니하기로 확정되지 아니한 사람 및 그 형의 집행유예를 선고받고 유예기간 중에 있는 사람은 선거권이 없다. 24년 국가직 5급, 24년 국회직 8급, 23년 국회직 5급, 22년 순경 1차, 22년 국회직 8급, 21년 법원행시 ⓞⓧ

(X) 1년 이상의 징역 또는 금고의 형의 선고를 받고 그 집행이 종료되지 아니하거나 그 집행을 받지 아니하기로 확정되지 아니한 사람. 다만, 그 형의 집행유예를 선고받고 유예기간 중에 있는 사람은 제외한다(공직선거법 제18조 제1항 제2호).

| OX 문제 | 정답 및 해설 |

1640
「공직선거법」에 따르면 선거일 현재 18세 이상의 국민은 원칙적으로 국회의원의 피선거권을 가진다. 24년 국가직 5급 O X

(O) 18세 이상의 국민은 국회의원의 피선거권이 있다(공직선거법 제16조 제2항).

1641
보통선거제도는 일정한 연령에 이르지 못한 국민에 대하여 선거권을 제한하는 것을 당연한 전제로 삼고 있고, 입법자가 선거권 행사연령을 정하는 것은 현저하게 불합리하고 불공정하지 않는 한 재량범위에 속한다. 23년 국회직 5급 O X

(O) 보통선거제도는 일정한 연령에 이르지 못한 국민에 대하여 선거권을 제한하는 것을 당연한 전제로 삼고 있고, 헌법은 제24조에서 모든 국민은 '법률이 정하는바'에 의하여 선거권을 가진다고 규정함으로써 선거권 연령의 구분을 입법자에게 위임하고 있으므로, 보통선거에서 선거권 연령을 몇 세로 정할 것인가의 문제는 입법자가 그 나라의 역사, 전통과 문화, 국민의 의식수준, 교육적 요소, 미성년자의 신체적·정신적 자율성, 정치적 사회적 영향 등 여러 가지 사항을 종합하여 결정하는 것으로서, 이는 입법자가 입법목적 달성을 위한 선택의 문제이고 입법자가 선택한 수단이 현저하게 불합리하고 불공정한 것이 아닌 한 재량에 속하는 것이다(헌재 2001.6.28. 2000헌마111).

1642
헌법의 기본원리인 대의제 민주주의하에서 국회의원 선거권은 국민의 대표자인 국회의원을 선출하는 권리뿐만 아니라, 개별 유권자 혹은 집단으로서의 국민의 의사를 선출된 국회의원이 그대로 대리하여 줄 것을 요구할 수 있는 권리를 포함한다. 24년 소방간부 O X

(X) 헌법의 기본원리인 대의제 민주주의 하에서 국회의원 선거권이란 것은 국회의원을 보통·평등·직접·비밀선거에 의하여 국민의 대표자인 국회의원을 선출하는 권리에 그치고, 개별 유권자 혹은 집단으로서의 국민의 의사를 선출된 국회의원이 그대로 대리하여 줄 것을 요구할 수 있는 권리까지 포함하는 것은 아니다(헌재 1998.10.29. 96헌마186).

1643
10개월의 징역형을 선고받고 그 집행이 종료되지 아니한 사람은 선거권이 없다. 22년 지방직 7급 O X

(X) 선거일 현재 다음 각 호의 어느 하나에 해당하는 사람은 선거권이 없다. / 2. 1년 이상의 징역 또는 금고의 형의 선고를 받고 그 집행이 종료되지 아니하거나 그 집행을 받지 아니하기로 확정되지 아니한 사람. 다만, 그 형의 집행유예를 선고받고 유예기간 중에 있는 사람은 제외한다(공직선거법 제18조 제1항). / 따라서 징역 10개월인 경우에는 1년 미만인 수형자로 선거권이 존재한다.

1644
선거일 현재 5년 이상 국내에 거주하고 있는 40세 이상의 국민은 대통령의 피선거권이 있다. 이 경우 공무로 외국에 파견된 기간과 국내에 주소를 두고 일정기간 외국에 체류한 기간은 국내거주기간으로 본다. 24년 국가직 5급, 21년 국가직 7급 O X

(O) 선거일 현재 5년 이상 국내에 거주하고 있는 40세 이상의 국민은 대통령의 피선거권이 있다. 이 경우 공무로 외국에 파견된 기간과 국내에 주소를 두고 일정기간 외국에 체류한 기간은 국내거주기간으로 본다(공직선거법 제16조 제1항).

1645
지역구 국회의원 선거에서 예비후보자의 기탁금 액수를 해당 선거의 후보자등록시 납부해야 하는 기탁금의 100분의 20으로 설정한 것은 입법재량의 범위를 벗어난 것으로 볼 수 없다. 20년 경찰승진 O X

(O) 지역구 국회의원 선거에서 예비후보자의 기탁금 액수를 해당 선거의 후보자등록시 납부해야 하는 기탁금의 100분의 20으로 설정한 것은 입법재량의 범위를 벗어난 것으로 볼 수 없다(헌재 2017.10.26. 2016헌마623).

| OX 문제 | 정답 및 해설 |

1646
「출입국관리법」 제10조에 따른 영주의 체류자격 취득일 후 3년이 경과한 18세 이상의 외국인으로서 선거인명부작성기준일 현재 「출입국관리법」 제34조에 따라 해당 지방자치단체의 외국인등록대장에 올라있는 사람은 그 구역에서 선거하는 지방자치단체의 의회의원 및 장의 선거권이 있다. 22년 지방직 7급 O X

(O) 18세 이상으로서 제37조 제1항에 따른 선거인명부작성기준일 현재 다음 각 호의 어느 하나에 해당하는 사람은 그 구역에서 선거하는 지방자치단체의 의회의원 및 장의 선거권이 있다. / 3. 「출입국관리법」 제10조에 따른 영주의 체류자격 취득일 후 3년이 경과한 외국인으로서 같은 법 제34조에 따라 해당 지방자치단체의 외국인등록대장에 올라 있는 사람(공직선거법 제15조 제2항)

1647
18세 이상으로서 선거인명부작성기준일 현재 영주의 체류자격 취득일 후 3년이 지난 외국인으로서 해당 지방자치단체의 외국인등록대장에 올라있는 사람에게 그 구역에서 선거하는 지방자치단체 의회의원과 장의 피선거권을 부여하므로 외국인도 피선거권의 주체가 될 수 있다. 24년 순경 2차 O X

(X) 18세 이상으로서 제37조 제1항에 따른 선거인명부작성기준일 현재 다음 각 호의 어느 하나에 해당하는 사람은 그 구역에서 선거하는 지방자치단체의 의회의원 및 장의 선거권이 있다. / 3. 「출입국관리법」 제10조에 따른 영주의 체류자격 취득일 후 3년이 경과한 외국인으로서 같은 법 제34조에 따라 해당 지방자치단체의 외국인등록대장에 올라 있는 사람(공직선거법 제15조 제2항) / *피선거권이 아닌 선거권이 있다.*

1648
「출입국관리법」 제10조에 따른 영주의 체류자격 취득일 후 3년이 경과한 외국인은 국회의원의 선거권이 있다. 24년 국가직 5급, 24년 경찰승진 O X

(X) 지방참정권은 존재하나 국회의원 선거권은 존재하지 아니한다.

1649
선거구 구역표는 전체가 불가분의 일체를 이루는 것으로서 어느 한 부분에 위헌적 요소가 있다면 선거구 구역표 전체가 위헌적 하자가 있는 것으로 보아야 한다. 22년 경찰간부 O X

(O) 선거구구역표는 전체가 불가분의 일체를 이루는 것으로서 어느 한 부분에 위헌적인 요소가 있다면, 선거구구역표 전체가 위헌의 하자를 갖는 것이다(헌재 2014.10.30. 2012헌마192).

1650
평등선거의 원칙은 평등의 원칙이 선거제도에 적용된 것으로서 투표의 수적(數的) 평등, 즉 복수투표제 등을 부인하고 모든 선거인에게 1인 1표(one man, one vote)를 인정함을 의미할 뿐, 투표의 성과가치의 평등까지 의미하는 것은 아니다. 20년 법원직 O X

(X) 평등선거의 원칙은 평등의 원칙이 선거제도에 적용된 것으로서 투표의 수적 평등, 즉 복수투표제 등을 부인하고 모든 선거인에게 1인 1표(one man, one vote)를 인정함을 의미할 뿐만 아니라, 투표의 성과가치의 평등, 즉 1표의 투표가치가 대표자 선정이라는 선거의 결과에 대하여 기여한 정도에 있어서도 평등하여야 함(one vote, one value)을 의미한다(헌재 1995.12.27. 95헌마224 등).

1651
국회의원지역선거구 획정에 있어 헌법이 허용하는 인구편차의 기준은 전국 선거구의 평균인구수를 기준으로 하여 인구편차 상하 33.4%, 인구비례 2:1을 넘어서지 않는 것이어야 한다. 22년 법학경채 O X

(O) 현재의 시점에서 헌법이 허용하는 인구편차의 기준을 인구편차 상하 33⅓%를 넘어서지 않는 것으로 봄이 타당하다. 따라서 심판대상 선거구구역표 중 인구편차 상하 33⅓%의 기준을 넘어서는 선거구에 관한 부분은 위 선거구가 속한 지역에 주민등록을 마친 청구인들의 선거권 및 평등권을 침해한다(헌재 2014.10.30. 2012헌마192).

| OX 문제 | 정답 및 해설 |

1652
선거구 획정에 있어서 인구비례의 원칙에 의한 투표가치의 평등은 헌법적 요청으로서 다른 요소에 비해 기본적이고 일차적인 기준이어야 하므로, 자치구·시·군의원 선거구 획정에 있어서 행정구역 내지 지역대표성 등 2차적 요소를 고려해서는 아니 된다. 22년 법학경채 ☐☒

(X) 자치구·시·군의원 선거구 획정에 있어서는 행정구역 내지 지역대표성 등 2차적 요소도 인구비례의 원칙에 못지않게 함께 고려해야 할 필요성이 크다(헌재 2018.6.28. 2014헌마166). / 즉 이를 고려해야 하니 자치구·시·군의원 선거구의 경우 최대 최소선거구의 비율은 1:3 이다.

1653
1인 1표제 하에서 비례대표후보자명부에 대한 별도의 투표 없이 지역구후보자에 대한 투표를 정당에 대한 투표로 의제하여 비례대표의석을 배분하는 것은 직접선거의 원칙에 위배된다. 22년 법학경채 ☐☒

(O) 현행 비례대표의석배분방식은 선거권자들의 투표행위로써 정당의 의석배분, 즉 비례대표국회의원의 선출을 직접, 결정적으로 좌우할 수 없으므로 직접선거의 원칙에 위배된다고 할 것이다. 또한 무소속후보자를 지지하는 유권자의 경우 정당투표를 인정하지 않아 평등선거의 원칙에도 위배된다(헌재 2001.7.29. 2000헌마91 등).

1654
현행 헌법상 명시된 자유선거의 원칙은 선거의 전 과정에 요구되는 선거권자의 의사형성의 자유와 의사실현의 자유를 말하고 구체적으로는 투표의 자유 입후보의 자유 나아가 선거운동의 자유를 뜻한다. 22년 법학경채 ☐☒

(X) 비록 우리 헌법이 자유선거의 원칙에 관하여 명문의 규정을 두고 있지는 않지만, 일반적으로 헌법에 내재하는 당연한 선거원칙으로 해석하고 있으며, 헌법재판소 역시 이를 인정하고 있다(헌재 1994.7.29. 93헌가4 등).

1655
지역구국회의원선거에 있어서 선거구선거관리위원회가 당해 국회의원지역구에서 유효투표의 다수를 얻은 자를 당선인으로 결정하도록 한「공직선거법」조항은 청구인의 선거권을 침해하지 않는다. 20년 국회직 8급 ☐☒

(O) 소선거구 다수대표제는 다수의 사표가 발생할 수 있다는 문제점이 제기됨에도 불구하고 정치의 책임성과 안정성을 강화하고 인물 검증을 통해 당선자를 선출하는 등 장점을 가지며, 선거의 대표성이나 평등선거의 원칙 측면에서도 다른 선거제도와 비교하여 반드시 열등하다고 단정할 수 없다. 또한 비례대표선거제도를 통하여 소선거구 다수대표제를 채택함에 따라 발생하는 정당의 득표비율과 의석비율간의 차이를 보완하고 있다. 그리고 유권자들의 후보들에 대한 각기 다른 지지는 자연스러운 것이고, 선거제도상 모든 후보자들을 당선시키는 것은 불가능하므로 사표의 발생은 불가피한 측면이 있다(헌재 2016.5.26. 2012헌마374).

1656
헌법 제24조는 모든 국민은 '법률이 정하는 바에 의하여' 선거권을 가진다고 규정함으로써 법률유보의 형식을 취하고 있지만, 이것은 국민의 선거권이 '법률이 정하는 바에 따라서만 인정될 수 있다.'는 포괄적인 입법권의 유보하에 있음을 의미하는 것이 아니라 국민의 기본권을 법률에 의하여 구체화하라는 뜻이며 선거권을 법률을 통해 구체적으로 실현하라는 의미이다. 24년 경찰간부 ☐☒

(O) 국민의 선거권이 '법률이 정하는 바에 따라서만 인정될 수 있다.'는 포괄적인 입법권의 유보하에 있음을 의미하는 것이 아니다. 국민의 기본권을 법률에 의하여 구체화하라는 뜻이며 선거권을 법률을 통해 구체적으로 실현하라는 의미이다(헌재 2007.6.28. 2004헌마644 등). / 빈출지문으로 구체화하라는 것이지 인정자체를 위임한 것이 아니다.

| OX 문제 | 정답 및 해설 |

1657
비례대표제를 채택하는 경우 직접선거의 원칙은 의원의 선출뿐만 아니라 정당의 비례적인 의석확보도 선거권자의 투표에 의하여 직접 결정될 것을 요구하는바, 비례대표의원의 선거는 지역구의원의 선거와는 별도의 선거이므로 이에 관한 유권자의 별도의 의사표시, 즉 정당명부에 대한 별도의 투표가 있어야 한다. 24년 경찰간부 [O X]

(O) 비례대표제를 채택하는 경우 직접선거의 원칙은 의원의 선출뿐만 아니라 정당의 비례적인 의석확보도 선거권자의 투표에 의하여 직접 결정될 것을 요구하는바, 비례대표의원의 선거는 지역구의원의 선거와는 별도의 선거이므로 이에 관한 유권자의 별도의 의사표시, 즉 정당명부에 대한 별도의 투표가 있어야 한다(헌재 2001.7.19. 2000헌마91 등).

1658
예비후보자 선거비용을 후보자가 부담한다고 하더라도 그것이 지나치게 다액이라서 선거공영제의 취지에 반하는 정도에 이른다고 할 수는 없고, 예비후보자의 선거비용을 보전해 줄 경우 선거가 조기에 과열되어 악용될 수 있으므로, 예비후보자의 선거비용을 보전대상에서 제외하고 있는 「공직선거법」제122조의2 제2항 제1호 중 '지역구 국회의원선거의 후보자'에 관한 부분은 선거운동의 자유를 침해하지 않는다. 24년 경찰간부, 24년 법원직 [O X]

(O) 예비후보자 선거비용을 보전해줄 경우 선거가 조기에 과열되어 예비후보자 제도의 취지를 넘어서 악용될 수 있어서 예비후보자 선거비용을 후보자가 부담한다고 하더라도 그것이 지나치게 다액이라서 선거공영제의 취지에 반하는 정도에 이른다고 할 수는 없다(헌재 2018.7.26. 2016헌마524 등).

1659
신체의 장애로 인하여 자신이 기표할 수 없는 선거인에 대해 투표보조인이 가족이 아닌 경우 반드시 투표보조인 2인을 동반하여서만 투표를 보조하게 할 수 있도록 정한 「공직선거법」 조항은 비밀선거의 원칙에 대한 예외를 정하고 있지만, 형사처벌을 통해 투표보조인이 선거인의 투표의 비밀을 침해하는 것을 방지하여 투표의 비밀이 유지되도록 하고 있으므로 선거권을 침해하지 않는다. 24년 변호사 [O X]

(O) 심판대상조항은 신체의 장애로 인하여 자신이 기표할 수 없는 선거인의 선거권을 실질적으로 보장하고, 투표보조인이 장애인의 선거권 행사에 부당한 영향력을 미치는 것을 방지하여 선거의 공정성을 확보하기 위한 것이므로, 입법목적의 정당성이 인정된다. 또한 심판대상조항이 투표보조인이 가족이 아닌 경우 반드시 2인을 동반하도록 한 것은 위와 같은 목적을 달성하기 위한 적절한 수단이므로, 수단의 적합성도 인정된다(헌재 2020.5.27. 2017헌마867). 따라서 선거권을 침해하지 않는다.

1660
지역구국회의원선거에 있어서 당해 국회의원지역구에서 유효투표의 다수를 얻은 자를 당선인으로 결정하는 소선거구 다수대표제를 규정한 「공직선거법」 조항은 다른 선거제도를 배제하는 것으로서 평등권과 선거권을 침해한다. 24년 변호사 [O X]

(X) 이 사건 법률조항이 소선거구 다수대표제를 규정하여 다수의 사표가 발생한다 하더라도 그 이유만으로 헌법상 요구된 선거의 대표성의 본질을 침해한다거나 그로 인해 국민주권원리를 침해하고 있다고 할 수 없고, 청구인의 평등권과 선거권을 침해한다고 할 수 없다(헌재 2016.5.26. 2012헌마374).

1661
지방자치단체장 선거에서 각급선거방송토론위원회가 필수적으로 개최하는 대담·토론회에 대한 참석 기회는 모든 후보자에게 공평하게 주어져야 하므로 그 초청 자격을 제한하고 있는 「공직선거법」 조항은 후보자들의 선거운동의 기회균등 원칙과 관련한 평등권을 침해한다. 24년 변호사 [O X]

(X) 방송토론회의 초청자격을 제한하지 않아 토론자가 너무 많을 경우 시간상 제약 등으로 실질적인 토론과 공방이 이루어지지 않고 후보자에 대한 정책검증이 어려운 점등에 비추어 보면, 이 사건 법률조항에 의한 위와 같은 차별에는 이를 정당화할 수 있는 합리적인 이유가 있다고 할 것이다. 따라서 이 사건 법률조항이 청구인들의 평등권이나 선거운동의 기회균등을 침해하는 것으로 보기 어렵다(헌재 2009.3.26. 2007헌마1327).

OX 문제

1662
선거에 관한 여론조사의 결과에 영향을 미치게 하기 위하여 둘 이상의 전화번호를 착신전환 등의 조치를 하여 같은 사람이 두 차례 이상 응답하는 등의 행위로 100만 원 이상의 벌금형의 선고를 받고 그 형이 확정된 후 5년을 경과하지 아니한 자는 선거권이 없다고 규정한「공직선거법」조항은, 공정한 선거를 보장하고 선거범에 대하여 사회적 제재를 부과하며 일반국민에 대하여 선거의 공정성에 대한 의식을 제고하려는 것으로 선거권을 침해하지 아니한다. 24년 경찰간부 [O X]

(O) 법원이 벌금 100만 원 이상의 형을 선고한다면, 여기에는 피고인의 행위가 선거의 공정을 침해할 우려가 높다는 판단과 함께 피고인의 선거권을 일정 기간 박탈하겠다는 판단이 포함되어 있다고 보아야 한다. 선거권 제한을 통하여 달성하려는 선거의 공정성 확보라는 공익이 선거권을 행사하지 못함으로써 침해되는 개인의 사익보다 크다. 따라서 선거권제한조항은 선거권을 침해하지 아니한다(헌재 2022.3.31. 2019헌마986).

1663
대통령의 임기가 만료되는 때에는 임기만료 70일 내지 40일 전에 후임자를 선거한다. 22년 법원행시 [O X]

(O) 대통령의 임기가 만료되는 때에는 임기만료 70일 내지 40일 전에 후임자를 선거한다(헌법 제68조 제1항).

1664
대통령이 궐위된 때 또는 대통령 당선자가 사망하거나 판결 기타의 사유로 그 자격을 상실한 때에는 60일 이내에 후임자를 선거한다. 22년 법원행시 [O X]

(O) 대통령이 궐위된 때 또는 대통령 당선자가 사망하거나 판결 기타의 사유로 그 자격을 상실한 때에는 60일 이내에 후임자를 선거한다(헌법 제68조 제2항).

1665
대통령의 임기는 전임대통령의 임기만료일의 다음날 0시부터 개시되나, 전임자의 임기가 만료된 후에 실시하는 선거와 궐위로 인한 선거에 의한 대통령의 임기는 당선이 결정된 때부터 개시된다. 21년 국가직 7급 [O X]

(O) 대통령의 임기는 전임대통령의 임기만료일의 다음날 0시부터 개시된다. 다만, 전임자의 임기가 만료된 후에 실시하는 선거와 궐위로 인한 선거에 의한 대통령의 임기는 당선이 결정된 때부터 개시된다(공직선거법 제14조 제1항).

1666
지방자치단체의 장 선거에서 후보자가 1인일 경우 투표를 실시하지 않고 해당 후보자를 지방자치단체의 장 당선자로 정하도록 하는 것은 해당 선거인의 선거권을 침해하지 않는다. 22년 국회직 9급 [O X]

(O) 후보자가 1인일 경우 투표를 실시하지 않고 해당 후보자를 지방자치단체의 장 당선자로 정하도록 결단한 것은 입법목적 달성에 필요한 범위를 넘은 과도한 제한이라 할 수 없으므로 심판대상조항은 청구인의 선거권을 침해하지 않는다(헌재 2016.10.27. 2014헌마797).

1667
한국철도공사의 상근직원에 대하여 선거운동을 금지하고 이를 위반한 경우 처벌하도록 규정한 공직선거법 규정은 직급이나 직무의 성격에 대한 검토 없이 일률적으로 모든 상근직원에게 선거운동을 전면적으로 금지하고 이에 위반한 경우 처벌하는 것이므로 상근직원의 선거운동의 자유를 침해한다. 24년 법원행시, 24년 경찰 2차, 21년 비상기획관(하) [O X]

(O) 선거운동이 금지되는 다수의 기관 중, 한국철도공사의 상근직원에 대하여 선거운동을 금지하고 이를 위반한 경우 처벌하는 심판대상조항이 선거운동의 자유를 지나치게 제한하여 헌법에 위반된다(헌재 2018.2.22. 2015헌바124).

OX 문제

1668
예비후보자로서 선거운동을 할 수 있는 기간을 제한하는 것 자체가 선거운동의 자유를 과도하게 제한하는 것이라고 할 수는 없고, 제한되는 기간을 어느 정도로 할 것인지 여부는 입법정책에 맡겨져 있다고 볼 수 있으며, 그 구체적인 기간이 선거운동의 자유를 형해화할 정도에 이르지 않았다면 이 역시 기본권을 침해하였다고 볼 수 없다. 21년 법무사 [O X]

1669
종교단체 내에서의 직무상 행위를 이용하여 그 구성원에 대한 선거운동을 금지하고 이를 위반한 자를 처벌하는 공직선거법 해당 조항은 선거운동 등 정치적 표현의 자유를 침해하지 않는다. 24년 법원행시 [O X]

1670
사전선거운동 금지의 예외로서 예비후보자 홍보물의 발송을 허용하면서도 그 수량을 선거구 안에 있는 세대수 100분의 10에 해당하는 수 이내로 제한하는 것이 예비후보자의 선거운동 자유를 과도하게 제한함으로써 선거운동의 자유를 침해한다고 볼 수 없다. 21년 법원행시 [O X]

1671
지방자치단체의 장의 선거운동을 금지하는 것은 지방자치단체의 장의 업무전념성, 지방자치단체의 장과 해당 지방자치단체 소속 공무원의 정치적 중립성, 선거의 공정성등에 기여하는 바는 미미한 반면, 과잉금지원칙에 위배하여 지방자치단체의 장의 선거운동의 자유를 침해한다. 21년 법원행시 [O X]

1672
방송광고, 후보자 등의 방송연설, 방송시설주관 후보자연설의 방송, 선거방송토론위원회 주관 대담·토론회의 방송에서 한국 수화언어 또는 자막의 방영을 재량사항으로 규정한 「공직선거법」 조항이 자의적으로 비청각장애인과 청각장애인인 청구인을 달리 취급하여 청구인의 평등권을 침해한다고 보기는 어렵다. 22년 순경 1차 [O X]

정답 및 해설

(O) 예비후보자로서 선거운동을 할 수 있는 기간을 제한하는 것 자체가 선거운동의 자유를 과도하게 제한하는 것이 아니라고 한다면, 제한되는 기간을 어느 정도로 할 것인지 여부는 입법정책에 맡겨져 있다고 볼 수 있고, 그 구체적인 기간이 선거운동의 자유를 형해화할 정도에 이르지 않았다면 이 역시 기본권을 침해하였다고 볼 수 없다. 입법자는 국가의 정치·사회·경제적 사정, 선거문화의 수준, 선거의 규모·특성 등을 종합적으로 고려하여 그 기간을 정할 수 있는 것이다(헌재 2020.11.26. 2018헌마260).

(O) 종교단체 내에서의 직무상 행위를 이용하여 그 구성원에 대한 선거운동을 금지하고 이를 위반한 자를 처벌하는 공직선거법 해당 조항은 과잉금지원칙을 위반하여 선거운동 등 정치적 표현의 자유를 침해하지 않는다(헌재 2024.1.25. 2021헌바233).

(O) 사전선거운동 금지의 예외로서 예비후보자 홍보물의 발송을 허용하면서도 그 수량을 선거구 안에 있는 세대수 100분의 10에 해당하는 수 이내로 제한하는 것이 예비후보자의 선거운동 자유를 과도하게 제한함으로써 선거운동의 자유를 침해한다고 볼 수 없다(헌재 2012.3.29. 2010헌마673).

(X) 심판대상조항은, 지방자치단체의 장의 업무전념성, 지방자치단체의 장과 해당 지방자치단체 소속 공무원의 정치적 중립성, 선거의 공정성을 확보하기 위한 것으로 정당한 목적달성을 위한 적합한 수단에 해당한다. 지방자치단체의 장은 지방자치단체의 대표로서 그 사무를 총괄하고, 공직선거법상 일정한 선거사무를 맡고 있으며, 지역 내 광범위한 권한 행사와 관련하여 사인으로서의 활동과 직무상 활동이 구분되기 어려운 점 등을 고려할 때 심판대상조항이 입법목적 달성을 위하여 필요한 범위를 벗어난 제한이라 보기 어렵고, 심판대상조항에 의하여 보호되는 선거의 공정성 등 공익과 제한되는 사익 사이에 불균형이 있다고 보기도 어렵다. 따라서 심판대상조항은 과잉금지원칙에 위배하여 선거운동의 자유를 침해한다고 볼 수 없다(헌재 2020.3.26. 2018헌바90).

(O) 선거방송에서 수화방송 등을 의무사항으로 규정하지 아니한 것은 방송사업자 등의 시설장비나 기술수준 등에서 비롯되는 불가피한 사유로 적시에 실시할 수 없을 수도 있기 때문이다(헌재 2009.5.28. 2006헌마285).

| OX 문제 | 정답 및 해설 |

1673
신체의 장애로 인하여 자신이 기표할 수 없는 선거인에 대해 투표보조인이 가족이 아닌 경우 반드시 본인이 지명한 2인을 동반하여서만 투표를 보조하게 할 수 있도록 하는 것은 해당 선거인의 선거권을 침해하지 않는다. 22년 국회직 9급 [O][X]

(O) 투표보조인이 장애인의 선거권 행사에 부당한 영향력을 미치는 것을 방지하여 선거의 공정성을 확보하기 위한 것이다. 추가보조인 섭외가 불편하지만 선거의 공정성이 더 중요하다. 따라서 헌법에 위반되지 아니한다(헌재 2020.5.27. 2017헌마867).

1674
지방자치단체의 장 선거권을 지방의회의원 선거권, 나아가 국회의원 선거권 및 대통령 선거권과 구별하여 하나는 법률상의 권리로, 나머지는 헌법상의 권리로 이원화하는 것은 허용될 수 없으므로 지방자치단체의 장 선거권 역시 다른 선거권과 마찬가지로 헌법 제24조에 의해 보호되는 기본권으로 인정하여야 한다. 21년 소방간부, 22년 순경 1차 [O][X]

(O) 지방자치단체의 장 선거권 역시 다른 선거권과 마찬가지로 헌법 제24조에 의해 보호되는 기본권으로 인정하여야 한다(헌재 2016.10.27. 2014헌마797).

1675
지역농협은 공법인으로 볼 여지가 있으나, 지역농협의 조합장 선거에서 조합장을 선출하거나 조합장으로 선출될 권리, 조합장 선거에서 선거운동을 하는 것은 헌법에 의하여 보호되는 선거권의 범위에 포함되지 않는다. 22년 국회직 9급, 22년 경찰간부, 21년 법원행시, 20년 경찰승진, 20년 국회직 8급, 20년 법원행시 [O][X]

(O) 사법인적 성격을 지니는 농협·축협의 조합장 선거에서 조합장을 선출하거나 선거운동을 하는 것은 헌법에 의하여 보호되는 선거권의 범위에 포함되지 않는다(헌재 2012.2.23. 2011헌바154). 이는 결사의 자유의 보호범위에 속한다.

1676
지역농협 이사 선거의 경우 전화·컴퓨터통신을 이용한 지지·호소의 선거운동방법을 금지하고, 이를 위반한 자를 처벌하는 구 「농협협동조합법」 조항은 해당 선거 후보자의 표현의 자유를 침해한다. 20년 국회직 8급 [O][X]

(O) 전화·컴퓨터통신은 누구나 손쉽고 저렴하게 이용할 수 있는 매체인 점, 농업협동조합법에서 흑색선전 등을 처벌하는 조항을 두고 있는 점을 고려하면 입법목적 달성을 위하여 위 매체를 이용한 지지 호소까지 금지할 필요성은 인정되지 아니한다. 이 사건 법률조항들이 달성하려는 공익이 결사의 자유 및 표현의 자유 제한을 정당화할 정도로 크다고 보기는 어려우므로, 법익의 균형성도 인정되지 아니한다. 따라서 이 사건 법률조항들은 과잉금지원칙을 위반하여 결사의 자유, 표현의 자유를 침해하여 헌법에 위반된다(헌재 2016.11.24. 2015헌바62).

1677
부재자 투표시 투표 개시시간을 일과시간 이내인 오전 10시부터 오후 4시까지로 정한 것은 투표관리의 효율성을 도모하고 행정부담을 줄이기 위한 목적의 정당성이 인정되므로 헌법에 위반되지 않는다. 23년 법원행시 [O][X]

(X) 일과시간에 학업이나 직장업무를 하여야 하는 부재자투표자는 투표개시시간을 일과시간 이내인 오전 10시부터로 정하고 있는 이 사건 투표시간조항으로 인하여 일과시간 이전에 투표소에 가서 투표할 수 없게 되어 사실상 선거권을 행사할 수 없게 되는 중대한 제한을 받는다. 그렇다면 이 사건 투표시간조항 중 투표개시시간 부분은 수단의 적정성, 법익균형성을 갖추지 못하므로 과잉금지원칙에 위배하여 청구인의 선거권과 평등권을 침해하는 것이다(헌재 2012.2.23. 2010헌마601).

1678
선거일에 선거운동을 한 자를 처벌하는 구 공직선거법(1994. 3. 16. 법률 제4739호로 제정되고 2017. 2. 8. 법률 제14556호로 개정되기 전의 것)은 과잉금지의 원칙을 위반하여 정치적 표현의 자유를 침해하지 않는다. 23년 법원행시 [O][X]

(O) 선거일 당일 선거운동을 한 자를 처벌하는 이 사건 처벌조항이 과잉금지원칙을 위반하여 선거운동 등 정치적 표현의 자유를 침해하는 것이라고 할 수 없다(헌재 2021.12.23. 2018헌바152).

| OX 문제 | 정답 및 해설 |

1679
정당이 비례대표국회의원선거에 후보자를 추천하는 때에는 그 후보자 중 100분의 50 이상을 여성으로 추천하되, 그 후보자명부의 순위의 매 홀수에는 여성을 추천하여야 한다. 24년 국가직 5급 ◯ ✕

(O) 정당이 비례대표국회의원선거 및 비례대표지방의회의원선거에 후보자를 추천하는 때에는 그 후보자 중 100분의 50 이상을 여성으로 추천하되, 그 후보자명부의 순위의 매 홀수에는 여성을 추천하여야 한다(공직선거법 제47조 제3항).

1680
임기만료에 의한 국회의원선거의 선거일은 그 임기만료일전 60일 이후 첫번째 수요일이다. 24년 경찰승진 ◯ ✕

(X) 임기만료에 의한 선거의 선거일은 다음 각호와 같다. / 2. 국회의원선거는 그 임기만료일전 50일 이후 첫번째 수요일(공직선거법 제34조 제1항)

1681
선거운동기간 전에 개별적으로 대면하여 말로 하는 선거운동을 금지하고 처벌하는 공직선거법 해당 조항은, 탈법적인 선거운동 규제를 통한 선거의 공정성을 달성하고 부당한 과열경쟁으로 인한 사회·경제적 손실을 방지할 수 있으므로, 정치적 표현의 자유를 침해하지 않는다. 24년 법원직 ◯ ✕

(X) 심판대상조항은 입법목적을 달성하는 데 지장이 없는 선거운동방법, 즉 돈이 들지 않는 방법으로서 '후보자 간 경제력 차이에 따른 불균형 문제'나 '사회·경제적 손실을 초래할 위험성'이 낮은, 개별적으로 대면하여 말로 지지를 호소하는 선거운동까지 금지하고 처벌함으로써, 과잉금지원칙에 반하여 선거운동 등 정치적 표현의 자유를 과도하게 제한하고 있다. 결국 이 사건 선거운동기간조항 중 선거운동기간 전에 개별적으로 대면하여 말로 하는 선거운동에 관한 부분, 이 사건 처벌조항 중 '그 밖의 방법'에 관한 부분 가운데 개별적으로 대면하여 말로 하는 선거운동을 한 자에 관한 부분은 과잉금지원칙에 반하여 선거운동 등 정치적 표현의 자유를 침해한다(헌재 2022.2.24. 2018헌바146).

1682
사회복무요원이 선거운동을 할 경우 경고처분 및 연장복무를 하게 하는 병역법 조항은 사회복무요원의 정치적 중립성을 유지하며 업무전념성을 보장하고자 하는 것으로서 선거운동의 자유를 침해하지 않는다. 24년 군무원 5급 ◯ ✕

(O) 사회복무요원은 직무수행 중이 아닌 경우에도 정치적 중립성에 대한 국민의 신뢰를 유지할 필요가 있으므로, 선거운동의 내용 및 방법, 근무시간 중에 이루어지는지 여부를 불문하고 일체의 선거운동을 금지하는 것이 과도하다고 볼 수 없다. 일정한 기간 동안 의무복무를 하는 사회복무요원의 특수한 지위를 감안할 때, 경고처분 및 복무기간 연장보다 이들의 기본권을 덜 침해하면서 입법목적 달성을 위하여 동등하게 실효적인 다른 수단을 상정하기 어렵다. 따라서 심판대상조항은 침해의 최소성 원칙에 반하지 아니한다(헌재 2016.10.27. 2016헌마252).

1683
육군훈련소에서 군사교육을 받고 있는 자에 대하여 제19대 대통령선거 대담·토론회의 시청을 금지한 행위는 과잉금지원칙에 위배되어 선거권을 침해한다. 24년 군무원 5급 ◯ ✕

(X) 이 사건 시청금지행위는 보충역을 병력자원으로 육성하고 병영생활에 적응시키기 위한 군사교육의 일환으로 이루어졌다. 대담·토론회가 이루어진 시각을 고려하면 육군훈련소에서 군사교육을 받고 있는 청구인 윤○○이 이를 시청할 경우 교육훈련에 지장을 초래할 가능성이 높았던 점, 육군훈련소 내 훈련병 생활관에는 텔레비전이 설치되어 있지 않았던 점, 청구인 윤○○은 다른 수단들을 통해서 선거정보를 취득할 수 있었던 점 등을 고려하면, 이 사건 시청금지행위가 청구인 윤○○의 선거권을 침해한다고 볼 수 없다(헌재 2020.8.28. 2017헌마813).

1684
사전투표관리관이 투표용지의 일련번호를 떼지 아니하고 선거인에게 교부하도록 정한 「공직선거법」 조항은 사전투표자들의 선거권을 침해하지 아니한다. 24년 경찰간부 ◯ ✕

(O) 위조용지 식별을 용이하게 하기 위해서는 일련번호를 투표용지로부터 분리하지 않는 게 유리한데, 바코드 방식의 일련번호는 육안으로는 식별이 어렵기에 더 이상 숫자식 일련번호 방식에서와 같은 이유에서 비밀투표 침해를 막기 위한 목적으로 반드시 일련번호를 떼어낼 필요는 없게 되었다(헌재 2023.10.6. 2022헌마231).

| OX 문제 | 정답 및 해설 |

1685
사전투표관리관이 투표용지에 자신의 도장을 찍는 경우 도장의 날인을 인쇄날인으로 갈음할 수 있도록 한 「공직선거관리규칙」 조항은 현저히 불합리하거나 불공정하여 사전투표자의 선거권을 침해한다고 볼 수 없다. 24년 경찰간부 ⊙⊗

(O) 사전투표관리관이 투표용지에 자신의 도장을 찍는 방식이 아닌 인쇄날인으로 갈음할 수 있도록 하여도 위조된 투표지의 유입가능성이 증대된다고 볼 수 없다. 따라서 심판대상조항이 현저히 불합리하여 선거권을 침해한다고 볼 수 없다(헌재 2023.10.26. 2022헌마232 등).

1686
「공직선거법」상 지방공사 상근직원에 대하여 일체의 선거운동을 금지하는 것은 선거운동의 자유를 중대하게 제한하는 정도에 비하여 선거의 공정성 및 형평성의 확보라는 공익에 기여하는 바가 크지 않으므로, 지방공사 상근직원의 선거운동의 자유를 침해한다. 25년 변호사 ⊙⊗

(O) 심판대상조항과 같이 지방공사 상근직원에 대하여 일체의 선거운동을 금지하는 것은, 선거운동의 자유를 중대하게 제한하는 정도에 비하여 선거의 공정성 및 형평성의 확보라는 공익에 기여하는 바가 크지 않으므로, 법익의 균형성을 충족하지 못하는 것이다(헌재 2024.1.25. 2021헌가14).

1687
헌법재판소는 1인 1표제 하의 비례대표의석 배분방식은 민주주의원리, 직접선거의 원리, 평등선거원리에 위배되지 않는다고 보았다. 24년 해경간부 ⊙⊗

(X) 정당명부에 대한 직접적인 투표가 인정되지 않기 때문에 비례대표의원의 선출에 있어서는 유권자의 투표행위가 아니라 정당의 명부작성행위가 최종적·결정적 의의를 지니게 된다. 따라서 현행 비례대표의석배분방식은 선거권자들의 투표행위로써 정당의 의석배분, 즉 비례대표국회의원의 선출을 직접, 결정적으로 좌우할 수 없으므로 직접선거의 원칙에 위배된다고 할 것이다. 또한 무소속후보자를 지지하는 유권자의 경우 정당투표를 인정하지 않아 평등선거의 원칙에도 위배된다(헌재 2001.7.19. 2000헌마91 등).

1688
대통령선거에서 대통령후보자가 1인일 때에는 그 득표수가 선거권자 총수의 2분의 1 이상이 아니면 대통령으로 당선될 수 없다. 24년 해경간부 ⊙⊗

(X) 대통령후보자가 1인일 때에는 그 득표수가 선거권자 총수의 3분의 1 이상이 아니면 대통령으로 당선될 수 없다(헌법 제67조 제3항).

1689
헌법 규정상 대통령 선거에 있어서 최고득표자가 2인 이상인 때에는 국회의 재적의원 과반수가 출석한 비공개회의에서 다수표를 얻은 자를 당선자로 한다. 24년 해경간부 ⊙⊗

(X) 제1항의 선거에 있어서 최고득표자가 2인이상인 때에는 국회의 재적의원 과반수가 출석한 공개회의에서 다수표를 얻은 자를 당선자로 한다(헌법 제67조 제2항). / 비공개회의가 아니라 공개회의이다.

1690
경찰청장이 퇴직일부터 2년 이내에 정당의 발기인 또는 당원이 될 수 없도록 한 구 「경찰법」 제11조 제4항은 경찰청장의 정당설립 및 가입의 자유를 침해하는 조항이다. 25년 경찰승진 ⊙⊗

(O) 경찰청장이 퇴임후 공직선거에 입후보하는 경우 당적취득금지의 형태로써 정당의 추천을 배제하고자 하는 이 사건 법률조항이 어느 정도로 입법목적인 '경찰청장 직무의 정치적 중립성'을 확보할 수 있을지 그 실효성이 의문시된다. 따라서 이 사건 법률조항은 정당의 자유를 제한함에 있어서 갖추어야 할 적합성의 엄격한 요건을 충족시키지 못한 것으로 판단되므로 이 사건 법률조항은 정당설립 및 가입의 자유를 침해하는 조항이다(헌재 1999.12.23. 99헌마135).

| OX 문제 | 정답 및 해설 |

1691
선거권자의 국적이나 선거인의 의사능력 등 선거권 및 선거제도의 본질상 요청되는 사유에 의한 내재적 제약을 제외하고 보통선거의 원칙에 위배되는 선거권제한입법을 하기 위해서는 기본권제한입법에 관한 헌법 제37조 제2항의 규정에 따라야 한다. 25년 경찰승진 [O][X]

(O) 선거권자의 국적이나 선거인의 의사능력 등 선거권 및 선거제도의 본질상 요청되는 사유에 의한 내재적 제한을 제외하고 보통 선거의 원칙에 위배되는 선거권 제한 입법을 하기 위해서는 기본권 제한 입법에 관한 헌법 제37조 제2항의 규정에 따라야 한다(헌재 1999.1.28. 97헌마253 등).

1692
기본적으로 사법인적인 성격을 지니는 농협중앙회의 중앙회장선거에서 회장을 선출하거나 선거운동을 하는 것은 헌법에 의하여 보호되는 선거권의 범위에 포함된다. 25년 변호사 [O][X]

(X) 청구인은 심판대상조항들이 중앙회장선거 후보자의 선거운동의 자유를 침해한다고 주장하나, 사법인적인 성격을 지니는 농협중앙회의 중앙회장선거에서 회장을 선출하거나 선거운동을 하는 것은 헌법에 의하여 보호되는 선거권의 범위에 포함되지 아니한다(헌재 2019.7.25. 2018헌바85).

1693
국회의원 선거기간을 14일로 정한 것은 선거운동의 자유를 형해화할 정도로 과도하게 제한하는 것으로 볼 수 없어 헌법에 위반되지 아니한다. 25년 입법고시 [O][X]

(O) 선거운동의 기간을 제한하는 것 자체가 청구인의 정치적 기본권을 과도하게 제한하는 것이 아니라고 할 때, 선거운동의 기간을 어느 정도로 할 것인지 여부는 입법정책에 맡겨져 있다고 볼 수 있고, 그 구체적인 기간이 선거운동의 자유를 형해화할 정도로 과도하게 제한하는 것으로 볼 수 없다면 이 역시 위헌이라고 볼 수 없다(헌재 2005.2.3. 2004헌마216).

1694
선거운동의 자유는 선거권 행사의 전제 내지 선거권의 중요한 내용을 이룬다고 할 수 있으므로 선거운동의 제한은 선거권의 제한으로도 파악될 수 있다. 25년 국회직 8급 [O][X]

(O) 선거권이 제대로 행사되기 위하여는 후보자에 대한 정보의 자유교환이 필연적으로 요청된다 할 것이므로, 선거운동의 자유는 선거권 행사의 전제 내지 선거권의 중요한 내용을 이룬다고 할 수 있고, 따라서 선거운동의 제한은 선거권의 제한으로도 파악될 수 있을 것이다(헌재 2018.2.22. 2015헌바124).

1695
선거의 공정성은 정치적 표현의 자유를 보장하는 전제 조건이 되므로 정치적 표현의 자유에 대한 전면적·포괄적 제한을 정당화할 수 있는 공익이라고 볼 수 있다. 25년 국회직 8급 [O][X]

(X) 선거의 공정성은 정치적 표현의 자유에 대한 전면적·포괄적 제한을 정당화할 수 있는 공익이라고 볼 수 없고, 선거의 공정성이 정치적 표현의 자유를 보장하는 전제 조건이 되는 것도 아니므로 이를 이유로 선거에서 표현의 자유가 과도하게 제한되어서는 안 된다. 선거에 있어 자유와 공정은 반드시 상충관계에 있는 것만이 아니라 서로 보완하는 기능도 함께 가지고 있다(헌재 2022.7.21. 2017헌바100 등).

제4절 공무원제도와 공무담임권

1696
공무담임권의 보호영역에는 공직취임 기회의 자의적인 배제뿐 아니라, 공무원 신분의 부당한 박탈이나 권한(직무)의 부당한 정지도 포함된다. 다만, 승진시험의 응시제한이나 이를 통한 승진기회의 보장 문제는 단순한 내부 승진인사에 관한 문제에 불과하여 공무담임권의 보호영역에 포함된다고 보기 어렵다. 21년 국가직 7급, 20년 법원행시 ⓞⓧ

(O) 승진가능성이라는 것은 청구인들의 공직신분의 유지나 업무수행과 같은 법적 지위에 직접 영향을 미치는 것이 아니고 간접적, 사실적 또는 경제적 이해관계에 영향을 미치는 것에 불과하여 공무담임권의 보호영역에 포함된다고 보기는 어렵다(헌재 2010.3.25. 2009헌마538).

1697
공무담임권은 공직취임의 기회균등을 요구하지만, 취임한 뒤 승진할 때에도 균등한 기회 제공을 요구하지는 않는다. 22년 해경간부, 22년 해경일반, 20년 경찰승진 ⓞⓧ

(X) 공무담임권은 공직취임의 기회 균등뿐만 아니라 취임한 뒤 승진할 때에도 균등한 기회 제공을 요구한다(헌재 2018.7.26. 2017헌마1183).

1698
공무원의 재임 기간 동안 충실한 공무 수행을 담보하기 위하여 공무원의 퇴직급여 및 공무상 재해보상을 보장할 것까지 공무담임권의 보호영역에 포함된다고 본다. 20년 경찰승진, 20년 소방간부, 20년 법무사 ⓞⓧ

(X) 헌법 제25조의 공무담임권이 공무원의 재임 기간 동안 충실한 공무 수행을 담보하기 위하여 공무원의 퇴직급여 및 공무상 재해보상을 보장할 것까지 그 보호영역으로 하고 있다고 보기 어렵다(헌재 2003.11.27. 2003헌바39).

1699
비위공무원에 대한 징계를 통해 불이익을 줌으로써 공직기강을 바로 잡고 공무수행에 대한 국민의 신뢰를 유지하고자 하는 공익은 제한되는 사익 이상으로 중요하므로, 공무원이 감봉 처분을 받은 경우 12월간 승진임용을 제한하는「국가공무원법」조항 중 '승진임용'에 관한 부분은 공무담임권을 침해하지 않는다. 23년 경찰간부, 22년 순경 1차, 22년 국가직 7급 ⓞⓧ

(O) 징계처분에 따른 승진임용 제한기간을 정함에 있어서는 일반적으로 승진임용에 소요되는 기간을 고려하여 적어도 공무원 징계처분의 취지와 효력을 담보할 수 있는 기간이 설정될 필요가 있다. 감봉의 경우 12개월간 승진임용이 제한되는데 이는 종래 18개월이었던 것을 축소한 것이며, 강등·정직(18개월)이나 견책(6개월)과의 균형을 고려하면 과도하게 긴 기간이라고 보기는 어렵다. 비위공무원에 대한 징계를 통해 불이익을 줌으로써 공직기강을 바로 잡고 공무수행에 대한 국민의 신뢰를 유지하고자 하는 공익은 제한되는 사익 이상으로 중요하다. 이 사건 승진조항은 과잉금지원칙을 위반하여 청구인의 공무담임권을 침해하지 않는다(헌재 2022.3.31. 2020헌마211).

1700
공무담임권의 보호영역에는 공무원이 특정의 장소에서 근무하는 것 또는 특정의 보직을 받아 근무하는 것을 포함하는 일종의 '공무수행의 자유'까지 포함된다. 24년 법원직, 20년 소방간부, 20년 법무사 ⓞⓧ

(X) 공무담임권의 보호영역에는 일반적으로 공직취임의 기회보장, 신분박탈, 직무의 정지가 포함되는 것일 뿐, 여기서 더 나아가 공무원이 특정의 장소에서 근무하는 것 또는 특정의 보직을 받아 근무하는 것을 포함하는 일종의 '공무수행의 자유'까지 그 보호영역에 포함된다고 보기는 어렵다(헌재 2008.6.26. 2005헌마1275).

1701
공무담임권은 선거직공무원을 비롯한 모든 국가기관의 공직에 취임할 수 있는 권리이므로, 여러 가지 선거에 입후보해서 당선될 수 있는 피선거권을 포함하는 개념이다. 20년 소방간부 ⓞⓧ

(O) 공무담임권은 선거직공무원을 비롯한 모든 국가기관의 공직에 취임할 수 있는 권리이므로 여러 가지 선거에 입후보해서 당선될 수 있는 피선거권을 포함하는 개념이다(헌재 2006.2.23. 2005헌마403).

| OX 문제 | 정답 및 해설 |

1702
'승진시험의 응시제한'은 공직신분의 유지나 업무 수행에는 영향을 주지 않는 단순한 내부 승진인사에 관한 문제에 불과하여 공무담임권의 보호영역에 포함된다고 보기는 어려우므로, 시험요구일 현재를 기준으로 승진임용이 제한된 자에 대하여 승진시험응시를 제한하도록 한 공무원임용시험령이 공무담임권을 침해하였다고 볼 수 없다. 22년 법원직 ⓞⓧ

(O) 승진가능성이라는 것은 청구인들의 공직신분의 유지나 업무수행과 같은 법적 지위에 직접 영향을 미치는 것이 아니고 간접적, 사실적 또는 경제적 이해관계에 영향을 미치는 것에 불과하여 공무담임권의 보호영역에 포함된다고 보기는 어렵다(헌재 2010.3.25. 2009헌마538).

1703
공무담임권이란 입법부, 집행부, 사법부는 물론 지방자치단체 등 국가, 공공단체의 구성원으로서 그 직무를 담당할 수 있는 권리를 말한다. 여기서 직무를 담당한다는 것은 모든 국민이 현실적으로 그 직무를 담당할 수 있다고 하는 의미가 아니라, 국민이 공무담임에 관한 자의적이지 않고 평등한 기회를 보장받음을 의미한다. 20년 법무사 ⓞⓧ

(O) 공무담임권이란 입법부, 집행부, 사법부는 물론 지방자치단체 등 국가, 공공단체의 구성원으로서 그 직무를 담당할 수 있는 권리를 말한다. 여기서 직무를 담당한다는 것은 모든 국민이 현실적으로 그 직무를 담당할 수 있다고 하는 의미가 아니라, 국민이 공무담임에 관한 자의적이지 않고 평등한 기회를 보장받음을 의미한다(헌재 2002.8.29. 2001헌마788 등).

1704
정당의 공직선거 후보자 선출은 자발적 조직 내부의 의사결정에 지나지 아니하므로, 정당의 내부경선에 참여할 권리는 헌법이 보장하는 공무담임권의 내용에 포함된다고 보기 어렵다. 22년 5급 공채 ⓞⓧ

(O) 정당의 공직선거 후보자 선출은 자발적 조직 내부의 의사결정에 지나지 아니한다. 따라서 청구인이 정당의 내부경선에 참여할 권리는 헌법이 보장하는 공무담임권의 내용에 포함된다고 보기 어렵고, 청구인의 소속정당이 당내경선을 실시하지 않는다고 하여 청구인이 공직선거의 후보자로 출마할 수 없는 것이 아니므로, 심판대상조항으로 인하여 청구인의 공무담임권이 침해될 여지는 없다(헌재 2014.11.27. 2013헌마814).

1705
선출직 공무원의 공무담임권은 선거를 전제로 하는 대의제의 원리에 의하여 발생하는 것이므로 공직의 취임이나 상실에 관련된 어떠한 법률조항이 대의제의 본질에 반한다면 이는 공무담임권도 침해하는 것이라고 볼 수 있다. 22년 해경간부 ⓞⓧ

(O) 선출직 공무원의 공무담임권은 선거를 전제로 하는 대의제의 원리에 의하여 발생하는 것이므로 공직의 취임이나 상실에 관련된 어떠한 법률조항이 대의제의 본질에 반한다면 이는 공무담임권도 침해하는 것이라고 볼 수 있다(헌재 2022.3.31. 2019헌마986).

1706
군인과 달리 국가공무원의 지위에 있지 않은 군무원은 정치적 표현의 자유에 대해 엄격한 제한을 받아서는 안 되며, 군무원의 정치적 의견을 공표하는 행위도 엄격히 제한할 필요가 없다. 24년 변호사 ⓞⓧ

(X) 헌법상 군무원은 국민의 구성원으로서 정치적 표현의 자유를 보장받지만, 군무원은 그 특수한 지위로 인하여 국가공무원으로서 헌법 제7조에 따라 그 정치적 중립성을 준수하여야 할 뿐만 아니라, 국군의 구성원으로서 헌법 제5조 제2항에 따라 그 정치적 중립성을 준수할 필요성이 더욱 강조되므로, 그 정치적 표현의 자유에 대해 일반 국민보다 엄격한 제한을 받을 수 밖에 없다(헌재 2018.7.26. 2016헌바139).

1707
공립 또는 사립 초·중등학교 교원으로 하여금 공직선거 및 교육감선거 입후보 시 선거일 전 90일까지 교원직을 그만두도록 하는 법률 규정은 교원의 공무담임권과 평등권을 침해한다. 21년 법원행시 ⓞⓧ

(X) 수업 내용 및 학생에 미치는 영향력 등을 고려할 때 대학 교원과의 사이에서도 불합리한 차별이 발생한다고 보기 어렵다. 현직 교육감의 경우 교육감선거 입후보 시 그 직을 그만두도록 하면 임기가 사실상 줄어들게 되어, 업무의 연속성과 효율성이 저해될 우려가 크다는 점 등을 고려할 때, 현직 교육감과 비교하더라도 교원인 청구인들의 평등권이 침해된다고 볼 수 없다(헌재 2019.11.28. 2018헌마222).

| OX 문제 | 정답 및 해설 |

1708
국가공무원법 제65조 제1항에서 초·중등학교 교육공무원은 '정당의 결성에 관여하거나 이에 가입할 수 없다.'는 부분은 초·중등학교 교육공무원의 정당가입의 자유를 침해하지 않는다. 21년 법원행시 ⓞⓧ

(O) 정당법조항 및 국가공무원법조항 중 '정당'에 관한 부분은 국가공무원이 정당의 발기인 및 당원이 되는 것을 금지하는 것이 헌법에 위반되지 않는다(헌재 2020.4.23. 2018헌마551).

1709
국가공무원법 제65조 제1항에서 초·중등학교의 교육공무원은 '그 밖의 정치단체의 결성에 관여하거나 이에 가입할 수 없다.'는 부분은 초·중등학교 교육공무원의 정치적 표현의 자유 및 결사의 자유를 침해하지 않는다. 24년 변호사, 21년 법원행시 ⓞⓧ

(X) 초·중등학교의 교육공무원이 정치단체의 결성에 관여하거나 이에 가입하는 행위를 금지한 것은 표현의 자유 및 결사의 자유를 침해한다. 이는 그 밖의 정치단체라는 불명확한 개념을 사용하고 있고, 이는 표현의 내용에 근거한 규제이므로 엄격한 기준의 명확성의 원칙에 부합하여야 한다. 모든 사회적 활동은 정치와 관련이 되는데 정치단체와 비정치단체를 구별할 기준을 도출해 낼 수도 없다(헌재 2020.4.23. 2018헌마551). / 즉 이는 헌법에 위반된다.

1710
행정5급 일반임기제공무원에 관한 경력경쟁채용시험에서 '변호사 자격 등록'을 응시자격요건으로 하는 방위사업청장의 공고는 변호사 자격을 가졌으나 변호사 자격 등록을 하지 아니한 청구인들의 공무담임권을 침해한다. 21년 국가직 7급 ⓞⓧ

(X) 인사권자인 피청구인은 경력경쟁채용시험을 실시하면서 응시자격요건을 구체적으로 어떻게 정할 것인지를 판단하고 결정하는 데 재량이 인정되는데, 이 사건 공고가 그 재량권을 현저히 일탈하였다고 볼 수 없다. 이 사건 공고는 청구인들의 공무담임권을 침해하지 않는다(헌재 2019.8.29. 2019헌마616).

1711
성인에 대한 성폭력범죄의 처벌 등에 관한 특례법 제2조에 따른 성폭력범죄행위로 파면·해임되거나 100만 원 이상의 벌금형이나 그 이상의 형 또는 치료감호를 선고받아 그 형 또는 치료감호가 확정된 사람을 고등교육법상의 교원으로 임용할 수 없도록 한 법률 규정은 해당 학교의 교원이 되고자 하는 사람에 대한 과도한 제한으로서 공무담임권을 침해한다. 23년 법원행시, 21년 법원행시, 21년 국가직 7급 ⓞⓧ

(X) 100만 원 이상의 벌금형이나 그 이상의 형을 선고받고 그 형이 확정된 사람에 한하여 임용을 제한하고 있는바, 법원이 범죄의 모든 정황을 고려한 다음 벌금 100만 원 이상의 형을 선고하여 그 판결이 확정되었다면, 이는 결코 가벼운 성폭력범죄 행위라고 볼 수 없다. 이처럼 이 사건 결격사유조항은 성범죄를 범하는 대상과 확정된 형의 정도에 따라 성범죄에 관한 교원으로서의 최소한의 자격기준을 설정하였다고 할 것이고, 같은 정도의 입법목적을 달성하면서도 기본권을 덜 제한하는 수단이 명백히 존재한다고 볼 수도 없으므로, 이 사건 결격사유조항은 과잉금지원칙에 반하여 청구인의 공무담임권을 침해하지 아니한다(헌재 2019.7.25. 2016헌마754).

1712
반인륜적인 범죄인 아동에 대한 성적 학대행위를 저지른 사람이 공무를 수행할 경우 공직 전반에 대한 국민의 신뢰를 유지하기 어려우므로, 아동에게 성적 수치심을 주는 성희롱 등의 성적 학대행위로 형을 선고받아 그 형이 확정된 사람은 일반직 공무원으로 임용될 수 없도록 한 국가공무원법 해당 조항이 공무담임권을 침해한다고 보기 어렵다. 24년 법원직 ⓞⓧ

(X) 심판대상조항은 아동과 관련이 없는 직무를 포함하여 모든 일반직공무원 및 부사관에 임용될 수 없도록 하므로, 제한의 범위가 지나치게 넓고 포괄적이다. 또한, 심판대상조항은 영구적으로 임용을 제한하고, 결격사유가 해소될 수 있는 어떠한 가능성도 인정하지 않는다. 아동에 대한 성희롱 등의 성적 학대행위로 형을 선고받은 경우라고 하여도 범죄의 종류, 죄질 등은 다양하므로, 개별 범죄의 비난가능성 및 재범 위험성 등을 고려하여 상당한 기간 동안 임용을 제한하는 덜 침해적인 방법으로도 입법목적을 충분히 달성할 수 있다. 따라서 심판대상조항은 과잉금지원칙에 위배되어 청구인의 공무담임권을 침해한다(헌재 2022.11.24. 2020헌마1181).

OX 문제

1713
아동·청소년대상성범죄는 재범위험성이 높고 시간이 지나도 공무수행을 맡기기에 충분할 만큼 국민의 신뢰가 회복되기 어려우므로, 아동·청소년이용음란물임을 알면서 이를 소지한 죄로 형을 선고받아 그 형이 확정된 사람은 일반직공무원으로 임용될 수 없도록 규정한 「국가공무원법」 및 「지방공무원법」 조항은 그 형이 확정된 사람의 공무담임권을 침해하지 않는다. 24년 경찰 2차 O X

1714
공무원연금제도가 공무원신분보장의 본질적 요소라고 하더라도 퇴직 후에 현 제도 그대로의 연금을 받는다는 신뢰는 반드시 보호되어야 할 정도로 확고한 것이라고 볼 수 없다. 22년 법원행시 O X

1715
'공무원이 선거운동의 기획에 참여하거나 그 기획의 실시에 관여하는 행위'를 금지하는 「공직선거법」 조항은 '공무원의 지위를 이용하지 아니한 행위'에까지 적용하는 한 헌법에 위반한다. 22년 5급 공채 O X

1716
국민이 공무원으로 임용된 경우에 있어서 그가 정년까지 근무할 수 있는 권리는 「헌법」의 공무원 신분보장규정에 의하여 보호되는 기득권으로서 그 침해 내지 제한은 신뢰보호의 원칙에 위배 되지 않는 범위 내에서만 가능하다 할 것이다. 22년 해경간부 O X

1717
국·공립학교 채용시험의 동점자 처리에서 국가유공자 및 그 가족에게 우선권을 주도록 하고 있는 「국가유공자 등 예우 및 지원에 관한 법률」의 해당 조항에 의하여 일반 응시자들은 국·공립학교 채용시험의 동점자 처리에서 불이익을 당하며 이는 일반 응시자들의 공무담임권을 침해한다. 22년 해경간부 O X

정답 및 해설

(X) 심판대상조항은 아동·청소년과 관련이 없는 직무를 포함하여 모든 일반직 공무원에 임용될 수 없도록 하므로, 제한의 범위가 지나치게 넓고 포괄적이다. 또한 심판대상조항은 영구적으로 임용을 제한하고, 결격사유가 해소될 수 있는 어떠한 가능성도 인정하지 않는다(헌재 2023.6.29. 2020헌마1605). 따라서 공무담임권을 침해한다.

(O) 퇴직연금수급권의 성격상 그 급여의 구체적인 내용은 불변적인 것이 아니라, 국가의 재정, 다음 세대의 부담 정도, 사회적 여건의 변화 등에 따라 변경될 수 있는 것이고, 공무원연금제도가 공무원신분보장의 본질적 요소라고 하더라도 '퇴직 후에 현 제도 그대로의 연금을 받는다.'는 신뢰는 반드시 보호되어야 할 정도로 확고한 것이라 보기 어렵다(헌재 2022.1.27. 2019헌바161).

(O) 공무원이 '그 지위를 이용하여' 하는 선거운동의 기획행위 외에 사적인 지위에서 하는 선거운동의 기획행위까지 포괄적으로 금지하는 것에서 비롯된 것이므로, 이 사건 법률조항은 공무원의 지위를 이용하지 아니한 행위에까지 적용하는 한 헌법에 위반된다(헌재 2008.5.29. 2006헌마1096).

(O) 임용 당시 공무원법상의 정년까지 근무할 수 있다는 기대와 신뢰는 절대적인 권리로서 보호되어야만 하는 것은 아니고 행정조직, 직제의 변경 또는 예산의 감소 등 강한 공익상의 정당한 근거에 의해 좌우될 수 있는 상대적이고 가변적인 것이라 할 것이므로 입법자에게는 제반사정을 고려하여 합리적인 범위 내에서 정년을 조정할 입법형성권이 인정된다(헌재 2000.12.14. 99헌마112 등).

(X) 그들의 공훈이나 특별한 희생에 대한 보상의무에 따른 것으로, 동점자처리에서의 상대적 불이익이라는 사익보다 크다. 따라서 공무담임권을 침해하지 않는다(헌재 2006.6.29. 2005헌마44).

| OX 문제 | 정답 및 해설 |

1718
경찰공무원이 자격정지 이상의 형의 선고유예를 받은 경우 공무원직에서 당연퇴직하도록 규정하고 있는 구 「경찰공무원법」 조항은 자격정지 이상의 선고유예 판결을 받은 모든 범죄를 포괄하여 규정하고 있을 뿐만 아니라 심지어 오늘날 누구에게나 위험이 상존하는 교통사고 관련범죄 등 과실범의 경우마저 당연퇴직의 사유에서 제외하지 않고 있으므로 최소침해성의 원칙에 반한다. 24년 법원직, 23년 법원행시, 22년 경찰승진, 22년 법무사, 22년 법원직 [O X]

(O) 경찰공무원이 자격정지 이상의 형의 선고유예를 받은 경우 공무원직에서 당연퇴직하도록 규정하고 있는 이 사건 법률조항은 자격정지 이상의 선고유예 판결을 받은 모든 범죄를 포괄하여 규정하고 있을 뿐만 아니라 심지어 오늘날 누구에게나 위험이 상존하는 교통사고 관련범죄 등 과실범의 경우마저 당연퇴직의 사유에서 제외하지 않고 있으므로 최소침해성의 원칙에 반한다. … 이 사건 법률조항은 헌법 제25조의 공무담임권을 침해한 위헌 법률이다(헌재 2004.9.23. 2004헌가12). / *집행유예의 경우 당연퇴직은 합헌*

1719
금고 이상의 형의 선고유예를 받고 그 기간 중에 있는 자를 임용결격사유로 삼고, 위 사유에 해당하는 자가 임용되더라도 이를 당연무효로 하는 구 「국가공무원법」 조항은 입법자의 재량을 일탈하여 청구인의 공무담임권을 침해한다. 22년 순경 1차, 20년 법원행시 [O X]

(X) 재직기간 중 사실상 제공한 근로에 대하여는 그 대가에 상응하는 금액의 반환을 부당이득으로 청구하는 등의 민사적 구제수단이 있는 점을 고려하면, 공직에 대한 국민의 신뢰보장이라는 공익과 비교하여 임용결격공무원의 사익 침해가 현저하다고 보기 어렵다. 따라서 이 사건 법률조항은 입법자의 재량을 일탈하여 공무담임권을 침해한 것이라고 볼 수 없다(헌재 2016.7.28. 2014헌바437).

1720
형사사건으로 기소된 국가공무원을 직위해제할 수 있도록 규정한 구 「국가공무원법」의 규정에 의한 공무담임권의 제한은 잠정적이고 그 경우에도 공무원의 신분은 유지되고 있다는 점에서 공무원에게 가해지는 신분상 불이익과 보호하려는 공익을 비교할 때 공무집행의 공정성과 그에 대한 국민의 신뢰를 유지하고자 하는 공익이 더욱 크므로 이 사건 법률조항은 공무담임권을 침해하지 않는다. 22년 경찰승진, 20년 소방간부 [O X]

(O) 이 사건 법률조항의 입법목적은 형사소추를 받은 공무원이 계속 직무를 집행함으로써 발생할 수 있는 공직 및 공무집행의 공정성과 그에 대한 국민의 신뢰를 해할 위험을 예방하기 위한 것으로 정당하고, 직위해제는 이러한 입법목적을 달성하기에 적합한 수단이다. … 이 사건 법률조항에 의한 공무담임권의 제한은 잠정적이고 그 경우에도 공무원의 신분은 유지되고 있다는 점에서 공무원에게 가해지는 신분상 불이익과 보호하려는 공익을 비교할 때 공무집행의 공정성과 그에 대한 국민의 신뢰를 유지하고자 하는 공익이 더욱 크다. 따라서 이 사건 법률조항은 공무담임권을 침해하지 않는다(헌재 2006.5.25. 2004헌바12).

1721
선출직 공무원의 공무담임권은 선거를 전제로 하는 대의제의 원리에 의하여 발생하는 것이므로 공직의 취임이나 상실에 관련된 어떠한 법률조항이 대의제의 본질에 반한다면 이는 공무담임권도 침해하는 것이라고 볼 수 있다. 22년 해경일반 [O X]

(O) 선출직 공무원의 공무담임권은 선거를 전제로 하는 대의제의 원리에 의하여 발생하는 것이므로 공직의 취임이나 상실에 관련된 어떠한 법률조항이 대의제의 본질에 반한다면 이는 공무담임권도 침해하는 것이라고 볼 수 있다(헌재 2022.3.31. 2019헌마986).

1722
교육의원이 되고자 하는 사람에게 5년 이상의 교육경력 등을 요구하는 제주특별자치도 설치 및 국제자유도시 조성을 위한 특별법 조항은 전문성이 담보된 교육의원이 교육위원회의 구성원이 되도록 하여 교육의 자주성·전문성·정치적 중립성을 보장하면서도 지방자치의 이념을 구현하기 위한 것으로서 공무담임권을 침해하는 것이라 볼 수 없다. 22년 법학경채 [O X]

(O) 5년 이상의 교육경력 등을 교육의원후보자의 자격으로 규정한 것은, 교육의 전문성 및 정치적 중립성을 확보하여 교육이 외부세력의 부당한 간섭에 영향을 받지 않도록 하고 교육정책을 교육자 내지 교육전문가가 주도하며 관할하도록 하기 위한 것인바, 이러한 입법자의 판단이 지방교육에 있어서 경력요건과 교육전문가의 참여 범위에 관한 재량의 범위를 일탈하여 그 합리성이 결여되어 있다고 볼 수 없다(헌재 2020.9.24. 2018헌마444).

OX 문제

1723
순경 공채시험, 소방사 등 채용시험, 그리고 소방간부 선발시험의 응시연령의 상한을 30세 이하로 규정하고 있는 것은 합리적이라고 볼 수 있으므로 공무담임권을 침해하지 아니한다.
22년 법학경채

1724
지방자치단체의 장이 그 임기 중에 그 직을 사퇴하여 대통령선거, 국회의원선거, 지방의회의원선거 및 다른 지방자치단체의 장 선거에 입후보할 수 없도록 하더라도 피선거권을 침해하는 것은 아니다. 22년 법학경채

1725
구 「검사징계법」상 검사에 대한 징계로서 '면직' 처분을 인정하는 것은 과잉금지원칙에 반하여 공무담임권을 침해한다고 할 수 없다. 22년 국가직 7급

1726
회계책임자가 「공직선거법」이나 「정치자금법」 소정의 조항을 위반하여 300만 원 이상의 벌금형을 선고받아 확정된 경우, 후보자의 당선이 무효로 되도록 규정한 「공직선거법」 조항은 후보자의 관리·감독책임 없음을 입증하여 면책될 가능성조차 부여하지 않아, 책임주의원칙에 위배되어 국회의원당선자의 공무담임권을 침해한다. 24년 경찰 2차

1727
구 공무원연금법에서 유족급여수급권의 대상을 19세미만의 자녀로 한정한 것은 19세 이상 자녀들의 재산권과 평등권을 침해하지 않는다. 23년 법원행시

1728
선출직 공무원이 될 피선거권과 직업공무원이 될 권리를 포함하는 헌법 제25조의 공무담임권이 헌법 제7조의 규정 내용과 유기적 연관을 맺고 있다면, 헌법 제7조 제2항의 보장 내용이 직업공무원제도를 보장하는 성격을 띤다는 사실만으로 「헌법재판소법」 제68조 제1항의 헌법소원심판으로 구제될 수 있는 '공무담임권의 보호영역'에 포함되지 않을 이유는 없다. 23년 소방간부

정답 및 해설

(X) 이 사건 심판대상 조항들이 순경 공채시험 등의 응시연령의 상한을 '30세 이하'로 제한하는 것이 합리적이라고 볼 수 없어 침해의 최소성원칙에 위배된다(헌재 2012.5.31. 2010헌마278).

(X) 지방자치단체의 장이 임기중에 공직선거에 입후보할 수 있는 경우 어느 정도로 지방행정의 혼란이 우려되는가를 살펴보면, 지방자치단체의 장이 임기중에 사퇴함으로써 발생하는 행정의 혼란은 그 정도에 있어서 심각하다고 할 수 없고, 직무대리나 보궐선거의 방법으로 대처할 수 있다고 판단된다(헌재 1999.5.27. 98헌마214).

(O) 범죄의 수사와 공소제기 업무를 담당하는 검사의 지위와 위상을 고려할 때, 검사가 중대한 비위행위를 하였음에도 계속 그 직무를 수행하도록 한다면 검찰의 직무와 사법질서에 대한 국민의 불신이 초래된다는 점에서, 검사에 대한 징계로서 "면직" 처분을 인정하는 것은 과잉금지원칙에 반하여 공무담임권을 침해한다고 할 수 없다(헌재 2011.12.29. 2009헌바282).

(X) 회계책임자와 후보자는 선거에 임하여 분리하기 어려운 운명공동체라고 보아 회계책임자의 행위를 곧 후보자의 행위로 의제함으로써 선거부정 방지를 도모하고자 한 입법적 결단이 현저히 잘못되었거나 부당하다고 보기 어려운 이상, 감독상의 주의의무 이행이라는 면책사유를 인정하지 않고 후보자에게 법정 연대책임을 지우는 제도를 형성한 것이 반드시 필요 이상의 지나친 규제를 가하여 가혹한 연대책임을 부과함으로써 후보자의 공무담임권을 침해한다고 볼 수 없다(헌재 2010.3.25. 2009헌마170).

(O) 유족급여를 받을 수 있는 자녀의 연령기준을 18세 미만으로 정하고 있던 구 공무원연금법 조항에 관하여, 최소한의 독자적인 생활능력을 갖추었는지를 기준으로 18세 이상의 자녀를 유족의 범위에 포함하지 아니한 것에는 합리적인 이유가 있으므로 위 규정은 평등권을 침해하지 아니한다고 판단하였고, 위 결정을 변경할 만한 사정이 없다(헌재 2019.11.28. 2018헌바335).

(O) 선출직 공무원이 될 피선거권과 직업공무원이 될 권리를 포함하는 헌법 제25조의 공무담임권이 헌법 제7조의 규정 내용과 유기적 연관을 맺고 있다면, 헌법 제7조 제2항의 보장 내용이 직업공무원제도를 보장하는 성격을 띤다는 사실만으로 헌법재판소법 제68조 제1항의 헌법소원심판으로 구제될 수 있는 '공무담임권의 보호영역'에 포함되지 않을 이유는 없다(헌재 2021.6.24. 2020헌마1614).

OX 문제

1729
공직을 직업으로 선택하는 경우에 있어서 직업선택의 자유는 공무담임권을 통해서 그 기본권보호를 받게 된다고 할 수 있으므로, 헌법재판소가 공무담임권을 침해하는지 여부를 심사하는 이상 이와 별도로 직업선택의 자유 침해 여부를 심사할 필요는 없다. 23년 법원행시 [O|X]

1730
금고 이상의 형을 받고 그 집행이 종료되거나 집행을 받지 아니하기로 확정된 후 5년을 경과하지 아니한 자는 공무원에 임용될 수 없다고 규정한 법률조항은 공무담임권을 침해하지 않는다. 23년 법원행시 [O|X]

1731
헌법 제7조가 정하고 있는 직업공무원제도는 공무원이 집권세력의 논공행상의 제물이 되는 엽관제도를 지양하며 정권교체에 따른 국가작용의 중단과 혼란을 예방하고 일관성 있는 공무수행의 독자성을 유지하기 위하여 헌법과 법률에 의하여 공무원의 신분이 보장되도록 하는 공직구조에 관한 제도로 공무원의 정치적 중립과 신분보장을 그 중추적 요소로 한다.
23년 경찰승진 [O|X]

1732
지방자치단체의 직제가 폐지된 경우에 해당 공무원을 직권 면직할 수 있도록 규정하고 있는 「지방공무원법」 조항은 직업공무원 제도에 위반되지 않는다. 23년 경찰승진, 23년 소방간부, 20년 비상기획관(하) [O|X]

1733
사실상 노무에 종사하는 공무원 중 대통령령 등이 정하는 자에 한하여 근로3권을 인정하는 국가공무원법 조항은, 근로3권이 보장되는 공무원의 범위를 사실상 노무에 종사하는 공무원으로 한정하고 있으나, 이는 헌법 제33조 제2항에 근거한 것으로, 전체국민의 공공복리와 사실상 노무에 종사하는 공무원의 직무의 내용, 노동조건 등을 고려해 보았을 때 입법자에게 허용된 입법재량권의 범위를 벗어난 것이라 할 수 없다.
23년 법원직 9급 [O|X]

정답 및 해설

(O) 공직을 직업으로 선택하는 경우에 있어서 직업선택의 자유는 공무담임권을 통해서 그 기본권보호를 받게 된다고 할 수 있으므로 공무담임권을 침해하는지 여부를 심사하는 이상 이와 별도로 직업선택의 자유 침해 여부를 심사할 필요는 없다(헌재 2006.3.30. 2005헌마598).

(O) 일반적으로 실형인 경우 집행유예보다 공직에 대한 신뢰를 해하는 정도가 더 크고 그만큼 원활한 공무수행에 지장을 초래할 우려도 더 높은 점을 감안하면, 이 사건 법률조항이 위 선례의 경우보다 공무원 임용을 불합리하게 더 제한하고 있다고 할 수 없으므로 "금고 이상의 형을 받고 그 집행이 종료되거나 집행을 받지 아니하기로 확정된 후 5년을 경과하지 아니한 자는 공무원에 임용될 수 없다."고 규정한 이 사건 법률조항 또한 공무담임권을 침해한다고 볼 수 없다(헌재 2007.7.26. 2006헌마764).

(O) 우리 헌법 제7조가 정하고 있는 직업공무원제도는 공무원이 집권세력의 논공행상의 제물이 되는 엽관제도를 지양하며 정권교체에 따른 국가작용의 중단과 혼란을 예방하고 일관성 있는 공무수행의 독자성을 유지하기 위하여 헌법과 법률에 의하여 공무원의 신분이 보장되도록 하는 공직구조에 관한 제도로 공무원의 정치적 중립과 신분보장을 그 중추적 요소로 한다(헌재 2004.11.25. 2002헌바8).

(O) 행정의 효율성 및 생산성 제고 차원에서는 행정수요가 소멸하거나 조직의 비대화로 효율성이 저하되는 경우 직제를 폐지하거나 인원을 축소하는 것은 불가피한 선택에 해당할 것이다. 그렇다면 이 사건 규정이 직업공무원제도를 위반하고 있다고는 볼 수 없다(헌재 2004.11.25. 2002헌바8).

(O) 근로3권이 보장되는 공무원의 범위를 사실상 노무에 종사하는 공무원에 한정하고 있으나, 이는 헌법 제33조 제2항에 근거한 것이고, 전체국민의 공공복리와 사실상 노무에 공무원의 직무의 내용, 노동조건 등을 고려해 보았을 때 입법자에게 허용된 입법재량권의 범위를 벗어난 것이라 할 수 없다(헌재 2007.8.30. 2003헌바51).

OX 문제

1734
공무원의 정당가입이 허용된다면, 공무원의 정치적 행위가 직무 내의 것인지 직무 외의 것인지 구분하기 어려운 경우가 많고, 설사 공무원이 근무시간 외에 혹은 직무와 관련 없이 정당과 관련된 정치적 표현행위를 한다 하더라도 공무원의 정치적 중립성에 대한 국민의 기대와 신뢰는 유지되기 어렵다. 23년 법원직 9급 ☐ O ☒ X

1735
헌법재판소는 지방자치단체의 장이 금고 이상의 형을 선고받고 그 형이 확정되지 아니한 경우 부단체장이 그 권한을 대행하도록 규정한 「지방자치법」 조항이 지방자치단체장의 공무담임권을 침해한다고 판단하였다. 23년 경찰승진 ☐ O ☒ X

1736
공무원의 정당가입을 금지하는 것은 준비행위의 단계에 이른다거나 선거 관련 활동으로 평가하기 어려운 정당에의 가입 자체를 일상적으로 금지하고 있으므로, 헌법 제37조 제2항의 최소침해의 원칙에 위반된다. 20년 비상기획관(하) ☐ O ☒ X

1737
공무원에 대하여 직무수행 중 정치적 주장을 표시·상징하는 복장 등 착용행위를 금지한 「국가공무원 복무규정」은 공무원의 정치적 표현의 자유를 필요 이상으로 제한하여 헌법에 위반된다. 20년 국회직 9급 ☐ O ☒ X

1738
입법자는 공무원의 정년을 행정조직, 직제의 변경 또는 예산의 감소 등 제반사정을 고려하여 합리적인 범위내에서 조정할 수 있다. 20년 국회직 9급 ☐ O ☒ X

1739
국방부 등의 보조기관에 근무할 수 있는 기회를 현역군인에게만 부여하고 군무원에게는 부여하지 않는 법률조항은 군무원의 공무담임권을 침해한다. 20년 경찰승진 ☐ O ☒ X

정답 및 해설

(O) 이 사건 정당가입 금지조항은 공무원의 정당가입의 자유를 원천적으로 금지하고 있다. 그러나 공무원의 정당가입이 허용된다면, 공무원의 정치적 행위가 직무 내의 것인지 직무 외의 것인지 구분하기 어려운 경우가 많고, 설사 공무원이 근무시간 외에 혹은 직무와 관련 없이 정당과 관련한 정치적 표현행위를 한다 하더라도 공무원의 정치적 중립성에 대한 국민의 기대와 신뢰는 유지되기 어렵다(헌재 2014.3.27. 2011헌바42).

(O) 이 사건 법률조항은 '금고 이상의 형이 선고되었다.'는 사실 자체에 주민의 신뢰가 훼손되고 자치단체장으로서 직무의 전념성이 해쳐질 것이라는 부정적 의미를 부여한 후, 그러한 판결이 선고되었다는 사실만을 유일한 요건으로 하여, 형이 확정될 때까지의 불확정한 기간 동안 자치단체장으로서의 직무를 정지시키는 불이익을 가하고 있으며, 그와 같이 불이익을 가함에 있어 필요 최소한에 그치도록 엄격한 요건을 설정하지도 않았으므로, 위 무죄추정의 원칙에 위배된다(헌재 2010.9.2. 2010헌마418).

(X) 심판대상조항은 공무원이 '정당의 당원이 된다.'는 정치적 행위를 금지하고 있을 뿐이므로, 정당에 대한 지지의사를 선거와 무관하게 개인적인 자리에서 밝히거나 선거에서 지지 정당에 대해 투표를 하는 등 일정한 범위 내의 정당 관련 활동은 공무원에게도 허용되고 있다. 이러한 점에서 볼 때 심판대상조항은 침해의 최소성원칙에 반하지 아니한다(헌재 2014.3.27. 2011헌바43).

(X) 위 규정들은 공무원의 근무기강을 확립하고 공무원의 정치적 중립성을 확보하려는 입법목적을 가진 것으로서, 공무원이 직무 수행 중 정치적 주장을 표시·상징하는 복장 등을 착용하는 행위는 그 주장의 당부를 떠나 국민으로 하여금 공무집행의 공정성과 정치적 중립성을 의심하게 할 수 있으므로 공무원이 직무수행 중인 경우에는 그 활동과 행위에 더 큰 제약이 가능하다고 하여야 할 것인바, 위 규정들은 오로지 공무원의 직무수행 중의 행위만을 금지하고 있으므로 침해의 최소성원칙에 위배되지 아니한다(헌재 2012.5.31. 2009헌마705 등).

(O) 임용당시의 공무원법상의 정년까지 근무할 수 있다는 기대와 신뢰는 절대적인 권리로서 보호되어야만 하는 것은 아니고 행정조직, 직제의 변경 또는 예산의 감소 등 강한 공익상의 정당한 근거에 의하여 좌우될 수 있는 상대이고 가변적인 것이라 할 것이므로 입법자에게는 제반사정을 고려하여 합리적인 범위내에서 정년을 조정할 입법형성권이 인정된다(헌재 2000.12.14. 99헌마112 등).

(X) 공무담임권의 보호영역에는 일반적으로 공직취임의 기회보장, 신분박탈, 직무의 정지가 포함되는 것일 뿐, 여기서 더 나아가 공무원이 특정의 장소에서 근무하는 것 또는 특정의 보직을 받아 근무하는 것을 포함하는 일종의 '공무수행의 자유'까지 그 보호영역에 포함된다고 보기는 어렵다(헌재 2008.6.26. 2005헌마1275).

| OX 문제 | 정답 및 해설 |

1740
지역구국회의원선거에 입후보하기 위한 요건으로서 기탁금 및 그 반환에 관한 규정은 입후보에 영향을 주므로 공무담임권을 제한하는 것이고, 이러한 공무담임권에 대한 제한은 과잉금지원칙을 기준으로 하여 판단한다. 22년 법원직 [O|X]

(O) 지역구국회의원선거에 입후보하기 위한 요건으로서의 기탁금 및 그 반환 요건에 관한 규정은 입후보에 영향을 주므로 공무담임권을 제한하는 것이고, 이러한 공무담임권에 대한 제한은 헌법 제37조 제2항이 정하고 있는 바와 같이 법률로써 하여야 하며, 국가안전보장, 질서유지 또는 공공복리 등 정당하고 중요한 공공의 목적을 달성하기 위하여 필요하고 적정한 수단과 방법에 의하여서만 가능하므로, 이하에서는 이러한 과잉금지원칙을 기준으로 하여 공무담임권 침해 여부를 판단하기로 한다(헌재 2016.12.29. 2015헌마509 등).

1741
부사관으로 최초로 임용되는 사람의 최고연령을 27세로 정한 「군인사법」조항은 군 조직의 특수성, 군 조직 내에서 부사관의 상대적 지위 및 역할 등을 고려하더라도 과잉금지원칙에 위배되어 공무담임권을 침해한다. 22년 경찰간부 [O|X]

(X) 군조직은 위계질서의 확립과 기강확보가 어느 조직보다 중요시되는 특수성을 고려할 필요가 있다. 소위도 27세로 정해져 있어 연령과 체력의 보편적 상관관계 등을 고려할 때 적합해 보인다(헌재 2014.9.25. 2011헌마414).

1742
입법자는 직업공무원제도에 관하여 '최소한의 보장'의 원칙의 한계 안에서 폭넓은 입법형성의 자유를 가진다. 22년 해경간부 [O|X]

(O) 직업공무원제도는 헌법이 보장하는 제도적 보장 중의 하나임이 분명하므로 입법자는 직업공무원제도에 관하여 '최소한 보장'의 원칙의 한계 안에서 폭넓은 입법형성의 자유를 가진다(헌재 1997.4.24. 95헌바48).

1743
헌법이 공무원의 신분 보장을 명문으로 규정하고 있고 공무수행의 독자성과 영속성을 유지하는 것은 헌법상 목표이므로, 직업공무원제도는 최대한 보장의 원칙을 적용하여 그 위헌성 여부를 판단한다. 21년 소방간부 [O|X]

(X) 기본권 보장은 "최대한 보장의 원칙"이 적용됨에 반하여, 제도적 보장은 그 본질적 내용을 침해하지 아니하는 범위 안에서 입법자에게 제도의 구체적 내용과 형태의 형성권을 폭넓게 인정한다는 의미에서 "최소한 보장의 원칙"이 적용될 뿐이다. 직업공무원제도는 헌법이 보장하는 제도적 보장중의 하나임이 분명하므로 입법자는 직업공무원제도에 관하여 '최소한 보장'의 원칙의 한계 안에서 폭넓은 입법형성의 자유를 가진다(헌재 1997.4.24. 95헌바48).

1744
공무원의 정치적 중립의무에 관한 공직선거법 제9조의 '공무원'에는 원칙적으로 국가와 지방자치단체의 모든 공무원, 즉 좁은 의미의 직업공무원은 물론이고, 적극적인 정치활동을 통하여 국가에 봉사하는 정치적 공무원을 포함한다. 20년 법원행시 [O|X]

(O) 이 사건 법률조항 중 수범자인 행위주체 부분을 살펴보면, 주체는 '공무원 기타 정치적 중립을 지켜야 하는 자'로 규정되어 있으므로, 이 때 '공무원'은 자유선거원칙과 선거에서의 정당의 기회균등을 수호하여야 하는 모든 공무원을 의미한다. 그런데 사실상 모든 공무원이 그 직무의 행사를 통하여 선거에 부당한 영향력을 행사할 수 있는 지위에 있으므로, 여기서의 공무원이란 원칙적으로 국가와 지방자치단체의 모든 공무원 즉 좁은 의미의 직업공무원은 물론이고, 적극적인 정치활동을 통하여 국가에 봉사하는 정치적 공무원(예컨대, 대통령, 국무총리, 국무위원, 도지사, 시장, 군수, 구청장 등 지방자치단체의 장)을 포함한다(헌재 2008.1.17. 2007헌마700).

1745
우리나라는 직업공무원제도를 채택하고 있는데, 여기서 말하는 공무원은 국가 또는 공공단체와 근로관계를 맺고 이른바 공법상 특별권력관계 내지 특별행정법관계 아래 공무를 담당하는 것을 직업으로 하는 협의의 공무원을 말하며 정치적 공무원이라든가 임시적 공무원은 포함되지 않는다. 23년 순경 1차, 21년 법원행시 [O|X]

(O) 여기서 말하는 공무원은 국가 또는 공공단체와 근로관계를 맺고 이른바 공법상 특별권력관계 내지 특별행정법관계 아래 공무를 담당하는 것을 직업으로 하는 협의의 공무원을 말하며 정치적 공무원이라든가 임시적 공무원은 포함되지 않는 것이다(헌재 1989.12.18. 89헌마32 등).

| OX 문제 | 정답 및 해설 |

1746
헌법 제7조 제1항에 의하여 국민전체에 대한 봉사자로서 국민에 대하여 책임을 지는 공무원과 같은 조 제2항에 의하여 신분과 정치적 중립성이 보장되는 공무원이 일치하지는 않는다. 22년 법무사 ⊙Ⓧ

(O) 헌법 제7조 제1항의 공무원 즉 국민에 대한 봉사자로써의 공무원은 전체 공무원을 의미하나 헌법 제7조 제2항의 공무원 즉 신분보장이 되는 직업공무원의 경우는 경력직 공무원만을 의미한다(헌재 1989.12.18. 89헌마32 등).

1747
공무원에게 직무의 내외를 불문하고 품위유지의무를 부과하고, 품위손상행위를 공무원에 대한 징계사유로 규정한 국가공무원법 조항은 명확성 원칙에 위배된다. 22년 법무사, 20년 국회직 9급 ⊙Ⓧ

(X) 이 사건 법률조항이 공무원 징계사유로 규정한 품위손상행위는 '주권자인 국민으로부터 수임받은 공무를 수행함에 손색이 없는 인품에 어울리지 않는 행위를 함으로써 공무원 및 공직 전반에 대한 국민의 신뢰를 떨어뜨릴 우려가 있는 경우'를 일컫는 것으로 해석할 수 있고, 그 수범자인 평균적인 공무원은 이를 충분히 예측할 수 있다. 따라서 이 사건 법률조항은 명확성원칙에 위배되지 아니한다(헌재 2016.2.25. 2013헌바435).

1748
헌법 제7조 제2항이 공무원의 신분과 정치적 중립성에 관하여 규정하고 있는 것은 정권교체에 따른 국가작용의 중단과 혼란을 예방하며, 일관성 있는 공무수행의 독자성과 영속성을 유지하기 위하여 공직구조에 관한 제도적 보장으로서의 직업공무원제도를 마련해야 함을 의미한다. 22년 법원행시 ⊙Ⓧ

(O) 헌법 제7조 제2항은 "공무원의 신분과 정치적 중립성은 법률이 정하는 바에 의하여 보장된다."라고 규정하고 있다. 이는 정권교체에 따른 국가작용의 중단과 혼란을 예방하며, 일관성 있는 공무수행의 독자성과 영속성을 유지하기 위하여 공직구조에 관한 제도적 보장으로서의 직업공무원제도를 마련해야 함을 의미한다(헌재 2021.8.31. 2018헌바149).

1749
공무원의 신분과 정치적 중립성은 법률이 정하는 바에 의하여 보장되므로, 모든 공무원은 형의 선고, 징계처분 또는 법률에서 정하는 사유에 따르지 아니하고는 본인의 의사에 반하여 휴직·강임 또는 면직을 당하지 아니한다. 22년 법원행시 ⊙Ⓧ

(X) 공무원은 형의 선고, 징계처분 또는 이 법에서 정하는 사유에 따르지 아니하고는 본인의 의사에 반하여 휴직·강임 또는 면직을 당하지 아니한다. 다만, 1급 공무원과 제23조에 따라 배정된 직무등급이 가장 높은 등급의 직위에 임용된 고위공무원단에 속하는 공무원은 그러하지 아니하다(국가공무원법 제68조).

1750
선거에서의 중립의무가 부과되어야 하는 모든 공무원은 구체적으로 '자유선거원칙'과 '선거에서의 정당의 기회균등'을 위협할 수 있는 모든 공무원을 의미하므로, 여기에는 대통령, 국무총리, 국무위원, 도지사, 시장, 군수, 구청장 등 지방자치단체의 장은 물론 국회의원과 지방의회의원도 포함된다. 22년 5급 공채 ⊙Ⓧ

(X) 정당의 대표자이자 선거운동의 주체로서의 지위로 말미암아, 선거에서의 정치적 중립성이 요구될 수 없는 국회의원과 지방의회의원은 공선법 제9조의 '공무원'에 해당하지 않는다(헌재 2004.5.14. 2004헌나1). 즉 국회의원과 지방의원은 중립성이 요구되는 공무원에 포함되지 않는다.

1751
「공직선거법」은 선거에서 공무원의 중립의무를 구체화하고 있는데, 여기서의 공무원이란 원칙적으로 좁은 의미의 직업공무원을 포함한다. 21년 소방간부 ⊙Ⓧ

(O) 공선법 제9조의 '공무원'이란, 위 헌법적 요청을 실현하기 위하여 선거에서의 중립의무가 부과되어야 하는 모든 공무원 즉, 구체적으로 '자유선거원칙'과 '선거에서의 정당의 기회균등'을 위협할 수 있는 모든 공무원을 의미한다. 그런데 사실상 모든 공무원이 그 직무의 행사를 통하여 선거에 부당한 영향력을 행사할 수 있는 지위에 있으므로, 여기서의 공무원이란 원칙적으로 국가와 지방자치단체의 모든 공무원 즉, 좁은 의미의 직업공무원은 물론이고, 적극적인 정치활동을 통하여 국가에 봉사하는 정치적 공무원을 포함한다(헌재 2004.5.14. 2004헌나1).

| OX 문제 | 정답 및 해설 |

1752
직무의 기능이나 영향력을 이용하여 선거에서 국민의 자유로운 의사형성과정에 영향을 미치고 정당간의 경쟁관계를 왜곡할 가능성은 정부나 지방자치단체의 집행기관에 있어서 더욱 크다고 판단되므로 대통령, 지방자치단체의 장 등에게는 다른 공무원보다도 선거에서의 정치적 중립성이 특히 요구된다. 21년 소방간부 [O X]

(O) 직무의 기능이나 영향력을 이용하여 선거에서 국민의 자유로운 의사형성과정에 영향을 미치고 정당간의 경쟁관계를 왜곡할 가능성은 정부나 지방자치단체의 집행기관에 있어서 더욱 크다고 판단되므로, 대통령, 지방자치단체의 장 등에게는 다른 공무원보다도 선거에서의 정치적 중립성이 특히 요구된다(헌재 2004.5.14. 2004헌나1).

1753
헌법재판소 재판관과 중앙선거관리위원회 위원은 헌법상 정당에 가입하거나 정치에 관여할 수 없다. 21년 소방간부 [O X]

(O) 헌법재판소 재판관은 정당에 가입하거나 정치에 관여할 수 없다(헌법 제112조 제2항). 위원은 정당에 가입하거나 정치에 관여할 수 없다(헌법 제114조 제4항).

1754
「국가공무원법」상 '노동운동'의 개념은 근로자의 근로조건의 향상을 위한 단결권·단체교섭권·단체행동권 등 근로3권을 기초로 하여 이에 직접 관련된 행위를 의미하는 것으로 좁게 해석하여야 한다. 21년 소방간부 [O X]

(O) 위 법률조항이 규정하고 있는 "노동운동"의 개념은 그 근거가 되는 헌법 제33조 제2항의 취지에 비추어 근로자의 근로조건의 향상을 위한 단결권·단체교섭권·단체행동권 등 이른바 노동3권을 기초로 하여 이에 직접 관련된 행위를 의미하는 것으로 좁게 해석하는 것이 상당하다(헌재 1992.4.28. 90헌바27).

1755
피성년후견인 국가공무원은 당연퇴직한다고 정한 구 「국가공무원법」 조항 중 '피성년후견인'에 관한 부분은 정신상의 장애로 직무를 감당할 수 없는 국가공무원을 부득이 공직에서 배제하는 불가피한 조치로서 공무담임권을 침해하지 않는다. 25년 국회직 8급, 23년 경찰간부 [O X]

(X) 심판대상조항은 성년후견이 개시되지는 않았으나 동일한 정도의 정신적 장애가 발생한 국가공무원의 경우와 비교할 때 사익의 제한 정도가 과도하고, 성년후견이 개시되었어도 정신적 제약을 극복하여 후견이 종료될 수 있고, 이 경우 법원에서 성년후견 종료심판을 하고 있다는 사실에 비추어 보아도 사익의 제한 정도가 지나치게 가혹하다. 또한 심판대상조항처럼 국가공무원의 당연퇴직사유를 임용결격사유와 동일하게 규정하려면 국가공무원이 재직 중 쌓은 지위를 박탈할 정도의 충분한 공익이 인정되어야 하나, 이 조항이 달성하려는 공익은 이에 미치지 못한다. 따라서 심판대상조항은 과잉금지원칙에 반하여 공무담임권을 침해한다(헌재 2022.12.22. 2020헌가8).

1756
공무원의 생활 보장의 가장 일차적이며 기본적인 수단은 '그 일자리의 보장'이라는 점에서 오늘날 사회국가원리에 입각한 공직제도에서 개개 공무원의 공무담임권 보장의 중요성은 더욱 큰 의미를 가지고 있다. 25년 국회직 8급 [O X]

(O) 공무원의 생활보장의 가장 일차적이며 기본적인 수단은 '그 일자리의 보장'이라는 점에서 오늘날 사회국가원리에 입각한 공직제도에서 개개 공무원의 공무담임권 보장의 중요성은 더욱 큰 의미를 가지고 있다고 할 것이다(헌재 2002.8.29. 2001헌마788 등).

1757
과거 3년 이내의 모든 당원 경력을 법관 임용 결격사유로 정한 것은, 법관의 정치적 중립성을 준수하고 재판의 독립을 지킬 수 있도록 하려는 것이므로 법관이 되려는 자의 공무담임권을 침해하지 않는다. 25년 입법고시 [O X]

(X) 심판대상조항과 같이 과거 3년 이내의 모든 당원 경력을 법관 임용 결격사유로 정하는 것은, 입법목적 달성을 위해 합리적인 범위를 넘어 정치적 중립성과 재판 독립에 긴밀한 연관성이 없는 경우까지 과도하게 공직취임의 기회를 제한한다. 따라서 심판대상조항은 과잉금지원칙에 반하여 청구인의 공무담임권을 침해한다(헌재 2024.7.18. 2021헌마460).

| OX 문제 | 정답 및 해설 |

1758
직업공무원제도는 헌법이 보장하는 제도적 보장 중의 하나이므로 입법자는 직업공무원제도에 관하여 '최대한 보장'의 원칙의 한계 안에서 폭넓은 입법형성의 자유를 가진다. 25년 경찰승진 ○×

(X) 기본권 보장은 "최대한 보장의 원칙"이 적용됨에 반하여, 제도적 보장은 그 본질적 내용을 침해하지 아니하는 범위 안에서 입법자에게 제도의 구체적 내용과 형태의 형성권을 폭넓게 인정한다는 의미에서 "최소한 보장의 원칙"이 적용될 뿐이다. 직업공무원제도는 헌법이 보장하는 제도적 보장중의 하나임이 분명하므로 입법자는 직업공무원제도에 관하여 '최소한 보장'의 원칙의 한계안에서 폭넓은 입법형성의 자유를 가진다(헌재 1997.4.24. 95헌바48).

1759
서울교통공사는 공익적인 업무를 수행하기 위한 지방공사이나, 서울특별시와 독립적인 공법으로서 경영의 자율성이 보장되고, 서울교통공사의 직원의 신분도 「지방공무원법」이 아닌 「지방공기업법」과 정관에서 정한 바에 따르는 등, 서울교통공사의 직원이라는 직위가 헌법 제25조가 보장하는 공무담임권의 보호영역인 '공무'의 범위에는 해당하지 않는다. 24년 해경간부 ○×

(O) 서울교통공사는 공익적인 업무를 수행하기 위한 지방공사이나 서울특별시와 독립적인 공법인으로서 경영의 자율성이 보장되고, 서울교통공사의 직원의 신분도 지방공무원법이 아닌 지방공기업법과 정관에서 정한 바에 따르는 등, 서울교통공사의 직원이라는 직위가 헌법 제25조가 보장하는 공무담임권의 보호영역인 '공무'의 범위에는 해당되지 않는다(헌재 2021.2.25. 2018헌마174).

1760
향토예비군 지휘관이 금고 이상의 형이 선고유예를 받은 경우에는 그 직에서 당연 해임되도록 규정하고 있는 구 「향토예비군설치법시행규칙」 조항은 범죄의 종류와 내용을 가리지 않고 모두 당연퇴직 사유로 정함으로써 공무담임권을 침해한다. 24년 해경간부 ○×

(O) 향토예비군 지휘관이 금고 이상의 형의 선고유예를 받은 경우에는 그 직에서 당연해임하도록 규정하고 있는 이 사건 법률조항은 금고 이상의 선고유예의 판결을 받은 모든 범죄를 포괄하여 규정하고 있을 뿐 아니라, 심지어 오늘날 누구에게나 위험이 상존하는 교통사고 관련 범죄 등 과실범의 경우마저 당연해임의 사유에서 제외하지 않고 있으므로 최소침해성의 원칙에 반한다(헌재 2005.12.22. 2004헌마947).

1761
현역군인에게만 국방부의 보조기관 등에 보해질 수 있는 기회를 부여하고 군무원에게는 이러한 기회를 박탈하였더라도, 이를 헌법 제25조의 공무담임권에 포함된 '공무수행의 자유'를 침해한 것이라고는 볼 수 없다. 24년 군무원 5급 ○×

(X) 공무담임권의 보호영역에는 일반적으로 공직취임의 기회보장, 신분박탈, 직무의 정지가 포함되는 것일 뿐, 여기서 더 나아가 공무원이 특정의 장소에서 근무하는 것 또는 특정의 보직을 받아 근무하는 것을 포함하는 일종의 '공무수행의 자유'까지 그 보호영역에 포함된다고 보기는 어렵다. 따라서 이 사건 법률조항이 특정직공무원으로서 군무원인 청구인들의 공무담임권을 제한하는 것은 아니다(헌재 2008.6.26. 2005헌마1275).

1762
지역구 국회의원선거에서 선거방송 대담·토론회의 참가자격을 제한한 공직선거법 조항은 선거운동의 자유를 일부 제한하는 측면이 있더라도, 국가·공공단체의 구성원으로서 그 직무를 담당할 수 있는 권리인 헌법 제25조의 공무담임권을 제한하는 것이라고는 할 수 없다. 24년 군무원 5급 ○×

(O) 공무담임권이란 국가, 공공단체의 구성원으로서 그 직무를 담당할 수 있는 권리이므로 주된 선거방송 대담·토론회의 참가가 제한되어 사실상 선거운동의 자유가 일부 제한되는 측면이 있다고 하여 그로써 바로 국가기관의 공직에 취임할 수 있는 권리가 직접 제한된다고 보기는 어렵다고 할 것이므로, 이 사건 법률조항은 공무담임권을 제한하는 것이라고 볼 수 없다(헌재 2011.5.26. 2010헌마451).

1763
미성년자에 대하여 성범죄를 범하여 형을 선고받아 확정된 자와 성인에 대한 성폭력범죄를 범하여 벌금 100만 원 이상의 형을 선고받아 확정된 자는 「초·중등교육법」상의 교원에 임용될 수 없도록 한 부분은 그 제한의 범위가 지나치게 넓고 포괄적이어서 공무담임권을 침해한다. 23년 경찰간부 ○×

(X) 미성년자에 대하여 성범죄를 범하여 형을 선고받아 확정된 자와 성인에 대한 성폭력범죄를 범하여 벌금 100만 원 이상의 형을 선고받아 확정된 자는 초·중등교육법상의 교원에 임용될 수 없도록 한 부분이 청구인의 공무담임권을 침해하지 않는다(헌재 2019.7.25. 2016헌마754).

| OX 문제 | 정답 및 해설 |

1764
「국가공무원법」해당 조항 중「아동복지법」제17조 제2호 가운데 '아동에게 성적 수치심을 주는 성희롱 등의 성적 학대행위로 형을 선고받아 그 형이 확정된 사람은 일반직 공무원으로 임용될 수 없도록 한 부분은 아동·청소년 대상 성범죄의 재범률을 고려해 볼 때 공무담임권을 침해하지 않는다. 23년 경찰간부, 23년 법원행시 [O][X]

(X) 아동에 대한 성희롱 등 성적 학대행위로 형을 선고받아 확정된 사람에 대하여 범죄의 경중, 재범의 위험성 등을 고려하지 않고 일률적·영구적으로, 아동과 관련된 직무인지 여부를 불문하고 모든 일반직공무원 및 부사관에 임용될 수 없도록 하는 것은 공무담임권을 침해한다(헌재 2022.11.24. 2020헌마1181).

1765
직업공무원제도는 헌법이 보장하는 제도적 보장 중의 하나이므로 입법자는 직업공무원제도에 관하여 '최소한 보장'의 원칙의 한계 안에서 폭넓은 입법형성의 자유를 가진다. 23년 경찰승진 [O][X]

(O) 직업공무원제도는 헌법이 보장하는 제도적 보장 중의 하나임이 분명하므로 입법자는 직업공무원제도에 관하여 '최소한 보장'의 원칙의 한계안에서 폭넓은 입법형성의 자유를 가진다(헌재 1997.4.24. 95헌바48).

제5절 지방자치제도

1766
헌법상 지방자치제도보장의 핵심영역 내지 본질적 부분이 지방자치단체에 의한 자치행정을 보장하는 것이므로, 현행법에 따른 지방자치단체의 중층구조를 계속하여 존속하도록 할지 여부는 입법자의 입법형성권의 범위에 포함되지 않는다. 21년 지방직 7급 [O][X]

(X) 현행법에 따른 지방자치단체의 중층구조 또는 지방자치단체로서 특별시·광역시 및 도와 함께 시·군 및 구를 계속하여 존속하도록 할지 여부는 결국 입법자의 입법형성권의 범위에 들어가는 것으로 보아야 한다. 같은 이유로 일정구역에 한하여 당해 지역 내의 지방자치단체인 시·군을 모두 폐지하여 중층구조를 단층화하는 것 역시 입법자의 선택범위에 들어가는 것이다(헌재 2006.4.27. 2005헌마1190).

1767
헌법 제118조 제2항에서 지방자치단체의 장의 '선임방법'에 관한 사항은 법률로 정한다고 규정하고 있으므로 지방자치단체의 장 선거권은 다른 공직선거권과 달리 헌법상 보장되는 기본권으로 볼 수 없다. 24년 국회직 5급, 23년 국회직 5급, 22년 국가직 7급, 22년 경찰승진 [O][X]

(X) 지방자치단체의 장 선거권 역시 다른 선거권과 마찬가지로 헌법 제24조에 의해 보호되는 기본권으로 인정하여야 한다(헌재 2016.10.27. 2014헌마797).

1768
지방자치단체가 제정한 조례가 법령에 위반되는 경우에는 효력이 없다. 21년 법무사 [O][X]

(O) 지방자치법 제15조 본문은 "지방자치단체는 법령의 범위 안에서 그 사무에 관하여 조례를 제정할 수 있다."고 규정하는바, 여기서 말하는 '법령의 범위 안에서'란 '법령에 위반되지 않는 범위 내에서'를 가리키므로 지방자치단체가 제정한 조례가 법령에 위반되는 경우에는 효력이 없다(대판 2002.4.26. 2002추23).

| OX 문제 | 정답 및 해설 |

1769
중앙행정기관의 지방자치단체의 자치사무에 대한 구 지방자치법 제158조 단서 규정의 감사권은 그 대상과 범위가 한정적인 제한된 감사권이 아니라 사전적·일반적인 포괄감사권이라고 해석함이 마땅하다. 21년 비상기획관(상) [O][X]

(X) 중앙행정기관이 구 지방자치법 제158조 단서 규정상의 감사에 착수하기 위해서는 자치사무에 관하여 특정한 법령위반행위가 확인되었거나 위법행위가 있었으리라는 합리적 의심이 가능한 경우이어야 하고, 또한 그 감사대상을 특정해야 한다. 따라서 전반기 또는 후반기 감사와 같은 포괄적·사전적 일반감사나 위법사항을 특정하지 않고 개시하는 감사 또는 법령위반사항을 적발하기 위한 감사는 모두 허용될 수 없다(헌재 2009.5.28. 2006헌라6).

1770
지방자치단체의 장이 공소 제기된 후 구금상태에 있는 경우 부단체장이 그 권한을 대행하도록 한 지방자치법 규정은 무죄추정의 원칙에 위반되지 않는다. 21년 국회직 5급 [O][X]

(O) 자치단체장이 '공소제기된 후 구금상태'에 있다는 것은 자치단체장직을 수행할 사람의 신병이 일반사회로부터 격리되어 구치소나 교도소에 수감되어 있는 '사실적·물리적 부재상태'를 의미한다. 따라서 자치단체행정의 시의적절하고 원활한 운영과 주민의 복리에 초래될 수 있는 위험을 미연에 방지하기 위하여는, '공소제기된 후 구금상태에 있는' 자치단체장을 해당 직무에서 배제시키는 방법 외에는 달리 의미 있는 대안을 찾을 수 없다 할 것이다. 따라서 이는 공무담임권을 제한함에 있어 과잉금지원칙에 위배되지 않는다(헌재 2011.4.28. 2010헌마474).

1771
자치사무에 대한 행정안전부 감사는 합법성 감사로 제한되어야 하고, 포괄적·사전적 일반감사나 법령위반사항을 적발하기 위한 감사는 허용되지 않는다. 23년 경찰간부 [O][X]

(O) 헌법 및 지방자치법의 개정취지와 자치사무에 대한 감사를 '위법성 감사'로 축소한 경위 등을 종합하여 중앙행정기관의 지방자치단체의 자치사무에 대한 감사권은 사전적·일반적인 포괄감사권이 아니라 그 대상과 범위가 한정적인 제한된 감사권으로 해석하여야 한다고 판시하였다. 나아가 중앙행정기관이 지방자치단체의 자치사무에 대한 감사에 착수하기 위해서는 자치사무에 관하여 특정한 법령위반행위가 확인되었거나 위법행위가 있었으리라는 합리적 의심이 가능한 경우이어야 하고, 그 감사대상을 특정하여야 한다고 하여 자치사무에 대한 감사의 개시요건에 관한 법리를 확립하였다(헌재 2009.5.28. 2006헌라6).

1772
지방자치단체의 자치권이 미치는 관할구역의 범위에는 육지는 물론 바다도 포함되므로, 공유수면에 대해서도 지방자치단체의 자치권한이 존재한다고 보아야 한다. 23년 법원직 9급 [O][X]

(O) 지방자치법 제4조 제1항에 규정된 지방자치단체의 구역은 주민·자치권과 함께 지방자치단체의 구성요소로서 자치권을 행사할 수 있는 장소적 범위를 말하며, 자치권이 미치는 관할 구역의 범위에는 육지는 물론 바다도 포함되므로, 공유수면에 대한 지방자치 단체의 자치권한이 존재한다(헌재 2006.8.31. 2003헌라1).

1773
지방자치제도의 헌법적 보장은, 지방자치의 본질적 내용인 핵심영역(자치단체·자치기능·자치사무의 보장)은 어떠한 경우에도 입법 기타 중앙정부의 침해로부터 보호되어야 한다는 것을 의미한다. 지방자치제도는 국민주권의 기본원리에서 출발하여 주권의 지역적 주체로서의 주민에 의한 자기통치의 실현으로 요약된다. 20년 법원행시 [O][X]

(O) 지방자치제도의 헌법적 보장의 구체적인 내용을 확정하려면 위의 헌법규정의 규범적 의미내용을 검토하고 그것에 따라서 지방자치의 이념과 이의를 분명하게 밝혀내는 것이 중요하다고 하겠다. 이 헌법적 보장은 한마디로 국민주권의 기본원리에서 출발하여 주권의 지역적 주체로서의 주민에 의한 자기통치의 실현으로 요약할 수 있다(헌재 1998.4.30. 96헌바62).

1774
지방자치단체에는 반드시 지방의회를 두어야 한다. 21년 법무사 [O][X]

(O) 지방자치단체에 의회를 둔다(헌법 제118조 제1항).

| OX 문제 | 정답 및 해설 |

1775
지방자치단체는 주민의 복리에 관한 사무를 처리하고 재산을 관리하며, 법령의 범위 안에서 자치에 관한 규정을 제정할 수 있다. 21년 법무사 [O][X]

(O) 지방자치단체는 주민의 복리에 관한 사무를 처리하고 재산을 관리하며, 법령의 범위안에서 자치에 관한 규정을 제정할 수 있다(헌법 제117조 제1항).

1776
헌법 제117조, 제118조가 제도적으로 보장하고 있는 지방자치의 본질적 내용은 자치단체의 보장, 자치기능의 보장 및 자치사무의 보장이다. 21년 비상기획관(상) [O][X]

(O) 헌법 제117조, 제118조가 제도적으로 보장하고 있는 지방자치의 본질적 내용은 자치단체의 보장, 자치기능의 보장 및 자치사무의 보장이다(헌재 2006.3.30. 2003헌라2).

1777
헌법상 지방자치제도 보장의 핵심영역 내지 본질적 부분은 특정 지방자치단체의 존속을 보장하는 것이 아니라 지방자치단체에 의한 자치행정을 일반적으로 보장하는 것이다. 22년 입법고시 [O][X]

(O) 헌법상 지방자치제도보장의 핵심영역 내지 본질적 부분이 특정 지방자치단체의 존속을 보장하는 것이 아니며 지방자치단체에 의한 자치행정을 일반적으로 보장하는 것이므로, 현행법에 따른 지방자치단체의 중층구조 또는 지방자치단체로서 특별시·광역시 및 도와 함께 시·군 및 구를 계속하여 존속하도록 할지 여부는 결국 입법자의 입법형성권의 범위에 들어가는 것으로 보아야 한다(헌재 2006.4.27. 2005헌마1190).

1778
지방자치단체의 폐치·분합에 관한 것은 지방자치단체의 자치행정권 중 지역고권의 보장문제이기 때문에 국민의 기본권 침해를 요건으로 하는 헌법소원의 대상이 될 수 없다. 22년 입법고시 [O][X]

(X) 지방자치단체의 폐치·분합에 관한 것은 지방자치단체의 자치행정권 중 지역고권의 보장문제이나, 대상지역 주민들은 그로 인하여 인간다운 생활공간에서 살 권리, 평등권, 정당한 청문권, 거주이전의 자유, 선거권, 공무담임권, 인간다운 생활을 할 권리, 사회보장·사회복지수급권 및 환경권 등을 침해받게 될 수도 있다는 점에서 기본권과도 관련이 있어 헌법소원의 대상이 될 수 있다(헌재 1994.12.29. 94헌마201).

1779
헌법이 규정하는 지방자치단체의 자치권 가운데에는 자치에 관한 규정을 스스로 제정할 수 있는 자치입법권은 물론이고 그 밖에 그 소속 공무원에 대한 인사와 처우를 스스로 결정하고 이에 관련된 예산을 스스로 편성하여 집행하는 권한이 성질상 당연히 포함된다. 22년 국가직 7급 [O][X]

(O) 헌법 제117조 제1항이 규정하는 자치권 가운데에는 자치에 관한 규정을 스스로 제정할 수 있는 자치입법권은 물론이고 그밖에 그 소속 공무원에 대한 인사와 처우를 스스로 결정하고 이에 관련된 예산을 스스로 편성하여 집행하는 권한이 성질상 당연히 포함되지만, 이러한 자치권의 범위는 법령에 의하여 형성되고 제한된다(헌재 2002.10.31. 2002헌라2).

1780
지방자치단체의 구역은 주민·자치권과 함께 자치단체의 구성요소이며 자치권이 미치는 관할구역의 범위에는 육지는 물론 바다도 포함되므로 공유수면에 대해서도 지방자치단체의 자치권한이 존재한다고 보아야 한다. 22년 국가직 7급, 22년 변호사 [O][X]

(O) 지방자치법 제4조 제1항에 규정된 지방자치단체의 구역은 주민·자치권과 함께 지방자치단체의 구성요소로서 자치권을 행사할 수 있는 장소적 범위를 말하며, 자치권이 미치는 관할 구역의 범위에는 육지는 물론 바다도 포함되므로, 공유수면에 대한 지방자치단체의 자치권한이 존재한다(헌재 2006.8.31. 2003헌라1).

| OX 문제 | 정답 및 해설 |

1781
지방자치단체는 법령에 위반되지 아니하는 범위 내에서 그 사무에 관하여 조례를 제정할 수 있는 것이고, 조례가 규율하는 특정사항에 관하여 그것을 규율하는 국가의 법령이 이미 존재하는 경우에도 조례가 법령과 별도의 목적에 기하여 규율함을 의도하는 것으로서 그 적용에 의하여 법령의 규정이 의도하는 목적과 효과를 전혀 저해하는 바가 없는 때에는 그 조례가 국가의 법령에 위반되는 것은 아니다. 22년 비상기획관 ⓞⓧ

(O) 국가의 법령이 반드시 그 규정에 의하여 전국에 걸쳐 일률적으로 동일한 내용을 규율하려는 취지가 아니고 각 지방자치단체가 그 지방의 실정에 맞게 별도로 규율하는 것을 용인하는 취지라고 해석되는 때에는 그 조례가 국가의 법령에 위반되는 것은 아니다(대판 2006.10.12. 2006추38).

1782
「지방자치법」에 규정된 국민의 조례제정·개폐청구권 및 주민투표권은 헌법상 보장된 지방자치제도의 본질적 내용을 이룬다. 25년 소방간부, 24년 국가직 5급, 22년 입법고시 ⓞⓧ

(X) 지방자치법 제13조의2에서 규정한 주민투표권은 그 성질상 선거권, 공무담임권, 국민투표권과 전혀 다른 것이어서 이를 법률이 보장하는 참정권이라고 할 수 있을지언정 헌법이 보장하는 참정권이라고 할 수는 없다(헌재 2001.6.28. 2000헌마735).

1783
일정구역에 한하여 모든 자치단체를 전면적으로 폐지하거나 지방자치단체인 시·군이 수행해온 자치사무를 국가의 사무로 이관하는 것이 아니라 당해 지역 내의 지방자치단체인 시·군을 모두 폐지하여 중층구조를 단층화하는 것은 입법자의 선택범위에 들어가는 것이다. 24년 국회직 5급 ⓞⓧ

(O) 일정구역에 한하여 모든 자치단체를 전면적으로 폐지하거나 지방자치단체인 시·군이 수행해온 자치사무를 국가의 사무로 이관하는 것이 아니라 당해 지역 내의 지방자치단체인 시·군을 모두 폐지하여 중층구조를 단층화하는 것 역시 입법자의 선택범위에 들어가는 것이다(헌재 2006.4.27. 2005헌마1190).

1784
지방자치단체는 법령의 범위에서 그 사무에 관하여 조례를 제정할 수 있다. 다만, 주민의 권리 제한 또는 의무 부과에 관한 사항이나 벌칙을 정할 때에는 법률의 위임이 있어야 한다. 22년 5급 공채 ⓞⓧ

(O) 지방자치단체는 법령의 범위에서 그 사무에 관하여 조례를 제정할 수 있다. 다만, 주민의 권리 제한 또는 의무 부과에 관한 사항이나 벌칙을 정할 때에는 법률의 위임이 있어야 한다(지방자치법 제28조 제1항).

1785
조례는 특별한 규정이 없으면 공포한 날부터 20일이 지나면 효력을 발생한다. 22년 5급 공채 ⓞⓧ

(O) 조례와 규칙은 특별한 규정이 없으면 공포한 날부터 20일이 지나면 효력을 발생한다(지방자치법 제32조 제8항).

1786
지방자치단체가 고유사무인 자치사무에 관하여 자치조례를 제정하는 경우에도 주민의 권리제한 또는 의무부과에 관한 사항에 해당하는 조례를 제정할 경우에는 법률의 위임이 있어야 하고 그러한 위임 없이 제정된 조례는 효력이 없다. 23년 법원직 9급 ⓞⓧ

(O) 지방자치단체는 그 고유사무인 자치사무와 개별법령에 의하여 지방자치단체에 위임된 단체위임사무에 관하여 자치조례를 제정할 수 있지만 그 경우라도 주민의 권리제한 또는 의무부과에 관한 사항이나 벌칙은 법률의 위임이 있어야 하며, 기관위임사무에 관하여 제정되는 이른바 위임조례는 개별법령에서 일정한 사항을 조례로 정하도록 위임하고 있는 경우에 한하여 제정할 수 있으므로, 주민의 권리제한 또는 의무부과에 관한 사항이나 벌칙에 해당하는 조례를 제정할 경우에는 그 조례의 성질을 묻지 아니하고 법률의 위임이 있어야 하고 그러한 위임 없이 제정된 조례는 효력이 없다(대판 2007.12.13. 2006추52).

| OX 문제 | 정답 및 해설 |

1787
조례의 제정권자인 지방의회는 선거를 통해서 그 지역적인 민주적 정당성을 지니고 있는 주민의 대표기관이고 헌법이 지방자치단체에 포괄적인 자치권을 보장하고 있는 취지로 볼 때, 조례에 대한 법률의 위임은 법규명령에 대한 법률의 위임과 같이 반드시 구체적으로 범위를 정하여 할 필요가 없으며 포괄적인 것으로 족하다. 23년 경찰승진, 22년 5급 공채 [O|X]

(O) 조례의 제정권자인 지방의회는 선거를 통해서 그 지역적인 민주적 정당성을 지니고 있는 주민의 대표기관이고 헌법이 지방자치단체에 포괄적인 자치권을 보장하고 있는 취지로 볼 때, 조례에 대한 법률의 위임은 법규명령에 대한 법률의 위임과 같이 반드시 구체적으로 범위를 정하여 할 필요가 없으며 포괄적인 것으로 족하다(헌재 1995.4.20. 92헌마264 등).

1788
지방자치단체는 그 고유사무인 자치사무와 법령에 따라 지방자치단체에 속하는 사무에 관하여 법령에 위반되지 않는 범위 안에서 스스로 조례를 제정할 수 있지만, 국가사무인 기관위임사무에 관하여는 개별 법령에서 일정한 사항을 조례로 정하도록 위임하고 있더라도 조례를 제정할 수 없다. 22년 5급 공채 [O|X]

(X) 지방자치단체는 그 고유사무인 자치사무와 법령에 따라 지방자치단체에 속하는 사무에 관하여 법령에 위반되지 않는 범위 안에서 스스로 조례를 제정할 수 있지만, 국가사무인 기관위임사무에 관하여는 개별 법령에서 일정한 사항을 조례로 정하도록 위임하고 있는 경우에 한하여 조례를 제정할 수 있다(대판 2009.12.24. 2007추141).

1789
조례에 대한 법률의 위임 역시 법규명령에 대한 법률의 위임과 같이 반드시 구체적으로 범위를 정하여 하여야 한다. 21년 비상기획관(하) [O|X]

(X) 조례의 제정권자인 지방의회는 선거를 통해서 그 지역적인 민주적 정당성을 지니고 있는 주민의 대표기관이고 헌법이 지방자치단체에 포괄적인 자치권을 보장하고 있는 취지로 볼 때, 조례에 대한 법률의 위임은 법규명령에 대한 법률의 위임과 같이 반드시 구체적으로 범위를 정하여 할 필요가 없으며 포괄적인 것으로 족하다(헌재 1995.4.20. 92헌마264 등).

1790
법령에 위반되거나 재판 중인 사항을 포함하여 주민에게 과도한 부담을 주거나 중대한 영향을 미치는 지방자치단체의 주요결정사항으로서 그 지방자치단체의 조례로 정하는 사항은 주민투표에 부칠 수 있다. 21년 지방직 7급 [O|X]

(X) 다음 각 호의 사항은 이를 주민투표에 부칠 수 없다. 1. 법령에 위반되거나 재판중인 사항(주민투표법 제7조 제2항 제1호).

1791
헌법은 지방자치단체의 존속과 조례 제정권 등의 권한, 지방의회의 존속만을 명시하고 그 밖의 지방자치에 관한 구체적 사항들은 법률에 위임함으로써, 지방자치제도의 보장에 관하여 그 본질적 내용을 침해하지 아니하는 범위 내에서 입법자에게 제도의 구체적인 내용과 형태에 대하여 광범위한 형성권을 인정하고 있다. 21년 법원행시 [O|X]

(O) 입법자에게는 지방자치제도의 본질적 내용을 침해하지 않는 한도에서 제도의 구체적인 내용과 형태의 형성권이 폭넓게 인정된다(헌재 2006.2.23. 2005헌마403).

| OX 문제 | 정답 및 해설 |

1792
「지방자치법」에서 규정한 주민투표권이나 주민소환청구권은 그 성질상 선거권, 공무담임권, 국민투표권과는 다른 것이어서 이를 법률이 보장하는 참정권이라고 할 수 있을지언정 헌법이 보장하는 참정권이라 할 수는 없다. 23년 법원행시, 21년 비상기획관(상) O X

(O) 주민투표권은 그 성질상 선거권, 공무담임권, 국민투표권과 전혀 다른 것이어서 이를 법률이 보장하는 참정권이라고 할 수 있을지언정 헌법이 보장하는 참정권이라고 할 수는 없다(헌재 2001.6.28. 2000헌마735).

1793
조례제정·개폐청구권은 헌법 제37조 제1항의 '헌법에 열거되지 아니한 권리'로 볼 수 있으므로, 해당 지방자치단체의 주민이 그 침해를 이유로 제기한 헌법재판소법 제68조 제1항에 의한 헌법소원심판청구는 적법하다. 23년 법원행시, 20년 비상기획관(상) O X

(X) 주민투표권이나 조례제정·개폐청구권은 헌법상 기본권으로 보기 어려우므로, 주민투표권 조항 및 조례제정·개폐청구권 조항에 대한 청구는 이 조항들로 인한 청구인들의 기본권 침해 가능성이 인정되지 않아 부적법하다(헌재 2014.4.24. 2012헌마287).

1794
마치 국가가 영토고권을 가지는 것과 마찬가지로, 지방자치단체에게 자신의 관할구역 내에 속하는 영토·영해·영공을 자유로이 관리하고 관할구역 내의 사람과 물건을 독점적·배타적으로 지배할 수 있는 권리가 부여되어 있다. 24년 국회직 5급, 24년 국가직 5급, 21년 비상기획관(상) O X

(X) 국가가 영토고권을 가지는 것과 마찬가지로, 지방자치단체에게 자신의 관할구역 내에 속하는 영토, 영해, 영공을 자유로이 관리하고 관할구역 내의 사람과 물건을 독점적, 배타적으로 지배할 수 있는 권리가 부여되어 있다고 할 수는 없다(헌재 2006.3.30. 2003헌라2).

1795
관할 행정청이 국가기본도에 표시된 해상경계선을 기준으로 하여 과거부터 현재에 이르기까지 반복적으로 처분을 내리고, 지방자치단체가 허가, 면허 및 단속 등의 업무를 지속적으로 수행하여 왔다고 하더라도 국가기본도상의 해상경계선은 지방자치단체 관할 경계에 관하여 불문법으로서 그 기준이 될 수 없다. 22년 변호사 O X

(X) 국가기본도에 표시된 해상경계선은 그 자체로 불문법상 해상경계선으로 인정되는 것은 아니나, 관할 행정청이 국가기본도에 표시된 해상경계선을 기준으로 하여 과거부터 현재에 이르기까지 반복적으로 처분을 내리고, 지방자치단체가 허가, 면허 및 단속 등의 업무를 지속적으로 수행하여 왔다면 국가기본도상의 해상경계선은 여전히 지방자치단체 관할 경계에 관하여 불문법으로서 그 기준이 될 수 있다(헌재 2021.2.25. 2015헌라7).

1796
헌법상 특정 지방자치단체의 존속이 보장되어야 하므로 법률로 지방자치단체를 폐치·분합하는 것은 허용되지 않는다. 21년 법무사 O X

(X) 헌법 제117조 제2항은 지방자치단체의 종류를 법률로 정하도록 규정하고 있을 뿐 지방자치단체의 종류 및 구조를 명시하고 있지 않으므로 이에 관한 사항은 기본적으로 입법자에게 위임된 것으로 볼 수 있다. 따라서 헌법상 지방자치제도의 보장은 특정 지방자치단체의 존속을 보장하는 것이 아니며 지방자치단체의 폐치·분합은 헌법적으로 허용될 수 있다(헌재 2006.4.27. 2005헌마1190).

1797
지방자치단체 상호간에 권한의 유무 또는 범위에 관하여 다툼이 있을 때에는 해당 지방자치단체는 헌법재판소에 권한쟁의심판을 청구할 수 있다. 21년 법무사 O X

(O) 국가기관 상호간, 국가기관과 지방자치단체 간 및 지방자치단체 상호간에 권한의 유무 또는 범위에 관하여 다툼이 있을 때에는 해당 국가기관 또는 지방자치단체는 헌법재판소에 권한쟁의심판을 청구할 수 있다(헌법재판소법 제61조 제1항).

| OX 문제 | 정답 및 해설 |

1798
지방의회의 의결에 대하여 지방자치단체의 장이 재의를 요구하였으나, 지방의회가 전과 같은 의결을 한 경우, 지방자치단체의 장은 그 재의결된 사항이 법령에 위반된다고 판단된 경우에만 대법원에 소를 제기할 수 있다. 20년 법원행시 [O][X]

(O) 지방자치단체의 장은 제3항에 따라 재의결된 사항이 법령에 위반된다고 판단되면 재의결된 날부터 20일 이내에 대법원에 소를 제기할 수 있다(지방자치법 제192조).

1799
지방의회 사무직원의 임용권을 지방자치단체의 장에게 부여하도록 규정한 것은 지방의회와 지방자치단체의 장 사이의 상호견제와 균형의 원리에 비추어 헌법상 권력분립원칙에 위반된다. 23년 법원직 9급 [O][X]

(X) 지방의회 사무직원의 임용권이 지방자치단체의 장에게 있다고 하더라도 그것이 곧바로 지방의회와 집행기관 사이에 상호견제와 균형의 원리를 침해할 우려로 확대된다거나 또는 지방자치제도의 본질적 내용을 침해한다고 볼 수는 없다(헌재 2014.1.28. 2012헌바216). / 권력분립 원칙에 위반되지 않는다.

1800
지방자치단체의 장이 '공소 제기된 후 구금상태에 있는 경우' 부단체장이 그 권한을 대행하도록 규정한「지방자치법」조항은 구속되어 있는 자치단체장의 물리적 부재상태로 말미암아 자치단체행정의 원활하고 계속적인 운영에 위험이 발생할 것이 명백하여 이를 미연에 방지하기 위하여 직무를 정지시키는 것이므로 무죄추정의 원칙에 위반되지 않는다. 23년 소방간부 [O][X]

(O) 이 사건 법률조항은 공소 제기된 자로서 구금되었다는 사실 자체에 사회적 비난의 의미를 부여한다거나 그 유죄의 개연성에 근거하여 직무를 정지시키는 것이 아니라, 구금의 효과, 즉 구속되어 있는 자치단체장의 물리적 부재상태로 말미암아 자치단체행정의 원활하고 계속적인 운영에 위험이 발생할 것이 명백하여 이를 미연에 방지하기 위하여 직무를 정지시키는 것이므로, '범죄사실의 인정 또는 유죄의 인정에서 비롯되는 불이익'이라거나 '유죄를 근거로 하는 사회윤리적 비난'이라고 볼 수 없다. 따라서 무죄추정의 원칙에 위반되지 않는다(헌재 2011.4.28. 2010헌마474).

1801
지방자치단체의 장이 '금고 이상의 형을 선고받고 그 형이 확정되지 아니한 경우' 부단체장이 그 권한을 대행하도록 규정한「지방자치법」조항은 '금고 이상의 형이 선고되었다.'는 사실만을 유일한 요건으로 하여, 형이 확정될 때까지의 불확정한 기간동안 자치단체장으로서의 직무를 정지시키는 불이익을 가하고 있으므로, 무죄추정의 원칙에 위배된다. 23년 소방간부 [O][X]

(O) 이 사건 법률조항은 '금고 이상의 형이 선고되었다.'는 사실 자체에 주민의 신뢰가 훼손되고 자치단체장으로서 직무의 전념성이 해쳐질 것이라는 부정적 의미를 부여한 후, 그러한 판결이 선고되었다는 사실만을 유일한 요건으로 하여, 형이 확정될 때까지의 불확정한 기간동안 자치단체장으로서의 직무를 정지시키는 불이익을 가하고 있으며, 그와 같이 불이익을 가함에 있어 필요최소한에 그치도록 엄격한 요건을 설정하지도 않았으므로, 무죄추정의 원칙에 위배된다(헌재 2010.9.2. 2010헌마418).

CHAPTER 05 청구권적 기본권

제1절 청원권

1802
국민은 법령에 따라 행정 권한을 위임 또는 위탁받은 개인에게 청원을 제출할 수는 없다. 21년 지방직 7급

(X) 이 법에 의하여 청원을 제출할 수 있는 기관은 다음 각 호와 같다. / 법령에 의하여 행정권한을 가지고 있거나 행정권한을 위임 또는 위탁받은 법인·단체 또는 그 기관이나 개인(청원법 제3조 제3호)

1803
국회나 지방의회에 대한 청원에 국회의원이나 지방의회의원의 소개를 얻도록 규정한 법률조항은 청원심사의 효율성을 확보하기 위한 적절한 수단이지만, 의원 모두가 소개되기를 거절한 경우에 청원권을 행사할 수 없게 된다는 점에서 헌법에 위반된다. 24년 경찰간부, 23년 순경 1차, 22년 법학경채, 20년 소방간부, 20년 법원행시

(X) 국회가 '민원처리장화' 되는 것을 방지하기 위하여 적절한 수단을 선택할 수 있다 할 것이므로 의원의 소개를 청원서 제출의 요건으로 규정하여 의원의 소개를 얻은 민원은 일반의안과 같이 처리하고, 그 외 의원의 소개를 얻지 못한 민원은 진정으로 처리하는 방식을 택하는 것은 입법자에게 부여된 입법재량이라 할 것이다. 그렇다면 이 사건 법률조항은 입법형성의 재량의 범위를 넘어 기본권을 침해하였다고 볼 수 없다(헌재 2006.6.29. 2005헌마604).

1804
헌법상 보장된 청원권은 국가기관이 청원을 수리할 뿐만 아니라 이를 심사하여 청원자에게 그 처리결과를 통지할 것을 요구할 수 있는 권리를 말하고, 청원권의 보호범위에는 청원사항의 처리결과에 심판서나 재결서에 준하여 이유를 명시할 것까지를 요구하는 것은 포함되지 않는다. 23년 법원행시, 20년 법원행시

(O) 헌법 제26조와 청원법 규정에 의할 때 헌법상 보장된 청원권은 공권력과의 관계에서 일어나는 여러가지 이해관계, 의견, 희망 등에 관하여 적법한 청원을 한 모든 국민에게, 국가기관이(그 주관관서가) 청원을 수리할 뿐만 아니라, 이를 심사하여, 청원자에게 적어도 그 처리결과를 통지할 것을 요구할 수 있는 권리를 말한다. 그러나 청원권의 보호범위에는 청원사항의 처리결과에 심판서나 재결서에 준하여 이유를 명시할 것까지를 요구하는 것은 포함되지 아니한다고 할 것이다(헌재 1994.2.24. 93헌마213).

1805
국회에 청원을 하려는 자는 의원의 소개를 받거나 국회규칙으로 정하는 기간 동안 국회규칙으로 정하는 일정한 수 이상의 국민의 동의를 받아 청원서를 제출하여야 한다. 24년 경찰간부, 21년 소방간부

(O) 국회에 청원을 하려는 자는 의원의 소개를 받거나 국회규칙으로 정하는 기간 동안 국회규칙으로 정하는 일정한 수 이상의 국민의 동의를 받아 청원서를 제출하여야 한다(국회법 제123조 제1항).

1806
교도소 수형자의 서신을 통한 청원을 아무런 제한 없이 허용한다면 수용자가 이를 악용하여 검열 없이 외부에 서신을 발송하는 탈법수단으로 이용할 수 있게 되므로 이에 대한 검열은 수용목적을 달성하기 위한 불가피한 것으로서 청원권의 본질적 내용을 침해하는 것은 아니다. 21년 소방간부

(O) 서신을 통한 수용자의 청원을 아무런 제한 없이 허용한다면 수용자가 이를 악용하여 검열 없이 외부에 서신을 발송하는 탈법수단으로 이용할 수 있게 되므로 이에 대한 검열은 수용 목적 달성을 위한 불가피한 것으로서 청원권의 본질적 내용을 침해한다고 할 수 없다(헌재 2001.11.29. 99헌마713).

| OX 문제 | 정답 및 해설 |

1807
정부에 제출 또는 회부된 정부의 정책에 관계되는 청원의 심사는 국무회의의 심의를 거쳐야 한다. 23년 경찰간부, 22년 법원직, 22년 해경간부 [O][X]

(O) 다음 사항은 국무회의의 심의를 거쳐야 한다. / 15. 정부에 제출 또는 회부된 정부의 정책에 관계되는 청원의 심사 (헌법 제89조)

1808
청원권은 국민적 관심사를 국가기관에 표명할 수 있는 수단으로서의 성격을 가진 기본권이다. 23년 법원행시 [O][X]

(O) 청원권은 국민적 관심사를 국가기관에 표명할 수 있는 수단으로서의 성격을 가진 기본권으로 국민은 누구나 형식에 구애됨이 없이 그 관심사를 국가기관에 표명할 수 있다(헌재 2005.11.24. 2003헌바108).

1809
헌법은 제26조에서 "모든 국민은 법률이 정하는 바에 의하여 국가기관에 문서로 청원할 권리를 가진다. 국가는 청원에 대하여 심사할 의무를 진다."고 하여 청원권을 기본권으로 보장하고 있으므로, 모든 국민은 공권력과의 관계에서 일어나는 여러 가지 이해관계 또는 국정에 관해서 자신의 의견이나 희망을 해당 기관에 진술할 수 있으며, 청원을 수리한 국가기관은 청원에 대하여 심사하여야 할 의무를 지게 된다. 23년 법원행시 [O][X]

(O) 우리 헌법은 제26조에서 "모든 국민은 법률이 정하는 바에 의하여 국가기관에 문서로 청원할 권리를 가진다. 국가는 청원에 대하여 심사할 의무를 진다."고 하여 청원권을 기본권으로 보장하고 있다. 따라서 모든 국민은 공권력과의 관계에서 일어나는 여러 가지 이해관계 또는 국정에 관해서 자신의 의견이나 희망을 해당 기관에 진술할 수 있으며, 청원을 수리한 국가기관은 청원에 대하여 심사하여야 할 의무를 지게 된다(헌재 2005.11.24. 2003헌바108).

1810
국회 전자청원시스템에 등록된 청원서가 등록일부터 30일 이내에 100명 이상의 찬성을 받아 일반인에게 공개되면, 공개된 날부터 30일 이내에 10만 명 이상의 동의를 받은 경우 국민동의청원으로 접수된 것으로 보는 「국회법」 및 「국회청원심사규칙」 조항은 의원소개조항에 더하여 추가적으로 요건과 절차를 규정하고 있는 것으로 입법형성의 한계를 위반한 것이다. 24년 경찰간부 [O][X]

(X) 청원서가 일반인에게 공개되면 그로부터 30일 이내에 10만명 이상의 동의를 받도록 한 것은 국회의 한정된 심의 역량과 자원의 효율적 배분을 고려함과 동시에, 일정 수준 이상의 인원에 해당하는 국민 다수가 관심을 갖고 동의하는 의제가 논의대상이 되도록 하기 위한 것이다(헌재 2023.3.23. 2018헌마460). / 따라서 국민동의법령조항들은 입법형성의 한계를 위반한 것으로 볼 수 없다.

1811
청원권 행사를 위한 청원사항이나 청원방식, 청원절차 등에 관해서는 입법자가 그 내용을 자유롭게 형성할 재량권을 가지므로 공무원이 취급하는 사건 또는 사무에 관한 사항의 청탁에 관해 금품을 수수하는 등의 행위를 청원권의 내용으로서 보장할지 여부에 대해서도 입법자에게 폭넓은 재량권이 주어져 있다. 23년 법원행시 [O][X]

(O) 청원권 행사를 위한 청원사항이나 청원방식, 청원절차 등에 관해서는 입법자가 그 내용을 자유롭게 형성할 재량권을 가지고 있으므로 공무원이 취급하는 사건 또는 사무에 관한 사항의 청탁에 관해 금품을 수수하는 등의 행위를 청원권의 내용으로서 보장할지 여부에 대해서도 입법자에게 폭넓은 재량권이 주어져 있다(헌재 2012.4.24. 2011헌바40).

1812
국민이 여러 가지 이해관계 또는 국정에 관해서 자신의 의견이나 희망을 해당 기관에 직접 진술하여야 하며, 본인을 대리하거나 중개하는 제3자를 통해 진술하는 것은 청원권으로서 보호되지 않는다. 23년 경찰간부 [O][X]

(X) 국민은 여러 가지 이해관계 또는 국정에 관하여 자신의 의견이나 희망을 해당 기관에 직접 진술하는 외에 그 본인을 대리하거나 중개하는 제3자를 통해 진술하더라도 이는 청원권으로서 보호된다(헌재 2012.4.24. 2011헌바40).

OX 문제	정답 및 해설

1813
「청원법」에 따르면 청원기관의 장은 청원이 허위의 사실로 타인으로 하여금 형사처분 또는 징계처분을 받게 하는 사항에 해당하는 경우에는 처리를 하지 아니한다. 23년 경찰간부 [O X]

(X) 청원기관의 장은 청원이 다음 각 호의 어느 하나에 해당하는 경우에는 처리를 하지 아니할 수 있다. 이 경우 사유를 청원인에게 알려야 한다. / 허위의 사실로 타인으로 하여금 형사처분 또는 징계처분을 받게 하는 사항(청원법 제6조 제3호). / 아니한다가 아니라 아니할 수 있다.

1814
청원에 대한 처리결과가 청원인이 기대한 바에 미치지 않는다고 하더라도 헌법소원의 대상이 되는 공권력의 행사 내지 불행사라고는 볼 수 없다. 23년 국회직 5급, 22년 해경간부 [O X]

(O) 비록 그 통보내용이 청원인이 기대하는 바에는 미치지 못한다고 하더라도 그러한 통보조치가 헌법소원의 대상이 되는 구체적인 공권력의 행사 내지 불행사라고 볼 수는 없다(헌재 2000.10.25. 99헌마458).

1815
공무원이 취급하는 사건 또는 사무에 관하여 사건 해결의 청탁 등을 명목으로 금품을 수수하는 행위를 규제하는 조항은 일반적 행동자유권뿐만 아니라 청원권을 제한한다. 22년 법원직 [O X]

(O) 이 사건 법률조항은 공무원의 직무에 속하는 사항에 관하여 금품을 대가로 다른 사람을 중개하거나 대신하여 그 이해관계나 의견 또는 희망을 해당 기관에 진술할 수 없게 하므로, 일반적 행동자유권 및 청원권을 제한한다(헌재 2012.4.24. 2011헌바40). / 침해한다가 아니라 제한한다.

1816
청원기관의 장은 청원이 감사·수사·재판·행정심판·조정·중재 등 다른 법령에 의한 조사·불복 또는 구제절차가 진행 중인 사항인 경우에는 처리를 하지 아니할 수 있다. 22년 경찰간부 [O X]

(O) 감사·수사·재판·행정심판·조정·중재 등 다른 법령에 의한 조사·불복 또는 구제절차가 진행 중인 사항 / 청원기관의 장은 청원이 다음 각 호의 어느 하나에 해당하는 경우에는 처리를 하지 아니할 수 있다(청원법 제6조 제1항).

1817
청원은 문서로 하도록 헌법상 규정되어 있고, 청원법에서도 청원은 문서(전자문서 포함)로 하도록 규정하고 있다. 이에 따라 구두로 청원하는 것은 인정되지 않는다. 20년 법원행시 [O X]

(O) 모든 국민은 법률이 정하는 바에 의하여 국가기관에 문서로 청원할 권리를 가진다(헌법 제26조 제1항).

1818
청원사항의 처리결과에 대하여 재결서에 준하는 이유를 명시할 의무는 있으나, 청원인이 청원한 내용대로의 결과를 통지할 의무는 없다. 22년 해경간부 [O X]

(X) 헌법은 제26조 제2항에서 청원에 대한 수리와 심사의 의무만을 국가의 의무로 규정하고 있으나, 청원법에서는 그 결과를 청원인에게 통지할 의무까지 규정하고 있다(청원법 제9조). 다만, 그에 대한 재결이나 결정할 의무까지 있는 것은 아니고, 또한 처리결과를 통지할 경우에 법률에 특별한 규정이 없는 한 처리이유까지 밝혀야 할 필요는 없다.

1819
청원기관의 장은 청원이 국가기밀 또는 공무상 비밀에 관한 사항에 해당하는 경우 처리를 하지 아니할 수 있다. 26년 경찰간부 [O X]

(O) 청원기관의 장은 청원이 다음 각 호의 어느 하나에 해당하는 경우에는 처리를 하지 아니할 수 있다. 이 경우 사유를 청원인에게 알려야 한다. / 1. 국가기밀 또는 공무상 비밀에 관한 사항(청원법 제6조 제1호).

| OX 문제 | 정답 및 해설 |

1820
청원기관의 장은 동일인이 같은 내용의 청원서를 같은 청원기관에 2건 이상 제출한 반복청원의 경우에는 나중에 제출된 청원서를 반려하거나 종결처리할 수 있고, 종결처리하는 경우 이를 청원인에게 알려야 한다. 26년 경찰간부, 25년 공채 5급 [O|X]

(O) 청원기관의 장은 동일인이 같은 내용의 청원서를 같은 청원기관에 2건 이상 제출한 반복청원의 경우에는 나중에 제출된 청원서를 반려하거나 종결처리할 수 있고, 종결처리하는 경우 이를 청원인에게 알려야 한다(청원법 제16조 제1항).

1821
국회에 청원하는 방법을 '국회규칙으로 정하는 기간 동안 국회규칙으로 정하는 일정한 수 이상의 국민의 동의를 받아'라고 규정한 「국회법」 조항은, 국회가 한정된 자원과 심의역량 등을 고려하여 국민동의 요건을 탄력적으로 정하도록 그 구체적인 내용을 하위법령에 위임할 필요성이 인정된다. 24년 경찰간부 [O|X]

(O) 국민의 의견을 효과적으로 반영하여 청원제도의 목적을 높은 수준으로 달성하기 위해서는 국회가 국회의 한정된 자원과 심의역량 등을 고려하여 국민동의기간이나 인원 등 국민동의 요건을 탄력적으로 정할 필요가 있으므로, 그 구체적인 내용을 하위법령에 위임할 필요성이 인정된다(헌재 2023.3.23. 2018헌마460 등).

1822
헌법상 청원권은 문서로 행사하도록 하고 있으나 청원법은 국민의 기본권 보장을 강화하기 위하여 구두로도 청원할 수 있도록 하고 있다. 25년 법원행시 [O|X]

(X) 청원은 청원서에 청원인의 성명(법인인 경우에는 명칭 및 대표자의 성명을 말한다)과 주소 또는 거소를 적고 서명한 문서(「전자문서 및 전자거래 기본법」에 따른 전자문서를 포함한다)로 하여야 한다(청원법 제9조 제1항). / 구두청원에 관한 규정은 존재하지 않는다.

제2절 재판청구권

1823
헌법조문에는 모든 국민은 신속한 재판을 받을 권리를 가진다. 형사피고인은 정당한 이유가 없는 한 지체없이 공정한 재판을 받을 권리를 가진다고 규정되어 있다. 23년 순경 2차 [O|X]

(X) 모든 국민은 신속한 재판을 받을 권리를 가진다. 형사피고인은 상당한 이유가 없는 한 지체 없이 공개재판을 받을 권리를 가진다(헌법 제27조 제3항). / 공정한 재판은 헌법조문에는 없다.

1824
형사피고인은 유죄의 판결이 확정될 때까지는 무죄로 추정된다. 23년 순경 2차 [O|X]

(O) 형사피고인은 유죄의 판결이 확정될 때까지는 무죄로 추정된다(헌법 제27조 제4항).

1825
재판청구권에 포함된 공정한 재판을 받을 권리 속에는 신속하고 공개된 법정의 법관의 면전에서 모든 증거자료가 조사·진술되고 이에 대하여 공격·방어할 수 있는 기회가 보장되는 재판, 즉 원칙적으로 당사자주의와 구두변론주의가 보장되어 공소사실에 대한 답변과 입증 및 반증하는 등 공격, 방어권이 충분히 보장되는 재판을 받을 권리가 포함되어 있다. 20년 법원행시 [O|X]

(O) 이 공정한 재판을 받을 권리 속에는 신속하고 공개된 법정의 법관의 면전에서 모든 증거자료가 조사·진술되고 이에 대하여 피고인이 공격·방어할 수 있는 기회가 보장되는 재판, 즉 원칙적으로 당사자주의와 구두변론주의가 보장되어 당사자가 공소사실에 대한 답변과 입증 및 반증하는 등 공격·방어권이 충분히 보장되는 재판을 받을 권리가 포함되어 있다(헌재 1998.12.24. 94헌바46).

| OX 문제 | 정답 및 해설 |

1826
법관에 의한 재판을 받을 권리를 보장한다고 함은 법관이 사실을 확정하고 법률을 해석·적용하는 재판을 받을 권리를 보장한다는 뜻이고, 그와 같은 법관에 의한 사실확정과 법률의 해석·적용의 기회에 접근하기 어렵도록 제약이나 장벽을 쌓아서는 아니 된다. 24년 국회직 8급, 22년 법무사 ☐X

(O) 재판이라 함은 구체적 사건에 관하여 사실의 확정과 그에 대한 법률의 해석적용을 그 본질적인 내용으로 하는 일련의 과정이다. 따라서 법관에 의한 재판을 받을 권리를 보장한다고 함은 결국 법관이 사실을 확정하고 법률을 해석·적용하는 재판을 받을 권리를 보장한다는 뜻이고, 그와 같은 법관에 의한 사실확정과 법률의 해석적용의 기회에 접근하기 어렵도록 제약이나 장벽을 쌓아서는 아니 된다고 할 것이다(헌재 1995.9.28. 92헌가11 등).

1827
피고인이 정식재판을 청구한 사건에 대하여는 약식명령의 형보다 중한 종류의 형을 선고하지 못하도록 하는 「형사소송법」 조항은 불이익변경금지원칙을 적용하지 않아 과잉금지원칙에 위반되어 피고인의 공정한 재판을 받을 권리를 침해한다. 24년 경찰 2차 ☐X

(X) 기존 불이익변경금지조항을 형종상향금지조항으로 변경하였다. 이는 범죄구성요건의 제정이나 형벌의 가중에 해당한다고 볼 수 없어 형벌불소급의 원칙에 위배되지 아니한다(헌재 2023.2.23. 2018헌바513). / 공정한 재판받을 권리도 침해하지 아니한다.

1828
재판청구권은 재판이라는 국가적 행위를 청구할 수 있는 적극적 측면과 헌법과 법률이 정한 법관이 아닌 자에 의한 재판이나 법률에 의하지 아니한 재판을 받지 아니하는 소극적 측면을 아울러 가지고 있다. 22년 법무사 ☐X

(O) 재판청구권은 재판이라는 국가적 행위를 청구할 수 있는 적극적 측면과 헌법과 법률이 정한 법관이 아닌 자에 의한 재판이나 법률에 의하지 아니한 재판을 받지 아니하는 소극적 측면을 아울러 가지고 있다(헌재 1998.5.28. 96헌바4).

1829
'헌법과 법률이 정한 법관에 의하여 법률에 의한 재판을 받을 권리'가 사건의 경중을 가리지 않고 모든 사건에 대하여 대법원을 구성하는 법관에 의한 재판을 받을 권리를 의미한다거나 또는 상고심재판을 받을 권리를 의미하는 것이라고 할 수는 없다. 21년 지방직 7급, 20년 국회직 5급 ☐X

(O) 사건의 경중을 가리지 아니하고 모든 사건에 대하여 대법원을 구성하는 법관에 의한 균등한 재판을 받을 권리를 의미한다거나 또는 상고심재판을 받을 권리를 의미하는 것이라고 할 수는 없다(헌재 1997.10.30. 97헌바37 등).

1830
재판청구권은 민사재판·형사재판·행정재판을 받을 권리를 의미하므로, 헌법상 보장되는 기본권인 '공정한 재판을 받을 권리'에는 '공정한 헌법재판을 받을 권리'는 포함되지 아니한다. 24년 경찰승진, 22년 입법고시, 22년 법무사, 21년 법원직, 21년 국가직 7급, 21년 법원행시, 20년 법원행시 ☐X

(X) 공정한 재판을 받을 권리는 헌법 제27조의 재판청구권에 의하여 함께 보장되고, 재판청구권에는 민사재판, 형사재판, 행정재판뿐만 아니라 헌법재판을 받을 권리도 포함되므로, 헌법상 보장되는 기본권인 '공정한 재판을 받을 권리'에는 '공정한 헌법재판을 받을 권리'도 포함된다(헌재 2014.4.24. 2012헌마2).

1831
국민참여재판을 받을 권리는 헌법 제27조 제1항에서 규정한 헌법과 법률이 정한 법관에 의한 재판을 받을 권리의 보호범위에 속한다고 볼 수 없다. 25년 국회직 8급, 20년 소방간부 ☐X

(O) 우리 헌법상 헌법과 법률이 정한 법관에 의한 재판을 받을 권리는 직업법관에 의한 재판을 주된 내용으로 하는 것이므로 국민참여재판을 받을 권리가 헌법 제27조 제1항에서 규정한 재판을 받을 권리의 보호범위에 속한다고 볼 수 없다(헌재 2009.11.26. 2008헌바12).

| OX 문제 | 정답 및 해설 |

1832
국민참여재판 배심원의 자격을 만 20세 이상으로 정한 법률규정은, 민법상 성년의 연령이 19세인 점, 국민은 18세 내지 19세가 되면 선거권을 가지고, 병역의 의무, 근로의 의무 등을 부담한다는 점에 비추어 보면 만 20세 미만의 국민을 합리적 이유 없이 국민참여재판 배심원으로 참여할 수 없도록 하여 평등권을 침해한다. 22년 법원행시, 22년 법학경채 [O][X]

(X) 심판대상조항이 우리나라 국민참여재판제도의 취지와 배심원의 권한 및 의무 등 여러 사정을 종합적으로 고려하여 만 20세에 이르기까지 교육 및 경험을 쌓은 자로 하여금 배심원의 책무를 담당하도록 정한 것은 입법형성권의 한계 내의 것으로 자의적인 차별이라고 볼 수 없다(헌재 2021.5.27. 2019헌가19).

1833
기피신청이 소송의 지연을 목적으로 함이 명백한 경우에는 그러한 신청을 받은 법원 또는 법관이 스스로 신속하게 신청을 기각할 수 있도록 하는「형사소송법」조항은, 소송절차의 지연을 목적으로 한 기피신청의 남용을 방지하여 형사소송절차의 신속성의 실현이라는 공익을 달성하기 위한 것으로 헌법 제27조 제1항, 제37조 제2항에 위반된다고 할 수 없다. 24년 경찰 2차 [O][X]

(O) 심판대상조항은 절차에 위반되거나 소송절차 지연을 목적으로 하는 기피신청의 남용을 방지하여 형사소송절차의 신속성의 실현이라는 공익을 달성하고자 하는 것으로 그 입법목적이 정당하고, … 심판대상조항은 관할 위반, 기피사유서 미제출의 경우나 소송절차 지연을 목적으로 하는 것이 '명백'한 경우에 한하여 이를 허용하고 있으므로 침해의 최소성도 갖추고 있다고 할 것이며, … 공정한 재판을 받을 권리를 침해하였다고 할 수 없다(헌재 2006.7.27. 2005헌바58).

1834
국민참여재판으로 진행하는 것이 적절하지 아니하다고 인정되는 경우 법원이 국민참여재판 배제 결정을 할 수 있도록 한 법률규정은 국민참여재판의 특성에 비추어 그 절차로 진행함이 부적당한 사건에 대하여 법원의 재량으로 국민참여재판을 하지 아니하기로 하는 결정을 할 수 있도록 한 것일 뿐, 피고인에 대한 범죄사실 인정이나 유죄판결을 전제로 하여 불이익을 과하는 것이 아니므로 무죄추정원칙에 위배된다고 볼 수 없다. 22년 법원행시 [O][X]

(O) 이 사건 참여재판 배제조항은 국민참여재판의 특성에 비추어 그 절차로 진행함이 부적당한 사건에 대하여 법원의 재량으로 국민참여재판을 하지 아니하기로 하는 결정을 할 수 있도록 한 것일 뿐, 피고인에 대한 범죄사실 인정이나 유죄판결을 전제로 하여 불이익을 과하는 것이 아니므로 무죄추정원칙에 위배된다고 볼 수 없다(헌재 2014.1.28. 2012헌바298).

1835
형사소송절차에서 국민참여재판제도는 사법의 민주적 정당성과 신뢰를 높이기 위하여 배심원이 사실심 법관의 판단을 돕기 위한 권고적 효력을 가지는 의견을 제시하는 제한적 역할을 수행하게 되나, 헌법상 재판을 받을 권리의 보호범위에 배심재판을 받을 권리가 포함되는 것은 아니다. 22년 법원행시 [O][X]

(O) 형사소송절차에서 국민참여재판제도는 사법의 민주적 정당성과 신뢰를 높이기 위하여 배심원이 사실심 법관의 판단을 돕기 위한 권고적 효력을 가지는 의견을 제시하는 제한적 역할을 수행하게 되고, 헌법상 재판을 받을 권리의 보호범위에는 배심재판을 받을 권리가 포함되지 아니한다(헌재 2014.1.28. 2012헌바298).

1836
국민참여재판의 대상사건을 형사사건 중 합의부 관할사건으로 한정한 법률 규정이 단독판사 관할사건으로 재판받는 피고인과 합의부 관할사건으로 재판받는 피고인을 다르게 취급하고 있는 것은 합리적인 이유가 있으므로 평등권을 침해하지 않는다. 22년 법원행시 [O][X]

(O) 형사사건의 다수를 차지하는 단독판사 관할사건까지 국민참여재판의 대상사건으로 할 경우, 한정된 인적·물적자원만으로는 현실적으로 제도 운영에 어려움이 있는 점, 합의부 관할사건이 일반적으로 단독판사 관할사건보다 사회적 파급력이 큰 점 등에 비추어 보면, 이 사건 법률조항이 단독판사 관할사건으로 재판받는 피고인과 합의부 관할사건으로 재판받는 피고인을 다르게 취급하고 있는 것은 합리적인 이유가 있으므로 이 사건 법률조항은 평등권을 침해하지 않는다(헌재 2015.7.30. 2014헌바).

| OX 문제 | 정답 및 해설 |

1837
국민의 형사재판 참여에 관한 법률이 국민참여재판의 일반적 배제사유로 '그 밖에 국민참여재판으로 진행하는 것이 적절하지 아니하다고 인정되는 경우'라고 규정한 것은 적법절차원칙에 위배되지 아니한다. 21년 법원행시 [O][X]

(O) 공소사실의 다양한 태양과 그로 인하여 쟁점이 지나치게 복잡하게 될 가능성, 예상되는 심리기간의 장단, 주요 증인의 소재 확보 여부와 사생활의 비밀 보호 등 공판절차에서 나타나는 여러 사정을 고려하여 보았을 때 참여재판 배제사유를 일일이 열거하는 것은 불가능하거나 현저히 곤란하다. 그러므로 이 사건 참여재판 배제조항과 같이 포괄적, 일반적 배제사유를 두는 것은 불가피하고, 그 실질적 기준은 법원의 재판을 통하여 합리적으로 결정될 수 있다. 따라서 이 사건 참여재판 배제조항은 그 절차와 내용에 있어 합리성과 정당성을 갖추었다고 할 것이므로, 적법절차원칙에 위배되지 아니한다(헌재 2014.1.28. 2012헌바298).

1838
「헌법」은 재판의 전심절차로서 행정심판을 할 수 있다고 규정하고 있다. 22년 해경간부 [O][X]

(O) 재판의 전심절차로서 행정심판을 할 수 있다. 행정심판의 절차는 법률로 정하되, 사법절차가 준용되어야 한다(헌법 제107조 제3항).

1839
행정심판절차의 구체적 형성에 관한 입법자의 입법형성의 한계를 고려할 때, 어떤 행정심판이 필요적 전심절차로 규정되어 있는 경우 사법절차가 준용되어야 한다. 22년 경찰승진 [O][X]

(O) 입법자가 행정심판을 전심절차가 아니라 종심절차로 규정함으로써 정식재판의 기회를 배제하거나, 어떤 행정심판을 필요적 전심절차로 규정하면서도 그 절차에 사법절차가 준용되지 않는다면 이는 헌법 제107조 제3항 나아가 재판청구권을 보장하고 있는 헌법 제27조에도 위반된다 할 것이다(헌재 2000.6.1. 98헌바8).

1840
직권면직처분을 받은 지방공무원이 그에 대해 불복할 경우 행정소송의 제기에 앞서 반드시 소청심사를 거치도록 규정한 것은 재판청구권을 침해하거나 평등원칙에 위반된다고 볼 수 없다. 22년 국회직 8급 [O][X]

(O) 이 사건 필요적 전치조항은 입법형성의 한계를 벗어나 재판청구권을 침해하거나 평등원칙에 위반된다고 볼 수 없다(헌재 2015.3.26. 2013헌바186).

1841
입법자는 행정심판을 통한 권리구제의 실효성, 행정청에 의한 자기 시정의 개연성, 문제되는 행정처분의 특수성 등을 고려하여 행정심판을 임의적 전치절차로 할 것인지, 아니면 필요적 전치절차로 할 것인지를 결정할 입법형성권을 가지고 있다. 22년 국회직 8급 [O][X]

(O) 입법자는 행정심판을 통한 권리구제의 실효성, 행정청에 의한 자기 시정의 개연성, 문제되는 행정처분의 특수성 등을 고려하여 행정심판을 임의적 전치절차로 할 것인지, 아니면 필요적 전치절차로 할 것인지를 결정할 입법형성권을 가지고 있다(헌재 2015.3.26. 2013헌바186).

1842
행정심판이 재판의 전심절차로서 기능할 뿐만 아니라 사실확정에 관한 한 사실상 최종심으로 기능하더라도 재판청구권을 침해하는 것은 아니다. 23년 경찰간부 [O][X]

(X) 입법자가 행정심판을 전심절차가 아니라 종심절차로 규정함으로써 정식재판의 기회를 배제하거나, 어떤 행정심판을 필요적 전심절차로 규정하면서도 그 절차에 사법절차가 준용되지 않는다면 이는 헌법 제107조 제3항, 나아가 재판청구권을 보장하고 있는 헌법 제27조에도 위반된다(헌재 2000.6.1. 98헌바8).

| OX 문제 | 정답 및 해설 |

1843
현역병의 군대 입대 전 범죄에 대한 군사법원의 재판권을 규정하고 있는 군사법원법 조항은 재판청구권을 침해하지 않는다. 23년 5급 공채 ☐☒

(O) 형사재판에 있어 범죄사실의 확정과 책임은 행위시를 기준으로 하지만, 재판권 유무는 원칙적으로 재판 시점을 기준으로 해야 하며, 형사재판은 유죄인정과 양형이 복합되어 있는데 양형은 일반적으로 재판받을 당시, 즉 선고시점의 피고인의 군인신분을 주요 고려 요소로 해 군의 특수성을 반영할 수 있어야 하므로, 이러한 양형은 군사법원에서 담당하도록 하는 것이 타당하다. 나아가 군사법원의 상고심은 대법원에서 관할하고 군사법원에 관한 내부규율을 정함에 있어서도 대법원이 종국적인 관여를 하고 있으므로 이 사건 법률조항이 군사법원의 재판권과 군인의 재판청구권을 형성함에 있어 그 재량의 헌법적 한계를 벗어났다고 볼 수 없다(헌재 2009.7.30. 2008헌바162).

1844
검사가 보관하고 있는 서류에 대하여 법원의 열람·등사 허용 결정이 있었음에도 검사가 청구인에 대한 형사사건과의 관련성을 부정하면서 해당 서류의 열람·등사를 허용하지 아니한 행위는 신속하고 공정한 재판을 받을 권리를 침해한다. 23년 국회직 5급 ☐☒

(O) 법원이 열람·등사 허용 결정을 하였음에도 검사가 이를 신속하게 이행하지 아니하는 경우에는 해당 증인 및 서류 등을 증거로 신청할 수 없는 불이익을 받는 것에 그치는 것이 아니라, 그러한 검사의 거부행위는 피고인의 열람·등사권을 침해하고, 나아가 피고인의 신속·공정한 재판을 받을 권리 및 변호인의 조력을 받을 권리까지 침해하게 되는 것이다(헌재 2022.6.30. 2019헌마356).

1845
형사피고인은 상당한 이유가 없는 한 지체없이 공개재판을 받을 권리를 가진다. 23년 국회직 5급 ☐☒

(O) 모든 국민은 신속한 재판을 받을 권리를 가진다. 형사피고인은 상당한 이유가 없는 한 지체없이 공개재판을 받을 권리를 가진다(헌법 제27조 제3항).

1846
재심도 재판절차 중의 하나이므로 재심청구권은 헌법 제27조에서 규정한 재판을 받을 권리에 당연히 포함된다. 23년 국회직 5급 ☐☒

(X) 재심청구권도 입법형성권의 행사에 의하여 비로소 창설되는 법률상의 권리일 뿐, 청구인의 주장과 같이 헌법 제27조 제1항, 제37조 제1항에 의하여 직접 발생되는 기본적 인권은 아니다(헌재 2000.6.29. 99헌바66).

1847
「범죄인인도법」제3조가 법원의 범죄인인도심사를 서울고등법원의 전속관할로 하고 그 심사결정에 대한 불복절차를 인정하지 않은 것은 재판청구권을 침해한다. 23년 경찰간부 ☐☒

(X) 이 사건에서 설사 범죄인인도를 형사처벌과 유사한 것이라 본다고 하더라도, 이 사건 법률조항이 적어도 법관과 법률에 의한 한 번의 재판을 보장하고 있고, 그에 대한 상소를 불허한 것이 적법절차원칙이 요구하는 합리성과 정당성을 벗어난 것이 아닌 이상, 그러한 상소 불허 입법이 입법재량의 범위를 벗어난 것으로서 재판청구권을 과잉 제한하는 것이라고 보기는 어렵다(헌재 2003.1.30. 2001헌바95).

1848
'피고인 스스로 치료감호를 청구할 수 있는 권리'뿐만 아니라 '법원으로부터 직권으로 치료감호를 선고받을 수 있는 권리'는 헌법상 재판청구권의 보호범위에 포함된다. 23년 경찰간부, 23년 5급 공채, 22년 법무사, 22년 법원행시 ☐☒

(X) 법원이 직권으로 치료감호를 선고할 수 있는지 여부는 재판청구권의 적극적 측면은 물론 소극적 측면에도 해당하지 않는다. 따라서 청구인이나 제청법원이 주장하는 '피고인 스스로 치료감호를 청구할 수 있는 권리'뿐만 아니라 '법원으로부터 직권으로 치료감호를 선고받을 수 있는 권리'는 헌법상 재판청구권의 보호범위에 포함된다고 보기 어렵다(헌재 2021.1.28. 2019헌가24 등).

OX 문제

1849
사법보좌관에게 소송비용액 확정결정절차를 처리하도록 한 조항은 입법재량권을 현저히 불합리하게 또는 자의적으로 행사하였다고 단정할 수 없으므로 헌법 제27조 제1항에 위반된다고 할 수 없다. 23년 법원직 9급, 20년 법원행시 [O|X]

1850
사법보좌관의 지급명령에 대한 이의신청 기간을 2주 이내로 규정한 민사소송법 제470조 제1항 중 '사법보좌관의 지급 명령'에 관한 부분은 재판청구권을 침해한다. 23년 법원직 9급, 22년 경찰간부 [O|X]

1851
'사형, 무기 또는 10년 이상의 징역이나 금고가 선고된 사건'에 한하여 중대한 사실오인 또는 양형부당을 이유로 한 상고를 허용한 형사소송법(1963. 12. 13. 법률 제1500호로 개정된 것) 제383조 제4호는 재판청구권을 침해하지 아니한다. 23년 법원직 9급 [O|X]

1852
심급제도에 대한 입법재량의 범위와 범죄인인도심사의 법적 성격, 그리고 범죄인인도법에서의 심사절차에 관한 규정 등을 종합할 때, 범죄인인도심사를 서울고등법원의 단심제로 정하고 있는 것은 적법절차원칙에서 요구되는 합리성과 정당성을 결여한 것이라고 볼 수 없다. 23년 법원직 9급 [O|X]

1853
헌법은 피고인의 반대신문권을 미국이나 일본과 같이 헌법상의 기본권으로까지 규정하지는 않았으나, 형사소송법은 제161조의2에서 피고인의 반대신문권을 포함한 교호신문권을 명문으로 규정하여 피고인에게 불리한 증거에 대하여 반대신문할 수 있는 권리를 원칙적으로 보장하고 있는바, 이는 헌법 제12조 제1항, 제27조 제1항, 제3항 및 제4항에 의한 공정한 재판을 받을 권리를 구현한 것이다. 23년 법원직 9급 [O|X]

정답 및 해설

(O) 사법보좌관에게 소송비용액 확정결정절차를 처리하도록 한 이 사건 조항이 그 입법재량권을 현저히 불합리하게 또는 자의적으로 행사하였다고 단정할 수 없으므로 헌법 제27조 제1항에 위반된다고 할 수 없다(헌재 2009.2.26. 2007헌바8).

(X) 재판을 청구할 수 있는 기간을 정하는 것은 입법자가 그 입법형성재량에 기초한 정책적 판단에 따라 결정할 문제이고 합리적인 재량의 한계를 일탈하지 아니하는 한 위헌이라고 판단할 것은 아니다(헌재 2020.12.23. 2019헌바353). / 따라서 재판청구권을 침해하지 않는다.

(O) 한정된 사법자원을 효율적으로 분배하고 상고심 재판의 법률심 기능을 제고할 필요성이 있고, 당사자는 제1심과 제2심에서 사실오인이나 양형부당을 다툴 충분한 기회를 부여받고 있으므로, 심판대상조항은 입법형성권의 범위 내에 있어 재판청구권을 침해하지 아니한다(헌재 2020.7.16. 2020헌바14).

(O) 심급제도에 대한 입법재량의 범위와 범죄인인도심사의 법적 성격, 그리고 범죄인인도법에서의 심사절차에 관한 규정 등을 종합할 때, 이 사건 법률조항이 범죄인인도심사를 서울고등법원의 단심제로 하고 있다고 해서 적법절차원칙에서 요구되는 합리성과 정당성을 결여한 것이라 볼 수 없다(헌재 2003.1.30. 2001헌바95).

(O) 헌법은 피고인의 반대신문권을 미국이나 일본과 같이 헌법상의 기본권으로까지 규정하지는 않았으나, 형사소송법은 제161조의2에서 피고인의 반대신문권을 포함한 교호신문권을 명문으로 규정하여 피고인에게 불리한 증거에 대하여 반대신문할 수 있는 권리를 원칙적으로 보장하고 있는바, 이는 헌법 제12조 제1항, 제27조 제1항, 제3항 및 제4항에 의한 공정한 재판을 받을 권리를 구현한 것이다(헌재 2012.7.26. 2010헌바62).

| OX 문제 | 정답 및 해설 |

1854
국가보안법위반죄로 구속기소된 청구인의 변호인이 청구인의 변론준비를 위하여 피청구인인 검사에게 그가 보관중인 수사기록일체에 대한 열람·등사신청을 하였으나 피청구인은 국가기밀의 누설이나 증거인멸, 증인협박, 사생활침해의 우려 등 정당한 사유를 밝히지 아니한 채 이를 전부 거부한 것은 청구인의 신속·공정한 재판을 받을 권리와 변호인의 조력을 받을 권리를 침해하는 것으로 헌법에 위반된다 할 것이다. 23년 법원직 9급 [O|X]

(O) 이 사건에 있어서 청구인의 변호인 김선수가 1994. 3. 22. 국가보안법위반죄로 구속기소된 청구인의 변론준비를 위하여 피청구인인 검사에게 그가 보관중인 수사기록일체에 대한 열람·등사신청을 하였으나 같은 달 26. 피청구인은 국가기밀의 누설이나 증거인멸, 증인협박, 사생활침해의 우려 등 정당한 사유를 밝히지 아니한 채 이를 전부 거부한 것은 청구인의 신속·공정한 재판을 받을 권리와 변호인의 조력을 받을 권리를 침해하는 것으로 헌법에 위반된다 할 것이다(헌재 1997.11.27. 94헌마60).

1855
상고심에서 재판을 받을 권리를 헌법상 명문화한 규정이 없는 이상, 헌법 제27조에서 규정한 재판을 받을 권리에 모든 사건에 대해 상고심 재판을 받을 권리까지도 포함된다고 단정할 수 없고, 모든 사건에 대해 획일적으로 상고할 수 있게 할지 여부는 입법재량의 문제라고 할 것이므로 소액사건심판법 제3조가 소액사건에 대하여 상고의 이유를 제한하였다고 하여 그것만으로 재판청구권을 침해하였다고 볼 수 없다. 23년 법원직 9급 [O|X]

(O) 상고심에서 재판을 받을 권리를 헌법상 명문화한 규정이 없는 이상, 헌법 제27조에서 규정한 재판을 받을 권리에 모든 사건에 대해 상고심 재판을 받을 권리까지도 포함된다고 단정할 수 없고, 모든 사건에 대해 획일적으로 상고할 수 있게 할지 여부는 입법 재량의 문제라고 할 것이므로 소액사건심판법 제3조가 소액사건에 대하여 상고의 이유를 제한하였다고 하여 그것만으로 재판청구권을 침해하였다고 볼 수 없다(헌재 2012.12.27. 2011헌마161).

1856
재판의 심리와 판결은 공개하는 것이 원칙이지만, 이 중 심리는 국가의 안전보장 또는 안녕질서를 방해하거나 선량한 풍속을 해할 염려가 있는 때에는 법원이 결정으로 공개하지 아니할 수 있다. 20년 법원행시 [O|X]

(O) 재판의 심리와 판결은 공개한다. 다만, 심리는 국가의 안전보장 또는 안녕질서를 방해하거나 선량한 풍속을 해할 염려가 있을 때에는 법원의 결정으로 공개하지 아니할 수 있다(헌법 제109조).

1857
헌법 제27조 제3항의 신속한 재판을 받을 권리의 적용범위에는 판결 절차 외에 집행절차도 포함된다. 민사상의 분쟁해결에서 판결절차가 권리 또는 법률관계의 존부의 확정, 즉 청구권의 존부의 관념적 형성을 목적으로 하는 절차라면 강제집행절차는 권리의 강제적 실현, 즉 청구권의 사실적 형성을 목적으로 하는 절차이므로 판결절차에 비해 신속성이 더욱 요청된다. 20년 법원행시 [O|X]

(O) 헌법 제27조 제3항의 신속한 재판을 받을 권리의 적용범위에는 판결절차 외에 집행절차도 포함되고, 민사상의 분쟁해결에 있어서 판결절차가 권리 또는 법률관계의 존부의 확정, 즉 청구권의 존부의 관념적 형성을 목적으로 하는 절차라면 강제집행절차는 권리의 강제적 실현, 즉 청구권의 사실적 형성을 목적으로 하는 절차이므로 강제집행절차에서는 판결절차에 있어서보다 신속성의 요청이 더욱 강하다(헌재 2007.3.29. 2004헌바93).

1858
구속기간의 제한은 수사를 촉진시켜 형사피의자의 신체구속이라는 고통을 감경시켜 주고 신속한 공소제기 및 그에 따른 신속한 재판을 가능케 한다는 점에서 헌법 제27조 제3항에서 보장된 신속한 재판을 받을 권리의 실현을 위하여서도 불가결한 조건이다. 21년 경행특채 [O|X]

(O) 수사기관에 의한 신체구속은 신체적·정신적 고통 외에도 자백강요, 사술(詐術), 유도(誘導), 고문 등의 사전예방을 위해서도 최소한에 그쳐야 할 뿐더러 구속기간의 제한은 수사를 촉진시켜 신속한 공소제기 및 그에 따른 신속한 재판을 가능케 한다는 점에서 헌법 제27조 제3항에서 보장된 신속한 재판을 받을 권리의 실현을 위해서도 불가결한 조건이 된다(헌재 1992.4.14. 90헌마82).

| OX 문제 | 정답 및 해설 |

1859
형사피해자는 법률이 정하는 바에 의하여 당해 사건의 재판절차에서 진술할 수 있다. 20년 법무사, 21년 법원직 O X

(O) 형사피해자는 법률이 정하는 바에 의하여 당해 사건의 재판절차에서 진술할 수 있다(헌법 제27조 제5항).

1860
재판청구권은 공권력이나 사인에 의해서 기본권이 침해당하거나 침해당할 위험에 처해 있을 경우 이에 대한 구제나 그 예방을 요청할 수 있는 권리라는 점에서 다른 기본권의 보장을 위한 기본권이라는 성격을 가진다. 21년 법원직 9급 O X

(O) 재판청구권은 공권력이나 사인에 의해서 기본권이 침해당하거나 침해당할 위험에 처해 있을 경우 그에 대한 구제 또는 예방을 요청할 수 있는 권리라는 점에서 다른 기본권의 보장을 위한 기본권이라는 성격을 가지고 있다(헌재 2011.6.30. 2009헌바430).

1861
디엔에이감식시료채취영장 발부 과정에서 채취대상자에게 자신의 의견을 밝히거나 영장 발부 후 불복할 수 있는 절차 등에 관하여 규정하지 아니한 「디엔에이신원확인정보의 이용 및 보호에 관한 법률」의 조항은 채취대상자들의 재판청구권을 침해한다. 22년 경찰승진, 21년 지방직 7급, 21년 국회직 8급, 20년 국회직 5급 O X

(O) 영장절차 조항이 디엔에이감식시료채취영장 발부 과정에서 자신의 의견을 진술할 기회를 절차적으로 보장하고 있지 않을 뿐만 아니라, 발부 후 그 영장발부에 대하여 불복할 수 있는 구제절차를 마련하고 있지 않아 헌법에 위반된다(헌재 2018.8.30. 2016헌마344).

1862
위험발생의 염려가 있는 압수물의 폐기에 관한 규정은 엄격히 해석할 필요가 있으므로 형법상 가중적 구성요건요소의 하나인 흉기나 위험한 물건이라도 보관 자체에 위험이 없는 압수물을 폐기하는 것은 공정한 재판을 받을 권리를 침해한다. 21년 법원행시 O X

(O) 위험발생의 염려가 있는 압수물의 폐기에 관한 규정은 엄격히 해석할 필요가 있으므로 형법상 가중적 구성요건요소의 하나인 흉기나 위험한 물건이라도 보관 자체에 위험이 없는 압수물을 폐기하는 것은 공정한 재판을 받을 권리를 침해한다(헌재 2012.12.27. 2011헌마351).

1863
보관 자체가 위험하다고 볼 수 없어 '위험발생의 염려가 있는 압수물'로 볼 수 없는 압수물이라도 기본적으로 그 소유자에게 처분의 자유가 있으므로, 피압수자의 소유권포기가 있으면 폐기가 허용된다. 21년 법원행시 O X

(X) 압수물에 대한 소유권포기가 있다 해도, 사법경찰관이 법에서 정한 압수물폐기의 요건과 상관없이 임의로 압수물을 폐기하면, 적법절차원칙을 위반하고 공정한 재판을 받을 권리를 침해한 것이다(헌재 2012.12.27. 2011헌마351).

1864
압수물은 공소사실을 입증하고자 하는 검사의 이익을 위해 존재하는 것이므로, 수사기관이 현행범 체포과정에서 압수하였지만 피고인의 소유권 포기가 없는 압수물을 임의로 폐기한 행위가 피고인의 공정한 재판을 받을 권리를 침해한다고 볼 수 없다. 24년 변호사 O X

(X) 피청구인은 이 사건 압수물을 보관하는 것 자체가 위험하다고 볼 수 없을 뿐만 아니라 이를 보관하는 데 아무런 불편이 없는 물건임이 명백함에도 압수물에 대하여 소유권포기가 있다는 이유로 이를 사건 종결 전에 폐기하였는바, 위와 같은 피청구인의 행위는 적법절차의 원칙을 위반하고, 청구인의 공정한 재판을 받을 권리를 침해한 것이다(헌재 2012.12.27. 2011헌마351).

| OX 문제 | 정답 및 해설 |

1865
헌법 제110조 제1항에 따라 특별법원으로서 군사법원을 둘 수 있지만, 법률로 군사법원을 설치함에 있어서 군사재판의 특수성을 고려하여 그 조직·권한 및 재판관의 자격을 일반 법원과 달리 정하는 것은 헌법상 허용되지 않는다. 21년 국가직 7급

(X) 헌법 제110조 제1항에서 "특별법원으로서 군사법원을 둘 수 있다."는 의미는 군사법원을 일반법원과 조직 권한 및 재판관의 자격을 달리하여 특별법원으로 설치할 수 있다는 뜻으로 해석되므로 법률로 군사법원을 설치함에 있어서 군사재판의 특수성을 고려하여 그 조직·권한 및 재판관의 자격을 일반법원과 달리 정하는 것은 헌법상 허용되고 있다(헌재 1996.10.31. 93헌바25).

1866
공정한 재판을 받을 권리 속에는 신속하고 공개된 법정의 법관의 면전에서 모든 증거자료가 조사·진술되고 이에 대하여 피고인이 공격·방어할 수 있는 기회가 보장되는 재판, 원칙적으로 당사자주의와 구두변론주의가 보장되어 당사자가 공소사실에 대한 답변과 입증 및 반증을 하는 등 공격, 방어권이 충분히 보장되는 재판을 받을 권리가 포함되어 있다. 21년 국가직 7급

(O) 공정한 재판을 받을 권리 속에는 신속하고 공개된 법정의 법관의 면전에서 모든 증거자료가 조사·진술되고 이에 대하여 피고인이 공격·방어할 수 있는 기회가 보장되는 재판, 즉 원칙적으로 당사자주의와 구두변론주의가 보장되어 당사자가 공소사실에 대한 답변과 입증 및 반증하는 등 공격·방어권이 충분히 보장되는 재판을 받을 권리가 포함되어 있다(헌재 1996.12.26. 94헌바1).

1867
형사피해자에게 약식명령을 고지하지 않도록 규정한 것은 형사피해자의 재판절차진술권과 정식재판청구권을 침해하는 것으로서, 입법자가 입법재량을 일탈·남용하여 형사피해자의 재판을 받을 권리를 침해하는 것이다. 21년 국가직 7급

(X) 형사피해자도 이미 범죄사실을 충분히 인지하고 있어, 범죄사실에 대한 별도의 확인 없이도 얼마든지 법원이나 수사기관에 의견을 제출할 수 있으며, 직접 범죄사실의 확인을 원하는 경우에는 소송기록의 열람·등사를 신청하는 것도 가능하므로, 형사피해자가 약식명령을 고지받지 못한다고 하여 형사재판절차에서의 참여기회가 완전히 봉쇄되어 있다고 볼 수 없다. 따라서 이 사건 고지조항은 형사피해자의 재판절차진술권을 침해하지 않는다(헌재 2019.9.26. 2018헌마1015).

1868
국가의 안전보장 또는 안녕질서를 방해하거나 선량한 풍속을 해할 염려가 있을 때에는 당사자의 청구가 있어야만 법원의 결정에 의해서 심리를 공개하지 않을 수 있다. 20년 국가직 5급

(X) 재판의 심리와 판결은 공개한다. 다만, 심리는 국가의 안전보장 또는 안녕질서를 방해하거나 선량한 풍속을 해할 염려가 있을 때에는 법원의 결정으로 공개하지 아니할 수 있다(헌법 제109조). 당사자의 청구에 의한 것이 아니라 법원의 결정으로 비공개 결정을 할 수 있다. 5급 공채에서 좋아하는 헌법 조문을 꼬는 유형의 문제이다.

1869
취소소송의 제소기간을 처분 등이 있음을 안 때로부터 90일 이내로 규정한 것은 지나치게 짧은 기간이라고 보기 어렵고 행정법 관계의 조속한 안정을 위해 필요한 방법이므로 재판청구권을 침해하지 않는다. 20년 경찰승진

(O) 취소소송의 제소기간을 처분 등이 있음을 안 때로부터 90일 이내로 규정한 것은 지나치게 짧은 기간이라고 보기 어렵고 행정법 관계의 조속한 안정을 위해 필요한 방법이므로 재판청구권을 침해하지 않는다(헌재 2018.6.28. 2017헌바66).

1870
통고처분에 대해 별도로 행정소송을 인정하지 않더라도 헌법이 보장하는 법관에 의한 재판을 받을 권리를 침해하는 것은 아니다. 20년 국회직 9급

(O) 통고처분에 대하여 이의가 있으면 통고내용을 이행하지 않음으로써 고발되어 형사재판절차에서 통고처분의 위법·부당함을 얼마든지 다툴 수 있기 때문에 관세법 제38조 제3항 제2호가 법관에 의한 재판받을 권리를 침해한다든가 적법절차의 원칙에 저촉된다고 볼 수 없다(헌재 1998.5.28. 96헌바4).

| OX 문제 | 정답 및 해설 |

1871
지방공무원의 면직처분에 대해 불복할 경우 소청심사청구기간을 처분사유 설명서 교부일로부터 30일 이내로 정한 것은 일반행정심판 청구기간 또는 행정소송 제기기간인 처분이 있음을 안 날부터 90일보다 짧기는 하나, 지방공무원의 권리구제를 위한 재판청구권의 행사를 불가능하게 하거나 형해화한다고 볼 수는 없다. 22년 국회직 8급 O X

(O) 당해 처분의 당사자로서는 그 설명서를 받는 즉시 자신이 면직처분 등을 받은 이유 등을 상세히 알 수 있고, 30일이면 그 면직처분을 소청심사 등을 통해 다툴지 여부를 충분히 숙고할 수 있다고 할 것이어서 처분사유 설명서 교부일부터 30일 이내 소청심사를 청구하도록 한 것이 지나치게 짧아 청구인의 권리구제를 위한 재판청구권의 행사를 불가능하게 하거나 형해화한다고 볼 수 없으므로 이 사건 청구기간 조항은 청구인의 재판청구권을 침해하지 아니한다(헌재 2015.3.26. 2013헌바186).

1872
군사시설 중 전투용에 공하는 시설을 손괴한 일반국민(군인 또는 군무원이 아닌)이 군사법원에서 재판받도록 하는 것은 헌법과 법률이 정한 법관에 의한 재판을 받을 권리를 침해하지 아니한다. 22년 법학경채, 21년 법원행시 O X

(X) '군사시설'에 항상 해당하는 구 군형법 제69조 중 '전투용에 공하는 시설'을 손괴한 일반 국민이 군사법원에서 재판받도록 규정하고 있는, 구 군사법원법 제2조 제1항 제1호 중 '구 군형법 제1조 제4항 제4호' 가운데 '구 군형법 제69조 중 전투용에 공하는 시설의 손괴죄를 범한 내국인에 대하여 적용되는 부분'은, 헌법에 위반된다(헌재 2013.11.28. 2012헌가10).

1873
범인에 대한 추징판결을 범인 외의 제3자가 그 정황을 알면서 취득한 불법재산 및 그로부터 유래한 재산에 대하여 제3자를 상대로 집행할 수 있도록 규정한 공무원범죄에 관한 몰수 특례법 조항은 적법절차원리에 위반되지 않는다. 22년 법원행시 O X

(O) 심판대상조항에 따른 추징판결의 집행은 그 성질상 신속성과 밀행성을 요구하는데, 제3자에게 추징판결의 집행사실을 사전에 통지하거나 의견 제출의 기회를 주게 되면 제3자가 또다시 불법재산 등을 처분하는 등으로 인하여 집행의 목적을 달성할 수 없게 될 가능성이 높다. 따라서 심판대상조항이 제3자에 대하여 특정공무원범죄를 범한 범인에 대한 추징판결을 집행하기에 앞서 제3자에게 통지하거나 의견을 진술할 기회를 부여하지 않은 데에는 합리적인 이유가 있다(헌재 2020.2.27. 2015헌가4).

1874
헌법은 "군인 또는 군무원이 아닌 국민은 대한민국의 영역 안에서는 중대한 군사상 기밀, 초병, 초소, 유독음식물공급, 포로, 군용물에 관한 죄중 법률이 정한 경우와 비상계엄이 선포된 경우를 제외하고는 군사법원의 재판을 받지 아니한다."고 규정하고 있다. 22년 순경 1차, 22년 해경간부, 20년 소방간부, 20년 국가직 5급 O X

(O) 군인 또는 군무원이 아닌 국민은 대한민국의 영역 안에서는 중대한 군사상 기밀·초병·초소·유독음식물공급·포로·군용물에 관한 죄 중 법률이 정한 경우와 비상계엄이 선포된 경우를 제외하고는 군사법원의 재판을 받지 아니한다(헌법 제27조 제2항).

1875
학교법인의 기본재산을 매도함에 있어 관할청의 허가를 받도록 하는 「사립학교법」 규정은 강제경매절차를 통하여 사법적 청구권을 실현하려는 채권자 내지 최고가매수신고인의 신속한 재판을 받을 권리를 침해한다. 22년 입법고시 O X

(X) 학교법인의 기본재산에 대한 강제경매의 경우에 학교법인의 전반적인 재정상태에 대해 파악하고 있는 관할청으로 하여금 사립학교법 제28조 제1항의 입법취지 등을 고려하여 그 허가 여부를 최종 결정하도록 함으로써 확보하려는 학교재정의 건전화라는 공익상 필요가 학교법인의 채권자가 입는 절차의 지연이라는 희생보다 더 크다(헌재 2012.2.23. 2011헌바14).

1876
검사의 기소유예처분에 대하여 피의자가 불복하여 법원의 재판을 받을 수 있는 절차를 국가가 법률로 마련해야 할 헌법적 의무는 존재하지 않는다. 22년 경찰승진 O X

(O) 헌법이 기소유예처분에 대하여 피의자가 불복하여 재판을 받을 수 있는 절차를 마련하여야 할 명시적인 입법의무를 부여하였다고 볼 수 없다(헌재 2013.9.26. 2011헌마472).

| OX 문제 | 정답 및 해설 |

1877
교원징계재심위원회의 재심결정에 대하여 교원에게만 행정소송을 제기할 수 있도록 하고 학교법인을 제외한 것은 학교법인의 재판청구권을 침해한다. 22년 경찰승진 [O｜X]

(O) 학교법인에게 재심결정에 불복할 제소권한을 부여한다고 하여 이 사건 법률조항이 추구하는 사립학교 교원의 신분보장에 특별한 장애사유가 생긴다든가 그 권리구제에 공백이 발생하는 것도 아니므로 이 사건 법률조항은 분쟁의 당사자이자 재심절차의 피청구인인 학교법인의 재판청구권을 침해한다(헌재 2006.2.23. 2005헌가7 등).

1878
정식재판 청구기간을 약식명령의 고지를 받은 날로부터 7일 이내로 정하고 있는 형사소송법 조항은 합리적인 입법재량의 범위를 벗어나 약식명령 피고인의 재판청구권을 침해한다. 22년 국가직 7급 [O｜X]

(X) 약식명령에 대하여 단기의 불복기간을 설정한 것은, 경미하고 간이한 사건들을 신속하게 처리하게 함으로써 사법자원의 효율적 배분을 통하여 국민의 재판청구권을 충실하게 보장하고자 하는 것으로서 그 합리성이 인정된다. 형사 입건된 피의자로서는 수사 및 재판에 관한 서류를 정확하게 송달받을 수 있도록 스스로 조치하여야 하므로, 입법자가 그러한 전제 하에 불복기간을 정하였더라도 입법재량을 현저하게 일탈하였다고 할 수 없다(헌재 2013.10.24. 2012헌바428).

1879
법정소동죄 등을 규정한 형법 제138조에서의 '법원의 재판'에 헌법의 규정에 따라 헌법재판소가 담당하게 된 '헌법재판'도 포함된다. 22년 법원직 [O｜X]

(O) 본조에서의 법원의 재판에 헌법재판소의 심판이 포함된다고 보는 해석론은 문언이 가지는 가능한 의미의 범위 안에서 그 입법 취지와 목적 등을 고려하여 문언의 논리적 의미를 분명히 밝히는 체계적 해석에 해당할 뿐, 피고인에게 불리한 확장해석이나 유추해석이 아니라고 볼 수 있다(대판 2021.8.26. 2020도12017).

1880
헌법 제27조 제1항의 재판청구권은 법적 분쟁의 해결을 가능하게 하는 적어도 한 번의 권리구제절차가 개설될 것을 요청할 뿐 아니라 그를 넘어서 소송절차의 형성에 있어서 실효성 있는 권리보호를 제공하기 위하여 그에 필요한 절차적 요건을 갖출 것을 요청한다. 22년 법원직 [O｜X]

(O) 헌법 제27조 제1항의 재판청구권은 법적 분쟁의 해결을 가능하게 하는 적어도 한 번의 권리구제절차가 개설될 것을 요청할 뿐 아니라 그를 넘어서 소송절차의 형성에 있어서 실효성 있는 권리보호를 제공하기 위하여 그에 필요한 절차적 요건을 갖출 것을 요청한다(헌재 2002.10.31. 2001헌바40).

1881
특허무효심결에 대한 소(訴)는 심결의 등본을 송달받은 날로부터 30일 이내에 제기하도록 규정한 「특허법」 조항은 재판청구권을 침해하지 않는다. 22년 경찰간부 [O｜X]

(O) 특허무효심결에 대한 소(訴)는 심결의 등본을 송달받은 날로부터 30일 이내에 제기하도록 규정한 「특허법」 조항은 재판청구권을 침해하지 않는다(헌재 2018.8.30. 2017헌바258).

1882
국가배상사건인 당해사건 확정판결에 대해 헌법재판소 위헌결정을 이유로 한 재심의 소를 제기할 경우 재심제기기간을 재심사유를 안 날부터 30일 이내로 한 「헌법재판소법」 조항은 재판청구권을 침해하지 않는다. 22년 경찰간부 [O｜X]

(O) 재심사유가 있음을 안 날로 30일이라는 재심제기기간이 재심청구를 현저히 곤란하게 하거나 사실상 불가능하게 할 정도로 짧다고 보기도 어렵다. 심판대상조항은 재판청구권을 침해하지 않는다(헌재 2020.9.24. 2019헌바130).

1883
헌법 제27조 제1항이 규정하는 '법률에 의한' 재판청구권을 보장하기 위해서는 입법자에 의한 재판청구권의 구체적 형성이 불가피하므로 입법자의 광범위한 입법재량이 인정되며, 그러한 입법을 함에 있어서 헌법 제37조 제2항의 비례의 원칙은 적용되지 않는다. 22년 국가직 7급 [O｜X]

(X) 헌법 제27조 제1항이 규정하는 "법률에 의한" 재판청구권을 보장하기 위해서는 입법자에 의한 재판청구권의 구체적 형성이 불가피하므로 입법자의 광범위한 입법재량이 인정되기는 하나, 그러한 입법을 함에 있어서는 비록 완화된 의미에서일지언정 헌법 제37조 제2항의 비례의 원칙은 준수되어야 한다(헌재 2001.6.28. 2000헌바77).

OX 문제

1884
「형사소송법」상 즉시항고 제기기간을 3일로 제한하고 있는 것은 헌법상 재판청구권을 공허하게 하므로 입법재량의 한계를 일탈하여 재판청구권을 침해한다. 22년 경찰간부, 21년 국회직 8급, 20년 국회직 5급, 20년 국회직 9급 O X

(O) 외부인의 도움을 받아서 즉시항고장을 접수하는 방법은 외부인의 호의와 협조가 필수적이어서 이를 기대하기 어려운 때에는 그리 효과적이지 않으며, 우편으로 즉시항고장을 접수하는 방법도 즉시항고장을 작성하는 시간과 우편물을 발송하고 도달하는 데 소요되는 시간을 고려하면 3일의 기간이 충분하다고 보기 어렵다(헌재 2015.9.24. 2013헌가21).

1885
법관에 대한 징계처분 취소청구소송을 대법원의 단심재판에 의하도록 규정한 법관징계법 조항은 재판청구권을 침해한다고 볼 수 없다. 24년 변호사, 21년 국회직 8급 O X

(O) 법관에 대한 대법원장의 징계처분 취소청구소송을 대법원에 의한 단심재판에 의하도록 하고 있는 구 법관징계법 제27조는 입법자가 독립적으로 사법권을 행사하는 법관이라는 지위의 특수성 및 준사법절차인 법관에 대한 징계절차의 특수성을 감안하여 재판의 신속을 도모한 것으로써 그 합리성을 인정할 수 있으므로 헌법 제27조 제1항의 재판청구권을 침해하지 아니한다(헌재 2012.2.23. 2009헌바34).

1886
재판에 대한 불복기간의 제한은 입법자가 상소심의 구조와 성격 등을 고려하여 결정할 입법재량의 문제이므로, 즉시항고 제기기간에 관하여 민사소송법은 1주로 규정하고 있음에도 형사소송법이 그 절반 가량인 3일로 규정한 것은 상대적으로 신속한 확정이 필요한 형사재판의 특성을 반영한 것으로서 그 차별취급에 합리적 이유가 있다. 22년 법무사 O X

(X) 외부인의 도움을 받아서 즉시항고장을 접수하는 방법은 외부인의 호의와 협조가 필수적이어서 이를 기대하기 어려운 때에는 그리 효과적이지 않으며, 우편으로 즉시항고장을 접수하는 방법도 즉시항고장을 작성하는 시간과 우편물을 발송하고 도달하는 데 소요되는 시간을 고려하면 3일의 기간이 충분하다고 보기 어렵다(헌재 2015.9.24. 2013헌가21).

제3절 국가배상청구권

1887
국가배상청구권은 일반적인 재산권으로서의 보호 필요성뿐만 아니라, 국가의 공권력행사로 인하여 신체의 자유 등이 침해된 국민의 구제를 헌법상 권리로 인정함으로써 관련 기본권의 보호를 강화하는데 그 목적이 있다. 20년 비상기획관(하) O X

(O) 형사보상청구권과 국가배상청구권은 일반적인 재산권으로서의 보호 필요성뿐만 아니라, 국가의 형사사법작용 및 공권력행사로 인하여 신체의 자유 등이 침해된 국민의 구제를 헌법상 권리로 인정함으로써 관련 기본권의 보호를 강화하는 데 그 목적이 있다(헌재 2018.8.30. 2014헌바148 등).

1888
대법원은 국가 또는 지방자치단체라 할지라도 공권력의 행사가 아니고 단순한 사경제의 주체로 활동하였을 경우에는 그 손해배상책임에 국가배상법이 적용될 수 없고 민법상의 사용자책임 등이 인정된다고 보고 있다. 24년 법원직 O X

(O) 국가 또는 지방자치단체라 할지라도 공권력의 행사가 아니고 단순한 사경제의 주체로 활동하였을 경우에는 그 손해배상책임에 국가배상법이 적용될 수 없고 민법상의 사용자책임 등이 인정되는 것이고 국가의 철도운행사업은 국가가 공권력의 행사로서 하는 것이 아니고 사경제적 작용이라 할 것이므로, 이로 인한 사고에 공무원이 관여하였다고 하더라도 국가배상법을 적용할 것이 아니고 일반 민법의 규정에 따라야 한다(대판 1997.7.22. 95다6991).

| OX 문제 | 정답 및 해설 |

1889
지구심의회에서 배상신청이 기각된 신청인은 결정정본이 송달된 날부터 2주일 이내에 그 심의회를 거쳐 본부심의회나 특별심의회에 재심을 신청할 수 있으나, 지구심의회에서 배상신청이 각하된 신청인은 재심을 신청할 수 없다. 20년 비상기획관(하) ⓞⓧ

(X) 지구심의회에서 배상신청이 기각(일부기각된 경우를 포함한다) 또는 각하된 신청인은 결정정본이 송달된 날부터 2주일 이내에 그 심의회를 거쳐 본부심의회나 특별심의회에 재심(再審)을 신청할 수 있다(국가배상법 제15조의2 제1항).

1890
국가배상청구권의 시효소멸을 통한 법적 안정성의 요청이 헌법 제10조가 선언한 국가의 기본권 보호의무와 헌법 제29조 제1항이 명시한 국가 배상청구권 보장 필요성을 완전히 희생시킬 정도로 중요한 것이라고 보기 어렵다. 20년 비상기획관(하) ⓞⓧ

(O) 국가배상청구권의 시효소멸을 통한 법적 안정성의 요청이 헌법 제10조가 선언한 국가의 기본권 보호의무와 헌법 제29조 제1항이 명시한 국가배상청구권 보장 필요성을 완전히 희생시킬 정도로 중요한 것이라고 보기 어렵다(헌재 2021.11.25. 2020헌바401).

1891
특수임무수행 등으로 인하여 입은 피해에 대해 특수임무수행자보상심의회의 보상금 등 지급결정에 대해 동의한 때에는 재판상 화해가 성립된다고 보는 「특수임무수행자 보상에 관한 법률」상 조항은 재판청구권을 침해한다. 23년 순경 2차, 22년 경찰간부 ⓞⓧ

(X) 특수임무수행자보상심의위원회는 관련 분야의 전문가들로 구성되고, 위원에 대한 지휘·감독 규정이 없는 등 독립성이 보장되어 위원회에서 결정되는 보상액과 법원의 그것 사이에 별 다른 차이가 없게 된 점 등을 볼 때 청구인들의 재판청구권을 침해한다고 볼 수 없다(헌재 2009.4.30. 2006헌마1322).

1892
구 「국가배상법」 제8조가 "국가 또는 지방자치단체의 손해배상 책임에 관하여는 이 법의 규정에 의한 것을 제외하고는 민법의 규정에 의한다."고 규정하여, 소멸시효에 관하여 별도의 규정을 두지 아니함으로써 국가배상청구권에도 소멸시효에 관한 일반 「민법」 제766조가 적용되게 된 것은 입법자의 입법재량 범위를 벗어난 것으로 국가배상청구권의 본질적인 내용을 침해한다고 볼 수 있다. 22년 순경 2차 ⓞⓧ

(X) 국가배상청구권에도 소멸시효에 관한 민법상의 규정인 민법 제766조가 적용되게 되었다 하더라도 이는 국가배상청구권의 성격과 책임의 본질, 소멸시효제도의 존재이유 등을 종합적으로 고려한 입법재량 범위 내에서의 입법자의 결단의 산물인 것으로 국가배상청구권의 본질적인 내용을 침해하는 것이라고는 볼 수 없고 기본권 제한에 있어서의 한계를 넘어서는 것이라고 볼 수도 없으므로 헌법에 위반되지 아니한다(헌재 1997.2.20. 96헌바24).

1893
당초 유효한 법률에 근거한 공무원의 직무집행이 사후에 그 근거가 되는 법률에 대한 헌법재판소의 위헌결정으로 위법하게 된 경우, 이에 이르는 과정에 있어 공무원의 고의, 과실을 어느 정도 인정할 수 있고, 그로써 국가의 청구인들에 대한 손해배상책임이 성립한다고 볼 수 있다. 22년 순경 2차 ⓞⓧ

(X) 법률에 근거한 공무원의 직무집행이 사후에 그 근거가 되는 법률에 대한 위헌결정으로 인하여 결과적으로 위법하게 되었다고 하더라도, 이에 이르는 과정에 있어서 공무원에게 고의, 과실 있다고 단정할 수는 없다(헌재 2008.4.24. 2006헌바72).

OX 문제

1894
국가배상청구권의 성립 요건으로서 공무원의 고의 또는 과실을 규정함으로써 무과실책임을 인정하지 않은 「국가배상법」 조항이 입법자의 입법형성권의 자의적 행사로서 국가배상청구권을 침해한다고 볼 수 없다. 23년 순경 2차 O X

1895
국가배상법 제2조 소정의 '공무원'이라 함은 국가공무원법이나 지방공무원법에 의하여 공무원으로서의 신분을 가진 자에 국한하지 않고, 널리 공무를 위탁받아 실질적으로 공무에 종사하고 있는 일체의 자를 가리키는 것으로서, 공무의 위탁이 일시적이고 한정적인 사항에 관한 활동을 위한 것이어도 달리 볼 것은 아니다. 24년 법원직, 21년 법원행시 O X

1896
「국가배상법」은 외국인이 피해자인 경우에는 해당 국가와 상호보증이 있을 때에만 「국가배상법」을 적용한다고 규정하고 있다. 23년 순경 2차 O X

1897
「국가배상법」은 동법에 따른 손해배상의 소송은 배상심의회에 배상신청을 하지 아니하고도 제기할 수 있다고 규정하고 있다. 25년 해경, 23년 경찰간부 O X

1898
행위의 근거가 된 법률조항에 대하여 위헌결정이 선고된 경우에는 위 법률조항에 따라 행위한 당해 공무원에게 고의 또는 과실이 있는 것이므로 국가배상책임이 성립한다. 24년 경찰승진, 23년 경찰간부 O X

1899
청구기간 내에 제기된 헌법소원심판청구 사건에서 헌법재판소 재판관이 청구기간을 오인하여 각하결정을 한 경우, 이에 대한 불복절차 내지 시정절차가 없는 때에는 국가배상책임을 인정할 수 있다. 24년 경찰승진 O X

정답 및 해설

(O) 청구인들이 심판대상조항의 위헌성을 주장하게 된 계기를 제공한 국가배상청구 사건은, 인권침해가 극심하게 이루어진 긴급조치 발령과 그 집행을 근거로 한 것이므로 다른 일반적인 법 집행 상황과는 다르다는 점에서 이러한 경우에는 국가배상청구 요건을 완화하여야 한다는 주장이 있을 수 있다. 그러나 위와 같은 경우라 하여 국가배상청구권 성립요건에 공무원의 고의 또는 과실에 대한 예외가 인정되어야 한다고 보기는 어렵다(헌재 2020.3.26. 2016헌바55 등). / 즉 무과실책임을 인정할 수 없다.

(O) 국가배상법 제2조 소정의 '공무원'이라 함은 국가공무원법이나 지방공무원법에 의하여 공무원으로서의 신분을 가진 자에 국한하지 않고, 널리 공무를 위탁받아 실질적으로 공무에 종사하고 있는 일체의 자를 가리키는 것으로서, 공무의 위탁이 일시적이고 한정적인 사항에 관한 활동을 위한 것이어도 달리 볼 것은 아니다(대판 2001.1.5. 98다39060).

(O) 이 법은 외국인이 피해자인 경우에는 해당 국가와 상호 보증이 있을 때에만 적용한다(국가배상법 제7조).

(O) 이 법에 따른 손해배상의 소송은 배상심의회에 배상신청을 하지 아니하고도 제기할 수 있다(국가배상법 제9조).

(X) 헌법재판소는, 일반적으로 법률이 헌법에 위반된다는 사정은 헌법재판소의 위헌결정이 있기 전에는 객관적으로 명백한 것이라고 할 수 없어 법률이 헌법에 위반되는지 여부를 심사할 권한이 없는 공무원으로서는 행위 당시의 법률에 따를 수밖에 없다 할 것이므로, 행위의 근거가 된 법률조항에 대하여 위헌결정이 선고된다 하더라도 위 법률조항에 따라 행위한 당해 공무원에게는 고의 또는 과실이 있다 할 수 없어 국가배상책임은 성립되지 아니한다(헌재 2014.4.24. 2011헌바56).

(O) 재판에 대하여 불복절차 내지 시정절차 자체가 없는 경우에는 부당한 재판으로 인하여 불이익 내지 손해를 입은 사람은 국가배상 이외의 방법으로는 자신의 권리 내지 이익을 회복할 방법이 없으므로, 이와 같은 경우에는 위에서 본 배상책임의 요건이 충족되는 한 국가배상책임을 인정하지 않을 수 없다 할 것이다(대판 2003.7.11. 99다24218).

| OX 문제 | 정답 및 해설 |

1900
「국가배상법」 제2조 소정의 "공무원"이라 함은 국가공무원법이나 지방공무원법에 의하여 공무원으로서의 신분을 가진 자에 국한하지 않고, 널리 공무를 위탁받아 실질적으로 공무에 종사하고 있는 일체의 자를 가리키는 것이라고 봄이 상당하다. 24년 법원직 ⓞⓧ

(O) 국가배상법 제2조 소정의 '공무원'이라 함은 국가공무원법이나 지방공무원법에 의하여 공무원으로서의 신분을 가진 자에 국한하지 않고, 널리 공무를 위탁받아 실질적으로 공무에 종사하고 있는 일체의 자를 가리키는 것으로서, 공무의 위탁이 일시적이고 한정적인 사항에 관한 활동을 위한 것이어도 달리 볼 것은 아니다(대판 2001.1.5. 98다39060).

1901
「국가배상법」은 외국인이 피해자인 경우에는 해당 국가와 상호보증이 있을 때에만 「국가배상법」을 적용한다고 규정하고 있다. 24년 해경간부 ⓞⓧ

(O) 이 법은 외국인이 피해자인 경우에는 해당 국가와 상호 보증이 있을 때에만 적용한다(국가배상법 제7조).

제4절 형사보상청구권

1902
형사보상청구권과 직접적인 이해관계를 가진 당사자는 형사피고인과 국가밖에 없는데, 국가가 무죄판결을 선고받은 형사피고인에게 넓게 형사보상청구권을 인정함으로써 감수해야 할 공익은 경제적인 것에 불과하다. 20년 국회직 8급 ⓞⓧ

(O) 형사보상청구권과 직접적인 이해관계를 가진 당사자는 형사피고인과 국가밖에 없는데, 국가가 무죄판결을 선고받은 형사피고인에게 넓게 형사보상청구권을 인정함으로써 감수해야 할 공익은 경제적인 것에 불과하고 그 액수도 국가 전체 예산규모에 비추어 볼 때 미미하다고 할 것이다. 또한 형사피고인에게 넓게 형사보상청구권을 인정한다고 하여 법적 혼란이 초래될 염려도 전혀 없다(헌재 2010.7.29. 2008헌가4).

1903
형사보상청구권이 제한됨으로 인하여 침해되는 국민의 기본권은 단순히 금전적인 권리에 불과한 것이라기보다는 실질적으로 국민의 신체의 자유와 밀접하게 관련된 중대한 기본권이다. 21년 법원직 9급, 20년 국회직 8급 ⓞⓧ

(O) 헌법 제28조의 형사보상청구권은 국가의 형사사법권이라는 공권력에 의해 인신구속이라는 중대한 법익의 침해가 발생한 국민에게 그 피해를 보상해주는 기본권이다. 이러한 형사보상청구권은 국가의 공권력 작용에 의하여 신체의 자유를 침해받은 국민에 대해 금전적인 보상을 청구할 권리를 인정하는 것이므로 형사보상청구권이 제한됨으로 인하여 침해되는 국민의 기본권은 단순히 금전적인 권리에 불과한 것이라기보다는 실질적으로 국민의 신체의 자유와 밀접하게 관련된 중대한 기본권이라고 할 것이다(헌재 2010.7.29. 2008헌가4).

1904
형사보상청구권은 국가의 형사사법작용에 의해 신체의 자유라는 중대한 법익을 침해받은 국민을 구제하기 위하여 헌법상 보장된 국민의 기본권이므로 일반적인 사법상의 권리보다 더 확실하게 보호되어야 할 권리이다. 20년 국회직 8급 ⓞⓧ

(O) 형사보상청구권은 국가의 형사사법작용에 의해 신체의 자유라는 중대한 법익을 침해받은 국민을 구제하기 위하여 헌법상 보장된 국민의 기본권이므로 일반적인 사법상의 권리보다 더 확실하게 보호되어야 할 권리이다(헌재 2010.7.29. 2008헌가4).

1905
형사피고인의 형사보상청구권은 제헌헌법에서 처음으로 규정되었고, 현행 헌법에서 이를 형사피의자까지 확대하였다. 24년 해경간부 ⓞⓧ

(O) 형사피고인으로서 구금되었던 자가 무죄판결을 받은 때에는 법률의 정하는 바에 의하여 국가에 대하여 보상을 청구할 수 있다(제헌헌법 제24조). / 형사피의자 또는 형사피고인으로서 구금되었던 자가 법률이 정하는 불기소처분을 받거나 무죄판결을 받은 때에는 법률이 정하는 바에 의하여 국가에 정당한 보상을 청구할 수 있다(현행 헌법 제28조).

| OX 문제 | 정답 및 해설 |

1906
「형사보상 및 명예회복에 관한 법률」에 따른 보상을 받을 자가 같은 원인에 대하여 다른 법률에 따라 손해배상을 받은 경우에 그 손해배상의 액수가 「형사보상 및 명예회복에 관한 법률」에 따라 받을 보상금의 액수와 같거나 그보다 많을 때에는 보상하지 아니한다. 23년 경찰간부 ⓞ ⓧ

(O) 이 법에 따른 보상을 받을 자가 같은 원인에 대하여 다른 법률에 따라 손해배상을 받은 경우에 그 손해배상의 액수가 이 법에 따라 받을 보상금의 액수와 같거나 그보다 많을 때에는 보상하지 아니한다. 그 손해배상의 액수가 이 법에 따라 받을 보상금의 액수보다 적을 때에는 그 손해배상 금액을 빼고 보상금의 액수를 정하여야 한다(형사보상 및 명예회복에 관한 법률 제6조 제2항).

1907
판결 주문에서 무죄가 선고된 경우뿐만 아니라 판결 이유에서 무죄로 판단된 경우에도 미결구금 가운데 무죄로 판단된 부분의 수사와 심리에 필요하였다고 인정된 부분에 관하여는 보상을 청구할 수 있다. 24년 경찰간부 ⓞ ⓧ

(O) 판결 주문에서 무죄가 선고된 경우뿐만 아니라 판결 이유에서 무죄로 판단된 경우에도 미결구금 가운데 무죄로 판단된 부분의 수사와 심리에 필요하였다고 인정된 부분에 관하여는 보상을 청구할 수 있고, 다만 형사보상법 제4조 제3호를 유추적용하여 법원의 재량으로 보상청구의 전부 또는 일부를 기각할 수 있을 뿐이다(대결 2016.3.11. 2014모2521).

1908
사형 집행에 대한 보상을 할 때에는 집행 전 구금에 대한 보상금 외에 3천만 원 이내에서 모든 사정을 고려하여 법원이 타당하다고 인정하는 금액을 더하여 보상하며, 이 경우 본인의 사망으로 인하여 발생한 재산상의 손실액이 증명되었을 때에는 그 손실액도 보상한다. 23년 경찰간부 ⓞ ⓧ

(O) 사형 집행에 대한 보상을 할 때에는 집행 전 구금에 대한 보상금 외에 3천만 원 이내에서 모든 사정을 고려하여 법원이 타당하다고 인정하는 금액을 더하여 보상한다. 이 경우 본인의 사망으로 인하여 발생한 재산상의 손실액이 증명되었을 때에는 그 손실액도 보상한다(형사보상 및 명예회복에 관한 법률 제5조).

1909
「형사소송법」은 비용보상 청구를 무죄판결이 확정된 사실을 안 날부터 3년, 무죄판결이 확정된 때부터 5년 이내에 하여야 한다고 규정하고 있다. 23년 경찰승진, 21년 국가직 5급 ⓞ ⓧ

(O) 제1항에 따른 청구는 무죄판결이 확정된 사실을 안 날부터 3년, 무죄판결이 확정된 때부터 5년 이내에 하여야 한다(형사소송법 제194조의3 제2항). / 형사보상이 아니라 형사비용보상청구이다.

1910
형사보상의 구체적 내용과 금액 및 절차에 관한 사항은 입법자가 정하여야 할 사항으로 형사보상금을 일정한 범위내로 한정하고 있는 형사보상법 조항은 형사보상청구권을 침해한다고 볼 수 없다. 21년 법원직 9급 ⓞ ⓧ

(O) 형사보상청구권은 헌법 제28조에 따라 '법률이 정하는 바에 의하여' 행사되므로 그 내용은 법률에 의해 정해지는바, 형사보상의 구체적 내용과 금액 및 절차에 관한 사항은 입법자가 정하여야 할 사항이다(헌재 2010.10.28. 2008헌마514).

1911
형사보상청구에 대하여 한 보상의 결정에 대하여는 불복을 신청할 수 없도록 하여 형사보상의 결정을 단심재판으로 규정한 형사보상법 조항은 형사보상청구권 및 재판청구권을 침해한다고 볼 수 없다. 21년 법원직 9급 ⓞ ⓧ

(X) 보상액의 산정에 기초되는 사실인정이나 보상액에 관한 판단에서 오류나 불합리성이 발견되는 경우에도 그 시정을 구하는 불복신청을 할 수 없도록 하는 것은 형사보상청구권 및 그 실현을 위한 기본권으로서의 재판청구권의 본질적 내용을 침해하는 것이라 할 것이고, 나아가 법적안정성만을 지나치게 강조함으로써 재판의 적정성과 정의를 추구하는 사법제도의 본질에 부합하지 아니하는 것이다(헌재 2010.10.28. 2008헌마514 등).

| OX 문제 | 정답 및 해설 |

1912
형사비용보상청구권의 제척기간을 무죄판결이 확정된 날부터 6개월로 규정한 구 형사소송법 조항이 과잉금지원칙에 위반되어 재판청구권 및 재산권을 침해하는 것으로 볼 수 없다. 21년 법원행시 ○✕

(O) 이 사건 법률조항(형사소송법상 형사비용보상청구권)이 비용보상청구에 관한 제척기간(무죄판결이 확정된 날부터 6개월)을 규정한 것은 비용보상에 관한 국가의 채무관계를 조속히 확정하여 국가재정을 합리적으로 운영하기 위한 것으로 입법목적의 정당성 및 수단의 적합성이 인정된다(헌재 2015.4.30. 2014헌바408 등). *이 문제는 조심하여야 한다. 형사보상청구권이 아니라 형사비용보상청구권으로 이를 6개월로 제한한 것은 합헌이다. 반면 형사보상청구권을 1년으로 제한한 것은 위헌이다.*

1913
비용보상청구권의 제척기간을 무죄판결이 확정된 날부터 6개월 이내로 규정한 구 군사법원법 해당 조항은 헌법에 위반된다. 24년 법원직 ○✕

(O) 헌법재판소는 위헌이라는 부분에 대해서는 큰 이견이 없으나 침해하는 기본권에 대하여 재판청구권 및 재산권이라는 견해와 평등권 침해라는 견해로 나뉜다(헌재 2023.8.31. 2020헌바252). / *형사소송법이 개정된 상황에서 같은 비용보상인 군사법원법이 6개월인 것은 불합리하다고 보았다.*

1914
형사피의자 또는 형사피고인으로서 구금되었던 자가 법률이 정하는 불기소처분을 받거나 무죄판결을 받은 때에는 법률이 정하는 바에 의하여 국가에 정당한 보상을 청구할 수 있다. 22년 소방간부 ○✕

(O) 헌법 제28조 형사피의자 또는 형사피고인으로서 구금되었던 자가 법률이 정하는 불기소처분을 받거나 무죄판결을 받은 때에는 법률이 정하는 바에 의하여 국가에 정당한 보상을 청구할 수 있다.

1915
형사보상청구에 관하여 어느 정도의 제척기간을 둘 것인가의 문제는 원칙적으로 입법권자의 재량에 맡겨져 있는 것이지만, 그 청구기간이 지나치게 단기간이거나 불합리하여 무죄재판이 확정된 형사피고인이 형사보상을 청구하는 것을 현저히 곤란하게 하거나 사실상 불가능하게 한다면 이는 입법재량의 한계를 넘어서는 것으로서 헌법이 보장하는 형사보상청구권을 침해하는 것이라 하지 않을 수 없다. 22년 소방간부 ○✕

(O) 형사보상청구에 관하여 어느 정도의 제척기간을 둘 것인가의 문제는 원칙적으로 입법권자의 재량에 맡겨져 있는 것이지만, 그 청구기간이 지나치게 단기간이거나 불합리하여 무죄재판이 확정된 형사피고인이 형사보상을 청구하는 것을 현저히 곤란하게 하거나 사실상 불가능하게 한다면 이는 입법재량의 한계를 넘어서는 것으로서 헌법이 보장하는 형사보상청구권을 침해하는 것이라 하지 않을 수 없다(헌재 2010.7.29. 2008헌가4).

1916
형사보상의 청구를 무죄재판이 확정된 때로부터 1년 이내에 하도록 규정하고 있는 「형사보상법」 조항은 입법재량의 한계를 일탈하여 청구인의 형사보상청구권을 침해한다. 22년 순경 1차, 22년 소방간부, 20년 국회직 8급 ○✕

(O) 형사보상청구권의 제척기간을 1년으로 규정하고 있는 것은 위의 어떠한 사유에도 해당하지 아니하는 등 달리 합리적인 이유를 찾기 어려워, 일반적인 사법상의 권리보다 더 확실하게 보호되어야 할 권리인 형사보상청구권의 보호를 저해하고 있다(헌재 2010.7.29. 2008헌가4).

1917
형사보상청구는 무죄재판을 한 법원에 대하여 하여야 하는데, 대리인을 통하여는 할 수 없다. 22년 법무사, 20년 비상기획관(상) ○✕

(✕) 보상청구는 대리인을 통하여서도 할 수 있다(형사보상법 제13조).

| OX 문제 | 정답 및 해설 |

1918
형사보상을 청구할 수 있는 자가 그 청구를 하지 아니하고 사망하였을 때에는 그 상속인이 이를 청구할 수 있고, 사망한 자에 대하여 재심 또는 비상상고의 절차에서 무죄재판이 있었을 때에는 보상의 청구에 관하여는 사망한 때에 무죄재판이 있었던 것으로 본다. 20년 비상기획관(상) ⊙⊗

(O) ① 제2조에 따라 보상을 청구할 수 있는 자가 그 청구를 하지 아니하고 사망하였을 때에는 그 상속인이 이를 청구할 수 있다. ② 사망한 자에 대하여 재심 또는 비상상고의 절차에서 무죄재판이 있었을 때에는 보상의 청구에 관하여는 사망한 때에 무죄재판이 있었던 것으로 본다(형사보상법 제3조).

1919
형사보상청구에 관한 제척기간을 두고 있는 것은 형사보상에 관한 국가의 채무 관계를 조기에 확정하고 예산 수립의 불안정성을 제거하여 국가재정을 합리적으로 운영하기 위한 것이다. 22년 소방간부 ⊙⊗

(O) 형사보상청구에 관한 제척기간을 두고 있는 것은 형사보상에 관한 국가의 채무 관계를 조기에 확정하고 예산 수립의 불안정성을 제거하여 국가재정을 합리적으로 운영하기 위한 것이므로, 이는 공공복리를 추구하기 위한 정당한 입법 목적이라 할 것이다(헌재 2010.7.29. 2008헌가4).

1920
형사보상의 청구에 대한 보상의 결정에 대하여는 불복을 신청할 수 없도록 단심재판으로 규정한 「형사보상법」 조항은 형사보상인용결정의 안정성을 유지하고, 신속한 형사보상의 절차의 확립을 통해 형사보상에 관한 국가예산 수립의 안정성을 확보하며, 나아가 상급법원의 부담을 경감하고자 하는 데 그 목적이 있으므로 청구인들의 형사보상청구권을 침해하지 않는다. 22년 순경 1차 ⊙⊗

(X) 이 사건 불복금지조항은 형사보상의 청구에 대하여 한 보상의 결정에 대하여는 불복을 신청할 수 없도록 하여 형사보상의 결정을 단심재판으로 규정하고 있는데, 보상액의 산정에 기초되는 사실인정이나 보상액에 관한 판단에서 오류나 불합리성이 발견되는 경우에도 그 시정을 구하는 불복신청을 할 수 없도록 하는 것은 형사보상청구권 및 그 실현을 위한 기본권으로서의 재판청구권의 본질적 내용을 침해하는 것이라 할 것이다(헌재 2010.10.28. 2008헌마514 등).

1921
「형사보상 및 명예회복에 관한 법률」에 따르면 본인이 수사 또는 심판을 그르칠 목적으로 거짓 자백을 하거나 다른 유죄의 증거를 만듦으로써 기소·미결구금 또는 유죄재판을 받게 된 것으로 인정된 경우에는 법원은 재량으로 보상청구의 전부 또는 일부를 기각할 수 있다. 22년 순경 1차 ⊙⊗

(O) 다음 각 호의 어느 하나에 해당하는 경우에는 피의자 보상의 전부 또는 일부를 지급하지 아니할 수 있다. / 본인이 수사 또는 재판을 그르칠 목적으로 거짓 자백을 하거나 다른 유죄의 증거를 만듦으로써 구금된 것으로 인정되는 경우(형사보상법 제27조)

1922
국가의 형사사법행위가 고의·과실로 인한 것으로 인정되는 경우에는 국가배상청구 등 별개의 절차에 의하여 인과관계 있는 모든 손해를 배상받을 수 있으므로, 형사보상절차로써 인과관계 있는 모든 손해를 보상하지 않는다고 하여 반드시 부당하다고 할 수는 없다. 23년 경찰승진, 22년 순경 1차 ⊙⊗

(O) 이 사건 보상금 시행령조항은 보상금을 일정한 범위 내로 한정하고 있는데, 형사보상은 형사사법절차에 내재하는 불가피한 위험으로 인한 피해에 대한 보상으로서 국가의 위법·부당한 행위를 전제로 하는 국가배상과는 그 취지 자체가 상이하므로 형사보상절차로서 인과관계 있는 모든 손해를 보상하지 않는다고 하여 반드시 부당하다고 할 수는 없다(헌재 2010.10.28. 2008헌마514 등).

1923
헌법상 형사보상청구권은 구금되었던 형사피고인뿐만 아니라 구금되었던 형사피의자에게도 인정된다. 22년 법무사 ⊙⊗

(O) 헌법 제28조 형사피의자 또는 형사피고인으로서 구금되었던 자가 법률이 정하는 불기소처분을 받거나 무죄판결을 받은 때에는 법률이 정하는 바에 의하여 국가에 정당한 보상을 청구할 수 있다(헌법 제28조).

제5절 범죄피해자구조청구권

1924
타인의 범죄행위로 인하여 생명·신체에 대한 피해를 받은 국민은 법률이 정하는 바에 의하여 국가로부터 구조를 받을 수 있다. 20년 소방간부

(O) 헌법 제30조 타인의 범죄행위로 인하여 생명·신체에 대한 피해를 받은 국민은 법률이 정하는 바에 의하여 국가로부터 구조를 받을 수 있다(헌법 제30조).

1925
범죄피해자구조청구권은 제9차 개정헌법에서 처음으로 도입되었다. 25년 법원직

(O) 범죄피해자구조청구권은 제9차 개정헌법에서 처음으로 도입되었다.

1926
범죄피해자구조청구권은 생존권적 기본권으로서의 성격을 가지는 청구권적 기본권이다. 25년 법원직

(O) 범죄피해자구조청구권이라 함은 타인의 범죄행위로 말미암아 생명을 잃거나 신체상의 피해를 입은 국민이나 그 유족이 가해자로부터 충분한 피해배상을 받지 못한 경우에 국가에 대하여 일정한 보상을 청구할 수 있는 권리이며, 그 법적 성격은 생존권적 기본권으로서의 성격을 가지는 청구권적 기본권이라고 할 것이다(헌재 2011.12.29. 2009헌마354).

1927
범죄피해자구조청구권은 국민의 권리로서 외국인에게는 인정되지 않는 권리이므로 외국인이 「범죄피해자 보호법」에 따른 범죄피해구조금을 신청할 수는 없다. 24년 순경 1차, 22년 법원직

(X) 범죄피해자 구조청구권은 생명·신체에 피해를 받은 사람을 구조하는 것을 목적으로 하는데(범죄피해자 보호법 제1조) 법인은 생명·신체를 가질 수 없어 주체가 될 수 없다. 외국인의 경우에는 상호보증이 있는 경우에 가능하다(범죄피해자 보호법 제23조).

1928
타인의 범죄행위로 피해를 당한 사람과 그 배우자, 직계친족뿐만 아니라 범죄피해 방지 및 범죄피해자 구조 활동으로 피해를 당한 사람도 범죄피해자로 본다. 22년 법원직, 22년 해경간부

(O) 제1항 제1호에 해당하는 사람 외에 범죄피해 방지 및 범죄피해자 구조활동으로 피해를 당한 사람도 범죄피해자로 본다(범죄피해자 보호법 제3조 제2항).

1929
「범죄피해자 보호법」에 따르면 "범죄피해자"란 타인의 범죄행위로 피해를 당한 사람과 그 배우자(사실상의 혼인관계를 제외한다), 4촌 이내의 직계혈족 및 형제자매를 말한다. 25년 경찰승진

(X) "범죄피해자"란 타인의 범죄행위로 피해를 당한 사람과 그 배우자(사실상의 혼인관계를 포함한다), 직계친족 및 형제자매를 말한다(범죄피해자 보호법 제3조 제1항 제1호).

1930
구조대상 범죄피해를 받은 사람이나 유족이 해당 구조대상범죄피해를 원인으로 하여 「국가배상법」이나 그 밖의 법령에 따른 급여 등을 받을 수 있는 경우에는 대통령령으로 정하는 바에 따라 구조금을 지급하지 아니한다. 24년 경찰간부, 23년 경찰간부, 22년 경찰승진

(O) 구조피해자나 유족이 해당 구조대상 범죄피해를 원인으로 하여 「국가배상법」이나 그 밖의 법령에 따른 급여 등을 받을 수 있는 경우에는 대통령령으로 정하는 바에 따라 구조금을 지급하지 아니한다(범죄피해자 보호법 제20조).

OX 문제	정답 및 해설

1931

범죄피해자구조청구권이라 함은 타인의 범죄행위로 말미암아 생명을 잃거나 신체상의 피해를 입은 국민이나 그 유족이 가해자로부터 충분한 피해배상을 받지 못한 경우에 국가에 대하여 일정한 보상을 청구할 수 있는 권리이며, 그 법적 성격은 생존권적 기본권으로서의 성격을 가지는 청구권적 기본권이다. 24년 경찰간부 [O][X]

(O) 범죄피해자구조청구권이라 함은 타인의 범죄행위로 말미암아 생명을 잃거나 신체상의 피해를 입은 국민이나 그 유족이 가해자로부터 충분한 피해배상을 받지 못한 경우에 국가에 대하여 일정한 보상을 청구할 수 있는 권리이며, 그 법적 성격은 생존권적 기본권으로서의 성격을 가지는 청구권적 기본권이라고 할 것이다(헌재 2011.12.29. 2009헌마354).

1932

「범죄피해자 보호법」에 따르면 구조금의 지급신청은 해당 구조대상 범죄피해의 발생을 안 날부터 3년이 지나거나 해당 구조대상 범죄피해가 발생한 날부터 10년이 지나면 할 수 없다. 22년 경찰승진 [O][X]

(O) 범죄피해자 보호법 제25조(구조금의 지급신청) ② 제1항에 따른 신청은 해당 구조대상 범죄피해의 발생을 안 날부터 3년이 지나거나 해당 구조대상 범죄피해가 발생한 날부터 10년이 지나면 할 수 없다.

1933

「범죄피해자 보호법」에 따르면 구조금의 지급신청은 해당 구조대상 범죄피해의 발생을 안 날부터 3년이 지나거나 해당 구조대상 범죄피해가 발생한 날부터 5년이 지나면 할 수 없다. 22년 해경간부 [O][X]

(X) 제1항에 따른 신청은 해당 구조대상 범죄피해의 발생을 안 날부터 3년이 지나거나 해당 구조대상 범죄피해가 발생한 날부터 10년이 지나면 할 수 없다(범죄피해자 보호법 제25조 제2항).

1934

범죄피해자구조청구권은 생명, 신체에 대한 피해를 입은 경우에 적용되는 것은 물론이고 재산상 피해를 입은 경우에도 적용된다. 20년 경찰승진 [O][X]

(X) 구조대상 범죄피해란 대한민국의 영역 안에서 또는 대한민국의 영역 밖에 있는 대한민국의 선박이나 항공기 안에서 행하여진 사람의 생명 또는 신체를 해치는 죄에 해당하는 행위로 인하여 사망하거나 장해 또는 중상해를 입은 것을 말한다(범죄피해자 보호법 제3조 제1항 제4호).

1935

「범죄피해자 보호법」에 따르면 "범죄피해자"란 타인의 범죄행위로 피해를 당한 사람과 그 배우자(사실상의 혼인관계를 제외한다), 4촌 이내의 직계혈족 및 형제자매를 말한다. 24년 경찰간부 [O][X]

(X) "범죄피해자"란 타인의 범죄행위로 피해를 당한 사람과 그 배우자(사실상의 혼인관계를 포함한다), 직계친족 및 형제자매를 말한다(범죄피해자 보호법 제3조 제1항 제1호).

1936

「범죄피해자 보호법」상 구조피해자나 유족이 해당 구조대상 범죄피해를 원인으로 하여 「국가배상법」이나 그 밖의 법령에 따른 급여 등을 받을 수 있는 경우에는 대통령령으로 정하는 바에 따라 구조금을 지급하지 아니한다. 24년 경찰간부 [O][X]

(O) 구조피해자나 유족이 해당 구조대상 범죄피해를 원인으로 하여 「국가배상법」이나 그 밖의 법령에 따른 급여 등을 받을 수 있는 경우에는 대통령령으로 정하는 바에 따라 구조금을 지급하지 아니한다(범죄피해자 보호법 제20조).

CHAPTER 06 사회적 기본권

제1절 인간다운 생활을 할 권리

1937
공무원연금법상 연금수급권과 같은 사회보장수급권은 헌법 제34조의 규정으로부터 도출되는 사회적 기본권의 하나로서, 국가에 대하여 적극적으로 급부를 요구하는 것이므로 헌법규정만으로는 이를 실현할 수 없고, 법률에 의한 형성을 필요로 한다. 24년 법원직

(O) 공무원연금법상의 연금수급권과 같은 사회보장수급권 헌법 제34조의 규정으로부터 도출되는 사회적 기본권의 하나이며, 따라서 국가에 대하여 적극적으로 급부를 요구하는 것이므로 헌법규정만으로는 이를 실현할 수 없고, 법률에 의한 형성을 필요로 한다(헌재 2012.8.23. 2010헌바425).

1938
기초연금 수급권자의 범위에서 공무원연금법상 퇴직연금일시금을 받은 사람과 그 배우자를 제외하도록 한 규정은 제외대상에 해당하는 자의 인간다운 생활을 할 권리를 침해하지 아니한다. 24년 법원직

(O) 심판대상조항의 입법목적의 합리성, 다른 법령상의 사회보장체계, 공무원에 대한 후생복지제도 등을 종합적으로 고려할 때, 국가가 노인의 최저생활보장에 관한 입법을 함에 있어 그 내용이 현저히 불합리하여 헌법상 용인될 수 있는 재량의 범위를 일탈하였다고 보기 어려우므로, 심판대상조항이 공무원연금법에 따른 퇴직연금일시금을 받은 사람과 그 배우자의 인간다운 생활을 할 권리를 침해한다고 할 수 없다(헌재 2020.5.27. 2018헌바398).

1939
공영방송은 사회·문화·경제적 약자나 소외계층이 마땅히 누려야 할 문화에 대한 접근기회를 보장하여 인간다운 생활을 할 권리를 실현하는 기능을 수행하므로 우리 헌법상 그 존립가치와 책무가 크다. 24년 경찰간부

(O) 사회·문화·경제적 약자나 소외계층이 마땅히 누려야 할 문화에 대한 접근기회를 보장하여 인간다운 생활을 할 권리를 실현하는 기능을 수행하므로 우리 헌법상 그 존립가치와 책무가 크다(헌재 2024.5.30. 2023헌마820 등).

1940
재혼을 유족연금수급권 상실사유로 규정한 구 「공무원연금법」해당 조항 중 '유족연금'에 관한 부분은 입법재량의 한계를 벗어나 재혼한 배우자의 인간다운 생활을 할 권리를 침해하였다고 볼 수 없다. 23년 경찰간부

(O) 유족연금은 본래 생계를 책임진 자의 사망으로 생활의 곤란을 겪는 가족의 생계보호를 위하여 도입된 것이므로, 배우자의 재혼을 유족연금수급권 상실사유로 규정한 것은 배우자가 재혼을 통하여 새로운 부양관계를 형성함으로써 재혼 상대방 배우자를 통한 사적 부양이 가능해짐에 따라 더 이상 사망한 공무원의 유족으로서의 보호의 필요성이나 중요성을 인정하기 어렵다고 보았기 때문이다(헌재 2022.8.31. 2019헌가31). / 즉 재산권을 침해하지 않는다.

| OX 문제 | 정답 및 해설 |

1941
연금보험료를 낸 기간이 그 연금보험료를 낸 기간과 연금보험료를 내지 아니한 기간을 합산한 기간의 3분의 2보다 짧은 경우 유족연금 지급을 제한한 구 「국민연금법」 해당 조항 중 '유족연금'에 관한 부분은 인간다운 생활을 할 권리를 침해한다고 볼 수 없다. 23년 경찰간부 [O X]

(O) 국민연금은 사회부조형 사회보장제도가 아니라, 가입자의 보험료를 재원으로 한다. 따라서 가입기간의 상당 부분을 성실하게 납부한 사람의 유족만을 지급대상에 포함시킨 것은 헌법에 위반되지 아니한다(헌재 2020.5.27. 2018헌바129). ⇨ 3분의 2 이상 내야 지급

1942
「형의 집행 및 수용자의 처우에 관한 법률」 및 「치료감호법」에 의한 구치소·치료감호시설에 수용 중인 자는 당해 법률에 의하여 생계유지의 보호와 의료적 처우를 받고 있으므로 이러한 자에 대하여 「국민기초생활 보장법」에 의한 중복적인 보장을 피하기 위하여 개별가구에서 제외하기로 한 입법자의 판단이 헌법상 용인될 수 있는 재량의 범위를 일탈하여 인간다운 생활을 할 권리를 침해한다고 볼 수 없다. 24년 경찰승진, 23년 순경 2차, 22년 경찰승진 [O X]

(O) '형의 집행 및 수용자의 처우에 관한 법률' 및 치료감호법에 의한 구치소·치료감호시설에 수용 중인 자는 당해 법률에 의하여 생계유지의 보호와 의료적 처우를 받고 있으므로 이러한 구치소·치료감호시설에 수용 중인 자에 대하여 '국민기초생활 보장법'에 의한 중복적인 보장을 피하기 위하여 개별가구에서 제외하기로 한 입법자의 판단이 헌법상 용인될 수 있는 재량의 범위를 일탈하여 인간다운 생활을 할 권리와 보건권을 침해한다고 볼 수 없다(헌재 2012.2.23. 2011헌마123).

1943
인간다운 생활을 할 권리로부터 인간의 존엄에 상응하는 '최소한의 물질적인 생활'의 유지에 필요한 급부를 요구할 수 있는 구체적인 권리가 상황에 따라서는 직접 도출될 수 있다고 할 수는 있어도, 직접 그 이상의 급부를 내용으로 하는 구체적인 권리를 발생케 한다고 볼 수는 없다. 22년 경찰승진 [O X]

(O) 인간다운 생활을 할 권리로부터 인간의 존엄에 상응하는 "최소한의 물질적인 생활"의 유지에 필요한 급부를 요구할 수 있는 구체적인 권리가 상황에 따라서는 직접 도출될 수 있다고 할 수는 있어도, 직접 그 이상의 급부를 내용으로 하는 구체적인 권리를 발생케 한다고 볼 수는 없다. 이러한 구체적 권리는 국가가 재정형편 등 여러 가지 상황들을 종합적으로 감안하여 법률을 통하여 구체화할 때에 비로소 인정되는 법률적 차원의 권리이다(헌재 2006.11.30. 2005헌바25).

1944
지방자치단체장은 특정 정당을 정치적 기반으로 하여 선거에 입후보할 수 있고 선거에 의하여 선출되는 공무원이라는 점에서 헌법 제7조 제2항에 따라 신분보장이 필요하고 정치적 중립성이 요구되는 공무원에 해당한다고 보기 어려우므로 헌법 제7조의 해석상 지방자치단체장을 위한 퇴직급여제도를 마련하여야 할 입법적 의무가 도출된다고 볼 수 없다. 24년 경찰 2차, 22년 경찰승진 [O X]

(O) 지방자치단체장은 특정 정당을 정치적 기반으로 하여 선거에 입후보할 수 있고 선거에 의하여 선출되는 공무원이라는 점에서 헌법 제7조 제2항에 따라 신분보장이 필요하고 정치적 중립성이 요구되는 공무원에 해당한다고 보기 어려우므로 헌법 제7조의 해석상 지방자치단체장을 위한 퇴직급여제도를 마련하여야 할 입법적 의무가 도출된다고 볼 수 없고, 그 외에 헌법 제34조나 공무담임권 보장에 관한 헌법 제25조로부터 위와 같은 입법의무가 도출되지 않는다(헌재 2014.6.26. 2012헌마459).

| OX 문제 | 정답 및 해설 |

1945
「공무원연금법」상 퇴직연금수급권은 경제적 가치가 있는 권리로서 헌법 제23조에 의하여 보장되는 재산권으로서의 성격을 가진다고 할 수 있는데, 다만, 그 구체적인 급여의 내용, 기여금의 액수 등을 형성하는 데에 있어서는 직업공무원제도나 사회보험원리에 입각한 사회보장적 급여로서의 성격으로 인하여 일반적인 재산권에 비하여 입법자에게 상대적으로 보다 폭넓은 재량이 헌법상 허용된다고 볼 수 있다. 22년 비상기획관 [O|X]

(O) 공무원연금법상의 각종 급여는 모두 사회보장 수급권으로서의 성격과 아울러 재산권으로서의 성격도 가지고, 그 중 퇴직일시금 및 퇴직수당 수급권은 후불임금 내지 재산권적 성격을 많이 띠고 있는데 비하여, 퇴직연금 수급권은 상대적으로 사회보장적 급여로서의 성격이 강하다. 따라서 퇴직연금 수급자가 퇴직 후에 사업소득이나 근로소득을 얻게 된 경우 입법자는 사회 정책적 측면과 국가의 재정 및 기금의 상황 등 여러 가지 사정을 참작하여 일반적인 재산권에 비하여 폭넓은 재량으로 소득과 연계하여 퇴직연금 지급 정도를 결정할 수 있다(헌재 2008.2.28. 2005헌마872 등).

1946
「공무원연금법」상 퇴직급여수급권은 사회보장적 급여로서의 성격을 가짐과 동시에 공로보상 내지 후불임금으로서의 성격도 함께 가지고, 이와 동시에 헌법 제23조에 의하여 보장되는 재산권으로서의 성격을 갖는다. 23년 소방간부 [O|X]

(O) 공무원연금법상의 각종 급여는 기본적으로 모두 사회보장적 급여로서의 성격을 가짐과 동시에 공로보상 내지 후불임금으로서의 성격도 함께 가진다고 할 것이고 특히 공무원연금법상 퇴직급여수급권은 경제적 가치 있는 권리로서 헌법 제23조에 의하여 보장되는 재산권으로서의 성격을 갖고 있다(헌재 2020.4.23. 2018헌바402).

1947
직장가입자가 소득월액보험료를 일정 기간 이상 체납한 경우 그 체납한 보험료를 완납할 때까지 국민건강보험공단이 그 가입자 및 피부양자에 대하여 보험급여를 실시하지 아니할 수 있도록 한 구「국민건강보험법」조항은 해당 직장가입자인 청구인의 인간다운 생활을 할 권리를 침해한 것이라고 볼 수 없다. 23년 순경 2차 [O|X]

(O) 가입자 간 보험료 부담의 형평성을 제고하고자 하는 소득월액보험료의 도입취지를 고려하면, 소득월액보험료를 체납한 가입자에 대하여 보수월액보험료를 납부하였다는 이유로 보험급여를 제한하지 아니할 경우, 형평에 부합하지 않는 결과가 초래될 수 있다. 따라서 소득월액보험료 체납자에 대한 보험급여를 제한하는 것은 그 취지를 충분히 납득할 수 있다. 따라서 심판대상조항은 청구인의 인간다운 생활을 할 권리나 재산권을 침해하지 아니한다(헌재 2020.4.23. 2017헌바244).

1948
외국인만으로 구성된 가구 중 영주권자 및 결혼이민자만을 긴급재난지원금 지급대상에 포함시키고 난민인정자를 제외한 관계부처합동 '긴급재난지원금 가구구성 및 이의신청 처리기준(2차)' 중해당부분은, '영주권자 및 결혼이민자'와 '난민 인정자'간 합리적 차별이라 할 것이므로 난민인정자의 인간다운 생활을 할 권리를 침해하지 아니한다. 24년 경찰 2차 [O|X]

(X) 코로나19로 인하여 경제적 타격을 입었다는 점에 있어서는 영주권자, 결혼이민자, 난민인정자 간에 차이가 있을 수 없으므로 그 회복을 위한 지원금 수급대상이 될 자격에 있어서 역시 이들 사이에 차이가 발생한다고 볼 수 없다. 따라서 이는 합리적 이유 없는 차별로서 난민인정자인 청구인의 평등권을 침해함을 선언한 것이다(헌재 2024.3.28. 2020헌마1079). / 인간다운생활을 할 권리는 별도로 판단하지 않았다.

1949
공적부조방식에 의하여 재원을 조성하여 반대급부로 노후생활을 보장하는 강제저축 프로그램으로서의 국민연금제도는 상호부조의 원리에 입각한 사회연대성에 기초하여 고소득계층에서 저소득층으로 국민 간에 소득분배의 기능을 함으로써 헌법상 사유재산제도에 위배되지 않는다. 22년 비상기획관 [O|X]

(X) 사회보험방식에 의하여 재원을 조성하여 반대급부로 노후생활을 보장하는 강제저축 프로그램으로서의 국민연금제도는 상호부조의 원리에 입각한 사회연대성에 기초하여 고소득계층에서 저소득층으로, 근로 세대에서 노년 세대로, 현재 세대에서 미래 세대로 국민간의 소득재분배 기능을 함으로써 오히려 위 사회적 시장경제질서에 부합하는 제도라 할 것이므로 국민연금제도가 헌법상의 시장경제질서에 위배된다는 위 주장은 이유 없다 할 것이다(헌재 2001.2.22. 99헌마365). 국민연금은 일방적 급부 즉 공적부조가 아니라 상호부조의 원리에 입각한 사회보험방식으로 재원을 조달하고 있다.

| OX 문제 | 정답 및 해설 |

1950
구 「공무원연금법」상 유족급여수급권이 헌법상 보장되는 재산권에 포함되기 때문에 대통령령이 정하는 정도의 장애 상태에 있지 아니한 19세 이상의 자녀를 유족의 범위에서 제외한 것은 유족급여수급권의 본질적 내용을 침해하여 입법형성권의 범위를 벗어난 것이다. 22년 5급 공채 [O][X]

(X) 입법자가 연령과 장애 상태를 독자적 생계유지가능성의 판단기준으로 삼아 대통령령이 정하는 정도의 장애 상태에 있지 아니한 19세 이상의 자녀를 유족의 범위에서 제외하였음을 들어 유족급여수급권의 본질적 내용을 침해하였다거나 입법형성권의 범위를 벗어났다고 보기 어렵다(헌재 2019.11.28. 2018헌바335).

1951
인간다운 생활을 할 권리는 자연인의 권리이므로 법인에게는 인정되지 않고, 또한 국민의 권리이므로 원칙적으로 외국인에게는 인정되지 아니한다. 22년 순경 2차 [O][X]

(O) 인간다운 생활을 할 권리는 자연인의 권리이므로 법인에게는 인정되지 않고, 또한 국민의 권리이므로 원칙적으로 외국인에게는 인정되지 아니한다.

1952
인간다운 생활을 할 권리에 관한 헌법상 규정은 모든 국가기관을 기속하지만, 그 기속의 의미는 적극적·형성적 활동을 하는 입법부 또는 행정부의 경우와 헌법재판에 의한 사법적 통제기능을 하는 헌법재판소에 있어서 동일하지 아니하다. 22년 순경 2차 [O][X]

(O) 헌법의 규정이, 입법부나 행정부에 대하여는 국민소득, 국가의 재정능력과 정책 등을 고려하여 가능한 범위 안에서 최대한으로 모든 국민이 물질적인 최저생활을 넘어서 인간의 존엄성에 맞는 건강하고 문화적인 생활을 누릴 수 있도록 하여야 한다는 행위의 지침, 즉 행위규범으로서 작용하지만, 헌법재판에 있어서는 다른 국가기관, 즉 입법부나 행정부가 국민으로 하여금 인간다운 생활을 영위하도록 하기 위하여 객관적으로 필요한 최소한의 조치를 취할 의무를 다하였는지를 기준으로 국가기관의 행위의 합헌성을 심사하여야 한다는 통제규범으로 작용하는 것이다(헌재 1997.5.29. 94헌마33).

1953
국가는 생활능력 없는 국민을 보호할 의무가 있다는 헌법의 규정은 모든 국가기관을 기속하지만 그 기속의 의미는 동일하지 아니한데, 헌법재판에 있어서는 다른 국가기관, 즉 입법부나 행정부가 국민으로 하여금 인간다운 생활을 영위하도록 하기 위하여 객관적으로 필요한 최소한의 조치를 취할 의무를 다하였는지를 기준으로 국가기관의 행위의 합헌성을 심사하여야 한다는 통제규범으로 작용한다. 26년 경찰간부 [O][X]

(O) 입법부나 행정부에 대하여는 국민소득, 국가의 재정능력과 정책 등을 고려하여 가능한 범위 안에서 최대한으로 모든 국민이 물질적인 최저생활을 넘어서 인간의 존엄성에 맞는 건강하고 문화적인 생활을 누릴 수 있도록 하여야 한다는 행위의 지침 즉 행위규범으로서 작용하지만, 헌법재판에 있어서는 다른 국가기관 즉 입법부나 행정부가 국민으로 하여금 인간다운 생활을 영위하도록 하기 위하여 객관적으로 필요한 최소한의 조치를 취할 의무를 다하였는지를 기준으로 국가기관의 행위의 합헌성을 심사하여야 한다는 통제규범으로 작용하는 것이다(헌재 1997.5.29. 94헌마33).

1954
국가가 인간다운 생활을 보장하기 위한 헌법적 의무를 다하였는지의 여부가 사법적 심사의 대상이 된 경우에는, 국가가 최저 생활보장에 관한 입법을 전혀 하지 아니하였다든지, 그 내용이 현저히 불합리하여 헌법상 용인될 수 있는 재량의 범위를 명백히 일탈한 경우에 한하여 헌법에 위반된다고 보아야 한다. 23년 소방간부, 22년 순경 2차, 22년 순경 1차 [O][X]

(O) 국가가 생계보호에 관한 입법을 전혀 하지 아니하였다든가 그 내용이 현저히 불합리하여 헌법상 용인될 수 있는 재량의 범위를 명백히 일탈한 경우에 한하여 헌법에 위반된다고 할 수 있다(헌재 1997.5.29. 94헌마33).

| OX 문제 | 정답 및 해설 |

1955
국가가 인간다운 생활을 보장하기 위한 헌법적 의무를 다하였는지의 여부가 사법심사의 대상이 된 경우, 국가가 최저생활보장에 관한 입법을 진혀 하지 아니한 경우에만 한하여 헌법에 위반된다고 할 수 있다. 22년 경찰승진, 20년 국가직 7급 ☐☒

(X) 국가가 인간다운 생활을 보장하기 위한 헌법적 의무를 다하였는지의 여부가 사법적 심사의 대상이 된 경우에는, 국가가 생계보호에 관한 입법을 전혀 하지 아니하였다든가 그 내용이 현저히 불합리하여 헌법상 용인될 수 있는 재량의 범위를 명백히 일탈한 경우에 한하여 헌법에 위반된다고 할 수 있다(헌재 1997.5.29, 94헌마33). / *명백히 일탈한 경우에도 위헌이다.*

1956
보건복지부장관이 최저생계비를 고시함에 있어서 장애인가구와 비장애인가구를 구분하지 않고 일률적으로 동일한 최저생계비를 적용한 것은 자의적인 것으로 볼 수는 없다. 21년 소방간부 ☐☒

(O) 국가가 생활능력 없는 장애인의 인간다운 생활을 보장하기 위한 조치를 취함에 있어서 국가가 실현해야 할 객관적 내용의 최소한도의 보장에도 이르지 못하였다거나 헌법상 용인될 수 있는 재량의 범위를 명백히 일탈하였다고는 보기 어렵고, 또한 장애인가구와 비장애인가구에게 일률적으로 동일한 최저생계비를 적용한 것을 자의적인 것으로 볼 수는 없다. 따라서, 보건복지부장관이 2002년도 최저생계비를 고시함에 있어 장애로 인한 추가지출비용을 반영한 별도의 최저생계비를 결정하지 않은 채 가구별 인원수만을 기준으로 최저생계비를 결정한 것은 생활능력 없는 장애인가구 구성원의 인간의 존엄과 가치 및 행복추구권, 인간다운 생활을 할 권리, 평등권을 침해하였다고 할 수 없다(헌재 2004.10.28, 2002헌마328).

1957
경과실로 인한 범죄행위에 기인하는 보험사고에 대하여 의료보험급여를 부정하는 것이 사회보장제도로서의 의료보험의 본질을 침해하는 것은 아니다. 21년 소방간부 ☐☒

(X) 경과실의 범죄로 인한 사고는 개념상 우연한 사고의 범위를 벗어나지 않으므로 경과실로 인한 범죄행위에 기인하는 보험사고에 대하여 의료보험급여를 부정하는 것은 우연한 사고로 인한 위험으로부터 다수의 국민을 보호하고자 하는 사회보장제도로서의 의료보험의 본질을 침해하여 헌법에 위반된다(헌재 2003.12.18, 2002헌바1).

1958
수급권자에게 2 이상의 급여의 수급권이 발생한 때 그 자의 선택에 의하여 그 중의 하나만을 지급하고 다른 급여의 지급을 정지하도록 하는 것은 「헌법」 제37조 제2항의 기본권 제한의 입법적 한계를 일탈한 것이다. 21년 소방간부 ☐☒

(X) 이 사건 법률조항이 수급권자에게 2 이상의 급여의 수급권이 발생한 때 그 자의 선택에 의하여 그 중의 하나만을 지급하고 다른 급여의 지급을 정지하도록 한 것은 공공복리를 위하여 필요하고 적정한 방법으로서 헌법 제37조 제2항의 기본권 제한의 입법적한계를 일탈한 것으로 볼 수 없고, 또 합리적인 이유가 있으므로 평등권을 침해한 것도 아니다(헌재 2000.6.1, 97헌마190).

1959
국가는 노인과 청소년의 복지향상을 위한 정책을 실시할 의무를 진다. 21년 법원직 9급 ☐☒

(O) 국가는 노인과 청소년의 복지향상을 위한 정책을 실시할 의무를 진다(헌법 제34조 제4항).

1960
헌법은 국가의 재해예방 의무에 대해서 아무런 규정을 두고 있지 않다. 21년 법원직 9급 ☐☒

(X) 헌법은 국가는 재해를 예방하고 그 위험으로부터 국민을 보호하기 위하여 노력하여야 한다는 규정을 두고 있다(헌법 제34조 제6항).

1961
산재피해 근로자에게 인정되는 산재보험수급권은 헌법상의 권리이며, 개인에게 국가에 대한 사회보장·사회복지 또는 재해예방 등과 관련된 적극적 급부청구권도 인정된다. 25년 경찰 2차, 22년 5급 공채 ☐☒

(X) 사회보장수급권은 헌법 제34조 제1항 및 제2항 등으로부터 개인에게 직접 주어지는 헌법적 차원의 권리라거나 사회적 기본권의 하나라고 볼 수는 없고, 다만 그 수급요건, 수급자의 범위, 수급액 등 구체적인 사항이 규정될 때 비로소 형성되는 법률적 차원의 권리에 불과하다 할 것이다(헌재 2003.7.24, 2002헌바51).

| OX 문제 | 정답 및 해설 |

1962
국가에게 헌법 제34조에 의하여 장애인의 복지를 위하여 노력을 해야 할 의무가 있다는 것은, 장애인도 인간다운 생활을 누릴 수 있는 정의로운 사회질서를 형성해야 할 국가의 일반적인 의무를 뜻하는 것이지, 장애인을 위하여 저상버스를 도입해야 한다는 구체적 내용의 의무가 헌법으로부터 나오는 것은 아니다. 22년 해경간부, 20년 국가직 7급 [O][X]

(O) 국가에게 헌법 제34조에 의하여 장애인의 복지를 위하여 노력을 해야 할 의무가 있다는 것은, 장애인도 인간다운 생활을 누릴 수 있는 정의로운 사회질서를 형성해야 할 국가의 일반적인 의무를 뜻하는 것이지, 장애인을 위하여 저상버스를 도입해야 한다는 구체적 내용의 의무가 헌법으로부터 나오는 것은 아니다(헌재 2002.12.18. 2002헌마52).

1963
구치소·치료감호시설에 수용 중인 자에 대하여 「국민기초생활 보장법」에 의한 중복적인 보장을 피하기 위하여 개별가구에서 제외하기로 한 입법자의 판단이 헌법상 용인될 수 있는 재량의 범위를 일탈하여 인간다운 생활을 할 권리와 보건권을 침해한다고 볼 수 없다. 20년 국가직 7급 [O][X]

(O) 구치소·치료감호시설에 수용 중인 자에 대하여 「국민기초생활 보장법」에 의한 중복적인 보장을 피하기 위하여 개별가구에서 제외하기로 한 입법자의 판단이 헌법상 용인될 수 있는 재량의 범위를 일탈하여 인간다운 생활을 할 권리와 보건권을 침해한다고 볼 수 없다(헌재 2011.3.31. 2009헌마617).

1964
사회보장수급권은 사회적 기본권으로서 국가에게 적극적으로 급부를 요구할 수 있는 권리를 주된 내용으로 하며, 헌법 제34조 제1항, 제2항에 의하여 보장된다. 20년 법원직 [O][X]

(O) 헌법은 제34조 제1항에서 국민에게 인간다운 생활을 할 권리를 보장하는 한편, 동조 제2항에서는 국가의 사회보장 및 사회복지증진 의무를 천명하고 있다(헌재 2000.6.1. 98헌마216).

1965
공무원의 범죄행위로 인해 형사처벌이 부과된 경우에는 그로 인하여 공직을 상실하게 되므로, 이에 더하여 공무원의 퇴직급여청구권까지 박탈하는 것은 이중처벌금지의 원칙에 위반된다. 20년 변호사 [O][X]

(X) 헌법 제13조 제1항 후단에 규정된 일사부재리 또는 이중처벌금지의 원칙에 있어서 처벌이라고 함은 원칙적으로 범죄에 대한 국가의 형벌권 실행으로서의 과벌을 의미하는 것이고 국가가 행하는 일체의 제재나 불이익처분이 모두 그에 포함된다고는 할 수 없으므로 이 사건 법률조항에 의하여 급여를 제한한다고 하더라도 그것이 헌법이 금하고 있는 이중적인 처벌에 해당하는 것은 아니라고 할 것이다(헌재 2002.7.18. 2000헌바57).

1966
보건복지부장관이 고시한 생활보호사업지침상의 생계보호급여의 수준이 일반 최저생계비에 못 미친다고 하더라도 그 사실만으로 국민의 인간다운 생활을 보장하기 위하여 국가가 실현해야 할 객관적 내용의 최소한도의 보장에 이르지 못하였다거나 헌법상 용인될 수 있는 재량의 범위를 명백히 일탈하였다고 볼 수 없다. 20년 변호사, 20년 법원직 [O][X]

(O) 이 사건 생계보호기준이 청구인들의 인간다운 생활을 보장하기 위하여 국가가 실현해야 할 객관적 내용의 최소한도의 보장에도 이르지 못하였다거나 헌법상 용인될 수 있는 재량의 범위를 명백히 일탈하였다고는 보기 어렵고, 따라서 비록 위와 같은 생계보호의 수준이 일반 최저생계비에 못미친다고 하더라도 그 사실만으로 곧 그것이 헌법에 위반된다거나 청구인들의 행복추구권이나 인간다운 생활을 할 권리를 침해한 것이라고 볼 수 없다(헌재 1997.5.29. 94헌마33).

| OX 문제 | 정답 및 해설 |

1967
경과실의 범죄로 인한 사고는 개념상 우연한 사고의 범위를 벗어나지 않으므로 경과실로 인한 범죄행위에 기인하는 보험사고에 대하여 의료보험급여를 부정하는 것은 우연한 사고로 인한 위험으로부터 다수의 국민을 보호하고자 하는 사회보장제도로서의 의료보험의 본질을 침해하여 헌법에 위반된다. 22년 법학경채 [O][X]

(O) 경과실에 의한 범죄가 우발적인 것이어서 보험사고의 우연성 요건에 반하지 않는다는 점에 비추어, 이것은 보험의 본질에 어긋나는 과도한 제한이 되어 헌법상 보장된 재산권을 침해한다(헌재 2003.12.18. 2002헌바1).

1968
업무상 질병으로 인한 업무상 재해에 있어 업무와 재해 사이의 상당인과관계에 대한 입증책임을 이를 주장하는 근로자나 그 유족에게 부담시키는 「산업재해보상보험법」 규정이 근로자나 그 유족의 사회보장수급권을 침해한다고 볼 수 없다. 22년 순경 1차 [O][X]

(O) 업무상 질병으로 인한 업무상 재해에 있어 업무와 재해 사이의 상당인과관계에 대한 입증책임을 이를 주장하는 근로자나 그 유족에게 부담시키는 것이 사회보장수급권을 침해한다고 볼 수 없다(헌재 2015.6.25. 2014헌바269).

1969
「공무원연금법」에 따른 퇴직연금일시금을 지급받은 사람 및 그 배우자를 기초연금 수급권자의 범위에서 제외하는 것은 한정된 재원으로 노인의 생활안정과 복리향상이라는 「기초연금법」의 목적을 달성하기 위한 것으로서 합리성이 인정되므로 인간다운 생활을 할 권리를 침해한다고 볼 수 없다. 22년 순경 1차 [O][X]

(O) 여러 종류의 수급권이 발생하였다고 하여 반드시 중복하여 지급해야 할 것은 아니다(헌재 2000.6.1. 97헌마190).

1970
실업급여의 지급목적, 경제활동인구의 연령별 비율, 보험재정상태 등을 모두 고려하여 '65세 이후 고용된 자'의 경우 「고용보험법」상 고용안정·직업능력개발사업의 지원대상에 포함시키면서도 실업급여를 적용하지 않도록 한 것은 65세 이후 고용된 후 이직한 청구인의 평등권을 침해하는 것이다. 25년 경찰 2차 [O][X]

(X) 우리 사회보장체계는 65세 이후에는 소득상실이라는 사회적 위험이 보편적으로 발생한다고 보고, 고용에 대한 지원이나 보장보다 노령연금이나 기초연금과 같은 사회보장급여 체계를 통하여 노후생활이 안정될 수 있도록 설계되었다. 실업급여의 지급목적, 경제활동인구의 연령별 비율, 보험재정상태 등을 모두 고려하여 '65세 이후 고용된 자'의 경우 고용보험법상 고용안정·직업능력개발사업의 지원대상에는 포함되지만, 실업급여를 적용하지 않도록 한 데에는 합리적 이유가 있다. 따라서 그러한 적용제외 조항이 65세 이후 고용된 후 이직한 청구인의 평등권을 침해하지 아니한다(헌재 2018.6.28. 2017헌마238).

1971
재혼을 유족연금수급권 상실사유로 규정한 구 「공무원연금법」 조항 중 '유족연금'에 관한 부분은 한정된 재원의 범위 내에서 부양의 필요성과 중요성 등을 고려하여 유족들을 보다 효과적으로 보호하기 위한 것이므로, 입법재량의 한계를 벗어나 재혼한 배우자의 인간다운 생활을 할 권리를 침해하였다고 볼 수 없다. 25년 경찰승진 [O][X]

(O) 한정된 재원의 범위 내에서 부양의 필요성과 중요성 등을 고려하여 유족들을 보다 효과적으로 보호하기 위한 것이므로, 입법재량의 한계를 벗어나 재혼한 배우자의 인간다운 생활을 할 권리와 재산권을 침해하였다고 볼 수 없다(헌재 2022.8.31. 2019헌가31).

| OX 문제 | 정답 및 해설 |

1972
국가유공자 등록신청을 한 날이 속하는 달부터 보상을 받을 권리가 발생한다고 규정하고 있는 「국가유공자 등 예우 및 지원에 관한 법률」조항은 지급대상자의 범위 파악과 보상 수준의 결정에 있어서의 용이성, 국가의 재정적 상황 등 입법 정책적 상황을 고려한 것이며, 보상금 이외에 생활조정수당 등을 지급함으로써 국가유공자에게 최소한의 물질적 수요를 충족시켜주고 있으므로 인간다운 생활을 할 권리를 침해하는 것은 아니다. 25년 경찰승진 [O][X]

(O) 위 수급권은 천부적으로 가지는 권리가 아니며 법률에 의해서 비로소 인정되는 권리이므로, 그에 대한 권리는 당연히 법에서 정한 국가유공자 유족으로 등록신청한 달로부터 발생한다(헌재 2010.5.27. 2009헌바49). / 인간다운 생활을 할 권리를 침해하지 않는다.

1973
유족연금수급권은 그 급여의 사유가 발생한 날로부터 5년간 이를 행사하지 아니하면 시효로 인하여 소멸하도록 규정한 구 「군인연금법」 조항은 유족연금수급권자의 인간다운 생활을 할 권리를 침해한다고 볼 수 없다. 24년 해경간부 [O][X]

(O) 연금재정의 불안정성을 차단하여 연금재정을 합리적으로 운용하기 위한 것이다. 군인연금이라는 사회보장 제도의 운영 목적과 연금재정체계 및 다른 법률에 정한 급여수급권에 관한 소멸시효 규정과 비교할 때 소멸시효 기간을 5년으로 정한 것은 수긍할 만한 이유가 존재한다(헌재 2021.4.29. 2019헌바412). / 따라서 인간다운 생활을 할 권리를 침해하지 아니한다.

제2절 교육받을 권리

1974
헌법 제31조 제1항에서 보장되는 교육의 기회균등권은 국가가 모든 국민에게 균등한 교육을 받게 하고 특히 경제적 약자가 실질적인 평등교육을 받을 수 있도록 적극적 정책을 실현해야 한다는 것을 의미하므로 여기에서 국민이 직접 실질적 평등교육을 위한 교육비를 청구할 권리가 도출된다. 24년 경찰승진, 23년 국회직 5급, 22년 법원행시, 22년 경찰승진 [O][X]

(X) 헌법재판소는 교육을 받을 권리의 내용과 관련하여 실질적인 평등교육을 실현해야 할 국가의 적극적인 의무가 인정된다고 하여 이로부터 국민이 직접 실질적 평등교육을 위한 교육비를 청구할 권리가 도출된다고 볼 수 없다고 보았다(헌재 2003.11.27. 2003헌바39).

1975
헌법 제31조 제3항에 규정된 의무교육 무상원칙에 있어서 무상의 범위에는 수업료나 입학금의 면제, 학교와 교사 등 인적·물적 시설 및 그 시설을 유지하기 위한 인건비와 시설유지비 등의 부담제외가 포함되고, 그 외에도 의무교육을 받는 과정에 수반하는 비용으로서 의무교육의 실질적인 균등보장을 위해 필수불가결한 비용은 무상의 범위에 포함된다. 22년 법원행시 [O][X]

(O) 의무교육에 있어서 무상의 범위에는 의무교육이 실질적이고 균등하게 이루어지기 위한 본질적 항목으로, 수업료나 입학금의 면제, 학교와 교사 등 인적·물적 시설 및 그 시설을 유지하기 위한 인건비와 시설유지비 등의 부담제외가 포함되고, 그 외에도 의무교육을 받는 과정에 수반하는 비용으로서 의무교육의 실질적인 균등보장을 위해 필수불가결한 비용은 무상의 범위에 포함된다(헌재 2012.4.24. 2010헌바164).

| OX 문제 | 정답 및 해설 |

1976
헌법 제31조 제3항의 의무교육 무상의 원칙은 교육을 받을 권리를 보다 실효성 있게 보장하기 위하여 의무교육 비용을 학령아동의 보호자 개개인의 직접적 부담에서 공동체 전체의 부담으로 이전하라는 명령일 뿐, 의무교육의 비용을 오로지 국가 또는 지방자치단체의 예산으로 해결해야 함을 의미하는 것은 아니다. 23년 순경 1차 [O X]

(O) 의무교육 비용을 학령아동의 보호자 개개인의 직접적 부담에서 공동체 전체의 부담으로 이전하라는 명령일 뿐이고, 의무교육의 비용을 오로지 국가예산, 즉 조세로 해결하라는 것은 아니다(헌재 2008.9.25. 2007헌가1).

1977
자녀의 양육과 교육은 일차적으로 부모의 천부적인 권리인 동시에 부모에게 부과된 의무이기도 하다. 23년 5급 공채 [O X]

(O) 부모의 자녀에 대한 교육권이 인정된다고 할지라도 이는 자녀의 보호와 인격발현을 위해 부여된 것으로 자녀교육에 대한 책임으로 이해하는 것이 타당하다(헌재 2000.4.27. 98헌가16 등).

1978
학교운영지원비를 학교회계 세입항목에 포함시키도록 한 구 초·중등교육법 규정은 헌법 제31조 제3항에 규정되어 있는 의무교육 무상의 원칙에 위배되지 않는다. 23년 5급 공채, 20년 경찰승진 [O X]

(X) 학교운영지원비는 기본적으로 학부모의 자율적 협찬금의 성격을 갖고 있음에도 그 조성이나 징수의 자율성이 완전히 보장되지 않아 기본적이고 필수적인 학교 교육에 필요한 비용에 가깝게 운영되고 있다는 점 등을 고려해 보면 이 사건 세입조항은 헌법 제31조 제3항에 규정되어 있는 의무교육의 무상원칙에 위배되어 헌법에 위반된다(헌재 2012.8.23. 2010헌바220).

1979
학교교육에 관한 한, 국가는 헌법 제31조에 의하여 부모의 교육권으로부터 원칙적으로 독립된 독자적인 교육권한을 부여받음으로써 부모의 교육권과 함께 자녀의 교육을 담당한다. 23년 국회직 5급 [O X]

(O) 학교교육에 관한 한, 국가는 헌법 제31조에 의하여 부모의 교육권으로부터 원칙적으로 독립된 독자적인 교육권한을 부여받음으로써 부모의 교육권과 함께 자녀의 교육을 담당하지만, 학교 밖의 교육영역에서는 원칙적으로 부모의 교육권이 우위를 차지한다(헌재 2000.4.27. 98헌가16 등).

1980
국가는 국민의 교육을 받을 권리라는 기본권을 보장하고 의무교육을 시행하기 위하여 적기에 적절한 학교교지를 확보하여야 할 의무가 있다는 점 및 이를 고려하여 학교교지에 대하여는 유상으로 취득하도록 하는 점에 비추어 보면, 학교교지의 조성·개발에 소요된 비용 역시 국가 등이 부담하는 것이 상당하다. 24년 경찰간부 [O X]

(O) 국가는 국민의 교육을 받을 권리라는 기본권을 보장하고 의무교육을 시행하기 위하여 적기에 적절한 학교교지를 확보하여야 할 의무가 있다는 점 및 이를 고려하여 학교교지에 대하여는 유상으로 취득하도록 규정한 것이라는 점에 비추어 보면, 학교교지의 조성·개발에 소요된 비용 역시 국가 등이 부담하는 것이 상당하다(헌재 2021.4.29. 2019헌바444 등).

1981
국·공립학교와는 달리 사립학교의 경우에 학교운영위원회의 설치를 임의적인 사항으로 하는 것은 자의금지원칙위반으로 평등권과 학부모의 교육참여권을 침해하는 것이다. 23년 국회직 5급 [O X]

(X) 입법자가 국·공립학교와는 달리 사립학교를 설치·경영하는 학교법인 등이 당해학교에 운영위원회를 둘 것인지의 여부를 스스로 결정할 수 있도록 한 것은 사립학교의 특수성과 자주성을 존중하는데 그 목적이 있으므로 결국 위 조항이 국·공립학교의 학부모에 비하여 사립학교의 학부모를 차별취급한 것은 합리적이고 정당한 사유가 있어 평등권을 침해한 것이 아니다(헌재 1999.3.25. 97헌마130).

| OX 문제 | 정답 및 해설 |

1982

부모는 자녀의 교육에 있어서 자녀의 정신적, 신체적 건강을 고려하여 교육의 목적과 그에 적합한 수단을 선택해야 할 것이고, 부모가 자녀의 건강에 반하는 방향으로 자녀교육권을 행사할 경우에는 헌법 제31조는 부모 외에도 국가에게 자녀의 교육에 대한 과제와 의무가 있다는 것을 규정하고 있으므로 국가는 부모의 자녀교육권을 제한할 수 있다. 23년 순경 2차, 22년 법원행시 [O][X]

(O) 부모는 자녀의 교육에 있어서 자녀의 정신적, 신체적 건강을 고려하여 교육의 목적과 그에 적합한 수단을 선택해야 할 것이고, 부모가 자녀의 건강에 반하는 방향으로 자녀교육권을 행사할 경우에는 헌법 제31조는 부모 외에도 국가에게 자녀의 교육에 대한 과제와 의무가 있다는 것을 규정하고 있으므로 국가는 부모의 자녀교육권을 제한할 수 있다(헌재 2009.10.29. 2008헌마454).

1983

학교급식의 실시에 필요한 시설·설비에 요하는 경비를 원칙적으로 학교의 설립·경영자가 부담하도록 한 「학교급식법」 조항은 사립학교 운영의 자유를 필요한 범위를 넘어서 지나치게 제한하고 있고 공익의 비중에 비추어 사립학교에게 과도한 부담을 지우는 것이라고 볼 수 있으므로 사립학교 운영의 자유를 침해한다. 23년 순경 2차 [O][X]

(X) 이 사건 법률조항이 적용될 당시는 학교급식후원회를 통하여 학교급식시설 설치·유지비의 일부를 조달받을 수도 있었으며, 학교(직영)급식과 위탁급식을 선택적으로 운영할 수 있었던 점 등에 비추어보면, 사립학교의 경우에도 국·공립학교와 마찬가지로 학교급식 시설·경비의 원칙적 부담을 학교의 설립경영자로 하는 것은 합리적이라고 할 것이어서, 평등원칙에 위반되지 않는다. 나아가 사립학교 운영의 자유를 필요한 범위를 넘어서 지나치게 제한하고 있다거나, 공익의 비중에 비추어 사립학교에게 과도한 부담을 지우는 것이라고 보기 어려워, 사립학교 운영의 자유를 침해하지 아니한다(헌재 2012.4.24, 2010헌바164).

1984

고시 공고일을 기준으로 고등학교에서 퇴학된 날로부터 6월이 지나지 아니한 자를 고등학교 졸업학력 검정고시를 받을 수 있는 자의 범위에서 제외하고 있는 '고등학교 졸업학력 검정고시 규칙'의 조항은 교육을 받을 권리를 침해한다. 23년 경찰간부, 23년 국회직 5급 [O][X]

(X) 공익은 고등학교 퇴학자의 고졸검정고시 응시 증가를 억제하여 정규학교교육 과정의 이수를 유도함으로써 공교육의 내실화를 도모하고자 하는 것으로, 달성하려는 공익이 제한받는 사익보다 큰 점 등을 종합하여 보면, 심판대상조항은 청구인들의 교육을 받을 권리를 침해한다고 볼 수 없다(헌재 2022.5.26, 2020헌마1512).

1985

자율형 사립고등학교(이하 '자사고'라 함)와 일반고등학교(이하 '일반고'라 함)가 동시선발을 하게 되면 해당 자사고의 교육에 적합한 학생을 선발하는 데 지장이 있고 자사고의 사학운영의 자유를 침해하므로 자사고를 후기학교로 정하여 신입생을 일반고와 동시에 선발하도록 한 「초·중등교육법 시행령」 해당 조항은 국가가 학교 제도를 형성할 수 있는 재량 권한의 범위를 일탈하였다. 23년 경찰간부 [O][X]

(X) 시행령은 입학전형 실시권자나 학생 모집 단위 등도 그대로 유지하여 자사고의 사학운영의 자유 제한을 최소화하였다. 또한 일반고 경쟁력 강화만으로 고교서열화 및 입시경쟁 완화에 충분하다고 단정할 수 없다. 따라서 이 사건 동시선발 조항은 국가가 학교 제도를 형성할 수 있는 재량 권한의 범위 내에 있다(헌재 2019.4.11, 2018헌마221). / 즉 합헌이다.

1986

교육을 받을 권리란 모든 국민에게 저마다의 능력에 따른 교육이 가능하도록 그에 필요한 설비와 제도를 마련해야 할 국가의 과제와 아울러, 사회적·경제적 약자도 능력에 따른 실질적 평등교육을 받을 수 있도록 적극적인 정책을 실현해야 할 국가의 의무를 뜻한다. 21년 소방간부 [O][X]

(O) 헌법 제31조 제1항은 "모든 국민은 능력에 따라 균등하게 교육을 받을 권리를 가진다."고 규정하여 국민의 교육을 받을 권리를 보장하고 있다. '교육을 받을 권리'란, 모든 국민에게 저마다의 능력에 따른 교육이 가능하도록 그에 필요한 설비와 제도를 마련해야 할 국가의 과제와 아울러 이를 넘어 사회적·경제적 약자도 능력에 따른 실질적 평등교육을 받을 수 있도록 적극적인 정책을 실현해야 할 국가의 의무를 뜻한다(헌재 2000.4.27, 98헌가16 등).

OX 문제

1987
'서울대학교 2023학년도 대학 신입학생 입학전형 시행계획' 중 저소득학생 특별전형의 모집인원을 모두 수능위주전형으로 선발하도록 정한 부분이 저소득학생 특별전형에 응시하고자 하는 수험생들의 기회를 불합리하게 박탈하는 것은 아니다. 23년 경찰간부 ⓞⓧ

1988
국·공립대학 도서관장이 승인하지 아니하여 대학구성원이 아닌 자가 대학도서관에서 도서를 대출할 수 없거나 열람실을 이용할 수 없게 되었다고 하여 그의 교육을 받을 권리가 침해된다고 볼 수는 없다. 22년 경찰승진 ⓞⓧ

1989
국가는 학교에서의 교육목표, 학습계획, 학습방법, 학교조직 등 교육제도를 정하는 데 포괄적 규율 권한과 폭넓은 입법형성권을 가진다. 21년 소방간부 ⓞⓧ

1990
교육을 받을 권리는 국민이 인간으로서의 존엄과 가치를 가지며 행복을 추구하고 인간다운 생활을 영위하는 데 필수적인 전제이자 다른 기본권을 의미있게 행사하기 위한 기초가 된다. 21년 소방간부 ⓞⓧ

1991
자녀의 교육에 관한 부모의 권리와 의무는 서로 불가분의 관계에 있고 자녀교육권의 본질을 결정하는 구성요소이기 때문에, 부모의 자녀교육권은 '자녀교육에 대한 부모의 책임'으로도 표현될 수 있다. 21년 소방간부 ⓞⓧ

1992
학교교육에 있어서 교원의 가르치는 권리를 수업권이라고 한다면 이것은 교원의 지위에서 생기는 것으로서 학생에 대한 일차적인 교육상의 직무권한이지만 어디까지나 학생의 학습권 실현을 위하여 인정되는 것이므로, 학생의 학습권은 교원의 수업권에 대하여 우월한 지위에 있다. 22년 입법고시 ⓞⓧ

정답 및 해설

(O) 대입제도 공정성을 강화하기 위해 수능위주전형 비율을 높이면서 농어촌학생 특별전형과 달리 저소득학생 특별전형에서는 모집인원 전체를 수능위주전형으로 선발한다고 하더라도, 이것이 저소득학생의 응시기회를 불합리하게 박탈하는 것이라고 보기는 어렵다(헌재 2022.9.29. 2021헌마929).

(O) 청구인이 이 사건 도서관에서 도서를 대출할 수 없다거나 열람실을 이용할 수 없다고 하여 청구인의 교육을 받을 권리가 침해된다고 볼 수도 없다(헌재 2016.11.24. 2014헌마977).

(O) 국가는 학교에서의 교육목표, 학습계획, 학습방법, 학교조직 등 교육제도를 정하는 데 포괄적 규율권한과 폭넓은 입법형성권을 갖는다. 대학 입학전형자료의 하나인 수능시험은 대학 진학을 위해 필요한 것이지만, 고등학교 교육과정에 대한 최종적이고 종합적인 평가로서 학교교육 제도와 밀접한 관계에 있다. 따라서 국가는 수능시험의 출제 방향이나 원칙을 어떻게 정할 것인지에 대해서도 폭넓은 재량권을 갖는다(헌재 2018.2.22. 2017헌마691).

(O) 헌법 제31조 제1항은 "모든 국민은 능력에 따라 균등하게 교육을 받을 권리를 가진다."라고 규정하여 국민의 교육을 받을 권리를 보장하고 있다. 교육을 받을 권리는 국민이 인간으로서의 존엄과 가치를 가지며 행복을 추구하고(헌법 제10조) 인간다운 생활을 영위하는데(헌법 제34조 제1항) 필수적인 전제이자 다른 기본권을 의미있게 행사하기 위한 기초이고, 민주국가에서 교육을 통한 국민의 능력과 자질의 향상은 바로 그 나라의 번영과 발전의 토대가 되는 것이므로, 헌법이 교육을 국가의 중요한 과제로 규정하고 있는 것이다(헌재 2000.4.27. 98헌가16 등).

(O) 부모는 자녀의 교육에 관하여 전반적인 계획을 세우고 자신의 인생관·사회관·교육관에 따라 자녀의 교육을 자유롭게 형성할 권리를 가지며, 부모의 교육권은 다른 교육의 주체와의 관계에서 원칙적인 우위를 가진다. 한편, 자녀의 교육에 관한 부모의 '권리와 의무'는 서로 불가분의 관계에 있고 자녀교육권의 본질을 결정하는 구성요소이기 때문에, 부모의 자녀교육권은 '자녀교육에 대한 부모의 책임'으로도 표현될 수 있다(헌재 2000.4.27. 98헌가16 등).

(O) 학교교육에 있어서 교원의 가르치는 권리를 수업권이라고 한다면, 이것은 교원의 지위에서 생기는 학생에 대한 일차적인 교육상의 직무권한이지만 어디까지나 학생의 학습권 실현을 위하여 인정되는 것이므로, 학생의 학습권은 교원의 수업권에 대하여 우월한 지위에 있다(대판 2007.9.20. 2005다25298).

| OX 문제 | 정답 및 해설 |

1993
헌법 제31조 제1항이 보장하는 국민의 교육을 받을 권리로부터 국가 및 지방자치단체에게 사립유치원에 대한 교사 인건비, 운영비 및 영양사 인건비를 예산으로 지원하라는 작위의무가 도출된다. 22년 지방직 7급 ⓞⓧ

(X) 국가 및 지방자치단체에게 사립유치원에 대한 교사 인건비, 운영비 및 영양사 인건비를 예산으로 지원하라는 헌법상 명문규정이 없음은 분명하다. 그리고 헌법 제31조 제1항은 국민의 교육을 받을 권리를 보장하고 있지만 그 권리는 통상 국가에 의한 교육조건의 개선·정비와 교육기회의 균등한 보장을 적극적으로 요구할 수 있는 권리로 이해되고 있을 뿐이고, 그로부터 위와 같은 작위의무가 헌법해석상 바로 도출된다고 볼 수 없다(헌재 2006.10.26. 2004헌마13).

1994
학교운영지원비는 학부모의 경제적 부담능력, 물가에 미치는 영향 및 수업료 인상률, 학교의 재정수요 등을 고려하여 학교운영위원회의 심의를 거쳐 결정되는 자발적 협찬금의 성격을 지니고 있으므로 이를 중학교 학생으로부터 징수하도록 하는 「초·중등교육법」 규정은 의무교육의 무상원칙에 위배되지 않는다. 22년 입법고시 ⓞⓧ

(X) 의무교육을 실시하는 학교에 있어서 의무교육대상자의 수요를 충족시킬 수 있는 물적·인적 기반을 구비하기 위한 재원을 확보할 의무는 헌법 제31조 제3항에 의하여 국가나 지방자치단체에 부과되어 있다고 할 것이므로, 기본적 교육수입(또는 등록금)으로 분류된 학교운영지원비를 의무교육 대상자인 중학생으로부터 징수하는 것은 의무교육의 무상원칙에 부합하지 아니한다(헌재 2012.8.23. 2010헌바220).

1995
학교용지부담금의 부과대상을 수분양자가 아닌 개발사업자로 정하고 있는 구 「학교용지 확보 등에 관한 특례법」 조항은 의무교육의 무상원칙에 위배된다. 20년 경찰승진 ⓞⓧ

(X) 의무교육의 무상성에 관한 헌법상 규정은 교육을 받을 권리를 보다 실효성 있게 보장하기 위해 의무교육 비용을 학령 아동 보호자의 부담으로부터 공동체 전체의 부담으로 이전하라는 명령일 뿐 의무교육의 모든 비용을 조세로 해결해야 함을 의미하는 것은 아니므로, 학교용지부담금의 부과대상을 수분양자가 아닌 개발사업자로 정하고 있는 이 사건 법률조항은 의무교육의 무상원칙에 위배되지 아니한다(헌재 2008.9.25. 2007헌가1).

1996
'부모의 자녀에 대한 교육권'은 비록 헌법에 명문으로 규정되어 있지는 아니하지만, 이는 모든 인간이 국적과 관계없이 누리는 양도할 수 없는 불가침의 인권이다. 20년 경찰승진 ⓞⓧ

(O) '부모의 자녀에 대한 교육권'은 비록 헌법에 명문으로 규정되어 있지는 아니하지만, 이는 모든 인간이 국적과 관계없이 누리는 양도할 수 없는 불가침의 인권이다(헌재 2000.4.27. 98헌가16).

1997
사립대학 교육기관의 교원을 정관이 정하는 바에 따라 기간을 정하여 임면할 수 있도록 한 구 「사립학교법」 규정은 교원지위 법정주의에 위반되지 않는다. 20년 국회직 9급 ⓞⓧ

(O) 대학교원의 기간임용제를 규정한 구 사립학교법 제53조의2 제3항은 전문성·연구실적 등에 문제가 있는 교수의 연임을 배제하여 합리적인 교수인사를 할 수 있도록 하기 위한 것으로 그 입법목적이 정당하고, 대학교육기관의 교원에 대한 기간임용제와 정년보장제는 국가가 문화국가의 실현을 위한 학문진흥의 의무를 이행함에 있어서나 국민의 교육권의 실현·방법 면에서 각각 장단점이 있어서, 그 판단·선택은 헌법재판소에서 이를 가늠하기보다는 입법자의 입법정책에 맡겨두는 것이 옳으므로, 위 조항은 헌법 제31조 제6항이 규정한 교원지위 법정주의에 위반되지 아니한다(헌재 1998.7.16. 96헌바33 등).

| OX 문제 | 정답 및 해설 |

1998
사립학교법인이 의무의 부담을 하고자 할 때 관할청의 허가를 받도록 하는 「사립학교법」 규정은 사립학교 운영의 자유를 침해하지 않는다. 20년 국회직 9급 ☐O☒X

(O) 이 사건 법률조항이 학교법인으로 하여금 의무의 부담을 하고자 할 때 관할청의 허가를 받도록 하고 있어 사립학교운영에 관한 자유를 제한하고 있다 하더라도, 이는 공공복리를 위하여 필요한 권리를 제한한 경우에 해당하는 것이며, 일정액 미만의 넓은 범위에서 허가를 받지 않도록 예외를 두고 있고 시행상 일반적인 학교운영과 관련된 통상적인 의무부담은 허가에서 제외하고 있으며 일정액이상이라도 허가를 받아 자유롭게 처리할 수 있는 점 등을 보면 합리적인 입법한계를 일탈하였거나 기본권의 본질적인 부분을 침해하였다고 볼 수 없다(헌재 2001.1.18. 99헌바63).

1999
대학의 자치의 주체를 기본적으로 대학으로 본다고 하더라도 교수나 교수회의 기본권 주체성이 부정된다고 볼 수 없다. 20년 국회직 9급 ☐O☒X

(O) 대학의 자치의 주체를 기본적으로 대학으로 본다고 하더라도 교수나 교수회의 주체성이 부정된다고 볼 수는 없고, 가령 학문의 자유를 침해하는 대학의 장에 대한 관계에서는 교수나 교수회가 주체가 될 수 있고, 또한 국가에 의한 침해에 있어서는 대학 자체 외에도 대학 전 구성원이 자율성을 갖는 경우도 있을 것이므로 문제되는 경우에 따라서 대학, 교수, 교수회 모두가 단독, 혹은 중첩적으로 주체가 될 수 있다고 보아야 할 것이다(헌재 2006.4.27. 2005헌마1047 등).

2000
헌법상 초등교육에 대한 의무교육과는 달리 중등교육의 단계에 있어서는 어느 범위에서 어떠한 절차를 거쳐 어느 시점에서 의무교육으로 실시할 것인가는 입법자의 형성의 자유에 속하는 사항으로서 국회가 입법정책적으로 판단하여 법률로 구체적으로 규정할 때에 비로소 헌법상의 권리로서 구체화되는 것으로 보아야 한다. 24년 법원직 ☐O☒X

(O) 헌법상 초등교육에 대한 의무교육과는 달리 중등교육의 단계에 있어서는 어느 범위에서 어떠한 절차를 거쳐 어느 시점에서 의무교육으로 실시할 것인가는 입법자의 형성의 자유에 속하는 사항으로서 국회가 입법정책적으로 판단하여 법률로 구체적으로 규정할 때에 비로소 헌법상의 권리로서 구체화되는 것으로 보아야 한다(헌재 1991.2.11. 90헌가27).

2001
부모의 자녀교육권은 다른 기본권과는 달리, 기본권의 주체인 부모의 자기결정권이라는 의미에서 보장되는 자유가 아니라 자녀의 보호와 인격발현을 위하여 부여되는 기본권이다. 24년 경찰승진, 21년 법원직 9급 ☐O☒X

(O) 부모의 자녀교육권은 다른 기본권과는 달리, 기본권의 주체인 부모의 자기결정권이라는 의미에서 보장되는 자유가 아니라, 자녀의 보호와 인격발현을 위하여 부여되는 기본권이다. 다시 말하면, 부모의 자녀교육권은 자녀의 행복이란 관점에서 보장되는 것이며, 자녀의 행복이 부모의 교육에 있어서 그 방향을 결정하는 지침이 된다(헌재 2009.10.29. 2008헌마635).

2002
청소년은 국가의 교육권한과 부모의 교육권의 범주 내에서 자신의 교육에 관하여 스스로 결정할 권리, 즉 자유롭게 교육을 받을 권리를 가진다. 20년 비상기획관(상) ☐O☒X

(O) 헌법은 국가의 교육권한과 부모의 교육권의 범주내에서 아동 및 청소년에게도 자신의 교육에 관하여 스스로 결정할 권리, 즉 자유롭게 교육을 받을 권리를 부여한다(헌재 2016.5.26. 2014헌마374).

2003
학문의 자유와 대학의 자율성에 따라 대학이 학생의 선발 및 전형 등 대학입시제도를 자율적으로 마련할 수 있다 하더라도, 국민의 '균등하게 교육을 받을 권리'를 위해 대학의 자율적 학생 선발권은 일정부분 제약을 받을 수 있다. 21년 국가직 7급 ☐O☒X

(O) 대학의 자율적 학생 선발권을 내세워 국민의 '균등하게 교육을 받을 권리'를 침해할 수 없으며, 이를 위해 대학의 자율권은 일정부분 제약을 받을 수 있다(헌재 2017.12.28. 2016헌마649).

| OX 문제 | 정답 및 해설 |

2004
헌법 제31조 제4항이 규정하는 교육의 자주성 및 대학의 자율성은 헌법 제22조 제1항이 보장하는 학문의 자유의 확실한 보장을 위해 꼭 필요한 것으로서 대학에 부여된 헌법상 기본권인 대학의 자율권이므로, 국립대학인 청구인도 이러한 대학의 자율권의 주체로서 헌법소원심판의 청구인능력이 인정된다. 21년 비상기획관(하) [O X]

(O) 헌법 제31조 제4항이 규정하는 교육의 자주성 및 대학의 자율성은 헌법 제22조 제1항이 보장하는 학문의 자유의 확실한 보장을 위해 꼭 필요한 것으로서 대학에 부여된 헌법상 기본권인 대학의 자율권이므로, 국립대학인 청구인도 이러한 대학의 자율권의 주체로서 헌법소원심판의 청구인능력이 인정된다(헌재 2015.12.23. 2014헌마1149).

2005
대학은 학문의 자유의 주체이고 학생선발의 자율권을 가지므로 검정고시로 고등학교 졸업학력을 취득한 사람들의 수시모집 지원을 제한하는 내용의 국립교육대학교 등의 '2017학년도 신입생 수시모집 입시요강'은 청구인들의 균등하게 교육을 받을 권리를 침해하지 않는다. 21년 비상기획관(하) [O X]

(X) 교육대학교 등 11개 대학교의 '2017학년도 신입생 수시모집 입시요강'이 검정고시로 고등학교 졸업학력을 취득한 사람들의 수시모집 지원을 제한하는 것은 교육을 받을 권리를 침해한다(헌재 2017.12.28. 2016헌마649).

2006
헌법 제31조 제6항의 취지는 교육에 관한 기본정책 또는 기본방침을 최소한 국회가 입법절차를 거쳐 제정한 법률(이른바 형성적 의미의 법률)로 규정함으로써 국민의 교육을 받을 권리가 행정관계에 의하여 자의적으로 무시되거나 침해당하지 않도록 하고, 교육의 자주성과 중립성도 유지하려는 것이나, 반면 교육제도에 관한 기본방침을 제외한 나머지 세부적인 사항까지 반드시 형성적 의미의 법률만으로 정하여야 하는 것은 아니다. 24년 법원직 [O X]

(O) 헌법 제31조 제6항의 취지는 교육에 관한 기본정책 또는 기본방침을 최소한 국회가 입법절차를 거쳐 제정한 법률(이른바 형성적 의미의 법률)로 규정함으로써 국민의 교육을 받을 권리가 행정관계에 의하여 자의적으로 무시되거나 침해당하지 않도록 하고, 교육의 자주성과 중립성도 유지하려는 것이나, 반면 교육제도에 관한 기본방침을 제외한 나머지 세부적인 사항까지 반드시 형성적 의미의 법률만으로 정하여야 하는 것은 아니다(헌재 1991.2.11. 90헌가27).

2007
학생에게도 국가의 간섭을 받지 아니하고 자신의 능력과 개성, 적성에 맞는 학교를 자유롭게 선택할 권리가 인정된다. 21년 국회직 5급 [O X]

(O) 학생들은 학교교육 외에 학원교습을 받을지 여부와 언제, 어떠한 방식으로 학원교습을 받을 것인지 등에 관하여 국가의 간섭을 받지 아니하고 자유롭게 결정할 권리를 가진다(헌재 2000.4.27. 98헌가16 등).

2008
학교제도에 관한 국가의 규율권한과 부모의 교육권이 서로 충돌하는 경우 어떠한 법익이 우선하는가의 문제는 구체적인 경우마다 법익형량을 통하여 판단해야 한다. 21년 국회직 5급 [O X]

(O) 학교제도에 관한 국가의 규율권한과 부모의 교육권이 서로 충돌하는 경우 어떠한 법익이 우선하는가의 문제는 구체적인 경우마다 법익형량을 통하여 판단해야 한다(헌재 2000.4.27. 98헌가16).

2009
교육을 받을 권리를 기본권으로 보장하는 이유는 모든 국민에게 노동에 의한 생활유지의 기초를 다지게 하여 국민의 인간으로서의 존엄과 법 앞에 평등을 교육의 측면에서 실현하고자 함에 있다. 20년 경행특채 [O X]

(O) 교육을 받을 권리를 기본권으로 보장하는 이유는 모든 국민에게 노동에 의한 생활유지의 기초를 다지게 하여 국민의 인간으로서의 존엄과 법 앞에 평등을 교육의 측면에서 실현하고자 함에 있다(헌재 1990.10.8. 89헌마89).

| OX 문제 | 정답 및 해설 |

2010

대학 입학전형자료의 하나인 수능시험은 고등학교 교육과정에 대한 최종적이고 종합적인 평가로서 학교교육 제도와 밀접한 관계가 있기 때문에, 수능시험의 출제 방향이나 원칙을 어떻게 정할 것인지에 대하여 국가는 폭넓은 재량권을 갖는다. 22년 변호사 ☐O ☐X

(O) 국가는 학교에서의 교육목표, 학습계획, 학습방법, 학교조직 등 교육제도를 정하는 데 포괄적 규율권한과 폭넓은 입법형성권을 갖는다. 대학 입학전형자료의 하나인 수능시험은 대학 진학을 위해 필요한 것이지만, 고등학교 교육과정에 대한 최종적이고 종합적인 평가로서 학교교육 제도와 밀접한 관계에 있다. 따라서 국가는 수능시험의 출제 방향이나 원칙을 어떻게 정할 것인지에 대해서도 폭넓은 재량권을 갖는다(헌재 2018.2.22. 2017헌마691).

2011

헌법은 국가의 교육권한과 부모의 교육권의 범주 내에서 학생에게도 자신의 교육에 관하여 스스로 결정할 권리, 즉 자유롭게 교육을 받을 권리를 부여하고, 학생은 국가의 간섭을 받지 아니하고 자신의 능력과 개성, 적성에 맞는 학교를 자유롭게 선택할 권리를 가진다. 22년 변호사 ☐O ☐X

(O) 헌법은 국가의 교육권한과 부모의 교육권의 범주 내에서 학생에게도 자신의 교육에 관하여 스스로 결정할 권리, 즉 자유롭게 교육을 받을 권리를 부여하고, 학생은 국가의 간섭을 받지 아니하고 자신의 능력과 개성, 적성에 맞는 학교를 자유롭게 선택할 권리를 가진다(헌재 2012.11.29. 2011헌마827).

2012

헌법 제31조 제3항에 규정된 의무교육 무상의 원칙에 있어서 무상의 범위는 헌법상 교육의 기회균등을 실현하기 위해 필수불가결한 비용, 즉 모든 학생이 의무교육을 받음에 있어서 경제적인 차별 없이 수학하는 데 반드시 필요한 비용에 한한다. 22년 지방직 7급 ☐O ☐X

(O) 헌법 제31조 제3항에 규정된 의무교육의 무상원칙에 있어서 의무교육 무상의 범위는 원칙적으로 헌법상 교육의 기회균등을 실현하기 위해 필수불가결한 비용, 즉 모든 학생이 의무교육을 받음에 있어서 경제적인 차별 없이 수학하는 데 반드시 필요한 비용에 한한다(헌재 2012.4.24. 2010헌바164).

2013

"교원의 지위에 관한 기본적인 사항은 법률로 정한다."고 규정한 헌법 제31조 제6항에서 말하는 '법률'이라 함은 국민의 대표자로서 민주적 정당성을 가진 국회가 제정하는 형식적 의미의 법률을 의미한다. 헌법이 교육의 물적 기반인 교육제도 이외에도 인적 기반인 교원의 지위를 특별히 국회가 제정하는 법률로 정하도록 한 것은 그에 관한 사항을 행정부의 결정에 맡겨두거나 전적으로 사적자치의 영역에만 귀속시킬 수 없을 만큼, 교육을 담당하는 교원들의 지위에 관한 문제가 교육본연의 사명을 완수함에 있어서 중대한 의미를 갖는다고 보았기 때문이다. 24년 법원직 ☐O ☐X

(O) 헌법조항에서 말하는 '법률'이라 함은 국민의 대표자로서 민주적 정당성을 가진 국회가 제정하는 형식적 의미의 법률을 의미한다. 헌법이 교육의 물적 기반인 교육제도 이외에도 인적 기반인 교원의 지위를 특별히 국회가 제정하는 법률로 정하도록 한 것은 그에 관한 사항을 행정부의 결정에 맡겨두거나 전적으로 사적자치의 영역에만 귀속시킬 수 없을 만큼, 교육을 담당하는 교원의 지위에 관한 문제가 교육 본연의 사명을 완수함에 있어서 중대한 의미를 갖는다고 보았기 때문이다(헌재 2006.5.25. 2004헌바72).

2014

의무교육 대상인 중학생의 학부모에게 급식 관련 비용 일부를 부담하도록 규정한 구「학교급식법」의 조항은 헌법상 의무교육의 무상원칙에 반하지 않는다. 22년 지방직 7급 ☐O ☐X

(O) 이 사건 심판대상조항이 의무교육대상인 중학생의 학부모들에게 급식관련 비용의 일부를 부담하도록 하고 있지만, 급식활동 자체가 의무교육에 필수불가결한 내용이라 보기 어렵고, 국가나 지방자치단체의 지원으로 부담을 경감하는 조항이 마련되어 있으며, 특히 저소득층 학생들을 위한 지원방안이 마련되어 있다는 점을 고려해 보면 이 사건 심판대상조항이 입법형성권의 범위를 넘어 헌법상 의무교육의 무상원칙에 반한다고 할 수 없으므로 헌법에 위반되지 않는다는 것이다(헌재 2012.4.24. 2010헌바164).

OX 문제

2015
「헌법」 제31조의 교육을 받을 권리는 국민이 국가에 대하여 직접 특정한 교육제도나 교육과정 또는 학교시설을 요구할 수 있는 것을 뜻하는 것은 아니다. 22년 해경간부, 22년 입법고시, 21년 법원행시 [O][X]

2016
한자는 우리 민족의 역사와 전통, 사상을 담고 있는 우리 문화의 주요 구성요소이며, 우리말 중 한자어가 차지하는 비중은 약 70%에 달하는 점을 감안할 때 한자 관련 고시가 초·중등학교에서 한자교육을 필수교과가 아니라 선택할 수 있게 규정한다면 학생들로 하여금 공교육을 통해 한자를 배울 기회가 전혀 없을 수 있으므로 이는 학생의 자유로운 인격발현권 및 학부모의 자녀교육권을 침해한다. 22년 법학경채 [O][X]

2017
학교교육의 범주 내에서는 국가의 교육권한이 헌법적으로 독자적인 지위를 부여받음으로써 부모의 교육권과 함께 자녀의 교육을 담당하지만 학교 밖의 교육영역에서는 원칙적으로 부모의 교육권이 우위를 차지한다. 22년 법학경채 [O][X]

2018
2년제 전문대학의 졸업자에게만 대학·산업대학 또는 원격대학의 편입학 자격을 부여하고, 3년제 전문대학의 2년 이상 과정 이수자에게는 편입학 자격을 부여하지 않는 것은 교육을 받을 권리를 침해하지 않는다. 22년 경찰간부 [O][X]

2019
헌법상 초등교육에 대한 의무교육과는 달리 중등교육의 단계에 있어서는 어느 범위에서 어떠한 절차를 거쳐 어느 시점에서 의무교육으로 실시할 것인가는 입법자의 형성의 자유에 속하는 사항으로서 국회가 입법정책적으로 판단하여 법률로 구체적으로 규정할 때에 비로소 헌법상의 권리로서 구체화되는 것으로 보아야 한다. 24년 법원직 [O][X]

2020
교육을 받을 권리가 국가에 대하여 특정한 교육제도나 시설의 제공을 요구할 수 있는 권리를 뜻하는 것은 아니므로, 대학 구성원이 아닌 사람이 국·공립대학교의 대학도서관에서 도서를 대출할 수 없다거나 열람실을 이용할 수 없다고 하여 교육을 받을 권리가 침해된다고 볼 수 없다. 25년 국회직 8급 [O][X]

정답 및 해설

(O) 교육받을 권리에 기초하여 교육기회 보장을 위한 국가의 적극적 행위를 요구할 수 있다고 하더라도, 이는 학교교육을 받을 권리로서 그에 필요한 교육시설 및 제도 마련을 요구할 권리이지 특정한 교육제도나 교육과정을 요구할 권리는 아니며, 학교교육이라는 국가의 공교육 급부의 형성과정에 균등하게 참여할 권리로서의 참여권이 내포되어 있다고 할 수 없다(헌재 2019.11.28. 2018헌마1153).

(X) 공문서를 한글로 작성하면 학력이나 한자 독해력 등에 관계없이 모든 국민이 공문서의 내용을 쉽게 이해할 수 있기 위함으로 청구인들의 행복추구권을 침해하지 않는다(헌재 2016.11.24. 2012헌마854).

(O) 학교 교육의 범주 내에서는 국가의 교육권한이 헌법적으로 독자적인 지위를 부여받음으로써 부모의 교육권과 함께 자녀의 교육을 담당하지만, 학교 밖의 교육영역에서는 원칙적으로 부모의 교육권이 우위를 차지한다(헌재 2000.4.27. 98헌가16 등).

(O) '각자의 능력에 따라 교육시설에 입학하여 배울 수 있는 권리'의 대상인 국가의 교육시설은 물적·인적 한계 등으로 말미암아 입학자격조건을 정하는 데 있어서 능력에 따른 차별이 가능한 영역인바, 3년제 전문대학의 2년 이상의 이수자에게 의무교육기관이 아닌 대학에의 일반 편입학을 허용하지 않는다고 하여 청구인의 교육을 받을 권리를 본질적으로 침해하고 있다고 보기 어렵다(헌재 2010.11.25. 2010헌마144).

(O) 헌법상 초등교육에 대한 의무교육과는 달리 중등교육의 단계에 있어서는 어느 범위에서 어떠한 절차를 거쳐 어느 시점에서 의무교육으로 실시할 것인가는 입법자의 형성의 자유에 속하는 사항으로서 국회가 입법정책적으로 판단하여 법률로 구체적으로 규정할 때에 비로소 헌법상의 권리로서 구체화되는 것으로 보아야 한다(헌재 1991.2.11. 90헌가27).

(O) 헌법 제31조 제1항은 "모든 국민은 능력에 따라 균등하게 교육을 받을 권리를 가진다."고 규정하여 국민의 교육을 받을 권리를 보장하고 있다. '교육을 받을 권리'란, 모든 국민에게 저마다의 능력에 따른 교육이 가능하도록 그에 필요한 설비와 제도를 마련해야 할 국가의 과제와 아울러 이를 넘어 사회적·경제적 약자도 능력에 따른 실질적 평등교육을 받을 수 있도록 적극적인 정책을 실현해야 할 국가의 의무를 뜻한다(헌재 2000.4.27. 98헌가16 등).

| OX 문제 | 정답 및 해설 |

2021

헌법 제22조 제1항이 보장하고 있는 학문의 자유와 헌법 제31조 제4항에서 보장하고 있는 대학의 자율성에 따라 대학이 학생의 선발 및 전형 등 대학입시제도를 자율적으로 마련할 수 있다 하더라도, 이러한 대학의 자율적 학생 선발권을 내세워 국민의 교육받을 권리를 침해할 수 없으며, 이 경우 대학의 자율권은 일정 부분 제약을 받을 수 있다. 25년 국회직 8급 [O|X]

(O) 헌법 제22조 제1항이 보장하고 있는 학문의 자유와 헌법 제31조 제4항에서 보장하고 있는 대학의 자율성에 따라 대학이 학생의 선발 및 전형 등 대학입시제도를 자율적으로 마련할 수 있다 하더라도, 이러한 대학의 자율적 학생 선발권을 내세워 국민의 '균등하게 교육을 받을 권리'를 침해할 수 없으며, 이를 위해 대학의 자율권은 일정부분 제약을 받을 수 있다(헌재 2017.12.28. 2016헌마649).

2022

고등학교 졸업학력 검정고시 응시자격을 제한하는 것은, 국민의 교육받을 권리 중 그 의사와 능력에 따라 균등하게 교육받을 것을 국가로부터 방해받지 않을 권리, 즉 자유권적 기본권을 제한하는 것이므로, 그 제한에 대하여는 헌법 제37조 제2항의 비례원칙에 의한 심사를 받아야 한다. 25년 경찰승진 [O|X]

(O) 검정고시 응시자격을 제한하는 것은, 국민의 교육받을 권리 중 그 의사와 능력에 따라 균등하게 교육받을 것을 국가로부터 방해받지 않을 권리, 즉 자유권적 기본권을 제한하는 것이므로, 그 제한에 대하여는 헌법 제37조 제2항의 비례원칙에 의한 심사, 즉 과잉금지원칙에 따른 심사를 받아야 할 것이다(헌재 2012.5.31. 2010헌마139 등).

2023

한국대학교육협의회가 2018. 8. 30. 공표한 '2021학년도 대학입학전형기본사항' Ⅱ. 3. 다. (6) 재외국민과 외국인 특별전형 중 '지원자격에 따른 부모 및 학생의 세부 지원자격' 가운데 '해외근무자의 배우자의 체류'에 관한 부분은 신뢰보호원칙에 반하여 학생인 청구인의 균등하게 교육받을 권리를 침해한다. 25년 순경 1차 [O|X]

(X) 이 사건 전형사항은 재외국민 특별전형의 공정하고 합리적인 운영을 위해 규정된 것으로, 대학입학전형기본사항은 매년 수립·공표되는 점, 이 사건 전형사항은 2014년 공표된 2017학년도 대학입학전형기본사항에서부터 예고된 점 등을 종합할 때, 이 사건 전형사항이 신뢰보호원칙에 반하여 청구인 학생의 균등하게 교육받을 권리를 침해한다고 볼 수 없다(헌재 2020.3.26. 2019헌마212).

2024

서울대학교 2023학년도 저소득학생 특별전형의 모집인원을 모두 수능위주전형으로 선발하도록 정한, '서울대학교 2023학년도 대학 신입학생 입학전형 시행계획' 중 '2023학년도 모집단위와 모집인원' 가운데 해당 부분은 저소득학생 특별전형에 응시하고자 하는 수험생들의 균등하게 교육을 받을 권리를 침해하지 않는다. 25년 순경 1차 [O|X]

(O) 기존에 저소득학생 특별전형에서 학생부종합전형을 실시하다가 2023학년도부터 모집인원을 모두 수능위주전형으로 선발하는 것으로 변경하였는데, 헌법재판소는 위 전형방법의 변경이 2023학년도 수능이 실시되기 2년 전에 예고되었고, 교육부장관이 2018년경부터 수능위주전형 비율을 높이는 대입정책을 발표해 왔다는 점 등을 고려하여 신뢰보호원칙에 위배되지 않는다(헌재 2022.9.29. 2021헌마929).

2025

고등학교 퇴학일부터 검정고시 공고일까지의 기간이 6개월 이상이 되지 않은 사람은 고졸검정고시에 응시할 수 없도록 규정한 「초·중등교육법 시행규칙」 제35조 제6항 제2호 본문 중 '고등학교'에 관한 부분은 고등학교를 자진퇴학한 청구인들의 교육을 받을 권리를 침해한다고 볼 수 없다. 25년 순경 1차 [O|X]

(O) 고시 공고일을 기준으로 고등학교에서 퇴학된 날로부터 6월이 지나지 아니한 자를 고등학교 졸업학력 검정고시를 받을 수 있는 자의 범위에서 제외한 것은 교육받을 권리를 침해하지 않는다(헌재 2008. 4.24. 2007헌마1456).

OX 문제	정답 및 해설

2026

학교는 헌법 제31조 제1항, 제2항에서 규정하고 있는 모든 국민의 교육을 받을 권리와 아동에게 의무교육을 받게 할 의무라는 중대한 가치를 실현하고 도시 및 주거환경의 수준 및 국민의 삶의 질을 향상시키기 위한 필수적인 기반시설로서, 국가는 국민의 교육을 받을 권리라는 기본권을 보호하기 위하여 학교교지를 적절하게 확보하여야 할 의무가 있다. 25년 순경 1차 O X

(O) 학교는 헌법 제31조 제1항, 제2항에서 규정하고 있는 모든 국민의 교육을 받을 권리와 아동에게 의무교육을 받게 할 의무라는 중대한 가치를 실현하고 도시 및 주거환경의 수준 및 국민의 삶의 질을 향상시키기 위한 필수적인 기반시설로서, 국가국민의 교육을 받을 권리라는 기본권을 보호하기 위하여 학교교지를 적절하게 확보하여야 할 의무가 있다(헌재 2010.2.25. 2007헌바131 등).

제3절 근로의 권리와 근로3권

2027

헌법 제32조 및 제33조에 각 규정된 근로기본권은 근로자의 근로조건을 개선함으로써 그들의 경제적·사회적 지위의 향상을 기하기 위한 것으로서 자유권적 기본권으로서의 성격보다는 생존권 내지 사회적 기본권으로서의 측면이 보다 강한 것으로서 그 권리의 실질적 보장을 위해서는 국가의 적극적인 개입과 뒷받침이 요구되는 기본권이다. 22년 순경 2차 O X

(O) 헌법 제32조 및 제33조에 각 규정된 근로기본권은 근로자의 근로조건을 개선함으로써 그들의 경제적·사회적 지위의 향상을 기하기 위한 것으로서 자유권적 기본권으로서의 성격보다는 생존권 내지 사회적 기본권으로서의 측면이 보다 강한 것으로서 그 권리의 실질적 보장을 위해서는 국가의 적극적인 개입과 뒷받침이 요구되는 기본권이다.

2028

근로의 권리는 사회적 기본권으로서, 고용증진을 위한 사회적·경제적 정책을 요구할 수 있는 권리뿐만 아니라, 국가에 대하여 직접 일자리(직장)를 청구하거나 일자리에 갈음하는 생계비의 지급청구권을 의미한다. 22년 5급 공채, 22년 입법고시, 20년 5급 공채 O X

(X) 근로의 권리는 사회적 기본권으로서, 국가에 대하여 직접 일자리(직장)를 청구하거나 일자리에 갈음하는 생계비의 지급청구권을 의미하는 것이 아니라, 고용증진을 위한 사회적·경제적 정책을 요구할 수 있는 권리에 그친다(헌재 2002.11.28. 2001헌바50).

2029

퇴직급여제도가 갖는 사회보장적 급여의 성격과 근로자의 장기간 복무 및 충실한 근무를 유도하는 기능을 감안하더라도, 소정근로시간이 1주간 15시간 미만인 이른바 '초단시간근로자에 대해 퇴직급여제도 적용대상에서 제외하는 것'은 "근로조건의 기준은 인간의 존엄성을 보장하도록 법률로 정하도록 규정"한 헌법 제32조 제3항에 위배된다. 22년 순경 2차 O X

(X) 소정근로시간이 1주간 15시간 미만인 이른바 '초단시간근로'는 일반적으로 임시적이고 일시적인 근로에 불과하여, 해당 사업 또는 사업장에 대한 기여를 전제로 하는 퇴직급여제도의 본질에 부합한다고 보기 어렵다. 소정근로시간이 짧은 경우에는 고용이 단기간만 지속되는 현실에 비추어 볼 때에도, '소정근로시간'을 기준으로 해당 사업 또는 사업장에 대한 전속성이나 기여도를 판단하도록 규정한 것 역시 합리성을 상실하였다고 보기도 어렵다. 따라서 심판대상조항은 헌법 제32조 제3항에 위배되는 것으로 볼 수 없다(헌재 2021.11.25. 2015헌바334 등).

| OX 문제 | 정답 및 해설 |

2030
근로의 권리는 국가의 개입·간섭을 받지 않고 자유로이 근로를 할 자유와, 국가에 대하여 근로의 기회를 제공하는 정책을 수립해 줄 것을 요구할 수 있는 권리 등을 기본적인 내용으로 하고 있고, 이 때 근로의 권리는 근로자를 개인의 차원에서 보호하기 위한 권리로서 개인의 근로자가 근로의 권리의 주체가 되는것이고, 노동조합은 그 주체가 될 수 없다. 24년 경찰승진, 24년 국가직 5급, 23년 국회직 5급, 22년 순경 1차, 22년 해경간부, 22년 법원행시, 21년 법원직 9급, 21년 법무사 [O][X]

(O) 노동조합의 경우에는 근로의 기회를 달라는 근로의 권리의 주체가 될 수 없다(헌재 2009.2.26. 2007헌바27).

2031
근로3권은 근로자의 단결권 등에 관한 부당한 침해를 배제할 수 있는 자유권이므로 국가가 근로3권이 실질적으로 기능할 수 있도록 하기 위하여 필요한 법적 제도와 법규범을 마련하여야 할 의무가 있다고 할 수는 없다. 22년 법원행시 [O][X]

(X) 근로3권의 성격은 국가가 단지 근로자의 단결권을 존중하고 부당한 침해를 하지 아니함으로써 보장되는 자유권적 측면인 국가로부터의 자유뿐이 아니라, 근로자의 권리행사의 실질적 조건을 형성하고 유지해야 할 국가의 적극적인 활동을 필요로 한다. 이는 곧, 입법자가 근로자단체의 조직, 단체교섭, 단체협약, 노동쟁의 등에 관한 노동조합관련법의 제정을 통하여 노사간의 세력균형이 이루어지고 근로자의 근로3권이 실질적으로 기능할 수 있도록 하기 위하여 필요한 법적 제도와 법규범을 마련하여야 할 의무가 있다는 것을 의미한다(헌재 1998.2.27. 94헌바13 등).

2032
이른바 '유니언 샵(Union Shop)' 협정은 근로자의 소극적 단결권을 침해하므로 헌법상 용인되기 어렵다. 22년 법원행시 [O][X]

(X) 노동조합의 적극적 단결권은 근로자 개인의 단결하지 않을 자유보다 중시된다고 할 것이어서 노동조합에 적극적 단결권(조직강제권)을 부여한다고 하여 이를 두고 곧바로 근로자의 단결하지 아니할 자유의 본질적인 내용을 침해하는 것으로 단정할 수는 없다(헌재 2005.11.24. 2002헌바95 등).

2033
연차유급휴가는 근로자의 건강하고 문화적인 생활의 실현에 이바지할 수 있도록 여가를 부여하는 데 그 목적이 있지만, 인간의 존엄성을 보장하기 위한 합리적인 근로조건에 해당하지 않으므로 연차유급휴가에 관한 권리는 근로의 권리의 내용에 포함되지 않는다. 23년 국회직 5급, 22년 국회직 9급, 21년 소방간부 [O][X]

(X) 연차유급휴가에 관한 권리는 인간의 존엄성을 보장받기 위한 최소한의 근로조건을 요구할 수 있는 권리로서 근로의 권리의 내용에 포함된다 할 것이다(헌재 2008.9.25. 2005헌마586).

2034
교원은 학생들에 대한 지도·교육이라는 노무에 종사하고 그 대가로 받는 임금·급료 그 밖에 이에 준하는 수입으로 생활하는 사람이므로 근로자에 해당한다. 22년 국회직 9급 [O][X]

(O) 헌법 제33조 제1항은 "근로자는 근로조건의 향상을 위하여 자주적인 단결권·단체교섭권 및 단체행동권을 가진다."고 하여 근로자의 근로3권을 보호하고 있다. 교원도 학생들에 대한 지도·교육이라는 노무에 종사하고 그 대가로 받는 임금·급료 그 밖에 이에 준하는 수입으로 생활하는 사람이므로 근로자에 해당한다(헌재 2015.5.28. 2013헌마671 등).

| OX 문제 | 정답 및 해설 |

2035
단결권은 개별 근로자가 노동조합 등 근로자단체를 조직하거나 그에 가입하여 활동할 수 있는 개별적 단결권만을 의미하는 것으로, 근로자단체가 존립하고 활동할 수 있는 것은 단결권이 아닌 헌법 제21조 결사의 자유에 의하여 보장된다. 22년 국회직 9급 [O][X]

(X) 근로3권 중 단결권에는 개별 근로자가 노동조합 등 근로자단체를 조직하거나 그에 가입하여 활동할 수 있는 개별적 단결권뿐만 아니라 근로자단체가 존립하고 활동할 수 있는 집단적 단결권도 포함된다(헌재 2015.5.28. 2013헌마671).

2036
「근로기준법」제23조 제1항의 부당해고제한조항을 4인 이하 사업장에 적용되는 조항으로 포함하지 않은 것은 근로자보호의 필요성이 크고 4인 이하 사업장에 그다지 큰 경제적 부담 전가가 되지 않으므로 4인 이하 사업장을 5인 이상 사업장과 달리 차별하는 데에 합리적인 이유를 인정할 수 없어 청구인의 평등권을 침해한다. 22년 입법고시 [O][X]

(X) 심판대상조항이 부당해고제한조항과 노동위원회 구제절차를 4인 이하 사업장에 적용되는 근로기준법 조항으로 나열하지 않음으로써 4인 이하 사업장을 5인 이상 사업장에 비해 차별취급한 것은, 근로기준법의 확대적용을 위한 지속적인 노력을 기울이는 과정에서 한편으로 일부 영세사업장의 열악한 현실을 고려하고, 근로기준법의 법규범성을 실질적으로 관철하기 위한 입법정책적 결정으로서 거기에는 나름대로의 합리적 이유가 있다(헌재 2019.4.11. 2017헌마820).

2037
월급근로자로서 6개월이 되지 못한 자를 해고예고제도의 적용 예외 사유로 규정하고 있는 「근로기준법」조항은 근로자보호와 사용자의 효율적인 기업경영 및 기업의 생산성이라는 측면의 조화를 고려한 합리적 규정이므로 헌법에 위배되지 않는다. 22년 입법고시 [O][X]

(X) 6개월 미만 근무한 월급근로자 또한 전직을 위한 시간적 여유를 갖거나 실직으로 인한 경제적 곤란으로부터 보호받아야 할 필요성이 있다. 그럼에도 불구하고 합리적 이유 없이 "월급근로자로서 6개월이 되지 못한자"를 해고예고제도의 적용대상에서 제외한 이 사건 법률조항은 근무기간이 6개월 미만인 월급근로자의 근로의 권리를 침해하고, 평등원칙에도 위배된다(헌재 2015.12.23. 2014헌바3).

2038
고용 허가를 받아 국내에 입국한 외국인근로자의 출국만기보험금을 출국 후 14일 이내에 지급하도록 한 「외국인근로자의 고용 등에 관한 법률」조항 중 '피보험자 등이 출국한 때부터 14일 이내' 부분은 해당 외국인근로자의 근로의 권리를 침해한다. 22년 5급 공채 [O][X]

(X) 심판대상조항이 외국인근로자의 출국만기보험금의 지급시기를 출국 후 14일 이내로 정한 것이 청구인들의 근로의 권리를 침해한다고 볼 수 없다(헌재 2016.3.31. 2014헌마367).

2039
해고예고제도의 적용제외사유 중 하나로 일용근로자로서 3개월을 계속 근무하지 아니한 자를 규정하고 있는 「근로기준법」조항은 해당 일용근로자의 근로의 권리를 침해한다. 22년 5급 공채 [O][X]

(X) 심판대상조항이 청구인의 근로의 권리를 침해한다고 보기 어렵다(헌재 2017.5.25. 2016헌마640). / 6개월 미만인 경우는 침해

2040
사용자로 하여금 2년을 초과하여 기간제근로자를 사용할 수 없도록 한 「기간제 및 단시간근로자 보호 등에 관한 법률」조항은 해당 기간제근로자의 계약의 자유를 침해하지 않는다. 22년 5급 공채 [O][X]

(O) 심판대상조항이 전반적으로는 고용불안 해소나 근로조건 개선에 긍정적으로 작용하고 있다는 것을 부인할 수 없으므로 기간제근로자의 계약의 자유를 침해한다고 볼 수 없다(헌재 2013.10.24. 2010헌마219 등).

| OX 문제 | 정답 및 해설 |

2041
근로관계 종료 전 사용자로 하여금 근로자에게 해고예고를 하도록 하는 것은 개별 근로자의 인간 존엄성을 보장하기 위한 최소한의 근로조건 가운데 하나에 해당하므로, 해고예고에 관한 권리는 근로의 권리의 내용에 포함된다. 24년 경찰승진, 23년 국회직 5급, 22년 해경간부, 22년 국회직 8급 [O|X]

(O) 해고예고제도는 근로조건의 핵심적 부분인 해고와 관련된 사항일 뿐만 아니라, 근로자가 갑자기 직장을 잃어 생활이 곤란해지는 것을 막는 데 목적이 있으므로 근로자의 인간 존엄성을 보장하기 위한 최소한의 근로조건으로서 근로의 권리의 내용에 포함된다(헌재 2015.12.23. 2014헌바3).

2042
정직일수를 연가일수에서 공제하도록 규정하고 있는 「국가공무원복무규정」 제17조 제1항은 근로의 권리를 침해하지 않는다. 22년 해경간부 [O|X]

(O) 이 사건 법령조항은 정직처분을 받은 공무원에 대하여 정직일수를 연차유급휴가인 연가일수에서 공제하도록 규정하고 있는바, 연차유급휴가는 일정기간 근로의무를 면제함으로써 근로자의 정신적·육체적 휴양을 통하여 문화적 생활의 향상을 기하려는 데 그 의의가 있으므로 근로의무가 면제된 정직일수를 연가일수에서 공제하였다고 하여 이 사건 법령조항이 현저히 불합리하다고 보기 어렵다(헌재 2008.9.25. 2005헌마586).

2043
노동관계 당사자가 쟁의행위를 함에 있어서는 그 목적, 방법 및 절차상의 한계를 벗어나지 아니한 범위 안에서 관계자들의 민사상 및 형사상 책임이 면제된다. 22년 해경간부 [O|X]

(O) 쟁의행위는 업무의 저해라는 속성상 그 자체 시민형법상의 여러 가지 범죄의 구성요건에 해당될 수 있음에도 불구하고 그것이 정당성을 가지는 경우에는 형사책임이 면제되며, 민사상 손해배상 책임도 발생하지 않는다(헌재 1998.7.16. 97헌바23).

2044
축산업 근로자들에게 육체적·정신적 휴식을 보장하고 장시간 노동에 대한 경제적 보상을 해야 할 필요성이 요청됨에도 동물의 사육 사업 근로자에 대하여 근로시간 및 휴일 규정의 적용을 제외하도록 한 것은 근로의 권리를 침해한다. 22년 국회직 8급 [O|X]

(X) 축산업 근로자의 경우 계절과 기후의 영향을 크게 받는다는 특성이 뚜렷하다. 현재 우리나라 축산업의 상황을 고려할 때, 축산업 근로자들에게 근로기준법을 전면적으로 적용할 경우, 인건비 상승으로 인한 경제적 부작용이 초래될 위험이 있다. 위 점들을 종합하여 볼 때, 심판대상조항이 입법자가 입법재량의 한계를 일탈하여 인간의 존엄을 보장하기 위한 최소한의 근로조건을 마련하지 않은 것이라고 보기 어려우므로, 심판대상조항은 청구인의 근로의 권리를 침해하지 않는다(헌재 2021.8.31. 2018헌마563).

2045
매월 1회 이상 정기적으로 지급하는 상여금 등이나 복리후생비는 그 성질이나 실질적 기능 면에서 기본급과 본질적인 차이가 있다고 보기 어려우므로, 기본급과 마찬가지로 이를 최저임금에 산입하는 것은 그 합리성을 수긍할 수 있다. 24년 국회직 8급, 23년 경찰간부 [O|X]

(O) 매월 1회 이상 정기적으로 지급하는 상여금 등 및 복리후생비의 일부를 최저임금에 산입하도록 한 최저임금법 조항은 근로의 권리를 침해하지 않는다. 최저임금 산입을 위하여 임금지급 주기에 관한 취업규칙을 변경하는 경우 노동조합 또는 근로자 과반수의 동의를 받을 필요 없도록 규정한 최저임금법 조항은 근로자의 단체교섭권을 침해하지 않는다(헌재 2021.12.23. 2018헌마629).

2046
최저임금의 적용을 위해 주(週) 단위로 정해진 근로자의 임금을 시간에 대한 임금으로 환산할 때, 해당 임금을 1주 동안의 소정근로시간 수와 법정 주휴시간 수를 합산한 시간 수로 나누도록 한 「최저임금법 시행령」 해당 조항은 사용자의 계약의 자유 및 직업의 자유를 침해한다. 23년 경찰간부 [O|X]

(X) 이 사건 시행령조항은 최저임금 적용을 위한 임금의 시간급 환산 시 법정 주휴시간 수를 포함하여 나눈다는 점을 명확히 하여 근로자에게 최저임금을 안정적으로 보장하기 위한 것이다(헌재 2020.6.25. 2019헌마15). 즉 사용자의 계약의 자유 및 직업의 자유를 침해하지 않는다.

| OX 문제 | 정답 및 해설 |

2047

고용허가를 받아 국내에 입국한 외국인근로자의 출국만기보험금을 출국 후 14일 이내에 지급하도록 한 「외국인근로자의 고용 등에 관한 법률」의 해당 조항 중 '피보험자 등이 출국한 때부터 14일 이내' 부분이 청구인들의 근로의 권리를 침해한다고 보기 어렵다. 23년 경찰간부, 22년 국회직 9급 O X

(O) 고용 허가를 받아 국내에 입국한 외국인 근로자의 출국만기보험금을 출국 후 14일 이내에 지급하도록 한 '외국인근로자의 고용 등에 관한 법률' 제13조 제3항 중 '피보험자 등이 출국한 때부터 14일 이내' 부분이 청구인들의 근로의 권리와 평등권을 침해하지 않는다(헌재 2016.3.31. 2014헌마367).

2048

'가구 내 고용활동'에 대해서는 「근로자퇴직급여 보장법」을 적용하지 않도록 규정한 같은 법 제3조 단서 중 '가구 내 고용활동' 부분은 합리적 이유가 있는 차별로서 평등원칙에 위배되지 아니한다. 23년 경찰간부 O X

(O) 가구 내 고용활동에 대하여 다른 사업장과 동일하게 퇴직급여법을 적용할 경우 이용자 및 이용자 가족의 사생활을 침해할 우려가 있음은 물론 국가의 관리 감독이 제대로 이루어지기도 어렵다. 따라서 심판대상조항이 가사사용인을 일반 근로자와 달리 퇴직급여법의 적용 범위에서 배제하고 있다 하더라도 합리적 이유가 있는 차별로서 평등원칙에 위배되지 아니한다(헌재 2022.10.27. 2019헌바454).

2049

근로자의 단결권이 근로자 단결체로서 사용자와의 관계에서 특별한 보호를 받아야 할 경우에는 근로3권에 관한 헌법 제33조가 우선적으로 적용되지만, 그렇지 않은 통상의 결사 일반에 대한 문제일 경우에는 헌법 제21조 제2항이 적용되므로 노동조합에도 헌법 제21조 제2항의 결사에 대한 허가제금지원칙이 적용된다. 24년 경찰승진, 21년 법원직 9급 O X

(O) 근로자의 단결권이 근로자 단결체로서 사용자와의 관계에서 특별한 보호를 받아야 할 경우에는 헌법 제33조가 우선적으로 적용되지만, 그렇지 않은 통상의 결사 일반에 대한 문제일 경우에는 헌법 제21조 제2항이 적용되므로 노동조합에도 헌법 제21조 제2항의 결사에 대한 허가제금지원칙이 적용된다(헌재 2012.3.29. 2011헌바53).

2050

근로자가 노동조합을 결성하지 아니할 자유나 노동조합에 가입을 강제당하지 아니할 자유, 그리고 가입한 노동조합을 탈퇴할 자유는 근로자에게 보장된 단결권의 내용에 포섭되는 권리이다. 23년 경찰간부, 20년 경행특채 O X

(X) 근로자가 노동조합을 결성하지 아니할 자유나 노동조합에 가입을 강제당하지 아니할 자유, 그리고 가입한 노동조합을 탈퇴할 자유는 근로자에게 보장된 단결권의 내용에 포섭되는 권리로서가 아니라 헌법 제10조의 행복추구권에서 파생되는 일반적 행동의 자유 또는 제21조 제1항의 결사의 자유에서 그 근거를 찾을 수 있다(헌재 2005.11.24. 2002헌바95 등).

2051

노동조합 및 노동관계조정법상 근로자란 타인과의 사용종속관계하에서 근로를 제공하고 그 대가로 임금 등을 받아 생활하는 사람을 의미하며, 특정한 사용자에게 고용되어 현실적으로 취업하고 있는 사람뿐만 아니라 일시적으로 실업 상태에 있는 사람이나 구직 중인 사람을 포함하여 노동3권을 보장할 필요성이 있는 사람도 여기에 포함되는 것으로 보아야 한다. 23년 법원직 9급 O X

(O) 노동조합법상 근로자란 타인과의 사용종속관계하에서 근로를 제공하고 그 대가로 임금 등을 받아 생활하는 사람을 의미하며, 특정한 사용자에게 고용되어 현실적으로 취업하고 있는 사람뿐만 아니라 일시적으로 실업 상태에 있는 사람이나 구직 중인 사람을 포함하여 노동3권을 보장할 필요성이 있는 사람도 여기에 포함되는 것으로 보아야 한다(대판 2015.6.25. 2007두4995).

| OX 문제 | 정답 및 해설 |

2052
출입국관리 법령에서 외국인고용제한규정을 두고 있는 것은 취업활동을 할 수 있는 체류자격(이하 '취업자격'이라고 한다) 없는 외국인의 고용이라는 사실적 행위 자체를 금지하고자 하는 것뿐이지, 나아가 취업자격 없는 외국인이 사실상 제공한 근로에 따른 권리나 이미 형성된 근로관계에서 근로자로서의 신분에 따른 노동관계법상의 제반 권리 등의 법률효과까지 금지하려는 것으로 보기는 어렵다. 23년 법원직 9급 [O][X]

(O) 출입국관리 법령에서 외국인고용제한규정을 두고 있는 것은 취업활동을 할 수 있는 체류자격(이하 '취업자격'이라고 한다) 없는 외국인의 고용이라는 사실적 행위 자체를 금지하고자 하는 것뿐이지, 나아가 취업자격 없는 외국인이 사실상 제공한 근로에 따른 권리나 이미 형성된 근로관계에서 근로자로서의 신분에 따른 노동관계법상의 제반 권리 등의 법률효과까지 금지하려는 것으로 보기는 어렵다(대판 2015.6.25. 2007두4995).

2053
타인과의 사용종속관계 하에서 근로를 제공하고 그 대가로 임금 등을 받아 생활하는 사람은 노동조합 및 노동관계조정법(이하 '노동조합법'이라고 한다)상 근로자에 해당하고, 노동조합법상의 근로자성이 인정되는 한, 그러한 근로자가 외국인인지 여부나 취업자격의 유무에 따라 노동조합법상 근로자의 범위에 포함되지 아니한다고 볼 수는 없다. 23년 법원직 9급, 23년 경찰간부 [O][X]

(O) 타인과의 사용종속관계하에서 근로를 제공하고 그 대가로 임금 등을 받아 생활하는 사람은 노동조합법상 근로자에 해당하고, 노동조합법상의 근로자성이 인정되는 한, 그러한 근로자가 외국인인지 여부나 취업자격의 유무에 따라 노동조합법상 근로자의 범위에 포함되지 아니한다고 볼 수는 없다(대판 2015.6.25. 2007두4995).

2054
하나의 사업 또는 사업장에 복수 노동조합이 존재하는 경우 '교섭대표노동조합'을 정하여 교섭을 요구하도록 하는 조항인 「노동조합 및 노동관계조정법」 제29조의2 제1항 본문은 교섭대표노동조합이 사용자와 잠정적으로 합의한 단체협약안에 대한 확정절차에 소수 노동조합이 참여할 수 있는 규정을 두고 있지 않으므로 과잉금지원칙을 위반하여 청구인들의 단체교섭권을 침해한다. 25년 경찰 2차, 24년 경찰간부 [O][X]

(X) 하나의 사업 또는 사업장에 복수 노동조합이 존재하는 경우 '교섭대표노동조합'을 정하여 교섭을 요구하도록 하는 제1조항과, 자율적으로 교섭창구를 단일화하지 못하거나 사용자가 단일화 절차를 거치지 아니하기로 동의하지 않은 경우 과반수 노동조합이 '교섭대표노동조합'이 되도록 하는 제2조항이 과잉금지원칙을 위반하여 청구인들의 단체교섭권을 침해하지 아니하며 단체교섭권의 본질적 내용을 침해하지도 아니하고, '교섭대표노동조합'에 의하여 주도되지 아니한 쟁의행위를 금지하는 제3조항이 과잉금지원칙을 위반하여 청구인들의 단체행동권을 침해하지도 아니한다(헌재 2024.6.27. 2020헌마237).

2055
국가비상사태 하에서 근로자의 단체교섭권 및 단체행동권을 제한한 구 「국가보위에 관한 특별조치법」 조항 중 해당 부분은 단체교섭권·단체행동권의 행사요건 및 한계 등에 관한 기본적 사항조차 법률에서 정하지 아니한 채, 그 허용 여부를 주무관청의 조정결정에 포괄적으로 위임하고 이에 위반할 경우 형사처벌하도록 하고 있는바, 이는 근로3권의 본질적 내용을 침해하는 것이다. 24년 경찰간부 [O][X]

(O) 허용 여부를 주무관청의 조정결정에 포괄적으로 위임하고 이에 위반할 경우 형사처벌하도록 하고 있는바, 이는 모든 근로자의 단체교섭권·단체행동권을 사실상 전면적으로 부정하는 것으로서 헌법에 규정된 근로3권의 본질적 내용을 침해하는 것이다(헌재 2015.3.26. 2014헌가5).

2056
헌법은 국가유공자의 유가족은 법률이 정하는 바에 의하여 우선적으로 근로의 기회를 부여받는다고 규정하고 있다. 24년 국가직 5급 [O][X]

(X) 국가유공자·상이군경 및 전몰군경의 유가족은 법률이 정하는 바에 의하여 우선적으로 근로의 기회를 부여받는다(헌법 제32조 제6항). / 가족은 전몰군경의 가족이지 국가유공자의 가족이 아니다.

| OX 문제 | 정답 및 해설 |

2057
법률이 정하는 주요방위산업체에 종사하는 근로자의 단체행동권은 법률이 정하는 바에 의하여 이를 제한하거나 인정하지 아니할 수 있다. 24년 국가직 5급, 24년 국회직 8급 ○✕

(O) 법률이 정하는 주요방위산업체에 종사하는 근로자의 단체행동권은 법률이 정하는 바에 의하여 이를 제한하거나 인정하지 아니할 수 있다(헌법 제33조 제3항).

2058
헌법이 보장하는 근로의 권리에는 '일할 자리에 관한 권리' 뿐만 아니라 '일할 환경에 관한 권리'도 포함되는데, 후자는 인간의 존엄성에 대한 침해를 막기 위한 권리로서 건강한 작업환경, 정당한 보수, 합리적 근로조건의 보장 등을 요구할 수 있는 권리를 포함한다. 근로의 권리를 담보하기 위하여 헌법 제32조 제3항은 "근로조건의 기준은 인간의 존엄성을 보장하도록 법률로 정한다."고 하여 근로조건 법정주의를 규정하고 있다. 24년 법원행시 ○✕

(O) 근로의 권리는 "일할 자리에 관한 권리"만이 아니라 "일할 환경에 관한 권리"도 함께 내포하고 있는바, 후자는 인간의 존엄성에 대한 침해를 방어하기 위한 자유권적 기본권의 성격도 갖고 있어 건강한 작업환경, 일에 대한 정당한 보수, 합리적인 근로조건의 보장 등을 요구할 수 있는 권리 등을 포함하며(헌재 2007.8.30. 2004헌마670 참조) 헌법 제32조 제3항은 근로의 권리를 담보하기 위하여 "근로조건의 기준은 인간의 존엄성을 보장하도록 법률로 정한다."라고 하여 근로조건 법정주의를 규정하고 있다(헌재 2021.8.31. 2018헌마563 참조).

2059
헌법 제15조의 직업의 자유 또는 헌법 제32조의 근로의 권리, 사회국가원리 등에 근거하여 실업방지 및 부당한 해고로부터 근로자를 보호하여야 할 국가의 의무를 도출할 수 있으므로, 국가에 대한 직접적인 직장존속보장청구권을 근로자에게 인정할 헌법상의 근거가 있다. 따라서 근로관계의 당연승계를 보장하는 입법을 반드시 하여야 할 헌법상의 의무를 인정할 수 있다. 24년 법원행시, 23년 법원직 9급 ○✕

(X) 한국식품위생연구원과 한국보건의료관리연구원을 통폐합하여 한국보건산업진흥원을 설립하면서, 재산승계는 법률로 규정하고 있으면서도 고용승계는 법률로 규정하지 아니한 것은 사용자에 의한 해고로부터 근로자를 보호할 국가의 의무에 위배되지 않는다(헌재 2002.11.28. 2001헌바50). 직업의자유가 직장존속까지 보장하지는 않는다.

2060
헌법 제32조 제3항의 근로조건 법정주의에서 근로조건이란 근로계약에 의하여 근로자가 근로를 제공하고 임금을 수령하는 데에 관한 조건들로서, 근로조건에 관한 기준을 법률로써 정한다는 것은 근로조건에 관하여 법률이 최저한의 제한을 설정한다는 의미이다. 23년 국회직 5급 ○✕

(O) 헌법 제32조 제3항은 "근로조건의 기준은 인간의 존엄성을 보장하도록 법률로 정한다."고 규정하고 있다. 근로조건이라 함은 임금과 그 지불방법, 취업시간과 휴식시간, 안전시설과 위생시설, 재해보상 등 근로계약에 의하여 근로자가 근로를 제공하고 임금을 수령하는데 관한 조건들로서, 근로조건에 관한 기준을 법률로써 정한다는 것은 근로조건에 관하여 법률이 최저한의 제한을 설정한다는 의미이다(헌재 2003.7.24. 2002헌바51).

2061
근로의 권리로부터 국가에 대한 직접적인 직장존속청구권을 도출할 수는 없지만, 사용자의 처분에 따른 직장상실에 대하여 최소한의 보호를 제공하여야 할 의무를 국가에 지우는 것으로 볼 수는 있다. 23년 국회직 5급 ○✕

(O) 근로의 권리를 직접적인 일자리 청구권으로 이해하는 것은 사회주의적 통제경제를 배제하고, 사기업 주체의 경제상의 자유를 보장하는 우리 헌법의 경제질서 내지 기본권규정들과 조화될 수 없다. 마찬가지 이유로 근로의 권리로부터 국가에 대한 직접적인 직장존속청구권을 도출할 수도 없다. 단지 위에서 본 직업의 자유에서 도출되는 보호의무와 마찬가지로 사용자의 처분에 따른 직장 상실에 대하여 최소한의 보호를 제공하여야 할 의무를 국가에 지우는 것으로 볼 수는 있을 것이다(헌재 2002.11.28. 2001헌바50).

| OX 문제 | 정답 및 해설 |

2062
계속근로기간 1년 미만인 근로자가 퇴직급여를 청구할 수 있는 권리는 헌법 제32조 제1항에 의하여 보장된다고 보기는 어렵다. 23년 경찰승진, 22년 입법고시 [O][X]

(O) 근로자가 퇴직급여를 청구할 수 있는 권리도 헌법상 바로 도출되는 것이 아니라 퇴직급여법 등 관련 법률이 구체적으로 정하는 바에 따라 비로소 인정될 수 있는 것이므로 계속근로기간 1년 미만인 근로자가 퇴직급여를 청구할 수 있는 권리가 헌법 제32조 제1항에 의하여 보장된다고 보기는 어렵다(헌재 2011.7.28. 2009헌마408).

2063
헌법 제33조 제1항에서 '단체협약체결권'을 명시하여 규정하고 있지 않다고 하더라도 근로조건의 향상을 위한 근로자 및 그 단체의 본질적인 활동의 자유인 '단체교섭권'에는 단체협약체결권이 포함되어 있다고 보아야 한다. 25년 경찰 2차, 23년 경찰승진 [O][X]

(O) 비록 헌법이 위 조항에서 '단체협약체결권'을 명시하여 규정하고 있지 않다고 하더라도 근로조건의 향상을 위한 근로자 및 그 단체의 본질적인 활동의 자유인 '단체교섭권'에는 단체협약체결권이 포함되어 있다고 보아야 한다(헌재 1998.2.27. 94헌바13 등).

2064
교육공무원이 아닌 대학 교원의 단결권을 인정하지 않는 것은 헌법에 위배되지만, 교육공무원인 대학 교원의 단결권을 인정하지 않는 것은 헌법에 위배되지 않는다. 23년 경찰승진 [O][X]

(X) 대학의 자율성 보장이나 학칙에 의한 교수협의회 등은 연구와 교육에 관한 중요한 의사결정 과정에 대학 구성원들이 참여할 수 있도록 하는 제도라는 점에서 그 취지가 있는 것이고, 단지 위와 같은 제도가 있다는 이유만으로 교육공무원인 대학 교원의 임금, 근무조건, 후생복지 등 교원의 경제적·사회적 지위향상을 위한 단결의 필요성을 전면적으로 부인하는 것이 합리화 되지는 않는다. 따라서, 교육공무원인 대학 교원의 단결권을 전면적으로 부정하고 있는 심판대상조항은 입법형성의 범위를 벗어난 입법이다(헌재 2018.8.30. 2015헌가38).

2065
노동조합을 설립할 때 행정관청에 설립신고서를 제출하게 하고 그 요건을 충족하지 못하는 경우 설립신고서를 반려하도록 하고 있는 '노동조합 및 노동관계조정법'은 헌법 제21조 제2항 후단에서 금지하는 결사에 대한 허가제이다. 23년 법원행시 [O][X]

(X) 행정관청의 설립신고서 수리 여부에 대한 결정은 재량 사항이 아니라 의무 사항으로 그 요건 충족이 확인되면 설립신고서를 수리하고 그 신고증을 교부하여야 한다는 점에서 단체의 설립 여부 자체를 사전에 심사하여 특정한 경우에 한해서만 그 설립을 허용하는 '허가'와는 다르다. 따라서 이 사건 법률조항의 노동조합 설립신고서 반려제도가 헌법 제21조 제2항 후단에서 금지하는 결사에 대한 허가제라고 볼 수 없다(헌재 2012.3.29. 2011헌바53).

2066
국가기관이나 지방자치단체 이외의 곳에서 근무하는 청원경찰은 사용자인 청원주와의 고용계약에 의한 근로자일 뿐, 국민전체에 대한 봉사자로서 국민에 대하여 책임을 지며 그 신분과 정치적 중립성이 법률에 의해 보장되는 공무원 신분이 아니므로, 이러한 청원경찰에게는 기본적으로 근로3권이 보장되어야 한다. 23년 변호사 [O][X]

(O) 청원경찰은 사용자인 청원주와의 고용계약에 의한 근로자일 뿐, 국민전체에 대한 봉사자로서 국민에 대하여 책임을 지며 그 신분과 정치적 중립성이 법률에 의해 보장되는 공무원 신분이 아니다. 법률이 정하는 바에 따라 근로3권이 제한적으로만 인정되는 헌법 제33조 제2항의 공무원으로 볼 수는 없는 이상, 일반근로자인 청원경찰에게는 기본적으로 헌법 제33조 제1항에 따라 근로3권이 보장되어야 한다(헌재 2017.9.28. 2015헌마653).

2067
「고등교육법」에서 규율하는 대학 교원들에게 단결권을 인정하지 않는 것은, 교원노조를 설립하거나 가입하여 활동할 수 있는 자격을 초·중등교원으로 한정함으로써 교육공무원 아닌 대학 교원에 대해서 근로기본권의 핵심인 단결권조차 부정한 것으로 목적의 정당성을 인정할 수 없고, 수단의 적합성도 인정할 수 없다. 23년 변호사 [O][X]

(O) 교원노조를 설립하거나 가입하여 활동할 수 있는 자격을 초·중등교원으로 한정함으로써 교육공무원이 아닌 대학 교원에 대해서는 근로기본권의 핵심인 단결권조차 전면적으로 부정한 측면에 대해서는 그 입법목적의 정당성을 인정하기 어렵고, 수단의 적합성 역시 인정할 수 없다. 단결권을 행사하지 못한 채 개별적으로만 근로조건의 향상을 도모해야 하는 불이익은 중대한 것이므로, 심판대상조항은 과잉금지원칙에 위배된다(헌재 2018.8.30. 2015헌가38).

OX 문제

2068
법령 등에 의하여 국가 또는 지방자치단체가 그 권한으로 행하는 정책결정에 관한 사항, 임용권의 행사 등 그 기관의 관리·운영에 관한 사항으로서 근무조건과 직접 관련되지 아니하는 사항을 공무원노동조합의 단체교섭 대상에서 제외하고 있는 「공무원의 노동조합 설립 및 운영 등에 관한 법률」 조항이 명확성의 원칙에 위반되는 것은 아니다. 23년 순경 2차 O X

2069
근로자들의 단체행동권은 집단적 실력행사로서 위력의 요소를 가지고 있으므로 사용자의 재산권이나 직업의 자유, 경제활동의 자유를 현저히 침해하고, 거래질서나 국가 경제에 중대한 영향을 미치는 일정한 단체행동권의 행사에 대하여는 제한이 가능하다. 23년 순경 2차 O X

2070
계속근로기간 1년 이상인 근로자가 근로연도 중도에 퇴직한 경우 중도퇴직 전 1년 미만의 근로에 대하여 유급휴가를 보장하지 않는 것은 근로의 권리를 침해하지 않는다. 22년 국회직 8급, 22년 해경간부, 22년 입법고시 O X

2071
정직처분을 받은 공무원에 대하여 정직일수를 연차유급휴가인 연가일수에서 공제하도록 하는 것은 근로의 권리를 침해하지 않는다. 22년 국회직 8급 O X

2072
단결권은 사회권적 성격을 띤 자유권으로서의 성격을 가지며, 일반적인 시민적 자유권과는 질적으로 다른 권리로서 설정되어 헌법상 그 자체로 이미 결사의 자유에 대한 특별법적인 지위를 승인받고 있다. 20년 경행특채 O X

2073
청원경찰은 일반근로자일 뿐 공무원이 아니므로, 청원경찰의 근로3권을 전면적으로 제한하는 것은 과잉금지원칙에 위반하여 근로3권을 침해한다. 20년 경행특채 O X

정답 및 해설

(O) 근무조건과 '직접' 관련되어 교섭대상이 되는 사항은 공무원이 공무를 제공하는 조건이 되는 사항 그 자체를 의미하는 것이므로, 이 사건 규정에서 말하는 공무원노조의 비교섭대상은 정책결정에 관한 사항과 기관의 관리·운영에 관한 사항 중 그 자체가 공무를 제공하는 조건이 되는 사항을 제외한 사항이 될 것이다. 따라서 이 사건 규정 상의 '직접'의 의미가 법집행 기관의 자의적인 법집행을 초래할 정도로 불명확하다고 볼 수 없으므로 명확성원칙에 위반된다고 볼 수 없다(헌재 2013.6.27. 2012헌바169).

(O) 단체행동권 행사라는 이유로 무조건 형사책임이나 민사책임이 면제된다고 보기는 어려우며, 사용자의 재산권이나 직업의 자유, 경제활동의 자유를 현저히 침해하고, 거래질서나 국가 경제에 중대한 영향을 미치는 일정한 단체행동권의 행사에 대한 제한은 가능하다(헌재 2022.5.26. 2012헌바66).

(O) 연차유급휴가의 판단기준으로 근로연도 1년간의 재직 요건을 정한 이상, 이 요건을 충족하지 못한 근로연도 중도퇴직자의 중도퇴직 전 근로에 관하여 반드시 그 근로에 상응하는 등의 유급휴가를 보장하여야 하는 것은 아니므로, 근로연도 중도퇴직자의 중도퇴직 전 근로에 대해 1개월 개근 시 1일의 유급휴가를 부여하지 않더라도 이것이 청구인의 근로의 권리를 침해한다고 볼 수 없다(헌재 2015.5.28. 2013헌마619).

(O) 이 사건 법령조항은 정직처분을 받은 공무원에 대하여 정직일수를 연차유급휴가인 연가일수에서 공제하도록 규정하고 있는바, 연차유급휴가는 일정기간 근로의무를 면제함으로써 근로자의 정신적·육체적 휴양을 통하여 문화적 생활의 향상을 기하려는 데 그 의의가 있으므로 근로의무가 면제된 정직일수를 연가일수에서 공제하였다고 하여 이 사건 법령조항이 현저히 불합리하다고 보기 어렵다(헌재 2008.9.25. 2005헌마586).

(O) 단결권은 사회권적 성격을 띤 자유권으로서의 성격을 가지며, 일반적인 시민적 자유권과는 질적으로 다른 권리로서 설정되어 헌법상 그 자체로 이미 결사의 자유에 대한 특별법적인 지위를 승인받고 있다(헌재 2005.11.24. 2002헌바95).

(O) 교원과 일부 공무원도 단결권과 단체교섭권을 인정받고 있는 상황에서 일반근로자인 청원경찰의 근로3권을 모두 제한하는 것은 사회의 변화에도 맞지 않는다(헌재 2017.9.28. 2015헌마653).

OX 문제

2074
국가공무원 중 사실상 노무에 종사하는 공무원은 노동운동을 할 수 있다. 20년 국회직 9급 ⓞⓧ

2075
헌법상 단체교섭권은 근로자가 사용자와 자유롭게 교섭하는 것을 방해하지 않음으로써 보장되는 자유권적 측면뿐만 아니라, 적극적인 입법조치를 통해 근로자의 권리행사의 실질적 조건을 형성하고 보장하도록 국가에 요청하는 사회권적 측면도 가진다. 24년 법원행시 ⓞⓧ

2076
근로자의 단결권은 결사의 자유가 근로의 영역에서 구체화 된 것으로, 근로자의 단결권이 근로자 단결체로서 사용자와의 관계에서 특별한 보호를 받아야 할 경우에는 근로 3권에 관한 헌법 제33조가 우선적으로 적용된다. 24년 법원행시 ⓞⓧ

2077
5급 이상 공무원의 노동조합가입을 금지하고 6급 이하의 공무원 중에서도 인사·보수 등 행정기관의 입장에 서는 자등의 노동조합가입을 금지하는 것은 공무원들의 단결권을 침해하지 않는다. 20년 국회직 9급 ⓞⓧ

2078
공무원노동조합이 체결하는 단체협약의 내용 중 법령·조례 또는 예산에 의해 규정되는 것은 단체협약으로서의 효력이 인정되지 않는다. 20년 국회직 9급 ⓞⓧ

2079
근로자가 퇴직급여를 청구할 수 있는 권리는 헌법 제32조 제1항의 근로의 권리의 본질적인 내용에 해당하므로, 모든 근로자는 헌법상 권리로서 퇴직급여 청구권을 갖는다. 21년 법무사 ⓞⓧ

2080
최저임금을 청구할 수 있는 권리가 바로 근로의 권리에 의하여 보장된다고 보기는 어렵다. 22년 해경간부, 21년 소방간부 ⓞⓧ

정답 및 해설

(O) 국가공무원법 제66조 제1항은 근로3권이 보장되는 공무원의 범위를 사실상 노무에 종사하는 공무원에 한정하고 있으나, 이는 헌법 제33조 제2항에 근거한 것이고, 전체국민의 공공복리와 사실상 노무에 공무원의 직무의 내용, 노동조건 등을 고려해 보았을 때 입법자에게 허용된 입법재량권의 범위를 벗어난 것이라 할 수 없다(헌재 2007.8.30. 2003헌바51).

(O) 헌법상 단체교섭권은 근로자가 사용자와 자유롭게 교섭하는 것을 방해하지 않음으로써 보장되는 자유권적 측면뿐만 아니라, 적극적인 입법조치를 통해 근로자의 권리행사의 실질적 조건을 형성하고 보장하도록 국가에 요청하는 사회권적 측면을 가진다(헌재 1998.2.27. 94헌바13).

(O) 근로자의 단결권이 근로자 단결체로서 사용자와의 관계에서 특별한 보호를 받아야 할 경우에는 헌법 제33조가 우선적으로 적용되지만, 그렇지 않은 통상의 결사 일반에 대한 문제일 경우에는 헌법 제21조 제2항이 적용되므로 노동조합에도 헌법 제21조 제2항의 결사에 대한 허가제금지원칙이 적용된다(헌재 2012.3.29. 2011헌바53).

(O) 5급 이상의 공무원과 6급 이하의 공무원 중 '지휘감독권 행사자' 등을 그 업무의 공공성·공익성이 큰 점 등을 고려하여 노동조합 가입 대상에서 제외한 것이 공무원들의 단결권을 침해한다고 볼 수 없다. 근로감독관 및 조사관과 소방공무원 또한 업무의 성질상 공무원노조 가입을 제한하는 것은 기각이다(헌재 2008.12.26. 2005헌마971 등).

(O) 제9조에 따라 체결된 단체협약의 내용 중 법령·조례 또는 예산에 의하여 규정되는 내용과 법령 또는 조례에 의하여 위임을 받아 규정되는 내용은 단체협약으로서의 효력을 가지지 아니한다(공무원의 노동조합 설립 및 운영 등에 관한 법률 제10조 제1항).

(X) 근로자가 퇴직급여를 청구할 수 있는 권리도 헌법상 바로 도출되는 것이 아니라 퇴직급여법 등 관련 법률이 구체적으로 정하는 바에 따라 비로소 인정될 수 있는 것이므로 계속근로기간 1년 미만인 근로자가 퇴직급여를 청구할 수 있는 권리가 헌법 제32조 제1항에 의하여 보장된다고 보기는 어렵다(헌재 2011.7.28. 2009헌마408).

(O) 헌법 제32조 제1항 후단은 "국가는 사회적·경제적 방법으로 근로자의 고용의 증진과 적정임금의 보장에 노력하여야 하며, 법률이 정하는 바에 의하여 최저임금제를 시행하여야 한다."라고 규정하고 있어서 근로자가 최저임금을 청구할 수 있는 권리도 헌법상바로 도출되는 것이 아니라 최저임금법 등 관련 법률이 구체적으로 정하는 바에 따라 비로소 인정될 수 있다(헌재 2012.10.25. 2011헌마307).

| OX 문제 | 정답 및 해설 |

2081
우리 헌법은 연소자의 근로는 특별한 보호를 받는다고 명문으로 규정하고 있다. 21년 법무사 ⓞⓧ

(O) 연소자의 근로는 특별한 보호를 받는다(헌법 제32조 제5항).

2082
헌법재판소는 월급근로자로서 6개월이 되지 못한 사람을 해고예고제도의 적용대상에서 제외한 근로기준법조항에 관하여 근무기간이 6개월 미만인 월급근로자는 근로계약의 성질상 근로관계의 계속에 대한 기대가능성이 적으므로 근로의 권리를 침해한다고 볼 수 없다고 판단하였다. 24년 국회직 8급, 21년 법원행시 ⓞⓧ

(X) 6개월 미만 근무한 월급근로자 또한 전직을 위한 시간적 여유를 갖거나 실직으로 인한 경제적 곤란으로부터 보호받아야 할 필요성이 있다. 이는 근로의 권리를 침해하며, 평등원칙에도 위배된다(헌재 2015.12.23. 2014헌바3).

2083
고등교육법에서 규율하는 대학 교원들의 단결권을 인정하지 않는 교원의 노동조합 설립 및 운영 등에 관한 법률 규정은 교육공무원 아닌 대학 교원들에게 헌법이 보장하고 있는 근로3권의 핵심적이고 본질적인 권리인 단결권을 침해하는 것인 반면, 교육공무원인 대학 교원에 대하여는 그 직무수행의 특성을 고려한 합리적인 제한으로서 단결권을 침해한다고 볼 수 없다. 21년 법원행시 ⓞⓧ

(X) 일반 근로자 및 초·중등교원과 구별되는 대학 교원의 특수성을 인정하더라도, 대학교원에게도 단결권을 인정하면서 다만 해당 노동조합이 행사할 수 있는 권리를 다른 조합과 달리 강한 제약 아래 두는 방법도 얼마든지 가능한데 이를 전면적으로 제한하는 것은 필요이상의 과도한 제한이다(헌재 2018.8.30. 2015헌가38).

2084
노동조합이 노동조합으로서 자주성 등을 갖추고 있는지를 심사하여 이를 갖추지 못한 단체의 설립신고서를 반려하도록 하는 것은 근로자의 단결권을 침해한다고 볼 수 없다. 25년 경찰 2차, 21년 국회직 5급 ⓞⓧ

(O) 노동조합의 실체를 갖추지 못한 노동조합들이 난립하는 사태를 방지할 수 없게 되므로 노동조합이 그 설립 당시부터 노동조합으로서 자주성 등을 갖추고 있는지를 심사하여 이를 갖추지 못한 단체의 설립신고서를 반려하도록 하는 것은 과잉금지원칙에 위반되어 근로자의 단결권을 침해한다고 볼 수 없다(헌재 2012.3.29. 2011헌바53).

2085
국가공무원법 제66조 제1항이 근로3권이 보장되는 공무원의 범위를 사실상 노무에 종사하는 공무원에 한정한 것이 입법자에게 허용된 입법재량권의 범위를 벗어난 것이라 할 수 없다. 21년 국회직 5급 ⓞⓧ

(O) 법 제58조 제1항이 근로3권이 보장되는 공무원의 범위를 사실상 노무에 종사하는 공무원에 한정하고 있는 것은 근로3권의 향유주체가 될 수 있는 공무원의 범위를 법률로 정하도록 위임하고 있는 헌법 제33조 제2항에 근거한 것으로 입법자에게 부여하고 있는 형성적 재량권의 범위를 벗어난 것이라고는 볼 수 없으므로, 위 법률조항이 근로3권을 침해한 것으로 위헌이라 할 수 없다(헌재 2005.10.27. 2003헌바50 등).

2086
일반적으로 근로자가 노동조합의 조합원이 될 것을 고용조건으로 하는 단체협약상의 규정을 유니언 샵(Union Shop) 협정이라고 하는데, 이는 노동조합이 그 조직을 유지·강화하기 위하여 조합원지위의 취득과 유지를 강제하는 단체협약상의 제도로서, 노동조합의 대표적인 조직강제 수단의 하나에 해당한다. 25년 경찰 2차 ⓞⓧ

(O) 일반적으로 근로자가 노동조합의 조합원이 될 것을 고용조건으로 하는 단체협약상의 규정을 유니언 샵(Union Shop) 협정이라고 하는데, 이는 노동조합이 그 조직을 유지·강화하기 위하여 조합원지위의 취득과 유지를 강제하는 단체협약상의 제도로서, 노동조합의 대표적인 조직강제 수단의 하나에 해당한다(헌재 2005.11.24. 2002헌바95 등).

OX 문제

2087
헌법상 근로의 권리에, 열악한 근로환경을 갖춘 사업장을 이탈하여 다른 사업장으로 이직함으로써 사적(私的)으로 근로환경을 개선하거나 해결하는 방법을 보장하는 것도 포함된다고 할 것이므로, 외국인근로자의 사업장 변경 횟수를 제한하는 「외국인근로자의 고용 등에 관한 법률」 제25조 제4항은 근로의 권리를 제한한다. 25년 순경 1차 [O X]

2088
근로조건의 보장은 기본적으로 근로자의 생활보장 및 인간의 존엄성을 보장해주는 기초적인 근로의 권리의 내용이지만, 이는 일방적으로 근로자를 두텁게 보호하는 것만으로 달성되는 것이 아니라, 사용자의 효율적인 기업경영 및 기업의 생산성이라는 측면과 조화를 이룰 때 달성이 가능하고, 이것이 헌법 제32조 제3항이 근로조건의 기준을 법률로 정하도록 한 취지이다. 25년 순경 1차 [O X]

2089
헌법에서는 사회적·경제적 방법으로 근로자의 고용의 증진과 적정 임금의 보장에 노력하여야 할 국가의 의무를 규정하고 있다. 25년 경찰승진 [O X]

2090
헌법에서는 여자, 장애인, 연소자의 근로는 특별한 보호를 받는다고 규정하고 있다. 25년 경찰승진 [O X]

2091
「노동조합 및 노동관계조정법」 그리고 대법원 판례는 해고된 자는 설사 해고의 효력을 다투고 있다고 할지라도 근로자의 지위에 있지 않다고 해석하고 있다. 24년 해경 [O X]

2092
근로의 권리는 근로자를 개인의 차원에서 보호하기 위한 권리로서 개인인 근로자가 근로의 권리의 주체가 되는 것이고, 노동조합은 그 주체가 될 수 없다. 24년 해경간부 [O X]

정답 및 해설

(X) 헌법상 근로의 권리에, 열악한 근로환경을 갖춘 사업장을 이탈하여 다른 사업장으로 이직함으로써 사적(私的)으로 근로환경을 개선하거나 해결하는 방법을 보장하는 것까지 포함된다고 볼 수는 없다. 따라서 본안 심판대상조항들은 근로의 권리를 제한하지 않는다(헌재 2021.12.23. 2020헌마395). / 이는 직업의 자유를 제한한다.

(O) 근로조건의 보장은 기본적으로 근로자의 생활보장 및 인간의 존엄성을 보장해주는 기초적인 근로의 권리의 내용이지만, 이는 일방적으로 근로자를 두텁게 보호하는 것만으로 달성되는 것이 아니라, 사용자의 효율적인 기업경영 및 기업의 생산성이라는 측면과 조화를 이룰 때 달성이 가능하고, 이것이 헌법 제32조 제3항이 근로조건의 기준을 법률로 정하도록 한 취지이다(헌재 2021.11.25. 2015헌바334 등).

(O) 모든 국민은 근로의 권리를 가진다. 국가는 사회적·경제적 방법으로 근로자의 고용의 증진과 적정임금의 보장에 노력하여야 하며, 법률이 정하는 바에 의하여 최저임금제를 시행하여야 한다(헌법 제32조 제1항).

(X) 헌법은 여자와 연소자의 근로는 특별한 보호를 규정하고 있으나, 장애인이나 노인의 근로는 특별한 보호를 규정하고 있지 않다.

(X) 근로자가 회사로부터 해고를 당하였다고 하더라도 상당한 기간 내에 노동위원회에 부당노동행위 구제 신청을 하여 그 해고의 효력을 다투고 있었다면, 위 법규정의 취지에 비추어 노동조합원으로서의 지위를 상실하는 것이라고 볼 수 없다(대판 1992.3.31. 91다14413).

(O) 헌법 제32조 제1항이 규정한 근로의 권리는 근로자를 개인의 차원에서 보호하기 위한 권리로서 개인인 근로자가 그 주체가 되는 것이고 노동조합은 그 주체가 될 수 없다(헌재 2009.2.26. 2007헌바27).

| OX 문제 | 정답 및 해설 |

2093
쟁의행위는 업무의 저해라는 속성상 그 자체가 민형법상의 여러 가지 범죄의 구성요건에 해당될 수 있음에도 불구하고 그것이 정당성을 가지는 경우에는 형사책임이 면제되며, 민사상 손해배상책임도 발생하지 않는다. 24년 해경간부

(O) 쟁의행위는 업무의 저해라는 속성상 그 자체 시민형법상의 여러 가지 범죄의 구성요건에 해당될 수 있음에도 불구하고 그것이 정당성을 가지는 경우에는 형사책임이 면제되며, 민사상 손해배상 책임도 발생하지 않는다. 이는 헌법 제33조에 당연히 포함된 내용이라 할 것이며, 정당한 쟁의행위의 효과로서 민사 및 형사면책을 규정하고 있는 현행 노동조합 및 노동관계조정법 제3조와 제4조 및 구 노동쟁의조정법 제8조, 구 노동조합법 제2조 등은 이를 명문으로 확인한 것이라 하겠다(헌재 1998.7.16. 97헌바23).

2094
교원노조를 설립하거나 가입하여 활동할 수 있는 자격을 초·중등교원으로 한정함으로써 '교육공무원이 아닌 대학 교원'에 대하여 근로기본권의 핵심인 단결권조차 전면적으로 부정한 「교원의 노동조합 설립 및 운영 등에 관한 법률」 조항에 대하여는 입법목적의 정당성과 수단의 적합성을 인정할 수 없다. 24년 해경간부

(O) 심판대상조항의 입법목적이 재직 중인 초·중등교원에 대하여 교원노조를 인정해 줌으로써 교원노조의 자주성과 주체성을 확보한다는 측면에서는 그 정당성을 인정할 수 있을 것이나, 교원노조를 설립하거나 가입하여 활동할 수 있는 자격을 초·중등교원으로 한정함으로써 교육공무원이 아닌 대학 교원에 대해서는 근로기본권의 핵심인 단결권조차 전면적으로 부정한 측면에 대해서는 그 입법목적의 정당성을 인정하기 어렵고, 수단의 적합성 역시 인정할 수 없다(헌재 2018.8.30. 2015헌가38).

2095
하나의 사업 또는 사업장에 복수 노동조합이 존재하는 경우 '교섭대표노동조합'을 정하여 교섭을 요구하도록 하는 「노동조합법」 조항과, 자율적으로 교섭창구를 단일화하지 못하거나 사용자가 단일화 절차를 거치지 아니하기로 동의하지 않은 경우 과반수 노동조합이 '교섭대표노동조합'이 되도록 하는 「노동조합법」 조항은 단체교섭권을 침해하지 아니한다. 24년 해경간부

(O) 하나의 사업 또는 사업장에 복수 노동조합이 존재하는 경우 '교섭대표노동조합'을 정하여 교섭을 요구하도록 하는 제1조항과, 자율적으로 교섭창구를 단일화하지 못하거나 사용자가 단일화 절차를 거치지 아니하기로 동의하지 않은 경우 과반수 노동조합이 '교섭대표노동조합'이 되도록 하는 제2조항이 과잉금지원칙을 위반하여 청구인들의 단체교섭권을 침해하지 아니하며 단체교섭권의 본질적 내용을 침해하지도 아니하고, '교섭대표노동조합'에 의하여 주도되지 아니한 쟁의행위를 금지하는 제3조항이 과잉금지원칙을 위반하여 청구인들의 단체행동권을 침해하지도 아니한다(헌재 2024.6.27. 2020헌마237).

2096
모든 국민은 근로의 의무를 진다. 국가는 근로의 의무의 내용과 조건을 법치주의원칙에 따라 법률로 정한다. 24년 군무원 5급

(X) 모든 국민은 근로의 의무를 진다. 국가는 근로의 의무의 내용과 조건을 민주주의원칙에 따라 법률로 정한다(헌법 제32조 제2항).

2097
법률이 정하는 주요방위산업체 및 공공기관에 종사하는 근로자의 단체행동권은 법률이 정하는 바에 의하여 이를 제한하거나 인정하지 아니할 수 있다. 24년 군무원 5급

(X) ② 공무원인 근로자는 법률이 정하는 자에 한하여 단결권·단체교섭권 및 단체행동권을 가진다. / ③ 법률이 정하는 주요방위산업체에 종사하는 근로자의 단체행동권은 법률이 정하는 바에 의하여 이를 제한하거나 인정하지 아니할 수 있다(헌법 제33조).

제4절 환경권

2098
「공직선거법」이 정한 생활환경이 보장되어야 할 주거지역에서 출근 또는 등교 이전 및 퇴근 또는 하교 이후 시간대에 확성장치의 최고출력 내지 소음을 제한하는 등 사용기간과 사용지역에 관한 규정을 두지 아니한 것은 청구인의 건강하고 쾌적한 환경에서 생활할 권리를 침해한다. 22년 순경 1차 [O│X]

(O) 확성장치의 최고출력 내지 소음 규제기준에 관한 규정을 두지 아니한 것은, 국민이 건강하고 쾌적하게 생활할 수 있도록 노력하여야 할 국가의 기본권 보호의무를 과소하게 이행한 것으로서, 청구인의 건강하고 쾌적한 환경에서 생활할 권리의 침해를 가져온다(헌재 2019.12.27. 2018헌마730).

2099
독서실과 같이 평온을 요하는 사업장의 실내소음 규제기준을 만들어야 할 입법의무가 헌법의 해석상 곧바로 도출된다고 보기는 어렵다. 24년 국회직 5급, 22년 순경 1차 [O│X]

(O) 평온을 요하는 사업장의 실내소음 규제기준을 마련할 것인지 여부나 소음을 제거·방지할 수 있는 다양한 수단과 방법 중 어떠한 방법을 채택하고 결합할 것인지 여부는 당시의 기술 수준이나 경제적·사회적·지역적 여건 등을 종합적으로 고려하지 않을 수 없으므로, 독서실과 같이 정온을 요하는 사업장의 실내소음 규제기준을 만들어야 할 입법의무가 헌법의 해석상 곧바로 도출된다고 보기도 어렵다(헌재 2017.12.28. 2016헌마45).

2100
'건강하고 쾌적한 환경에서 생활할 권리'를 보장하는 환경권의 보호대상이 되는 환경에는 자연환경뿐만 아니라 인공적환경과 같은 생활환경도 포함되므로, 일상생활에서 소음을 제거·방지하여 정온한 환경에서 생활할 권리는 환경권의 한 내용을 구성한다. 24년 국회직 5급, 21년 소방간부, 21년 비상기획관(상) [O│X]

(O) '건강하고 쾌적한 환경에서 생활할 권리'를 보장하는 환경권의 보호대상이 되는 환경에는 자연환경뿐만 아니라 인공적 환경과 같은 생활환경도 포함되므로(환경정책기본법 제3조), 일상생활에서 소음을 제거·방지하여 '정온한 환경에서 생활할 권리'는 환경권의 한 내용을 구성한다(헌재 2019.12.27. 2018헌마730).

2101
환경침해는 사인에 의해서 빈번하게 유발되므로 입법자가 그 허용범위에 관해 정할 필요가 있다는 점, 환경피해는 생명·신체의 보호와 같은 중요한 기본권적 법익 침해로 이어질 수 있다는 점 등을 고려 할 때, 일정한 경우 국가는 사인인 제3자에 의한 국민의 환경권 침해에 대해서도 적극적으로 기본권 보호조치를 취할 의무를 진다. 24년 경찰간부, 21년 소방간부 [O│X]

(O) 국가가 국민의 기본권을 적극적으로 보장하여야 할 의무가 인정된다는 점, 헌법 제35조 제1항이 국가와 국민에게 환경보전을 위하여 노력하여야 할 의무를 부여하고 있는 점, 환경침해는 사인에 의해서 빈번하게 유발되므로 입법자가 그 허용 범위에 관해 정할 필요가 있다는 점, 환경피해는 생명·신체의 보호와 같은 중요한 기본권적 법익 침해로 이어질 수 있다는 점 등을 고려할 때, 일정한 경우 국가는 사인인 제3자에 의한 국민의 환경권 침해에 대해서도 적극적으로 기본권 보호조치를 취할 의무를 진다(헌재 2019.12.27. 2018헌마730).

2102
환경권의 내용과 행사는 법률에 의해 구체적으로 정해지는 것이기는 하나(헌법 제35조 제2항) 이 헌법조항의 취지는 특별히 명문으로 헌법에서 정한 환경권을 입법자가 그 취지에 부합하도록 법률로써 내용을 구체화하도록 한 것이지 환경권이 완전히 무의미하게 되는데도 그에 대한 입법을 전혀 하지 아니하거나, 어떠한 내용이든 법률로써 정하기만 하면 된다는 것은 아니다. 22년 순경 1차 [O│X]

(O) 환경권의 내용과 행사는 법률에 의해 구체적으로 정해지는 것이기는 하나(헌법 제35조 제2항), 이 헌법조항의 취지는 특별히 명문으로 헌법에서 정한 환경권을 입법자가 그 취지에 부합하도록 법률로써 내용을 구체화하도록 한 것이지 환경권이 완전히 무의미하게 되는데도 그에 관한 입법을 전혀 하지 아니하거나, 어떠한 내용이든 법률로써 정하기만 하면 된다는 것은 아니다(헌재 2020.3.26. 2017헌마1281).

OX 문제

2103
헌법 제35조 제1항은 국민의 환경권의 보장, 국가와 국민의 환경보전의무를 규정하고 있는데, 이는 국가뿐만 아니라 국민도 오염방지와 오염된 환경의 개선에 관한 책임을 부담함을 의미한다. 24년 경찰간부, 23년 소방간부 ☐O ☐X

(O) 헌법 제35조 제1항은 국민의 환경권의 보장, 국가와 국민의 환경보전의무를 규정하고 있다. 이는 국가뿐만 아니라 국민도 오염방지와 오염된 환경의 개선에 관한 책임을 부담함을 의미한다(헌재 2012.8.23. 2010헌바167).

2104
국가가 국민의 건강하고 쾌적한 환경에서 생활할 권리에 대한 보호의무를 다하지 않았는지 여부를 헌법재판소가 심사할 때에는 국가가 이를 보호하기 위하여 적어도 적절하고 효율적인 최소한의 보호조치를 취하였는가 하는 이른바 '과잉입법금지원칙' 내지 '비례의 원칙'의 위반 여부를 기준으로 삼아야 한다. 22년 순경 1차 ☐O ☐X

(X) 일정한 경우 국가는 사인인 제3자에 의한 국민의 환경권 침해에 대해서도 적극적으로 기본권 보호조치를 취할 의무를 지나, 헌법재판소가 이를 심사할 때에는 국가가 국민의 기본권적 법익 보호를 위하여 적어도 적절하고 효율적인 최소한의 보호조치를 취했는가 하는 이른바 과소보호금지원칙의 위반 여부를 기준으로 삼아야 한다(헌재 2008.7.31. 2006헌마711).

2105
「헌법」제35조 제1항은 환경정책에 관한 국가적 규제와 조정을 뒷받침하는 헌법적 근거가 되며 국가는 환경정책 실현을 위한 재원마련과 환경 침해적 행위를 억제하고 환경보전에 적합한 행위를 유도하기 위한 수단으로 환경부담금을 부과·징수 하는 방법을 선택할 수 있다. 22년 해경간부 ☐O ☐X

(O) 환경정책에 관한 국가적규제와 조정을 뒷받침하는 헌법적 근거가 되며, 국가는 환경정책 실현을 위한 재원마련과 환경침해적 행위를 억제하고 환경보전에 적합한 행위를 유도하기 위한 수단으로 환경부담금을 부과·징수하는 방법을 선택할 수 있는 것이다(헌재 2007.12.27. 2006헌바25).

2106
일정한 경우 국가는 사인인 제3자에 의한 국민의 환경권 침해에 대해서도 적극적으로 기본권보호 조치를 취할 의무를 지나 헌법재판소가 이를 심사할 때에는 국가가 국민의 기본권적 법익 보호를 위하여 적어도 효율적인 최소한의 보호조치를 취했는가 하는 이른바 '과소보호금지원칙'의 위반 여부를 기준으로 삼아야 한다. 23년 경찰간부, 22년 해경간부 ☐O ☐X

(O) 일정한 경우 국가는 사인인 제3자에 의한 국민의 환경권 침해에 대해서도 적극적으로 기본권 보호조치를 취할 의무를 지나, 헌법재판소가 이를 심사할 때에는 국가가 국민의 기본권적 법익 보호를 위하여 적어도 적절하고 효율적인 최소한의 보호조치를 취했는가 하는 이른바 과소보호금지원칙의 위반 여부를 기준으로 삼아야 한다(헌재 2008.7.31. 2006헌마711).

2107
모든 국민은 건강하고 쾌적한 환경에서 생활할 권리를 가지며, 국가와 국민은 환경보전을 위하여 노력하여야 한다. 22년 해경간부, 20년 국회직 8급, 20년 법원행시 ☐O ☐X

(O) 모든 국민은 건강하고 쾌적한 환경에서 생활할 권리를 가지며, 국가와 국민은 환경보전을 위하여 노력하여야 한다(헌법 제35조 제1항).

2108
헌법이 환경권에 대하여 국가의 보호의무를 인정한 것은, 환경피해가 생명·신체의 보호와 같은 중요한 기본권적 법익 침해로 이어질 수 있다는 점 등을 고려한 것이므로, 환경권 침해 내지 환경권에 대한 국가의 보호의무위반도 궁극적으로는 생명·신체의 안전에 대한 침해로 귀결된다. 20년 국회직 8급 ☐O ☐X

(O) 환경권에 대하여 국가의 보호의무를 인정한 것은, 환경피해는 생명·신체의 보호와 같은 중요한 기본권적 법익 침해로 이어질 수 있다는 점 등을 고려한 것이므로, 환경권 침해 내지 환경권에 대한 국가의 보호의무위반도 궁극적으로는 생명·신체의 안전에 대한 침해로 귀결된다(헌재 2015.9.24. 2013헌마384).

| OX 문제 | 정답 및 해설 |

2109
교정시설 내 자살사고는 이를 방지할 필요성이 매우 크고, 그에 비해 수용자에게 가해지는 불이익은 채광·통풍이 다소 제한되는 정도에 불과하므로 교도소장이 교도소 독거실 내 화장실 창문과 철격자 사이에 안전 철망을 설치한 행위는 수용자의 환경권을 침해하지 않는다. 24년 국회직 5급, 23년 소방간부
O X

(O) 이 사건 설치행위는 수용자의 자살을 방지하여 생명권을 보호하고 교정시설 내의 안전과 질서를 보호하기 위한 것으로 환경권을 침해하지 않는다(헌재 2014.6.26. 2011헌마150).

2110
사법적(私法的) 권리인 환경권을 인정하면 그 상대방의 활동의 자유와 권리를 불가피하게 제약할 수밖에 없으므로, 사법상의 권리로서의 환경권이 인정되려면 그에 관한 명문의 법률규정이 있거나 관계 법령의 규정취지나 조리에 비추어 권리의 주체, 대상, 내용, 행사방법 등이 구체적으로 정립될 수 있어야 한다. 21년 비상기획관(상)
O X

(O) 헌법 제35조 제1항은 환경권을 기본권의 하나로 승인하고 있으므로, 사법의 해석과 적용에 있어서도 이러한 기본권이 충분히 보장되도록 배려하여야 하나, 헌법상의 기본권으로서의 환경권에 관한 위 규정만으로는 그 보호대상인 환경의 내용과 범위, 권리의 주체가 되는 권리자의 범위 등이 명확하지 못하여 이 규정이 개개의 국민에게 직접으로 구체적인 사법상의 권리를 부여한 것이라고 보기는 어렵고, 사법적 권리인 환경권을 인정하면 그 상대방의 활동의 자유와 권리를 불가피하게 제약할 수밖에 없으므로, 사법상의 권리로서의 환경권이 인정되려면 그에 관한 명문의 법률규정이 있거나 관계 법령의 규정취지나 조리에 비추어 권리의 주체, 대상, 내용, 행사방법 등이 구체적으로 정립될 수 있어야 한다(대판 1995.5.23. 94마2218).

2111
일상생활에서 악취, 오염된 공기 등을 제거·방지하여 쾌적한 환경에서 생활할 권리는 환경권의 한 내용을 구성한다. 20년 법원행시
O X

(O) 환경권을 행사함에 있어 국민은 국가로부터 건강하고 쾌적한 환경을 향유할 수 있는 자유를 침해당하지 않을 권리를 행사할 수 있고, 일정한 경우 국가에 대하여 건강하고 쾌적한 환경에서 생활할 수 있도록 요구할 수 있는 권리가 인정되기도 하는바, 환경권은 그 자체 종합적 기본권으로서의 성격을 지닌다. '건강하고 쾌적한 환경에서 생활할 권리'를 보장하는 환경권의 보호대상이 되는 환경에는 자연환경뿐만 아니라 인공적 환경과 같은 생활환경도 포함된다. 환경권을 구체화한 입법이라 할 환경정책기본법 제3조에서도 환경을 자연환경과 생활환경으로 분류하면서, 생활환경에 대기, 물, 토양, 폐기물, 소음·진동, 악취 등 사람의 일상생활과 관계되는 환경을 포함시키고 있다(헌재 2020.3.26. 2017헌마1281).

2112
국가와 국민이 '환경보전'을 위하여 노력할 의무에는 기후변화로 인하여 생활의 기반이 되는 제반 환경이 훼손되고 생명·신체의 안전 등을 위협할 수 있는 위험에 대하여, 기후변화의 원인을 줄여 이를 완화하거나 그 결과에 적응하는 조치를 하는 국가의 기후위기에 대한 대응의 의무도 포함된다. 25년 경찰승진
O X

(O) 기후변화로 인하여 생활의 기반이 되는 제반 환경이 훼손되고 생명·신체의 안전 등을 위협할 수 있는 위험에 대하여, 기후변화의 원인을 줄여 이를 완화하거나 그 결과에 적응하는 조치를 하는 국가의 기후위기에 대한 대응의 의무도 여기에 포함된다(헌재 2024.8.29. 2020헌마389 등).

| OX 문제 | 정답 및 해설 |

2113
국가가 국민의 건강하고 쾌적한 환경에서 생활할 권리에 관한 보호의무를 다하지 않았는지를 헌법재판소가 심사할 때에는 이른바 '과소보호금지원칙'의 위반 여부를 기준으로 삼아야 하는바, 개별 사례에서 과소보호금지원칙 위반 여부는 기본권 침해가 예상되어 보호가 필요한 '위험상황'에 대응하는 '보호조치'의 내용이, 문제 되는 위험상황의 성격에 상응하는 보호 조치로서 필요한 최소한의 성격을 갖고 있는지에 따라 판단한다. 25년 경찰승진 ⃞O ⃞X

(O) 개별 사례에서 기본권침해가 예상되어 보호가 필요한 '위험상황'에 대응하는 '보호조치'의 내용이, 문제 되는 위험상황의 성격에 상응하는 보호조치로서 필요한 최소한의 성격을 갖고 있는지에 따라 판단하는데, 위험상황의 성격 등은 '과학적 사실'과 '국제기준'에 근거하여 객관적으로 검토되어야 한다(헌재 2024.8.29. 2020헌마389 등).

2114
일정한 경우 국가는 사인에 의한 국민의 환경권 침해에 대해서도 적극적으로 기본권 보호조치를 취할 의무를 부담한다. 25년 입법고시 ⃞O ⃞X

(O) 환경침해는 사인에 의해서 빈번하게 유발되므로 입법자가 그 허용 범위에 관해 정할 필요가 있다는 점, 환경피해는 생명·신체의 보호와 같은 중요한 기본권적 법익 침해로 이어질 수 있다는 점 등을 고려할 때, 일정한 경우 국가는 사인인 제3자에 의한 국민의 환경권 침해에 대해서도 적극적으로 기본권 보호조치를 취할 의무를 진다(헌재 2019.12.27. 2018헌마730).

2115
환경영향평가지역 안의 주민들이 가지고 있는 환경상의 이익은 국민 개개인에 대하여 개별적으로 보호되는 직접적·구체적인 이익이라 보아야 한다. 25년 입법고시 ⃞O ⃞X

(O) 환경영향평가대상지역 안의 주민들이 개발 전과 비교하여 수인한도를 넘는 환경침해를 받지 아니하고 쾌적한 환경에서 생활할 수 있는 개별적 이익까지도 이를 보호하려는 데에 있다 할 것이므로, 위 주민들이 당해 변경승인 및 허가처분과 관련하여 갖고 있는 위와 같은 환경상의 이익은 단순히 환경공익 보호의 결과로 국민일반이 공통적으로 가지게 되는 추상적·평균적·일반적 이익에 그치지 아니하고 주민 개개인에 대하여 개별적으로 보호되는 직접적·구체적인 이익이라고 보아야 한다(대판 1998.4.24. 97누3286).

2116
헌법 제35조 제2항에 따라 환경권의 내용과 행사는 법률에 의해 구체적으로 정해지는데, 입법자는 환경권의 구체적인 실현에 있어 광범위한 형성의 자유를 가진다. 25년 소방간부 ⃞O ⃞X

(O) 헌법 제35조 제1항, 제2항만으로는 헌법이 독서실과 같이 정온을 요하는 사업장의 실내소음 규제기준을 마련하여야 할 구체적이고 명시적인 입법의무를 부과하였다고 볼 수 없고, 다른 헌법조항을 살펴보아도 위와 같은 사항에 대한 명시적인 입법위임은 존재하지 아니한다. 환경권의 내용과 행사는 법률에 의해 구체적으로 정해지므로(헌법 제35조 제2항), 입법자는 환경권의 구체적인 실현에 있어 광범위한 형성의 자유를 가진다(헌재 2017.12.28. 2016헌마45).

제5절 보건권과 가족제도

2117
치료감호 청구권자를 검사로 한정하고, 피고인의 치료감호 청구권을 따로 인정하지 않은 구 「치료감호법」 조항은 국민의 보건에 관한 권리를 침해하는 것이다. 23년 법원직 9급, 22년 순경 2차, 22년 비상기획관 [O|X]

(X) '피고인 스스로 치료감호를 청구할 수 있는 권리'가 헌법상 재판청구권의 보호범위에 포함된다고 보기는 어렵고, 검사뿐만 아니라 피고인에게까지 치료감호 청구권을 주어야만 절차의 적법성이 담보되는 것도 아니므로, 이 사건 법률조항이 청구인의 재판청구권을 침해하거나 적법절차의 원칙에 반한다고 볼 수 없다(헌재 2010.4.29. 2008헌마622).

2118
국가는 국민의 건강을 소극적으로 침해하여서는 아니 될 의무를 부담하는 것에서 한 걸음 더 나아가 적극적으로 국민의 보건을 위한 정책을 수립하고 시행하여야 할 의무를 부담한다. 21년 국가직 5급 [O|X]

(O) 국가는 국민의 건강을 소극적으로 침해하여서는 아니 될 의무를 부담하는 것에서 한걸음 더 나아가 적극적으로 국민의 보건을 위한 정책을 수립하고 시행하여야 할 의무를 부담한다는 것을 의미한다(헌재 2012.2.23. 2011헌마123).

2119
헌법 제10조, 제36조 제3항에 따라 국가는 국민의 생명·신체의 안전이 위협받거나 받게 될 우려가 있는 경우 국민의 생명·신체의 안전을 보호하기에 필요한 적절하고 효율적인 조치를 취하여 그 침해의 위험을 방지하고 이를 유지할 포괄적 의무를 진다. 21년 국가직 5급 [O|X]

(O) 헌법 제10조, 제36조 제3항에 따라 국가는 국민의 생명·신체의 안전이 위협받거나 받게 될 우려가 있는 경우 국민의 생명·신체의 안전을 보호하기에 필요한 적절하고 효율적인 조치를 취하여 그 침해의 위험을 방지하고 이를 유지할 포괄적 의무를 진다(헌재 2019.6.28. 2017헌마1309).

2120
'형제자매'에게 가족관계등록부 등의 기록사항에 관한 증명서 교부청구권을 부여하는 '가족관계의 등록 등에 관한 법률' 조항은 과잉금지원칙에 반하여 정보주체의 개인정보자기결정권을 침해한다. 21년 법원직 9급 [O|X]

(O) 이 사건 법률조항을 통해 달성하려는 것은 본인과 형제자매의 편익 증진인바, 이러한 공익의 중요성은 그다지 크다고 볼 수 없고, 이를 통해 달성되는 공익 실현의 효과 또한 크지 않다. 반면, 이 사건 법률조항으로 말미암아 형제자매가 각종 증명서를 발급받을 수 있도록 함으로써 초래되는 기본권 침해는 중대하다고 볼 수 있으므로 이 사건 법률조항에 대해서는 법익의 균형성을 인정하기 어렵다(헌재 2016.6.30. 2015헌마924).

2121
'부모가 자녀의 이름을 지을 자유'는 혼인과 가족생활을 보장하는 헌법 제36조 제1항과 행복추구권을 보장하는 헌법 제10조에 의하여 보호받는다. 23년 법원행시, 23년 변호사, 22년 법원직, 22년 해경간부 [O|X]

(O) 부모가 자녀의 이름을 지어주는 것은 자녀의 양육과 가족생활을 위하여 필수적인 것이고, 가족생활의 핵심적 요소라 할 수 있으므로, '부모가 자녀의 이름을 지을 자유'는 혼인과 가족생활을 보장하는 헌법 제36조 제1항과 행복추구권을 보장하는 헌법 제10조에 의하여 보호받는다(헌재 2016.7.28. 2015헌마964).

2122
악취가 배출되는 사업장이 있는 지역을 악취관리지역으로 지정함으로써 악취방지를 위한 예방적·관리적 조처를 할 수 있도록 한 것은 헌법상 국가와 국민의 환경보전의무를 바탕으로 주민의 건강과 생활환경의 보전을 위하여 사업장에서 배출되는 악취를 규제·관리하기 위한 적합한 수단이다. 22년 경찰간부 [O|X]

(O) '악취와 관련된 민원이 1년 이상 지속되고, 악취가 제7조 제1항에 따른 배출허용기준을 초과하는 지역'을 정한 구 악취방지법 제6조 제1항 제1호가 명확성원칙에 위반되지 않고, 악취관리지역 내 악취배출시설 운영자인 청구인들의 직업수행의 자유를 침해하지 않는다(헌재 2020.12.23. 2019헌바25).

| OX 문제 | 정답 및 해설 |

2123
육아휴직신청권은 비록 헌법에 명문으로 규정되어 있지는 아니하지만, 이는 모든 인간이 누리는 불가침의 인권으로서 혼인과 가족생활을 보장하는 헌법 제36조 제1항, 행복추구권을 보장하는 헌법 제10조 및 '국민의 자유와 권리는 헌법에 열거되지 아니한 이유로 경시되지 아니한다.'고 규정한 헌법 제37조 제1항에서 나오는 중요한 기본권이다. 23년 경찰간부, 23년 변호사

(X) 육아휴직신청권은 헌법 제36조 제1항 등으로부터 개인에게 직접 주어지는 헌법적 차원의 권리라고 볼 수는 없고, 입법자가 입법의 목적, 수혜자의 상황, 국가예산, 전체적인 사회보장수준, 국민정서 등 여러 요소를 고려하여 제정하는 입법에 적용요건, 적용대상, 기간 등 구체적인 사항이 규정될 때 비로소 형성되는 법률상의 권리이다(헌재 2008.10.30. 2005헌마1156). / 양육권이 헌법상 권리임

2124
헌법은 국가사회의 최고규범이므로 가족제도가 비록 역사적·사회적 산물이라는 특성을 지니고 있다 하더라도 헌법의 우위로부터 벗어날 수 없으며, 가족법이 헌법이념의 실현에 장애를 초래하고, 헌법규범과 현실과의 괴리를 고착시키는데 일조하고 있다면 그러한 가족법은 수정되어야 한다. 23년 법원직 9급

(O) 헌법은 국가사회의 최고규범이므로 가족제도가 비록 역사적·사회적 산물이라는 특성을 지니고 있다 하더라도 헌법의 우위로부터 벗어날 수 없으며, 가족법이 헌법이념의 실현에 장애를 초래하고, 헌법규범과 현실과의 괴리를 고착시키는데 일조하고 있다면 그러한 가족법은 수정되어야 한다(헌재 2005.2.3. 2001헌가9 등).

2125
헌법 제36조 제1항은 혼인과 가족에 관련되는 공법 및 사법의 모든 영역에 영향을 미치는 헌법원리 내지 원칙규범으로서의 성격을 가질 뿐, 위 조항으로부터 혼인과 가족생활을 스스로 결정하고 형성할 수 있는 자유까지 도출되지는 않는다. 23년 변호사

(X) 헌법 제36조 제1항은 "혼인과 가족생활은 개인의 존엄과 양성의 평등을 기초로 성립되고 유지되어야 하며, 국가는 이를 보장한다."라고 규정하고 있는데, 헌법 제36조 제1항은 혼인과 가족생활을 스스로 결정하고 형성할 수 있는 자유를 기본권으로서 보장하고, 혼인과 가족에 대한 제도를 보장한다(헌재 2002.8.29. 2001헌바82).

2126
헌법 제36조 제1항은 혼인과 가족에 관련되는 공법 및 사법의 모든 영역에 영향을 미치는 헌법원리 내지 원칙규범으로서의 성격도 가지는데, 이는 적극적으로는 적절한 조치를 통해서 혼인과 가족을 지원하고 제삼자에 의한 침해 앞에서 혼인과 가족을 보호해야 할 국가의 과제를 포함하며, 소극적으로는 불이익을 야기하는 제한조치를 통해서 혼인과 가족을 차별하는 것을 금지해야 할 국가의 의무를 포함한다. 23년 소방간부, 20년 법원행시

(O) 헌법 제36조 제1항은 혼인과 가족에 관련되는 공법 및 사법의 모든 영역에 영향을 미치는 헌법원리 내지 원칙규범으로서의 성격도 가지는데, 이는 적극적으로는 적절한 조치를 통해서 혼인과 가족을 지원하고 제삼자에 의한 침해 앞에서 혼인과 가족을 보호해야 할 국가의 과제를 포함하며, 소극적으로는 불이익을 야기하는 제한조치를 통해서 혼인과 가족을 차별하는 것을 금지해야 할 국가의 의무를 포함한다(헌재 2002.8.29. 2001헌바82).

2127
「민법」조항에 중혼을 혼인취소의 사유로 정하면서 그 취소청구권의 제척기간 또는 소멸사유를 규정하지 않았더라도 현저히 입법재량의 범위를 일탈하여 후혼배우자의 인격권 및 행복추구권을 침해하지 아니한다. 23년 소방간부

(O) 중혼을 혼인취소사유로 규정함으로써 이미 후혼배우자의 인격권 및 행복추구권을 어느 정도 보호하고 있는 것이며, 이에 더하여 중혼취소청구권의 소멸에 관하여 아무런 규정을 두지 않았다 하더라도 그것이 현저히 불합리하여 입법재량의 범위를 일탈하였다고 보기 어렵다(헌재 2014.7.26. 2011헌바275).

| OX 문제 | 정답 및 해설 |

2128
헌법 제36조 제1항의 헌법원리로부터 도출되는 차별금지의 명령은 헌법 제11조 제1항에서 보장되는 평등원칙을 혼인과 가족생활영역에서 더욱더 구체화함으로써 혼인과 가족을 부당한 차별로부터 특별히 더 보호하려는 목적을 가진다. 24년 소방간부 [O X]

(O) 이러한 헌법원리로부터 도출되는 차별금지명령은 헌법 제11조 제1항에서 보장되는 평등원칙을 혼인과 가족생활영역에서 더욱 더 구체화함으로써 혼인과 가족을 부당한 차별로부터 특별히 더 보호하려는 목적을 가진다. 이 때 특정한 법률조항이 혼인한 자를 불리하게 하는 차별취급은 중대한 합리적 근거가 존재하여 헌법상 정당화되는 경우에만 헌법 제36조 제1항에 위배되지 아니한다(헌재 2002.8.29. 2001헌바82).

2129
사실혼 배우자는 혼인신고를 함으로써 상속권을 가질 수 있고, 증여나 유증을 받는 방법으로 상속에 준하는 효과를 얻을 수 있으며, 「근로기준법」, 「국민연금법」 등에 근거한 급여를 받을 권리 등이 인정된다는 측면에서 볼 때, 사실혼 배우자에게 상속권을 인정하지 않는 「민법」 조항이 사실혼 배우자인 청구인의 상속권을 침해하는 것은 아니다. 23년 순경 2차 [O X]

(O) 사실혼 배우자는 혼인신고를 함으로써 상속권을 가질 수 있고, 증여나 유증을 받는 방법으로 상속에 준하는 효과를 얻을 수 있으며, 근로기준법, 국민연금법 등에 근거한 급여를 받을 권리 등이 인정된다. 따라서 이 사건 법률조항이 사실혼 배우자의 상속권을 침해한다고 할 수 없다(헌재 2014.8.28. 2013헌바119).

2130
헌법 제36조 제1항에서 규정하는 '혼인'이란 양성이 평등하고 존엄한 개인으로서 자유로운 의사의 합치에 의하여 생활공동체를 이루는 것으로서 법적으로 승인받은 것을 말하므로, 법적으로 승인되지 아니한 사실혼은 그 보호범위에 포함되지 않는다. 22년 국회직 8급 [O X]

(O) 청구인은 사실혼 배우자에게 상속권을 인정하지 않는 것이 헌법 제36조 제1항의 국가의 혼인제도 보장의무 위반이라고 주장한다. 그러나 헌법 제36조 제1항에서 규정하는 '혼인'이란 양성이 평등하고 존엄한 개인으로서 자유로운 의사의 합치에 의하여 생활공동체를 이루는 것으로서 법적으로 승인받은 것을 말하므로, 법적으로 승인되지 아니한 사실혼은 헌법 제36조 제1항의 보호범위에 포함된다고 보기 어렵다(헌재 2014.8.28. 2013헌바119).

2131
중혼 취소청구권의 소멸사유나 제척기간을 두지 않음으로 인해 후혼배우자가 처하게 되는 불안정한 신분상 지위가 문제되는 사건에서는 헌법 제36조 제1항 위반 여부가 직접적으로 문제된다고 보기 어렵다. 23년 법원행시 [O X]

(O) 중혼은 일부일처제에 반하는 상태로, 언제든지 중혼을 취소할 수 있게 하는 것은 헌법 제36조 제1항의 규정에 의하여 국가에 부과된, 개인의 존엄과 양성의 평등을 기초로 한 혼인과 가족생활의 유지·보장의무 이행에 부합한다. 그렇다면 중혼 취소청구권의 소멸사유나 제척기간을 두지 않음으로 인해 후혼배우자가 처하게 되는 불안정한 신분상 지위가 문제되는 이 사건에서 헌법 제36조 제1항 위반 여부는 직접적으로 문제된다고 보기 어렵다(헌재 2014.7.24. 2011헌바275).

2132
친양자 입양을 청구하기 위해서는 친생부모의 친권상실, 사망 기타 동의할 수 없는 사유가 없는 한 친생부모의 동의를 반드시 요하도록 하는 것은 친양자가 될 자의 가족생활에 관한 기본권을 침해하지 않는다. 22년 해경간부 [O X]

(O) 친양자 입양의 경우 친생부모와 그 자녀 사이의 친족관계를 완전히 단절시키는 등 친생부모의 지위에 중대한 영향을 미치는 점 등을 고려할 때 헌법에 위반되지 않는다(헌재 2012.5.31. 2010헌바87).

2133
중혼을 혼인취소의 사유로 정하면서 후혼의 취소가 가혹한 결과를 발생시키는 경우에도 취소청구권의 제척기간 또는 소멸사유를 규정하지 않은 것은 후혼배우자의 혼인과 가족생활에 관한 기본권을 침해한다. 22년 국회직 8급 [O X]

(X) 중혼을 혼인취소사유로 규정함으로써 이미 후혼배우자의 인격권 및 행복추구권을 어느 정도 보호하고 있는 것이며, 이에 더하여 중혼취소청구권의 소멸에 관하여 아무런 규정을 두지 않았다 하더라도 그것이 현저히 불합리하여 입법재량의 범위를 일탈하였다고 보기 어렵다(헌재 2014.7.26. 2011헌바275).

OX 문제

2134
혼인과 가족생활의 보장에 관한 헌법 제36조 제1항은 인간의 존엄과 양성의 평등이 가족생활에서도 보장되어야 한다는 요청에서 인간다운 생활을 보장하는 기본권의 성격을 갖는 동시에 그 제도적 보장의 성격도 가진다. 20년 법원행시 O X

2135
현대사회에서 개인이 국가가 운영하는 제도를 이용하려면 주민등록과 같은 사회적 신분을 갖추어야 하고, 사회적 신분의 취득은 개인에 대한 출생신고에서부터 시작한다. 대한민국 국민으로 태어난 아동은 태어난 즉시 '출생등록될 권리'를 가진다. 이러한 권리는 '법 앞에 인간으로 인정받을 권리'로서 모든 기본권 보장의 전제가 되는 기본권이므로 법률로써도 이를 제한하거나 침해할 수 없다. 20년 법원행시 O X

2136
태어난 즉시 출생등록될 권리는 헌법 제10조뿐만 아니라, 헌법 제34조 제1항의 인간다운 생활을 할 권리, 헌법 제36조 제1항의 가족생활의 보장, 헌법 제34조 제4항의 국가의 청소년 복지향상을 위한 정책실시의무 등에도 근거가 있다. 24년 국회직 5급 O X

2137
'태어난 즉시 출생등록 될 권리'는 헌법상의 기본권이 아니라 법률상의 권리이므로 '혼인 중 여자와 남편 아닌 남자 사이에서 출생한 자녀에 대한 생부의 출생신고'를 허용하도록 규정하지 아니한 「가족관계의 등록 등에 관한 법률」 조항이 혼인 외 출생자인 청구인들의 태어난 즉시 '출생등록 될 권리'를 침해하는 것은 아니다. 23년 순경 2차 O X

2138
'혼인 중 여자와 남편 아닌 남자 사이에서 출생한 자녀에 대한 생부의 출생신고'를 허용하도록 규정하지 아니한 「가족관계의 등록 등에 관한 법률」 조항은 과잉금지원칙을 위배하여 생부인 청구인들의 가족생활의 자유를 침해한다. 24년 순경 2차 O X

정답 및 해설

(O) "혼인과 가족생활은 개인의 존엄과 양성의 평등을 기초로 성립되고 유지되어야 하며, 국가는 이를 보장한다."고 규정하고 있는 헌법 제36조 제1항은, 인간의 존엄과 양성의 평등이 가족생활에 있어서도 보장되어야 한다는 요청에서 인간다운 생활을 보장하는 기본권 보장의 성격을 갖는 동시에 그 제도적 보장의 성격도 갖고 있는 것으로 파악된다(헌재 2002.3.28. 2000헌바53).

(O) 대한민국 국민으로 태어난 아동은 태어난 즉시 '출생등록될 권리'를 가진다. 이러한 권리는 '법 앞에 인간으로 인정받을 권리'로서 모든 기본권 보장의 전제가 되는 기본권이므로 법률로써도 이를 제한하거나 침해할 수 없다(대판 2020.6.8. 2020스575).

(O) 태어난 즉시 '출생등록될 권리'는 헌법 제10조의 인간의 존엄과 가치 및 행복추구권으로부터 도출되는 일반적 인격권을 실현하기 위한 기본적인 전제로서 헌법 제10조뿐만 아니라, 헌법 제34조 제1항의 인간다운 생활을 할 권리, 헌법 제36조 제1항의 가족생활의 보장, 헌법 제34조 제4항의 국가의 청소년 복지향상을 위한 정책실시의무 등에도 근거가 있다(헌재 2023.3.23. 2021헌마975).

(X) 태어난 즉시 '출생등록될 권리'가 헌법상 보장되는 기본권으로서, 자유권과 사회권의 성격을 동시에 갖는 독자적 기본권으로 판단하고 있다. 이 사건에서 혼인 외 출생자에 대한 출생신고의무자를 모와 남편으로 한정하는 심판대상조항들이 혼인 중인 여자와 남편이 아닌 남자 사이에서 출생한 혼인 외 출생자인 청구인들의 태어난 즉시 '출생등록될 권리'를 침해한다(의료기관이나 생부가 생래적 혈연관계를 소명하여 출생신고를 할 수 있도록 할 필요가 있다)(헌재 2023.3.23. 2021헌마975).

(X) 생부인 청구인들은 침해되는 기본권으로 양육권 및 가족생활의 자유도 주장하고 있다. 심판대상조항들은 출생신고에 관한 조항으로서 생부인 청구인들이 혼인 외 출생자인 청구인들을 양육하는 것을 직접 제한하지 아니한다. 아울러 생부가 생래적 혈연관계에 있는 그 자녀와 가족관계를 형성하는 것은 민법상 친생추정과 부인, 인지에 관한 규정들에 의하여 제한되는 것일 뿐, 심판대상조항들에 의하여 제한되는 것이 아니다(헌재 2023.3.23. 2021헌마975). / 따라서 이는 생부의 권리를 침해하는 것이 아니라 혼인 외 출생자의 출생등록될 권리를 침해하는 것이다.

| OX 문제 | 정답 및 해설 |

2139
헌법 제36조 제1항은 혼인과 가족에 관련되는 공법 및 사법의 모든 영역에 영향을 미치는 헌법원리 내지 원칙규범으로서의 성격도 가지는데, 이는 적극적으로는 적절한 조치를 통해서 혼인과 가족을 지원하고 제삼자에 의한 침해 앞에서 혼인과 가족을 보호해야 할 국가의 과제를 포함하며, 소극적으로는 불이익을 야기하는 제한조치를 통해서 혼인과 가족을 차별하는 것을 금지해야 할 국가의 의무를 포함한다. 25년 경찰 2차 [O|X]

(O) 헌법 제36조 제1항은 혼인과 가족에 관련되는 공법 및 사법의 모든 영역에 영향을 미치는 헌법원리 내지 원칙규범으로서의 성격도 가지는데, 이는 적극적으로는 적절한 조치를 통해서 혼인과 가족을 지원하고 제삼자에 의한 침해 앞에서 혼인과 가족을 보호해야 할 국가의 과제를 포함하며, 소극적으로는 불이익을 야기하는 제한조치를 통해서 혼인과 가족을 차별하는 것을 금지해야 할 국가의 의무를 포함한다(헌재 2002.8.29. 2001헌바82).

2140
헌법재판소는 8촌 이내의 혈족 사이에서는 혼인할 수 없도록 하는 민법 제809조 제1항이 혼인의 자유를 침해한다고 보았다. 23년 법원직 9급 [O|X]

(X) 금혼조항으로 인하여 법률상의 배우자 선택이 제한되는 범위는 친족관계 내에서도 8촌 이내의 혈족으로, 넓다고 보기 어렵다. 그에 비하여 8촌 이내 혈족 사이의 혼인을 금지함으로써 가족질서를 보호하고 유지한다는 공익은 매우 중요하다(헌재 2022.10.27. 2018헌바115). 따라서 이는 혼인의 자유를 침해하지 않는다.

2141
부부의 자산소득을 합산하여 과세하도록 규정하고 있는 「소득세법」 제61조 제1항이 자산소득합산과세의 대상이 되는 혼인한 부부를 혼인하지 않은 부부나 독신자에 비하여 차별취급하는 것은 헌법상 정당화되지 아니하기 때문에 헌법 제36조 제1항에 위반된다. 24년 경찰간부 [O|X]

(O) 소득세법 제61조 제1항이 자산소득합산과세의 대상이 되는 혼인한 부부를 혼인하지 않은 부부나 독신자에 비하여 차별취급하는 것은 헌법상 정당화되지 아니하기 때문에 헌법 제36조 제1항에 위반된다(헌재 2002.8.29. 2001헌바82).

2142
태아의 성별고지 행위는 그 자체로 태아를 포함하여 누구에게도 해가 되는 행위가 아니지만, 보다 풍요롭고 행복한 가족생활을 영위하도록 하기 위해 진료과정에서 알게 된 태아에 대한 성별 정보는 낙태방지를 위하여 임신 32주 이전에는 고지하지 못하도록 금지하여야 할 이유가 있다. 24년 순경 2차 [O|X]

(X) 부모가 태아의 성별을 알고자 하는 것은 본능적이고 자연스러운 욕구로, 태아의 성별을 비롯하여 태아에 대한 모든 정보에 접근을 방해받지 않을 권리는 부모로서 누려야 할 마땅한 권리이다. 태아의 성별고지 행위는 그 자체로 태아를 포함하여 누구에게도 해가 되는 행위가 아니므로, 보다 풍요롭고 행복한 가족생활을 영위하도록 하기 위해 진료과정에서 알게 된 태아에 대한 성별 정보를 굳이 임신 32주 이전에는 고지하지 못하도록 금지하여야 할 이유는 없는 것이다. 따라서 심판대상조항은 과잉금지원칙을 위반하여 부모가 태아의 성별 정보에 대한 접근을 방해받지 않을 권리를 침해한다(헌재 2024.2.28. 2022헌마356 등).

2143
임신 32주 이전에 태아의 성별을 고지하는 것을 금지하는 의료법 해당 조항은 낙태로 나아갈 의도가 없는 부모까지 규제하여 기본권을 제한하는 과도한 입법으로 부모가 태아의 성별 정보에 대한 접근을 방해받지 않을 권리를 침해한다. 24년 법원직 [O|X]

(O) 태아의 생명 보호를 위해 국가가 개입하여 규제해야 할 단계는 성별고지가 아니라 낙태행위인데, 심판대상조항은 낙태로 나아갈 의도가 없는 부모까지 규제하여 기본권을 제한하는 과도한 입법으로 침해의 최소성에 반하고, 법익의 균형성도 상실하였다. 따라서 심판대상조항은 과잉금지원칙을 위반하여 부모가 태아의 성별 정보에 대한 접근을 방해받지 않을 권리를 침해한다(헌재 2024.2.28. 2022헌마356 등).

OX 문제

2144
국가에게 혼인과 가족생활의 보호자로서 부모의 자녀양육을 지원할 헌법상 과제가 부여되어 있다 하더라도, 그로부터 곧바로 헌법이 국가에게 자녀를 양육하는 모든 병역의무 이행자들의 출퇴근 복무를 보장하여 자녀가 있는 대체복무요원들까지 합숙복무의 예외를 인정하여야 할 명시적인 입법의무를 부여하였다고 할 수는 없다. 24년 순경 2차 [O][X]

2145
이름은 인간의 모든 사회적 생활관계 형성의 기초가 된다는 점에서 중요한 사회질서에 속하고, 이름의 특정은 사회 전체의 법적 안정성의 기초이므로 이를 위해 국가는 개인이 사용하는 이름에 대해 일정한 규율을 가할 수 있다. 25년 경찰승진 [O][X]

2146
남성 단기복무장교를 육아휴직 허용 대상에서 제외하고 있는 구 「군인사법」 조항 중 육아휴직 부분은 국가가 사회적 기본권으로서의 양육권 보장을 위해 이행하여야 할 최소한의 의무를 이행하지 않은 것으로 헌법상 용인될 수 있는 재량의 범위를 명백히 일탈한 것이다. 25년 경찰승진 [O][X]

2147
헌법 제36조 제1항에 규정된 혼인과 가족생활의 보장은 소극적으로는 국가권력의 부당한 침해에 대한 개인의 주관적 방어권으로서 국가권력이 혼인과 가정이란 사적인 영역을 침해하는 것을 금지하면서, 적극적으로는 혼인과 가정을 제3자 등으로부터 보호해야 할 뿐만 아니라 개인의 존엄과 양성의 평등을 바탕으로 성립되고 유지되는 혼인·가족제도를 실현해야 할 국가의 과제를 부과하고 있음을 의미한다. 25년 변호사 [O][X]

2148
태어난 즉시 '출생등록될 권리'는 '출생 후 아동이 보호를 받을 수 있을 최대한 빠른 시점'에 아동의 출생과 관련된 기본적인 정보를 국가가 관리할 수 있도록 등록할 권리로서, 자유로운 인격실현을 보장하는 자유권적 성격과 아동의 건강한 성장과 발달을 보장하는 사회적 기본권의 성격을 함께 지닌 헌법에 명시되지 아니한 독자적 기본권이다. 25년 변호사 [O][X]

정답 및 해설

(O) 국가에게 혼인과 가족생활의 보호자로서 부모의 자녀양육을 지원할 헌법상 과제가 부여되어 있다 하더라도, 그로부터 곧바로 헌법이 국가에게 자녀를 양육하는 모든 병역의무 이행자들의 출퇴근 복무를 보장하여 자녀가 있는 대체복무요원들까지 합숙복무의 예외를 인정하여야 할 명시적인 입법의무를 부여하였다고 할 수는 없다. 입법자는 병역의무자의 합숙의무에 관한 입법을 함에 있어 제도의 목적, 대상 병역의 복무형태와 수행업무 및 지위, 병역 인력운영 상황, 국민정서 등 제반 사정을 고려하여야 하므로, 병역의무자에 대한 출퇴근 허용 요건이나 허용 대상, 허용 기간 등을 어떻게 정할 것인지는 상당 부분 입법자의 재량에 맡겨져 있다고 보아야 한다(헌재 2024.5.30. 2021헌마117 등).

(O) 이름은 인간의 모든 사회적 생활관계 형성의 기초가 된다는 점에서 중요한 사회질서에 속한다. 이름의 특정은 사회 전체의 법적 안정성의 기초이므로 이를 위해 국가는 개인이 사용하는 이름에 대해 일정한 규율을 가할 수 있다(헌재 2016.7.28. 2015헌마964).

(X) 이 사건 법률조항은 입법자가 육아휴직신청권이 가지는 근로자로서의 권리성, 육아휴직의 허용 대상을 확대할 경우 예산과 인력이 추가로 소요되는 점, 다른 의무복무군인과의 형평성 등을 고려하여 육아휴직의 허용 대상을 정한 것이므로, 국가가 헌법상 용인될 수 있는 재량의 범위를 명백히 일탈함으로써 사회적 기본권으로서의 양육권을 최소한 보장하여야 할 의무를 불이행한 것으로 볼 수 없다(헌재 2008.10.30. 2005헌마1156).

(O) 헌법규정은 소극적으로는 국가권력의 부당한 침해에 대한 개인의 주관적 방어권으로서 국가권력이 혼인과 가정이란 사적인 영역을 침해하는 것을 금지하면서, 적극적으로는 혼인과 가정을 제3자 등으로부터 보호해야 할 뿐만 아니라 개인의 존엄과 양성의 평등을 바탕으로 성립되고 유지되는 혼인·가족제도를 실현해야 할 국가의 과제를 부과하고 있다(헌재 2000.4.27. 98헌가16 등).

(O) 태어난 즉시 '출생등록될 권리'는 '출생 후 아동이 보호를 받을 수 있을 최대한 빠른 시점'에 아동의 출생과 관련된 기본적인 정보를 국가가 관리할 수 있도록 등록할 권리로서, 아동이 사람으로서 인격을 자유로이 발현하고, 부모와 가족 등의 보호 하에 건강한 성장과 발달을 할 수 있도록 최소한의 보호장치를 마련하도록 요구할 수 있는 권리이다. 이는 헌법에 명시되지 아니한 독자적 기본권으로서, 자유로운 인격실현을 보장하는 자유권적 성격과 아동의 건강한 성장과 발달을 보장하는 사회적 기본권의 성격을 함께 지닌다(헌재 2023.3.23. 2021헌마975).

OX 문제

2149
출생신고 시 자녀의 이름에 사용할 수 있는 한자의 범위를 '통상 사용되는 한자'로 제한하는 「가족관계의 등록 등에 관한 법률」 조항 및 「가족관계의 등록 등에 관한 규칙」 조항은 '부모가 자녀의 이름을 지을 자유'를 침해한다. 25년 입법고시 [O|X]

2150
국립묘지 안장 대상자의 사망 당시의 배우자가 재혼한 경우에는 국립묘지에 안장된 안장 대상자와 합장할 수 없도록 규정한 「국립묘지의 설치 및 운영에 관한 법률」 조항은 재혼을 제한하는 결과를 초래하여 혼인의 자유를 침해한다. 25년 입법고시 [O|X]

2151
태어난 즉시 '출생등록될 권리'는 헌법에 명시되지 아니한 독자적 기본권으로서, 자유로운 인격실현을 보장하는 자유권적 성격과 아동의 건강한 성장과 발달을 보장하는 사회적 기본권의 성격을 함께 지닌다. 24년 법원직 [O|X]

2152
혼인 중인 여자와 남편 아닌 남자 사이에서 출생한 자녀에 대한 생부의 출생신고를 허용하도록 규정하지 않은 가족관계의 등록 등에 관한 법률 해당 조항은 혼인 외 출생자들의 태어난 즉시 '출생등록될 권리'를 침해한다. 24년 법원직 [O|X]

2153
혼인 중인 여자와 남편 아닌 남자 사이에서 출생한 자녀에 대한 생부의 출생신고를 허용하도록 규정하지 않은 가족관계의 등록 등에 관한 법률 해당 조항은 합리적 이유 없이 혼인 외 출생자의 신고의무를 모에게만 부과하고, 생부에게는 출생신고를 하도록 규정하지 않고 있어 평등원칙에 반한다. 24년 법원직 [O|X]

정답 및 해설

(X) '인명용 한자'가 아닌 한자를 사용하였다고 하더라도, 출생신고나 출생자 이름 자체가 불수리되는 것은 아니고, 가족관계등록부에 해당 이름이 한글로만 기재되어 종국적으로 해당 한자가 함께 기재되지 않는 제한을 받을 뿐이며, 가족관계등록부나 그와 연계된 공적 장부 이외에 사적 생활의 영역에서 해당 한자 이름을 사용하는 것을 금지하는 것도 아니다. 따라서 심판대상조항은 자녀의 이름을 지을 자유를 침해하지 않는다(헌재 2016.7.28. 2015헌마964).

(X) 심판대상조항이 안장 대상자의 배우자가 재혼하는 것을 법적으로 금지하고 있지 않는 이상, 재혼으로 인해 국립묘지에 합장되지 못한다 하더라도 혼인과 가족생활 보장에 관한 헌법 제36조 제1항이 문제되는 것은 아니므로, 이에 대해서는 판단하지 않는다(헌재 2022.11.24. 2020헌바463).

(O) 태어난 즉시 '출생등록될 권리'는 앞서 언급한 기본권 등의 어느 하나에 완전히 포섭되지 않으며, 이들을 이념적 기초로 하는 헌법에 명시되지 아니한 독자적 기본권으로서, 자유로운 인격실현을 보장하는 자유권적 성격과 아동의 건강한 성장과 발달을 보장하는 사회적 기본권의 성격을 함께 지닌다(헌재 2023.3.23. 2021헌마975).

(O) 심판대상조항들은 입법형성권의 한계를 넘어서서 실효적으로 출생등록될 권리를 보장하고 있다고 볼 수 없으므로, 혼인 중 여자와 남편 아닌 남자 사이에서 출생한 자녀에 해당하는 혼인 외 출생자인 청구인들의 태어난 즉시 '출생등록될 권리'를 침해한다(헌재 2023.3.23. 2021헌마975).

(X) 생부는 그 출생자와의 혈연관계에 대한 확인이 필요할 수도 있고, 그 출생자의 출생사실을 모를 수도 있다는 점에 있으며, 이에 따라 가족관계등록법은 모를 중심으로 출생신고를 규정하고, 모가 혼인 중일 경우에 그 출생자는 모의 남편의 자녀로 추정하도록 한 민법의 체계에 따르도록 규정하고 있는 점에 비추어 합리적인 이유가 있다. 그렇다면, 심판대상조항들은 생부인 청구인들의 평등권을 침해하지 않는다(헌재 2023.3.23. 2021헌마975).

| OX 문제 | 정답 및 해설 |

2154
1세대 3주택 이상에 해당하는 주택에 대하여 양도소득세 중과세를 규정하고 있는 구 「소득세법」 조항이 혼인이나 가족생활을 근거로 부부 등 가족이 있는 자를 혼인하지 아니한 자 등에 비하여 차별 취급하는 것이라면 비례의 원칙에 의한 심사에 의하여 정당화되지 않는 한 헌법 제36조 제1항에 위반된다. 24년 국가직 7급 [O｜X]

(O) 헌법원리로부터 도출되는 차별금지의 명령은 헌법 제11조 제1항의 평등원칙과 결합하여 혼인과 가족을 부당한 차별로부터 보호하고자 하는 목적을 지니고 있고, 따라서 특정한 조세 법률조항이 혼인이나 가족생활을 근거로 부부 등 가족이 있는 자를 혼인하지 아니한 자 등에 비하여 차별 취급하는 것이라면 비례의 원칙에 의한 심사에 의하여 정당화되지 않는 한 헌법 제36조 제1항에 위반된다 할 것이다(헌재 2011.11.24. 2009헌바146).

2155
입양신고 시 신고사건 본인이 시·읍·면에 출석하지 아니하는 경우에는 신고사건 본인의 신분증명서를 제시하도록 한 「가족관계의 등록 등에 관한 법률」 해당 조항 전문 중 '신고 사건 본인의 주민등록증·운전면허증·여권, 그 밖에 대법원규칙으로 정하는 신분증명서를 제시하거나' 부분은 입양신고서의 기재사항은 일방 당사자의 신분증명서를 가지고 있다면 손쉽게 가족관계증명서를 발급받아 알 수 있어 진정한 입양의 합의가 존재한다는 점을 담보할 수 없으므로 입양당사자의 가족생활의 자유를 침해한다. 24년 국가직 7급 [O｜X]

(X) 비록 출석하지 아니한 당사자의 신분증명서를 요구하는 것이 허위의 입양을 방지하기 위한 완벽한 조치는 아니라고 하더라도 이 사건 법률조항이 원하지 않는 가족관계의 형성을 방지하기에 전적으로 부적합하거나 매우 부족한 수단이라고 볼 수는 없다. 따라서 이 사건 법률조항이 입양당사자의 가족생활의 자유를 침해한다고 보기 어렵다(헌재 2022.11.24. 2019헌바108).

2156
헌법 제36조 제1항은 혼인과 가족에 관련되는 공법의 영역에 영향을 미치는 헌법원리 내지 원칙규범으로서의 성격을 가지는 것으로 사법의 영역에는 적용되기 어렵다. 24년 국회직 9급 [O｜X]

(X) 헌법 제36조 제1항은 "혼인과 가족생활은 개인의 존엄과 양성의 평등을 기초로 성립되고 유지되어야 하 며, 국가는 이를 보장한다."라고 규정하고 있는데, 헌법 제36조 제1항은 혼인과 가족생활을 스스로 결정하고 형성할 수 있는 자유를 기본권으로서 보장하고, 혼인과 가족에 대한 제도를 보장한다. 그리고 헌법 제36조 제1항은 혼인과 가족에 관련되는 공법 및 사법의 모든 영역에 영향을 미치는 헌법원리 내지 원칙규범으로서의 성격도 가진다(헌재 2002.8.29. 2001헌바82).

2157
육아휴직신청권은 헌법 제36조 제1항 등으로부터 개인에게 직접 주어지는 헌법적 차원의 권리라고 볼 수는 없고, 입법자가 입법의 목적, 수혜자의 상황, 국가예산, 전체적인 사회보장수준, 국민정서 등 여러 요소를 고려하여 제정하는 입법에 적용요건, 적용대상, 기간 등 구체적인 사항이 규정될 때 비로소 형성되는 법률상의 권리이다. 24년 해경간부 [O｜X]

(O) 육아휴직신청권은 헌법 제36조 제1항 등으로부터 개인에게 직접 주어지는 헌법적 차원의 권리라고 볼 수는 없고, 입법자가 입법의 목적, 수혜자의 상황, 국가예산, 전체적인 사회보장수준, 국민정서 등 여러 요소를 고려하여 제정하는 입법에 적용요건, 적용대상, 기간 등 구체적인 사항이 규정될 때 비로소 형성되는 법률상의 권리이다(헌재 2008.10.30. 2005헌마1156). / 양육권은 헌법상 권리이다.

2158
1990년 개정 「민법」의 시행일인 1991. 1. 1.부터 그 이전에 성립된 계모자 사이의 법정 혈족관계를 소멸시키도록 한 「민법」 조항은 개인의 존엄과 양성평등에 반하는 전래의 가족제도를 개선하기 위한 입법이므로 가족제도를 보장하는 헌법 제36조 제1항에 위반된다고 볼 수 없다. 25년 경찰 2차, 24년 법무사 [O｜X]

(O) 계모자사이의 법정혈족관계를 폐지한 것은, 계모자관계는 당사자의 의사를 고려하지 않고 법률로써 모자관계를 의제하여 계자가 불이익을 받는 경우가 많았고 이는 가부장적 제도의 산물로서 양성평등의 원칙에 반한다는 등의 근거에 의하여 사회적 공익을 유지하기 위한 결단에 따른 것으로 입법목적의 정당성 및 수단의 적합성이 인정된다(헌재 2011.2.24. 2009헌바89).

OX 문제

2159
헌법 제36조 제1항은 혼인과 가족에 관련되는 공법 및 사법의 모든 영역에 영향을 미치는 헌법원리 내지 원칙규범으로서의 성격을 가지는데, 이는 적극적으로는 적절한 조치를 통해서 혼인과 가족을 지원하고 제3자에 의한 침해 앞에서 혼인과 가족을 보호해야 할 국가의 과제를 포함하며, 소극적으로는 불이익을 야기하는 제한조치를 통해서 혼인과 가족을 차별하는 것을 금지해야 할 국가의 의무를 포함한다. 24년 법무사

2160
부모의 자녀에 대한 양육권은 헌법에 명문으로 규정되어 있지는 아니하지만, 혼인과 가족생활을 보장하는 헌법 제36조 제1항, 행복추구권을 보장하는 헌법 제10조 및 '국민의 자유와 권리는 헌법에 열거되지 아니한 이유로 경시되지 아니한다.'고 규정한 헌법 제37조 제1항에서 나오는 기본권이다. 22년 국회직 9급

정답 및 해설

(O) 헌법 제36조 제1항은 혼인과 가족에 관련되는 공법 및 사법의 모든 영역에 영향을 미치는 헌법원리 내지 원칙규범으로서의 성격도 가지는데, 이는 적극적으로는 적절한 조치를 통해서 혼인과 가족을 지원하고 제삼자에 의한 침해 앞에서 혼인과 가족을 보호해야 할 국가의 과제를 포함하며, 소극적으로는 불이익을 야기하는 제한조치를 통해서 혼인과 가족을 차별하는 것을 금지해야 할 국가의 의무를 포함한다(헌재 2002.8.29. 2001헌바82).

(O) 자녀에 대한 부모의 양육권은 비록 헌법에 명문으로 규정되어 있지는 아니하지만, 이는 모든 인간이 누리는 불가침의 인권으로서 혼인과 가족생활을 보장하는 헌법 제36조 제1항, 행복추구권을 보장하는 헌법 제10조 및 '국민의 자유와 권리는 헌법에 열거되지 아니한 이유로 경시되지 아니한다.'고 규정한 헌법 제37조 제1항에서 나오는 중요한 기본권이다(헌재 2008.10.30. 2005헌마1156). *육아휴직권은 법률상 권리이다.*

CHAPTER 07 국민의 의무

OX 문제

2161
조세의 부과·징수로 인해 납세의무자의 사유재산에 관한 이용·수익 처분권이 중대한 제한을 받게 되는 경우에는 재산권의 침해가 될 수 있다. 20년 경찰승진

(O) 조세의 부과·징수로 인해 납세의무자의 사유재산에 관한 이용·수익 처분권이 중대한 제한을 받게 되는 경우에는 재산권의 침해가 될 수 있다(헌재 1997.12.24. 96헌가19).

2162
공무원 시험의 응시자격을 '군복무를 필한 자'라고 하여 군복무 중에는 그 응시기회를 제한하는 것은 병역의무의 이행을 이유로 불이익을 주는 것이다. 20년 경찰승진

(X) 이 사건 공고는 현역군인 신분자에게 다른 직종의 시험응시기회를 제한하고 있으나, 이는 병역의무 그 자체를 이행하느라 받는 불이익으로서 병역의무 중에 입는 불이익에 해당될 뿐, 병역의무 이행을 이유로 한 불이익은 아니다. 그렇다면 이 사건 공고로 인하여 현역군인이 타 직종에 시험응시를 하지 못하는 것은 헌법 제39조 제2항에서 금지하는 '불이익한 처우'라 볼 수 없다(헌재 2007.5.31. 2006헌마627).

2163
국방의 의무는 직접적인 병력형성의 의무뿐만 아니라 「향토예비군설치법」, 「민방위기본법」 등에 의한 간접적인 병력형성 의무 및 병력형성 이후 군작전 명령에 복종하고 협력하여야 할 의무를 포함하는 것이다. 22년 순경 2차

(O) 국방의 의무는 직접적인 병력형성의무인 병력제공의 의무뿐만 아니라 예비군법에 따른 예비군복무의무, 민방위기본법에 의한 민방위응소의무 등에 의한 간접적인 병력형성의 의무가 포함된다.

2164
조세는 국가 또는 지방자치단체가 재정수요를 충족시키거나 경제적·사회적 특수정책의 실현을 위하여 국민 또는 주민에 대하여 아무런 특별한 반대급부 없이 강제적으로 부과징수하는 과징금을 의미한다. 22년 순경 2차

(O) 조세는 국가 또는 지방자치단체가 재정수요를 충족시키거나 경제적·사회적 특수정책의 실현을 위하여 국민 또는 주민에 대하여 아무런 특별한 반대급부없이 강제적으로 부과징수하는 과징금을 의미하는 것이다(헌재 1990.9.3. 89헌가95).

2165
헌법상 국군의 사명은 국가의 안전보장과 국토방위의 신성한 의무를 수행하는 것이다. 24년 국가직 5급

(O) 국군은 국가의 안전보장과 국토방위의 신성한 의무를 수행함을 사명으로 하며, 그 정치적 중립성은 준수된다(헌법 제5조 제1항).

2166
국회는 국군의 외국에의 파견에 대한 동의권을 가진다. 24년 국가직 5급

(O) 국회는 선전포고, 국군의 외국에의 파견 또는 외국군대의 대한민국 영역안에서의 주류에 대한 동의권을 가진다(헌법 제60조 제2항).

| OX 문제 | 정답 및 해설 |

2167
군인은 현역을 면한 후가 아니면 국무총리 또는 국무위원으로 임명될 수 없다. 24년 국가직 5급 ⊙⊠

(O) 군인은 현역을 면한 후가 아니면 국무총리로 임명될 수 없다(헌법 제86조 제3항). / 군인은 현역을 면한 후가 아니면 국무위원으로 임명될 수 없다(헌법 제87조 제4항).

2168
「향토예비군설치법」에 따라 예비군훈련소집에 응하여 훈련을 받는 것은 국민이 마땅히 하여야 할 의무를 다하는 것일 뿐 국가나 공익목적을 위하여 특별한 희생을 하는 것이라고 할 수 없다. 24년 순경 1차 ⊙⊠

(O) 헌법 제39조 제1항은 "모든 국민은 법률이 정하는 바에 의하여 국방의 의무를 진다."고 규정하고 있는바, 이러한 국방의 의무는 외부적대세력의 직·간접적인 침략행위로부터 국가의 독립을 유지하고 영토를 보전하기 위한 의무로서, 헌법에서 이러한 국방의 의무를 국민에게 부과하고 있는 이상 향토예비군설치법에 따라 예비군훈련소집에 응하여 훈련을 받는 것은 국민이 마땅히 하여야 할 의무를 다하는 것일 뿐, 국가나 공익목적을 위하여 특별한 희생을 하는 것이라고 할 수 없다(헌재 2003.6.26. 2002헌마484).

2169
납세의무자인 국민은 자신이 납부한 세금을 국가가 효율적으로 사용하는지 여부를 감시하고 이에 대하여 이의를 제기하거나 잘못 사용되는 세금에 대하여 그 사용을 중지할 것을 요구할 수 있는 헌법상의 권리를 가진다. 24년 순경 1차 ⊙⊠

(X) 헌법상 납세의 의무가 부과되어 있다는 이유만으로 국민에게 자신이 납부한 세금을 국가가 효율적으로 적재적소에 사용하고 있는가를 감시하고, 이에 대하여 이의를 제기하거나, 잘못 사용되고 있는 세금에 대하여 그 사용을 중지할 것을 요구할 수 있는 헌법상 권리가 인정된다고 볼 수 없다(헌재 2006.6.29. 2005헌마165 등).

2170
공중보건의사에 편입되어 군사교육에 소집된 사람에게 사회복무요원과 달리 군사교육 소집기간 동안의 보수를 지급하지 않도록 규정한 「군인보수법」 조항은 공중보건의사의 경우 사회복무요원과 같은 보충역으로서 대체복무를 한다는 점에서 양자를 달리 취급할 합리적인 이유가 없으므로 공중보건의사의 평등권을 침해한다. 24년 순경 1차 ⊙⊠

(X) 심판대상조항이 공중보건의사로 편입되어 군사 교육 소집된 자에게 군사교육 소집기간 동안의 보수를 지급하지 않도록 규정하였다고 하더라도 이는 한정된 국방예산의 범위 내에서 효율적인 병역 제도의 형성을 위하여 공중보건의사의 신분, 복무 내용, 복무 환경, 전체 복무기간 동안의 보수 수준 및 처우, 군사교육의 내용 및 기간 등을 종합적으로 고려하여 결정한 것이므로, 평등권을 침해한다고 보기 어렵다(헌재 2020.9.24. 2017헌마643).

2171
민주국가에서 병역의무는 납세의무와 더불어 국가라는 정치적 공동체의 존립·유지를 위하여 국가 구성원인 국민에게 그 부담이 돌아갈 수밖에 없는 것으로서, 병역의무 부과를 통해서 국가방위를 도모하는 것은 국가공동체에 필연적으로 내재하는 헌법적 가치이다. 24년 순경 2차 ⊙⊠

(O) 민주국가에서 병역의무는 납세의무와 더불어 국가라는 정치적 공동체의 존립·유지를 위하여 국가 구성원인 국민에게 그 부담이 돌아갈 수밖에 없는 것으로서, 병역의무의 부과를 통하여 국가방위를 도모하는 것은 국가공동체에 필연적으로 내재하는 헌법적 가치라 할 수 있는바, 우리 헌법 제5조 제2항, 제39조는 국방과 병역의무가 지닌 이러한 헌법적 가치성을 분명히 밝히고 있다(헌재 2004.8.26. 2002헌바13).

2172
병역의무를 부과하게 되면 그 의무자의 기본권은 여러 가지 면에서 제약을 받으므로, 법률에 의한 병역의무 형성에도 헌법적 한계가 없다고 할 수 없고 헌법의 일반원칙, 기본권보장 정신에 의한 한계를 준수하여야 한다. 24년 순경 2차 ⊙⊠

(O) 병역의무를 부과하게 되면 그 의무자의 기본권은 여러 가지 면에서(일반적 행동의 자유, 신체의 자유, 거주이전의 자유, 직업의 자유, 양심의 자유 등) 제약을 받으므로, 법률에 의한 병역의무의 형성에도 헌법적 한계가 없다고 할 수 없고 헌법의 일반원칙, 기본권보장의 정신에 의한 한계를 준수하여야 한다(헌재 1999.2.25. 97헌바3).

OX 문제

2173
국가정보원이 주관하는 신규채용 경쟁시험에서 '남자는 병역을 필한 자'로 제한하여, 현역군인 신분자의 시험응시기회를 제한하는데, 이는 병역의무를 이행하느라 받는 불이익이므로 헌법 제39조 제2항에서 금지하는 '불이익한 처우'에 해당한다. 24년 순경 2차 ☐☒

2174
헌법 규정상 모든 국민은 그 보호하는 자녀에게 고등교육과 법률이 정하는 교육을 받게 할 의무를 진다. 24년 해경 ☐☒

2175
학교운영지원비를 학교회계 세입항목에 포함시키도록 하는 구 「초·중등교육법」 제30조의2 제2항 제2호 중 중학교 학생으로부터 징수하는 것에 관한 부분은 의무교육의 무상원칙에 위배되어 헌법에 위반된다. 24년 해경 ☐☒

2176
대체복무요원의 복무기간을 '36개월'로 한 「대체역법」 제18조 제1항, 대체복무기관을 '교정시설'로 한정한 「대체역의 편입 및 복무 등에 관한 법률 시행령」 제18조, 대체복무요원으로 하여금 '합숙'하여 복무하도록 한 「대체역법」 제21조 제2항은 청구인들의 양심의 자유를 침해하지 않는다. 24년 해경간부 ☐☒

2177
세금의 사용에 대해 이의를 제기하거나 잘못된 사용의 중지를 요구하는 내용의 기본권은 인정되지 않는다. 24년 해경간부 ☐☒

정답 및 해설

(X) 이 사건 공고는 현역군인 신분자에게 다른 직종의 시험응시기회를 제한하고 있으나 이는 병역의무 그 자체를 이행하느라 받는 불이익으로서 병역의무 중에 입는 불이익에 해당될 뿐, 병역의무의 이행을 이유로 한 불이익은 아니므로 이 사건 공고로 인하여 현역군인이 타 직종에 시험응시를 하지 못하는 것은 헌법 제39조 제2항에서 금지하는 '불이익한 처우'라 볼 수 없다(헌재 2007.5.31. 2006헌마627).

(X) 모든 국민은 그 보호하는 자녀에게 적어도 초등교육과 법률이 정하는 교육을 받게 할 의무를 진다(헌법 제31조 제2항).

(O) 학교운영지원비는 기본적으로 학부모의 자율적 협찬금의 성격을 갖고 있음에도 그 조성이나 징수의 자율성이 완전히 보장되지 않아 기본적이고 필수적인 학교 교육에 필요한 비용에 가깝게 운영되고 있다는 점 등을 고려해 보면 이 사건 세입조항은 헌법 제31조 제3항에 규정되어 있는 의무교육의 무상원칙에 위배되어 헌법에 위반된다(헌재 2012.8.23. 2010헌바220).

(O) 현역병이 원칙적으로 군부대 안에서 합숙복무를 하고 있고 이들과의 형평성 등을 고려했기 때문으로 보인다. 따라서 양심의 자유를 침해하지 않는다(헌재 2024.5.30. 2021헌마117).

(O) 재정사용의 합법성과 타당성을 감시하는 납세자의 권리를 헌법에 열거되지 않은 기본권으로 볼 수 없다(헌재 2005.11.24. 2005헌마579).

경찰
헌법
OX

III

Ⅲ

OX 3단계

제1편 헌법총론
제2편 기본권론

제 **1** 편

헌법총론

CHAPTER 01 헌법의 개념과 헌법학

OX 문제 | 정답 및 해설

2178
관습헌법은 주권자인 국민에 의하여 유효한 헌법규범으로 인정되는 동안에만 존속하는 것이며, 관습법의 존속요건의 하나인 국민적 합의성이 소멸되면 관습헌법으로서의 법적 효력도 상실하게 된다. 23년 법원행시, 21년 경행특채 [O X]

(O) 관습헌법은 주권자인 국민에 의하여 유효한 헌법규범으로 인정되는 동안에만 존속하는 것이며, 관습법의 존속요건의 하나인 국민적 합의성이 소멸되면 관습헌법으로서의 법적 효력도 상실하게 된다(헌재 2004.10.21. 2004헌마554 등).

2179
특정의 법률이 반드시 헌법전에서 규율하여야 할 기본적인 헌법사항을 헌법을 대신하여 규율하는 경우에도 곧바로 경성헌법의 체계에 위반하여 헌법위반에 해당한다고 보아서는 안 되며, 그 내용이 상위의 헌법규범에 배치되는지 여부를 따져보아 위헌성을 가려야 한다. 23년 법원행시 [O X]

(X) 특정의 법률이 반드시 헌법전에서 규율하여야 할 기본적인 헌법사항을 헌법을 대신하여 규율하는 경우에는 그 내용이 상위의 헌법규범에 배치되는지 여부와 관계없이 경성헌법의 체계에 위반하여 헌법위반에 해당하는 것이다(헌재 2004.10.21. 2004헌마554).

2180
관습헌법도 성문헌법과 마찬가지로 주권자인 국민의 헌법적 결단의 의사 표현이고 성문헌법과 동등한 효력을 가지며, 관습헌법의 요건들은 그 성립의 요건일 뿐 효력 유지의 요건은 아니다. 23년 순경 1차 [O X]

(X) 관습헌법은 그것을 지탱하고 있는 국민적 합의성을 상실함에 의하여 법적 효력을 상실할 수도 있다. 관습헌법은 주권자인 국민에 의하여 유효한 헌법규범으로 인정되는 동안에만 존속하는 것이며, 관습법의 존속요건의 하나인 국민적 합의성이 소멸되면 관습헌법으로서의 법적 효력도 상실하게 된다. 관습헌법의 요건들은 그 성립의 요건일 뿐만 아니라 효력 유지의 요건인 것이다.

2181
헌법재판소의 헌법해석은 헌법이 내포하고 있는 특정한 가치를 탐색·확인하고 이를 규범적으로 관철하는 작업인 점에 비추어, 헌법재판소가 행하는 구체적 규범통제의 심사기준은 원칙적으로 법률제정 당시에 규범적 효력을 가지는 헌법이다. 22년 경찰간부 [O X]

(X) 헌법재판소가 행하는 구체적 규범통제의 심사기준은 원칙적으로 헌법재판을 할 당시에 규범적 효력을 가지는 현행 헌법이다(헌재 2013.3.1. 2010헌바132).

2182
관습헌법은 헌법의 일부로서 최소한 헌법 제130조에 의거한 헌법개정의 방법에 의하여만 개정될 수 있으며, 관습헌법 규범은 헌법전에 그에 상반되는 법규범을 첨가함에 의하여 폐지하게 된다. 25년 국회직 8급, 22년 경찰간부 [O X]

(O) 관습헌법규범은 헌법전에 그에 상반하는 법규범을 첨가함에 의하여 폐지하게 되는 점에서, 헌법전으로부터 관계되는 헌법조항을 삭제함으로써 폐지되는 성문헌법규범과는 구분되는 것이다(헌재 2004.10.21. 2004헌마554).

| OX 문제 | 정답 및 해설 |

2183 관습헌법이 성립하기 위하여서는 관습법의 성립에서 요구되는 일반적 성립요건이 충족되어야 하는데, 관행이 헌법관습으로서 국가의 승인을 얻어야 한다. 25년 국회직 8급 [O][X]

(X) 이러한 관행이 헌법관습으로서 국민들의 승인 내지 확신 또는 폭넓은 컨센서스를 얻어 국민이 강제력을 가진다고 믿고 있어야 한다(국민적 합의)(헌재 2004.10.21. 2004헌마554 등). / 국가의 승인이 아니라 국민적 합의를 요한다.

2184 합헌적 법률해석은 헌법재판소가 헌법과 법률을 해석 적용함에 있어서 입법자의 입법취지대로 해석하여야 한다는 것으로 민주주의와 권력분립원칙의 관점에서 입법자의 입법권에 대한 존중과 규범유지의 원칙에 의하여 정당화된다. 20년 경찰승진 [O][X]

(X) 입법취지대로 해석하는 것이 아니라 헌법에 맞게끔 해석하는 것을 의미한다. 즉 주객이 전도되어서는 아니 된다. 또 법률해석시 적용되는 원칙이지 헌법을 해석할 때 적용되는 원칙이 아니다.

2185 법률 또는 법률조항은 원칙적으로 가능한 범위 안에서 합헌적으로 해석하여야 하나 그 해석은 법의 문구와 목적에 따른 한계가 있다. 이러한 한계를 벗어난 합헌적 해석은 실질적 의미에서의 입법작용을 뜻하게 되어 결과적으로 입법권자의 입법권을 침해하는 것이 된다. 24년 해경간부 [O][X]

(O) 입법권자가 그 법률의 제정으로써 추구하고자 하는 입법자의 명백한 의지와 입법의 목적을 헛되게 하는 내용으로 해석할 수 없다는 법목적에 따른 한계가 존재한다. 그러한 범위를 벗어난 합헌적 해석은 그것이 바로 실질적 의미에서의 입법작용 뜻하게 되어 결과적으로 입법권자의 입법권을 침해하는 것이 되기 때문이다(헌재 1989.7.14. 88헌가5).

2186 입법권자가 그 법률의 제정으로써 추구하고자 하는 입법자의 명백한 의지와 입법의 목적을 헛되게 하는 내용으로 법률조항을 해석할 수 없다는 '법 목적에 따른 한계'는 사법적 헌법해석기관에 의한 최종적 헌법해석권을 형해화할 수 있으므로 인정될 수 없다. 20년 경찰승진 [O][X]

(X) 법률제정권자가 해당 법률로 추구하고 있는 명백한 입법목적을 정면으로 무시한 합헌적 법률해석은 허용할 수 없다. 이 경우 입법권 침해가 야기될 수 있다. 합헌적 법률해석은 입법자의 명백한 의지 및 입법목적과 완전히 다른 해석을 하여서는 아니 된다. 이는 합헌적 법률해석의 한계이다.

2187 현행 헌법 제12조에서 종래의 "구금"을 "구속"으로 바꾼 것은 신체의 자유의 보장 범위를 구금된 사람뿐 아니라 구인된 사람에게까지 넓히기 위한 것으로 해석하는 것이 타당하다. 24년 순경 1차 [O][X]

(O) '국민의 신체와 생명에 대한 보호를 강화'하는 것이 현행 헌법의 주요 개정이유임을 고려하면, 현행 헌법이 종래의 "구금"을 "구속"으로 바꾼 것은 헌법 제12조에 규정된 신체의 자유의 보장 범위를 구금된 사람뿐 아니라 구인된 사람에게까지 넓히기 위한 것으로 해석하는 것이 타당하다(헌재 2018.5.31. 2014헌마346).

2188 헌법 제12조 제4항 본문에 규정된 "구속"을 형사절차상 구속뿐 아니라 행정절차상 구속까지 의미하는 것으로 해석하는 것은 문언해석의 한계를 넘는 것이다. 25년 경찰승진, 24년 소방간부, 23년 소방간부 [O][X]

(X) 헌법 제12조 제4항 본문에 규정된 "구속"은 사법절차에서 이루어진 구속뿐 아니라, 행정절차에서 이루어진 구속까지 포함하는 개념이다(헌재 2018.5.31. 2014헌마346).

OX 문제

2189
합헌적 법률해석은 법률에 대한 특정한 해석방법을 위헌적인 것으로 배제함으로써 실질적으로 '해석에 의한 법률의 부분적 폐지'를 의미하므로, 법률에 대하여 실질적인 일부위헌선언을 함으로써 법률을 수정하는 권한은 규범통제에 관한 독점적인 권한을 부여받은 헌법재판소에 유보되어야 한다. 23년 소방간부 [O][X]

(O) 합헌적 법률해석은 헌법재판소뿐이 아니라 법원에 부과된 의무이지만, 헌법상의 권력분립원칙에 비추어 볼 때 법률의 구속을 받는 법집행기관인 법원이 스스로 법률을 수정할 권한은 합헌적 법률해석에 관한 헌법재판소의 최종적인 결정권에 의하여 제한되고 통제되어야 함은 당연하다(헌재 2003.4.24. 2001헌마386).

2190
구「사회보호법」제5조 제1항("보호대상자가 다음 각호의 1에 해당하는 때에는 10년의 보호감호에 처한다. 다만, 보호대상자가 50세 이상인 때에는 7년의 보호감호에 처한다.")은 그 요건에 해당하는 경우에는 법원으로 하여금 감호청구의 이유 유무 즉, 재범의 위험성의 유무를 불문하고 반드시 감호의 선고를 하도록 강제한 것임이 위 법률의 조항의 문의임은 물론 입법권자의 의지임을 알 수 있으므로 위 조항에 대한 합헌적 해석은 문의의 한계를 벗어난 것이다. 25년 경찰승진 [O][X]

(O) 재범의 위험성의 유무를 불문하고 반드시 감호의 선고를 하도록 강제한 것임이 위 법률의 조항의 문의임은 물론 입법권자의 의지임을 알 수 있으므로 위 조항에 대한 합헌적 해석은 문의의 한계를 벗어난 것이라 할 것이다(헌재 1989.7.14. 88헌가5 등).

2191
헌법개정안은 국회에서 기명투표로 표결한다. 21년 국가직 7급 [O][X]

(O) 헌법개정안은 기명투표로 표결한다(국회법 제112조 제4항).

2192
1954년 헌법은 "대한민국은 민주공화국이다."와 "대한민국의 주권은 국민에게 있고 모든 권력은 국민으로부터 나온다."는 규정을 헌법개정으로 개폐할 수 없다고 명시하였다. 25년 국회직 8급 [O][X]

(O) 제1조(민주공화국), 제2조(국민주권)와 제7조의2(국민투표)의 규정은 개폐할 수 없다(제2차 개정헌법 제98조 제6항)

2193
헌법개정은 국회재적의원 300명 중 150명 이상의 발의로 제안될 수 있다. 24년 군무원 5급 [O][X]

(X) 헌법개정은 국회재적의원 과반수 또는 대통령의 발의로 제안된다(헌법 제128조 제1항). 300명의 과반수는 150명이 아니라 151명이다.

2194
현행 헌법은 헌법개정의 한계 사항을 명문으로 규정하지 않았다. 24년 군무원 5급 [O][X]

(O) 제1조, 제2조와 제7조의2의 규정은 개폐할 수 없다(제2차 개정헌법 제98조 제6항). / 제2차 개정헌법은 헌법개정의 한계조항이 있었으나 현행 헌법은 위와 같은 개정한계조항을 두고 있지 아니한다.

| OX 문제 | 정답 및 해설 |

2195
"대통령의 임기연장이나 중임변경을 위한 헌법 개정은 그 헌법 개정 제안 당시의 대통령에 대하여는 효력이 없다."는 내용은 1987년 개정된 현행 헌법에서 처음 규정되었다. 25년 국회직 8급 [O][X]

(X) 헌법개정의 효력 제한과 관련된 헌법 제128조 제2항은 현행 헌법에서 신설된 것이 아니라 1980년 제8차 개정때 신설되었다.

2196
긴급재정경제명령은 정상적인 재정운영·경제운영이 불가능한 중대한 재정 경제상의 위기가 현실적으로 발생하거나 그 위기가 발생할 우려가 있을 경우 사전적·예방적으로 발할 수 있다. 20년 경찰승진 [O][X]

(X) 긴급재정경제명령은 정상적인 재정운용·경제운용이 불가능한 중대한 재정·경제상의 위기가 현실적으로 발생하여야 한다(그러므로 위기가 발생할 우려가 있다는 이유로 사전적·예방적으로 발할 수는 없다)(헌재 1996.2.29. 93헌마186).

2197
긴급명령의 경우 국회의 집회가 불가능한 때에 한하여 발할 수 있는 반면, 긴급재정경제명령의 경우 국회의 집회가 불가능하지 않더라도 국회의 집회를 기다릴 여유가 없을 때 발할 수 있다. 20년 경찰승진 [O][X]

(O) 헌법 제76조에 근거 긴급명령은 불가능할 때, 재정경제명령은 여유가 없을 때 발할 수 있다.

2198
계엄을 선포한 때에는 대통령은 지체없이 국회에 통고하여야 한다. 23년 5급 공채 [O][X]

(O) 계엄을 선포한 때에는 대통령은 지체 없이 국회에 통고하여야 한다(헌법 제77조 제4항).

2199
국회가 재적의원 과반수의 찬성으로 계엄의 해제를 요구한 때에는 대통령은 이를 해제하여야 한다. 23년 5급 공채 [O][X]

(O) 국회가 재적의원 과반수의 찬성으로 계엄의 해제를 요구한 때에는 대통령은 이를 해제하여야 한다(헌법 제77조 제5항).

2200
비상계엄이 선포된 때에는 법률이 정하는 바에 의하여 영장제도, 언론·출판·집회·결사의 자유, 정부나 법원의 권한에 관하여 특별한 조치를 할 수 있다. 23년 5급 공채 [O][X]

(O) 비상계엄이 선포된 때에는 법률이 정하는 바에 의하여 영장제도, 언론·출판·집회·결사의 자유, 정부나 법원의 권한에 관하여 특별한 조치를 할 수 있다(헌법 제77조 제3항).

2201
「계엄법」상 대통령은 전시·사변 또는 이에 준하는 국가비상사태시 사회질서가 교란되어 일반 행정기관만으로는 치안을 확보할 수 없는 경우에 공공의 안녕질서를 유지하기 위하여 비상계엄을 선포한다. 24년 국가직 7급 [O][X]

(X) 경비계엄은 대통령이 전시·사변 또는 이에 준하는 국가비상사태시 사회질서가 교란되어 일반 행정기관만으로는 치안을 확보할 수 없는 경우에 공공의 안녕질서를 유지하기 위하여 선포한다(계엄법 제2조 제3항). / 즉 비상계엄이 아니라 경비계엄이다.

| OX 문제 | 정답 및 해설 |

2202
헌법재판소나 법원은 국가긴급권 발동의 위헌·위법 여부를 사후적으로 심사할 수는 있으나, 국가긴급권이 가지는 고도의 정치적 성격이 그 심사의 한계로서 작용할 수 있다. 24년 법무사
O X

(O) 헌법재판소나 법원은 국가긴급권 발동의 위헌·위법 여부를 사후적으로 심사할 수는 있다. 다만, 국가긴급권은 대통령이 헌법이 부여한 권한 범위 내에서 정치적 책임을 지고 한 판단과 선택으로서 고도의 정치적 성격을 가지므로 광범위한 판단 재량이 인정된다. 따라서 이에 대한 사법심사는 제한될 수 밖에 없다.

2203
대법원은 소위 유신헌법 제53조에 근거한 대통령 긴급조치 제1호에 대하여 비록 그 발동 당시 시행 중이던 유신헌법에 위배되지는 아니하나, 현행 헌법에 비추어 그 발동요건을 갖추지 못하여 위헌, 위법이라고 판시한 바 있다. 24년 법무사
O X

(X) 구 대한민국헌법(유신헌법) 제53조에 근거하여 발령된 대통령 긴급조치 제1호는 그 발동 요건을 갖추지 못한 채 목적상 한계를 벗어나 국민의 자유와 권리를 지나치게 제한함으로써 헌법상 보장된 국민의 기본권을 침해한 것이므로, 긴급조치 제1호가 해제 내지 실효되기 이전부터 유신헌법에 위배되어 위헌이고, 나아가 긴급조치 제1호에 의하여 침해된 각 기본권의 보장 규정을 두고 있는 현행 헌법에 비추어 보더라도 위헌이다. 결국 이 사건 재판의 전제가 된 긴급조치 제1호 제1항, 제3항, 제5항을 포함하여 긴급조치 제1호는 헌법에 위배되어 무효이다(대판 2010.12.16. 2010도5986).

2204
중대한 재정 경제상의 위기에 처하여 국회의 집회를 기다릴 여유가 없을 때에 국가의 안전보장 또는 공공의 안녕질서를 유지하기 위하여 필요한 경우에 발동되는 대통령의 긴급재정경제명령은 고도의 정치적 결단에 의한 행위로서 그 결단을 가급적 존중하여야 할 필요성이 있는 국가작용이므로, 그것이 국민의 기본권 침해와 직접 관련되는 경우에도 헌법재판소의 심판대상이 될 수 없다. 23년 경찰승진
O X

(X) 헌법재판소는 헌법의 수호와 국민의 기본권 보장을 사명으로 하는 국가기관이므로 비록 고도의 정치적 결단에 의하여 행해지는 국가작용이라고 할지라도 그것이 국민의 기본권 침해와 직접 관련되는 경우에는 당연히 헌법재판소의 심판대상이 된다(헌재 1996.2.29. 93헌마186).

CHAPTER 02 대한민국헌법 총설

OX 문제 | 정답 및 해설

2205
1948년 제헌헌법에서는 정부의 법률안 제출권을 헌법에 규정하지 않았다. 20년 국회직 5급

(X) 국회의원과 정부는 법률안을 제출할 수 있다(제헌헌법 제39조).

2206
우리나라 헌법은 9차례 개정되었는데, 그 중 국회의 의결과 국민투표를 모두 거쳐 개정된 헌법은 제6차 및 제9차 개정헌법이다. 22년 법원행시

(O) 제5차 개정때 국민투표가 처음 도입되었으며, 제7차와 제8차는 국회의 의결 없이 국민투표만으로 개정가능하였다. 따라서 둘다 거친 것은 제6차와 제9차이다.

2207
1948년 제헌헌법은 국무원을 대통령과 국무총리 기타의 국무위원으로 조직되는 합의체로서 대통령의 권한에 속한 중요 국책을 의결하는 기구로 규정하였다. 25년 변호사

(O) 국무원은 대통령과 국무총리 기타의 국무위원으로 조직되는 합의체로서 대통령의 권한에 속한 중요 국책을 의결한다(제헌헌법 제68조).

2208
1948년 제헌헌법에서는 대통령 국회간선제, 국회단원제, 국무총리제, 국정감사 제도를 규정하였다. 21년 국회직 5급

(O) 제헌헌법의 내용으로 옳은 지문이다.

2209
1980년 헌법(제8차 개정헌법)은 국가의 사회보장·사회복지 증진 노력의무, 중소기업의 사업활동 보호·육성, 소비자보호운동의 보장 등을 규정하였다. 20년 변호사

(O) ② 국가는 사회보장·사회복지의 증진에 노력할 의무를 진다(제8차 개정헌법 제32조 제2항). / ② 국가는 중소기업의 사업활동을 보호·육성하여야 한다(제8차 개정헌법 제124조 제2항). 제125조 국가는 건전한 소비행위를 계도하고 생산품의 품질향상을 촉구하기 위한 소비자보호운동을 법률이 정하는 바에 의하여 보장한다(제8차 개정헌법 제125조).

2210
1962년 제5차 개정헌법에서는 법률의 위헌 여부에 대하여 최종적으로 심사할 권한을 대법원에 부여하였다. 21년 국회직 5급

(O) 제3공화국은 대법원이 법률의 위헌 여부를 심사하였다.

2211
1972년 제7차 개정헌법에서는 언론·출판의 허가나 검열 금지조항을 폐지하였다. 21년 국회직 5급

(O) 언론·출판의 허가나 검열 금지는 제2공화국때 신설되어 제7차 개정헌법때 폐지되고 제9차 개정 헌법때 부활하였다.

| OX 문제 | 정답 및 해설 |

2212
1948년 제헌헌법은 근로자의 단결, 단체교섭과 단체행동의 자유를 법률의 범위 내에서 보장하도록 하였으며, 노령, 질병 기타 근로능력의 상실로 인하여 생활유지의 능력이 없는 자는 법률의 정하는 바에 의하여 국가의 보호를 받도록 하였다. 20년 변호사

(O) 근로자의 단결, 단체교섭과 단체행동의 자유는 법률의 범위내에서 보장된다(제헌헌법 제18조). / 노령, 질병 기타 근로능력의 상실로 인하여 생활유지의 능력이 없는 자는 법률의 정하는 바에 의하여 국가의 보호를 받는다(제헌헌법 제19조).

2213
1960년 헌법(제3차 개정헌법)은 대통령의 임기를 5년으로 하고 재선에 의하여 1차에 한해 중임할 수 있도록 규정하였다. 25년 변호사

(O) 대통령의 임기는 5년으로 하고 재선에 의하여 1차에 한하여 중임할 수 있다(제3차 개정헌법 제55조).

2214
1962년 제5차 개정헌법은 기본권의 본질적 내용의 침해금지 조항을 처음으로 규정하였다. 24년 경찰승진

(X) 국민의 모든 자유와 권리는 질서유지와 공공복리를 위하여 필요한 경우에 한하여 법률로써 제한할 수 있다. 단, 그 제한은 자유와 권리의 본질적인 내용을 훼손하여서는 아니되며 언론, 출판에 대한 허가나 검열과 집회, 결사에 대한 허가를 규정할 수 없다(제3차 개정헌법 제28조 제2항). / 제5차가 아니라 제3차 이다.

2215
1954년 제2차 개정헌법에서 국무총리제를 폐지하고, 헌법개정안에 대한 국민발안제도와 주권제약·영토변경에 대한 국민투표제도를 규정하였다. 23년 국회직 5급

(O) 제2차 개정헌법(1954년)은 국무총리제를 폐지하고, 헌법개정안에 대한 국민발안제도와 주권제약·영토 변경에 대한 국민투표제도를 두었다.

2216
1960년 제3차 개정헌법에서 최초로 양원제를 규정하였다. 23년 국회직 5급

(X) 최초로 양원제가 규정된 것은 제1차 개정 1952년 헌법이다. 다만 이는 실제로 운영되지는 않았다.

2217
1962년 제5차 개정헌법은 대법원장과 대법관을 법관추천회의의 제청에 따라 대통령이 임명하도록 하였다. 24년 국회직 8급

(X) ① 대법원장인 법관은 법관추천회의의 제청에 의하여 대통령이 국회의 동의를 얻어 임명한다. ② 대법원판사인 법관은 대법원장이 법관추천회의의 동의를 얻어 제청하고 대통령이 임명한다(제5차 개정헌법 제99조). / 즉 지문은 대법원장에 관한 지문이고 대법원 판사 지금의 대법관은 틀린 지문이다. 다만 이걸 어떻게 맞추라는 건지라는 생각이 든다. 현행도 아니고 5차개정헌법인데 ….

2218
1962년 헌법(제5차 개정헌법)은 대통령이 국회의 동의를 얻어 국무총리를 임명하도록 하였다. 25년 변호사

(X) 국무총리는 대통령이 임명하고, 국무위원은 국무총리의 제청으로 대통령이 임명한다(제5차 개정헌법 제84조 제1항). 즉 제3공화국은 유일하게 국회관여 없이 대통령이 국무총리를 임명하였다.

2219
1969년 제6차 개정헌법에서 대통령의 임기는 4년으로 하고, 1차에 한하여 중임할 수 있도록 규정하였다. 23년 국회직 5급

(X) ① 대통령의 임기는 4년으로 한다. ③ 대통령의 계속 재임은 3기에 한한다(1969년 제6차 개정헌법 제69조).

| OX 문제 | 정답 및 해설 |

2220
1980년 헌법(제8차 개정헌법)은 국회가 국무총리 또는 국무위원에 대하여 개별적으로 그 해임을 의결할 수 있도록 하되, 국무총리에 대한 해임의결은 국회가 임명동의를 한 후 1년 이내에는 할 수 없도록 하였다. 25년 변호사 [O][X]

(O) 국회는 국무총리 또는 국무위원에 대하여 개별적으로 그 해임을 의결할 수 있다. 다만, 국무총리에 대한 해임의결은 국회가 임명동의를 한 후 1년 이내에는 할 수 없다(제8차 개정헌법 제99조 제1항).

2221
1980년 제8차 개정헌법에서 법원의 제청에 의한 법률의 위헌 여부 심판, 탄핵의 심판, 정당의 해산심판 및 법률이 정하는 헌법소원에 관한 심판을 헌법위원회가 관장하도록 규정하였다. 23년 국회직 5급 [O][X]

(X) 헌법소원은 현행 헌법 제9차 개정에서 최초로 규정되었다.

2222
1987년 헌법에서는 사상의 자유가 처음 명문으로 규정되었다. 24년 경찰 2차 [O][X]

(X) 사상의 자유는 헌법 조문에 존재하지 않는다. 따라서 틀린 지문이다.

2223
1948년 제헌헌법에서 대한민국의 경제질서는 모든 국민에게 생활의 기본적 수요를 충족할 수 있게 하는 사회정의의 실현과 균형있는 국민경제의 발전을 기함을 기본으로 하며, 각인의 경제상 자유는 이 한계내에서 보장된다고 규정하였다. 23년 경찰간부 [O][X]

(O) 대한민국의 경제질서는 모든 국민에게 생활의 기본적 수요를 충족할 수 있게 하는 사회정의의 실현과 균형있는 국민경제의 발전을 기함을 기본으로 삼는다. 각인의 경제상 자유는 이 한계내에서 보장된다(건국헌법 제84조).

2224
제3차 헌법개정(1960년 6월 헌법)에서는 대한민국의 주권의 제약 또는 영토의 변경을 가져올 국가안위에 관한 중대사항은 국회의 가결을 거친 후에 국민투표에 부하여 민의원의원 선거권자 3분지 2 이상의 투표와 유효투표 3분지 2이상의 찬성을 얻어야 한다고 처음으로 규정하였다. 23년 경찰간부 [O][X]

(X) 국민투표가 처음으로 헌정사에 규정된 것은 제3차 개정헌법이 아니라 제2차 개정헌법이다.

2225
1948년 헌법은 국가의 세입·세출의 결산, 국가 및 법률에 정한 단체의 회계 검사와 행정기관 및 공무원의 직무에 관한 감찰을 하기위하여 대통령 소속 하에 감사원을 두도록 규정하였다. 23년 변호사 [O][X]

(X) 헌법에 감사원이 처음 도입된 것은 제3공화국 1962년 제5차개정부터이다. 건국헌법에는 감사원에 관한 규정이 존재하지 않았다.

2226
1954년 헌법은 대통령이 사고로 인하여 직무를 수행할 수 없을 때에는 부통령이 그 권한을 대행하고, 대통령·부통령 모두 사고로 인하여 그 직무를 수행할 수 없을 때에는 국무총리가 그 권한을 대행하도록 규정하였다. 23년 변호사 [O][X]

(X) 대통령이 사고로 인하여 직무를 수행할 수 없을 때에는 부통령이 그 권한을 대행하고 대통령, 부통령 모두 사고로 인하여 그 직무를 수행할 수 없을 때에는 법률이 정하는 순위에 따라 국무위원이 그 권한을 대행한다(제2차 개정헌법 제52조). / 국무총리가 아니라 법률이 정하는 순위에 따라 국무위원이 권한을 대행한다. 54년 제2차 개정에서는 국무총리제도가 폐지되었다.

| OX 문제 | 정답 및 해설 |

2227
1962년 헌법은 국회의원에 입후보하려면 소속 정당의 추천을 받도록 규정하였다. 23년 변호사 [O][X]

(O) 국회의원 후보가 되려하는 자는 소속정당의 추천을 받아야 한다(제5차 개정헌법 제36조 제3항).

2228
1972년 제7차 개정헌법은 국민투표에 의한 최초의 개헌으로 대통령의 긴급조치권, 국회의 회기 단축과 국정감사제 폐지 등을 규정하였다. 24년 국회직 8급 [O][X]

(X) 대통령의 긴급조치권, 국회의 회기 단축과 국정감사제 폐지 등을 규정한 것은 옳은 지문이나, 처음 국민투표방식으로 헌법을 개정한 것은 제5차 개정이다.

2229
제1차 개정헌법(1952년 개헌)에서는 국무위원과 행정각부장관은 국무총리의 제청으로 대통령이 임면하도록 하고 국무원 불신임결의권을 국회(민의원)에 부여하였다. 24년 변호사 [O][X]

(O) 국무위원은 국무총리의 제청에 의하여 대통령이 임면한다(제1차 개정헌법 제69조). / 제1차 개정헌법(1952년) 제70조의2 민의원에서 국무원 불신임결의를 하였거나 민의원의원총선거후 최초에 집회된 민의원에서 신임결의를 얻지 못한 때에는 국무원은 총사직을 하여야 한다(제1차 개정헌법 제70조의2).

2230
1952년 제1차 개정헌법에서는 국무총리와 국무위원은 국회에 대하여 국무원의 권한에 속하는 일반 국무에 관하여는 연대책임을 지고 각자의 행위에 관하여는 개별책임을 진다고 규정하였다. 23년 순경 2차 [O][X]

(O) 국무총리와 국무위원은 국회에 대하여 국무원의 권한에 속하는 일반국무에 관하여는 연대책임을 지고 각자의 행위에 관하여는 개별책임을 진다(1952년 제1차 개정헌법).

2231
1962년 제5차 개정헌법에서는 국회의원 후보가 되려 하는 자는 소속 정당의 추천을 받아야 하며, 국회의원이 임기 중 당적을 이탈하거나 변경한 때 또는 소속 정당이 해산된 때에는 그 자격이 상실되지만 합당 또는 제명으로 소속이 달라지는 경우에는 예외로 한다고 규정하였다. 23년 순경 2차, 23년 경찰간부 [O][X]

(O) 국회의원은 임기중 당적을 이탈하거나 변경한 때 또는 소속정당이 해산된 때에는 그 자격이 상실된다. 다만, 합당 또는 제명으로 소속이 달라지는 경우에는 예외로 한다(1962년 제5차 개정헌법).

2232
1972년 제7차 개정헌법에서는 대통령은 통일주체국민회의에서 토론 없이 무기명투표로 선거하고, 국회의원 정수의 3분의 1에 해당하는 수의 국회의원도 통일주체국민회의에서 선거하도록 규정하였다. 23년 순경 2차 [O][X]

(O) 대통령은 통일주체국민회의에서 토론없이 무기명투표로 선거한다(유신헌법 제39조 제1항). 통일주체국민회의는 국회의원 정수의 3분의 1에 해당하는 수의 국회의원을 선거한다(유신헌법 제40조 제1항).

2233
1948년 제헌헌법은 선거권자의 연령을 "20세"로 규정하였다. 25년 순경 1차 [O][X]

(X) 제1공화국과 현재는 법률이 정하는 바에 의하여 선거권을 가진다고 하여 법률에 위임하였지만 제2공부터 제5공까지는 헌법에 직접 20세로 규정되어 있었다. / 따라서 제헌헌법 즉 제1공화국은 20세로 규정되어 있지 않아 틀린지문이다.

| OX 문제 | 정답 및 해설 |

2234
1954년 제2차 개정헌법은 처음으로 지방자치를 규정하였다.
25년 순경 1차 　　　　　　　　　　　　　　　　O X

(X) 지방자치단체는 법령의 범위 내에서 그 자치에 관한 행정사무와 국가가 위임한 행정사무를 처리하며 재산을 관리한다(제헌헌법 제96조). / 제헌헌법부터 지방자치는 규정되어 있었다.

2235
1972년 헌법(제7차 개정헌법)은 대통령의 임기를 5년으로 하고, 통일주체국민회의에서 대통령을 토론 없이 기명투표로 선거하도록 하였으며, 통일주체국민회의에서 재적대의원 과반수의 찬성을 얻은 자를 대통령당선자로 하도록 규정하였다.
25년 법원직 　　　　　　　　　　　　　　　　O X

(X) 대통령은 통일주체국민회의에서 토론없이 무기명투표로 선거한다(1972년 헌법 제39조 제1항). 통일주체국민회의에서 재적대의원 과반수의 찬성을 얻은 자를 대통령당선자로 한다(1972년 헌법 제39조 제2항). 대통령의 임기는 6년으로 한다(1972년 헌법 제47조).

2236
1962년 제5차 개정헌법은 지방자치단체의 장을 주민이 직접 선거하도록 규정하였다. 26년 경찰간부　　　　　　O X

(X) 지방자치단체의 장의 선임방법은 법률로써 정하되 적어도 시, 읍, 면의 장은 그 주민이 직접 이를 선거한다(제3차 개정헌법 제97조 제2항). / 즉 선임으로 되어 있어서 꼭 직접 선거해야 하는 것은 아니다.

2237
1960년 제3차 개정헌법은 공무원의 신분보장 및 정치적 중립성에 관한 조항을 신설하였다. 25년 경찰승진　　　　O X

(O) 공무원의 정치적 중립성과 신분은 법률의 정하는 바에 의하여 보장된다(제3차 개정헌법 제27조 제2항).

2238
제헌헌법은 대통령이 사고로 인하여 직무를 수행할 수 없을 때에는 부통령이 그 권한을 대행하도록 규정하였다. 25년 소방간부　　　　　　　　　　　　　　　　　　　　O X

(O) 대통령이 사고로 인하여 직무를 수행할 수 없을 때에는 부통령이 그 권한을 대행하고 대통령, 부통령 모두 사고로 인하여 그 직무를 수행할 수 없을 때에는 국무총리가 그 권한을 대행한다(제헌헌법 제52조).

2239
1960. 6. 15. 개정 헌법(제2공화국헌법)은 국회를 민의원과 참의원으로 구성하도록 함으로써 양원제를 채택하였다. 25년 소방간부　　　　　　　　　　　　　　　　　　O X

(O) 입법권은 국회가 행한다. 국회는 민의원과 참의원으로써 구성한다(제3차 개정헌법 제31조).

2240
1987. 10. 29. 개정 헌법(현행 헌법)은 헌법에 마련된 개정절차에 따라 여야 합의에 의하여 개정된 헌법이나, 군(軍)의 정치적 중립을 규정하지는 못하였다. 25년 소방간부　　O X

(X) 국군은 국가의 안전보장과 국토방위의 신성한 의무를 수행함을 사명으로 하며, 그 정치적 중립성은 준수된다(현행 헌법 제5조 제2항).

2241
1980년 제8차 개정헌법에서는 국회가 상호원조 또는 안전보장에 관한 조약 국제조직에 관한 조약. 통상조약. 주권의 제약에 관한 조약, 강화조약, 국가나 국민에게 중대한 재정적 부담을 지우는 조약 또는 입법사항에 관한 조약의 체결. 비준에 대한 동의권을 가진다고 규정하였다. 23년 순경 2차　　O X

(X) 국회는 상호원조 또는 안전보장에 관한 조약, 중요한 국제조직에 관한 조약, 우호통상항해조약, 주권의 제약에 관한 조약, 강화조약, 국가나 국민에게 중대한 재정적 부담을 지우는 조약 또는 입법사항에 관한 조약의 체결·비준에 대한 동의권을 가진다(1980년 제8차 개정헌법 제96조). / 통상조약이 아니라 우호통상항해조약이다.

| OX 문제 | 정답 및 해설 |

2242
1980년 개정헌법(제8차 개헌)은 임기 7년의 대통령을 국회에서 무기명투표로 선거하도록 하고 위헌법률심판과 탄핵심판을 담당하는 헌법위원회를 규정하였다. 20년 경찰승진 [O][X]

(X) 제8차 개정헌법에서는 대통령을 국회에서 선거하는 것이 아닌 대통령선거인단에서 무기명으로 선거하였다.

2243
1962년 개정헌법은 국회 재적의원 3분의 1 이상 또는 국회의원선거권자 50만인 이상의 찬성으로 헌법개정의 제안을 하도록 규정함으로써, 1948년 헌법부터 유지되고 있던 대통령의 헌법개정제안권을 삭제했다. 20년 국가직 7급 [O][X]

(O) 헌법개정의 제안은 국회의 재적의원 3분의 1 이상 또는 국회의원선거권자 50만인 이상의 찬성으로써 한다(1962년 헌법 제119조 제1항). 3공화국은 유일하게 대통령에게 헌법개정 제안권이 존재하지 않았다.

2244
1960년 제3차 개정헌법은 기본권의 본질적 내용 침해금지 조항을 신설하였으며 선거권 연령을 법률로 위임하지 않고 헌법에서 직접 규정하였다. 22년 경찰간부 [O][X]

(O) 제3차 개헌에서는 본질적 내용침해금지조항이 신설되었으며, 제1공과 제6공은 법률유보이나 제2공부터 제5공까지는 헌법에서 직접 20세로 규정하고 있었다.

2245
1948년 제헌헌법에서는 대한민국의 경제질서는 모든 국민에게 생활의 기본적 수요를 충족할 수 있게 하는 사회정의의 실현과 균형 있는 국민경제의 발전을 기함을 기본으로 삼고, 각인의 경제상 자유는 이 한계 내에서 보장된다고 하였다. 25년 경찰 2차 [O][X]

(O) 대한민국의 경제질서는 모든 국민에게 생활의 기본적 수요를 충족할 수 있게 하는 사회정의의 실현과 균형있는 국민경제의 발전을 기함을 기본으로 삼는다. 각인의 경제상 자유는 이 한계내에서 보장된다(제헌헌법 제84조).

2246
1962년 제5차 개정헌법에서는 경제질서의 원칙에 관하여 개인의 경제상의 자유와 창의를 존중함을 기본으로 하였다. 25년 경찰 2차 [O][X]

(O) 대한민국의 경제질서는 개인의 경제상의 자유와 창의를 존중함을 기본으로 한다(제5차 개정헌법 제111조 제1항).

2247
1980년 제8차 개정헌법에서는 농지의 소작제도를 헌법에서 직접 금지하면서도, 농업생산성의 제고와 농지의 합리적인 이용을 위한 임대자 및 위탁경영은 법률이 정하는 바에 의하여 인정된다고 하였다. 25년 경찰 2차 [O][X]

(X) 농지의 소작제도는 법률이 정하는 바에 의하여 금지된다. 다만, 농업생산성의 제고와 농지의 합리적인 이용을 위한 임대차 및 위탁경영은 법률이 정하는 바에 의하여 인정된다(제8차 개정헌법 제122조). / 즉 헌법이 직접 금지하는 것이 아니라 법률이 정하는 바에 의하여 금지되니 오답입니다.

2248
국적은 성문의 법령을 통해서가 아니라 국가의 생성과 더불어 존재하며, 「국적법」의 내용은 국민의 범위를 구체화, 현실화하는 헌법사항을 규율하고 있다. 24년 경찰승진, 20년 비상기획관(하) [O][X]

(O) 국적은 국가와 그의 구성원 간의 법적유대이고 보호와 복종관계를 뜻하므로 이를 분리하여 생각할 수 없다. 즉 국적은 국가의 생성과 더불어 발생하고 국가의 소멸은 바로 국적의 상실 사유인 것이다. 국적은 성문의 법령을 통해서가 아니라 국가의 생성과 더불어 존재하는 것이므로, 헌법의 위임에 따라 국적법이 제정되나 그 내용은 국가의 구성요소인 국민의 범위를 구체화, 현실화하는 헌법사항을 규율하고 있는 것이다(헌재 2000.8.31. 97헌가12).

| OX 문제 | 정답 및 해설 |

2249
국적을 후천적으로 취득하는 방법으로 인지나 귀화 등이 있다.
22년 해경일반 [O][X]

(O) 인지와 귀화, 수반취득등은 국적을 후천적으로 취득하는 방법이다.

2250
인지에 의하여 국적을 취득하는 시점은 법무부장관에게 신고를 한 때이다. 20년 경행특채 [O][X]

(O) 대한민국의 국민이 아닌 자로서 대한민국의 국민인 부 또는 모에 의하여 인지된 자가 다음 각 호의 요건을 모두 갖추면 법무부장관에게 신고함으로써 대한민국 국적을 취득할 수 있다(국적법 제3조).

2251
대한민국 국적을 취득한 사실이 없는 외국인은 법무부장관의 귀화허가를 받아 대한민국 국적을 취득할 수 있는 반면, 대한민국의 국민이었던 외국인은 법무부장관의 국적회복허가를 받아 대한민국 국적을 취득할 수 있다. 20년 국회직 9급 [O][X]

(O) ① 대한민국 국적을 취득한 사실이 없는 외국인은 법무부장관의 귀화허가(歸化許可)를 받아 대한민국 국적을 취득할 수 있다(국적법 제4조). / ① 대한민국의 국민이었던 외국인은 법무부장관의 국적회복허가(國籍回復許可)를 받아 대한민국 국적을 취득할 수 있다(국적법 제9조).

2252
대한민국의 국민으로서 외국 국적을 취득하여 대한민국 국적을 상실하게 된 자의 배우자나 미성년의 자로서 그 외국의 법률에 따라 함께 그 외국 국적을 취득하게 된 자는 그 외국 국적을 취득한 때부터 6개월 내에 법무부장관에게 대한민국 국적을 보유할 의사가 있다는 뜻을 신고하지 아니하면 그 외국 국적을 취득한 때로 소급하여 대한민국 국적을 상실한 것으로 본다. 24년 해경간부, 21년 법원행시 [O][X]

(O) 대한민국의 국민으로서 다음 각 호(비자진)의 어느 하나에 해당하는 자는 그 외국 국적을 취득한 때부터 6개월 내에 법무부장관에게 대한민국 국적을 보유할 의사가 있다는 뜻을 신고하지 아니하면 그 외국 국적을 취득한 때로 소급(遡及)하여 대한민국 국적을 상실한 것으로 본다(국적법 제15조 제2항).

2253
국적법에 따라 귀화허가를 받은 사람은 법무부장관 앞에서 국민선서를 하고 귀화증서를 수여받은 때에 대한민국 국적을 취득하나, 법무부장관은 연령, 신체적·정신적 장애 등으로 국민선서의 의미를 이해할 수 없거나 이해한 것을 표현할 수 없다고 인정되는 사람에게는 국민선서를 면제할 수 있다. 21년 비상기획관(하) [O][X]

(O) 귀화허가를 받은 사람은 법무부장관 앞에서 국민선서를 하고 귀화증서를 수여받은 때에 대한민국 국적을 취득한다. 다만, 법무부장관은 연령, 신체적·정신적 장애 등으로 국민선서의 의미를 이해할 수 없거나 이해한 것을 표현할 수 없다고 인정되는 사람에게는 국민선서를 면제할 수 있다(국적법 제4조 제3항).

2254
과학·경제·문화·체육 등 특정 분야에서 매우 우수한 능력을 보유한 사람으로서 대한민국의 국익에 기여할 것으로 인정되는 외국인은 대한민국에 주소가 없더라도 특별귀화 허가를 받을 수 있다. 21년 비상기획관(하) [O][X]

(X) 다음 각 호의 어느 하나에 해당하는 외국인으로서 대한민국에 주소가 있는 사람은 제5조 제1호·제1호의2·제2호 또는 제4호의 요건을 갖추지 아니하여도 귀화허가를 받을 수 있다. / 3. 과학·경제·문화·체육 등 특정 분야에서 매우 우수한 능력을 보유한 사람으로서 대한민국의 국익에 기여할 것으로 인정되는 사람(국적법 제7조 제1항 제3호). 주소는 있어야 한다.

OX 문제	정답 및 해설

2255
귀화의 방법으로 국적을 취득하는 시점은 법무부장관이 귀화허가를 한 때이다. 20년 경행특채

(X) 귀화허가를 받은 사람은 법무부장관 앞에서 국민선서를 하고 귀화증서를 수여받은 때에 대한민국 국적을 취득한다(국적법 제4조 제3항).

2256
외국인의 자(子)로서 대한민국의 「민법」상 성년인 사람은 부 또는 모가 귀화허가를 신청할 때 함께 국적 수반취득을 신청할 수 있다. 20년 지방직 7급

(X) 외국인의 자로서 대한민국의 민법상 미성년인 사람은 부 또는 모가 귀화허가를 신청할 때 함께 국적 취득을 신청할 수 있다(국적법 제8조 제1항).

2257
외국 국적 포기의무를 이행하지 아니하여 대한민국 국적을 상실한 자가 그 후 1년 내에 그 외국 국적을 포기하면 법무부장관의 허가를 받아 대한민국 국적을 재취득할 수 있다. 20년 국회직 8급

(X) 제10조(국적 취득자의 외국 국적 포기 의무) 제3항에 따라 대한민국 국적을 상실한 자가 그 후 1년 내에 그 외국 국적을 포기하면 법무부장관에게 신고함으로써 대한민국 국적을 재취득할 수 있다(국적법 제11조 제1항). / 허가가 아니라 신고이다.

2258
병역준비역에 편입된 사람이 그 이후 국적이탈이라는 방법을 통해서 병역의무에서 벗어날 수 없도록 국적이탈이 가능한 기간을 제한하는 것은 병역의무 이행의 공평성 확보라는 목적을 달성하는 데 적합한 수단이다. 22년 변호사

(O) 심판대상 법률조항은 위와 같이 국적이탈이 가능한 기간을 제한함으로써 병역준비역에 편입된 사람이 그 이후 국적이탈이라는 방법을 통해서는 병역의무에서 벗어날 수 없도록 하므로, 병역의무 이행의 공평성 확보라는 목적을 달성하는 데 적합한 수단이다(헌재 2020.9.24. 2016헌마889).

2259
중앙행정기관의 장이 복수국적자를 외국인과 동일하게 처우하는 내용으로 법령을 제정 또는 개정하려는 경우에는 미리 법무부장관과 협의하여야 한다. 23년 소방간부

(O) 중앙행정기관의 장이 복수국적자를 외국인과 동일하게 처우하는 내용으로 법령을 제정 또는 개정하려는 경우에는 미리 법무부장관과 협의하여야 한다(국적법 제11조의2 제3항).

2260
만 20세가 되기 전에 복수국적자가 된 자는 만 22세가 되기 전까지, 만 20세가 된 후에 복수국적자가 된 자는 그 때부터 2년 내에 「국적법」이 정한 절차에 따라 하나의 국적을 선택하여야 한다. 다만, 동법에 따라 법무부장관에게 대한민국에서 외국 국적을 행사하지 아니하겠다는 뜻을 서약한 복수국적자는 제외한다. 24년 변호사

(O) 국적법 제12조(복수국적자의 국적선택의무) ① 만 20세가 되기 전에 복수국적자가 된 자는 만 22세가 되기 전까지, 만 20세가 된 후에 복수국적자가 된 자는 그 때부터 2년 내에 제13조와 제14조에 따라 하나의 국적을 선택하여야 한다. 다만, 제10조(국적 취득자의 외국 국적 포기 의무)제2항에 따라 법무부장관에게 대한민국에서 외국 국적을 행사하지 아니하겠다는 뜻을 서약한 복수국적자는 제외한다.

2261
복수국적자가 「국적법」에서 정한 기간 내에 국적을 선택하지 아니한 경우에 법무부장관은 1년 내에 하나의 국적을 선택할 것을 명하여야 한다. 20년 경찰승진

(O) 법무부장관은 복수국적자로서 제12조 제1항 또는 제2항에서 정한 기간 내에 국적을 선택하지 아니한 자에게 1년 내에 하나의 국적을 선택할 것을 명하여야 한다(국적법 제14조의2 제1항). / 서약 위반의 경우에는 6개월

| OX 문제 | 정답 및 해설 |

2262
국적이탈 신고서에 '가족관계기록사항에 관한 증명서'를 첨부하도록 하는 것은 국적이탈 신고와 관련하여 구체적으로 어떠한 서류를 제출하도록 하는 것인지 불분명하므로 명확성원칙에 위배된다. 23년 변호사 [O X]

(X) 심판대상 시행규칙조항이 규정하는 '가족관계기록사항에 관한 증명서'가 어떠한 서류를 의미하는지 다른 법령에도 명시되어 있지는 않으나, 대한민국 정부는 다양한 방법으로 이를 소개, 안내하고 있으며, 설사 신고자가 이를 이해하지 못하여 기본증명서 등을 제출하지 않았다고 하더라도, 실무상 신고서만 접수되면 일단 국적이탈의 신고가 된 것으로 보고, 첨부서류는 추후 다시 보완할 수 있도록 안내하므로, 이 과정에서 청구인은 이 서류가 무엇을 지칭하는지 알 수 있다. 이러한 사정을 종합하면 심판대상 시행규칙조항은 명확성원칙에 위배되지 않는다(헌재 2020.9.24. 2016헌마889).

2263
법무부장관으로 하여금 거짓이나 그 밖에 부정한 방법으로 귀화허가를 받은 자에 대하여 그 허가를 취소할 수 있도록 규정하면서도 그 취소권의 행사기간을 따로 정하고 있지 아니한 국적법 제21조는 침해의 최소성원칙에 위배되지 아니한다. 24년 변호사, 24년 경찰승진, 23년 법원행시 [O X]

(O) 귀화허가취소사유를 구체적이고 한정적으로 규정하고 있을 뿐 아니라, 법무부장관의 재량으로 위법의 정도, 귀화허가 후 형성된 생활관계, 귀화허가취소시 받게 될 당사자의 불이익 등은 물론 귀화허가시부터 취소시까지의 시간의 경과 정도 등을 고려하여 취소권 행사 여부를 결정하도록 하고 있으며, 귀화허가가 취소된다고 하더라도 외국인으로서 체류허가를 받아 계속 체류하거나 종전의 하자를 치유하여 다시 귀화허가를 받을 수 있으므로, 이 사건 법률조항이 귀화허가취소권의 행사기간을 제한하지 않았다고 하더라도 침해의 최소성원칙에 위배되지 아니한다(헌재 2015.9.24. 2015헌바26).

2264
법무부장관은 거짓이나 그 밖의 부정한 방법으로 귀화허가, 국적회복허가, 국적의 이탈 허가 또는 국적보유판정을 받은 자에 대하여 그 허가 또는 판정을 취소할 수 있다. 24년 국회직 8급 [O X]

(O) 법무부장관은 거짓이나 그 밖의 부정한 방법으로 귀화허가, 국적회복허가, 국적의 이탈 허가 또는 국적보유판정을 받은 자에 대하여 그 허가 또는 판정을 취소할 수 있다(국적법 제21조 제1항).

2265
국적회복허가에 애초 허가가 불가능한 불법적 요소가 개입되어 있었다면 어느 순간에 불법적 요소가 발견되었든 상관없이 그 허가를 취소함으로써 국법질서를 회복할 필요성이 있다. 24년 국회직 8급 [O X]

(O) 국적회복허가에 애초 허가가 불가능한 불법적 요소가 개입되어 있었다면 어느 순간에 불법적 요소가 발견되었든 상관없이 그 허가를 취소함으로써 국법질서를 회복할 필요성이 있다(헌재 2020.2.27. 2017헌바434). / 즉 직권취소에는 기간제한이 따로 없다.

2266
대한민국의「민법」상 성년이 되기 전에 외국인에게 입양된 후 외국 국적을 취득하고 외국에서 계속 거주하다가「국적법」제9조에 따라 국적회복허가를 받은 자는 대한민국 국적을 취득한 날부터 1년 내에 외국 국적을 포기하거나 법무부장관이 정하는 바에 따라 대한민국에서 외국 국적을 행사하지 아니하겠다는 뜻을 법무부장관에게 서약하여야 한다. 23년 소방간부 [O X]

(O) 제1항에도 불구하고 다음 각 호의 어느 하나에 해당하는 자는 대한민국 국적을 취득한 날부터 1년 내에 외국 국적을 포기하거나 법무부장관이 정하는 바에 따라 대한민국에서 외국 국적을 행사하지 아니하겠다는 뜻을 법무부장관에게 서약하여야 한다. 3. 대한민국의「민법」상 성년이 되기 전에 외국인에게 입양된 후 외국 국적을 취득하고 외국에서 계속 거주하다가 제9조에 따라 국적회복허가를 받은 자(국적법 제10조 제2항)

2267
출생이나 그 밖에「국적법」에 따라 대한민국 국적과 외국 국적을 함께 가지게 된 사람으로서 대통령령으로 정하는 사람은 대한민국의 법령 적용에서 대한민국 국민으로만 처우한다. 23년 순경 2차 [O X]

(O) 출생이나 그 밖에 이 법에 따라 대한민국 국적과 외국 국적을 함께 가지게 된 사람으로서 대통령령으로 정하는 사람은 대한민국의 법령 적용에서 대한민국 국민으로만 처우한다(국적법 제11조의2).

2268
외국 국적을 취득함으로써 대한민국 국적을 상실하게 된 자에 대하여 그 외국 국적의 취득일을 알 수 없으면 그가 사용한 대한민국 여권의 최종 사용일에 그 외국 국적을 취득한 것으로 추정한다. 26년 경찰간부 [O X]

(X) 외국 국적을 취득함으로써 대한민국 국적을 상실하게 된 자에 대하여 그 외국 국적의 취득일을 알 수 없으면 그가 사용하는 외국 여권의 최초 발급일에 그 외국 국적을 취득한 것으로 추정한다(국적법 제15조 제3항).

2269
직계존속이 외국에서 영주할 목적 없이 체류한 상태에서 출생한 자는 병역의무를 해소한 경우에만 국적이탈을 신고할 수 있도록 하는 「구 국적법 제12조 제3항」은 혈통주의에 따라 출생과 동시에 대한민국 국적을 취득하게 되므로 병역의무를 해소해야만 국적이탈을 허용하게 되는 결과를 가져오지만, 과잉금지원칙에 위배되지 아니하므로 국적이탈의 자유를 침해하지 않는다. 23년 순경 2차 [O X]

(O) 병역기피 목적의 국적이탈에 대하여 사후적 제재를 가하거나 생활근거에 따라 국적이탈을 제한하는 방법으로는 국적이탈을 통해 병역의무 그 자체를 어떻게든 면탈하려는 행동을 충분히 차단할 수 있다고 단정하기 어렵다. 대한민국이 국가 공동체로서 존립하기 위해 공평한 병역분담에 대한 국민적 신뢰를 보호하여 국방역량이 훼손되지 않도록 하려는 것이므로 매우 중요한 국익이다(헌재 2023.2.27. 2019헌바462).

2270
출생 당시에 모가 자녀에게 외국 국적을 취득하게 할 목적으로 외국에서 체류 중이었던 사실이 인정되는 자는 대한민국에서 외국 국적을 행사하지 않겠다는 서약을 한 후 대한민국 국적을 선택한다는 뜻을 신고할 수 있다. 24년 해경간부, 22년 경찰간부, 22년 국회직 9급, 20년 경찰승진 [O X]

(X) 제1항 및 제2항 단서에도 불구하고 출생 당시에 모가 자녀에게 외국 국적을 취득하게 할 목적으로 외국에서 체류 중이었던 사실이 인정되는 자는 외국 국적을 포기한 경우에만 대한민국 국적을 선택한다는 뜻을 신고할 수 있다(국적법 제13조 제3항). / 즉 원정출산의 경우에는 서약제도를 선택할 수 없다.

2271
복수국적자로서 외국 국적을 선택하려는 자는 외국에 주소가 있는 경우에만 주소지 관할 재외공관의 장을 거쳐 법무부장관에게 대한민국 국적을 이탈한다는 뜻을 신고할 수 있다. 24년 경찰승진, 24년 국회직 8급, 24년 경찰간부, 22년 경찰간부 [O X]

(O) 복수국적자로서 외국 국적을 선택하려는 자는 외국에 주소가 있는 경우에만 주소지 관할 재외공관의 장을 거쳐 법무부장관에게 대한민국 국적을 이탈한다는 뜻을 신고할 수 있다(국적법 제14조 제1항).

2272
국적회복과 귀화는 모두 외국인이 후천적으로 법무부장관의 허가라는 주권적 행정절차를 통하여 대한민국 국적을 취득하는 제도라는 점에서 동일하나, 귀화는 대한민국 국적을 취득한 사실이 없는 순수한 외국인이 법무부장관의 허가를 받아 대한민국 국적을 취득할 수 있도록 하는 절차인데 비해, 국적회복허가는 한 때 대한민국 국민이었던 자를 대상으로 한다는 점, 귀화는 일정한 요건을 갖춘 사람에게만 허가할 수 있는 반면, 국적회복허가는 일정한 사유에 해당하는 사람에 대해서만 국적회복을 허가하지 아니한다는 점에서 차이가 있다. 22년 순경 2차 [O X]

(O) 국적회복과 귀화는 모두 외국인이 후천적으로 법무부장관의 허가라는 주권적 행정절차를 통하여 대한민국 국적을 취득하는 제도라는 점에서 동일하나, 귀화는 대한민국 국적을 취득한 사실이 없는 순수한 외국인이 법무부장관의 허가를 받아 대한민국 국적을 취득할 수 있도록 하는 절차인데 비해(국적법 제4조 내지 제7조), 국적회복허가는 한 때 대한민국 국민이었던 자를 대상으로 한다는 점, 귀화는 일정한 요건을 갖춘 사람에게만 허가할 수 있는 반면(국적법 제5조 내지 제7조), 국적회복허가는 일정한 사유에 해당하는 사람에 대해서만 국적회복을 허가하지 아니한다는 점(국적법 제9조 제2항)에서 차이가 있다(헌재 2020.2.27. 2017헌바434).

| OX 문제 | 정답 및 해설 |

2273
직계존속이 외국에서 영주할 목적 없이 체류한 상태에서 출생한 자는 병역의무를 해소한 경우에만 국적이탈 신고할 수 있도록 하는 구 「국적법」 제12조 제3항은 출입국 등 거주·이전 그 자체에 제한을 가하고 있으므로, 출입국에 관련하여 그 출생자의 거주·이전의 자유가 침해되는지 여부가 문제된다. 24년 국회직 8급 [O X]

(X) 심판대상조항은 '직계존속이 외국에서 영주할 목적 없이 체류한 상태에서 출생한 자'에 대해서는 병역의무를 해소한 경우에만 대한민국 국적이탈을 신고할 수 있도록 하므로, 위와 같이 출생한 사람의 국적이탈의 자유를 제한한다. 다만 거주·이전의 자유를 규정한 헌법 제14조는 국적이탈의 자유의 근거조항이고 심판대상조항은 출입국 등 거주·이전 그 자체에 어떠한 제한을 가한다고 보기 어려운바, 출입국에 관련하여 거주·이전의 자유가 침해된다는 청구인의 주장에 대해서는 판단하지 아니한다(헌재 2023.2.23. 2019헌바462). / *즉 거주·이전이 아니라 국적이탈의 자유가 관련 기본권이다.*

2274
북한을 법 소정의 "외국"으로, 북한의 주민 또는 법인 등을 "비거주자"로 바로 인정하기는 어렵지만, 개별 법률의 적용 내지 준용에 있어서는 남북한의 특수관계적 성격을 고려하여 북한지역을 외국에 준하는 지역으로, 북한주민 등을 외국인에 준하는 지위에 있는 자로 규정할 수 있다. 22년 국회직 8급, 21년 국가직 7급 [O X]

(O) 우리 헌법이 "대한민국의 영토는 한반도와 그 부속도서로 한다."는 영토조항(제3조)을 두고 있는 이상 대한민국의 헌법은 북한지역을 포함한 한반도 전체에 그 효력이 미치고 따라서 북한지역은 당연히 대한민국의 영토가 되므로, 북한을 법 소정의 "외국"으로, 북한의 주민 또는 법인 등을 "비거주자"로 바로 인정하기는 어렵지만, 개별 법률의 적용 내지 준용에 있어서는 남북한의 특수관계적 성격을 고려하여 북한지역을 외국에 준하는 지역으로, 북한주민 등을 외국인에 준하는 지위에 있는 자로 규정할 수 있다고 할 것이다(헌재 2005.6.30. 2003헌바114).

2275
"이민"은 우리 국민이 생업에 종사하기 위하여 외국에 이주 하거나 외국인과 혼인 및 연고관계로 인하여 이주하는 자를 의미하는데, 「국적법」 제12조 소정의 사유에 의하여 국적을 상실하지 않는 한 대한민국 재외국민으로서 기본권을 향유한다. 23년 경찰간부 [O X]

(O) '이민'이라 함은 우리나라 국민이 생업에 종사하기 위하여 외국에 이주하거나 외국인과의 혼인 및 연고관계로 인하여 이주하는 자를 의미하는데(해외이주법 제2조 제1항) 실제는 국외에서 직장을 구하여 외화를 벌어들이기 위하여 편의상 이민의 절차를 밟는 경우가 적지 아니하며 이러한 경우에는 국적법 제12조 소정의 사유에 의하여 국적을 상실하지 않는 한, 대한민국의 재외국민으로서의 기본권을 향유한다(헌재 1993.12.23. 89헌마189).

2276
국민의 기본권 침해에 대한 권리구제를 위한 전제조건으로서 영토에 관한 권리를 영토권이라 구성하여 기본권의 하나로 간주하는 것은 불가능하다. 23년 경찰간부 [O X]

(X) 국민의 개별적 기본권이 아니라 할지라도 기본권보장의 실질화를 위하여서는, 영토조항만을 근거로 하여 독자적으로는 헌법소원을 청구할 수 없다 할지라도, 모든 국가권능의 정당성의 근원인 국민의 기본권 침해에 대한 권리구제를 위하여 그 전제조건으로서 영토에 관한 권리를, 이를테면 영토권이라 구성하여, 이를 헌법소원의 대상인 기본권의 하나로 간주하는 것은 가능한 것으로 판단된다(헌재 2001.3.21. 99헌마139 등).

2277
독도 등을 중간수역으로 정한 '대한민국과 일본국 간의 어업에 관한 협정'의 해당 조항은 배타적 경제수역을 직접 규정한 것이고, 영해문제와 직접적인 관련을 가지므로 헌법상 영토조항을 위반한 것이다. 23년 경찰간부 [O X]

(X) 이 사건 협정조항은 어업에 관한 협정으로서 배타적경제수역을 직접 규정한 것이 아니고, 이러한 점들은 이 사건 협정에서의 이른바 중간수역에 대해서도 동일하다고 할 것이어서 독도가 중간수역에 속해 있다 할지라도 독도의 영유권문제나 영해문제와는 직접적인 관련을 가지지 아니하므로, 이 사건 협정조항이 헌법상 영토조항을 위반하였다고 할 수 없다(헌재 2009.2.26. 2007헌바35).

OX 문제

2278
독도 등을 중간수역으로 정한 「대한민국과 본국 간의 어업에 관한 협정」은 배타적 경제수역을 직접 규정한 것이 아닐 뿐만 아니라 배타적 경제수역이 설정된다 하더라도 영해를 제외한 수역을 의미하며, 이러한 점들은 이 협정에서의 이른바 중간수역에 대해서도 동일하다고 할 것이므로 독도의 영유권 문제나 영해 문제와는 직접적인 관련을 가지지 않는다. 24년 해경

2279
1993년 12월 31일 이전에 출생한 사람들에 대한 예외를 두지 않고 재외국민 2세의 지위를 상실할 수 있도록 규정한 「병역법 시행령」 조항은, 출생년도를 기준으로 한 특례가 앞으로도 지속될 것이라는 신뢰에 대하여 보호가치가 인정된다고 볼 수 없고 병역의무의 평등한 이행을 확보하기 위하여 출생년도와 상관없이 모든 재외국민 2세를 동일하게 취급하는 것은 합리적인 이유가 있으므로, 청구인들의 평등권을 침해하지 아니한다. 24년 국가직 7급

2280
헌법 해석상 대한민국 정부가 현재 중국의 영토인 간도 지역을 회복하여야 할 작위의무가 도출된다고 보기 어렵다. 24년 해경

2281
「재외국민보호를 위한 영사조력법」상 영사조력은 국내에서 발생하는 유사 상황 시 정부가 국민에게 제공하는 보호의 수준을 초과하여 제공될 수 있다. 25년 경찰 2차

2282
「저작권법」의 효력은 헌법 제3조에도 불구하고 대한민국의 주권 범위 밖에 있는 북한지역에 미치지 않는다. 23년 경찰간부

2283
외국환거래의 일방 당사자가 북한의 주민일 경우 그는 「남북교류협력에 관한 법률」상 '북한의 주민'에 해당하는 것이므로, 북한의 조선아시아태평양위원회가 「외국환거래법」 제15조에서 말하는 '거주자'나 '비거주자'에 해당하는지 또는 「남북교류협력에 관한 법률」상 '북한의 주민'에 해당하는지 여부는 법률해석의 문제에 불과한 것이고, 헌법 제3조의 영토조항과는 관련이 없다. 22년 경찰승진, 22년 해경간부

정답 및 해설

(O) 이 사건 협정조항은 어업에 관한 협정으로서 배타적경제수역을 직접 규정한 것이 아니고, 이러한 점들은 이 사건 협정에서의 이른바 중간수역에 대해서도 동일하다고 할 것이어서 독도가 중간수역에 속해 있다 할지라도 독도의 영유권문제나 영해문제와는 직접적인 관련을 가지지 아니하므로, 이 사건 협정조항이 헌법상 영토조항을 위반하였다고 할 수 없다(헌재 2009.2.26, 2007헌바35).

(O) 재외국민 2세는 외국에서 출생·성장하여 언어, 교육, 문화적 생활환경 등에 차이가 있어 병역의무의 이행을 강제하기 어렵다는 이유로 상당한 특례를 부여한 것인데, 국내에 3년을 초과하여 체재한 경우 사실상 생활의 근거지가 대한민국에 있다고 볼 수 있으므로, 1993. 12. 31. 이전에 출생한 재외국민 2세도 생활의 근거지가 대한민국에 있는 것으로 볼 수 있는 요건을 충족한 경우 재외국민 2세의 지위를 상실할 수 있다고 규정한 심판대상조항에는 합리적인 이유가 있다(헌재 2021.5.27. 2019헌마177).

(O) 우리 헌법에 피청구인 또는 대한민국 정부가 현재 중국의 영토인 간도 지역을 회복하여야 할 작위의무가 특별히 규정되어 있다거나 헌법 해석상 그러한 작위의무가 도출된다고 보기 어려울 뿐만 아니라, 중국에 대해 간도협약이 무효임을 주장하여야 하는 어떠한 법적인 의무가 있다고도 볼 수 없다(헌재 2009.9.22. 2009헌마516).

(X) 영사조력은 국내에서 발생하는 유사 상황 시 정부가 국민에게 제공하는 보호의 수준을 초과하지 아니하여야 한다(영사조력법 제10조 제4항).

(X) 타인의 저작물을 복제, 배포, 발행함에 필요한 요건과 저작재산권의 존속기간을 규정한 저작권법 제36조 제1항, 제41조, 제42조, 제47조 제1항의 효력은 대한민국헌법 제3조에 의하여 여전히 대한민국의 주권범위 내에 있는 북한지역에도 미치는 것이다(대판 1990.9.28. 89누6396).

(O) 외국환거래의 일방 당사자가 북한의 주민일 경우 그는 이 사건 법률조항의 '거주자' 또는 '비거주자'가 아니라 남북교류법의 '북한의 주민'에 해당하는 것이다. 그러므로, 당해 사건에서 아태위원회가 법 제15조 제3항에서 말하는 '거주자'나 '비거주자'에 해당하는지 또는 남북교류법상 '북한의 주민'에 해당하는지 여부는 위에서 본 바와 같은 법률해석의 문제에 불과한 것이고, 헌법 제3조의 영토조항과는 관련이 없는 것이다(헌재 2005.6.30. 2003헌바114).

| OX 문제 | 정답 및 해설 |

2284
「북한이탈주민의 보호 및 정착지원에 관한 법률」상 '북한이탈주민'이란 군사분계선 이북지역에 주소, 직계 가족, 배우자, 직장 등을 두고 있는 사람으로서 북한을 벗어난 후 외국 국적을 취득하지 아니한 사람을 말한다. 24년 경찰간부 [O X]

(O) "북한이탈주민"이란 군사분계선 이북지역에 주소, 직계가족, 배우자, 직장 등을 두고 있는 사람으로서 북한을 벗어난 후 외국 국적을 취득하지 아니한 사람을 말한다(북한이탈주민의 보호 및 정착지원에 관한 법률 제2조).

2285
1990년에 「남북교류협력에 관한 법률」이 제정되었다고 하더라도, '남한과 북한의 주민'이라는 행위 주체 사이에 '투자 기타 경제에 관한 협력사업'이라는 행위를 할 경우에는 이 법이 다른 법률보다 우선적으로 적용되는 것은 아니다. 22년 국회직 8급 [O X]

(X) 남한과 북한의 주민(법인, 단체 포함) 사이의 투자 기타 경제에 관한 협력사업 및 이에 수반되는 거래에 대하여는 우선적으로 남북교류법과 동법시행령 및 위 외국환관리지침이 적용되며, 관련 범위 내에서 외국환거래법이 준용된다. 즉, '남한과 북한의 주민'이라는 행위 주체 사이에 '투자 기타 경제에 관한 협력사업'이라는 행위를 할 경우에는 남북교류법이 다른 법률보다 우선적으로 적용되고, 필요한 범위 내에서 외국환거래법 등이 준용되는 것이다(헌재 2005.6.30. 2003헌바114).

2286
영토조항만을 근거로 하여 독자적으로 헌법소원을 청구할 수 있다. 22년 경찰승진, 22년 해경간부 [O X]

(X) 국민의 개별적 기본권이 아니라 할지라도 기본권 보장의 실질화를 위하여서는, 영토조항만을 근거로 하여 독자적으로는 헌법소원을 청구할 수 없다(헌재 2008.11.27. 2008헌마517).

2287
헌법의 기본원리는 헌법의 이념적 기초인 동시에 헌법을 지배하는 지도원리로서 입법이나 정책 결정의 방향을 제시하며 공무원을 비롯한 모든 국민·국가기관이 헌법을 존중하고 수호하도록 하는 지침이 된다. 23년 5급 공채 [O X]

(O) 헌법의 기본원리는 단지 선언적인 것이 아닌 구속적인 것이며 모든 법령의 해석기준이 된다. 또한 이러한 기본원리에서 기본권을 도출할 수는 없으나 재판규범성은 인정된다고 한다.

2288
기본적 인권, 국가권력의 법률기속, 권력분립 등의 관념들은 자유주의의 요청에 해당하며, 우리 헌법상에는 '법치주의 원리'로 반영되어 있다. 23년 5급 공채 [O X]

(O) 기본적 인권, 국가권력의 법률기속, 권력분립 등의 관념들은 자유주의의 요청에 해당하며, 우리 헌법상에는 '법치주의 원리'로 반영되어 있다(헌재 2014.12.19. 2013헌다1).

2289
국회의장의 불법적인 의안처리로 헌법의 기본원리가 훼손되었다면 그로 인하여 구체적 기본권을 침해당했는지 여부와 상관없이 국회의원의 헌법소원심판청구는 허용된다. 23년 5급 공채 [O X]

(X) 국회의장(國會議長)의 불법적인 의안처리(議案處理)로 헌법의 기본원리(基本原理)가 훼손되었다고 하더라도 그로 인하여 구체적(具體的) 기본권(基本權)을 침해당한 바 없는 국회의원(國會議員)의 헌법소원심판청구(憲法訴願審判請求)는 허용되지 않는다(헌재 1995.2.23. 91헌마231).

2290
국가의 안전과 자유민주적 기본질서를 보장하고 국민의 안전을 확보하는 가운데 평화적 통일을 이루기 위한 기반을 조성하기 위하여 북한주민 등과의 접촉에 관하여 남북관계의 전문기관인 통일부장관에게 그 승인권을 준 「남북교류협력에 관한 법률」 제9조 제3항은 평화통일의 사명을 천명한 헌법 전문 등 헌법상의 통일 관련 조항에 위반된다. 23년 소방간부 [O X]

(X) 국가의 안전과 자유민주적 기본질서를 보장하고 국민의 안전을 확보하는 가운데 평화적 통일을 이루기 위한 기반을 조성하기 위하여 북한주민 등과의 접촉에 관하여 남북관계의 전문기관인 통일부장관에게 그 승인권을 준 이 사건 법률조항은 평화통일의 사명을 천명한 헌법 전문이나 평화통일원칙을 규정한 헌법 제4조, 대통령의 평화통일 의무에 관하여 규정한 헌법 제66조 제3항의 규정 및 기타 헌법상의 통일관련조항에 위반된다고 볼 수 없다(헌재 2000.7.20. 98헌바63).

| OX 문제 | 정답 및 해설 |

2291
헌법은 전문에서 유구한 역사와 전통에 빛나는 우리 대한국민은 3·1운동으로 건립된 대한민국 임시정부의 법통을 계승한다고 규정하고 있음에도 불구하고 일제강점기 일본의 한반도 지배는 규범적인 관점에서 불법적인 강점에 지나지 않는다고 할 수는 없다. 23년 소방간부 [O][X]

(X) 현행 헌법도 그 전문에 "유구한 역사와 전통에 빛나는 우리 대한국민은 3·1운동으로 건립된 대한민국임시정부의 법통과 불의에 항거한 4·19 민주이념을 계승하고"라고 규정하고 있다. 이러한 대한민국 헌법의 규정에 비추어 볼 때, 일제강점기 일본의 한반도 지배는 규범적인 관점에서 불법적인 강점(强占)에 지나지 않고, 일본의 불법적인 지배로 인한 법률관계 중 대한민국의 헌법정신과 양립할 수 없는 것은 그 효력이 배제된다고 보아야 한다(대판 2012.5.24. 2009다22549).

2292
현행 헌법 전문에서 "1948년 7월 12일에 제정되고 8차에 걸쳐 개정된 헌법을 이제 국회의 의결을 거쳐 국민투표에 의하여 개정한다."라는 규정은 제헌헌법 이래 현행 헌법에 이르기까지 헌법의 동일성과 연속성을 선언한 것이다. 25년 국회직 8급 [O][X]

(O) 현행 헌법은 전문에서 '1948. 7. 12.에 제정되고 8차에 걸쳐 개정된 헌법을 이제 국회의 의결을 거쳐 국민투표에 의하여 개정한다.'라고 하여, 제헌헌법 이래 현행 헌법에 이르기까지 헌법의 동일성과 연속성을 선언하고 있으므로 헌법으로서의 규범적 효력을 가지고 있는 것은 오로지 현행 헌법뿐이라고 할 것이다(헌재 2013.3.21. 2010헌바70).

2293
헌법전문에는 국민생활의 균등한 향상이라고 규정되어 있다. 22년 소방간부, 22년 해경 [O][X]

(O) …… 안으로는 국민생활의 균등한 향상을 기하고 밖으로는 항구적인 세계평화와 인류공영에 이바지함으로써 ……… (헌법전문 중).

2294
헌법전문에는 항구적인 세계평화와 인류공영이라고 규정되어 있다. 22년 소방간부 [O][X]

(O) …… 안으로는 국민생활의 균등한 향상을 기하고 밖으로는 항구적인 세계평화와 인류공영에 이바지함으로써 ……… (헌법전문 중).

2295
헌법전문에는 자유와 권리에 따르는 책임과 의무의 완수라고 규정되어 있다. 22년 해경일반 [O][X]

(O) …… 자유와 권리에 따르는 책임과 의무를 완수하게 하여 ……… (헌법전문 중).

2296
1972년 제7차 개정헌법의 전문에서는 3·1운동의 숭고한 독립정신과 4·19의거 및 5·16혁명의 이념을 계승한다고 규정하였다. 21년 지방직 7급 [O][X]

(O) 유구한 역사와 전통에 빛나는 우리 대한국민은 3·1운동의 숭고한 독립정신과 4·19의거 및 5·16혁명의 이념을 계승하고 … (유신헌법 헌법 전문).

2297
1980년 제8차 개정헌법의 전문에서는 3·1운동의 숭고한 독립 정신과 4·19의거 및 5·16혁명의 이념을 계승하고 자유민주적 기본질서를 더욱 공고히 한다고 규정하였다. 25년 법원행시 [O][X]

(X) 유구한 역사와 전통에 빛나는 우리 대한국민은 3·1운동의 숭고한 독립정신과 4·19의거 및 5·16혁명의 이념을 계승하고 … 이는 제7차 개정헌법의 전문이다. 제8차 개정에서는 4·19의거 및 5·16혁명의 이념이 삭제되었다.

| OX 문제 | 정답 및 해설 |

2298
"자유민주적 기본질서에 입각한 평화적 통일정책"은 현행 헌법 전문에서 규정하고 있다. 24년 경찰간부 ⓞⓧ

(X) 대한민국은 통일을 지향하며, 자유민주적 기본질서에 입각한 평화적 통일 정책을 수립하고 이를 추진한다(헌법 제4조). / 현행 헌법은 옳은 지문이나 전문이라고 한 것은 틀린 지문이다. / 따로 따로는 헌법 전문 합쳐지면 헌법 본문

2299
헌법 전문의 '대한민국임시정부 법통의 계승' 또는 헌법 제2조 제2항의 '재외국민 보호의무' 규정이 중국동포와 같이 특수한 국적상황에 처해 있는 자들의 이중국적 해소 또는 국적선택을 위한 특별법 제정의무를 명시적으로 위임한 것이라고 볼 수 없다. 21년 비상기획관(하) ⓞⓧ

(O) 헌법 전문의 '대한민국임시정부 법통의 계승' 또는 헌법 제2조 제2항의 '재외국민 보호의무' 규정이 중국동포와 같이 특수한 국적상황에 처해 있는 자들의 이중국적 해소 또는 국적선택을 위한 특별법 제정의무를 명시적으로 위임한 것이라고 볼 수 없다(헌재 2006.3.30. 2003헌마806).

2300
헌법 전문에서 '대한민국은 3·1운동으로 건립된 대한민국임시정부의 법통을 계승하(였다)'라고 규정되어 있지만, 국가가 독립유공자의 후손인 청구인에게 일본제국주의의 각종 통치기구 등으로부터 수탈당한 청구인 조상들의 특정 토지에 관하여 보상을 해주어야 할 작위의무가 헌법에서 유래하는 작위의무로 특별히 구체적으로 규정되어 있다거나 해석상 도출된다고 볼 수 없다. 24년 경찰간부, 21년 지방직 7급 ⓞⓧ

(O) 헌법 전문에서 '대한민국은 3·1운동으로 건립된 대한민국임시정부의 법통을 계승하(였다)'라고 규정되어 있지만, 위 내용만으로 국가가 독립유공자의 후손인 청구인에게 일본제국주의의 각종 통치기구 등으로부터 수탈당한 청구인 조상들의 강릉 일대의 특정 토지에 관하여 보상을 해주어야 할 작위의무가 헌법에서 유래하는 작위의무로 특별히 구체적으로 규정되어 있다거나 해석상 도출된다고 볼 수 없다(헌재 2019.7.2. 2019헌마647).

2301
국민주권주의는 국가권력의 민주적 정당성을 의미하는 것이기는 하나, 그렇다고 하여 국민전체가 직접 국가기관으로서 통치권을 행사하여야 한다는 것은 아니므로, 주권의 소재와 통치권의 담당자가 언제나 같을 것을 요구하는 것이 아니다. 24년 경찰간부 ⓞⓧ

(O) 국민주권주의는 국가권력의 민주적 정당성을 의미하는 것이기는 하나, 그렇다고 하여 국민전체가 직접 국가기관으로서 통치권을 행사하여야 한다는 것은 아니므로 주권의 소재와 통치권의 담당자가 언제나 같을 것을 요구하는 것이 아니다(헌재 2009.3.26. 2007헌마843).

2302
'중대사고'에 대한 평가를 제외하는 '원자력이용시설 방사선환경영향평가서 작성 등에 관한 규정' 조항은 국민들이 원전과 관련하여 정확하고 공정한 여론을 형성하는 것을 방해하므로 민주주의 원리에 위반된다. 22년 경찰간부 ⓞⓧ

(X) 민주주의 원리의 한 내용인 국민주권주의는 모든 국가권력이 국민의 의사에 기초해야 한다는 의미일 뿐 국민이 정치적 의사결정에 관한 모든 정보를 제공받고 직접 참여하여야 한다는 의미는 아니므로, 청구인들의 이 부분 주장 역시 이유 없다(헌재 2016.10.27. 2012헌마121).

2303
헌법의 기본원리인 대의제 민주주의 하에서 국회의원 선거권은 국민의 대표자인 국회의원을 선출하는 권리뿐만 아니라, 개별 유권자 혹은 집단으로서의 국민의 의사를 선출된 국회의원이 그대로 대리하여 줄 것을 요구할 수 있는 권리를 포함한다. 24년 소방간부 ⓞⓧ

(X) 헌법의 기본원리인 대의제 민주주의 하에서 국회의원 선거권이란 것은 국회의원을 보통·평등·직접·비밀선거에 의하여 국민의 대표자인 국회의원을 선출하는 권리에 그치고, 개별 유권자 혹은 집단으로서의 국민의 의사를 선출된 국회의원이 그대로 대리하여 줄 것을 요구할 수 있는 권리까지 포함하는 것은 아니다(헌재 1998.10.29. 96헌마186).

| OX 문제 | 정답 및 해설 |

2304
법률유보원칙과 의회유보원칙은 서로 다른 별개의 원리로서 법률유보원칙이 의회유보원칙을 포함하는 것은 아니다. 21년 법무사 ⓞⓧ

(X) 오늘날 법률유보원칙은 단순히 행정작용이 법률에 근거를 두기만 하면 충분한 것이 아니라, 국가공동체와 그 구성원에게 기본적이고도 중요한 의미를 갖는 영역, 특히 국민의 기본권 실현에 관련된 영역에 있어서는 행정에 맡길 것이 아니라 국민의 대표자인 입법자 스스로 그 본질적 사항에 대하여 결정하여야 한다는 요구까지 내포하는 것으로 이해하여야 한다(헌재 1999.5.27. 98헌바70). / 오늘날 의회유보의 원칙은 법률유보와 동일한 의미로 사용되고 있다.

2305
헌법 제37조 제2항에서 규정하는 "법률로써"란 말은 국민의 자유나 권리를 제한하는 행정작용의 경우 적어도 그 본질적인 사항에 관한 한 국회가 제정하는 법률에 근거를 두는 것만으로 충분하다는 것을 의미한다. 20년 경행특채 ⓞⓧ

(X) 오늘날 법률유보원칙은 단순히 행정작용이 법률에 근거를 두기만 하면 충분한 것이 아니라, 국가공동체와 그 구성원에게 기본적이고도 중요한 의미를 갖는 영역, 특히 국민의 기본권 실현에 관련된 영역에 있어서는 행정에 맡길 것이 아니라 국민의 대표자인 입법자 스스로 그 본질적 사항에 대하여 결정하여야 한다(헌재 2016.3.31. 2016헌가4).

2306
법률의 위임규정 자체가 그 의미 내용을 정확하게 알 수 있는 용어를 사용하여 위임 한계를 분명히 밝히는데도 하위법령이 그 문언적 의미의 한계를 벗어나거나, 위임규정에서 사용하는 용어의 의미를 넘어 그 범위를 확장 혹은 축소함으로써 위임 내용을 구체화하는 단계를 벗어나 새로운 입법으로 평가할 수 있다면 이는 위임 한계를 일탈한 것으로 허용되지 않는다. 24년 순경 2차 ⓞⓧ

(O) 법률의 위임 규정 자체가 그 의미 내용을 정확하게 알 수 있는 용어를 사용하여 위임의 한계를 분명히 하고 있는데도 시행령이 그 문언적 의미의 한계를 벗어났다든지, 위임 규정에서 사용하고 있는 용어의 의미를 넘어 그 범위를 확장하거나 축소함으로써 위임 내용을 구체화하는 단계를 벗어나 새로운 입법을 한 것으로 평가할 수 있다면, 이는 위임의 한계를 일탈한 것으로서 허용되지 아니한다(대판 2012.12.20. 2011두30878).

2307
법률에서 일부 내용을 하위법령에 위임할 때, 해당 법률에서 사용된 추상적 용어가 하위법령에서 규정될 내용과는 별도로 독자적인 규율 내용을 정하려는 것이라도 포괄위임금지원칙 위반 여부와 별도로 명확성원칙이 문제 될 수 없다. 24년 순경 2차 ⓞⓧ

(X) 법률에서 사용된 추상적 용어가 하위법령에 규정될 내용과는 별도로 독자적인 규율 내용을 정하기 위한 것이라면 별도로 명확성원칙이 문제될 수 있으나, 그 추상적 용어가 하위법령에 규정될 내용의 범위를 구체적으로 정해 주기 위한 역할을 하는 경우라면 명확성의 문제는 결국 포괄위임금지원칙 위반의 문제로 포섭된다(헌재 2017.5.25. 2016헌바269). / 즉 보통은 명확성과 포괄위임은 별개의 문제가 아니나, 하위법령과 별도로 독자적인 규율 내용을 정하기 위한 것이라면 별개로 문제될 수도 있다.

2308
포괄위임금지의 원칙은 법률의 명확성 원칙이 위임입법에 관하여 구체화된 특별규정이므로 수권법률조항의 명확성 원칙 위배 여부는 포괄위임금지의 원칙의 위반 여부에 대한 심사로써 충족된다. 25년 국회직 9급 ⓞⓧ

(O) 포괄위임금지의 원칙은 행정부에 입법을 위임하는 수권법률의 명확성원칙에 관한 것으로서 법률의 명확성 원칙이 위임입법에 관하여 구체화된 특별규정이라고 할 수 있다. 따라서 수권법률조항의 명확성원칙 위배 여부는 헌법 제75조의 포괄위임금지의 원칙의 위반 여부에 대한 심사로써 충족된다(헌재 2011.2.24. 2009헌바13).

| OX 문제 | 정답 및 해설 |

2309

법률에서 명시적으로 규정된 제재보다 더 가벼운 것을 하위 규칙에서 규정하더라도 만일 그것이 기본권 제한적 효과를 지니게 된다면, 이는 행정법적 법률유보원칙에 어긋나는지와 상관없이 헌법 제37조 제2항에 따라 엄격한 법률적 근거를 지녀야 한다. 24년 순경 2차 ⃞O ⃞X

(O) 이 사건 경고의 경우 법률(구 방송법 제100조 제1항)에서 명시적으로 규정된 제재보다 더 가벼운 것을 하위 규칙에서 규정한 경우이므로, 그러한 제재가 행정법에서 요구되는 법률유보원칙에 어긋났다고 단정하기 어려운 측면이 있다. 그러나 만일 그것이 기본권 제한적 효과를 지니게 된다면, 이는 행정법적 법률유보원칙의 위배 여부에도 불구하고 헌법 제37조 제2항에 따라 엄격한 법률적 근거를 지녀야 한다(헌재 2007.11.29. 2004헌마290).

2310

국가유공자의 유족 중에서 보상을 받을 자녀의 순위를 정할 때 같은 순위자인 자녀가 2명 이상인 경우에 협의로 지정된 자녀가 없는 경우 국가유공자를 '주로 부양'한 자녀를 선순위 유족으로 정하는「국가유공자 등 예우 및 지원에 관한 법률조항」은 명확성 원칙에 위배된다. 25년 국회직 9급 ⃞O ⃞X

(X) '주로 부양'한 자녀라 함은 국가유공자의 생애기간 전체를 기준으로 국가유공자의 연령·재산과 소득자녀의 부양의 내용과 기간 등을 종합적으로 고려할 때 특히 그 자녀에게 선순위 유족의 지위를 부여하는 것이 정당화될 수 있을 정도로 높은 수준으로 국가유공자를 부양하였다고 인정되는 자녀를 의미하므로, 이 사건 부양자우선조항은 명확성 원칙에 위반되지 않는다(헌재 2025.4.10. 2024헌가12).

2311

수신료의 납부의무자는 텔레비전 방송을 수신하기 위하여 수상기를 소지하고 있는 자들로서 일반인들과 구별되는 집단적 동질성을 가지고 있으며, 공영방송의 시청, 방송문화활동의 직·간접적인 수혜자라는 점에서 객관적으로 밀접한 관련성을 가지고, 또한 이러한 공적과제 실현에 있어 조세외적 부담을 져야할 집단적 책임이 인정되고, 수신료 수입이 결국 수신료 납부의무자들의 집단적 이익을 위하여 사용된다 할 것이므로 수신료 납부의무자들과 수신료를 통해 달성하려는 특별한 공적 과제 사이에는 '특별히 밀접한 관련성'이 인정된다. 20년 법원행시 ⃞O ⃞X

(O) 공영방송의 시청, 방송문화활동의 직·간접적인 수혜자라는 점에서 객관적으로 밀접한 관련성을 가지고, 또한 이러한 공적과제 실현에 있어 조세외적 부담을 져야할 집단적 책임이 인정되고, 수신료 수입이 결국 수신료 납부의무자들의 집단적 이익을 위하여 사용된다 할 것이므로 수신료 납부의무자들과 수신료를 통해 달성하려는 특별한 공적 과제 사이에는 '특별히 밀접한 관련성'이 인정된다(헌재 2008.2.28. 2006헌바70).

2312

공법적 기관의 정관 규율사항에 있어서 그러한 정관의 제정주체가 사실상 행정부에 해당하거나, 기타 권력분립의 원칙에서 엄격한 위임입법의 한계가 준수될 필요가 있는 경우에는 헌법 제75조 및 제95조의 포괄위임입법금지의 원칙이 적용되지 아니한다. 21년 비상기획관(하) ⃞O ⃞X

(X) 공법적 기관의 정관 규율사항이라도 그러한 정관의 제정주체가 사실상 행정부에 해당하거나, 기타 권력분립의 원칙에서 엄격한 위임입법의 한계가 준수될 필요가 있는 경우에는 헌법 제75조, 제95조의 포괄위임입법금지 원칙이 적용되어야 할 것이다(헌재 2001.4.26. 2000헌마122).

2313

공공의 안녕질서 또는 미풍양속을 해하는 것으로 인정되는 통신의 대상 등을 대통령령으로 정하도록 한 「전기통신사업법」 제53조 제2항은 포괄위임입법금지원칙에 위배된다. 21년 국회직 9급 ⃞O ⃞X

(O) 전기통신사업법 제53조 제2항은 "제1항의 규정에 의한 공공의 안녕질서 또는 미풍양속을 해하는 것으로 인정되는 통신의 대상 등은 대통령령으로 정한다."고 규정하고 있는바 이는 포괄위임입법금지원칙에 위배된다. 왜냐하면, 위에서 본 바와 같이 "공공의 안녕질서"나 "미풍양속"의 개념은 대단히 추상적이고 불명확하여, 수범자인 국민으로 하여금 어떤 내용들이 대통령령에 정하여질지 그 기준과 대강을 예측할 수도 없게 되어 있고, 행정입법자에게도 적정한 지침을 제공하지 못함으로써 그로 인한 행정입법을 제대로 통제하는 기능을 수행하지 못한다(헌재 2002.6.27. 99헌마480).

OX 문제

2314
오늘날 실질적 법치국가에서는 과거와 달리 국가배상책임을 부인하는 나라는 거의 찾아볼 수 없고, 오히려 점차 국가배상청구권을 확대하는 방향으로 발전하고 있다. 26년 경찰간부 [O][X]

2315
법치국가원리는 국가에 의한 적법한 공권력 행사를 전제로 하므로, 국가에 대해 위법한 행위의 결과를 가능한 한 광범하게 제거할 것과 위법하게 행사된 공권력으로 인해 손해를 입은 국민에게 효과적인 손해보전을 행할 것을 명한다. 이러한 점에서 국가배상책임제도는 법치국가원리에 뿌리를 두고 있다.
26년 경찰간부 [O][X]

2316
위임의 구체성의 요구 정도는 규제대상의 종류와 성격에 따라 다른 것으로 급부행정영역이 침해행정영역보다 구체성의 요구가 강화된다. 21년 국회직 9급 [O][X]

2317
상시 4명 이하의 근로자를 사용하는 사업 또는 사업장에 대하여 대통령령으로 정하는 바에 따라 「근로기준법」의 일부 규정을 적용할 수 있도록 위임한 근로기준법(2007. 4. 11. 법률 제8372호로 전부개정된 것) 조항은 사용자의 부담이 그다지 문제되지 않으면서 동시에 근로자의 보호필요성의 측면에서 우선적으로 적용될 수 있는 근로기준법의 범위를 선별하여 적용할 것을 대통령령에 위임한 것으로 볼 수 있고, 그러한 근로기준법 조항들이 4인 이하 사업장에 적용되리라 예측할 수 있으므로 포괄위임금지원칙에 위배되지 아니한다. 21년 비상기획관(하) [O][X]

2318
방송통신위원회가 지원금 상한액에 대한 기준 및 한도를 정하여 고시하도록 하고, 이동통신사업자가 방송통신위원회가 정하여 고시한 상한액을 초과한 지원금을 지급할 수 없도록 규정한 이동통신단말장치 유통구조 개선에 관한 법률의 지원금 상한조항은 포괄위임금지원칙에 위배된다. 22년 비상기획관 [O][X]

정답 및 해설

(O) 공무원의 직무상 불법행위로 발생한 손해에 대해 국가가 책임을 지는 국가배상제도는 나라마다 그 내용이나 발전과정이 한결같지는 않지만, 오늘날 실질적 법치국가에서는 과거와 달리 국가배상책임을 부인하는 나라는 거의 찾아볼 수 없고, 오히려 점차 국가배상청구권을 확대하는 방향으로 발전하고 있다(헌재 2021.7.15. 2020헌바1).

(O) 법치국가원리는 국가에 의한 적법한 공권력 행사를 전제로 하므로, 국가에 대해 위법한 행위의 결과를 가능한 한 광범하게 제거할 것과 위법하게 행사된 공권력으로 인해 손해를 입은 국민에게 효과적인 손해보전을 행할 것을 명한다. 이러한 점에서 국가배상책임제도는 법치국가원리에 뿌리를 두고 있다(헌재 2021.7.15. 2020헌바1).

(X) 위임의 구체성·명확성의 요구 정도는 규제대상의 종류와 성격에 따라서 달라진다. 기본권침해영역에서는 급부행정영역에서 보다는 구체성의 요구가 강화되고, 다양한 사실관계를 규율하거나 사실관계가 수시로 변화될 것이 예상될 때에는 위임의 명확성의 요건이 완화되어야 한다(헌재 2007.12.27. 2004헌바98).

(O) 심판대상조항은 사용자의 부담이 그다지 문제되지 않으면서 동시에 근로자의 보호필요성의 측면에서 우선적으로 적용될 수 있는 근로기준법의 범위를 선별하여 적용할 것을 대통령령에 위임한 것으로 볼 수 있고, 그러한 근로기준법 조항들이 4인 이하 사업장에 적용되리라 예측할 수 있다. 따라서 심판대상조항은 포괄위임금지원칙에 위배되지 아니한다(헌재 2019.4.11. 2013헌바112).

(X) 상한액의 구체적인 기준 및 한도만을 방송통신위원회가 정하도록 위임하고 있으며, 이동통신사업자 등과 이용자들은 단말기유통법의 관련 규정, 이동통신단말장치 구매 지원금 상한제의 도입취지 등을 토대로 방송통신위원회가 정하여 고시할 내용의 대강을 충분히 예측할 수 있다. 따라서 지원금 상한 조항은 포괄위임금지원칙에 위배되지 아니한다(헌재 2017.5.25. 2014헌마844).

| OX 문제 | 정답 및 해설 |

2319
분양전환의 방법, 절차 및 가격 등에 관한 사항을 대통령령으로 정하도록 한 구 임대주택법 제21조 제10항은 위임조항의 수범자인 임대사업자의 입장에서 이에 관한 사항이 하위법령에 규정될 것임을 예견할 수 없으므로 포괄위임금지원칙에 위배된다. 22년 비상기획관 ☐X

(X) 분양전환의 방법·절차 및 가격을 정하는 것은 전문적·정책적 고려를 요하거나 매우 기술적인 사항에 해당하므로 이를 대통령령에 위임할 필요성이 있고, 분양전환가격 산정기준은 감정평가액, 임대사업자의 수익, 무주택 임차인의 자력 등을 고려하도록 하위법령에 규정될 것임을 예견할 수 있고, 구 임대주택법 제21조를 체계적으로 해석한다면 분양전환의 방법·절차와 관련하여도 대통령령에 규정될 내용의 대강을 예측할 수 있으므로 위임조항은 포괄위임금지원칙에 위배되지 아니한다(헌재 2020.3.26. 2018헌바205 등).

2320
한강수계 상수원수질개선 및 주민지원 등에 관한 법률상 물이용부담금은 최종수요자의 물사용량에 비례하여 부과·징수되는데, 동법 제19조 제5항에서 물이용부담금의 구체적인 산정방법, 부과·징수방법, 납입절차 등에 관하여 필요한 사항을 대통령령으로 정하도록 위임하는 것은 물이용부담금의 산정방법과 기준 등을 쉽게 예측할 수 없으므로 포괄위임금지원칙에 위배된다. 22년 비상기획관 ☐X

(X) 심판대상조상은 물이용부담금이 '물사용량에 비례하여' 산정된다는 점을 명시하여 그 산정기준을 구체적으로 제시하고 있고, 한강수계법 제21조 및 제22조 등을 체계적으로 해석하면 물이용부담금의 산정방법과 기준은 수질개선사업과 관련된 한강수계관리기금 조성의 필요성이 있는 범위 내라는 점을 쉽게 예측할 수 있으므로 심판대상조상은 대통령령에 규정될 내용의 대강을 정하고 있는 것으로 볼 수 있다. 따라서 심판대상조항은 포괄위임금지원칙에 위배되지 아니한다(헌재 2020. 8.28. 2018헌바425).

2321
헌법 제75조가 요청하는 위임입법의 예측가능성은 법규명령의 내용으로부터 예견 가능하여야 하는 것을 의미하므로 시행령의 내용이 명확히 규정되어 있으면 위임입법의 포괄성 문제는 해소된다. 25년 경찰승진 ☐X

(X) 헌법 제75조가 요청하는 위임입법의 예측가능성은 법규명령에 의하여서가 아니라 먼저 그 수권법률의 내용으로부터 예견 가능하여야 하는 것을 의미하므로, 시행령에 그 내용이 명확히 규정되어 있다는 점만으로 위임입법의 포괄성 문제가 해소되는 것은 아니다(헌재 2005.7.21. 2004헌가30).

2322
'자동차운전전문학원을 졸업하고 운전면허를 받은 사람 중 교통사고를 일으킨 비율이 대통령령이 정하는 비율을 초과하는 때'에는 학원의 등록을 취소하거나 1년 이내의 운영정지를 명할 수 있도록 한「도로교통법」조항에서 대통령령에 규정될 '교통사고'가 어떤 종류나 범위의 것이 될 것인지에 관한 대강의 기준을 제시하지 않고 있으며「도로교통법」의 전반적 체계와 관련규정을 보아도 이를 예측할만한 단서가 없어 '교통사고' 부분의 위임은 지나치게 포괄적인 것으로서 예측가능성을 주지 못한다. 25년 경찰승진 ☐X

(O) '교통사고'는 이 사건 조항에서 행정제재의 기준이 되는 비율의 계산에 있어서 중요한 변수이나, 이 사건 조항은 대통령령에 규정될 '교통사고'가 어떤 종류나 범위의 것이 될 것인지에 관한 대강의 기준을 제시하지 않고 있으며 도로교통법의 전반적 체계와 관련규정을 보아도 이를 예측할만한 단서가 없다. 따라서 '교통사고' 부분의 위임은 지나치게 포괄적인 것으로서 예측가능성을 주지 못하며 위임입법에서 요구되는 구체성·명확성 요건을 충족하지 못하였다(헌재 2005.7.21. 2004헌가30).

2323
'긴급자동차가 그 본래의 긴급한 용도로 운행되고 있는 경우 등' 전용차로의 통행이 예외적으로 허용되는 경우를 대통령령으로 정하도록 위임하는「도로교통법」제15조 제3항 단서는 전용차로의 설치 목적, 법문에 규정하고 있는 예외 사유의 취지를 종합하여 볼 때 대통령령으로 규정될 내용을 충분히 예측할 수 없으므로 포괄위임금지원칙에 위반된다. 25년 경찰승진 ☐X

(X) 사회적·정책적 고려에 따라 탄력적으로 대응할 필요가 있으므로, 어떠한 경우에 전용차로통행차가 아닌 차도 예외적으로 전용차로 통행을 허용할 것인지를 대통령령으로 정하도록 위임할 필요성이 인정되고, 전용차로의 설치 목적, 법문에 규정하고 있는 예외 사유의 취지를 종합하여 볼 때 대통령령으로 규정될 내용을 충분히 예측할 수 있다. 따라서 전용차로 통행금지의 예외적 허용범위를 대통령령으로 정하도록 위임하고 있더라도 이것이 포괄위임금지원칙에 위반된다고 볼 수는 없다(헌재 2018.11.29. 2017헌바465).

| OX 문제 | 정답 및 해설 |

2324
법률이 행정부가 아니거나 행정부에 속하지 않는 공법적 기관의 정관에 특정 사항을 정할 수 있다고 위임하는 경우에는 권력분립의 원칙을 훼손할 여지가 없으므로 헌법 제75조, 제95조가 정하는 포괄위임입법의 금지는 원칙적으로 적용되지 않는다. 25년 변호사 ☐O ☐X

(O) 법률이 행정부가 아니거나 행정부에 속하지 않는 공법적 기관의 정관에 특정 사항을 정할 수 있다고 위임하는 경우에는 그러 한 권력분립의 원칙을 훼손할 여지가 없다. 이는 자치입법에 해당되는 영역이므로 자치적으로 정하는 것이 바람직하다. 따라서 법률이 정관에 자치법적 사항을 위임한 경우에는 헌법 제75조, 제95조가 정하는 포괄적인 위임입법의 금지는 원칙적으로 적용되지 않는다고 봄이 상당하다(헌재 2006.3.30. 2005헌바31).

2325
위임입법의 법리는 헌법의 근본원리인 권력분립주의와 의회주의 내지 법치주의에 바탕을 두는 것이기 때문에 행정부에서 제정된 대통령령에서 규정한 내용이 정당한 것인지 여부와 위임의 적법성은 직접적인 관계가 있다. 25년 변호사 ☐O ☐X

(X) 위임입법의 한계의 법리는 헌법의 근본원리인 권력분립주의와 의회주의 내지 법치주의에 바탕을 두는 것이기 때문에 행정부에서 제정된 대통령령에서 규정한 내용이 정당한지 여부와는 직접적으로 관계가 없다고 하여야 할 것이다. 즉 대통령령에서 규정한 내용이 헌법에 위반될 경우 그 대통령령의 규정이 위헌일 것은 물론이지만, 반대로 하위법규인 대통령령의 내용이 합헌적이라고 하여 수권법률의 합헌성까지를 의미하는 것은 아니다(헌재 1995.11.30. 94헌바14).

2326
예측가능성을 위해 위임조항 자체에서 위임의 구체적 범위를 명백히 규정하여야 함에도 위임의 구체적 범위를 명백히 규정하고 있지 않다면 이는 포괄적인 백지위임에 해당한다. 24년 법원직 ☐O ☐X

(X) 예측가능성의 유무는 당해 특정조항 하나만을 가지고 판단할 것은 아니고 관련 법조항 전체를 유기적·체계적으로 종합하여 판단하여야 할 것이므로, 위임조항 자체에서 위임의 구체적 범위를 명백히 규정하고 있지 않다고 하더라도 당해 법률의 전반적 체계와 관련규정에 비추어 위임조항의 내재적인 위임의 범위나 한계를 객관적으로 분명히 확정할 수 있다면 이를 포괄적인 백지위임에 해당하는 것으로는 볼 수 없다(헌재 2016.2.25. 2015헌바191).

2327
헌법이 인정하고 있는 위임입법의 형식은 예시적인 것으로 보아야 할 것이고, 법률이 입법사항을 고시와 같은 행정규칙의 형식으로 위임하더라도 그 행정규칙은 위임된 사항만을 규율할 수 있으므로, 국회입법원칙과 상치되지 않는다. 20년 변호사 ☐O ☐X

(O) 국회입법에 의한 수권이 입법기관이 아닌 행정기관에게 법률 등으로 구체적인 범위를 정하여 위임한 사항에 관하여는 당해 행정기관에게 법정립의 권한을 갖게 되고, 입법자가 규율의 형식도 선택할 수 있다 할 것이므로, 헌법이 인정하고 있는 위임입법의 형식은 예시적인 것으로 보아야 할 것이고, 그것은 법률이 행정규칙에 위임하더라도 그 행정규칙은 위임된 사항만을 규율할 수 있으므로, 국회입법의 원칙과 상치되지도 않는다(헌재 2006.12.28. 2005헌바59).

2328
운전면허를 받은 사람이 자동차등을 이용하여 살인 또는 강간 등 행정안전부령이 정하는 범죄행위를 한 때 운전면허를 취소하도록 하는 구「도로교통법」조항은 필요적 운전면허 취소 대상범죄를 자동차등을 이용하여 살인·강간 및 이에 준하는 범죄로 정하고 있으나, 위 조항에 의하더라도 하위법령에 규정될 자동차등을 이용한 범죄행위의 유형을 충분히 예측할 수 없으므로 포괄위임금지원칙에 위배된다. 22년 경찰승진, 20년 변호사 ☐O ☐X

(X) 안전하고 원활한 교통의 확보와 자동차 이용 범죄의 예방이라는 심판대상조항의 입법목적, 필요적 운전면허취소 대상범죄를 자동차등을 이용하여 살인·강간 및 이에 준하는 정도의 흉악 범죄나 법익에 중대한 침해를 야기하는 범죄로 한정하고 있는 점, 자동차 운행으로 인한 범죄에 대한 처벌의 특례를 규정한 관련 법조항 등을 유기적·체계적으로 종합하여 보면, 결국 심판대상조항에 의하여 하위법령에 규정될 자동차등을 이용한 범죄행위의 유형은 '범죄의 실행행위 수단으로 자동차등을 이용하여 살인 또는 강간 등과 같이 고의로 국민의 생명과 재산에 큰 위협을 초래할 수 있는 중대한 범죄'가 될 것임을 충분히 예측할 수 있으므로, 심판대상조항은 포괄위임금지원칙에 위배되지 아니한다(헌재 2015.5.28. 2013헌가6). / 조심해야 할 것은 직업의 자유는 침해한다.

| OX 문제 | 정답 및 해설 |

2329
기본권을 제한하는 작용을 하는 법률에서 하위규범으로 입법위임을 할 때에는 대통령령이나 총리령 또는 부령 등 법규명령의 형식으로만 가능하며, 금융감독위원회의 고시와 같은 행정규칙의 형식으로는 위임할 수 없다. 22년 경행특채 ⓞⓧ

(X) 금융산업의 구조개선에 관한 법률 제2조 제3호 가목은 부실금융기관을 결정할 때 '부채와 자산의 평가 및 산정'의 기준에 관하여, 위 법률 제10조 제1항·제2항은 적기시정조치의 기준과 내용에 관하여 금융감독위원회의 고시에 위임하고 있는바, 위와 같이 입법위임된 사항은 전문적·기술적인 것으로 업무의 성질상 금융감독위원회의 고시로 위임함이 불가피한 사항일 뿐만 아니라, 위 각 법률규정 자체에서 금융감독위원회의 고시로 규제될 내용 및 범위의 기본사항이 구체적으로 규정되어 있어 누구라도 위 규정으로부터 금융감독위원회의 고시에 규정될 내용의 대강을 예측할 수 있다 할 것이어서, 포괄위임입법금지를 선언한 헌법 제75조에 위반되지 아니한다(헌재 2004.10.28. 99헌바91).

2330
법적안정성의 객관적 요소로서 신뢰보호원칙은 한번 제정된 법규범은 원칙적으로 존속력을 갖고 자신의 행위기준으로 작용하리라는 「헌법」상의 원칙이다. 22년 해경간부 ⓞⓧ

(X) 법적 안정성은 객관적 요소로서 법질서의 신뢰성·항구성·법적 투명성과 법적 평화를 의미하고, 이와 내적인 상호연관관계에 있는 법적 안정성의 주관적 측면은 한번 제정된 법규범은 원칙적으로 존속력을 갖고 자신의 행위기준으로 작용하리라는 개인의 신뢰보호원칙이다(헌재 1996.2.16. 96헌가2 등).

2331
신뢰보호원칙은 객관적 요소로서 법질서의 신뢰성·항구성·법적 투명성과 법적 평화를 의미하고, 이와 내적인 상호 연관 관계에 있는 법적 안정성은 한번 제정된 법규범은 원칙적으로 존속력을 갖고 자신의 행위기준으로 작용하리라는 개인의 주관적 기대이다. 22년 순경 1차 ⓞⓧ

(X) 법적 안정성은 객관적 요소로서 법질서의 신뢰성·항구성·법적 투명성과 법적 평화를 의미하고, 이와 내적인 상호연관관계에 있는 법적 안정성의 주관적 측면은 한번 제정된 법규범은 원칙적으로 존속력을 갖고 자신의 행위기준으로 작용하리라는 개인의 신뢰보호원칙이다(헌재 1996.2.16. 96헌가2 등).

2332
「헌법」제13조 제2항에 의하면 모든 국민은 소급입법에 의하여 재산권의 제한을 받거나 참정권을 박탈당하지 아니한다. 22년 경찰간부 ⓞⓧ

(X) 모든 국민은 소급입법에 의하여 참정권의 제한을 받거나 재산권을 박탈당하지 아니한다(헌법 제13조 제2항).

2333
공무원이 '직무와 관련 없는 과실로 인한 경우' 및 '소속상관의 정당한 직무상의 명령에 따르다가 과실로 인한 경우'를 제외하고 재직 중의 사유로 금고 이상의 형을 받은 경우, 퇴직급여 등을 감액하도록 2009. 12. 31. 개정된 감액조항을 2009. 1. 1.까지 소급하여 적용하도록 규정한 「공무원연금법」부칙조항은 소급입법금지원칙에 위반하지 않는다. 21년 소방간부 ⓞⓧ

(X) 이 사건 부칙조항은 이미 이행기가 도래하여 청구인이 퇴직연금을 모두 수령한 부분까지 사후적으로 소급하여 적용되는 것으로서 헌법 제13조 제2항에 의하여 원칙적으로 금지되는 이미 완성된 사실·법률관계를 규율하는 소급입법에 해당한다. … 따라서 이 사건 부칙조항은 헌법 제13조 제2항에서 금지하는 소급입법에 해당하며 예외적으로 소급입법이 허용되는 경우에도 해당하지 아니하므로, 소급입법금지원칙에 위반하여 청구인의 재산권을 침해한다(헌재 2013.9.26. 2013헌바170).

| OX 문제 | 정답 및 해설 |

2334
실종기간이 구법 시행기간 중에 만료되는 때에도 그 실종이 개정 「민법」 시행일 후에 선고된 때에는 상속에 관하여 개정 「민법」의 규정을 적용하도록 한 「민법」 부칙의 조항은 재산권 보장에 관한 신뢰보호원칙에 위배된다고 볼 수 없다. 22년 순경 1차
O X

(O) 상속제도나 상속권의 내용은 입법 정책적으로 결정하여야 할 사항으로서 원칙적으로 입법형성의 영역에 속하고, 부재자의 참여 없이 진행되는 실종선고 심판절차에서 법원으로서는 실종 여부나 실종이 된 시기 등에 대하여 청구인의 주장과 청구인이 제출한 소명자료를 기초로 실종 여부나 실종기간의 기산일을 판단하게 되는 측면이 있는바, 이로 인하여 발생할 수 있는 상속인의 범위나 상속분 등의 변경에 따른 법률관계의 불안정을 제거하여 법적 안정성을 추구하고, 실질적으로 남녀 간 공평한 상속이 가능하도록 개정된 민법상의 상속규정을 개정민법 시행 후 실종이 선고되는 부재자에게까지 확대 적용함으로써 얻는 공익이 매우 크므로, 심판대상조항은 신뢰보호원칙에 위배하여 재산권을 침해하지 아니한다(헌재 2016.10.27. 2015헌바203).

2335
신법이 피적용자에게 유리한 경우에 이른바 시혜적 소급입법을 하여야 한다는 입법자의 의무가 법적 안정성 및 신뢰보호원칙으로부터 도출되지 않는다. 21년 비상기획관(상)
O X

(O) 개정된 신법이 피적용자에게 유리한 경우에 이른바 시혜적인 소급입법을 하여야 한다는 입법자의 의무가 헌법상의 원칙들로부터 도출되지는 아니한다. 따라서 이러한 시혜적 소급입법을 할 것인지의 여부는 입법재량의 문제로서 그 판단은 일차적으로 입법기관에 맡겨져 있는 것이므로 이와 같은 시혜적 조치를 할 것인가를 결정함에 있어서는 국민의 권리를 제한하거나 새로운 의무를 부과하는 경우와는 달리 입법자에게 보다 광범위한 입법형성의 자유가 인정된다(헌재 1998.11.26. 97헌바65).

2336
신법이 피적용자에게 유리한 경우에는 시혜적인 소급입법을 하여야 하므로, 순직공무원의 적용범위를 확대한 개정 「공무원연금법」을 소급하여 적용하지 아니하도록 한 개정 법률 부칙은 평등의 원칙에 위배된다. 20년 경찰승진
O X

(X) 신법이 피적용자에게 유리한 경우에는 시혜적인 소급입법이 가능하지만, 그러한 소급입법을 할 것인가의 여부는 그 일차적인 판단이 입법기관에 맡겨져 있으므로 입법자는 시혜적 소급입법을 할 것인가 여부를 결정할 수 있고, 그 결정이 합리적 재량의 범위를 벗어나 현저하게 불합리하고 불공정한 것이 아닌 한 헌법에 위반된다고 할 수는 없다(헌재 2006.7.27. 2004헌바20).

2337
자백간주로 인한 피고 패소판결을 항소의 대상에서 제외하는 규정을 두지 않은 「민사소송법」 조항은 신의성실의 원칙을 규정한 조항들과 상호 배치되거나 모순된다고 할 수 있으므로 체계정당성의 원리에 위배된다. 25년 경찰 2차
O X

(X) 자백간주로 인한 피고 패소판결에도 오판의 시정을 위하여 항소가 필요한 점, 피고의 자백간주를 원고의 소송상 청구가 이유 있음을 자인하는 의사가 명백한 경우와 같이 취급하여 확정판결과 같은 효력이 발생하게 규율하는 것은 부당한 점, 자백간주로 패소한 피고가 항소한 경우 실기한 공격·방어방법의 각하를 규정한 민사소송법 제149조의 제재를 받을 수 있는 점 등을 종합하면, 자백간주로 인한 피고 패소판결을 항소의 대상에서 제외하지 않은 것은 입법자의 적법한 재량 범위 내의 입법행위이다(헌재 2015.7.30. 2013헌바120).

2338
구 「수도권 대기환경개선에 관한 특별법」 조항은, 특정경유자동차에 배출가스저감장치를 부착하여 운행하고 있는 소유자에 대하여 위 조항의 개정 이후 '폐차나 수출 등을 위한 자동차등록의 말소'라는 별도의 요건사실이 충족되는 경우에 배출가스저감장치를 반납하도록 하고 있는데, 이는 부진정소급입법에 해당한다. 24년 변호사
O X

(O) 심판대상조항은 이미 종료된 사실·법률관계가 아니라, 현재 진행 중인 사실관계, 즉 특정경유자동차에 배출가스저감장치를 부착하여 운행하고 있는 소유자에 대하여 심판대상조항의 신설 또는 개정 이후에 '폐차나 수출 등을 위한 자동차등록의 말소'라는 별도의 요건사실이 충족되는 경우에 배출가스저감장치를 반납하도록 한 것으로서 부진정소급입법에 해당하며, 이 조항이 신설되기 전에 이미 배출가스저감장치를 부착하였던 소유자들이 자동차 등록 말소 후 경제적 잔존가치가 있는 장치의 사용 및 처분에 관한 신뢰를 가졌다고 하더라도, 위와 같은 공익의 중요성이 더 크다고 할 것이므로, 이 조항이 신뢰보호원칙을 위반하여 재산권을 침해한다고 보기도 어렵다(헌재 2019.12.27. 2015헌바45).

OX 문제

2339
1945. 9. 25. 및 1945. 12. 6. 각각 공포된 재조선미국육군사령부군정청 법령 중, 1945. 8. 9. 이후 일본인 소유의 재산에 대하여 성립된 거래를 전부 무효로 한 조항과 그 대상이 되는 재산을 1945. 9. 25.로 소급하여 전부 미군정청의 소유가 되도록 한 조항은 모두 소급입법금지원칙에 대한 예외에 해당하므로 헌법에 위반되지 않는다. 24년 변호사 [O X]

2340
1억 원 이상의 벌금형을 선고받는 자에 대하여 노역장유치기간의 하한을 중하게 변경한 「형법」 조항을 시행일 이후 최초로 공소제기되는 경우부터 적용하여 범죄행위 당시보다 불이익하게 소급 적용한 동법 부칙조항은 형벌불소급원칙에 위배된다. 24년 변호사 [O X]

2341
상가건물 임차인의 계약갱신요구권 행사 기간을 5년에서 10년으로 연장한 「상가건물 임대차보호법」 조항을 개정법 시행 이전에 체결되었더라도 개정법 시행 이후 갱신되는 임대차에 적용하도록 한 동법 부칙조항은 진정소급입법에 해당하여 소급입법금지원칙에 위배된다. 24년 변호사 [O X]

2342
소급입법은 신법이 이미 종료된 사실관계에 작용하는지 아니면 현재 진행중에 있는 사실관계에 작용하는지에 따라 '진정소급입법'과 '부진정소급입법'으로 구분되며, 헌법 제13조 제2항이 금지하고 있는 소급입법은 진정소급효를 가지는 법률만을 의미한다. 23년 국회직 5급 [O X]

2343
공무원 퇴직연금의 연금액 조정기준을 '보수월액의 변동'에서 향후 특정시점부터 '전전년도와 대비한 전년도 전국소비자물가변동률'으로 변경하면서, 이를 기존의 퇴직연금수급권자에게도 적용하도록 규정하는 것은 진정소급입법에 해당한다. 23년 국회직 5급 [O X]

정답 및 해설

(O) 일본인들이 불법적인 한일병합조약을 통하여 조선 내에서 축적한 재산을 1945. 8. 9. 상태 그대로 일괄 동결시키고 그 산일과 훼손을 방지하여 향후 수립될 대한민국에 이양한다는 공익은, 한반도 내의 사유재산을 자유롭게 처분하고 일본 본토로 철수하고자 하였던 일본인이나, 일본의 패망 직후 일본인으로부터 재산을 매수한 한국인들에 대한 신뢰보호의 요청보다 훨씬 더 중대하다. 따라서 심판대상조항은 소급입법금지원칙에 대한 예외로서 헌법 제13조 제2항에 위반되지 아니한다(헌재 2021.1.28. 2018헌바88).

(O) 노역장유치조항은 1억 원 이상의 벌금형을 선고받는 자에 대하여 유치기간의 하한을 중하게 변경시킨 것이므로, 이 조항 시행 전에 행한 범죄행위에 대해서는 범죄행위 당시에 존재하였던 법률을 적용하여야 한다. 그런데 부칙조항은 노역장유치조항의 시행 전에 행해진 범죄행위에 대해서도 공소제기의 시기가 노역장유치조항의 시행 이후이면 이를 적용하도록 하고 있으므로, 이는 범죄행위 당시 보다 불이익한 법률을 소급 적용하도록 하는 것으로서 헌법상 형벌불소급원칙에 위반된다(헌재 2017.10.26. 2015헌바239 등).

(X) '개정법 시행 후 갱신되는 임대차'에는 구법조항에 따른 의무임대차기간이 경과하여 임대차가 갱신되지 않고 기간만료 등으로 종료되는 경우는 제외되고 구법조항에 따르더라도 여전히 갱신될 수 있는 경우만 포함되므로, 이 사건 부칙조항은 아직 진행과정에 있는 사안을 규율대상으로 한다. 따라서 헌법 제13조 제2항이 말하는 소급입법에 의한 재산권 침해는 문제되지 않는다(헌재 2021.10.28. 2019헌마106 등).

(O) 과거의 사실관계 또는 법률관계를 규율하기 위한 소급입법의 태양에는 이미 과거에 완성된 사실·법률관계를 규율의 대상으로 하는 진정소급효의 입법과 이미 과거에 시작하였으나 아직 완성되지 아니하고 진행과정에 있는 사실·법률관계를 규율의 대상으로 하는 부진정소급효의 입법이 있다. 헌법 제13조 제2항이 금하고 있는 소급입법은 전자, 즉 진정소급효를 가지는 법률만을 의미하며, 이에 반하여 후자, 즉 부진정소급효의 입법은 원칙적으로 허용된다(헌재 2008.11.27. 2005헌마161 등).

(X) 퇴직연금수급권의 내용은 일정기간 계속적으로 이행기가 도래하는 급부의무자의 계속적 급부를 목적으로 하는 것인데, 이 사건 조정규정 및 경과규정은 개정법이 발효된 이후의 법률관계 즉, 장래 이행기가 도래하는 퇴직연금수급권의 내용을 변경함에 불과하므로 이를 헌법 제13조 제2항이 금하고 있는, 진정소급효를 가지는 법률에 해당한다고 할 수 없다(헌재 2005.6.30. 2004헌바42). / 이는 합헌이다.

| OX 문제 | 정답 및 해설 |

2344
포괄위임금지는 법규적 효력을 가지는 행정입법의 제정을 그 주된 대상으로 하고, 이는 자의적인 제정으로 국민들의 자유와 권리를 침해할 수 있는 가능성을 방지하고자 엄격한 헌법적 기속을 받게 하는 것이므로, 법률이 행정부에 속하지 않는 기관의 정관으로 특정 사항을 정할 수 있다고 위임하는 경우에는 자치입법에 해당되는 영역으로 보아 자치적으로 정하도록 하는 것이 바람직하다. 23년 법원행시 [O][X]

(O) 포괄위임금지는 법규적 효력을 가지는 행정입법의 제정을 그 주된 대상으로 하고, 이는 자의적인 제정으로 국민들의 자유와 권리를 침해할 수 있는 가능성을 방지하고자 엄격한 헌법적 기속을 받게 하는 것이다. 법률이 행정부에 속하지 않는 기관의 정관으로 특정 사항을 정할 수 있다고 위임하는 경우에는 자치입법에 해당되는 영역으로 보아 자치적으로 정하도록 하는 것이 바람직하다(헌재 2021.5.27. 2019헌바332).

2345
우리 헌법이 규정한 형벌불소급의 원칙은 '행위의 가벌성'에 관한 것이기 때문에 소추가능성에만 연관될 뿐이고 가벌성에는 영향을 미치지 않는 공소시효에 관한 규정은 원칙적으로 그 효력범위에 포함되지 않는다. 23년 국회직 5급 [O][X]

(O) 우리 헌법이 규정한 형벌불소급의 원칙은 형사소추가 "언제부터 어떠한 조건 하에서" 가능한가의 문제에 관한 것이고, "얼마동안" 가능한가의 문제에 관한 것은 아니다. 다시 말하면 헌법의 규정은 "행위의 가벌성"에 관한 것이기 때문에 소추가능성에만 연관될 뿐, 가벌성에는 영향을 미치지 않는 공소시효에 관한 규정은 원칙적으로 그 효력범위에 포함되지 않는다(헌재 1996.2.16. 96헌가2 등).

2346
부당한 공동행위에 대한 자진신고자 또는 조사협조자에 대하여 과징금을 감경하거나 면제함에 있어서, 과징금이 감경 또는 면제되는 자의 범위와 과징금 감경 또는 면제의 기준·정도 등을 대통령령에 위임하고 있는 구 독점규제 및 공정거래에 관한 법률은 법률유보원칙에 위반되지 않는다. 23년 법원행시 [O][X]

(O) 공정거래법 제22조의2 제1항은 과징금 감면의 대상을 '부당한 공동행위 사실을 자진신고한 자'와 '증거제공 등의 방법으로 조사에 협조한 자'로 명시하고 있고, 과징금의 '감면'은 제22조에 따라 산정된 과징금의 전부 또는 일부를 감액할 수 있다는 의미이므로, 이미 과징금 감면의 대상과 범위에 관한 본질적인 부분이 국회에서 정한 법률로 입법되어 있다. 따라서 심판대상조항은 법률유보원칙에 위반되지 아니한다(헌재 2017.10.26. 2017헌바58).

2347
헌법 제75조에서 "법률에서 구체적으로 범위를 정하여 위임받은 사항에 관하여"라고 함은 법률 그 자체에 이미 대통령령으로 규정될 내용 및 범위의 기본적 사항이 구체적으로 규정되어 있어서 누구라도 당해 법률 그 자체에서 대통령령에 규정될 내용의 대강을 예측할 수 있어야 함을 의미한다. 23년 경찰승진 [O][X]

(O) 헌법 제75조는 위임입법의 근거조문임과 동시에 그 범위와 한계를 제시하고 있는바, 여기서 '법률에서 구체적인 범위를 정하여 위임받은 사항'이란 법률에 이미 대통령령으로 규정될 내용 및 범위의 기본사항이 구체적으로 규정되어 있어서 누구라도 당해 법률로부터 대통령령에 규정될 내용의 대강을 예측할 수 있어야 함을 의미한다(헌재 2013.6.27. 2011헌바386).

2348
법률에 따른 개인의 행위가 단지 법률이 반사적으로 부여하는 기회의 활용을 넘어서 국가에 의하여 일정 방향으로 유인된 것이라 하더라도 개인의 신뢰보호가 국가의 법률개정이익에 우선된다고 볼 여지는 없다. 21년 국가직 7급 [O][X]

(X) 만일 법률에 따른 개인의 행위가 단지 법률이 반사적으로 부여하는 기회의 활용을 넘어서 국가에 의하여 일정 방향으로 유인된 것이라면 특별히 보호가치가 있는 신뢰이익이 인정될 수 있고, 원칙적으로 개인의 신뢰보호가 국가의 법률개정이익에 우선된다고 볼 여지가 있다(헌재 2002.11.28. 2002헌바45).

| OX 문제 | 정답 및 해설 |

2349
1953년부터 시행된 "교사의 신규채용에 있어서는 국립 또는 공립 교육대학 사범대학의 졸업자를 우선하여 채용하여야 한다."라는 교육공무원법 조항에 대한 헌법재판소의 위헌결정에도 불구하고 헌법재판소의 위헌결정 당시의 국공립 사범대학 등의 재학생과 졸업자의 신뢰는 보호되어야 하므로, 입법자가 위헌 법률에 기초한 이들의 신뢰이익을 보호하기 위한 법률을 제정하지 않은 부작위는 헌법에 위배된다. 20년 경찰승진 [O/X]

(X) 청구인들이 주장하는 교원으로 우선임용받을 권리는 헌법상 권리가 아니고 단지 구 교육공무원법 제11조 제1항의 규정에 의하여 비로소 인정되었던 권리일 뿐이며, 헌법재판소가 1990. 10. 8. 위 법률조항에 대한 위헌결정을 하면서 청구인들과 같이 국·공립 사범대학을 졸업하고 아직 교사로 채용되지 아니한 자들에게 교원으로 우선임용받을 권리를 보장할 것을 입법자나 교육부장관에게 명하고 있지도 아니하므로 국회 및 교육부장관에게 청구인들을 중등교사로 우선임용하여야 할 작위의무가 있다고 볼 근거가 없어 국회의 입법불행위 및 교육부장관의 경과조치불작위에 대한 이 사건 헌법소원심판청구 부분은 부적법하다(헌재 1995.5.25. 90헌마196).

2350
현재 공무원이나 사립학교 교직원으로 재직하고 있는 자가 퇴직연금에 대하여 가지는 기대는 아직 완성되지 아니하고 진행과정에 있는 사실 또는 법률관계를 규율대상으로 하는 이른바 부진정소급입법에 해당한다. 따라서 종래의 법적 상태의 존속을 신뢰한 자들에 대한 신뢰보호만이 문제될 뿐, 소급입법에 의한 재산권박탈의 문제는 생기지 않는다. 20년 법원행시 [O/X]

(O) 공무원연금법 제27조 제3항, 사립학교교직원연금법 제35조 제3항은 현재 공무원이나 사립학교교직원으로 재직하고 있는 자로서 퇴직연금에 대한 기여금을 납입하고 퇴직하는 경우 장차 받게 될 퇴직연금에 대한 급여액의 산정기초를 종전에 '퇴직 당시의 보수월액'으로 하던 것을 '최종 3년간 평균보수월액'으로 변경한 것이므로, 위 퇴직연금에 대한 기대는 재산권의 성질을 가지고 있으나 확정되지 아니한 형성 중에 있는 권리로서 이는 아직 완성되지 아니하고 진행과정에 있는 사실 또는 법률관계를 규율대상으로 하는 이른바 부진정소급입법에 해당되는 것이어서, 종래의 법적 상태의 존속을 신뢰한 청구인들에 대한 신뢰보호만이 문제될 뿐, 소급입법에 의한 재산권박탈의 문제는 아니므로, 위 법률조항은 소급입법에 의한 재산권박탈금지의 원칙을 선언하고 있는 헌법 제13조 제2항에 위반되지 아니한다(헌재 2003.9.25. 2001헌마93).

2351
입법자가 반복하여 음주운전을 하는 자를 총포소지허가의 결격사유로 규제하지 않을 것이라는 데 대한 신뢰가 보호가치 있는 신뢰라고 보기 어렵다. 22년 지방직 7급 [O/X]

(O) 총포의 소지는 원칙적으로 금지되고 예외적으로 허가되는 것이므로, 그 결격사유 또한 새로이 규정, 시행될 수 있다. 따라서 이에 대한 청구인의 신뢰는 보호가치 있는 신뢰라고 보기 어려운 반면, 총기 안전사고를 예방하여 공공의 안전을 확보하는 것은 가능한 조속히 달성해야 하는 것으로서 그 공익적 가치가 중대하다. 심판대상조항은 신뢰보호원칙에 반하여 직업의 자유 및 일반적 행동의 자유를 침해한다고 할 수 없다(헌재 2018.4.26. 2017헌바341).

2352
실제 평균임금이 노동부장관이 고시하는 한도금액 이상일 경우 그 한도금액을 실제임금으로 의제하는 최고보상제도가 시행되기 전에 이미 재해를 입고 산재보상수급권이 확정적으로 발생한 경우에도 적용하는 「산업재해보상보험법」 부칙조항은 신뢰보호원칙에 위반된다. 22년 경찰간부 [O/X]

(O) 입법자의 결단은 최고보상제도 시행 이후에 산재를 입는 근로자들부터 적용될 수 있을 뿐, 제도 시행 이전에 이미 재해를 입고 산재보상수급권이 확정적으로 발생한 청구인들에 대하여 그 수급권의 내용을 일시에 급격히 변경하여 가면서까지 적용할 수 있는 것은 아니라고 보아야 할 것이다. 따라서, 심판대상조항은 신뢰보호의 원칙에 위배하여 청구인들의 재산권을 침해하는 것으로서 헌법에 위반된다(헌재 2009. 5.28. 2005헌바20).

OX 문제

2353
수급권자 자신이 종전에 지급받던 평균임금을 기초로 산정된 장해보상연금을 수령하고 있던 수급권자에게, 실제의 평균임금이 노동부장관이 고시한 한도금액 이상인 경우 그 한도금액을 실제임금으로 의제하는 내용으로 신설된 최고보상제도를 일정 유예기간 후 적용하도록 하는 내용의 산업재해보상보험법 부칙조항은, 신뢰보호의 원칙에 위배하여 새로운 제도의 시행 이전에 이미 재해를 입고 수급권이 확정적으로 발생한 사람들의 재산권을 침해한다. 20년 법원행시 ⓞⓧ

2354
구 「매장 및 묘지 등에 관한 법률」이 「장사 등에 관한 법률」로 전부개정되면서 그 부칙에서 종전의 법령에 따라 설치된 봉안시설을 신법에 의하여 설치된 봉안시설로 보도록 함으로써 구법에 따라 설치허가를 받은 봉안시설 설치·관리인의 기존의 법상태에 대한 신뢰는 이미 보호되었다고 할 것이므로, 더 나아가 신법 시행 후 추가로 설치되는 부분에 대해서까지 기존의 법상태에 대한 보호가치 있는 신뢰가 있다고 보기 어렵다. 22년 순경 2차 ⓞⓧ

2355
부진정소급입법의 경우 입법권자의 입법형성권보다 당사자가 구법질서에 기대했던 신뢰보호의 견지에서 그리고 법적 안정성을 도모하기 위해 특단의 사정이 없는 한 구법에 의하여 이미 얻은 자격 또는 권리를 새 입법을 하는 마당에 그대로 존중할 의무가 있다고 할 것이나, 진정소급입법의 경우에는 구법질서에 대하여 기대했던 당사자의 신뢰보호보다는 광범위한 입법권자의 입법 형성권을 경시해서는 안될 일이므로 특단의 사정이 없는 한 새 입법을 하면서 구법관계 내지 구법상의 기대이익을 존중하여야 할 의무가 발생하지는 않는다. 22년 순경 2차 ⓞⓧ

2356
주택 임대차와 관련한 임차인의 보호 및 주택의 이용에 관한 정책은 입법자가 정책적으로 결정하여야 할 사항으로 원칙적으로 광범위한 입법형성의 자유가 인정되므로, 특단의 사정이 없는 한 구법상의 기대이익을 존중하여야 할 입법자의 의무가 있는 것은 아니라고 할 것이어서 신뢰보호원칙에 위배되는지 여부는 문제되지 않는다. 25년 순경 1차 ⓞⓧ

정답 및 해설

(O) 입법자의 결단은 최고보상제도 시행 이후에 산재를 입는 근로자들부터 적용될 수 있을 뿐, 제도 시행 이전에 이미 재해를 입고 산재보상수급권이 확정적으로 발생한 청구인들에 대하여 그 수급권의 내용을 일시에 급격히 변경하여 가면서까지 적용할 수 있는 것은 아니라고 보아야 할 것이다. 따라서, 심판대상조항은 신뢰보호의 원칙에 위배하여 청구인들의 재산권을 침해하는 것으로서 헌법에 위반된다(헌재 2009. 5.28. 2005헌바20).

(O) 구 매장법이 장사법으로 전부개정되면서 그 부칙 제3조에서 종전의 법령에 따라 설치된 봉안시설을 장사법에 의하여 설치된 봉안시설로 보도록 함으로써 구 매장법에 따라 설치허가를 받은 봉안시설 설치·관리인의 기존의 법상태에 대한 신뢰는 이미 보호되었다. 더 나아가 장사법 시행 후 추가로 설치되는 부분에 대해서까지 기존의 법상태에 대한 보호가치 있는 신뢰가 있다고 보기 어렵다. 따라서 심판대상조항은 신뢰보호원칙에 위반되지 아니한다(헌재 2021.8.31. 2019헌바453).

(X) 부진정소급입법의 경우에는 구법질서에 대하여 기대했던 당사자의 신뢰보호보다는 광범위한 입법권자의 입법형성권을 경시하여서는 아니 될 것이므로, 특단의 사정이 없는 한 새 입법을 하면서 구법관계 내지 구법상의 기대이익을 존중하여야 할 의무가 발생하지는 않는다(헌재 1989.3.17. 88헌마1).

(X) 주택 임대차와 관련한 임차인의 보호 및 주택의 이용에 관한 정책은 임차인에 대한 사회적 보호의 필요성, 임대차 시장의 여건, 사회경제적 사정 등을 종합적으로 고려하여 입법자가 정책적으로 결정하여야 할 사항으로 원칙적으로 광범위한 입법형성의 자유가 인정된다. 따라서 특단의 사정이 없는 한 구법상의 기대이익을 존중하여야 할 입법자의 의무가 있는 것은 아니나, 이 경우에도 신뢰보호원칙에 위배되는지 여부는 여전히 문제된다(헌재 2024.2.28. 2020헌마1343 등). / 즉 문제는 된다. 다만 침해하지는 않는다.

OX 문제

2357
개성공단의 정상화를 위한 합의서에는 국내법과 동일한 법적 구속력을 인정하기 어렵고, 과거 사례 등에 비추어 개성공단의 중단 가능성은 충분히 예상할 수 있었으므로, 개성공단 전면 중단 조치는 신뢰보호원칙을 위반하여 개성공단 투자기업인 청구인들의 영업의 자유와 재산권을 침해하지 아니한다. 24년 국회직 5급, 24년 경찰간부, 22년 순경 2차 [O X]

2358
부당환급 받은 세액을 징수하는 근거 규정인 개정조항을 개정된 법 시행 후 최초로 환급세액을 징수하는 분부터 적용하도록 규정한 「법인세법」 부칙조항은 「헌법」 제13조 제2항에 따라 원칙적으로 금지되는 이미 완성된 사실·법률관계를 규율하는 진정소급입법에 해당한다. 22년 경찰간부, 20년 경찰승진 [O X]

2359
종합생활기록부에 의하여 절대평가와 상대평가를 병행, 활용하도록 한 교육부장관 지침(종합생활기록부제도개선 보완시행지침, 1996. 8. 7.) 교육개혁위원회의 교육개혁 방안에 따라 절대평가가 이루어질 것으로 믿고 특수목적 고등학교에 입학한 학생들의 신뢰이익을 침해하였다고 볼 수 없다. 22년 해경일반 [O X]

2360
위법건축물에 대하여 이행강제금을 부과하도록 하면서 이행강제금제도 도입 전의 위법건축물에 대하여도 적용의 예외를 두지 아니한 「건축법」(2008. 3. 21. 법률 제8974호) 부칙 규정은 신뢰보호의 원칙에 위반된다. 22년 지방직 7급 [O X]

2361
취업지원 실시기관 채용시험의 가점 적용대상에서 보국수훈자의 자녀를 제외하는 내용으로 법을 개정하면서, 가까운 장래에 보국수훈자의 자녀가 되어 채용시험의 가점을 받게 될 것이라는 신뢰를 장기간 형성해 온 사람에 대하여 경과조치를 두지 않은 「국가유공자 등 예우 및 지원에 관한 법률」 부칙조항은 신뢰보호원칙에 위배된다. 25년 변호사 [O X]

정답 및 해설

(O) 피청구인 대통령이 개성공단의 운영 중단 결정 과정에서 국무회의 심의를 거치지 않았더라도 그 결정에 적법절차원칙에 따라 필수적으로 요구되는 절차를 거치지 않은 흠결이 있다고 할 수 없다. 이 사건 중단조치 과정에서 국회와의 사전 협의를 거쳐야 한다고 볼 만한 아무런 근거가 없고, 조치의 특성, 절차 이행으로 제고될 가치, 국가작용의 효율성 등에 비추어 볼 때, 이해관계자 등의 의견청취절차는 적법절차원칙에 따라 반드시 요구되는 절차라고 보기 어렵다. 따라서 이 사건 중단조치가 적법절차원칙에 위반되어 투자기업인 청구인들의 영업의 자유나 재산권을 침해한 것으로 볼 수 없다(헌재 2022.1.27. 2016헌마364).

(O) 부당환급받은 세액을 징수하는 근거규정인 개정조항을 개정된 법 시행 후 최초로 환급세액을 징수하는 분부터 적용하도록 규정한 법인세법 부칙조항은 이미 완성된 사실 법률관계를 규율하는 진정소급입법에 해당한다(헌재 2014.7.24. 2012헌바105).

(O) 청구인들이 이른바 특수목적고등학교인 외국어고등학교에 입학하기 위하여 원서를 제출할 당시 시행되었던 종합생활기록부 제도는 처음부터 절대평가와 상대평가를 예정하고 있었고, 대학입학전형에 있어서 학생부를 절대평가방법으로 활용할 것인가 상대평가방법으로 활용할 것인가 등 그 반영방법도 대학의 자율에 일임되어 있었다. 따라서 그 이후 공표된 이 사건 제도개선보완시행지침은 1999학년도까지 대입전형자료로 절대평가와 상대평가를 병행하도록 하고 다만 종전 종합생활기록부제도의 문제점을 보완하기 위하여 과목별 석차의 기록방법 등 세부적인 사항을 개선, 변경한 데 불과하므로 이로 인하여 청구인들의 헌법상 보호할 가치가 있는 신뢰가 침해되었다고 볼 수 없다(헌재 1997.7.16. 97헌마38).

(X) 위법건축물에 대하여 종전처럼 과태료만이 부과될 것이라고 기대한 신뢰는 제도상의 공백에 따른 반사적인 이익에 불과하여 그 보호가치가 그리 크지 않은데다가, 이미 이행강제금 도입으로 인한 국민의 혼란이나 부담도 많이 줄어든 상태인 반면, 이행강제금제도 도입 전의 위법건축물이라 하더라도 이행강제금을 부과함으로써 위법상태를 치유하여 건축물의 안전, 기능, 미관을 증진하여야 한다는 공익적 필요는 중대하다 할 것이다. 따라서 이 사건 부칙조항은 신뢰보호원칙에 위배된다고 볼 수 없다(헌재 2015.10.21. 2013헌바248).

(X) 개정 국가유공자법 시행 직후에 국가유공자로 등록된 사람의 가족에 대하여 경과규정을 두지 않았다는 이유만으로 심판대상조항이 헌법상의 신뢰보호원칙에 위배되어 직업선택의 자유, 공무담임권을 침해하였다고 볼 수 없다(헌재 2015.2.26. 2012헌마400). / 경과규정을 두어야 할 의무는 없다.

OX 문제

2362
소방공무원이 재난·재해현장에서 화재진압이나 인명구조작업 중 입은 위해뿐만 아니라 그 업무수행을 위한 긴급한 출동·복귀 및 부수활동 중 위해에 의하여 사망한 경우까지 그 유족에게 순직공무원보상을 하여 주는 제도를 도입하면서 부칙조항이 신법을 소급하는 경과규정을 두지 않았다고 하더라도 이를 입법재량에 벗어난 불합리한 차별이라고 할 수 없다.
24년 해경간부 [O][X]

2363
예시적 입법형식이 명확성원칙에 위반되지 않기 위해서는 예시한 구체적인 사례들이 그 자체로 일반조항의 해석을 위한 판단지침을 내포하고 있으면 족하고, 그 일반조항 자체가 그러한 구체적인 예시들을 포괄할 수 있는 의미를 담고 있는 개념이어야 하는 것은 아니다. 24년 국회직 9급 [O][X]

2364
공익법인이 유예기한이 지난 후에도 보유기준을 초과하여 주식을 보유하는 경우 10년을 초과하지 않는 범위에서 매년 가산세를 부과하도록 정한 구 상속세 및 증여세법 제78조 제4항 중 제49조 제1항 제2호에 관한 부분은 신뢰보호원칙에 반하지 아니한다. 24년 국회직 8급 [O][X]

2365
구체적인 사안에서 법원이 원소유자의 재산권의 존속보장이라는 사익과 공익사업 시행을 전제로 하여 형성된 법률관계의 안정이라는 공익을 형량하여, 협의취득 또는 수용된 토지가 해당 사업의 폐지·변경 또는 그 밖의 사유로 필요 없게 되었는지 여부를 충분히 판단할 수 있다면 법집행기관의 자의적 해석을 가능하게 하는 불명확한 법률 조항이라고 볼 수 없다.
25년 국회직 8급 [O][X]

정답 및 해설

(O) 소방공무원이 재난·재해현장에서 화재진압이나 인명구조작업 중 입은 위해뿐만 아니라 그 업무수행을 위한 긴급한 출동·복귀 및 부수활동 중 위해에 의하여 사망한 경우까지 그 유족에게 순직공무원보상을 하여 주는 제도를 도입하면서 이 사건 부칙조항이 신법을 소급하는 경과규정을 두지 않았다고 하더라도 소급적용에 따른 국가의 재정부담, 법적 안정성 측면 등을 종합적으로 고려하여 입법정책적으로 정한 것이므로 입법재량의 범위를 벗어나 불합리한 차별이라고 할 수 없다(헌재 2012.8.23. 2011헌바169).

(X) 예시적 입법형식에 있어서 일반조항 규정이 지나치게 포괄적이어서 법관의 자의적인 해석이 개입되어 그 적용범위가 확장될 가능성이 있다면 이는 명확성의 원칙에 어긋난다. 따라서 예시적 입법형식이 법률 명확성의 원칙에 위배되지 않으려면 예시한 구체적인 사례들이 그 자체로 일반조항의 해석을 위한 판단지침을 내포하고 있어야 할 뿐 아니라, 그 일반조항 자체가 그러한 구체적인 예시들을 포괄할 수 있는 의미를 담고 있는 개념이어야 한다(헌재 2014.7.24. 2013헌바169).

(O) 출연재산을 변칙적인 탈세나 부의 증식 내지 세습수단으로 악용하는 것을 방지하기 위하여 입법자는 공익법인에 출연한 내국법인 주식 중 증여세과세가액에 산입하지 않는 한도기준을 낮추고, 더 나아가 유예기한 경과 후까지 기준을 초과하여 보유하는 경우에는 가산세를 부과하는 것으로 법을 개정하여 왔으며, 심판대상조항은 기존 입법들의 연장선상에서 그 문제점을 보완한 것이다. 관련 규정의 개정 경과에 비추어 청구인과 같은 공익사업 영위자는 제도의 시행과정에서 발생하는 문제점을 제거하기 위하여 추가적인 법률개정이 필요할 수 있음을 충분히 예상할 수 있었으므로 법률의 존속에 대한 신뢰이익의 보호가치는 크다고 할 수 없는 반면 조세회피나 부의 세습을 방지함으로써 얻게 되는 공익은 막중하므로 심판대상조항은 신뢰보호원칙에 반하지 아니한다(헌재 2023.7.20. 2019헌바223).

(O) 법원이 원소유자의 재산권의 존속보장이라는 사익과 공익사업 시행을 전제로 하여 형성된 법률관계의 안정이라는 공익을 형량하여, 협의취득 또는 수용된 토지가 해당 사업의 폐지·변경 또는 그 밖의 사유로 필요 없게 되었는지 여부를 충분히 판단할 수 있다. 그러므로 심판대상조항이 수범자의 예측가능성을 해친다거나, 법 집행기관의 자의적인 해석을 가능하게 하는 불명확한 법률조항이라고 볼 수는 없다(헌재 2023.8.31. 2020헌바178).

| OX 문제 | 정답 및 해설 |

2366
규율대상인 대전제(일반조항)를 규정함과 동시에 거기에 해당하는 구체적 개별 사례들을 예시적으로 규정하는 예시적 입법형식이 명확성원칙에 위배되지 않으려면, 일반조항 자체가 구체적인 예시들을 포괄할 수 있는 의미를 담고 있는 개념이어야 하지만, 예시한 구체적인 사례들이 그 자체로 일반조항의 해석을 위한 판단지침까지 내포하고 있어야 하는 것은 아니다. 25년 변호사 O X

(X) 예시적 입법형식에 있어서 일반조항 규정이 지나치게 포괄적이어서 법관의 자의적인 해석이 개입되어 그 적용범위가 확장될 가능성이 있다면 이는 명확성의 원칙에 어긋난다. 따라서 예시적 입법형식이 법률 명확성의 원칙에 위배되지 않으려면 예시한 구체적인 사례들이 그 자체로 일반조항의 해석을 위한 판단지침을 내포하고 있어야 할 뿐 아니라, 그 일반조항 자체가 그러한 구체적인 예시들을 포괄할 수 있는 의미를 담고 있는 개념이어야 한다(헌재 2014.7.24. 2013헌바169).

2367
임대인이 실제 거주를 이유로 임대차 계약의 갱신을 거절한 후 '정당한 사유 없이' 제3자에게 임대한 경우의 손해배상책임을 규정한 주택임대차보호법 해당 조항은, 임대인이 손해배상책임을 면할 수 있는 '정당한 사유'가 임대인이 갱신거절 당시에는 예측할 수 없었던 것으로서 제3자에게 목적 주택을 임대할 수밖에 없었던 불가피한 사정을 의미하는 것으로 해석되는 점 등에 비추어 명확성원칙에 반하지 아니한다. 24년 법원직 O X

(O) 증액청구의 산정 기준이 되는 '약정한' 차임이나 보증금의 구체적 액수는 임대차계약을 통해 확인 가능하고, 차임과 보증금이 모두 존재할 경우 차임을 보증금으로 환산한 총 보증금을 산정 기준으로 삼는 것이 타당한 점, 임대인이 손해배상책임을 면할 수 있는 '정당한 사유'란, 임대인이 갱신거절 당시에는 예측할 수 없었던 것으로서 제3자에게 목적 주택을 임대할 수밖에 없었던 불가피한 사정을 의미하는 것으로 해석되는 점 등에 비추어 명확성원칙에 반하지 아니한다(헌재 2024.2.28. 2020헌마1343 등).

2368
임대인이 실제 거주를 이유로 갱신을 거절한 후 정당한 사유없이 제3자에게 임대한 경우의 손해배상책임 및 손해액을 규정한 주택임대차보호법 조항은 과잉금지원칙에 반하여 임대인의 계약의 자유와 재산권을 침해한다고 볼 수 없다. 24년 법무사 O X

(O) 갱신요구권의 행사기간 및 횟수가 제한되고 갱신되는 임대차의 법정 존속기간이 2년인 점, 일정한 경우 임대인이 갱신요구를 거절할 수 있는 점, 차임증액 한도를 정한 것은 갱신요구권 제도의 실효성 확보를 위한 것으로 그 액수를 직접 통제하거나 인상 자체를 금지하지 않는 점, 임대인에게 손해배상책임을 묻는 것은 갱신거절 남용을 방지하고 갱신요구 제도의 실효성을 확보하기 위한 것이고, 정당한 사유가 인정되는 임대인은 손해배상책임을 면할 수 있는 점, 손해액의 입증책임을 완화하여 분쟁을 조기에 해결할 수 있는 점 등에 비추어 피해최소성에도 어긋나지 아니한다(헌재 2024.2.28. 2020헌마1343 등). / 따라서 임대인의 계약의 자유와 재산권을 침해한다고 볼 수 없다.

2369
일반론으로는 어떠한 규정이 부담적 성격을 가지는 경우에는 수익적 성격을 가지는 경우에 비하여 명확성의 원칙이 더욱 엄격하게 요구되고, 죄형법정주의가 지배하는 형사 관련 법률에서는 명확성의 정도가 강화되어 더 엄격한 기준이 적용되지만, 일반적인 법률에서는 명확성의 정도가 그리 강하게 요구되지 않기 때문에 상대적으로 완화된 기준이 적용된다. 20년 법무사 O X

(O) 일반론으로는 어떠한 규정이 부담적 성격을 가지는 경우에는 수익적 성격을 가지는 경우에 비하여 명확성의 원칙이 더욱 엄격하게 요구되고, 죄형법정주의가 지배하는 형사관련 법률에서는 명확성의 정도가 강화되어 더 엄격한 기준이 적용되지만, 일반적인 법률에서는 명확성의 정도가 그리 강하게 요구되지 않기 때문에 상대적으로 완화된 기준이 적용된다(헌재 2002.7.18. 2000헌바57).

| OX 문제 | 정답 및 해설 |

2370
상법 제635조 제1항에 규정된 자, 그 외의 회사의 회계업무를 담당하는 자, 감사인 등으로 하여금 감사보고서에 기재하여야 할 사항을 기재하지 아니하거나 허위의 기재를 한 때를 처벌하는 조항은 명확성의 원칙에 위배되지 않는다. 22년 법원직
O X

(X) 감사보고서에 기재해야 할 사안을 기재하지 아니하거나는 헌법에 위반되나, 허위의 기재는 명확성의 원칙에 반하지 않는다(헌재 2004. 1.29. 2002헌가20 등).

2371
취소소송 등의 제기 시 회복하기 어려운 손해를 집행정지의 요건으로 규정한 「행정소송법」 조항은 명확성원칙에 위배되지 않는다. 22년 해경간부, 22년 해경일반, 20년 국가직 7급
O X

(O) 집행정지 요건으로 규정한 '회복하기 어려운 손해'는 대법원 판례에 의하여 '특별한 사정이 없는 한 금전으로 보상할 수 없는 손해로서 이는 금전보상이 불능인 경우 내지는 금전보상으로는 사회관념상 행정처분을 받은 당사자가 참고 견딜 수 없거나 또는 참고 견디기가 현저히 곤란한 경우의 유형, 무형의 손해'를 의미한 것으로 해석할 수 있어 명확성에 반하지 않는다(헌재 2018.1.25. 2016헌바208).

2372
전문과목을 표시한 치과의원은 그 표시한 '전문과목'에 해당하는 환자만을 진료하여야 한다고 규정한 「의료법」 조항은 명확성원칙에 위배되지 않는다. 22년 해경간부
O X

(O) 치과전문의가 되기 위해서는 치과의사 면허를 받은 자가 치과전공의 수련과정을 거쳐 치과전문의 자격시험에 합격해야 하므로, 심판대상조항의 수범자인 치과전문의는 각 전문과목의 진료내용과 진료영역 및 전문과목 간의 차이점 등을 알 수 있다. 따라서 심판대상조항은 명확성원칙에 위배되어 직업수행의 자유를 침해한다고 볼 수 없다(헌재 2015.5.28. 2013헌마799).

2373
혈액투석 정액수가에 포함되는 비용의 범위를 정한 '의료급여수가의 기준 및 일반기준' 제7조 제2항 본문의 정액범위조항에 사용된 '등'은 열거된 항목 외에 같은 종류의 것이 더 있음을 나타내는 의미로 해석할 수 있으나, 다른 조항과의 유기적·체계적 해석을 통해 그 적용범위를 합리적으로 파악할 수는 없으므로 명확성원칙에 위배된다. 22년 지방직 7급
O X

(X) 정액범위조항에 사용된 '등'은 열거된 항목 외에 같은 종류의 것이 더 있음을 나타내는 의미로 해석할 수 있고, 다른 조항과의 유기적·체계적 해석을 통해 그 적용범위를 합리적으로 파악할 수 있으므로, 명확성원칙에 위배되지 않는다(헌재 2020.4.23. 2017헌마103).

2374
타인의 권리를 양수하거나 양수를 가장하여 소송·조정 또는 화해 기타의 방법으로 그 권리를 실행함을 업으로 한 자를 형사처벌하는 규정인 구 「변호사법」 제91조 제1호 중 "업으로" 부분은 법 집행자가 이를 자의적이고 차별적으로 해석할 우려가 있다 할 것으로 명확성 원칙에 위반된다. 26년 경찰간부
O X

(X) 이 사건 법률조항의 "업으로" 부분의 의미는 일정한 행위를 계속·반복하여 하는 것으로 일반적으로 이해되고 있고, 법원도 위 구성요건의 핵심적 의미를 반복·계속성에 두고 사람이 사회생활상의 지위에 기하여 어떠한 사무에 계속적으로 종사할 경우, 다시 말하면 어떠한 행위가 객관적으로 상당한 횟수 반복하여 행하여지거나 또는 반복·계속할 의사로 행하여진 경우가 위 구성요건에 해당한다는 취지로 해석하고 있는바, 헌법이 요구하는 형벌법규의 명확성의 요구를 갖추었다(헌재 2011.3.31. 2009헌바309).

| OX 문제 | 정답 및 해설 |

2375
감정평가업자가 토지를 감정평가하는 경우 "당해 토지(평가대상토지)와 유사한 이용가치를 지닌다고 인정되는 표준지"의 공시지가를 기준으로 하도록 규정하고 있는 구「지가공시 및 토지 등의 평가에 관한 법률」조항은 명확성 원칙에 위반된다. 26년 경찰간부 ⓞⓧ

(X) 당해 토지 또는 평가대상토지와 "유사한 이용가치를 지닌다고 인정되는 표준지"란 공부상의 지목과는 관계없이 토지이용상황이나 주변환경 기타 자연적·사회적 조건이 같거나 유사하다고 인정되는 표준지를 의미한다고 일반국민이 충분히 예측할 수 있다고 할 것이어서, 이 사건 심판대상조항은 수범자와 법집행자에게 적정한 지침을 제시하고 있다고 볼 수 있고 또 법적용자에 따라 그 의미가 달라질 가능성도 없다고 할 것이므로 명확성의 원칙에 위배되지 아니한다(헌재 2009.6.25. 2007헌바60).

2376
형의 선고와 함께 소송비용 부담의 재판을 받은 피고인이 '빈곤'을 이유로 해서만 집행면제를 신청할 수 있도록 한「형사소송법」규정에 따른 소송비용에 관한 부분 중 '빈곤'은 경제적 사정으로 소송비용을 납부할 수 없는 경우를 지칭하는 것으로 해석될 수 있으므로 명확성원칙에 위배되지 않는다. 24년 국회직 8급, 24년 경찰간부, 22년 지방직 7급 ⓞⓧ

(O) '빈곤'은 경제적 사정으로 소송비용을 납부할 수 없는 경우를 지칭하는 것으로 해석될 수 있으므로 집행면제 신청 조항은 명확성원칙에 위배되지 않는다(헌재 2021.2.25. 2019헌바64).

2377
형의 선고와 함께 소송비용 부담의 재판을 받은 피고인이 '빈곤'을 이유로 해서만 집행면제를 신청할 수 있도록 한「형사소송법」제487조 중 제186조 제1항 본문에 따른 소송비용에 관한 부분이 변호인의 선임이나 변호 자체를 제한하는 것은 아니다. 24년 경찰간부 ⓞⓧ

(O) 집행면제 신청 사유를 '빈곤'으로 제한하는 조항인바, 면제 신청사유에 해당하지 않아 소송비용을 부담하게 되는 피고인의 방어권 행사가 위축될 수 있다는 점에서 재판청구권이 제한된다. 그러나 위 조항이 변호인의 선임이나 변호 자체를 제한하는 것은 아니므로 변호인의 조력을 받을 권리의 제한 여부는 판단하지 아니한다(헌재 2021.2.25. 2019헌바64).

2378
'기타 특히 신용할 만한 정황에 의하여 작성된 문서'를 증거능력 있는 서류로 규정한 형사소송법 규정은 그 의미 내용이 뚜렷하지 않아 명확성 원칙에 위반된다. 22년 법원행시 ⓞⓧ

(X) 전문법칙과 관련된 형사소송법 규정들의 체계와 규정취지, 여기에 더하여 '기타'라는 문언에 의하여 형사소송법 제315조 제1호와 제2호의 문서들을 '특히 신용할 만한 정황에 의하여 작성된 문서'의 예시로 삼고 있는 이 사건 법률조항의 규정형식을 종합해 보면, 이 사건 법률조항에서 규정한 '기타 특히 신용할 만한 정황에 의하여 작성된 문서'란 형사소송법 제315조 제1호와 제2호에서 열거된 공권적 증명문서 및 업무상 통상문서에 준하여 '굳이 반대신문의 기회 부여 여부가 문제되지 않을 정도로 고도의 신용성의 정황적 보장이 있는 문서'를 의미하는 것으로 해석할 수 있으므로, 이 사건 법률조항은 명확성원칙에 위배되지 않는다(헌재 2013.10.24. 2011헌바79).

2379
정당한 이유 없이 이 법에 규정된 범죄에 공용(供用)될 우려가 있는 흉기나 그 밖의 위험한 물건을 휴대한 사람을 처벌하도록 규정한「폭력행위 등 처벌에 관한 법률」조항에서 '공용(供用)될 우려가 있는'은 흉기나 그 밖의 위험한 물건이 '사용될 위험성이 있는'의 뜻으로 해석할 수 있으므로 죄형법정주의의 명확성원칙에 위배되지 않는다. 20년 국가직 7급 ⓞⓧ

(O) 정당한 이유 없이 이 법에 규정된 범죄에 공용(供用)될 우려가 있는 흉기나 그 밖의 위험한 물건을 휴대한사람을 처벌하도록 규정한「폭력행위 등 처벌에 관한법률」조항에서 '공용(供用)될 우려가 있는'은 흉기나 밖의 위험한 물건이 '사용될 위험성이 있는'의 뜻으로 해석할 수 있으므로 죄형법정주의의 명확성원칙에 위배되지 않는다(헌재 2018.5.31. 2016헌바250).

| OX 문제 | 정답 및 해설 |

2380
헌법은 사회보장·사회복지의 증진과 관련한 국가의 의무를 명문으로 규정한 바 없으므로, 이에 관한 국가의 의무는 해석상으로만 인정될 뿐이다. 25년 소방간부

(X) 국가는 사회보장·사회복지의 증진에 노력할 의무를 진다(헌법 제34조 제2항).

2381
사회적 법치국가이념을 추구하는 자유민주국가에서는 공직제도를 사회국가의 실현수단으로 인정하지 않으므로, 현대민주주의 국가에 있어 사회국가원리에 입각한 공직제도는 상정하기 어렵다. 25년 소방간부

(X) 현대민주주의 국가에 이르러서는 사회국가원리에 입각한 공직제도의 중요성이 특히 강조되고 있는바, 이는 사회적 법치국가이념을 추구하는 자유민주국가에서 공직제도란 사회국가의 실현수단일 뿐 아니라, 그 자체가 사회국가의 대상이며 과제라는 점을 이념적인 기초로 한다(헌재 2003.10.30. 2002헌마684).

2382
헌법은 제119조 이하의 경제에 관한 장에서 국가가 경제정책을 통하여 달성하여야 할 '공익'을 구체화함과 동시에 헌법 제37조 제2항의 기본권제한을 위한 일반 법률유보에서의 '공공복리'를 구체화하고 있다. 21년 국회직 5급

(O) 우리 헌법은 헌법 제119조 이하의 경제에 관한 장에서 "균형있는 국민경제의 성장과 안정, 적정한 소득의 분배, 시장의 지배와 경제력남용의 방지, 경제주체간의 조화를 통한 경제의 민주화, 균형있는 지역경제의 육성, 중소기업의 보호육성, 소비자보호 등"의 경제영역에서의 국가목표를 명시적으로 언급함으로써 국가가 경제정책을 통하여 달성하여야 할 '공익'을 구체화하고, 동시에 헌법 제37조 제2항의 기본권제한을 위한 법률유보에서의 '공공복리'를 구체화하고 있다(헌재 1996.12.26. 96헌가18).

2383
헌법 제119조 제2항에 규정된 '경제주체간의 조화를 통한 경제민주화'의 이념은 경제영역에서 정의로운 사회질서를 형성하기 위하여 추구할 수 있는 국가목표에 불과할 뿐이기 때문에, 이 조항이 기본권을 제한하는 국가행위를 정당화하는 직접적인 헌법규범이 될 수는 없다. 22년 국회직 9급, 21년 국회직 8급, 20년 변호사, 20년 법원직

(X) 헌법 제119조 제2항에 규정된 '경제주체간의 조화를 통한 경제민주화'의 이념은 경제영역에서 정의로운 사회질서를 형성하기 위하여 추구할 수 있는 국가목표로서 개인의 기본권을 제한하는 국가행위를 정당화하는 헌법규범이다(헌재 2003.11.27. 2001헌바35).

2384
국가에 대하여 경제에 관한 규제와 조정을 할 수 있도록 규정한 헌법 제119조 제2항이 보유세 부과 그 자체를 금지하는 취지로 보이지 아니하므로 주택 등에 보유세인 종합부동산세를 부과하는 그 자체를 헌법 제119조에 위반된다고 보기 어렵다. 20년 변호사

(O) 국가에 대하여 경제에 관한 규제와 조정을 할 수 있도록 규정한 헌법 제119조 제2항이 보유세 부과 그 자체를 금지하는 취지로 보이지 아니하므로 주택 등에 보유세인 종합부동산세를 부과하는 그 자체를 헌법 제119조에 위반된다고 보기 어렵다(헌재 2008.11.13. 2006헌바112 등).

2385
국가는 농수산물의 수급균형과 유통구조의 개선에 노력하여 가격안정을 도모함으로써 소비자의 이익을 보호한다. 20년 소방간부

(X) 국가는 농수산물의 수급균형과 유통구조의 개선에 노력하여 가격안정을 도모함으로써 농·어민의 이익을 보호한다(헌법 제123조 제4항).

| OX 문제 | 정답 및 해설 |

2386
불매운동의 목표로서 '소비자의 권익'이란 원칙적으로 사업자가 제공하는 물품이나 용역의 소비생활과 관련된 것으로서 상품의 질이나 가격, 유통구조, 안전성 등 시장적 이익에 국한된다. 20년 지방직 7급, 20년 경찰승진 [O│X]

(O) 불매운동의 목표로서 '소비자의 권익'이란 원칙적으로 사업자가 제공하는 물품이나 용역의 소비생활과 관련된 것으로서 상품의 질이나 가격, 유통구조, 안전성 등 시장적 이익에 국한된다(헌재 2011.12.29. 2010헌바54).

2387
헌법 제123조 제5항은 국가에게 '농·어민의 자조조직을 육성할 의무'와 '자조조직의 자율적 활동과 발전을 보장할 의무'를 아울러 규정하고 있는데, 국가가 농·어민의 자조조직을 적극적으로 육성하여야 할 의무까지도 수행하여야 한다고 볼 수 없다. 20년 국가직 5급 [O│X]

(X) 헌법 제123조 제5항은 국가에게 "농·어민의 자조조직을 육성할 의무"와 "자조조직의 자율적 활동과 발전을 보장할 의무"를 아울러 규정하고 있는데, 이러한 국가의 의무는 자조조직이 제대로 활동하고 기능하는 시기에는 그 조직의 자율성을 침해하지 않도록 하는 후자의 소극적 의무를 다하면 된다고 할 수 있지만, 그 조직이 제대로 기능하지 못하고 향후의 전망도 불확실한 경우라면 단순히 그 조직의 자율성을 보장하는 것에 그쳐서는 아니 되고, 적극적으로 이를 육성하여야 할 전자의 의무까지도 수행하여야 한다(헌재 2000.6.1. 99헌마553).

2388
주택재개발사업에서 부과하는 임대주택공급의무는 재개발로 발생하는 세입자들의 주거문제를 해결하기 위한 제도이고, 재건축사업에서 임대주택공급제도는 개발이익의 환수차원에서 부과되는 의무라 할 것이므로, 두 사업 모두에 임대주택공급의무를 부과하는 것은 재건축조합의 조합원 등의 평등권을 침해하고 있다. 22년 지방직 7급 [O│X]

(X) 임대주택공급의무는 이 사건 재건축사업뿐만이 아니라 재개발사업에도 부과되고 있으나, 주택재개발사업에서 부과하는 임대주택공급의무는 재개발로 발생하는 세입자들의 주거문제를 해결하기 위한 제도이고, 이 사건 재건축임대주택공급제도는 개발이익의 환수차원에서 부과되는 의무라 할 것이므로 두 사업 모두에 임대주택공급의무를 부과하고 있더라도 이것이 평등권을 침해하고 있다고는 볼 수 없다(헌재 2008.10.30. 2005헌마222).

2389
가맹본부가 가맹점사업자에 대하여 가지는 계약상 지위의 우월성을 형식적인 자유시장의 논리 또는 계약의 자유를 강조하여 가맹본부가 상품의 공급에 관여하면서 이로부터 과도한 이득을 얻을 수 있도록 방임한다면, 자영업자가 많은 우리의 현실에서 대다수가 중소상인인 가맹점사업자들의 생존을 위협하여 국민생활의 균등한 향상 등 경제영역에서의 사회정의가 훼손될 수 있는바, 이는 우리 헌법이 지향하는 사회적 시장경제질서에 부합하지 않으므로, 국가는 헌법 제119조 제2항에 따라 가맹본부가 우월적 지위를 남용하는 것을 방지하고, 가맹본부와 가맹점사업자 간의 부조화를 시정하거나 공존과 상생을 도모하기 위해 규제와 조정을 할 수 있다. 22년 법원행시 [O│X]

(O) 국가는 헌법 제119조 제2항에 따라 가맹본부가 우월적 지위를 남용하는 것을 방지하고, 가맹본부와 가맹점사업자 간의 부조화를 시정하거나 공존과 상생을 도모하기 위해 규제와 조정을 할 수 있다(헌재 2021.10.28. 2019헌마288).

2390
구 특정범죄 가중처벌 등에 관한 법률에서 관세포탈 등의 예비범에 대하여 본죄에 준하여 가중처벌하도록 한 규정의 입법 목적은 헌법 제119조 제2항(경제의 규제·조정), 제125조(무역의 규제 조정)의 정신에 부합한다. 20년 경찰승진 [O│X]

(O) 구 특정범죄 가중처벌 등에 관한 법률에서 관세포탈등의 예비범에 대하여 본죄에 준하여 가중처벌하도록 한 규정의 입법 목적은 헌법 제119조 제2항(경제의규제·조정), 제125조(무역의 규제 조정)의 정신에 부합한다(헌재 2010.7.29. 2008헌바88). 다만 밀수범의 경우 위헌임을 주의하여야 한다.

OX 문제

2391
밀수입 등의 예비행위를 본죄에 준하여 처벌하도록 규정한 「특정범죄 가중처벌 등에 관한 법률」조항은 구체적 행위의 개별성과 고유성을 고려한 양형판단의 가능성을 배제하는 가혹한 형벌로서 책임과 형벌 사이의 비례원칙에 위배된다. 24년 경찰승진 [O][X]

2392
신고를 하지 아니하고 물품을 수입한 경우 해당 물품을 필요적으로 몰수하도록 규정한 관세법 조항은 책임과 형벌 간의 비례원칙에 위배된다. 22년 법원행시 [O][X]

2393
개별 학교법인이 그 자체로 교원노조의 상대방이 되어 단체교섭에 나서지 못하고 전국단위 또는 시·도 단위의 교섭단의 구성원으로서만 단체교섭에 참여할 수 있도록 한 법률조항의 위헌 여부를 심사함에 있어서, 헌법 제119조 소정의 경제질서는 독자적인 위헌심사의 기준이 되며, 결사의 자유에 대한 과잉금지원칙에 흡수되는 것은 아니다. 21년 경행특채 [O][X]

2394
택시운송사업자에게 운송수입금 전액 수납의무를 부과하는 것은 헌법 제126조에 의하여 원칙적으로 금지되는 기업 경영과 관련한 국가의 광범위한 감독과 통제 또는 관리에 해당되지 않는다. 23년 변호사 [O][X]

2395
소비자불매운동은 헌법이나 법률의 규정에 비추어 정당하게 평가되는 경우에만 법적 책임이 면제되므로, 물품 등의 공급자나 사업자 이외의 제3자를 상대로 하는 불매운동은 제3자의 권리를 부당하게 침해하지 않더라도 형사책임이나 민사책임이 면제되지 않는다. 23년 변호사 [O][X]

정답 및 해설

(O) 예비행위를 본죄에 준하여 처벌하도록 하고 있는 심판대상조항은 그 불법성과 책임의 정도에 비추어 지나치게 과중한 형벌을 규정하고 있는 것이다. 또한 예비행위의 위험성은 구체적인 사건에 따라 다름에도 심판대상조항에 의하면 위험성이 미약한 예비행위까지도 본죄에 준하여 처벌하도록 하고 있어 행위자의 책임을 넘어서는 형벌이 부과되는 결과가 발생한다(헌재 2019.2.28. 2016헌가13). / 따라서 헌법에 위반된다. / 밀수가 아닌 경우는 합헌임

(X) 행정의 합목적성이 강조되는 관세범의 특질, 수출입신고의 중요성, 일반예방적 효과를 제고할 필요 등을 고려해 볼 때, 기망적 의도나 관세포탈이 없는 무신고 수출입행위에 대한 필요적 몰수·추징이 국가재정권과 통관질서의 유지를 위한 입법 재량의 범위를 일탈한 것으로는 보기 어렵다. 재산상 이득을 얻으려는 관세범의 성격에 비추어 볼 때, 필요적 몰수·추징과 같은 재정적인 규제 수단이 필요한 점, 법관의 양형재량에 따라 책임과 형벌의 비례관계는 주형과 부가형을 통산하여 인정될 수 있는 점 등에 비추어 볼 때, 이 사건 몰수·추징조항은 책임과 형벌 간의 비례원칙에 위반되지 않는다(헌재 2021.7.15. 2020헌바201).

(X) 개별 학교법인이 그 자체로 교원노조의 상대방이 되어 단체교섭에 나서지 못하고 전국단위 또는 시·도 단위의 교섭단의 구성원으로서만 단체교섭에 참여할 수 있도록 한 이 사건 법률조항의 위헌 여부를 심사함에 있어서, 헌법 제119조 소정의 경제질서는 독자적인 위헌심사의 기준이 된다기보다는 결사의 자유에 대한 법치국가적 위헌심사기준, 즉 과잉금지원칙 내지는 비례의 원칙에 흡수되는 것이라고 할 것이다(헌재 2002.10.31. 99헌바76 등).

(O) 이 사건 법률조항들이 규정하는 운송수입금 전액관리제로 인하여 청구인들이 기업경영에 있어서 영리추구라고 하는 사기업 본연의 목적을 포기할 것을 강요받거나 전적으로 사회·경제정책적 목표를 달성하는 방향으로 기업활동의 목표를 전환해야 하는 것도 아니고, 그 기업경영과 관련하여 국가의 광범위한 감독과 통제 또는 관리를 받게 되는 것도 아니며, 더구나 청구인들 소유의 기업에 대한 재산권이 박탈되거나 통제를 받게 되어 그 기업이 사회의 공동재산의 형태로 변형된 것도 아니므로, 이 사건 법률조항들이 헌법 제126조에 위반된다고 볼 수 없다(헌재 1998.10.29. 97헌마345).

(X) 특히 물품 등의 공급자나 사업자 이외의 제3자를 상대로 불매운동을 벌일 경우 그 경위나 과정에서 제3자의 영업의 자유 등 권리를 부당하게 침해하지 않을 것이 요구된다. 집단적으로 이루어진 소비자불매운동 중 정당한 헌법적 허용한계를 벗어나 타인의 업무를 방해하는 결과를 가져오기에 충분한 집단적 행위를 처벌하는 이 사건 법률조항들은 소비자보호운동을 보장하는 헌법의 취지에 반하지 않는다(헌재 2011.12.29. 2010헌바54).

| OX 문제 | 정답 및 해설 |

2396
헌법 제9조의 규정취지와 민족문화유산의 본질에 비추어 볼 때, 국가가 민족문화유산을 보호하고자 하는 경우 이에 관한 헌법적 보호법익은 '민족문화유산의 존속' 그 자체를 보장하는 것이고, 원칙으로 민족문화유산의 훼손 등에 관한 가치보상이 있는지 여부는 이러한 헌법적 보호법익과 직접적인 관련이 없다. 24년 경찰간부, 21년 경행특채 [O X]

(O) 헌법 제9조의 규정취지와 민족문화유산의 본질에 비추어 볼 때, 국가가 민족문화유산을 보호하고자 하는 경우 이에 관한 헌법적 보호법익은 '민족문화유산의 존속' 그 자체를 보장하는 것이고, 원칙으로 민족문화유산의 훼손 등에 관한 가치보상이 있는지 여부는 이러한 헌법적 보호법익과 직접적인 관련이 없다(헌재 2003.1.30. 2001헌바64).

2397
우리나라는 건국헌법 이래 문화국가의 원리를 헌법의 기본원리로 채택하고 있다. 23년 경찰간부 [O X]

(O) 우리나라는 건국헌법 이래 문화국가의 원리를 헌법의 기본원리로 채택하고 있다(헌재 2004.5.27. 2003헌가1 등).

2398
「의료법」상 한의사가 아닌 자에 의한 한방 의료행위는 원칙적으로 허용되지 않을 뿐만 아니라, 한방 의료행위를 내용으로 하는 광고를 규제하였다고 하여 한약업사의 한약판매행위 자체가 제한된다고 보기 어려우므로, 의료기관 또는 의료인이 아닌 자가 의료에 관한 광고를 할 경우에 이를 형사처벌 하도록 규정한 「의료법」 조항은 헌법상 문화국가원리에 위배되었다고 볼 수 없다. 26년 경찰간부 [O X]

(O) 청구인은 이 사건 법률조항이 전통문화의 일종인 한방 의료행위 중 한약의 혼합판매를 담당하는 한약업사의 직업수행을 제한하므로 문화국가원리에 위배된다는 취지의 주장도 하고 있다. 그러나 의료법상 한의사가 아닌 자에 의한 한방 의료행위는 원칙적으로 허용되지 않을 뿐만 아니라, 한방 의료행위를 내용으로 하는 광고를 규제하였다고 하여 한약업사의 한약판매행위 자체가 제한된다고 보기 어려우므로 이 사건 법률조항은 헌법상 문화국가원리에 위배되었다고 볼 수 없다(헌재 2014.3.27. 2012헌바293).

2399
문화는 사회의 자율영역을 바탕으로 하지만, 이를 근거로 혼인과 가족의 보호가 헌법이 지향하는 자유민주적 문화국가의 필수적인 전제조건이라 하기는 어렵다. 23년 경찰간부 [O X]

(X) 혼인과 가족의 보호는 헌법이 지향하는 자유민주적 문화국가의 필수적인 전제조건이다. 개별성·고유성·다양성으로 표현되는 문화는 사회의 자율영역을 바탕으로 하고, 사회의 자율영역은 무엇보다도 바로 가정으로부터 출발하기 때문이다(헌재 2000.4.27. 98헌가16 등).

2400
국제법적으로 조약은 국제법 주체들이 일정한 법률효과를 발생시키기 위하여 체결한 국제법의 규율을 받는 국제적 합의를 말하며 서면에 의한 경우가 대부분이지만 예외적으로 구두합의도 조약의 성격을 가질 수 있다. 22년 경찰간부, 21년 지방직 7급 [O X]

(O) 조약이란 명칭을 불문하고 국제법률관계를 설정하기 위하여 체결한 국제법주체 상호간의 문서에 의한 합의를 말한다(헌재 2008.3.27. 2006헌라4). 다만, 예외적으로 구두합의도 조약의 성격을 가질 수 있다(헌재 2019.12.27. 2016헌마253).

2401
조약의 체결·비준의 주체인 대통령이 국회의 동의를 필요로 하는 조약에 대하여 국회의 동의절차를 거치지 아니한 채 체결·비준하는 경우 국회의원의 심의·표결권을 침해한 것이다. 22년 입법고시 [O X]

(X) 국회의 동의권이 침해되었다고 하여 동시에 국회의원의 심의·표결권이 침해된다고 할 수 없고, 국회의원의 심의·표결권은 국회의 대내적인 관계에서 행사되고 침해될 수 있을 뿐 다른 국가기관과의 대외적인 관계에서는 침해될 수 없는 것이다(헌재 2011.8.30. 2011헌라2).

| OX 문제 | 정답 및 해설 |

2402
양심적 병역거부권을 명문으로 인정한 국제인권조약은 아직 없으며 양심적 병역거부권의 보장에 관한 국제관습법이 형성된 것도 아니어서 양심적 병역거부는 우리가 수용할 수 있는 일반적으로 승인된 국제법규라고 할 수 없다. 20년 소방간부 O X

(O) 양심적 병역거부권을 명문으로 인정한 국제인권조약은 아직까지 존재하지 않으며, 유럽 등의 일부국가에서 양심적 병역거부권이 보장된다고 하더라도 전 세계적으로 양심적 병역거부권의 보장에 관한 국제관습법이 형성되었다고 할 수 없으므로, 양심적 병역거부가 일반적으로 승인된 국제법규로서 우리나라에 수용될 수는 없다(헌재 2011. 8.30. 2008헌가22 등).

2403
헌법재판소는 「강제노동 폐지에 관한 국제노동 기구(ILO) 협약 제105호」와 「결사의 자유 및 단결권 보장에 관한 협약 제98호」를 일반적으로 승인된 국제법규라고 판단하여 국내법적 효력을 인정했다. 20년 소방간부 O X

(X) 강제노동의 폐지에 관한 국제노동기구(ILO)의 제105호 조약은 우리나라가 비준한 바가 없고, 헌법 제6조 제1항에서 말하는 일반적으로 승인된 국제법규로서 헌법적 효력을 갖는 것이라고 볼만한 근거도 없으므로 이 사건 심판대상 규정의 위헌성 심사의 척도가 될 수 없다(헌재 1998.7.16. 97헌바23).

2404
지급거절될 것을 예견하고 수표를 발행한 사람이 그 수표의 지급제시기일에 수표금이 지급되지 아니하게 한 경우 수표의 발행인을 처벌하는 것은, 계약상 의무의 이행불능만을 이유로 구금하는 것을 금지한 「시민적 및 정치적 권리에 관한 국제규약」에 정면으로 배치되지 않아 국제법 존중주의에 위배되지 않는다. 23년 변호사 O X

(O) 그 보호법익은 수표거래의 공정성이며 결코 '계약상 의무의 이행불능만을 이유로 구금'되는 것이 아니므로 국제법 존중주의에 입각한다 하더라도 국제연합인권규약 제11조의 명문에 정면으로 배치되는 것이 아니다(헌재 2001.4.26. 99헌가13).

2405
이라크 파병 결정은 고도의 정치적 결단을 요하는 문제이므로, 그것이 헌법과 법률이 정한 절차를 준수했는지, 그리고 이라크 전쟁이 국제규범에 어긋나는 침략전쟁인지 등에 대하여 사법적 기준으로 심판하는 것은 자제되어야 한다. 23년 변호사 O X

(X) 이 사건 파견결정은 그 성격상 국방 및 외교에 관련된 고도의 정치적 결단을 요하는 문제로서, 헌법과 법률이 정한 절차를 지켜 이루어진 것임이 명백하므로, 대통령과 국회의 판단은 존중되어야 하고 헌법재판소가 사법적 기준만으로 이를 심판하는 것은 자제되어야 한다(헌재 2004.4.29. 2003헌마814). 헌법과 법률이 정한 절차가 준수된 것이 명백하다고 판례는 이야기하고 있다. 따라서 준수했는지가 자제되어야 한다는 것은 틀린 지문이다.

2406
'시민적 및 정치적 권리에 관한 국제규약'(이하 '자유권 규약')은 국내법체계상에서 법률적 효력을 가지므로, 헌법에서 명시적으로 입법위임을 하고 있거나 우리 헌법의 해석상 입법의무가 발생하는 경우가 아니라도, 자유권 규약이 명시적으로 입법을 요구하고 있거나 그 해석상 국가의 기본권 보장의무가 인정되는 경우에는 곧바로 국가의 입법의무가 도출된다. 24년 순경 2차 O X

(X) 우리나라가 자유권규약의 당사국으로서 자유권규약위원회의 견해를 존중하고 고려하여야 한다는 점을 감안하더라도, 피청구인에게 이 사건 견해에 언급된 구제조치를 그대로 이행하는 법률을 제정할 구체적인 입법의무가 발생하였다고 보기는 어려우므로, 이 사건 심판청구는 헌법소원심판의 대상이 될 수 없는 입법부작위를 대상으로 한 것으로서 부적법하다(헌재 2018.7.26. 2011헌마306 등). / 즉 법적 구속력이 없이 존중해야 하는 것으로 법률을 제정해야할 입법의무가 발생하였다고 보기 어렵다.

| OX 문제 | 정답 및 해설 |

2407

'국제통화기금협정' 제9조 제3항(사법절차의 면제) 및 제8항(직원 및 피용자의 면제와 특권)은 국회의 동의를 얻어 체결된 것으로서, 헌법 제6조 제1항에 따라 국내법적, 법률적 효력을 가지는 바, 가입국의 재판권 면제에 관한 것이므로 성질상 국내에 바로 적용될 수 있는 법규범으로서 위헌법률심판의 대상이 된다. 24년 순경 2차 O X

(O) 이 사건 조항 {국제통화기금협정 제9조(지위, 면제 및 특권) 제3항 (사법절차의 면제) 및 제8항(직원 및 피용자의 면제와 특권), 전문기구의 특권과 면제에 관한 협약 제4절, 제19절(a)}은 각 국회의 동의를 얻어 체결된 것으로서, 헌법 제6조 제1항에 따라 국내법적, 법률적 효력을 가지는 바, 가입국의 재판권 면제에 관한 것이므로 성질상 국내에 바로 적용될 수 있는 법규범으로서 위헌법률심판의 대상이 된다(헌재 2001.9.27. 2000헌바20).

2408

국내에 주소 등을 두고 있지 아니한 원고에게 법원이 소송비용담보제공명령을 하도록 한 구 「민사소송법」 제117조 제1항이 주로 외국인에게 적용된다는 사정만으로 외국인의 지위를 침해하는 법률조항이라고 할 수는 없으므로 헌법 제6조 제2항에 위배되지 아니한다. 24년 경찰간부 O X

(O) 그 적용대상을 외국인으로 한정하고 있지 아니하고, 앞서 본 바와 같이 위 조항이 외국인을 포함하여 국내에 주소 등을 두고 있지 아니한 원고의 재판청구권을 침해한다고 볼 수 없으므로, 위 법률조항이 주로 외국인에게 적용된다는 사정만으로 외국인의 지위를 침해하는 법률조항이라고 할 수는 없다. 따라서 구 민사소송법 제117조 제1항은 헌법 제6조 제2항에 위배되지 아니한다(헌재 2011.12.29. 2011헌바57).

Ⅲ

OX 3단계

제1편 헌법총론
제2편 기본권론

제 2 편

기본권론

CHAPTER 01 기본권총론

OX 문제

2409
태아도 「헌법」상 생명권의 주체이고, 그 성장 상태가 보호 여부의 기준이 되어서는 안된다. 22년 해경일반 ☐☒

(O) 태아의 경우 생명권을 비롯해서 일정한 경우 기본권 주체가 될 수 있다는 것이 판례의 태도이다(헌재 2008.7.31. 2004헌바81).

2410
의료인에게 면허된 의료행위 이외의 의료행위를 금지하고 처벌하는 「의료법」 조항이 제한하고 있는 직업의 자유는 국가자격제도정책과 국가의 경제상황에 따라 법률에 의하여 제한할 수 있고 인류보편적인 성격을 지니고 있지 아니하는 국민의 권리이므로 원칙적으로 외국인에게 인정되는 기본권은 아니다. 24년 순경 1차 ☐☒

(O) 심판대상조항이 제한하고 있는 직업의 자유는 국가자격제도정책과 국가의 경제상황에 따라 법률에 의하여 제한할 수 있고 인류보편적인 성격을 지니고 있지 아니하므로 국민의 권리에 해당한다. 이와 같이 헌법에서 인정하는 직업의 자유는 원칙적으로 대한민국 국민에게 인정되는 기본권이지, 외국인에게 인정되는 기본권은 아니다(헌재 2014.8.28. 2013헌마359).

2411
외국인은 자격제도 자체를 다툴 수 있는 기본권주체성이 인정되지 않지만, 국가자격제도와 관련된 평등권에 관하여는 따로 기본권주체성을 인정할 수 있다. 24년 경찰간부, 21년 국회직 5급 ☐☒

(X) 외국인인 청구인에게는 그 기본권주체성이 인정되지 아니하며, 자격제도 자체를 다툴 수 있는 기본권주체성이 인정되지 아니하는 이상 국가자격제도에 관련된 평등권에 관하여 따로 기본권주체성을 인정할 수 없다(헌재 2014.8.28. 2013헌마359).

2412
국가 및 그 기관 또는 조직의 일부나 공법인은 원칙적으로 기본권의 '수범자'로서 기본권의 주체가 되지 못하므로, 「주민소환에 관한 법률」에서 주민소환의 청구사유에 제한을 두지 아니하였다는 이유로 지방자치단체장이 자신의 공무담임권 침해를 다툴 수는 없다. 24년 순경 1차 ☐☒

(X) 순수하게 직무상의 권한행사와 관련된 것이라기보다는 공직의 상실이라는 개인적인 불이익과 연관된 공무담임권을 다투고 있으므로, 이 사건에서 청구인에게는 기본권의 주체성이 인정된다 할 것이다(헌재 2009.3.26. 2007헌마843).

2413
평등권은 원칙적으로 인간의 권리로서 외국인에게도 인정되나 참정권 등에 대한 성질상의 제한 및 상호주의에 따른 제한이 있을 수 있다. 중국국적 동포인 청구인들이 주장하는 바는 대한민국 국민과의 관계가 아닌, 외국 국적의 동포들 사이에 「재외동포의 출입국과 법적 지위에 관한 법률」의 수혜대상에서 차별하는 것이 평등권 침해라는 것으로서, 성질상 위와 같은 제한을 받는 것이 아니고 상호주의가 문제되는 것도 아니므로, 청구인들에게 기본권주체성을 인정함에 아무런 문제가 없다. 25년 경찰 2차 ☐☒

(O) 청구인들이 주장하는 바는 대한민국 국민과의 관계가 아닌, 외국 국적의 동포들 사이에 재외동포법의 수혜대상에서 차별하는 것이 평등권 침해라는 것으로서 성질상 위와 같은 제한을 받는 것이 아니고 상호주의가 문제되는 것도 아니므로, 청구인들에게 기본권주체성을 인정함에 아무런 문제가 없다(헌재 2001.11.29. 99헌마494).

| OX 문제 | 정답 및 해설 |

2414
외국인이 복수국적을 누릴 자유가 우리 헌법상 행복추구권에 의하여 보호되는 기본권이라고 보기 어려우므로 외국인의 기본권주체성 내지 기본권침해가능성을 인정할 수 없다. 24년 경찰간부 O X

(O) 일반적으로 외국인이 특정한 국가의 국적을 선택할 권리가 자연권으로서 또는 우리 헌법상 당연히 인정될 수는 없는 것이어서 외국인이 복수국적을 누릴 자유가 우리 헌법상 행복추구권에 의하여 보호되는 기본권이라고 보기 어려우므로, 국적법 제10조 제1항에 의하여 청구인의 재산권, 행복추구권이 침해될 가능성은 없다(헌재 2014.6.26. 2011헌마502).

2415
외국인들이 이미 적법하게 고용허가를 받아 적법하게 우리나라에 입국하여 우리나라에서 일정한 생활관계를 형성·유지하는 등, 우리 사회에서 정당한 노동인력으로서의 지위를 부여받은 상황임을 전제로 하는 이상, 해당 외국인에게도 직장 선택의 자유에 대한 기본권주체성을 인정할 수 있다. 24년 경찰간부, 21년 국회직 9급 O X

(O) 청구인이 이미 적법하게 고용허가를 받아 적법하게 우리나라에 입국하여 우리나라에서 일정한 생활관계를 형성, 유지하는 등, 우리 사회에서 정당한 노동인력으로서의 지위를 부여받은 상황임을 전제로 하는 이상, 이 사건 청구인에게 직장 선택의 자유에 대한 기본권 주체성을 인정할 수 있다 할 것이다(헌재 2011.9.29. 2007헌마1083 등). / 직장선택의 경우에는 주체성이 인정되며, 직업의 자유는 부정된다.

2416
대통령은 소속 정당을 위하여 정당활동을 할 수 있는 사인으로서의 지위와 국민 모두에 대한 봉사자로서 공익실현의 의무가 있는 헌법기관으로서의 지위를 동시에 갖는데 최소한 전자의 지위와 관련하여서는 기본권 주체성을 갖는다고 할 수 있다. 21년 국회직 5급, 21년 국회직 8급 O X

(O) 대통령도 국민의 한사람으로서 제한적으로나마 기본권의 주체가 될 수 있는바, 대통령은 소속 정당을 위하여 정당활동을 할 수 있는 사인으로서의 지위와 국민 모두에 대한 봉사자로서 공익실현의 의무가 있는 헌법기관으로서의 지위를 동시에 갖는데 최소한 전자의 지위와 관련하여는 기본권 주체성을 갖는다고 할 수 있다(헌재 2004.5.14. 2004헌나1).

2417
국회의원은 국회 구성원의 지위에서 질의권·토론권·표결권 등의 기본권 주체가 될 수 있다. 25년 소방간부, 21년 국회직 8급 O X

(X) 국회의원이나 교섭단체에게 부여된 질의권, 토론권 및 표결권 등 각종 권한 그들이 국회의 구성원으로서 국회의 의안처리과정에서 행사할 수 있는 권한이다(헌재 1995.2.23. 90헌라1). / 즉 권리가 아니다. 따라서 국회 구성원 즉 국가기관의 지위에서는 기본권 주체가 될 수 없다.

2418
법인 아닌 사단·재단이라고 하더라도 대표자의 정함이 있고 독립된 사회적 조직체로서 활동하는 때에는 성질상 법인이 누릴 수 있는 기본권을 침해당하게 되면 법인 아닌 사단·재단의 이름으로 헌법소원심판을 청구할 수 있다. 21년 국가직 5급 O X

(O) 법인 아닌 사단·재단이라고 하더라도 대표자의 정함이 있고 독립된 사회적 조직체로서 활동하는 때에는 성질상 법인이 누릴 수 있는 기본권을 침해당하게 되면 그의 이름으로 헌법소원심판을 청구할 수 있다(헌재 1991.6.3. 90헌마56).

2419
근로의 권리가 "일할 자리에 관한 권리"만이 아니라 "일할 환경에 관한 권리"도 함께 내포하고 있는바, 후자는 인간의 존엄성에 대한 침해를 방어하기 위한 사회권적 기본권의 성격도 갖고 있어 국가에 대하여 고용증진을 위한 사회적·경제적 정책을 요구할 수 있는 권리와 건강한 작업환경, 일에 대한 정당한 보수, 합리적인 근로조건의 보장 등을 요구할 수 있는 권리 등을 포함한다고 할 것이므로 외국인 근로자라고 하여 이 부분에까지 기본권 주체성을 부인할 수는 없다. 25년 경찰 2차 O X

(X) 근로의 권리가 '일할 자리에 관한 권리'만이 아니라 '일할 환경에 관한 권리'도 함께 내포하고 있는바, 후자는 인간의 존엄성에 대한 침해를 방어하기 위한 자유권적 기본권의 성격도 갖고 있어 건강한 작업환경, 일에 대한 정당한 보수, 합리적인 근로조건의 보장 등을 요구할 수 있는 권리 등을 포함한다고 할 것이므로 외국인근로자라고 하여 이 부분에까지 기본권 주체성을 부인할 수는 없다(헌재 2007.8.30. 2004헌마670). / 문제는 이 지문에서 국가에 대하여 고용증진을 위한 사회적·경제적 정책을 요구할 수 있는 권리는 일할 환경이 아닌 일할 자리에 관한 내용으로 이는 오답지문이다.

OX 문제

2420
중소기업중앙회는 「중소기업협동조합법」에 의해 설치되고 국가가 그 육성을 위해 재정을 보조해주는 등 공법인적 성격을 강하게 가지고 있으므로 결사의 자유를 누릴 수 있는 단체에 해당되지는 않는다. 24년 순경 1차 ⃞O ⃞X

2421
공법상 재단법인인 방송문화진흥회가 최다출자자인 방송사업자는 관련 규정에 의하여 공법상의 의무를 부담하고 있기 때문에 기본권의 주체가 될 수 없다. 22년 해경간부 ⃞O ⃞X

2422
「학교안전사고 예방 및 보상에 관한 법률」에 의하여 설립된 학교안전공제회는 행정관청 또는 그로부터 행정권한을 위임받은 공공단체로 공법인에 해당할 뿐, 사법인적 성격을 갖는 것은 아니므로 기본권의 주체가 될 수 없다. 22년 순경 2차 ⃞O ⃞X

2423
정당은 권리능력 없는 사단으로서 기본권 주체성이 인정되므로 '미국산 쇠고기 수입의 위생조건에 관한 고시'와 관련하여 생명·신체의 안전에 관한 기본권 침해를 이유로 헌법소원을 청구할 수 있다. 22년 경찰간부 ⃞O ⃞X

2424
한국영화인협회 감독위원회는 영화인협회 내부에 설치된 분과위원회의 하나에 지나지 아니하며, 달리 단체로서 실체를 갖춘 법인 아닌 사단으로 볼 수 없어 헌법소원심판에서 청구인능력이 없다. 21년 국회직 9급 ⃞O ⃞X

2425
헌법재판소는 방송사업자가 방송심의규정을 위반한 경우에 방송사업자의 의사에 반한 사과행위를 강제한 사건에서 방송사업자의 인격권 주체성을 인정하지 않았다. 25년 국회직 9급 ⃞O ⃞X

정답 및 해설

(X) 중소기업중앙회는, 비록 국가가 그 육성을 위해 재정을 보조해주고 중앙회의 업무에 적극 협력할 의무를 부담할 뿐만 아니라 중소기업 전체의 발전을 위한 업무, 국가나 지방자치단체가 위탁하는 업무 등 공공성이 매우 큰 업무를 담당하여 상당한 정도의 공익단체성, 공법인성을 가지고 있다고 하더라도, 기본적으로는 회원 간의 상호부조, 협동을 통해 중소기업자의 경제적 지위를 향상시키기 위한 자조조직(自助組織)으로서 사법인에 해당한다(헌재 2021.7.15. 2020헌가9). / 따라서 결사의 자유를 누린다.

(X) 청구인은 공법상 재단법인인 방송문화진흥회가 최다출자자인 방송사업자로서 방송법 등 관련 규정에 의하여 공법상의 의무를 부담하고 있지만, 그 설립목적이 언론의 자유의 핵심 영역인 방송 사업이므로 이러한 업무 수행과 관련해서는 당연히 기본권 주체가 될 수 있다(헌재 2013.9.26. 2012헌마271).

(X) 공제회는 이처럼 공법인적 성격과 사법인적 성격을 겸유하고 있는데, 공제회가 일부 공법인적 성격을 갖고 있다고 하더라도 공무를 수행하거나 고권적 행위를 하는 경우가 아닌 사경제주체로서 활동하는 경우나 조직법상 국가로부터 독립한 고유 업무를 수행하는 경우, 그리고 다른 공권력 주체와의 관계에서 지배복종관계가 성립되어 일반 사인처럼 그 지배하에 있는 경우 등에는 기본권 주체가 될 수 있다(헌재 2013.9.26. 2012헌마271). 축협중앙회도 동일

(X) 이 사건에서 침해된다고 하여 주장되는 기본권은 생명·신체의 안전에 관한 것으로서 성질상 자연인에게만 인정되는 것이므로, 이와 관련하여 청구인 진보신당과 같은 권리능력 없는 단체는 위와 같은 기본권의 행사에 있어 그 주체가 될 수 없다(헌재 2008.12.26. 2008헌마419).

(O) 청구인 한국영화인협회 감독위원회는 영화인협회로부터 독립된 별개의 단체가 아니고, 영화인협회의 내부에 설치된 8개의 분과위원회 가운데 하나에 지나지 아니하며, 달리 단체로서의 실체를 갖추어 당사자 능력이 인정되는 법인아닌 사단으로 볼 자료도 없다. 따라서 감독위원회는 그 이름으로 헌법소원심판을 청구할 수 있는 헌법소원심판청구능력이 있다고 할 수 없는 것이므로 감독위원회의 이 사건 헌법소원심판청구는 더 나아가 판단할 것 없이 부적법하다(헌재 1991.6.3. 90헌마56).

(X) 이 사건 삼판대상조항은 방송사업자의 의사에 반한 사과행위를 강제함으로써 방송사업자의 인격권을 제한한다(헌재 2012.8.23. 2009헌가27). / 다만 방송사업자는 법인으로 양심을 가지지는 못한다.

| OX 문제 | 정답 및 해설 |

2426
국가, 지방자치단체도 다른 공권력 주체와의 관계에서 지배복종 관계가 성립되어 일반 사인처럼 그 지배하에 있는 경우에는 기본권 주체가 될 수 있다. 20년 경찰승진 O X

(X) 공권력의 행사자인 국가, 지방자치단체나 그 기관 또는 국가조직의 일부나 공법인은 국민의 기본권을 보호 내지 실현해야 할 '책임'과 '의무'를 지는 주체로서 헌법소원을 청구할 수 없다(헌재 1994.12.29. 93헌마120).

2427
변호사 등록제도는 그 연혁이나 법적 성질에 비추어 보건대, 원래 국가의 공행정의 일부라 할 수 있으나, 국가가 행정상 필요로 인해 대한변호사협회에 관련 권한을 이관한 것이므로 대한변호사협회는 변호사 등록에 관한 한 공법인으로서 공권력 행사의 주체이다. 20년 국가직 7급 O X

(O) 변협은 변호사등록에 관한 한 공법인으로서 공권력 행사의 주체이다(헌재 2019.11.28. 2017헌마759).

2428
법률이 교섭단체를 구성한 정당에 정책연구위원을 두도록 하여 그렇지 못한 정당을 차별하는 경우 교섭단체를 구성하지 못한 정당은 기본권을 침해받을 가능성이 있다. 23년 경찰간부 O X

(O) 교섭단체에 정책연구위원을 둔다는 국회법 제34조 제1항 규정은 교섭단체를 구성한 정당에게 정책연구위원을 배정한다는 것과 실질적으로 다를 바 없다고 할 것인바, 이 규정은 교섭단체 소속의원과 그렇지 못한 의원을 차별하는 것인 동시에, 교섭단체를 구성한 정당과 그렇지 못한 정당도 차별하고 있다고 할 것이다. 그렇다면 국회의원 20인 이상을 확보하지 못하여 교섭단체를 구성하지 못한 청구인은 이 사건 규정으로 인하여 자신의 기본권을 침해받을 가능성이 있다(헌재 2008.3.27. 2004헌마654).

2429
축산업협동조합중앙회(이하 '축협중앙회')는 공법인성과 법인성을 겸유한 특수한 법인으로서 기본권의 주체가 될 수 있으며, 이 경우 축협중앙회의 공법인적 특성이 축협중앙회의 기본권 행사에 제약요소로 작용하지 않는다. 23년 경찰간부 O X

(X) 축협중앙회는 공법인성과 사법인성을 겸유한 특수한 법인으로서 이 사건에서 기본권의 주체가 될 수 있다고는 할 것이지만, 위와 같이 두드러진 공법인적 특성이 축협중앙회가 가지는 기본권의 제약요소로 작용하는 것만은 이를 피할 수 없다고 할 것이다(헌재 2000.6.1. 99헌마553).

2430
신체의 자유, 주거의 자유, 변호인의 조력을 받을 권리, 재판청구권 등은 성질상 인간의 권리에 해당한다고 볼 수 있으므로, 위 기본권들에 관하여는 외국인 근로자들의 기본권 주체성이 인정된다. 따라서 '국가인권위원회의 공정한 조사를 받을 권리' 또한 헌법상 인정되는 기본권이라고 할 수 있으므로 외국인 근로자에게도 인정된다. 25년 경찰 2차, 23년 순경 2차, 23년 법원행시, 20년 법원행시 O X

(X) '국가인권위원회의 공정한 조사를 받을 권리'는 헌법상 인정되는 기본권이라고 하기 어렵고, 이 사건 보호 및 강제퇴거가 청구인들의 노동3권을 직접 제한하거나 침해한 바 없음이 명백하므로, 위 기본권들에 대하여는 본안판단에 나아가지 아니한다(헌재 2012.8.23. 2008헌마430).

| OX 문제 | 정답 및 해설 |

2431
주택재개발정비사업조합은 노후·불량한 건축물이 밀집한 지역에서 주거환경을 개선하여 도시의 기능을 정비하고 주거생활의 질을 높여야 할 국가의 의무를 대신하여 실현하는 기능을 수행하고 있으므로 구「도시 및 주거환경정비법」상 주택재개발정비사업 조합이 공법인의 지위에서 기본권의 수범자로 기능하면서 행정심판의 피청구인이 된 경우에는 기본권의 주체가 될 수 없다. 23년 순경 2차 O X

(O) 재개발조합의 공공성과 '도시 및 주거환경정비법'에서 위 조합에 행정처분을 할 수 있는 권한을 부여한 취지 등을 종합하여 볼 때, 재개발조합이 공법인의 지위에서 행정처분의 주체가 되는 경우에 있어서는, 위 조합은 재개발사업에 관한 국가의 기능을 대신하여 수행하는 공권력 행사자 내지 기본권 수범자의 지위에 있다. 따라서 재개발조합이 기본권의 수범자로 기능하면서 행정심판의 피청구인이 된 경우에 적용되는 심판대상조항의 위헌성을 다투는 이 사건에 있어, 재개발조합인 청구인은 기본권의 주체가 된다고 볼 수 없다(헌재 2022.7.21. 2019헌바543 등).

2432
의료인의 면허된 의료행위 이외의 의료행위를 금지하고 처벌하는 의료법 규정에 대하여 외국인의 직업의 자유 및 평등권에 관한 기본권 주체성은 인정되지 않는다. 24년 법무사 O X

(O) 외국인이 국내에서 누리는 직업의 자유는 법률에 따른 정부의 허가에 의해 비로소 발생하는 권리이다. 따라서 외국인인 청구인 에게는 그 기본권주체성이 인정되지 아니하며, 자격제도 자체를 다툴 수 있는 기본권주체성이 인정되지 아니하는 이상 국가자격제도에 관련된 평등권에 관하여 따로 기본권주체성을 인정할 수 없다(헌재 2014.8.28. 2013헌마359).

2433
법인 아닌 사단·재단의 경우 대표자의 정함이 있고 독립된 사회적 조직체로서 활동한다고 하더라도 그의 이름으로 헌법소원심판을 청구할 수는 없다. 23년 경찰승진 O X

(X) 법인도 사단법인·재단법인 또는 영리법인·비영리법인을 가리지 아니하고 위 한계 내에서는 헌법상 보장된 기본권이 침해되었음을 이유로 헌법소원심판을 청구할 수 있다. 또한, 법인 아닌 사단·재단이라고 하더라도 대표자의 정함이 있고 독립된 사회적 조직체로서 활동하는 때에는 성질상 법인이 누릴 수 있는 기본권을 침해당하게 되면 그의 이름으로 헌법소원심판을 청구할 수 있다(헌재 1991.6.3. 90헌마56).

2434
성질상 인간의 권리에 해당한다고 볼 수 있는 재판청구권에 관하여는 외국인의 기본권 주체성이 인정되지만, 불법체류 중인 외국인에게는 재판청구권에 관한 기본권 주체성이 인정되지 않는다. 23년 경찰승진 O X

(X) 불법체류외국인도 신체의 자유, 주거의 자유, 변호인의 조력을 받을 권리, 재판청구권 등은 성질상 인간의 권리로 외국인에게도 기본권주체성이 인정된다(헌재 2012.8.23. 2008헌마430).

2435
법인도 그 성질에 반하지 않는 범위 내에서 인격권의 한 내용인 사회적 신용이나 명예 등의 주체가 될 수 있으니, 방송사업자가 심의규정을 위반한 경우 그 의사에 반하여 '시청자에 대한 사과'를 명령할 수 있도록 규정한 구「방송법」조항은 방송사업자의 인격권을 제한하는 것은 아니다. 23년 순경 1차 O X

(X) 법인도 법인의 목적과 사회적 기능에 비추어 볼 때 그 성질에 반하지 않는 범위 내에서 인격권의 한 내용인 사회적 신용이나 명예 등의 주체가 될 수 있고 법인이 이러한 사회적 신용이나 명예 유지 내지 법인격의 자유로운 발현을 위하여 의사결정이나 행동을 어떻게 할 것인지를 자율적으로 결정하는 것도 법인의 인격권의 한 내용을 이룬다고 할 것이다. 그렇다면 이 사건 심판대상조항은 방송사업자의 의사에 반한 사과행위를 강제함으로써 방송사업자의 인격권을 제한한다(헌재 2012.8.23. 2009헌가27). / 즉 침해이기 때문에 당연히 제한한다.

2436
외국인에게는 제한적으로 직업의 자유에 대한 기본권주체성을 인정할 수 있는데, 근로관계가 형성되기 전단계인 특정한 직업을 선택할 수 있는 권리는 국가정책에 따라 법률로써 외국인에게 제한적으로 허용되는 것이지 헌법상 기본권에서 유래되는 것은 아니다. 23년 순경 1차 O X

(O) 직업의 자유는 원칙적으로 대한민국 국민에게 인정되는 기본권이지, 외국인에게 인정되는 기본권은 아니다. 국가정책에 따라 정부의 허가를 받은 외국인은 정부가 허가한 범위 내에서 소득활동을 할 수 있는 것이므로, 외국인이 국내에서 누리는 직업의 자유는 법률 이전에 헌법에 의해서 부여된 기본권이라고 할 수는 없고, 법률에 따른 정부의 허가에 의해 비로소 발생하는 권리이다(헌재 2014.8.28. 2013헌마359).

OX 문제

2437
국가균형발전특별법에 의한 도지사의 혁신도시 입지선정과 관련하여 그 입지선정에서 제외된 지방자치단체로서는 입지선정 기준이 합리성과 타당성을 결여하였다고 다투는 등 평등권의 주체가 될 수 있다. 24년 법무사 [O][X]

2438
대법원은 기본권 규정이 사법상의 일반원칙을 규정한 민법 제2조, 제103조, 제750조, 제751조 등의 내용을 형성하고 그 해석 기준이 되는 경우에는 직접적으로 사법관계에 효력을 미친다고 판시하였다. 21년 경행특채 [O][X]

2439
대법원은 사적단체가 남성 회원에게는 별다른 심사 없이 총회 의결권 등을 가지는 총회원 자격을 부여하면서도 여성 회원의 경우에는 지속적인 요구에도 불구하고 원천적으로 총회원 자격 심사에서 배제하여 온 것에 대해 평등권의 효력이 간접적으로 사법관계에 미친다고 하면서 기본권 침해를 인정하였다. 21년 경행특채 [O][X]

2440
기본권 규정은 성질상 사법관계에 직접 적용될 수 있는 경우에는 직접 적용되나, 헌법은 사인 간에 직접 적용되는 기본권에 관하여 명시적으로 규정하고 있지 않다. 22년 법원행시 [O][X]

2441
사적 단체를 포함하여 사회공동체 내에서 개인이 성별에 따른 불합리한 차별을 받지 아니하고 자신의 희망과 소양에 따라 다양한 사회적·경제적 활동을 영위하는 것은 그 인격권 실현의 본질적 부분에 해당하므로 평등권이라는 기본권의 침해도 민법 제750조의 일반규정을 통하여 사법상 보호되는 인격적 법익침해의 형태로 구체화되어 논하여질 수 있고, 그 위법성 인정을 위하여 반드시 사인간의 평등권 보호에 관한 별개의 입법이 있어야만 하는 것은 아니다. 22년 법원행시 [O][X]

정답 및 해설

(X) 지방자치단체는 기본권의 주체가 될 수 없다는 것이 헌법재판소의 입장이며, 이를 변경해야 할 만한 사정이나 필요성이 없으므로 지방자치단체인 춘천시의 헌법소원 청구는 부적법하다(헌재 2006.12.28. 2006헌마312).

(X) 기본권 규정은 성질상 사법관계에 직접 적용될 수 있는 예외적인 것을 제외하고는 관련 법규범 또는 사법상의 일반원칙을 규정한 민법 제2조, 제103조 등의 내용을 형성하고 그 해석기준이 되어 간접적으로 사법관계에 효력을 미치게 된다(대판 2018.9.13. 2017두38560).

(O) 서울기독교청년회(서울YMCA)가 남성 회원에게는 별다른 심사 없이 총회의결권 등을 가지는 총회원 자격을 부여하면서도 여성 회원의 경우에는 지속적인 요구에도 불구하고 원천적으로 총회원 자격심사에서 배제하여 온 것은, 우리 사회의 건전한 상식과 법감정에 비추어 용인될 수 있는 한계를 벗어나 사회질서에 위반되는 것으로서 여성 회원들의 인격적 법익을 침해하여 불법행위를 구성한다(대판 2011.1.27. 2009다19864).

(O) 헌법은 명시적으로 기본권의 대사인효를 대해 규정한 조항은 존재하지 않는다. / 다만 암시하는 조문은 존재한다.

(O) 헌법 제11조는 "모든 국민은 법 앞에 평등하다. 누구든지 성별·종교 또는 사회적 신분에 의하여 정치적·경제적·사회적·문화적 생활의 모든 영역에 있어서 차별을 받지 아니한다."라고 규정하여 평등의 원칙을 선언함과 동시에 모든 국민에게 평등권을 보장하고 있다. 따라서 사적 단체를 포함하여 사회공동체 내에서 개인이 성별에 따른 불합리한 차별을 받지 아니하고 자신의 희망과 소양에 따라 다양한 사회적·경제적 활동을 영위하는 것은 그 인격권 실현의 본질적 부분에 해당하므로 평등권이라는 기본권의 침해도 민법 제750조의 일반규정을 통하여 사법상 보호되는 인격적 법익침해의 형태로 구체화되어 논하여질 수 있고, 그 위법성 인정을 위하여 반드시 사인간의 평등권 보호에 관한 별개의 입법이 있어야만 하는 것은 아니다(대판 2011.1.27. 2009다19864).

| OX 문제 | 정답 및 해설 |

2442
기업의 경영에 관한 의사결정의 자유 등 영업의 자유와 근로자들이 누리는 일반적 행동자유권 등이 '근로조건' 설정을 둘러싸고 충돌하는 경우에는, 근로조건과 인간의 존엄성 보장 사이의 헌법적 관련성을 염두에 두고 구체적인 사안에서의 사정을 종합적으로 고려한 이익형량과 함께 기본권들 사이의 실제적인 조화를 꾀하는 해석 등을 통하여 이를 해결하여야 한다. 22년 법원직 ☐O☐X

(O) 기업의 경영에 관한 의사결정의 자유 등 영업의 자유와 근로자들이 누리는 일반적 행동자유권 등이 '근로조건' 설정을 둘러싸고 충돌하는 경우에는, 근로조건과 인간의 존엄성 보장 사이의 헌법적 관련성을 염두에 두고 구체적인 사안에서의 사정을 종합적으로 고려한 이익형량과 함께 기본권들 사이의 실제적인 조화를 꾀하는 해석 등을 통하여 이를 해결하여야 한다(대판 2018.9.13. 2017두38560).

2443
근로자의 개인적 단결권(단결선택권)과 노동조합의 집단적 단결권(조직강제권)이 충돌하는 경우 헌법의 통일성을 유지하기 위하여 상충하는 기본권 모두가 최대한으로 그 기능과 효력을 발휘할 수 있도록 조화로운 방법을 모색하되 법익형량의 원리, 입법에 의한 선택적 재량 등을 종합적으로 참작하여 심사하여야 한다. 23년 경찰승진 ☐O☐X

(O) 근로자의 단결선택권과 노동조합의 집단적 단결권(조직강제권) 사이에 균형을 도모하고 있고, 상충·제한되는 두 기본권 사이에 적정한 비례관계도 유지되고 있다고 할 것이다(헌재 2005.11.24. 2002헌바95 등).

2444
흡연권은 사생활의 자유를 실질적 핵으로 하는 것이고 혐연권은 사생활의 자유뿐만 아니라 생명권에까지 연결되는 것이므로 혐연권이 흡연권보다 상위의 기본권이라 할 수 있고, 상하의 위계질서가 있는 기본권끼리 충돌하는 경우에는 상위기본권우선의 원칙에 따라 하위기본권이 제한될 수 있으므로, 흡연권은 혐연권을 침해하지 않는 한에서 인정되어야 한다. 23년 경찰승진, 23년 소방간부, 23년 경찰간부 ☐O☐X

(O) 흡연권은 위와 같이 사생활의 자유를 실질적 핵으로 하는 것이고 혐연권은 사생활의 자유뿐만 아니라 생명권에까지 연결되는 것이므로 혐연권이 흡연권보다 상위의 기본권이라 할 수 있다. 이처럼 상하의 위계질서가 있는 기본권끼리 충돌하는 경우에는 상위기본권우선의 원칙에 따라 하위기본권이 제한될 수 있으므로, 결국 흡연권은 혐연권을 침해하지 않는 한에서 인정되어야 한다(헌재 2004.8.26. 2003헌마457).

2445
기본권의 경합이란 상이한 복수의 기본권주체가 서로의 권익을 실현하기 위해 하나의 동일한 사건에서 국가에 대하여 서로 대립되는 기본권의 적용을 주장하는 경우를 말한다. 23년 경찰승진 ☐O☐X

(X) 기본권의 충돌이란 상이한 복수의 기본권주체가 서로의 권익을 실현하기 위해 하나의 동일한 사건에서 국가에 대하여 서로 대립되는 기본권의 적용을 주장하는 경우를 말한다(헌재 2005.11.24. 2002헌바95 등). / 즉 경합이 아니라 충돌이다.

2446
보호영역으로서의 '선거운동'의 자유가 문제되는 경우 표현의 자유 및 선거권과 일반적 행동자유권으로서의 행복추구권은 서로 특별관계에 있어 기본권의 내용상 특별성을 갖는 표현의 자유 및 선거권이 우선 적용된다. 23년 소방간부 ☐O☐X

(O) 보호영역으로서의 '선거운동'의 자유가 문제되는 경우 표현의 자유 및 선거권과 일반적 행동자유권으로서의 행복추구권은 서로 특별관계에 있어 기본권의 내용상 특별성을 갖는 표현의 자유 및 선거권이 우선 적용된다(헌재 2004.4.29. 2002헌마467).

| OX 문제 | 정답 및 해설 |

2447
정치적 표현의 자유는 선거과정에서의 선거운동을 통하여 국민이 정치적 의견을 자유로이 발표·교환함으로써 비로소 그 기능을 다하게 된다고 할지라도, 선거운동의 자유는 헌법에 정한 언론·출판·집회·결사의 자유 보장규정에 의한 보호를 받는 것이 아니라 선거원칙을 규정하고 있는 「헌법」 제41조 제1항 및 제67조 제1항과 「헌법」 제10조 행복추구권으로부터 유래되는 일반적 행동자유권 등에 의해서 우선적으로 보호된다. 21년 소방간부 [O][X]

(X) 선거운동의 자유는 널리 선거과정에서 자유로이 의사를 표현할 자유의 일환이므로 표현의 자유의 한 태양이기도 하다. 표현의 자유, 특히 정치적 표현의 자유는 선거과정에서의 선거운동을 통하여 국민이 정치적 의견을 자유로이 발표·교환함으로써 비로소 그 기능을 다하게 된다 할 것이므로, 선거운동의 자유는 헌법에 정한 언론·출판·집회·결사의 자유 보장 규정에 의한 보호를 받는다(헌재 2001.8.30. 99헌바92 등).

2448
선거운동의 자유는 널리 선거과정에서 자유로이 의사를 표현할 자유의 일환이므로 표현의 자유의 한 태양이기도 한데, 이러한 정치적 표현의 자유는 선거과정에서의 선거운동을 통하여 국민이 정치적 의견을 자유로이 발표, 교환함으로써 비로소 그 기능을 다하게 된다 할 것이므로 선거운동의 자유는 헌법이 정한 언론·출판·집회·결사의 자유 및 보장규정에 의한 보호를 받는다. 25년 경찰 2차 [O][X]

(O) 선거운동의 자유는 널리 선거과정에서 자유로이 의사를 표현할 자유의 일환이므로 표현의 자유의 한 태양이기도 하다. 표현의 자유, 특히 정치적 표현의 자유는 선거과정에서의 선거운동을 통하여 국민이 정치적 의견을 자유로이 발표·교환함으로써 비로소 그 기능을 다하게 된다 할 것이므로, 선거운동의 자유는 헌법에 정한 언론·출판·집회·결사의 자유 보장 규정에 의한 보호를 받는다(헌재 2001.8.30. 99헌바92 등).

2449
반론권은 보도기관이 사실에 대한 보도과정에서 타인의 인격권 및 사생활의 비밀과 자유에 대한 중대한 침해가 될 직접적 위험을 초래하게 되는 경우 이러한 법익을 보호하기 위한 적극적 요청에 의하여 마련된 제도인 것이지 언론의 자유를 제한하기 위한 소극적 필요에서 마련된 것은 아니기 때문에 이에 따른 보도기관이 누리는 언론의 자유에 대한 제약의 문제는 결국 피해자의 반론권과 서로 충돌하는 관계에 있다. 23년 소방간부 [O][X]

(O) 반론권은 보도기관이 사실에 대한 보도과정에서 타인의 인격권 및 사생활의 비밀과 자유에 대한 중대한 침해가 될 직접적 위험을 초래하게 되는 경우 이러한 법익을 보호하기 위한 적극적 요청에 의하여 마련된 제도인 것이지 언론의 자유를 제한하기 위한 소극적 필요에서 마련된 것은 아니기 때문에 이에 따른 보도기관이 누리는 언론의 자유에 대한 제약의 문제는 결국 피해자의 반론권과 서로 충돌하는 관계에 있다(헌재 1991.9.16. 89헌마165).

2450
사인간 기본권 충돌의 경우 입법자에 의한 규제와 개입은 개별 기본권 주체에 대한 기본권 제한의 방식으로 흔하게 나타나며, 노사관계의 경우에도 국가의 개입이 기본권을 침해하는지 여부가 문제될 수는 있으나, 사적 계약관계라는 이유로 국가가 개입할 수 없다고 볼 것은 아니다. 23년 소방간부 [O][X]

(O) 사인간 기본권 충돌의 경우 입법자에 의한 규제와 개입은 개별 기본권 주체에 대한 기본권 제한의 방식으로 흔하게 나타나며, 노사관계의 경우도 마찬가지이다. 예컨대, 사용자와 근로자는 근로계약 체결단계에서부터 계약상 의무 위반에 이르기까지 근로기준법, 최저임금법 등 노동 관계법령에 의한 국가적 개입을 받고 있으며, 이러한 국가의 개입이 기본권을 침해하는지 여부가 문제될 수는 있으나, 사적 계약관계라는 이유로 국가가 개입할 수 없다고 볼 것은 아니다(헌재 2022.5.26. 2012헌바66).

| OX 문제 | 정답 및 해설 |

2451
하나의 규제로 인하여 여러 기본권이 동시에 제약을 받는 기본권 경합의 경우에는 기본권 침해를 주장하는 청구인들의 의도 및 기본권을 제한하는 입법자의 객관적 동기 등을 참작하여 사안과 가장 밀접한 관계가 있고 또 침해의 정도가 큰 주된 기본권을 중심으로 해서 그 제한의 한계를 따져 보아야 한다. 23년 소방간부

(O) 하나의 규제로 인해 여러 기본권이 동시에 제약을 받는 기본권경합의 경우에는 기본권침해를 주장하는 제청신청인과 제청법원의 의도 및 기본권을 제한하는 입법자의 객관적 동기 등을 참작하여 사안과 가장 밀접한 관계에 있고 또 침해의 정도가 큰 주된 기본권을 중심으로 해서 그 제한의 한계를 따져 보아야 할 것이다(헌재 1998.4.30. 95헌가16).

2452
청구인은 의료인이 아니라도 문신시술업을 합법적인 직업으로 영위할 수 있어야 함을 주장하고 있고, 「의료법」 조항의 1차적 의도도 보건위생상 위해 가능성이 있는 행위를 규율하고자 하는 경우에는 직업선택의 자유를 중심으로 위헌 여부를 살피는 이상 예술의 자유 침해 여부는 판단하지 아니한다. 23년 경찰간부

(O) 이 사건에서 청구인들은 의료인이 아니더라도 문신시술업을 합법적인 직업으로 영위할 수 있어야 함을 주장하고 있고, 심판대상조항의 일차적 의도도 보건위생상 위해 가능성이 있는 행위를 규율하고자 하는 데 있으며, 심판대상조항에 의한 예술의 자유 또는 표현의 자유의 제한은 문신시술업이라는 직업의 자유에 대한 제한을 매개로 하여 간접적으로 제약되는 것이라 할 것인바, 사안과 가장 밀접하고 침해의 정도가 큰 직업선택의 자유를 중심으로 심판대상조항의 위헌 여부를 살피는 이상 예술의 자유와 표현의 자유 침해 여부에 대하여는 판단하지 아니한다(헌재 2022.3.31. 2017헌마1343 등).

2453
선거기간 중 모임을 처벌하는 「공직선거법」 조항에 대한 입법자의 1차적 의도는 선거기간 중 집회를 금지하는 데 있으며, 헌법상 결사의 자유보다 집회의 자유가 두텁게 보호되고, 위 조항에 의하여 직접 제약되는 자유 역시 집회의 자유이므로 집회의 자유를 침해하는지를 살핀다. 23년 경찰간부

(O) 심판대상조항에 대한 입법자의 일차적 의도는 선거기간 중 모임, 즉 집회를 금지하고자 하는 데 있으며, 단체의 모임은 단체의 다양한 활동 중의 하나에 불과하고, 헌법상 결사의 자유보다는 집회의 자유가 두텁게 보호되며, 위 조항에 의하여 직접 제약되는 자유 역시 집회의 자유라고 할 것이다. 따라서 아래에서는 심판대상조항이 과잉금지원칙에 위반하여 집회의 자유를 침해하는지를 살핀다(헌재 2013.12.26. 2010헌가90).

2454
국립대학교 총장임용후보자 선거시 투표에서 일정 수 이상을 득표한 경우에만 기탁금 전액이나 일부를 후보자에게 반환하고, 반환되지 않은 기탁금은 국립대학교 발전기금에 귀속시키는 기탁금귀속조항에 대해서는 재산권보다 공무담임권을 중심으로 살핀다. 23년 경찰간부

(X) 이 사건 기탁금귀속조항은 후보자가 사망하거나 제1차 투표에서 유효투표수의 100분의 15 이상을 득표한 경우에는 기탁금 전액을, 제1차 투표에서 유효투표수의 100분의 10 이상 100분의 15 미만을 득표한 경우에는 기탁금 반액을 후보자에게 반환하고, 반환되지 않은 기탁금은 경북대학교 발전기금에 귀속되도록 하고 있다. 이하에서는 이 사건 기탁금귀속조항이 후보자의 재산권을 침해하는지 여부에 대하여 살핀다(헌재 2022.5.26. 2020헌마1219). 기탁금 자체보다는 귀속조항을 의미하기 때문에 이는 재산권이 주된 기본권으로 봐야 한다.

2455
명예의 보호는 인격의 자유로운 발전과 인간의 존엄성 보호뿐만 아니라 민주주의의 실현에 기여하므로, 표현의 자유와 인격권의 충돌 시에는 인격권이 우선된다. 25년 소방간부

(X) 명예는 사회에서 개인의 인격을 발현하기 위한 기본조건이므로, 명예의 보호는 인격의 자유로운 발전과 인간의 존엄성 보호뿐만 아니라 민주주의의 실현에 기여한다. 그러므로 표현의 자유와 인격권의 우열은 쉽게 단정할 성질의 것이 아니다(헌재 2021.7.15. 2021헌마88).

2456
국민의 수학권과 교사의 수업의 자유는 다 같이 보호되어야 하겠지만 양자가 충돌하는 경우 국민의 수학권이 더 우선적으로 보호되어야 한다. 23년 경찰간부

(O) 국민의 수학권과 교사의 수업의 자유는 다 같이 보호되어야 하겠지만 그 중에서도 국민의 수학권이 더 우선적으로 보호되어야 한다(헌재 1992.11.12. 89헌마88).

| OX 문제 | 정답 및 해설 |

2457
교사의 수업권과 학생의 수학권이 충돌하는 경우 두 기본권 모두 효력을 나타내는 규범조화적 해석에 따라 기본권충돌은 해결되어야 한다. 24년 법무사 [O][X]

(X) 국민의 수학권과 교사의 수업의 자유는 다 같이 보호되어야 하겠지만 그중에서도 국민의 수학권이 더 우선적으로 보호되어야 한다(헌재 1992.11.12. 89헌마88). 즉 이익형량으로 해결되어야 한다.

2458
피해자의 반론게재청구권으로 해석되는 정정보도청구권제도는 언론의 자유와는 서로 충돌되는 면이 있으나 전체적으로는 상충되는 기본권 사이에 합리적인 조화를 이루고 있다. 23년 경찰간부 [O][X]

(O) 현행 정정보도청구권제도는 그 명칭에 불구하고 피해자의 반론게재 청구권으로 해석되고 이는 언론의 자유와는 비록 서로 충돌되는 면이 없지 아니하나 전체적으로는 상충되는 기본권 사이에 합리적 인 조화를 이루고 있는 것으로 판단된다(헌재 1991.9.16. 89헌마165).

2459
채권자취소권에 관한 민법 규정으로 인하여 채권자의 재산권과 채무자 및 수익자의 일반적 행동의 자유, 그리고 채권자의 재산권과 수익자의 재산권이 동일한 장에서 충돌한다. 따라서 이러한 경우에는 상충하는 기본권 모두가 최대한으로 그 기능과 효력을 발휘할 수 있도록 이른바 규범조화적 해석방법에 따라 심사하여야 한다. 22년 법원직 [O][X]

(O) 이 사건 법률조항은 채권자에게 채권의 실효성 확보를 위한 수단으로서 채권자취소권을 인정함으로써, 채권자의 재산권과 채무자와 수익자의 일반적 행동의 자유 내지 계약의 자유 및 수익자의 재산권이 서로 충돌하게 되는바, 위와 같은 채권자와 채무자 및 수익자의 기본권들이 충돌하는 경우에 기본권의 서열이나 법익의 형량을 통하여 어느 한 쪽의 기본권을 우선시키고 다른 쪽의 기본권을 후퇴시킬 수는 없다고 할 것이다(헌재 2007.10.25. 2005헌바96). / 즉 규범조화적으로 해결

2460
「민법」상 채권자취소권이 헌법에 부합하는 이유는 채권자의 재산권과 채무자의 일반적 행동자유권 중에서 이익형량의 원칙에 비추어 채권자의 재산권이 상위의 기본권이기 때문이다. 22년 경찰간부 [O][X]

(X) 채권자와 채무자 및 수익자의 기본권들이 충돌하는 경우에 기본권의 서열이나 법익의 형량을 통하여 어느 한 쪽의 기본권을 우선시키고 다른 쪽의 기본권을 후퇴시킬 수는 없다고 할 것이다(헌재 2007.10.25. 2005헌바96).

2461
형제·자매에게 가족관계등록부 등의 기록사항에 관한 증명서 교부청구권을 부여하는 것은 본인의 개인정보자기결정권을 제한하는 것으로 개인정보자기결정권 침해 여부를 판단한 이상 인간의 존엄과 가치 및 행복추구권, 사생활의 비밀과 자유는 판단하지 않는다. 22년 경찰간부 [O][X]

(O) 가족관계등록법상의 각종 증명서 발급에 있어 형제자매에게 정보주체인 본인과 거의 같은 지위를 부여한다. 즉, 형제자매는 본인과 관련된 모든 증명서를 발급받을 수 있고, 기록사항 전부가 현출된 증명서를 발급받을 수 있다. 이는 증명서 교부청구권자의 범위를 필요한 최소한도로 한정한 것이라고 볼 수 없다(이복형제의 경우에도 가능함). 따라서, 개인정보자기결정권을 침해한다(헌재 2016.6.30. 2015헌마924). 인간의 존엄과 가치 및 행복추구권, 사생활의 비밀과 자유는 판단하지 않는다.

2462
친양자 입양은 친생부모의 기본권과 친양자가 될 자의 기본권이 서로 대립·충돌하는 관계라고 할 수 있고, 이들 기본권은 공히 가족생활에 관한 기본권으로서 그 서열이나 법익의 형량을 통하여 어느 한쪽의 기본권을 일방적으로 우선시키고 다른 쪽을 후퇴시키는 것은 부적절하다. 24년 해경간부, 21년 국회직 9급 [O][X]

(O) 친양자 입양은 친생부모의 기본권과 친양자가 될 자의 기본권이 서로 대립·충돌하는 관계라고 볼 수 있다. 그리고 이들 기본권은 공히 가족생활에 대한 기본권으로서 그 서열이나 법익의 형량을 통하여 어느 한쪽의 기본권을 일방적으로 우선시키고 다른 쪽을 후퇴시키는 것은 부적절하다(헌재 2012.5.31. 2010헌바87). / 이 경우 규범조화적으로 해결

| OX 문제 | 정답 및 해설 |

2463
친양자의 입양을 청구하기 위해 친생부모의 친권상실, 사망 기타 동의할 수 없는 사유가 없는 한 친생부모의 동의를 반드시 요하도록 한 구 민법 해당 조항과 관련하여 헌법재판소는 친생부모의 기본권과 친양자가 될 자의 기본권이 경합하는 영역으로 보았다. 24년 법원행시 [O][X]

(X) 친양자가 될 자의 헌법 제36조 제1항 및 헌법 제10조에 의한 가족생활에서의 기본권을 보장하기 위해 친생부모의 동의를 무시하고 친양자 입양을 성립시키는 경우에는 친생부모의 기본권이 제한되게 되고, 친생부모의 친족관계유지에 대한 기본권을 보장하기 위해 친생부모가 동의하지 않는 이상 무조건 친양자 입양이 성립되지 않는다고 보는 경우에는 친양자가 될 자의 기본권이 제한될 가능성이 발생한다. 결국 친양자 입양은 친생부모의 기본권과 친양자가 될 자의 기본권이 서로 대립·충돌하는 관계라고 볼 수 있다(헌재 2012.5.31. 2010헌바87).

2464
수탁자가 신탁재산을 고유재산으로 하거나 이에 관하여 권리를 취득하는 것을 금지한 구 신탁법 해당 조항은 신탁회사 및 신탁업자의 영업의 자유와 함께 계약의 자유를 각각 제한함으로써 기본권 경합을 야기한다. 24년 법원행시 [O][X]

(O) 심판대상조항은 신탁회사 및 신탁업자가 신탁재산을 고유재산으로 하거나 이에 관하여 권리를 취득하는 것을 제한하고 있다. 이러한 제한 내용은 신탁회사 및 신탁업자가 영업활동의 일환으로 신탁재산을 고유재산으로 하거나 이에 관하여 권리를 취득하고자 하는 것을 제한한다는 측면에서는 헌법 제15조의 직업의 자유에 의하여 보장되는 영업의 자유를, 신탁회사 및 신탁업자가 수탁자와 신탁재산을 고유재산으로 하거나 이에 관하여 권리를 취득하는 것을 내용으로 하는 신탁계약 체결을 제한한다는 측면에서는 헌법 제10조의 일반적 행동자유권에서 도출되는 계약의 자유를 각 제한한다고 볼 수 있다(헌재 2018.3.29. 2016헌바468). 즉 기본권 경합의 관계에 해당한다.

2465
개인적 단결권과 집단적 단결권이 충돌하는 경우 기본권의 서열 이론이나 법익형량의 원리에 입각하여 어느 기본권이 더 상위 기본권이라고 단정할 수 없다. 20년 경행특채 [O][X]

(O) 개인적 단결권과 집단적 단결권이 충돌하는 경우 기본권의 서열 이론이나 법익형량의 원리에 입각하여 어느 기본권이 더 상위기본권이라고 단정할 수는 없다(헌재 2005.11.24. 2002헌바95 등).

2466
위법하게 취득한 타인간의 대화내용을 공개하는 자를 처벌하는 「통신비밀보호법」 조항은 대화자의 통신의 비밀을 보호하기 위한 것이나, 다른 한편으로는 대화내용을 공개하는 자의 표현의 자유를 제한하게 되므로 두 기본권이 충돌하게 된다.
21년 소방간부 [O][X]

(O) 이 사건 법률조항이 불법 감청·녹음 등을 통하여 취득한 타인간의 대화내용을 공개·누설하는 경우 그러한 취득행위에는 관여하지 않고 다른 경로를 통하여 그 대화내용을 알게 된 사람이라 하더라도 처벌하는 것은 위와 같이 헌법 제18조에 의하여 보장되는 통신의 비밀을 보호하기 위함이다. 그러나 이 사건 법률조항은 다른 한편으로는 위법하게 취득한 타인간의 대화내용을 공개하는 자를 처벌함으로써 그 대화내용을 공개하는 자의 표현의 자유를 제한하게 된다. … 따라서 이 사건 법률조항에 의하여 대화자의 통신의 비밀과 공개자의 표현의 자유라는 두 기본권이 충돌하게 된다(헌재 2011.8.30. 2009헌바42).

2467
입법자가 임의적 규정으로도 법의 목적을 실현할 수 있는 경우인데도 구체적 사안의 개별성과 특수성을 고려할 수 있는 가능성을 일체 배제하는 필요적 규정을 두었다면 최소침해성의 원칙에 위배된다. 22년 경행특채, 22년 해경일반 [O][X]

(O) 입법자가 임의적 규정으로도 법의 목적을 실현할 수 있는 경우인데도 구체적 사안의 개별성과 특수성을 고려할 수 있는 가능성을 일체 배제하는 필요적 규정을 두었다면 최소침해성의 원칙에 위배된다(헌재 2006.12.28. 2005헌바87).

| OX 문제 | 정답 및 해설 |

2468
도로를 차단하고 불특정 다수인을 상대로 실시하는 일제단속식 음주단속은 그 자체로는 도로교통법에 근거를 둔 적법한 경찰작용이다. 23년 5급 공채 ⃞O⃞X

(O) 도로를 차단하고 불특정 다수인을 상대로 실시하는 일제단속식 음주단속은 그 자체로는 도로교통법 제41조 제2항 전단에 근거를 둔 적법한 경찰작용이다(헌재 2004.1.29. 2002헌마293).

2469
음주운전 금지규정 위반 또는 음주측정거부 전력을 가중요건으로 삼으면서 해당 전력과 관련하여 아무런 시간적 제한도 두지 않은 채 뒤에 행해진 음주운전 금지규정 위반행위를 가중처벌하는 것은 책임에 비해 과도한 형벌을 규정한 것이다. 23년 5급 공채, 22년 법원행시 ⃞O⃞X

(O) 가중요건이 되는 과거 음주운전 금지규정 위반행위와 처벌대상이 되는 재범 음주운전 금지규정 위반행위 사이에 아무런 시간적 제한이 없고, 과거 위반행위가 형의 선고나 유죄의 확정판결을 받은 전과일 것을 요구하지도 않는다. 일률적으로 가중처벌하도록 하고 있으므로 형벌 본래의 기능에 필요한 정도를 현저히 일탈하는 과도한 법정형을 정한 것이다(헌재 2021.11.25. 2019헌바446).

2470
긴급재정경제명령은 평상시의 헌법 질서에 따른 권력행사 방법으로서는 대처할 수 없는 재정·경제상의 국가위기 상황에 처하여 이를 극복하기 위하여 발동되는 비상입법조치라는 속성상 기본권제한의 한계로서의 과잉금지원칙의 준수가 요구되지 않는다. 23년 순경 2차 ⃞O⃞X

(X) 긴급재정경제명령이 아래에서 보는 바와 같은 헌법 제76조 소정의 요건과 한계에 부합하는 것이라면 그 자체로 목적의 정당성, 수단의 적정성, 피해의 최소성, 법익의 균형성이라는 기본권제한의 한계로서의 과잉금지원칙을 준수하는 것이 되는 것이다. 그러므로 이 사건 긴급명령이 헌법 제76조가 정하고 있는 요건과 한계에 부합하는 것인지 살펴본다(헌재 1996.2.29. 93헌마186). / *즉 헌법 제76조 요건에 부합하면 자동준수로 과잉금지가 충족된다.*

2471
음주측정거부자에 대해 필요적으로 면허를 취소할 것을 규정한 도로교통법 조항은 재산권, 직업선택의 자유, 행복추구권 또는 양심의 자유에 대한 과도한 제한에 해당하지 않는다. 23년 5급 공채 ⃞O⃞X

(O) 음주측정거부자에 대해 필요적으로 면허를 취소할 것을 규정한 도로교통법 조항은 재산권, 직업선택의 자유, 행복추구권 또는 양심의 자유에 대한 과도한 제한에 해당하지 않는다(헌재 2007.12.27. 2005헌바95).

2472
경비업을 경영하고 있는 자들이나 다른 업종을 경영하면서 새로이 경비업에 진출하고자 하는 자들로 하여금, 경비업을 전문으로 하는 별개의 법인을 설립하지 않는 한 경비업과 그 밖의 업종을 겸영하지 못하도록 금지하고 있는 「경비업법」 조항은 목적의 정당성을 침해한다. 23년 경찰승진, 22년 법원행시 ⃞O⃞X

(X) 비전문적인 영세경비업체의 난립을 막고 전문경비업체를 양성하며, 경비원의 자질을 높이고 무자격자를 차단하여 불법적인 노사분규 개입을 막고자 하는 입법목적 자체는 정당하다고 보여진다(헌재 2002.4.25. 2001헌마614). / 수단의 적합성이 부정되었다.

2473
변호사시험 성적을 합격자에게 공개하지 않도록 규정한 「변호사시험법」 조항은 법학전문대학원 간의 과다경쟁 및 서열화를 방지하고, 교육과정이 충실하게 이행될 수 있도록 하여 다양한 분야의 전문성을 갖춘 양질의 변호사를 양성하기 위한 것으로 그 입법목적은 정당하나 입법목적을 달성하는 적절한 수단이라고 볼 수는 없다. 24년 순경 1차 ⃞O⃞X

(O) 오히려 시험성적을 공개하는 경우 경쟁력 있는 법률가를 양성할 수 있고, 각종 법조직역에 채용과 선발의 객관적 기준을 제공할 수 있다. 따라서 변호사시험 성적의 비공개는 기존 대학의 서열화를 고착시키는 등의 부작용을 낳고 있으므로 수단의 적절성이 인정되지 않는다(헌재 2015.6.25. 2011헌마769 등).

OX 문제

2474
형사재판에 피고인으로 출석하는 수형자에 대하여 사복착용을 불허하는 「형의 집행 및 수용자의 처우에 관한 법률」 조항은 형사재판을 받는 수형자의 도주를 방지하기 위한 것으로 목적의 정당성은 인정되나, 재판 과정에서 재소자용 의류를 입게 하는 것이 도주의 방지를 위한 필요하고도 유용한 수단이라고 보기는 어렵다. 24년 순경 1차 ☐O☐X

2475
현재는 남아선호사상이 상당히 쇠퇴하고 있다고 할 것이지만, 임부와 그 가족이 태아의 성별에 대한 선호도에 따라 낙태를 할 가능성은 여전히 남아있다고 할 것이므로, 임신 32주 이전에 태아의 성별에 대한 고지를 금지하면 성별을 이유로 하는 낙태를 예방할 수 있는 효과가 있다는 점을 부인할 수 없다. 따라서 심판대상조항은 수단의 적합성이 인정된다.
25년 법원직 ☐O☐X

2476
배우자 있는 자의 간통행위 및 그와의 상간행위를 2년 이하의 징역에 처하도록 규정한 「형법」 제241조는 입법목적의 정당성이 인정되지만, 혼인빙자간음행위를 형사처벌하는 「형법」 제304조 중 "혼인을 빙자하여 음행의 상습없는 부녀를 기망하여 간음한 자" 부분은 입법목적의 정당성이 인정되지 않는다.
24년 경찰간부 ☐O☐X

2477
입법자가 임의적 규정으로도 법의 목적을 실현할 수 있는 경우, 구체적 사안의 개별성과 특수성을 고려할 수 있는 가능성을 일체 배제하는 필요적 규정을 둔다면 이는 비례원칙의 한 요소인 '수단의 적합성(적절성) 원칙'에 위배된다. 22년 경찰승진 ☐O☐X

2478
기본권을 제한할 필요성이 있는 경우에 기본권 행사의 방법을 통하여 목적을 달성할 수 있는 경우 기본권 행사여부에 대한 규제조치를 취하는 것은 최소침해의 원칙에 위반된다. 22년 국회직 9급 ☐O☐X

정답 및 해설

(X) 수형자가 형사재판의 피고인으로 출석할 경우 재소자용 의류를 입게 하는 것은 이와 같은 도주예방과 교정사고 방지에 필요하고도 유용한 수단이므로, 그 목적의 정당성과 수단의 적합성은 인정된다(헌재 2015.12.23. 2013헌마712). 다만 헌법에 위반된다.

(X) 부모가 태아의 성별을 알고자 하는 것은 본능적이고 자연스러운 욕구로, 태아의 성별을 비롯하여 태아에 대한 모든 정보에 접근을 방해받지 않을 권리는 부모로서 누려야 할 마땅한 권리이다. 태아의 성별고지 행위는 그 자체로 태아를 포함하여 누구에게도 해가 되는 행위가 아니므로, 보다 풍요롭고 행복한 가족생활을 영위하도록 하기 위해 진료과정에서 알게 된 태아에 대한 성별 정보를 굳이 임신 32주 이전에는 고지하지 못하도록 금지하여야 할 이유는 없는 것이다. 따라서 심판대상조항은 과잉금지원칙을 위반하여 부모가 태아의 성별 정보에 대한 접근을 방해받지 않을 권리를 침해한다(헌재 2024.2.28. 2022헌마356 등). / 즉 수단의 적합성이 부정된다.

(O) 심판대상조항은 선량한 성풍속 및 일부일처제에 기초한 혼인제도를 보호하고 부부간 정조의무를 지키게 하기 위한 것으로 그 입법목적의 정당성은 인정된다(헌재 2015.2.26. 2009헌바17 등 – 간통죄). / 이 사건 법률조항의 경우 형벌규정을 통하여 추구하고자 하는 목적 자체가 헌법에 의하여 허용되지 않는 것으로서 그 정당성이 인정되지 않는다고 할 것이다(헌재 2009.11.26. 2008헌바58 등 – 혼인빙자간음죄).

(X) 기본권침해의 정도가 덜한 임의적 취소제도의 적절한 운용을 통하여 입법목적을 달성하려는 노력은 기울이지 아니한 채 기본권침해의 정도가 한층 큰 필요적 취소제도를 도입한 이 사건 법률조항은 행정편의적 발상으로서 피해최소성의 원칙에 위반된다(헌재 2000.6.1. 99헌가11 등).

(O) 침해의 최소성의 관점에서, 입법자는 그가 의도하는 공익을 달성하기 위하여 우선 기본권을 보다 적게 제한하는 단계인 기본권행사의 '방법'에 관한 규제로써 공익을 실현할 수 있는가를 시도하고 이러한 방법으로는 공익달성이 어렵다고 판단되는 경우에 비로소 그 다음 단계인 기본권행사의 '여부'에 관한 규제를 선택해야 한다(헌재 1998.5.28. 96헌가5).

| OX 문제 | 정답 및 해설 |

2479
혼인한 등록의무자는 배우자가 아닌 본인의 직계·존비속의 재산을 등록하도록 법이 개정되었으나, 개정 전 이미 배우자의 직계·존비속의 재산을 등록한 혼인한 여성 등록의무자는 종전과 동일하게 계속해서 배우자의 직계·존비속의 재산을 등록하도록 한 부칙 조항은 그 목적의 정당성을 발견할 수 없다. 22년 법원직 [O X]

(O) 이는 성별에 의한 차별금지 및 혼인과 가족생활에서의 양성의 평등을 천명하고 있는 헌법에 정면으로 위배되는 것으로 그 목적의 정당성을 인정할 수 없다. 따라서 이 사건 부칙조항은 평등원칙에 위배된다(헌재 2021.9.30. 2019헌가3).

2480
배우자 있는 자의 간통행위 및 그와의 상간행위를 2년 이하의 징역에 처하도록 규정한 「형법」제241조는 선량한 성풍속 및 일부일처제에 기초한 혼인제도를 보호하고 부부간 정조의무를 지키게 하기 위한 것으로 그 입법목적의 정당성은 인정된다. 22년 순경 1차 [O X]

(O) 심판대상조항은 선량한 성풍속 및 일부일처제에 기초한 혼인제도를 보호하고 부부간 정조의무를 지키게 하기 위한 것으로 그 입법목적의 정당성은 인정된다(헌재 2015.2.26. 2009헌바17). 수단에 대해서 부정하신 재판관은 총 5명이었다.

2481
「형법」제269조 제1항의 자기낙태죄 조항은 태아의 생명을 보호하기 위한 것으로서 그 입법목적은 정당하지만, 낙태를 방지하기 위하여 임신한 여성의 낙태를 형사처벌하는 것은 이러한 입법 목적을 달성하는 데 적절하고 실효성 있는 수단이라고 할 수 없다. 22년 순경 1차 [O X]

(X) 자기낙태죄 조항은 태아의 생명을 보호하기 위한 것으로서 그 입법목적이 정당하고, 낙태를 방지하기 위하여 임부의 낙태를 형사처벌하는 것은 위 목적을 달성하기 위한 효과적이고도 적절한 방법이다(헌재 2019.4.11. 2017헌바127).

2482
육군3사관학교 사관생도는 군 장교를 배출하기 위하여 국가가 모든 재정을 부담하는 특수교육기관인 육군3사관학교의 구성원이므로 그 존립 목적을 달성하기 위하여 필요한 한도 내에서 일반 국민보다 상대적으로 기본권이 더 제한될 수 있으나, 그러한 경우에도 법률유보원칙, 과잉금지원칙 등 기본권제한의 헌법상 원칙들을 지켜야 한다. 22년 5급 공채 [O X]

(O) 사관생도는 군 장교를 배출하기 위하여 국가가 모든 재정을 부담하는 특수교육기관인 육군3사관학교의 구성원으로서, 학교에 입학한 날에 육군 사관생도의 병적에 편입하고 준사관에 준하는 대우를 받는 특수한 신분관계에 있다. 따라서 그 존립 목적을 달성하기 위하여 필요한 한도 내에서 일반 국민보다 상대적으로 기본권이 더 제한될 수 있으나, 그러한 경우에도 법률유보원칙, 과잉금지원칙 등 기본권 제한의 헌법상 원칙들을 지켜야 한다(대판 2018.8.30. 2016두60591).

2483
기본권을 제한하는 규정은 기본권행사의 '방법'과 '여부'에 관한 규정으로 구분할 수 있다. 방법의 적절성의 관점에서, 입법자는 우선 기본권행사의 '방법'에 관한 규제로써 공익을 실현할 수 있는가를 시도하고 이러한 방법으로는 공익달성이 어렵다고 판단되는 경우에 기본권행사의 '여부'에 관한 규제를 선택해야 한다. 24년 순경 1차 [O X]

(X) 침해의 최소성의 관점에서, 입법자는 그가 의도하는 공익을 달성하기 위하여 우선 기본권을 보다 적게 제한하는 단계인 기본권행사의 '방법'에 관한 규제로써 공익을 실현할 수 있는가를 시도하고 이러한 방법으로는 공익달성이 어렵다고 판단되는 경우에 비로소 그 다음 단계인 기본권행사의 '여부'에 관한 규제를 선택해야 한다(헌재 1998.5.28. 96헌가5). / 즉 이는 수단의 적합성이 아니라 침해의 최소성이다.

OX 문제

2484
일반적인 물건에 대한 재산권 행사에 비하여 동물에 대한 재산권행사는 사회적 연관성과 사회적 기능이 매우 크다 할 것이므로 이를 제한하는 경우 입법재량의 범위를 폭넓게 인정함이 타당하다. 20년 국회직 5급 [O][X]

2485
물건에 대한 재산권 행사에 비하여 동물에 대한 재산권 행사는 사회적 연관성과 사회적 기능이 적다 할 것이므로 이를 제한하는 경우 입법재량의 범위를 좁게 인정함이 타당하다. 20년 경찰승진 [O][X]

2486
「교통사고처리특례법」상 업무상 과실 또는 중대한 과실로 인한 교통사고로 말미암아 피해자로 하여금 상해에 이르게 한 경우 공소를 제기할 수 없도록 한 부분은 국가의 기본권 보호의무에 위반되지 않는다. 21년 국회직 8급, 21년 비상기획관 [O][X]

2487
가축사육시설의 환경이 지나치게 열악할 경우 그러한 시설에서 사육되고 생산된 축산물을 섭취하는 인간의 건강도 악화될 우려가 있으므로, 국가로서는 건강하고 위생적이며 쾌적한 시설에서 가축을 사육할 수 있도록 필요한 적절하고도 효율적인 조치를 취함으로써 소비자인 국민의 생명·신체의 안전에 관한 기본권을 보호할 구체적인 헌법적 의무가 있다. 22년 국회직 8급 [O][X]

2488
국가의 기본권 보호의무란 사인인 제3자에 의한 생명이나 신체에 대한 침해로부터 이를 보호하여야 할 국가의 의무를 말하는 것으로, 국가가 직접 주방용오물분쇄기의 사용을 금지하여 개인의 기본권을 제한하는 경우에는 국가의 기본권 보호의무 위반 여부가 문제된다. 25년 경찰 2차, 23년 경찰승진 [O][X]

정답 및 해설

(O) 일반적인 물건에 대한 재산권 행사에 비하여 동물에 대한 재산권 행사는 사회적 연관성과 사회적 기능이 매우 크다 할 것이므로 이를 제한하는 경우 입법재량의 범위를 폭넓게 인정함이 타당하다. 그러므로 이 사건 법률조항이 과잉금지원칙을 위반하여 재산권을 침해하는지 여부를 살펴보되 심사기준을 완화하여 적용함이 상당하다(헌재 2013.10.24, 2012헌바431).

(X) 일반적인 물건에 대한 재산권 행사에 비하여 동물에 대한 재산권 행사는 사회적 연관성과 사회적 기능이 매우 크다 할 것이므로 이를 제한하는 경우 입법재량의 범위를 폭넓게 인정함이 타당하다. 그러므로 이 사건 법률조항이 과잉금지원칙을 위반하여 재산권을 침해하는지 여부를 살펴보되 심사기준을 완화하여 적용함이 상당하다(헌재 2013.10.24, 2012헌바431).

(O) 형벌은 국가가 취할 수 있는 유효적절한 수많은 수단 중의 하나일 뿐이지, 결코 형벌까지 동원해야만 보호법익을 유효적절하게 보호할 수 있다는 의미의 최종적인 유일한 수단이 될 수는 없다 할 것이다. 따라서 이 사건 법률조항은 국가의 기본권 보호의무의 위반 여부에 관한 심사기준인 과소보호금지의 원칙에 위반한 것이라고 볼 수 없다(헌재 2009.2.26, 2005헌마764).

(O) 가축사육시설의 환경이 지나치게 열악할 경우 그러한 시설에서 사육되고 생산된 축산물을 섭취하는 인간의 건강도 악화될 우려가 있으므로, 국가로서는 건강하고 위생적이며 쾌적한 시설에서 가축을 사육할 수 있도록 필요한 적절하고도 효율적인 조치를 취함으로써 소비자인 국민의 생명·신체의 안전에 관한 기본권을 보호할 구체적인 헌법적 의무가 있다(헌재 2015.9.24, 2013헌마384). 국가는 가축시설을 규제하고 있다. 따라서 헌법에 위반되는 것은 아니다.

(X) 국가의 기본권 보호의무란 사인인 제3자에 의한 생명이나 신체에 대한 침해로부터 이를 보호하여야 할 국가의 의무를 말하는 것으로, 이 사건처럼 국가가 직접 주방용오물분쇄기의 사용을 금지하여 개인의 기본권을 제한하는 경우에는 국가의 기본권 보호의무 위반 여부가 문제되지 않는다(헌재 2018.6.28, 2016헌마1151).

| OX 문제 | 정답 및 해설 |

2489

국가에게 태아의 생명을 보호할 의무가 있다고 하더라도 생명의 연속적 발전과정에 대하여 생명이라는 공통요소만을 이유로 하여 언제나 동일한 법적 효과를 부여하여야 하는 것은 아니므로 국가가 생명을 보호하는 입법적 조치를 취함에 있어 인간생명의 발달단계에 따라 그 보호정도나 보호수단을 달리하는 것은 불가능하지 않다. 23년 경찰승진, 20년 국회직 5급 [O][X]

(O) 생명의 전체적 과정에 대해 법질서가 언제나 동일한 법적 보호 내지 효과를 부여하고 있는 것은 아니다. 따라서 국가가 생명을 보호하는 입법적 조치를 취함에 있어 인간생명의 발달단계에 따라 그 보호정도나 보호수단을 달리하는 것은 불가능하지 않다(헌재 2019.4.11. 2017헌바127).

2490

국가에게는 태아의 생명을 보호할 의무가 있으므로, 생명의 연속적 발전과정에 대하여 생명이라는 공통요소를 이유로 하여 언제나 동일한 법적 효과를 부여하여야 한다. 25년 법원행시 [O][X]

(X) 생명의 전체적 과정에 대해 법질서가 언제나 동일한 법적 보호 내지 효과를 부여하고 있는 것은 아니다. 따라서 국가가 생명을 보호하는 입법적 조치를 취함에 있어 인간생명의 발달단계에 따라 그 보호정도나 보호수단을 달리하는 것은 불가능하지 않다(헌재 2019.4.11. 2017헌바127).

2491

「동물보호법」, 「장사 등에 관한 법률」, '동물장묘업의 시설설치 및 검사기준' 등 관계규정에서 동물장묘시설의 설치제한지역을 상세하게 규정하고, 매연, 소음, 분진, 악취 등 오염원 배출을 규제하기 위한 상세한 시설 및 검사기준을 두고 있는 등의 사정을 고려할 때, 구 「동물보호법」 해당 조항이 동물장묘업 등록에 관하여 「장사 등에 관한 법률」 제17조 외에 다른 지역적 제한사유를 규정하지 않았다는 사정만으로 해당 지역에 거주하는 청구인들의 환경권을 침해한다고 볼 수는 없다. 25년 순경 1차 [O][X]

(O) 심판대상조항에서 동물장묘업 등록에 관하여 '장사 등에 관한 법률' 제17조 외에 다른 지역적 제한사유를 규정하지 않았다는 사정만으로 청구인들의 환경권을 보호하기 위한 입법자의 의무를 과소하게 이행하였다고 평가할 수는 없다. 따라서 심판대상조항은 청구인들의 환경권을 침해하지 않는다(헌재 2020.3.26. 2017헌마1281).

2492

선거운동을 위한 확성장치를 허용할 공익적 필요성이 인정된다고 하더라도 정온한 생활환경이 보장되어야 할 주거지역에서 사용시간과 사용지역에 따른 수인한도 내에서 확성장치의 최고출력 내지 소음 규제기준에 관한 규정을 두지 아니한 「공직선거법」 조항은 주거지역 거주자의 건강하고 쾌적한 환경에서 생활할 권리를 침해한다. 23년 순경 1차, 21년 국가직 5급, 20년 법원행시 [O][X]

(O) 선거운동의 자유를 감안하여 선거운동을 위한 확성장치를 허용할 공익적 필요성이 인정된다고 하더라도 정온한 생활환경이 보장되어야 할 주거지역에서 출근 또는 등교 이전 및 퇴근 또는 하교 이후 시간대에 확성장치의 최고출력 내지 소음을 제한하는 등 사용시간과 사용지역에 따른 수인한도 내에서 확성장치의 최고출력 내지 소음 규제기준에 관한 규정을 두지 아니한 것은, 국민이 건강하고 쾌적하게 생활할 수 있도록 노력하여야 할 국가의 기본권 보호 의무를 과소하게 이행한 것으로서, 청구인의 건강하고 쾌적한 환경에서 생활할 권리의 침해를 가져온다(헌재 2019.12.27. 2018헌마730).

OX 문제

2493
업무상과실 또는 중대한 과실로 인한 교통사고로 말미암아 피해자로 하여금 상해에 이르게 하였으나 보험 등에 가입한 경우 운전자에 대한 공소를 제기할 수 없도록 한 구 「교통사고처리 특례법」 조항은 교통사고 피해자의 생명·신체의 안전에 관한 국가의 기본권 보호 의무를 명백히 위반한 것이다. 23년 순경 1차, 23년 국회직 5급, 22년 국회직 8급 [O|X]

2494
'외교관계에 관한 비엔나협약'에 의해 외국의 대사관저에 강제집행을 할 수 없다는 이유로 집달관이 임대인인 청구인들의 강제집행의 신청의 접수를 거부하여 강제집행이 불가능하게 된 경우, 국가가 청구인들에게 손실을 보상하는 법률을 제정하여야 할 헌법상의 명시적인 입법위임이 인정되며, 헌법의 해석으로도 그러한 법률을 제정함으로써 청구인들의 기본권을 보호하여야 할 입법자의 행위의무 내지 보호의무가 발생한다. 25년 경찰 2차 [O|X]

2495
개인의 생명·신체의 안전에 관한 기본권보호의무 위배 여부를 과소보호금지원칙을 기준으로 심사한 결과 동 원칙 위반이 아닌 경우에도 다른 기본권에 대한 과잉금지원칙 위반을 이유로 기본권 침해를 인정하는 것은 가능하다. 22년 변호사 [O|X]

2496
대통령은 행정부의 수반으로서 국가가 국민의 생명과 신체의 안전 보호의무를 충실하게 이행할 수 있도록 권한을 행사하고 직책을 수행하여야 하는 의무를 부담하므로, 국민의 생명이 위협받는 재난상황이 발생한 경우 직접 구조 활동에 참여하여야 하는 등 구체적이고 특정한 행위의무까지 발생한다고 볼 수 있다. 22년 순경 2차 [O|X]

2497
국가인권위원회는 '헌법에 의하여 설치되고 헌법과 법률에 의하여 독자적인 권한을 부여받은 국가기관'이라고 할 수 없어 권한쟁의심판의 당사자능력이 인정되지 않는다. 24년 법무사 [O|X]

정답 및 해설

(X) 형벌은 국가가 취할 수 있는 유효적절한 수많은 수단 중의 하나일 뿐이지, 결코 형벌까지 동원해야만 보호법익을 유효적절하게 보호할 수 있다는 의미의 최종적인 유일한 수단이 될 수는 없다 할 것이다. 따라서 이 사건 법률조항은 국가의 기본권 보호의무의 위반 여부에 관한 심사기준인 과소보호금지의 원칙에 위반한 것이라고 볼 수 없다(헌재 2009.2.26. 2005헌마764). / 교통사고 처리특례법은 위헌이나 보호의무 위반을 인정한 것은 아님

(X) 외교관계에 관한 비엔나협약에 근거한 민사면책특권 때문에 채무자인 외국대사관에 대하여 강제집행을 할 수 없게 되더라도, 이 경우 채권자인 국민의 손실을 보상하는 법률을 제정해야 할 입법의무가 발생하는 것은 아니다(대판 1997.4.25. 96다16940).

(O) 헌법재판소는 교통사고 처리 특례법사건에서 기본권 보호의무 위반을 인정하지는 않았으나, 과잉금지원칙에 위반하여 재판절차 진술권과 평등권을 침해하여 위헌이라고 판시하였다(헌재 2009.2.26. 2005헌마764 등).

(X) 피청구인은 행정부의 수반으로서 국가가 국민의 생명과 신체의 안전 보호의무를 충실하게 이행할 수 있도록 권한을 행사하고 직책을 수행하여야 하는 의무를 부담한다. 하지만 국민의 생명이 위협받는 재난상황이 발생하였다고 하여 피청구인이 직접 구조 활동에 참여하여야 하는 등 구체적이고 특정한 행위의무까지 바로 발생한다고 보기는 어렵다(헌재 2017.3.10. 2016헌나1).

(O) 헌법상 국가에게 부여된 임무 또는 의무를 수행하고 그 독립성이 보장된 국가기관이라고 하더라도, 오로지 법률에 설치근거를 둔 국가기관이라면 국회의 입법행위에 의하여 존폐 및 권한범위가 결정될 수 있으므로, 이러한 국가기관은 '헌법에 의하여 설치되고 헌법과 법률에 의하여 독자적인 권한을 부여받은 국가기관'이라고 할 수 없다(헌재 2009. 5.28. 2009헌라6).

OX 문제

2498
국가기관, 지방자치단체, 각급 학교, 공직유관단체, 국회의 입법 및 법원의 재판과 관련하여 재산권, 평등권 등 기본권이 침해된 경우 그 피해자는 위원회에 그 내용을 진정할 수 있다. 23년 법원행시 ☐O ☒X

2499
국가기관 등으로부터 헌법 제23조 재산권 규정에서 보장된 권리를 침해당하거나 차별행위를 당한 사람은 그 내용을 국가인권위원회에 진정할 수 있다. 24년 법원행시 ☐O ☒X

2500
「국군포로의 송환 및 대우 등에 관한 법률」에 따라 대통령은 등록포로, 등록하기 전에 사망한 귀환포로, 귀환하기 전에 사망한 국군 포로에 대한 예우의 신청, 기준, 방법 등에 필요한 사항을 대통령령으로 제·개정할 의무가 있음에도 상당한 기간 동안 정당한 사유 없이 그 예우에 관한 사항을 대통령령에 규정하지 않은 행정입법 부작위는 등록포로 등의 가족인 청구인의 명예권을 침해한다. 24년 순경 1차 ☐O ☒X

2501
「진실·화해를 위한 과거사정리 기본법」에 따라 행정안전부장관, 법무부장관 등은 진실규명사건 피해자의 명예회복을 위해 적절한 조치를 취할 의무가 있으나 이는 법령에서 유래하는 작위의무이지 헌법에서 유래하는 작위의무는 아니다. 24년 순경 1차 ☐O ☒X

2502
통일부장관이 2010. 5. 24. 발표한 북한에 대한 신규투자 불허 및 진행 중인 사업의 투자확대 금지 등을 내용으로 하는 대북조치로 인하여 재산상 손실을 입은 자에 대한 보상입법을 마련하지 않은 경우, 이는 헌법 해석상 보상규정을 두어야 할 입법의무가 도출 됨에도 이를 이행하지 아니한 진정입법부작위에 해당하여 개성공단내의 토지이용권을 사용·수익할 수 없게 된 청구인의 재산권을 침해한다. 24년 순경 1차 ☐O ☒X

정답 및 해설

(X) 다음 각 호의 어느 하나에 해당하는 경우에 인권침해나 차별행위를 당한 사람(이하 "피해자"라 한다) 또는 그 사실을 알고 있는 사람이나 단체는 위원회에 그 내용을 진정할 수 있다. 1. 국가기관, 지방자치단체, 「초·중등교육법」 제2조, 「고등교육법」 제2조와 그 밖의 다른 법률에 따라 설치된 각급 학교, 「공직자윤리법」 제3조의2제1항에 따른 공직유관단체 또는 구금·보호시설의 업무 수행(국회의 입법 및 법원·헌법재판소의 재판은 제외한다)과 관련하여 「대한민국헌법」 제10조부터 제22조까지의 규정에서 보장된 인권을 침해당하거나 차별행위를 당한 경우(국가인권위원회법 제30조 제1항)

(X) 국가인권위원회법 제30조는 대한민국 헌법 제10조부터 제22조까지 규정에서 보장된 인권을 침해당하거나 차별행위를 당한 경우 인권위원회에 그 내용을 진정할 수 있다고 규정하고 있다. 따라서 헌법 제23조의 재산권은 여기에 해당하지 않는다.

(O) 이처럼 피청구인에게는 대통령령을 제정할 의무가 있음에도, 그 의무는 상당 기간 동안 불이행되고 있고, 이를 정당화할 이유도 찾아보기 어렵다. 그렇다면 이 사건 행정입법부작위는 등록포로 등의 가족인 청구인의 명예권을 침해하는 것으로서 헌법에 위반된다(헌재 2018.5.31. 2016헌마626). / 다만 재산권은 침해하지 않는다.

(X) '진실규명결정에 따라 규명된 진실에 따라 국가와 피청구인들을 포함한 정부의 각 기관은 피해자의 명예회복을 위해 적절한 조치를 취하고, 가해자와 피해자 사이의 화해를 적극 권유하기 위하여 필요한 조치를 취하여야 할 구체적 작위의무'를 규정하고 있는 조항으로 볼 것이고, 이러한 피해자에 대한 작위의무는 헌법에서 유래하는 작위의무로서 그것이 법령에 구체적으로 규정되어 있는 경우라고 할 것이다(헌재 2021.9.30. 2016헌마1034).

(X) 경제협력사업에 참여하는 기업이나 개인으로서는 남북관계의 개선과 평화적 통일의 기틀을 마련하는 데 기여한 측면이 있고, 헌법 전문과 제4조 등에서 평화통일에 관한 내용을 규정하고 있으며, 경제협력사업이 평화적 통일을 위한 기반 조성의 일환으로 이루어진 것이라 하더라도, 재산상 손실의 위험성이 이미 예상된 상황에서 발생한 재산상 손실에 대해 헌법 해석상으로 어떠한 보상입법의 의무가 도출된다고까지 보기는 어렵다(헌재 2022.5.26. 2016헌마95).

CHAPTER 02 포괄적 기본권

OX 문제 | 정답 및 해설

2503
행복추구권은 국민이 행복을 추구하기 위하여 필요한 급부를 국가에게 적극적으로 요구할 수 있는 것을 내용으로 하는 것이 아니라, 행복추구 활동을 국가권력의 간섭 없이 자유롭게 할 수 있다는 포괄적인 의미의 자유권으로서의 성격을 갖는다. 22년 해경간부

(O) 헌법 제10조의 행복추구권은 국민이 행복을 추구하기 위하여 필요한 급부를 국가에게 적극적으로 요구할 수 있는 것을 내용으로 하는 것이 아니라, 국민이 행복을 추구하기 위한 활동을 국가권력의 간섭 없이 자유롭게 할 수 있다는 포괄적인 의미의 자유권으로서의 성격을 가진다(헌재 1995.7.21. 93헌가14).

2504
계약자유의 원칙이란 계약을 체결할 것인가의 여부, 체결한다면 어떠한 내용의, 어떠한 상대방과의 관계에서, 어떠한 방식으로 계약을 체결하느냐 하는 것도 당사자 자신이 자기의사로 결정하는 자유뿐만 아니라, 원치 않으면 계약을 체결하지 않을 자유를 말하며, 이는 헌법상의 행복추구권 속에 함축된 일반적 행동자유권으로부터 파생되는 것이다. 21년 소방간부

(O) 이른바 계약자유의 원칙이란 계약을 체결할 것인가의 여부, 체결한다면 어떠한 내용의, 어떠한 상대방과의 관계에서, 어떠한 방식으로 계약을 체결하느냐 하는 것도 당사자 자신이 자기의사로 결정하는 자유뿐만 아니라, 원치 않으면 계약을 체결하지 않을 자유를 말하여, 이는 헌법상의 행복추구권속에 함축된 일반적 행동자유권으로부터 파생되는 것이라 할 것이다(헌재 1991.6.3. 89헌마204).

2505
「헌법」이 보호하는 명예권은 그 기본권 주체가 가지고 있는 인격과 명예가 부당하게 훼손되는 것의 배제를 청구할 권리이지, 국가가 기본권 주체에게 최대한의 사회적 평가를 부여하도록 국가에게 요청할 권리는 아니다. 22년 해경간부, 22년 해경일반

(O) 헌법이 보호하는 명예권은 그 기본권 주체가 가지고 있는 인격과 명예가 부당하게 훼손되는 것의 배제를 청구할 권리이지, 국가가 기본권 주체에게 최대한의 사회적 평가를 부여하도록 국가에게 요청할 권리라고 볼 수는 없다(헌재 2014.6.26. 2012헌마757).

2506
일반적 행동자유권의 보호대상으로서 행동이란 국가가 간섭하지 않으면 자유롭게 할 수 있는 행위를 의미하므로 병역의무 이행으로서 현역병 복무도 국가가 간섭하지 않으면 자유롭게 할 수 있는 행위에 속한다는 점에서, 현역병으로 복무할 권리도 일반적 행동자유권에 포함된다. 24년 경찰간부, 20년 지방직 7급

(X) 병역의무의 이행으로서의 현역병 복무는 국가가 간섭하지 않으면 자유롭게 할 수 있는 행위에 속하지 않으므로, 현역병으로 복무할 권리가 일반적 행동자유권에 포함된다고 할 수도 없다(헌재 2010.12.28. 2008헌마527).

OX 문제

2507
배아생성자는 배아에 대해 자신의 유전자정보가 담긴 신체의 일부를 제공하고, 또 배아가 모체에 성공적으로 착상하여 인간으로 출생할 경우 생물학적 부모로서의 지위를 갖게 되므로, 배아의 관리 또는 처분에 대한 결정권을 가진다. 이러한 배아생성자의 배아에 대한 결정권은 헌법상 명문으로 규정되어 있지는 아니하지만, 헌법 제10조로부터 도출되는 일반적 인격권의 한 유형으로서의 헌법상 권리라 할 것이다. 25년 경찰 2차
O X

2508
태아의 성별은 태아의 부모의 의사나 의지와는 무관하게 자연적으로 결정되어지는 것이므로, 태아의 부모가 태아의 성별 정보를 출산 이전에 미리 확인할 자유가 있어 얻을 수 있는 이익이란, 장래 가족의 일원이 될 태아의 성별에 대하여 미리 알고 싶은 인간의 본능에 가까운 호기심의 충족과 태아의 성별에 따른 출산 이후의 양육 준비를 미리 할 수 있다는 사실상 이익에 불과하므로, 태아의 성별에 대하여 이를 고지하는 것을 금지하는 구 「의료법」으로 인하여 태아의 부(父)인 청구인의 헌법상 보장된 기본권이 침해될 여지는 없다. 25년 순경 2차, 22년 법원행시
O X

2509
게임물 관련사업자에게 게임물 이용자의 회원가입 시 본인인증을 할 수 있는 절차를 마련하도록 하고 있는 법률조항은 인터넷게임을 이용하고자 하는 사람들에게 본인인증이라는 사전적 절차를 거칠 것을 강제함으로써, 개개인이 생활방식과 취미활동을 자유롭게 선택하고 이를 원하는 방식대로 영위하고자 하는 일반적 행동의 자유를 제한한다. 22년 법원행시
O X

2510
자신이 속한 부분사회의 자치적 운영에 참여하는 것은 사회공동체의 유지, 발전을 위하여 필요한 행위로서 특정한 기본권의 보호범위에 들어가지 않는 경우에는 일반적 행동자유권의 보호대상이 될 수 있다. 22년 지방직 7급
O X

정답 및 해설

(O) 배아생성자는 배아에 대해 자신의 유전자정보가 담긴 신체의 일부를 제공하고, 또 배아가 모체에 성공적으로 착상하여 인간으로 출생할 경우 생물학적 부모로서의 지위를 갖게 되므로, 배아의 관리 또는 처분에 대한 결정권을 가진다. 이러한 배아생성자의 배아에 대한 결정권은 헌법상 명문으로 규정되어 있지는 아니하지만, 헌법 제10조로부터 도출되는 일반적 인격권의 한 유형으로서의 헌법상 권리라 할 것이다(헌재 2010.5.27. 2005헌마346).

(X) 태아의 생명 보호를 위해 국가가 개입하여 규제해야 할 단계는 성별고지가 아니라 낙태행위인데, 심판대상조항은 낙태로 나아갈 의도가 없는 부모까지 규제하여 기본권을 제한하는 과도한 입법으로 침해의 최소성에 반하고, 법익의 균형성도 상실하였다. 따라서 심판대상조항은 과잉금지원칙을 위반하여 부모가 태아의 성별 정보에 대한 접근을 방해받지 않을 권리를 침해한다(헌재 2024.2.28. 2022헌마356 등).

(O) 본인인증 조항은 인터넷게임을 이용하고자 하는 사람들에게 본인인증이라는 사전적 절차를 거칠 것을 강제함으로써, 개개인이 생활방식과 취미활동을 자유롭게 선택하고 이를 원하는 방식대로 영위하고자 하는 일반적 행동의 자유를 제한하고, 동의확보 조항은 청소년이 친권자 등 법정대리인의 동의를 얻어야만 인터넷게임을 즐길 수 있도록 함으로써 청소년 스스로가 게임물의 이용 여부를 자유롭게 결정할 수 있는 권리를 제한하는바, 위 조항들은 자기결정권을 포함한 청구인들의 일반적 행동자유권을 제한한다(헌재 2015.3.26. 2013헌마517).

(O) 자신이 속한 부분사회의 자치적 운영에 참여하는 것은 사회공동체의 유지, 발전을 위하여 필요한 행위로서 특정한 기본권의 보호범위에 들어가지 않는 경우에는 일반적 행동자유권의 대상이 되므로, 사적 자치의 영역에 국가가 개입하여 법령으로 자치활동의 목적이나 절차, 그 방식 또는 내용을 규율함으로써 일부 구성원들의 자치활동에 대한 참여를 제한한다면 해당 구성원들의 일반적 행동자유권이 침해될 가능성이 있다(헌재 2015.7.30. 2012헌마957).

2511
교통사고 발생에 고의나 과실이 있는 운전자는 물론, 아무런 책임이 없는 무과실 운전자도 자신이 운전하는 차로 인하여 교통사고가 발생하기만 하면 즉시 정차하여 사상자를 구호하는 등 필요한 조치를 할 의무를 규정하고, 교통사고 발생 시 사상자 구호 등 필요한 조치를 하지 않은 자를 형사처벌하는 「도로교통법」 조항은 과잉금지원칙에 위반되어 운전자의 일반적 행동자유권을 침해한다. 22년 지방직 7급 [O][X]

(X) 교통사고 발생 시 조치의무를 형사처벌로 강제하는 심판대상조항은, 교통사고로 인한 사상자의 신속한 구호 및 교통상의 위험과 장해의 방지·제거를 통하여 안전하고 원활한 교통을 확보하기 위한 것으로, 입법목적의 정당성 및 수단의 적합성을 인정할 수 있다(헌재 2019.4.11. 2017헌가28).

2512
노동조합 및 노동관계조정법 제94조는 양벌규정으로서 "법인 또는 단체의 대표자, 법인·단체 또는 개인의 대리인·사용인 기타의 종업원이 그 법인·단체 또는 개인의 업무에 관하여 제88조 내지 제93조의 위반행위를 한 때에는 행위자를 벌하는 외에 그 법인·단체 또는 개인에 대하여도 각 해당 조의 벌금형을 과한다."라고 규정하고 있는데, 위 규정 중 '법인의 대리인·사용인 기타의 종업원' 관련 부분은 책임주의 원칙에 위배되지만, '법인의 대표자' 관련 부분은 책임주의 원칙에 위배되지 않는다. 21년 법무사 [O][X]

(O) 법인 대표자의 법규위반행위에 대한 법인의 책임은 법인 자신의 법규위반행위로 평가될 수 있는 행위에 대한 법인의 직접책임이므로, 대표자의 고의에 의한 위반행위에 대하여는 법인이 고의 책임을, 대표자의 과실에 의한 위반행위에 대하여는 법인이 과실 책임을 부담한다. 따라서 심판대상조항 중 법인의 대표자 관련 부분은 법인의 직접책임을 근거로 하여 법인을 처벌하므로 책임주의원칙에 위배되지 않는다(헌재 2020.4.23. 2019헌가25).

2513
법인의 종업원 등이 법인의 업무에 관하여 범죄행위를 하면 그 법인에게도 동일한 벌금형을 과하도록 규정한 구 「증권거래법」 조항은, 종업원 등이 저지른 행위의 결과에 대한 법인의 독자적인 책임에 관하여 전혀 규정하지 않은 채, 단순히 법인이 고용한 종업원 등이 업무에 관하여 범죄행위를 하였다는 이유만으로 법인에 대하여 형사처벌을 과하고 있어 책임주의원칙에 반한다. 25년 순경 1차 [O][X]

(O) 종업원 등이 저지른 행위의 결과에 대한 법인의 독자적인 책임에 관하여 전혀 규정하지 않은 채, 단순히 법인이 고용한 종업원 등이 업무에 관하여 범죄행위를 하였다는 이유만으로 법인에 대하여 형사처벌을 과하고 있는바, 이는 다른 사람의 범죄에 대하여 그 책임 유무를 묻지 않고 형벌을 부과함으로써 법치국가의 원리 및 죄형법정주의로부터 도출되는 책임주의원칙에 반한다(헌재 2013.6.27. 2013헌가10).

2514
선박소유자가 고용한 선장이 선박소유자의 업무에 관하여 범죄행위를 하면 그 선박소유자에게도 동일한 벌금형을 과하도록 한 것은 책임주의에 위배되지 않는다. 24년 변호사, 24년 경찰승진, 20년 국회직 5급 [O][X]

(X) 선장이 저지른 행위의 결과에 대한 선박소유자의 독자적인 책임에 관하여 전혀 규정하지 않은 채, 단순히 선박소유자가 고용한 선장이 업무에 관하여 범죄행위를 하였다는 이유만으로 선박소유자에 대하여 형사처벌을 과하고 있는바, 이는 다른 사람의 범죄에 대하여 그 책임 유무를 묻지 않고 형벌을 부과하는 것으로서, 헌법상 법치국가의 원리 및 죄형법정주의로부터 도출되는 책임주의원칙에 반하여 헌법에 위반된다(헌재 2011.11.24. 2011헌가15).

OX 문제

2515
인천 영종도에 거주하는 주민들에게 인천국제공항고속도로의 사용료를 징수하는 것은 대체도로가 없는 주민들에 대하여 통행료납부를 사실상 강요하는 것이 되어 일반적 행동자유권을 침해하고, 영종도에 거주하거나 영종도 외부에 직장을 두고 있는 사람들로 하여금 도로의 사용료 부담 때문에 영종도에 자유롭게 거주하는 것을 꺼리게 하고 영종도 외부에 직장을 갖는 것을 주저하게 하여 거주·이전의 자유 및 직업선택의 자유를 침해한다. 22년 법원행시 ⓞⓧ

(X) 청구인들은 이 공항고속도로를 이용하지 않고도, 이 도로개설 이전의 영종도 주민들과 마찬가지로, 뱃길을 이용하여 자유로이 다른 곳으로 이동할 수도 있고 다른 곳으로 거주를 옮길 수도 있으며 또 이 도로를 이용하는 경우에도 비록 통행료의 부담이 있기는 하지만 그 부담의 정도가 이전의 자유를 실제로 제약할 정도로, 이용의 편익에 비하여, 현저히 크다고는 볼 수 없다. 따라서 심판대상조항으로 인하여 청구인들의 거주이전의 자유나 직업선택의 자유가 제한된 것으로 볼 수 없다(헌재 2005.12.22. 2004헌바64).

2516
사람은 자신의 의사에 반하여 얼굴을 비롯하여 일반적으로 특정인임을 식별할 수 있는 신체적 특징에 관하여 함부로 촬영당하지 아니할 권리를 가지고 있으므로, 사법경찰관이 보도자료 배포 직후 기자들의 취재 요청에 응하여 사기혐의로 구속된 청구인이 경찰서 조사실에서 양손에 수갑을 찬채 조사받는 모습을 촬영할 수 있도록 허용한 행위는 헌법 제10조로부터 도출되는 초상권을 포함한 일반적 인격권을 제한한다고 할 것이다. 25년 경찰 2차, 22년 법원행시 ⓞⓧ

(O) 피청구인이 언론사 기자들의 취재 요청에 응하여 청구인이 경찰서 내에서 양손에 수갑을 찬 채 조사받는 모습을 촬영할 수 있도록 허용한 행위는 청구인의 인격권을 침해하여 위헌임을 확인한다(헌재 2014. 3.27. 2012헌마652).

2517
국민건강보험공단이 사위 기타 부당한 방법으로 보험급여비용을 받은 요양기관에 대하여 급여비용에 상당하는 금액의 전부 또는 일부를 징수할 수 있도록 한 「국민건강보험법」 조항은, 요양기관이 그 피용자를 관리·감독할 주의의무를 다하였다고 하더라도 보험급여비용이 요양기관에 일단 귀속되었고 그 요양기관이 사위 기타 부당한 방법으로 보험급여비용을 지급받은 이상 부당이득반환의무가 있다는 것이므로 책임주의원칙에 어긋난다고 볼 수 없다. 24년 변호사 ⓞⓧ

(O) 국민건강보험법 제52조 제1항은, 요양기관이 사위 기타 부당한 방법으로 보험급여비용을 받은 경우에만 징수책임을 지며, 또 요양기관과 아무런 관련 없이 피용자 개인의 잘못으로 보험급여비용을 받아 그 전액을 환수하는 것이 가혹한 경우라면 금액의 전부 혹은 일부가 '사위 기타 부당한 방법'에 해당하지 않는다고 하여 징수를 면할 수 있는 여지를 남겨 놓고 있고, 요양기관이 그 피용자를 관리·감독할 주의의무를 다하였다고 하더라도, 보험급여비용이 요양기관에게 일단 귀속되었고 그 요양기관이 사위 기타 부당한 방법으로 보험급여비용을 지급받은 이상 부당이득반환의무가 있다는 것이므로 책임주의원칙에 어긋난다고 볼 수 없다(헌재 2011.6.30. 2010헌바375).

2518
가집행선고부 판결이 실효되는 경우 가집행채권자에게 원상회복 및 손해배상책임을 지게 하는 민사소송법 해당 조항은 자기책임의 원칙에 위반되지 않는다. 24년 법원행시 ⓞⓧ

(O) 가집행선고부 판결이 실효되는 경우 가집행채권자에게 원상회복 및 손해배상책임을 지게 하는 민사소송법 해당 조항은 자기책임의 원칙에 위반되지 않는다(헌재 2017.5.25. 2014헌바360).

2519
헌법이 보장하는 인간의 존엄성 및 행복추구권은 국가의 교육권한과 부모의 교육권의 범주 내에서 아동에게도 자신의 교육환경에 관하여 스스로 결정할 권리를 부여한다. 24년 경찰간부 ⓞⓧ

(O) 헌법이 보장하는 인간의 존엄성 및 행복추구권은 국가의 교육권한과 부모의 교육권의 범주 내에서 아동에게도 자신의 교육환경에 관하여 스스로 결정할 권리, 그리고 자유롭게 문화를 향유할 권리를 부여한다고 할 것이다(헌재 2004.5.27. 2003헌가1 등).

| OX 문제 | 정답 및 해설 |

2520

이미 탑승을 위한 출국 수속 과정에서 일반적인 보안검색을 마쳤음에도, 취항 예정지 국가인 체약국의 요구가 있다는 이유로 항공기 탑승 전 또는 탑승구 앞에서 보안 담당자로부터 신체검사 등 보안검색을 당한다고 하여 해당 승객의 인격권 침해 여부가 문제된다고 볼 수 없다. 23년 법원행시 [O|X]

(X) 이미 출국 수속 과정에서 일반적인 보안검색을 마친 승객을 상대로, 촉수검색(patdown)과 같은 추가적인 보안 검색 실시를 예정하고 있는 국가항공보안계획은 과잉금지원칙에 위반되지 않아 청구인의 인격권을 침해하지 않는다(헌재 2018.2.22. 2016헌마780).

2521

기부행위자는 자신의 재산을 사회적 약자나 소외 계층을 위하여 출연함으로써 자기가 속한 사회에 공헌하였다는 행복감과 만족감을 실현할 수 있으므로, 기부행위는 행복추구권과 그로부터 파생되는 일반적 행동자유권에 의해 보호된다. 20년 국회직 8급 [O|X]

(O) 타인이나 단체에 대한 기부행위는 공동체의 결속을 도모하고 사회생활에서 개인의 타인과의 연대를 확대하는 기능을 하므로 자본주의와 시장경제의 흠결을 보완하는 의미에서 국가·사회적으로 장려되어야 할 행위이다. 또한, 기부행위자 본인은 자신의 재산을 사회적 약자나 소외 계층을 위하여 출연함으로써 자기가 속한 사회에 공헌하였다는 행복감과 만족감을 실현할 수 있으므로, 이는 헌법상 인격의 자유로운 발현을 위하여 필요한 행동을 할 수 있어야 한다는 의미의 행복추구권과 그로부터 파생되는 일반적 행동자유권의 행사로서 당연히 보호되어야 한다(헌재 2010.9.30. 2009헌바201).

2522

죽음에 임박한 환자에게 '연명치료 중단에 관한 자기결정권'은 헌법상 보장된 기본권이므로, 헌법해석상 '연명치료중단 등에 관한 법률'을 제정할 국가의 입법의무가 명백하다고 볼 수 있다. 20년 법원직, 20년 국회직 5급 [O|X]

(X) '연명치료 중단에 관한 자기결정권'을 보장하는 방법으로서 '법원의 재판을 통한 규범의 제시'와 '입법' 중 어느 것이 바람직한가는 입법정책의 문제로서 국회의 재량에 속한다 할 것이다. 그렇다면 헌법해석상 '연명치료 중단 등에 관한 법률'을 제정할 국가의 입법의무가 명백하다고 볼 수 없다(헌재 2009.11.26. 2008헌마385).

2523

변호사에 대한 징계결정정보를 인터넷 홈페이지에 공개하도록 한 변호사법 조항은 전문적인 법률지식, 윤리적 소양, 공정성 및 신뢰성을 갖추어야 할 변호사가 징계를 받은 경우 국민이 이러한 사정을 쉽게 알 수 있도록 하여 변호사를 선택할 권리를 보장하고, 변호사의 윤리의식을 고취시킴으로써 법률사무에 대한 전문성, 공정성 및 신뢰성을 확보하여 국민의 기본권을 보호하며 사회정의를 실현하기 위한 것으로서 청구인의 인격권을 침해하지 아니한다. 20년 법원직 [O|X]

(O) 변호사에 대한 징계결정정보를 인터넷 홈페이지에 공개하도록 한 변호사법 조항과 징계결정정보의 공개범위와 시행방법을 정한 변호사법 시행령 조항은 청구인의 인격권을 침해하지 않는다(헌재 2018.7.26. 2016헌마1029).

2524

육군 장교가 민간법원에서 약식명령을 받아 확정되면 자진 신고할 의무를 규정한, '2020년도 장교 진급 지시'의 해당 부분 중 '민간법원에서 약식명령을 받아 확정된 사실이 있는 자'에 관한 부분은 청구인인 육군 장교의 일반적 행동의 자유를 침해한다. 22년 순경 1차, 22년 경찰간부 [O|X]

(X) 청구인들이 자진신고의무를 부담하는 것은, 수사 및 재판 단계에서 의도적으로 신분을 밝히지 않은 행위에서 비롯된 것으로서 이미 예상이 가능한 불이익인 반면, 인사상 불균형을 방지함으로써 군 조직의 내부 기강 및 질서를 유지하고자 하는 공익은 매우 중대하다(헌재 2021.8.31. 2020헌마12). 즉 합헌이다.

| OX 문제 | 정답 및 해설 |

2525
응급의료종사자의 응급환자에 대한 진료를 폭행, 협박, 위계, 위력, 그 밖의 방법으로 방해하는 것을 금지하고 이에 위반하는 자를 형사처벌하는 「응급의료에 관한 법률」 조항은 해당 응급환자인 청구인의 일반적 행동의 자유를 제한한다. 24년 순경 1차 [O][X]

(X) 응급환자 본인의 행위가 응급환자의 생명과 건강에 중대한 위해를 가할 우려가 있어 사회통념상 용인될 수 없는 정도의 것으로 '응급진료 방해 행위'로 평가되는 경우 이는 정당한 자기결정권 내지 일반적 행동의 자유의 한계를 벗어난 것이다(헌재 2019.6.28. 2018헌바128). 즉 일반적 행동의 자유를 제한하지 않는다.

2526
최저임금의 적용을 위해 주(週) 단위로 정해진 근로자의 임금을 시간에 대한 임금으로 환산할 때, 해당 임금을 1주 동안의 소정근로시간 수와 법정 주휴시간 수를 합산한 시간 수로 나누도록 한 규정은 임금의 수준에 관한 사용자의 계약의 자유를 침해하지 않는다. 22년 법원직 [O][X]

(O) 최저임금의 적용을 위해 주(週) 단위로 정해진 근로자의 임금을 시간에 대한 임금으로 환산할 때, 해당 임금을 1주 동안의 소정근로시간 수와 법정 주휴시간 수를 합산한 시간 수로 나누도록 한 규정은 임금의 수준에 관한 사용자의 계약의 자유를 침해하지 않는다(헌재 2020.6.25. 2019헌마15).

2527
술에 취한 상태로 도로 외의 곳에서 운전할 자유는 일반적 행동자유권의 보호영역에 속한다. 23년 경찰승진 [O][X]

(O) 심판대상조항은 술에 취한 상태로 도로 외의 곳에서 운전하는 것을 금지하고 이에 위반했을 때 처벌하도록 하고 있으므로 일반적 행동의 자유를 제한한다(헌재 2016.2.25. 2015헌가11).

2528
어린이보호구역에서 제한속도 준수의무 또는 안전운전 의무를 위반하여 어린이를 상해에 이르게 한 경우 가중처벌하는 「특정범죄 가중처벌 등에 관한 법률」상 조항은 과잉금지원칙에 위반되어 청구인들의 일반적 행동자유권을 침해한다. 23년 경찰간부 [O][X]

(X) 운전자의 주의의무 위반의 내용 및 정도와 어린이가 입은 피해의 정도가 다양하여 불법성 및 비난가능성에 차이가 있다고 하더라도, 이는 법관의 양형으로 충분히 극복될 수 있는 범위 내에 있다. 따라서 심판대상조항은 과잉금지원칙에 위반되어 청구인들의 일반적 행동자유권을 침해한다고 볼 수 없다(헌재 2023.2.23. 2020헌마460 등).

2529
만성신부전증환자에 대한 외래 혈액투석 의료급여수가의 기준을 정액수가로 규정한 '의료급여수가의 기준 및 일반기준'상 조항은 과잉금지원칙에 반하여 수급권자인 청구인의 의료행위선택권을 침해한다. 23년 경찰간부 [O][X]

(X) 한정된 의료급여재정의 범위 내에서 적정하고 지속적인 의료서비스를 제공하고, 의료의 질을 유지할 수 있는 방법으로 현행 정액수가제와 같은 정도로 입법목적을 달성하면서 기본권을 덜 제한하는 수단이 명백히 존재한다고 보기 어렵고, 의료급여 수급권자가 입게 되는 불이익이 공익보다 크다고 볼 수도 없다. 심판대상조항은 수급권자인 청구인의 의료행위선택권을 침해하지 않는다(헌재 2020.4.23. 2017헌마103).

2530
서면사과를 강제하지 않고도 얼마든지 학교폭력 가해학생을 교정할 수 있는 방법이 있으므로, 가해학생에게 서면사과를 하도록 규정한 구 「학교폭력예방 및 대책에 관한 법률」 조항은 가해학생의 양심의 자유와 인격권을 침해한다. 25년 순경 1차, 24년 법원행시, 24년 순경 1차, 24년 경찰간부, 23년 경찰간부 [O][X]

(X) 헌법재판소는 사죄광고나 사과문 게재를 명하는 조항에 대하여 양심의 자유와 인격권 침해를 인정하여 왔으나, 이 사건에서는 가해학생의 선도와 피해학생의 피해회복 및 정상적인 교육관계회복을 위한 특별한 교육적 조치로 보아 피해학생에 대한 서면사과 조치가 가해학생의 양심의 자유와 인격권을 침해하지 않는다고 판단하였다(헌재 2023.2.23. 2019헌바93).

OX 문제

2531 가사소송에서 본인출석주의를 규정한 가사소송법 조항은 소송당사자의 일반적 행동의 자유를 침해하지 않는다. 23년 국회직 5급 [O X]

2532 가족에 대한 수형자의 접견교통권은 비록 헌법에 열거되지는 아니하였지만 헌법 제10조의 행복추구권에 포함되는 기본권의 하나로서의 일반적 행동자유권으로부터 나온다. 24년 경찰간부 [O X]

2533 자신이 속한 부분사회의 자치적 운영에 참여하는 것은 사회공동체의 유지, 발전을 위하여 필요한 행위로서 특정한 기본권의 보호범위에 들어가지 않는 경우에는 일반적 행동자유권의 대상이 된다. 24년 경찰간부 [O X]

2534 공무원의 기부금품 모집을 금지하는 기부금품의 모집 및 사용에 관한 법률 조항은 과잉금지원칙에 부합하여 일반적 행동자유권을 침해하지 않는다. 23년 국회직 5급 [O X]

2535 일반 공중의 사용에 제공된 공공용물을 그 제공 목적대로 이용하는 일반사용 내지 보통사용에 관한 권리는 일반적 행동자유권의 보호영역에 포함되지 않는다. 23년 국회직 5급 [O X]

2536 장래 가족의 구성원이 될 태아의 성별 정보에 대한 접근을 국가로부터 방해받지 않을 부모의 권리는 일반적 인격권에 의하여 보호된다. 23년 소방간부 [O X]

정답 및 해설

(O) 가사소송의 특성상 당사자 본인의 진술을 직접 들어 적정한 재판을 하여야 하는 공익은, 청구인이 변론기일에 출석하지 아니하고 대리인을 출석시킴으로써 생업 등의 시간을 확보하고자 하는 사익에 비하여 결코 작다고 할 수 없어 법익의 균형성도 인정되므로, 이 사건 법률조항은 가사소송 당사자의 일반적 행동의 자유를 침해하지 아니한다(헌재 2012.10.25. 2011헌마598).

(O) 수형자의 접견교통권은 비록 헌법에 열거되지는 아니하였지만 헌법 제10조의 행복추구권에 포함되는 기본권의 하나로서의 일반적 행동자유권으로부터 나온다고 할 것이다(헌재 2009.9.24. 2007헌마738).

(O) 자신이 속한 부분사회의 자치적 운영에 참여하는 것은 사회공동체의 유지, 발전을 위하여 필요한 행위로서 특정한 기본권의 보호범위에 들어가지 않는 경우에는 일반적 행동자유권의 대상이 된다(헌재 2015.7.30. 2012헌마957).

(O) 공무원의 기부금품 모집 행위가 금지되지 아니하면 일반 국민들이 각종 형태의 기부금품 출연을 사실상 강제당할 위험이 있음은 물론, 이로 인하여 국민의 재산권이 침해받을 가능성이 있으므로 기부금품모집금지조항을 통해 달성하려는 공익이 훨씬 크다고 볼 수 있다. 따라서 기부금품모집금지조항은 법익균형성도 갖추었다고 볼 수 있다(헌재 2019.11.28. 2018헌마579).

(X) 이처럼 일반 공중에게 개방된 장소인 서울광장을 개별적으로 통행하거나 서울광장에서 여가활동이나 문화활동을 하는 것은 일반적 행동자유권의 내용으로 보장됨에도 불구하고, 피청구인이 이 사건 통행제지행위에 의하여 청구인들의 이와 같은 행위를 할 수 없게 하였으므로 청구인들의 일반적 행동자유권의 침해 여부가 문제된다(헌재 2011.6.30. 2009헌마406).

(O) 헌법 제10조로부터 도출되는 일반적 인격권에는 각 개인이 그 삶을 사적으로 형성할 수 있는 자율영역에 대한 보장이 포함되어 있음을 감안할 때, 장래 가족의 구성원이 될 태아의 성별 정보에 대한 접근을 국가로부터 방해받지 않을 부모의 권리는 이와 같은 일반적 인격권에 의하여 보호된다고 보아야 할 것인바, 이 사건 규정은 일반적 인격권으로부터 나오는 부모의 태아 성별 정보에 대한 접근을 방해받지 않을 권리를 제한하고 있다고 할 것이다(헌재 2008.7.31. 2004헌마1010 등).

| OX 문제 | 정답 및 해설 |

2537
일반적 행동자유권은 가치있는 행동만 보호영역으로 하는 것은 아니므로, 개인이 대마를 자유롭게 수수하고 흡연할 자유도 헌법 제10조의 행복추구권에서 나오는 일반적 행동자유권의 보호영역에 속한다. 23년 순경 2차 O X

(O) 개인이 대마를 자유롭게 수수하고 흡연할 자유도 헌법 제10조의 행복추구권에서 나오는 일반적 행동자유권의 보호영역에 속한다(헌재 2010.11.25. 2009헌바246).

2538
「모자보건법」에서 정한 사유에 해당하지 않는다면 결정가능기간 중에 다양하고 광범위한 사회적·경제적 사유를 이유로 낙태갈등 상황을 겪고 있는 경우까지도 예외 없이 전면적·일률적으로 임신의 유지 및 출산을 강제하고, 이를 위반한 경우 형사처벌하는 자기낙태죄 조항은 여성의 자기결정권을 침해한다. 23년 소방간부 O X

(O) 다양하고 광범위한 사회적·경제적 사유를 이유로 낙태갈등 상황을 겪고 있는 경우까지도 예외 없이 전면적·일률적으로 임신의 유지 및 출산을 강제하고, 이를 위반한 경우 형사처벌하고 있다. 과잉금지원칙을 위반하여 임신한 여성의 자기결정권을 침해하는 위헌적인 규정이다(헌재 2019.4.11. 2017헌바127).

2539
거짓이나 그 밖의 부정한 방법으로 보조금을 교부받거나 유용하여 운영정지, 폐쇄명령 또는 과징금 처분을 받은 어린이집에 대하여 그 위반사실을 공표하도록 한 조항은 공표대상자의 사회적 평가를 침해할 수 있으므로 일반적 인격권을 제한한다. 23년 법원행시 O X

(O) 헌법 제10조로부터 도출되는 일반적 인격권에는 개인의 명예에 관한 권리도 포함된다. 심판대상조항에 근거하여 거짓이나 그 밖의 부정한 방법으로 보조금을 교부받거나 보조금을 유용한 어린이집 대표자 등의 정보가 공표되면 공표대상자의 사회적 평가가 침해될 수 있으므로, 심판대상조항은 헌법 제10조에서 유래하는 일반적 인격권을 제한한다(헌재 2022.3.31. 2019헌바520).

2540
입양이나 재혼 등과 같이 가족관계의 변동과 새로운 가족관계의 형성에 있어서 구체적인 사정들에 따라서는 양부 또는 계부의 성으로의 변경이 개인의 인격적 이익과 매우 밀접한 관계를 가짐에도 부성의 사용만을 강요하여 성의 변경을 허용하지 않는 것은 개인의 인격권을 침해한다. 23년 순경 1차 O X

(O) 이 사건 법률조항이 부성주의를 규정한 것 자체는 헌법에 위반된다고 할 수 없으나 가족관계의 변동 등으로 구체적인 상황하에서는 부성의 사용을 강요하는 것이 개인의 가족생활에 대한 심각한 불이익을 초래하는 것으로 인정될 수 있는 경우에도 부성주의에 대한 예외를 규정하지 않고 있는 것은 인격권을 침해하고 개인의 존엄과 양성의 평등에 반하는 것이어서 헌법 제10조, 제36조 제1항에 위반된다(헌재 2005.12.22. 2003헌가5 등).

2541
행복추구권에서 도출되는 일반적 행동의 자유는 적극적으로 자유롭게 행동하는 것은 물론 소극적으로 행동을 하지 않을 자유도 포함하므로, 의료분쟁 조정신청의 대상인 의료사고가 사망에 해당하는 경우 구체적 사안의 개별성과 특수성을 고려하지 않고 자동적으로 조정절차가 개시되도록 한 법률조항은 보건의료인의 일반적 행동의 자유를 침해한다. 23년 법원행시, 22년 순경 1차 O X

(X) 헌법재판소는 사망 등의 결과가 발생한 경우에 조정절차를 자동으로 개시하는 것은 환자의 입장에서는 피해를 신속·공정하게 구제받을 수 있도록 하고, 보건의료인의 입장에서도 분쟁을 원만하게 해결할 수 있는 절차를 마련하였다는 점에서 그 의의가 있다고 판단하였다(헌재 2021.5.27. 2019헌마321). / 따라서 이는 합헌이었다.

OX 문제

2542
공무원이 취급하는 사건 또는 사무에 관하여 사건 해결의 청탁 등을 명목으로 금품을 수수하는 행위를 규제하는 구「변호사법」조항은 공무의 공정성 및 이에 대한 사회일반의 신뢰성을 확보하기 위한 것으로 일반적 행동의 자유를 침해하지 아니한다. 26년 경찰간부 ☐X

2543
총포소지허가의 결격사유를 정한「총포·도검·화약류 등의 안전관리에 관한 법률」조항 제13조 제1항 제6호의3 중 '음주운전으로 벌금 이상의 형을 선고받은 날부터 5년 이내에 다시 음주운전으로 벌금 이상의 형을 선고받고 그 집행이 종료되거나 면제된 날부터 5년이 지나지 아니한 사람' 부분은 과잉금지원칙에 반하여 일반적 행동의 자유를 침해한다. 26년 경찰간부 ☐X

2544
증여계약의 합의해제에 따라 신고기한 이내에 증여받은 재산을 반환하는 경우 처음부터 증여가 없었던 것으로 보는 대상에서 '금전'을 제외한 규정은 수증자의 계약의 자유를 침해한다. 22년 법원직 ☐X

2545
계약의 자유는 헌법 제119조 제1항의 '개인의 경제상의 자유'의 일종이 아니라, 헌법 제10조의 행복추구권에 내포된 일반적 행동자유권으로부터 파생되는 기본권이다. 25년 입법고시 ☐X

2546
미성년 자녀를 둔 성전환자도 부모로서 자녀를 보호하고 교양하며, 친권을 행사할 때에도 자녀의 복리를 우선해야 할 의무가 있으므로, 미성년 자녀가 있는 성전환자의 성별 정정 허가 여부를 판단할 때에는 성전환자의 기본권의 보호와 미성년 자녀의 보호 및 복리와의 조화를 이룰 수 있도록 법익의 균형을 위한 여러 사정들을 종합적으로 고려하여 실질적으로 판단하여야 한다. 따라서 위와 같은 사정들을 고려하면 성전환자에게 미성년 자녀가 있는 경우에는 성별 정정을 불허하여야 한다. 24년 법원행시 ☐X

정답 및 해설

(O) 이 사건 법률조항은 공무원과의 친분관계를 이용하여 공무원이 취급하는 사건 또는 사무에 관하여 청탁한다는 명목으로 금품을 수수하는 행위를 근절시켜 공무의 공정성 및 이에 대한 사회일반의 신뢰성을 확보하기 위한 것으로 그 입법목적이 정당할 뿐 아니라 방법도 적절하다(헌재 2012.4.24. 2011헌바40).

(X) 음주운전을 반복하는 사람은 준법의식 및 통제능력이 미약하다는 의심이 있어 총기관리의 안전성을 담보할 수 없기 때문에 심판대상조항은 이들의 총포소지를 제한하여 국민의 생명, 신체 및 공공의 안전을 보호하고자 한 것이다. 따라서, 직업의 자유 및 일반적 행동의 자유를 침해한다고 할 수 없다(헌재 2018.4.26. 2017헌바341).

(X) 금전증여의 경우 합의해제가 행하여지는 통상의 동기가 조세회피 내지 편법적 절세에 있는 이상, 보호하여야 할 사적 자치의 이익이 크다고 할 수 없어 법익의 균형성도 충족되므로 심판대상조항은 과잉금지원칙에 위배되어 수증자의 계약의 자유 및 재산권을 침해한다고 할 수 없다(헌재 2015.12.23. 2013헌바117).

(X) 계약자유의 원칙도, 여기의 일반적 행동자유권으로부터 파생되는 것이라 할 것이다. 이는 곧 헌법 제119조 제1항의 개인의 경제상의 자유의 일종이기도 하다(헌재 1991.6.3. 89헌마204).

(X) 미성년 자녀를 둔 성전환자도 부모로서 자녀를 보호하고 교양하며(민법 제913조), 친권을 행사할 때에도 자녀의 복리를 우선해야 할 의무가 있으므로(민법 제912조), 미성년 자녀가 있는 성전환자의 성별 정정 허가 여부를 판단할 때에는 성전환자의 기본권의 보호와 미성년 자녀의 보호 및 복리와의 조화를 이룰 수 있도록 법익의 균형을 위한 여러 사정들을 종합적으로 고려하여 실질적으로 판단하여야 한다. 따라서 위와 같은 사정들을 고려하여 실질적으로 판단하지 아니한 채 단지 성전환자에게 미성년 자녀가 있다는 사정만을 이유로 성별정정을 불허하여서는 아니 된다(대판 2022.11.24. 2020스616).

| OX 문제 | 정답 및 해설 |

2547
지역 주민의 의사가 반영되지 않은 채 이루어진 미군기지의 이전은 인근 지역에 거주하는 주민들의 삶을 결정함에 있어서 사회적으로 영향을 미치므로 헌법상 보장된 개인의 자기결정권을 제한하는 것이다. 22년 순경 2차 ○×

(X) 미군기지의 이전은 공공정책의 결정 내지 시행에 해당하는 것으로서 인근 지역에 거주하는 사람들의 삶을 결정함에 있어서 사회적 영향을 미치게 되나, 개인의 인격이나 운명에 관한 사항은 아니며 각자의 개성에 따른 개인적 선택에 직접적인 제한을 가하는 것이 아니다. 따라서 그와 같은 사항은 헌법상 자기결정권의 보호범위에 포함된다고 볼 수 없다(헌재 2006.2.23. 2005헌마268).

2548
청구인인 금치처분을 받은 사람이 최장 30일 이내의 기간 동안 의사가 치료를 위하여 처방한 의약품을 제외한 자비구매물품의 사용을 제한받았다 하더라도, 소장이 지급하는 물품을 통하여 건강을 유지하기 위한 필요최소한의 생활을 영위할 수 있도록 하였다면 청구인의 일반적 행동의 자유를 침해하였다고 할 수 없다. 20년 국회직 8급 ○×

(O) 금치처분을 받은 사람은 소장이 지급하는 음식물, 의류·침구, 그 밖의 생활용품을 통하여 건강을 유지하기 위한 필요최소한의 생활을 영위할 수 있고, 의사가 치료를 위하여 처방한 의약품은 여전히 사용할 수 있다. 또한, 위와 같은 불이익은 규율 준수를 통하여 수용질서를 유지한다는 공익에 비하여 크다고 할 수 없다. 따라서 위 조항은 청구인의 일반적 행동의 자유를 침해하지 아니한다(헌재 2016.5.26. 2014헌마45).

2549
「국가배상법」은 법치국가원리에 따라 국가의 공권력 행사는 적법해야 함을 전제로 모든 공무원의 직무행위상 불법행위로 발생한 손해에 대해 국가가 책임지도록 규정한 것이므로, 조항의 의미와 목적을 살펴볼 때 법관과 다른 공무원은 본질적으로 다른 집단이라고 볼 수는 없다. 21년 국회직 9급 ○×

(O) 국가배상법은 법치국가원리에 따라 국가의 공권력 행사는 적법해야 함을 전제로 모든 공무원의 직무행위상 불법행위로 발생한 손해에 대해 국가가 책임지도록 규정한 것이다. 이에 대한 예외는 헌법 제29조 제2항에 따른 국가배상법 제2조 제1항 단서의 경우뿐이다. 이러한 심판대상조항의 의미와 목적을 살펴볼 때 법관과 다른 공무원은 본질적으로 다른 집단이라고 볼 수는 없다(헌재 2021.7.15. 2020헌바1).

2550
특정한 조세 법률 조항이 혼인이나 가족생활을 근거로 부부 등 가족이 있는 자를 혼인하지 아니한 자 등에 비하여 차별취급하는 것은 과세단위의 설정에 대한 입법자의 입법형성의 재량에 속하는 정책적 문제이므로, 헌법 제36조 제1항의 위반 여부는 자의금지원칙에 의하여 심사한다. 21년 법원행시 ○×

(X) 특정한 조세 법률조항이 혼인이나 가족생활을 근거로 부부 등 가족이 있는 자를 혼인하지 아니한 자 등에 비하여 차별 취급하는 것이라면 비례의 원칙에 의한 심사에 의하여 정당화되지 않는 한 헌법 제36조 제1항에 위반된다 할 것이다. 이는 단지 차별의 합리적인 이유의 유무만을 확인하는 정도를 넘어, 차별의 이유와 차별의 내용 사이에 적정한 비례적 균형관계가 이루어져 있는지에 대해서도 심사하여야 한다는 것을 의미한다(헌재 2008.11.13. 2006헌바112).

2551
「공익신고자 보호법」상 보상금의 의의와 목적을 고려하면 공익신고 유도 필요성에 있어 차이가 있는 내부 공익신고자와 외부 공익신고자를 달리 취급하는 것은 합리성을 인정할 수 있다. 22년 경찰간부 ○×

(O) 내부 공익신고자는 조직 내에서 배신자라는 오명을 쓰기 쉬우며, 공익신고로 인하여 신분상, 경제상 불이익을 받을 개연성이 높다. 이 때문에 보상금이라는 경제적 지원조치를 통해 내부 공익신고를 적극적으로 유도할 필요성이 인정된다. 반면, '내부 공익신고자가 아닌 공익신고자'는 내부 공익신고자에 비해 상대적으로 신고의 정확성 및 타당성이 낮을 수밖에 없어 양자의 차별에는 합리적인 이유가 있다(헌재 2021.5.27. 2018헌바127).

OX 문제

2552
독립유공자의 사망시기에 따라 그 손자녀의 보상금 지급 요건을 달리하거나 보상금 수급대상을 독립유공자의 손자녀 1명으로 한정한 「독립유공자예우에 관한 법률」 조항은 헌법에서 특히 평등을 요구하는 영역에서의 차별에 해당하지 않고 관련 기본권에 중대한 제한을 초래하지도 않는다. 24년 순경 1차.
23년 법원행시 ☐☒

2553
「제대군인지원에 관한 법률」에 의하여 공익근무요원의 경우와 달리 산업기능요원의 군복무기간을 공무원재직기간으로 산입하지 않은 경우 판례는 심사기준으로 엄격 비례의 원칙을 적용하였다. 24년 경찰승진 ☐☒

2554
「뉴스통신 진흥에 관한 법률」에 의하여 연합뉴스사만을 국가기간뉴스통신사로 지정하여 각종 지원을 하는 경우 판례는 심사기준으로 엄격 비례의 원칙을 적용하였다. 24년 경찰승진 ☐☒

2555
「출입국관리법 시행규칙」에 의하여 단순 노무행위 등 취업활동 종사자 중 불법체류가 많이 발생하는 중국 등 국가의 국민에 대하여 사증발급 신청 시 일정한 첨부서류를 제출하도록 한 경우 판례는 심사기준으로 엄격 비례의 원칙을 적용하였다.
24년 경찰승진 ☐☒

2556
「공무원임용및시험시행규칙」에 따른 국가공무원 7급 시험에서 정보관리기술사, 정보처리기사 자격 소지자에 대해서는 가산점을 부여하고 정보처리기능사 자격 소지자에게는 가산점을 부여하지 않은 경우 판례는 심사기준으로 엄격 비례의 원칙을 적용하였다. 24년 경찰승진 ☐☒

2557
자율형 사립고등학교를 지원한 학생에게 평준화지역 후기학교에 중복지원하는 것을 금지한 「초·중등교육법시행령」 조항은 매우 보편화된 일반교육에 해당하는 고등학교 진학 기회를 제한하는 것으로 당사자에게 미치는 기본권 제한의 효과가 크다는 점에서 엄격한 심사척도에 의하여 평등원칙 위배 여부를 심사하여야 한다. 24년 순경 1차 ☐☒

정답 및 해설

(O) 심판대상조항이 독립유공자의 사망시기에 따라 그 손자녀의 보상금 지급 요건을 달리하거나 보상금 수급대상을 독립유공자의 손자녀 1명으로 한정하는 것은 헌법에서 특히 평등을 요구하는 영역에서의 차별에 해당한다고 볼 수 없고, 심판대상조항이 관련 기본권에 중대한 제한을 초래하는 것으로 보기도 어렵다(헌재 2022.1.27. 2020헌마594).

(X) 이 사건 제대군인법지원법 조항과 공무원연금법 조항은 군 복무기간을 공무원 재직기간에 산입할 수 있도록 하여 군복무를 마친 자에 대해 일종의 혜택을 부여하는 법률이라 할 수 있는바, 이러한 수혜적 성격의 법률에 있어서는 입법자에게 광범위한 입법형성의 자유가 인정되므로 제정된 법률의 내용이 객관적으로 인정되는 합리적인 근거를 가지지 못하여 현저히 자의적일 경우에만 헌법에 위반된다고 할 수 있다(헌재 2012.8.23. 2010헌마328).

(X) 자의금지원칙에 입각하여 비교집단으로서 청구인 회사와 연합뉴스사가 국가기간뉴스통신사의 지정 및 뉴스통신사의 진흥을 위한 우선적 처우와 관련하여 본질적으로 어떻게 구별되고, 그러한 차이점이 심판대상조항이 정한 차별취급을 정당화할 정도의 합리적 이유를 가지고 있는지 여부에 관하여 본다(헌재 2005.6.30. 2003헌마841).

(X) 출입국관리에 관한 사항 중 외국인의 입국에 관한 사항은 주권국가로서의 기능을 수행하는데 필요한 것으로서 광범위한 정책재량의 영역이므로, 심판대상조항들이 청구인 김○철의 평등권을 침해하는지 여부는 자의금지원칙 위반 여부에 의하여 판단하기로 한다(헌재 2014.4.24. 2011헌마474 등).

(O) 같은 유사한 분야에 관한 자격증의 종류에 따라 가산점에 차이를 둠으로써 청구인과 같은 정보처리기능사 자격을 가진 응시자가 공무담임권을 행사하는데 있어 차별을 가져오는 것이므로, 이 사건에서는 그러한 차별을 정당화할 수 있을 정도로 목적과 수단 간의 비례성이 존재하는지를 검토하여야 할 것이다(헌재 2003.9.25. 2003헌마30).

(O) 고등학교 진학 기회의 제한은 대학 등 고등교육기관에 비하여 당사자에게 미치는 제한의 효과가 더욱 크므로 보다 더 엄격히 심사하여야 한다. 따라서 이 사건 중 복지원금지 조항의 차별 목적과 차별의 정도가 비례원칙을 준수하는지 살펴본다(헌재 2019.4.11. 2018헌마221).

| OX 문제 | 정답 및 해설 |

2558
「교통사고처리특례법」 조항 중 업무상 과실 또는 중대한 과실로 인한 교통사고로 말미암아 피해자로 하여금 중상해에 이르게 한 경우에 공소를 제기할 수 없도록 규정한 부분의 경우 판례는 심사기준으로 엄격 비례의 원칙을 적용하였다. 24년 경찰간부 [O/X]

(O) 단서조항에 해당하지 않는 교통사고로 중상해를 입은 피해자와 단서조항에 해당하는 교통사고의 중상해 피해자 및 사망사고의 피해자 사이의 차별문제는 교통사고 운전자의 기소 여부에 따라 피해자의 헌법상 보장된 재판절차진술권이 행사될 수 있는지 여부가 결정되어 이는 기본권 행사에 있어서 중대한 제한을 구성하기 때문에 엄격한 심사기준에 의하여 판단한다(헌재 2009.2.26. 2005헌마764 등).

2559
중혼의 취소청구권자를 어느 범위까지 포함할 것인지 여부에 관하여는 입법자의 입법재량의 폭이 넓은 영역이라는 점에서 자의금지원칙 위반 여부를 심사하는 것으로 충분하다. 24년 국회직 5급 [O/X]

(O) 중혼의 취소청구권자를 규정하면서 직계비속을 취소청구권자에 포함시키지 아니한 법률조항에서, 중혼의 취소청구권자를 어느 범위까지 포함할 것인지 여부에 관하여는 입법자의 입법재량의 폭이 넓은 영역이라 할 것이어서, 이 사건 법률조항이 평등원칙을 위반했는지 여부를 판단함에 있어서는 자의금지원칙 위반 여부를 심사하는 것으로 족하다고 할 것이다(헌재 2010.7.29. 2009헌가8).

2560
「병역법」 제34조 제3항이 전문연구요원과 달리 공중보건의사가 군사교육에 소집된 기간을 복무기간에 산입하지 않도록 규정하고 있더라도 이는 합리적인 이유가 있는 차별이므로 공중보건의사의 평등권을 침해하지 않는다. 24년 국회직 5급 [O/X]

(O) 공중보건의사는 장교의 지위에 있는 군의관과 입법 연혁, 선발과정, 보수, 수행 업무의 내용 등 여러 가지 면에서 동일하거나 유사한 측면이 있다는 점을 고려하면, 군사교육소집기간의 복무기간 산입 여부와 같은 정책적인 사항에 대하여 전문연구요원과 달리 규정한다고 해서 이를 부당한 차별취급이라고 단정하기는 어렵다. 따라서 심판대상조항이 전문연구요원과 달리 공중보건의사의 군사교육소집기간을 복무기간에 산입하지 않은 데에는 합리적 이유가 있으므로, 청구인들의 평등권을 침해하지 않는다(헌재 2020.9.24. 2019헌마472 등).

2561
전기판매사업자에게 약관의 명시·교부의무를 면제한 「약관의 규제에 관한 법률」 해당 조항 중 '전기사업'에 관한 부분은 일반 사업자와 달리 전기판매사업자에 대하여 약관의 명시·교부의무를 면제하고 있더라도 평등원칙에 위반되지 아니한다. 24년 경찰간부 [O/X]

(O) 전기사용자는 전기판매사업자인 한국전력공사의 사업소와 인터넷 홈페이지를 통해 공급약관을 확인할 수 있다. 따라서 심판대상조항이 일반 사업자와 달리 전기판매 사업자에 대하여 약관의 명시·교부의무를 면제하더라도, 그러한 차별을 정당화할 합리적인 이유가 존재한다고 볼 수 있으므로, 심판대상조항은 평등원칙에 위반되지 않는다(헌재 2024.4.25. 2022헌바65).

2562
'국가, 지방자치단체, 공공기관의 운영에 관한 법률에 따른 공공기관'이 시행하는 개발사업과 달리, 학교법인이 시행하는 개발사업은 그 일체를 개발부담금의 제외 또는 경감 대상으로 규정하지 않은 「개발이익 환수에 관한 법률」 해당 조항 중 '공공기관의 운영에 관한 법률에 따른 공공기관'에 관한 부분은 평등원칙에 위반된다. 24년 경찰간부 [O/X]

(X) '국가'는 개발이익의 환수 주체이고, '지방자치단체'는 개발이익의 배분 대상이므로, 이들이 시행하는 개발사업의 경우 그 개발이익을 환수할 필요성이 없거나 낮다. 다만 학교법인이 시행하는 개발사업의 경우 개발이익은 학교법인과 사립학교의 학생 및 교직원 등만이 독점적으로 향유할 뿐 공동체 전체가 공평하게 향유할 수도 없으므로, 개발부담금 제외 또는 경감 대상으로 규정할 특별한 이유를 찾을 수 없다. 결국 심판대상조항은 국가 등과 학교법인을 합리적인 이유 없이 차별취급한다고 볼 수 없으므로, 평등원칙에 위반되지 않는다(헌재 2024.5.30. 2020헌바179).

| OX 문제 | 정답 및 해설 |

2563
헌법불합치결정에 따라 실질적인 혼인관계가 존재하지 아니한 기간을 제외하고 분할연금을 산정하도록 개정된 「국민연금법」 조항을 개정법 시행 후 최초로 분할연금 지급사유가 발생한 경우부터 적용하도록 하는 「국민연금법」 부칙 제2조가 분할연금 지급 사유 발생시점이 신법 조항 시행일 전·후인지와 같은 우연한 사정을 기준으로 달리 취급하는 것은 합리적인 이유를 찾기 어렵다. 24년 경찰간부 [O|X]

(O) 헌법불합치결정에 따라 실질적인 혼인관계가 존재하지 아니한 기간을 제외하고 분할연금을 산정하도록 개정된 국민연금법 제64조 제1항, 제4항을 개정법 시행 후 최초로 분할연금 지급사유가 발생한 경우부터 적용하도록 규정한 국민연금법 부칙 제2조는 헌법에 합치되지 아니한다(헌재 2024.5.30. 2019헌가29).

2564
'직계혈족, 배우자, 동거친족, 동거가족 또는 그 배우자' 이외의 친족 사이의 재산범죄를 친고죄로 규정한 「형법」 제328조 제2항은 일정한 친족 사이에서 발생한 재산범죄의 경우 피해자의 고소를 소추조건으로 정하여 피해자의 의사에 따라 국가형벌권 행사가 가능하도록 한 것으로서 합리적 이유가 있다. 24년 경찰간부 [O|X]

(O) 친족 사이에 발생한 재산범죄의 경우 친족관계의 특성상 친족 사회 내부에서 피해의 회복 등 자율적으로 문제를 해결할 가능성이 크고 재산범죄는 피해의 회복이나 손해의 전보가 비교적 용이한 경우가 많은 점, 형사소송법은 고소권자인 피해자의 고소의 의사표시가 어려운 경우의 보완규정을 두고 있는 점을 종합하면, 피해자의 고소를 소추조건으로 하여 피해자의 의사에 따라 국가형벌권 행사가 가능하도록 한 심판대상조항은 합리적 이유가 있으므로 평등원칙에 위배된다고 보기 어렵다(헌재 2024.6.27. 2023헌바449).

2565
예비역 복무의무자의 범위에서 일반적으로 여성을 제외하는 구 「병역법」 제3조 제1항 중 '예비역 복무'에 관한 부분 및 지원에 의하여 현역복무를 마친 여성을 일반적인 여성의 경우와 동일하게 예비역 복무의무자의 범위에서 제외하는 「군인사법」 제41조 제4호 및 단서, 제42조는 상근예비역으로 복무 중이던 자의 평등권을 침해한다. 24년 국회직 8급 [O|X]

(X) 현역복무를 마친 여성에 대한 예비역 복무 의무 부과는 국방력의 유지 및 병역동원의 소요(所要)를 충족할 수 있는 합리적 병력충원제도의 설계와 국방의 의무의 공평한 분담, 건전한 국가 재정, 여군의 역할 확대 및 복무 형태의 다양성 요구 충족 등을 복합적으로 고려하여 결정할 사항으로, 현재의 시점에서 제반 상황을 종합적으로 고려한 입법자의 판단이 현저히 자의적이라고 단정하기 어렵다. 이 사건 예비역 조항으로 인한 차별취급을 정당화할 합리적 이유가 인정되므로, 이 사건 예비역 조항은 청구인의 평등권을 침해하지 아니한다(헌재 2023.10.26. 2018헌마357).

2566
내국인 및 영주(F-5)·결혼이민(F-6)의 체류자격을 가진 외국인과 달리 외국인 지역가입자에 대하여 납부할 월별 보험료의 하한을 전년도 전체 가입자의 평균을 고려하여 정하는 구 「장기체류 재외국민 및 외국인에 대한 건강보험 적용기준」 제6조 제1항에 의한 별표2 제1호 단서는 합리적인 이유 없이 외국인을 내국인 등과 달리 취급한 것으로서 평등권을 침해한다. 24년 국회직 8급 [O|X]

(X) 보험료하한 조항이 보험급여와 보험료 납부의 상관관계를 고려하고, 외국인의 보험료 납부의무 회피를 위한 출국 등의 제도적 남용 행태를 막기 위하여 외국인 지역가입자가 납부해야 할 월별 보험료의 하한을 내국인등 지역가입자가 부담하는 보험료 하한(보험료가 부과되는 연도의 전전년도 평균 보수월액보험료의 1천분의 60 이상 1천분의 65 미만의 범위에서 보건복지부장관이 정하여 고시하는 금액)보다 높게 정한 것은 합리적인 이유가 있는 차별이다(헌재 2023.9.26. 2019헌마1165).

| OX 문제 | 정답 및 해설 |

2567
내국인 등과 달리 외국인 지역가입자에 대해서는 보험료를 체납한 경우 다음 달부터 곧바로 보험급여를 제한하는 것은, 보험료 체납 시 보험급여를 실시할 수 있는 예외를 전혀 인정하지 않아 합리적인 이유 없이 외국인을 내국인 등과 달리 취급한 것으로 외국인 지역가입자의 평등권을 침해한다. 25년 입법고시　　O X

(O) 보험급여제한 조항은 외국인의 경우 보험료의 1회 체납만으로도 별도의 공단 처분 없이 곧바로 그 다음 달부터 보험급여를 제한하도록 규정하고 있으므로, 보험료가 체납되었다는 통지도 실시되지 않는다(헌재 2023.9.26. 2019헌마1165). 따라서 이는 평등권을 침해한다.

2568
헌법재판소는 동물약국 개설자가 수의사 또는 수산질병관리사의 처방전 없이 판매할 수 없는 동물용의약품을 규정한 「처방대상 동물용 의약품 지정에 관한 규정」 제3조가 의약분업이 이루어지지 않은 동물 분야에서 수의사가 동물용의약품에 대한 처방과 판매를 사실상 독점할 수 있도록 하여 동물약국 개설자의 직업수행의 자유를 침해하는지 여부를 판단하는 이상 평등권 침해 여부에 관하여는 따로 판단하지 아니하였다. 24년 국회직 8급　　O X

(O) 심판대상조항이 동물약국 개설자인 청구인들의 직업수행의 자유를 침해하는지 여부를 판단하는 이상 평등권 침해 여부에 관하여는 따로 판단하지 아니한다(헌재 2023.6.29. 2021헌마199). 결론적으로는 약물오남용등의 이유로 합헌으로 결정하였다.

2569
확정판결의 기초가 된 민사나 형사의 판결, 그 밖의 재판 또는 행정 처분이 다른 재판이나 행정처분에 따라 바뀌어 당사자가 행정소송의 확정판결에 대하여 재심을 제기하는 경우, 재심제기기간을 30일로 정한 「민사소송법」을 준용하는 「행정소송법」 제8조 제2항 중 「민사소송법」 제456조 제1항 가운데 제451조 제1항 제8호에 관한 부분을 준용하는 부분은 행정소송 당사자의 평등권을 침해한다. 24년 국회직 8급　　O X

(X) 대립 당사자 간에 발생한 법률적 분쟁에 관하여 사실관계를 확정한 후 법을 해석·적용함으로써 분쟁을 해결한다는 절차적 측면에서 민사소송과 행정소송은 유사하다. 재심기간제한조항이 민사소송과 동일하게 재심제기기간을 30일로 정한 것이 행정소송 당사자의 평등권을 침해하지 않는다(헌재 2023.9.26. 2020헌바258).

2570
금고 이상의 형의 집행유예를 선고받고 그 유예기간이 지난 후 2년이 지나지 아니한 자의 변호사시험 응시자격을 제한하는 법률조항이, 범죄행위의 종류를 한정하지 않고 집행유예기간이 지난 후에도 2년간 변호사시험 응시 자체를 제한하였다고 하더라도, 직업선택의 자유를 침해한다고 볼 수 없고, 변리사 등 자격시험에서 시험응시의 결격사유를 두지 않거나 결격기간 및 그 기준일시를 다르게 규정하고 있다고 할지라도 이를 평등권 침해로 보기도 어렵다. 23년 법원행시　　O X

(O) 범죄행위의 종류를 한정하지 않고 집행유예기간이 지난 후에도 2년간 변호사시험 응시 자체를 제한하였다고 하더라도, 입법재량의 범위를 벗어나 청구인의 직업선택의 자유를 침해한다고 볼 수 없고, 변리사 등 자격시험에서 시험응시의 결격사유를 두지 않거나 결격기간 및 그 기준일시를 다르게 규정하고 있다고 할지라도 이를 본질적으로 동일한 집단에 대한 차별취급이라고 볼 수는 없어 평등권을 침해하지 아니한다(헌재 2013.9.26. 2012헌마365).

| OX 문제 | 정답 및 해설 |

2571
대한민국 국민인 남자에 한하여 병역의무를 부과한 구 병역법 조항은 헌법이 특별히 평등을 요구하는 경우나 관련 기본권에 중대한 제한을 초래하는 경우의 차별취급을 그 내용으로 하고 있으므로, 이 조항이 평등권을 침해하는지 여부에 대해서는 엄격한 심사기준에 따라 판단하여야 한다. 21년 법원행시
[O][X]

(X) 이 사건 법률조항은 헌법이 특별히 양성평등을 요구하는 경우나 관련 기본권에 중대한 제한을 초래하는 경우의 차별취급을 그 내용으로 하고 있다고 보기 어려우며, 징집대상자의 범위 결정에 관하여는 입법자의 광범위한 입법형성권이 인정된다는 점에 비추어 이 사건 법률조항이 평등권을 침해하는지 여부는 완화된 심사기준에 따라 판단하여야 한다(헌재 2011.6.30. 2010헌마460).

2572
부마민주항쟁을 이유로 30일 미만 구금된 자를 보상금 또는 생활지원금의 지급대상에서 제외하여 부마민주항쟁 관련자 중 8.1%만 보상금 및 생활지원금을 지급받는 결과에 이르기는 하였으나, 그 차별이 현저하게 불합리하거나 자의적이라고 보기 어렵다. 21년 법원행시
[O][X]

(O) 부마항쟁보상법은 부마민주항쟁 관련자에 대하여 간이한 절차로 손해배상을 받을 수 있게 특별한 절차를 마련한 것으로 입법형성의 영역에 속한다. 생명·신체의 손상을 입은 경우에만 보상금을 지급하도록 한 것은 불합리하지 않다(헌재 2019.4.11. 2016헌마418).

2573
출입국관리에 관한 사항 중 외국인의 입국에 관한 사항은 주권 국가로서의 기능을 수행하는 데 필요한 것으로서 광범위한 정책재량의 영역이므로, 국적에 따라 사증 발급 신청 시의 첨부서류에 관해 다르게 정하고 있는 조항이 평등권을 침해하는지 여부는 자의금지원칙 위반 여부에 의하여 판단한다.
24년 경찰승진
[O][X]

(O) 출입국관리에 관한 사항 중 외국인의 입국에 관한 사항은 주권 국가로서의 기능을 수행하는데 필요한 것으로서 광범위한 정책재량의 영역이므로, 국적에 따라 사증 발급 신청 시의 첨부서류에 관해 다르게 정하고있는 조항이 평등권을 침해하는지 여부는 자의금지원칙 위반 여부에 의하여 판단한다(헌재 2014.4.24. 2011헌마474).

2574
자율형 사립고(이하 '자사고'라 함)의 도입목적은 고교평준화 제도의 기본 틀을 유지하면서 고교평준화 제도의 문제점으로 지적된 획일성을 보완하기 위해 고교 교육의 다양화를 추진하고, 학습자의 소질·적성 및 창의성 개발을 지원하며, 학생·학부모의 다양한 요구 및 선택기회 확대에 부응하는 것이어서 과학고의 경우와 같이 재능이나 소질을 가진 학생을 후기학교보다 먼저 선발할 필요성이 있음에도 불구하고 자사고를 후기학교로 규정함으로써 과학고와 달리 취급하고, 일반고와 같이 취급하는 것은 자사고 학교법인의 평등권을 침해한다.
22년 국회직 5급, 21년 법원행시, 20년 변호사
[O][X]

(X) 이 사건 동시선발 조항이 자사고를 후기학교로 규정함으로써 과학고와 달리 취급하고, 일반고와 같이 취급하는 데에는 합리적인 이유가 있으므로 청구인 학교법인의 평등권을 침해하지 아니한다(헌재 2019.4.11. 2018헌마221).

2575
입법자가 외부의 침략으로부터 국가를 보존한다는 목적을 위해 존재하는 집단인 군의 특수성을 고려하여 「군사법원법」에 의한 군사재판을 국민참여재판 대상사건에서 제외한 것은 평등원칙에 위배되지 아니한다. 21년 국회직 9급
[O][X]

(O) 입법자는 헌법 제110조 제1항에 따라 법률로 군사법원을 설치함에 있어 군사재판의 특수성을 고려하여 그 조직·권한 및 재판관의 자격 등을 일반법원과 달리 정하는 것이 허용되는바, 입법자가 광범위한 입법재량 내에서 외부의 침략으로부터 국가를 보존한다는 목적을 위해 존재하는 집단인 군의 특수성을 고려하여 군사법원법에 의한 군사재판을 국민참여재판 대상사건에서 제외한 것으로 평등원칙에 위배되지 아니한다(헌재 2021.6.24. 2020헌바499).

| OX 문제 | 정답 및 해설 |

2576
특별교통수단에 있어 표준휠체어만을 기준으로 휠체어 고정설비의 안전기준을 정한 것은 표준휠체어를 이용할 수 없는 장애인에 대한 고려 없이 고정설비의 안전기준을 정하여 불합리하고, 표준휠체어를 이용할 수 있는 장애인과 표준휠체어를 이용할 수 없는 장애인을 합리적 이유 없이 달리 취급하여 평등권을 침해한다. 25년 입법고시 ⊙⊗

(O) 심판대상조항은 합리적 이유 없이 표준휠체어를 이용할 수 있는 장애인과 표준휠체어를 이용할 수 없는 장애인을 달리 취급하여 청구인의 평등권을 침해한다(헌재 2023.5.25. 2019헌마1234).

2577
지원에 의하여 현역복무를 마친 여성의 경우 현역복무 과정에서의 훈련과 경험을 통해 예비전력으로서의 자질을 갖추고 있을 것으로 추정할 수 있으므로 지원에 의하여 현역복무를 마친 여성을 예비역 복무의무자의 범위에서 제외한 「군인사법」조항은 예비역 복무의무자인 남성인 청구인의 평등권을 침해한다. 24년 순경 1차 ⊙⊗

(X) 현역복무를 마친 여성에 대한 예비역 복무 의무 부과는 국방력의 유지 및 병역동원의 소요(所要)를 충족할 수 있는 합리적 병력충원제도의 설계와 국방의 의무의 공평한 분담, 건전한 국가 재정, 여군의 역할 확대 및 복무 형태의 다양성 요구 충족 등을 복합적으로 고려하여 결정할 사항으로, 현재의 시점에서 제반 상황을 종합적으로 고려한 입법자의 판단이 현저히 자의적이라고 단정하기 어렵다. 이 사건 예비역 조항으로 인한 차별취급을 정당화할 합리적 이유가 인정되므로, 이 사건 예비역 조항은 청구인의 평등권을 침해하지 아니한다(헌재 2023.10.26. 2018헌마357).

2578
제대군인 가산점제도는 공직수행능력과는 아무런 합리적 관련성을 인정할 수 없는 성별 등을 기준으로 여성과 장애인 등의 사회진출기회를 박탈하는 것이므로 정책수단으로서의 적합성과 합리성을 상실한 것이다. 20년 법무사 ⊙⊗

(O) 제대군인에 대하여 여러 가지 사회정책적 지원을 강구하는 것이 필요하다 할지라도, 그것이 사회공동체의 다른 집단에게 동등하게 보장되어야 할 균등한 기회 자체를 박탈하는 것이어서는 아니되는데, 가산점제도는 공직수행능력과는 아무런 합리적 관련성을 인정할 수 없는 성별 등을 기준으로 여성과 장애인 등의 사회진출기회를 박탈하는 것이므로 정책수단으로서의 적합성과 합리성을 상실한 것이라 하지 아니할 수 없다(헌재 1999.12.23. 98헌마363).

2579
제대군인이 공무원채용시험 등에 응시한 때에 과목별 득점에 과목별 만점의 5퍼센트 또는 3퍼센트를 가산하는 것에 대하여 완화된 심사기준인 자의금지원칙을 적용하고 있다. 20년 경찰승진 ⊙⊗

(X) 가산점제도는 헌법 제32조 제4항이 특별히 남녀평등을 요구하고 있는 '근로' 내지 '고용'의 영역에서 남성과 여성을 달리 취급하는 제도이고, 또한 헌법 제25조에 의하여 보장된 공무담임권이라는 기본권의 행사에 중대한 제약을 초래하는 것이기 때문에 엄격한 심사척도가 적용된다. … 차별취급을 통하여 달성하려는 입법목적의 비중에 비하여 차별로 인한 불평등의 효과가 극심하므로 가산점제도는 헌법 제11조에 위배된다(헌재 1999.12.23. 98헌마363).

2580
가산점제도는 제대군인과 제대군인이 아닌 사람을 차별하고, 현역복무나 상근예비역 소집근무를 할 수 있는 신체건장한 남자와 질병이나 심신장애로 병역을 감당할 수 없는 남자인 병역면제자를 차별하며, 보충역으로 편입되어 군복무를 마친 자를 차별하는 제도이므로, 그 입법목적의 정당성이 인정되지 않는다. 20년 법무사 ⊙⊗

(X) 가산점제도의 주된 목적은 군복무 중에는 취업할 기회와 취업을 준비하는 기회를 상실하게 되므로 이러한 불이익을 보전해 줌으로써 제대군인이 군복무를 마친 후 빠른 기간내에 일반사회에 복귀할 수 있도록 해 주는 데에 있다. 인생의 황금기에 해당하는 20대 초·중반의 소중한 시간을 사회와 격리된 채 통제된 환경에서 자기개발의 여지없이 군복무 수행에 바침으로써 국가·사회에 기여하였고, 그 결과 공무원채용시험 응시 등 취업준비에 있어 제대군인이 아닌 사람에 비하여 상대적으로 불리한 처지에 놓이게 된 제대군인의 사회복귀를 지원한다는 것은 입법정책적으로 얼마든지 가능하고 또 매우 필요하다고 할 수 있으므로 이 입법목적은 정당하다(헌재 1999.12.23. 98헌마363).

OX 문제

2581
어느 범죄에 대한 법정형이 그 범죄의 죄질 및 이에 따른 행위자의 책임에 비하여 지나치게 가혹한 것이어서 현저히 형벌체계상의 균형을 잃고 있다거나 그 범죄에 대한 형벌 본래의 목적과 기능을 달성함에 있어 필요한 정도를 일탈하였다는 등 헌법상의 평등의 원칙 및 비례의 원칙 등에 명백히 위배되는 경우가 아닌 한, 쉽사리 헌법에 위반된다고 단정하여서는 아니 된다. 26년 경찰간부 [O|X]

2582
금융기관의 임·직원이 직무와 관련하여 금품수수 등의 수재(收財)행위를 하였을 경우에는 별도의 배임행위가 있는지를 불문하고 형사제재를 가하는 「특정경제범죄 가중처벌 등에 관한 법률」조항은 금융기능의 투명성·공정성을 확보할 필요가 있다 하더라도 일반 사인과는 달리 공무원의 수뢰죄와 동일하게 처벌하는 것으로 합리적인 근거가 없으므로 평등원칙에 위배된다. 26년 경찰간부 [O|X]

2583
교육감은 교육감선거에서 그 직을 보유한 채 입후보할 수 있으나, 초·중등학교 교원이 공직선거 등에 입후보하고자 하는 경우 선거일 전 90일까지 그 직을 그만두도록 하는 것은 교원에 대하여만 입후보 시 사직의무를 부여하므로 합리적인 이유가 없어 평등권을 침해한다. 26년 경찰간부 [O|X]

2584
1945년 8월 15일 이후에 독립유공자에게 입양된 양자가 독립유공자 등을 부양한 사실이 없는 경우 유족의 범위에서 제외하는 것은 독립유공자와 양자 상호간의 희생분담 등을 고려한 것으로서 평등원칙에 반하지 않는다. 26년 경찰간부 [O|X]

2585
2000년 7월 1일 이전에 결정·고시된 도시계획시설결정의 실효에 관한 기산일을 2000년 7월 1일로 정한 「국토의 계획 및 이용에 관한 법률」 부칙 해당 부분은 2000년 7월 1일 이후에 고시된 도시계획시설결정의 실효기간은 고시일로부터 20년인 데 비하여, 그 전에 고시된 도시계획시설결정의 실효기간은 고시일로부터 20년이 초과되는 결과를 가져오는데 이러한 차별에는 합리적인 이유가 없으므로 평등원칙에 반한다. 25년 순경 1차 [O|X]

정답 및 해설

(O) 어느 범죄에 대한 법정형이 그 범죄의 죄질 및 이에 따른 행위자의 책임에 비하여 지나치게 가혹한 것이어서 현저히 형벌체계상의 균형을 잃고 있다거나 그 범죄에 대한 형벌 본래의 목적과 기능을 달성함에 있어 필요한 정도를 일탈하였다는 등 헌법상의 평등의 원칙 및 비례의 원칙 등에 명백히 위배되는 경우가 아닌 한, 쉽사리 헌법에 위반된다고 단정하여서 아니 된다(헌재 1999.5.27. 96헌바16).

(X) 금융기관의 임·직원에게는 공무원에 버금가는 정도의 청렴성과 업무의 불가매수성(不可買收性)이 요구되고, 이들이 직무와 관련하여 금품수수 등의 수재(收財)행위를 하였을 경우에는 별도의 배임행위가 있는지를 불문하고 형사제재를 가함으로써 금융업무와 관련된 각종 비리와 부정의 소지를 없애고, 금융기능의 투명성·공정성을 확보할 필요가 있으므로 특정경제범죄가중처벌 등에 관한 법률 제5조 제1항에서 금융기관의 임·직원의 직무와 관련한 수재행위에 대하여 일반 사인과는 달리 공무원의 수뢰죄와 동일하게 처벌한다고 하더라도 거기에는 합리적인 근거가 있다(헌재 1999.5.27. 98헌바26).

(X) 현직 교육감의 경우 교육감선거 입후보 시 그 직을 그만두도록 하면 임기가 사실상 줄어들게 되어, 업무의 연속성과 효율성이 저해될 우려가 크다는 점 등을 고려할 때, 현직 교육감과 비교하더라도 교원인 청구인들의 평등권이 침해된다고 볼 수 없다(헌재 2019.11.28. 2018헌마222).

(O) 1945년 8월 15일 이후에 독립유공자에게 입양된 양자가 독립유공자등을 부양한 사실이 없는 경우 유족의 범위에서 제외하는 것은 독립유공자와 양자 상호간의 희생분담 등을 고려한 것으로서 현저히 불합리한 차별이라고 보기는 어렵다. 따라서 단서조항이 헌법상 평등원칙에 위반된다고 볼 수 없다(헌재 2021.5.27. 2018헌바277).

(X) 2000. 7. 1. 이전과 이후에 고시된 도시계획시설결정들 사이에 다른 실효기간이 적용되는 것이나 2000. 7. 1. 이전에 결정·고시된 도시계획시설결정들 사이에 이미 경과된 기간의 장단에 따라 차등을 두지 않고 일률적으로 실효기산일을 적용하는 것에는 모두 합리적인 이유가 있으므로, 이 사건 부칙조항은 평등원칙에 위반되지 아니한다(헌재 2024.8.29. 2020헌바602 등).

OX 문제

2586
「사회보호법」을 폐지하면서도 폐지법률 시행 이전에 이미 보호감호 판결이 확정되어 있는 자에 대하여는 종전 「사회보호법」에 따라 보호감호 처분이 집행되도록 하였고, 그때까지 판결이 확정되지 않은 자에 대하여는 종전 「사회보호법」이 적용되지 않도록 한 「사회보호법」 부칙 제2조는 합리적 근거가 있다 할 것이므로 평등원칙에 반한다고 할 수 없다. 25년 순경 1차 [O][X]

(O) 입법자가 종전 사회보호법을 폐지하면서 적지 않은 수의 보호감호 대상자를 일시에 석방할 경우 초래될 사회적 혼란의 방지, 법원의 양형 실무 및 확정판결에 대한 존중 등을 고려하여 법률 폐지 이전에 이미 보호감호 판결이 확정된 자에 대하여는 보호감호를 집행하도록 한 것이므로 이중처벌에 해당하거나 비례원칙에 위반하여 신체의 자유를 과도하게 침해한다고 볼 수 없으며, 판결 미확정자와의 사이에 발생한 차별은 입법재량 범위 내로서 이를 정당화할 합리적 근거가 있으므로 헌법상 평등의 원칙에 반하지 아니한다(헌재 2009.3.26. 2007헌바50).

2587
「공유재산 및 물품 관리법」 제6조 제1항을 위반하여 행정재산을 사용하거나 수익한 자를 형사처벌하는 「공유재산 및 물품 관리법」 제99조는 사유재산을 점유한 자의 경우와 달리 형사적 제재를 가하는 것으로서 합리적 이유가 없으므로 평등원칙에 위배된다. 25년 순경 1차 [O][X]

(X) 사유재산의 적절한 관리, 활용은 기본적으로 소유자인 사인의 이익에 기여할 뿐이지만, 행정재산의 적절한 관리, 활용은 지방자치단체와 주민 전체의 이익에 귀속되고 특히 지방자치단체를 위한 재원 확보의 수단이라는 점에서, 행정재산을 정당한 권원 없이 사용·수익하는 경우 사유재산과 달리 형사적 제재를 가하는 것은 합리적인 이유가 있으므로 위배되지 않는다(헌재 2024.8.29. 2022헌바170).

2588
특정한 조세 법률조항이 혼인이나 가족생활을 근거로 부부 등 가족이 있는 자를 혼인하지 아니한 자 등에 비하여 차별 취급하는 것이 과세단위를 설정하는 데 있어 입법자의 입법형성의 재량에 속하는 정책적 문제라면 헌법 제36조 제1항에 위반되는지 여부는 단지 차별의 합리적인 이유의 유무만을 확인하는 정도로 심사하여야 한다. 25년 경찰승진 [O][X]

(X) 특정한 조세 법률조항이 혼인이나 가족생활을 근거로 부부 등 가족이 있는 자를 혼인하지 아니한 자 등에 비하여 차별 취급하는 것이라면 비례의 원칙에 의한 심사에 의하여 정당화되지 않는 한 헌법 제36조 제1항에 위반된다 할 것이다. 이는 단지 차별의 합리적인 이유의 유무만을 확인하는 정도를 넘어, 차별의 이유와 차별의 내용 사이에 적정한 비례적 균형관계가 이루어져 있는지에 대해서도 심사하여야 한다(헌재 2008.11.13. 2006헌바112 등).

2589
제1종 운전면허를 받은 사람이 정기적성검사 기간 내에 적성검사를 받지 아니한 경우에 행정형벌을 과하도록 규정한 구 「도로교통법」 조항은 제1종 운전면허를 받은 사람이 정기적성 검사를 받지 아니한 경우를 제2종 운전면허를 받은 사람과 달리 취급하는 것에는 합리적인 이유가 있다고 할 수 있으므로 평등원칙에 위반되지 아니한다. 25년 경찰승진 [O][X]

(O) 도로교통법 등 행정법규 위반자에 대한 행정제재의 종류와 범위를 선택하는 문제는 기본적으로 당해 행정목적과 위반행위의 태양 등 여러 사정을 고려하여 입법자가 결정할 사항으로 원칙적으로 폭 넓은 입법재량 내지 입법형성권의 범위 내에 있다(헌재 2015.2.26. 2012헌바268). / 따라서 평등원칙에 위반되지 아니한다.

2590
별도의 가중적 구성요건표지를 규정하지 않은 채 형법 조항과 똑같은 구성요건을 규정하면서 법정형만 상향 조정한 특별법 조항이라 하더라도 헌법의 기본원리에 위배된다거나 평등원칙에 위반된다고 볼 수 없다. 24년 법원직 [O][X]

(X) 심판대상조항은 별도의 가중적 구성요건표지를 규정하지 않은 채 형법 조항과 똑같은 구성요건을 규정하면서 법정형만 상향 조정하여 어느 조항으로 기소하는지에 따라 벌금형의 선고 여부가 결정되고, 선고형에 있어서도 심각한 형의 불균형을 초래하게 함으로써 형사특별법으로서 갖추어야 할 형벌체계상의 정당성과 균형을 잃어 인간의 존엄성과 가치를 보장하는 헌법의 기본원리에 위배될 뿐만 아니라 그 내용에 있어서도 평등원칙에 위반되어 위헌이다(헌재 2015.2.26. 2014헌가16 등).

| OX 문제 | 정답 및 해설 |

2591
퇴직 이후에 비로소 폐질상태가 확정된 군인에 대하여, 공무원연금법상의 장해급여 수급권을 가지는 일반 공무원이나 퇴직 이전에 폐질상태가 확정된 군인과 달리, 상이연금수급권을 인정하지 않는 차별취급을 하더라도 합리적인 이유가 있어 평등원칙 위반이 아니다. 24년 군무원 5급 ◯✗

(✗) 폐질상태의 확정이 퇴직 이전에 이루어진 군인과 그 이후에 이루어진 군인을 차별취급하고 있는데, 폐질상태가 확정되는 시기는 근무환경이나 질병의 특수성 등 우연한 사정에 의해 좌우될 수 있다는 점에서 볼 때, 위와 같은 차별취급은 합리적인 이유가 없어 정당화되기 어렵다(헌재 2010.6.24. 2008헌바128).

2592
국립묘지 안장 대상자의 사망 당시의 배우자가 재혼한 경우 국립묘지에 안장된 안장 대상자와 합장할 수 없도록 한 차별취급은 헌법 제36조 제1항의 혼인과 가족생활에서의 양성평등에 위배되므로 이러한 차별취급에 대해서는 엄격한 과잉금지원칙이 적용되어야 한다. 24년 군무원 5급 ◯✗

(✗) 국립묘지에 안장될 국가유공자 등의 범위와 자격 등은 국립묘지의 수용능력, 국가유공자 등에 대한 평가기준 등에 따라 정하여질 수밖에 없으므로 안장 대상자의 범위와 자격을 정함에 있어서는 입법자에게 폭넓은 입법형성권이 부여된다(헌재 2011.10.25. 2010헌바272).

2593
군사기지·군사시설에서 군인 상호간의 폭행죄에 반의사불벌에 관한 형법조항의 적용을 배제하고 있는 군형법 조항은 형벌체계상 균형을 상실하였다고 보기 어려우므로 평등원칙에 위반되지 아니한다. 25년 비상기획관 ◯✗

(◯) 엄격한 위계질서와 집단생활을 하는 군 조직의 특수성으로 인하여 피해자가 가해자에 대한 처벌을 희망할 경우 다른 구성원에 의해 피해를 당할 우려가 있고, 상급자가 가해자·피해자 사이의 합의에 관여할 경우 피해자가 처벌불원의사를 거부하기 어려운 경우가 발생할 수 있다(헌재 2022.3.31. 2021헌바62).

2594
지방공무원이 선거에서 특정 정당 또는 특정인을 지지하기 위하여 타인에게 정당에 가입하도록 권유하는 행위를 한 경우 3년 이하의 징역형과 자격 정지형을 병과 하도록 규정한 「지방공무원법」 조항은 「지방공무원법」상 정치운동죄가 「공직선거법」상 부정선거운동죄보다 행위 태양과 보호법익에 있어 불법이 가중됨을 고려하여 그 법정형을 달리 한 것이므로, 형벌체계상 균형을 상실하여 평등원칙에 위반된다고 보기 어렵다. 25년 비상기획관 ◯✗

(◯) 공무원이 선거에서 특정정당 또는 특정인을 지지하기 위하여 타인에게 정당에 가입하도록 권유하는 행위를 한 경우 3년 이하의 징역형과 자격정지형을 병과하도록 규정한 지방공무원법은 헌법에 위반되지 않는다. '공무원의 정치적 중립성'과 '선거의 공정성'을 위함이다(헌재 2021.2.25. 2019헌바58).

2595
「결핵예방법」상 타인을 결핵에 감염시킬 위험성 있는 행위에 대한 형벌조항에서 벌금형을 두고 있는 것과 비교하면, 「후천성면역결핍증 예방법」 해당 조항에서 법정형으로 징역형만을 두고 있는 것이 인체면역결핍바이러스의 전파매개행위를 다른 감염병의 전파매개행위와 차별취급한 것으로 평등원칙을 위반한다고 주장하는 것은 일반적 행동 자유권을 과도하게 제한하여 과잉금지원칙 위반이라는 주장과 다르지 아니하므로, 평등원칙 위반 여부는 별도로 판단하지 않는다. 23년 비상기획관(하) ◯✗

(◯) 나아가 제청법원은 결핵예방법상 결핵 감염인이 접객업 업무에 종사하는 것을 일시적으로 제한하는 명령을 위반한 경우 등, 타인을 결핵에 감염시킬 위험성 있는 행위에 대한 형벌조항에서 벌금형을 두고 있는 것과 비교하면, 심판대상조항에서 법정형으로 징역형만을 두고 있는 것은 인체면역결핍바이러스의 전파매개행위를 다른 감염병의 전파매개행위와 차별취급한 것으로 평등원칙을 위반한다고 주장한다. 그런데 이러한 주장은 일반적 행동자유권을 과도하게 제한하여 과잉금지원칙 위반이라는 주장과 다르지 아니하므로, 평등원칙 위반 여부는 별도로 판단하지 않기로 한다(헌재 2023.10.26. 2019헌가30).

| OX 문제 | 정답 및 해설 |

2596
판결로 확정된 채권의 소멸시효 중단을 위한 재판상의 청구가 있다는 점에 대하여만 확인을 구하는 소송을 제기한 경우 그 소가를 전소 확정판결에서 인정된 권리 가액의 10분의 1로 정한 민사소송 등 인지규칙 제18조의3은 시효중단을 위한 이행소송에 비해 시효중단을 위한 확인소송의 소가를 낮게 정함으로써 양소송의 소가를 달리 산정한 것에 합리적인 이유가 있다고 보기 어려우므로, 평등권을 침해한다. 24년 비상기획관(하) [O][X]

(X) 시효중단을 위한 확인소송은 단지 시효중단을 위한 재판상의 청구가 있다는 점에 대하여만 확인을 구하는 극히 단순한 형태의 소송으로서 별다른 다툼의 여지가 없는 소송이라는 점에서 실체적 심리가 이루어지는 시효중단을 위한 이행소송과는 차이가 있다고 할 수 있다. 따라서 심판대상조항이 시효중단을 위한 이행소송에 비해 시효중단을 위한 확인소송의 소가를 낮게 정함으로써 양 소송의 소가를 달리 산정한 것이 불합리하거나 자의적인 것이라고 보기 어려우므로, 심판대상조항은 청구인의 평등권을 침해하지 않는다(헌재 2024.8.29. 2021헌마101).

2597
근로자가 산업재해보상보험의 보험료를 부담하지 않는 것과 달리, 「고용보험 및 산업재해보상보험의 보험료징수 등에 관한 법률」 제49조의3 제2항 본문이 특수형태근로종사자에 대하여 산업재해보상보험 보험료의 2분의 1을 부담시키는 것은 합리적인 이유없이 특수형태 근로종사자를 불리하게 대우하는 것으로서 평등원칙에 위반된다. 25년 경찰 2차 [O][X]

(X) 특수형태근로종사자는 독립적 노동의 모습(자영인의 징표)과 종속적 노동의 모습(근로자의 징표)을 동시에 갖고 있으므로 사업주와 그 종사자가 각각 보험료의 2분의 1씩 부담하도록 하고 다만 사용종속관계 정도 등을 고려하여 대통령령으로 정하는 직종에 종사하는 특수형태근로종사자의 경우에는 사업주가 부담하도록 한 것으로 그 합리성을 인정할 수 있어 평등원칙에 반하지 않는다(헌재 2023.3.23. 2022헌바139).

2598
헌법상 용인되는 각 자치구·시·군의원 선거구 간 인구편차의 한계를 고려함에 있어서 인구비례의 원칙 이외에 2차적 요소들을 반영하는 것은 선거구 간 인구비례에 의한 투표가치 평등의 원칙에 위배된다. 21년 국회직 9급 [O][X]

(X) 급격한 산업화·도시화의 과정에서 인구의 도시집중으로 인하여 발생한 도시와 농어촌 간의 인구편차와 각 분야에 있어서의 개발 불균형이 존재하는 점은 마찬가지일 것이므로 자치구·시·군의원 선거구 획정에 있어서도 행정구역이나 교통, 지세 등의 2차적인 요소들을 인구비례원칙에 못지않게 함께 고려해야 할 필요성도 적지 않다 할 것이다(헌재 2009.3.26. 2006헌마14).

2599
주로 농촌 지역에 위치한 군의 평균 선거인수는 도시지역인 자치구·시의 평균 선거인수에 비하여 적어서, 이러한 차이를 고려하여 자치구·시의 장의 선거에서보다 군의 장의 선거에서 예비후보자의 선거운동기간을 단기간으로 정한 차별취급은 자의적인 것이라 할 수 없다. 21년 국회직 9급 [O][X]

(O) 군은 주로 농촌 지역에 위치하고 있어 도시 지역인 자치구·시보다 대체로 인구가 적다. 또한, 군의 평균 선거인수는 자치구·시의 평균 선거인수에 비하여 적다. 심판대상조항은 이러한 차이를 고려하여 자치구·시의 장의 선거에서보다 군의 장의 선거에서 예비후보자의 선거운동기간을 단기간으로 정한 것인바, 이러한 차별취급은 자의적인 것이라 할 수 없다. 따라서 이 조항은 청구인의 평등권을 침해하지 않는다(헌재 2020.11.26. 2018헌마260).

2600
임대의무기간이 10년인 공공건설임대주택의 분양전환가격을 임대의무기간이 5년인 공공건설임대주택의 분양전환가격과 서로 다른 기준으로 산정하는 구 「임대주택법」 시행규칙 조항은 10년 임대주택에 거주하는 임차인의 평등권을 침해한다. 22년 경찰간부 [O][X]

(X) 10년 임대주택과 5년 임대주택에 동일한 분양전환가격 산정기준을 적용하면 전자의 공급이 감소되는 결과로 이어진다. 심판대상조항이 10년 임대주택의 분양전환가격의 상한만을 정하되 상한을 감정평가금액으로 규정한 것은 임대사업자에게 일정한 수익성을 보장하고 감정평가법인을 통하여 분양전환 당시의 객관적 주택가격을 충실히 반영하기 위함이다(헌재 2021.4.29. 2019헌마202). 따라서 평등권을 침해하지 않는다.

OX 문제

2601
종합부동산세의 과세방법을 '인별합산'이 아니라 '세대별 합산'으로 규정한 「종합부동산세법」 조항은 혼인한 자 또는 가족과 함께 세대를 구성한 자를 비례의 원칙에 반하여 개인별로 과세되는 독신자, 사실혼 관계의 부부, 세대원이 아닌 주택 등의 소유자 등에 비하여 불리하게 차별하여 취급하고 있으므로, 헌법 제36조 제1항에 위반된다. 25년 경찰 2차 [O][X]

2602
입법자가 전문자격제도의 내용인 결격사유를 정함에 있어 변호사의 경우 변리사나 공인중개사보다 더 가중된 요건을 규정한 것은 평등권을 침해한 것이다. 21년 법원직 9급 [O][X]

2603
「정부조직법」에 따른 각급 행정기관의 근로자가 가구원인 경우 해당 가구의 격리자를 생활지원비 지원제외 대상으로 정한 '코로나바이러스감염증-19 관련 입원·격리자 생활지원비 지원사업 안내 2-5판' 규정은 위 행정기관의 근로자를 가구원으로 둔 청구인의 평등권을 침해하지 않는다. 26년 경찰간부, 24년 비상기획관 [O][X]

2604
광역자치단체장선거의 예비후보자를 후원회지정권자에서 제외하여, 국회의원선거의 예비후보자에게 후원금을 기부하고자 하는 자와 광역자치단체장선거의 예비후보자에게 후원금을 기부하고자 하는 자를 달리 취급하는 것은 합리적 차별에 해당하고 입법재량의 한계를 일탈한 것은 아니다. 22년 변호사, 20년 국회직 5급 [O][X]

2605
국회의원을 후원회지정권자로 정하면서 「지방자치법」의 '도'의회의원, '시'의회의원을 후원회지정권자에서 제외하고 있는 「정치자금법」 제6조 제2호는 국회의원과 지방의회의원의 업무의 특성을 고려한 합리적 차별로 평등권을 침해하지 않는다. 24년 법원직, 23년 순경 2차 [O][X]

정답 및 해설

(O) 이 사건 세대별 합산규정은 혼인한 자 또는 가족과 함께 세대를 구성한 자를 비례의 원칙에 반하여 개인별로 과세되는 독신자, 사실혼 관계의 부부, 세대원이 아닌 주택 등의 소유자 등에 비하여 불리하게 차별하여 취급하고 있으므로, 헌법 제36조 제1항에 위반된다(헌재 2008.11.13. 2006헌바112 등).

(X) 변호사는 국민의 기본적 인권의 옹호와 사회질서 유지를 사명으로 하며 품위유지, 공익활동, 독직금지행위 등의 의무를 부담하는 등 공공성이 특히 강조되고 법제도 및 준법에 대한 더욱 고양된 윤리성이 강조되는 직역임에 비추어볼 때, 그 직무의 공공성 및 이에 대한 신뢰의 중요성도 변리사 및 공인중개사보다 더 높은 수준이 요구된다. 따라서 입법자가 전문자격제도의 내용인 결격사유를 정함에 있어 변호사의 경우 변리사나 공인중개사보다 더 가중된 요건을 규정하였다고 하더라도 헌법 제11조 제1항에 반하여 청구인의 평등권을 침해하였다고 할 수 없다(헌재 2009.10.29. 2008헌마432).

(O) 코로나19가 급속히 확산되는 상황에서 한정된 재원을 효과적으로 지원하기 위해서는 격리로 인하여 생계가 곤란하게 될 위험성을 살펴 지원대상의 범위를 제한할 필요가 있다. 행정기관 근로자는 입원하거나 격리하더라도 유급휴가를 받을 수 있어 격리자를 포함한 해당 가구가 생계곤란을 겪을 위험이 현저히 낮다. 따라서 행정기관 근로자가 가구원인 경우 해당 가구의 격리자에게 생활지원비를 지원하지 않는 것에는 합리적 이유가 있으므로, 이 사건 제외규정은 청구인의 평등권을 침해하지 않는다(헌재 2024.8.29. 2021헌마450).

(X) 그동안 정치자금법이 여러 차례 개정되어 후원회지정권자의 범위가 지속적으로 확대되어 왔음에도 불구하고, 국회의원선거의 예비후보자 및 그 예비후보자에게 후원금을 기부하고자 하는 자와 광역자치단체장선거의 예비후보자 및 이들 예비후보자에게 후원금을 기부하고자 하는 자를 계속하여 달리 취급하는 것은, 불합리한 차별에 해당하고 입법재량을 현저히 남용하거나 한계를 일탈한 것이다. 따라서 심판대상조항 중 광역자치단체장선거의 예비후보자에 관한 부분은 청구인들 중 광역자치단체장선거의 예비후보자 및 이들 예비후보자에게 후원금을 기부하고자 하는 자의 평등권을 침해한다(헌재 2019.12.27. 2018헌마301 등).

(X) 현재 지방자치법에 따라 지방의회의원에게 지급되는 의정활동비 등은 의정활동에 전념하기에 충분하지 않다. 또한, 지방의회는 유능한 신인정치인의 유입 통로가 되므로, 지방의회의원에게 후원회를 지정할 수 없도록 하는 것은 경제력을 갖추지 못한 사람의 정치입문을 저해할 수도 있다. 따라서 이러한 사정들을 종합하여 보면, 심판대상조항이 국회의원과 달리 지방의회의원을 후원회지정권자에서 제외하고 있는 것은 불합리한 차별로서 청구인들의 평등권을 침해한다(헌재 2022.11.24. 2019헌마528).

| OX 문제 | 정답 및 해설 |

2606
자기 또는 배우자의 직계존속을 고소하지 못하도록 규정한 형사소송법 조항은 친고죄의 경우든 비친고죄의 경우든 헌법상 보장된 재판절차진술권의 행사에 중대한 제한을 초래한다고 보기는 어려우므로, 완화된 자의심사에 따라 차별에 합리적 이유가 있는지를 따져보는 것으로 족하다. 20년 경찰승진 [O|X]

(O) 자기 또는 배우자의 직계존속을 고소하지 못하도록 규정한 형사소송법 조항은 친고죄의 경우든 비친고죄의 경우든 헌법상 보장된 재판절차진술권의 행사에 중대한 제한을 초래한다고 보기는 어려우므로, 완화된 자의심사에 따라 차별에 합리적 이유가 있는지를 따져보는 것으로 족하다(헌재 2011.2.24. 2008헌바56).

2607
선거로 취임하는 공무원인 지방자치단체장을 공무원연금법의 적용대상에서 제외하는 법률 조항은, 지방자치단체장도 국민 전체에 대한 봉사자로서「공무원법」상 각종 의무를 부담하고 영리업무 및 겸직 금지 등 기본권 제한이 수반된다는 점에서 경력직공무원 또는 다른 특수경력직공무원등과 차이가 없는데도 공무원연금법의 적용에 있어 지방자치단체장을 다른 공무원에 비하여 합리적 이유 없이 차별하는 것으로, 지방자치단체장들의 평등권을 침해한다. 20년 경찰승진 [O|X]

(X) 지방자치단체장은 특정 정당을 정치적 기반으로 할 수 있는 선출직공무원으로 임기가 4년이고 계속 재임도 3기로 제한 되어 있어, 장기근속을 전제로 하는 공무원을 주된 대상으로 하고 이들이 재직 기간 동안 납부하는 기여금을 일부 재원으로 하여 설계된 공무원연금법의 적용대상에서 지방자체단체장을 제외하는 것에는 합리적 이유가 있다(헌재 2014.6.26. 2012헌마459).

2608
치과전문의 자격 인정 요건으로 '외국의 의료기관에서 치과의사전문의 과정을 이수한 사람'을 포함하지 아니한 것은 외국의 의료기관에서 레지던트 등 소정의 치과전문의 과정을 이수한 자를 자의적으로 차별함으로써 평등권을 침해한다. 20년 국회직 5급 [O|X]

(O) 치과전문의의 자격 인정 요건을 의사전문의의 경우와 다르게 규정할 특별한 사정이 있다고 보기도 어렵다. 따라서 심판대상조항은 청구인들의 평등권을 침해한다. 예비시험제도를 두는 등 직업의 자유를 덜 제한하는 방법으로도 입법목적을 달성할 수 있다고 보고 있다(헌재 2015.9.24. 2013헌마197).

2609
전문과목을 표시한 치과의원은 그 표시한 전문과목에 해당하는 환자만을 진료하여야 한다고 규정한 것은 치과전문의를 의사전문의와 한의사전문의에 비하여 합리적 이유 없이 차별하는 것이 아니므로 헌법에 위배되지 않는다. 20년 국회직 5급 [O|X]

(X) 치과전문의는 치과의원에서 전문과목을 표시하였다는 이유로 자신의 전문과목 이외의 다른 모든 전문과목의 환자를 진료할 수 없게 되는바, 이는 보다 상위의 자격을 갖춘 치과의사에게 오히려 훨씬 더 좁은 범위의 진료행위만을 허용하는 것으로서 합리적인 이유를 찾기 어렵다. 따라서 심판대상조항은 청구인들의 평등권을 침해한다(헌재 2015.5.28. 2013헌마799).

2610
교수·연구 분야에 전문성이 뛰어난 교사들로서 교사의 교수·연구활동을 지원하는 임무를 부여받고 있는 수석교사를 성과상여금 등의 지급과 관련하여 교장이나 장학관 등과 달리 취급하고 있지만 이는 이들의 직무 및 직급이 다른 것에서 기인하는 합리적인 차별이다. 20년 변호사 [O|X]

(O) 수석교사는 교사의 교수·연구활동을 지원하는 임무를 부여받고 있는 반면, 교장 등은 교무를 통할·총괄하고 소속 교직원을 지도·감독하는 관리 임무를 부여받고, 장학관 등은 각급 학교에 대한 관리·감독 업무 등 교육행정업무를 수행할 임무를 부여받고 있다. 이와 같이 성과상여금 등의 지급과 관련하여 수석교사를 교장 등, 장학관 등과 달리 취급하는 것에는 합리적인 이유가 있으므로, 심판대상조항들은 청구인들의 평등권을 침해하지 않는다(헌재 2019.4.11. 2017헌마602 등).

OX 문제

2611
대학·산업대학·전문대학에서 의무기록사 관련 학문을 전공한 사람과 달리 사이버대학에서 같은 학문을 전공한 사람은 의무기록사 국가시험에 응시할 수 없도록 하는 것은 사이버대학에서 같은 학문을 전공한 사람의 평등권을 침해하지 않는다. 20년 비상기획관(하)

2612
'독립유공자 예우에 관한 법률'(2014. 5. 21. 법률 제12668호로 개정된 것) 제12조 제2항 단서 제1호 중 보상금을 받을 권리가 다른 손자녀에게 이전되지 않도록 하는 것에 관한 부분은 평등권을 침해하지 않는다. 23년 법원행시

2613
평등원칙 위반여부를 심사함에 있어서 자의금지원칙에 따른 심사의 경우에는 차별취급이 존재하는 경우 이를 자의적인 것으로 볼 수 있는지 여부를 심사하는데, 차별취급의 자의성은 합리적인 이유가 결여된 것을 의미하므로 차별대우를 정당화하는 객관적이고 합리적인 이유가 존재한다면 차별대우는 자의적인 것이 아니게 된다. 23년 경찰승진

2614
부담금은 국민의 재산권을 제한하여 일반 국민이 아닌 특별한 의무자집단에 대하여 부과되는 특별한 재정책임으로, 평등원칙의 적용에 있어서 부담금의 문제는 합리성의 문제로서 자의금지원칙에 의한 심사대상이다. 23년 국회직 5급

2615
근로자가 사업주의 지배관리 아래 출퇴근하던 중 발생한 사고로 부상 등이 발생한 경우만 업무상 재해로 인정하는 산업재해보상보험법 제37조 제1항 제1호 다목은 평등원칙에 위반된다. 24년 국회직 9급, 23년 법원행시

정답 및 해설

(O) 현재 사이버대학의 수업은 원격수업이 원칙이고, 출석수업은 수업의 20% 이내로 제한되고 있다. 이러한 현실에서 사이버대학에서 의무기록사로서의 역량을 갖추기 위한 효과적인 실습·실기수업이 충분히 담보될 것이라고 기대하기 어렵다. 의무기록사로서의 지식과 역량은 고등교육기관에서 그 직무에 관한 충실한 교육·실습을 받을 것, 그리고 국가시험에 합격할 것이라는 두 가지 요건이 모두 갖추어졌을 때 비로소 담보될 수 있다. 따라서 대학·산업대학·전문대학에서 의무기록사 관련 학문을 전공한 사람과 달리 사이버대학에서 같은 학문을 전공한 청구인이 의무기록사 국가시험에 응시할 수 없도록 한 심판대상조항은 청구인의 평등권을 침해하지 않는다(헌재 2016.10.27. 2014헌마1037).

(O) 독립유공자 손자녀 중 보상금을 받지 않는 사람에게는 생활수준 등을 고려하여 '생활안정을 위한 지원금'이 지급될 수 있다. 또한, 독립유공자 손자녀에게는 교육지원, 취업지원 등 비금전적 예우가 제공될 수 있으므로, 그 손자녀가 아무런 예우를 받지 못한다고 할 수 없다. 그러므로 심판대상조항이 보상금을 받을 권리의 이전과 관련하여 독립유공자의 손자녀를 달리 취급하고 있더라도 이것이 현저하게 합리성을 잃은 자의적인 차별이라 할 수 없으며, 심판대상조항은 청구인의 평등권을 침해하지 않는다(헌재 2020.3.26. 2018헌마331).

(O) 차별취급의 자의성은 합리적인 이유가 결여된 것을 의미하므로, 차별대우를 정당화하는 객관적이고 합리적인 이유가 존재한다면 차별대우는 자의적인 것이 아니게 된다(헌재 2003.1.30. 2001헌마64).

(O) 부담금은 국민의 재산권을 제한하여 일반 국민이 아닌 특별한 의무자집단에 대하여 부과되는 특별한 재정책임이므로, 납부의무자들을 일반 국민이나 다른 집단과 달리 취급하여 이들을 불리하게 대우함에 있어서 합리적 이유가 있어야 하며 자의적인 차별은 납부의무자들의 평등권을 침해한다(헌재 2019.12.27. 2017헌가21). / 평등원칙의 적용에 있어서 부담금의 문제는 합리성의 문제로서 자의금지원칙에 의한 심사 대상이다.

(O) 사업장 규모나 재정여건의 부족 또는 사업주의 일방적 의사나 개인 사정 등으로 출퇴근용 차량을 제공받지 못하거나 그에 준하는 교통수단을 지원받지 못하는 비혜택근로자는 비록 산재보험에 가입되어 있다 하더라도 출퇴근 재해에 대하여 보상을 받을 수 없는데, 이러한 차별을 정당화할 수 있는 합리적 근거를 찾을 수 없다(헌재 2016.9.29. 2014헌바254).

| OX 문제 | 정답 및 해설 |

2616
국세징수법상 공매절차에서 매각결정을 받은 매수인이 기한 내에 대금납부의무를 이행하지 아니하여 매각결정이 취소되는 경우 그가 납부한 계약보증금을 국고에 귀속하도록 규정한 국세징수법은 평등원칙에 위배된다. 23년 법원행시, 22년 법무사
[O][X]

(O) 이 사건 법률조항은 위약금약정의 성격을 가지는 매각의 법정조건으로서 민사집행법상 매수신청보증금과 본질적으로 동일한 성격을 가지는 국세징수법상 계약보증금을 절차상 달리 취급함으로써, 국세징수법상 공매절차에서의 체납자 및 담보권자를 민사집행법상 경매절차에서의 집행채무자 및 담보권자에 비하여 그 재산적 이익의 영역에서 합리적 이유 없이 자의적으로 차별하고 있으므로 헌법상 평등원칙에 위반된다(헌재 2009.4.30. 2007헌가8).

2617
공매절차에서 매수인의 대금납부의무 불이행으로 인하여 매각결정이 취소되는 경우 그가 납부한 공매보증금을 절차 개시의 근거가 된 조세채권에 우선 충당하도록 규정한 구 국세징수법 제78조 제2항 중 '제1항 제2호에 따라 압류재산의 매각결정을 취소하는 경우 공매보증금은 체납처분비, 압류와 관계되는 국세·가산금의 순으로 충당하고 그 남은 금액은 체납자에게 지급한다.'는 부분은 국세징수절차상 매수인과 민사집행절차상 매수인을 합리적 이유 없이 자의적으로 차별하고 있다고 볼 수 없으므로, 평등원칙에 위반되지 않는다. 23년 법원행시
[O][X]

(O) 구 국세징수법상 매수인의 대금납부의무 불이행을 이유로 매각결정이 취소되는 경우 바로 조세채권에 우선 충당하고 매수인에게 공매보증금을 돌려주지 않도록 정한 것은, 체납처분절차와 민사집행절차의 차이, 조세채권의 신속하고 적정한 실현이라는 구 국세징수법의 입법목적, 보증금에 위약금으로서의 성질을 부여할 경우에도 어느 범위 내에서 반환을 제한할 것인지에 관한 입법자의 재량에 따른 것이다. 위와 같은 사정들을 종합할 때, 심판대상조항이 구 국세징수법상 매수인을 민사집행법상 매수인에 비하여 합리적 이유 없이 자의적으로 차별하고 있다고 볼 수 없으므로, 평등원칙에 위반되지 아니한다(헌재 2022.5.26. 2019헌바423).

2618
공중보건의사로 편입되어 군사교육에 소집된 자에게 군사교육 소집기간 동안의 보수를 지급하지 않도록 규정하였다고 하더라도 이는 한정된 국방예산의 범위 내에서 효율적인 병역 제도의 형성을 위하여 공중 보건의사의 신분, 복무 내용, 복무 환경, 전체 복무기간 동안의 보수 수준 및 처우, 군사교육의 내용 및 기간 등을 종합적으로 고려하여 결정한 것이므로, 평등권을 침해한다고 보기 어렵다. 22년 비상기획관
[O][X]

(O) 공중보건의사로 편입되어 군사교육 소집된 자를 군인보수법의 적용대상에서 제외하여 군사교육소집기간 동안의 보수를 지급하지 않도록 규정하였다고 하더라도 이는 한정된 국방예산의 범위 내에서 효율적인 병역 제도의 형성을 위하여 공중보건의사의 신분, 복무 내용, 복무 환경, 전체 복무기간 동안의 보수 수준 및 처우, 군사교육의 내용 및 기간 등을 종합적으로 고려하여 결정한 것이므로, 청구인의 평등권을 침해한다고 보기 어렵다(헌재 2020.9.24. 2017헌마643).

01000
6·25전몰군경자녀수당의 지급 대상자를 '1953년 7월 27일 이전 및 「참전유공자 예우 및 단체설립에 관한 법률」 별표에 따른 전투기간 중 전사한 군경'의 자녀로 설정함으로써 결과적으로 '위 전투기간 중 부상 후 사망한 군경'의 자녀와의 사이에 차별적 취급이 발생하였다고 하더라도 이에 대한 합리적인 이유를 확인할 수 있어 평등의 원칙에 위배되지 아니한다. 23년 법원행시
[O][X]

(O) 6·25전쟁에 참전하여 전투 중 전사하거나 부상을 입은 군경들 중에서도 '이 사건 전투기간 중에 전사한 군경'의 자녀는 다른 경우에 비하여 희생의 정도 및 사회·경제적인 어려움에 처했을 가능성이 더 크고 추가적인 보상의 필요성도 더 절실하다고 볼 수 있으므로, 심판대상조항이 6·25전몰군경자녀수당의 지급 대상자를 '이 사건 전투기간 중 전사한 군경'의 자녀로 설정함으로써 결과적으로 '이 사건 전투기간 중 부상 후 사망한 군경'의 자녀와의 사이에 차별적 취급이 발생하였다고 하더라도 이에 대한 합리적인 이유를 확인할 수 있어 평등의 원칙에 위배되지 아니한다(헌재 2018.11.29. 2017헌바252).

| OX 문제 | 정답 및 해설 |

2619
현역병 및 사회복무요원과 달리 공무원의 초임호봉 획정에 인정되는 경력에 산업기능요원의 경력을 제외하도록 한 공무원보수규정은 산업기능요원의 평등권을 침해하지 않는다.
23년 법원행시, 23년 소방간부

(O) 사회복무요원은 공익 수행을 목적으로 한 제도로, 그 직무가 공무수행으로 인정되고, 본인의사에 관계없이 소집되며, 현역병에 준하는 최소한의 보수만 지급됨에 반하여, 산업기능요원은 국가산업 육성을 목적으로 한 제도로, 그 직무가 공무수행으로 인정되지 아니하고, 본인의사에 따라 편입 가능하며, 근로기준법 및 최저임금법의 적용을 받는다. 심판대상조항은 이와 같은 실질적 차이를 고려하여 상대적으로 열악한 환경에서 병역의무를 이행한 것으로 평가되는 현역병 및 사회복무요원의 공로를 보상하도록 한 것으로 산업기능요원과의 차별취급에 합리적 이유가 있으므로, 청구인의 평등권을 침해하지 아니한다(헌재 2016.6.30. 2014헌마192).

2620
구「공직선거법」이 고등학교를 졸업한 공직 후보자에 대해서는 수학기간의 기재를 요구하지 않으면서도 고등학교 졸업학력 검정고시에 합격한 공직 후보자에게는 고등학교를 중퇴한 경력에 대해서 그 학력을 기재할 때 그 수학기간을 기재하도록 요구하는 것은 불합리한 차별이므로 평등원칙에 위배된다.
21년 지방직 7급

(X) 특별한 사정이 없는 한 고등학교를 졸업한 경우는 그 수학기간이 3년이라고 쉽게 예측할 수 있는 반면 고등학교를 중퇴한 경우는 학교명과 중퇴라는 사실만으로는 그 사람이 중퇴한 학교에 다닌 이력을 정확히 알 수 없다(헌재 2017.12.28. 2015헌바232).

2621
기능직 공무원의 복무이탈에 대해서는 형벌 없이 징계의 제재를 함에 반해, 공익근무요원의 통산 8일 이상 복무이탈에 대해서는 3년 이하 징역에 처하도록 하는 「병역법」조항은 평등원칙에 위배된다.
25년 국회직 9급

(X) 기능직 공무원의 복무이탈의 경우 형벌을 부과하지 아니하고 파면, 해임, 강등, 정직 등의 징계의 제재를 가함에 반하여 이 사건 법률조항이 통산 8일 이상 복무이탈 등을 한 공익근무요원을 3년 이하의 징역에 처하도록 규정하였다 하여 이를 공익근무요원에 대한 차별적 취급이라 할 수 없으므로 이 사건 법률조항은 평등원칙에 위반된다고 볼 수 없다(헌재 2010.11.25. 2009헌바27).

2622
도시개발사업 재개발재건축 사업가로 주택정비사업 등을 시행하는 과정에서 사업구역 내 가구수가 증가하지 않는 경우에는 학교용지부담금을 부과하지 않으면서 주택법에 따른 주택건설사업에 대해서는 가구수의 증가와 상관없이 전체 가구수에 대해 학교용지부담금을 부과하도록 달리 규율하는 구 학교용지 확보 등에 관한 특례법조항은 평등원칙에 위배되지 않는다.
25년 국회직 9급

(O) 입법자가 이러한 주택법상 주택건설사업의 실질을 고려하여 주택법상 주택건설사업의 경우 신축된 전체 가구 수를 기준으로 학교용지부담금을 부과할 수 있도록 정한 것은 합리적인 이유가 있다(헌재 2025.4.10. 2020헌바363). / 주택법의 적용을 받는 주택건설사업은 사업주체가 택지를 매입하여 신규 주택을 건설하고 공급하는 사업으로, 기존 세대와 무관하게 신규 주택을 건설·공급하게 되므로 사업시행 이후 기존 세대가 이전하고 인구가 새로 유입되는 상황을 예정하고 있다.

2623
금전채무의 이행을 소구당하지 않은 채무자보다 소구당한 채무자에게 보다 높은 이율의 지연 손해금 채무를 부담시키는 「소송촉진 등에 관한 특례법」 조항은 관련 기본권에 대한 중대한 제한을 초래하는 규정으로 보기 어려우므로 평등원칙에 위배되지 않는다.
25년 국회직 9급

(O) 채권자가 민사소송까지 제기하게 된 경우나 그 과정에서 투입한 노력 등을 고려하며, 소구당한 채무자와 소구당하지 않은 채무자를 달리 취급하는 것에는 합리적인 이유가 있으므로 평등원칙에 위배된다고 볼 수 없다(헌재 2025.4.10. 2021헌바278).

OX 문제

2624
지방의회의원은 지방공사 직원의 직을 겸할 수 없게 하고 국회의원은 지방공사 직원의 직을 겸할 수 있도록 한 것은 불합리한 차별이 아니고 지방의회의원의 평등권을 침해한 것이라고 할 수 없다. 21년 법원행시 ⓞⓧ

2625
법관의 정년을 직위에 따라 순차적으로 낮게 차등하게 설정하고 있는 것은 법관 업무의 성격과 특수성, 평균수명, 조직체 내의 질서 등을 고려할 경우 그 차별에 합리적인 이유가 없다고 할 것이므로, 법관의 평등권을 침해한다. 20년 비상기획관(하) ⓞⓧ

2626
「정치자금법」 규정이 단일 지역단위 선거구의 지역구국회의원인지 다수 지역단위 선거구의 지역구국회의원인지 여부에 차이를 두지 않고 「정치자금법」에서 정하지 아니한 방법으로 정치자금을 기부받은 경우 정치자금부정수수죄로 처벌하는 것이 불합리하므로 평등원칙에 반한다. 23년 소방간부 ⓞⓧ

2627
「근로자퇴직급여 보장법」 제3조 단서가 가사사용인을 일반 근로자와 달리 「근로자퇴직급여 보장법」의 적용범위에서 배제하고 있다 하더라도 합리적 이유가 있는 차별로서 평등원칙에 위배된다. 23년 소방간부 ⓞⓧ

2628
1991년 개정 「농어촌의료법」이 적용되기 전에 공중보건의사로 복무한 사람이 사립학교 교직원으로 임용된 경우 공중보건 의사로 복무한 기간을 사립학교 교직원 재직기간에 산입하도록 규정하지 않은 「사립학교교직원 연금법」상 조항은 공중보건의사가 출·퇴근을 하며 병역을 이행한다는 점에서 그 복무기간을 재직기간에 산입하지 않는 것에 합리적 이유가 있다. 23년 경찰간부 ⓞⓧ

정답 및 해설

(O) 지방공사와 지방자치단체, 지방의회의 관계에 비추어 볼 때, 지방공사 직원의 직을 겸할 수 없도록 함에 있어 지방의회의원과 국회의원은 본질적으로 동일한 비교집단이라고 볼 수 없으므로, 양자를 달리 취급하였다고 할지라도 이것이 지방의회의원인 청구인의 평등권을 침해한 것이라고 할 수는 없다(헌재 2012.4.24. 2010헌마605).

(X) 법관의 정년을 직위에 따라 순차적으로 낮게 차등하게 설정한 것은 법관 업무의 성격과 특수성, 평균수명, 조직체 내의 질서 등을 고려하여 정한 것으로 그 차별에 합리적인 이유가 있다고 할 것이므로, 청구인의 평등권을 침해하였다고 볼 수 없다(헌재 2002.10.31. 2001헌마557).

(X) 다수 지역단위 선거구의 지역구국회의원이라고 하더라도 지역활동을 위해 반드시 지역단위마다 국회의원 사무실을 설치하여야 하는 필연성이 인정된다고 보기 어려울 뿐만 아니라, 설령 다수의 국회의원 사무실을 설치하는 경우에도 대부분의 비용은 사무실 임차료, 인건비 등으로 구성될 것인데, 지역에 따라 사무실 임차료, 인건비 등이 모두 다르므로, 반드시 다수 지역단위 선거구의 지역구국회의원이 단일 지역단위 선거구의 지역구국회의원에 비해서 사무실 운영 등에 있어 더 많은 비용이 소요된다고 볼 만한 근거가 없다(헌재 2022.10.27. 2019헌바19).

(X) 심판대상조항에서 가사사용인을 일반 근로자와 달리 퇴직급여법의 적용범위에서 배제하고 있다고 하더라도 이는 합리적 이유가 있는 차별로서 불합리하다고 보기 어렵다. 따라서 심판대상조항은 평등원칙에 위배되지 아니한다(헌재 2022.10.27. 2019헌바454).

(X) 1991년 개정 농어촌의료법 시행 전에 공중보건의사로 복무하였던 사람이 사립학교 교직원으로 임용되었을 경우 현역병 등과 달리 공중보건의사 복무기간을 재직기간에 반영하도록 규정하지 아니한 것은 차별취급에 합리적인 이유가 없다. 따라서 심판대상조항은 평등원칙에 위배된다(헌재 2016.2.25. 2015헌가15).

| OX 문제 | 정답 및 해설 |

2629
평등원칙의 적용에서 부담금 문제는 차별취급의 합리성 문제로서 자의금지원칙에 의한 심사대상이고, 부담금의 선별적 부과라는 차별에 합리성이 있는지 여부는 그것이 행위 형식의 남용으로서 부담금의 헌법적 정당화 요건을 갖추었는지 여부와 관련이 있다. 25년 소방간부 ☐ ☒

(O) 부담금은 국민의 재산권을 제한하여 일반 국민이 아닌 특별한 의무자집단에 대하여 부과되는 특별한 재정책임이므로, 납부의무 자들을 일반 국민이나 다른 집단과 달리 취급하여 이들을 불리하게 대우함에 있어서 합리적 이유가 있어야 하며 자의적인 차별은 납부의무자들의 평등권을 침해한다. 평등원칙의 적용에 있어서 부담금의 문제는 합리성의 문제로서 자의금지원칙에 의한 심사 대상 인데, 선별적 부담금의 부과라는 차별이 합리성이 있는지 여부는 그것이 행위형식의 남용으로서 부담금의 헌법적 정당화 요건을 갖추었는지 여부와 관련이 있다(헌재 2008.11.27. 2007헌마860).

2630
헌법이 군사법원을 특별법원으로 설치하도록 허용하면서 대법원을 군사재판의 최종심으로 하고 있으므로「군사법원법」에 의한 군사재판을 국민참여재판 대상사건의 범위에서 제외하고 있는「국민의 형사재판 참여에 관한 법률」조항은 평등원칙에 위배된다. 25년 변호사 ☐ ☒

(X) 입법자는 헌법 제110조 제1항에 따라 법률로 군사법원을 설치함에 있어 군사재판의 특수성을 고려하여 그 조직·권한 및 재판관의 자격 등을 일반법원과 달리 정하는 것이 허용되는바, 입법자가 광범위한 입법재량 내에서 외부의 침략으로부터 국가를 보존한다는 목적을 위해 존재하는 집단인 군의 특수성을 고려하여 군사법원법에 의한 군사재판을 국민참여재판 대상사건에서 제외하는 것은 평등원칙에 위배되지 아니한다(헌재 2021.6.24. 2020헌바499).

2631
「국가유공자 등 예우 및 지원에 관한 법률」에서 6·25전몰군경자녀에게 6·25전몰군경자녀수당을 지급하면서 수급권자를 1명에 한정하고 나이가 많은 자를 우선하도록 정한 것은 나이가 적은 6·25전몰군경 자녀의 평등권을 침해하지 않는다. 25년 변호사 ☐ ☒

(X) 이 사건 법률조항은 6·25전몰군경자녀에게 이 사건 수당을 지급함에 있어 수급권자의 수를 확대할 수 있는 어떠한 예외도 두지 않고 1명에게만 한정하여 지급하도록 하고, 그 1명도 나이가 많은 자를 우선하도록 정하고 있는바 그 합리성을 인정하기 어렵다(헌재 2021.3.25. 2018헌가6).

2632
국립묘지 안장 대상자의 사망 당시의 배우자가 재혼한 경우에는 국립묘지에 안장된 안장 대상자와 합장할 수 없도록 규정한「국립묘지의 설치 및 운영에 관한 법률」조항은 안장 대상자의 사망 후 배우자가 재혼하였다는 이유만으로 그 기여를 전혀 고려하지 않고 일률적으로 국립묘지 합장 대상에서 제외하여 재혼한 배우자를 불합리하게 차별한 것으로서 평등원칙에 위배된다. 25년 경찰 2차, 24년 해경간부 ☐ ☒

(X) 안장 대상자의 사망 후 재혼하지 않은 배우자나 배우자 사망 후 안장 대상자가 재혼한 경우의 종전 배우자는 자신이 사망할 때까지 안장 대상자의 배우자로서의 실체를 유지하였다는 점에서 합장을 허용하는 것이 국가와 사회를 위하여 헌신하고 희생한 안장 대상자의 충의와 위훈의 정신을 기리고자 하는 국립묘지 안장의 취지에 부합하고, 안장 대상자의 사망 후 그 배우자가 재혼을 통하여 새로운 가족관계를 형성한 경우에 그를 안장 대상자와의 합장 대상에서 제외하는 것은 합리적인 이유가 있다. 따라서 심판대상조항은 평등원칙에 위배되지 않는다(헌재 2022.11.24. 2020헌바463).

2633
고소인이나 고발인만을 항고권자로 규정한「검찰청법」조항은 동법상 항고를 통하여 불복할 수 없게 된 기소유예 처분을 받은 피의자를 고소인이나 고발인에 비하여 합리적 이유 없이 차별하는 것이라 할 수 없다. 22년 경찰승진 ☐ ☒

(O) 고소인 또는 고발인이 기소독점주의와 기소편의주의 체제 하에서 검사의 부당한 불기소처분에 불복할 수 있는 절차와 기회를 부여하는 데에 목적이 있고, 이 사건 법률조항이 기소유예처분을 받은 피의자를 항고권의 주체에서 배제함으로써 결과적으로 고소인과 고발인만이 검찰 내부기관에 대하여 불기소처분을 다툴 수 있게 된다 하더라도, 이를 가리켜 수인할 수 없을 정도로 합리적 이유 없이 기소유예처분을 받은 피의자의 평등권을 침해한다고는 할 수 없다(헌재 2012.7.26. 2010헌마642).

| OX 문제 | 정답 및 해설 |

2634
소년범 중 형의 집행이 종료되거나 면제된 자에 한하여 자격에 관한 법령의 적용에 있어 장래에 향하여 형의 선고를 받지 아니한 것으로 본다고 규정한 구 소년법(2018. 9. 18. 법률 제15757호로 개정되기 전의 것) 제67조는 평등의 원칙에 위반된다. 22년 법무사 [O/X]

(O) 구 소년법 규정이 소년으로 범한 죄에 의하여 형의 선고를 받은 자가 그 집행을 종료하거나 면제받은 때와 달리 집행유예를 선고받은 소년범에 대한 자격완화 특례규정을 두지 아니하여 자격제한을 함에 있어 군인사법 등 해당 법률의 적용을 받도록 한 것은 불합리한 차별이라 할 것이므로 평등원칙에 위반된다(헌재 2018.1.25. 2017헌가7).

2635
친일반민족행위자의 후손이라는 점이 헌법 제11조 제1항 후문의 사회적 신분에 해당한다면 헌법에서 특별히 평등을 요구하고 있는 경우에 해당하여 친일반민족행위자의 후손에 대한 차별은 평등권 침해 여부의 심사에서 엄격한 기준을 적용해야 한다. 22년 국가직 7급 [O/X]

(X) 친일반민족행위자의 후손이라는 점이 헌법 제11조 제1항 후문의 사회적 신분에 해당한다 할지라도 이것만으로는 헌법에서 특별히 평등을 요구하고 있는 경우라 할 수 없고, 아래와 같이 친일재산의 국가귀속은 연좌제금지원칙이 적용되는 경우라고 볼 수도 없으며 그 외 달리 친일반민족행위자의 후손을 특별히 평등하게 취급하도록 규정한 헌법 규정이 없는 이상, 친일반민족행위자의 후손에 대한 차별은 평등권 침해 여부의 심사에서 엄격한 기준을 적용해야 하는 경우라 볼 수 없다(헌재 2011.3.31. 2008헌바141).

2636
실업급여에 관한 고용보험법의 적용에 있어 '65세 이후에 새로이 고용된 자'를 그 적용대상에서 배제한 고용보험법 (2013. 6. 4. 법률 제11864호로 개정된 것)은 65세 이후 고용된 사람의 평등권을 침해하지 않는다. 23년 법원직 9급, 23년 법원행시 [O/X]

(O) 실업급여를 포함한 고용보험제도는 개개인의 특수한 사정이나 선택에 의하여 보험관계가 설정되는 사보험이 아니라 보험의 내용이 모두 법률에 의하여 강제되거나 확정되는 공적보험이라는 점에서, 근로의 의사와 능력이 있는지 여부에 대하여는 일정한 연령을 기준으로 하는 것이 특별히 불합리하다고 단정할 수는 없다(헌재 2018.6.28. 2017헌마238). / 즉 평등권을 침해하지 않는다.

2637
공무원의 시간외·야간·휴일근무수당의 산정방법을 정하고 있는 구 '공무원수당 등에 관한 규정'은 공무원에 대한 수당지급을 근로기준법보다 불리하게 규정하고 있는바, 공무원과 일반근로자를 합리적 이유 없이 차별하는 것으로서 평등권을 침해한다. 23년 법원직 9급 [O/X]

(X) 공무원 역시 통상적인 근로자의 성격을 갖지만, 국민전체에 대하여 봉사하고 책임을 져야 하는 특별한 지위에 있는 자로서 일반 근로자와 달리 특별한 근무관계에 있다. 따라서 공무원의 근무조건은 공무원 근로관계의 특수성과 예산상 한계를 고려하여 독자적인 법률 및 하위법령으로 규율하고 있으며, 이는 근로기준법보다 우선적으로 적용된다. 심판대상조항들은 공무원의 초과근무에 대한 금전적 보상에 관하여 정하고 있으나, 이 역시 예산이 허용하는 범위 내에서 지급될 수밖에 없다(헌재 2017.8.31. 2016헌마404). / 따라서 평등권을 침해하지 않는다.

2638
사관생도의 사관학교 교육기간을 현역병 등의 복무기간과 달리 연금 산정의 기초가 되는 군 복무기간으로 산입할 수 있도록 규정하지 아니한 구「군인연금법」상 조항은 현저히 자의적인 차별이라고 볼 수 없다. 23년 경찰간부 [O/X]

(O) 사관학교 재학 중에는 본인이 의사에 따라 퇴교하여 그 신분에서 벗어날 수도 있고, 교육에 필요한 비용을 국가가 부담하는 등 다양한 경제적 혜택을 받는다. 사관학교에서의 교육기간을 현역병 등의 복무기간과 달리 연금 산정의 기초가 되는 복무기간에 산입하도록 규정하지 않은 것이 현저히 자의적인 차별이라고 볼 수는 없다. 따라서 평등권을 침해하지 않는다(헌재 2022.6.30. 2019헌마150).

2639
「국민연금법」이 형제자매를 사망일시금 수급권자로 규정하고 있는 것과는 달리「공무원연금법」이 형제자매를 연금수급권자에서 제외하고 있다 하여 합리적인 이유에 의한 차별로서「국민연금법」상의 수급권의 범위와 비교하여 헌법상 평등권을 침해하였다고 볼 수 없다. 22년 국가직 7급 [O/X]

(O) 국민연금법이 형제자매를 사망일시금 수급권자로 규정하고 있는 것과는 달리 공무원연금법이 형제자매를 연금수급권자에서 제외하고 있다 하여도 합리적인 이유에 의한 차별로서, 이 사건 법률조항이 국민연금법상의 수급권의 범위와 비교하여 헌법상 평등권을 침해하였다고 볼 수 없다(헌재 2014.5.29. 2012헌마555).

CHAPTER 03 자유권적 기본권

제1절 인신의 자유

2640
인간이라는 생명체의 형성이 출생 이전의 그 어느 시점에서 시작됨을 인정하더라도, 법적으로 사람의 시기를 출생의 시점에서 시작되는 것으로 보는 것은 헌법적으로 금지된다. 22년 경찰승진 ☐☒

(X) 법치국가원리로부터 나오는 법적안정성의 요청은 인간의 권리능력이 언제부터 시작되는가에 관하여 가능한 한 명확하게 그 시점을 확정할 것을 요구한다. 따라서 인간이라는 생명체의 형성이 출생 이전의 그 어느 시점에서 시작됨을 인정하더라도, 법적으로 사람의 시기를 출생의 시점에서 시작되는 것으로 보는 것이 헌법적으로 금지된다고 할 수 없다(헌재 2008.7.31. 2004헌바81).

2641
연명치료 중단, 즉 생명단축에 관한 자기결정 및 그 실행은 생명권 보호의 헌법적 가치와 충돌한다고 볼 수 없고, 오히려 생명권의 한 내용으로서 보장된다. 24년 소방간부, 21년 법원행시 ☐☒

(X) 환자가 장차 죽음에 임박한 상태에 이를 경우에 대비하여 미리 의료인 등에게 연명치료 거부 또는 중단에 관한 의사를 밝히는 등의 방법으로 죽음에 임박한 상태에서 인간으로서의 존엄과 가치를 지키기 위하여 연명치료의 거부 또는 중단을 결정할 수 있다 할 것이고, 위 결정은 헌법상 기본권인 자기결정권의 한 내용으로서 보장된다 할 것이다(헌재 2009.11.26. 2008헌마385). / 생명권이 아님

2642
절대적 종신형제도는 사형제도와는 또 다른 위헌성 문제를 야기할 수 있고, 현행 형사법령 하에서도 가석방제도의 운영 여하에 따라 사회로부터의 영구적 격리가 가능한 절대적 종신형과 상대적 종신형의 각 취지를 살릴 수 있다는 점 등을 고려하면, 현행 무기징역형제도가 상대적 종신형 외에 절대적 종신형을 따로 두고 있지 않은 것이 형벌체계상 정당성과 균형을 상실하여 헌법 제11조의 평등원칙에 반한다거나 형벌이 죄질과 책임에 상응하도록 비례성을 갖추어야 한다는 책임원칙에 반한다고 단정하기 어렵다. 23년 법원직 9급 ☐☒

(O) 절대적 종신형제도는 사형제도와는 또 다른 위헌성 문제를 야기할 수 있고, 현행 형사법령 하에서도 가석방제도의 운영 여하에 따라 사회로부터의 영구적 격리가 가능한 절대적 종신형과 상대적 종신형의 각 취지를 살릴 수 있다는 점 등을 고려하면, 현행 무기징역형제도가 상대적 종신형 외에 절대적 종신형을 따로 두고 있지 않은 것이 형벌체계상 정당성과 균형을 상실하여 헌법 제11조의 평등원칙에 반한다거나 형벌이 죄질과 책임에 상응하도록 비례성을 갖추어야 한다는 책임원칙에 반한다고 단정하기 어렵다(헌재 2010.2.25. 2008헌가23).

2643
집행유예에 의해 회복된 청구인의 신체의 자유는 임시적이고 잠정적인 점, 집행유예 판결을 선고받는 사람은 판결을 선고받을 때 집행유예 기간 중 범죄를 범할 경우 집행유예가 실효될 수 있다는 점을 고지받는 점 등을 종합해 보면, 집행유예의 실효사유를 정한 「형법」조항은 과잉금지원칙에 위배되어 청구인의 신체의 자유를 침해하지 아니한다. 26년 경찰간부 ☐☒

(O) 심판대상조항에 의해 집행되는 형은 이미 선고되었던 본형일 뿐 본형을 넘는 형이 추가로 집행되는 것은 아니므로 심판대상조항에 의해 청구인의 신체의 자유가 추가로 제한된다고 보기는 어려운 점, 집행유예에 의해 회복된 청구인의 신체의 자유는 임시적이고 잠정적인 점, 집행유예 판결을 선고받는 사람은 판결을 선고받을 때 집행유예 기간 중 범죄를 범할 경우 집행유예가 실효될 수 있다는 점을 고지받는 점 등을 종합해 보면, 심판대상조항으로 인하여 제한되는 청구인의 신체의 자유의 구체적인 내용은 이를 통하여 달성하려는 공익보다 중하다고 보이지 아니하므로, 심판대상조항은 법익의 균형성 원칙에 위배되지 않는다(헌재 2020.6.25. 2019헌마192).

| OX 문제 | 정답 및 해설 |

2644
'연명치료 중단에 관한 결정권'을 보장하는 방법으로서 '법원의 재판을 통한 규범의 제시'와 '입법' 중 어떤 방법을 선택할 것인지의 문제는 입법부가 결정할 입법정책적 문제이다. 21년 법원행시 [O|X]

(O) '연명치료 중단에 관한 자기결정권'을 보장하는 방법으로서 '법원의 재판을 통한 규범의 제시'와 '입법' 중 어느 것이 바람직한가는 입법정책의 문제로서 국회의 재량에 속한다 할 것이다. 그렇다면 헌법해석상 '연명치료 중단 등에 관한 법률'을 제정할 국가의 입법의무가 명백하다고 볼 수 없다(헌재 2009.11.26. 2008헌마385).

2645
모든 국민은 소급입법에 의하여 참정권의 제한을 받거나 재산권을 제한당하지 아니한다. 20년 소방간부 [O|X]

(X) 모든 국민은 소급입법에 의하여 참정권의 제한을 받거나 재산권을 박탈당하지 아니한다(헌법 제13조 제2항).

2646
보안처분은 형벌과는 달리 행위자의 장래 재범위험성에 근거하는 것으로서 행위시가 아닌 재판시의 재범위험성 여부에 대한 판단에 따라 보안처분의 선고 여부가 결정되므로, 어떤 보안처분이 형벌적 성격이 강하여 신체의 자유 박탈에 준하는 정도로 신체의 자유를 제한한다 하더라도 형벌불소급원칙이 적용되지 않는다. 24년 변호사, 20년 소방간부 [O|X]

(X) 보안처분의 범주가 넓고 그 모습이 다양한 이상, 보안처분에 속한다는 이유만으로 일률적으로 소급효금지원칙이 적용된다거나 그렇지 않다고 단정해서는 안되고, 보안처분이라는 우회적인 방법으로 형벌불소급의 원칙을 유명무실하게 하는 것을 허용해서도 안된다. 따라서 보안처분이라 하더라도 형벌적 성격이 강하여 신체의 자유를 박탈하거나 박탈에 준하는 정도로 신체의 자유를 제한하는 경우에는 소급효금지원칙을 적용하는 것이 법치주의 및 죄형법정주의에 부합한다(헌재 2012.12.27. 2010헌가82 등).

2647
징역형의 집행유예를 선고하면서 부과된 사회봉사명령은 대상자에게 근로의무를 부과함에 그치고 공권력이 신체를 구금하는 등의 방법으로 근로를 강제하는 것이 아니므로 신체의 자유를 제한한다고 볼 수 없다. 22년 입법고시 [O|X]

(O) 이 사건 법률조항에 의하여 형의 집행유예와 동시에 사회봉사명령을 선고받은 청구인은 자신의 의사와 무관하게 사회봉사를 하지 않을 수 없게 되어 헌법 제10조의 행복추구권에서 파생하는 일반적 행동의 자유를 제한받게 된다. 청구인은 이 사건 법률조항이 신체의 자유를 제한한다고 주장하나, 이 사건 법률조항에 의한 사회봉사명령은 청구인에게 근로의무를 부과함에 그치고 공권력이 신체를 구금하는 등의 방법으로 근로를 강제하는 것은 아니어서 이 사건 법률조항이 신체의 자유를 제한한다고 볼 수 없다(헌재 2012.3.29. 2010헌바100).

2648
「가정폭력범죄의 처벌 등에 관한 특례법」이 정한 보호처분 중의 하나인 사회봉사명령은 형사처벌에 대신하여 부과되는 것으로서 가정폭력범죄를 범한 자에게 여가시간을 박탈하여 실질적으로 신체의 자유를 제한하므로 형벌불소급원칙의 적용을 받는다. 22년 국회직 9급 [O|X]

(O) 가정폭력범죄의 처벌 등에 관한 특례법이 정한 보호처분 중의 하나인 사회봉사명령은 가정폭력범죄를 범한 자에 대하여 환경의 조정과 성행의 교정을 목적으로 하는 것으로서 형벌 그 자체가 아니라 보안처분의 성격을 가지는 것이 사실이다. 그러나 한편으로 이는 가정폭력범죄행위에 대하여 형사처벌 대신 부과되는 것으로서, 가정폭력범죄를 범한 자에게 의무적 노동을 부과하고 여가시간을 박탈하여 실질적으로는 신체적 자유를 제한하게 되므로, 이에 대하여는 원칙적으로 형벌불소급의 원칙에 따라 행위시법을 적용함이 상당하다(대판 2008.7.24. 2008어4).

2649
「인신보호법」상 구제청구를 할 수 있는 피수용자의 범위에서 「출입국관리법」에 따라 보호된 외국인을 제외하는 것은 「인신보호법」에 따른 보호의 적부를 다툴 기회를 배제하고 있어 신체의 자유를 침해한다. 24년 변호사 [O|X]

(X) 출입국관리법에 따라 보호된 청구인들은 각 보호의 원인이 되는 강제퇴거명령에 대하여 취소소송을 제기함으로써 그 원인관계를 다투는 것 이외에, 보호명령 자체의 취소를 구하는 행정소송이나 그 집행의 정지를 구하는 집행정지신청을 할 수 있으므로, 헌법 제12조 제6항이 요구하는 체포·구속 자체에 대한 적법여부를 법원에 심사청구할 수 있는 절차가 있다(헌재 2014.8.28. 2012헌마686). 따라서 이는 신체의 자유 침해가 아니다.

OX 문제

2650
직장 변경을 제한하거나 특정한 직장에서 계속 근로를 강제하는 것이 곧바로 신체의 안전성을 침해한다거나 신체의 자유로운 이동과 활동을 제한하는 것이라고 볼 수는 없다. 22년 법원직

2651
공소시효의 정지규정을 과거에 이미 행한 범죄에 대하여 적용하도록 하는 법률이라 하더라도 그 사유만으로 형벌불소급원칙에 언제나 위배되는 것으로 단정지을 수는 없다. 22년 해경간부

2652
행위 당시의 판례에 의하면 처벌대상이 되지 아니하는 것으로 해석되었던 행위를 판례의 변경에 따라 확인된 내용의 「형법」조항에 근거하여 처벌한다고 하여 그것이 형벌불소급원칙에 위반된다고 할 수 없다. 24년 법원행시, 23년 법원행시, 22년 경찰승진, 21년 국회직 9급

2653
공연히 사실을 적시하여 사람의 명예를 훼손한 자를 형사처벌하도록 규정한 법률조항의 경우, '적시된 사실이 사생활의 비밀에 관한 것이 아닌 경우'에는 허위 사실을 바탕으로 형성된 개인의 명예보다 표현의 자유 보장에 중점을 둘 필요성이 있으므로, 위 법률조항 중 '진실한 것으로서 사생활의 비밀에 해당하지 아니한' 사실 적시에 관한 부분은 헌법에 위반된다. 23년 법원행시

2654
과료는 가장 경한 형벌로서 주로 경미한 범죄에 과해지는 것이나, 이 역시 죄를 범한 자에 대하여 부과하는 형벌의 하나이므로, 과료미납자에 대한 노역장유치조항이 헌법에 위반된다고 볼 수 없다. 23년 법원행시

정답 및 해설

(O) 직장 변경을 제한하거나 특정한 직장에서 계속 근로를 강제하는 것이 곧바로 신체의 안전성을 침해한다거나 신체의 자유로운 이동과 활동을 제한하는 것이라고 볼 수는 없다(헌재 2021.12.23. 2020헌마395).

(O) 행위의 가벌성은 행위에 대한 소추가능성의 전제조건이지만 소추가능성은 가벌성의 조건이 아니므로 공소시효의 정지규정을 과거에 이미 행한 범죄에 대하여 적용하도록 하는 법률이라 하더라도 그 사유만으로 헌법 제12조 제1항 및 제13조 제1항에 규정한 죄형법정주의의 파생원칙인 형벌불소급의 원칙에 언제나 위배되는 것으로 단정할 수는 없다(헌재 1996.2.16. 96헌가2 등).

(O) 형사처벌의 근거가 되는 것은 법률이지 판례가 아니고, 형법 조항에 관한 판례의 변경은 그 법률조항의 내용을 확인하는 것에 지나지 아니하여 이로써 그 법률조항 자체가 변경된 것이라고 볼 수는 없으므로, 행위 당시의 판례에 의하면 처벌대상이 되지 아니하는 것으로 해석되었던 행위를 판례의 변경에 따라 확인된 내용의 형법 조항에 근거하여 처벌한다고 하여 그것이 헌법상 평등의 원칙과 형벌불소급의 원칙에 반한다고 할 수는 없다(대판 1999.9.17. 97도3349).

(X) 공연히 사실을 적시하여 사람의 명예를 훼손한 자를 형사처벌하도록 규정한 형법 제307조 제1항은 과잉금지원칙에 반하여 표현의 자유를 침해하지 아니한다(헌재 2021.2.25. 2017헌마1113).

(O) 과료는 가장 경한 형벌로서 주로 경미한 범죄에 과해지는 것이나, 이 역시 죄를 범한 자에 대하여 부과하는 형벌의 하나이므로, 그 집행을 강제하여 국가형벌권의 실현을 담보할 필요가 있다. 노역장유치조항은 과료의 철저한 징수를 통하여 과료형의 형벌효과를 유지, 확보하기 위한 것으로 목적의 정당성이 인정되고, 과료미납자에 대한 노역장유치는 과료납입을 대체 혹은 강제할 수 있는 유효한 수단이므로 수단의 적합성도 갖추었다(헌재 2020.12.23. 2018헌바445).

| OX 문제 | 정답 및 해설 |

2655
형벌불소급원칙은 범죄행위시의 법률보다 형의 상한 또는 하한을 높인 경우에도 적용되며, 주형을 가중한 경우에도 적용되나 부가형·병과형을 가중한 경우에는 적용되지 않는다. 26년 경찰간부 ⓞ ⓧ

(X) 노역장유치는 벌금형에 부수적으로 부과되는 환형처분으로서, 그 실질은 신체의 자유를 박탈하여 징역형과 유사한 형벌적 성격을 가지고 있으므로, 형벌불소급원칙의 적용대상이 된다. 형벌불소급원칙은 범죄행위시의 법률에 의해 범죄를 구성하지 않는 경우뿐만 아니라, 범죄행위시의 법률보다 형을 가중한 경우에도 적용된다. 형벌불소급원칙은 범죄행위시의 법률보다 형의 상한 또는 하한을 높인 경우에도 적용되며, 주형을 가중한 경우 외에도 부가형·병과형을 가중한 경우에도 적용된다(헌재 2017.10.26. 2015헌바239).

2656
국회에서 허위의 진술을 한 증인을 위증죄로 처벌하는 구「국회에서의 증언·감정 등에 관한 법률」조항은「형법」상 위증죄보다 무거운 법정형을 정하고 있어 형벌체계상의 정당성이나 균형성을 상실하고 있으므로 평등원칙에 위배된다. 25년 경찰승진 ⓞ ⓧ

(X) 심판대상조항은 형법상 위증죄보다 무거운 법정형을 정하고 있으나, 국회에서의 위증죄가 지니는 불법의 중대성, 별도의 엄격한 고발 절차를 거쳐야 처벌될 수 있는 점 등을 고려할 때 형벌체계상의 정당성이나 균형성을 상실하고 있지 아니하므로 평등원칙에 위배된다고 할 수 없다(헌재 2015.9.24. 2012헌바410).

2657
대통령령에서 정하여질 구체적인 소음 기준의 내용으로 규정한 '타인에게 심각한 피해를 주는 소음'의 의미가 명확하지 않으므로「집회 및 시위에 관한 법률」제14조 제1항은 죄형법정주의의 명확성원칙에 위배된다. 25년 순경 1차 ⓞ ⓧ

(X) 집시법 제14조 제1항 중 '타인에게 심각한 피해를 주는 소음' 부분의 죄형법정주의의 명확성원칙 위반 여부는 포괄위임금지원칙 위반 여부에 대한 심사로써 충족된다 할 것이므로 죄형법정주의의 명확성원칙 위반 여부에 대하여는 별도로 판단하지 아니한다(헌재 2024.3.28. 2020헌바586). / 다만 포괄위임금지의 원칙에 위반되지 않는다.

2658
당선되거나 되게 하거나 되지 못하게 할 목적으로 공연히 사실을 적시하여 후보자가 되고자 하는 자를 비방한 자를 처벌하는「공직선거법」제251조 중 '비방' 부분은 죄형법정주의의 명확성원칙에 위배된다. 25년 순경 1차 ⓞ ⓧ

(X) 비방금지 조항의 '비방'은 사회생활에서 존중되는 모든 것에 대하여 정당한 이유 없이 상대방을 깎아내리거나 헐뜯는 것을 의미하는바, 죄형법정주의의 명확성원칙에 위배되지 않는다(헌재 2024.6.27. 2023헌바78).

2659
비안마사들의 안마행위에 대한 형사처벌을 할 수 있도록 한 입법자의 결단은 수긍할 만한 합리적 이유가 있는 것으로서 입법형성자유의 범위 내에 있다. 24년 군무원 5급 ⓞ ⓧ

(O) 이 사건 처벌조항을 통하여 비안마사들의 안마행위에 대한 형사처벌을 할 수 있도록 한 입법자의 결단은 수긍할 만한 합리적 이유가 있는 것으로서 입법형성자유의 범위 내에 있다 할 것이다(헌재 2010.7.29. 2008헌마664).

2660
기소유예처분 후 형벌법규가 행위자에게 유리하게 변경된 경우, 기소유예처분의 취소를 구하는 헌법소원심판 결정 당시 시행 중인 신법을 기준으로 기소유예처분의 위헌 여부를 판단하여야 한다. 24년 군무원 5급 ⓞ ⓧ

(O) 행위자에게 유리하게 개정된 형벌법규의 적용 여부에 대하여, 법원의 형사재판 절차와 동일하게 헌법재판소 역시 헌법소원심판청구 결정 시의 행위자에게 유리한 신법에 따라 기소유예처분의 범죄사실이 성립하는지 여부를 판단하는 것이, 형법 제1조 제2항에 사용된 문언의 통상적인 의미에 충실한 해석이고, 피의자의 권리구제 측면에서도 타당하다(헌재 2023.2.23. 2020헌마1739).

| OX 문제 | 정답 및 해설 |

2661
가석방 요건에 관한 규정은 행위의 가벌성에 영향을 미치지 않으므로 소급처벌금지원칙이 적용되지 않는다. 24년 군무원 5급
O X

(O) 이 사건 부칙조항은 이미 형이 확정된 수용자의 '형집행'에서 가석방 요건에 관한 개정 법률의 적용을 규율하는 것이지 '행위의 가벌성'에 관한 개정 법률의 적용을 규율하는 것이 아니므로, 형벌불소급원칙의 적용을 받지 아니한다(헌재 2013.8.29. 2011헌마408).

2662
'신고하지 아니한 시위에 대하여 관할 경찰관서장이 해산명령을 발한 경우에, 시위 참가자가 해산명령을 받고도 지체 없이 해산하지 아니한 행위'를 징역 또는 벌금·구류 또는 과료로 처벌하는 「집회 및 시위에 관한 법률」조항이 해산명령의 발령 여부를 관할 경찰관서장의 재량에 맡기고 있는 것은 구성요건의 실질적 내용을 전적으로 관할 경찰관서장에게 위임한 것으로 죄형법정주의의 법률주의에 위반된다. 23년 경찰승진
O X

(X) 심판대상조항이 해산명령의 발령 여부를 관할 경찰관서장의 재량에 맡기고 있는 것은 미신고 시위 현장의 다양한 상황에 따라 탄력적·유동적으로 대응할 필요성이 있다는 점을 고려한 것일 뿐, 구성요건의 실질적 내용을 전적으로 관할 경찰관서장에게 위임한 것으로 볼 수 없다. 그러므로 심판대상조항은 죄형법정주의의 법률주의에 위반되지 아니한다(헌재 2016.9.29. 2014헌바492).

2663
군인 등에 대하여 항문성교나 그 밖의 추행을 한 사람을 형사처벌하는 군형법의 해당 조항은 문언상 동성 간의 성행위로 제한되지 않아 남성 간의 추행만 처벌되는 것인지 여성간의 추행이나 이성에 대한 추행도 처벌되는 것인지 알기 어려우나, 자발적 의사 합치가 없이 의사에 반하여 이루어진 동성 또는 이성 간의 추행에 적용된다고 해석할 수 있으므로 명확성 원칙에 반하지 않는다. 24년 법원행시
O X

(X) 군형법 제92조의6의 제정취지, 개정연혁 등을 살펴보면, 이 사건 조항은 동성 간의 성적 행위에만 적용된다고 할 것이고, 추행죄의 객체 또한 군인·군무원 등으로 명시하고 있으므로 불명확성이 있다고 볼 수 없다. 이러한 점에 비추어보면, 건전한 상식과 통상적인 법 감성을 가진 군인, 군무원 등 군형법 피적용자는 어떠한 행위가 이 사건 조항의 구성요건에 해당되는지 여부를 충분히 파악할 수 있다고 판단되므로, 이 사건 조항은 죄형법정주의의 명확성원칙에 위배되지 아니한다(헌재 2023.10.26. 2017헌가16). / 알기어려우나라는 부분이 틀린 지문이다. 알기어려우면 명확성 원칙에 반하는게 맞지 않겠는가?

2664
"감염인은 혈액 또는 체액을 통하여 다른 사람에게 전파 매개 행위를 하여서는 아니 된다."고 규정한 후천성면역결핍증 예방법 해당 조항 중 '전파 매개 행위'는 타인을 인체면역결핍 바이러스에 감염시킬 가능성이 있는 행위에 국한될 것임을 예측할 수 있어 명확성 원칙에 반하지 않는다. 24년 법원행시
O X

(O) 의학적 치료를 받아 인체면역결핍바이러스의 전파가능성이 현저히 낮은 감염인이 상대방에게 자신이 감염인임을 알리고 한 행위'에는 적용되지 않는 것으로 해석함이 타당하다(헌재 2023.10.26. 2019헌가30). 따라서 이는 명확성의 원칙에 위배되지 아니한다.

2665
「회계관계직원 등의 책임에 관한 법률」제2조 제1호 카목의 '그 밖에 국가의 회계사무를 처리하는 사람'은 그 의미가 불명확하므로 명확성원칙에 위배된다. 24년 경찰간부
O X

(X) 회계직원책임법 제2조 제1호 카목 및 이를 구성요건으로 하고 있는 이 사건 특정범죄가중법 조항은 죄형법정주의의 명확성원칙에 위배되지 아니한다(헌재 2024.4.25. 2021헌바21 등).

| OX 문제 | 정답 및 해설 |

2666
인터넷언론사로 하여금 선거운동기간 중 당해 홈페이지 게시판 등에 정당·후보자에 대한 지지·반대 등의 정보를 게시하는 경우 실명을 확인받는 기술적 조치를 하도록 정한 「공직선거법」 조항에서 '인터넷언론사' 부분 및 정당 후보자에 대한 '지지·반대' 부분은 명확성원칙에 위배되지 않는다. 24년 국가직 5급 [O|X]

(O) 공직선거법 및 관련 법령이 구체적으로 '인터넷언론사'의 범위를 정하고 있고, 중앙선거관리위원회가 설치·운영하는 인터넷선거보도심의위원회가 심의대상인 인터넷언론사를 결정하여 공개하는 점 등을 종합하면 '인터넷언론사'는 불명확하다고 볼 수 없으며, '지지·반대'의 사전적 의미와 심판대상조항의 입법목적, 공직선거법 관련 조항의 규율내용을 종합하면, 건전한 상식과 통상적인 법 감정을 가진 사람이면 자신의 글이 정당·후보자에 대한 '지지·반대' 정보를 게시하는 행위인지 충분히 알 수 있으므로, 실명확인 조항 중 "인터넷언론사" 및 "지지·반대" 부분은 명확성 원칙에 반하지 않는다(헌재 2021.1.28. 2018헌마456 등).

2667
형벌조항에도 법규범의 흠결을 보완하고 변화하는 사회에 대한 법규범의 적응력을 확보하기 위하여 예시적 입법형식은 가능하고, 예시적 입법형식이 법률명확성의 원칙에 위배되지 않으려면 예시한 구체적인 사례(개개 구성요건)들이 그 자체로 일반조항의 해석을 위한 판단지침을 내포하고 있어야 하고, 그 일반조항 자체가 그러한 구체적인 예시들을 포괄할 수 있는 의미를 담고 있는 개념이어야 한다. 23년 경찰승진 [O|X]

(O) 예시적 입법형식이 법률명확성의 원칙에 위배되지 않으려면 예시한 구체적인 사례(개개 구성요건)들이 그 자체로 일반조항의 해석을 위한 판단지침을 내포하고 있어야 할 뿐 아니라, 그 일반조항 자체가 그러한 구체적인 예시들을 포괄할 수 있는 의미를 담고 있는 개념이어야 한다(헌재 2000.4.27. 98헌바95 등).

2668
사회복무요원의 정치적 행위를 금지하는 「병역법」 조항 중 '정치적 목적을 지닌 행위'는 특정 정당, 정치인을 지지·반대하거나 공직선거에 있어서 특정 후보자를 당선·낙선하게 하는 등 그 정파성·당파성에 비추어 정치적 중립성을 훼손할 가능성이 높은 행위로 한정하여 해석되므로 명확성원칙에 위배되지 않는다. 23년 순경 1차 [O|X]

(X) 이 사건 법률조항은 '정치적 목적을 지닌 행위'의 의미를 개별화·유형화 하지 않으며, '그 밖의 정치단체'의 의미가 불명확하므로 이를 예시로 규정하여도 '정치적 목적을 지닌 행위'의 불명확성은 해소되지 않는다. 따라서 위 부분은 명확성원칙에 위배된다(헌재 2021.11.25. 2019헌마534).

2669
「청원경찰법」상 품위손상행위란 청원경찰이 경찰관에 준하여 경비 및 공안업무를 하는 주체로서 직책을 맡아 수행해 나가기에 손색이 없는 인품에 어울리지 않는 행위를 함으로써 국민이 가지는 청원경찰에 대한 정직성, 공정성, 도덕성에 대한 믿음을 떨어뜨릴 우려가 있는 행위라고 해석할 수 있으므로 명확성원칙에 위배되지 않는다. 23년 순경 1차 [O|X]

(O) '청원경찰이 경찰관에 준하여 경비 및 공안업무를 하는 주체로서 직책을 맡아 수행해 나가기에 손색이 없는 인품에 어울리지 않는 행위를 함으로써 국민이 가지는 청원경찰에 대한 정직성, 공정성, 도덕성에 대한 믿음을 떨어뜨릴 우려가 있는 행위'라고 해석할 수 있으므로 명확성원칙에 위배되지 않는다(헌재 2022.5.26. 2019헌바530).

| OX 문제 | 정답 및 해설 |

2670

'운전면허를 받은 사람이 자동차 등을 이용하여 범죄행위를 한 때'를 필요적 운전면허 취소사유로 규정하고 있는 구 도로교통법 조항은 범죄의 중함 정도나 고의성 여부 측면을 전혀 고려하지 않고 자동차 등을 범죄행위에 이용하기만 하면 운전면허를 취소하도록 하고 있어 그 범위가 지나치게 광범위하므로, 명확성 원칙에 위배된다. 23년 법원행시 ◯Ⅹ

(O) '운전면허를 받은 사람이 자동차등을 이용하여 범죄행위를 한 때'라는 도로교통법 제78조 제1항 제5호의 법문은 명확성원칙에 위반된다(헌재 2005.11.24. 2004헌가28).

2671

구급차 등을 이용하여 응급환자 이송업을 영위하는 자에 대하여 허가받은 지역 밖에서의 이송업의 영업을 금지하고 처벌하는 응급의료에 관한 법률의 조항은 금지되는 허가지역 외의영업행위가 무엇인지 여부가 불명확하므로, 명확성의 원칙에 위배된다. 23년 법원행시 ◯Ⅹ

(X) 영업의 일반적 의미와 응급의료법의 관련 규정을 유기적·체계적으로 종합하여 보면, 심판대상조항의 수범자인 이송업자는 처벌조항이 처벌하고자 하는 행위가 무엇이고 그에 대한 형벌이 어떤 것인지 예견할 수 있으며, 심판대상조항의 합리적인 해석이 가능하므로, 허가받은 지역 밖에서의 이송업의 영업을 금지하고 처벌하는 심판대상조항은 죄형법정주의의 명확성원칙에 위배되지 아니한다(헌재 2018.2.22. 2016헌바100).

2672

구「소방시설공사업법」제39조 중 '제36조 제3호에 해당하는 위반 행위를 하면 그 행위자를 벌한다.'에 관한 부분이 '처벌대상으로 규정하고 있는 행위자'에는 감리업자 이외에 실제 감리업무를 수행한 감리원도 포함되는지 여부가 불명확하므로 죄형법정주의 명확성원칙에 위배된다. 24년 국회직 8급 ◯Ⅹ

(X) 이 사건 양벌규정의 문언과 관련 규정의 내용, 입법목적 및 확립된 판례를 통한 해석방법 등을 종합하여 보면, 위 조항이 처벌대상으로 규정하고 있는 '행위자'에는 감리업자 이외에 실제 감리업무를 수행한 감리원도 포함된다는 점을 충분히 알 수 있으므로, 이 사건 양벌규정은 죄형법정주의 명확성원칙에 위배된다고 볼 수 없다(헌재 2023.2.23. 2020헌바314).

2673

종합문화재수리업을 하려는 자에게 요구되는 기술능력의 등록 요건을 대통령령에 위임하고 있는「문화재수리 등에 관한 법률」제14조 제1항 문화재수리업 중 '종합문화재수리업'을 하려는 자의 '기술능력'에 관한 부분은 죄형법정주의에 위배되지 않는다. 24년 국회직 8급 ◯Ⅹ

(O) 종합문화재수리업의 기술능력에 관한 구체적인 사항은 문화재수리업의 시장 현실, 문화재수리 기술 및 관련 정책의 변화 등을 고려하여 그때그때의 상황에 맞게 규율하여야 할 필요가 있으므로 위임의 필요성이 인정된다. 또한, 관련조항 등을 종합하여 보면, 대통령령에 규정될 내용은 종합문화재수리업에 필요한 일정한 기술 및 자격을 갖춘 문화재수리기술자·문화재수리기능자 등의 인원수 내지 수준 등에 관한 사항이 될 것임을 충분히 예측할 수 있다. 따라서 심판대상조항은 죄형법정주의 및 포괄위임금지원칙에 위배되지 아니한다(헌재 2023.6.29. 2020헌바109).

2674

자산유동화계획에 의하지 아니하고 여유자금을 투자한 자를 처벌하는「자산유동화에 관한 법률」제40조 제2호 중 '제22조의 규정에 위반하여 자산유동화계획에 의하지 아니하고 여유자금을 투자한 자' 부분은 죄형법정주의의 명확성원칙에 위배되지 않는다. 24년 국회직 8급 ◯Ⅹ

(O) 심판대상조항의 수범자는 유동화전문회사의 임직원이거나 자산유동화거래 업무와 관련된 전문 지식과 경험을 가진 자로 한정될 것인데, 이들은 자산유동화계획의 내용 중 여유자금의 투자에 관한 사항이 무엇인지, 그리고 어떠한 행위가 '자산유동화계획에 의하지 않은 여유자금 투자'인지를 충분히 파악하고 예측할 수 있는 지위에 있다. 따라서 심판대상조항이 수범자의 입장에서 예측가능성 내지 명확성을 결여한 조항이라고 보기 어렵다(헌재 2023.10.26. 2023헌가1).

| OX 문제 | 정답 및 해설 |

2675
예비군대원의 부재시 예비군훈련 소집통지서를 수령한 같은 세대 내의 가족 중 성년자가 정당한 사유 없이 소집통지서를 본인에게 전달하지 아니한 경우 6개월 이하의 징역 또는 500만 원 이하의 벌금에 처하도록 규정한 「예비군법」상 조항은 비례원칙에 위반된다. 24년 해경간부, 23년 경찰간부, 23년 법원행시, 23년 경찰승진 [O|X]

(O) 본인 부재 시 가족이 본인에게 전달 해야 하는데 이는 행정절차적 협력 의무임데도 불구하고 단순히 협력의 범위를 넘어 형사처벌까지 부과하고 있는데 이는 지나치다고 아니할 수 없다. 즉 과태료등으로도 가능(헌재 2022.5.26. 2019헌가12). 즉 헌법에 위반된다.

2676
약식명령에 대한 정식재판청구권 회복청구 시 필요적 집행정지가 아닌 임의적 집행정지로 규정된 형사소송법 해당 조항이 신체의 자유를 침해한다고 볼 수는 없다. 24년 법원직, 24년 경찰승진 [O|X]

(O) 이 사건 법률조항은 약식명령에 대한 정식재판청구권 회복청구가 인용되는 경우 정식재판절차가 개시되어 약식명령이 확정되지 않은 상태로 되돌아간다는 점을 고려하여, 정식재판 청구기간 경과에 귀책사유가 없는 피고인을 재판의 부당한 집행으로부터 보호하면서, 필요적 집행정지로 인한 벌금형의 실효성 저하를 방지하고자 법원으로 하여금 구체적 사정을 고려하여 재판의 집행정지 여부를 결정하도록 하는 규정이다(헌재 2014.5.29. 2012헌마104). 따라서 신체의 자유를 침해한다고 볼 수 없다

2677
정신성적 장애인을 치료감호시설에 수용하는 기간은 15년을 초과할 수 없다고 규정한 구 「치료감호 등에 관한 법률」 제16조 제2항 제1호 중 제2조 제1항 제3호에 해당하는 자에 관한 부분은 과잉금지원칙을 위반하여 정신성적 장애인의 신체의 자유를 침해한다. 24년 국회직 8급 [O|X]

(X) 치료감호기간 조항은 정신성적 장애인이 치료감호시설에 수용될 수 있는 기간의 상한을 정함으로써 치료의 필요성 및 재범의 위험성에 따라 탄력적으로 치료감호를 집행하는 동시에, 정신성적 장애인의 기본권이 과도하게 제한되는 것을 방지하기 위한 것이다. 정신성적 장애는 그 증상이나 정도, 치료의 방법 등에 따라 치료의 종료 시기가 달라질 수 있으므로 이를 일률적으로 예측하기 어렵고, 그에 따른 재범의 위험성 소멸시기를 예측하는 것도 어려우므로 정신성적 장애인에 대한 치료감호는 그 본질상 집행단계에서 기간을 확정할 수밖에 없다(헌재 2017.4.27. 2016헌바452). 따라서 신체의 자유를 침해하지 않는다.

2678
금치처분을 받은 수형자에게 금치기간 중 신문·도서·잡지 외 자비구매물품의 사용을 제한하는 것은 수형자의 일반적 행동의 자유를 침해하지 아니한다. 23년 경찰간부 [O|X]

(O) 금치처분을 받은 사람은 최장 30일 이내의 기간 동안 의사가 치료를 위하여 처방한 의약품을 제외한 자비구매물품의 사용을 제한받으나, 소장이 지급하는 물품을 통하여 건강을 유지하기 위한 필요최소한의 생활을 영위할 수 있으므로, 이 사건 금치조항 중 제108조 제7호의 신문·잡지·도서 외 자비구매물품에 관한 부분은 침해의 최소성에도 위반되지 않는다(헌재 2016.5.26. 2014헌마45). / 즉 합헌임

2679
금치의 징벌을 받은 수용자에 대해 금치기간 중 실외운동을 원칙적으로 제한하고, 예외적으로 실외운동을 허용하는 경우에도 실외운동의 기회가 부여되어야 하는 최저기준을 명시하지 않고 있는 구형의 집행 및 수용자의 처우에 관한 법률 해당 규정은 침해의 최소성 원칙에 위배되어 신체의 자유를 침해한다. 24년 법원직, 24년 법원직, 23년 경찰간부, 22년 법원행시 [O|X]

(O) 위 조항은 예외적으로 실외운동을 허용하는 경우에도, 실외운동의 기회가 부여되어야 하는 최저기준을 법령에서 명시하고 있지 않으므로, 침해의 최소성 원칙에 위배된다. 위 조항은 수용자의 정신적·신체적 건강에 필요 이상의 불이익을 가하고 있고, 이는 공익에 비하여 큰 것이므로 위 조항은 법익의 균형성 요건도 갖추지 못하였다. 따라서 위 조항은 청구인의 신체의 자유를 침해한다(헌재 2016.5.26. 2014헌마45).

| OX 문제 | 정답 및 해설 |

2680
음주운항 전력이 있는 사람이 다시 음주운항을 한 경우 2년 이상 5년 이하의 징역이나 2천만 원 이상 3천만 원 이하의 벌금에 처하도록 규정한 「해사안전법」상 조항은 비례원칙에 위반된다. 23년 경찰간부 O X

(O) 심판대상조항은 가중요건이 되는 과거의 위반행위와 처벌대상이 되는 재범 음주운항 사이에 시간적 제한을 두지 않고 있다. 그런데 과거의 위반행위가 상당히 오래 전에 이루어져 그 이후 행해진 음주운항을 '해상교통법규에 대한 준법정신이나 안전의식이 현저히 부족한 상태에서 이루어진 반규범적 행위' 또는 '반복적으로 사회구성원에 대한 생명·신체 등을 위협하는 행위'라고 평가하기 어렵다면, 이를 가중처벌할 필요성이 인정된다고 보기 어렵다. 또한 심판대상조항은 과거 위반 전력의 시기 및 내용이나 음주운항 당시의 혈중알코올농도 수준 등을 고려할 때 비난가능성이 상대적으로 낮은 재범행위까지도 법정형의 하한인 2년 이상의 징역 또는 2천만 원 이상의 벌금을 기준으로 처벌하도록 하고 있어, 책임과 형벌 사이의 비례성을 인정하기 어렵다. 따라서 심판대상조항은 책임과 형벌 간의 비례원칙에 위반된다(헌재 2022.8.31. 2022헌가10).

2681
주거침입강제추행죄의 법정형을 주거침입강간죄와 동일하게 규정한 구 「성폭력범죄의 처벌 등에 관한 특례법」 조항은 책임과 형벌간의 비례원칙에 위반되지 아니한다. 25년 경찰승진 O X

(O) 입법자는 강제추행에 주거침입이라는 다른 행위요소가 더해지면 강제추행의 경우도 주거침입 강간이나 유사강간에 비하여 그 보호법익이나 불법의 정도, 비난가능성 등에 있어 별다른 차이가 없다고 보고 그 법정형을 동일하게 정한 것이다(헌재 2013.7.25. 2012헌바320). / 따라서 헌법에 위반되지 않는다.

2682
주거침입강제추행죄 및 주거침입준강제추행죄에 대하여 무기징역 또는 7년 이상의 징역에 처하도록 한 「성폭력범죄의 처벌 등에 관한 특례법」상 조항은 비례원칙에 위반된다. 23년 경찰간부 O X

(O) 과거 징역 5년 이상인 경우에는 합헌이었으나, 징역 7년 이상으로 한 현 조항에 대해서 위헌으로 판단하였다. 이는 작량감경의 사유가 있는 경우에도 집행유예를 선고할 수 없어 책임과 형벌간의 비례원칙에 위반된다. / 다만 야간주거침입절도미수범의 준강제추행죄의 경우 7년 이상의 징역으로 정한 경우에는 죄질과 불법성이 중대하여 합헌으로 보았다(헌재 2023.2.23. 2021헌가9).

2683
금융회사 등의 임직원이 그 직무에 관하여 금품이나 그 밖의 이익을 수수, 요구 또는 약속한 경우 5년 이하의 징역 또는 10년 이하의 자격정지에 처하도록 규정한 「특정경제범죄 가중 처벌 등에 관한 법률」상 조항은 비례원칙에 위반된다. 23년 경찰간부 O X

(X) 부정한 청탁이 있었는지 또는 실제 배임행위로 나아갔는지를 묻지않고 금품 등을 수수·요구 또는 약속하는 행위를 처벌하고 있는 수재행위처벌조항은 책임과 형벌 간의 비례원칙에 위배되지 아니한다(헌재 2020.3.26. 2017헌바129 등).

2684
"이 법 시행 전의 행위에 대한 벌칙의 적용에 있어서는 종전의 규정에 따른다."는 「도로교통법」 부칙(2010. 7. 23. 법률 제10382호) 조항은 헌법 제13조 제1항의 형벌불소급원칙 보호영역에 포섭된다. 23년 경찰간부 O X

(X) 이 사건 부칙조항은 개정된 법률 이전의 행위를 소급하여 형사처벌하도록 규정하고 있는 것이 아니라 형사처벌을 규정하고 있던 행위시법이 사후 폐지되었음에도 신법이 아닌 행위시법에 의하여 형사처벌하도록 규정한 것으로서, 헌법 제13조 제1항의 형벌불소급원칙 보호영역에 포섭되지 아니한다(헌재 2015.2.26. 2012헌바268).

OX 문제

2685
병(兵)에 대한 징계처분으로 병을 부대나 함정 내의 영창, 그 밖의 구금장소에 감금하는 것을 규정한 구「군인사법」에 의한 영창처분은 신체의 자유를 제한하는 구금에 해당하고, 이로 인해 헌법 제12조가 보호하려는 신체의 자유가 제한된다. 23년 경찰승진 ⓞⓧ

2686
신체의 자유는 신체의 안정성이 외부의 물리적인 힘이나 정신적인 위험으로부터 침해당하지 아니할 자유와 신체활동을 임의적이고 자율적으로 할 수 있는 자유를 의미하므로,「형법」조항에 의해 형의 집행유예와 동시에 사회봉사명령을 선고받은 경우, 자신의 의사와 무관하게 사회봉사를 하지 않을 수 없게 되어 신체의 자유를 제한받는다. 23년 경찰승진 ⓞⓧ

2687
「디엔에이신원확인정보의 이용 및 보호에 관한 법률」및 동법 시행령에 의한 디엔에이감식시료의 채취는 구강점막 또는 모근을 포함한 모발을 채취하는 방법 또는 분비물, 체액을 채취하는 방법으로 이루어지는데, 이 채취행위가 신체의 안정성을 해한다고 볼 수는 없으므로 신체의 자유를 제한하는 것은 아니다. 23년 경찰승진 ⓞⓧ

2688
노역장유치조항은 벌금이 납입되지 않는 경우를 대비한 것으로서 벌금을 납입한 때에는 집행될 여지가 없고, 그 자체로 형벌적 성격을 가지거나 징역형에 준할 정도로 신체의 자유를 박탈한다고 볼 수 없다. 따라서 노역장유치조항은 형벌불소급원칙의 적용대상이 아니다. 21년 국회직 9급, 20년 법원행시, 20년 법원직 ⓞⓧ

2689
수용자가 금치의 징벌을 받은 경우 금치기간 중 공동행사 참가 정지, 텔레비전 시청 제한, 신문·도서·잡지 외 자비구매물품 사용 제한의 처우 제한이 함께 부과되더라도, 헌법에 위반되지 아니한다. 22년 법원행시 ⓞⓧ

정답 및 해설

(O) 심판대상조항은 병(兵)을 대상으로 한 영창처분을 "부대나 함정 내의 영창, 그 밖의 구금장소에 감금하는 것을 말하며, 그 기간은 15일 이내로 한다."고 규정하고 있으므로, 심판대상조항에 의한 영창처분은 신체의 자유를 제한하는 구금에 해당하고, 이로 인해 헌법 제12조가 보호하려는 신체의 자유가 제한된다(헌재 2020.9.24. 2017헌바157 등).

(X) 사회봉사명령은 청구인에게 근로의무를 부과함에 그치고 공권력이 신체를 구금하는 등의 방법으로 근로를 강제하는 것은 아니어서 이 사건 법률조항이 신체의 자유를 제한한다고 볼 수 없다(헌재 2012.3.29. 2010헌바100).

(X) 디엔에이감식시료 채취의 구체적인 방법은 구강점막 또는 모근을 포함한 모발을 채취하는 방법으로 하고, 위 방법들에 의한 채취가 불가능하거나 현저히 곤란한 경우에는 분비물, 체액을 채취하는 방법으로 한다. 그렇다면 디엔에이감식시료의 채취행위는 신체의 안정성을 해한다고 볼 수 있으므로 이 사건 채취조항들은 신체의 자유를 제한한다(헌재 2014.8.28. 2011헌마28 등).

(X) 부칙조항은 노역장유치조항의 시행 전에 행해진 범죄행위에 대해서도 공소제기의 시기가 노역장유치조항의 시행 이후이면 이를 적용하도록 하고 있으므로, 이는 범죄행위 당시보다 불이익한 법률을 소급적용하도록 하는 것으로서 헌법상 형벌불소급원칙에 위반된다(헌재 2017.10.16. 2015헌바239).

(O) 형집행법 제112조 제3항 본문 중 제108조 제7호의 신문·도서·잡지 외 자비구매물품에 관한 부분은 금치의 징벌을 받은 사람에 대해 금치기간 동안 자비로 구매한 음식물, 의약품 및 의료용품 등 자비구매물품을 사용할 수 없는 불이익을 가함으로써, 규율의 준수를 강제하여 수용시설 내의 안전과 질서를 유지하기 위한 것으로서 목적의 정당성 및 수단의 적합성이 인정된다(헌재 2016.5.26. 2014헌마45).

| OX 문제 | 정답 및 해설 |

2690
성폭력범죄를 저지른 성도착증 환자로서 재범의 위험성이 인정되는 19세 이상의 사람에 대해 법원이 15년의 범위에서 치료명령을 선고할 수 있도록 한 법률규정은, 장기형이 선고되는 경우 치료명령의 선고시점과 집행시점 사이에 상당한 시간적 간극이 있어 집행시점에 발생할 수 있는 불필요한 치료와 관련한 부분에 대해서는 침해의 최소성과 법익균형성이 인정되지 않기 때문에 피치료자의 신체의 자유를 침해한다. 20년 경찰승진 ☐O ☒X

(O) 화학적 거세 자체는 위헌적으로 보기 어려우나 장기형이 선고되는 경우 집행 시점에서 불필요한 치료를 막을 수 있는 절차가 마련되어 있지 않아 신체의 자유 등 기본권을 침해한다(헌재 2015.12.23. 2013헌가9).

2691
처벌법규의 구성요건이 다소 광범위하여 어떤 범위에서는 법관의 보충적인 해석을 필요로 하는 개념을 사용하였다고 하더라도 헌법이 요구하는 처벌법규의 명확성에 반드시 배치되는 것이라고는 볼 수 없다. 23년 경찰승진 ☐O ☒X

(O) 처벌법규의 구성요건이 명확하여야 한다고 하더라도 입법자가 모든 구성요건을 단순한 의미의 서술적인 개념에 의하여 규정하여야 한다는 것은 아니다. 처벌법규의 구성요건이 다소 광범위하여 어떤 범위에서는 법관의 보충적인 해석을 필요로 하는 개념을 사용하였다고 하더라도 그 점만으로 헌법이 요구하는 처벌법규의 명확성의 원칙에 반드시 배치되는 것이라고 볼 수는 없다(헌재 2009.5.28. 2007헌바24).

2692
관광진흥개발기금 관리·운용업무에 종사토록 하기 위하여 문화체육관광부 장관에 의해 채용된 민간 전문가에 대해 「형법」상 뇌물죄의 적용에 있어서 공무원으로 의제하는 「관광진흥개발기금법」의 규정은 신체의 자유를 과도하게 제한하는 것은 아니다. 21년 국가직 7급 ☐O ☒X

(O) 관광진흥개발기금 관리·운용업무에 종사토록 하기 위해 문화체육관광부장관이 채용한 민간전문가에 대해 형법상 뇌물죄의 적용에 있어서 공무원으로 의제하는 관광진흥개발기금법 조항은 평등원칙에 위배되지 않는다(헌재 2014.7.24. 2012헌바188).

2693
구속기간의 제한은 수사를 촉진시켜 형사피의자의 신체구속이라는 고통을 감경시켜 주고 신속한 공소제기 및 그에 따른 신속한 재판을 가능하게 한다는 점에서 헌법에서 보장한 신속한 재판을 받을 권리의 실현을 위하여서도 불가결한 조건이다. 21년 소방간부 ☐O ☒X

(O) 구속기간의 제한은 수사를 촉진시켜 형사피의자의 신체구속이라는 고통을 감경시켜 주고 신속한 공소제기 및 그에 따른 신속한 재판을 가능하게 한다는 점에서 헌법 제27조 제3항에서 보장한 신속한 재판을 받을 권리의 실현을 위하여서도 불가결한 조건이다(헌재 1997.8.21. 96헌마48).

2694
공직선거법위반죄를 범하여 형사처벌을 받은 공무원에 대하여 당선무효라는 불이익을 가하는 것은 공직선거법위반 행위 자체에 대한 국가의 형벌권 실행으로서의 과벌에 해당하므로, 이중처벌 금지원칙에 위배될 가능성이 크다. 22년 순경 2차 ☐O ☒X

(X) 공직선거법위반죄를 범하여 형사처벌을 받은 공무원에 대하여 당선무효라는 불이익을 가하는 것은 공직선거법위반 행위 자체에 대한 국가의 형벌권 실행으로서의 과벌에 해당하지 아니하므로, 헌법상 이중처벌금지원칙에 위배되지 않는다(헌재 2015.2.26. 2012헌마581).

| OX 문제 | 정답 및 해설 |

2695
외국에서 실제로 형의 집행을 받았음에도 불구하고 우리 형법에 의한 처벌 시 이를 전혀 고려하지 않더라도 과도한 제한이라고 할 수 없으므로 신체의 자유를 침해하지 아니한다. 21년 소방간부, 21년 국가직 5급 [O|X]

(X) 우리 형법에 의한 처벌시 외국에서 받은 형의 집행을 전혀 반영하지 아니할 수도 있도록 한 것은, 입법재량의 범위를 일탈하여 필요최소한의 범위를 넘어선 과도한 기본권제한이라고 할 것이다(헌재 2015.5.28. 2013헌바129).

2696
헌법재판소는 외국에서 형의 전부 또는 일부의 집행을 받은 자에 대하여 형을 감경 또는 면제할 수 있도록 규정한「형법」(1953. 9. 18. 법률 제293호로 제정된 것) 제7조가 이중처벌금지원칙에 위배되어 위헌이라고 판시하였다. 22년 경찰승진 [O|X]

(X) 입법자는 국가형벌권의 실현과 국민의 기본권 보장의 요구를 조화시키기 위하여 형을 필요적으로 감면하거나 외국에서 집행된 형의 전부 또는 일부를 필요적으로 산입하는 등의 방법을 선택하여 청구인의 신체의 자유를 덜 침해할 수 있음에도, 이 사건 법률조항과 같이 우리 형법에 의한 처벌시 외국에서 받은 형의 집행을 전혀 반영하지 아니할 수도 있도록 한 것은 과잉금지원칙에 위배되어 신체의 자유를 침해한다(헌재 2015.5.28. 2013헌바129). / 여기서 조심할 것은 판례는 사안에서 일사부재리에 반하여 위헌이라고 표현하지 않고 과잉금지원칙에 위배된다고 표현하였다.

2697
구「공직자윤리법」상 매각 또는 백지신탁의 대상이 되는 주식의 보유한도액을 결정함에 있어 국회의원 본인뿐만 아니라 본인과 일정한 친족관계가 있는 자들의 보유주식 역시 포함하도록 하고 있는 것은 연좌제에 해당하여 헌법에 위배된다. 24년 경찰승진 [O|X]

(X) 이 사건 법률조항이 매각 또는 백지신탁의 대상이 되는 주식의 보유한도액을 결정함에 있어 국회의원 본인 뿐만 아니라 본인과 일정한 친족관계가 있는 자들의 보유주식 역시 포함하도록 하고 있는 것은 본인과 친족 사이의 실질적·경제적 관련성에 근거한 것이지, 실질적으로 의미 있는 관련성이 없음에도 오로지 친족관계 그 자체만으로 불이익한 처우를 가하는 것이 아니므로 헌법 제13조 제3항에 위배되지 아니한다(헌재 2012.8.23. 2010헌가65).

2698
직계존속이 외국에서 영주할 목적 없이 체류한 상태에서 출생한 자는 병역의무를 해소한 경우에만 국적이탈을 신고할 수 있도록 하는 구「국적법」제12조 제3항은 헌법상 연좌제금지원칙의 규율 대상이다. 24년 경찰간부 [O|X]

(X) 선천적 복수국적자가 지닌 대한민국 국민으로서의 지위는 혈통에 의하여 출생과 동시에 국적법에 따라 자동적으로 취득하는 것으로, 복수국적의 선천적 취득과 이로 인한 국적이탈의 문제는 헌법상 연좌제금지원칙에서 규율하고자 하는 대상이라 볼 수 없다. 따라서 이 부분 주장에 대해서는 별도로 살펴보지 않는다(헌재 2023.2.23. 2019헌바462).

2699
「고위공직자범죄수사처 설치 및 운영에 관한 법률」제2조 및 같은 법 제3조 제1항에 따라 고위공직자의 가족은 고위공직자의 직무와 관련하여 죄를 범한 경우 수사처의 수사대상이 되는데, 이는 헌법상 연좌제금지원칙에서 규율하고자 하는 대상이다. 24년 경찰간부 [O|X]

(X) 고위공직자의 가족은 고위공직자의 직무와 관련하여 스스로 범한 죄에 대해서만 수사처의 수사를 받거나 기소되므로, 친족의 행위와 본인 간에 실질적으로 의미 있는 아무런 관련성을 인정할 수 없음에도 불구하고 오로지 친족이라는 사유 그 자체만으로 불이익한 처우를 가하는 경우에만 적용되는 연좌제금지 원칙이나 자기책임의 원리 위반 여부는 문제되지 않는다(헌재 2021.1.28. 2020헌마264 등).

2700
공직선거 후보자의 배우자가「공직선거 및 선거부정방지법」상 중대 선거범죄를 범함으로 인하여 징역형 또는 300만 원 이상의 벌금형의 선고를 받은 때에 그 후보자의 당선을 무효로 하는 조항은 연좌제에 해당하지 아니한다. 24년 경찰승진 [O|X]

(O) 배우자는 후보자와 일상을 공유하는 자로서 선거에서는 후보자의 분신과도 같은 역할을 하게 되는바, 배우자의 중대 선거범죄를 이유로 후보자의 당선을 무효로 하는 이 사건 법률조항은 배우자가 죄를 저질렀다는 이유만으로 후보자에게 불이익을 주는 것이 아니라, 후보자와 불가분의 선거운명공동체를 형성하여 활동하게 마련인 배우자의 실질적 지위와 역할을 근거로 후보자에게 연대책임을 부여한 것이므로 헌법 제13조 제3항에서 금지하고 있는 연좌제에 해당하지 아니한다(헌재 2005.12.22. 2005헌마19).

| OX 문제 | 정답 및 해설 |

2701
학교법인의 이사장과 특정관계에 있는 사람의 학교장 임명을 제한하는 「사립학교법」해당 조항은 배우자나 직계가족이라는 인적 관계의 특성상 당연히 예상할 수 있는 일체성 내지 유착가능성을 근거로 일정한 제약을 가하는 것이다. 24년 경찰간부 O X

(O) 가족 간에 실질적으로 의미 있는 아무런 관련성을 인정할 수 없음에도 불구하고 오로지 배우자 등의 관계에 있다는 사유 자체만으로 불이익을 주는 것이 아니라, 아래에서 보는 바와 같이 배우자나 직계가족이라는 인적 관계의 특성상 당연히 예상할 수 있는 일체성 내지 유착가능성을 근거로 일정한 제약을 가하는 것이다. 따라서 그와 같이 제한하고 있다는 것만으로 곧바로 헌법이 금지하고 있는 연좌제에 위배된다 할 수는 없다(헌재 2013.11.28. 2007헌마1189 등).

2702
「변호사법」해당 조항 중 법무법인에 관하여 합명회사 사원의 무한연대책임을 정한 「상법」제212조, 신입사원에게 동일한 책임을 부과하는 「상법」제213조, 퇴사한 사원에게 퇴사등기 후 2년 내에 동일한 책임을 부과하는 「상법」제225조 제1항을 준용하는 부분은 연좌제 금지원칙이 적용된다. 24년 경찰간부 O X

(X) 친족관계의 존부를 필요조건으로 하지 아니하는 법무법인 구성원변호사 사이의 관계에 연좌제 금지 원칙이 적용될 여지가 없고, 행복추구권 침해 여부는 보다 밀접한 기본권인 재산권 침해 여부에 대하여 판단하는 이상 따로 판단하지 아니한다(헌재 2016.11.24. 2014헌바203 등).

2703
누구든지 법률에 의하지 아니하고는 체포·구속·압수·수색 또는 심문을 받지 아니하며, 법률 또는 적법한 절차에 의하지 아니하고는 처벌·보안처분 또는 강제노역을 받지 아니한다. 20년 소방간부 O X

(X) 모든 국민은 신체의 자유를 가진다. 누구든지 법률에 의하지 아니하고는 체포·구속·압수·수색 또는 심문을 받지 아니하며, 법률과 적법한 절차에 의하지 아니하고는 처벌·보안처분 또는 강제노역을 받지 아니한다(헌법 제12조 제1항). 법률 또는 적법한 절차가 아니라 법률과 적법한 절차이다.

2704
모든 국민은 신체의 자유를 가진다. 누구든지 법률과 적법절차에 의하지 아니하고는 체포·구속·압수·수색을 받지 아니하며, 법률에 의하지 아니하고는 심문·처벌·보안처분 또는 강제노역을 받지 아니한다. 22년 순경 1차 O X

(X) 모든 국민은 신체의 자유를 가진다. 누구든지 법률에 의하지 아니하고는 체포·구속·압수·수색 또는 심문을 받지 아니하며, 법률과 적법한 절차에 의하지 아니하고는 처벌·보안처분 또는 강제노역을 받지 아니한다(헌법 제12조 제1항).

2705
원전개발에 있어서 인근 주민 및 관계전문가 등으로부터 의견을 듣는 청취절차의 주체가 반드시 행정기관이나 독립된 제3의 기관이 아니더라도 공정성과 객관성이 담보되는 절차가 마련되어 있는 경우, 전원개발사업자가 그 주체가 되어도 적법절차원칙에 위배되지 않는다. 24년 경찰승진 O X

(O) 이 사건 의견청취조항은 주민등으로부터의 의견청취절차를 시행하는 주체를 전원개발사업자로 정하고 있으나, 전원개발촉진법 시행령은 의견청취 방법 및 절차를 규정함에 있어 시장·군수·구청장 등 지방자치단체의 장을 통하여 진행하도록 하는 일련의 규정을 두고 있는바, 이는 의견청취절차의 주체를 전원개발사업자로 하면서도 그 객관성과 공정성을 담보하고자 마련한 보완장치라 할 수 있다(헌재 2016.10.27. 2015헌바358). 따라서 이는 적법절차의 원칙에 위반되지 아니한다.

| OX 문제 | 정답 및 해설 |

2706
법관이 아닌 행정부 소속기관으로 치료감호심의위원회를 두고 보호감호의 관리 및 집행에 관한 사항을 심사·결정하도록 한 것은 위원회의 구성, 심사절차 및 심사대상 등을 고려할 필요없이 그 자체로 적법절차원칙에 위배된다. 23년 국회직 5급

(X) 치료감호심의위원회의 구성, 심사절차 및 심사대상에 비추어 볼 때 위원회가 보호감호의 관리 및 집행에 관한 사항을 심사·결정하도록 한 것이 헌법상 적법절차 원칙에 위배된다고 볼 수 없다(헌재 2009.3.26. 2007헌바50).

2707
전투경찰순경의 인신구금을 내용으로 하는 영창처분에 대하여 영장주의가 적용될 여지는 없으나, 적법절차원칙은 준수되어야 한다. 23년 국회직 5급

(O) 헌법 제12조 제1항의 적법절차원칙은 형사소송절차에 국한되지 않고 모든 국가작용 전반에 대하여 적용되므로, 전투경찰순경의 인신구금을 내용으로 하는 영창처분에 있어서도 적법절차원칙이 준수되어야 한다. / 전투경찰순경헌법 제12조 제3항에서 규정하고 있는 영장주의란 형사절차와 관련하여 체포·구속·압수·수색의 강제처분을 할 때 신분이 보장되는 법관이 발부한 영장에 의하지 않으면 안 된다는 원칙으로 형사절차가 아닌 징계절차에도 그대로 적용된다고 볼 수 없다(헌재 2016.3.31. 2013헌바190).

2708
징계절차를 진행하지 아니함을 통보하지 않은 경우에는 징계시효가 연장되지 않는다는 예외규정을 두지 않은 구「지방공무원법」조항은, 수사 중인 사건에 대하여 징계절차를 진행하지 않음에도 징계시효가 당연히 연장되어 징계혐의자는 징계시효가 연장되는지를 알지 못한 채 불이익을 입을 수 있어 적법절차원칙에 위배된다. 23년 순경 1차

(X) 공정한 징계제도 운용이라는 이익은, 징계혐의자가 징계절차를 진행하지 아니함을 통보받지 못하여 징계시효가 연장되었음을 알지 못함으로써 입는 불이익보다 크다. 그렇다면 심판대상조항이 징계시효 연장을 규정하면서 징계절차를 진행하지 아니함을 통보하지 아니한 경우에는 징계시효가 연장되지 않는다는 예외규정을 두지 않았다고 하더라도 적법절차원칙에 위배되지 아니한다(헌재 2017.6.29. 2015헌바29).

2709
관계행정청이 등급분류를 받지 아니하거나 등급분류를 받은 게임물과 다른 내용의 게임물을 발견한 경우 관계공무원으로 하여금 이를 영장 없이 수거·폐기하게 할 수 있도록 한 구「음반·비디오물 및 게임물에 관한 법률」조항은 그 소유자 또는 점유자에게 수거증을 교부하도록 하는 등 절차적 요건을 규정하고 있어 적법절차원칙에 위배되지 않는다. 23년 순경 1차

(O) 관계공무원이 당해 게임물 등을 수거한 때에는 그 소유자 또는 점유자에게 수거증을 교부하도록 하고 있고, 동조 제6항에서 수거 등 처분을 하는 관계공무원이나 협회 또는 단체의 임·직원은 그 권한을 표시하는 증표를 지니고 관계인에게 이를 제시하도록 하는 등의 절차적 요건을 규정하고 있으므로, 이 사건 법률조항이 적법절차의 원칙에 위배되는 것으로 보기도 어렵다(헌재 2002.10.31. 2000헌가12).

2710
행정절차상 강제처분에 의해 신체의 자유가 제한되는 경우 강제처분의 집행기관으로부터 독립된 중립적인 기관이 이를 통제하도록 하는 것은 적법절차원칙의 내용에 해당하지 않는다. 24년 순경 2차

(X) 행정절차상 강제처분에 의해 중립적인 기관이 이를 통제하도록 하는 것은 적법절차원칙의 중요한 내용에 해당한다. 심판대상조항에 의한 보호는 신체의 자유를 제한하는 정도가 박탈에 이르러 형사절차상 '체포 또는 구속'에 준하는 것으로 볼 수 있는 점을 고려하면, 보호의 개시 또는 연장 단계에서 그 집행기관인 출입국관리공무원으로부터 독립되고 중립적인 지위에 있는 기관이 보호의 타당성을 심사하여 이를 통제할 수 있어야 한다(헌재 2023.3.23. 2020헌가1 등). / 이 문제도 상당히 조심해야 한다. 과거 기출은 대부분 신체의 자유를 침해한다 쪽이었는데 … 이번엔 왜 침해인가? 즉 이유를 묻고 있다.

| OX 문제 | 정답 및 해설 |

2711
검사가 법원의 증인으로 채택된 수감자를 그 증언에 이르기까지 거의 매일 검사실로 하루종일 소환하여 피고인측 변호인이 접근하는 것을 차단하고 검찰에서의 진술을 번복하는 증언을 하지 않도록 회유·압박하는 행위는, 증인의 증언 전에 일방 당사자만이 증인과의 접촉을 독점하여 상대방은 증인이 어떠한 내용을 증언할 것인지를 알 수 없어 그에 대한 방어를 준비할 수 없게 되므로 적법절차원칙에 위배된다. 23년 순경 1차 O X

(O) 증인의 증언 전에 일방 당사자만이 증인과의 접촉을 독점하게 되면, 상대방은 증인이 어떠한 내용을 증언할 것인지를 알 수 없어 그에 대한 방어를 준비할 수 없게 되며 상대방이 가하는 예기치 못한 공격에 그대로 노출될 수밖에 없으므로, 헌법이 규정한 "적법절차의 원칙"에도 반한다(헌재 2001.8.30. 99헌마496).

2712
적법절차원칙에서 도출할 수 있는 중요한 절차적 요청으로는 당사자에게 적절한 고지를 행할 것, 당사자에게 의견 및 자료 제출의 기회를 부여할 것 등을 들 수 있다. 23년 경찰승진 O X

(O) 적법절차원칙에서 도출할 수 있는 가장 중요한 절차적 요청 중의 하나로, 당사자에게 적절한 고지(告知)를 행할 것, 당사자에게 의견 및 자료 제출의 기회를 부여할 것을 들 수 있겠으나, 이 원칙이 구체적으로 어떠한 절차를 어느 정도로 요구하는지는 일률적으로 말하기 어렵고, 규율되는 사항의 성질, 관련 당사자의 사익, 절차의 이행으로 제고될 가치, 국가작용의 효율성, 절차에 소요되는 비용, 불복의 기회 등 다양한 요소들을 형량하여 개별적으로 판단할 수밖에 없을 것이다(헌재 2003.7.24. 2001헌가25).

2713
범칙금 통고처분을 받고도 납부기간 이내에 범칙금을 납부하지 아니한 사람에 대하여 행정청에 대한 이의제기나 의견진술 등의 기회를 주지 않고 경찰서장이 곧바로 즉결심판을 청구하도록 한 구「도로교통법」조항은 적법절차원칙에 위배된다. 23년 경찰승진, 20년 경행특채 O X

(X) 도로교통법 위반사례가 격증하고 있는 현실에서 통고처분에 대한 이의제기 등 행정청 내부 절차를 추가로 둔다면 절차의 중복과 비효율을 초래하고 신속한 사건처리에 저해가 될 우려도 있다. 따라서 이 사건 즉결심판청구 조항에서 의견진술 등의 별도의 절차를 두지 않은 것이 현저히 불합리하여 적법절차원칙에 위배된다고 보기 어렵다(헌재 2014.8.28. 2012헌바433).

2714
구「도시 및 주거환경정비법」조항이 정비예정구역 내 토지 등 소유자의 100분의 30 이상의 해제 요청이라는 비교적 완화된 요건만으로 정비예정구역 해제 절차에 나아갈 수 있도록 하였다고 하여 적법절차원칙에 위반된다고 보기는 어렵다. 23년 경찰간부 O X

(O) 경기, 사업성 또는 주민갈등 등 다양한 사유로 인하여 정비예정구역에 대한 정비계획수립 등이 이루어지지 않을 가능성도 있는 점, 정비예정구역으로 지정되어 있을 뿐인 단계에서부터 토지등소유자의 100분의 30 이상이 정비예정구역 해제를 요구하고 있는 상황이라면 추후 정비사업의 시행이 지연되거나 좌절될 가능성이 큰 점, 토지등소유자에게는 정비계획의 입안을 제안할 수 있는 방법이 있는 점, 정비예정구역 해제를 위해서는 지방도시계획위원회의 심의를 거쳐야 하고, 정비예정구역의 해제는 해제권자의 재량적 행위인 점, 정비예정구역 해제에 관한 위법이 있는 경우 항고소송을 통하여 이를 다툴 수 있는 점 등을 종합적으로 고려하면, 심판대상조항이 적법절차원칙에 위반된다고 볼 수 없다(헌재 2023.6.29. 2020헌바63).

| OX 문제 | 정답 및 해설 |

2715
범칙금 통고처분을 받고도 납부기간 이내에 범칙금을 납부하지 아니한 사람에 대하여 행정청에 대한 이의제기나 의견진술 등의 기회를 주지 않고 경찰서장이 곧바로 즉결심판을 청구하도록 한 구「도로교통법」조항은, 이에 불복하여 범칙금을 납부하지 아니한 자에게는 재판절차라는 완비된 절차적 보장이 주어지므로 적법절차원칙에 위배되지 않는다. 23년 순경 1차 [O|X]

(O) 도로교통법상 범칙금 납부통고는 위반행위에 대한 제재를 신속·간편하게 종결할 수 있게 하는 제도로서, 이에 불복하여 범칙금을 납부하지 아니한 자에게는 재판절차라는 완비된 절차적 보장이 주어진다. 도로교통법 위반사례가 격증하고 있는 현실에서 통고처분에 대한 이의제기 등 행정청 내부 절차를 추가로 둔다면 절차의 중복과 비효율을 초래하고 신속한 사건처리에 저해가 될 우려도 있다. 따라서 이 사건 즉결심판청구 조항에서 의견진술 등의 별도의 절차를 두지 않은 것이 현저히 불합리하여 적법절차원칙에 위배된다고 보기 어렵다(헌재 2014.8.28. 2012헌바433).

2716
초·중등학교 교원이 자신이 보호하는 아동에 대하여 아동학대 범죄를 범한 때에는 그 죄에 정한 형의 2분의 1까지 가중하여 처벌하도록 한「아동학대범죄의 처벌 등에 관한 특례법」조항은 책임과 형벌 사이의 비례원칙에 위배되지 않는다. 23년 경찰승진 [O|X]

(O) 초·중등학교 교원이 자신이 보호하는 아동에 대하여 아동학대범죄를 범한 때에는 그 죄에 정한 형의 2분의 1까지 가중하여 처벌하도록 한 심판대상조항은 입법재량의 범위를 벗어났다거나 책임과 형벌 간의 비례원칙에 어긋나는 과잉형벌을 규정하였다고 보기 어렵다(헌재 2021. 3.25. 2018헌바388).

2717
국회의 탄핵소추절차는 국회와 대통령이라는 헌법기관 사이의 문제이고, 국회의 탄핵소추의결에 의하여 사인으로서의 대통령의 기본권이 침해되는 것이 아니라, 국가기관으로서의 대통령의 권한행사가 정지되는 것이므로 적법절차의 원칙이 직접 적용되지 않는다. 23년 국회직 5급, 22년 비상기획관 [O|X]

(O) 국가기관이 국민과의 관계에서 공권력을 행사함에 있어서 준수해야 할 법원칙으로서 형성된 적법절차의 원칙을 국가기관에 대하여 헌법을 수호하고자 하는 탄핵소추절차에는 직접 적용할 수 없다고 할 것이고, 그 외 달리 탄핵소추절차와 관련하여 피소추인에게 의견진술의 기회를 부여할 것을 요청하는 명문의 규정도 없으므로, 국회의 탄핵소추절차가 적법절차원칙에 위배되었다는 주장은 이유 없다(헌재 2004. 5.14. 2004헌나1).

2718
법원의 구속집행정지결정에 대하여 검사가 즉시항고할 수 있도록 한「형사소송법」조항은 법원의 구속집행정지결정을 무의미하게 할 수 있는 권한을 검사에게 부여한 것이라는 점에서 적법절차원칙에 위배된다. 20년 국회직 8급 [O|X]

(O) 구속집행정지결정에 대한 검사의 즉시항고를 인정하는 이 사건 법률조항은 검사의 불복을 그 피고인에 대한 구속집행을 정지할 필요가 있다는 법원의 판단보다 우선시킬 뿐만 아니라, 사실상 법원의 구속집행정지결정을 무의미하게 할 수 있는 권한을 검사에게 부여한 것이라는 점에서 헌법 제12조 제3항의 영장주의원칙에 위배된다. 또한 헌법 제12조 제3항의 영장주의는 헌법 제12조 제1항의 적법절차원칙의 특별규정이므로, 헌법상 영장주의원칙에 위배되는 이 사건 법률조항은 헌법 제12조 제1항의 적법절차원칙에도 위배된다(헌재 2012.6.27. 2011헌가36).

2719
적법절차의 원칙은 공권력에 의한 국민의 생명·자유·재산의 침해는 반드시 합리적이고 정당한 법률에 의거해서 정당한 절차를 밟은 경우에만 유효하다는 원리로서, 1987년 제9차 개정 헌법에서 처음으로 인신보호를 위한 헌법상의 기속원리로 채택되었다. 20년 경행특채 [O|X]

(O) 입법, 집행, 사법 등 모든 국가작용은 절차상의 적법성을 요구할 뿐만 아니라 모든 공권력행사의 근거가 되는 법률의 내용도 정당성을 갖추어야 한다는 실체법적인 원리를 의미한다. 적법절차 원칙은 제9차 개헌 헌법때 신설되었다.

OX 문제

2720

연락운송 운임수입의 배분에 관한 협의가 성립하지 아니한 때에는 당사자의 신청을 받아 국토교통부장관이 결정하도록 한 「도시철도법」 조항 중 "제1항에 따른 운임수입의 배분에 관한 협의가 성립되지 아니한 때에는 당사자의 신청을 받아 국토교통부장관이 결정한다." 부분은 국토교통부장관의 결정에 의해 이루어지므로 적법절차원칙에 위배된다. 20년 국회직 8급

O X

(X) 심판대상조항이 국토교통부장관이 운임수입 배분에 관한 결정을 하기 전에 거쳐야 하는 일반적인 절차에 대해 따로 규정하고 있지는 않지만, 행정절차법은 처분의 사전통지, 의견제출의 기회, 처분의 이유 제시 등을 규정하고 있고, 이는 국토교통부장관의 결정에도 적용되어 절차적 보장이 이루어지므로, 심판대상조항은 적법절차원칙에 위배되지 아니한다(헌재 2019.6.28. 2017헌바135).

2721

특정공무원범죄의 범인에 대한 추징판결을 범인 외의 자가 그 정황을 알면서 취득한 불법재산 및 그로부터 유래한 재산에 대하여 그 범인외의 자를 상대로 집행할 수 있도록 규정한 공무원범죄에 관한 몰수 특례법 제9조의2에 의한 추징판결의 집행이 그 성질상 신속성과 밀행성을 요구한다는 사정만으로 이 조항이 추징판결을 집행하기에 앞서 제3자에게 통지하거나 의견을 진술할 기회를 부여하지 않은 데에 합리적인 이유가 있다고 할 수 없으므로 적법절차원칙에 위배된다. 22년 비상기획관

O X

(X) 심판대상조항이 제3자에 대하여 특정공무원범죄를 범한 범인에 대한 추징판결을 집행하기에 앞서 제3자에게 통지하거나 의견을 진술할 기회를 부여하지 않은 데에는 합리적인 이유가 있다. 나아가 제3자는 심판대상조항에 의한 집행에 관한 검사의 처분이 부당함을 이유로 재판을 선고한 법원에 재판의 집행에 관한 이의신청을 할 수 있다(형사소송법 제489조). 또한 제3자는 각 집행절차에서 소송을 통해 불복하는 등 사후적으로 심판대상조항에 의한 집행에 대하여 다툴 수 있다. 따라서 심판대상조항은 적법절차원칙에 위배된다고 볼 수 없다(헌재 2020.2.27. 2015헌가4).

2722

자격정지 이상의 선고유예를 받고 그 선고유예기간 중에 있는 자에 대하여 당연퇴직을 규정하고 있는 「경찰공무원법」 규정은 재판청구권을 침해하고, 적법절차원칙에 위배되어 위헌이다. 22년 경찰승진

O X

(X) 형사처벌을 받은 공무원에 대하여 신분상 불이익처분을 하는 법률을 제정함에 있어서 형사처벌을 받은 사실 그 자체를 이유로 일정한 신분상 불이익처분이 내려지도록 법률에 규정하는 방법과 별도의 징계절차를 거쳐 신분상 불이익처분을 하는 방법 중 어느 방법을 선택할 것인가는 입법자의 재량에 속하는 것이고, 당연퇴직은 일정한 사항이 법정 당연퇴직사유에 해당하는지 여부만이 문제될 뿐이어서 당연퇴직의 성질상 그 절차에서 당사자의 진술권이 반드시 절차적 권리로 보장되어야 하는 것도 아니므로 이 사건 규정이 재판청구권을 침해하거나 적법절차의 원리를 위배하였다고 할 수 없다(헌재 1998.4.30. 96헌마7). 이는 공무담임권을 침해하여 위헌이다.

2723

치료감호가종시 3년의 보호관찰이 시작되도록 한 「치료감호 등에 관한 법률」 조항은 3년의 보호관찰기간 종료 전이라도 6개월마다 치료감호의 종료 여부 심사를 치료감호심의위원회에 신청할 수 있고, 그 신청에 관한 치료감호심의위원회의 기각결정에 불복하는 경우 행정소송을 제기하여 법관에 의한 재판을 받을 수 있다는 점 등을 고려하면 적법절차원칙에 반하지 않는다. 24년 국가직 7급

O X

(O) 독립성과 전문성을 갖춘 치료감호심의위원회로 하여금 치료의 필요성과 재범의 위험성을 판단하도록 한 것은 합리성이 인정된다. 또한 3년의 보호관찰기간 종료 전이라도 6개월마다 치료감호의 종료 여부 심사를 치료감호심의 위원회에 신청할 수 있고 그 신청에 관한 치료감호심의위원회의 기각 결정에 불복하는 경우 행정소송을 제기하여 법관에 의한 재판을 받을 수 있다. 따라서 심판대상조항은 적법절차원칙에 반하여 청구인의 재판청구권을 침해하지 아니한다(헌재 2023.10.26. 2021헌마839).

| OX 문제 | 정답 및 해설 |

2724
현행 헌법이 명문화하고 있는 적법절차의 원칙은 모든 국가작용을 지배하는 독자적인 헌법의 기본원리로서 해석되어야 할 원칙이라는 점에서, 입법권의 유보적 한계를 선언하는 과잉입법금지의 원칙과 중첩되므로 양자는 구별되지 않는다. 20년 경행특채 [O][X]

(X) 적법절차의 원칙은 단순히 입법권의 유보제한이라는 한정적인 의미에 그치는 것이 아니라, 모든 국가작용을 지배하는 독자적인 헌법의 기본원리로서 해석되어야 할 원칙이라는 점에서, 입법권의 유보적 한계를 선언하는 과잉입법금지의 원칙과는 구별된다(헌재 1992.12.24. 92헌가8).

2725
피의자를 긴급체포하여 조사한 결과 구금을 계속할 필요가 없다고 판단하여 48시간 이내에 석방하는 경우까지도 수사기관이 반드시 체포영장발부절차를 밟게 하는 것은 인권침해적 상황을 예방하는 적절한 방법이다. 22년 지방직 7급 [O][X]

(X) 더욱이 피의자를 긴급체포하여 조사한 결과 구금을 계속할 필요가 없다고 판단하여 48시간 이내에 석방하는 경우까지도 수사기관으로 하여금 반드시 체포영장발부절차를 밟게 한다면, 이는 피의자, 수사기관 및 법원 모두에게 비효율을 초래할 가능성이 있고(헌재 2012.5.31. 2010헌마672 참조), 경우에 따라서는 오히려 인권침해적인 상황을 발생시킬 우려도 있다(헌재 2021.3.25. 2018헌바212). / 즉 석방하는 경우까지도 수사기관이 반드시 체포영장발부절차를 밟게 하는 것이 바람직하지는 않다는 것이 판례의 취지이다.

2726
헌법 제12조 제3항에서 규정하고 있는 영장주의란 형사절차와 관련하여 체포·구속·압수·수색의 강제처분을 할 때 신분이 보장되는 법관이 발부한 영장에 의하지 않으면 안 된다는 원칙으로, 형사절차가 아닌 징계절차에는 그대로 적용되지 않는다. 22년 입법고시, 20년 경행특채 [O][X]

(O) 영장주의란 형사절차와 관련하여 체포·구속·압수·수색의 강제처분을 할 때 신분이 보장되는 법관이 발부한 영장에 의하지 않으면 안 된다는 원칙으로 형사절차가 아닌 징계절차에도 그대로 적용된다고 볼 수 없다(헌재 2016.3.31. 2013헌바190).

2727
서울용산경찰서장이 국민건강보험공단에 청구인들의 요양급여내역의 제공을 요청한 사실조회행위는 임의수사에 해당하나 이에 응해 이루어진 정보제공행위에 대해서는 헌법상 영장주의가 적용된다. 23년 경찰간부 [O][X]

(X) 이 사건 사실조회행위는 강제력이 개입되지 아니한 임의수사에 해당하므로, 이에 응하여 이루어진 이 사건 정보제공행위에도 영장주의가 적용되지 않는다. 그러므로 이 사건 정보제공행위가 영장주의에 위배되어 청구인들의 개인정보자기결정권을 침해한다고 볼 수 없다(헌재 2018.8.30. 2014헌마368).

2728
헌법상 영장주의는 체포·구속·압수·수색 등 기본권을 제한하는 강제처분에 적용되므로, 강제력이 개입되지 않은 임의수사에 해당하는 수사기관 등의 통신자료 취득에는 영장주의가 적용되지 않는다. 24년 경찰간부, 23년 법원직 9급, 23년 순경 1차 [O][X]

(O) 헌법상 영장주의는 체포·구속·압수·수색 등 기본권을 제한하는 강제처분에 적용되므로, 강제력이 개입되지 않은 임의수사에 해당하는 수사기관 등의 통신자료 취득에는 영장주의가 적용되지 않는다(헌재 2022.7.21. 2016헌마388 등).

2729
수형자와 소송대리인인 변호사의 접견을 일반접견에 포함시켜 시간은 30분 이내로, 횟수는 월 4회로 제한한 것은 수형자의 재판청구권을 침해한다. 23년 경찰간부 [O][X]

(O) 이와 같이 심판대상조항들은 법률전문가인 변호사와의 소송상담의 특수성을 고려하지 않고 소송대리인인 변호사와의 접견을 그 성격이 전혀 다른 일반 접견에 포함시켜 접견 시간 및 횟수를 제한함으로써 청구인의 재판청구권을 침해한다(헌재 2015.11.26. 2012헌마858).

OX 문제

2730
압수·수색영장을 발부받아 압수·수색의 방법으로 소변을 채취하는 경우 압수대상물인 피의자의 소변을 확보하기 위한 수사기관의 노력에도 불구하고, 피의자가 인근 병원 응급실 등 소변 채취에 적합한 장소로 이동하는 것에 동의하지 않거나 저항하는 등 임의동행을 기대할 수 없는 사정이 있는 때에는 수사기관으로서는 소변 채취에 적합한 장소로 피의자를 데려가기 위해서 필요 최소한의 유형력을 행사하는 것이 허용되며, 이는 '압수·수색영장의 집행에 필요한 처분'에 해당한다. 22년 경찰승진

2731
각급 선거관리위원회 위원·직원의 선거범죄조사에 있어서 자료제출요구에 응할 의무를 부과하고 허위자료를 제출하는 경우 형사처벌을 규정한 구 「공직선거법」 조항은 자료제출요구가 대상자의 자발적 협조를 전제하고 물리적 강제력을 수반하지 않으므로 영장주의의 적용대상이 아니다. 23년 법원행시, 22년 경찰간부

2732
전자우편에 대한 압수수색 집행의 경우에도 급속을 요하는 때에는 참여권자에 대한 압수수색 집행의 사전통지를 생략할 수 있도록 한 형사소송법은 적법절차원칙에 위배되지 않는다. 23년 법원행시

2733
소변을 받아 제출하도록 한 것은 교도소의 안전과 질서유지를 위한 것으로 수사에 필요한 처분이 아닐 뿐만 아니라 검사대상자들의 협력이 필수적이어서 강제처분이라고 할 수도 없어 영장주의의 원칙이 적용되지 않는다. 23년 소방간부

2734
영장주의란 형사절차와 관련하여 체포·구속·압수 등의 강제처분을 함에 있어서는 사법권 독립에 의하여 그 신분이 보장되는 법관이 발부한 영장에 의하지 않으면 아니 된다는 원칙이고, 따라서 영장주의의 본질은 신체의 자유를 침해하는 강제처분을 함에 있어서는 중립적인 법관이 구체적 판단을 거쳐 발부한 영장에 의하여야만 한다는 데에 있다. 23년 경찰승진

정답 및 해설

(O) 압수·수색의 방법으로 소변을 채취하는 경우 압수대상물인 피의자의 소변을 확보하기 위한 수사기관의 노력에도 불구하고, 피의자가 인근 병원 응급실 등 소변 채취에 적합한 장소로 이동하는 것에 동의하지 않거나 저항하는 등 임의동행을 기대할 수 없는 사정이 있는 때에는 수사기관으로서는 소변 채취에 적합한 장소로 피의자를 데려가기 위해서 필요 최소한의 유형력을 행사하는 것이 허용된다. 이는 형사소송법 제219조, 제120조 제1항에서 정한 '압수·수색영장의 집행에 필요한 처분'에 해당한다고 보아야 한다(대판 2018.7.12. 2018도6219).

(O) 심판대상조항에 의한 자료제출요구는 행정조사의 성격을 가지는 것으로 수사기관의 수사와 근본적으로 그 성격을 달리하며, 청구인에 대하여 직접적으로 어떠한 물리적 강제력을 행사하는 강제처분을 수반하는 것이 아니므로 영장주의의 적용대상이 아니다(헌재 2019.9.26. 2016헌바381).

(O) 전자우편에 대한 압수수색 집행의 경우에도 급속을 요하는 때에는 사전통지를 생략할 수 있도록 한 이 사건 법률조항에 의하여 형성된 절차의 내용이 적법절차원칙에서 도출되는 절차적 요청을 무시하였다거나 비례의 원칙이나 과잉금지원칙을 위반하여 합리성과 정당성을 상실하였다고 볼 수 없다(헌재 2012.12.27. 2011헌바225).

(O) 헌법 제12조 제3항의 영장주의는 법관이 발부한 영장에 의하지 아니하고는 수사에 필요한 강제처분을 하지 못한다는 원칙으로 소변을 받아 제출하도록 한 것은 교도소의 안전과 질서유지를 위한 것으로 수사에 필요한 처분이 아닐 뿐만 아니라 검사대상자들의 협력이 필수적이어서 강제처분이라고 할 수도 없어 영장주의의 원칙이 적용되지 않는다(헌재 2006.7.27. 2005헌마277).

(O) 형사절차에 있어서의 영장주의란 체포·구속·압수 등의 강제처분을 함에 있어서는 사법권 독립에 의하여 그 신분이 보장되는 법관이 발부한 영장에 의하지 않으면 아니 된다는 원칙이고, 따라서 영장주의의 본질은 신체의 자유를 침해하는 강제처분을 함에 있어서는 중립적인 법관이 구체적 판단을 거쳐 발부한 영장에 의하여야만 한다는 데에 있다(헌재 1997.3.27. 96헌바28 등).

| OX 문제 | 정답 및 해설 |

2735
강제퇴거명령을 받은 사람을 보호할 수 있도록 하면서 보호기간의 상한을 마련하지 아니한 「출입국관리법」 제63조 제1항에 따른 보호는 형사절차상 '체포 또는 구속'에 준하는 것으로서 신체의 자유를 제한하므로 영장주의에 위배된다. 24년 경찰간부, 22년 국회직 8급 [O|X]

(X) 이 지문도 솔직히 너무 어렵다. 법정의견은 영장주의에 대해서 특별한 언급이 없다. 다만 일부의견에서 (검사의 신청, 판사의 발부라는 엄격한 영장주의는 아니더라도, 적어도 출입국관리공무원이 아닌 객관적·중립적 지위에 있는 자가 그 인신구속의 타당성을 심사할 수 있는 장치가 있어야 한다)는 과거 판례의 일부 의견을 원용했을 뿐이다 (헌재 2023.3.23. 2020헌가1 등) … 따라서 정확히는 영장주의에 대해서 판단하지 않았기 때문에 이 지문은 틀린지문이다. 다만 이는 22년 국회직 8급 기출과 동일한 지문이다.

2736
행정절차상 강제처분에 의해 신체의 자유가 제한되는 경우 강제처분의 집행기관으로부터 독립된 중립적인 기관이 이를 통제하도록 하는 것은 적법절차원칙의 중요한 내용에 해당한다. 24년 순경 1차 [O|X]

(O) 행정절차상 강제처분에 의해 신체의 자유가 제한되는 경우 강제처분의 집행기관으로부터 독립된 중립적인 기관이 이를 통제하도록 하는 것은 적법절차원칙의 중요한 내용에 해당한다(헌재 2023.3.23. 2020헌가1 등).

2737
「형의 집행 및 수용자의 처우에 관한 법률」 조항 중 '미결수용자의 접견내용의 녹음·녹화'에 관한 부분은 청구인에 대하여 직접적으로 어떠한 물리적 강제력을 행사하는 강제처분을 수반하는 것이 아니므로 영장주의의 적용대상이 아니다. 24년 경찰간부 [O|X]

(O) 이 사건 녹음조항에 따라 접견내용을 녹음·녹화하는 것은 직접적으로 물리적 강제력을 수반하는 강제처분이 아니므로 영장주의가 적용되지 않아 영장주의에 위배된다고 할 수 없다(헌재 2016.11.24. 2014헌바401).

2738
숨을 호흡측정기에 한 두번 불어 넣는 방식으로 행하여지는 음주측정은 그 성질상 강제될 수 있는 것이 아니고 당사자의 자발적 협조가 필수적인 것이므로 영장을 필요로 하는 강제처분이라 할 수 없다. 23년 경찰승진 [O|X]

(O) 이 사건 음주측정은 호흡측정기에 의한 측정의 성질상 강제될 수 있는 것이 아니며 또 실무상 숨을 호흡측정기에 한 두번 불어 넣는 방식으로 행하여지는 것이므로 당사자의 자발적 협조가 필수적인 것이다. 따라서 당사자의 협력이 궁극적으로 불가피한 측정방법을 두고 강제처분이라고 할 수 없을 것이다(헌재 1997.3.27. 96헌가11).

2739
기지국 수사를 허용하는 통신사실 확인자료 제공요청은 법원의 허가를 받으면, 해당 가입자의 동의나 승낙을 얻지 아니하고도 제3자인 전기통신사업자에게 해당 가입자에 관한 통신사실 확인자료의 제공을 요청할 수 있도록 하는 수사방법으로, 「통신비밀보호법」이 규정하는 강제처분에 해당하여 헌법상 영장주의가 적용되므로, 영장이 아닌 법원의 허가를 받도록 하고 있는 동법 조항은 헌법상 영장주의에 위배된다. 23년 경찰승진 [O|X]

(X) 기지국수사는 통신비밀보호법이 정한 강제처분에 해당되므로 헌법상 영장주의가 적용된다. 헌법상 영장주의의 본질은 강제처분을 함에 있어 중립적인 법관이 구체적 판단을 거쳐야 한다는 점에 있는바, 이 사건 허가조항은 수사기관이 전기통신사업자에게 통신사실 확인자료 제공을 요청함에 있어 관할 지방법원 또는 지원의 허가를 받도록 규정하고 있으므로 헌법상 영장주의에 위배되지 아니한다(헌재 2018.6.28. 2012헌마538 등).

OX 문제

2740
영장주의의 본질은 강제처분을 함에 있어서는 중립적인 검사의 구체적 판단을 거쳐 법관이 발부한 영장에 의하여야만 한다는 데에 있으며, 이러한 영장주의는 사법권독립에 의하여 신분이 보장되는 법관의 사전적·사법적 억제를 통하여 수사기관의 강제적 또는 비강제적인 압수·수색을 방지하고 국민의 기본권을 보장하기 위한 것이다. 26년 경찰간부 ⓞⓧ

2741
「전기통신사업법」은 수사기관 등이 전기통신사업자에 대하여 통신자료의 제공을 요청할 수 있는 권한을 부여하면서 전기통신사업자에게 수사기관 등의 통신자료 제공요청에 응하거나 협조하여야 할 의무를 부과하지 않으며, 달리 전기통신사업자의 통신자료 제공을 강제할 수 있는 수단을 마련하고 있지 아니하므로, 동법에 따른 통신자료 제공요청은 강제력이 개입되지 아니한 임의수사에 해당하고 이를 통한 수사기관 등의 통신자료 취득에는 영장주의가 적용되지 아니한다. 23년 경찰승진, 23년 소방간부 ⓞⓧ

2742
헌법에서 규정된 영장신청권자로서의 검사는 검찰권을 행사하는 국가기관인 검사로서 공익의 대표자이자 수사단계에서의 인권 옹호기관으로서의 지위에서 그에 부합하는 직무를 수행하는 자를 의미하는 것이지 「검찰청법」상 검사만을 지칭하는 것은 아니다. 23년 순경 1차, 21년 경행특채 ⓞⓧ

2743
「형사소송법」 제199조 제2항 등에 따른 수사기관의 사실조회행위에 대하여 공사단체가 이에 응하거나 협조하여야 할 의무를 부담하는 것은 아니므로, 이러한 사실조회행위는 강제력이 개입되지 아니한 임의수사에 해당하고 이에 응하여 이루어진 정보제공행위에는 영장주의가 적용되지 않는다. 23년 순경 1차 ⓞⓧ

정답 및 해설

(X) 영장주의란 형사절차와 관련하여 체포·구속·압수 등의 강제처분을 함에 있어서는 사법권 독립에 의하여 그 신분이 보장되는 법관이 발부한 영장에 의하지 않으면 아니 된다는 원칙이고, 따라서 영장주의의 본질은 신체의 자유를 침해하는 강제처분을 함에 있어서는 중립적인 법관이 구체적 판단을 거쳐 발부한 영장에 의하여야만 한다는 데에 있다고 할 수 있다(헌재 1997.3.27. 96헌바28).

(O) 이 사건 법률조항은 수사기관 등이 전기통신사업자에 대하여 통신자료의 제공을 요청할 수 있는 권한을 부여하면서 전기통신사업자는 '그 요청에 따를 수 있다.'고 규정하고 있을 뿐, 전기통신사업자에게 수사기관 등의 통신자료 제공요청에 응하거나 협조하여야 할 의무를 부과하지 않으며, 달리 전기통신사업자의 통신자료 제공을 강제할 수 있는 수단을 마련하고 있지 아니하다. 따라서 이 사건 법률조항에 따른 통신자료 제공요청은 강제력이 개입되지 아니한 임의수사에 해당하고 이를 통한 수사기관 등의 통신자료 취득에는 영장주의가 적용되지 아니하는바, 이 사건 법률조항은 헌법상 영장주의에 위배되지 아니한다(헌재 2022.7.21. 2016헌마388 등).

(O) 헌법상 영장신청권자로서의 검사가 검찰청법상 검사로 한정되는 것은 아니라 하더라도, 영장신청권자는 공익의 대표자이자 인권옹호기관으로서 법률전문가의 자격을 갖추어야 한다. 공수처 검사는 법률전문가로써 자격을 가지고 있어 영장주의에 위배되지 않는다(헌재 2021.1.28. 2020헌마264).

(O) 사실조회행위는 임의수사에 해당하므로 영장주의가 적용되지 않는다(헌재 2018.8.30. 2014헌마368).

| OX 문제 | 정답 및 해설 |

2744
국가보안법위반죄 등 일부 범죄혐의자를 법관의 영장없이 구속, 압수, 수색할 수 있도록 규정하고, 법관에 의한 사후영장제도도 마련하지 않은 구 「인신구속 등에 관한 임시 특례법」 조항은 국가비상사태에 준하는 상황에서 내려진 특별한 조치임을 감안하면 영장주의의 본질을 침해한다고 볼 수 없다. 23년 순경 1차 [O][X]

(X) 이 사건 법률조항은 수사기관이 법관에 의하여 발부된 영장 없이 일부 범죄 혐의자에 대하여 구속 등 강제처분을 할 수 있도록 규정하고 있을 뿐만 아니라, 그와 같이 영장 없이 이루어진 강제처분에 대하여 일정한 기간 내에 법관에 의한 사후영장을 발부받도록 하는 규정도 마련하지 아니함으로써, 수사기관이 법관에 의한 구체적 판단을 전혀 거치지 않고서도 임의로 불특정한 기간 동안 피의자에 대한 구속 등 강제처분을 할 수 있도록 하고 있는바, 이는 이 사건 법률조항의 입법목적과 그에 따른 입법자의 정책적 선택이 자의적이었는지 여부를 따질 필요도 없이 형식적으로 영장주의의 본질을 침해한다고 하지 않을 수 없다(헌재 2012.12.27. 2011헌가5).

2745
헌법재판소의 법정의견에 따르면 병(兵)에 대한 징계처분으로 법관의 판단 없이 인신구금이 이루어질 수 있도록 한 영창처분은 영장주의에 위배된다. 24년 경찰간부, 22년 국회직 8급, 22년 해경간부 [O][X]

(X) 이 사건 결정으로 병에 대한 영창처분의 근거조항이 헌법에 위반된다고 판단함으로써, 영창처분에 의한 징계구금이 헌법에 위반됨을 명확히 하였다(헌재 2020.9.24. 2017헌바157). / 다만 이 사건에서 법정의견은 영장주의에 대해서 판단하지 않았다.

2746
병(兵)에 대한 징계처분으로 일정기간 부대나 함정(艦艇) 내의 영창에 감금하는 처분이 가능하도록 규정한 구 「군인사법」 조항은 군(軍)이라는 특수한 신분관계에서 오는 불가피성 및 그 내용과 집행의 실질, 효과 등에 비추어 볼 때, 그 본질이 일반 형사 절차에서 이루어지는 인신구금과 동일하게 취급하기 어렵다는 측면에서 영장주의 원칙이 적용되지 않는다. 22년 순경 2차 [O][X]

(X) 법정의견은 영장주의 위반에 대해서 판단하지 않았으며, 보충의견은 영장주의가 적용되어야 한다. 반대의견은 적용되지 않는다고 판시하였다(헌재 2020.9.24. 2017헌바157 등). 따라서 출제된 지문은 반대의견으로 이는 오답으로 보아야 한다.

2747
전투경찰순경에 대한 징계처분을 규정하고 있는 구 「전투경찰대 설치법」의 조항 중 '전투경찰순경에 대한 영창' 부분은 그 사유의 제한, 징계대상자의 출석권과 진술권의 보장 및 법률에 의한 별도의 불복절차가 마련되어 있으므로 헌법 제12조 제1항의 적법절차원칙에 위배되지 않는다. 22년 지방직 7급 [O][X]

(O) 전투경찰순경의 복무기강을 엄정히 하고 단체적 전투력과 작전수행의 원활함 및 신속함을 달성하고자 하는 공익은 영창처분으로 인하여 전투경찰순경이 받게 되는 일정기간 동안의 신체의 자유 제한 정도에 비해 결코 작다고 볼 수 없으므로 법익의 균형성 원칙도 충족하였다(헌재 2016.3.31. 2013헌바190).

2748
헌법 제12조 제3항에 명문으로 규정된 영장주의는 구속의 개시시점에 한한다. 20년 경행특채 [O][X]

(X) 헌법 제12조 제3항에 규정된 영장주의는 구속의 개시시점에 한하지 않고 구속영장의 효력을 계속 유지할 것인지 아니면 취소 또는 실효시킬 것인지의 여부도 사법권독립의 원칙에 의하여 신분이 보장되고 있는 법관의 판단에 의하여 결정되어야 한다는 것을 의미한다(헌재 1992.12.24. 92헌가8). / 개시(O), 유지(O), 사후통제(X)

| OX 문제 | 정답 및 해설 |

2749
헌법 제12조 제3항이 정한 영장주의는 수사기관이 강제처분을 함에 있어 중립적 기관인 법원의 허가를 얻어야 함을 의미하는 것 외에 법원에 의한 사후 통제까지 마련되어야 함을 의미한다. 22년 법원직, 20년 변호사 O X

(X) 헌법 제12조 제3항이 정한 영장주의가 수사기관이 강제처분을 함에 있어 중립적 기관인 법원의 허가를 얻어야 함을 의미하는 것 외에 법원에 의한 사후 통제까지 마련되어야 함을 의미한다고 보기 어렵다(헌재 2018.8.30. 2016헌마263).

2750
기지국 수사를 허용하는 통신사실 확인자료 제공요청은 「통신비밀보호법」이 규정하는 강제처분에 해당하므로, 법관이 발부한 영장에 의하지 않고 관할 지방법원 또는 지원의 허가만 받으면 이를 가능하게 한 것은 영장주의에 위반된다. 22년 변호사 O X

(X) 기지국수사는 통신비밀보호법이 정한 강제처분에 해당되므로 헌법상 영장주의가 적용된다. 헌법상 영장주의의 본질은 강제처분을 함에 있어 중립적인 법관이 구체적 판단을 거쳐야 한다는 점에 있는바, 이 사건 허가조항은 수사기관이 전기통신사업자에게 통신사실 확인자료 제공을 요청함에 있어 관할 지방법원 또는 지원의 허가를 받도록 규정하고 있으므로 헌법상 영장주의에 위배되지 아니한다(헌재 2018.6.28. 2012헌마538). 영장주의에 위배되지 않으나 통신의 자유 침해이다.

2751
경찰서장이 국민건강보험공단에게 청구인들의 요양급여내역 제공을 요청한 행위는 강제력이 개입되지 않은 임의수사에 해당하므로 이에 응하여 이루어진 정보제공행위에는 영장주의가 적용되지 않는다. 22년 법원직 O X

(O) 이 사건 사실조회행위는 강제력이 개입되지 아니한 임의수사에 해당하므로, 이에 응하여 이루어진 이 사건 정보제공행위에도 영장주의가 적용되지 않는다. 그러므로 이 사건 정보제공행위가 영장주의에 위배되어 청구인들의 개인정보자기결정권을 침해한다고 볼 수 없다(헌재 2018.8.30. 2014헌마368). 요청은 임의수사로 영장주의가 적용되지 않으나, 요양기관명 등 자료제공행위는 개인정보자기결정권 침해이다.

2752
지방의회에서의 사무감사·조사를 위한 증인의 동행명령장제도는 증인의 신체의 자유를 억압하여 일정 장소로 인치하는 것으로서 헌법 제12조 제3항의 체포 또는 구속에 준하는 사안이므로 동행명령장을 집행하기 위해서는 법관이 발부한 영장제시가 필요하다. 24년 경찰승진, 20년 법무사 O X

(O) 헌법 제12조 제3항에 의하여 법관이 발부한 영장의 제시가 있어야 함에도 불구하고 동행명령장을 법관이 아닌 지방의회 의장이 발부하고 이에 기하여 증인의 신체의 자유를 침해하여 증인을 일정 장소에 인치하도록 규정된 조례안은 영장주의원칙을 규정한 헌법 제12조 제3항에 위반된 것이다(대판 1995.6.30. 93추83).

2753
신체의 자유를 최대한으로 보장하려는 헌법정신, 특히 영장주의 원칙으로 인하여 불구속수사·불구속재판을 원칙으로 하고 예외적으로 피의자 또는 피고인이 도피할 우려가 있거나 증거를 인멸할 우려가 있는 때에 한하여 구속수사 또는 구속재판이 인정된다. 22년 소방간부 O X

(X) 신체의 자유를 최대한으로 보장하려는 헌법정신, 특히 무죄추정의 원칙으로 인하여 불구속수사·불구속재판을 원칙으로 하고 예외적으로 피의자 또는 피고인이 도피할 우려가 있거나 증거를 인멸할 우려가 있는 때에 한하여 구속수사 또는 구속재판이 인정될 따름이다(헌재 1992.4.14. 90헌마82). 즉 영장주의가 아니라 무죄추정 때문이다.

2754
각급선거관리위원회 위원·직원의 선거범죄 조사에 있어서 피조사자에게 자료제출의무를 부과한 「공직선거법」 조항에 따른 자료제출요구는, 행정조사의 성격을 가지는 것으로 수사기관의 수사와 근본적으로 그 성격을 달리하며, 그 상대방에 대하여 직접적으로 어떠한 물리적 강제력을 행사하는 강제처분을 수반하는 것이 아니므로 영장주의의 적용대상이 아니다. 22년 법원직, 22년 변호사 O X

(O) 심판대상조항은 피조사자로 하여금 자료제출요구에 응할 의무를 부과하고, 허위 자료를 제출한 경우 형사처벌하고 있으나, 이는 형벌에 의한 불이익이라는 심리적, 간접적 강제수단을 통하여 진실한 자료를 제출하도록 함으로써 조사권 행사의 실효성을 확보하기 위한 것이다. 이와 같이 심판대상조항에 의한 자료제출요구는 행정조사의 성격을 가지는 것으로 수사기관의 수사와 근본적으로 그 성격을 달리하며, 청구인에 대하여 직접적으로 어떠한 물리적 강제력을 행사하는 강제처분을 수반하는 것이 아니므로 영장주의의 적용대상이 아니다(헌재 2019.9.26. 2016헌바381).

| OX 문제 | 정답 및 해설 |

2755
형사재판에 계속 중인 사람에 대하여 출국을 금지할 수 있다고 규정한 「출입국관리법」 조항에 따른 법무부장관의 출국금지결정은 형사재판에 계속 중인 국민의 출국의 자유를 제한하는 행정처분일 뿐이고, 영장주의가 적용되는 신체에 대하여 직접적으로 물리적 강제력을 수반하는 강제처분이라고 할 수는 없다. 22년 순경 2차, 21년 국회직 5급 ⓞⓧ

(O) 법무부장관의 출국금지결정은 형사재판에 계속 중인 국민의 출국의 자유를 제한하는 행정처분일 뿐이고, 영장주의가 적용되는 신체에 대하여 직접적으로 물리적 강제력을 수반하는 강제처분이라고 할 수는 없다(헌재 2015.9.24. 2012헌바302).

2756
변호사에 대한 징계 절차가 개시되어 그 재판이나 징계 결정의 결과 등록취소, 영구제명 또는 제명에 이르게 될 가능성이 매우 크고, 그대로 두면 장차 의뢰인이나 공공의 이익을 해칠 구체적인 위험성이 있는 경우 법무부징계위원회의 의결을 거쳐 법무부장관이 업무정지를 명하더라도 무죄추정원칙에 위배된다. 22년 경찰간부 ⓞⓧ

(X) 변호사가 공소제기되어 그 재판 결과 등록취소될 가능성이 매우 크고, 장차 의뢰인이나 공공의 이익을 해칠 구체적인 위험성이 있는 경우 법무부장관이 업무정지를 명할 수 있도록 한 변호사법 제102조 제1항 본문 및 제2항 중 각 '공소제기된 변호사'에 관한 부분은 헌법에 위반되지 아니한다(헌재 2014.4.24. 2012헌바45).

2757
무죄추정의 원칙은 증거법에 국한된 원칙이 아니라 수사절차에서 공판절차에 이르기까지 형사절차의 전 과정을 지배하는 지도 원리로서 인신의 구속 자체를 제한하는 원리로 작용한다. 23년 법원행시 ⓞⓧ

(O) 헌법상 무죄추정의 원칙은 형사재판에 있어서 유죄의 판결이 확정될 때까지 피의자나 피고인은 원칙적으로 죄가 없는 자로 다루어져야 하고, 그 불이익은 필요최소한에 그쳐야 한다는 것을 의미한다. 이러한 무죄추정의 원칙은 증거법에 국한된 원칙이 아니라 수사절차에서 공판절차에 이르기까지 형사절차의 전과정을 지배하는 지도원리로서 인신의 구속 자체를 제한하는 원리로 작용한다(헌재 2009.6.25. 2007헌바25).

2758
국민기초생활 보장법상의 수급권자가 구치소에 수감되어 형이 확정되지 않았음에도 기초생활보장급여의 지급대상에서 제외하는 것은 무죄추정의 원칙에 위반된다고 볼 수 없다. 23년 법원행시 ⓞⓧ

(O) '국민기초생활 보장법'상의 수급권자가 구치소에 수감되어 형이 확정되지 않은 상황에서 개별가구에서 제외되는 것은 그 사람을 유죄로 취급하여 어떠한 불이익을 주기 위한 것이 아니라 '국민기초생활 보장법'의 보충급여의 원칙에 따라 다른 법령에 의하여 생계유지의 보호를 받게 되는 경우, 중복적인 보장을 피하기 위해 개별가구에서 제외시키는 것으로 이를 '유죄인정의 효과'로서의 불이익이라고 볼 수 없는바, 이 사건 조항이 무죄추정의 원칙에 위반된다고 볼 수 없다(헌재 2011.3.31. 2009헌마617).

2759
명의신탁이 증여로 의제되는 경우 명의신탁의 당사자에게 '증여세의 과세가액 및 과세표준을 납세지 관할 세무서장에게 신고할 의무'를 부과하는 구 「상속세 및 증여세법」 조항이 형사상 불리한 진술을 강요하는 것이라고 볼 수 없으므로, 이들 조항으로 인하여 헌법 제12조 제2항에 규정된 청구인의 진술거부권이 제한된다고 볼 수 없다. 25년 경찰 2차, 24년 경찰간부 ⓞⓧ

(O) 심판대상조항에 따라 명의신탁의 당사자가 신고의무를 이행하는 것은 조세포탈을 확인하기 위한 것이 아니라 이미 성립한 납세의무를 확정하기 위하여 과세를 위한 기초정보를 과세관청에 제공하는 것에 불과하다(헌재 2022.2.24. 2019헌바225 등). / 즉 이는 형사상 불리한 진술을 강요한 것이라고 볼수는 없다.

| OX 문제 | 정답 및 해설 |

2760

정치자금의 수입·지출에 관한 내역을 회계장부에 허위 기재하거나 관할 선거관리위원회에 허위 보고한 정당의 회계책임자를 형사처벌하는 구 「정치자금에 관한 법률」 조항들은 원칙적으로 국가가 부담하고 있는 '정치자금 부정수수죄'에 관한 증명 책임을 범죄자에게 전가하는 결과를 가져옴으로써, 진술거부권이 보장하고 있는 피의자와 검사 사이의 무기평등의 원칙 내지는 탄핵주의 형사 사법제도의 이념을 부당하게 침해하므로, '불법 정치자금의 수입과 지출에 관한 기재·보고'에 적용되는 범위 내에서는 헌법에 위반된다. 25년 경찰 2차, 24년 경찰간부 |O|X|

(X) 정치자금을 받고 지출하는 행위는 당사자가 직접 경험한 사실로서 이를 문자로 기재하도록 하는 것은 당사자가 자신의 경험을 말로 표출한 것의 등가물로 평가할 수 있으므로, 위 조항들이 정하고 있는 기재행위 역시 '진술'의 범위에 포함되지만, 정치자금의 투명성 확보를 위한 필수불가결한 조치이므로 진술거부권을 침해하지 않는다(헌재 2005.12.22. 2004헌바25).

2761

「민사집행법」상 재산명시의무를 위반한 채무자에 대하여 법원이 결정으로 20일 이내의 감치에 처하도록 규정한 같은 법 제68조 제1항은 형사상 불이익한 진술을 강요하는 것이라고 할 수 없으므로 진술거부권을 침해하지 아니한다. 24년 경찰간부 |O|X|

(O) 감치의 제재를 통해 이를 강제하는 것이 형사상 불이익한 진술을 강요하는 것이라고 할 수 없으므로, 심판대상조항은 청구인의 양심의 자유 및 진술거부권을 침해하지 아니한다(헌재 2014.9.25. 2013헌마11). / 재산목록을 제출하는 것은 양심의 보호대상이 아니다.

2762

형사사건에 있어 변호인의 조력을 받을 권리는 피의자에게 보장되므로, 국선변호인의 조력을 받을 권리 또한 헌법상 피의자에게 인정된다. 21년 국회직 5급 |O|X|

(X) 일반적으로 형사사건에 있어 변호인의 조력을 받을 권리는 피의자나 피고인을 불문하고 보장되나, 그 중 특히 국선변호인의 조력을 받을 권리는 피고인에게만 인정되는 것으로 해석함이 상당하다(헌재 2008.9.25. 2007헌마1126). / 헌법조문에는 피고인만 국선변호에 대해서 규정함

2763

변호인과의 자유로운 접견은 신체구속을 당한 사람에게 보장된 변호인의 조력을 받을 권리의 가장 중요한 내용이어서 국가안전보장, 질서유지, 공공복리 등 어떠한 명분으로도 제한될 수 없다. 20년 국회직 5급 |O|X|

(O) 변호인과의 자유로운 접견은 신체구속을 당한 사람에게 보장된 변호인의 조력을 받을 권리의 가장 중요한 내용이어서 국가안전보장·질서유지·공공복리 등 어떠한 명분으로도 제한될 수 있는 성질의 것이 아니다(헌재 1992.1.28. 91헌마111). 조심할 것은 이 지문이 폐기된 것은 아니다. 헌법재판소가 91헌마111 결정에서 미결수용자와 변호인과의 접견에 대해 어떠한 명분으로도 제한할 수 없다고 한 것은 구속된 자와 변호인간의 접견이 실제로 이루어지는 경우에 있어서의 '자유로운 접견', 즉 '대화내용'에 대하여 비밀이 완전히 보장되고 어떠한 제한, 영향, 압력 또는 부당한 간섭없이 자유롭게 대화할 수 있는 접견'을 제한할 수 없다는 것이지, 변호인과의 접견 자체에 대해 아무런 제한도 가할 수 없다는 것을 의미하는 것이 아니므로 미결수용자의 변호인 접견권 역시 국가안전보장·질서유지 또는 공공복리를 위해 필요한 경우에는 법률로써 제한될 수 있음은 당연하다(헌재 2011.5.26. 2009헌마341). 다만 새로운 판례는 이 의미를 제한불가능으로 해석하지는 않고 있다.

| OX 문제 | 정답 및 해설 |

2764
체포되어 구속영장이 청구된 피의자를 신문하는 과정에서 변호사가 피의자 가족의 의뢰를 받아 접견신청을 하였음에도 검사가 이를 허용하기 위한 조치를 취하지 않은 것은, 변호인이 되려는 자의 접견교통권을 침해한 것일 뿐이고, 위 접견교통권은 헌법상 보장된 기본권에 해당하지 않으므로 그 침해를 이유로 헌법소원심판을 청구할 수 없다. 21년 비상기획관(상) [O][X]

(X) 피의자 등이 가지는 '변호인이 되려는 자'의 조력을 받을 권리가 실질적으로 확보되기 위해서는 '변호인이 되려는 자'의 접견교통권 역시 헌법상 기본권으로서 보장되어야 한다(헌재 2019.2.28. 2015헌마1204).

2765
수용자가 변호사와 접견하는 경우 원칙적으로 접촉차단시설이 설치된 장소에서 하도록 한 규정은 과잉금지원칙에 위배하여 수형자의 재판청구권을 지나치게 제한하고 있으므로, 헌법에 위반된다. 21년 법원행시 [O][X]

(O) 변호사 직무의 공공성, 윤리성 및 사회적 책임성은 변호사 접견권을 이용한 증거인멸, 도주 및 마약 등 금지물품 반입 시도 등의 우려를 최소화시킬 수 있으며, 변호사접견이라 하더라도 교정시설의 질서 등을 해할 우려가 있는 특별한 사정이 있는 경우에는 예외를 두도록 한다면 악용될 가능성도 방지할 수 있다. 따라서 이 사건 접견조항은 과잉금지원칙에 위배하여 청구인의 재판청구권을 지나치게 제한하고 있으므로, 헌법에 위반된다(헌재 2013.8.29. 2011헌마122).

2766
형사소송법은 차폐시설을 설치하고 증인신문절차를 진행할 경우 피고인으로부터 의견을 듣도록 하는 등 피고인이 받을 수 있는 불이익을 최소화하기 위한 장치를 마련하고 있으므로, '피고인 등'에 대하여 차폐시설을 설치하고 신문할 수 있도록 한 것이 변호인의 조력을 받을 권리를 침해한다고 할 수는 없다. 21년 국가직 7급 [O][X]

(O) 변호인과 증인 사이에 차폐시설을 설치하여 증인신문을 진행할 수 있도록 규정한 형사소송법 조항은 과잉금지원칙에 위배되어 청구인의 공정한 재판을 받을 권리 및 변호인의 조력을 받을 권리를 침해한다고 할 수 없다(헌재 2016.12.29. 2015헌바221).

2767
헌법 해석상 변호인의 조력을 받을 권리로부터 70세 이상인 불구속 피의자에 대하여 피의자신문을 할 때 법률구조제도에 대한 안내 등을 통해 피의자가 변호인의 조력을 받을 권리를 행사하도록 조치할 법무부장관의 작위의무가 곧바로 도출된다고 볼 수 없다. 24년 국회직 8급 [O][X]

(O) 헌법은 명문으로 '70세 이상인 불구속 피의자에 대하여 피의자신문을 할 때 법률구조제도에 대한 안내 등을 통해 피의자가 변호인의 조력을 받을 권리를 행사하도록 조치할 작위의무'를 규정하고 있지 아니하다. 한편, 변호인이 피의자의 조력자로서의 역할을 수행할 수 있도록 하기 위한 절차적 권리 등은 구체적 입법형성을 통해 비로소 부여되므로, 헌법 해석상 변호인의 조력을 받을 권리로부터 위와 같은 법무부장관의 작위의무가 곧바로 도출된다고 볼 수도 없다(헌재 2023.2.23. 2020헌마1030).

2768
수형자인 청구인이 헌법소원 사건의 국선대리인인 변호사를 접견함에 있어서 그 접견내용을 녹음, 기록한 교도소장의 행위는 교정시설의 규율과 질서유지를 위한 것으로서 정당성이 인정되므로 청구인의 재판을 받을 권리를 침해한다고 보기 어렵다. 21년 법원행시 [O][X]

(X) 수형자와 국선대리인의 접견을 녹음하는 행위는 변호인의 조력 받을 권리가 아닌 재판받을 권리를 침해하는 것이다(헌재 2013.9.26. 2011헌마398).

OX 문제

2769
범죄의 증거를 인멸하거나 형사 법령에 저촉되는 행위를 할 우려가 있는 때에는 미결수용자의 접견내용을 녹음·녹화할 수 있도록 한 법률 규정은 법원의 영장 없이 교정시설의 장의 결정에 의하여 미결수용자와 변호인 아닌 자와의 접견내용을 녹음·녹화하도록 하고 있어 영장주의에 위배된다. 21년 법원행시
[O][X]

2770
지방자치단체의 장이 '공소 제기된 후 구금상태에 있는 경우' 부단체장이 그 권한을 대행하도록 규정한 「지방자치법」 조항은 구금의 효과, 즉 구속되어 있는 자치단체장의 물리적 부재상태로 말미암아 자치단체행정의 원활하고 계속적인 운영에 위험이 발생할 것이 명백하여 이를 미연에 방지하기 위하여 직무를 정지시키는 것으로 무죄추정의 원칙에 위반되지 않는다. 26년 경찰간부
[O][X]

2771
인천국제공항출입국·외국인청장이 인천국제공항 송환대기실에 수용된 '난민인정신청을 하였으나 난민인정심사 불회부결정을 받은 자'에 대한 변호인 접견신청을 거부한 행위는 변호인의 조력을 받을 권리를 침해하는 것이다. 24년 국회직 8급, 23년 경찰간부, 20년 국회직 5급
[O][X]

2772
미결수용자와 변호인 간에 주고받는 서류를 확인하고 이를 소송관계서류처리부에 등재하는 행위는 그 자체만으로는 미결수용자의 변호인 접견교통권을 제한하는 행위라고 볼 수는 없다. 22년 경찰승진
[O][X]

정답 및 해설

(X) 이 사건 녹음조항에 따라 접견내용을 녹음·녹화하는 것은 직접적으로 물리적 강제력을 수반하는 강제처분이 아니므로 영장주의가 적용되지 않아 영장주의에 위배된다고 할 수 없다. 또한, 미결수용자와 불구속 피의자·피고인을 본질적으로 동일한 집단이라고 할 수 없고, 불구속 피의자·피고인과는 달리 미결수용자에 대하여 법원의 허가 없이 접견내용을 녹음·녹화하도록 하는 것도 충분히 합리적 이유가 있으므로 이 사건 녹음조항은 평등원칙에 위배되지 않는다(헌재 2016.11.24. 2014헌바401).

(O) 공소 제기된 자로서 구금되었다는 사실 자체에 사회적 비난의 의미를 부여한다거나 그 유죄의 개연성에 근거하여 직무를 정지시키는 것이 아니라, 구금의 효과, 즉 구속되어 있는 자치단체장의 물리적 부재상태로 말미암아 자치단체행정의 원활하고 계속적인 운영에 위험이 발생할 것이 명백하여 이를 미연에 방지하기 위하여 직무를 정지시키는 것이므로, '범죄사실의 인정 또는 유죄의 인정에서 비롯되는 불이익'이라거나 '유죄를 근거로 하는 사회윤리적 비난'이라고 볼 수 없다. 따라서 무죄추정의 원칙에 위반되지 않는다(헌재 2011.4.28. 2010헌마474).

(O) 피청구인이 청구인의 변호인의 접견신청을 거부한 것이 청구인에게 보장되는 헌법 제12조 제4항 본문에 의한 변호인의 조력을 받을 권리를 침해한 것이다(헌재 2018.5.31. 2014헌마346).

(X) 변호인의 조력을 받을 권리의 한 내용인 변호인 접견교통권에는 접견 자체뿐만 아니라 미결수용자와 변호인 간의 서류 또는 물건의 수수도 포함되고, 이에 따라 형사소송법 제34조는 변호인 또는 변호인이 되려는 자는 신체구속을 당한 피고인 또는 피의자와 접견하고 서류 또는 물건을 수수할 수 있으며 의사로 하여금 진료하게 할 수 있도록 규정하였다. 따라서 미결수용자와 변호인 간에 주고받는 서류를 확인하고 이를 소송관계서류처리부에 등재하는 행위는 미결수용자의 변호인 접견교통권을 제한하는 행위이다(헌재 2016.4.28. 2015헌마243).

| OX 문제 | 정답 및 해설 |

2773
대체유류에는 적법하게 제조되어 「석유 및 석유대체연료 사업법」상 처벌대상이 되지 않는 석유대체연료를 포함하는 것이므로 '대체유류'를 제조하였다고 신고하는 것이 곧 「석유 및 석유대체연료 사업법」을 위반하였음을 시인하는 것과 마찬가지라고 할 수 없고, 신고의무 이행시 진행되는 과세절차가 곧바로 「석유 및 석유대체연료 사업법」 위반죄 처벌을 위한 자료의 수집·획득 절차로 이행되는 것도 아니다. 따라서 교통·에너지·환경세의 과세물품 및 수량을 신고하도록 한 「교통·에너지·환경세법」 제7조 제1항은 형사상 불이익한 사실의 진술을 강요한 것으로 볼 수 없으므로 진술거부권을 제한하지 아니한다. 25년 경찰 2차, 23년 경찰간부 O X

(O) 대체유류에는 적법하게 제조되어 석유사업법상 처벌대상이 되지 않는 석유대체연료를 포함하는 것이므로 '대체유류'를 제조하였다고 신고하는 것이 곧 석유사업법을 위반하였음을 시인하는 것과 마찬가지라고 할 수 없고, 신고의무 이행시 진행되는 과세절차가 곧바로 석유사업법위반죄 처벌을 위한 자료의 수집·획득 절차로 이행되는 것도 아니다. 따라서 교통·에너지·환경세법 제7조 제1항은 형사상 불이익한 사실의 진술을 강요한 것으로 볼 수 없으므로 진술거부권을 제한하지 아니한다(헌재 2014.7.24. 2013헌바177).

2774
법원이 검사의 열람등사 거부처분에 정당한 사유가 없다고 판단하고 그러한 거부처분이 피고인의 헌법상 기본권을 침해한다는 취지에서 수사서류의 열람·등사를 허용하도록 명한 이상 검사로서는 당연히 법원의 그러한 결정에 지체 없이 따라야 하지만, 별건으로 공소제기되어 확정된 관련 형사사건 기록에 관한 경우에는 이를 따르지 않을 수 있다. 23년 순경 1차 O X

(X) 당연히 법원의 그러한 결정에 지체 없이 따라야 하며, 이는 별건으로 공소제기되어 확정된 관련 형사사건 기록에 관한 경우에도 마찬가지이다. 그렇다면 피청구인의 이 사건 거부행위는 청구인의 신속·공정한 재판을 받을 권리 및 변호인의 조력을 받을 권리를 침해한다(헌재 2022.6.30. 2019헌마356).

2775
헌법 제12조 제4항 본문에 규정된 "구속"은 사법절차에서 이루어진 구속뿐 아니라 행정절차에서 이루어진 구속까지 포함하는 개념으로 헌법 제12조 제4항 본문에 규정된 변호인의 조력을 받을 권리는 행정절차에서 구속을 당한 사람에게도 즉시 보장된다. 23년 순경 1차, 22년 국가직 7급, 21년 비상기획관(상), 20년 국회직 5급 O X

(O) 헌법 제12조 제4항 본문에 규정된 "구속"은 사법절차에서 이루어진 구속뿐 아니라, 행정절차에서 이루어진 구속까지 포함하는 개념이다(헌재 2018.5.31. 2014헌마346).

2776
변호인과 상담하고 조언을 구할 권리는 변호인의 조력을 받을 권리의 내용 중 구체적인 입법형성이 필요한 다른 절차적 권리의 필수적인 전제요건으로서 변호인의 조력을 받을 권리 그 자체에서 막바로 도출되는 것이다. 23년 순경 1차 O X

(O) 헌법 제12조 제4항은 불구속 피의자에게도 변호인의 조력을 받을 권리를 보장하고 있다. 그러나 불구속 피의자가 변호인을 선임하여 상담하고 조언을 구할 권리가 변호인의 조력을 받을 권리 그 자체에서 바로 도출된다(헌재 2015.12.23. 2013헌마182).

2777
수형자가 형사사건의 변호인이 아닌 민사사건, 행정사건, 헌법소원사건 등에서 변호사와 접견할 경우에는 원칙적으로 헌법상 변호인의 조력을 받을 권리의 주체가 될 수 없다. 23년 경찰간부 O X

(O) 변호인의 조력을 받을 권리는 '형사사건'에서의 변호인의 조력을 받을 권리를 의미한다. 따라서 수형자가 형사사건의 변호인이 아닌 민사사건, 행정사건, 헌법소원사건 등에서 변호사와 접견할 경우에는 원칙적으로 헌법상 변호인의 조력을 받을 권리의 주체가 될 수 없다 할 것이므로, 이 사건 녹취행위에 의하여 청구인의 변호인의 조력을 받을 권리가 침해되었다고 할 수는 없다(헌재 2013.9.26. 2011헌마398).

OX 문제

2778
피고인의 피해자에 대한 공탁은 형사재판에서 피고인에게 유리한 양형사유로 기능할 수 있으며, 소송절차 밖에서 이루어지는 공탁 과정에서 변호인의 역할이 필수적으로 요구되므로, 피고인의 형사공탁에 관한 변호인의 조력은 피고인을 조력할 변호인의 권리 중 그것이 보장되지 않으면 피고인이 변호인의 조력을 받는다는 것이 유명무실하게 되는 핵심적인 부분이라고 보아야 한다. 24년 경찰간부 [O][X]

(X) 피고인의 형사공탁에 관한 변호인의 조력이, 앞서 본 피의자 등과의 접견교통 내지 면접교섭, 변호인으로서의 법적 조언 및 상담, 피의자신문 참여, 수사기록 열람·등사 등과 같은 정도의 핵심적인 부분, 즉 피고인을 조력할 변호인의 권리 중 그것이 보장되지 않으면 피고인이 변호인의 조력을 받는다는 것이 유명무실하게 되는 핵심적인 부분이라고 보기는 어렵다(헌재 2021.8.31. 2019헌마516 등).

제2절 사생활의 자유

2779
자동차 안에서 이루어지는 활동은 사생활의 영역에 속한다 할 것이므로, 운전할 때 운전자가 좌석안전띠를 착용하는 문제는 사생활 영역의 문제로서 좌석안전띠의 착용을 강제하는 것이 사생활의 비밀과 자유를 침해하는지 여부에 대하여는 과잉금지원칙에 따른 비례심사를 하여야 한다. 21년 법원직 9급 [O][X]

(X) 일반교통에 사용되고 있는 도로는 국가와 지방자치단체가 그 관리책임을 맡고 있는 영역이며, 수많은 다른 운전자 및 보행자 등의 법익 또는 공동체의 이익과 관련된 영역으로, 그 위에서 자동차를 운전하는 행위는 더 이상 개인적인 내밀한 영역에서의 행위가 아니다. 또한 자동차를 도로에서 운전하는 중에 좌석안전띠를 착용할 것인가의 여부의 생활관계가 개인의 전체적 인격과 생존에 관계되는 '사생활의 기본조건'이라거나 자기결정의 핵심적 영역 또는 인격적 핵심과 관련된다고 보기 어렵다. 그렇다면 운전할 때 운전자가 좌석안전띠를 착용하는 문제는 더 이상 사생활영역의 문제가 아니어서 사생활의 비밀과 자유에 의하여 보호되는 범주를 벗어난 행위라고 볼 것이므로, 이 사건 심판대상조항들은 청구인의 사생활의 비밀과 자유를 침해하는 것이라 할 수 없다(헌재 2003.10.30. 2002헌마518).

2780
이동통신서비스 가입자의 개인정보가 통신에 관한 각종 정보와 연결될 수 있는 가능성이 있다면 본인의 통신 이용 상황과 내용이 수사기관 등 제3자에 의하여 파악될 것이라는 점 또한 충분히 예견될 수 있으므로, 이로 인해 청구인의 사생활의 비밀과 자유가 제한된다고 할 것이다. 22년 비상기획관 [O][X]

(X) 심판대상조항은 본인확인을 거친 후에는 더 이상의 개인정보 수집이나 보관을 의무화하는 규정이 아니며, 이동통신서비스 가입자의 개인정보가 통신에 관한 각종 정보와 연결될 수 있다는 가능성이 있다고 하여 그것만으로 본인의 통신 이용 상황과 내용이 수사기관 등 제3자에 의하여 파악될 것이라고 단정할 수는 없다. 청구인들의 위와 같은 주장을 이유로 한 사생활의 비밀과 자유의 제한 문제는 심판대상조항으로 인하여 발생하는 것이 아니다(헌재 2019.9.26. 2017헌마1209).

2781
보안관찰처분대상자가 교도소 등에서 출소한 후 7일 이내에 출소사실을 신고하도록 하고 이를 위반할 경우 처벌하도록 정한 법률조항은, 보다 완화된 방법으로도 입법목적을 충분히 달성할 수 있다는 점에서 과잉금지원칙에 반하여 그 대상자의 개인정보자기결정권을 침해하는 것이다. 22년 경찰간부, 22년 국회직 8급, 22년 국회직 8급 [O][X]

(X) 대상자와 피보안관찰자에 맞게 각각에 대하여 신고의무를 부과하는 것 자체가 불합리하다고 볼 수 없고, 각 신고의무 모두 그 이행을 통한 관련 자료 확보의 필요성이 있다는 점 등에 비추어, 각자에게 '신고의무'를 부과하고 그 위반에 대해 동일한 법정형을 정한 것이 곧바로 평등원칙에 위반된다고 보기 어렵다. 또한 보안관찰과 치료감호·보호관찰이 신고의무 부과 및 제재에 있어 다른 이유는 각 제도의 목적과 취지, 법적 성질, 대상자의 지위와 처분의 내용에 차이가 있기 때문이다. 따라서 출소후신고조항 및 위반 시 처벌조항은 평등원칙에 위반되지 않는다(헌재 2021.6.24. 2017헌바479). / *출소 후 신고조항은 헌법에 위반되지 않으나 무기한으로 변동시마다 신고하라는 조항은 헌법에 위반된다.*

| OX 문제 | 정답 및 해설 |

2782
야당 소속 후보자 지지 혹은 정부 비판은 정치적 견해로서 개인의 인격주체성을 특징짓는 개인정보에 해당하지만, 그것이 지지 선언 등의 형식으로 공개적으로 이루어진 것이라면 개인정보자기결정권의 보호범위 내에 속하지 않는다. 23년 경찰승진, 22년 해경간부, 21년 국가직 7급 [O X]

(X) 야당 소속 후보자 지지 혹은 정부 비판은 정치적 견해로서 개인의 인격주체성을 특징짓는 개인정보에 해당하고, 그것이 지지 선언 등의 형식으로 공개적으로 이루어진 것이라고 하더라도 여전히 개인정보자기결정권의 보호범위 내에 속한다(헌재 2020.12.23. 2017헌마416).

2783
A시장이 B경찰서장의 사실조회 요청에 따라 B경찰서장에게 청구인들의 이름, 생년월일, 전화번호, 주소를 제공한 행위는 개인정보자기결정권 침해이다. 20년 경찰승진 [O X]

(X) 이름, 생년월일, 주소는 수사의 초기 단계에서 범죄의 피의자를 특정하기 위하여 필요한 가장 기초적인 정보이고, 전화번호는 피의자 등에게 연락을 하기 위하여 필요한 정보이다. 또한 활동지원급여가 제공된 시간을 확인하기 위해서 수급자에 대하여도 조사를 할 필요성을 인정할 수 있다(헌재 2018.8.30. 2016헌마483).

2784
서울용산경찰서장이 전기통신사업자로부터 위치추적자료를 제공받아 청구인들의 위치를 확인하였거나 확인할 수 있었음에도 불구하고 청구인들의 검거를 위하여 국민건강보험공단으로부터 2년 내지 3년 동안의 요양급여정보를 제공받은 것은 청구인들의 개인정보자기결정권에 대한 중대한 침해에 해당한다. 21년 국가직 7급 [O X]

(O) 수사기관은 이미 소재를 파악한 상태였거나 다른 수단으로 충분히 파악할 수 있었으므로 민간정보인 요양급여정보가 수사기관에 제공되어 중대한 불이익을 받게 되었다. 따라서 이는 개인정보자기결정권을 침해하였다(헌재 2018.8.30. 2014헌마368).

2785
헌법 제17조가 보호하고자 하는 기본권은 '사생활영역'의 자유로운 형성과 비밀유지라고 할 것이며, 공적인 영역의 활동은 다른 기본권에 의한 보호는 별론으로 하고 사생활의 비밀과 자유가 보호하는 것은 아니라고 할 것이다. 24년 경찰 2차, 24년 소방간부 [O X]

(O) 헌법 제17조가 보호하고자 하는 기본권은 '사생활영역'의 자유로운 형성과 비밀유지라고 할 것이며, 공적인 영역의 활동은 다른 기본권에 의한 보호는 별론으로 하고 사생활의 비밀과 자유가 보호하는 것은 아니라고 할 것이다(헌재 2003.10.30. 2002헌마518). / 개인정보는 반드시 개인의 내밀한 영역이나 사사(私事)의 영역에 속하는 정보에 국한되지 않고 공적 생활에서 형성되었거나 이미 공개된 개인정보까지 포함한다(헌재 2010.2.25. 2008헌마324). / 공적 생활에서 형성된 정보는 개인정보라 할 수 있으나, 공적 생활영역이니 사생활의 비밀과 자유가 보호되는 것은 아니라고 할 것이다.

2786
교도소장이 수형자의 정신과진료 현장과 정신과 화상진료 현장에 각각 간호직 교도관을 입회시킨 것은, 수형자에게 사생활 노출 염려로 솔직한 증세를 의사에게 전달하지 못하게 함으로써 해당 수형자의 사생활의 비밀과 자유를 침해한다. 24년 경찰 2차 [O X]

(X) 이 사건 동행계호행위는 교정사고를 예방하고 수용자 및 진료 담당 의사의 신체 등을 보호하기 위한 것이다. 청구인이 상습적으로 교정질서 문란행위를 저지른 전력이 있는 점, 정신질환의 증상으로 자해 또는 타해 행동이 나타날 우려가 있는 점, 교정시설은 수형자의 교정교화와 건전한 사회복귀를 도모하기 위한 시설로서 정신질환자의 치료 중심 수용 환경 조성에는 한계가 있는 점 등을 고려하면 이 사건 동행계호행위는 과잉금지원칙에 반하여 청구인의 사생활의 비밀과 자유를 침해하지 않는다(헌재 2024.1.25. 2020헌마1725).

OX 문제

2787
변호사의 업무는 다른 어느 직업적 활동보다도 강한 공공성을 내포한다는 점 등을 감안하여 볼 때, 변호사의 업무와 관련된 수임사건의 건수 및 수임액이 변호사의 내밀한 개인적 영역에 속하는 것이라고 보기 어렵다. 24년 경찰승진

2788
형의 실효 등에 관한 법률에서 수사경력자료의 보존 및 보존기간을 정하면서 범죄경력자료의 삭제에 대해 규정하지 않은 것은 개인정보자기결정권을 침해한다. 20년 경행특채

2789
지문정보는 그 자체로 개인의 존엄과 인격권에 큰 영향을 미칠 수 있는 민감한 정보라고 보기 어려워, 유전자정보등과 같은 다른 생체정보와는 달리 그 보호정도가 높다고 할 수 없다. 20년 경행특채

2790
디엔에이감식시료 채취 대상자가 사망할 때까지 디엔에이신원확인정보를 데이터베이스에 수록, 관리할 수 있도록 규정한 「디엔에이신원확인정보의 이용 및 보호에 관한 법률」조항 중 '수형인 등에 관한 부분'은 과도하게 개인정보자기결정권을 침해한다고 볼 수 없다. 26년 경찰간부

2791
성명, 직명(職名)과 같이 인간이 공동체에서 어울려 살아가는 한 다른 사람들과의 사이에서 식별되고 전달되는 것이 필요한 기초정보들은 다른 위험스런 정보에 접근하기 위한 식별자(識別子) 역할을 하거나, 다른 개인정보들과 결합함으로써 개인의 전체적·부분적 인격상을 추출해 내는 데 사용되는 경우라 하더라도 그 역시 엄격한 보호의 대상이 되지 않는다. 26년 경찰간부

2792
디엔에이신원확인정보담당자가 디엔에이신원확인정보를 검색하거나 그 결과를 회보할 수 있도록 규정한 「디엔에이신원확인정보의 이용 및 보호에 관한 법률」조항은 검색·회보 사유의 필요성이 있고, 검색·회보 사유가 한정되어 있다 하더라도 과도하게 개인정보자기결정권을 침해한다. 26년 경찰간부

정답 및 해설

(O) 일반적으로 경제적 내지 직업적 활동은 복합적인 사회적 관계를 전제로 하여 다수 주체 간의 상호작용을 통하여 이루어지는 것이고, 특히 변호사의 업무는 다른 어느 직업적 활동보다도 강한 공공성을 내포한다는 점 등을 감안하여 볼 때, 변호사의 업무와 관련된 수임사건의 건수 및 수임액이 변호사의 내밀한 개인적 영역에 속하는 것이라고 보기 어렵고, 따라서 이 사건 법률조항이 청구인들의 사생활의 비밀과 자유를 침해하는 것이라 할 수 없다(헌재 2009.10.29. 2007헌마667).

(X) 혐의없음의 불기소처분을 받은 경우에도 수사경력자료를 보존하고 그 보존기간을 두는 것은 수사의 반복을 피하기 위한 것으로 개인정보자기결정권을 침해하지 아니한다(헌재 2012.7.26. 2010헌마446).

(O) 지문정보는 그 자체로 개인의 존엄과 인격권에 큰 영향을 미칠 수 있는 민감한 정보라고 보기 어려워 유전자정보 등과 같은 다른 생체정보와는 달리 그 보호정도가 높다고 할 수 없으므로, 이러한 사정도 과잉금지원칙 위배여부를 판단함에 있어서 고려되어야 한다(헌재 2015.5.28. 2011헌마731).

(O) 재범의 위험성이 높은 범죄를 범한 수형인 등은 생존하는 동안 재범의 가능성이 있으므로, 디엔에이신원확인정보를 수형인등이 사망할 때까지 관리하여 범죄 수사 및 예방에 이바지하고자 하는 이 사건 삭제조항은 입법목적의 정당성과 수단의 적절성이 인정된다(헌재 2020.5.27. 2017헌마1326).

(X) 일반적으로 성명, 직명(職名)과 같이 인간이 공동체에서 어울려 살아가는 한 다른 사람들과의 사이에서 식별되고 전달되는 것이 필요한 기초정보들은 사회생활 영역에서 노출되는 것이 자연스러운 정보이고, 또 국가가 그 기능을 제대로 수행하기 위해서도 일정하게 축적·이용하지 않을 수 없다. 이러한 정보들은 다른 위험스런 정보에 접근하기 위한 식별자(識別子) 역할을 하거나, 다른 개인정보들과 결합함으로써 개인의 전체적·부분적 인격상을 추출해 내는데 사용되지 않는 한 그 자체로 언제나 엄격한 보호의 대상이 된다고 하기 어렵다(헌재 2018.8.30. 2016헌마483).

(X) 이 사건 검색·회보조항에서 정한 검색·회보 사유의 필요성이 있고, 검색·회보 사유가 한정되어 있으며, 개인정보보호를 위한 조치들을 규정하고 있고, 범죄수사 등을 위한 공익이 청구인들의 불이익보다 크다. 따라서 이 사건 검색·회보조항이 과도하게 개인정보자기결정권을 침해한다고 볼 수 없다(헌재 2014.8.28. 2011헌마28).

| OX 문제 | 정답 및 해설 |

2793
검사 또는 사법경찰관이 수사를 위하여 필요한 경우에 전기통신사업자에게 위치정보추적자료의 열람이나 제출을 요청할 수 있도록 하는 규정은 수사기관에 수사대상자의 민감한 개인정보인 위치정보추적자료 제공을 허용하여 수사대상자의 기본권을 과도하게 제한하면서도 절차적 통제가 제대로 이루어지고 있지 않으므로 개인정보자기결정권을 침해한다. 20년 국회직 8급 [O][X]

(O) 수사기관이 수사의 필요성이 있는 경우 전기통신사업자에게 위치정보 추적자료를 제공요청할 수 있도록 한 것은 명확성 원칙에 위반되지 않으나, 과잉금지원칙에 위반된다. 이 사건 요청조항은 과잉금지원칙에 반하여 청구인들의 개인정보자기결정권과 통신의 자유를 침해한다(헌재 2018.6.28. 2012헌마191 등).

2794
인터넷 통신망을 통해 송·수신하는 전기통신에 대한 감청을 범죄수사를 위한 통신제한조치의 하나로 정한 「통신비밀보호법」 조항은 인터넷회선 감청을 위해 법원의 허가를 얻도록 정하고 있으나, 해당 인터넷회선을 통하여 흐르는 모든 정보가 감청 대상이 되므로 개별성, 특정성을 전제로 하는 영장주의를 유명무실하게 함으로써 감청대상자인 청구인의 사생활의 비밀과 자유를 침해한다. 24년 순경 1차 [O][X]

(X) 영장주의가 수사기관이 강제처분을 함에 있어 중립적 기관인 법원의 허가를 얻어야 함을 의미하는 것 외에 법원에 의한 사후 통제까지 마련되어야 함을 의미한다고 보기 어렵고, 청구인의 주장은 결국 인터넷 회선 감청의 특성상 집행 단계에서 수사기관의 권한 남용을 방지할 만한 별도의 통제 장치를 마련하지 않는 한 통신 및 사생활의 비밀과 자유를 과도하게 침해하게 된다는 주장과 같은 맥락이므로, 이 사건 법률조항이 과잉금지원칙에 반하여 청구인의 기본권을 침해하는지 여부에 대하여 판단하는 이상, 영장주의 위반 여부에 대해서는 별도로 판단하지 아니한다(헌재 2018.8.30. 2016헌마263). / *판례는 영장주의를 유명무실하게 함으로등의 표현을 사용하지 않았다.*

2795
개별 의료급여기관으로 하여금 수급권자의 진료정보를 국민건강 보험공단에 알려줄 의무 등 의료급여 자격관리 시스템에 관하여 규정한 보건복지부 고시조항은 동 조항에 의해 수집되는 정보의 범위가 건강생활유지비의 지원 및 급여일수의 확인을 위해 필요한 정보로 제한되어 있다는 점에서 과잉금지원칙에 위배되어 해당 수급권자인 청구인의 개인정보자기결정권을 침해하지 않는다. 24년 순경 1차, 20년 국회직 8급 [O][X]

(O) 위 고시 조항으로 인하여 얻게 되는 공익 즉 수급자격 및 급여액의 정확성을 확보하여 의료급여제도의 원활한 운영을 기한다는 공익이 이로 인하여 제한되는 수급권자의 개인정보자기결정권인 사익보다 크다 할 것이므로 법익의 균형성도 갖추었다고 할 것이다. 따라서, 이 사건 고시조항은 헌법상 과잉금지원칙에 위배되어 청구인들의 개인정보자기결정권을 침해하는 것이라고 볼 수 없다(헌재 2009.9.24. 2007헌마1092). / *그 유명한 국민건강보험공단 판례와는 전혀 다른 내용의 판례로 혼돈을 유도한 것이 아닌가 생각된다.*

2796
'각급 학교 교원의 교원단체 및 교원노조 가입현황 실명 자료'는 개인정보자기결정권의 보호대상이 되나 이를 공개한 표현행위로 인하여 얻을 수 있는 법적 이익이 이를 공개하지 않음으로써 보호받을 수 있는 해당 교원 등의 법적 이익에 비하여 우월하다고 할 수 있으므로 해당 정보공개행위가 위법하다고 볼 수 없다. 20년 국회직 8급 [O][X]

(X) 국회의원인 甲 등이 '각급학교 교원의 교원단체 및 교원노조 가입현황 실명자료'를 인터넷을 통하여 공개한 사안에서, 위 정보는 개인정보자기결정권의 보호대상이 되는 개인정보에 해당하므로 이를 일반 대중에게 공개하는 행위는 해당 교원들의 개인정보자기결정권과 전국교직원노동조합의 존속, 유지, 발전에 관한 권리를 침해하는 것이고, 甲 등이 위 정보를 공개한 표현행위로 인하여 얻을 수 있는 법적 이익이 이를 공개하지 않음으로써 보호받을 수 있는 해당 교원 등의 법적 이익에 비하여 우월하다고 할 수 없으므로, 甲 등의 정보 공개행위가 위법하다(대판 2014.7.24. 2012다49933).

OX 문제

2797
가명정보의 재식별을 예외 없이 금지하는 「개인정보 보호법」의 재식별금지조항은 개인정보자기결정권을 침해하지 않는다.
25년 입법고시 O X

2798
인터넷 언론사의 공개된 게시판·대화방에서 스스로의 의사에 의하여 정당·후보자에 대한 지지·반대의 글을 게시하는 행위는 정당·후보자에 대한 단순한 의견 등의 표현행위에 불과하여 양심의 자유나 사생활 비밀의 자유에 의하여 보호되는 영역이라고 할 수 없다. 그러므로 그 과정에서 실명확인 절차의 부담을 진다고 하더라도 양심의 자유나 사생활 비밀의 자유를 제한받는다고 볼 수 없다.
20년 법원행시 O X

2799
헌법 제17조는 "모든 국민은 사생활의 비밀과 자유를 침해받지 아니한다."라고 규정하여 사생활의 비밀과 자유를 국민의 기본권의 하나로 보장하고 있다. 여기서 사생활의 비밀은 국가가 사생활의 자유로운 형성을 방해하거나 금지하는 것에 대한 보호를 의미하고, 사생활의 자유란 국가가 사생활영역을 들여다보는 것에 대한 보호를 제공하는 기본권이다.
20년 법원행시 O X

2800
13세 이상 16세 미만의 사람에 대하여 간음 또는 추행을 한 19세 이상의 자를 강간죄, 유사강간죄, 강제추행죄의 예에 따라 처벌하도록 한 「형법」 조항은 개인의 성생활이라는 내밀한 사적 생활영역에서의 행위를 제한하므로 사생활의 비밀과 자유를 제한한다.
25년 소방간부 O X

2801
「가족관계의 등록 등에 관한 법률」이 직계혈족이기만 하면 사실상 자유롭게 그 자녀의 가족관계증명서와 기본증명서의 교부를 청구하여 발급받을 수 있도록 규정함으로써 가정폭력 피해자의 개인정보가 가정폭력 가해자인 전 배우자에게 무단으로 유출될 수 있는 경우, 이는 가정폭력 피해자를 보호하기 위한 구체적 방안을 마련하지 아니한 진정입법부작위에 해당되어 가정폭력 피해자인 청구인의 개인정보자기결정권을 침해한다.
24년 순경 1차, 23년 법원직 9급, 23년 소방간부, 23년 경찰간부, 21년 법무사, 21년 법원직 9급 O X

정답 및 해설

(O) 재식별금지조항은 가명정보를 통해서는 특정 개인을 알아볼 수 없도록 함으로써 정보주체의 개인정보자기결정권을 충분히 보호하고자 하는 것으로서 그 입법목적이 정당하고, 재식별을 금지하여 특정 개인을 알아볼 가능성을 최소화하는 것은 그와 같은 입법목적을 달성하기에 적합한 수단이다(헌재 2023.10.26. 2020헌마1477 등). / 따라서 개인정보자기결정권을 침해하지 않는다.

(O) 인터넷언론사의 공개된 게시판·대화방에서 스스로의 의사에 의하여 정당·후보자에 대한 지지·반대의 글을 게시하는 행위는 정당·후보자에 대한 단순한 의견 등의 표현행위에 불과하여 양심의 자유나 사생활 비밀의 자유에 의하여 보호되는 영역이라고 할 수 없으므로, 그 과정에서 실명확인 절차의 부담을 진다고 하더라도 이를 두고 양심의 자유나 사생활 비밀의 자유를 제한받는 것이라고 볼 수 없어 그 침해 여부에 관하여 더 나아가 판단하지 아니한다(헌재 2010.2.25. 2008헌마324).

(X) 사생활의 비밀은 국가가 사생활영역을 들여다보는 것에 대한 보호를 제공하는 기본권이며, 사생활의 자유는 국가가 사생활의 자유로운 형성을 방해하거나 금지하는 것에 대한 보호를 의미한다(헌재 2007.5.31. 2005헌마1139). / 전형적인 단어 바꾸기 문제이다.

(O) 19세 이상인 자는 심판대상조항으로 인하여 13세 이상 16세 미만인 사람을 성행위의 상대방으로 선택할 수 없으므로, 심판대상 조항은 19세 이상인 자의 성적 자기결정권을 제한한다. 또한 심판대상조항은 개인의 성생활이라는 내밀한 사적 생활영역에서의 행위를 제한하므로 헌법 제17조가 보장하는 사생활의 비밀과 자유 역시 제한한다(헌재 2024.6.27. 2022헌바106 등). 다만 헌법에 위반되지는 않는다.

(X) 직계혈족이 가정폭력의 가해자로 판명된 경우 주민등록법 제29조 제6항 및 제7항과 같이 가정폭력 피해자가 가정폭력 가해자를 지정하여 가족관계증명서 및 기본증명서의 교부를 제한하는 등의 가정폭력 피해자의 개인정보를 보호하기 위한 구체적 방안을 마련하지 아니한 부진정입법부작위가 과잉금지원칙을 위반하여 청구인의 개인정보자기결정권을 침해한다(헌재 2020.8.28. 2018헌마927). / *진정입법부작위에 해당하지 않는다.*

OX 문제

2802
시장·군수·구청장으로 하여금 주민등록증 발급신청서를 관할 경찰서 지구대장 등에게 보내도록 한「주민등록법 시행규칙」조항은「주민등록법」및 같은 법 시행령 등에 아무런 근거가 없이 제정된 것이라고 볼 수밖에 없으므로, 법률유보원칙에 위배되어 개인정보자기결정권을 침해한다. 25년 입법고시
O X

2803
무효인 혼인의 기록사항 전체에 하나의 선을 긋고, 말소 내용과 사유를 각 해당 사항란에 기재하는 방식의 정정 표시는 청구인의 인격주체성을 식별할 수 있게 하는 개인정보에 해당하고, 이와 같은 정보를 보존하는「가족관계등록부의 재작성에 관한 사무처리지침」조항 중 해당 부분은 청구인의 개인정보자기결정권을 제한한다. 24년 국가직 7급
O X

2804
수사기관 등에 의한 통신자료 제공요청은 임의수사에 해당하는 것으로, 전기통신사업자가 이에 응하지 아니한 경우에도 어떠한 법적 불이익을 받는다고 볼 수 없으므로, 헌법소원의 대상이 되는 공권력의 행사에 해당하지 않는다. 24년 법무사
O X

2805
전기통신사업자가 수사기관 등의 통신자료 제공요청에 따라 수사기관 등에 제공하는 이용자의 성명, 주민등록번호, 주소, 전화번호, 아이디, 가입일 또는 해지일은 청구인들의 동일성을 식별할 수 있게 해주는 개인정보에 해당한다. 24년 법무사
O X

2806
거짓이나 그 밖의 부정한 방법으로 보조금을 교부받거나 보조금을 유용하여 어린이집 운영정지, 폐쇄명령 또는 과징금 처분을 받은 어린이집에 대하여 그 위반사실을 공표하도록 한 구「영유아보육법」해당 규정은 과잉금지원칙을 위반하여 개인정보자기결정권을 침해하지 않는다. 24년 경찰승진, 24년 변호사, 24년 경찰간부, 23년 소방간부
O X

정답 및 해설

(X) '개인정보 보호법' 제15조 제1항 제3호, 제18조 제2항 제7호의 규정내용과 '국가경찰과 자치경찰의 조직 및 운영에 관한 법률' 및 '경찰관 직무집행법'이 국민의 생명·신체 및 재산의 보호, 범죄의 예방·진압 및 수사 등을 경찰의 임무로 규정하고 있는 점 등을 고려하면, 시장·군수·구청장이 주민등록증 발급신청서를 관할 경찰서의 지구대장 또는 파출소장에게 보내도록 한 이 사건 규칙조항이 법률유보원칙에 위반된다고 볼 수 없다(헌재 2024.4.25. 2020헌마542).

(O) 무효인 혼인의 기록사항 전체에 하나의 선을 긋고 말소내용과 사유를 각 해당 사항란에 기재하는 방식의 정정 표시는 청구인의 인격주체성을 식별할 수 있게 하는 개인정보에 해당하고 이와 같은 정보를 보존하는 심판대상조항은 청구인의 개인정보자기결정권을 제한한다(헌재 2024.1.25. 2020헌마65). / 그러나 개인정보자기결정권을 침해하는 것은 아니다.

(O) 수사기관 등에 의한 통신자료 제공요청은 임의수사에 해당하는 것으로, 전기통신사업자가 이에 응하지 아니한 경우에도 어떠한 법적 불이익을 받는다고 볼 수 없다. 따라서 이 사건 통신자료 취득행위는 헌법소원의 대상이 되는 공권력의 행사에 해당하지 않는다(헌재 2022.7.21. 2016헌마388 등).

(O) 전기통신사업자가 수사기관 등의 통신자료 제공요청에 따라 수사기관 등에 제공하는 이용자의 성명, 주민등록번호, 주소, 전화번호, 아이디, 가입일 또는 해지일은 청구인들의 동일성을 식별할 수 있게 해주는 개인정보에 해당하므로, 이 사건 법률조항은 개인정보자기결정권을 제한한다(헌재 2022.7.21. 2016헌마388 등).

(O) 심판대상조항을 통하여 추구하는 영유아의 건강한 성장 도모 및 영유아 보호자들의 보육기관 선택권 보장이라는 공익이 공표대상자의 법 위반사실이 일정기간 외부에 공표되는 불이익보다 크다. 따라서 심판대상조항은 과잉금지원칙을 위반하여 인격권 및 개인정보자기결정권을 침해하지 아니한다(헌재 2022.3.31. 2019헌바520).

| OX 문제 | 정답 및 해설 |

2807
청소년유해물건 중 청소년의 심신을 심각하게 손상시킬 우려가 있는 성 관련 물건을 대통령령으로 정하는 기준에 따라 청소년보호위원회가 결정하고 여성가족부장관이 고시하도록 하여, 요철식 특수콘돔(GAT-101) 등을 청소년에게 판매하지 못하도록 한 「청소년 보호법」조항은 청소년의 사생활의 비밀과 자유를 침해하지 않는다. 24년 경찰간부 ☐O☐X

(O) 개별 청소년의 신체적·정신적 성숙도의 차이, 콘돔의 세부적인 형태나 종류를 고려하지 않고 청소년에 대한 판매를 전면적으로 금지하는 것이 과도한 제한이라 볼 수 없다. 심판대상조항은 과잉금지원칙을 위반하여 성기구 판매자의 직업수행의 자유 및 청소년의 사생활의 비밀과 자유를 침해하지 않는다(헌재 2021.6.24. 2017헌마408).

2808
인체면역결핍 바이러스에 감염된 사람이 혈액 또는 체액을 통하여 다른 사람에게 전파매개행위를 하는 것을 처벌하는 「후천성면역결핍증 예방법」조항은, 감염인 중에서도 의료인의 처방에 따른 치료법을 성실히 이행하는 감염인의 전파매개행위까지도 예외 없이 처벌함으로써 이들의 사생활의 자유를 침해한다. 24년 경찰간부 ☐O☐X

(X) 감염인의 제한 없는 방식의 성행위 등과 같은 사생활의 자유 및 일반적 행동자유권이 제약되는 것에 비하여 국민의 건강 보호라는 공익을 달성하는 것은 더욱 중대하다. 따라서 심판대상조항은 과잉금지원칙을 위반하여 감염인의 사생활의 자유 및 일반적 행동자유권을 침해하지 아니한다(헌재 2023.10.26. 2019헌가30).

2809
정보주체가 직접 또는 제3자를 통하여 이미 공개한 개인정보라고 하더라도 공개 당시 정보주체가 자신의 개인정보에 대한 수집이나 제3자 제공 등의 처리에 대하여 동의를 하였다고 단정할 수 없으므로, 그 정보를 수집·이용·제공 등 처리하고자 하는 자는 정보주체로부터 별도의 동의를 받아야 한다. 21년 법무사 ☐O☐X

(X) 정보주체가 직접 또는 제3자를 통하여 이미 공개한 개인정보는 공개 당시 정보주체가 자신의 개인정보에 대한 수집이나 제3자 제공 등의 처리에 대하여 일정한 범위 내에서 동의를 하였다고 할 것이다. 이미 공개된 개인정보를 정보주체의 동의가 있었다고 객관적으로 인정되는 범위 내에서 수집·이용·제공 등 처리를 할 때는 정보주체의 별도의 동의는 불필요하다고 보아야 하고, 별도의 동의를 받지 아니하였다고 하여 개인정보 보호법 제15조나 제17조를 위반한 것으로 볼 수 없다(대판 2016.8.17. 2014다235080).

2810
법률정보 제공 사이트를 운영하는 회사가 공립대학교 법학과 교수의 사진, 성명, 성별, 출생연도, 직업, 직장, 학력, 경력 등 개인정보를 위 법학과 홈페이지 등을 통해 수집하여 위 사이트 내 '법조인' 항목에서 유료로 제공한 경우, 위 회사가 영리 목적으로 개인정보를 수집하여 제3자에게 제공하였더라도 그에 의하여 얻을 수 있는 법적 이익이 정보처리를 막음으로써 얻을 수 있는 정보주체의 인격적 법익에 비하여 우월하므로, 개인정보자기결정권을 침해하는 위법한 행위로 평가할 수 없다. 21년 법무사, 20년 법원직 ☐O☐X

(O) 갑 회사가 병의 개인정보를 수집하여 제3자에게 제공한 행위는 병의 동의가 있었다고 객관적으로 인정되는 범위 내이고, 갑 회사에 영리 목적이 있었다고 하여 달리 볼 수 없으므로, 갑 회사가 병의 별도의 동의를 받지 아니하였다고 하여 개인정보 보호법 제15조나 제17조를 위반하였다고 볼 수 없다(대판 2016.8.17. 2014다235080).

OX 문제

2811
개인정보의 종류와 성격, 정보처리의 방식과 내용 등에 따라 수권법률의 명확성 요구의 정도는 달라지고, 일반적으로 볼 때 개인의 인격에 밀접히 연관된 민감한 정보일수록 규범명확성의 요청은 더 강해진다고 할 수 있다. 24년 소방간부 [O][X]

2812
행위자가 범죄 등을 목적으로 음식점에 출입하였거나 영업주가 행위자의 실제 출입 목적을 알았더라면 출입을 승낙하지 않았을 것이라는 사정이 인정되더라도 그러한 사정만으로는 출입 당시 객관적·외형적으로 드러난 행위태양에 비추어 사실상의 평온상태를 해치는 방법으로 음식점에 들어갔다고 평가할 수 없으므로 침입행위에 해당하지 않는다. 24년 경찰간부 [O][X]

2813
피해자의 집 마당은 도로에 바로 접하여 있고 출입을 통제하는 문이나 담 기타 인적·물적 설비가 없으므로, 집 마당을 넘어가 외부출입문을 열고 내부출입문을 손으로 두드린 행위는, 주거의 형태와 용도·성질, 외부인에 대한 출입의 통제·관리의 방식과 상태, 출입 경위와 방법 등을 종합적으로 고려하면, 사실상의 평온상태를 해치는 행위태양으로 주거침입에 해당한다. 24년 경찰간부 [O][X]

2814
복수국적자가 대한민국 국적을 버릴 수 있는 자유는 헌법 제10조에서 나오는 것이지 거주·이전의 자유에 포함되지 않는다. 21년 법원행시 [O][X]

2815
거주·이전의 자유는 국가의 간섭 없이 자유롭게 거주지와 체류지를 정할 수 있는 자유인바, 경찰청장이 경찰버스들로 서울특별시 서울광장을 둘러싸 통행을 제지한 행위는 서울특별시민인 청구인들의 거주·이전의 자유를 제한하지 않는다. 21년 법원행시 [O][X]

정답 및 해설

(O) 정보화사회로의 이러한 급속한 진전에 직면하여 개인정보 보호의 필요성은 날로 증대하고 있다고 볼 때, 국가권력에 의하여 개인정보자기결정권을 제한함에 있어서는 개인정보의 수집·보관·이용 등의 주체, 목적, 대상 및 범위 등을 법률에 구체적으로 규정함으로써 그 법률적 근거를 보다 명확히 하는 것이 바람직하다. 그러나 개인정보의 종류와 성격, 정보처리의 방식과 내용 등에 따라 수권법률의 명확성 요구의 정도는 달라진다 할 것이고, 일반적으로 볼 때 개인의 인격에 밀접히 연관된 민감한 정보일수록 규범 명확성의 요청은 더 강해진다고 할 수 있다(헌재 2005.7.21. 2003헌마282 등).

(O) 행위자가 범죄 등을 목적으로 음식점에 출입하였거나 영업주가 행위자의 실제 출입 목적을 알았더라면 출입을 승낙하지 않았을 것이라는 사정이 인정되더라도 그러한 사정만으로는 출입 당시 객관적·외형적으로 드러난 행위 태양에 비추어 사실상의 평온상태를 해치는 방법으로 음식점에 들어갔다고 평가할 수 없으므로 침입행위에 해당하지 않는다(대판 2022.5.12. 2022도2907).

(X) 피해자의 집 마당은 도로에 바로 접하여 있고 도로에서 피해자의 집으로 들어가는 입구에 그 출입을 통제하는 문이나 담 기타 인적·물적 설비가 없어, 누구나 통상의 보행으로 자유롭게 드나들 수 있는 구조에 해당한다. 따라서 피해자의 집 마당은 주거침입죄의 객체가 되는 위요지에 해당한다고 단정하기 어렵다(헌재 2022.10.27. 2020헌마866).

(X) 국적을 이탈하거나 변경하는 것은 헌법 제14조가 보장하는 거주·이전의 자유에 포함된다(헌재 2006.11.30. 2005헌마739).

(O) 거주·이전의 자유는 거주지나 체류지라고 볼 만한 정도로 생활과 밀접한 연관을 갖는 장소를 선택하고 변경하는 행위를 보호하는 기본권인바, 이 사건에서 서울광장이 청구인들의 생활형성의 중심지인 거주지나 체류지에 해당한다고 할 수 없고, 서울광장에 출입하고 통행하는 행위가 그 장소를 중심으로 생활을 형성해 나가는 행위에 속한다고 볼 수도 없으므로 청구인들의 거주·이전의 자유가 제한되었다고 할 수 없다(헌재 2011.6.30. 2009헌마406).

| OX 문제 | 정답 및 해설 |

2816
이륜차의 고속도로 통행 제한은 거주·이전의 자유를 제한하는 것이고, 행복추구권에서 우러나오는 일반적 행동의 자유를 제한하는 것은 아니다. 24년 경찰승진 〔O│X〕

(X) 이 사건 법률조항에 의하여 이륜차를 이용하여 고속도로 등을 통행할 수 있는 자유를 제한당하고 있다. 이는 행복추구권에서 우러나오는 일반적 행동의 자유를 제한하는 것이다. 그러나 이 사건 법률조항이 청구인들의 거주·이전의 자유를 제한한다고 보기는 어렵다(헌재 2007. 1.17. 2005헌마1111 등).

2817
한의사인 A가 아프가니스탄 북동부에 의료봉사활동을 하기 위해 여권을 신청했으나 테러위험을 이유로 여권 발급을 거부당한 경우, A는 거주·이전의 자유를 제한받은 것이다. 21년 국회직 8급 〔O│X〕

(O) 헌법 제14조 제1항은 "모든 국민은 거주·이전의 자유를 가진다." 고 규정하고 있고, 이러한 거주·이전의 자유에는 국내에서의 거주·이전의 자유뿐 아니라 국외 이주의 자유, 해외여행의 자유 및 귀국의 자유가 포함되는바, 아프가니스탄 등 일정한 국가로의 이주, 해외여행 등을 제한하는 이 사건 고시로 인하여 청구인들의 거주·이전의 자유가 일부 제한된 점은 인정된다(헌재 2008.6.26. 2007헌마1366).

2818
B는 대한민국과 미국의 이중국적을 가지고 있는데, 구체적인 병역의무가 발생하는 때로부터 3개월 이내에 미국 국적을 선택하지 않으면 병역의무를 해소한 후에야 미국 국적을 선택할 수 있도록 하는 경우, B는 국적이탈의 자유를 제한받은 것이다. 21년 국회직 8급 〔O│X〕

(O) 심판대상 법률조항은 대한민국 남성인 복수국적자에 대하여 국적선택 의무를 부과하면서 그 기간을 제한하여 대한민국 국적으로부터 자유롭게 벗어날 수 있는 '국적이탈의 자유'를 제한하고 있다(헌재 2006.11.30. 2005헌마739).

2819
공익사업에 있어 수용개시일까지 토지 등의 인도의무를 정하는 규정은 토지소유자의 거주·이전의 자유를 침해하지 아니한다. 24년 법원직 〔O│X〕

(O) 심판대상조항들은 효율적인 공익사업의 수행을 담보하기 위하여 수용된 토지 등의 인도의무를 형사처벌로 강제하고 있으므로 그 목적의 정당성과 수단의 적합성이 인정된다. … 인도의무자의 권리가 절차적으로 보호되고 의견제출 및 불복수단이 마련되어 있는 점 등을 고려할 때, 인도의무의 강제로 인한 부담이 공익사업의 적시 수행이라는 공익의 중요성보다 크다고 볼 수 없어 법익균형성을 상실하였다고 볼 수 없다(헌재 2020.5.27. 2017헌바464 등). 따라서 재산권, 거주이전의 자유 및 직업의 자유를 침해하지 않는다.

2820
법인이 과밀억제권역 내에 본점의 사업용 부동산으로 건축물을 신축하여 이를 취득하는 경우, 취득세를 중과세하는 구 「지방세법」 조항은 법인의 영업의 자유를 제한하는 것으로 법인의 거주이전의 자유를 제한하는 것은 아니다. 22년 해경간부 〔O│X〕

(X) 이 사건 법률조항은 수도권에 인구 및 경제·산업시설이 밀집되어 발생하는 문제를 해결하고 국토의 균형 있는 발전을 도모하기 위하여 법인이 과밀억제권역 내에 본점의 사업용 부동산으로 건축물을 신축·증축하여 이를 취득하는 경우 취득세를 중과세하는 조항으로서, 구법과 달리 인구유입과 경제력 집중의 효과가 뚜렷한 건물의 신축, 증축 그리고 부속토지의 취득만을 그 적용대상으로 한정하여 부당하게 중과세할 소지를 제거하였다. 최근 대법원 판결도 구체적인 사건에서 인구유입이나 경제력집중 효과에 관한 판단을 전적으로 배제한 것으로는 보기 어렵다. 따라서 이 사건 법률조항은 거주·이전의 자유와 영업의 자유를 침해하지 아니한다(헌재 2014.7.24. 2012헌바408). 침해하지 아니한다. 이 말은 제한은 당연한 전제로 하기 때문에 거주·이전의 자유와 영업의 자유는 제한한다.

| OX 문제 | 정답 및 해설 |

2821
거주·이전의 자유는 거주지나 체류지라고 볼 만한 정도로 생활과 밀접한 연관을 갖는 장소를 선택하고 변경하는 행위를 보호하는 기본권으로서, 생활의 근거지에 이르지 못하는 일시적인 이동을 위한 장소의 선택과 변경까지 그 보호영역에 포함되는 것은 아니다. 23년 순경 1차 ⓞⓧ

(O) 거주·이전의 자유는 국민이 원활하게 개성신장과 경제활동을 해 나가기 위하여는 자유로이 생활의 근거지를 선택하고 변경하는 것이 필수적이라는 고려에 기하여 생활형성의 중심지 즉, 거주지나 체류지라고 볼 만한 정도로 생활과 밀접한 연관을 갖는 장소를 선택하고 변경하는 행위를 보호하는 기본권으로서, 생활의 근거지에 이르지 못하는 일시적인 이동을 위한 장소의 선택과 변경까지 그 보호영역에 포함되는 것은 아니다(헌재 2011.6.30. 2009헌마406).

2822
복수국적자에 대하여 병역준비역에 편입된 때부터 3개월 이내에 대한민국 국적을 이탈하지 않으면 병역의무를 해소한 후에 이를 가능하도록 한 「국적법」 조항은 복수국적자의 국적이탈의 자유를 침해한다. 24년 변호사, 23년 순경 1차 ⓞⓧ

(O) 외국에서만 주로 체류·거주하면서 대한민국과는 별다른 접점이 없는 사람도 있을 수 있는데, 심판대상 법률조항은 전혀 예외를 인정하지 않고 위 시기가 경과하면 병역의무에서 벗어나는 경우에만 국적이탈이 가능하도록 규정하고 있는바, 이 결정에서 헌법재판소는 그러한 일률적인 제한에 위헌성이 있다(헌재 2020.9.24. 2016헌마889).

2823
누구든지 주민등록 여부와 무관하게 거주지를 자유롭게 이전할 수 있어서, 주민등록여부가 거주·이전의 자유와 직접적인 관계가 있다고 보기도 어렵고, 영내 기거하는 현역병은 「병역법」으로 말미암아 거주·이전의 자유를 제한받게 된다. 따라서 군인이 영내에 거주할 때 그가 속한 세대의 거주지에 주민등록을 하게 할지라도 그의 거주·이전의 자유는 제한되지 않는다. 24년 순경 2차 ⓞⓧ

(O) 누구든지 주민등록 여부와 무관하게 거주지를 자유롭게 이전할 수 있으므로 주민등록 여부가 거주·이전의 자유와 직접적인 관계가 있다고 보기 어려우며, 영내 기거하는 현역병은 병역법으로 인해 거주·이전의 자유를 제한받게 되므로 이 사건 법률조항은 영내 기거 현역병의 거주·이전의 자유를 제한하지 않는다(헌재 2011.6.30. 2009헌마59). / 병역법으로 인해 제한을 받게 되는 것이지 주민등록하고는 큰 상관이 없다.

2824
북한 고위직 출신의 탈북 인사인 여권발급 신청인에 대하여 신변에 대한 위해 우려가 있다는 이유로 미국 방문을 위한 여권발급을 거부한 것은 거주·이전의 자유를 과도하게 제한하는 것이다. 23년 경찰승진 ⓞⓧ

(O) 여권발급 신청인이 북한 고위직 출신의 탈북 인사로서 신변에 대한 위해 우려가 있다는 이유로 신청인의 미국 방문을 위한 여권발급을 거부한 것은 여권법 제8조 제1항 제5호에 정한 사유에 해당한다고 볼 수 없고 거주·이전의 자유를 과도하게 제한하는 것으로서 위법하다(대판 2008.1.24. 2007두10846).

2825
주거로 사용하던 건물이 수용될 경우 그 효과로 거주지도 이전하여야 하는 것은 사실이나 이는 토지 및 건물 등의 수용에 따른 부수적 효과로서 간접적·사실적 제약에 해당하므로, 정비사업조합에 수용권한을 부여하여 주택재개발사업에 반대하는 청구인의 토지 등을 강제로 취득할 수 있도록 한 도시 및 주거환경정비법 조항이 청구인의 재산권을 침해하였는지 여부를 판단하는 이상 거주·이전의 자유 침해 여부는 별도로 판단하지 않는다. 21년 법원행시, 20년 법원직 ⓞⓧ

(O) 이 사건 수용조항은, 정비사업조합에 수용권한을 부여하여 주택재개발사업에 반대하는 청구인의 토지 등을 강제로 취득할 수 있도록 하고 있다. 따라서 이 사건 수용조항이 토지 등 소유자의 재산권을 침해하는지 여부가 문제된다. 청구인은 이사건 수용조항으로 인하여 거주이전의 자유도 제한된다고 주장하고 있다. 주거로 사용하던 건물이 수용될 경우 그 효과로 거주지도 이전하여야 하는 것은 사실이나, 이는 토지 및 건물 등의 수용에 따른 부수적 효과로서 간접적, 사실적 제약에 해당하므로 거주이전의 자유 침해여부는 별도로 판단하지 않는다(헌재 2019.11.28. 2017헌바241).

OX 문제

2826
「통신비밀보호법」상 '감청'이란 대상이 되는 전기통신의 송·수신과 동시에 이루어지는 경우만을 의미하고 이미 수신이 완료된 전기통신의 내용을 지득하는 등의 행위는 포함되지 아니한다. 22년 경찰승진 ☐O ☐X

2827
인터넷회선 감청은 서버에 저장된 정보가 아니라, 인터넷상에서 발신되어 수신되기까지의 과정 중에 수집되는 정보, 즉 전송 중인 정보의 수집을 위한 수사이므로, 압수·수색과 구별되지 않는다. 24년 국회직 8급, 22년 경찰간부, 20년 비상기획관 ☐O ☐X

2828
전기통신역무제공에 관한 계약을 체결하는 경우 전기통신 사업자로 하여금 가입자에게 본인임을 확인할 수 있는 증서 등을 제시하도록 요구하고 부정가입방지시스템 등을 이용하여 본인인지 여부를 확인하도록 한 전기통신사업법령 조항들은 휴대전화를 통한 문자·전화·모바일 인터넷 등 통신기능을 사용하고자 하는 자에게 반드시 사전에 본인확인 절차를 거치는 데 동의해야만 이를 사용할 수 있도록 하므로, 익명으로 통신하고자 하는 청구인들의 통신의 자유를 침해한다. 24년 경찰승진, 20년 법원직 ☐O ☐X

2829
전기통신역무제공에 관한 계약을 체결하는 경우 전기통신사업자로 하여금 가입자에게 본인임을 확인할 수 있는 증서 등을 제시하도록 요구하고 부정가입방지시스템 등을 이용하여 본인인지 여부를 확인하도록 한 「전기통신사업법」 조항 및 「전기통신사업법 시행령」 조항은 이동통신서비스에 가입하려는 청구인들의 통신의 비밀을 제한한다. 22년 순경 1차, 22년 국회직 8급 ☐O ☐X

2830
미결수용자가 교정시설 내에서 규율위반행위 등을 이유로 금치처분을 받은 경우 금치기간 중 서신수수, 접견, 전화통화를 제한하는 형의 집행 및 수용자의 처우에 관한 법률 중 미결수용자에게 적용되는 서신수수제한 조항은 서신수수를 하려는 자의 통신의 자유를 침해하지 않는다. 21년 법원행시 ☐O ☐X

정답 및 해설

(O) 통신비밀보호법상의 "감청"이란 그 대상이 되는 전기통신의 송·수신과 동시에 이루어지는 경우만을 의미하고, 이미 수신이 완료된 전기통신의 내용을 지득하는 등의 행위는 포함되지 않는다(대판 2012.10.25. 2012도4644).

(X) 인터넷회선 감청은 서버에 저장된 정보가 아니라, 인터넷상에서 발신되어 수신되기까지의 과정 중에 수집되는 정보, 즉 전송 중인 정보의 수집을 위한 수사이므로, 압수·수색과 구별된다(헌재 2018.8.30. 2016헌마263).

(X) 개인정보자기결정권, 통신의 자유가 제한되는 불이익과 비교했을 때, 명의도용피해를 막고, 차명휴대전화의 생성을 억제하여 보이스피싱 등 범죄의 범행도구로 악용될 가능성을 방지함으로써 잠재적 범죄 피해 방지 및 통신망 질서 유지라는 더욱 중대한 공익의 달성효과가 인정된다(헌재 2019.9.26. 2017헌마1209).

(X) 전기통신역무제공에 관한 계약을 체결하는 경우 전기통신사업자로 하여금 가입자에게 본인임을 확인할 수 있는 증서 등을 제시하도록 요구하고 부정가입방지시스템 등을 이용하여 본인인지 여부를 확인하도록 한 「전기통신사업법」 조항 및 「전기통신사업법 시행령」 조항은 이동통신서비스에 가입하려는 청구인들의 통신의 자유를 제한한다(헌재 2019.2.26. 2017헌마1209).

(O) 서신수수 제한의 경우 외부와의 접촉을 금지시키고 구속감과 외로움 속에 반성에 전념토록 하는 징벌의 목적에 상응하는 점, 서신수수를 허가할 수 있는 예외를 규정하고 있는 점 등을 감안하면, 이 사건 서신수수제한 조항은 청구인의 통신의 자유를 침해하지 아니한다(헌재 2014.8.28. 2012헌마623).

| OX 문제 | 정답 및 해설 |

2831
「통신비밀보호법」상의 감청은 그 대상이 되는 전기통신의 송·수신과 동시에 이루어지는 경우뿐 아니라 이미 수신이 완료된 전기통신의 내용을 지득하는 등의 행위를 포함한다. 22년 입법고시 [O|X]

(X) "감청"이란 그 대상이 되는 전기통신의 송·수신과 동시에 이루어지는 경우만을 의미하고, 이미 수신이 완료된 전기통신의 내용을 지득하는 등의 행위는 포함되지 않는다(대판 2012.10.25. 2012도4644).

2832
통신사실 확인자료 제공요청은 「통신비밀보호법」이 정한 수사기관의 강제처분이므로 영장주의가 적용된다. 22년 경찰간부 [O|X]

(O) 통신사실 확인자료 제공요청은 수사 또는 내사의 대상이 된 가입자 등의 동의나 승낙을 얻지 아니하고도 공공기관이 아닌 전기통신사업자를 상대로 이루어지는 것으로 통신비밀보호법이 정한 수사기관의 강제처분이다. 위치정보 추적자료 제공요청은 강제처분에 해당하는바 영장주의가 적용된다. 이때 관할 지방법원의 허가를 받도록 한 것은 영장주의에 위배되지 않는다(헌재 2018.6.28. 2012헌마191).

2833
피청구인 교도소장이 구치소에 수용 중인 수형자에게 온 서신에 허가 없이 수수되는 물품인 녹취서와 사진이 동봉되어 있음을 확인하여 서신수수를 금지하고 발신인인 청구인에게 위 물품을 반송한 것은 과잉금지원칙에 위반되어 청구인의 통신의 자유를 침해한다. 24년 국회직 8급, 22년 해경간부 [O|X]

(X) 수형자이면서 확정되지 않은 형사재판에서 미결수용자인 이중적 지위에 있는 자에 대하여 변호인과의 서신 수수에 있어 교도소장이 금지물품 반입 금지를 위해 서신개봉행위를 한 것은 헌법에 위반되지 않는다(헌재 2021.10.28. 2019헌마973).

2834
수용자가 집필한 문서의 내용이 사생활의 비밀 또는 자유를 침해하는 등 우려가 있을 때 교정시설의 장이 문서의 외부반출을 금지하도록 규정한 법률 조항은, 집필문을 창작하거나 표현하는 것을 금지하거나 이에 대한 허가를 요구하는 조항이므로, 제한되는 기본권은 통신의 자유가 아니라 표현의 자유로 보아야 한다. 22년 지방직 7급, 22년 국회직 8급 [O|X]

(X) 청구인은 수용자가 작성한 집필문의 외부반출을 불허하고 이를 영치할 수 있도록 한 심판대상조항에 의해 표현의 자유 또는 예술창작의 자유가 제한된다고 주장하나, 심판대상 조항은 집필문을 창작하거나 표현하는 것을 금지하거나 이에 대한 허가를 요구하는 조항이 아니라 이미 표현된 집필문을 외부의 특정한 상대방에게 발송할 수 있는지 여부에 대해 규율하는 것이므로, 제한되는 기본권은 헌법 제18조에서 정하고 있는 통신의 자유로 봄이 상당하다(헌재 2016.6.30. 2015헌마924).

2835
검사, 사법경찰관 또는 정보수사기관의 장은 긴급통신제한조치의 집행착수 후 지체없이 법원에 허가청구를 하여야 하며 그 긴급 통신제한조치를 한 때부터 36시간 이내에 법원의 허가를 받지 못한 때에는 즉시 이를 중지하여야 한다. 22년 법학경채 [O|X]

(O) 검사 또는 정보수사기관의 장이 법원의 허가서나 대통령의 승인을 받을 수 없는 긴급한 사유가 있는 때에는 법원의 허가 없이, 정보수사기관의 장은 소속장관의 승인을 얻어 긴급감청을 할 수 있다. 이 경우 36시간 내에 검사는 법원의 허가를 받아야 하며, 정보수사기관의 장은 대통령의 승인을 얻어야 한다. 법원의 허가를 받지 못하거나 대통령의 승인을 얻지 못한 때에는 즉시 그 통신제한조치를 중지하여야 한다(통신비밀보호법 제8조).

OX 문제

2836
검사 또는 사법경찰관은 수사를 위하여 특정한 기지국에 대한 통신사실확인자료가 필요한 경우에는 원칙적으로 다른 방법으로는 범죄의 실행을 저지하기 어렵거나 범인의 발견·확보 또는 증거의 수집·보전이 어려운 경우에만 전기통신사업자에게 해당 자료의 열람이나 제출을 요청할 수 있다. 21년 법원행시 [O X]

2837
수용자의 서신에 금지물품이 들어 있는지 여부에 대한 확인을 교도소장의 재량에 맡긴 법률조항은 교도소장의 금지물품 확인이라는 구체적인 집행행위를 매개로 하여 수용자인 청구인의 권리에 영향을 미치게 되는바, 위 법률조항이 청구인의 기본권을 직접 침해한다고 할 수 없다. 23년 법원행시 [O X]

2838
이 사건 법률조항 중 국가안전보장에 대한 위해를 방지하기 위한 정보수집은 국가의 존립이나 헌법의 기본질서에 대한 위험을 방지하기 위한 목적을 달성함에 있어 요구되는 최소한의 범위 내에서의 정보수집을 의미하는 것으로 해석되므로 명확성 원칙에 위배되지 않는다. 23년 순경 1차 [O X]

2839
감청을 헌법 제18조에서 보장하고 있는 통신의 비밀에 대한 침해행위 중의 한 유형으로 이해해서는 안 되며, 감청의 대상으로서의 전기통신을 헌법상의 '통신'개념을 전제로 하고 있다고 보아서도 안 된다. 24년 국가직 5급 [O X]

2840
인터넷개인방송의 방송자가 비밀번호를 설정하는 등으로 비공개 조치를 취한 후 방송을 송출하는 경우, 방송자로부터 허가를 받지 못한 제3자가 비공개 조치가 된 인터넷개인방송을 비정상적인 방법으로 시청·녹화한 것은 「통신비밀보호법」상의 감청에 해당하지 않는다. 24년 경찰간부 [O X]

정답 및 해설

(O) 검사 또는 사법경찰관은 제1항에도 불구하고 수사를 위하여 통신사실확인자료 중 다음 각 호의 어느 하나에 해당하는 자료가 필요한 경우에는 다른 방법으로는 범죄의 실행을 저지하기 어렵거나 범인의 발견·확보 또는 증거의 수집·보전이 어려운 경우에만 전기통신사업자에게 해당 자료의 열람이나 제출을 요청할 수 있다. 다만, 제5조 제1항 각 호의 어느 하나에 해당하는 범죄 또는 전기통신을 수단으로 하는 범죄에 대한 통신사실확인자료가 필요한 경우에는 제1항에 따라 열람이나 제출을 요청할 수 있다. / 2. 특정한 기지국에 대한 통신사실확인자료(통신비밀보호법 제13조 제2항)

(O) 이 사건 법률조항은 수용자의 서신에 금지물품이 들어 있는지 여부에 대한 확인을 교도소장의 재량에 맡기고 있으므로 교도소장의 금지물품 확인이라는 구체적인 집행행위를 매개로 하여 수용자인 청구인의 권리에 영향을 미치게 되는바, 위 법률조항이 청구인의 기본권을 직접 침해한다고 할 수 없다(헌재 2012.2.23. 2009헌마333).

(O) 청구인들은 이 사건 법률조항 중 '국가안전보장에 대한 위해'의 의미가 불분명하다고 주장한다. 그런데 '국가안전보장에 대한 위해를 방지하기 위한 정보수집'은 국가의 존립이나 헌법의 기본질서에 대한 위험을 방지하기 위한 목적을 달성함에 있어 요구되는 최소한의 범위 내에서의 정보수집을 의미하는 것으로 해석되므로, 명확성원칙에 위배되지 않는다(헌재 2022.7.21. 2016헌마388).

(X) 감청이라는 것은 헌법 제18조에서 보장하고 있는 통신의 비밀에 대한 침해행위 중의 한 유형으로 이해하여야 할 것이며 감청의 대상으로서의 전기통신은 앞서 본 헌법상의 '통신'개념을 전제로 하고 있다고 보아야 할 것이다(헌재 2001.3.21. 2000헌바25). / 통신을 전제로 하지 않고는 감청이란 단어를 사용하지 않는다. 국어적으로 어려울 뿐 당연한 지문이다.

(X) 인터넷개인방송의 방송자가 비밀번호를 설정하는 등으로 비공개 조치를 취한 후 방송을 송출하는 경우에는, 방송자로부터 허가를 받지 못한 사람은 당해 인터넷개인방송의 당사자가 아닌 '제3자'에 해당하고, 이러한 제3자가 비공개 조치가 된 인터넷개인방송을 비정상적인 방법으로 시청·녹화하는 것은 통신비밀보호법상의 감청에 해당할 수 있다(대판 2022.10.27. 2022도9877).

OX 문제

2841
온라인서비스제공자가 자신이 관리하는 정보통신망에서 아동·청소년이용음란물을 발견하기 위하여 대통령령으로 정하는 조치를 취하지 아니하거나 발견된 아동·청소년이용음란물을 즉시 삭제하고, 전송을 방지 또는 중단하는 기술적인 조치를 취하지 아니한 경우 처벌하는 「아동·청소년의 성보호에 관한 법률」 제17조 제1항은 서비스이용자의 통신의 비밀을 침해하지 않는다. 24년 국회직 8급 ⓞⓧ

2842
효율적인 수사와 정보수집의 신속성, 밀행성 등의 필요성을 고려하여 갑에게 통신자료 제공 내역을 통지하도록 하는 것이 적절하지 않기 때문에, 이 사건 법률조항이 통신자료 취득에 대한 사후통지절차를 두지 않은 것은 적법절차원칙에 위배되지 않는다. 24년 순경 2차, 24년 7급 국가직, 23년 순경 1차 ⓞⓧ

2843
인터넷회선감청은, 인터넷회선을 통하여 흐르는 전기신호 형태의 '패킷'을 중간에 확보한 다음 재조합 기술을 거쳐 그 내용을 파악하는 이른바 '패킷감청'의 방식으로 이루어진다. 따라서 이를 통해 개인의 통신뿐만 아니라 사생활의 비밀과 자유가 제한되고, 과잉금지원칙을 위반하여 기본권을 침해한다. 23년 법원행시, 23년 변호사, 20년 경행특채 ⓞⓧ

2844
통신비밀보호법(2005. 5. 26. 법률 제7503호로 개정된 것) 제13조 제1항 중 '검사 또는 사법경찰관은 수사를 위하여 필요한 경우 전기통신사업법에 의한 전기통신사업자에게 제2조 제11호 가목 내지 라목의 통신사실 확인자료의 열람이나 제출을 요청할 수 있다.'는 부분은 과잉금지원칙에 위반되어 개인정보자기결정권과 통신의 자유를 침해한다. 24년 국회직 8급, 23년 법원직 9급 ⓞⓧ

2845
자유로운 의사소통은 통신내용의 비밀을 보장하는 것만으로는 충분하지 아니하고 구체적인 통신으로 발생하는 외형적인 사실관계, 특히 통신관여자의 인적 동일성·통신시간·통신장소·통신횟수 등 통신의 외형을 구성하는 통신이용의 전반적 상황의 비밀까지도 보장해야 한다. 24년 국가직 5급, 23년 변호사, 22년 국회직 8급, 20년 비상기획관(하) ⓞⓧ

정답 및 해설

(O) 심판대상조항을 통하여 아동음란물의 광범위한 유통·확산을 사전적으로 차단하고 이를 통해 아동음란물이 초래하는 각종 폐해를 방지하며 특히 관련된 아동·청소년의 인권 침해 가능성을 사전적으로 차단할 수 있는바, 이러한 공익이 사적 불이익보다 더 크다. 따라서 심판대상조항은 온라인서비스제공자의 영업수행의 자유, 서비스이용자의 통신의 비밀과 표현의 자유를 침해하지 아니한다(헌재 2018.6.28. 2016헌가15).

(X) 효율적인 수사와 정보수집의 신속성, 밀행성 등의 필요성을 고려하여 사전에 정보주체인 이용자에게 그 내역을 통지하도록 하는 것이 적절하지 않다면 수사기관 등이 통신자료를 취득한 이후에 수사 등 정보수집의 목적에 방해가 되지 않는 범위 내에서 통신자료의 취득사실을 이용자에게 통지하는 것이 얼마든지 가능하다. 그럼에도 이 사건 법률조항은 통신자료 취득에 대한 사후통지절차를 두지 않아 적법절차원칙에 위배된다(헌재 2022.7.21. 2016헌마388 등).

(O) 인터넷회선 감청의 특성을 고려하여 그 집행 단계나 집행 이후에 수사기관의 권한남용을 통제하고 관련 기본권의 침해를 최소화하기 위한 제도적 조치가 제대로 마련되어 있지 않은 상태에서, 범죄수사 목적을 이유로 인터넷회선 감청을 통신제한조치 허가 대상 중 하나로 정하고 있으므로 이는 헌법에 위반된다(헌재 2018.8.30. 2016헌마263). 패킷감청의 경우는 과도한 제한이 허용될 수 있다.

(O) 수사기관의 위치정보 추적자료 제공요청에 대해 법원의 허가를 거치도록 규정하고 있으나 수사의 필요성만을 그 요건으로 하고 있어 절차적 통제마저도 제대로 이루어지기 어려운 현실인 점 등을 고려할 때, 이 사건 요청조항은 과잉금지원칙에 반하여 청구인들의 개인정보자기결정권과 통신의 자유를 침해한다(헌재 2018.6.28. 2012헌마191 등).

(O) 자유로운 의사소통은 통신내용의 비밀을 보장하는 것만으로는 충분하지 아니하고 구체적인 통신관계의 발생으로 야기된 모든 사실관계, 특히 통신관여자의 인적 동일성·통신장소·통신횟수·통신시간 등 통신의 외형을 구성하는 통신이용의 전반적 상황의 비밀까지도 보장한다(헌재 2018.6.28. 2012헌마538).

| OX 문제 | 정답 및 해설 |

2846
헌법 제18조에서 그 비밀을 보호하는 '통신'의 일반적인 속성으로는 '당사자간의 동의', '비공개성', '당사자의 특정성' 등을 들 수 있다. 24년 국가직 5급, 20년 경행특채 ☐O ☐X

(O) 헌법 제18조에서 그 비밀을 보호하는 '통신'의 일반적인 속성으로는 '당사자간의 동의', '비공개성', '당사자의 특정성' 등을 들 수 있는바, 이를 염두에 둘 때 위 헌법조항이 규정하고 있는 '통신'의 의미는 '비공개를 전제로 하는 쌍방향적인 의사소통'이라고 할 수 있다(헌재 2001. 3.21. 2000헌바25).

2847
법원 등 관계기관이 수용자에게 보낸 문서를 교도소장이 열람한 행위는, 다른 법령에 따라 열람이 금지된 문서는 열람할 수 없고, 열람한 후에는 본인에게 신속히 전달하여야 하므로, 해당 수용자의 통신의 자유를 침해하지 아니한다. 24년 경찰승진, 23년 법원행시, 23년 법원직 9급, 22년 법무사 ☐O ☐X

(O) 피청구인의 문서열람행위는 형집행법 시행령 제67조에 근거하여 법원 등 관계기관이 수용자에게 보내온 문서를 열람한 행위로서, 문서 전달 업무에 정확성을 기하고 수용자의 편의를 도모하며 법령상의 기간준수 여부 확인을 위한 공적 자료를 마련하기 위한 것이다(헌재 2021. 9.30. 2019헌마919). 따라서 이는 헌법에 위반되지 않는다.

제3절 정신적 자유권

2848
신념이 확고하다는 것은 그것이 유동적이거나 가변적이지 않다는 것을 뜻하지만, 반드시 고정불변이어야 하는 것은 아니므로, 상황에 따라 타협적이거나 전략적으로 행동하는 것을 금지하지는 아니한다. 병역거부자가 그 신념과 관련한 문제에서 상황에 따라 다른 행동을 하였다고 하더라도, 그러한 신념이 진실하지 않다고 단정할 수는 없다. 21년 법무사 ☐O ☐X

(X) 신념이 확고하다는 것은 그것이 유동적이거나 가변적이지 않다는 것을 뜻한다. 반드시 고정불변이어야 하는 것은 아니지만, 그 신념은 분명한 실체를 가진 것으로서 좀처럼 쉽게 바뀌지 않는 것이어야 한다. 신념이 진실하다는 것은 거짓이 없고, 상황에 따라 타협적이거나 전략적이지 않다는 것을 뜻한다. 설령 병역거부자가 깊고 확고한 신념을 가지고 있더라도 그 신념과 관련한 문제에서 상황에 따라 다른 행동을 한다면 그러한 신념은 진실하다고 보기 어렵다(대판 2018.11.1. 2016도10912).

2849
양심적 병역거부자에게 병역의무의 이행을 일률적으로 강제하고 그 불이행에 대하여 형사처벌 등 제재를 하는 것은 소수자에 대한 관용과 포용이라는 자유민주주의 정신에도 위배된다. 21년 법무사 ☐O ☐X

(O) 자신의 내면에 형성된 양심을 이유로 집총과 군사훈련을 수반하는 병역의무를 이행하지 않는 사람에게 형사처벌 등 제재를 해서는 안 된다. 양심적 병역거부자에게 병역의무의 이행을 일률적으로 강제하고 그 불이행에 대하여 형사처벌 등 제재를 하는 것은 양심의 자유를 비롯한 헌법상 기본권 보장체계와 전체 법질서에 비추어 타당하지 않을 뿐만 아니라 소수자에 대한 관용과 포용이라는 자유민주주의 정신에도 위배된다. 따라서 진정한 양심에 따른 병역거부라면, 이는 병역법 제88조 제1항의 '정당한 사유'에 해당한다(대판 2018.11.1. 2016도10912). / 이 부분은 많이 조심해야 할 내용이다. 일반적으로 병역거부자에 대해서 처벌하는 것은 합헌이나, 양심적 병역거부자에게 일률적으로 강제하고 이를 처벌하는 것은 잘못이라는 취지이다.

2850
국가는 국민의 기본권을 확인하고 보장할 의무가 있으므로, 어떤 사람이 양심적 병역거부를 주장하면 그 사람이 자신의 '양심'을 외부로 표명하여 증명하여야 하는 것이 아니라, 국가가 그 사람의 병역거부가 양심에 따른 것인지를 확인하여야 한다. 24년 경찰 2차, 21년 법원직 9급 ☐O ☐X

(X) 특정한 내적인 확신 또는 신념이 양심으로 형성된 이상 그 내용 여하를 떠나 양심의 자유에 의해 보호되는 양심이 될 수 있으므로, 헌법상 양심의 자유에 의해 보호받는 '양심'으로 인정할 것인지의 판단은 그것이 깊고, 확고하며, 진실된 것인지 여부에 따르게 된다. 그리하여 양심적 병역거부를 주장하는 사람은 자신의 '양심'을 외부로 표명하여 증명할 최소한의 의무를 진다(헌재 2018.6.28. 2011헌바379 등).

| OX 문제 | 정답 및 해설 |

2851
헌법상 보장된 진술거부권은 형사절차뿐만 아니라 행정절차나 법률에 의한 진술강요에서도 인정되는 것인바, 이 사건 공표명령은 "특정의 행위를 함으로써 독점규제및공정거래에관한법률을 위반하였다."는 취지의 행위자의 진술을 공표하게 하는 것으로서 행위자로 하여금 형사절차에 들어가기 전에 법위반 행위를 일단 자백하게 하는 것이 되어 진술거부권을 침해하는 것이다. 21년 국회직 8급 ◯☒

(O) 이 사건 공표명령은 '특정의 행위를 함으로써 공정거래법을 위반하였다.'는 취지의 행위자의 진술을 일간지에 게재하여 공표하도록 하는 것으로서 그 내용상 행위자로 하여금 형사절차에 들어가기 전에 법위반행위를 일단 자백하게 하는 것이 되어 진술거부권도 침해하는 것이다(헌재 2002.1.31. 2001헌바43).

2852
헌법상 무죄추정의 원칙은 형사절차와 관련하여 공소가 제기되지 아니한 피의자는 물론 공소가 제기된 피고인이라 할지라도 유죄판결 확정 때까지는 죄가 없는 자로 다루어져야 한다는 원칙을 말하는 바, 이 사건 공표명령은 행정처분의 하나로서 형사절차 내에서 행하여진 처분은 아니므로 관련 행위자를 유죄로 추정하는 불이익한 처분이라고 할 수는 없다. 21년 국회직 8급 ◯☒

(X) 법위반사실의 공표명령은 공소제기조차 되지 아니하고 단지 고발만 이루어진 수사의 초기단계에서 아직 법원의 유무죄에 대한 판단이 가려지지 아니하였는데도 관련 행위자를 유죄로 추정하는 불이익한 처분이 된다(헌재 2002.1.31. 2001헌바43).

2853
'법위반사실의 공표명령'은 '특정한 내용의 행위를 함으로써 독점규제및공정거래에관한법률을 위반한 사실'을 공표하라는 것이지 행위자에게 사죄 내지 사과를 요구하는 것은 아니다. 따라서 이 사건 법률조항의 경우 사죄 내지 사과를 강요함으로써 인격발현 혹은 사회적 신용유지를 위하여 보호되어야 할 명예권에 대한 제한의 문제는 발생하지 않는다. 21년 국회직 8급 ◯☒

(X) 이 사건에서와 같이 만약 행위자가 자신의 법위반 여부에 관하여 사실인정 혹은 법률적용의 면에서 공정거래위원회와는 판단을 달리하고 있음에도 불구하고 불합리하게 법률에 의하여 이를 공표할 것을 강제당한다면 이는 행위자가 자신의 행복추구를 위하여 내키지 아니하는 일을 하지 아니할 일반적 행동자유권과 인격발현 혹은 사회적 신용유지를 위하여 보호되어야 할 명예권에 대한 제한에 해당한다고 할 것이다(헌재 2002.1.31. 2001헌바43).

2854
가석방심사등에관한규칙 위헌확인 사건에서 준법서약은 어떤 구체적이거나 적극적인 내용을 담지 않은 채 단순한 헌법적 의무의 확인·서약에 불과하다 할 것이어서 양심의 영역을 건드리는 것이 아니다. 21년 경행특채 ◯☒

(O) 이 사건 준법서약은 어떤 구체적이거나 적극적인 내용을 담지 않은 채 단순한 헌법적 의무의 확인·서약에 불과하다 할 것이어서 양심의 영역을 건드리는 것이 아니다(헌재 2002.4.25. 98헌마425 등).

2855
주민등록증 발급을 위해 열 손가락의 지문을 날인케 하는 것은 신원확인기능의 효율적인 수행을 도모하고, 신원확인의 정확성 내지 완벽성을 제고하기 위한 것이므로 양심의 자유에 대한 최소한의 제한이라고 할 수 있다. 22년 경찰승진 ◯☒

(X) 지문을 날인할 것인지 여부의 결정이 선악의 기준에 따른 개인의 진지한 윤리적 결정에 해당한다고 보기는 어려워, 열 손가락 지문 날인의 의무를 부과하는 이 사건 시행령조항에 대하여 국가가 개인의 윤리적 판단에 개입한다거나 그 윤리적 판단을 표명하도록 강제하는 것으로 볼 여지는 없다고 할 것이므로, 이 사건 시행령조항에 의한 양심의 자유의 침해가능성 또한 없는 것으로 보인다(헌재 2005.5.26. 99헌마513). 즉 양심의 자유를 제한하지도 않는다.

OX 문제

2856
병역의 종류를 현역, 예비역, 보충역, 병역준비역, 전시근로역의 다섯 가지로 한정하여 규정하고 양심적 병역거부자에 대한 대체 복무제를 규정하지 아니한 병역종류조항은 과잉금지원칙을 위반하여 양심적 병역거부자의 양심의 자유를 침해한다. 21년 경행특채 ⊙ ⊗

2857
'시민적 및 정치적 권리에 관한 국제규약'은 헌법에 의하여 체결·공포된 조약이므로 그 조약상 기구인 자유권규약위원회의 견해에 따라 우리 입법자는 기존에 유죄판결을 받은 양심적 병역거부자에 대해 전과기록 말소 등의 구제조치를 할 입법의무가 있다. 24년 법원행시, 21년 법원행시 ⊙ ⊗

2858
양심적 병역거부자들은 헌법상 국방의 의무 자체를 부정하는 것이 아니라, 단지 국방의 의무를 구체화하는 법률에서 병역의무를 정하고 그 병역의무를 이행하는 방법으로 정한 집총이나 군사훈련을 수반하는 행위를 할 수 없다는 이유로 그 이행을 거부할 뿐이므로, 소극적 부작위에 의한 양심실현에 해당한다. 20년 법원행시 ⊙ ⊗

2859
입영기피자에 대한 형사처벌은 '양심에 따른 행동을 할 자유', 즉 '작위에 의한 양심실현의 자유'를 제한하는 것이다. 20년 소방간부 ⊙ ⊗

2860
민간 사회봉사제도를 대체복무의 형태로 인정하지 아니한 것은 절대적 병역거부자의 양심의 자유를 침해한다. 25년 국회직 9급 ⊙ ⊗

정답 및 해설

(O) 병역의 종류를 현역, 예비역, 보충역, 병역준비역, 전시근로역의 다섯 가지로 한정하여 규정하고 양심적 병역거부자에 대한 대체복무제를 규정하지 아니한 병역종류조항이 과잉금지원칙을 위반하여 양심적 병역거부자의 양심의 자유를 침해한다(헌재 2018.6.28. 2011헌바379 등).

(X) 기존에 유죄판결을 받은 양심적 병역거부자에 대해 전과기록 말소 등의 구제조치를 할 것인지에 대하여는 입법자에게 광범위한 입법재량이 부여되어 있다고 보아야 한다. 따라서 우리나라가 자유권규약의 당사국으로서 자유권규약위원회의 견해를 존중하고 고려하여야 한다는 점을 감안하더라도, 피청구인에게 이 사건 견해에 언급된 구제조치를 그대로 이행하는 법률을 제정할 구체적인 입법의무가 발생하였다고 보기는 어려우므로, 이 사건 심판청구는 헌법소원심판의 대상이 될 수 없는 입법부작위를 대상으로 한 것으로서 부적법하다(헌재 2018.7.26. 2011헌마306 등).

(O) 이는 충돌이 일어나는 직접적인 국면에서 문제를 해결하는 방법일 뿐만 아니라 병역법이 취하고 있는 태도에도 합치하는 해석방법이다. 소극적 부작위에 의한 양심실현의 자유에 대한 제한은 양심의 자유에 대한 과도한 제한이 되거나 본질적 내용에 대한 위협이 될 수 있다. 양심적 병역거부는 이러한 소극적 부작위에 의한 양심실현에 해당한다(대판 2018.11.1. 2016도10912).

(X) 병역종류조항에 대체복무제가 마련되지 아니한 상황에서, 양심상의 결정에 따라 입영을 거부하거나 소집에 불응하는 이 사건 청구인 등이 현재의 대법원 판례에 따라 처벌조항에 의하여 형벌을 부과받음으로써 양심에 반하는 행동을 강요받고 있으므로, 이 사건 법률조항은 '양심에 반하는 행동을 강요당하지 아니할 자유', 즉, '부작위에 의한 양심실현의 자유'를 제한하고 있다(헌재 2018.6.28. 2011헌바379 등).

(X) 순수 민간단체가 주관하는 사회봉사를 대체복무로 허용하는 경우에는 관리의 어려움이나 복무 강도의 차이 등으로 인해 현역복무와 대체복무 사이의 형평성 확보에 어려움이 따를 것으로 예상되어 병역자원을 효율적으로 관리하고 병역의무의 형평성을 유지하는 것을 기대하기는 어려우므로, 입법자의 판단은 수긍할 만하다(헌재 2024.8.29. 2921헌마1278).

| OX 문제 | 정답 및 해설 |

2861
대체복무에는 군사적 역무와 관련한 것이 모두 제외되어 있으므로 반드시 신체등급을 고려하여 복무기관을 달리하여야 한다고 보기 어렵다. 26년 경찰간부 [O][X]

(O) 대체복무도 다른 병역처럼 신체등급이나 적성 또는 특기 등을 고려하여 복무기관을 다양하게 정할 수도 있을 것이다. 그러나 대체역을 제외한 여타 병역들은 기본적으로 집총을 전제로 하여 그 복무 내용들이 정해지므로 군사적 역무의 감당 정도에 따라 신체등급을 고려할 필요가 있을 수 있으나, 대체복무에는 위에서 본 바와 같이 군사적 역무와 관련한 것이 모두 제외되어 있으므로, 반드시 신체등급을 고려하여 복무기관을 달리하여야 한다고 보기는 어렵다(헌재 2024.5.30. 2023헌마32 등).

2862
군사적 역무가 완전히 배제되고 전시에도 병력동원에서 배제되는 대체역과 그렇지 아니한 사회복무요원에 대하여 그 복무기간 등에 일정한 차이를 둔다면 그로 인하여 사회복무요원 소집 대상에서 편입된 대체역은 침해의 최소성에 반하는 과도한 제한을 받는 것이다. 26년 경찰간부 [O][X]

(X) 우리나라의 지정학적 특수성이나 안보상황에 더하여 세계 곳곳에 전쟁과 분쟁의 참상이 있는 오늘날의 현실에서, 군사적 역무가 완전히 배제되고 전시에도 병력동원에서 배제되는 대체역과 그렇지 아니한 사회복무요원에 대하여, 그 복무기간 등에 일정한 차이를 둔다 하더라도, 그로 인하여 사회복무요원 소집 대상에서 편입된 대체역이 침해의 최소성에 반하는 과도한 제한을 받는다고 보기는 어렵다(헌재 2024.5.30. 2023헌마32 등).

2863
병역법 제88조 제1항의 '정당한 사유'란 입영통지에 기해 지정된 기일과 장소에 집결할 의무를 부과받았음에도 즉시 이에 응하지 못한 것을 정당화할 만한 사유로서, 병역법에서 입영을 일시적으로 연기하거나 지연시키기 위한 요건으로 인정된 사유, 즉 질병, 재난 등과 같은 개인의 책임으로 돌리기 어려운 사유로 한정된다고 보아야 한다. 20년 법원행시 [O][X]

(X) 피고인이 부양해야 할 배우자, 어린 딸과 갓 태어난 아들이 있는 상태에서 형사처벌의 위험을 감수하면서도 종교적 신념을 이유로 병역거부 의사를 유지하고 있는 사정에 비추어 보면, 피고인의 입영거부 행위는 진정한 양심에 따른 것으로서 구 병역법(2013. 6. 4. 법률 제11849호로 개정되기 전의 것) 제88조 제1항에서 정한 '정당한 사유'에 해당할 여지가 있는데도, 피고인이 주장하는 양심이 위 조항의 정당한 사유에 해당하는지 심리하지 아니한 채 양심적 병역거부가 정당한 사유에 해당하지 않는다고 보아 유죄를 인정한 원심판결에 양심적 병역거부와 위 조항에서 정한 정당한 사유의 해석에 관한 법리를 오해한 잘못이 있다(대판 2018.11.1. 2016도10912).

2864
양심적 병역거부의 바탕이 되는 양심상의 결정은 종교적 동기뿐만 아니라 윤리적 철학적 또는 이와 유사한 동기로부터도 형성될 수 있는 것이므로 양심적 병역거부자의 기본권 침해여부는 양심의 자유를 중심으로 판단한다. 20년 경찰승진 [O][X]

(O) 양심적 병역거부의 바탕이 되는 양심상의 결정은 종교적 동기뿐만 아니라 윤리적 철학적 또는 이와 유사한동기로부터도 형성될 수 있는 것이므로 양심적 병역거부자의 기본권 침해여부는 양심의 자유를 중심으로 판단한다(헌재 2018.6.28. 2011헌바379).

2865
대체복무제가 마련되지 아니한 상황에서 양심상의 결정에 따라 입영을 거부하거나 소집에 불응하는 사람들에게 형사처벌을 부과하는 병역법 조항은 '양심에 반하는 행동을 강요당하지 아니할 자유'를 제한하는 것이다. 그러나 다른 한편 헌법 제39조 제1항의 국방의 의무를 형성하는 입법이기도 하므로, 위 병역법 조항이 양심의 자유를 침해하는지 여부에 대한 심사는 헌법상 자의금지원칙에 따라 입법형성의 재량을 일탈하였는지 여부를 기준으로 판단하여야 한다. 21년 법원직 9급 [O][X]

(X) 헌법 제37조 제2항의 비례원칙은, 단순히 기본권제한의 일반원칙에 그치지 않고, 모든 국가작용은 정당한 목적을 달성하기 위하여 필요한 범위 내에서만 행사되어야 한다는 국가작용의 한계를 선언한 것이므로, 비록 이 사건 법률조항이 헌법 제39조에 규정된 국방의 의무를 형성하는 입법이라 할지라도 그에 대한 심사는 헌법상 비례원칙에 의하여야 한다(헌재 2018.6.28. 2011헌바379 등).

| OX 문제 | 정답 및 해설 |

2866
현역입영 또는 소집 통지서를 받은 사람이 정당한 사유 없이 입영일이나 소집일부터 3일이 지나도 입영하지 아니하거나 소집에 응하지 아니한 경우를 처벌하는 「병역법」처벌조항은 과잉금지원칙을 위반하여 양심적 병역거부자의 양심의 자유를 침해한다. 23년 순경 1차, 20년 지방직 7급 ⓞⓧ

(X) 처벌조항은 정당한 사유 없이 병역의무를 거부하는 병역기피자를 처벌하는 조항으로서, 과잉금지원칙을 위반하여 양심적 병역거부자의 양심의 자유를 침해한다고 볼 수는 없다(헌재 2018.6.28. 2011헌바379).

2867
수범자가 수혜를 스스로 포기하거나 권고를 거부함으로써 법질서와 충돌하지 아니한 채 자신의 양심을 유지, 보존하는 경우에도 양심 변경에 대한 강요로서 양심의 자유 침해가 된다. 23년 5급 공채, 23년 경찰간부 ⓞⓧ

(X) 수범자는 수혜를 스스로 포기하거나 권고를 거부함으로써 법질서와 충돌하지 아니한 채 자신의 양심을 유지, 보존할 수 있으므로 양심의 자유에 대한 침해가 된다 할 수 없다(헌재 2002.4.25. 98헌마425 등).

2868
우리나라는 헌법 제정 당시 신앙과 양심을 하나의 조문에서 보장하였으나, 제3차 개정헌법부터 신앙과 양심을 분리하여 규정하기 시작했다. 23년 법원행시 ⓞⓧ

(X) 모든 국민은 신앙과 양심의 자유를 가진다. 국교는 존재하지 아니하며 종교는 정치로부터 분리된다(제3차 개정헌법 제12조). 그러나 5차 개정부터는 헌법 제16조에서 종교를 규정하고, 제17조에서는 양심의 자유를 규정하였다. / *제3차가 아니라 제3공화국이다.*

2869
보안관찰처분은 그 대상자가 보안관찰 해낭범죄를 다시 저지를 위험성이 내심의 영역을 벗어나 외부에 표출되는 경우에 내려지는 특별 예방적 목적의 처분이므로, 보안관찰처분 근거규정이 양심의 자유를 침해한다고 볼 수 없다. 23년 법원행시 ⓞⓧ

(O) 보안관찰법상의 보안관찰처분은 보안관찰처분대상자의 내심의 작용을 문제삼는 것이 아니라, 보안관찰처분대상자가 보안관찰해당범죄를 다시 저지를 위험성이 내심의 영역을 벗어나 외부에 표출되는 경우에 재범의 방지를 위하여 내려지는 특별예방적 목적의 처분이므로, 양심의 자유를 보장한 헌법규정에 위반된다고 할 수 없다(헌재 1997.11.27. 92헌바28).

2870
이적표현물의 제작이나 반포행위를 금지하는 것은 표현물에 담긴 사상, 내용을 자유롭게 표명하고 타인에게 전파하고자 하는 표현의 자유를 제한할 뿐, 내적 영역에서의 양심 형성과는 관련이 없으므로 양심의 자유를 제한하지 않는다. 23년 법원행시 ⓞⓧ

(X) 표현물에 담긴 내용이나 사상은 개개인이 자신의 세계관이나 가치체계를 형성해 나가는 데 영향을 주는 것으로 어떠한 신념에 근거하여 윤리적 결정을 하고 삶의 방향을 설정해 나갈 것인가를 정하는 기초가 된다. 따라서 특정한 내용이 담긴 표현물의 소지나 취득을 금지함으로써 정신적 사유의 범위를 제한하는 것은, 내적 영역에서 양심을 형성하고 사상을 발전시켜 나가고자 하는 양심의 자유 내지는 사상의 자유를 제한한다(헌재 2015.4.30. 2012헌바95).

2871
양심형성의 자유는 외부의 간섭과 강제로부터 절대적으로 보호되는 기본권이므로, 이적표현물의 소지·취득행위가 반포나 판매로 이어지거나 이를 통해 형성된 양심적 결정이 외부로 표현되고 실현되지 아니한 단계에서 이를 처벌하는 것은 헌법상 허용되지 아니한다. 24년 순경 1차, 24년 법원행시 ⓞⓧ

(X) 이적표현물의 소지·취득행위만으로도 그 표현물의 이적내용이 전파될 가능성을 배제하기 어렵고, 특히 최근 늘어나고 있는 전자매체 형식의 표현물들은 실시간으로 다수에게 반포가 가능하고 소지·취득한 사람의 의사와 무관하게 전파, 유통될 가능성도 배제할 수 없으므로, 이적표현물을 소지·취득하는 행위가 지니는 위험성이 이를 제작·반포하는 행위에 비해 결코 적다고 보기 어렵다. 따라서 이적표현물 조항은 표현의 자유 및 양심의 자유를 침해하지 아니한다(헌재 2015.4.30. 2012헌바95 등). *즉 처벌해도 합헌이다.*

OX 문제

2872
의사로 하여금 환자의 진료비 내역 정보를 국세청에 제출하도록 하는 「소득세법」 해당 조항으로 얻게 되는 납세자의 편의와 사회적 제비용의 절감을 위한 연말정산 간소화라는 공익이 이로 인하여 제한되는 의사들의 양심실현의 자유에 비하여 결코 적다고 할 수 없다. 23년 경찰간부 [O X]

2873
양심의 자유는 옳고 그른 것에 대한 판단을 추구하는 가치적·도덕적 마음가짐으로 인간의 윤리적 내심영역인바, 세무사가 행하는 성실신고확인은 확인대상사업자의 소득금액에 대하여 심판대상조항 및 관련 법령에 따라 확인하는 것으로 단순한 사실관계의 확인에 불과한 것이어서 헌법 제19조에 의하여 보장되는 양심의 영역에 포함되지 않는다. 22년 법원직 [O X]

2874
병역의 종류를 현역, 예비역, 보충역, 병역준비역, 전시 근로역의 다섯 가지로 한정하여 규정하는 병역종류조항은 대체복무제라는 대안이 있음에도 불구하고 군사훈련을 수반하는 병역의무만을 규정하고 있으므로 정당한 입법목적을 달성하기 위한 적합한 수단에 해당한다고 보기는 어렵다. 23년 경찰간부 [O X]

2875
「병역법」 위반 사건에서 피고인이 양심적 병역거부를 주장할 경우 인간의 내면에 있는 양심을 직접 객관적으로 증명할 수는 없으므로 사물의 성질상 양심과 관련성이 있는 간접사실 또는 정황사실을 증명하는 방법으로 판단하여야 한다. 24년 경찰간부 [O X]

2876
방송사업자가 심의규정을 위반한 경우 '시청자에 대한 사과'를 명할 수 있도록 규정한 구 「방송법」 조항은 방송사업자의 양심의 자유를 침해한다. 24년 경찰간부 [O X]

정답 및 해설

(O) 이처럼 이 사건 법령조항으로 얻게 되는 납세자의 편의와 사회적 제비용의 절감을 위한 연말정산 간소화라는 공익이 이로 인하여 제한되는 의사들의 양심실현의 자유에 비하여 결코 적다고 할 수 없으므로, 이 사건 법령조항은 법익의 균형성도 갖추었다고 할 것이다. 그렇다면 이 사건 법령조항이 연말정산 간소화라는 공익을 위하여 의사들의 양심의 자유를 위와 같이 제한하는 것이 헌법 제37조 제2항이 정한 과잉금지원칙에 위반된 것이라고 볼 수 없다(헌재 2008.10.30. 2006헌마1401 등).

(O) 단순한 사실관계의 확인은 물론, 법률해석에 관하여 여러 가지 견해가 갈리는 경우처럼 다소의 가치관련성을 가진다 하더라도 개인의 인격형성과는 관계가 없는 사사로운 사유나 의견 등은 양심의 자유의 보호대상이 아니다(헌재 2001.8.30. 99헌바92).

(X) 병역종류조항은, 병역의 종류와 각 병역의 내용 및 범위를 법률로 정하여 병역부담의 형평을 기하고, 병역의무자의 신체적 특성과 개인적 상황, 병력수급 사정 등을 고려하여 병역자원을 효율적으로 배분할 수 있도록 함과 동시에, 병역의 종류를 한정적으로 열거하고 그에 대한 예외를 인정하지 않음으로써 병역자원을 효과적으로 확보할 수 있도록 하기 위한 것이다. 이는 궁극적으로 국가안전보장이라는 헌법적 법익을 실현하고자 하는 것이므로 위와 같은 입법목적은 정당하고, 병역종류조항은 그러한 입법목적을 달성하기 위한 적합한 수단이다(헌재 2018.6.28. 2011헌바379 등). / 수단의 적합성은 인정되나 종류조항은 결국 위헌임

(O) 구체적인 병역법위반 사건에서 피고인이 양심적 병역거부를 주장할 경우, 그 양심이 과연 위와 같이 깊고 확고하며 진실한 것 인지 가려내는 일이 무엇보다 중요하다. 인간의 내면에 있는 양심을 직접 객관적으로 증명할 수는 없으므로 사물의 성질상 양심과 관련성이 있는 간접사실 또는 정황사실을 증명하는 방법으로 판단하여야 한다(대판 2018.11.1. 2016도10912).

(X) 이 사건 심판대상조항은 방송사업자의 의사에 반한 사과행위를 강제함으로써 방송사업자의 인격권을 제한하며, 이러한 제한이 그 목적과 방법 등에 있어서 헌법 제37조 제2항에 의한 헌법적 한계를 벗어난 것이다(헌재 2012.8.23. 2009헌가27). / 방송사업자 즉 법인의 경우 양심을 가질 수 없다. 따라서 이는 인격권을 침해하는 것이다.

| OX 문제 | 정답 및 해설 |

2877
종교단체의 복지시설 운영에 대한 제한은 종교단체 내 복지시설을 운영하는 법인의 인격권 및 법인운영의 자유를 제한하는 것이므로 종교의 자유 침해가 아닌 법인운영의 자유를 침해하는지 여부에 대한 문제로 귀결된다. 24년 해경간부, 22년 순경 2차 [O][X]

(X) 청구인은, 심판대상조항이 법인의 인격권 및 법인운영의 자유를 침해한다고 주장하나, 위에서 본 바와 같이 종교단체의 복지시설 운영은 종교의 자유의 영역이므로 종교의 자유를 침해하는지 여부에 대한 문제로 귀결된다(헌재 2016.6.30. 2015헌바46).

2878
종교의 자유로부터 종교를 이유로 일반적으로 적용되는 조세나 부담금을 부과하는 법률적용의 면제 등 적극적인 우대조치를 요구할 권리가 직접 도출된다. 25년 해경 [O][X]

(X) 헌법 제20조 제1항이 보장하고 있는 종교의 자유는 국민을 종교와 관련된 공권력의 강제와 개입으로부터 보호하지만, 이로부터 종교를 이유로 국민이 일반적으로 적용되는 조세나 부담금을 부과하는 법률적용의 면제 등 적극적인 우대조치를 요구할 권리가 직접 도출된다거나 적극적인 우대조치를 할 국가의 의무가 발생하는 것은 아니다(헌재 2010.2.25. 2007헌바131 등).

2879
종립학교의 학교법인이 국·공립학교의 경우와는 달리 종교교육을 할 자유와 운영의 자유를 가진다고 하더라도 그 종립학교가 공교육체계에 편입되어 있는 이상 원칙적으로 학생의 종교의 자유, 교육을 받을 권리를 고려한 대책을 마련하는 등의 조치를 취하는 속에서 그러한 자유를 누린다고 해석하여야 한다. 25년 소방간부, 24년 해경간부, 22년 법학경채, 21년 법원행시 [O][X]

(O) 고등학교 평준화정책에 따른 학교 강제배정제도가 위헌이 아니라고 하더라도 여전히 종립학교가 가지는 종교교육의 자유 및 운영의 자유와 학생들이 가지는 소극적 종교행위의 자유 및 소극적 신앙고백의 자유 사이에 충돌이 생기게 되는데, 이와 같이 하나의 법률관계를 둘러싸고 두 기본권이 충돌하는 경우에는 구체적인 사안에서의 사정을 종합적으로 고려한 이익형량과 함께 양 기본권 사이의 실제적인 조화를 꾀하는 해석 등을 통하여 이를 해결하여야 한다(대판 2010.4.22. 2008다38288).

2880
군종장교가 최소한 성직자의 신분에서 주재하는 종교활동을 수행함에 있어 소속종단의 종교를 선전하거나 다른 종교를 비판하는 것은 국가공무원으로서 종교적 중립을 준수할 의무를 위반한 직무상의 위법이 있다. 22년 법학경채, 21년 법원행시, 21년 법무사 [O][X]

(X) 군대 내에서 군종장교는 국가공무원인 참모장교로서의 신분뿐 아니라 성직자로서의 신분을 함께 가지고 소속 종단으로부터 부여된 권한에 따라 설교·강론 또는 설법을 행하거나 종교의식 및 성례를 할 수 있는 종교의 자유를 가지는 것이므로, 군종장교가 최소한 성직자의 신분에서 주재하는 종교활동을 수행함에 있어 소속종단의 종교를 선전하거나 다른 종교를 비판하였다고 할지라도 그것만으로 종교적 중립을 준수할 의무를 위반한 직무상의 위법이 있다고 할 수 없다(대판 2007.4.26. 2006다87903).

2881
전통사찰의 등록 후에 발생한 사법상 금전채권을 가진 일반채권자가 전통사찰 소유의 전법(傳法)용 경내지의 건조물 등에 대하여 압류하는 것을 금지하는 법률조항은 종교의 자유의 내용 중 어떠한 것도 제한하지 않는다. 23년 변호사 [O][X]

(O) 종교의 자유는 신앙의 자유, 종교적 행위의 자유 및 종교적 집회·결사의 자유를 그 내용으로 하는바, 이 사건 법률조항은 전통사찰 소유의 일정 재산에 대한 압류를 금지할 뿐이므로 그로 인하여 위와 같은 종교의 자유의 내용 중 어떠한 것도 제한되지는 아니한다(헌재 2012.6.27. 2011헌바34). / 재산권을 제한할 뿐이다.

2882
종교적인 기관·단체 등의 조직 내에서의 직무상 행위를 이용하여 그 구성원에 대하여 선거운동을 하거나 하게 할 수 없도록 한「공직선거법」조항은 종교적 신념 자체 또는 종교의식, 종교교육, 종교적 집회·결사의 자유 등을 제한하는 것이 아니므로 종교의 자유가 직접적으로 제한된다고 보기 어렵다. 24년 경찰간부 [O][X]

(O) 청구인들은 직무이용 제한조항이 종교의 자유도 침해한다고 주장하나, 위 조항은 종교적 신념 자체 또는 종교의식, 종교교육, 종교적 집회·결사의 자유 등을 제한하는 것이 아니라, 단지 종교단체 내에서 직무상 지위를 이용한 선거운동을 제한하는 것이므로 그로 인해 종교의 자유가 직접적으로 제한된다고 보기 어렵다(헌재 2024.1.25. 2021헌바233 등).

| OX 문제 | 정답 및 해설 |

2883
종교단체가 종교적 행사를 위하여 종교집회장 내에 납골시설을 설치하여 운영하는 것은 종교행사의 자유와 관련된 것이라고 할 것이고, 그러한 납골시설의 설치를 금지하는 것은 종교행사의 자유를 제한하는 결과로 된다. 25년 경찰 2차, 25년 입법고시 [O][X]

(O) 이 사건 법률조항은 정화구역 내의 납골시설 설치·운영을 일반적으로 금지하고 있다. 종교단체의 납골시설은 사자의 죽음을 추모하고 사후의 평안을 기원하는 종교적 행사를 하기 위한 시설이라고 할 수 있다. 종교단체가 설치·운영하고자 하는 납골시설이 금지되는 경우에는 종교의 자유에 대한 제한 문제가 발생한다(헌재 2009.7.30. 2008헌가2).

2884
미결수용자로서 사건에 서로 관련이 있는 사람은 분리수용하고 서로 간의 접촉을 금지하여 공모를 통한 범죄의 증거인멸을 방지할 필요가 있고, 구치소의 종교행사 장소가 매우 협소하다는 등의 이유로 수형자 및 노역장유치자에 대하여만 종교행사 등에의 참석을 허용하고 미결수용자에 대하여는 일괄적으로 종교행사 등에의 참석을 금지한 행위는 헌법에 위반된다. 22년 법원행시 [O][X]

(O) 이 사건 결정은, 무죄가 추정되는 미결수용자에 대한 기본권 제한은 수형자의 경우보다 더 완화되어야 함에도, 미결수용자에 대하여만 일률적으로 종교행사 등에의 참석을 불허한 피청구인의 행위가 미결수용자의 종교의 자유를 침해한 것이라는 헌법재판소의 입장을 밝힌 것이다. 종교행사 등 참석불허 처우는 과잉금지원칙을 위반하여 청구인의 종교의 자유를 침해한 것이다(헌재 2011.12.29. 2009헌마527).

2885
출력수(작업에 종사하는 수형자)를 대상으로 원칙적으로 월 3~4회의 종교집회를 실시하는 반면, 미결수용자와 미지정 수형자에 대해서는 원칙적으로 매월 1회, 그것도 공간의 협소함과 관리 인력의 부족을 이유로 수용동별로 돌아가며 종교집회를 실시하여 실제 연간 1회 정도의 종교집회 참석 기회를 부여한 구치소장의 종교집회 참석 제한 처우는 미결수용자 및 미지정 수형자의 종교의 자유를 침해한 것이다. 24년 순경 2차 [O][X]

(O) 피청구인은 출력수(작업에 종사하는 수형자)를 대상으로 원칙적으로 월 3~4회의 종교집회를 실시하는 반면, 미결수용자와 미지정 수형자에 대해서는 원칙적으로 매월 1회, 그것도 공간의 협소함과 관리 인력의 부족을 이유로 수용동별로 돌아가며 종교집회를 실시하여 실제 연간 1회 정도의 종교집회 참석 기회를 부여하고 있다. 이는 미결수용자 및 미지정 수형자의 구금기간을 고려하면 사실상 종교집회 참석 기회가 거의 보장되지 않는 결과를 초래할 수도 있다. 따라서 이 사건 종교집회 참석 제한 처우는 부산구치소의 열악한 시설을 감안하더라도 과잉금지원칙을 위반하여 청구인의 종교의 자유를 침해한 것이다(헌재 2014.6.26. 2012헌마782).

2886
구체적인 전달이나 전파의 상대방이 없는 집필의 단계를 표현의 자유의 보호영역에 포함시킬 것인지 의문이 있을 수 있으나 집필은 문자를 통한 모든 의사표현의 기본 전제가 된다는 점에서 당연히 표현의 자유의 보호영역에 속해 있다고 보아야 한다. 22년 입법고시 [O][X]

(O) 집필행위는 사람의 내면에 있는 생각이 외부로 나타나는 첫 단계의 행위란 점에서 문자를 통한 표현행위의 가장 기초적이고도 전제가 되는 행위라 할 것이다. 일반적으로 표현의 자유는 정보의 전달 또는 전파와 관련지어 생각되므로 구체적인 전달이나 전파의 상대방이 없는 집필의 단계를 표현의 자유의 보호영역에 포함시킬 것인지 의문이 있을 수 있으나, 집필은 문자를 통한 모든 의사표현의 기본 전제가 된다는 점에서 당연히 표현의 자유의 보호영역에 속해 있다고 보아야 한다(헌재 2005.2.24. 2003헌마289).

2887
표현의 자유를 규제하는 법률은 그 규제로 인해 보호되는 다른 표현에 대하여 위축효과가 미치지 않도록 규제되는 표현의 개념을 세밀하고 명확하게 규정할 것이 헌법적으로 요구되는데, 이는 명확성의 원칙과 관련된다. 21년 법원직 9급 [O][X]

(O) 표현의 자유를 규제하는 입법에 있어서 이러한 명확성의 원칙은 특별히 중요한 의미를 지닌다. 민주사회에서 표현의 자유가 수행하는 역할과 기능에 비추어 볼 때, 불명확한 규범에 의한 표현의 자유의 규제는 헌법상 보호받는 표현에 대한 위축 효과를 수반하기 때문이다(헌재 2020.11.26. 2016헌마275·606).

| OX 문제 | 정답 및 해설 |

2888
국가나 지방자치단체는 국민에 대한 관계에서 형벌의 수단을 통해 보호되는 외부적 명예의 주체가 될 수는 없고, 따라서 명예훼손죄나 모욕죄의 피해자가 될 수 없다. 21년 법원행시 [O|X]

(O) "형법이 명예훼손죄를 처벌함으로써 보호하고자 하는 사람의 가치에 대한 평가인 외부적 명예는 개인적 법익으로서, 국민의 기본권을 보호 내지 실현해야 할 책임과 의무를 지고 있는 공권력의 행사자인 국가나 지방자치단체는 기본권의 수범자일 뿐 기본권의 주체가 아니고, 그 정책결정이나 업무수행과 관련된 사항은 항상 국민의 광범위한 감시와 비판의 대상이 되어야 하며 이러한 감시와 비판은 그에 대한 표현의 자유가 충분히 보장될 때에 비로소 정상적으로 수행될 수 있으므로, 국가나 지방자치단체는 국민에 대한 관계에서 형벌의 수단을 통해 보호되는 외부적 명예의 주체가 될수는 없고, 따라서 명예훼손죄의 피해자가 될 수 없다."라고 판시함으로써(대판 2016.12.27. 2014도15290).

2889
보안접속 프로토콜(https)을 사용하는 경우에도 접근을 차단할 수 있도록 서버 이름 표시('SNI')를 확인하여 불법정보 등을 담고 있는 특정 웹사이트에 대한 접속을 차단하는 것은 수단의 적합성이 인정된다. 26년 경찰간부 [O|X]

(O) 이 사건 시정요구는 불법정보 등의 유통을 차단함으로써 정보통신에서의 건전한 문화를 창달하고 정보통신의 올바른 이용환경을 조성하고자 하는 것으로서 그 목적이 정당하다. 보안접속 프로토콜(https)을 사용하는 경우에도 접근을 차단할 수 있도록 서버 이름 표시(이하 'SNI'라 한다)를 확인하여 불법정보 등을 담고 있는 특정 웹사이트에 대한 접속을 차단하는 것은 수단의 적합성이 인정된다(헌재 2023.10.26. 2019헌마158 등).

2890
「출판사 및 인쇄소의 등록에 관한 법률」 규정 중 '음란한 간행물' 부분은 헌법에 위반되지 아니하고, '저속한 간행물' 부분은 명확성의 원칙에 반할 뿐만 아니라 출판의 자유와 성인의 알 권리를 침해하는 것으로 헌법에 위반된다. 20년 지방직 7급 [O|X]

(O) 「출판사 및 인쇄소의 등록에 관한 법률」 규정 중 '음란한 간행물' 부분은 헌법에 위반되지 아니하고, '저속한간행물' 부분은 명확성의 원칙에 반할 뿐만 아니라 출판의 자유와 성인의 알 권리를 침해하는 것으로 헌법에 위반된다(헌재 1998.4.30. 95헌가16).

2891
알 권리에 대한 제한의 정도는 청구인에게 이해관계가 있고 타인의 기본권을 침해하지 않으면서 동시에 공익실현에 장애가 되지 않는다면 가급적 널리 인정하여야 하고, 적어도 직접의 이해관계가 있는 자에 대하여는 특단의 사정이 없는 한 의무적으로 공개하여야 한다. 20년 법원행시 [O|X]

(O) "알 권리"의 보장의 범위와 한계는 헌법 제21조 제4항, 제37조 제2항에 의해 제한이 가능하고 장차는 법률에 의하여 그 구체적인 내용이 규정되겠지만, "알 권리"에 대한 제한의 정도는 청구인에게 이해관계가 있고 타인의 기본권을 침해하지 않으면서 동시에 공익실현에 장애가 되지 않는다면 가급적 널리 인정하여야 할 것이고 적어도 직접의 이해관계가 있는 자에 대하여는 특단의 사정이 없는 한 의무적으로 공개하여야 한다고 할 것이다(헌재 1991.5.13. 90헌마133).

2892
공판조서의 절대적 증명력을 규정한 「형사소송법」 조항은 공판 조서의 증명력을 규정하고 있을 뿐 공판조서의 내용에 대한 접근·수집·처리 등에 관한 규정이 아니어서, 정보에의 접근·수집·처리의 자유를 의미하는 알 권리에 어떠한 제한이 있다고 보기 어렵다. 22년 순경 2차 [O|X]

(O) 청구인 이○은 형사소송법 제56조가 알 권리를 침해한다고 주장하나, 위 법률조항은 공판조서의 증명력을 규정하고 있을 뿐 공판조서의 내용에 대한 접근·수집·처리 등에 관한 규정이 아니어서, 정보에의 접근·수집·처리의 자유를 의미하는 알 권리(헌재 1991.5.13. 90헌마133, 판례집 3, 234, 246 참조)에 어떠한 제한이 있다고 보기 어렵다(헌재 2013.8.29. 2011헌바253 등).

| OX 문제 | 정답 및 해설 |

2893
개별 교원이 어떤 교원단체나 노동조합에 가입해 있는지에 대한 정보 공개를 제한하는 것은 학부모인 청구인들의 알 권리를 제한 하는 것은 아니다. 22년 순경 2차 [O][X]

(X) 이 사건 시행령조항은 학부모 등 국민의 알 권리와 교원의 개인정보 자기결정권이라는 두 기본권을 합리적으로 조화시킨 것이라 할 수 있으므로, 알 권리를 침해하지 않는다(헌재 2011.12.29. 2010헌마293). 국민의 알 권리를 제한하니 기본권의 충돌을 논할 수 있다.

2894
「신문 등의 진흥에 관한 법률」의 등록조항은 인터넷신문의 명칭, 발행인과 편집인의 인적사항 등 인터넷신문의 외형적이고 객관적 사항을 제한적으로 등록하도록 하고 있는 바, 이는 인터넷신문에 대한 인적 요건의 규제 및 확인에 관한 것으로 인터넷신문의 내용을 심사·선별하여 사전에 통제하기 위한 규정으로 사전허가금지원칙에 위배된다. 20년 지방직 7급 [O][X]

(X) 인터넷신문에 대한 인적 요건의 규제 및 확인에 관한 것으로, 인터넷신문의 내용을 심사·선별하여 사전에 통제하기 위한 규정이 아님이 명백하다. 따라서 등록조항은 사전허가금지원칙에도 위배되지 않는다(헌재 2016.10.27. 2015헌마1206 등).

2895
인터넷 등 전자적 방법에 의한 판결서 열람·복사의 범위를 개정법 시행 이후 확정된 사건의 판결서로 한정하고 있는 「군사법원법」 부칙조항은 정보공개청구권을 침해한다. 22년 경찰간부 [O][X]

(X) 청구인은 비록 전자적 방법은 아니라 해도 「군사법원법」 제93조의2에 따라 개정법 시행 이전에 확정된 판결서를 열람·복사할 수 있다. 이 사건 부칙조항으로 인해 청구인이 전자적 방법을 통해 열람·복사할 수 있는 판결서의 범위가 제한된다 하더라도 이는 입법재량의 한계 내에 있으므로, 위 부칙조항이 청구인의 정보공개청구권을 침해한다고 할 수 없다(헌재 2015.12.23. 2014헌마185).

2896
인터넷에 제3자의 표현물을 게시한 행위가 전체적으로 보아 단순히 그 표현물을 인용하거나 소개하는 것에 불과한 경우에는 명예훼손의 책임이 부정되고 제3자의 표현물을 실질적으로 이용·지배함으로써 제3자의 표현물과 동일한 내용을 직접 적시한 것과 다름없다고 평가되는 경우에는 명예훼손의 책임이 인정되어야 할 것이다. 26년 경찰간부 [O][X]

(O) 제3자의 표현물을 인터넷에 게시한 행위에 대해 명예훼손의 책임을 인정하기 위해서는 헌법상 자기책임의 원리에 따라 게시자 자신의 행위에 대한 법적 평가가 있어야 할 것이다. 인터넷에 제3자의 표현물을 게시한 행위가 전체적으로 보아 단순히 그 표현물을 인용하거나 소개하는 것에 불과한 경우에는 명예훼손의 책임이 부정되고, 제3자의 표현물을 실질적으로 이용·지배함으로써 제3자의 표현물과 동일한 내용을 직접 적시한 것과 다름없다고 평가되는 경우에는 명예훼손의 책임이 인정되어야 할 것이다(헌재 2013.12.26. 2009헌마747).

2897
「언론중재 및 피해구제 등에 관한 법률」은 언론이 사망한 사람의 인격권을 침해한 경우에 그 피해가 구제될 수 있도록 명문의 규정을 두고 있으며, 사망한 사람의 인격권을 침해하였거나 침해할 우려가 있는 경우의 구제절차는 유족이 수행하도록 규정을 두고 있다. 22년 경찰간부 [O][X]

(O) ① 제5조 제1항의 타인에는 사망한 사람을 포함한다. ② 사망한 사람의 인격권을 침해하였거나 침해할 우려가 있는 경우에는 이에 따른 구제절차를 유족이 수행한다(언론중재 및 피해구제 등에 관한 법률 제5조의2).

OX 문제

2898
헌법 제21조 제1항과 제2항은 모든 국민은 언론·출판의 자유를 가지며, 언론·출판에 대한 허가나 검열은 인정되지 아니한다고 규정하고 있으므로, 검열을 수단으로 한 제한은 국가안전보장·질서유지 또는 공공복리를 위하여 필요한 경우에 한하여 법률로써 하는 경우에만 허용될 수 있다. 20년 법원직

2899
금치처분을 받은 미결수용자라 할지라도 금치처분 기간 중 집필을 금지하면서 예외적인 경우에만 교도소장이 집필을 허가할 수 있도록 한 「형의 집행 및 수용자의 처우에 관한 법률」상 규정은 미결수용자의 표현의 자유를 침해한다. 20년 경찰승진

2900
구 「건강기능식품에 관한 법률」에 따른 심의는 형식적으로 식품의약품안전처장으로부터 위탁받은 한국건강기능식품협회에서 수행하고 있지만, 실질적으로 행정기관인 식품의약품안전처장이 자의로 개입할 가능성이 있어, 건강기능식품 기능성 광고 사전심의는 행정권이 주체가 된 사전심사로서 헌법이 금지하는 사전검열에 해당한다. 23년 순경 1차

2901
헌법 제21조 제4항은 "언론·출판은 타인의 명예나 권리 또는 공중도덕이나 사회윤리를 침해하여서는 아니 된다."고 규정하고 있는 바, 이는 언론·출판의 자유에 따르는 책임과 의무를 강조하는 동시에 언론·출판의 자유에 대한 제한의 요건을 명시한 규정으로 볼 것이고, 헌법상 표현의 자유의 보호영역 한계를 설정한 것이라고는 볼 수 없다. 24년 소방간부, 23년 순경 1차, 22년 순경 1차

2902
형사재판이 확정되면 속기록, 녹음물 또는 영상녹화물을 폐기하도록 규정한 형사소송규칙의 조항은 피고인이었던 청구인의 알 권리를 침해하지 않는다. 24년 해경간부, 23년 5급 공채

정답 및 해설

(X) 헌법 제21조 제2항이 언론·출판에 대한 검열금지를 규정한 것은 비록 헌법 제37조 제2항이 국민의 자유와 권리를 국가안전보장·질서유지 또는 공공복리를 위하여 필요한 경우에 한하여 법률로써 제한할 수 있도록 규정하고 있다고 할지라도 언론·출판의 자유에 대하여는 검열을 수단으로 한 제한만은 법률로써도 허용되지 아니한다는 것을 밝힌 것이다(헌재 1996.10.4. 93헌가13 등).

(X) 금치처분 기간 중 집필을 금지하면서 예외적인 경우에만 교도소장이 집필을 허가할 수 있도록 한 이 사건 집필제한 조항은 청구인의 표현의 자유를 침해하지 아니한다(헌재 2014.8.28. 2012헌마623).

(O) 행정권이 표시·광고심의위원회의 구성에 개입하고 지속적으로 영향을 미칠 가능성이 존재하는 이상 그 구성에 자율성이 보장되어 있다고 볼 수 없다(헌재 2018.6.28. 2016헌가8).

(O) 헌법 제21조 제4항 전문은 "언론·출판은 타인의 명예나 권리 또는 공중도덕이나 사회윤리를 침해하여서는 아니 된다."라고 규정한다. 이는 언론·출판의 자유에 따르는 책임과 의무를 강조하는 동시에 언론·출판의 자유에 대한 제한의 요건을 명시한 규정일 뿐, 헌법상 표현의 자유의 보호영역에 대한 한계를 설정한 것이라고 볼 수는 없으므로 공연한 사실의 적시를 통한 명예훼손적 표현 역시 표현의 자유의 보호영역에 해당한다(헌재 2021.2.25. 2017헌마1113).

(O) 재판이 확정된 후에는 더 이상 공판조서의 정확성을 다툴 수 없고, 공판조서 기재의 잘못은 재심사유에 해당하지 아니하므로, 결국 위 법률조항은 속기록 등이 그 효용을 다하는 시기, 즉 재판의 확정시까지 이를 보관할 것을 전제로 하고 있는 것이다. 따라서 규칙 제39조 중 '속기록 등 폐기'에 관한 부분은 재판이 확정된 이후에는 속기록 등의 보관에 따른 사법자원의 낭비를 막기 위해 이를 폐기하도록 한 것으로 그 입법목적이 정당할 뿐만 아니라 수단의 적정성이 인정된다(헌재 2012.3.29. 2010헌마599).

| OX 문제 | 정답 및 해설 |

2903
부모는 자녀의 교육에 관하여 전반적인 계획을 세우고 자신의 인생관·사회관·교육관에 따라 자녀의 교육을 자유롭게 형성할 권리, 즉 자녀교육권을 가진다. 그리고 자녀교육권을 실질적으로 보장하기 위해서는 자녀의 교육에 필요한 정보가 제공되어야 하는바 학부모는 교육정보에 대한 알 권리를 가진다. 그러나 교원의 개인정보자기결정권과 충돌할 우려가 있기 때문에 자신의 자녀를 가르치는 교원이 어떠한 자격과 경력을 가진 사람인지, 어떠한 정치 성향과 가치관을 가지고 있는 사람인지에 대한 정보는 포함되지 아니하므로, 교원의 교원 단체 및 노동조합 가입에 관한 정보는 알 권리의 한 내용이 될 수 없다. 24년 법원행시, 23년 5급 공채 ⓞⓧ

(X) 부모는 자녀의 교육에 관하여 전반적인 계획을 세우고 자신의 인생관·사회관·교육관에 따라 자녀의 교육을 자유롭게 형성할 권리, 즉 자녀교육권을 가진다. 그리고 자녀교육권을 실질적으로 보장하기 위해서는 자녀의 교육에 필요한 정보가 제공되어야 하는바 학부모는 교육정보에 대한 알 권리를 가진다. 이러한 정보 속에는 자신의 자녀를 가르치는 교원이 어떠한 자격과 경력을 가진 사람인지는 물론 어떠한 정치성향과 가치관을 가지고 있는 사람인지에 대한 정보도 포함되는 것이므로, 교원의 교원단체 및 노동조합 가입에 관한 정보도 알 권리의 한 내용이 될 수 있다(헌재 2011.12.29. 2010헌마293).

2904
상업광고는 표현의 자유의 보호영역에 속하지만 사상이나 지식에 관한 정치적·시민적 표현 행위와는 차이가 있으므로, 그 규제의 위헌 여부는 완화된 기준인 자의금지원칙에 따라 심사한다. 23년 경찰승진, 22년 법원행시, 20년 비상기획관(하) ⓞⓧ

(X) 상업광고에 대한 규제에 의한 표현의 자유 내지 직업수행의 자유의 제한은 헌법 제37조 제2항에서 도출되는 비례의 원칙(과잉금지원칙)을 준수하여야 하지만, 상업광고는 사상이나 지식에 관한 정치적, 시민적 표현행위와는 차이가 있고, 인격발현과 개성신장에 미치는 효과가 중대한 것은 아니므로, 비례의 원칙 심사에 있어서 '피해의 최소성' 원칙은 '입법목적을 달성하기 위하여 필요한 범위 내의 것인지'를 심사하는 정도로 완화되는 것이 상당하다(헌재 2005.10.27. 2003헌가3). / 즉 완화심사를 하는 것이지 자의금지의 원칙에 따라 심사한 것은 아니다.

2905
상업광고 규제에 관한 비례의 원칙 심사에 있어서는 사상이나 지식에 관한 정치적·시민적 표현행위에 비하여 그 심사의 정도가 완화된다. 22년 법원행시 ⓞⓧ

(O) 상업광고는 표현의 자유의 보호영역에 속하지만 사상이나 지식에 관한 정치적, 시민적 표현행위와는 차이가 있고, 한편 직업수행의 자유의 보호영역에 속하지만 인격발현과 개성신장에 미치는 효과가 중대한 것은 아니다. 그러므로 상업광고 규제에 관한 비례의 원칙 심사에 있어서 '피해의 최소성' 원칙은 같은 목적을 달성하기 위하여 달리 덜 제약적인 수단이 없을 것인지 혹은 입법목적을 달성하기 위하여 필요한 최소한의 제한인지를 심사하기보다는 '입법목적을 달성하기 위하여 필요한 범위 내의 것인지'를 심사하는 정도로 완화되는 것이 상당하다(헌재 2005.10.27. 2003헌가3).

2906
헌법상 사전검열은 표현의 자유 보호대상이면 예외 없이 금지되므로, 건강기능식품의 기능성 광고는 인체의 구조 및 기능에 대하여 보건용도에 유용한 효과를 준다는 기능성 등에 관한정보를 널리 알려 해당 건강기능식품의 소비를 촉진시키기 위한 상업광고이지만, 표현의 자유의 보호대상이 됨과 동시에 사전검열금지 대상도 된다. 23년 경찰승진 ⓞⓧ

(O) 이 사건 건강기능식품 기능성광고 사전심의는 그 검열이 행정권에 의하여 행하여진다 볼 수 있고, 헌법이 금지하는 사전검열에 해당하므로 헌법에 위반된다(헌재 2018.6.28. 2016헌가8 등).

| OX 문제 | 정답 및 해설 |

2907

변호사 또는 소비자로부터 대가를 받고 법률상담 또는 사건들을 소개·알선·유인하기 위하여 변호사등을 광고·홍보·소개하는 행위를 금지하는 대한변호사협회의 '변호사광고에 관한 규정' 중 대가수수 광고금지규정은 과잉금지원칙을 위반하여 청구인들의 표현의 자유를 침해한다. 23년 경찰간부 O X

(O) 변호사광고에 대한 합리적 규제는 필요하지만, 광고표현이 지닌 기본권적 성질을 고려할 때 광고의 내용이나 방법적 측면에서 꼭 필요한 한계 외에는 폭넓게 광고를 허용하는 것이 바람직하다. 각종 매체를 통한 변호사 광고를 원칙적으로 허용하는 변호사법 제23조 제1항의 취지에 비추어 볼 때, 변호사 등이 다양한 매체의 광고업자에게 광고비를 지급하고 광고하는 것은 허용된다고 할 것인데, 이러한 행위를 일률적으로 금지하는 위 규정은 수단의 적합성을 인정하기 어렵다(헌재 2022. 5.26. 2021헌마619). / 따라서 표현의 자유를 침해한다.

2908

공공기관 등이 설치·운영하는 모든 게시판에 본인확인조치를 한 경우에만 정보를 게시하도록 하는 것은 게시판에 자신의 사상이나 견해를 표현하고자 하는 사람에게 표현의 내용과 수위 등에 대한 자기검열 가능성을 높이는 것이므로 익명표현의 자유를 침해한다. 24년 국회직 8급, 23년 경찰간부 O X

(X) 공공기관등이 설치·운영하는 게시판에 언어폭력, 명예훼손, 불법정보 등이 포함된 정보가 게시될 경우 그 게시판에 대한 신뢰성이 저하되고 결국에는 게시판 이용자가 피해를 입을 수 있으며, 공공기관등의 정상적인 업무 수행에 차질이 빚어질 수도 있다. 따라서 공공기관 등이 설치·운영하는 게시판의 경우 본인확인조치를 통해 책임성과 건전성을 사전에 확보함으로써 해당 게시판에 대한 공공성과 신뢰성을 유지할 필요성이 크며, 그 이용 조건으로 본인확인을 요구하는 것이 과도하다고 보기는 어렵다(헌재 2022.12.22. 2019헌마654). / *공공기관의 경우 본인확인 조치가 합헌이다.*

2909

인터넷 등 전자적 방법에 의한 판결서 열람·복사의 범위를 개정법 시행 이후 확정된 사건의 판결서로 한정하고 있는 「군사법원법」 부칙 조항은 청구인의 정보공개청구권을 침해한다. 23년 경찰간부 O X

(X) 청구인은 비록 전자적 방법은 아니라 해도 군사법원법 제93조의2에 따라 개정법 시행 이전에 확정된 판결서를 열람·복사할 수 있다. 이 사건 부칙조항으로 인해 청구인이 전자적 방법을 통해 열람·복사할 수 있는 판결서의 범위가 제한된다 하더라도 이는 입법재량의 한계 내에 있으므로, 위 부칙조항이 청구인의 정보공개청구권을 침해한다고 할 수 없다(헌재 2015.12.23. 2014헌마185).

2910

정당에 관련된 표현행위는 직무 내외를 구분하기 어려우므로 '직무와 관련된 표현행위만을 규제'하는 등 기본권을 최소한도로 제한하는 대안을 상정하기 어렵다. 22년 경찰간부 O X

(O) 공무원의 행위는 근무시간 내외를 불문하고 국민에게 중대한 영향을 미친다고 할 것이므로, 직무 내의 정당 활동에 대한 규제만으로 공무원의 근무기강을 확립하고 정치적 중립성을 확보하는 데 충분하다고 할 수 없다(헌재 2014.3.27. 2011헌바42).

2911

당선되거나 되게 하거나 되지 못하게 할 목적으로 공연히 사실을 적시하여 '후보자가 되고자 하는 자'를 비방한 자를 처벌하는 「공직선거법」 조항의 해당 부분은, 후보자가 되고자 하는 자에 대한 사실적시 비방행위를 일반인에 대한 사실 적시 명예훼손행위보다 더 중하게 처벌하는 것으로, 스스로 공론의 장에 뛰어든 사람의 명예를 일반인의 명예보다 더 두텁게 보호하는 결과가 초래되어, 의견의 표현행위로서 비방한 자의 정치적 표현의 자유를 침해한다. 24년 경찰간부 O X

(O) 이 사건 비방금지 조항이 없더라도 진실한 사실을 적시하여 후보자가 되고자 하는 자의 명예를 훼손한 경우에는 형법 제307조 제1항의 사실적시 명예훼손죄로 처벌이 가능하며, 스스로 공론의 장에 뛰어든 사람의 명예를 일반인의 명예보다 더 두텁게 보호할 필요가 없다(헌재 2024.6.27. 2023헌바78). / 따라서 이는 정치적 표현의 자유를 침해한다.

OX 문제

2912
장교가 군무와 관련된 고충사항을 집단으로 진정 또는 서명하는 행위를 하는 것을 금지하고 있는 「군인의 지위 및 복무에 관한 기본법」 제31조 제1항 제5호 중 '장교'에 관한 부분은 과잉금지원칙을 위반하여 청구인의 표현의 자유를 침해한다. 25년 경찰 2차 ◯✕

2913
전단 등을 살포하여 국민의 생명·신체에 위해를 끼치거나 심각한 위험을 발생시키는 것을 금지하고 이를 위반하는 경우 처벌하는 「남북관계 발전에 관한 법률」 조항은 북한 접경지역에서 발생할 수 있는 위험예방을 위한 것으로 북한 접경지역에서 북한으로 전단살포활동을 하는 사람들의 표현의 자유를 침해하지 아니한다. 24년 경찰간부 ◯✕

2914
남북합의서 위반행위로서 전단등 살포를 하여 국민의 생명·신체에 위해를 끼치거나 심각한 위험을 발생시키는 것을 금지하고 이를 위반한 경우 처벌하는 「남북관계 발전에 관한 법률」 조항은 그 궁극적인 의도가 북한 주민을 상대로 한 북한 체제 비판 등의 내용을 담은 표현을 제한하는 데 있다는 점에서 표현의 내용과 무관한 내용중립적 규제로 보기는 어렵다. 24년 순경 1차 ◯✕

2915
정보통신망을 통해 일반에게 공개된 정보로 사생활 침해, 명예훼손 등 타인의 권리가 침해된 경우 그 침해를 받은 자가 삭제요청을 하면 정보통신서비스 제공자는 권리의 침해여부를 판단하기 어렵거나 이해당사자 간에 다툼이 예상되는 경우에는 30일 이내에서 해당 정보에 대한 접근을 임시적으로 차단하는 조치를 하여야 한다고 규정한 정보통신망이용촉진 및 정보보호 등에 관한 법률 제44조의2 제2항 중 '임시조치'에 관한 부분 및 같은 조 제4항이 정보게재자의 이의제기권이나 복원권 등을 규정하지 않고 있더라도, 이를 표현의 자유 침해라고 볼 수는 없다. 22년 법원행시 ◯✕

정답 및 해설

(✕) 심판대상조항은 군조직의 질서 및 통수체계를 확립하여 군의 전투력을 유지, 강화하고 이를 통하여 국가의 안전보장과 국토방위를 달성하기 위한 것이다. 특수한 신분과 지위에 있는 군인의 집단행위에 대하여는 보다 강화된 기본권 제한이 가능한 점, 단순한 진정 또는 서명행위라 할지라도 각종 무기와 병력을 동원할 수 있는 군대 내에서 이루어지는 집단행위는 예측하기 어려운 분열과 갈등을 조장할 수 있는 점에서 이를 금지하는 것은 헌법에 위반되지 않는다(헌재 2024.4.25. 2021헌마1258).

(✕) 헌법재판소는 심판대상조항이 국민의 생명·신체의 안전을 보장하고 남북 간 긴장을 완화하며 평화통일을 지향하여야 하는 국가의 책무를 달성하기 위한 것으로서 그 입법목적이 정당하다고 보면서도, 심판대상조항에 따라 제한되는 표현의 내용이 매우 광범위하고, 최후의 수단이 되어야 할 국가형벌권까지 동원한 것이어서, 표현의 자유를 지나치게 제한한다고 판단하였다(헌재 2023.9.26. 2020헌마1724).

(◯) '전단등 살포'라는 행위를 제한하는 심판대상조항의 궁극적인 의도가 북한 주민을 상대로 한 북한 체제 비판 등의 내용을 담은 표현을 제한하는 데 있다는 것이고, 이는 결국 심판대상조항이 그 효과에 있어서 주로 특정 관점에 대하여 그 표현을 제한하는 결과를 가져온다고 할 것이다. 따라서 심판대상조항에 의한 표현의 자유 제한이 표현의 내용과 무관한 내용중립적 규제라고 보기는 어려운바, 심판대상조항은 표현의 내용을 규제하는 것으로 봄이 타당하다(헌재 2023.9.26. 2020헌마1724 등). / 이 판례는 위헌판단을 받았으나, 이 경우 사전 강제가 따르지 않아 검열로 보지는 않았다.

(◯) 이 사건 법률조항에 기한 임시조치로 인해 자유로운 여론 형성이 방해되고 있다거나 그로 인한 표현의 자유 제한이 심대하다고 보기 어려운 점 등에 비추어 볼 때, 이 사건에서 선례의 판단을 변경할 특별한 사정변경이나 필요성이 있다고 할 수 없으므로, 이 사건 법률조항은 과잉금지원칙에 위반되어 표현의 자유를 침해하지 않는다(헌재 2020.11.26. 2016헌마275 등)

| OX 문제 | 정답 및 해설 |

2916
관할경찰관서장은 옥외집회나 시위 신고서의 기재 사항에 미비한 점을 발견하면 접수증을 교부한 때부터 24시간 이내에 주최자에게 48시간을 기한으로 그 기재 사항을 보완할 것을 통고할 수 있다. 22년 법학경채 [O|X]

(X) 관할 경찰서장은 신고서의 미비사항이 있다는 것을 안 경우에는 접수증을 교부한 때부터 12시간 이내에 주최자에게 24시간을 기한으로 보완을 명할 수 있다(집회 및 시위에 관한 법률 제7조).

2917
옥외집회에 대한 신고의무는 단순한 행정절차적 협조의무에 불과하고 그러한 협조의무의 이행은 과태료 등의 행정상 제재로도 충분히 확보 가능함에도 불구하고, 집회 및 시위에 관한 법률에서 징역형이 있는 형벌의 제재로 신고의무의 이행을 강제하는 것은 헌법 제21조 제2항에서 금지하고 있는 허가제에 해당한다. 20년 경행특채 [O|X]

(X) 집회시위법의 사전신고는 경찰관청 등 행정관청으로 하여금 집회의 순조로운 개최와 공공의 안전보호를 위하여 필요한 준비를 할 수 있는 시간적 여유를 주기 위한 것으로서, 협력의무로서의 신고이다. 집회시위법 전체의 규정 체제에서 보면 집회시위법은 일정한 신고절차만 밟으면 일반적·원칙적으로 옥외집회 및 시위를 할 수 있도록 보장하고 있으므로, 집회에 대한 사전신고제도는 헌법 제21조 제2항의 사전허가금지에 위배되지 않는다(헌재 2014.1.28. 2011헌바174). / *사안은 헌법재판소 법정의견이 아닌 반대의견이다.*

2918
국내 주재 외교기관 인근의 옥외집회 또는 시위를 원칙적으로 금지하고 예외적으로 허용하는 구「집회 및 시위에 관한 법률」조항은, 행정청이 주체가 되어 집회의 허용 여부를 사전에 결정하는 것이므로, 헌법 제21조 제2항에서 금지하는 사전허가제에 해당한다. 24년 경찰간부 [O|X]

(X) 심판대상조항은 입법자가 법률로써 직접 집회의 장소적 제한을 규정한 것으로, 행정청이 주체가 되어 집회의 허용 여부를 사전에 결정하는 것이 아니므로 헌법 제21조 제2항의 허가제 금지에 위배되지 않는다(헌재 2023.7.20. 2020헌바131). / *즉 입법부가 법률로 규제하는 것은 허가제에 해당하지 않는다.*

2919
헌법 제21조 제2항의 '허가'는 '행정청이 주체가 되어 집회의 허용 여부를 사전에 결정하는 것'으로서 행정청에 의한 사전허가는 헌법상 금지되지만, 입법자가 법률로써 일반적으로 집회를 제한하는 것은 헌법상 '사전허가금지'에 해당하지 않는다. 24년 소방간부, 20년 국가직 5급 [O|X]

(O) 헌법 제21조 제2항의 '허가'는 '행정청이 주체가 되어 집회의 허용 여부를 사전에 결정하는 것'으로서 행정청에 의한 사전허가는 헌법상 금지되지만, 입법자가 법률로써 일반적으로 집회를 제한하는 것은 헌법상 '사전허가금지'에 해당하지 않는다(헌재 2014.4.24. 2011헌가29).

2920
집회에 대한 허가제를 금지한 헌법 제21조 제2항은 헌법 자체에서 직접 집회의 자유에 대한 제한의 한계를 명시하고 있으므로, 기본권 제한에 관한 일반적 법률유보조항인 헌법 제37조 제2항에 앞서서 우선적이고 제1차적인 위헌심사기준이 되어야 한다. 20년 경행특채 [O|X]

(O) 일반적 법률유보조항인 헌법 제37조 제2항에 앞서서, 우선적이고 제1차적인 위헌심사기준이 되어야 한다(헌재 2009.9.24. 2008헌가25).

2921
야간시위를 금지하는 내용의 집회 및 시위에 관한 법률은 이미 보편화된 야간의 일상적인 생활의 범주에 속하는 '해가 진 후부터 같은 날 24시까지의 시위'에 적용하는 한 헌법에 위반된다. 20년 국회직 5급 [O|X]

(O) 이미 보편화된 야간의 일상적인 생활의 범주에 속하는 '해가 진 후부터 같은 날 24시까지의 시위'에 적용하는 한 헌법에 위반된다(헌재 2014.3.27. 2010헌가2).

| OX 문제 | 정답 및 해설 |

2922

사법행정과 관련된 의사표시 전달을 목적으로 한 집회는 법관의 독립을 침해할 우려가 있으므로 금지되어야 한다. 20년 소방간부 [O][X]

(X) 법원을 대상으로 한 집회라도 사법행정과 관련된 의사표시 전달을 목적으로 한 집회 등 법관의 독립이나 구체적 사건의 재판에 영향을 미칠 우려가 없는 집회도 있다(헌재 2018.7.26, 2018헌바137). 따라서 이를 전면적으로 금지하는 것은 헌법에 위반된다.

2923

재판에 영향을 미칠 염려가 있거나 미치게 하기 위한 집회 또는 시위를 금지하고 이를 위반한 자를 형사처벌하는 규정은 과잉금지원칙에 위배되지 않는다. 20년 국회직 5급, 23년 소방간부, 23년 경찰간부 [O][X]

(X) 이 사건 제2호 부분은 재판에 영향을 미칠 염려가 있거나 미치게 하기 위한 집회·시위를 사전적·전면적으로 금지하고 있을 뿐 아니라, 어떠한 집회·시위가 규제대상에 해당하는지를 판단할 수 있는 아무런 기준도 제시하지 아니함으로써 사실상 재판과 관련된 집단적 의견표명 일체가 불가능하게 되어 집회의 자유를 실질적으로 박탈하는 결과를 초래하므로 최소침해성 원칙에 반한다. 더욱이 이 사건 제2호 부분으로 인하여 달성하고자 하는 공익 실현 효과는 가정적이고 추상적인 반면, 이 사건 제2호 부분으로 인하여 침해되는 집회의 자유에 대한 제한 정도는 중대하므로 법익균형성도 상실하였다. 따라서 이 사건 제2호 부분은 과잉금지원칙에 위배되어 집회의 자유를 침해한다(헌재 2016.9.29, 2014헌가3).

2924

재판에 영향을 미칠 염려가 있거나 미치게 하기 위한 집회 또는 시위를 금지하고 이를 위반한 자를 형사처벌하는 법률 조항은 법관의 직무상 독립을 보호하여 사법작용의 공정성과 독립성을 확보하기 위한 적합한 수단이다. 25년 국회직 8급 [O][X]

(X) 법관의 직무상 독립을 보호하여 사법작용의 공정성과 독립성을 확보하기 위한 것으로 입법목적의 정당성은 인정되나, 국가의 사법권한 역시 국민의 의사에 정당성의 기초를 두고 행사되어야 한다는 점과 재판에 대한 정당한 비판은 오히려 사법작용의 공정성 제고에 기여할 수도 있는 점을 고려하면 사법의 독립성을 확보하기 위한 적합한 수단이라 보기 어렵다(헌재 2016.9.29, 2014헌가3 등).

2925

입법자가 법률로써 일반적으로 집회를 제한한 것이 실질적으로는 행정청의 허가 없는 옥외집회를 불가능하게 하는 것이라면 헌법상 금지되는 사전허가제에 해당하지만, 그에 이르지 않는 한 헌법 제21조 제2항이 아니라 헌법 제37조 제2항에 위반하여 집회의 자유를 과도하게 제한하는지 여부만이 문제된다. 25년 국회직 8급 [O][X]

(O) 헌법 제21조 제2항의 '허가'는 '행정청이 주체가 되어 집회의 허용 여부를 사전에 결정하는 것'으로서 행정청에 의한 사전허가는 헌법상 금지되지만, 입법자가 법률로써 일반적으로 집회를 제한하는 것은 헌법상 '사전허가금지'에 해당하지 않는다(헌재 2014.4.24, 2011헌가29). 다만 이러한 법률적 제한이 실질적으로는 행정청의 허가 없는 옥외집회를 불가능하게 하는 것이라면 헌법상 금지되는 사전허가제에 해당되지만, 그에 이르지 않는 한 헌법 제21조 제2항에 반하는 것이 아니라, 위 법률적 제한이 헌법 제37조 제2항에 위반하여 집회의 자유를 과도하게 제한하는지 여부만이 문제된다고 할 것이다.

2926

대한민국을 방문하는 외국의 국가 원수를 경호하기 위하여 지정된 경호구역 안에서 서울종로경찰서장이 안전 활동의 일환으로 청구인들의 삼보일배행진을 제지한 행위 등은 과잉금지원칙을 위반하여 청구인들의 집회의 자유 등을 침해한다. 22년 경찰간부 [O][X]

(X) 이 사건 공권력행사로 인해 제한된 사익은 집회 또는 시위의 자유 일부에 대한 제한으로서 국가 간 신뢰를 공고히 하고 발전적인 외교관계를 맺으려는 공익이 위 제한되는 사익보다 덜 중요하다고할 수 없다. 따라서 이 사건 공권력 행사는 과잉금지원칙을 위반하여 청구인들의 집회의 자유 등을 침해하였다고 할 수 없다(헌재 2021.10.28, 2019헌마1091).

| OX 문제 | 정답 및 해설 |

2927
주택건설촉진법상의 주택조합은 주택이 없는 국민의 주거생활 안정을 도모하고 모든 국민의 주거수준의 향상을 기한다는 공공목적을 위하여 법이 구성원의 자격을 제한적으로 정해 놓은 특수조합이다. 따라서 이는 헌법상의 결사의 자유가 뜻하는 헌법상 보호법익의 대상이 되는 단체가 아니며, 유주택자가 위 법률 소정의 주택조합에 가입이 제한되더라도 유주택자의 결사의 자유를 침해하는 것이 아니다. 20년 법원행시, 20년 경찰승진 O X

(O) 주택건설촉진법상의 주택조합은 주택이 없는 국민의 주거생활의 안정을 도모하고 모든 국민의 주거수준의 향상을 기한다는(동법 제1조) 공공목적을 위하여 법이 구성원의 자격을 제한적으로 정해 놓은 특수조합이어서 이는 헌법상의 결사의 자유가 뜻하는 헌법상 보호법익의 대상이 되는 단체가 아니다(헌재 1994.2.24. 92헌바43).

2928
상공회의소는 사업범위, 조직, 회계 등에 있어서 「상공회의소법」에 따른 규율을 받고 있는 특수성을 가지고 있으나, 기본적으로는 관할구역의 상공업계를 대표하여 그 권익을 대변하고 회원에게 기술 및 정보 등을 제공하여 회원의 경제적·사회적 지위를 높임으로써 상공업의 발전을 꾀함을 목적으로 하는 조직으로 목적이나 설립, 관리 면에서 자주적인 단체로 사법인이라고 할 것이므로 상공회의소와 관련해서도 결사의 자유는 보장된다. 25년 경찰승진 O X

(O) 기본적으로는 관할구역의 상공업계를 대표하여 그 권익을 대변하고 회원에게 기술 및 정보 등을 제공하여 회원의 경제적·사회적 지위를 높임으로써 상공업의 발전을 꾀함을 목적으로 하는 조직으로 목적이나 설립, 관리 면에서 자주적인 단체로 사법인이라고 할 것이므로 상공회의소와 관련해서도 결사의 자유는 보장된다고 할 것이다(헌재 2006.5.25. 2004헌가1).

2929
헌법 제21조 제1항의 결사의 자유에 의해 보호되는 결사의 개념에는 법이 특별한 공공목적에 의하여 구성원의 자격을 정하고 있는 특수단체의 조직활동까지 포함된다고 볼 수 없다. 21년 국회직 9급 O X

(O) 헌법 제21조 제1항이 보장하고 있는 결사의 자유에 의하여 보호되는 "결사"의 개념에는 법률이 특별한 공공목적에 의하여 구성원의 자격을 정하고 있는 특수단체의 조직활동까지 포함되는 것으로 볼 수는 없다(헌재 1997.5.29. 94헌바5).

2930
단체 또는 단체의 구성원들이 유리한 경우에는 설립의 근거법률에 따른 특혜를 누리거나 요구하다가, 제한에 대해서는 사적조직임을 강조하면서 결사의 자유의 침해를 주장하는 경우에 과잉금지원칙 위배 여부를 판단할 때에는, 순수한 사적인 임의결사의 기본권이 제한되는 경우의 심사에 비해서는 완화된 기준을 적용할 수 있다. 20년 법원행시 O X

(O) 단체 또는 단체의 구성원들이 유리한 경우에는 설립의 근거법률에 따른 특혜를 누리거나 요구하다가, 제한에 대해서는 사적조직임을 강조하면서 결사의 자유의 침해를 주장하는 경우에 과잉금지원칙 위배 여부를 판단할 때에는, 순수한 사적인 임의결사의 기본권이 제한되는 경우의 심사에 비해서는 완화된 기준을 적용할 수 있다. 입법론으로 상공회의소라는 결사의 성격을 순수한 임의조직으로 할 것인지 현재와 같은 공적인 역할을 수행하는 조직으로 할 것인지 선택하는 것은 별론으로 하고, 현재의 상공회의소법이 형성한 상공회의소라는 결사의 법적 형상 아래에서 하는 이 사건에서는 기본권제한의 과잉금지원칙 위배 여부를 심사할 때 상공회의소의 공적인 모습을 참작해야 할 것이다(헌재 2006.5.25. 2004헌가1).

2931
집회의 자유는 표현의 자유와 더불어 민주적 공동체가 기능하기 위하여 불가결한 근본요소에 속하므로, 폭력을 사용한 의견의 강요라고 하여 헌법적으로 보호되지 않는다 볼 수 없다. 23년 경찰승진 O X

(X) 헌법이 명시적으로 밝히고 있지는 않으나, 집회의 자유에 의하여 보호되는 것은 단지 '평화적' 또는 '비폭력적' 집회이다. 집회의 자유는 민주국가에서 정신적 대립과 논의의 수단으로서, 평화적 수단을 이용한 의견의 표명은 헌법적으로 보호되지만, 폭력을 사용한 의견의 강요는 헌법적으로 보호되지 않는다(헌재 2003.10.30. 2000헌바67 등).

| OX 문제 | 정답 및 해설 |

2932
집회의 자유는 다수의 의견을 국정에 반영하는 창구로서 그 중요성을 더해 가고 있다는 점에서 다수의 보호를 위한 중요한 기본권이다. 22년 소방간부 [O X]

(X) 집회의 자유는 집권세력에 대한 정치적 반대의사를 공동으로 표명하는 효과적인 수단으로서 현대사회에서 언론매체에 접근할 수 없는 소수집단에게 그들의 권익과 주장을 옹호하기 위한 적절한 수단을 제공한다는 점에서, 소수의견을 국정에 반영하는 창구로서 그 중요성을 더해 가고 있다. 이러한 의미에서 집회의 자유는 소수의 보호를 위한 중요한 기본권인 것이다(헌재 2003.10.30. 2000헌바67 등).

2933
집회 또는 시위를 하기 위하여 인천애(愛)뜰 중 잔디마당과 그 경계 내 부지에 대한 사용허가 신청을 한 경우 인천광역시장이 이를 허가할 수 없도록 제한하는 「인천애(愛)뜰의 사용 및 관리에 관한 조례」상 해당 조항은 법률유보원칙에 위배되어 청구인들의 집회의 자유를 침해한다. 26년 경찰간부 [O X]

(X) 조례에 대한 법률의 위임은 법규명령에 대한 법률의 위임과 같이 반드시 구체적으로 범위를 정할 필요가 없으며, 포괄적으로도 할 수 있다. 이 사건 조례는 지방자치법 제13조 제2항 제1호 자목 및 제5호 나목 등에 근거하여 인천광역시가 소유한 공유재산이자 공공시설인 인천애뜰의 사용 및 관리에 필요한 사항을 규율하기 위하여 제정되었고, 심판대상조항은 잔디마당과 그 경계 내 부지의 사용 기준을 정하고 있다. 그렇다면 심판대상조항은 법률의 위임 내지는 법률에 근거하여 규정된 것이라고 할 수 있으므로 법률유보원칙에 위배되지 않는다(헌재 2023.9.26. 2019헌마1417).

2934
국가나 지방자치단체가 공익적 기능을 직접 수행하거나 별개의 단체를 설립하여 이를 위탁한다면 입법목적을 달성하면서도 지역별 협회의 결사의 자유를 덜 제한할 수 있음에도 불구하고, 운송사업자로 구성된 협회로 하여금 연합회에 강제로 가입하게 하고 임의로 탈퇴할 수 없도록 하는 「화물자동차 운수사업법」 제50조 제1항 후문 중 '운송사업자로 구성된 협회'에 관한 부분은 과잉금지원칙에 위배되어 결사의 자유를 침해한다. 25년 경찰 2차, 23년 소방간부 [O X]

(X) 연합회에 강제로 가입하도록 하고 임의로 탈퇴할 수 없도록 하고 있어 소극적 결사의 자유를 제한한다. 다만 연합회의 지위를 강화함으로써 운송사업자의 공동이익을 효과적으로 증진시키기 위함이다(헌재 2022.2.24. 2018헌가8).

2935
집시법에서 미신고 옥외집회를 해산명령 대상으로 정하면서 별도의 해산요건을 규정하고 있지 않더라도, 옥외집회로 인하여 타인의 법익이나 공공의 안녕질서에 대한 직접적인 위험이 명백하게 초래된 경우에 한하여 해산을 명할 수 있다. 23년 변호사 [O X]

(O) 집시법 제20조 제1항 제2호가 미신고 옥외집회 또는 시위를 해산명령의 대상으로 하면서 별도의 해산 요건을 정하고 있지 않더라도, 그 옥외집회 또는 시위로 인하여 타인의 법익이나 공공의 안녕질서에 대한 직접적인 위험이 명백하게 초래된 경우에 한하여 위 조항에 기하여 해산을 명할 수 있고, 이러한 요건을 갖춘 해산명령에 불응하는 경우에만 집시법 제24조 제5호에 의하여 처벌할 수 있다고 보아야 한다(대판 2012.4.19. 2010도6388).

2936
농업협동조합중앙회(이하 '농협중앙회') 회장선거의 관리를 농협중앙회의 자율에 맡기지 않고 「선거관리위원회법」에 따른 중앙선거관리위원회에 의무적으로 위탁하도록 한 「농업협동조합법」 조항은 농협중앙회 및 회원조합의 결사의 자유를 침해한다고 볼 수 없다. 24년 경찰간부 [O X]

(O) 농협중앙회의 회원조합이 수행하는 사업 내지 업무가 국민경제에서 상당한 비중을 차지하고, 국가나 국민 전체와 관련된 경제적 기능에 있어서 금융기관에 준하는 공공성을 가진다는 점, 중앙선관위가 수탁하여 관리하는 사무는 주로 선거절차에 관한 사무에 해당하는 점 등을 고려하면 의무위탁조항은 과잉금지원칙에 위반되지 않으므로, 농협중앙회 및 회원조합의 결사의 자유를 침해한다고 볼 수 없다(헌재 2023.5.25. 2021헌바136).

| OX 문제 | 정답 및 해설 |

2937
상호신용금고의 임원과 과점주주로 하여금 상호신용금고의 예금 등과 관련된 채무에 대하여 상호신용금고와 연대하여 책임을 지도록 하고 있는 「상호신용금고법」 조항이 임원과 과점주주의 연대변제책임이란 조건 하에서만 금고를 설립할 수 있도록 규정한다고 해서, 이를 사법상의 단체를 자유롭게 결성하고 운영하는 자유를 제한하는 것으로 볼 수는 없다. 24년 경찰간부 [O|X]

(X) 위 상호신용금고법 제37조의3은 임원과 과점주주의 연대변제책임이란 조건 하에서만 금고를 설립할 수 있도록 규정함으로써 사법상의 단체를 자유롭게 결성하고 운영하는 자유를 제한하는 규정이다(헌재 2002.8.29. 2000헌가5 등).

2938
선거운동 기간 외에는 중소기업중앙회 회장선거에 관한 선거운동을 제한하는 「중소기업협동조합법」 조항은, 선거 후유증을 초래할 위험을 방지하기 위한 것으로, 선거운동 기간 동안의 선거운동만으로도 선거에 관한 정보획득, 교환 및 의사결정에 충분하다고 볼 수 있으므로 조합원의 결사의 자유를 침해하지 않는다. 24년 경찰간부 [O|X]

(O) 중소기업중앙회가 사적 결사체여서 결사의 자유, 단체 내부 구성의 자유의 보호대상이 된다고 하더라도, 공법인적 성격 역시 강하게 가지고 있다. 심판대상조항은 후보자 간의 지나친 경쟁과 과열로 선거의 공정성을 해할 위험이나 선거인들 상호 간의 반목등 선거 후유증을 초래할 위험을 방지하기 위한 것이다(헌재 2021.7.15. 2020헌가9). / 따라서 결사의 자유를 침해하지 않는다.

2939
「참전유공자예우 및 단체설립에 관한 법률」 제19조 단서에서 "대한민국고엽제전우회의 회원으로 가입한 사람은 월남전참전자회의 회원이 될 수 없다."고 규정한 것은 양 법인의 중복가입에 따라 발생할 수 있는 두 단체 사이의 마찰, 중복지원으로 인한 예산낭비, 중복가입자의 이해상반행위를 방지하기 위한 것이므로 청구인의 결사의 자유를 전면적으로 제한하는 것은 아니다. 25년 경찰 2차 [O|X]

(O) 양 법인의 중복가입에 따라 발생할 수 있는 두 단체 사이의 마찰, 중복지원으로 인한 예산낭비, 중복가입자의 이해상반행위를 방지하기 위한 것으로, 그 정당성이 인정되고, 고엽제 관련자의 중복가입을 금지하는 것은 이러한 목적달성에 기여한다(헌재 2016.4.28. 2014헌바442). / 따라서 이는 결사의 자유를 전면적으로 제한한 것은 아니다.

2940
대학 총장 후보자 선정과 관련하여 대학에게 반드시 직접선출 방식을 보장하여야 하는 것은 아니며, 다만 대학교원들의 합의된 방식으로 그 선출방식을 정할 수 있는 기회를 제공하면 족하다. 20년 법원행시 [O|X]

(O) 대학의장임용추천위원회(이하 '위원회'라 한다)에서의 선정은 원칙적인 방식이 아닌 교원의 합의된 방식과 선택적이거나 혹은 실제로는 보충적인 방식으로 규정되어 있는 점, 대학의 장 후보자 선정과 관련하여 대학에게 반드시 직접선출 방식을 보장하여야 하는 것은 아니며, 다만 대학교원들의 합의된 방식으로 그 선출방식을 정할 수 있는 기회를 제공하면 족하다고 할 것이다(헌재 2006.4.27. 2005헌마1047).

2941
헌법이 대학의 자율을 보장하는 취지는 대학에 대한 공권력 등 외부세력의 간섭을 배제하고 대학구성원 자신이 대학을 자주적으로 운영할 수 있도록 하기 위함이므로 국립대학법인인 서울대학교의 이사회에 일정 비율이상의 외부인사를 포함하는 내용을 담고 있는 법률조항은 대학의 자율을 침해한다. 22년 법원행시 [O|X]

(X) 학교법인의 이사회 등에 외부인사를 참여시키는 것은 다양한 이해관계자의 참여를 통해 개방적인 의사결정을 보장하고, 외부의 환경변화에 민감하게 반응함과 동시에 외부의 감시와 견제를 통해 대학의 투명한 운영을 보장하기 위한 것이며, 대학 운영의 투명성과 공공성을 높이기 위해 정부도 의사형성에 참여하도록 할 필요가 있는 점, 사립학교의 경우 이사와 감사의 취임 시 관할청의 승인을 받도록 하고, 관련법령을 위반하는 경우 관할청이 취임 승인을 취소할 수 있도록 하고 있는 점 등을 고려하면, 외부인사 참여 조항은 대학의 자율의 본질적인 부분을 침해하였다고 볼 수 없다(헌재 2014.4.24. 2011헌마612).

| OX 문제 | 정답 및 해설 |

2942
대학에서의 교수의 자유는 더욱 보장되어야 하는 반면, 초·중·고교에서의 수업의 자유는 보다 많은 제약이 있을 수 있다. 23년 법원행시 [O][X]

(O) 수업의 자유는 두텁게 보호되어야 합당하겠지만 그것은 대학에서의 교수의 자유와 완전히 동일할 수는 없을 것이며 대학에서는 교수의 자유가 더욱 보장되어야 하는 반면, 초·중·고교에서의 수업의 자유는 후술하는 바와 같이 제약이 있을 수 있다고 봐야 할 것이다(헌재 1992.11.12. 89헌마88).

2943
대학의 관리·운영에 관한 사항이 재학생의 학문의 자유와 관련이 없다고 볼 수 없으므로, 국립대학 서울대학교를 법인으로 전환하는 법률조항에 대하여 서울대학교 재학생의 자기관련성이 인정된다. 23년 법원행시 [O][X]

(X) 서울대학교 재학생은 공무담임권이 침해될 가능성이 없고, 재학 중인 학교의 법적 형태를 공법상 영조물인 국립대학으로 유지하여 줄 것을 요구할 권리는 교육받을 권리에 포함되지 아니하며, 대학의 관리·운영에 관한 사항은 학생의 학문의 자유와 관련되어 있다고 볼 수 없어 자기관련성이 인정되지 않는다(헌재 2014.4.24. 2011헌마612).

2944
경북대학교 총장임용후보자선거의 후보자로 등록하려면 3,000만 원의 기탁금을 납부하고 제1차 투표에서 유효투표수의 100분의 15 이상을 득표한 경우에는 기탁금 전액을, 100분의 10 이상 100분의 15 미만을 득표한 경우에는 기탁금 반액을 반환하고, 반환되지 않은 기탁금은 경북대학교발전 기금에 귀속하도록 정한 「경북대학교 총장임용 후보자 선정 규정」의 해당 조항은 재산권을 침해하지 않는다. 23년 소방간부 [O][X]

(O) ① 경북대학교의 경우 총장임용후보자 선정 방식으로 직선제를 채택하고 다양한 방식으로 선거운동을 허용하고 있다. 따라서 이는 과다하다고 할 수 없다. / ② 100분의 15 이상을 득표한 경우 전액을, 100분의 10 이상을 득표한 경우 반액을 반환하는 규정은 후보자의 진지성과 성실성을 담보하기 위한 최소한의 제한이다(헌재 2022.5.26. 2020헌마1219).

2945
학교법인을 설립하고 이를 통하여 사립학교를 설립·경영하는 것을 내용으로 하는 사학의 자유는 헌법의 명문 규정에 의한 기본권에 해당한다. 24년 법원행시 [O][X]

(X) 헌법재판소는 비록 헌법에 명문의 규정은 없지만 학교법인을 설립하고 이를 통하여 사립학교를 설립·경영하는 것을 내용으로 하는 사학의 자유가 헌법 제10조, 제31조 제1항, 제4항에서 도출되는 기본권임을 확인한 바 있다(헌재 2019.7.25. 2017헌마1038). / 명문규정 X

2946
학칙의 제정 또는 개정에 관한 사항 등 대학평의원회의 심의사항을 규정한 「고등교육법」 조항은 연구와 교육등 대학의 중심적 기능에 관한 자율적 의사결정을 방해한다고 볼 수 있어, 국·공립대학 교수회 및 교수들의 대학의 자율권을 침해한다. 24년 경찰 2차 [O][X]

(X) 이 사건 심의조항은 대학 구성원이 학교 운영의 기본사항에 대한 의사결정 과정에 참여할 수 있는 기회를 절차적으로 보장하는 것으로서, 연구에 관한 사항은 대학평의원회의 심의사항에서 제외하고 있는 점, 교육과정 운영에 관한 사은 대학평의원회의 자문사항에 해당하는 점, 심의 결과가 대학의 의사결정을 기속하지 않는 점 등을 고려할 때 이 사건 심의조항이 연구와 교육 등 대학의 중심적 기능에 관한 자율적 의사결정을 방해한다고 볼 수 없으며, 학교운영이 민주적 절차에 따라 공정하고 투명하게 이루어질 수 있도록 하기 위한 것으로서 합리적 이유가 인정된다. 따라서 이 사건 심의조항이 국·공립대학 교수회 및 교수들의 대학의 자율권을 침해한다고 볼 수 없다(헌재 2023.10.26. 2018헌마872).

2947
대학의 학문과 연구활동에서 중요한 역할을 담당하는 교원에게 그와 관련된 영역에서 주도적인 역할을 인정하는 것은 대학의 자율성의 본질에 부합하고 필요하며, 그것은 교육과 연구에 관한 사항은 모두 교원이 전적으로 결정할 수 있어야 한다는 의미이다. 24년 경찰 2차 [O][X]

(X) 대학의 학문과 연구 활동에서 중요한 역할을 담당하는 교원에게 그와 관련된 영역에서 주도적인 역할을 인정하는 것은 대학의 자율성의 본질에 부합하고 필요하나, 이것이 교육과 연구에 관한 사항은 모두 교원이 전적으로 결정할 수 있어야 한다는 의미는 아니다(헌재 2023.10.26. 2018헌마872).

OX 문제	정답 및 해설

2948
학교 정화구역 내에서의 극장시설 및 영업을 금지하고 있는 구 「학교보건법」 조항은 정화구역 내에서 극장업을 하고자 하는 자의 예술의 자유를 과도하게 침해하여 위헌이다. 23년 순경 2차 ⓞⓧ

(O) 이 사건 법률조항은 극장운영자의 표현의 자유 및 예술의 자유도 필요한 이상으로 과도하게 침해하고 있으며, 표현·예술의 자유의 보장과 공연장 및 영화상영관 등이 담당하는 문화국가형성의 기능의 중요성을 간과하고 있다. 따라서 이 사건 법률조항은 표현의 자유 및 예술의 자유를 침해하는 위헌적인 규정이다(헌재 2004.5.27. 2003헌가1 등).

2949
구 「영화진흥법」이 제한상영가 상영등급분류의 구체적 기준을 영상물등급위원회의 규정에 위임하고 있는 것은 그 내용이 사회현상에 따라 급변하는 내용들이고, 특별히 전문성이 요구되는 기술적인 사항에 해당한다고 할 것이므로 포괄위임금지 원칙에 위배되지 않는다. 23년 순경 2차 ⓞⓧ

(X) 이 사건 위임 규정은 등급분류의 기준에 관하여 아무런 언급 없이 영상물등급위원회가 그 규정으로 이를 정하도록 하고 있는바, 이것만으로는 무엇이 제한상영가 등급을 정하는 기준인지에 대해 전혀 알 수 없고, 다른 관련규정들을 살펴보더라도 위임되는 내용이 구체적으로 무엇인지 알 수 없으므로 이는 포괄위임금지원칙에 위반된다 할 것이다(헌재 2008.7.31. 2007헌가4).

제4절 경제적 자유권

2950
재산권 보장은 주관적 공권의 보장인 동시에 그 재산권이 존재하는 특정한 공동체의 사유재산 제도 보장인 점에서, 사유재산권이나 사유재산 제도를 부인하면 재산권 침해가 된다. 22년 해경일반 ⓞⓧ

(O) 재산권 보장은 주관적 공권의 보장인 동시에 그 재산권이 존재하는 특징한 공동체의 사유재산 제도 보장인 점에서, 사유재산권이나 사유재산 제도를 부인하면 재산권 침해가 된다(헌재 1993.7.29. 92헌바20).

2951
군인연금법상의 연금수급권, 공무원연금법상의 연금수급권, 국가유공자의 보상수급권, 국민연금법상 사망일시금은 헌법상의 재산권에 포함된다. 22년 경찰승진, 20년 법원행시 ⓞⓧ

(X) 사망일시금은 사회보험의 원리에서 다소 벗어난 장제부조적·보상적 성격을 갖는 급여로 사망일시금은 헌법상 재산권에 해당하지 아니한다(헌재 2019.2.28. 2017헌마432).

2952
국가보상적 내지 국가보훈적 수급권이나 사회보장수급권은 구체적인 법률에 의하여 비로소 부여되는 권리이므로, 수급권 발생요건이 법정되어 있는 경우에는 이 법정요건을 갖추기 전에는 헌법이 보장하는 재산권이라고 할 수 없다. 20년 법원행시 ⓞⓧ

(O) 법정요건을 갖춘 후 발생하는 보상금수급권은 구체적인 법적 권리로 보장되는 경제적·재산적 가치가 있는 공법상의 권리라 할 것이지만, 법정요건을 갖추기 전에는 헌법이 보장하는 재산권이라 할 수 없고, 예우법 시행 전 또는 그 시행 중에 상이를 입은 군경이 상이를 입게 된 시점에 가지게 되는 보상금수급권에 관한 지위는 수급권 발생에 필요한 법정요건을 갖춘 후에 비로소 재산권인 보상금수급권을 취득할 수 있으리라는 기대이익에 불과하다(헌재 2011.7.28. 2009헌마27).

2953
법률이 일정한 요건을 갖춘 경우 비과세하도록 규정하는데, 비과세요건을 갖추었을 경우 얻을 수 있는 이익 역시 헌법이 보호하는 재산권의 영역에 포함된다. 21년 법원행시 ⓞⓧ

(X) 수익적 입법의 시혜대상에서 제외되었다는 이유만으로 재산권 침해가 생기는 것은 아니고, 시혜적 입법의 시혜대상이 될 경우 얻을 수 있는 재산상 이익의 기대가 성취되지 않았다고 하여도 그러한 단순한 재산상 이익의 기대는 헌법이 보호하는 재산권의 영역에 포함되지 않는다(헌재 1999.7.22. 98헌바14).

| OX 문제 | 정답 및 해설 |

2954
헌법 제23조의 재산권은 자기 노력의 대가나 자본의 투자 등 특별한 희생을 통하여 얻은 공법상의 권리도 포함한다. 21년 법무사 [O X]

(O) 헌법 제23조의 재산권은 민법상의 소유권뿐만 아니라, 재산적 가치있는 사법상의 물권, 채권 등 모든 권리를 포함하며, 또한, 국가로부터의 일방적인 급부가 아닌 자기 노력의 댓가나 자본의 투자 등 특별한 희생을 통하여 얻은 공법상의 권리도 포함한다(헌재 2009.9.24. 2007헌마1092).

2955
건설공사를 위하여 문화재발굴허가를 받아 매장문화재를 발굴하는 경우 그 발굴비용을 사업시행자로 하여금 부담하게 하는 것은 문화재 보존을 위해 사업시행자에게 일방적인 희생을 강요하는 것이므로 재산권을 침해한다. 20년 경찰승진 [O X]

(X) 사업시행자가 발굴조사비용 액수를 고려하여 더 이상 사업시행에 나아가지 아니할 선택권이 유보되어 있는 점, 대통령령으로 정하는 예외적인 경우에는 국가 등이 발굴조사비용을 부담할 수 있는 점 및 유실물법에 의한 보상금을 지급토록 하는 규정을 두고 있는 점 등에 비추어 최소침해성 원칙, 법익균형성 원칙에 위반되지 않으므로 재산권을 침해하지 않는다(헌재 2010.10.28. 2008헌바74).

2956
이동전화번호에 대하여 사적 유용성 및 그에 대한 원칙적 처분권을 내포하는 재산가치 있는 구체적 권리인 재산권이 생긴다고 볼 수 없다. 21년 법원행시 [O X]

(O) 이동전화번호는 유한한 국가자원으로서, 청구인들이 오랜 기간 같은 이동전화번호를 사용해 왔다 하더라도 이는 국가의 이동전화번호 관련 정책 및 이동전화 사업자와의 서비스 이용계약 관계에 의한 것일 뿐, 청구인들이 이동전화번호에 대하여 사적 유용성 및 그에 대한 원칙적 처분권을 내포하는 재산가치 있는 구체적 권리인 재산권을 가진다고 볼 수 없다(헌재 2013.7.25. 2011헌마63 등).

2957
환매권의 발생기간을 '취득일로부터 10년 이내'로 제한한 것은 토지수용 등의 원인이 된 공익사업의 폐지 등으로 공공필요가 소멸하였음에도 단지 10년이 경과하였다는 사정만으로 환매권이 배제되는 결과가 초래될 수 있으므로 재산권을 침해한다. 22년 국회직 8급 [O X]

(O) 이 사건 법률조항의 환매권 발생기간 '10년'을 예외 없이 유지하게 되면 토지수용 등의 원인이 된 공익사업의 폐지 등으로 공공필요가 소멸하였음에도 단지 10년이 경과하였다는 사정만으로 환매권이 배제되는 결과가 초래될 수 있다. 다른 나라의 입법례에 비추어 보아도 발생기간을 제한하지 않거나 더 길게 규정하면서 행사기간 제한 또는 토지에 현저한 변경이 있을 때 환매거절권을 부여하는 등 보다 덜 침해적인 방법으로 입법목적을 달성하고 있다. 이 사건 법률조항은 침해의 최소성 원칙에 어긋난다(헌재 2020.11.26. 2019헌바131).

2958
예비군 교육훈련에 참가한 예비군대원이 훈련 과정에서 식비, 여비 등을 스스로 지출함으로써 생기는 경제적 부담은 헌법에서 보장하는 재산권의 범위에 포함된다고 할 수 없고, 예비군 교육훈련 기간 동안의 일실수익과 같은 기회비용 역시 경제적인 기회에 불과하여 재산권의 범위에 포함되지 아니한다. 24년 국회직 8급 [O X]

(O) 예비군 교육훈련에 참가한 예비군대원이 훈련 과정에서 식비, 여비 등을 스스로 지출함으로써 생기는 경제적 부담은 헌법에서 보장하는 재산권의 범위에 포함된다고 할 수 없고, 예비군 교육훈련 기간 동안의 일실수익과 같은 기회비용 역시 경제적인 기회에 불과하여 재산권의 범위에 포함되지 아니한다. 그렇다면 심판대상조항으로 인하여 청구인의 재산권이 침해될 가능성을 인정할 수 없다(헌재 2019.8.29. 2017헌마828).

2959
토지의 가격이 취득일 당시에 비하여 현저히 상승한 경우 환매금액에 대한 협의가 성립하지 아니한 때에는 사업시행자로 하여금 환매금액의 증액을 청구할 수 있도록 한 「공익사업을 위한 토지 등의 취득 및 보상에 관한 법률」조항은 환매권자의 재산권을 침해하지 아니한다. 20년 경찰승진 [O X]

(O) 토지의 가격이 취득일 당시에 비하여 현저히 상승한경우 환매금액에 대한 협의가 성립하지 아니한 때에는 사업시행자로 하여금 환매금액의 증액을 청구할 수 있도록 한 「공익사업을 위한 토지 등의 취득 및 보상에 관한 법률」조항은 환매권자의 재산권을 침해하지 아니한다(헌재 2016.9.29. 2014헌바400).

OX 문제

2960
별거나 가출 등으로 실질적인 혼인관계가 존재하지 아니하여 연금 형성에 기여가 없는 이혼배우자에 대해서 법률혼 기간을 기준으로 분할연금 수급권을 인정하는 것은 재산권을 침해하지 않는다. 20년 국회직 5급 ☐☒

2961
입법자가 종전에 없던 재산권을 새로이 형성하는 경우 그 형성에 포함되지 않은 부분은 재산권의 범위에 속하지 않으므로, 그 부분에 대하여 재산권의 제한은 성립할 수 없다. 22년 경행특채 ☐☒

2962
지방의회의원에 취임한 퇴역연금 수급자는 다른 일반 공무원과 마찬가지로 다시 소득활동을 계속하게 되었으므로 실질이 '퇴직'한 것으로 볼 수 없고 그 보수인 의정비는 퇴역연금을 대체하기에 충분하므로 연금을 통해 보호할 필요성이 있는 '사회적위험'이 발생한 자라고 볼 수 없으므로, 퇴역연금 수급자가 지방의회의원에 취임한 경우, 퇴역연금 전부의 지급을 정지하도록 규정한 구 「군인연금법」 제27조 제1항 제2호 중 '지방의회의원'에 관한 부분은 과잉금지원칙에 반하여 지방의회의원에 취임한 퇴역연금 수급자의 재산권을 침해하지 않는다. 25년 경찰 2차, 22년 법무사, 21년 국회직 5급, 21년 비상기획관 ☐☒

2963
공무원연금법상 퇴직연금수급자가 지방의회의원에 취임한 경우, 취임 당시의 연금제도가 그대로 유지되어 그 임기 동안 퇴직연금을 계속 지급받을 수 있을 것이라고 신뢰하였다 하더라도 이러한 신뢰는 보호가치가 크다고 보기 어렵다. 23년 해경 ☐☒

2964
지역구국회의원선거 예비후보자가 정당의 공천심사에서 탈락하여 후보자등록을 하지 않은 경우를 지역구국회의원선거 예비후보자의 기탁금 반환 사유로 규정하지 않은 것은 예비후보자의 재산권을 침해한다. 22년 법무사, 20년 비상기획관 ☐☒

정답 및 해설

(X) 별거나 가출 등으로 실질적인 혼인관계가 존재하지 아니하여 연금 형성에 기여가 없는 이혼배우자에 대해서까지 법률혼 기간을 기준으로 분할연금 수급권을 인정하는 국민연금법 제64조 제1항은 재산권을 침해한다(헌재 2016.12.29. 2015헌바182).

(O) 입법자에 의한 재산권의 내용과 한계의 설정은 기존에 성립된 재산권을 제한할 수도 있고, 기존에 없던 것을 새롭게 형성하는 것일 수도 있다. 이 사건 조항은 종전에 없던 재산권을 새로이 형성한 것에 해당되므로, 역으로 그 형성에 포함되어 있지 않은 것은 재산권의 범위에 속하지 않는다. 그러므로 청구인들이 주장하는바 '불법적인 사용의 경우에 인정되는 수용청구권'이란 재산권은 존재하지 않으므로, 이 사건 조항이 그러한 재산권을 제한할 수는 없다(헌재 2005.7.21. 2004헌바57).

(X) 지방의회의원으로서 받게 되는 보수가 연금에 미치지 못하는 경우에도 연금 전액의 지급을 정지하는 것이 재산권을 과도하게 제한하여 헌법에 위반된다(헌재 2022.1.27. 2019헌바161).

(O) 체계의 개선으로 지방의회의원이 지급받는 의정비가 보수로서의 성격을 보다 강하게 가지게 되었고, 이러한 보수의 현실화로 과거의 법 상태에 대한 신뢰는 보호의 필요성이 적어졌다. 따라서 청구인들이 '지방의회의원에 취임할 당시의 연금제도가 그대로 유지되어 그 임기 동안 같은 액수의 퇴직연금을 계속 지급받을 수 있을 것'이라고 신뢰하였다 하더라도 이러한 신뢰는 보호가치가 크다고 보기 어렵다(헌재 2022.1.27. 2019헌바161). / 다만 이는 반대의견이다. 법정의견은 신뢰보호에 대해서는 판단하지 않았다.

(O) 지역구국회의원 예비후보자의 기탁금 반환 사유를 예비후보자의 사망, 당내경선 탈락으로 한정하고 있는 공직선거법 규정은 헌법에 합치하지 아니한다(헌재 2018.1.25. 2016헌마541).

| OX 문제 | 정답 및 해설 |

2965
개발제한구역 지정으로 인하여 토지를 종래의 목적으로도 사용할 수 없거나 또는 더 이상 법적으로 허용된 토지이용의 방법이 없기 때문에 실질적으로 토지의 사용·수익의 길이 없는 경우에는 토지소유자가 수인해야 하는 사회적 제약의 한계를 넘는 것으로 보아야 한다. 22년 해경일반 ⓞⓧ

(O) 개발제한구역 지정으로 인하여 토지를 종래의 목적으로도 사용할 수 없거나 또는 더 이상 법적으로 허용된 토지이용의 방법이 없기 때문에 실질적으로 토지의 사용·수익의 길이 없는 경우에는 토지소유자가 수인해야 하는 사회적 제약의 한계를 넘는 것으로 보아야 한다(헌재 1998.12.24. 89헌마214 등).

2966
개발제한구역의 지정으로 일부 토지소유자에게 사회적 제약의 범위를 넘는 가혹한 부담이 발생하는 예외적인 경우에 보상규정을 두지 않은 것은 위헌성이 있는 것이고 보상의 구체적 기준과 방법은 헌법재판소가 결정할 성질의 것이 아니라 입법자가 입법정책적으로 정할 사항이다. 25년 국회직 9급 ⓞⓧ

(O) 다만 개발제한구역의 지정으로 말미암아 일부 토지소유자에게 사회적 제약의 범위를 넘는 가혹한 부담이 발생하는 예외적인 경우에 대하여 보상규정을 두지 않은 것에 위헌성이 있는 것이고, 보상의 구체적 기준과 방법은 헌법재판소가 결정할 성질의 것이 아니라 광범위한 입법형성권을 가진 입법자가 입법정책적으로 정할 사항이다(헌재 1998.12.24. 89헌마214 등).

2967
재산권의 내용을 새로이 형성하는 법률이 합헌적이기 위해서는 장래에 적용될 법률이 「헌법」에 합치하면 되는 것이지 과거의 법적 상태에 의하여 부여된 구체적 권리에 대한 침해를 정당화하는 이유가 존재하여야 하는 것은 아니다. 22년 해경일반 ⓞⓧ

(X) 재산권의 내용을 새로이 형성하는 법률이 합헌적이기 위하여서는 장래에 적용될 법률이 헌법에 합치하여야 할 뿐만 아니라, 또한 과거의 법적 상태에 의하여 부여된 구체적 권리에 대한 침해를 정당화하는 이유가 존재하여야 하는 것이다(헌재 1999.4.29. 94헌바37 등).

2968
기초생활수급자 또는 「임대차보호법」상 소액 임차인의 청구권을 면책제외 채권에 포함시키지 아니한 「채무자 회생 및 파산에 관한 법률」 제625조 제2항은 개인회생제도의 목적 달성을 위한 불가피한 규율에 해당하므로 과잉금지원칙을 위반하여 청구인의 재산권을 침해하지 않는다. 25년 경찰 2차 ⓞⓧ

(O) 법원이 구체적인 개별 사건에서 예외적으로 특정 채권을 면책의 대상에서 제외할 수 있다면, 각 채권 사이 변제의 합리성과 공평성을 훼손할 여지가 크고, 그 기준 또한 명백하다고 보기 어렵다는 점에서, 면책 제한 청구권을 한정한 심판대상조항은 개인회생제도의 목적 달성을 위한 불가피한 규율에 해당한다(헌재 2024.1.25. 2020헌마727).

2969
납세의무자가 법정 신고기한까지 「지방세법」에 따라 산출한 세액을 신고하지 아니한 경우에는 산출세액의 100분의 20에 상당하는 금액을 가산세로 부과하도록 한 구 「지방세기본법」 조항은 납세의무자의 성실신고를 유도하여 신고납세제도의 실효성을 확보하고, 납세의무의 확정을 위해 투입될 과세관청의 행정력을 절감하며 납세의무 위반을 미연에 방지하기 위한 것이므로 과잉금지원칙에 위배되어 청구인의 재산권을 침해하지 않는다. 25년 경찰 2차 ⓞⓧ

(O) 납세의무자의 성실신고를 유도하여 신고납세제도의 실효성을 확보하고, 납세의무의 확정을 위해 투입될 과세관청의 행정력을 절감하며 납세의무 위반을 미연에 방지하기 위한 것이다. 구 지방세기본법은 신고의무 불이행에 정당한 사유가 있는 등의 경우에 가산세를 감면하도록 하여 재산권이 지나치게 제한되지 않도록 하고 있다. 따라서 심판대상조항은 과잉금지원칙에 위배되어 청구인의 재산권을 침해한다고 볼 수 없다(헌재 2024.3.28. 2020헌바466).

| OX 문제 | 정답 및 해설 |

2970
「가축전염병 예방법」상의 살처분은 가축의 전염병이 전파가능성과 위해성이 매우 커서 타인의 생명, 신체나 재산에 중대한 침해를 가할 우려가 있는 경우 이를 막기 위해 취해지는 조치로서 가축 소유자가 수인해야 하는 사회적 제약의 범위에 속한다. 24년 변호사, 22년 입법고시 [O][X]

(O) 살처분은 가축의 전염병이 전파가능성과 위해성이 매우 커서 타인의 생명, 신체나 재산에 중대한 침해를 가할 우려가 있는 경우 이를 막기 위해 취해지는 조치로서, 가축 소유자가 수인해야 하는 사회적 제약의 범위에 속한다(헌재 2014.4.24. 2013헌바110).

2971
사회부조와 같이 국가의 일방적인 급부에 대한 권리는 재산권의 보호대상에서 제외되고, 단지 사회법상의 지위가 자신의 급부에 대한 등가물에 해당하는 경우에 한하여 사법상의 재산권과 유사한 정도로 보호받아야 할 공법상의 권리가 인정된다. 23년 변호사 [O][X]

(O) 사회부조와 같이 국가의 일방적인 급부에 대한 권리는 재산권의 보호대상에서 제외되고, 단지 사회법상의 지위가 자신의 급부에 대한 등가물에 해당하는 경우에 한하여 사법상의 재산권과 유사한 정도로 보호받아야 할 공법상의 권리가 인정된다. 즉 공법상의 법적 지위가 사법상의 재산권과 비교될 정도로 강력하여 그에 대한 박탈이 법치국가원리에 반하는 경우에 한하여, 그러한 성격의 공법상의 권리가 재산권의 보호대상에 포함되는 것이다(헌재 2000.6.29. 99헌마289).

2972
최저임금을 인상하는 내용의 고시는 근로자에게 지급하여야 할 임금 증가, 생산성 저하, 이윤 감소 등 사업자에게 불이익을 겪게 할 우려가 있으므로 사업자의 재산권을 제한한다. 23년 변호사 [O][X]

(X) 각 최저임금 고시 부분은 사용자가 최저임금의 적용을 받는 근로자에게 지급하여야 할 임금의 최저액을 정한 것으로 청구인들이 이로 인하여 계약의 자유와 기업의 자유를 제한받는 결과 근로자에게 지급하여야 할 임금이 늘어나거나 생산성 저하, 이윤 감소 등 불이익을 겪을 우려가 있거나, 그 밖에 사업상 어려움이 발생할 수 있다고 하더라도 이는 기업활동의 사실적·법적 여건에 관한 것으로 재산권 침해는 문제되지 않는다(헌재 2019.12.27. 2017헌마1366 등).

2973
일반적인 공무원의 직무상 불법행위로 손해를 받은 국민의 손해배상청구에 관하여 그 국가배상청구권의 소멸시효 기산점을 피해자나 법정대리인이 그 손해 및 가해자를 안 날(주관적 기산점) 및 불법행위를 한 날(객관적 기산점)로 정하되, 그 시효기간을 주관적 기산점으로부터 3년, 객관적 기산점으로부터 5년으로 정한 것이 국가배상청구권을 침해한다고 볼 수 없다. 23년 법원행시 [O][X]

(O) 민법상 소멸시효제도의 일반적인 존재이유는 '법적 안정성의 보호, 채무자의 이중변제 방지, 채권자의 권리불행사에 대한 제재 및 채무자의 정당한 신뢰 보호'에 있다. 이와 같은 민법상 소멸시효제도의 존재이유는 국가배상청구권의 경우에도 일반적으로 타당하고, 특히 국가의 채무관계를 조기에 확정하여 예산수립의 불안정성을 제거하기 위해서는 국가채무에 대해 단기소멸시효를 정할 필요성도 있다. 그러므로 심판대상조항들이 일반적인 공무원의 직무상 불법행위로 손해를 받은 국민의 국가배상청구권에 관한 소멸시효 기산점과 시효기간을 정하고 있는 것은 합리적인 이유가 있다(헌재 2018.8.30. 2014헌바148).

2974
개발부담금의 부과기준 중 종료시점지가를 부과 종료 시점당시의 부과 대상 토지와 이용 상황이 가장 비슷한 표준지의 공시지가를 기준으로 산정하도록 한 법률조항이 과잉금지원칙에 반하여 개발부담금 납부의무자의 재산권을 침해한다고 볼 수 없다. 23년 법원행시 [O][X]

(O) 개발부담금의 종료시점지가를 '부과 종료 시점 당시의 부과 대상 토지와 이용 상황이 가장 비슷한 표준지의 공시지가'를 기준으로 산정하도록 한 구 '개발이익 환수에 관한 법률' 제10조 제1항(이 사건 종료시점지가조항)이 헌법에 위반되지 않는다고 결정하였다(헌재 2021.12.23. 2018헌바435).

2975
관리처분계획인가의 고시가 있으면 별도의 영업손실보상 없이 재건축사업구역 내 임차권자의 사용·수익을 중지시키는 것은 임차권자의 재산권을 침해한다. 22년 법무사 [O][X]

(X) 이러한 사정들을 종합하면 임차권자에 대한 보상을 임대인과 임차인 사이의 임대차계약 등에 따라 사적 자치에 의해 해결하도록 한 입법자의 판단이 잘못되었다고 보기 어려우므로, 심판대상조항은 과잉금지원칙을 위반하여 임차권자의 재산권을 침해하지 아니한다(헌재 2020.4.23. 2018헌가17).

OX 문제	정답 및 해설

2976

토지에 관한 협의취득의 성립 또는 재결 당시 공시된 공시지가 중 당해 사업인정의 고시일에 가장 가까운 시점에 공시된 공시지가를 기준으로 수용된 토지의 보상액을 산정하도록 한 것은 헌법에 위반되지 않는다. 25년 국회직 9급 ⓞⓧ

(O) 시점보정의 기준이 되는 공시지가에 개발이익이 포함되는 것을 방지하기 위한 것으로서 개발이익이 배제된 손실보상액을 산정하는 적정한 수단에 해당되므로 헌법 제23조 제3항에 위반된다고 볼 수 없다(헌재 2009.7.30. 2007헌바76).

2977

헌법의 재산권 보장은 사유재산의 사용과 그 처분을 포함하는 것인바, 유언자가 생전에 최종적으로 자신의 재산권에 대하여 처분할 수 있는 법적 가능성을 의미하는 유언의 자유가 생전 증여에 의한 처분과 마찬가지로 헌법상 재산권의 보호를 받는 것은 아니다. 23년 순경 2차, 23년 법원직 9급 ⓞⓧ

(X) 우리 헌법의 재산권 보장은 사유재산의 처분과 그 상속을 포함하는 것인바, 유언자가 생전에 최종적으로 자신의 재산권에 대하여 처분할 수 있는 법적 가능성을 의미하는 유언의 자유는 생전증여에 의한 처분과 마찬가지로 헌법상 재산권의 보호를 받는다(헌재 1989.12.22. 88헌가13).

2978

환경개선부담금은 경유에 리터당 부과되는 교통·에너지·환경세와 달리 개별 경유차의 오염유발 수준을 고려하므로, 경유를 연료로 사용하는 자동차의 소유자로부터 환경개선부담금을 부과·징수 하도록 정한「환경개선비용 부담법」조항이 과잉금지원칙을 위반하여 경유차 소유자의 재산권을 침해한다고는 볼 수 없다. 23년 순경 2차 ⓞⓧ

(O) 경유에 리터당 부과되는 교통·에너지·환경세와 달리 개별 경유차의 오염유발 수준을 고려하므로, 교통·에너지·환경세가 규율하지 못하는 별도의 정책적 목적도 수행한다고 볼 수 있다. 따라서 경유차 소유자가 교통·에너지·환경세 외 환경개선부담금을 추가 부담한다고 하더라도 그 부담이 지나치다고 보기 어렵다. 이와 같은 점을 고려할 때, 이 사건 법률조항이 과잉금지원칙을 위반하여 청구인의 재산권을 침해한다고 볼 수 없다(헌재 2022.6.30. 2019헌바440).

2979

「한강수계 상수원수질개선 및 주민지원 등에 관한 법률」이 규정한 '물사용량에 비례한 부담금'은 수도요금과 구별되는 별개의 금전으로서 한강수계로부터 취수된 원수를 정수하여 직접 공급받는 최종 수요자라는 특정 부류의 집단에만 강제적·일률적으로 부과되므로 재정조달 목적 부담금에 해당한다. 23년 경찰간부 ⓞⓧ

(O) 물이용부담금은 한강수계관리기금의 재원을 마련하는 데에 그 부과의 목적이 있고, 그 부과 자체로써 수돗물 최종수요자의 행위를 특정한 방향으로 유도하거나 물이용부담금 납부의무자 이외의 다른 집단과의 형평성 문제를 조정하고자 하는 등의 목적이 있다고 보기 어려우므로, 재정조달목적 부담금에 해당한다(헌재 2020.8.28. 2018헌바425).

2980

정책실현목적 부담금은 추구되는 공적 과제가 부담금 수입의 지출 단계에서 비로소 실현된다고 한다면, 재정조달목적 부담금은 추구되는 공적 과제의 전부 혹은 일부가 부담금의 부과 단계에서 이미 실현된다고 할 것이다. 20년 비상기획관(상) ⓞⓧ

(X) 부담금은 그 부과목적과 기능에 따라 순수하게 재정조달의 목적만 가지는 '재정조달목적 부담금'과 재정조달 목적뿐만 아니라 부담금의 부과 자체로써 국민의 행위를 특정한 방향으로 유도하거나 특정한 공법적 의무의 이행 또는 공공출연의 특별한 이익과 관련된 집단 간의 형평성 문제를 조정하여 특정한 사회·경제정책을 실현하기 위한 '정책실현목적 부담금'으로 구분할 수 있다. 전자의 경우에는 공적 과제가 부담금 수입의 지출 단계에서 비로소 실현되나, 후자의 경우에는 공적 과제의 전부 혹은 일부가 부담금의 부과 단계에서 이미 실현된다(헌재 2008.11.27. 2007헌마860).

OX 문제

2981
경유차 소유자로부터 부과·징수하도록 한 「환경개선비용 부담법」상 환경개선부담금은 '경유차 소유자'라는 특정 부류의 집단에만 특정한 반대급부 없이 강제적·일률적으로 부과되는 정책실현목적의 유도적 부담금으로 분류될 수 있다. 23년 경찰간부 ☐☒

2982
공무원 퇴직연금수급권은 국가의 재정상황, 국민 전체의 소득 및 생활수준 기타 여러 가지 사회·경제적인 여건 등을 종합하여 합리적인 수준에서 결정할 수 있는 광범위한 입법형성의 재량이 인정되기 때문에 법정요건을 갖춘 후 발생하는 공무원 퇴직연금수급권은 경제적·재산적 가치가 있는 공법상의 권리로서 헌법 제23조 제1항이 보장하고 있는 재산권에 포함된다. 20년 국회직 5급 ☐☒

2983
개인택시운송사업자는 장기간의 모범적인 택시운전에 대한 보상의 차원에서 개인택시면허를 취득하였거나, 고액의 프리미엄을 지급하고 개인택시면허를 양수한 사람들이므로 개인택시면허는 자신의 노력으로 혹은 금전적 대가를 치르고 얻은 재산권이라고 할 수 있다. 20년 국회직 5급 ☐☒

2984
주택재개발사업의 경우 학교용지부담금 부과 대상에서 '기존 거주자와 토지 및 건축물의 소유자에게 분양하는 경우'에 해당하는 개발사업분만 제외하고, 현금청산의 대상이 되어 제3자에게 일반분양됨으로써 기존에 비하여 가구 수가 증가하지 아니하는 개발사업분을 학교용지부담금 부과 대상에서 제외하지 아니한 것은 평등원칙에 위배되지 않는다. 23년 경찰간부 ☐☒

2985
「의료사고 피해구제 및 의료분쟁 조정 등에 관한 법률」의 해당 조항이 보건의료기관개설자에게 부과하도록 하는 대불비용 부담금은 보건의료기관개설자라는 특정한 집단이 반대급부 없이 납부하는 공과금의 성격을 가지므로 재정조달목적 부담금에 해당한다. 23년 경찰간부 ☐☒

정답 및 해설

(O) 경유차 소유 및 운행 자제를 통한 대기오염물질 배출의 자발적 저감이라는 정책적 효과가 환경개선부담금의 부과 단계에서 행위자의 행위선택에 영향을 미침으로써 이미 실현되기 때문이다. 따라서 환경개선부담금은 정책실현목적의 유도적 부담금으로 분류될 수 있다(헌재 2022.6.30. 2019헌바440).

(O) 퇴직연금수급권은 국가의 재정상황, 국민 전체의 공무원 소득 및 생활수준 기타 여러 가지 사회·경제적인 여건 등을 종합하여 합리적인 수준에서 결정할 수 있는 광범위한 입법형성의 재량이 인정되기 때문에 법정요건을 갖춘 후 발생하는 공무원 퇴직연금수급권만이 경제적·재산적 가치가 있는 공법상의 권리로서 헌법 제23조 제1항이 보장하고 있는 재산권에 포함되는 것이다(헌재 2012.8.23. 2010헌바425).

(O) 개인택시운송사업자는 장기간의 모범적인 택시운전에 대한 보상의 차원에서 개인택시면허를 취득하였거나, 고액의 프리미엄을 지급하고 개인택시면허를 양수한 사람들이므로 개인택시면허는 자신의 노력으로 혹은 금전적 대가를 치르고 얻은 재산권이라고 할 수 있다(헌재 2012.3.29. 2010헌마443).

(X) 헌법재판소는 위 조항이 현금청산의 대상이 되어 제3자에게 분양됨으로써 기존에 비하여 가구 수가 증가하지 아니하는 개발사업분을 제외하지 않는 것이 평등원칙에 위배된다고 판단하였다(헌재 2014.4.24. 2013헌가28).

(O) 심판대상조항에 따라 손해배상금 대불비용을 보건의료기관개설자가 부담하는 것은, 손해배상금 대불제도의 시행이라는 특정한 공적 과제의 수행을 위한 재원 마련을 목적으로 보건의료기관개설자라는 특정한 집단이 반대급부 없이 납부하는 공과금의 성격을 가지므로, 재정조달목적 부담금에 해당한다(헌재 2022.7.21. 2018헌바504).

| OX 문제 | 정답 및 해설 |

2986
'사업인정고시가 있은 후에 3년 이상 토지가 공익용도로 사용된 경우' 토지소유자에게 매수 혹은 수용청구권을 인정한 「공익사업을 위한 토지 등의 취득 및 보상에 관한 법률」의 조항을 통하여 인정되는 '수용청구권'은 사적유용성을 지닌 것으로서 재산의 사용, 수익, 처분에 관계되는 법적 권리이므로 헌법상 재산권에 포함된다. 22년 경찰승진 [O|X]

(O) 헌법이 보장하고 있는 재산권은 경제적 가치가 있는 모든 공법상·사법상의 권리를 뜻하며, 사적 유용성 및 그에 대한 원칙적인 처분권을 내포하는 재산가치 있는 구체적인 권리를 의미한다. 이 사건 조항을 통하여 인정되는 '수용청구권'은 사적유용성을 지닌 것으로서 재산의 사용, 수익, 처분에 관계되는 법적 권리이므로 헌법상 재산권에 포함된다고 볼 것이다(헌재 2005.7.21. 2004헌바57).

2987
청중이나 관중으로부터 당해 공연에 대한 반대급부를 받지 아니하는 경우에는 상업용 목적으로 공표된 음반 또는 상업용 목적으로 공표된 영상저작물을 재생하여 공중에게 공연할 수 있도록 하더라도 저작재산권자의 재산권을 침해하지 않는다. 21년 국회직 5급 [O|X]

(O) 심판대상조항으로 인하여 저작재산권자 등이 상업용 음반 등을 재생하는 공연을 허락할 권리를 행사하지 못하거나 그러한 공연의 대가를 받지 못하게 되는 불이익이 상업용 음반 등을 재생하는 공연을 통하여 공중이 문화적 혜택을 누릴 수 있게 한다는 공익보다 크다고 보기도 어려우므로 심판대상조항이 비례의 원칙에 반하여 저작재산권자 등의 재산권을 침해한다고 볼 수 없다(헌재 2019.11.28. 2016헌마1115 등).

2988
농지의 사회성과 공공성은 일반적인 토지의 경우보다 더 강하다고 할 수 있으므로 농지재산권을 제한하는 입법에 대한 헌법심사의 강도는 다른 토지재산권을 제한하는 입법에 대한 것보다 완화된다. 21년 국회직 5급, 21년 지방직 7급 [O|X]

(O) 농지의 경우 그 사회성과 공공성은 일반적인 토지의 경우보다 더 강하다고 할 수 있으므로, 농지 재산권을 제한하는 입법에 대한 헌법심사의 강도는 다른 토지 재산권을 제한하는 입법에 대한 것보다 낮다고 봄이 상당하다(헌재 2010.2.25. 2010헌바39 등).

2989
종전 규정에 의한 폐기물재생처리신고업자의 사업이 개정 규정에 의한 폐기물중간처리업에 해당하는 경우, 영업을 계속하기 위하여는 법 시행일부터 1년 이내에 개정 규정에 의한 폐기물중간처리업의 허가를 받도록 하고 있는 구 「폐기물관리법」 부칙 규정으로 인해 사실상 폐업이 불가피하게 된 기존의 폐기물재생처리신고업자는 재산권 침해를 이유로 헌법 제23조 제3항에 따른 보상을 받을 수 있다. 24년 변호사 [O|X]

(X) 청구인들의 영업활동은 원칙적으로 자신의 계획과 책임하에 행위하면서 법제도에 의하여 반사적으로 부여되는 기회를 활용한 것에 지나지 않는다 할 것이어서, 청구인들이 주장하는 영업권은 위 헌법조항들이 말하는 재산권의 범위에 속하지 아니하므로, 위 법률조항으로 인하여 청구인들의 재산권이 침해되었다거나, 소급입법에 의하여 재산권이 박탈되었다고 할 수 없다(헌재 2000.7.20. 99헌마452).

2990
광업권자는 도로 등 일정한 장소에서는 관할 관청의 허가나 소유자 또는 이해관계인의 승낙이 없으면 광물을 채굴할 수 없도록 규정한 구 「광업법」 조항은 이미 형성된 구체적인 재산권을 공익을 위하여 개별적·구체적으로 박탈하거나 제한하는 것으로서 보상을 요하는 헌법 제23조 제3항의 수용·사용 또는 제한을 규정한 것이다. 24년 국가직 7급 [O|X]

(X) 광업권이 토지소유권과 독립된 독자적 권리이고 광업의 수행방법이 가지는 특성으로 인하여 광업권은 당해 토지 또는 인접 토지의 통상적인 이용과의 관계에서 충돌이 발생할 가능성이 예정되어 있는 바, 구 광업법 조항은 그러한 경우에 충돌하는 권리의 양립을 도모하기 위해, 광업권의 전부 또는 일부를 소멸시키는 대신, 채굴행위를 일부 제한하는 규정이다. 따라서 위 조항은 이미 형성된 구체적인 재산권을 공익을 위하여 개별적·구체적으로 박탈하거나 제한하는 것으로서 보상을 요하는 헌법 제23조 제3항의 수용·사용 또는 제한을 규정한 것이라고 할 수는 없고, 입법자가 광업권에 관한 권리와 의무를 일반·추상적으로 확정하는, 재산권의 내용과 한계를 정하는 규정인 동시에 공익적 요청에 따른 재산권의 사회적 제약을 구체화하는 규정이라고 보아야 한다(헌재 2024.1.25. 2021헌바340).

OX 문제

2991
면세유류 관리기관인 수산업협동조합이 관리 부실로 인하여 면세유류 구입카드 또는 출고지시서를 잘못 교부·발급한 경우 해당 석유류에 대한 부가가치세 등 감면세액의 100분의 20에 해당하는 금액을 가산세로 징수하도록 규정한 구 「조세특례제한법」 조항은 면세유류 관리기관인 수산업협동조합의 재산권을 침해한다. 24년 해경간부 ⓞⓧ

2992
「공무원연금법」이 개정되어 시행되기 전에 청구인이 이미 퇴직하여 퇴직연금을 수급할 수 있는 기초를 상실한 경우에는 공무원퇴직연금의 수급요건을 재직기간 20년에서 10년으로 완화한 개정 「공무원연금법」 규정이 청구인의 재산권을 제한한다고 볼 수 없다. 22년 경찰승진 ⓞⓧ

2993
전기통신금융사기의 피해자가 피해구제 신청을 하는 경우, 피해자의 자금이 송금·이체된 계좌 및 해당 계좌로부터 자금의 이전에 이용된 계좌를 지급정지하는 「전기통신금융사기 피해방지 및 피해금 환급에 관한 특별법」 조항은 과잉금지원칙을 위반하여 청구인의 재산권을 침해한다. 23년 순경 2차 ⓞⓧ

2994
「주택임대차보호법」상 임차인 보호 규정들이 임대인의 재산권을 침해하는지 여부를 심사함에 있어서는 비례의 원칙을 기준으로 심사하되, 보다 강화된 심사기준을 적용하여야 할 것이다. 24년 국회직 8급 ⓞⓧ

2995
구 「민간임대주택에 관한 특별법」의 등록말소조항은 단기민간임대주택과 아파트 장기일반민간임대주택의 임대의무기간이 종료한 날 그 등록이 말소되도록 할 뿐이고, 종전임대사업자가 이미 받은 세제혜택 등을 박탈하는 내용이 없으므로 재산권이 제한된다고 볼 수 없다. 24년 국회직 8급 ⓞⓧ

정답 및 해설

(X) 면세유류 관리기관인 수협이 관리 부실로 인하여 면세유류 구입카드 등을 잘못 교부·발급한 경우 해당 석유류에 대한 부가가치세 등 감면세액의 100분의 20에 해당하는 금액을 가산세로 징수하도록 규정한 각 구 조세특례제한법 제106조의2 제11항 제2호 중 '면세유류 관리기관인 조합' 가운데 '수산업협동조합법에 따른 조합'에 관한 부분은 모두 헌법에 위반되지 아니한다(헌재 2021.7.15. 2018헌바338).

(O) 공무원연금법이 개정되어 시행되기 전 청구인은 이미 퇴직하여 퇴직연금을 수급할 수 있는 기초를 상실한 상태이므로, 심판대상조항이 청구인의 재산권 및 인간다운 생활을 할 권리를 제한한다고 볼 수 없다(헌재 2017.5.25. 2015헌마933).

(X) 금융회사가 계좌 명의인의 정당한 이의제기를 받고도 부당하게 지급정지의 종료를 지연한다면, 계좌명의인은 금융회사를 상대로 불법행위로 인한 손해배상을 청구할 수 있다. 따라서 지급정지조항은 과잉금지원칙을 위반하여 청구인의 재산권을 침해하지 아니한다(헌재 2022.6.30. 2019헌마579).

(X) 입법자는 주택 소유자의 해당 주택에 대한 사용·수익권의 행사 방법과 임대차계약의 내용 및 그 한계를 형성하는 규율을 할 수 있다고 할 것이므로, 주택임대차법상 임차인 보호 규정들이 임대인의 계약의 자유와 재산권을 침해하는지 여부를 심사함에 있어서는 보다 완화된 심사기준을 적용하여야 할 것이다(헌재 2024.2.28. 2020헌마1343 등). / 청구인들의 재산권을 침해하지 않는다.

(O) 임대사업자가 종전 규정에 의한 세제혜택 또는 집값 상승으로 인한 이익 취득이라는 기대를 가졌다 하더라도 이는 당시의 법제도에 대한 단순한 기대이익에 불과하다. 또한 등록말소조항은 단기민간임대주택과 아파트 장기일반민간임대주택의 임대의무기간이 종료한 날 그 등록이 말소되도록 할 뿐, 여기에 더하여 종전 임대사업자가 이미 받은 세제혜택 등을 박탈하는 내용을 담고 있지 아니하다. 따라서 등록말소조항으로 인해 청구인들의 재산권이 제한된다고 볼 수 없다(헌재 2024.2.28. 2020헌마1482). 판례는 재산권이 아니라 직업의 자유를 제한한다고 보았다.

OX 문제

2996
건물을 신축하고 그 신축한 건물의 취득일부터 5년 이내에 해당 건물을 양도하는 경우로서 환산가액을 그 취득가액으로 하는 경우에는 해당 건물 환산가액의 100분의 5에 해당하는 금액을 양도소득 결정세액에 더하도록 정한 구「소득세법」제114조의2 제1항은 재산권 제한의 정도가 부당한 조세회피의 방지라는 공익에 비하여 중하다고 볼 수 없으므로 과잉금지원칙을 위반하여 재산권을 침해하지 않는다. 25년 경찰 2차, 25년 경찰 2차, 24년 국회직 8급 [O][X]

2997
「공무원연금법」에서 19세 미만인 자녀에 대하여 아무런 제한 없이 퇴직유족연금일시금을 선택할 수 있게 하고 또 그 금액도 다른 유족과 동일한 계산식에 따라 산출하게 한 것은 다른 유족의 재산권을 침해한다. 24년 국회직 8급 [O][X]

2998
수용된 토지가 당해 공익사업에 필요 없게 되거나 이용되지 아니하였을 경우에 피수용자가 그 토지소유권을 회복할 수 있는 권리인 환매권은 헌법상의 재산권 보장 규정으로부터 도출되는 것으로서 헌법이 보장하는 재산권의 내용에 포함되지만 피수용자가 수용 당시 이미 정당한 손실 보상을 받은 경우에는 부정될 수 있다. 24년 법원행시 [O][X]

2999
임대사업자가 종전 규정에 의한 세제혜택에 대한 기대를 가졌거나, 종전과 같은 유형의 임대사업자의 지위를 장래에도 유지할 것을 기대하였다 하더라도 이는 단순한 기대이익에 불과하므로, 장기일반민간임대주택 중 아파트를 임대하는 민간매입임대주택과 단기민간임대주택의 임대의무기간이 종료한 날 그 등록이 말소되도록 하는「민간임대주택에 관한 특별법」해당 조항으로 인해 재산권이 제한된다고 볼 수는 없다. 25년 순경 1차 [O][X]

정답 및 해설

(O) 심판대상조항은 건물을 신축하여 취득한 자가 환산가액 적용을 통하여 양도소득세의 부담을 회피하는 것을 방지하기 위한 것인바 그 입법목적은 정당하고, 해당 납세의무자에게 일정한 금액을 추가로 부과하는 것은 조세회피의 유인을 억제하는 데 기여할 수 있으므로 수단의 적합성도 인정된다(헌재 2024.2.28. 2020헌가15). 따라서 재산권을 침해하지 않는다.

(X) 심판대상조항에 따라 자녀인 유족이 퇴직연금일시금을 선택함으로써 결과적으로 다른 유족이 자녀의 퇴직연금 수급권을 이전받지 못하게 된다 하여도 이는 단순한 기대이익을 상실한 것에 불과하고, 이로써 재산권을 제한받는다고 할 수 없다(헌재 2024.2.28. 2021헌바141). 미성년일 때 일시금을 택하였기 때문에 이미 그들의 수급권은 종료되어서 성인이 되어 남은 연금이 이전될 것도 없으니 재산권을 제한도 하지 않는다.

(X) 수용된 토지가 당해 공익사업에 필요없게 되거나 이용되지 아니하였을 경우에 피수용자가 그 토지소유권을 회복할 수 있는 권리 즉 토지수용법 제71조 소정의 환매권은 헌법상의 재산권 보장규정으로부터 도출되는 것으로서 헌법이 보장하는 재산권의 내용에 포함되는 권리라고 할 수 있다. 또 이 권리는 피수용자가 수용 당시 이미 정당한 손실보상을 받았다는 사실로 말미암아 부정되지 않는다. 왜냐하면 피수용자가 정당한 손실보상을 받는 것은 단지 수용요건 중의 하나에 불과한 것으로서, 피수용자가 손실보상을 받고 소유권의 박탈을 수인(受忍)할 의무는 그 재산권의 목적물이 공공사업에 이용되는 것을 전제로 하기 때문이다(헌재 2012.11.29. 2011헌바49).

(O) 임대사업자가 종전 규정에 의한 세제혜택 또는 집값 상승으로 인한 이익 취득이라는 기대를 가졌다 하더라도 이는 당시의 법 제도에 대한 단순한 기대이익에 불과하다. 또한 등록말소조항은 단기민간임대주택과 아파트 장기일반민간임대주택의 임대의무기간이 종료한 날 그 등록이 말소되도록 할 뿐, 여기에 더하여 종전 임대사업자가 이미 받은 세제혜택 등을 박탈하는 내용을 담고 있지 아니하다. 따라서 등록말소조항으로 인해 청구인들의 재산권이 제한된다고 볼 수 없다(헌재 2024.2.28. 2020헌마1482).

OX 문제

3000
개인의 존엄과 양성의 평등을 기초로 한 가족생활의 보장을 규정한 헌법 제36조 제1항에 비추어 볼 때, 유류분제도가 추구하는 유족의 생존권보호, 상속재산형성에 대한기여, 상속재산에 대한 기대보장 및 가족 간의 연대라는 공익은 매우 중요하므로, 형제자매까지 유류분권리자로 규정하고 있는 민법 제1112조 제4호로 인하여 피상속인과 수증자가 받는 재산권의 침해가 위와 같은 공익보다 더 중대하다고 볼 수 없다. 25년 법원직 [O][X]

3001
대지사용권을 가지지 아니한 구분소유자가 있을 때 그 전유부분의 철거청구권자에게 구분소유권의 매도청구권을 부여한 「집합건물의 소유 및 관리에 관한 법률」 제7조는 구분소유자의 재산권을 침해한다. 25년 순경 1차 [O][X]

3002
「국토의 계획 및 이용에 관한 법률」상 문화재와 문화적으로 보존가치가 큰 건축물 등의 미관을 유지·관리하기 위해 필요한 지구를 지정하여 그 지정목적에 부합하지 않는 토지이용을 제한하는 조항들은, 입법자가 '토지재산권에 관한 권리와 의무를 일반·추상적으로 확정하는' 헌법 제23조 제1항 및 제2항의 재산권의 내용과 한계에 관한 규정이자 재산권의 사회적 제약을 구체화하는 규정이다. 25년 변호사 [O][X]

3003
환매권의 발생기간을 제한하고 있는 「공익사업을 위한 토지 등의 취득 및 보상에 관한 법률」 조항 중 '토지의 협의취득일 또는 수용의 개시일부터 10년 이내에' 부분의 위헌성은 헌법상 재산권인 환매권의 발생기간을 제한한 것 자체에 있다. 24년 국회직 9급 [O][X]

3004
토지구획정리사업에 있어 학교교지를 환지처분의 공고가 있은 다음 날에 국가 등에 귀속되게 하되, 유상으로 귀속되도록 한 구 「토지구획정리사업법」 제63조 중 '학교교지'에 관한 부분은 과잉금지원칙에 위배되어 사업시행자의 재산권을 침해한다고 할 수 없다. 24년 국가직 7급 [O][X]

정답 및 해설

(X) 개인의 존엄과 양성의 평등을 기초로 한 가족생활의 보장을 규정한 헌법 제36조 제1항에 비추어 볼 때, 심판대상조항에 따른 유류분제도가 추구하는 유족의 생존권 보호, 상속재산형성에 대한 기여, 상속재산에 대한 기대보장 및 가족 간의 연대라는 공익은 매우 중요하다. 다만, 형제자매까지 유류분권리자로 규정하고 있는 민법 제1112조 제4호, 유류분상실사유를 별도로 규정하지 않은 민법 제1112조 제1호부터 제3호 및 기여분에 관한 제1008조의2를 준용하지 않음으로써 유류분과 기여분을 단절하는 민법 제1118조는 현저히 불합리하고 부당하여 이로 인해 피상속인과 수증자(수유자)가 받는 재산권의 침해가 위 공익보다 더 중대하고 심각하다고 할 것이다. 따라서 위 조항들에 관하여는 법익균형성이 충족되지 않는다(헌재 2024.4.25. 2020헌가4).

(X) 심판대상조항은 철거청구권자를 위하여 철거 대신 구분소유권 매도청구권을 부여함으로써, 전유부분을 철거하여야 하는 구분소유자의 불이익을 구제하고 건물 철거에 따른 사회·경제적 손실을 줄이기 위한 것이다. 매도청구권으로 인해 구분소유자의 법적 지위가 다소 불안하다고 하더라도, 이를 두고 대지를 무단 점유하는 구분소유자에게 수인할 수 없는 과도한 제한이라고 할 수는 없다(헌재 2024.6.27. 2023헌가23).

(O) 문화재와 문화적으로 보존가치가 큰 건축물 등의 미관을 유지·관리하기 위해 필요한 지구를 지정하여 그 지정목적에 부합하지 않는 토지이용을 규제하려는 이 사건 법률조항들은, 입법자가 '토지재산권에 관한 권리와 의무를 일반·추상적으로 확정하는' 재산권의 내용과 한계에 관한 규정이자 재산권의 사회적 제약을 구체화하는 규정이다(헌재 2012.7.26. 2009헌바328).

(X) 이 사건 법률조항의 위헌성은 환매권의 발생기간을 제한한 것 자체에 있다기보다는 그 기간을 10년 이내로 제한한 것에 있다(헌재 2020.11.26. 2019헌바131).

(O) 국가 등은 사업시행자에게 학교교지 취득의 대가를 지급하는 점, 사업계획의 단계에서 학교교지의 위치 및 면적에 대하여 미리 계획되고 협의될 것이 요구된다는 점, 국가 등이 학교교지를 취득함으로써 종전 토지소유자 등이 입은 손실은 효용이 상승된 환지로 인하여 이미 보상이 되었다는 점 등을 고려하면 귀속조항이 과잉금지원칙에 위배되어 사업시행자의 재산권을 침해한다고 할 수 없다(헌재 2021.4.29. 2019헌바444).

| OX 문제 | 정답 및 해설 |

3005
「한강수계 상수원수질개선 및 주민지원 등에 관한 법률」이 규정한 '물사용량에 비례한 부담금'은 수도요금과 구별되는 별개의 금전으로서 한강수계로부터 취수된 원수를 정수하여 직접 공급받는 최종 수요자라는 특정 부류의 집단에만 강제적·일률적으로 부과되는 것으로서 사용료에 해당한다. 24년 국가직 7급 [O|X]

(X) 물이용부담금은 한강수계의 수질관리를 위한 제반 조치, 주민지원사업 지원 등의 비용에 충당하기 위해 설치된 한강수계관리기금의 재원이 된다(한강수계법 제20조 내지 제22조 참조). 물이용부담금은 상수도의 직접적인 이용 대가로 볼 수 있는 수도요금과 구별되는 별개의 금전이고, 한강수계로부터 취수된 원수를 정수하여 직접 공급받는 최종 수요자 중 하류지역에만 부과되는바(한강수계법 제19조 제1항 단서 제1호), 특정 부류의 집단에만 강제적·일률적으로 부과된다(헌재 2020.8.28. 2018헌바425).

3006
「개발이익환수에 관한 법률」상 개발부담금은 '부담금'으로서 「국세기본법」이나 「지방세기본법」에서 나열하는 국세나 지방세의 목록에 빠져 있으며, 실질적으로 투기방지와 토지의 효율적인 이용 및 개발이익에 관한 사회적 갈등을 조정하기 위해 정책적 측면에서 도입된 유도적·조정적 성격을 가지는 특별부담금이다. 24년 국가직 7급 [O|X]

(X) 개발부담금은 비록 그 명칭이 '부담금'이고 국세기본법이나 지방세기본법에서 나열하고 있는 국세나 지방세의 목록에 빠져 있다고 하더라도, '국가 또는 지방자치단체가 재정수요를 충족시키기 위하여 반대급부 없이 법률에 규정된 요건에 해당하는 모든 자에 대하여 일반적 기준에 의하여 부과하는 금전급부'라는 조세로서의 특징을 지니고 있다는 점에서 실질적인 조세라 할 것이다(헌재 2020.5.27. 2018헌바465).

3007
영화관 관람객이 입장권 가액의 100분의 3을 부담하도록 하고 영화관 경영자는 이를 징수하여 영화진흥위원회에 납부하도록 강제하는 내용의 영화상영관 입장권 부과금 제도는, 영화예술의 질적 향상과 한국영화 및 영화·비디오물산업의 진흥·발전의 토대를 구축하도록 유도하는 유도적 부담금이다. 24년 국가직 7급 [O|X]

(X) 이 사건 부과금은 그 부과의 목적이 한국영화산업의 진흥 발전을 위한 각종 사업의 용도로 쓰일 영화발전기금의 재원을 마련하는 것으로서, 그 부과 자체로써 부과금의 부담 주체인 영화상영관 관람객의 행위를 특정한 방향으로 유도하거나 관람객 이외의 다른 사람들과의 형평성 문제를 조정하고자 하는 등의 목적은 없으며, 또한 추구하는 공적 과제가 부과금으로 재원이 마련된 영화발전기금의 집행 단계에서 실현되므로 순수한 재정조달목적 부담금에 해당한다(헌재 2008.11.27. 2007헌마860).

3008
「가축전염병 예방법」에 따른 가축의 살처분으로 인한 재산권의 제약은 가축의 소유자가 수인해야 하는 사회적 제약의 범위에 속하나, 권리자에게 수인의 한계를 넘어 가혹한 부담이 발생하는 예외적인 경우에는 이를 완화하는 보상규정을 두어야 하고, 그 방법에 관하여는 입법자에게 광범위한 형성의 자유가 부여된다. 24년 7급 국가직 [O|X]

(O) 가축의 살처분으로 인한 재산권의 제약은 가축의 소유자가 수인해야 하는 사회적 제약의 범위에 속하나 권리자에게 수인의 한계를 넘어 가혹한 부담이 발생하는 예외적인 경우에는 이를 완화하는 보상규정을 두어야 하고 그 방법에 관하여는 입법자에게 광범위한 형성의 자유가 부여된다(헌재 2014.4.24. 2013헌바110).

3009
장해등급의 재판정 제도는 한 번 결정된 장해등급을 다시 판정하고 그 결과에 따라 이미 법정요건을 갖추어 구체적 권리로 부여된 장해급여 수급권의 내용을 재판정 이후부터 변경하는 것으로, 구 산업재해보상보험법에 따라 재판정을 1회 실시한 결과 장해등급이 수급권자에게 불리하게 변경될 경우 재산권 침해 여부가 문제 될 수 있다. 24년 법원행시 [O|X]

(O) 장해등급의 재판정 제도는 한 번 결정된 장해등급을 다시 판정하고 그 결과에 따라 이미 법정요건을 갖추어 구체적 권리로 부여된 장해급여 수급권의 내용을 재판정 이후부터 변경하는 것이므로, 심판대상조항에 따라 재판정을 1회 실시한 결과 장해등급이 수급권자에게 불리하게 변경될 경우 재산권 침해 여부가 문제 될 수 있다(헌재 2023.10.26. 2020헌바310).

OX 문제

3010
헌법이 보장하는 재산권의 내용과 한계는 국회에서 제정되는 형식적 의미의 법률에 의하여 정해지므로 헌법상의 재산권보장은 재산권 제한적 법률유보에 의하여 실현되고 구체화하게 되는데, 이러한 재산권의 내용과 한계를 정하는 법률의 경우에도 사유재산제도나 사유재산을 부인하는 것은 재산권보장규정의 침해를 의미하고 결코 재산권 제한적 법률유보라는 이유로 정당화될 수 없다. 25년 비상기획관 [O][X]

3011
「고용보험법」상 육아휴직 급여제도는 고용보험료의 납부를 통하여 육아휴직 급여수급권자도 그 재원의 형성에 일부 기여한다는 점에서 후불임금의 성격도 가미되어 있으므로, 「고용보험법」상 육아휴직 급여수급권은 경제적 가치가 있는 권리로서 헌법 제23조에 의하여 보장되는 재산권의 성격도 가지고 있다. 25년 비상기획관 [O][X]

3012
국가 등의 공적 기관이 직접 수용의 주체가 되는 것이든 그러한 공적 기관의 최종적인 허부 판단과 승인 결정하에 민간기업이 수용의 주체가 되는 것이든, 양자 사이에 공공 필요에 대한 판단과 수용의 범위에 있어서 본질적인 차이를 가져올 것으로 보이지 않는다. 24년 법원행시 [O][X]

3013
통일부장관이 2010. 5. 24. 발표한 북한에 대한 신규투자 불허 및 진행중인 사업의 투자확대 금지 등을 내용으로 하는 대북조치로 인해 개성공단에서 투자하던 사업자의 토지이용권을 사용·수익하지 못하게 되는 제한이 발생하였으므로, 이러한 대북조치는 헌법 제23조 제3항 소정의 공용 제한에 해당한다. 24년 경찰간부 [O][X]

3014
댐의 저수 이용상황 등이 변경되는 경우 등 댐사용권을 그대로 유지하는 것이 곤란한 경우 댐사용권을 취소·변경할 수 있도록 규정한 구「댐건설 및 주변지역지원 등에 관한 법률」조항은 다목적댐에 관한 독립적 사용권인 댐사용권의 내용과 한계를 정하는 규정인 동시에 사회적 제약을 구체화한 규정이라 보아야 한다. 24년 경찰간부, 24년 변호사 [O][X]

정답 및 해설

(X) 우리 헌법상의 재산권에 관한 규정은 다른 기본권규정과는 달리 그 내용과 한계가 법률에 의하여 구체적으로 형성되는 기본권 형성적 법률유보의 형태를 띠고 있으므로 재산권의 구체적 모습은 재산권의 내용과 한계를 정하는 법률에 의하여 형성되고 그 법률은 재산권을 제한한다는 의미가 아니라 재산권을 형성한다는 의미를 갖는다. 다만, 이러한 재산권의 내용과 한계를 정하는 법률의 경우에도 사유재산제도나 사유재산을 부인하는 것은 재산권보장규정의 침해를 의미하고 결코 재산권 형성적 법률유보라는 이유로 정당화될 수 없다(헌재 1993. 7.29. 92헌바20).

(O) 육아휴직 급여제도는 고용보험료의 납부를 통하여 육아휴직 급여수급권자도 그 재원의 형성에 일부 기여한다는 점에서 후불임금의 성격도 가미되어 있으므로, 고용보험법상 육아휴직 급여수급권은 경제적 가치가 있는 권리로서 헌법 제23조에 의하여 보장되는 재산권의 성격도 가지고 있다(헌재 2021.4.29. 2019헌바412).

(O) 국가 등의 공적 기관이 직접 수용의 주체가 되는 것이든 그러한 공적 기관의 최종적인 허부판단과 승인결정 하에 민간기업이 수용의 주체가 되는 것이든, 양자 사이에 공공필요에 대한 판단과 수용의 범위에 있어서 본질적인 차이를 가져올 것으로 보이지 않는다. 따라서 위 수용 등의 주체를 국가 등의 공적 기관에 한정하여 해석할 이유가 없다(헌재 2009.9.24. 2007헌바114).

(X) 2010. 5. 24.자 대북조치가 개성공단에서의 신규투자와 투자확대를 불허함에 따라 청구인이 보유한 개성공단 내의 토지이용권을 사용·수익하지 못하게 되는 제한이 발생하기는 하였으나, 이는 개성공단이라는 특수한 지역에 위치한 사업용 재산이 받는 사회적 제약이 구체화된 것일 뿐이므로, 공익목적을 위해 이미 형성된 구체적 재산권을 개별적, 구체적으로 제한하는 헌법 제23조 제3항 소정의 공용 제한과는 구별된다(헌재 2022.5.26. 2016헌마95). / 즉 사회적 제약일 뿐 공용침해의 정도는 아니라는 의미이다.

(O) 댐사용권변경조항은 이미 형성된 구체적인 재산권을 공익을 위하여 개별이고 구체적으로 박탈·제한하는 것으로서 보상을 요하는 헌법 제23조 제3항의 수용·사용·제한을 규정한 것이라고 볼 수 없고, 적정한 수자원의 공급 및 수재방지 등 공익적 목적에서 건설되는 다목적댐에 관한 독점적 사용권인 댐사용권의 내용과 한계를 정하는 규정인 동시에 공익적 요청에 따른 재산권의 사회적 제약을 구체화하는 규정이라고 보아야 한다(헌재 2022.10.27. 2019헌바44).

OX 문제

3015
행정청이 아닌 사업주체가 새로이 설치한 공공시설이 그 시설을 관리할 관리청에 무상으로 귀속되도록 한 구「주택건설촉진법」조항은 재산권의 법률적 수용이라는 법적 외관을 가지고 있으므로 그것이 헌법 제23조 제3항에 따른 정당한 보상의 원칙에 위배되었는지 심사되어야 한다. 24년 경찰간부 [O X]

3016
텔레비전방송 수신료는 한국방송공사의 텔레비전방송을 시청하는 대가이므로 특정 이익의 혜택이나 특정 시설의 사용가능성에 대한 금전적 급부인 수익자부담금에 해당한다. 24년 법원직 [O X]

3017
한국의료분쟁조정중재원이 의료사고 피해자에게 대불한 손해배상금 대불비용을 보건의료기관개설자 등이 부담하도록 하면서 그 금액과 납부방법 및 관리 등에 관한 사항을 대통령령에 위임한 법률규정은, 대불 재원의 충당 자체가 변동성을 가지기 때문에 부담금을 추가로 부과·징수하기 위한 구체적인 요건과 범위를 미리 확정하는 것은 적절하다고 볼 수 없다는 점을 고려하면, 부담금 부과·징수의 구체적 요건이나 산정기준, 부담금액의 한도 등을 법률에서 규정하지 않았다고 하더라도 포괄위임금지원칙이 요구하는 위임입법의 구체성과 명확성의 한계를 벗어났다고 볼 수 없다. 24년 법원직 [O X]

3018
부담금은 조세에 대한 관계에서 어디까지나 예외적으로만 인정되어야 하며, 어떤 공적 과제에 관한 재정조달을 조세로 할 것인지 아니면 부담금으로 할 것인지에 관하여 입법자의 자유로운 선택권을 허용하여서는 안 된다. 20년 비상기획관(상) [O X]

정답 및 해설

(X) 심판대상조항은 재산권의 법률적 수용이라는 법적 외관을 가지고 있으나 그 실질은 공공시설의 설치와 그 비용부담자 등에 관하여 규율하고 있는 것이므로, 이를 심사하려면 그것이 헌법 제23조 제3항에 따른 정당한 보상의 원칙에 위배되었는지가 아니라 이러한 공공시설의 설치와 관련한 부담의 부과와 그 소유권의 국가귀속이 재산권에 대한 사회적 제약의 범위 내의 제한인지 여부가 검토되어야 한다(헌재 2015.2.26. 2014헌바177).

(X) '공사의 텔레비전방송을 수신하는 자'가 아니라 '텔레비전방송을 수신하기 위하여 수상기를 소지한 자'가 부과대상이므로 실제 방송시청 여부와 관계없이 부과된다는 점, 그 금액이 공사의 텔레비전방송의 수신정도와 관계없이 정액으로 정해져 있는 점 등을 감안할 때 이를 공사의 서비스에 대한 대가나 수익자부담금으로 보기도 어렵다. 따라서 수신료는 공영방송사업이라는 특정한 공익사업의 경비조달에 충당하기 위하여 수상기를 소지한 특정집단에 대하여 부과되는 특별부담금에 해당한다고 할 것이다(헌재 1999.5.27. 98헌바70). / 즉 수익과 상관없는 부담금이다.

(X) 이 사건 위임조항은 부담금의 액수를 어떻게 산정하고 이를 어떤 요건 하에 추가로 징수하는지에 관하여 그 대강조차도 정하지 않고 있고, 관련조항 등을 살펴보더라도 이를 예측할 만한 단서를 찾을 수 없다. 또한, 반복적인 부담금 추가 징수가 예상되는 상황임에도 대불비용 부담금이 '부담금관리 기본법'의 규율대상에서 제외되는 등 입법자의 관여가 배제되어 있다는 점도 문제가 있다. 따라서 이 사건 위임조항 중 '그 금액' 부분은 포괄위임금지원칙에 위배된다(헌재 2022.7.21. 2018헌바504). 즉 납부방법 및 관리 등 부분은 포괄위임금지원칙에 위배되지 않으나 금액부분은 포괄위임금지원칙에 위배된다.

(O) 부담금은 조세에 대한 관계에서 어디까지나 예외적으로만 인정되어야 하며, 어떤 공적 과제에 관한 재정조달을 조세로 할 것인지 아니면 부담금으로 할 것인지에 관하여 입법자의 자유로운 선택권을 허용하여서는 안 된다. 부담금 납부의무자는 재정조달 대상인 공적 과제에 대하여 일반국민에 비해 '특별히 밀접한 관련성'을 가져야 하며, 부담금이 장기적으로 유지되는 경우에 있어서는 그 징수의 타당성이나 적정성이 입법자에 의해 지속적으로 심사될 것이 요구된다(헌재 2004.7.15. 2002헌바42).

OX 문제

3019
재정충당 목적의 특별부담금은 반대급부 없는 강제적인 징수인 면에서 조세와 공통점을 가지면서도 헌법상 명시적인 특별통제장치가 결여되어 있으므로, 조세에 준하는 정도 내지 그 이상으로, 특별부담금에 대한 헌법적 통제의 필요성이 요청된다. 22년 법원행시 [O][X]

3020
경유를 연료로 사용하는 자동차의 소유자로부터 환경개선부담금을 부과·징수하도록 정한 「환경개선비용 부담법」 조항은 과잉금지원칙을 위반하여 청구인의 재산권을 침해한다고 볼 수 없다. 26년 경찰간부 [O][X]

3021
문예진흥기금의 모금은 국민들에게 금전적 부담을 지운다는 점에서 그 모금방법 또한 가능한 한 구체적이고 명확한 입법적 규율이 필요한 사항이나, 모금액이 낮게 책정되어 그 부담이 비교적 경미할 경우에는 모금의 방법이나 절차에 관한 규율은 근거법률에 유보되지 않아도 된다. 26년 경찰간부 [O][X]

3022
공연관람자 등이 예술감상에 의한 정신적 풍요를 느낀다면 그것은 헌법상의 문화국가원리에 따라 국가가 적극 장려할 일로서 이것을 일정한 집단에 의한 수익으로 인정하여 그들에게 경제적 부담을 지우더라도 헌법의 문화국가이념(제9조)에 부합한다. 26년 경찰간부 [O][X]

3023
유류분 반환청구는 피상속인이 생전에 한 유효한 증여라도 그 효력을 잃게 하는 것이므로, 민법 제1117조에서 '반환하여야 할 증여를 한 사실을 안 때로부터 1년'이라는 단기소멸시효를 정한 것은 재산권을 침해하지 않는다. 21년 법무사 [O][X]

정답 및 해설

(O) 재정충당목적의 특별부담금은 반대급부 없는 강제적인 징수인 면에서 조세와 공통점을 가지면서도 헌법상 명시적인 특별통제장치가 결여되어 있다. 조세수입이 대부분 일반회계로 귀속되어 국가 전체적인 관점에서 사업의 타당성이나 우선 순위를 엄격히 따져 사용되고 있는데 비하여 재정충당목적의 특별부담금은 그 사용용도가 한정되어 있음을 기화로 그 재원에 여유가 있는 경우에는 국가재정 전체의 관점에서 볼 때에는 우선순위가 떨어지는 그러한 사업의 추진이나 운영에 방만하게 사용되어 재정운영의 효율성을 떨어뜨리는 문제점까지도 일으킨다. 따라서 조세에 준하는 정도로, 나아가 그 이상으로, 특별부담금에 대한 헌법적 통제의 필요성이 요청된다(헌재 2003.12.18. 2002헌가2).

(O) 환경개선부담금은, 경유에 리터당 부과되는 교통·에너지·환경세와 달리 개별 경유차의 오염유발 수준을 고려하므로, 교통·에너지·환경세가 규율하지 못하는 별도의 정책적 목적도 수행한다고 볼 수 있다. 따라서 경유차 소유자가 교통·에너지·환경세 외 환경개선부담금을 추가 부담한다고 하더라도 그 부담이 지나치다고 보기 어렵다. 이와 같은 점을 고려할 때, 이 사건 법률조항이 과잉금지원칙을 위반하여 청구인의 재산권을 침해한다고 볼 수 없다(헌재 2022.6.30. 2019헌바440).

(X) 문예진흥기금의 모금은 국민들에게 금전적 부담을 지운다는 점에서 그 모금방법 또한 가능한 한 구체적이고 명확한 입법적 규율이 필요한 사항이다. 설시 모금액이 낮게 책정되어 그 부담이 비교적 경미하다 하더라도 모금의 방법이나 절차에 관한 최소한의 규율은 근거법률에 유보되어야 한다(헌재 2003.12.18. 2002헌가2).

(X) 공연관람자 등이 예술감상에 의한 정신적 풍요를 느낀다면 그것은 헌법상의 문화국가원리에 따라 국가가 적극 장려할 일이지, 이것을 일정한 집단에 의한 수익으로 인정하여 그들에게 경제적 부담을 지우는 것은 헌법의 문화국가이념(제9조)에 역행하는 것이다(헌재 2003.12.18. 2002헌가2).

(O) 유류분 반환청구는 피상속인이 생전에 한 유효한 증여라도 그 효력을 잃게 하는 것이어서 권리관계의 조속한 안정과 거래안전을 도모할 필요가 있고 이 사건 법률조항이 1년의 단기소멸시효를 정한 것은 이러한 필요에 따른 것이므로 그 목적의 정당성이 인정된다(헌재 2010.12.28. 2009헌바20).

| OX 문제 | 정답 및 해설 |

3024
공무원 퇴직연금의 수급요건을 재직기간 20년에서 10년으로 완화한 개정 「공무원연금법」의 적용대상을 법 시행일 당시 재직 중인 공무원으로 한정한 공무원연금법(2015. 6. 22. 법률 제13387호) 부칙은 평등권을 침해한 것이다. 21년 비상기획관(상) [O|X]

(X) 2015. 6. 22. 공무원연금법이 개정되면서 퇴직연금의 수급요건인 재직기간이 20년에서 10년으로 완화되었는바, 이와 같은 개정을 하면서 그 적용대상을 제한하지 아니하고 이미 법률관계가 확정된 자들에게까지 소급한다면 그로 인하여 법적 안정성 문제를 야기하게 되고 상당한 규모의 재정부담도 발생하게 될 것이므로, 일정한 기준을 두어 적용대상을 제한한 것은 충분히 납득할 만한 이유가 있다(헌재 2017.5.25. 2015헌마933).

3025
재산권 행사의 대상이 되는 객체가 지닌 사회적인 연관성과 사회적 기능이 크면 클수록 입법자에 의한 보다 광범위한 제한이 허용되고, 개별 재산권이 갖는 자유보장적 기능이 강할수록 그러한 제한에 대해서는 엄격한 심사가 이루어져야한다. 24년 국회직 5급 [O|X]

(O) 재산권의 제한에 대하여는 재산권 행사의 대상이 되는 객체가 지닌 사회적인 연관성과 사회적 기능이 크면 클수록 입법자에 의한 보다 광범위한 제한이 허용되며, 한편 개별 재산권이 갖는 자유보장적 기능, 즉 국민 개개인의 자유실현의 물질적 바탕이 되는 정도가 강할수록 엄격한 심사가 이루어져야 한다(헌재 2005.5.26. 2004헌가10).

3026
계속성과 생활수단성을 개념표지로 하는 직업의 개념에 비추어 보면 학업 수행이 본업인 대학생의 경우 방학기간을 이용하여 또는 휴학 중에 학비 등을 벌기 위해 학원강사로서 일하는 행위는 일시적인 소득활동으로서 직업의 자유의 보호영역에 속하지 않는다. 22년 해경일반, 21년 법무사 [O|X]

(X) '직업'의 개념에 비추어 보면 비록 학업 수행이 청구인과 같은 대학생의 본업이라 하더라도 방학기간을 이용하여 또는 휴학 중에 학비 등을 벌기 위해 학원강사로서 일하는 행위는 어느 정도 계속성을 띤 소득활동으로서 직업의 자유의 보호영역에 속한다고 봄이 상당하다(헌재 2003.9.25. 2002헌마519).

3027
헌법재판소는 법무사보수기준제가 법무사라는 직업의 선택 그 자체를 제한하는 것이 아니라 직업행사의 자유를 제한하는 제도에 해당한다고 보아 그것이 직업의 자유를 침해하는지 여부를 심사하기 위한 기준으로 비례성원칙이 아닌 자의금지원칙을 적용하였다. 22년 법무사 [O|X]

(X) 법무사법에 의하여 법무사라는 자격을 부여받은 법무사가 자신이 수임한 업무에 대하여 회칙에 규정된 보수기준을 초과하여 위임인과 자유롭게 보수를 정할 수 없으므로 법무사보수기준제는 직업의 자유 중에서 '직업행사의 자유'를 제한하는 제도이다. 그러나 이 경우에도 법무사에게 직업활동에 대한 과도한 제한을 부과함으로써 직업활동을 형해화할 정도로 희생을 강요하는 것은 비례원칙에 반하여 허용되지 않는다(헌재 2003.6.26. 2002헌바3). 즉 자의금지가 아닌 비례의 원칙에 따라 심사하였다.

3028
세무사 자격 보유 변호사로 하여금 세무사로서 세무대리를 일체할 수 없도록 전면적으로 금지한 세무사법 조항은 과잉금지원칙을 위반하여 세무사 자격 보유 변호사의 직업선택의 자유를 침해한다. 21년 국회직 5급 [O|X]

(O) 과거 변호사 자격을 취득하고 세무사의 자격이 자동으로 인정되었던 자들에게 세무조정업무 등 일체를 할 수 없도록 한 것은 변호사들의 직업선택의 자유를 침해한다(헌재 2018.4.26. 2015헌가19).

OX 문제

3029
성인대상 성범죄로 형을 선고받아 확정된 자로 하여금 그 형의 집행을 종료한 날로부터 10년 동안 의료기관을 개설하거나 의료기관에 취업할 수 없도록 한 구 아동·청소년의 성보호에 관한 법률은 직업선택의 자유를 침해한다. 21년 법무사 ⓞⓧ

3030
어린이통학버스를 운영함에 있어서 반드시 보호자를 동승하도록 하는 조항은 동승보호자의 추가 고용에 따른 비용 지출을 유발할 뿐 학원의 영업방식을 직접 제한하는 것은 아니므로 그로 인해 직업수행의 자유는 제한되지 아니한다. 22년 법무사 ⓞⓧ

3031
거짓이나 그 밖의 부정한 수단으로 운전면허를 받은 경우 국민의 생명·신체를 보호할 필요성이 매우 크므로 모든 범위의 운전면허를 필요적으로 취소하도록 규정한 도로교통법 조항은 직업의 자유를 침해하지 않는다. 21년 국회직 8급 ⓞⓧ

3032
아동학대 관련 범죄로 형을 선고받아 확정된 자로 하여금 그 형이 확정된 때부터 형의 집행이 종료되거나 집행을 받지 아니하기로 확정된 후 10년 동안 아동 관련 기관인 체육시설 등을 운영하거나 학교에 취업할 수 없도록 제한하는 것은 아동학대 관련 범죄전력자의 직업선택의 자유를 침해하지 아니한다. 21년 국회직 5급 ⓞⓧ

3033
헌법은 직업의 자유를 보장하고 국민의 보건에 관한 국가의 의무를 인정하고 있으나, 시·도지사들이 한약업사 시험을 시행하여야 할 헌법상 작위의무가 규정되어 있다고 볼 수 없다. 23년 법원직 9급 ⓞⓧ

정답 및 해설

(O) 이 사건 법률조항이 성범죄 전력만으로 그가 장래에 동일한 유형의 범죄를 다시 저지를 것을 당연시하고, 형의 집행이 종료된 때부터 10년이 경과하기 전에는 결코 재범의 위험성이 소멸하지 않는다고 보며, 각 행위의 죄질에 따른 상이한 제재의 필요성을 간과함으로써, 성범죄 전력자 중 재범의 위험성이 없는 자, 성범죄 전력이 있지만 10년의 기간 안에 재범의 위험성이 해소될 수 있는 자, 범행의 정도가 가볍고 재범의 위험성이 상대적으로 크지 않은 자에게까지 10년 동안 일률적인 취업제한을 부과하고 있는 것은 침해의 최소성 원칙과 법익의 균형성 원칙에 위배된다. 따라서 이 사건 법률조항은 청구인들의 직업선택의 자유를 침해한다(헌재 2016.3.31. 2013헌마585 등).

(X) 이 사건 보호자동승조항은 어린이통학버스를 운영함에 있어서 반드시 보호자를 동승하도록 함으로써 학원 등의 영업방식에 제한을 가하고 있으므로 청구인들의 직업수행의 자유를 제한한다(헌재 2020.4.23. 2017헌마479).

(X) 위법이나 비난의 정도가 미약한 사안을 포함한 모든 경우에 부정취득하지 않은 운전면허까지 필요적으로 취소하고 이로 인해 2년 동안 해당 운전면허 역시 받을 수 없게 하는 것은, 공익의 중대성을 감안하더라도 지나치게 기본권을 제한하는 것이므로, 법익의 균형성 원칙에도 위배된다. 따라서 심판대상조항 중 각 '거짓이나 그 밖의 부정한 수단으로 받은 운전면허를 제외한 운전면허'를 필요적으로 취소하도록 한 부분은, 과잉금지원칙에 반하여 일반적 행동의 자유 또는 직업의 자유를 침해한다(헌재 2020.6.25. 2019헌가9 등).

(X) 범행의 정도가 가볍고 재범의 위험성이 상대적으로 크지 않은 자에게까지 10년 동안 일률적인 취업제한을 부과하고 있는데, 이는 침해의 최소성 원칙과 법익의 균형성 원칙에 위배된다. 따라서 이 사건 법률조항은 청구인들의 직업선택의 자유를 침해한다(헌재 2018.6.28. 2017헌마130 등).

(O) 헌법은 한약업사 시험을 비롯한 한약업사 제도에 관한 명문의 규정을 두고 있지 않으므로, 헌법상 명문으로 청구인들이 주장하는 바와 같은 피청구인들의 작위의무가 규정되어 있다고 볼 수 없다(헌재 2021.6.24. 2019헌마540).

OX 문제

3034
'일반의 법률사건에 관하여 화해사무를 취급한 자'를 형사처벌하도록 하는 구 변호사법은 변호사 아닌 자의 법률사무 취급을 포괄적으로 금지하여 일반 국민의 직업선택의 자유를 침해한다. 23년 법원행시 ⓞⓧ

3035
국·공립사범대학 등 출신자를 교육공무원인 국·공립학교 교사로 우선하여 채용하도록 규정한 것은 사립사범대학졸업자와 일반 대학 교직과정이수자의 직업선택의 자유를 침해한다. 21년 경행특채 ⓞⓧ

3036
의료인의 중복운영 허용 여부는 입법정책적인 문제이나 1인의 의료인에 대하여 운영할 수 있는 의료기관의 수를 제한하는 입법자의 판단은 그 목적에 비해 입법자에게 부여된 입법재량을 명백히 일탈하였다. 20년 국회직 8급 ⓞⓧ

3037
아동·청소년에 대한 위계에 의한 추행죄를 범하여 금고이상의 형의 집행유예를 선고받은 자에 대하여 택시운전자격을 필요적으로 취소하도록 규정한 「여객자동차 운수사업법」조항은 과잉금지원칙을 위배하여 택시운수종사자의 직업선택의 자유를 침해한다. 26년 경찰간부 ⓞⓧ

3038
감차 사업구역 내에 있는 일반택시 운송 사업자에게 택시운송사업 양도를 금지하고 감차 계획에 따른 감차 보상만 신청할 수 있도록 하는 조항은 일반택시운송사업자의 직업수행의 자유를 과도하게 제한한다고 볼 수 없다. 20년 국회직 8급 ⓞⓧ

정답 및 해설

(X) 변호사 아닌 자의 법률사무취급을 포괄적으로 금지한 이 사건 법률조항은 변호사제도를 보호·유지하려는 데 그 목적이 있어 실현하고자 하는 공익이 정당하고, 변호사제도의 목적을 달성하기 위해서는 비변호사의 법률사무취급의 금지는 불가피한 것으로 공익실현을 위한 기본권 제한의 수단이 적정하며, 단지 금품 등 이익을 얻을 목적의 법률사무취급만을 금지하고 있는 점 등에 비추어 보면, 이 사건 법률조항이 과잉금지의 원칙에 위배된다고 볼 수 없다(헌재 2007.8.30. 2006헌바96).

(O) 국·공립사범대학 등 출신자를 교육공무원인 국·공립학교 교사로 우선하여 채용하도록 규정한 교육공무원법 제11조 제1항은 사립사범대학 졸업자와 일반대학의 교직과정 이수자가 교육공무원으로 채용될 수 있는 기회를 제한 또는 박탈하게 되어 결국 교육공무원이 되고자 하는 자를 그 출신학교의 설립주체나 학과에 따라 차별하는 결과가 되는바, 이러한 차별은 이를 정당화할 합리적인 근거가 없으므로 헌법상 평등의 원칙에 어긋난다(헌재 1990.10.8. 89헌마89).

(X) 의료는 단순한 상거래의 대상이 아니라 사람의 생명과 건강을 다루는 특별한 것으로서, 국민보건에 미치는 영향이 크다. 그 외에 우리나라의 취약한 공공의료의 실태, 의료인이 여러 개의 의료기관을 운영할 때 의료계 및 국민건강보험 재정 등 국민보건 전반에 미치는 영향, 국가가 국민의 건강을 보호하고 적정한 의료급여를 보장해야 하는 사회국가적 의무 등을 종합하여 볼 때, 의료의 질을 관리하고 건전한 의료질서를 확립하기 위하여 1인의 의료인에 대하여 운영할 수 있는 의료기관의 수를 제한하고 있는 입법자의 판단이 입법재량을 명백히 일탈하였다고 보기는 어렵다(헌재 2019.8.29. 2014헌바212 등).

(X) 택시운전자격이 취소되더라도 집행유예기간이 지나면 다시 자격을 취득할 수 있으므로 운수종사자가 받는 불이익은 제한적인 반면, 강제추행의 성폭력범죄를 범하여 금고 이상의 형의 집행유예를 선고받은 사람을 택시운송사업의 운전업무에서 배제하여 국민을 범죄로부터 보호하고 일반 공중의 여객운송서비스 이용에 대한 불안감을 해소하며, 도로교통에 관한 공공의 안전을 확보한다는 공익은 매우 중요하다. 해당 조항은 과잉금지원칙에 위배되어 택시운전자격을 취득한 자의 직업의 자유를 침해하지 않는다(헌재 2023.12.21. 2023헌바170).

(O) 택시운송사업에 사용되는 차량의 총량을 합리적으로 조정함으로써 수요공급의 균형을 이루어 택시운송업의 안정적 발전을 유지하고자 하는 것은 중대한 공익이라고 할 것이다. 심판대상조항으로 인하여 일반택시운송사업자가 원하는 시기에 자유롭게 택시운송사업을 양도하지 못함으로써 직업수행의 자유와 재산권을 제한받게 된다고 하더라도, 그로 인하여 입게 되는 불이익이 심판대상조항을 통하여 달성하고자 하는 공익보다 크다고 할 수 없으므로, 심판대상조항은 추구하는 공익과 제한되는 기본권 사이의 법익균형성 요건도 충족하고 있다. 심판대상조항은 과잉금지원칙을 위반하여 일반택시운송사업자의 직업수행의 자유와 재산권을 침해하지 아니한다(헌재 2019.9.26. 2017헌바467).

OX 문제

3039
어떠한 직업분야에 관한 자격제도를 만들면서 그 자격요건을 어떻게 설정할 것인가에 관하여는 국가에게 폭넓은 입법재량권이 부여되어 있는 것이므로 다른 방법으로 직업선택의 자유를 제한하는 경우에 비하여 보다 유연하고 탄력적인 심사가 필요하다 할 것이다. 20년 법무사

3040
변호인선임서 등을 공공기관에 제출할 때 소속 지방변호사회를 경유하도록 한 법률규정은 변호사의 직업수행의 자유를 침해하지 않는다. 20년 국회직 5급

3041
전문과목을 표시한 치과의원은 그 표시한 전문과목에 해당하는 환자만을 진료하여야 한다고 규정한 「의료법」 제77조 제3항은 과잉금지원칙을 위배하여 치과전문의인 청구인들의 직업수행의 자유를 침해한다. 20년 지방직 7급

3042
객관적 사유에 의한 직업결정의 자유에 대한 제한은 월등하게 중요한 공익을 위하여 명백하고 확실한 위험을 방지하기 위한 경우에만 정당화될 수 있다. 20년 소방간부

3043
직업선택의 자유에 직업 내지 직종에 종사하는데 필요한 전문지식을 습득하기 위한 직업교육장을 임의로 선택할 수 있는 직업교육장 선택의 자유까지 포함되는 것은 아니다. 20년 소방간부

3044
주류 판매업면허를 받은 자가 타인과 동업 경영을 하는 경우 관할 세무서장이 해당 주류 판매업자의 면허를 필요적으로 취소하도록 한 구 「주세법」 조항은 면허가 있는 자들끼리의 동업의 경우도 일률적으로 주류 판매업 면허를 취소하도록 규정하고 있으므로 주류 판매 면허업자의 직업의 자유를 침해한다. 22년 경찰간부

정답 및 해설

(O) 어떠한 직업분야에 관한 자격제도를 만들면서 그 자격요건을 어떻게 설정할 것인가에 관하여는 국가에게 폭넓은 입법재량권이 부여되어 있는 것이므로 다른 방법으로 직업선택의 자유를 제한하는 경우에 비하여 보다 유연하고 탄력적인 심사가 필요하다 할 것이다(헌재 2003.9.25. 2002헌마519).

(O) 이는 사건수임비리의 근절 및 사건수임 투명화라는 입법목적을 위한 것이었다. 이 사건 결정은, 변호사는 기본적 인권을 옹호하고 사회정의를 실현함을 사명으로 하는 자로서 법률전문가로서의 능력뿐만 아니라 공공성 및 고도의 사회적 책임과 직업윤리가 강조되는 직역임을 고려할 때, 변호사법 제29조의 경유제도는 변호사의 직업수행의 자유 및 평등권을 침해하지 아니함을 선언한 사건이다(헌재 2013.5.30. 2011헌마131).

(O) 전문과목을 표시한 치과의원은 그 표시한 전문과목에 해당하는 환자만을 진료하여야 한다고 규정한 「의료법」 제77조 제3항은 과잉금지원칙을 위배하여 치과전문의인 청구인들의 직업수행의 자유를 침해한다(헌재 2015.5.28. 2003헌마799).

(O) 당사자의 능력이나 자격과 상관없는 객관적 사유에 의한 제한은 월등하게 중요한 공익을 위하여 명백하고 확실한 위험을 방지하기 위한 경우에만 정당화될 수 있고, 따라서 헌법재판소가 이 사건을 심사함에 있어서는 헌법 제37조 제2항이 요구하는바 과잉금지의 원칙, 즉 엄격한 비례의 원칙이 그 심사척도가 된다(헌재 2002.4.25. 2001헌마614).

(X) 헌법 제15조에 의한 직업선택의 자유라 함은 자신이 원하는 직업 내지 직종을 자유롭게 선택하는 직업선택의 자유뿐만 아니라 그가 선택한 직업을 자기가 결정한 방식으로 자유롭게 수행할 수 있는 직업수행의 자유를 포함한다. 그리고 직업선택의 자유에는 자신이 원하는 직업 내지 직종에 종사하는데 필요한 전문지식을 습득하기 위한 직업교육장을 임의로 선택할 수 있는 '직업교육장 선택의 자유'도 포함된다(헌재 2009.2.26. 2007헌마1262).

(X) 국가의 관리·감독에서 벗어난 판매업자의 등장으로 유통 질서가 왜곡되는 것을 방지하고 규제의 효용성을 담보하기 위하여 필요하므로, 면허의 필요적 취소를 과도한 제한이라고 볼 수 없다. 따라서 이 조항은 주류 판매면허업자의 직업의 자유를 침해하지 않는다(헌재 2021.4.29. 2020헌바328).

OX 문제

3045
「식품 등의 표시·광고에 관한 법률」 제8조 제1항 제1호는 '질병의 예방·치료에 효능이 있는 것으로 인식할 우려가 있는 표시 또는 광고'를 금지하는데, 이때 '질병'의 범위에 비만, 체지방 불균형 등이 포함되는지 여부가 불분명하고, '예방·치료에 효능이 있는 것'의 의미도 불분명하여 금지되는 표시·광고의 내용이 무엇인지 충분히 알 수 없으므로 명확성원칙에 위배되어 청구인의 직업의 자유를 침해한다. 25년 경찰 2차 [O X]

3046
농협·축협 조합장이 범죄의 종류와 관계없이 금고 이상의 형을 선고받고 그 형이 확정되지 아니한 경우에도 이사가 그 직무를 대행하도록 규정한 「농업협동조합법」 조항은 직업수행의 자유를 침해한다. 25년 순경 2차, 22년 입법고시 [O X]

3047
이미 국내에서 치과의사면허를 취득하고 외국의 의료기관에서 치과전문의 과정을 이수한 사람들에게 국내에서 전문의 과정을 다시 이수할 것을 요구하는 것은 치과의사의 직업수행의 자유를 침해한다. 22년 소방간부 [O X]

3048
경비업을 경영하고 있는 자들이나 다른 업종을 경영하면서 새로이 경비업에 진출하고자 하는 자들로 하여금 경비업을 전문으로 하는 별개의 법인을 설립하지 않는 한 경비업과 그 밖의 업종 간에 택일하도록 강제하는 것은 주관적 사유에 의한 직업의 자유의 제한이며 헌법재판소가 이를 심사함에 있어서는 엄격한 비례의 원칙이 그 심사척도가 된다. 22년 법학경채 [O X]

3049
측량업의 등록을 한 측량업자가 등록기준에 미달하게 된 경우 측량업의 등록을 필요적으로 취소하도록 규정한 구 「측량·수로조사 및 지적에 관한 법률」의 해당 규정은 직업의 자유를 침해한다. 23년 소방간부 [O X]

정답 및 해설

(X) 식품광고가 질병 예방·치료 효능에 관하여 광고하였는지 여부 및 그 효능의 유무와는 상관없이, 식품광고로서의 한계를 벗어나 의약품으로 오인·혼동할 정도에 이른 경우를 금지한다고 볼 수 있다. 그렇다면 건전한 상식과 통상적인 법감정을 가진 사람은 이 사건 금지조항으로 인하여 어떠한 행위가 금지되고 있는지 충분히 알 수 있고 법관의 자의적인 해석으로 확대될 염려가 없다고 할 것이므로, 이 사건 금지조항은 죄형법정주의의 명확성원칙에 위반되지 않는다(헌재 2019.7.25. 2017헌바513). / 직업의 자유도 침해하지 않는다.

(O) 이 사건 법률조항들은 조합장이 범한 범죄가 조합장에 선출되는 과정에서 또는 선출된 이후 직무와 관련하여 발생하였는지 여부, 고의범인지 과실범인지 여부, 범죄의 유형과 죄질이 조합장의 직무를 수행할 수 없을 정도로 공공의 신뢰를 중차대하게 훼손하는지 여부 등을 고려하지 아니하고, 단순히 금고 이상의 형을 선고받은 모든 범죄로 그 적용대상을 무한정 확대함으로써 기본권의 최소 침해성 원칙을 위반하였다(헌재 2013.8.29. 2010헌마562 등).

(O) 이미 국내에서 치과의사면허를 취득하고 외국의 의료기관에서 치과전문의 과정을 이수한 사람들에게 다시 국내에서 전문의 과정을 다시 이수할 것을 요구하는 것은 지나친 부담을 지우는 것이므로, 심판대상조항은 침해의 최소성원칙에 위배되고 법익의 균형성도 충족하지 못한다. 따라서 심판대상조항은 과잉금지원칙에 위배되어 청구인들의 직업수행의 자유를 침해한다(헌재 2015.9.24. 2013헌마197).

(X) 경비업을 경영하고 있는 자들이나 다른 업종을 경영하면서 새로이 경비업에 진출하고자 하는 자들로 하여금 경비업을 전문으로 하는 별개의 법인을 설립하지 않는 한 경비업과 그 밖의 업종 간에 택일하도록 강제하는 것은 객관적 사유에 의한 직업의 자유의 제한이며 헌법재판소가 이를 심사함에 있어서는 엄격한 비례의 원칙이 그 심사척도가 된다(헌재 2002.4.25. 2001헌마614).

(X) 심판대상조항으로 인하여 측량업 등록이 취소되어 측량업자의 직업의 자유가 일정기간 제한된다 하더라도 그 제한의 정도가 일정한 기술인력 및 장비 등을 갖춘 자만이 측량업을 영위할 수 있도록 함으로써 측량업 등록제도의 근간을 유지하고 측량업의 정확성과 신뢰성을 담보하여 토지 관련 법률관계의 법적 안정성과 국토개발계획의 근간을 보호하려는 공익에 비하여 결코 중하다고 볼 수 없다(헌재 2020.12.23. 2018헌바458).

OX 문제

3050
국산 미곡 등과 같은 종류의 수입 미곡 등, 생산 연도가 다른 미곡 등을 혼합하여 유통하거나 판매하는 행위를 금지하는 양곡 관리법 해당 조항은 양곡 매매업자의 직업 수행의 자유를 침해한다고 볼 수 없다. 24년 법원행시 [O][X]

3051
공기업 등으로부터 입찰 참가 자격 제한 처분을 받은 자가 국가 중앙관서나 다른 공기업 등이 집행하는 입찰에 참가 할 수 없도록 한 구 국가를 당사자로 하는 계약에 관한 법률 시행령 해당 조항은 직업수행의 자유를 침해하지 않는다. 24년 법원행시 [O][X]

3052
가축사육의 제한이 필요하다고 인정되는 지역에 대해 해당 지방자치단체의 조례로 정하는 바에 따라 가축사육제한구역을 지정·고시할 수 있도록 규정하고 있는 「가축분뇨의 관리 및 이용에 관한 법률」 조항은 사실상 특정 지역에서 축산업 종사를 금지한 것으로, 직업수행의 자유를 형해화하여 직업의 자유를 침해한다. 25년 변호사 [O][X]

3053
법무사 1인이 채용할 수 있는 사무원의 수를 5인을 초과하지 못한다고 규정한 「법무사규칙」 조항은 소속 지방법무사협회가 제반사정을 고려하여 5인을 초과하는 사무원 채용을 승인하는 등의 대안이 있음에도 이를 간과한 것으로 과잉금지의 원칙에 위배되어 법무사인 청구인의 직업의 자유를 침해한다. 25년 경찰승진 [O][X]

3054
수범자인 경비업자로 하여금 허가받은 시설경비업무외의 업무에 경비원을 종사하게 하는 것을 금지하고 이를 위반한 경우 경비업의 허가를 필요적으로 취소하도록 규정한 경비업법 해당조항은, 시설경비업을 수행하는 경비업자에 대하여 직업을 수행하는 방법에 제한을 가하고 경비업자의 직업을 계속 유지하는 것을 불가능하게 하므로 직업의 자유를 제한한다. 24년 소방간부 [O][X]

정답 및 해설

(O) 국산 미곡 등과 같은 종류의 수입 미곡 등, 생산 연도가 다른 미곡 등을 혼합하여 유통하거나 판매하는 행위를 금지하는 양곡 관리법 해당 조항은 양곡 매매업자의 직업 수행의 자유를 침해한다고 볼 수 없다 (헌재 2017.5.25. 2015헌마869).

(O) 공기업 등으로부터 입찰 참가 자격 제한 처분을 받은 자가 국가 중앙관서나 다른 공기업 등이 집행하는 입찰에 참가 할 수 없도록 한 구 국가를 당사자로 하는 계약에 관한 법률 시행령 해당 조항은 직업수행의 자유를 침해하지 않는다(헌재 2023.7.20. 2017헌마1376).

(X) 가축사육으로 인한 오염물질 배출을 전적으로 차단할 수 있는 기술적 조치가 현재 존재하고 있다고 단정하기는 어려우므로, 가축의 사육 자체를 제한할 필요성이 인정되고, 오염물질의 환경에 대한 영향력의 정도는 가축의 사육이 이루어지는 장소와 관련성이 크므로 장소적 특성을 기준으로 생활환경이나 자연환경에 대한 위해 가능성이 큰 경우에 가축사육의 제한을 허용하는 심판대상조항의 제한은 부득이하다 (헌재 2023.12.21. 2020헌바374). 따라서 헌법에 위반되지 아니한다.

(X) 법무사 1인당 5인이라는 정원은 대법원이 법률에 의해 주어진 권한범위 내에서 법무사의 업무범위 및 그 특성 등을 종합적으로 고려하여 법무사가 적절하게 지도·감독할 수 있다고 판단되는 사무원의 수를 규칙으로 정한 것이라 볼 수 있다(헌재 2023.2.23. 2019헌마1235). / 따라서 직업의 자유를 침해하지 않는다.

(O) 소송사건의 대리인인 변호사가 수형자인 의뢰인을 접견하는 경우 변호사의 직업 활동은 변호사 개인의 이익을 넘어 수형자의 재판청구권 보장, 나아가 사법을 통한 권리구제라는 법치국가적 공익을 위한 것이기도 하다. 따라서 이러한 변호사의 직업수행의 자유 제한에 대한 심사에 있어서는 변호사 자신의 직업 활동에 가해진 제한의 정도를 살펴보아야 할 뿐 아니라 그로 인해 접견의 상대방인 수형자의 재판청구권이 제한되는 효과도 함께 고려되어야 하므로, 그 심사의 강도는 일반적인 경우보다 엄격하게 해야 할 것이다(헌재 2021.10.28. 2018헌마60).

| OX 문제 | 정답 및 해설 |

3055
경비업은 국가의 경찰업무를 보완하는 차원에서 인정된 업무로 국민의 생명·신체 또는 재산의 안전에 미치는 영향이 크기 때문에, 경비업의 운영 및 관리와 관련해서는 입법자의 입법재량이 넓게 인정될 수 없다. 25년 법원직 [O X]

(X) 직업의 자유에 대한 제한이 헌법상 용인되기 위해서는 헌법 제37조 제2항의 과잉금지원칙이 준수되어야 하는바, 이하에서는 심판대상조항이 과잉금지원칙에 위배되는지 여부가 문제된다. 다만, 경비업은 국가의 경찰업무를 보완하는 차원에서 인정된 업무로 국민의 생명·신체 또는 재산의 안전에 미치는 영향이 크기 때문에, 경비업의 운영 및 관리와 관련해서는 입법자의 입법재량이 넓게 인정될 수 있음이 고려되어야 한다(헌재 2023.3.23. 2020헌가19).

3056
변호사에 대하여 공정한 수임질서를 저해할 우려가 있는 무료 또는 부당한 염가의 수임료를 표방하거나 무료 또는 부당한 염가의 법률상담 방식을 내세운 광고를 금지하는 것은, 무고한 법률 소비자들의 피해를 막고 정당한 수임료나 법률상담료를 제시하는 변호사들을 보호함으로써 공정한 수임질서를 확립하기 위한 것으로 과잉금지원칙에 위배되지 아니한다. 24년 해경간부 [O X]

(O) 인터넷 등을 기반으로 하는 각종 법률 플랫폼 사업자들이 비변호사의 지위를 유지하면서 변호사법의 제한으로부터 벗어나 다수의 변호사들로부터 의뢰를 받아 법률 소비자들에게 변호사를 소개·알선하는 영업 과정에서 무료 또는 부당한 염가의 법률사무 보수를 표방하거나 최저가 등의 표현을 사용하는 등 공정한 수임질서를 저해하는 것을 방지하여 법률 소비자를 보호하기 위한 것이다(헌재 2022.5.26. 2021헌마619).

3057
변호사 등록을 신청하는 자에게 등록료 100만 원을 납부하도록 정한 대한변호사협회의 「변호사 등록 등에 관한 규칙」 조항은 변호사 등록을 하고자 하는 청구인의 직업의 자유를 침해한다. 24년 해경간부 [O X]

(X) 우리나라의 현재 경제상황과 화폐가치, 변호사 개업 후 얻게 될 사회적 지위 및 수입수준, 법정단체에 가입이 강제되는 유사직역의 입회비 등을 고려했을 때 금 1,000,000원이라는 돈이 신규가입을 제한할 정도로 현저하게 과도한 금액이라고 할 수는 없다. 따라서 심판대상조항들은 과잉금지원칙에 위반하여 청구인의 직업의 자유를 침해하지 않는다(헌재 2019.11.28. 2017헌마759).

3058
출석주의를 완화하여 최초의 전자등기신청 전에 한 차례 사용자등록을 하도록 한 「부동산등기규칙」 조항은 법무사인 청구인들의 직업선택의 자유를 침해하지 않는다. 24년 해경간부 [O X]

(O) 출석주의를 완화하여 최초의 전자등기신청 전에 한 차례 사용자등록을 하도록 한 「부동산등기규칙」 조항은 법무사인 청구인들의 직업선택의 자유를 침해하지 않는다(헌재 2021.12.23. 2018헌마49).

3059
허가된 어업의 어획효과를 높이기 위하여 다른 어업의 도움을 받아 조업활동을 하는 행위를 금지한 「수산자원관리법」 조항은 직업수행의 자유를 침해하지 않는다. 24년 해경 [O X]

(O) 심판대상조항은 어업허가를 부여할 때 고려한 어획능력을 훨씬 초과하여 매우 적극적인 형태의 어업이 이루어질 경우 발생할 수 있는 어업인들 사이의 분쟁을 예방하고, 어업인들 간의 균등한 자원 배분과 수산자원의 보호를 도모하기 위한 것이다(헌재 2023.5.25. 2020헌바604). / 따라서 직업수행의 자유를 침해하지 않는다.

3060
접촉차단시설이 설치되지 않은 장소에서의 수용자 접견 대상을 소송사건의 대리인인 변호사로 한정하는 법령 조항은 아직 소송대리인으로 선임되지 않은 변호사의 직업수행의 자유를 제한한다. 25년 국회직 8급 [O X]

(O) 소송대리인이 되려는 변호사의 경우 변호인이 되려는 사람이나 소송사건의 대리인인 변호사와 비교하여 지위, 역할, 접견의 필요성 등에 차이가 있으므로, 접견제도의 운영에 있어 이들과 달리 취급할 필요가 있다. 소송대리인이 되려는 변호사는 이미 선임된 소송사건의 대리인과 달리 해당 범위가 상당히 넓어 접견의 수요를 예측하기 어려운 점도 양자를 달리 취급하여야 할 사정이 된다. 따라서 심판대상조항은 변호사인 청구인의 업무를 원하는 방식으로 자유롭게 수행할 수 있는 자유를 침해한다고 할 수 없다(헌재 2022.2.24. 2018헌마1010).

| OX 문제 | 정답 및 해설 |

3061
문화체육관광부장관이 정부광고 업무를 한국언론진흥재단에 위탁하도록 하는 시행령 조항은 정부광고 대행 업무를 직접 수주할 수 없도록 함으로써 광고대행업을 영위하는 법인의 직업수행의 자유를 제한한다. 25년 국회직 8급 ⃞O⃞X

(O) 이 사건 시행령조항은 문화체육관광부장관이 정부광고 업무를 한국언론진흥재단에 위탁하도록 하고 있다. 이로 인해 청구인들과 같은 광고사업자들은 정부기관 등으로부터 정부광고 대행 업무를 직접 수주할 수 없고, 수탁기관인 한국언론진흥재단을 통해서만 위 업무를 수주할 수 있게 된다. 따라서 이 사건 시행령조항은 광고대행업을 영위하는 청구인들의 직업수행의 자유를 제한한다(헌재 2023.6.29. 2019헌마227). / 다만 합헌이다.

3062
의료법에 따라 개설된 의료기관이 당연히 국민건강보험요양기관이 되도록 규정한 국민건강보험법 해당 조항은 의료기관개설자로서의 직업수행의 자유를 침해한다고 볼 수 없다. 24년 법원행시 ⃞O⃞X

(O) 의료법에 따라 개설된 의료기관이 당연히 국민건강보험요양기관이 되도록 규정한 국민건강보험법 해당 조항은 의료기관개설자로서의 직업수행의 자유를 침해한다고 볼 수 없다(헌재 2014.4.24. 2012헌마865).

3063
어떠한 직업분야에 관한 자격제도를 만들면서 그 자격요건을 어떻게 설정할 것인가에 관하여는 그 입법재량의 폭이 좁다 할 것이므로, 과잉금지원칙을 적용함에 있어서는 다른 방법으로 직업선택의 자유를 제한하는 경우에 비하여 보다 엄격한 심사가 필요하다. 24년 법원직, 20년 법무사, 20년 변호사 ⃞O⃞X

(X) 과잉금지의 원칙을 적용함에 있어서도, 어떠한 직업분야에 관한 자격제도를 만들면서 그 자격요건을 어떻게 설정할 것인가에 관하여는 국가에게 폭넓은 입법재량권이 부여되어 있는 것이므로 다른 방법으로 직업선택의 자유를 제한하는 경우에 비하여 보다 유연하고 탄력적인 심사가 필요하다 할 것이다(헌재 2003.9.25. 2002헌마519).

3064
직업선택의 자유에서 보호되는 직업이란 생활의 기본적인 수요를 충족시키기 위해 행하는 계속적인 소득활동을 의미하므로, 의무복무로서의 현역병은 헌법 제15조가 선택의 자유로서 보장하는 직업이라고 할 수 없다. 24년 소방간부 ⃞O⃞X

(O) 이 사건 심판대상조항들이 현역병의 지원이나 현역병으로의 변경처분 신청 대상에서 이미 공익근무요원의 복무를 마친 사람을 제외하는 것이 직업선택의 자유나 일반적 행동의 자유를 침해한다는 주장이 제기될 수 있으나, 직업선택의 자유에서 보호되는 직업이란 생활의 기본적인 수요를 충족시키기 위해 행하는 계속적인 소득활동을 의미하므로, 의무복무로서의 현역병은 헌법 제15조가 선택의 자유로서 보장하는 직업이라고 할 수 없다(헌재 2010.12.28. 2008헌마527).

3065
수형자인 의뢰인을 접견하는 변호사의 직업수행의 자유 제한에 대한 심사에 있어서는 변호사 자신의 직업 활동에 가해진 제한의 정도를 살펴보아야 할 뿐 아니라 접견의 상대방인 수형자의 재판청구권이 제한되는 효과도 함께 고려되어야 하므로, 그 심사의 강도는 일반적인 경우보다 엄격하게 해야 한다. 24년 소방간부 ⃞O⃞X

(O) 소송사건의 대리인인 변호사가 수형자인 의뢰인을 접견하는 경우 변호사의 직업 활동은 변호사 개인의 이익을 넘어 수형자의 재판청구권 보장, 나아가 사법을 통한 권리구제라는 법치국가적 공익을 위한 것이기도 하다. 따라서 이러한 변호사의 직업수행의 자유 제한에 대한 심사에 있어서는 변호사 자신의 직업 활동에 가해진 제한의 정도를 살펴보아야 할 뿐 아니라 그로 인해 접견의 상대방인 수형자의 재판청구권이 제한되는 효과도 함께 고려되어야 하므로, 그 심사의 강도는 일반적인 경우보다 엄격하게 해야 할 것이다(헌재 2021.10.28. 2018헌마60).

3066
아동학대관련범죄로 형을 선고받아 확정된 자로 하여금 그 형이 확정된 때부터 형의 집행이 종료되거나 집행을 받지 아니하기로 확정된 후 10년까지의 기간 동안 아동관련기관인 체육시설 등을 운영하거나 그에 취업할 수 없게 하는 법률조항은 '주관적 요건에 의한 좁은 의미의 직업선택의 자유'에 대한 제한에 해당한다. 24년 국회직 5급 ⃞O⃞X

(O) 청구인들은 심판대상조항에 의하여 형이 확정된 때부터 형의 집행이 종료되거나 집행을 받지 아니하기로 확정된 후 10년까지의 기간 동안 아동관련기관인 체육시설 또는 '초·중등교육법' 제2조 각 호의 학교를 운영하거나 그에 취업할 수 없게 되었다. 이는 일정한 직업을 선택함에 있어 기본권 주체의 능력과 자질에 따른 제한에 해당하므로 이른바 '주관적 요건에 의한 좁은 의미의 직업선택의 자유'에 대한 제한에 해당한다(헌재 2018.6.28. 2017헌마130).

| OX 문제 | 정답 및 해설 |

3067
'직업'이란 생활의 기본적 수요를 충족시키기 위해서 행하는 계속적인 소득활동을 의미하므로 학교운영위원이 무보수 봉사직이라는 점을 고려하면 운영위원으로서의 활동을 헌법상 직업의 개념에 포함시킬 수 없다. 24년 경찰승진 [O|X]

(O) '직업'이란 생활의 기본적 수요를 충족시키기 위해서 행하는 계속적인 소득활동을 의미하는바, 학교운영위원이 무보수 봉사직이라는 점을 고려하면 운영위원으로서의 활동을 직업으로 보기 어려우므로 이 사건 법률조항이 직업선택의 자유와 관련되는 것은 아니라 할 것이다 (헌재 2007.3.29, 2005헌마1144).

3068
「근로기준법」상 근로시간에 대한 주 52시간 상한제 조항은 연장근로 시간에 관한 사용자와 근로자 간의 계약 내용을 제한한다는 측면에서는 사용자와 근로자의 계약의 자유를 제한하고, 근로자를 고용하여 재화나 용역을 제공하는 사용자의 활동을 제한한다는 측면에서는 직업의 자유를 제한한다. 24년 국회직 8급 [O|X]

(O) 주 52시간 상한제조항은 연장근로시간에 관한 사용자와 근로자 간의 계약 내용을 제한한다는 측면에서는 사용자와 근로자의 계약의 자유를 제한하고, 근로자를 고용하여 재화나 용역을 제공하는 사용자의 활동을 제한한다는 측면에서는 직업의 자유를 제한한다(헌재 2024.2.28. 2019헌마500). 다만 침해되지는 않는다.

3069
주 52시간 상한제조항을 두어 1주간 최대 근로시간을 52시간으로 한정한 근로기준법 조항이 과잉금지원칙에 반하여 상시 5명 이상 근로자를 사용하는 사업주의 계약의 자유와 직업의 자유, 근로자의 계약의 자유를 침해하지 않는다. 24년 법무사 [O|X]

(O) 입법자는 사용자와 근로자가 일정 부분 장시간 노동을 선호하는 경향, 포괄임금제의 관행 및 사용자와 근로자 사이의 협상력의 차이 등으로 인해 장시간 노동 문제가 구조화되었다고 보고, 사용자와 근로자 사이의 합의로 주 52시간 상한을 초과할 수 없다고 판단했는데, 이러한 입법자의 판단이 현저히 합리성을 결여했다고 볼 수 없다(헌재 2024.2.28. 2019헌마500).

3070
사업주로부터 위임을 받아 고용보험 및 산재보험에 관한 보험사무를 대행할 수 있는 기관의 자격을 일정한 기준을 충족하는 단체 또는 법인, 공인노무사, 세무사로 한정하고 있는 「고용보험 및 산업재해 보상보험의 보험료징수 등에 관한 법률」 조항은 개인 공인회계사의 직업의 자유를 침해한다고 볼 수 없다. 24년 국회직 8급 [O|X]

(O) 단체, 법인이나 개인(공인노무사 및 세무사)과 달리 개인 공인회계사는 그 직무와 보험사무대행업무 사이의 관련성이 높다고 보기 어렵고, 사업주들의 접근이 용이하다거나 보험사무대행기관으로 추가해야 할 현실적 필요성이 있다고 보기도 어려우므로, 보험사무대행기관의 범위에 개인 공인회계사를 포함하지 않았다고 하여 과잉금지원칙에 위배되지는 않는다고 보았다(헌재 2024.2.28. 2020헌마139). 법인의 경우 사업자들의 접근이 용이, 공신력, 업무의 연속성등이 장점

3071
「교육환경 보호에 관한 법률」상의 상대보호구역에서 「게임산업진흥에 관한 법률」상의 '복합유통게임제공업' 시설을 갖추고 영업을 하는 것을 원칙적으로 금지하는 것은 교육환경보호구역 안의 토지나 건물의 임차인 내지 복합유통게임제공업을 영위하고자 하는 자의 직업수행의 자유를 침해하지 아니한다. 24년 국회직 8급 [O|X]

(O) 상대보호구역 설정조항과 이 사건 금지조항은, 학생들의 주요 활동공간인 학교주변의 일정 지역 중 최소한의 범위를 교육환경보호구역으로 설정하고, 그 구역 안에서는 학생의 보건·위생, 안전, 학습 등에 지장이 없도록 '청소년 보호법'상 청소년 유해업소인 '복합유통게임제공업'을 금지함으로써 학생들이 건강하고 쾌적한 환경에서 교육받을 수 있게 할 목적을 가진 것이다(헌재 2024.1.25. 2021헌바231). / 따라서 이는 직업수행의 자유를 침해하지 않는다.

| OX 문제 | 정답 및 해설 |

3072
시내버스운송사업자가 사업계획 가운데 운행대수 또는 운행횟수를 증감하려는 때에는 국토교통부장관 또는 시·도지사의 인가를 받거나 신고하도록 하고 이를 위반한 경우 처벌하는 「여객자동차 운수사업법」 조항은 시내버스운송사업자의 직업수행의 자유를 침해한다고 볼 수 없다. 24년 국회직 8급 ⓞⓧ

(O) 노선을 정하여 여객을 운송하는 시내버스운송사업에서 사업계획 가운데 운행대수 또는 운행횟수의 증감에 관한 사항은 시내버스의 운행거리, 배차간격, 배차시간 등에 영향을 미치는 것으로서, 원활한 운송체계를 확보하고 일반 공중의 교통편의성을 제공하기 위하여 관할 관청이 파악해야 하는 필수적인 사항에 해당한다(헌재 2024.1.25. 2020헌마1144). 따라서 국토교통부장관 또는 시·도지사의 인가를 받거나 신고하도록 하고 이를 위반한 경우 처벌하는 조항은 헌법에 위반되지 않는다.

3073
법 규정이 직업의 자유를 직접 규율하고자 하는 것은 아니지만 간접적으로 직업의 행사를 저해하거나 불가능하게 하는 경우에도 직업의 자유에 대한 제한이 인정될 수 있다. 23년 법원행시 ⓞⓧ

(O) 법규정이 비록 직업의 자유를 직접 규율하고자 하는 것은 아니지만 간접적으로 직업의 행사를 저해하거나 또는 불가능하게 하는 경우에도, 직업의 자유에 대한 제한이 인정될 수 있다(헌재 2002.12.18. 2000헌마764).

3074
사회복무요원은 출·퇴근 근무를 원칙으로 하며 퇴근 이후에는 상대적으로 자유로운 생활관계를 형성하고 있는바, 사회복무요원이 복무기관의 장의 허가 없이 다른 직무를 겸하는 행위를 한 경우 경고처분하고, 경고처분 횟수가 더하여질 때마다 5일을 연장하여 복무하도록 하는 「병역법」 제33조 제2항은 사회복무요원인 청구인의 직업의 자유를 침해한다. 23년 순경 2차 ⓞⓧ

(X) 일정한 기간 동안 병역의무 이행으로서 의무복무를 하는 사회복무요원의 특수한 지위를 감안할 때, 사회복무요원이 허가 없이 겸직행위를 한 경우 경고처분 및 복무기간 연장의 불이익을 부과하는 것이 과도한 제재라고 보기도 어렵다. 따라서 심판대상조항은 과잉금지원칙을 위반하여 청구인의 직업의 자유 내지 일반적 행동자유권을 침해하지 않는다(헌재 2022.9.29. 2019헌마938).

3075
등록기준을 법으로 정하고 일정한 등록기준을 충족시켜야 등록을 허용하는 건설업의 등록제는 소위 '객관적 사유에 의한 직업허가규정'에 속하는 것으로서 직업선택의 자유를 제한한다. 23년 경찰승진 ⓞⓧ

(X) 등록기준을 법으로 정하고 일정한 등록기준을 충족시켜야 등록을 허용하는 건설업의 등록제(법 제9조, 제10조)는 '건설업'이란 직업의 정상적인 수행을 담보하기 위하여 요구되는 최소한의 요건을 규정하는 소위 '주관적 사유에 의한 직업허가규정'에 속하는 것으로서 직업선택의 자유를 제한하는 규정이다(헌재 2004.7.15. 2003헌바35 등).

CHAPTER 04 정치적 기본권

제1절 기본원리

3076
정치적 사건을 담당하게 될 특별검사의 임명에 대법원장을 관여시키는 것이 헌법상 권력분립의 원칙에 어긋난다거나 입법재량의 범위에 속하지 않는다고는 할 수 없다. 24년 경찰승진, 22년 변호사 ⃝ ⃣×⃣

(O) 정치적 중립성을 엄격하게 지켜야 할 대법원장의 지위에 비추어 볼 때 정치적 사건을 담당하게 될 특별검사의 임명에 대법원장을 관여시키는 것이 과연 바람직한 것인지에 대하여 논란이 있을 수 있으나, 그렇다고 국회의 이러한 정치적·정책적 판단이 헌법상 권력분립원칙에 어긋난다거나 입법재량의 범위에 속하지 않는다고는 할 수 없다(헌재 2008.1.10. 2007헌마1468).

3077
본질적으로 권력통제의 기능을 가진 특별검사제도의 취지와 기능에 비추어 볼 때 특별검사제도의 도입 여부를 입법부가 독자적으로 결정하고 특별검사 임명에 관한 권한을 헌법기관 간에 분산시키는 것이 권력분립의 원칙에 반한다고 볼 수 없으나, 정치적 사건을 담당하게 될 특별검사의 임명에 정치적 중립성을 엄격하게 지켜야 할 대법원장을 관여시키는 것에 대한 국회의 정치적·정책적 판단은 헌법상 권력분립의 원칙에 어긋난다. 22년 입법고시 ⃝ ⃣×⃣

(X) 본질적으로 권력통제의 기능을 가진 특별검사제도의 취지와 기능에 비추어 볼 때, 특별검사제도의 도입 여부를 입법부가 독자적으로 결정하고, 특별검사 임명에 관한 권한을 헌법기관 간에 분산시키는 것이 권력분립의 원칙에 반한다고 볼 수 없다. 한편 정치적 중립성을 엄격하게 지켜야 할 대법원장의 지위에 비추어 볼 때, 정치적 사건을 담당하게 될 특별검사의 임명에 대법원장을 관여시키는 것이 과연 바람직한 것인지에 대하여 논란이 있을 수 있으나, 그렇다고 국회의 이러한 정치적·정책적 판단이 헌법상 권력분립의 원칙에 어긋난다거나 입법재량의 범위에 속하지 않는다고는 할 수 없다(헌재 2008.1.10. 2007헌마1468).

3078
고위공직자범죄수사처를 독립된 형태로 설치하도록 규정한 것은 고위공직자범죄수사처가 행정부 소속의 중앙행정기관으로서 여러 기관에 의한 통제가 충실히 이루어질 수 있으므로 권력분립의 원칙에 위배되지 않는다. 22년 변호사 ⃝ ⃣×⃣

(O) 수사처는 '고위공직자범죄수사처 설치 및 운영에 관한 법률'이라는 입법을 통해 도입되었으므로 의회는 법률의 개폐를 통하여 수사처에 대한 시원적인 통제권을 가지고, 수사처 구성에 있어 입법부, 행정부, 사법부를 비롯한 다양한 기관이 그 권한을 나누어 가지므로 기관 간 견제와 균형이 이루어질 수 있으며, 국회, 법원, 헌법재판소에 의한 통제가 가능할 뿐 아니라 행정부 내부적 통제를 위한 여러 장치도 마련되어 있다. … 수사처의 권한 행사에 대하여는 여러 기관으로부터의 통제가 충실히 이루어질 수 있으므로, 단순히 수사처가 독립된 형태로 설치되었다는 이유만으로 권력분립원칙에 반한다고 볼 수 없다(헌재 2021.1.28. 2020헌마264).

3079
권력분립의 원리는 인적인 측면에서도 입법과 행정의 분리를 요청하고, 만일 행정공무원이 지방입법기관에서라도 입법에 참여한다면 권력분립의 원칙에 배치되므로 공무원의 경우는 지방의회의원의 입후보제한이나 겸직금지가 필요하다. 25년 경찰승진 ⃝ ⃣×⃣

(O) 권력분립의 원리는 인적 측면에서도 입법과 행정의 분리를 요청하고, 만일 행정공무원이 지방입법기관에서라도 입법에 참여하면 권력분립의 원칙에 배치되게 되는 것으로, 공무원의 경우는 지방의회의원의 입후보제한이나 겸직금지가 필요하다(헌재 1991.3.11. 90헌마28).

| OX 문제 | 정답 및 해설 |

3080
과세관청이 기존에는 존재하였으나 실효되어 더이상 존재한다고 볼 수 없는 법률조항을 여전히 유효한 것으로 해석·적용한 것에, 명백한 입법의 공백을 방지하고 형평성의 왜곡을 시정하고자 하는 특별한 목적이 있었다면, 설령 법률해석을 통해 과세의 근거를 창설하였더라도 헌법상 권력분립원칙에 반하지 않는다. 24년 경찰승진 [O X]

(X) 당사자가 공평에 반하는 이익을 얻을 가능성이 있다 하여 이미 실효된 법률조항을 유효한 것으로 의제하여 과세의 근거로 삼는 것은 과세근거의 창설을 국회가 제정하는 법률에 맡기고 있는 헌법상의 권력분립원칙과 조세법률주의의 원칙에 근본적으로 반하는 것이다(헌재 2012.5.31. 2009헌바123 등).

3081
대통령이 개성공단의 운영을 즉시 전면 중단하기로 결정하고, 통일부장관은 대통령의 지시에 따라 철수계획을 마련하여 관련 기업인들에게 통보한 다음 개성공단 전면중단 성명을 발표하고, 이에 대응한 북한의 조치에 따라 개성공단에 체류 중인 국민들 전원을 대한민국 영토 내로 귀환하도록 한 일련의 행위로 이루어진 개성공단 전면중단 조치는 고도의 정치적 결단을 요하는 통치행위에 해당하여 헌법소원심판의 대상이 될 수 없다. 23년 국회직 5급 [O X]

(X) 개성공단 전면중단 조치가 고도의 정치적 결단을 요하는 문제이기는 하나, 조치 결과 개성공단 투자기업인 청구인들에게 기본권 제한이 발생하였고, 국민의 기본권 제한과 직접 관련된 공권력의 행사는 고도의 정치적 고려가 필요한 행위라도 헌법과 법률에 따라 결정하고 집행하도록 견제하는 것이 헌법재판소 본연의 임무이므로, 그 한도에서 헌법소원심판의 대상이 될 수 있다(헌재 2022.1.27. 2016헌마364).

3082
국군의 외국에의 파견결정과 같이 성격상 외교 및 국방에 관련된 고도의 정치적 결단이 요구되는 사안에 대한 국민의 대의기관의 결정은 헌법소원심판의 대상이 될 수 없다. 23년 국회직 5급 [O X]

(O) 이 사건 파견결정은 그 성격상 국방 및 외교에 관련된 고도의 정치적 결단을 요하는 문제로서, 헌법과 법률이 정한 절차를 지켜 이루어진 것임이 명백하므로, 대통령과 국회의 판단은 존중되어야 하고 헌법재판소가 사법적 기준만으로 이를 심판하는 것은 자제되어야 한다. 이에 대하여는 설혹 사법적 심사의 회피로 자의적 결정이 방치될 수도 있다는 우려가 있을 수 있으나 그러한 대통령과 국회의 판단은 궁극적으로는 선거를 통해 국민에 의한 평가와 심판을 받게 될 것이다(헌재 2004.4.29. 2003헌마814).

3083
특정한 국가기관을 구성함에 있어 입법부, 행정부, 사법부가 그 권한을 나누어 가지거나 기능적인 분담을 하는 것은 권력분립의 원칙에 반하는 것이 아니라 권력분립의 원칙을 실현하는 것으로 볼 수 있다. 23년 경찰승진 [O X]

(O) 헌법상 권력분립의 원칙이란 국가권력의 기계적 분립과 엄격한 절연을 의미하는 것이 아니라, 권력 상호 간의 견제와 균형을 통한 국가권력의 통제를 의미하는 것이다. 따라서 특정한 국가기관을 구성함에 있어 입법부, 행정부, 사법부가 그 권한을 나누어 가지거나 기능적인 분담을 하는 것은 권력분립의 원칙에 반하는 것이 아니라 권력분립의 원칙을 실현하는 것으로 볼 수 있다(헌재 2008.1.10. 2007헌마1468).

3084
특정 사안에 있어 법관으로 하여금 증거조사에 의한 사실판단도 하지 말고, 최초의 공판기일에 공소사실과 검사의 의견만을 듣고 결심하여 형을 선고하도록 규정한 「반국가행위자의 처벌에 관한 특별조치법」조항은 입법에 의해서 사법의 본질적인 중요부분을 대체시켜 버리는 것에 다름 아니어서 헌법상 권력분립의 원칙에 반한다. 23년 경찰승진 [O X]

(O) 특정 사안에 있어 법관으로 하여금 증거조사에 의한 사실판단도 하지말고, 최초의 공판기일에 공소사실과 검사의 의견만을 듣고 결심하여 형을 선고하라는 것은 입법에 의해서 사법의 본질적인 중요부분을 대체시켜 버리는 것에 다름 아니어서 우리 헌법상의 권력분립원칙에 어긋나는 것이다. 우리 헌법은 권력 상호간의 견제와 균형을 위하여 명시적으로 규정한 예외를 제외하고는 입법부에게 사법작용을 수행할 권한을 부여하지 않고 있다. 그런데도 입법자가 법원으로 하여금 증거조사도 하지 말고 형을 선고하도록 하는 법률을 제정한 것은 헌법이 정한 입법권의 한계를 유월하여 사법작용의 영역을 침범한 것이라고 할 것이다(헌재 1996.1.25. 95헌가5).

| OX 문제 | 정답 및 해설 |

3085
권력분립원칙에서는 국가권력 간의 엄격한 절연이 요구되므로 헌법상의 국가기관 상호 간에 기능을 분담하는 것은 권력분립의 원칙에 반하는 것으로 보는 것이 타당한바, 대통령이 국무총리·대법원장·헌법재판소장을 임명할 때 국회의 동의를 얻도록 하고, 헌법재판소와 중앙선거관리위원회의 구성에 대통령·국회·대법원장이 공동으로 관여하도록 하는 것은 권력분립의 원칙에 반하는 것으로 보아야 한다. 25년 경찰승진 [O][X]

(X) 특정한 국가기관을 구성함에 있어 입법부, 행정부, 사법부가 그 권한을 나누어 가지거나 기능적인 분담을 하는 것은 권력분립의 원칙에 반하는 것이 아니라 권력분립의 원칙을 실현하는 것으로 볼 수 있다. 이러한 원리에 따라 우리 헌법은 대통령이 국무총리, 대법원장, 헌법재판소장을 임명할 때에 국회의 동의를 얻도록 하고 있고, 헌법재판소와 중앙선거관리위원회의 구성에 대통령, 국회 및 대법원장이 공동으로 관여하도록 하고 있는 것이다(헌재 2008.1.10. 2007헌마1468).

3086
전통적으로 권력분립원칙은 입법권, 행정권, 사법권의 분할과 이들 간의 견제와 균형의 원리이므로, 설령 고위공직자범죄수사처의 설치로 말미암아 고위공직자범죄수사처와 기존의 다른 수사기관과의 관계가 문제된다 하더라도 동일하게 행정부소속인 고위공직자범죄수사처와 다른 수사기관 사이의 권한배분의 문제는 헌법상 권력분립원칙의 문제라고 볼 수 없다. 23년 경찰승진, 22년 입법고시 [O][X]

(O) 전통적으로 권력분립원칙은 입법권, 행정권, 사법권의 분할과 이들 간의 견제와 균형의 원리이므로, 설령 수사처의 설치로 말미암아 수사처와 기존의 다른 수사기관과의 관계가 문제된다 하더라도 동일하게 행정부 소속인 수사처와 다른 수사기관 사이의 권한 배분의 문제는 헌법상 권력분립원칙의 문제라고 볼 수 없다(헌재 2021.1.28. 2020헌마264 등).

3087
방송통신위원회의 「정보통신망 이용촉진 및 정보보호 등에 관한 법률」상 불법정보에 대한 취급거부·정지·제한명령은 행정처분으로서 행정소송을 통한 사법적 사후심사가 보장되어 있고, 그 자체가 법원의 재판이나 고유한 사법작용이 아니므로 사법권을 법원에 둔 권력분립원칙에 위반되지 않는다. 20년 경찰승진 [O][X]

(O) 방송통신위원회의 「정보통신망 이용촉진 및 정보보호등에 관한 법률」상 불법정보에 대한 취급거부·정지·제한명령은 행정처분으로서 행정소송을 통한 사법적사후심사가 보장되어 있고, 그 자체가 법원의 재판이나 고유한 사법작용이 아니므로 사법권을 법원에 둔 권력분립원칙에 위반되지 않는다(헌재 2014.9.25. 2012헌바325).

3088
외교·국방·통일 기타 국가안위에 관한 중요정책이 국가의 미래에 관련될 때에는 대통령은 반드시 국민투표의 형태로 결정하여야 한다. 22년 경행특채 [O][X]

(X) 대통령은 필요하다고 인정할 때에는 외교·국방·통일 기타 국가안위에 관한 중요정책을 국민투표에 붙일 수 있다(헌법 제72조). 즉 조문에 따르면 붙일 수 있다고 되어 있어 반드시 국민투표의 형태로 결정해야 하는 것은 아니다.

3089
대통령이 국민투표를 정치적 무기화하고 정치적으로 남용할 수 있는 위험성이 있다는 점을 고려하면, 국민투표부의권의 「헌법」 제72조는 대통령에 의한 국민투표의 정치적 남용을 방지할 수 있도록 엄격하고 축소적으로 해석되어야 한다. 22년 변호사, 22년 해경일반 [O][X]

(O) 대통령의 부의권을 부여하는 헌법 제72조는 가능하면 대통령에 의한 국민투표의 정치적 남용을 방지할 수 있도록 엄격하고 축소적으로 해석되어야 한다(헌재 2004.5.14. 2004헌나1).

| OX 문제 | 정답 및 해설 |

3090
정치자금법 제45조 정치자금부정수수죄를 범한 자로서, 100만 원 이상의 벌금형의 선고를 받고 그 형이 확정된 후 5년을 경과하지 아니한 자는 헌법개정시 국민투표권이 없다. 20년 비상기획관(하) [O][X]

(O) 정치자금법 제45조 정치자금부정수수죄를 범한 자로서, 100만 원 이상의 벌금형의 선고를 받고 그 형이 확정된 후 5년을 경과하지 아니한 자는 선거권이 없다. 국민투표법 제9조에 의하면 선거권이 없는 자는 투표권이 없다.

3091
대의기관의 선출주체가 곧 대의기관의 의사결정에 대한 승인주체가 되는 것이 원칙이나, 국민투표권자의 범위가 대통령선거권자, 국회의원선거권자와 반드시 일치할 필요는 없다. 24년 경찰간부, 20년 비상기획관 [O][X]

(X) 대의기관의 선출주체가 곧 대의기관의 의사결정에 대한 승인주체가 되는 것은 당연한 논리적 귀결이므로, 국민투표권자의 범위는 대통령선거권자·국회의원선거권자와 일치되어야 한다(헌재 2014.7.24. 2009헌마256 등).

3092
사립초등학교 교사는 국민투표에 관한 운동을 할 수 없으나, 국립대학교 교수는 국민투표에 관한 운동을 할 수 있다. 20년 비상기획관(상) [O][X]

(O) 정당법상의 당원의 자격이 없는 자는 운동을 할 수 없다(국민투표법 제28조 제1항). / 교수는 정당의 당원이 될 수 있으나, 초등학교 교사는 정당의 당원이 될 수 없다(정당법 제22조 참조). 따라서 이는 옳은 지문이다.

3093
국민투표 무효판결이 있는 경우 해당 안건은 무효가 된다. 22년 법원행시 [O][X]

(X) 제93조의 규정에 의하여 국민투표의 전부 또는 일부의 무효판결이 있을 때에는 재투표를 실시하여야 한다(국민투표법 제97조 제1항).

3094
대법원은 헌법개정에 관한 국민투표에 관하여 「국민투표법」 또는 「국민투표법」에 의하여 발하는 명령에 위반하는 사실이 있는 경우라도 국민투표의 결과에 영향이 미쳤다고 인정하는 때에 한하여 국민투표 무효의 판결을 하여야 하며, 국민투표의 일부의 무효를 판결할 수는 없다. 24년 경찰간부 [O][X]

(X) 대법원은 제92조의 규정에 의한 소송에 있어서 국민투표에 관하여 이 법 또는 이 법에 의하여 발하는 명령에 위반하는 사실이 있는 경우라도 국민투표의 결과에 영향이 미쳤다고 인정하는 때에 한하여 국민투표의 전부 또는 일부의 무효를 판결한다(국민투표법 제93조).

3095
「정당법」상의 당원의 자격이 없는 자는 국민투표에 관한 운동을 할 수 없다. 23년 경찰승진, 20년 경찰승진 [O][X]

(O) 정당법상의 당원의 자격이 없는 자는 운동을 할 수 없다(국민투표법 제28조 제1항).

3096
「신행정수도 후속대책을 위한 연기 공주 지역 행정중심복합도시 건설을 위한 특별법」이 수도를 분할하는 국가정책을 집행하는 내용을 가지고 있고 대통령이 이를 추진하고 집행하기 이전에 그에 관한 국민투표를 실시하지 아니하였다면 국민투표권이 행사될 수 있는 계기인 대통령의 중요정책 국민투표 부의가 행해지지 않았다고 하더라도 청구인들의 국민투표권이 행사될 수 있을 정도로 구체화되었다고 할 수 있으므로 그 침해의 가능성이 인정된다. 22년 해경일반 [O][X]

(X) 이 사건 법률에 의하여 관습헌법개정의 문제는 발생하지 아니하며 그 결과 국민들에게는 헌법개정에 관여할 국민투표권 자체가 발생할 여지가 없으므로 헌법 제130조 제2항이 규정한 청구인들의 국민투표권의 침해가능성은 인정되지 않는다(헌재 2005.11.24. 2005헌마579 등).

| OX 문제 | 정답 및 해설 |

3097
헌법상 국민에게 특정 국가정책에 관하여 국민투표에 회부할 것을 요구할 권리가 인정된다고 할 수 없다. 22년 변호사 ⓞⓧ

(O) 특정의 국가정책에 대하여 다수의 국민들이 국민투표를 원하고 있음에도 불구하고 대통령이 이러한 희망과는 달리 국민투표에 회부하지 아니한다고 하여도 이를 헌법에 위반된다고 할 수 없고 국민에게 특정의 국가정책에 관하여 국민투표에 회부할 것을 요구할 권리가 인정된다고 할 수도 없다(헌재 2005.11.24. 2005헌마579 등).

3098
당내경선에서 이루어지는 경선운동은 원칙적으로 공직선거에서의 당선 또는 낙선을 위한 행위인 선거운동에 해당하지 않으므로, 경선운동을 금지하는 조항이 과잉금지원칙에 반하는지 여부를 판단할 때에는 엄격한 심사기준이 적용되어야 한다. 22년 법무사 ⓞⓧ

(O) 당내경선은 공직선거 자체와는 구별되는 정당 내부의 자발적인 의사결정에 해당하고, 경선운동은 원칙적으로 공직선거에서의 당선 또는 낙선을 위한 행위인 선거운동에 해당하지 않는다. 따라서 당내경선의 형평성과 공정성을 담보하기 위해서 국가가 개입하여야 하는 정도가 공직선거와 동등하다고 보기는 어렵다. 이와 같은 당내경선 및 경선운동의 내용 및 성질과 경선운동은 정치적 표현의 자유의 보호영역에 속하는 점 등을 고려하면, 심판대상조항이 과잉금지원칙에 반하는지 여부를 판단할 때에는 엄격한 심사기준이 적용되어야 한다(헌재 2022.6.30. 2021헌가24).

3099
제도적 보장은 주관적 권리가 아닌 객관적 법규범이라는 점에서 기본권과 구별되기는 하지만 헌법에 의하여 일정한 제도가 보장되면 입법자는 그 제도를 설정하고 유지할 입법의무를 지게 될 뿐만 아니라 헌법에 규정되어 있기 때문에 법률로써 이를 폐지할 수 없고, 비록 내용을 제한하더라도 그 본질적 내용을 침해할 수 없다. 22년 순경 2차, 20년 국회직 9급 ⓞⓧ

(O) 제도적 보장은 주관적 권리가 아닌 객관적 범규범이라는 점에서 기본권과 구별되기는 하지만 헌법에 의하여 일정한 제도가 보장되면 입법자는 그 제도를 설정하고 유지할 입법의무를 지게 될 뿐만 아니라 헌법에 규정되어 있기 때문에 법률로써 이를 폐지할 수 없고, 비록 내용을 제한하더라도 그 본질적 내용을 침해할 수 없다(헌재 1997.4.24. 95헌바48).

3100
제도적 보장은 객관적 제도를 헌법에 규정하여 당해 제도의 본질을 유지하려는 것으로서 헌법제정권자가 특히 중요하고도 가치가 있다고 인정되고 헌법적으로도 보장할 필요가 있다고 생각하는 국가제도를 헌법에 규정함으로써 장래의 법발전, 법 형성의 방침과 범주를 미리 규율하려는 데 있다. 22년 순경 2차 ⓞⓧ

(O) 제도적 보장은 객관적 제도를 헌법에 규정하여 당해 제도의 본질을 유지하려는 것으로서 헌법제정권자가 특히 중요하고도 가치가 있다고 인정되고 헌법적으로도 보장할 필요가 있다고 생각하는 국가제도를 헌법에 규정함으로써 장래의 법발전, 법형성의 방침과 범주를 미리 규율하려는데 있다(헌재 1997.4.24. 95헌바48).

3101
재판청구권과 같은 절차적 기본권은 원칙적으로 제도적 보장의 성격이 강하기 때문에, 자유권적 기본권의 경우와 비교하여 볼 때 상대적으로 축소된 입법형성권이 인정된다. 22년 순경 2차 ⓞⓧ

(X) 기본권 보장은 "최대한 보장의 원칙"이 적용됨에 반하여, 제도적 보장은 그 본질적 내용을 침해하지 아니하는 범위 안에서 입법자에게 제도의 구체적 내용과 형태의 형성권을 폭넓게 인정한다는 의미에서 "최소한 보장의 원칙"이 적용될 뿐이다(헌재 1997.4.24. 95헌바48).

3102
직업공무원제도는 지방자치제도, 복수정당제도, 혼인제도 등과 함께 '제도보장'의 하나로서 이는 일반적인 법에 의한 폐지나 제도본질의 침해를 금지한다는 의미의 최소보장의 원칙이 적용 되는바. 이는 기본권의 경우 헌법 제37조 제2항의 과잉금지의 원칙에 따라 필요한 경우에 한하여 최소한으로 제한되는 것과 대조되는 것이다. 22년 순경 2차 ⓞⓧ

(O) 기본권 보장은 "최대한 보장의 원칙"이 적용됨에 반하여, 제도적 보장은 그 본질적 내용을 침해하지 아니하는 범위 안에서 입법자에게 제도의 구체적 내용과 형태의 형성권을 폭넓게 인정한다는 의미에서 "최소한 보장의 원칙"이 적용될 뿐이다(헌재 1997.4.24. 95헌바48).

제2절 정당제도

3103
헌법 제8조 제1항 전단의 '정당설립의 자유'는 헌법 제21조 제1항의 '결사의 자유'의 특별규정이다. 21년 국회직 5급

(O) 헌법 제21조 제1항 결사의 자유의 특별규정으로서, 헌법 제8조 제1항 전단의 '정당설립의 자유'가 침해 여부가 문제되는 기본권이라고 할 것이다(헌재 2006.3.30. 2004헌마246).

3104
정당은 그 목적 조직과 활동이 민주적이어야 하며, 국민의 정치적 의사형성에 참여하는 데 필요한 조직을 가져야 한다고 규정하고 있는 「헌법」 제8조 제2항은 정당의 자유의 헌법적 근거규범이 아니다. 22년 해경간부

(O) 헌법 제8조 제2항은 헌법 제8조 제1항에 의하여 정당의 자유가 보장됨을 전제로 하여, 그러한 자유를 누리는 정당의 목적·조직·활동이 민주적이어야 한다는 요청, 그리고 그 조직이 국민의 정치적 의사형성에 참여하는데 필요한 조직이어야 한다는 요청을 내용으로 하는 것으로서, 정당에 대하여 정당의 자유의 한계를 부과하는 것임과 동시에 입법자에 대하여 그에 필요한 입법을 해야 할 의무를 부과하고 있다. 그러나 이에 나아가 정당의 자유의 헌법적 근거를 제공하는 근거규범으로서 기능한다고는 할 수 없다(헌재 2004.12.16. 2004헌마456).

3105
헌법이 특별히 정당설립의 자유와 복수정당제를 보장하고, 정당의 해산을 엄격한 요건 아래 인정하면서 정당을 특별히 보호한다고 하여도, 정당은 국민의 자발적 조직으로서, 그 법적 성격은 일반적으로 사적·정치적 결사 내지는 법인격 없는 사단이므로, 정당이 공권력의 행사 주체로서 국가기관의 지위가 있는 것은 아니다. 22년 비상기획관

(O) 정당은 국민의 자발적 조직으로, 그 법적 성격은 일반적으로 사적·정치적 결사 내지는 법인격 없는 사단으로 파악된다. 비록 헌법이 특별히 정당설립의 자유와 복수정당제를 보장하고, 정당의 해산을 엄격한 요건 하에서 인정하는 등 정당을 특별히 보호하고 있으나, 이는 정당이 공권력의 행사 주체로서 국가기관의 지위를 갖는다는 의미가 아니고 사인에 의해서 자유로이 설립될 수 있다는 것을 의미한다. 따라서 정당은 특별한 사정이 없는 한 권한쟁의심판절차의 당사자가 될 수는 없다(헌재 2020.5.27. 2019헌라6 등).

3106
징역 또는 금고의 형의 선고를 받고 그 집행이 종료되지 아니하거나 그 집행을 받지 아니하기로 확정되지 아니한 사람을 제외한 16세 이상의 국민은 공무원 그 밖에 그 신분을 이유로 정당가입이나 정치활동을 금지하는 다른 법령의 규정에 불구하고 누구든지 정당의 발기인 및 당원이 될 수 있다. 22년 비상기획관

(X) 징역 또는 금고의 형의 선고뿐만 아니라 금치산 선고, 법원의 판결에 의해 선거권이 없는 자도 당원이 될 수 없으며 사립학교 교원이나 국가공무원등도 정당의 발기인 및 당원이 될 수 없다.

3107
「공직선거법」상 법원의 판결에 의하여 선거일 현재 선거권이 정지된 18세 국민이라도 「정당법」에 따른 정당의 발기인은 될 수 있다. 22년 5급 공채, 22년 해경간부

(X) 16세 이상의 국민은 공무원 그 밖에 그 신분을 이유로 정당가입이나 정치활동을 금지하는 다른 법령의 규정에 불구하고 누구든지 정당의 발기인 및 당원이 될 수 있다(정당법 제22조 제1항). 다만 공직선거법상 선거권이 없는 사람은 그러하지 아니한다.

3108
외국인인 사립대학의 교원은 정당의 발기인이나 당원이 될 수 있다. 22년 입법고시

(X) 대한민국 국민이 아닌 자는 당원이 될 수 없다(정당법 제22조 제2항).

| OX 문제 | 정답 및 해설 |

3109
헌법 제8조 제4항의 민주적 기본질서는 현행 헌법이 채택한 민주주의의 구체적 모습과 동일하게 보아야 하는 것으로, 정당은 민주적 의사결정을 위해서 필요한 불가결한 요소들과 이를 운영하고 보호하는 데 필요한 모든 요소들을 갖추어야 한다. 22년 비상기획관 [O][X]

(X) 헌법 제8조 제4항의 민주적 기본질서 개념은 정당해산결정의 가능성과 긴밀히 결부되어 있다. 이 민주적 기본질서의 외연이 확장될수록 정당해산결정의 가능성은 확대되고, 이와 동시에 정당 활동의 자유는 축소될 것이다. 민주사회에서 정당의 자유가 지니는 중대한 함의나 정당해산심판제도의 남용가능성 등을 감안한다면, 헌법 제8조 제4항의 민주적 기본질서는 최대한 엄격하고 협소한 의미로 이해해야 한다. 따라서 민주적 기본질서를 현행 헌법이 채택한 민주주의의 구체적 모습과 동일하게 보아서는 안 된다(헌재 2014.12.19. 2013헌다1).

3110
정당의 활동이란 정당 기관의 행위나 주요 정당관계자, 당원 등의 행위로서 그 정당에게 귀속시킬 수 있는 활동 일반을 의미하는데, 정당 소속의 국회의원 등은 비록 정당과 밀접한 관련성을 가지지만 헌법상으로는 정당의 대표자가 아닌 국민 전체의 대표자이므로 그들의 행위를 곧바로 정당의 활동으로 귀속시킬 수는 없다. 22년 국가직 7급 [O][X]

(O) 정당 소속의 국회의원 등은 비록 정당과 밀접한 관련성을 가지지만 헌법상으로는 정당의 대표자가 아닌 국민 전체의 대표자이므로 그들의 행위를 곧바로 정당의 활동으로 귀속시킬 수는 없겠으나, 가령 그들의 활동 중에서도 국민의 대표자의 지위가 아니라 그 정당에 속한 유력한 정치인의 지위에서 행한 활동으로서 정당과 밀접하게 관련되어 있는 행위들은 정당의 활동이 될 수도 있을 것이다(헌재 2014.12.19. 2013헌다1).

3111
헌법재판소의 결정에 의하여 해산된 정당의 명칭과 동일하거나 유사한 명칭은 정당의 명칭으로 다시 사용하지 못한다. 23년 소방간부 [O][X]

(X) 헌법재판소의 결정에 의하여 해산된 정당의 명칭과 같은 명칭은 정당의 명칭으로 다시 사용하지 못한다(정당법 제41조 제2항). / 즉 법령에는 같은 명칭이라고만 되어 있지 유사명칭까지 금지되어 있는 것은 아니다. 이 지문은 과거 법무사 기출로 출제된 바 있다.

3112
헌법재판소가 정당해산결정을 내리기 위해서는 그 해산결정이 비례원칙에 부합하는지를 숙고해야 하는바, 이 경우의 비례원칙 준수 여부는 통상적으로 기능하는 위헌심사의 척도에 의한다. 22년 국가직 7급 [O][X]

(X) 비례원칙 준수 여부는 그것이 통상적으로 기능하는 위헌심사의 척도가 아니라 헌법재판소의 정당해산결정이 충족해야 할 일종의 헌법적 요건 혹은 헌법적 정당화 사유에 해당한다(헌재 2014.12.19. 2013헌다1).

3113
민주주의 국가에서 국민주권과 대의제 민주주의의 실현수단으로서 선거권이 갖는 중요성으로 인해 입법자는 선거권을 최대한 보장하는 방향으로 입법을 하여야 하는 반면, 헌법재판소가 선거권을 제한하는 법률의 합헌성을 심사하는 경우 그 심사 강도는 완화하여야 한다. 22년 경찰승진 [O][X]

(X) 민주주의 국가에서 국민주권과 대의제 민주주의의 실현수단으로서 선거권이 갖는 중요성으로 인해 한편으로 입법자는 선거권을 최대한 보장하는 방향으로 입법을 하여야 하며, 또 다른 한편에서 선거권을 제한하는 법률의 합헌성을 심사하는 경우에는 그 심사의 강도도 엄격하여야 한다(헌재 2007.6.28. 2004헌마644 등).

3114
정당해산심판제도는 정당 존립의 특권, 특히 그 중에서도 정부의 비판자로서 야당의 존립과 활동을 특별히 보장하고자 하는 헌법제정자의 규범적 의지의 산물로 이해되어야 한다. 24년 국가직 5급 [O][X]

(O) 정당해산심판제도는 정당 존립의 특권, 특히 그 중에서도 정부의 비판자로서 야당의 존립과 활동을 특별히 보장하고자 하는 헌법제정자의 규범적 의지의 산물로 이해되어야 한다. 그러나 한편 이 제도로 인해서, 정당 활동의 자유가 인정된다 하더라도 민주적 기본질서를 침해해서는 안 된다는 헌법적 한계 역시 설정된다 할 것이다(헌재 2014.12.19. 2013헌다1).

OX 문제

3115
헌법재판소는 정당해산심판의 청구를 받은 때에는 직권 또는 청구인의 신청에 의하여 종국결정의 선고 시까지 피청구인의 활동을 정지하는 결정을 할 수 있다. 22년 소방간부, 21년 국가직 7급, 21년 국회직 9급, 20년 국가직 7급 [O X]

3116
정당해산심판절차에서는 재심을 허용하지 않음으로써 얻을 수 있는 법적 안정성의 이익보다 재심을 허용함으로써 얻을 수 있는 구체적 타당성의 이익이 보다 크므로 재심을 허용하여야 한다. 21년 국회직 9급 [O X]

3117
정당해산결정의 파급효과를 고려할 때, 재심을 허용하지 아니함으로써 얻을 수 있는 법적 안정성의 이익보다 재심을 허용함으로써 얻을 수 있는 구체적 타당성의 이익이 더 큰 경우에 한하여 제한적으로 인정된다. 20년 경찰승진 [O X]

3118
정당해산심판은 「헌법재판소법」에 특별한 규정이 있는 경우를 제외하고는 헌법재판의 성질에 반하지 아니하는 한도 내에서 민사소송에 관한 법령과 「행정소송법」을 함께 준용한다. 20년 국가직 7급 [O X]

3119
정당해산심판에서 가처분을 허용하는 헌법재판소법조항은 헌법의 수권이 없는 법률 규정이고 과잉금지원칙에 위배되어 정당활동의 자유를 침해한다. 25년 국회직 9급 [O X]

3120
헌법재판소의 해산결정의 통지나 중앙당 또는 그 창당준비위원회의 시·도당 창당승인의 취소통지가 있는 때에는 당해 선거관리위원회는 그 정당의 등록을 말소하고 지체 없이 그 뜻을 공고하여야 한다. 22년 소방간부 [O X]

정답 및 해설

(O) 헌법재판소는 정당해산심판의 청구를 받은 때에는 직권 또는 청구인의 신청에 의하여 종국결정의 선고 시까지 피청구인의 활동을 정지하는 결정을 할 수 있다(헌법재판소법 제57조).

(O) 정당해산심판은 원칙적으로 해당 정당에게만 그 효력이 미치며, 정당해산결정은 대체정당이나 유사정당의 설립까지 금지하는 효력을 가지므로 오류가 드러난 결정을 바로잡지 못한다면 장래 세대의 정치적 의사결정에까지 부당한 제약을 초래할 수 있다. 따라서 정당해산심판절차에서는 재심을 허용하지 아니함으로써 얻을 수 있는 법적 안정성의 이익보다 재심을 허용함으로써 얻을 수 있는 구체적 타당성의 이익이 더 크므로 재심을 허용하여야 한다(헌재 2016.5.26. 2015헌아20).

(X) 정당해산심판은 원칙적으로 해당 정당에게만 그 효력이 미치며, 정당해산결정은 대체정당이나 유사정당의 설립까지 금지하는 효력을 가지므로 오류가 드러난 결정을 바로잡지 못한다면 장래 세대의 정치적 의사결정에까지 부당한 제약을 초래할 수 있다. 따라서 정당해산심판절차에서는 재심을 허용하지 아니함으로써 얻을 수 있는 법적 안정성의 이익보다 재심을 허용함으로써 얻을 수 있는 구체적 타당성의 이익이 더 크므로 재심을 허용하여야 한다. 한편, 이 재심절차에서는 원칙적으로 민사소송법의 재심에 관한 규정이 준용된다(헌재 2016.5.26. 2015헌아20).

(X) 정당해산은 민사소송을 준용할 뿐 행정소송법을 준용하지는 않는다(헌법재판소법 제40조 참조).

(X) 가처분 결정이 인용되려면 인용요건이 충족되어야 하고, 그 인용 범위도 종국결정의 실효성을 확보하고 헌법질서를 보호하기 위해 필요한 범위 내로 한정되며, 인용 시 종국결정 선고 시까지만 정당의 활동을 정지시키므로 기본권 제한 범위가 광범위하다고 볼 수 없다(헌재 2014.2.27. 2014헌마7).

(O) 제45조(자진해산)의 신고가 있거나 헌법재판소의 해산결정의 통지나 중앙당 또는 그 창당준비위원회의 시·도당 창당승인의 취소통지가 있는 때에는 당해 선거관리위원회는 그 정당의 등록을 말소하고 지체 없이 그 뜻을 공고하여야 한다(정당법 제47조).

| OX 문제 | 정답 및 해설 |

3121
정당해산심판 절차에서 헌법재판의 성질에 반하지 아니하는 한도에서 형사소송이 아닌 민사소송에 관한 법령을 준용하는 헌법재판소법 제40조의 준용조항은 청구인의 공정한 재판을 받을 권리를 침해하는 것은 아니다. 25년 국회직 9급 OX

(O) 준용조항은 헌법재판소에서의 불충분한 절차진행규정을 보완하고, 원활한 심판절차진행을 도모하기 위한 조항으로, 그 절차보완적 기능에 비추어 볼 때, 소송절차 일반에 준용되는 절차법으로서의 민사소송에 관한 법령을 준용하도록 한 것이 현저히 불합리하다고 볼 수 없다(헌재 2014.2.27. 2014헌마7).

3122
정당해산심판절차에서는 정당해산심판의 성질에 반하지 않는 한도에서 헌법재판소법 제40조에 따라 민사소송에 관한 법령이 준용될 수 있지만, 민사소송에 관한 법령이 준용되지 않아 법률의 공백이 생기는 부분에 대하여는 헌법재판소가 정당해산심판의 성질에 맞는 절차를 창설할 수 있다. 20년 경찰승진 OX

(O) 민사소송에 관한법령이 준용되지 않아 법률의 공백이 생기는 부분에 대하여는 헌법재판소가 정당해산심판의 성질에 맞는 절차를 창설할 수 있다(헌재 2014.2.27. 2014헌마7).

3123
헌법은 "선거에 관한 경비는 법률이 정하는 경우를 제외하고는 정당 또는 후보자에게 부담시킬 수 없다."라고 규정함으로써 선거공영제를 채택하고 있다. 20년 국회직 9급 OX

(O) ① 선거운동은 각급 선거관리위원회의 관리하에 법률이 정하는 범위안에서 하되, 균등한 기회가 보장되어야 한다. / ② 선거에 관한 경비는 법률이 정하는 경우를 제외하고는 정당 또는 후보자에게 부담시킬 수 없다(헌법 제116조).

3124
정당 스스로 재정충당을 위하여 국민들로부터 모금 활동을 하는 것은 단지 '돈을 모으는 것'에 불과한 것으로 정당의 헌법적 과제 수행에 있어 본질적인 부분이 아니다. 22년 입법고시 OX

(X) 과도한 국가보조는 국민의 지지를 얻고자 하는 노력이 실패한 정당이 스스로 책임져야 할 위험부담을 국가가 상쇄하는 것으로서 정당 간 자유로운 경쟁을 저해할 수 있다. 정당 스스로 재정충당을 위하여 국민들로부터 모금 활동을 하는 것은 단지 '돈을 모으는 것'에 불과한 것이 아니라 궁극적으로 자신의 정강과 정책을 토대로 국민의 동의와 지지를 얻기 위한 활동의 일환이며, 이는 정당의 헌법적 과제 수행에 있어 본질적인 부분의 하나인 것이다(헌재 2015.12.23. 2013헌바168).

3125
정당의 당원은 같은 정당의 타인의 당비를 부담할 수 없으며, 타인의 당비를 부담한 자와 타인으로 하여금 자신의 당비를 부담하게 한 자는 당비를 낸 것이 확인된 날부터 2년간 당해 정당의 당원자격이 정지된다. 26년 경찰간부 OX

(X) 정당의 당원은 같은 정당의 타인의 당비를 부담할 수 없으며, 타인의 당비를 부담한 자와 타인으로 하여금 자신의 당비를 부담하게 한 자는 당비를 낸 것이 확인된 날부터 1년간 당해 정당의 당원자격이 정지된다(정당법 제31조 제2항).

3126
타인의 명의나 가명으로 납부된 당비는 국고에 귀속되며, 국고에 귀속되는 당비는 중앙선거관리위원회가 이를 납부받아 국가에 납입한다. 22년 국가직 7급 OX

(X) 정당의 회계책임자는 타인의 명의나 가명으로 납부된 당비는 국고에 귀속시켜야 한다(정치자금법 제4조 제2항).

| OX 문제 | 정답 및 해설 |

3127
특별시장·광역시장·특별자치시장·도지사·특별자치도지사 및 자치구의 지역구의회의원 선거의 예비후보자를 후원회지정권자에서 제외하고 있는 2021. 1. 5. 개정 전 정치자금법 관련 조항은 각 선거에서 후보로 출마하기 위하여 예비후보자로 등록한 사람의 평등권을 침해한다. 21년 법원행시 [O][X]

(X) 광역자치단체장선거의 예비후보자에 관한 부분은 청구인들 평등권을 침해하여 헌법에 위반되지만, 자치구의회의원선거의 예비후보자에 관한 부분에 대하여는 헌법에 위반되지 않는다고 판시하였다(헌재 2019.12.27. 2018헌마301).

3128
「정당법」상 정당등록은 정당의 성립요건이자 존속요건이므로, 정당등록이 취소된 정당이 정당등록 요건을 다투기 위하여 청구한 헌법소원심판은 청구인능력이 없어 부적법하다. 23년 변호사 [O][X]

(X) 정당설립의 자유는 그 성질상 등록된 정당에게만 인정되는 기본권이 아니라 청구인과 같이 등록정당은 아니지만 권리능력 없는 사단의 실체를 가지고 있는 정당에게도 인정되는 기본권이라 할 수 있다 (헌재 2006.3.30. 2004헌마246).

3129
헌법 제8조 제4항의 민주적 기본질서 개념은 그 외연이 확장될수록 정당해산결정의 가능성은 확대되고 이와 동시에 정당 활동의 자유는 축소될 것이므로 최대한 엄격하고 협소한 의미로 이해해야 한다. 23년 경찰승진, 22년 비상기획관, 22년 법무사 [O][X]

(O) 헌법 제8조 제4항의 민주적 기본질서 개념은 정당해산결정의 가능성과 긴밀히 결부되어 있다. 이 민주적 기본질서의 외연이 확장될수록 정당해산결정의 가능성은 확대되고, 이와 동시에 정당 활동의 자유는 축소될 것이다. 민주 사회에서 정당의 자유가 지니는 중대한 함의나 정당해산심판제도의 남용가능성 등을 감안한다면, 헌법 제8조 제4항의 민주적 기본질서는 최대한 엄격하고 협소한 의미로 이해해야 한다. 따라서 민주적 기본질서를 현행 헌법이 채택한 민주주의의 구체적 모습과 동일하게 보아서는 안 된다(헌재 2014.12.19. 2013헌다1).

3130
입법자는 정당설립의 자유를 최대한 보장하는 방향으로 입법하여야 하고, 헌법재판소는 정당설립의 자유를 제한하는 법률의 합헌성을 심사할 때에 헌법 제37조 제2항에 따라 엄격한 비례심사를 하여야 한다. 23년 경찰승진 [O][X]

(O) 오늘날 대의민주주의에서 차지하는 정당의 이러한 의의와 기능을 고려하여, 헌법 제8조 제1항은 국민 누구나가 원칙적으로 국가의 간섭을 받지 아니하고 정당을 설립할 권리를 기본권으로 보장함과 아울러 복수정당제를 제도적으로 보장하고 있다. 따라서 입법자는 정당설립의 자유를 최대한 보장하는 방향으로 입법하여야 하고, 헌법재판소는 정당설립의 자유를 제한하는 법률의 합헌성을 심사할 때에 헌법 제37조 제2항에 따라 엄격한 비례심사를 하여야 한다(헌재 2014.1.28. 2012헌마431 등).

3131
자유민주적 기본질서를 부정하고 이를 적극적으로 제거하려는 조직도, 국민의 정치적 의사형성에 참여하는 한 정당의자유의 보호를 받는 정당이다. 23년 법원행시 [O][X]

(O) 어떤 정당이 민주적 기본질서를 부정하고 이를 적극적으로 공격하는 것으로 보인다 하더라도 국민의 정치적 의사형성에 참여하는 정당으로서 존재하는 한 헌법에 의해 최대한 두텁게 보호되므로, 단순히 행정부의 통상적인 처분에 의해서는 해산될 수 없고, 오직 헌법재판소가 그 정당의 위헌성을 확인하고 해산의 필요성을 인정한 경우에만 정당정치의 영역에서 배제된다(헌재 2014.12.19. 2013헌다1).

3132
헌법에서 정당조항이 처음 채택된 것은 1960년 제2공화국 헌법(제3차 개헌)이며, 제5공화국 헌법(제8차 개헌)에서 정당에 대한 국고보조금 조항을 신설하였다. 23년 경찰간부 [O][X]

(O) 처음 채택은 제2공화국이고 제3공화국에서는 정당국가화 경향을 보였으며, 제5공화국때 국고보조금 조항이 신설되었다.

OX 문제	정답 및 해설

3133
당론과 다른 견해를 가진 소속 국회의원을 당해 교섭단체대표의원의 요청에 따라 다른 상임위원회로의 전임(사·보임)하는 국회의장의 조치는 특별한 사정이 없는 한 헌법상 용인될 수 있는 "정당내부의 사실상 강제"의 범위 내에 해당한다. 23년 경찰간부 ⃞O ⃞X

(O) 당론과 다른 견해를 가진 소속 국회의원을 당해 교섭단체의 필요에 따라 다른 상임위원회로 전임(사·보임)하는 조치는 특별한 사정이 없는 한 헌법상 용인될 수 있는 "정당내부의 사실상 강제"의 범위 내에 해당한다고 할 것이다(헌재 2003.10.30. 2002헌라1).

3134
정당은 그 대의기관의 결의로써 해산할 수 있으며, 정당이 해산한 때에는 그 대표자는 지체 없이 그 뜻을 관할 선거관리위원회에 신고하여야 한다. 24년 해경 ⃞O ⃞X

(O) ① 정당은 그 대의기관의 결의로써 해산할 수 있다. / ② 제1항의 규정에 의하여 정당이 해산한 때에는 그 대표자는 지체 없이 그 뜻을 관할 선거관리위원회에 신고하여야 한다(정당법 제45조).

3135
외국인이 사립대학의 교원이라도 학교의 장이나 교수 등 교원이 아닌 경우에는 정당의 당원이 될 수 있다. 25년 법원직 ⃞O ⃞X

(X) 대한민국 국민이 아닌 자는 당원이 될 수 없다(정당법 제22조 제2항).

3136
지역구 국회의원 예비후보자의 기탁금 반환 사유를 예비후보자의 사망, 당내경선 탈락으로 한정하고 있는 구 공직선거법 해당 조항은 재산권을 침해한다. 24년 법원직 ⃞O ⃞X

(O) 예비후보자가 본선거에서 정당후보자로 등록하려 하였으나 자신의 의사와 관계없이 정당 공천관리위원회의 심사에서 탈락하여 본선거의 후보자로 등록하지 아니한 것은 후보자 등록을 하지 못할 정도에 이르는 객관적이고 예외적인 사유에 해당한다. 따라서 이러한 사정이 있는 예비후보자가 납부한 기탁금은 반환되어야 함에도 불구하고, 심판대상조항이 이에 관한 규정을 두지 아니한 것은 입법형성권의 범위를 벗어난 과도한 제한이라고 할 수 있다(헌재 2018.1.25. 2016헌마541). / 따라서 재산권을 침해한다.

3137
정당에 대한 후원을 금지하고 위반시 형사처벌하는 구 정치자금법 제6조는 정당 후원회를 금지함으로써 불법 정치자금 수수로 인한 정경유착을 막고 정당의 정치자금 조달의 투명성을 확보하여 정당 운영의 투명성과 도덕성을 제고하기 위한 것으로 목적의 정당성이 인정되므로 정당활동의 자유를 침해하지 않는다. 23년 법원행시 ⃞O ⃞X

(X) 정당제 민주주의하에서 정당에 대한 재정적 후원이 전면적으로 금지됨으로써 정당이 스스로 재정을 충당하고자 하는 정당활동의 자유와 국민의 정치적 표현의 자유가 제한되는 불이익은 더욱 크다(헌재 2015.12.23. 2013헌바168). 즉 목적의 정당성은 인정되나 결국은 침해하였다.

3138
정당해산심판절차에는 「헌법재판소법」과 「헌법재판소 심판 규칙」, 그리고 헌법재판의 성질에 반하지 않는 한도 내에서 형사소송에 관한 법령이 적용된다. 23년 소방간부 ⃞O ⃞X

(X) 헌법재판소의 심판절차에 관하여는 이 법에 특별한 규정이 있는 경우를 제외하고는 헌법재판의 성질에 반하지 아니하는 한도에서 민사소송에 관한 법령을 준용한다. 이 경우 탄핵심판의 경우에는 형사소송에 관한 법령을 준용하고, 권한쟁의심판 및 헌법소원심판의 경우에는 「행정소송법」을 함께 준용한다(헌법재판소법 제40조 제1항).

3139
정당이 헌법재판소 정당해산결정에 따라 해산된 경우 그 결정 취지에서 그 소속 비례대표지방의회의원의 의원직 상실이 곧바로 도출된다고 할 수 없다. 24년 경찰 2차, 23년 소방간부 [O][X]

(O) 엄격한 요건 아래 위헌정당으로 판단하여 정당 해산을 명하는 것은 헌법을 수호한다는 방어적 민주주의 관점에서 비롯된 것이므로, 이러한 비상상황에서는 국회의원의 국민 대표성은 부득이 희생될 수밖에 없다. 헌법재판소의 해산결정으로 해산되는 정당 소속 국회의원의 의원직 상실은 위헌정당해산 제도의 본질로부터 인정되는 기본적 효력이다(헌재 2014.12.19. 2013헌다1). / 지방의원의 경우는 별도로 언급이 없었다. 따라서 지위를 상실하지 않는다.

제3절 선거제도

3140
현행 헌법은 대통령선거에 관하여 국민의 보통·평등·직접·비밀선거의 원칙을 규정하고 있고, 국회의원선거에 관하여는 위 원칙들에 관한 규정이 없으나, 헌법해석상 당연히 적용되는 것으로 보아야 한다. 20년 법원직 [O][X]

(X) 국회는 국민의 보통·평등·직접·비밀선거에 의하여 선출된 국회의원으로 구성한다(헌법 제41조 제1항). / 지방선거에는 이런 내용이 규정되어 있지 않다.

3141
국민대표기관의 선출을 위한 대통령, 국회의원선거와 지방의회의원 및 지방자치단체의 장 선출을 위한 지방선거는 대의제 민주주의의 구현방법이라는 점에서는 동일한 의미의 선거라고 할 수 있으나, 헌법은 이러한 선거제도를 규정하는 방식에 차이를 두고 있다. 21년 소방간부 [O][X]

(O) 헌법은 제24조에서 "모든 국민은 법률이 정하는 바에 따라 선거권을 가진다."고 규정하여 선거권을 헌법상 보장된 권리로 명시하고 있으나 그 구체적 내용의 형성에 관해서는 법률에 위임하고 있다. 국민대표기관의 선출을 위한 대통령, 국회의원선거와 지방의회의원 및 지방자치단체의 장 선출을 위한 지방선거는 대의제 민주주의의 구현방법이라는 점에서는 동일한 의미의 선거라고 할 수 있으나, 헌법은 이러한 선거제도를 규정하는 방식에 차이를 두고 있다(헌재 2016.10.27. 2014헌마797).

3142
헌법 제24조는 모든 국민은 '법률이 정하는 바에 의하여' 선거권을 가진다고 규정함으로써 법률유보의 형식을 취하고 있으므로 국민의 선거권은 '법률이 정하는 바에 따라서만 인정될 수 있다.'는 포괄적인 입법권의 유보하에 있다. 21년 소방간부, 21년 국회직 8급 [O][X]

(X) 헌법 제24조는 모든 국민은 '법률이 정하는 바에 의하여' 선거권을 가진다고 규정함으로써 법률유보의 형식을 취하고 있지만, 이것은 국민의 선거권이 '법률이 정하는 바에 따라서만 인정될 수 있다.'는 포괄적인 입법권의 유보하에 있음을 의미하는 것이 아니다. 국민의 기본권을 법률에 의하여 구체화하라는 뜻이며 선거권을 법률을 통해 구체적으로 실현하라는 의미이다(헌재 2007.6.28. 2004헌마644 등). / 인정자체를 유보한 것은 아님

3143
보통선거의 원칙은 선거권자의 능력, 재산, 사회적 지위 등의 실질적인 요소를 배제하고 성년자이면 누구라도 당연히 선거권을 갖는 것을 요구하므로 보통선거의 원칙에 반하는 선거권 제한의 입법을 하기 위해서는 헌법 제37조 제2항의 규정에 따른 한계가 한층 엄격히 지켜져야 한다. 21년 국회직 8급 [O][X]

(O) 보통선거의 원칙은 선거권자의 능력, 재산, 사회적 지위 등의 실질적인 요소를 배제하고 성년자이면 누구라도 당연히 선거권을 갖는 것을 요구하므로 보통선거의 원칙에 반하는 선거권 제한의 입법을 하기 위해서는 헌법 제37조 제2항의 규정에 따른 한계가 한층 엄격히 지켜져야 한다(헌재 2007.6.28. 2004헌마644 등).

| OX 문제 | 정답 및 해설 |

3144
민주주의 국가에서 국민주권과 대의제 민주주의의 실현수단으로서 선거권이 갖는 중요성 때문에 입법자는 선거권을 최대한 보장하는 방향으로 입법을 하여야 하며, 선거권을 제한하는 법률의 합헌성을 심사하는 경우에는 그 심사의 강도도 엄격하여야 한다. 21년 소방간부 [O X]

(O) 민주주의 국가에서 국민주권과 대의제 민주주의의 실현수단으로서 선거권이 갖는 이 같은 중요성으로 인해 한편으로 입법자는 선거권을 최대한 보장하는 방향으로 입법을 하여야 하며, 또 다른 한편에서 선거권을 제한하는 법률의 합헌성을 심사하는 경우에는 그 심사의 강도도 엄격하여야 한다(헌재 2014.1.28. 2012헌마409 등).

3145
「공직선거법」에서는 일정한 요건을 구비한 외국인에게 지방선거의 선거권을 인정하나, 재외선거인에게 국회의원의 재·보궐 선거권을 부여하지 않은 것은 재외선거인의 선거권을 침해한다. 20년 국회직 8급 [O X]

(X) 입법자는 재외선거제도를 형성하면서, 잦은 재·보궐선거는 재외국민으로 하여금 상시적인 선거체제에 직면하게 하는 점, 재외 재·보궐선거의 투표율이 높지 않을 것으로 예상되는 점, 재·보궐선거 사유가 확정될 때마다 전 세계 해외 공관을 가동하여야 하는 등 많은 비용과 시간이 소요된다는 점을 종합적으로 고려하여 재외선거인에게 국회의원의 재·보궐선거권을 부여하지 않았다고 할 것이고, 이와 같은 선거제도의 형성이 현저히 불합리하거나 불공정하다고 볼 수 없다(헌재 2014.7.24. 2009헌마256 등). *비례대표 국회의원선거권은 인정하지만 지역구는 인정하지 않는다. 따라서 재·보궐선거는 지역구이므로 인정하지 않는다.*

3146
주민등록과 국내거소신고를 기준으로 지역구 국회의원 선거권을 인정하는 것은 해당 국민의 지역적 관련성을 확인하는 합리적인 방법으로, 주민등록이 되어 있지 않고 국내 거소신고도 하지 않은 재외국민의 임기만료 지역구 국회의원 선거권을 인정하지 않은 것은 선거권을 침해한다고 볼 수 없다. 24년 국회직 8급, 20년 경찰승진 [O X]

(O) 주민등록과 국내거소신고를 기준으로 지역구 국회의원선거권을 인정하는 것은 해당 국민의 지역적 관련성을 확인하는 합리적인 방법으로, 주민등록이 되어 있지 않고 국내 거소신고도 하지 않은 재외국민의 임기만료지역구 국회의원 선거권을 인정하지 않은 것은 선거권을 침해한다고 볼 수 없다(헌재 2014.7.24. 2009헌마256).

3147
범죄자에게 형벌의 내용으로 선거권을 제한하는 경우에는 선거권 제한 여부 및 적용범위의 타당성에 대하여 보통선거원칙에 입각한 선거권 보장과 그 제한의 관점에서 엄격한 비례심사를 하여야 한다. 20년 국회직 8급 [O X]

(O) 선거권을 제한하는 입법은 선거의 결과로 선출된 입법자들이 스스로 자신들을 선출하는 주권자의 범위를 제한하는 것이므로 신중해야 한다. 범죄자에게 형벌의 내용으로 선거권을 제한하는 경우에도 선거권 제한 여부 및 적용범위의 타당성에 관하여 보통선거원칙에 입각한 선거권 보장과 그 제한의 관점에서 헌법 제37조 제2항에 따라 엄격한 비례심사를 하여야 한다(헌재 2014.1.28. 2012헌마409 등).

3148
중앙선거관리위원회는 대통령선거 후보자가 유효투표총수의 100분의 15 이상을 득표한 경우에는 기탁금 전액을, 100분의 10 이상 100분의 15 미만을 득표한 경우에는 기탁금의 100분의 50에 해당하는 금액을 선거일 후 30일 이내에 기탁자에게 반환하여야 한다. 22년 법원행시 [O X]

(O) 관할선거구선거관리위원회는 다음 각 호의 구분에 따른 금액을 선거일 후 30일 이내에 기탁자에게 반환한다. 이 경우 반환하지 아니하는 기탁금은 국가 또는 지방자치단체에 귀속한다. / 1. 대통령선거, 지역구국회의원선거, 지역구지방의회의원선거 및 지방자치단체의 장선거 / 가. 후보자가 당선되거나 사망한 경우와 유효투표총수의 100분의 15 이상을 득표한 경우에는 기탁금 전액 / 나. 후보자가 유효투표총수의 100분의 10 이상 100분의 15 미만을 득표한 경우에는 기탁금의 100분의 50에 해당하는 금액(공직선거법 제57조 제1항)

3149
국회의원선거에서 선거구구역표의 일부에 위헌적 요소가 있는 경우에는 선거구구역표 전체를 위헌이라고 할 수 있다. 20년 국회직 5급 [O X]

(O) 이러한 의미에서 선거구구역표는 전체가 불가분의 일체를 이루는 것으로서 어느 한 부분에 위헌적인 요소가 있다면, 선거구구역표 전체가 위헌의 하자를 갖는 것이라고 보아야 한다(헌재 2014.10.30. 2012헌마190).

OX 문제	정답 및 해설

3150

비례대표제 하에서 선거결과의 결정에는 정당의 의석배분이 필수적인 요소를 이루게 되므로 비례대표제를 채택하는 한 직접선거의 원칙은 의원의 선출뿐만 아니라 정당의 비례적인 의석확보도 선거권자의 투표에 의하여 직접 결정될 것을 요구한다. 21년 국회직 5급 ☐☒

(O) 비례대표제하에서 선거결과의 결정에는 정당의 의석배분이 필수적인 요소를 이룬다. 그러므로 비례대표제를 채택하는 한 직접선거의 원칙은 의원의 선출뿐만 아니라 정당의 비례적인 의석확보도 선거권자의 투표에 의하여 직접 결정될 것을 요구하는 것이다(헌재 2001.7.19. 2000헌마91등).

3151

비밀선거는 자유선거를 실질적으로 보장하기 위한 수단으로서 유권자 스스로 이를 포기할 수도 있으므로 비밀선거의 원칙에 대한 예외를 두는 법률조항이 선거권을 침해하는지 여부를 판단할 때에는 헌법 제37조 제2항에 따른 엄격한 심사가 적용되지 아니한다. 21년 국회직 5급 ☐☒

(X) 선거권을 제한하는 입법은 헌법 제37조 제2항에 따라 필요하고 불가피한 예외적인 경우에만 그 제한이 정당화될 수 있으므로, 심판대상조항에 비밀선거의 원칙에 대한 예외를 두는 것이 청구인의 선거권을 침해하는지 여부를 판단할 때에도 헌법 제37조 제2항에 따른 엄격한 심사가 필요하다(헌재 2018.1.25. 2015헌마821 등).

3152

군의 장 선거에서 예비후보자로서 선거기간개시일 전에 선거운동을 할 수 있는 기간을 최대 60일로 한정하도록 한 공직선거법 관련 조항은 예비후보자의 선거운동의 자유를 침해한다고 볼 수 없다. 21년 법원행시 ☐☒

(O) 예비후보자의 선거운동기간을 제한하지 않으면, 예비후보자 간의 경쟁이 격화될 수 있고 예비후보자 간 경제력 차이 등에 따른 폐해가 두드러질 우려가 있다. 군의 평균 선거인수는 시·자치구에 비해서도 적다는 점, 오늘날 대중정보매체가 광범위하게 보급되어 있다는 점, 과거에 비해 교통수단이 발달하였다는 점 등에 비추어보면, 군의 장의 선거에서 예비후보자로서 선거운동을 할 수 있는 기간이 최대 60일이라고 하더라도 그 기간이 지나치게 짧다고 보기 어렵다. 군의 장의 선거에 입후보하고자 하는 사람은 문자메시지, 인터넷 홈페이지 등을 이용하여 상시 선거운동을 할 수도 있다. 따라서 심판대상조항은 청구인의 선거운동의 자유를 침해하지 않는다(헌재 2020.11.26. 2018헌마260).

3153

공직선거법이 자치구·시의 장의 선거에서 예비후보자의 선거운동기간보다 군의 장의 선거에서 예비후보자의 선거운동기간을 단기간으로 정한 것은 합리적 이유 있는 차별로서 평등원칙에 위배되지 않는다. 21년 법무사 ☐☒

(O) 군은 주로 농촌 지역에 위치하고 있어 도시 지역인 자치구·시보다 대체로 인구가 적다. 또한, 군의 평균 선거인수는 자치구·시의 평균 선거인수에 비하여 적다. 심판대상조항은 이러한 차이를 고려하여 자치구·시의 장의 선거에서보다 군의 장의 선거에서 예비후보자의 선거운동기간을 단기간으로 정한 것인바, 이러한 차별취급은 자의적인 것이라 할 수 없다. 따라서 이 조항은 청구인의 평등권을 침해하지 않는다(헌재 2020.11.26. 2018헌마260).

3154

대법원이나 고등법원은 선거쟁송에서 선거에 관한 규정에 위반된 사실이 있으면 선거 전부나 일부의 무효 또는 당선의 무효를 판결한다. 20년 국회직 8급 ☐☒

(X) 소청이나 소장을 접수한 선거관리위원회 또는 대법원이나 고등법원은 선거쟁송에 있어 선거에 관한 규정에 위반된 사실이 있는 때라도 선거의 결과에 영향을 미쳤다고 인정하는 때에 한하여 선거의 전부나 일부의 무효 또는 당선의 무효를 결정하거나 판결한다(공직선거법 제224조). / 위반이 포인트가 아니라 영향을 미쳤다고 인정할 때이다.

3155

선거방송토론위원회 주관 대담·토론회의 방송에서 한국수화언어 또는 자막의 방영을 재량사항으로 규정한 것은 청각장애인의 선거권을 침해한다. 22년 국회직 9급 ☐☒

(X) 선거방송에서 수화방송 등을 의무사항으로 규정하지 아니한 것은 방송사업자 등의 시설장비나 기술수준 등에서 비롯되는 불가피한 사유로 적시에 실시할 수 없을 수도 있기 때문이다(헌재 2009.5.28. 2006헌마285).

| OX 문제 | 정답 및 해설 |

3156
전임대통령의 궐위로 인한 선거에 의한 대통령의 임기는 당선이 결정된 때부터 개시된다. 22년 법원행시 [O][X]

(O) 대통령의 임기는 전임대통령의 임기만료일의 다음날 0시부터 개시된다. 다만, 전임자의 임기가 만료된 후에 실시하는 선거와 궐위로 인한 선거에 의한 대통령의 임기는 당선이 결정된 때부터 개시된다(공직선거법 제14조 제1항).

3157
대통령 선거에 있어서 최고득표자가 2인 이상인 때에는 국회의 공개회의에서 재적의원 과반수의 출석과 출석의원 과반수의 찬성을 얻은 자를 당선자로 한다. 21년 국가직 7급 [O][X]

(X) 제1항의 선거에 있어서 최고득표자가 2인 이상인 때에는 국회의 재적의원 과반수가 출석한 공개회의에서 다수표를 얻은 자를 당선자로 한다(헌법 제67조 제2항).

3158
비례대표국회의원후보자가 선거운동기간 중 공개장소에서 연설·대담하는 것을 금지하는 조항은 헌법에 위배된다. 20년 국회직 5급 [O][X]

(X) 비례대표국회의원후보자의 경우 이를 금지하여도 제한되는 이익 내지 정당활동의 자유가 결코 크다고 볼 수 없다(헌재 2013.10.24. 2012헌마311).

3159
선거운동의 개념은 '특정한' 또는 적어도 '특정될 수 있는' 후보자의 당선이나 낙선을 위한 행위여야 한다는 것을 전제로 하고 있는데, 특정 정당을 지지하거나 반대하는 행위도 당선·낙선시키고자 하는 정당 후보자가 특정될 수 있다면 선거운동의 개념에 포함시킬 수 있다. 24년 군무원 5급 [O][X]

(O) 선거운동이라 함은 특정 후보자의 당선 내지 이를 위한 득표에 필요한 모든 행위 또는 특정 후보자의 낙선에 필요한 모든 행위 중 당선 또는 낙선을 위한 것이라는 목적의사가 객관적으로 인정될 수 있는 능동적, 계획적 행위를 말하는 것이다(헌재 2013.12.26. 2011헌바153).

3160
선거운동기간 전에 「공직선거법」에 의하지 않은 선전시설물·용구를 이용한 선거운동을 금지하고, 이에 위반한 경우 처벌하도록 한 「공직선거법」 제254조 제2항 중 '선전시설물·용구'에 관한 부분은 선거운동 등 정치적 표현의 자유를 침해한다. 24년 법무사 [O][X]

(X) 사전선거운동 금지조항은 선거에 관한 정치적 표현행위 가운데 특정후보자의 당선 또는 낙선을 도모한다는 목적의사가 뚜렷하게 인정되는 선거운동, 그중에서도 선전시설물·용구를 이용한 선거운동을 선거운동기간 전에 한정하여 금지하고 있다. 이는 선거의 과열경쟁으로 인한 사회·경제적 손실의 발생을 방지하고 후보자 간의 실질적인 기회균등을 보장하기 위한 것으로서, 선거운동 등 정치적 표현의 자유를 침해하지 아니한다(헌재 2022.11.24. 2021헌바301).

3161
국회의원의 임기가 개시된 후에 실시하는 보궐선거에 의한 의원의 임기는 당선이 결정된 때부터 개시되며 전임자의 잔임기간으로 한다. 25년 입법고시 [O][X]

(O) 국회의원과 지방의회의원의 임기는 총선거에 의한 전임의원의 임기만료일의 다음 날부터 개시된다. 다만, 의원의 임기가 개시된 후에 실시하는 선거와 지방의회의원의 증원선거에 의한 의원의 임기는 당선이 결정된 때부터 개시되며 전임자 또는 같은 종류의 의원의 잔임기간으로 한다(공직선거법 제14조 제2항).

3162
선거일 현재 금고 이상의 형의 선고를 받고 그 형이 실효되지 아니한 자는 국회의원 피선거권이 없다. 25년 입법고시 [O][X]

(O) 선거일 현재 다음 각 호의 어느 하나에 해당하는 자는 피선거권이 없다. 2. 금고 이상의 형의 선고를 받고 그 형이 실효되지 아니한 자(공직선거법 제19조 제2호).

OX 문제

3163
대통령, 국회의원, 지방자치단체의 장 및 지방의회의원 선거에 있어서 당선의 효력에 이의가 있는 선거인은 대법원에 소를 제기할 수 있다. 25년 입법고시 ⓞⓧ

3164
선거운동기간 전에 개별적으로 대면하여 말로 하는 선거운동을 금지하고 처벌하는 공직선거법 해당 조항은, 탈법적인 선거운동 규제를 통한 선거의 공정성을 달성하고 부당한 과열 경쟁으로 인한 사회·경제적 손실을 방지할 수 있으므로, 정치적 표현의 자유를 침해하지 않는다. 24년 법원직 ⓞⓧ

3165
자신의 개인 소셜 네트워크 서비스 계정에 언론의 인터넷기사나 타인의 게시글을 단순히 '공유하기'한 행위만으로는 특정 선거에서 특정 후보자의 당선 또는 낙선을 도모하려는 목적의사가 명백히 드러났다고 단정할 수는 없다. 21년 법원행시 ⓞⓧ

3166
재외투표기간 개시일에 임박하여 또는 재외투표기간 중에 재외선거사무 중지결정이 있었고 그에 대한 재개결정이 없었던 예외적인 상황에서 재외투표기간 개시일 이후에 귀국한 재외선거인 및 국외부재자신고인에 대하여 국내에서 선거일에 투표할 수 있도록 하는 절차를 마련하지 않았더라도 선거권을 침해하지 않는다. 25년 경찰간부, 23년 경찰승진, 23년 법원행시 ⓞⓧ

정답 및 해설

(X) 대통령선거, 국회의원선거, 비례대표시·도의원선거, 시도지사 선거에 있어서는 대법원에 소를 제기할 수 있고, 지역구시·도의원선거, 자치구·시·군의원선거, 자치구·시·군의 장 선거에 있어서는 그 선거구를 관할하는 고등법원에 소를 제기할 수 있다.

(X) 심판대상조항은 입법목적을 달성하는 데 지장이 없는 선거운동방법, 즉 돈이 들지 않는 방법으로서 '후보자 간 경제력 차이에 따른 불균형 문제'나 '사회·경제적 손실을 초래할 위험성'이 낮은, 개별적으로 대면하여 말로 지지를 호소하는 선거운동까지 금지하고 처벌함으로써, 과잉금지원칙에 반하여 선거운동 등 정치적 표현의 자유를 과도하게 제한하고 있다. 결국 이 사건 선거운동기간조항 중 선거운동기간 전에 개별적으로 대면하여 말로 하는 선거운동에 관한 부분, 이 사건 처벌조항 중 '그 밖의 방법'에 관한 부분 가운데 개별적으로 대면하여 말로 하는 선거운동을 한 자에 관한 부분은 과잉금지원칙에 반하여 선거운동 등 정치적 표현의 자유를 침해한다(헌재 2022.2.24. 2018헌바146).

(O) 공직선거법 제58조 제1항에 정한 '선거운동'은 특정 선거에서 특정 후보자의 당선 또는 낙선을 도모한다는 목적의사가 객관적으로 인정될 수 있는 능동적이고 계획적인 행위를 말한다. 이에 해당하는지는 행위를 하는 주체의 의사가 아니라 외부에 표시된 행위를 대상으로 객관적으로 판단하여야 한다. 공직선거법상 선거운동을 할 수 없는 공립학교 교원이 '페이스북'과 같은 누리소통망(일명 '소셜 네트워크 서비스')을 통해 자신의 정치적 견해나 신념을 외부에 표출하였고, 그 내용이 선거와 관련성이 인정된다고 하더라도, 그 이유만으로 섣불리 선거운동에 해당한다고 속단해서는 아니 된다. 한편 타인의 페이스북 게시물을 공유하는 목적은 상당히 다양하고, '공유하기' 기능에는 정보확산의 측면과 단순 정보저장의 측면이 동시에 존재한다. 따라서 특별한 사정이 없는 한 언론의 인터넷 기사나 타인의 게시글을 단순히 '공유하기'한 행위만으로는 특정 선거에서 특정 후보자의 당선 또는 낙선을 도모하려는 목적의사가 명백히 드러났다고 단정할 수는 없다(대판 2019.11.28. 2017도13629).

(X) 심판대상조항이 재외투표기간 개시일에 임박하여 또는 재외투표기간 중에 재외선거사무 중지결정이 있었고 그에 대한 재개결정이 없었던 예외적인 상황에서 재외투표기간 개시일 이후에 귀국한 재외선거인등이 국내에서 선거일에 투표할 수 있도록 하는 절차를 마련하지 아니한 것은 과잉금지원칙을 위반하여 청구인의 선거권을 침해한다(헌재 2022.1.27. 2020헌마895).

| OX 문제 | 정답 및 해설 |

3167

「농업협동조합법」,「수산업협동조합법」에 의하여 설립된 조합(이하 '협동조합')의 상근직원에 대하여 선거운동을 금지하는 구「공직선거법」조항의 해당 부분은 정치적 의사표현 중 당선 또는 낙선을 위한 직접적인 활동만을 금지할 뿐이므로 협동조합 상근직원의 선거운동의 자유를 침해하지 않는다. 24년 경찰 2차 O X

(O) 협동조합이 가지는 공법인적 특성과 기능적 공공성에 더하여, 협동조합의 상근직원이 각 지역 주민들의 생활에 매우 밀접한 직무를 수행하고 있는 점 등을 고려해볼 때, 협동조합의 상근직원이 그 직을 그대로 유지한 채 선거운동을 할 경우에는 선거의 공정성·형평성이 저해될 우려가 있다. 또한 심판대상조항은 정치적 의사표현 중 당선 또는 낙선을 위한 직접적인 활동만을 금지할 뿐이므로, 협동조합의 상근직원은 여전히 선거와 관련하여 일정 범위 내에서는 자유롭게 자신의 정치적 의사를 표현하면서 후보자에 대한 정보를 충분히 교환할 수 있다. 따라서 심판대상조항은 침해의 최소성 및 법익의 균형성을 충족한다. 결국 심판대상조항은 과잉금지원칙에 반하여 청구인들의 선거운동의 자유를 침해하지 않는다(헌재 2022.11.24. 2020헌마417).

3168

지방자치단체의 장선거 예비후보자가 정당의 공천심사에서 탈락한 후 후보자등록을 하지 않은 경우를 기탁금 반환 사유로 규정하지 않은 공직선거법은 예비후보자의 무분별한 난립과 선거운동의 과열·혼탁을 방지하고 그 성실성과 책임성을 담보하기 위한 것이므로 과잉금지의 원칙에 위반되지 않는다. 23년 법원행시 O X

(X) 지역구국회의원 예비후보자의 기탁금 반환 사유를 예비후보자의 사망, 당내경선 탈락으로 한정하고 있는 공직선거법 규정은 헌법에 합치하지 아니한다(헌재 2018.1.25. 2016헌마541).

3169

다른 일반범죄에 관한 공소시효의 기산점을 '범죄행위의 종료한 때로부터'로 정한 것과 달리 선거일 이전에 행하여진 범죄에 관하여 '해당 범죄행위 종료 시'가 아닌 '당해 선거일후'를 기준으로 공소시효를 기산하는 것은 '선거일 이전에 행하여진 선거범죄'와 '선거일 후에 행하여진 선거범죄'를 합리적 이유 없이 차별하는 것으로 평등원칙에 위배된다. 23년 법원행시 O X

(X) 선거일 후에 행하여진 선거범죄에 대하여 선거일까지의 선거범죄와 동일하게 공소시효를 기산하게 되면 지나치게 공소시효의 기간이 짧아지게 되고, 선거일 후 6월이 지나 행해진 선거범죄에 대하여는 범죄행위가 있기도 전에 이미 공소시효가 지나 처벌할 수 없는 문제점이 발생하게 되므로, 선거일 후의 범죄에 대하여도 실효성 있는 단속과 처벌을 하기 위하여 심판대상조항이 공소시효의 기산점을 다르게 규정하고 있는 것이 합리적 근거 없는 자의적인 입법권의 행사라고 보기는 어렵다(헌재 2014.5.29. 2012헌바383).

제4절 공무원제도와 공무담임권

3170
당연무효인 임용결격자에 대한 임용행위에 의하여서는 공무원 신분을 취득할 수 없으나, 임용결격자가 공무원으로 임용되어 사실상 근무하여 왔고 공무원연금제도가 공무원의 재직 중의 성실한 복무에 대한 공로보상적 성격과 사회보장적 기능을 가지고 있는 이상, 적법한 공무원으로서의 신분을 취득하지 못한 자라 하더라도 공무원연금법 소정의 퇴직연금을 청구할 수 있다. 21년 법원행시 [O|X]

(X) 공무원연금제도의 사회보장적 성격 등을 고려하면 이 사건 심판대상조항이 임용결격공무원을 배제하고 적법하게 임용된 공무원만을 한정하여 공무원 퇴직연금수급권을 부여하는 것은 그 목적이 정당하고, 이미 납부한 기여금은 임용결격 공무원에게 퇴직 시 반환이 되고 임용결격공무원인 청구인이 근로기준법에 따른 퇴직금 상당의 금액을 반환 받을 수 있는 법적 구제가능성이 열려 있으며, 임용결격사유가 있음에도 불구하고 공무원으로 임용된 청구인의 신뢰를 보호할 필요성은 크지 않은 반면에 공무원의 고도의 윤리성·도덕성 및 공직사회에 대한 국민의 신뢰, 공무원연금재정문제 등의 공익은 상당히 중요하므로 이 사건 심판대상조항은 청구인의 인간다운 생활을 할 권리를 침해하지 않는다(헌재 2012.8.23. 2010헌바425).

3171
직무의 기능이나 영향력을 이용하여 선거에서 국민의 자유로운 의사형성과정에 영향을 미치고 정당간의 경쟁관계를 왜곡할 가능성은 정부나 지방자치단체의 집행기관에 있어서 더욱 크다고 판단되므로 대통령, 지방자치단체의 장 등에게는 다른 공무원보다도 선거에서의 정치적 중립성이 특히 요구된다. 21년 소방간부 [O|X]

(O) 직무의 기능이나 영향력을 이용하여 선거에서 국민의 자유로운 의사형성과정에 영향을 미치고 정당간의 경쟁관계를 왜곡할 가능성은 정부나 지방자치단체의 집행기관에 있어서 더욱 크다고 판단되므로, 대통령, 지방자치단체의 장 등에게는 다른 공무원보다도 선거에서의 정치적 중립성이 특히 요구된다(헌재 2004.5.14. 2004헌나1).

3172
10년 미만의 법조경력을 가진 사람의 판사임용을 위한 최소 법조경력요건을 단계적으로 2013년부터 2017년까지는 3년, 2018년부터 2021년까지는 5년, 2022년부터 2025년까지는 7년으로 정한 「법원조직법」 부칙 해당 조항은 판사임용을 위한 최소 법조경력요건을 단계적으로 높여가도록 규정함에 따라 일단 법조경력요건을 충족하여 판사임용자격을 취득한 사람들에게도 다시 판사임용자격이 상실될 수 있도록 하는바, 이는 판사임용자격에 지나친 법적 불안정을 초래하므로 청구인들의 공무담임권을 침해한다. 26년 경찰간부 [O|X]

(X) 심판대상조항은 최소 법조경력요건의 이행기를 연장하여 판사임용기회를 기존보다 확대하는 내용의 경과규정인 점, 청구인들이 사법연수원에 입소할 당시 심판대상조항이 이미 시행되고 있었으므로 10년 미만의 법조경력자들은 기간별로 상향되는 최소 법조경력요건에 부합하는 법조경력을 갖추어야만 판사임용자격을 취득하게 되는 사실을 충분히 알 수 있었던 점, 청구인들이 5년의 법조경력을 가진 때에 최초로 판사임용자격을 갖추었다가 6년의 법조경력을 가지는 해에 단 한 차례 판사임용자격을 유지할 수 없게 된다는 사실만으로 청구인들이 주장하는 바와 같은 지나친 법적 불안정이 야기된다고 보기 어려운 점 등에 비추어 보면, 심판대상조항이 침해의 최소성 원칙이나 법익 균형성 원칙에 위배된다고 보기는 어렵다. 따라서 심판대상조항은 청구인들의 공무담임권을 침해하지 아니한다(헌재 2016.5.26. 2014헌마427).

3173
공무원과 금융회사 등 임직원은 수행하는 업무와 책임, 신분보장의 정도 등에 있어 현저한 차이가 있어, 금융회사 등 임직원에게 공무원과 맞먹는 정도의 청렴성이나 직무의 불가매수성을 요구하기 어려우므로, 금융회사 등 임직원의 수재행위를 공무원과 동일하게 가중처벌까지 하는 것은 과도하다. 22년 법원행시 [O|X]

(X) 수재행위의 경우 수수액이 증가하면서 범죄에 대한 비난가능성도 높아지므로 수수액을 기준으로 단계적 가중처벌을 하는 것에는 합리적 이유가 있다. 그리고 가중처벌의 기준을 1억 원으로 정하면서 징역형의 하한을 10년으로 정한 것은 그 범정과 비난가능성을 높게 평가한 입법자의 합리적 결단에 의한 것인바, 가중처벌조항은 책임과 형벌 간의 비례원칙에 위배되지 아니한다(헌재 2020.3.26. 2017헌바129 등).

| OX 문제 | 정답 및 해설 |

3174
수뢰죄를 범하여 금고 이상의 형의 선고유예를 받은 국가공무원을 당연퇴직하도록 한 「국가공무원법」 조항은 과잉금지원칙에 반하여 공무담임권을 침해한다. 22년 법학경채 [O][X]

(X) 심판대상 조항은 공무원 직무수행에 대한 국민의 신뢰, 직무의 정상적 운영 확보, 공무원범죄의 예방, 공직사회의 질서 유지를 위한 것으로서 목적이 정당하고, 형법 제129조 제1항의 수뢰죄로 금고 이상 형의 선고유예를 받은 국가공무원을 당연퇴직하도록 하는 것은 적절한 수단에 해당한다(헌재 2013.7.25. 2012헌바409).

3175
법관의 명예퇴직수당액에 대하여 정년 잔여기간만을 기준으로 하지 아니하고 임기 잔여기간을 함께 반영하여 산정하도록 한 구 「법관 및 법원공무원 명예퇴직수당 등 지급규칙」 조항으로 인해 법관이 '다른 경력직공무원'에 비하여 명예퇴직수당 지급 여부 및 액수 등에 있어 불이익을 볼 가능성이 있는데, 이는 자의적인 차별에 해당한다. 24년 변호사 [O][X]

(X) 평생법관제 정착을 위한 노력 등을 고려할 때 경험 많은 법관의 조기퇴직을 유도할 필요성이 상대적으로 크다고 할 수 없는 점 등을 종합하여 볼 때, 심판대상조항으로 인하여 법관이 연령정년만을 기준으로 정년잔여기간을 산정하는 다른 경력직공무원에 비하여, 명예퇴직수당 지급 여부 및 액수 등에 있어 불이익을 볼 가능성이 있다 하더라도, 이를 자의적인 차별이라 볼 수는 없다(헌재 2020.4.23. 2017헌마321).

3176
"지방자치단체의 장은 다른 지방자치단체의 장의 동의를 얻어 그 소속 공무원을 전입할 수 있다."라는 「지방공무원법」 규정은 해당 공무원 본인의 동의가 필요하다는 것을 전제로 해석할 때 헌법에 합치한다. 20년 국회직 9급 [O][X]

(O) 이 법률은 양 단체장의 동의로 소속공무원을 전입할 수 있다고 규정되어 있는바 이는 할 수 있다는 재량의 여지를 두고 있으므로 우리 헌법재판소는 이를 합헌적으로 해석하여 소속공무원의 동의까지 요하는 것으로 해석하고 합헌결정하였다(헌재 2002.11.28. 98헌바101).

3177
서울특별시 공립 초등학교 교사 임용시험에서 동일 지역 교육대학 출신 응시자에게 지역가산점을 부여하는 것은 다른 지역 교육대학 출신자의 공무담임권을 침해한다. 20년 법원행시 [O][X]

(X) 구 교육공무원법 제11조의2 [별표2]에서 인정되는 각종 가산점은 제1차 시험성적의 10% 범위에서만 부여할 수 있고, 임용권자로서는 다른 가산점을 고려하여 지역가산점을 부여해야 하므로 지역가산점을 제한된 범위 내에서 부여할 수밖에 없는 점, 이 사건 지역가산점을 받지 못하는 불이익은 그런 점을 알고도 다른 지역 교대에 입학한 것에서 기인하는 점, 노력 여하에 따라서는 가산점의 불이익을 감수하고라도 수도권 지역에 합격할 길이 열려 있는 점 등에 비추어, 이 사건 지역가산점규정이 과잉금지원칙에 위배되어 다른 지역 교대출신 응시자들의 공무담임권, 평등권을 침해한다고 볼 수 없다(헌재 2014.4.24. 2010헌마747).

3178
「국가공무원법」 제66조 제1항 본문 중 '그 밖에 공무 외의 일을 위한 집단행위' 부분은 '공익에 반하는 목적을 위하여 직무전념 의무를 해태하는 등의 영향을 가져오는 집단적 행위'라고 한정하여 해석하는 한 명확성 원칙에 위반되지 않는다. 23년 순경 2차 [O][X]

(O) 「국가공무원법」 제66조 제1항 본문 중 '그 밖에 공무 외의 일을 위한 집단행위' 부분은 '공익에 반하는 목적을 위하여 직무전념 의무를 해태하는 등의 영향을 가져오는 집단적 행위'라고 한정하여 해석하는 한 명확성 원칙에 위반되지 않는다(헌재 2014.8.28. 2011헌바50).

3179
대통령, 국무총리, 국무위원, 국회의원, 도지사, 시장, 군수, 구청장 등이 공직선거법 제9조의 '공무원'에 포함된다. 20년 법원행시 [O][X]

(X) 특히 직무의 기능이나 영향력을 이용하여 선거에서 국민의 자유로운 의사형성과정에 영향을 미치고 정당간의 경쟁관계를 왜곡할 가능성은 정부나 지방자치단체의 집행기관에 있어서 더욱 크다고 판단되므로, 대통령, 지방자치단체의 장 등에게는 다른 공무원보다도 선거에서의 정치적 중립성이 특히 요구된다. 다만 공무원 중에서 국회의원과 지방의회의원은 정치활동의 자유가 보장되고 선거에서의 중립의무 없이 선거운동이 가능하므로 국회의원과 지방의회의원은 위 공무원의 범위에 포함되지 않는다(헌재 2008.1.17. 2007헌마700).

| OX 문제 | 정답 및 해설 |

3180
선거활동에 관하여 대통령의 정치활동의 자유와 선거중립의무가 충돌하는 경우에는 후자가 강조되고 우선되어야 한다. 20년 법원행시 [O][X]

(O) 대통령의 선거개입은 선거의 공정을 해할 우려가 무척 높다. 결국 선거활동에 관하여 대통령의 정치활동의 자유와 선거중립의무가 충돌하는 경우에는 후자가 강조되고 우선되어야 한다(헌재 2008.1.17. 2007헌마700).

3181
정무직 공무원에 관하여 국가공무원법 조항은 일반적 정치활동을 허용하는데 반하여, 공직선거법 조항은 정치활동 중 '선거에 영향을 미치는 행위'만을 금지하고 있으므로, 공직선거법 조항이 선거영역에서의 특별법으로서 일반법인 국가공무원법 조항에 우선하여 적용된다. 20년 법원행시 [O][X]

(O) 국가공무원법 조항은 정무직 공무원들의 일반적 정치활동을 허용하는 데 반하여, 이 사건 법률조항은 그들로 하여금 정치활동 중 '선거에 영향을 미치는 행위'만을 금지하고 있으므로, 위 법률조항은 선거영역에서의 특별법으로서 일반법인 국가공무원법 조항에 우선하여 적용된다고 할 것이다(헌결 2008.1.17. 2007헌마700).

3182
금고 이상의 형의 선고유예 판결을 받아 그 기간 중에 있는 사람이 공무원으로 임용되는 것을 금지하고 이러한 사람이 공무원으로 임용되더라도 그 임용을 당연무효로 하는 것은 해당 공무원의 공무담임권을 침해하지 않는다. 22년 경찰간부 [O][X]

(O) 재직기간 중 사실상 제공한 근로에 대하여는 그 대가에 상응하는 금액의 반환을 부당이득으로 청구하는 등의 민사적 구제수단이 있는 점을 고려하면, 공직에 대한 국민의 신뢰보장이라는 공익과 비교하여 임용결격공무원의 사익 침해가 현저하다고 보기 어렵다. 따라서 이 사건 법률조항은 입법자의 재량을 일탈하여 공무담임권을 침해한 것이라고 볼 수 없다(헌재 2016.7.28. 2014헌바437).

3183
「국가공무원 복무규정」조항이 금지하는 정치적 주장을 표시 또는 상징하는 행위에서의 '정치적 주장'이란 정당 활동이나 선거와 직접적으로 관련되거나 특정 정당과의 밀접한 연계성을 인정할 수 있는 경우 등 정치적 중립성을 훼손할 가능성이 높은 주장에 한정된다고 해석되므로, 명확성원칙에 위배되지 아니한다. 23년 순경 1차 [O][X]

(O) 규정들이 금지하는 '정치적 주장을 표시 또는 상징하는 행위'에서의 '정치적 주장'이란, 정당 활동이나 선거와 직접적으로 관련되거나 특정 정당과의 밀접한 연계성을 인정할 수 있는 경우 등 공무원의 정치적 중립성을 훼손할 가능성이 높은 주장에 한정된다고 해석되므로, 명확성원칙에 위배되지 아니한다(헌재 2012.5.31. 2009헌마705). 정치활동-합헌/정치단체, 정치적 목적을 지닌 행위-위헌

3184
사회복무요원의 정치적 행위를 금지하는 「병역법」제33조 제2항 본문 제2호 중 '그 밖의 정치단체에 가입하는 등 정치적 목적을 지닌 행위'에 관한 부분은 과잉금지원칙에 위배되어 사회복무 요원인 청구인의 정치적 표현의 자유 및 결사의 자유를 침해한다. 23년 순경 2차 [O][X]

(O) 사회복무요원의 정치적 행위를 금지하는 「병역법」제33조 제2항 본문 제2호 중 '그 밖의 정치단체에 가입하는 등 정치적 목적을 지닌 행위'에 관한 부분은 과잉금지원칙에 위배되어 사회복무요원인 청구인의 정치적 표현의 자유 및 결사의 자유를 침해한다(헌재 2021.11.25. 2019헌마534).

3185
정당의 공직선거 후보자 추천은 민주적 절차에 따라야 함에도 불구하고 당내경선의 실시 여부를 정당의 재량에 맡기는 「공직선거법」조항은 정당으로 하여금 당내경선을 거치지 않고 공직후보자를 추천할 수 있는 가능성을 허용한 것으로 당내경선에 참여하고자 하는 청구인의 공무담임권을 침해한다. 25년 국회직 8급 [O][X]

(X) 정당의 공직선거 후보자선출은 자발적 조직 내부의 의사결정에 지나지 아니한다. 따라서 청구인이 정당의 내부경선에 참여할 권리는 헌법이 보장하는 공무담임권의 내용에 포함된다고 보기 어렵다(헌재 2014.11.27. 2013헌마814).

| OX 문제 | 정답 및 해설 |

3186
오늘날 공직의 구조 및 공직에 대한 인식의 변화에도 불구하고 공무원은 국민에 대한 봉사자로서의 지위를 지니는 것이고 공정한 공직수행을 위한 직무상의 높은 수준의 염결성은 여전히 강조되므로 엘리트적 면모와 사회적 명예직으로서의 공직 인식은 여전히 요구된다. 25년 국회직 8급 [O][X]

(X) 오늘날 공직의 구조 및 공직에 대한 인식의 변화에도 불구하고 공무원은 국민에 대한 봉사자로서의 지위를 지니는 것이고 공정한 공직수행을 위한 직무상의 높은 수준의 염결성은 여전히 강조되는 것이다. 다만, 엘리트적 면모와 사회적 명예직으로서의 공직 인식은 더 이상 유효하지 않다고 할 것이다(헌재 2002.8.29. 2001헌마788 등).

3187
지방자치단체의 장이 금고 이상의 형을 선고받고 그 형이 확정되지 아니한 경우 부단체장이 그 권한을 대행하도록 한 것은 해당 지방자치단체장의 공무담임권을 침해한다고 보기는 어렵다. 25년 입법고시 [O][X]

(X) 이 사건 법률조항은 필요최소한의 범위를 넘어선 기본권제한에 해당할 뿐 아니라, 이 사건 법률조항으로 인하여 해당 자치단체장은 불확정한 기간 동안 직무를 정지당함은 물론 주민들에게 유죄가 확정된 범죄자라는 선입견까지 주게 되고, 더욱이 장차 무죄판결을 선고받게 되면 이미 침해된 공무담임권은 회복될 수도 없는 등의 심대한 불이익을 입게 되므로, 법익균형성 요건 또한 갖추지 못하였다. 따라서, 이 사건 법률조항은 자치단체장인 청구인의 공무담임권을 침해한다(헌재 2010.9.2. 2010헌마418).

3188
기능직공무원이 일반직공무원으로 우선 임용될 기회를 주지 않는 것은 공무담임권의 침해 문제가 생길 여지가 있다. 25년 입법고시 [O][X]

(X) 공개경쟁시험이나 일반적인 경력경쟁시험보다 유리한 조건으로 청구인들과 같은 조무직렬 기능직 공무원들에게 일반직공무원으로 우선 임용될 기회를 주지 않는다고 하여도 청구인들은 기능직공무원으로서 그대로 신분을 유지하게 되므로, 심판대상조항이 청구인들의 공직신분의 유지나 업무수행과 같은 법적 지위에 직접 영향을 미치는 것도 아니다. 따라서 청구인들이 주장하는 일반직공무원으로 우선 임용될 권리 내지 기회보장은 공무담임권의 보호영역에 속하지 아니하고, 심판대상조항으로 인하여 청구인들의 공무담임권 침해 문제가 생길 여지가 없다(헌재 2013.11.28. 2011헌마565).

3189
일단 공무원으로 채용된 공무원을 퇴직시키는 것은 공무원이 장기간 쌓은 지위를 박탈해 버리는 것이므로 당연퇴직사유를 임용결격사유와 동일하게 취급하는 것은 타당하지 않다. 25년 경찰승진 [O][X]

(O) 일단 공무원으로 채용된 공무원을 퇴직시키는 것은 공무원이 장기간 쌓은 지위를 박탈해 버리는 것이므로 같은 입법목적을 위한 것이라고 하여도 당연퇴직 사유를 임용결격사유와 동일하게 취급하는 것은 타당하다고 할 수 없다. 따라서 이 사건 법률조항은 헌법 제25조의 공무담임권을 침해한 위헌 법률이다(헌재 2004.9.23. 2004헌가12).

3190
공무담임권의 보호영역에는 공직취임의 기회의 자의적인 배제뿐 아니라, 공무원 신분의 부당한 박탈까지 포함되는 것이라고 할 것인데, 전자는 후자보다 당해 국민의 법적 지위에 미치는 영향이 더욱 크다. 24년 국가직 7급 [O][X]

(X) 공무담임권의 보호영역에는 공직취임의 기회의 자의적인 배제뿐 아니라, 공무원 신분의 부당한 박탈까지 포함되는 것이라고 할 것이다. 왜냐하면, 후자는 전자보다 당해 국민의 법적 지위에 미치는 영향이 더욱 크다고 할 것이므로, 이를 보호영역에서 배제한다면, 기본권 보호체계에 발생하는 공백을 막기 어려울 것이며, 공무담임권을 규정하고 있는 위 헌법 제25조의 문언으로 보아도 현재 공무를 담임하고 있는 자를 그 공무로부터 배제하는 경우에는 적용되지 않는다고 해석할 수 없기 때문이다(헌재 2002.8.29. 2001헌마788).

3191
직업공무원제도 하에서는 과학적 직위분류제(職位分類制), 성적주의 등에 따른 인사의 공정성을 유지하는 장치가 중요하지만 특히, 공무원의 정치적 중립과 신분보장은 그 중추적 요소라고 할 수 있다. 25년 소방간부 [O][X]

(O) 직업공무원제도하에 있어서는 과학적 직위분류제(職位分類制), 성적주의 등에 따른 인사의 공정성을 유지하는 장치가 중요하지만 특히 공무원의 정치적 중립과 신분보장은 그 중추적 요소라고 할 수 있는 것이다(헌재 1989.12.18. 89헌마32 등).

3192
공무원은 헌법 제7조에 따른 정치적 중립이 요구되므로, 공무원이 선거운동의 기획에 참여하거나 그 기획의 실시에 관여하는 행위는 공무원의 지위를 이용하는지 여부와 관계없이 금지된다. 25년 소방간부 ⓞⓧ

(X) 선거의 공정성을 확보하기 위하여 선거에 대한 부당한 영향력의 행사 기타 선거결과에 영향을 미치는 행위를 금지하여 선거에서의 공무원의 중립의무를 실현하고자 한다면, 공무원이 '그 지위를 이용하여' 하는 선거운동의 기획행위를 막는 것으로도 충분하다. 이러한 점에서 이 사건 법률조항은 수단의 적정성과 피해의 최소성 원칙에 반한다(헌재 2008.5.29. 2006헌마1096).

3193
관련 자격증 소지자에게 관세직 국가공무원 공개경쟁채용시험에서 일정한 가산점을 부여하는 구 「공무원임용시험령」 제31조 제2항에 따른 별표 11 가운데 1. 행정직군 및 기술직군의 직급별 가산비율 중 6·7급의 변호사, 공인회계사, 관세사에 대한 가산비율 5% 부분 및 별표 12 가운데 관세직렬에 관한 부분은 공무담임권을 침해하지 아니한다. 25년 순경 1차 ⓞⓧ

(O) 공무원의 업무상 전문성을 강화하기 위함인바, 관세 업무에 전문성을 갖춘 것으로 평가되는 자격증(변호사·공인회계사·관세사) 소지자들에게 관세직렬 공개경쟁채용시험에서 가산점을 부여하는 것은 관세행정의 전문성을 제고하는 데 기여하는 것으로 목적의 정당성 및 수단의 적합성이 인정된다(헌재 2023.2.23. 2019헌마401). / 따라서 공무담임권을 침해하지 않는다.

3194
지방자치단체 공무원이 연구기관이나 교육기관 등에서 연수하기 위한 휴직기간은 2년 이내로 한다고 규정한 「지방공무원법」 조항은 연수휴직 기간의 상한을 제한하는 내용으로, 공직취임의 기회를 배제하거나 공무원 신분을 박탈하는 것과 관련이 없으므로, 휴직조항으로 인하여 법학전문대학원에 진학하려는 9급 지방공무원의 공무담임권이 침해될 가능성을 인정하기 어렵다. 24년 경찰 2차 ⓞⓧ

(O) 교육받을 권리로부터 공무원이 휴직하여 법학전문대학원에서 수학할 것을 보장받을 권리가 도출된다고 할 수 없으므로 휴직조항으로 인하여 교육받을 권리가 침해될 가능성은 없다. 휴직조항은 공직 취임이나 공무원 신분과 관련이 없으므로 공무담임권을 제한하지 않는다(헌재 2024.2.28. 2020헌마1377). 즉 각하로 판시되었다.

3195
농업협동조합장이 지방의회의원 선거후보자가 되려면 지방의회의원의 임기만료일 전 90일까지 그 직에서 해임되도록 규정한 구 「지방의회의원선거법」 조항은, 특정 계층의 여과된 이익과 전문가적 경험을 지방자치에서 조화있게 반영시키려는 것으로서 농업협동조합장의 공무담임권을 침해하지 않는다. 24년 경찰 2차 ⓞⓧ

(X) 농지개량조합의 조합장은 별론으로 하고, 그 나머지 조합장에 대해서는 적어도 국민의 참정권을 제한함에 있어서 합리성 없는 차별대우의 입법이라고 보지 않을 수 없으며, 이들에 대한 참정권 및 평등권에 관하여 도저히 헌법 제37조 제2항에 의하여 정당화 될 수 없는 과도한 제한이며 그 기본권의 침해라고 볼 것이다(헌재 1991.3.11. 90헌마28).

3196
공무원이 감봉의 징계처분을 받은 경우, 그 집행이 끝난 날로부터 12월 간 승진임용을 제한하였더라도, 공무원의 승진기회의 보장까지 헌법 제25조의 공무담임권의 보호영역에 포함되지는 않으므로 이를 공무담임권에 대한 제한이라고는 할 수 없다. 24년 군무원 5급 ⓞⓧ

(X) 공무담임권은 국민이 국가나 공공단체의 구성원으로서 직무를 담당할 수 있는 권리를 뜻하고, 여기서 직무를 담당한다는 것은 공무담임에 관하여 능력과 적성에 따라 평등한 기회를 보장받는 것을 의미한다. 승진임용은 신규임용과 함께 공무원을 임용하는 방법 중 하나이므로, 공무담임권은 공직취임의 기회 균등뿐만 아니라 취임한 뒤 승진할 때에도 균등한 기회 제공을 요구한다(헌재 2018.7.26. 2017헌마1183 참조). 이 사건 법률조항 중 '승진임용'에 관한 부분 및 승진제한 규정(이하 두 조항을 통틀어 '이 사건 승진조항'이라 한다)에 따르면 감봉의 징계처분을 받은 경우 그 집행이 끝난 날로부터 12월 동안 승진임용이 제한된다. 따라서 이 사건 승진조항은 공무담임권을 제한한다(헌재 2022.3.31. 2020헌마211).

| OX 문제 | 정답 및 해설 |

3197
공무원이 감봉처분을 받은 경우 12월간 승급을 제한하는 「국가공무원법」 제80조 제6항 본문 중 '승급'에 관한 부분에 따라 승급이 제한되면 정기승급에 따라 누릴 수 있었던 봉급 상승을 얻지 못하는 효과가 발생하므로, 감봉처분을 받은 공무원은 공무담임권을 제한받게 된다. 24년 비상계획관(하) [O X]

(X) 승급조항 및 수당제한규정의 효과는 공무원의 호봉 상승이 지연되거나 수당 일부를 지급받지 못하는 것에 그치고, 이는 공무담임권의 보호영역에 해당하지 않으므로 공무담임권을 제한한다고 볼 수 없다. (중략) 이처럼 이 사건 승급조항 및 수당제한규정은 법령에 따라 이미 그 구체적 내용이 형성되어 재산상 가치가 있는 권리가 된 공무원의 보수청구권을 제한한다는 점에서 청구인의 재산권을 제한하고 있다(헌재 2022.3.31. 2020헌마211).

3198
국가정보원 공무원이나 경찰공무원·소방공무원과 비교하여 군인사법상 부사관의 최초 임용연령을 27세까지로 차별한 경우, 평등권에 관한 심사에서 공무담임권에 대한 심사까지 중첩적으로 이루어질 것이므로 헌법 제25조의 공무담임권 침해 여부는 별도로 판단할 필요가 없다. 24년 군무원 5급 [O X]

(X) 청구인들은 최근 국가정보원 공무원이나 경찰·소방공무원의 연령상한제의 조정 등을 이유로 평등권 침해도 주장하고 있으나, 이들 공무원의 조직 및 임용 자격과 군 조직 및 부사관의 임용 요건이 비교의 대상이 된다고 보기 어려울 뿐만 아니라, 공무담임권의 내용 자체가 일반적으로 국민이 공무담임에 관한 자의적이지 않고 평등한 기회를 보장받음을 의미하는 것이어서 공무담임권과 평등권 심사는 중첩적으로 이루어지는 면이 있으므로, 공무담임권에 관한 심사에서 평등권에 대한 심사를 같이 하고 별도로 평등권 침해 여부는 판단하지 아니한다(헌재 2014.9.25. 2011헌마414).

3199
판사와 검사의 임용자격을 각각 변호사 자격이 있는 자로 제한하는 「법원조직법」 제42조 제2항과 「검찰청법」 제29조 제2호는 변호사시험과 별도로 판·검사 교육후보자로 선발하는 시험 및 국가가 실시하는 교육과정을 거쳐 판·검사로 임용되는 별개의 제도를 도입하지 않았다 하여 공무담임권을 침해하였다고 볼 수 없다. 24년 국가직 7급 [O X]

(O) 임용자격조항이 변호사시험과 별도로 판·검사 교육후보자로 선발하는 시험 및 국가가 실시하는 교육과정을 거쳐 판·검사로 임용되는 별개의 제도를 도입하지 않았다 하여 공무담임권을 침해하였다고 볼 수 없다(헌재 2020.10.29. 2017헌마1128).

3200
피성년후견인인 국가공무원은 당연퇴직한다고 규정한 「국가공무원법」 조항은 성년후견이 개시되지는 않았으나 동일한 정도의 정신적 장애가 발생한 국가공무원의 경우와 비교할 때 사익의 제한 정도가 과도하여 과잉금지원칙에 위반되므로 공무담임권을 침해한다. 24년 법원직, 23년 순경 1차 [O X]

(O) 휴직을 명하고 그 기간이 끝났음에도 불구하고 직무를 감당할 수 없게 된 때에 직권면직을 통하여도 입법목적을 달성할 수 있다. 따라서 침해의 최소성에 반하여 공무담임권을 침해한다(헌재 2022.12.22. 2020헌가8).

3201
헌법 제7조 제2항에서 공무원의 신분은 법률이 정하는 바에 의하여 보장된다고 규정함으로써 직업공무원제도에 따른 공무원 신분 법정주의를 천명하고 있을 뿐 징계처분 등을 받은 검사에 대하여 행정소송제도 외 추가적으로 소청절차를 마련해야 한다는 입법의무를 도출하기 어렵다. 23년 소방간부 [O X]

(O) 헌법 제11조 제1항의 평등원칙이 검사의 징계처분 등에 대한 구제절차를 다른 공무원과 완전히 동일하게 규율할 것을 명하는 것으로 보기도 어렵다. 따라서 헌법 제7조 제2항, 제11조 제1항의 해석상으로도 검사의 징계처분 등에 대한 소청을 심사·결정하기 위한 소청심사위원회를 두어야 할 의무가 도출된다고 할 수 없다(헌재 2021.6.22. 2021헌마569).

OX 문제

3202
허위사실공표금지 조항이 직접 선거권, 공무담임권을 제한하는 내용을 담고 있지 않더라도, 허위사실공표금지 조항으로 인하여 벌금 100만 원 이상의 형을 선고받으면 공직선거법에 의하여 당선무효나 선거권 및 피선거권의 제한의 결과를 발생시킬 수 있다면, 허위사실공표금지 조항 역시 후보자의 공무담임권을 제한하는 조항에 해당한다. 23년 법원행시 [O｜X]

3203
시·도지사 후보자로 등록하려는 사람에게 5천만 원의 기탁금을 납부하도록 한 공직선거법 조항은 공무담임권을 침해한다고 볼 수 없다. 23년 법원행시 [O｜X]

3204
행정5급 일반임기제공무원에 관한 경력경쟁채용시험에서 변호사 직무 분야의 응시자격요건으로 '변호사 자격 등록'을 요구함으로써, 변호사 자격 등록을 하지 않은 사람으로 하여금 경력경쟁채용시험에 응시할 수 없도록 하는 공고는 변호사 자격을 가졌으나 변호사 자격 등록을 하지 아니한 자의 공무담임권을 침해하지 않는다. 23년 법원행시 [O｜X]

3205
선거에서 중립의무가 있는 구 「공직선거 및 선거부정방지법」 제9조의 공무원이란 원칙적으로 국가와 지방자치단체의 모든 공무원 즉, 좁은 의미의 직업공무원은 물론이고, 대통령, 국무총리, 국무위원, 지방자치단체의 장을 포함한다. 23년 순경 1차 [O｜X]

3206
국회의원과 지방의회의원은 정당의 대표자이자 선거운동의 주체로서의 지위로 말미암아 선거에서의 정치적 중립성이 요구될 수 없으므로 구 「공직선거 및 선거부정방지법」 제9조의 공무원에 해당하지 않는다. 23년 순경 1차 [O｜X]

정답 및 해설

(X) 허위사실공표금지 조항은 직접적으로 국민의 선거권, 공무담임권을 제한하는 내용을 담고 있지 않으며, 이 사건 허위사실공표금지 조항으로 인하여 벌금 100만 원 이상의 형을 선고받으면 공직선거법 제264조에 의하여 당선자는 그 당선이 무효로 되고, 같은 법 제266조에 의하여 일정 기간 동안 일부 공직에 취임하거나 임용될 수 없으며, 같은 법 제18조 제1항 제3호 및 제19조 제1호에 의하여 일정 기간 동안 선거권 및 피선거권이 제한되지만, 이러한 기본권 제한은 이 사건 허위사실공표금지 조항의 직접적인 효과라기보다는 벌금 100만 원 이상의 형을 선고받은 경우에 위 법률 조항이 적용되어 나타난 결과이므로, 이 사건 허위사실공표금지 조항에 의하여 선거권 및 공무담임권이 제한된다고 볼 수 없다(헌재 2021.2.25. 2018헌바223).

(O) 시·도지사 후보자로 등록하려는 사람에게 5천만 원의 기탁금을 납부하도록 한 공직선거법 제56조 제1항 제4호는 공무담임권을 침해하지 않는다(헌재 2019.9.26. 2018헌마128).

(O) 이 사건 공고는 대한변호사협회에 등록한 변호사로서 실제 변호사의 업무를 수행한 경력이 있는 사람을 우대하는 한편, 임용예정자에게 변호사등록 거부사유 등이 있는지를 대한변호사협회의 검증절차를 통하여 확인받도록 하는 데 목적이 있다. 이 사건 공고가 응시자격요건으로 변호사 자격 등록을 요구하는 것은 이러한 목적, 그리고 지원자가 채용예정직위에서 수행할 업무 등에 비추어 합리적이다. 인사권자인 피청구인은 경력경쟁채용시험을 실시하면서 응시자격요건을 구체적으로 어떻게 정할 것인지를 판단하고 결정하는 데 재량이 인정되는데, 이 사건 공고가 그 재량권을 현저히 일탈하였다고 볼 수 없다. 이 사건 공고는 청구인들의 공무담임권을 침해하지 않는다(헌재 2019.8.29. 2019헌마616).

(O) 공무원이란 원칙적으로 국가와 지방자치단체의 모든 공무원 즉 좁은 의미의 직업공무원은 물론이고, 적극적인 정치활동을 통하여 국가에 봉사하는 정치적 공무원(예컨대, 대통령, 국무총리, 국무위원, 도지사, 시장, 군수, 구청장 등 지방자치단체의 장)을 포함하며, 특히 직무의 기능이나 영향력을 이용하여 선거에서 국민의 자유로운 의사형성과정에 영향을 미치고 정당간의 경쟁관계를 왜곡할 가능성은 정부나 지방자치단체의 집행기관에 있어서 더욱 크다고 판단되므로, 대통령, 지방자치단체의 장 등에게는 다른 공무원보다도 선거에서의 정치적 중립성이 특히 요구된다(헌재 2004.5.14. 2004헌나1).

(O) 공무원 중에서 국회의원과 지방의회의원은 정치활동의 자유가 보장되고(국가공무원법 제3조 제3항, 제65조, '국가공무원법 제3조 제3항의 공무원의 범위에 관한 규정' 제2조 제4호) 선거에서의 중립의무 없이 선거운동이 가능하므로 국회의원과 지방의회의원은 위 공무원의 범위에 포함되지 않는다(헌재 2004.5.14. 2004헌나1).

OX 문제

3207
선거에서 대통령의 중립의무는 헌법 제7조 제2항이 보장하는 직업공무원제도로부터 나오는 헌법적 요청이다. 23년 순경 1차
[O|X]

3208
공무원의 기부금모집을 금지하고 있는 국가공무원법 조항은 선거의 공정성을 확보하기 위한 것이라 하더라도 직급이나 직무의 성격에 대한 검토 혹은 기부금 상한액을 낮추는 방법 등에 대한 고려 없이 일률적으로 모든 공무원의 기부금 모집을 전면적으로 금지함으로써 과도한 제한을 초래하므로 공무원의 정치적 의사표현의 자유를 침해하는 것이다. 23년 법원직 9급
[O|X]

정답 및 해설

(X) 선거에서의 공무원의 정치적 중립의무는 '국민 전체에 대한 봉사자'로서의 공무원의 지위를 규정하는 헌법 제7조 제1항, 자유선거원칙을 규정하는 헌법 제41조 제1항 및 제67조 제1항 및 정당의 기회균등을 보장하는 헌법 제116조 제1항으로부터 나오는 헌법적 요청이다. 공선법 제9조는 이러한 헌법적 요청을 구체화하고 실현하는 법규정이다(헌재 2004.5.14. 2004헌나1). / 즉 제7조 제2항이 아니라 제7조 제1항이다.

(X) 이 사건 국가공무원법 조항들은 공무원의 정치적 중립성에 정면으로 반하는 행위를 금지함으로써 선거의 공정성과 형평성을 확보하고 공무원의 정치적 중립성을 보장하기 위한 것인바, 그 입법목적이 정당할 뿐 아니라 방법이 적절하고, 공무원이 국가사무를 담당하며 국민의 이익을 위하여 존재하는 이상 그 직급이나 직렬 등에 상관없이 공무원의 정치운동을 금지하는 것이 부득이하고 불가피하며, 법익 균형성도 갖추었다고 할 것이므로, 과잉금지원칙을 위배하여 선거운동의 자유 및 정치적 의사표현의 자유를 침해한다고 볼 수 없다(헌재 2012.7.26. 2009헌바298).

제5절 지방자치제도

3209
지방자치법은 지방의회와 지방자치단체장에게 각기 독자적인 권한을 부여하여 상호 견제와 균형을 이루도록 하고 있다. 그러므로 법률에 특별한 규정이 없는 한 조례로써 견제의 범위를 넘어서 상대방의 고유권한을 침해하여서는 아니 된다. 지방의회의 경우, 법령에 의하여 주어진 권한의 범위 내에서 집행기관을 견제할 수 있는 것이지, 법령에 없는 새로운 견제장치를 만드는 것은 집행기관의 고유권한을 침해하는 것이 되어 허용되지 않는다. 20년 법원행시
[O|X]

3210
헌법상 지방자치단체는 중앙정부와는 별도의 독자적인 기능을 수행하고 행정상 책임을 지도록 되어 있는바, 이러한 지방행정의 자주성을 증진시켜 주민의 복리를 향상시켜야 한다는 헌법적인 요청을 고려하면, 지방자치단체의 자치사무에 관한 감사원의 감사 범위를 합법성 감사로 한정하지 아니하고 합목적성 감사까지 확대한 것은 지방자치단체를 중앙정부의 하부행정기관으로 전락시키는 것으로서 지방자치제도의 본질적 내용을 침해한다. 20년 법원행시
[O|X]

(O) 지방의회는 조례의 제정 및 개폐, 예산의 심의·확정, 결산의 승인, 기타 같은 법 제35조에 규정된 사항에 대한 의결권을 가지는 외에 같은 법 제36조 등의 규정에 의하여 지방자치단체사무에 관한 행정사무 감사 및 조사권 등을 가지므로, 이처럼 법령에 의하여 주어진 권한의 범위 내에서 집행기관을 견제할 수 있는 것이지 법령에 규정이 없는 새로운 견제장치를 만드는 것은 집행기관의 고유권한을 침해하는 것이 되어 허용할 수 없다(대판 2003.9.23. 2003추13).

(X) 헌법이 감사원을 독립된 외부감사기관으로 정하고 있는 취지, 국가기능의 총체적 극대화를 위하여 중앙정부와 지방자치단체는 서로 행정기능과 행정책임을 분담하면서 중앙행정의 효율성과 지방행정의 자주성을 조화시켜 국민과 주민의 복리증진이라는 공동목표를 추구하는 협력관계에 있다는 점에 비추어 보면, 감사원에 의한 지방자치단체의 자치사무에 대한 감사를 합법성 감사에 한정하고 있지 아니한 이 사건 관련 규정은 그 목적의 정당성과 합리성을 인정할 수 있다. … 지방자치단체의 인사권이나 자치행정의 자기책임적 판단이 말살될 정도로 지방자치권의 본질이 훼손되었다고 보기는 어렵다(헌재 2008.5.29. 2005헌라3).

| OX 문제 | 정답 및 해설 |

3211
헌법상 지방자치제도보장의 핵심영역 내지 본질적 부분이 지방자치단체에 의한 자치행정을 일반적으로 보장하는 것이므로, 현행법에 따른 지방자치단체의 중층구조 또는 지방자치단체로서 특별시·광역시 및 도와 함께 시·군 및 구를 계속하여 존속하도록 할지 여부는 입법자의 입법형성권의 범위에 포함되지 않는다. 26년 경찰간부 [O][X]

(X) 헌법 제117조 제2항은 지방자치단체의 종류를 법률로 정하도록 규정하고 있을 뿐 지방자치단체의 종류 및 구조를 명시하고 있지 않으므로 이에 관한 사항은 기본적으로 입법자에게 위임된 것으로 볼 수 있다(헌재 2006.4.27. 2005헌마1190).

3212
헌법 제117조 제1항은 '지방자치단체는 주민의 복리에 관한 사무를 처리하고 재산을 관리하며, 법령의 범위 안에서 자치에 관한 규정을 제정할 수 있다.'라고 하여 지방자치제도의 보장과 지방자치단체의 자치권을 규정하고 있는데, 헌법 제117조 제1항에서 규정하는 '법령'에는 법규명령으로서 기능하는 행정규칙이 포함된다. 22년 국가직 7급, 21년 법원행시 [O][X]

(O) 제정형식은 "비록 법규명령이 아닌 고시, 훈령, 예규 등과 같은 행정규칙이더라도, 그것이 상위법령의 위임한계를 벗어나지 아니하는 한, 상위법령과 결합하여 대외적인 구속력을 갖는 법규명령으로서 기능하게 된다고 보아야 한다."고 판시 한 바에 따라, 헌법 제117조 제1항에서 규정하는 '법령'에는 법규명령으로서 기능하는 행정규칙이 포함된다(헌재 2002.10.31. 2001헌라1).

3213
주민자치제를 본질로 하는 민주적 지방자치제도가 안정적으로 뿌리내린 현 시점에서 지방자치단체의 장 선거권을 지방의회의원 선거권, 나아가 국회의원 선거권 및 대통령 선거권과 구별하여 하나는 법률상의 권리로, 나머지는 헌법상의 권리로 이원화 하는 것은 허용될 수 없다. 25년 경찰승진 [O][X]

(O) 주민자치제를 본질로 하는 민주적 지방자치제도가 안정적으로 뿌리내린 현 시점에서 지방자치단체의 장 선거권을 지방의회의원 선거권, 나아가 국회의원 선거권 및 대통령 선거권과 구별하여 하나는 법률상의 권리로, 나머지는 헌법상의 권리로 이원화하는 것은 허용될 수 없다. 그러므로 지방자치단체의 장 선거권 역시 다른 선거권과 마찬가지로 헌법 제24조에 의해 보호되는 기본권으로 인정하여야 한다(헌재 2016.10.27. 2014헌마797).

3214
「지방자치법」상 주민은 그 지방자치단체의 장 및 비례대표의원을 포함한 지방의회의원을 소환할 권리를 가진다. 22년 입법고시 [O][X]

(X) 주민은 그 지방자치단체의 장 및 지방의회의원(비례대표 지방의회의원은 제외한다)을 소환할 권리를 가진다(지방자치법 제25조 제1항).

3215
지방자치법 제22조는 "지방자치단체는 법률의 범위 안에서 그 사무에 관하여 조례를 제정할 수 있다. 다만, 주민의 권리제한 또는 의무 부과에 대한 사항이나 벌칙을 정할 때에는 법령의 위임이 있어야 한다."라고 규정하고 있다. 21년 비상기획관(하) [O][X]

(X) 지방자치법 제22조는 이를 구체화하여 "지방자치단체는 법령의 범위 안에서 그 사무에 관하여 조례를 제정할 수 있다. 다만, 주민의 권리제한 또는 의무부과에 관한 사항이나 벌칙을 정할 때에는 법률의 위임이 있어야 한다."고 규정하고 있다(헌재 2008.12.26. 2007헌마1387). / 법률의 범위 안이 아니라 법령의 범위 안이다.

OX 문제

3216
지방의회의원과 지방자치단체장을 선출하는 지방선거는 지방자치단체의 기관을 구성하고 그 기관의 각종 행위에 정당성을 부여하는 행위라 할 것이므로, 지방선거사무는 지방자치단체의 존립을 위한 자치사무에 해당한다 할 것이다. 21년 지방직 7급, 20년 비상기획관 [O][X]

3217
감사과정에서 사전에 감사대상으로 특정되지 않은 사항에 관하여 위법사실이 발견된 경우, 당초 특정된 감사대상과 관련성이 있어 함께 감사를 진행해도 피감기관이 절차적인 불이익을 받을 우려가 없고, 해당 감사대상을 적발 하기 위한 목적으로 감사가 진행된 것으로 볼 수 없는 사항에 대하여는 감사대상의 확장 내지 추가가 허용된다. 23년 경찰간부 [O][X]

3218
자치사무에 대한 감사에 착수하기 위해서는 감사대상을 특정하고, 특정된 감사대상을 피감기관에게 사전 통보해야 한다. 23년 경찰간부 [O][X]

3219
자치사무에 대한 감사원의 감사는 합법성 감사에 한정되지 않고, 합목적성 감사가 가능하여 사전적·포괄적 감사가 인정된다. 23년 경찰간부 [O][X]

3220
법령에서 조례로 정하도록 위임한 사항은 그 법령의 하위법령에서 그 위임의 내용과 범위를 제한하거나 직접 규정할 수 없다. 23년 법원직 9급 [O][X]

3221
헌법상 지방자치제도보장의 핵심영역 내지 본질적 부분이 특정 지방자치단체의 존속을 보장하는 것이 아니며 지방자치단체에 의한 자치행정을 일반적으로 보장하는 것이므로, 현행법에 따른 지방자치단체의 중층구조 또는 지방자치단체로서 특별시·광역시 도와 함께 시·군 및 구를 계속하여 존속하도록 할지 여부는 결국 입법자의 입법형성권의 범위에 들어가는 것으로 보아야 한다. 23년 소방간부, 23년 경찰승진, 21년 법원행시 [O][X]

정답 및 해설

(O) 지방의회의원과 지방자치단체장을 선출하는 지방선거는 지방자치단체의 기관을 구성하고 그 기관의 각종 행위에 정당성을 부여하는 행위라 할 것이므로 지방선거사무는 지방자치단체의 존립을 위한 자치사무에 해당한다(헌재 2008.6.26. 2005헌라7).

(O) 자치사무의 합법성 통제라는 감사의 목적이나 감사의 효율성 측면을 고려할 때, 당초 특정된 감사대상과 관련성이 인정되는 것으로서 당해 절차에서 함께 감사를 진행하더라도 감사대상 지방자치단체가 절차적인 불이익을 받을 우려가 없고, 해당 감사대상을 적발하기 위한 목적으로 감사가 진행된 것으로 볼 수 없는 사항에 대하여는 감사대상의 확장 내지 추가가 허용된다(헌재 2023.3.23. 2020헌라5).

(X) 연간 감사계획에 포함되지 아니하고 사전조사가 수행되지 아니한 감사의 경우 지방자치법에 따른 감사의 절차와 방법 등에 관한 사항을 규정하는 '지방자치단체에 대한 행정감사규정' 등 관련 법령에서 감사대상이나 내용을 통보할 것을 요구하는 명시적인 규정이 없다. 광역지방자치단체가 자치사무에 대한 감사에 착수하기 위해서는 감사대상을 특정하여야하나, 특정된 감사대상을 사전에 통보할 것까지 요구된다고 볼 수는 없다(헌재 2023.3.23. 2020헌라5).

(O) 국가감독권 행사로서 지방자치단체의 자치사무에 대한 감사원의 사전적·포괄적 합목적성 감사가 인정되므로 국가의 중복감사의 필요성이 없는 점 등을 종합하여 보면, 중앙행정기관의 지방자치단체의 자치사무에 대한 (구)「지방자치법」제158조 단서 규정의 감사권은 사전적·일반적인 포괄감사권이 아니라 그 대상과 범위가 한정적인 제한된 감사권이라 해석함이 마땅하다(헌재 2009.5.28. 2006헌라6).

(O) 법령에서 조례로 정하도록 위임한 사항은 그 법령의 하위 법령에서 그 위임의 내용과 범위를 제한하거나 직접 규정할 수 없다(지방자치법 제28조 제2항).

(O) 지방자치단체의 중층구조 또는 지방자치단체로서 특별시·광역시 및 도와 함께 시·군 및 구를 계속하여 존속하도록 할지 여부는 결국 입법자의 입법형성권의 범위에 들어가는 것으로 보아야 한다. 같은 이유로 일정구역에 한하여 당해 지역 내의 지방자치단체인 시·군을 모두 폐지하여 중층구조를 단층화하는 것 역시 입법자의 선택범위에 들어가는 것이다(헌재 2006.4.27. 2005헌마1190).

| OX 문제 | 정답 및 해설 |

3222
지방자치단체가 자치조례를 제정할 수 있는 사항은 지방자치단체의 고유사무인 자치사무와 개별법령에 의하여 지방자치단체에 위임된 단체위임사무에 한하고, 국가사무가 지방자치단체의 장에게 위임된 기관위임사무는 원칙적으로 자치조례의 제정범위에 속하지 않는다. 23년 경찰승진 [O X]

(O) 지방자치단체가 조례를 제정할 수 있는 사항은 지방자치단체의 고유사무인 자치사무와 개별 법령에 의하여 지방자치단체에 위임된 단체위임사무에 한하고, 국가사무가 지방자치단체의 장에게 위임되거나 상위 지방자치단체의 사무가 하위 지방자치단체의 장에게 위임된 기관위임사무에 관한 사항은 원칙적으로 조례의 제정범위에 속하지 않는다(대판 2014.2.27. 2012추145).

3223
「주민투표법」조항이 국가정책에 관한 주민투표를 주민투표소송에서 배제함으로써 지방자치단체의 주요결정사항에 관한 주민투표의 경우와 달리 취급하는 것은 이는 양자 사이의 본질적인 차이를 감안하지 않은 자의적인 차별이므로, 청구인들의 평등권을 침해한 것이다. 23년 소방간부 [O X]

(X) 주민투표법은 지방자치단체의 주요결정사항에 대한 주민투표에 대해서는 주민투표를 통한 주민결정권을 인정하고 있는 반면, 국가정책에 관한 주민투표에 대해서는 법적 구속력을 인정하지 않고 단순한 자문적인 주민의견 수렴절차에 그치도록 하고 있는 점 등에 비추어 보면, 이 사건 법률조항이 국가정책에 관한 주민투표의 경우에 주민투표소송을 배제함으로써 지방자치단체의 주요결정사항에 관한 주민투표의 경우와 달리 취급하였다 하더라도, 이는 위와 같은 양자 사이의 본질적인 차이를 감안한 것으로서 입법자의 합리적인 입법형성의 영역 내의 것이라 할 것이고, 따라서 자의적인 차별이라고는 보기 어려우므로, 이 사건 법률조항이 청구인들의 평등권을 침해한다고 볼 수 없다(헌재 2009.3.26. 2006헌마99).

3224
지방자치단체의 장이 법령에 따라 그 의무에 속하는 국가위임사무나 시·도위임사무의 관리와 집행을 명백히 게을리하고 있다고 인정되면 시·도에 대해서는 주무부장관이, 시·군 및 자치구에 대해서는 시·도지사가 기간을 정하여 서면으로 이행할 사항을 명령할 수 있다. 23년 소방간부 [O X]

(O) 지방자치단체의 장이 법령에 따라 그 의무에 속하는 국가위임사무나 시·도위임사무의 관리와 집행을 명백히 게을리하고 있다고 인정되면 시·도에 대해서는 주무부장관이, 시·군 및 자치구에 대해서는 시·도지사가 기간을 정하여 서면으로 이행할 사항을 명령할 수 있다(지방자치법 제189조 제1항).

CHAPTER 05 청구권적 기본권

OX 문제 | 정답 및 해설

3225
공개청원을 접수한 청원기관의 장은 접수일부터 15일 이내에 청원심의회의 심의를 거쳐 공개 여부를 결정하고 결과를 청원인에게 알려야 한다. 22년 경찰간부

(O) 공개청원을 접수한 청원기관의 장은 접수일부터 15일 이내에 청원심의회의 심의를 거쳐 공개 여부를 결정하고 결과를 청원인(공동청원의 경우 대표자를 말한다)에게 알려야 한다(청원법 제13조 제1항).

3226
「청원법」규정에 의하면 청원기관의 장은 공개청원의 공개결정일부터 60일간 청원사항에 관하여 국민의 의견을 들어야 한다. 22년 경찰간부

(X) 청원기관의 장은 공개청원의 공개결정일부터 30일간 청원사항에 관하여 국민의 의견을 들어야 한다(청원법 제13조 제2항).

3227
청원기관의 장은 청원을 접수한 때에는 특별한 사유가 없으면 60일 이내에 처리결과를 청원인에게 알려야 한다. 이 경우 공개청원의 처리결과는 온라인청원시스템에 공개하여야 한다. 22년 경찰간부

(X) 청원기관의 장은 청원을 접수한 때에는 특별한 사유가 없으면 90일 이내(제13조 제1항에 따른 공개청원의 공개 여부 결정기간 및 같은 조 제2항에 따른 국민의 의견을 듣는 기간을 제외한다)에 처리 결과를 청원인(공동청원의 경우 대표자를 말한다)에게 알려야 한다. 이 경우 공개청원의 처리 결과는 온라인청원시스템에 공개하여야 한다(청원법 제21조 제2항).

3228
청원법에 의하면 청원을 관장하는 기관이 청원을 접수한 때에는 특별한 사유가 없는 한 90일 이내에 그 처리결과를 청원인에게 통지하여야 한다. 20년 법원행시

(O) 청원을 관장하는 기관이 청원을 접수한 때에는 특별한 사유가 없는 한 90일 이내에 그 처리결과를 청원인에게 통지하여야 한다(청원법 제9조).

3229
국가유공자가 철도청장에게 자신을 기능직공무원으로 임용하여 줄 것을 청원하는 경우에 취업보호대상자의 기능직공무원 채용의무비율 규정이 있는 때에는 그 국가유공자가 채용시험 없이 바로 자신을 임용해 줄 것을 요구할 수 있는 구체적인 신청권을 갖고 있는 것으로 볼 수 있다. 23년 경찰간부

(X) 청구인이 취업보호대상자의 기능직공무원 채용의무비율 규정만을 근거로 피청구인 철도청장에 대해 국가공무원법에 따른 채용시험 없이 바로 자신을 임용해 줄 것을 요구할 수 있는 구체적인 신청권을 갖고 있는 것으로 볼 수는 없다(헌재 2004.10.28. 2003헌마898).

3230
청원이 단순한 호소나 요청이 아닌 구체적인 권리행사로서의 성질을 갖더라도 그에 대한 국가기관의 거부행위가 당연히 헌법소원의 대상이 되는 공권력의 행사라고 할 수는 없다. 24년 경찰승진

(X) 청구인의 청원이 단순한 호소나 요청이 아닌 구체적인 권리행사로서의 성질을 갖는 경우라면 그에 대한 위 피청구인의 거부행위는 청구인의 법률관계나 법적 지위에 영향을 미치는 것으로서 당연히 헌법소원의 대상이 되는 공권력의 행사라고 할 수 있을 것이다(헌재 2004.10.28. 2003헌마898).

OX 문제

3231
국민이 여러 가지 이해관계 또는 국정에 관해서 자신의 의견이나 희망을 해당 기관에 직접 진술하는 경우 청원권으로 보호되나, 본인을 대리하거나 중개하는 제3자를 통해 진술하는 경우 이는 청원권의 보호 대상이 아니다. 23년 법원행시, 23년 국회직 5급

3232
수용자가 발송하는 서신이 국가기관에 대한 청원적 성격을 가지고 있는 경우에 교도소장의 허가를 받도록 한 것은, 교도소 수용자가 수용생활 중 부당한 대우를 당하여 국가기관에 이에 대한 조사와 시정을 요구할 목적으로 서신을 보내는 경우 이를 사전에 교도소장의 허가를 받도록 요구하는 것으로 수용자에게 보장된 청원권을 침해하는 것이다. 23년 순경 1차

3233
청원서를 접수한 국가기관은 이를 수리·심사하여 그 결과를 통지하여야 할 헌법에서 유래하는 작위의무를 지고 있고, 이에 상응하여 청원인에게는 청원에 대하여 위와 같은 적정한 처리를 할 것을 요구할 수 있는 권리가 있다. 23년 순경 1차

3234
청원서를 접수한 국가기관은 청원사항을 성실·공정·신속히 심사하고 청원인에게 그 청원을 어떻게 처리하였는지 알 수 있을 정도로 결과통지하여야 하므로, 만일 그 처리내용이 청원인이 기대한 바에 미치지 않는다면 헌법소원의 대상이 되는 공권력의 불행사에 해당한다. 23년 순경 1차

3235
「청원법」은 국민이 편리하게 청원권을 행사하고 국민이 제출한 청원이 객관적이고 공정하게 처리되도록 함을 그 목적으로 하므로, 동일인이 같은 내용의 청원서를 같은 청원기관에 2건 이상 제출한 반복청원의 경우라도 청원기관의 장은 나중에 제출된 청원서를 반려하거나 종결처리하여서는 아니 된다. 23년 경찰승진

3236
헌법은 '정부에 제출 또는 회부된 정부의 정책에 관계되는 청원의 심사'를 국무회의의 심의 사항으로 규정하지 않고 있다. 23년 경찰승진

정답 및 해설

(X) 우리 헌법 제26조에서 "모든 국민은 법률이 정하는 바에 의하여 국가기관에 문서로 청원할 권리를 가진다. 국가는 청원에 대하여 심사할 의무를 진다."고 하여 청원권을 기본권으로 보장하고 있으므로 국민은 여러 가지 이해관계 또는 국정에 관하여 자신의 의견이나 희망을 해당 기관에 직접 진술하는 외에 그 본인을 대리하거나 중개하는 제3자를 통해 진술하더라도 이는 청원권으로서 보호된다(헌재 2005.11.24. 2003헌바108).

(X) 서신을 통한 수용자의 청원을 아무런 제한 없이 허용한다면 수용자가 이를 악용하여 검열 없이 외부에 서신을 발송하는 탈법수단으로 이용할 수 있게 되므로 이에 대한 검열은 수용 목적 달성을 위한 불가피한 것으로서 청원권의 본질적 내용을 침해한다고 할 수 없다(헌재 2001.11.29. 99헌마713).

(O) 국가기관은 이를 수리·심사하여 그 결과를 통지하여야 할 헌법에서 유래하는 작위의무를 지고 있고, 이에 상응하여 청원인에게는 청원에 대하여 위와 같은 적정한 처리를 할 것을 요구할 수 있는 권리가 있다(헌재 2004.5.27. 2003헌마851).

(X) 적법한 청원에 대하여 국가기관이 이를 수리, 심사하여 그 결과를 청원인에게 통보하였다면 이로써 당해 국가기관은 헌법 및 청원법상의 의무이행을 다한 것이고, 그 통보 자체에 의하여 청구인의 권리·의무나 법률관계가 직접 무슨 영향을 받는 것도 아니므로 비록 그 통보 내용이 청원인이 기대하는 바에는 미치지 못한다고 하더라도 그러한 통보조치가 헌법소원의 대상이 되는 구체적인 공권력의 행사 내지 불행사라고 볼 수는 없다(헌재 2000.10.25. 99헌마458).

(X) 청원기관의 장은 동일인이 같은 내용의 청원서를 같은 청원기관에 2건 이상 제출한 반복청원의 경우에는 나중에 제출된 청원서를 반려하거나 종결처리할 수 있고, 종결처리하는 경우 이를 청원인에게 알려야 한다(청원법 제16조 제1항).

(X) 다음 사항은 국무회의의 심의를 거쳐야 한다. / 15. 정부에 제출 또는 회부된 정부의 정책에 관계되는 청원의 심사(헌법 제89조)

| OX 문제 | 정답 및 해설 |

3237
심의위원회의 배상금 등 지급결정에 신청인이 동의한 때에는 국가와 신청인 사이에 민사소송법에 따른 재판상 화해가 성립된 것으로 보는 4·16 세월호참사 피해구제 및 지원 등을 위한 특별법 규정은 신청인의 재판청구권을 침해하지 않는다. 20년 국회직 5급 ⓞⓧ

(O) 세월호피해지원법에 따라 배상금 등을 지급받고도 또 다시 소송으로 다툴 수 있도록 한다면, 신속한 피해구제와 분쟁의 조기종결 등 세월호피해지원법의 입법목적은 달성할 수 없게 된다. 따라서 재판청구권을 침해하지는 않는다(헌재 2017.6.29. 2015헌마654). 그러나 세월호 참사와 관련된 일체의 이의제기 금지 의무를 부담시킴으로써 일반적 행동의 자유를 침해한 것이다(헌재 2017.6.29. 2015헌마654).

3238
공정한 재판을 받을 권리는 헌법 제27조의 재판청구권에 의하여 함께 보장된다. 20년 법무사 ⓞⓧ

(O) 헌법에 '공정한 재판'에 관한 명문의 규정은 없지만 재판청구권이 국민에게 효율적인 권리보호를 제공하기 위해서는, 법원에 의한 재판이 공정하여야만 할 것은 당연한 전제이므로 '공정한 재판을 받을 권리'는 헌법 제27조의 재판청구권에 의하여 함께 보장된다(헌재 2013.3.21. 2011헌바219).

3239
행정소송에 관하여 변론을 종결할 때까지만 청구의 취지 또는 원인을 변경할 수 있도록 하는 「행정소송법」 제8조 제2항 가운데 「민사소송법」 제262조 제1항 본문 중 '변론을 종결할 때까지' 부분을 준용하는 부분은 재판청구권을 침해한다고 볼 수 없다. 25년 경찰 2차 ⓞⓧ

(O) 청구의 변경을 광범위하게 허용할 경우 피고는 신속한 재판을 받을 권리의 침해와 변경된 청구에 대한 방어상의 부담도 받게 되므로, 입법자는 청구의 변경에 관하여 합리적인 범위 내에서 일정한 시적 제한을 설정할 필요가 있다(헌재 2023.2.23. 2019헌바244).

3240
신주발행무효확인의 제소기간을 신주발행일로부터 6개월 이내로 제한한 「상법」 제429조 중 '신주를 발행한 날로부터 6월' 부분은 신주발행에 관련된 법률관계의 조속한 확정과 안정을 도모하기 위함이므로 입법부에 주어진 합리적인 재량의 한계를 일탈하여 재판청구권을 침해한 것이라 할 수 없다. 25년 경찰 2차 ⓞⓧ

(O) 제소기간조항이 신주를 발행한 날로부터 6월내로 제소기간을 정하고 있는 것은 신주발행에 관련된 법률관계의 조속한 확정과 안정을 도모하기 위함이다. 제소기간의 기산점을 주주가 통지·공고 등을 통해 신주발행 사실을 안 때로 규정할 경우 제소기간의 제한을 둔 취지가 몰각될 위험이 있고, 신주 등기시점을 기산점으로 규정할 경우 회사의 등기의무 이행 여부에 따라 법률관계가 확정되는 시기가 달라질 위험이 있다. 상법은 신주발행무효의 소 이외에도 신주발행유지청구권 등 위법·불공정한 신주발행에 대한 구제수단을 두고 있다. 그러므로 제소기간조항은 합리적인 재량의 한계를 벗어난 것이라고 할 수 없어 재판청구권을 침해하지 아니한다(헌재 2020.3.26. 2017헌바370).

3241
신속한 재판을 받을 권리의 실현을 위해서는 구체적인 입법형성이 필요하며, 다른 사법절차적 기본권에 비하여 폭넓은 입법재량이 허용되므로, 법률에 의한 구체적 형성 없이는 신속한 재판을 위한 어떤 직접적이고 구체적인 청구권이 발생하지 아니한다. 24년 경찰승진 ⓞⓧ

(O) 신속한 재판을 위해서 적정한 판결선고기일을 정하는 것은 법률상 쟁점의 난이도, 개별사건의 특수상황, 접수된 사건량 등 여러 가지 요소를 복합적으로 고려하여 결정되어야 할 사항인데, 이때 관할 법원에게는 광범위한 재량권이 부여된다. 따라서 법률에 의한 구체적 형성 없이는 신속한 재판을 위한 어떤 직접적이고 구체적인 청구권이 발생하지 아니한다(헌재 1999.9.16. 98헌마75).

| OX 문제 | 정답 및 해설 |

3242
재정신청에 대한 결정을 할 때 구두변론 실시 여부를 법관의 재량에 맡기고 있는 「형사소송법」조항은 재정신청 절차를 신속하고 원활하게 진행함으로써 관계 당사자 사이의 법률관계를 확정하여 사회 안정을 도모한다는 공익보다 재정신청인이 받게 되는 불이익이 크다고 볼 수 있으므로 피해자의 재판절차진술권을 침해한다. 25년 변호사 [O][X]

(X) 재정신청절차의 효율적 진행과 법률관계의 신속한 확정으로 형사피해자와 피의자의 법적 안정성을 조화시킨다는 심판대상조항의 입법목적은 정당하고, 이를 위해 법관에게 재량을 부여한 입법수단도 적절하다. … 심판대상조항이 청구인의 재판절차진술권과 재판청구권을 침해한다고 볼 수 없다(헌재 2018.4.26. 2016헌마1043).

3243
재판절차진술권에 관한 헌법 제27조 제5항이 정한 법률유보는 법률에 의한 기본권의 제한을 목적으로 하는 자유권적 기본권에 대한 법률유보의 경우와는 달리, 기본권으로서의 재판절차진술권을 보장하고 있는 헌법규범의 의미와 내용을 법률로써 구체화하기 위한 이른바 기본권형성적 법률유보에 해당한다. 25년 변호사 [O][X]

(O) 재판절차진술권에 관한 헌법 제27조 제5항이 정한 법률유보는 법률에 의한 기본권의 제한을 목적으로 하는 자유권적 기본권에 대한 법률유보의 경우와는 달리 기본권으로서의 재판절차진술권을 보장하고 있는 헌법규범의 의미와 내용을 법률로써 구체화하기 위한 이른바 기본권 형성적 법률유보에 해당한다(헌재 1993.3.11. 92헌마48).

3244
공정거래위원회는 「독점규제 및 공정거래에 관한 법률」이 추구하는 법 목적에 비추어 행위의 위법성과 가벌성이 중대하고 피해의 정도가 현저하여 형벌을 적용하지 아니하면 법 목적의 실현이 불가능하다고 봄이 객관적으로 상당한 사안에 있어서 당연히 고발을 하여야 할 의무가 있고, 이러한 작위의무에 위반한 고발권의 불행사는 명백히 자의적인 것으로서 피해자의 재판절차진술권을 침해하는 것이다. 25년 변호사 [O][X]

(O) 공정거래위원회는 심사의 결과 인정되는 공정거래법위반행위에 대하여 일응 고발을 할 것인가의 여부를 결정할 재량권을 갖는 다고 보아야 할 것이나, 공정거래법이 추구하는 법목적에 비추어 행위의 위법성과 가벌성이 중대하고 피해의 정도가 현저하여 형벌을 적용하지 아니하면 법목적의 실현이 불가능하다고 봄이 객관적으로 상당한 사안에 있어서는 공정거래위원회로서는 그에 대하여 당연히 고발을 하여야 할 의무가 있고 이러한 작위의무에 위반한 고발권의 불행사는 명백히 자의적인 것으로서 당해 위반행위로 인한 피해자의 평등권과 재판절차진술권을 침해하는 것이라고 보아야 한다(헌재 1995.7.21. 94헌마136).

3245
검사의 불기소처분에 대한 항고권자를 고소인·고발인으로 한정한 「검찰청법」제10조 제1항 전문은 고소하지 않은 범죄피해자가 검찰항고를 하지 못하게 하므로 재판청구권을 제한한다. 25년 순경 1차 [O][X]

(X) 청구인이 재정신청을 할 수 없는 것은 재정신청을 하려면 원칙적으로 검찰항고를 거치도록 규정한 형사소송법 제260조 제2항 때문이고, 검찰항고권자를 고소인·고발인으로 한정한 심판대상조항은 이 같은 기본권 제한과 간접적인 연관이 있는 것에 불과하다. 따라서 심판대상조항으로 인하여 청구인의 재판청구권이 제한된다고 보기 어렵다(헌재 2024.7.18. 2021헌마248). / 헌법소원심판을 청구함으로써 시정받을 기회도 있다. 따라서 평등권을 침해하지도 않는다.

3246
국방부장관, 각군 참모총장 및 관할관이 군판사 및 심판관의 임명권과 재판관의 지정권을 갖고 심판관은 일반장교 중에서 임명할 수 있도록 규정한 구 「군사법원법」조항은 군사법원의 헌법적 한계를 일탈하여 사법권의 독립과 재판의 독립을 침해하고 정당한 재판을 받을 권리를 침해한다. 25년 경찰승진 [O][X]

(X) 위 조항들 자체가 군사법원의 헌법적 한계를 일탈하여 사법권의 독립과 재판의 독립을 침해하고 죄형법정주의에 반하거나 인간의 존엄과 가치, 행복추구권, 평등권, 신체의 자유, 정당한 재판을 받을 권리 및 정신적 자유를 본질적으로 침해하는 것이라고 할 수 없다(헌재 1996.10.31. 93헌바25).

OX 문제

3247
심리불속행제도는 남상고 사건에 대한 신속한 처리를 통해 당사자의 재판을 받을 권리를 충실히 하기 위한 것이므로 위헌이라고 볼 수 없으나, 심리불속행 상고기각 판결 시 일체의 이유를 기재하지 않을 수 있도록 하는 것은, 판결의 적정성 여부, 상고인 주장에 대한 판단누락 등을 살펴볼 기회가 박탈되므로, 재판청구권을 침해한다. 22년 입법고시, 21년 법원행시 O X

3248
헌법 제27조에서 규정한 재판을 받을 권리에는 모든 사건에 대해 상소법원의 구성 법관에 의한, 상소심 절차에 의한 재판을 받을 권리가 당연히 포함된다. 20년 비상기획관(상) O X

3249
수형자가 국선대리인인 변호사를 접견하는데 교도소장이 그 접견내용을 녹음 기록하였다고 해도 재판을 받을 권리를 침해하는 것은 아니다. 20년 경찰승진 O X

3250
공공단체인 한국과학기술원의 총장이 교원소청심사위원회 결정에 대하여 「행정소송법」으로 정하는 바에 따라 소송을 제기할 수 없도록 하는 구 「교원의 지위 향상 및 교육활동 보호를 위한 특별법」 조항 중 '교원, 사립학교법 제2조에 따른 학교법인 또는 사립학교 경영자 등 당사자에 관한 부분'은 청구인의 재판청구권을 침해한다. 26년 경찰간부 O X

3251
재심사유를 알고도 주장하지 아니한 때에 재심의 소를 제기할 수 없도록 규정한 「민사소송법」 조항은 청구인의 재판청구권을 침해하지 않는다. 26년 경찰간부 O X

3252
교정시설의 장이 미결수용자에게 교정시설 내 규율위반에 대해 징벌을 부과한 뒤 그 규율위반 내용 및 징벌처분 결과 등을 관할 법원에 양형 참고자료로 통보한 것은, 법관이 양형에 참고할 수 있는 자료로 작용할 수 있어 미결수용자의 공정한 재판을 받을 권리를 제한한다. 24년 경찰 2차 O X

정답 및 해설

(X) 심리불속행 상고기각판결에 이유를 기재한다고 해도, 당사자의 상고이유가 법률상의 상고이유를 실질적으로 포함하고 있는지 여부만을 심리하는 심리불속행 재판의 성격 등에 비추어 현실적으로 특례법 제4조의 심리속행사유에 해당하지 않는다는 정도의 이유기재에 그칠 수밖에 없고, 나아가 그 이상의 이유기재를 하게 하더라도 이는 법령해석의 통일을 주된 임무로 하는 상고심에게 불필요한 부담만 가중시키는 것으로서 심리불속행제도의 입법취지에 반하는 결과를 초래할 수 있으므로, 특례법 제5조 제1항은 재판청구권 등을 침해하여 위헌이라고 볼 수 없다(헌재 2012.5.31. 2010헌마625 등).

(X) 대법원이 곧바로 모든 사건을 상고심으로서 관할하여야 한다는 결론이 당연히 도출되는 것은 아니다(헌재 1997.10.30. 97헌바37 등).

(X) 수형자와 국선대리인의 접견을 녹음하는 행위는 변호인의 조력받을 권리가 아닌 재판받을 권리를 침해하는 것이다(헌재 2013.9.26. 2011헌마398)(헌법소원 사건임).

(X) 심판대상조항이 공공단체인 광주과학기술원을 교원소청심사위원회의 결정에 불복하여 행정소송을 제기할 수 있는 제소권자 범위에서 제외하여 행정소송을 제기하지 못하도록 한 것은, 교원의 인사를 둘러싼 분쟁을 신속하게 해결하고 궁극적으로는 광주과학기술원의 설립취지를 효과적으로 실현하기 위한 것이다(헌재 2022.10.27. 2021헌마1557). / 따라서 재판청구권을 침해하지 않는다.

(O) 상소를 제기할 수 있는 때 재심사유의 존재를 알고도 상소심에서 그 사유를 주장하지 아니하였거나 상소 자체를 제기하지 아니하였거나, 상소 제기 후 스스로 취하한 경우에는 상소심에서 재심사유에 관하여 판단 받을 기회를 스스로 포기한 것이므로, 이러한 경우까지 재심을 통하여 구제를 허용할 필요성은 거의 없다(헌재 2015.12.23. 2015헌바273).

(X) 양형 참고자료를 통보받은 법원으로서는 관련 법령에 따라 이를 목적 외의 용도로 이용하거나 제3자에게 제공할 수 없다. 이 사건 통보행위로 인해 제공되는 정보의 성격이나 제공 상대방의 한정된 범위를 고려할 때 그로 인한 기본권 제한의 정도가 크지 않은 데 비해, 이로 인하여 달성하고자 하는 적정한 양형의 실현 및 형사재판절차의 원활한 진행과 같은 공익은 훨씬 중대하다. 이 사건 통보행위는 과잉금지원칙에 위배되어 청구인의 개인정보자기결정권을 침해하였다고 볼 수 없다(헌재 2023.10.26. 2022헌마926). / 공정한 재판이 아니라 개인정보자기 결정권의 문제

| OX 문제 | 정답 및 해설 |

3253
이의신청에 대한 재결서를 받은 날부터 60일 이내에 행정소송을 제기하도록 한 「공익사업을 위한 토지 등의 취득 및 보상에 관한 법률」 제85조 제1항 전문 중 '관계인은 이의신청을 거쳤을 때에는 이의신청에 대한 재결서를 받은 날부터 60일 이내에 행정소송을 제기할 수 있다.' 부분은 입법재량의 한계를 벗어나지 않았다고 할 것이므로 재판청구권을 침해하지 아니한다. 25년 경찰 2차, 20년 국회직 9급 [O][X]

(O) 이 사건 법률조항이 정한 60일의 제소기간은 입법재량의 한계를 벗어났다고 보기 어려우므로, 보상금증감청구소송을 제기하려는 토지소유자의 재판청구권을 침해한다고 볼 수 없다(헌재 2016.7.28. 2014헌바206).

3254
특별검사가 공소제기한 사건의 재판기간과 상소절차 진행기간을 일반사건보다 단축하는 것은 공정한 재판을 받을 권리를 침해한다. 20년 국회직 9급 [O][X]

(X) 특별검사가 공소제기한 사건의 재판기간과 상소절차 진행기간을 일반사건보다 단축하고 있는 것은 공정한 재판을 받을 권리를 침해하지 않는다(헌재 2008.1.10. 2007헌마1468).

3255
심급제도가 몇 개의 심급으로 형성되어야 하는가에 관하여 헌법이 전혀 규정하는 바가 없으므로 이는 입법자의 광범위한 형성권에 맡겨져 있는 것이며, 모든 구제절차나 법적 분쟁에서 반드시 보장되는 것은 아니다. 22년 법학경채 [O][X]

(O) 재판이 몇 개의 심급으로 형성되어야 하는가에 관한 심급제도의 문제는 사법에 의한 권리보호에 관하여 한정된 사법자원의 합리적 분배의 문제인 동시에 재판의 적정과 신속이라는 서로 상반되는 두 가지의 요청을 어떻게 조화시키느냐의 문제로 돌아가므로 기본적으로 입법자의 형성의 자유에 속하는 사항이라고 할 것이다(헌재 1995.1.20. 90헌바1).

3256
대법원이 법관에 대한 대법원장의 징계처분 취소청구소송을 단심으로 재판하는 경우에는 사실확정도 대법원의 권한에 속하여 법관에 의한 사실확정의 기회가 박탈되었다고 볼 수 없으므로 재판청구권을 침해하지 아니한다. 22년 법학경채 [O][X]

(O) 법관에 대한 대법원장의 징계처분 취소청구소송을 대법원에 의한 단심재판에 의하도록 하고 있는 구 법관징계법 제27조는 입법자가 독립적으로 사법권을 행사하는 법관이라는 지위의 특수성 및 준사법절차인 법관에 대한 징계절차의 특수성을 감안하여 재판의 신속을 도모한 것으로써 그 합리성을 인정할 수 있으므로 헌법 제27조 제1항의 재판청구권을 침해하지 아니한다(헌재 2012.2.23. 2009헌바34).

3257
재심기각결정이 있는 경우 동일한 이유로 하여서는 다시 재심을 청구하지 못하도록 규정한 형사소송법 관련 조항은 권리구제의 측면에서 불합리하므로 재판청구권을 침해한다. 22년 법원행시 [O][X]

(X) 심판대상조항은 재심절차가 진행되어 그 청구 이유에 관한 실체적 판단이 한번 이루어진 경우, 확정된 결정의 법적 안정성을 유지하고 동일한 재심 이유에 대해 반복적으로 소송이 제기되는 것을 막아 사법자원의 낭비를 방지하기 위한 것이다. 심판대상조항에 따라 사실상 주장이 동일한 이상, 청구인이 법률상 주장을 달리하여 재심을 재차 청구하는 것이 불가능하나, 법률해석에 관한 이견이나 하급심 법원 간 법 해석의 통일성은 대법원으로 수렴되는 즉시항고절차를 통하여 해결할 수 있는 점 등을 고려할 때 심판대상조항은 청구인의 재판청구권을 침해하지 아니한다(헌재 2020.2.27. 2017헌바420).

3258
헌법 제27조 제1항이 규정하는 재판청구권을 보장하기 위해서는 입법자에 의한 재판청구권의 구체적 형성이 불가피하므로 입법자의 광범위한 입법재량이 인정된다. 22년 법원행시 [O][X]

(O) 재판청구권을 보장하기 위해서는 입법자에 의한 재판청구권의 구체적 형성이 불가피하므로, 입법자에게는 상대적으로 광범위한 입법형성권이 인정된다(헌재 2009.2.26. 2007헌바8).

| OX 문제 | 정답 및 해설 |

3259
헌법은 피고인의 반대신문권을 미국이나 일본과 같이 헌법상의 기본권으로까지 규정하고 있기 때문에, 형사 소송법은 제161조의2에서 피고인의 반대신문권을 포함한 교호 신문권을 명문으로 규정하여 피고인에게 불리한 증거에 대하여 반대 신문할 수 있는 권리를 원칙적으로 보장하고 있다. 24년 법원행시 [O|X]

(X) 헌법은 피고인의 반대신문권을 미국이나 일본과 같이 헌법상의 기본권으로까지 *규정하지는 않았으나*, 형사소송법은 제161조의2에서 상대 당사자의 반대신문을 전제로 한 교호신문제도를 규정하고 있고, 제312조 제4항, 제5항에서 '공판준비 및 공판기일에서 원진술자를 신문할 수 있는 때에 한하여' 피고인 아닌 자의 진술을 기재한 조서나 진술서의 증거능력을 인정하도록 규정함으로써 피고인에게 불리한 증거에 대하여 반대신문할 수 있는 권리를 명문으로 인정하고 있다. 이는 위와 같은 공정한 재판을 받을 권리를 형사소송절차에서 구현하고자 한 것이다(헌재 2013.10.24. 2011헌바79).

3260
소환된 증인 또는 그 친족 등이 보복을 당할 우려가 있는 경우, 재판장은 피고인을 퇴정시키고 증인신문을 행할 수 있도록 규정한 「특정범죄신고자 등 보호법」 조항은 피고인의 「형사소송법」상의 반대신문권을 제한하고 있어 피고인의 공정한 재판을 받은 권리를 침해한다. 22년 순경 1차 [O|X]

(X) 기본권제한의 정도가 특정범죄의 범죄신고자 등 증인 등을 보호하고 실체적 진실의 발견에 이바지하는 공익에 비하여 크다고 할 수 없어 법익의 균형성도 갖추고 있으며, 기본권제한에 관한 피해의 최소성 역시 인정되므로, 공정한 재판을 받을 권리를 침해한다고 할 수 없다(헌재 2010.11.25. 2009헌바57).

3261
약식명령은 경미하고 간이한 사건을 대상으로 하지만 형사피해자가 약식명령을 고지받지 못하는 것은 형사재판절차에서의 참여기회를 봉쇄하는 것이므로 형사피해자의 재판절차진술권을 침해하는 것이다. 22년 입법고시 [O|X]

(X) 형사피해자가 약식명령을 고지받지 못한다고 하여 형사재판절차에서의 참여기회가 완전히 봉쇄되어 있다고 볼 수 없다. 따라서 이 사건 고지조항은 형사피해자의 재판절차진술권을 침해하지 않는다(헌재 2019.9.26. 2018헌마1015).

3262
국가의 안전보장 또는 안녕질서를 방해하거나 선량한 풍속을 해할 염려가 있을 때에는 당사자의 청구가 있어야만 법원의 결정에 의해서 심리를 공개하지 않을 수 있다. 22년 해경간부 [O|X]

(X) 재판의 심리와 판결은 공개한다. 다만, 심리는 국가의 안전보장 또는 안녕질서를 방해하거나 선량한 풍속을 해할 염려가 있을 때에는 법원의 결정으로 공개하지 아니할 수 있다(헌법 제109조). 당사자의 청구가 있어야만 하는 것은 아니다.

3263
군인이 상관의 지시나 명령에 대하여 재판청구권을 행사하는 경우에 그것이 위법·위헌인 지시와 명령을 시정하려는 데 목적이 있을 뿐, 군 내부의 상명하복관계를 파괴하고 명령불복종 수단으로서 재판청구권의 외형만을 빌리거나 그 밖에 다른 불순한 의도가 있지 않다면, 정당한 기본권의 행사이므로 군인의 복종의무를 위반하였다고 볼 수 없다. 22년 법원직 [O|X]

(O) 군인이 상관의 지시나 명령에 대하여 재판청구권을 행사하는 경우에 그것이 위법·위헌인 지시와 명령을 시정하려는 데 목적이 있을 뿐, 군 내부의 상명하복관계를 파괴하고 명령불복종 수단으로서 재판청구권의 외형만을 빌리거나 그 밖에 다른 불순한 의도가 있지 않다면, 정당한 기본권의 행사이므로 군인의 복종의무를 위반하였다고 볼 수 없다(대판 2018.3.22. 2012두26401).

| OX 문제 | 정답 및 해설 |

3264
특허법이 규정하고 있는 30일의 제소기간은 90일의 제소기간을 규정하고 있는 행정소송법에 비하여 지나치게 짧아 특허무효심결에 대하여 소송으로 다투고자 하는 당사자의 재판청구권 행사를 불가능하게 하거나 현저히 곤란하게 하여 헌법에 위반된다. 22년 법원직 [O X]

(X) 이 사건 제소기간 조항이 정하고 있는 30일의 제소기간이 지나치게 짧아 특허무효심결에 대하여 소송으로 다투고자 하는 당사자의 재판청구권 행사를 불가능하게 하거나 현저히 곤란하게 한다고 할 수 없으므로, 재판청구권을 침해하지 아니한다(헌재 2018.8.30. 2017헌바258). / 특허분쟁의 신속성이 특징

3265
항소심 확정판결에 대한 재심소장에 붙일 인지액을 항소장에 붙일 인지액과 같게 정한 민사소송 등 인지법 조항은 항소심 확정판결에 대해서 재심을 청구하는 사람의 재판청구권을 침해하지 아니한다. 22년 국가직 7급 [O X]

(O) 항소심 확정판결에 대한 재심을 청구하는 사람에게 재심 대상 판결의 심급과 소송목적물의 값에 따라 결정된 인지액을 부담시킴으로써 재판유상주의를 실현하고, 재판 업무의 완성도 및 효율을 보장하며, 확정판결의 법정 안정성을 확보하여야 할 공익은 매우 중요하다. 반면 심판대상조항에 의한 재판청구권 제한은 상대적으로 적다. 따라서 심판대상조항은 법익의 균형성 요건도 충족한다. 심판대상조항은 과잉금지원칙에 위배하여 재판청구권을 침해한다고 볼 수 없다(헌재 2017.8.31. 2016헌바447).

3266
입법자가 행정심판을 전심절차가 아니라 종심절차로 규정함으로써 정식재판의 기회를 배제하거나, 어떤 행정심판을 필요적 전심절차로 규정하면서도 그 절차에 사법절차가 준용되지 않는다면 이는 재판청구권을 보장하고 있는 헌법 제27조에 위반된다. 24년 국회직 8급 [O X]

(O) 입법자가 행정심판을 전심절차가 아니라 종심절차로 규정함으로써 정식재판의 기회를 배제하거나, 어떤 행정심판을 필요적 전심절차로 규정하면서도 그 절차에 사법절차가 준용되지 않는다면 이는 헌법 제107조 제3항, 나아가 재판청구권을 보장하고 있는 헌법 제27조에도 위반된다 할 것이다(헌재 2001.6.28. 2000헌바30).

3267
지방공무원이 면직처분에 대해 불복할 경우 행정소송 제기에 앞서 반드시 소청심사를 거치도록 한 「지방공무원법」 조항은 시간적, 절차적으로 합리적인 범위를 벗어나 재판청구권을 제한한다고 볼 수 있으므로 지방공무원의 재판청구권을 침해한다. 24년 국회직 8급 [O X]

(X) 직권면직처분을 받은 지방공무원이 그에 대해 불복할 경우 행정소송의 제기에 앞서 반드시 소청심사를 거치도록 규정한 것은 행정기관 내부의 인사행정에 관한 전문성 반영, 행정기관의 자율적 통제, 신속성 추구라는 행정심판의 목적에 부합한다. 이 사건 필요적 전치조항은 입법형성의 한계를 벗어나 재판청구권을 침해하거나 평등원칙에 위반된다고 볼 수 없다(헌재 2015.3.26. 2013헌바186).

3268
상속개시 후 인지 또는 재판의 확정에 의하여 공동상속인이 된 자의 상속분가액지급청구권의 제척기간을 정하고 있는 「민법」 제999조 제2항의 '상속권의 침해행위가 있은 날부터 10년' 중 「민법」 제1014조에 관한 부분은 입법형성의 한계를 일탈하여 재판청구권을 침해한다. 24년 경찰간부 [O X]

(O) 상속개시 후 인지에 의하여 공동상속인이 된 자가 다른 공동상속인에 대해 그 상속분에 상당한 가액의 지급에 관한 청구권(상속분가액지급청구권)을 행사하는 경우에도 상속회복청구권에 관한 10년의 제척기간을 적용하도록 한 민법 조항이 청구인의 재산권과 재판청구권을 침해하여 헌법에 위반된다(헌재 2024.6.27. 2021헌마1588).

3269
피고인이 정식재판을 청구한 사건에 대하여는 약식명령의 형보다 중한 종류의 형을 선고하지 못한다고 규정하고 있는 「형사소송법」 조항은 공정한 재판을 받을 권리를 침해한다고 볼 수 없다. 24년 경찰간부 [O X]

(O) 심판대상조항이 약식명령에 대하여 피고인만이 정식재판을 청구한 사건에 불이익변경금지원칙을 적용하지 아니하였다는 이유만으로 재판청구권에 관한 합리적인 입법형성권의 범위를 일탈하여 공정한 재판을 받을 권리를 침해한다고 볼 수 없다(헌재 2024.5.30. 2021헌바6 등).

| OX 문제 | 정답 및 해설 |

3270
「조세범 처벌절차법」에 따른 통고처분을 행정쟁송의 대상에서 제외시킨 「국세기본법」 제55조 제1항 단서 제1호는 재판청구권을 침해한다고 할 수 없다. 24년 경찰간부 ⃞O⃞X

(O) '조세범 처벌절차법'에 따른 통고처분에 대하여 형사절차와 별도의 행정쟁송절차를 두는 것은 신속한 사건 처리를 저해할 수 있고, 절차의 중복과 비효율을 초래할 수 있다. 위와 같은 점을 종합하여 보면, '조세범 처벌절차법'에 따른 통고처분에 대하여 행정쟁송을 배제하고 있는 입법적 결단이 현저히 불합리하다고 보기 어렵다. 따라서 심판대상조항이 청구인의 재판청구권을 침해한다고 할 수 없다(헌재 2024.4.25. 2022헌마251).

3271
시장·군수·구청장은 급여비용의 지급을 청구한 의료급여기관이 「의료법」 또는 「약사법」 해당 조항을 위반하였다는 사실을 수사기관의 수사결과로 확인한 경우에는 해당 의료급여기관이 청구한 급여비용의 지급을 보류할 수 있다고 규정하고 있는 「의료급여법」 해당 조항은 의료급여기관 개설자의 재판청구권을 침해한다. 24년 경찰간부 ⃞O⃞X

(X) 심판대상조항은 의료급여비용의 지급보류처분에 관한 실체법적 근거규정으로서 권리구제절차 내지 소송절차에 관한 규정이 아니므로, 이로 인하여 재판청구권이 침해될 여지는 없다. / *지급보류기간동안 의료기관의 개설자가 수인해야 했던 재산권 제한상황에 대한 적절하고 상당한 보상으로서의 이자 내지 지연손해금의 비율에 대해서도 규율이 필요하다. 따라서 재산권을 침해한다*(헌재 2024.6.27. 2021헌가19).

3272
의료급여비용의 지급을 청구한 의료급여기관이 「의료법」 제33조 제2항을 위반하여 설립된 사무장병원이라는 사실을 수사기관의 수사결과로 확인한 경우 시장·군수·구청장으로 하여금 의료급여 비용의 지급을 보류할 수 있도록 한 「의료급여법」 제11조의5 제1항 중 '의료법 제33조 제2항'에 관한 부분은 과잉금지원칙에 반하여 의료급여기관 개설자의 재산권을 침해한다고 볼 수 없다. 25년 경찰승진 ⃞O⃞X

(X) 무죄판결이 확정되기 전이라도 하급심 법원에서 무죄판결이 선고되는 경우에는 그때부터 일정 부분에 대하여 의료급여비용을 지급하도록 할 필요가 있다. / 지급보류기간동안 의료기관의 개설자가 수인해야 했던 재산권 제한상황에 대한 적절하고 상당한 보상으로서의 이자 내지 지연손해금의 비율에 대해서도 규율이 필요하다. 따라서 재산권을 침해한다(헌재 2024.6.27. 2021헌가19).

3273
상속재산분할에 관한 사건은 상속재산의 범위 등 실체법상 권리관계의 확정을 전제로 하므로 가사소송절차에 따라야 함에도 불구하고 이를 가사비송사건으로 분류하고 있는 「가사소송법」의 규정은 입법재량의 한계를 일탈하여 상속재산분할에 관한 사건을 제기하고자 하는 자의 공정한 재판을 받을 권리를 침해한다. 22년 경찰승진 ⃞O⃞X

(X) 상속재산분할에 관한 사건의 결과는 가족공동체의 안정에 커다란 영향을 미친다는 특수성을 감안할 때, 구체적인 상속분의 확정과 분할의 방법에 관하여는 가정법원이 당사자의 주장에 구애받지 않고 후견적 재량을 발휘하여 합목적적으로 판단하여야 할 필요성이 인정된다. 가사비송 조항이 입법재량의 한계를 일탈하여 상속재산분할에 관한 사건을 제기하고자 하는 자의 공정한 재판을 받을 권리를 침해한다고 볼 수 없다(헌재 2017.4.27. 2015헌바24).

3274
헌법 제27조 제1항이 보장하는 공정한 재판을 받을 권리에는 공격, 방어권이 충분히 보장되는 재판을 받을 권리가 포함되어 있지만, 외국에 나가 증거를 수집할 권리까지 포함되는 것은 아니다. 24년 경찰승진 ⃞O⃞X

(O) 심판대상조항은 법무부장관으로 하여금 피고인의 출국을 금지할 수 있도록 하는 것일 뿐 피고인의 공격·방어권 행사와 직접 관련이 있다고 할 수 없고, 공정한 재판을 받을 권리에 외국에 나가 증거를 수집할 권리가 포함된다고 보기도 어렵다(헌재 2015.9.24. 2012헌바302).

| OX 문제 | 정답 및 해설 |

3275
영상물에 수록된 '19세 미만 성폭력범죄피해자'의 진술에 관하여 조사과정에 동석하였던 신뢰관계인의 법정진술에 의하여 그 성립의 진정함이 인정된 경우에도 증거능력을 인정할 수 있도록 정한 「성폭력범죄의 처벌 등에 관한 특례법」 조항 중 해당 부분은, 피고인의 형사절차상 권리의 보장과 미성년 피해자의 보호 사이의 조화를 도모한 것으로 피고인의 공정한 재판을 받을 권리를 침해하지 않는다. 24년 경찰 2차 [O|X]

(X) 미성년 피해자의 2차 피해를 방지하는 것은 성폭력범죄에 관한 형사절차를 형성함에 있어 결코 포기할 수 없는 중요한 가치라 할 것이나, 피고인의 반대신문권을 보장하면서도 성폭력범죄의 미성년 피해자를 보호할 수 있는 조화적인 방법을 상정할 수 있음에도, 심판대상조항이 영상물에 수록된 미성년 피해자 진술에 있어 원진술자에 대한 피고인의 반대신문권을 실질적으로 배제하여 피고인의 방어권을 과도하게 제한하는 것은 과잉금지원칙에 반하여 공정한 재판을 받을 권리를 침해한다(헌재 2021.12.23. 2018헌바524).

3276
19세 미만 성폭력범죄 피해자의 진술이 수록된 영상녹화물에 증거능력을 인정한 것은 피고인의 반대신문권을 실질적으로 배제한 것이어서, 피해의 최소성원칙에 위배되어 헌법 제27조 제1항의 재판청구권에 포함된 공정한 재판을 받을 권리를 침해한다. 24년 군무원 5급 [O|X]

(O) 미성년 피해자의 2차 피해를 방지하는 것은 성폭력범죄에 관한 형사절차를 형성함에 있어 결코 포기할 수 없는 중요한 가치라 할 것이나, 피고인의 반대신문권을 보장하면서도 성폭력범죄의 미성년 피해자를 보호할 수 있는 조화적인 방법을 상정할 수 있음에도, 심판대상조항이 영상물에 수록된 미성년 피해자 진술에 있어 원진술자에 대한 피고인의 반대신문권을 실질적으로 배제하여 피고인의 방어권을 과도하게 제한하는 것은 과잉금지원칙에 반한다(헌재 2021.12.23. 2018헌바524).

3277
모든 국민은 법률이 정한 법관에 의하여 공개재판을 받을 권리를 가진다. 23년 순경 2차 [O|X]

(X) 모든 국민은 헌법과 법률이 정한 법관에 의하여 법률에 의한 재판을 받을 권리를 가진다(헌법 제27조 제1항). / 헌법 조문문제로 출제되었기 때문에 틀린 지문이다.

3278
군인 또는 군무원이 아닌 국민은 대한민국의 영역 안에서는 중대한 군사상 기밀·초병·초소·유독음식물공급·포로·군용물에 관한 죄중 법률이 정한 경우와 계엄, 긴급명령이 선포된 경우를 제외하고는 군사법원의 재판을 받지 아니한다. 23년 순경 2차 [O|X]

(X) 군인 또는 군무원이 아닌 국민은 대한민국의 영역 안에서는 중대한 군사상 기밀·초병·초소·유독음식물공급·포로·군용물에 관한 죄 중 법률이 정한 경우와 비상계엄이 선포된 경우를 제외하고는 군사법원의 재판을 받지 아니한다(헌법 제27조 제2항).

3279
선거범죄에 대한 재정신청절차에서 사전에 검찰청법상의 항고를 거치도록 한 것은 신속한 재판을 받을 권리를 침해한다. 23년 5급 공채 [O|X]

(X) 항고전치주의는 재정신청 남용의 폐해를 줄이기 위한 방안으로 도입된 것인데, 검찰 항고제도는 상급 검찰청이 해당 불기소처분을 재검토하여 항고가 이유 있다고 인정할 경우에는 그 처분을 경정하도록 함으로써 사건관계인의 신속한 권리구제에 이바지하는 측면이 있다. 절차가 부당하게 지연되는 것을 방지하기 위한 대책도 함께 마련되어 있으므로, 형사소송법 제260조 제2항의 항고전치주의가 합리적 근거 없이 자의적으로 신속한 재판을 받을 권리를 침해하는 것이라고 볼 수 없다(헌재 2015.2.26. 2014헌바181).

3280
운전자의 업무상 과실 또는 중대한 과실로 인하여 교통사고 피해자가 '중상해가 아닌 상해'를 입은 경우, 가해 운전자에 대하여 공소를 제기할 수 없도록 한 것은 과잉금지원칙에 반한다. 23년 5급 공채 [O|X]

(X) 대부분 가해운전자의 주의의무태만에 대한 비난 가능성이 높지 아니하고, 경미한 교통사고 피의자에 대하여는 비형벌화하려는 세계적인 추세 등에 비추어 볼 때 과잉금지의 원칙에 반하지 아니한다(헌재 2009.2.26. 2005헌마764).

| OX 문제 | 정답 및 해설 |

3281

직계혈족, 배우자, 동거친족, 동거가족 또는 그 배우자간의 권리행사방해죄에 대해 법관으로 하여금 여러 사정을 전혀 고려할 수 없도록 하고 획일적으로 형면제 판결을 선고하도록 하는 「형법」조항은 형사피해자가 법관에게 적절한 형벌권을 행사하여 줄 것을 청구할 수 없도록 하는 것으로서 입법재량을 일탈하여 현저히 불합리하거나 불공정하므로 형사피해자의 재판절차진술권을 침해한다. 25년 변호사 [O][X]

(O) 심판대상조항은 재산범죄의 가해자와 피해자 사이의 일정한 친족관계를 요건으로 하여 일률적으로 형을 면제하도록 규정하고 있는바, 적용대상 친족의 범위가 지나치게 넓고, 심판대상조항이 준용되는 재산범죄들 가운데 불법성이 경미하다고 보기 어려운 경우가 있다는 점에서 제도적 취지에 부합하지 않는 결과를 초래할 우려가 있고, 미성년자나 질병, 장애 등으로 가족과 친족 사회 내에서 취약한 지위에 있는 구성원에 대한 경제적 착취를 용인할 우려가 있다(헌재 2024.6.27. 2020헌마468 등). / 따라서, 이는 재판청구권을 침해한다.

3282

헌법 제27조 제5항에 정한 형사피해자의 개념은 반드시 형사실체법상의 보호법익을 기준으로 한 피해자개념에 한정하여 결정할 것이 아니라, 형사실체법상으로는 직접적인 보호법익의 향유주체로 해석되지 않는 자라 하더라도 문제된 범죄행위로 말미암아 법률상 불이익을 받게 되는 자의 뜻으로 이해하여야 한다. 25년 변호사 [O][X]

(O) 헌법 제27조 제5항에서 형사피해자의 재판절차진술권을 독립된 기본권으로 보장한 취지는 피해자 등에 의한 사인소추를 전면 배제하고 형사소추권을 검사에게 독점시키고 있는 현행 기소독점주의의 형사소송체계 아래에서 형사피해자로 하여금 당해 사건의 형사재판절차에 참여할 수 있는 청문의 기회를 부여함으로써 형사사법의 절차적 적정성을 확보하기 위한 것이므로, 위 헌법조항의 형사피해자의 개념은 반드시 형사실체법상의 보호법익을 기준으로 한 피해자개념에 한정하여 결정할 것이 아니라 형사실체법상으로는 직접적인 보호법익의 향유주체로 해석되지 않는 자라 하더라도 문제된 범죄행위로 말미암아 법률상 불이익을 받게 되는 자의 뜻으로 풀이하여야 할 것이다(헌재 1997.2.20. 96헌마76).

3283

기피신청에 대한 결정이 확정되기 전에 기피신청을 당한 법관이 소송절차를 정지하지 않고 종국판결을 선고할 수 있도록 규정한 「민사소송법」제48조는 기피신청이 갖는 소송절차의 정지효를 제한하고, 불공정한 재판을 받을 우려가 있다고 생각되는 법관을 배제하고 다른 법관으로부터 재판을 받고자 하는 기피신청인의 공정한 재판을 받을 권리를 침해한다. 25년 국회직 8급 [O][X]

(X) 심판대상조항은 뒤늦게 제기되는 기피신청에 대해서는 재판절차의 정지 효과를 제한함으로써 분쟁 미해결 상태 장기화 등을 방지하여 재판의 공정과 신속을 도모하기 위한 것이므로, 사법자원 분배에 관한 입법형성권의 범위 내에 있다. 심판대상조항에 의하여 기피신청의 효과가 일부 제한되더라도 본안사건의 종국판결에 대한 불복 내지는 법관의 회피·제척제도와 같이, 공정한 재판을 받을 권리를 실효적으로 보장받기 위해 필요한 다른 절차들이 마련되어 있다. 따라서 심판대상조항은 청구인의 공정한 재판을 받을 권리를 침해하지 않는다(헌재 2024.8.29. 2021헌바146).

3284

전자문서 등재사실을 통지한 날부터 1주 이내에 확인하지 아니하는 때에는 통지한 날부터 1주가 지난 날에 송달된 것으로 보는 「민사소송 등에서의 전자문서 이용 등에 관한 법률」제11조 제4항 단서는 재판청구권을 침해한 것이라 할 수 없다. 26년 경찰간부 [O][X]

(O) 심판대상조항은 소송지연을 방지함과 동시에 민사소송 등에서의 전자문서 이용을 활성화함으로써 소송당사자의 편의 증진 및 권리 실현에 이바지하고자 하는 것이다. 소송당사자가 전자소송 진행에 대한 동의를 하여야 전자적 송달제도가 사용되는 점, 현대사회에서는 컴퓨터와 휴대전화의 이용이 보편화되었다는 점, 전자송달 간주 조항을 두지 않을 경우 소송당사자의 의지에 따라 재판이 지연될 우려가 있다는 점, 민소전자문서법 등은 소송당사자가 전자적 송달을 받을 수 없는 경우에 대한 규정을 충분히 마련하고 있다는 점 등을 고려하면, 심판대상조항은 입법자의 형성적 재량을 일탈한 것이라고 보기 어려우므로 재판청구권을 침해하지 않는다(헌재 2024.7.18. 2022헌바4).

OX 문제

3285
의견제출 기한 내에 감경된 과태료를 자진납부한 경우 해당 질서위반행위에 대한 과태료 부과 및 징수절차는 종료한다고 규정하여 당사자가 질서위반행위에 대한 의견제출이나 이의제기를 할 수 없도록 하더라도 재판청구권을 침해한 것은 아니다. 25년 입법고시 [O][X]

3286
형의 선고를 하는 때에 피고인에게 소송비용의 부담을 명할 수 있도록 하는 「형사소송법」 조항은 피고인의 재판청구권을 침해하지 않는다. 25년 입법고시 [O][X]

3287
소취하 간주의 경우에도 소송이 재판에 의하여 종료된 경우와 마찬가지로 변호사 보수를 소송비용에 산입하도록 한 규정은 당사자에게 과도한 재산적 부담을 가지게 한다는 점에서 재판을 받을 권리를 침해한다. 25년 입법고시 [O][X]

3288
헌법 제27조의 '재판을 받을 권리'는 적어도 한번의 재판을 받을 권리, 적어도 하나의 심급을 요구할 권리이고, 심급제도가 몇 개의 심급으로 형성되어야 하는가에 관하여는 헌법이 전혀 규정하고 있지 않으므로, 이는 입법자의 광범위한 형성권에 맡겨져 있는 것이다. 25년 경찰승진 [O][X]

3289
사법보좌관에게 「민사소송법」에 따른 독촉절차에서의 법원의 사무를 처리할 수 있도록 규정한 「법원조직법」 조항 중 '민사 소송법에 따른 독촉절차에서의 법원의 사무'에 관한 부분은 입법재량권의 한계를 벗어난 자의적인 입법으로 헌법상 보장된 재판을 받을 권리의 본질적 내용을 침해한다. 25년 경찰승진 [O][X]

3290
헌법 제27조 제1항의 재판청구권은 절차적 기본권으로서 제도적 보장의 성격이 강하므로 성질상 '인간의 권리'에 해당한다고 보기 어려워 외국인은 그 주체가 될 수 없지만, 공법인적 성격과 사법인적 성격을 겸유하는 학교안전공제회는 그 주체가 될 수 있다. 24년 군무원 5급 [O][X]

정답 및 해설

(O) 행정청이 과태료를 부과하기 전에 미리 당사자에게 사전통지를 하면서 의견제출 기한을 부여하고, 그 기한 내에 과태료를 자진납부한 당사자에게 과태료 감경의 혜택을 부여하는 주된 목적은 과태료를 신속하고 효율적으로 징수하려는 것인 점, 당사자는 의견제출 기간 내에 과태료를 자진납부하여 과태료의 감경을 받을 것인지, 아니면 과태료의 부과 여부나 그 액수를 다투어 법원을 통한 과태료 재판을 받을 것인지를 선택할 수 있는 점 등을 고려한 것으로 적법절차원칙을 위반하였다고 보기 어렵다(헌재 2019.12.27. 2017헌바413).

(O) 소송비용의 범위도 '형사소송비용 등에 관한 법률'에서 정한 증인·감정인·통역인 또는 번역인과 관련된 비용 등으로 제한되어 있고 피고인은 소송비용 부담 재판에 대해 불복할 수 있으며 빈곤을 이유로 추후 집행 면제를 신청할 수도 있다. 따라서 심판대상조항은 피고인의 재판청구권을 침해하지 아니한다(헌재 2021.2.25. 2018헌바224).

(X) 정당한 권리실행을 위하여 소송을 제기하거나 응소한 사람의 경우 지출한 변호사비용을 상환받을 수 있게 되는 반면 패소할 경우 비교적 고액인 변호사비용을 부담하게 될 수도 있다는 점 때문에 부당한 제소 및 방어를 자제하게 되어 입법목적의 달성에 실효적인 수단이 된다고 할 것이므로 수단의 적절성도 인정된다(헌재 2017.7.27. 2015헌바1). / 따라서 재판청구권을 침해하지 않는다.

(O) 심급제도가 몇 개의 심급으로 형성되어야 하는가에 관하여 헌법이 전혀 규정하는 바가 없으므로, 이는 입법자의 광범위한 형성권에 맡겨져 있는 것이며, 모든 구제절차나 법적분쟁에서 반드시 보장되는 것은 아니다(헌재 2005.3.31. 2003헌바34).

(X) 사법보좌관의 처분에 대하여는 법원조직법에서 법관에게 이의신청을 할 수 있음을 명시하고 있고, 사법보좌관규칙에서 그 이의절차에 관하여 상세히 규정하고 있는바, 이를 통해 법관에 의한 사실확정과 법률의 해석·적용의 기회를 보장하고 있다(헌재 2020.12.23. 2019헌바353). / 따라서 재판받을 권리를 침해하지 않는다.

(X) 신체의 자유, 주거의 자유, 변호인의 조력을 받을 권리, 재판청구권 등은 성질상 인간의 권리에 해당한다고 볼 수 있으므로, 위 기본권들에 관하여는 외국인의 기본권 주체성이 인정된다(헌재 2012.8.23. 2008헌마430).

OX 문제

3291
심급제도는 하급심에서 잘못된 재판을 하였을 때 상소심으로 하여금 이를 바로잡게 하는 것이 재판청구권을 실질적으로 보장하는 방법이 된다는 의미에서 재판청구권을 보장하기 위한 하나의 수단이며, 사법에 의한 권리보호에 관하여 한정된 사법자원의 합리적인 분배의 문제인 동시에 재판의 적정과 신속이라는 서로 상반되는 요청을 어떻게 조화시키느냐의 문제에 속한다. 25년 법원직 [O][X]

3292
판결주문에 영향이 없는 당사자의 공격방어방법에 대한 판단이 누락된 경우와 달리 판결주문과 간접적으로만 연관되는 판단이유가 누락된 경우에는 재심의 소를 통해 기판력 등 확정된 판결의 효력을 배제하는 것이 재심제도의 취지에 부합한다. 25년 경찰승진 [O][X]

3293
민주화운동 관련자 명예회복 및 보상 등에 관한 법률상 위원회의 보상금 등 지급결정에 동의한 때 민주화운동과 관련하여 입은 피해에 대해 재판상 화해의 성립을 간주하여 정신적 손해에 대한 국가배상청구를 금지하더라도 적극적·소극적 손해에 상응하는 배상이 이루어졌으므로 민주화운동 관련자와 유족의 국가배상청구권이 침해되었다고 볼 수 없다. 22년 법학경채 [O][X]

3294
5·18 민주화운동과 관련하여 사망하거나 행방불명된 자 및 상이를 입은 자 또는 그 유족이 적극적·소극적 손해의 배상에 상응하는 보상금 등 지급결정에 동의하였다는 사정만으로 재판상 화해의 성립을 간주하는 것은 국가배상청구권에 대한 과도한 제한이다. 23년 경찰간부, 22년 경찰간부 [O][X]

3295
일반국민이 공동불법행위자인 군인의 부담부분에 관하여 국가에 대하여 구상권을 행사할 수 없다고 해석한다면 일반국민의 재산권을 과잉 제한하는 경우에 해당한다. 21년 경행특채 [O][X]

정답 및 해설

(O) 심급제도는 하급심에서 잘못된 재판을 하였을 때 상소심으로 하여금 이를 바로잡게 하는 것이 재판청구권을 실질적으로 보장하는 방법이 된다는 의미에서 재판청구권을 보장하기 위한 하나의 수단이며, 사법에 의한 권리보호에 관하여 한정된 사법자원의 합리적인 분배의 문제인 동시에 재판의 적정과 신속이라는 서로 상반되는 요청을 어떻게 조화시키느냐의 문제에 속한다(헌재 1997.10.30. 97헌바37).

(X) 판결주문에 영향이 없는 당사자의 공격방어방법에 대한 판단이 누락된 경우나, 판결주문과 간접적으로만 연관되는 판단이유가 누락된 경우에 재심의 소를 통하여 확정된 판결의 효력을 배제하는 것을 허용해야 할 만큼 정의의 요청이 절박하다고 할 수 없다. 오히려 판결의 결론에 영향을 미칠 수 없는 불필요한 재심이 제기되어 재심제도의 취지에 어긋날 수 있다(헌재 2016.12.29. 2016헌바43).

(X) *정신적 손해*에 대해 적절한 배상이 이루어지지 않은 상태에서 적극적·소극적 손해에 상응하는 배상이 이루어졌다는 사정만으로 정신적 손해에 대한 국가배상청구마저 금지하는 것은, 해당 손해에 대한 적절한 배상이 이루어졌음을 전제로 하여 국가배상청구권 행사를 제한하려 한 민주화보상법의 입법목적에도 부합하지 않으며, 국가의 기본권 보호의무를 규정한 헌법 제10조 제2문의 취지에도 반하는 것으로서, 국가배상청구권에 대한 지나치게 과도한 제한에 해당한다. 따라서 심판대상조항 중 정신적 손해에 관한 부분은 민주화운동 관련자와 유족의 국가배상청구권을 침해한다(헌재 2018.8.30. 2014헌바180 등).

(O) 심판대상조항은 정신적 손해에 대해 적절한 배상이 이루어지지 않은 상태에서, 5·18민주화운동과 관련하여 사망하거나 행방불명된 자 및 상이를 입은 자 또는 그 유족이 적극적·소극적 손해의 배상에 상응하는 보상금 등 지급결정에 동의하였다는 사정만으로 재판상 화해의 성립을 간주하고 있다. 이는 국가배상청구권에 대한 과도한 제한이다 (헌재 2021.5.27. 2019헌가17).

(O) 국가배상법 제2조 제1항 단서 중 군인에 관련되는 부분을 일반 국민이 직무집행 중인 군인과의 공동불법행위로 직무집행 중인 다른 군인에게 공상을 입혀 그 피해자에게 공동의 불법행위로 인한 손해를 배상한 다음 공동불법행위자인 군인의 부담부분에 관하여 국가에 대하여 구상권을 행사하는 것을 허용하지 않는다고 해석한다면, 이는 위 단서 규정의 헌법상 근거규정인 헌법 제29조가 구상권의 행사를 배제하지 아니하는데도 이를 배제하는 것으로 해석하는 것으로서 합리적인 이유 없이 일반국민을 국가에 대하여 지나치게 차별하는 경우에 해당하므로 헌법 제11조, 제29조에 위반된다(헌재 1994.12.29. 93헌바21).

| OX 문제 | 정답 및 해설 |

3296

민간인과 직무 집행 중인 군인 등의 공동불법행위로 인하여 직무 집행 중인 다른 군인 등이 피해를 입은 경우, 공동불법행위자 등이 부진정 연대채무자로서 각자 피해자의 손해 전부를 배상할 의무를 부담하는 공동불법행위의 일반적인 경우와 달리 예외적으로 민간인은 피해 군인 등에 대하여 그 손해 중 국가등이 민간인에 대한 구상 의무를 부담한다면 그 내부적인 관계에서 부담하여야 할 부분을 제외한 나머지 자신의 부담 부분에 한하여 손해 배상의무를 부담하고, 한편 국가 등에 대하여는 그 귀책부분의 구상을 청구할 수 없다고 해석함이 상당하다할 것이고, 이러한 해석이 손해의 공평·타당한 부담을 그 지도원리로 하는 손해배상제도의 이상에도 맞는다 할 것이다. 24년 법원행시 [O][X]

(O) 민간인과 직무 집행 중인 군인 등의 공동불법행위로 인하여 직무 집행 중인 다른 군인 등이 피해를 입은 경우, 공동불법행위자 등이 부진정 연대채무자로서 각자 피해자의 손해 전부를 배상할 의무를 부담하는 공동불법행위의 일반적인 경우와 달리 예외적으로 민간인은 피해 군인 등에 대하여 그 손해 중국가 등이 민간인에 대한 구상 의무를 부담한다면 그 내부적인 관계에서 부담하여야 할 부분을 제외한 나머지 자신의 부담 부분에 한하여 손해 배상의무를 부담하고, 한편 국가 등에 대하여는 그 귀책부분의 구상을 청구할 수 없다고 해석함이 상당하다 할 것이고, 이러한 해석이 손해의 공평·타당한 부담을 그 지도원리로 하는 손해배상제도의 이상에도 맞는다 할 것이다(대판 2001.2.15. 96다42420).

3297

군인 등의 유족의 국가배상청구권은 헌법 제29조 제2항에 의하여 제한되고, 헌법 제29조 제2항은 군인 등이나 그 유족이 실제로 보상을 지급받을 수 있는 권리가 발생한 이상 그 권리 행사 여부에 관계없이 적용된다고 보아야 한다. 26년 경찰간부 [O][X]

(O) 유족이 법률에 의한 보상을 받을 권리 외에 국가배상청구권까지 행사할 수 있다고 본다면 국가는 사회보장적 보상뿐만 아니라 손해배상책임까지 부담할 수 있어 이중배상의 문제가 발생하는 점, 헌법 제29조 제2항의 입법취지 등을 고려하면, 유족의 국가배상청구권도 헌법 제29조 제2항에 의하여 제한되고, 헌법 제29조 제2항은 군인 등이나 그 유족이 실제로 보상을 지급받을 수 있는 권리가 발생한 이상 그 권리 행사 여부에 관계없이 적용된다고 보아야 한다(헌재 2024.8.29. 2021헌바86).

3298

부마민주항쟁을 이유로 30일 미만 구금된 자를 보상금 또는 생활지원금의 지급대상에서 제외하는 「부마민주항쟁 관련자의 명예훼손 및 보상등에 관한 법률」상 조항은 청구인의 평등권을 침해한다. 22년 경찰간부 [O][X]

(X) 부마항쟁보상법은 부마민주항쟁 관련자에 대하여 간이한 절차로 손해배상을 받을 수 있게 특별한 절차를 마련한 것으로 입법형성의 영역에 속한다. 생명·신체의 손상을 입은 경우에만 보상금을 지급하도록 한 것은 불합리하지 않다(헌재 2019.4.11. 2016헌마418).

3299

헌법 제29조 제1항 제1문은 '공무원의 직무상 불법행위'로 인한 국가 또는 공공단체의 책임을 규정하고 제2문은 '이경우 공무원 자신의 책임은 면제되지 아니한다.'고 규정하고 있으므로 헌법상 국가배상책임은 공무원의 책임을 일정부분 전제하는 것으로 해석될 수 있다. 21년 법원직 9급 [O][X]

(O) 헌법 제29조 제1항 제1문은 '공무원의 직무상 불법행위'로 인한 국가 또는 공공단체의 책임을 규정하면서 제2문은 '이 경우 공무원 자신의 책임은 면제되지 아니한다.'고 규정하여 헌법상 국가배상책임은 공무원의 책임을 일정 부분 전제하는 것으로 해석될 수 있고, 헌법 제29조 제1항에 법률유보 문구를 추가한 것은 국가재정을 고려하여 국가배상책임의 범위를 법률로 정하도록 한 것으로 해석된다(헌재 2015.4.30. 2013헌바395).

3300

국가배상청구권의 성립요건으로서 공무원의 고의 또는 과실을 규정한 국가배상법 조항은, 법률로 이미 형성된 국가배상청구권의 행사 및 존속을 '제한'하는 것이라기보다는 국가배상청구권의 내용을 '형성'하는 것이므로, 헌법상 국가배상제도의 정신에 부합하게 국가배상청구권을 형성하였는지의 관점에서 심사하여야 한다. 21년 법원직 9급 [O][X]

(O) 헌법상 국가배상청구권은 청구권적 기본권이고, 앞에서 본 바와 같이 그 요건인 '불법행위'는 법률에서 구체적으로 형성할 수 있는 개념이라 할 것이다. 따라서 이 사건 법률조항이 국가배상청구권의 성립요건으로서 공무원의 고의 또는 과실을 규정한 것은 법률로 이미 형성된 국가배상청구권의 행사 및 존속을 제한한다고 보기 보다는 국가배상청구권의 내용을 형성하는 것이라고 할 것이므로, 헌법상 국가배상제도의 정신에 부합하게 국가배상청구권을 형성하였는지의 관점에서 심사하여야 한다(헌재 2015.4.30. 2013헌바395).

| OX 문제 | 정답 및 해설 |

3301 국가배상청구권의 성립요건으로서 공무원의 고의 또는 과실을 규정한 것은 원활한 공무집행을 위한 입법정책적 고려에 따라 법률로 이미 형성된 국가배상청구권의 행사 및 존속을 제한한 것이다. 24년 경찰승진 [O X]

(X) 심판대상조항이 국가배상청구권의 성립요건으로서 공무원의 고의 또는 과실을 규정한 것은 법률로 이미 형성된 국가배상청구권의 행사 및 존속을 제한한다고 보기 보다는 국가배상청구권의 내용을 형성하는 것이라고 할 것이므로, 헌법상 국가배상제도의 정신에 부합하게 국가배상청구권을 형성하였는지의 관점에서 심사하여야 한다(헌재 2020.3.26. 2016헌바55 등). / *제한이 아니라 형성임*

3302 인권침해가 극심하게 이루어진 긴급조치 발령과 그 집행과 같이 국가의 의도적·적극적 불법행위에 대하여는 국가배상청구의 요건을 완화하여 공무원의 고의 또는 과실에 대한 예외를 인정하여야 한다. 21년 법원직 9급 [O X]

(X) 청구인들이 심판대상조항의 위헌성을 주장하게 된 계기를 제공한 국가배상청구 사건은, 인권침해가 극심하게 이루어진 긴급조치 발령과 그 집행을 근거로 한 것이므로 다른 일반적인 법 집행 상황과는 다르다는 점에서 이러한 경우에는 국가배상청구 요건을 완화하여야 한다는 주장이 있을 수 있다. 그러나 위와 같은 경우라 하여 국가배상청구권 성립요건에 공무원의 고의 또는 과실에 대한 예외가 인정되어야 한다고 보기는 어렵다(헌재 2020.3.26. 2016헌바55 등).

3303 「국가배상법」조항이 국가배상청구권의 성립요건으로서 공무원의 고의 또는 과실을 규정한 것은 법률로 이미 형성된 국가배상 청구권의 행사 및 존속을 제한할 뿐만 아니라, 국가배상청구권의 내용을 새롭게 형성하는 것이라고 할 것이므로, 「국가배상법」조항이 국가배상청구권의 성립요건으로서 공무원의 고의 또는 과실을 요구함으로써 무과실책임을 인정하지 않은 것은 입법 형성의 범위를 벗어나 헌법 제29조에서 규정한 국가배상청구권을 침해한다. 22년 순경 2차 [O X]

(X) 입법자가 이 사건 법률조항에서 국가배상청구권의 성립 요건으로 공무원의 고의 또는 과실을 규정함으로써 무과실책임을 인정하지 않은 것이 입법형성권의 자의적 행사로서 청구인들의 국가배상청구권을 침해한다고 볼 수 없다(헌재 2015.4.30. 2013헌바395).

3304 공무원이 직무수행 중 불법행위로 타인에게 손해를 입힌 경우에 국가나 지방자치단체가 국가배상책임을 부담하는 외에 공무원 개인도 고의 또는 중과실이 있는 경우에는 불법행위로 인한 손해배상책임을 지지만, 공무원에게 경과실이 있을 뿐인 경우에는 공무원 개인은 불법행위로 인한 손해배상책임을 부담하지 아니한다. 24년 해경간부 [O X]

(O) 공무원이 직무수행 중 불법행위로 타인에게 손해를 입힌 경우 국가 등이 국가배상책임을 부담하는 외에 공무원 개인도 고의 또는 중과실이 있는 경우에는 불법행위로 인한 손해배상책임을 진다고 할 것이지만, 공무원에게 경과실뿐인 경우에는 공무원 개인은 손해배상책임을 부담하지 아니한다고 해석하는 것이 헌법 제29조 제1항 본문과 단서 및 국가배상법 제2조의 입법취지에 조화되는 올바른 해석이다(대판 1996.2.15. 95다38677).

3305 「국가배상법」에 따른 손해배상의 소송은 배상심의회에 배상신청을 하지 아니하고도 제기할 수 있다. 22년 법학경채 [O X]

(O) 배상청구는 소제기에 앞서 배상심의회의 결정을 거칠 수 있으나 배상심의회의 배상결정은 임의적 전치주의로 변경되어 배상심의회에 배상신청을 하지 아니하고도 바로 소송을 제기할 수 있다(국가배상법 제9조).

3306 헌법 제29조 제2항은 헌법이 직접 군인, 군무원, 경찰공무원 등의 국가배상청구권을 제한하고 있는 개별적 헌법유보 조항으로 볼 수 있다. 22년 경행특채 [O X]

(O) 개별적 헌법유보란 헌법이 직접 특정의 기본권을 제한하는 것을 말한다. 대표적으로 헌법 제29조 제2항의 이중배상 금지나 헌법 제33조 제2항, 제3항의 근로3권 제한등을 들 수 있다.

OX 문제

3307
「진실·화해를 위한 과거사 정리 기본법」상 민간인 집단희생사건, 중대한 인권침해·조작의혹사건에 「민법」상 소멸시효 조항의 객관적 기산점이 적용되도록 하는 것은 청구인들의 국가배상청구권을 침해한다. 22년 경찰간부 [O X]

3308
법관의 재판에 법령의 규정을 따르지 않은 잘못이 있다면 이로써 바로 그 재판상 직무행위가 「국가배상법」에서 말하는 위법한 행위로 되어 국가의 손해배상책임이 발생하는 것이다. 23년 경찰간부 [O X]

3309
특수임무수행자는 보상금 등 산정과정에서 국가 행위의 불법성이나 구체적인 손해 항목 등을 주장·입증할 필요가 없고 특수임무 수행자의 과실이 반영되지도 않으며, 국가배상청구에 상당한 시간과 비용이 소요되는 데 반해 보상금 등 지급결정은 비교적 간이·신속한 점까지 고려하면, 「특수임무수행자 보상에 관한 법률」이 정한 보상금을 지급받는 것이 국가배상을 받는 것에 비해 일률적으로 과소 보상된다고 할 수 없으므로 국가배상청구권 또는 재판청구권을 침해한다고 보기 어렵다. 22년 순경 2차 [O X]

3310
지구심의회에서 배상신청이 기각된 신청인은 결정정본이 송달된 날부터 2주일 이내에 그 심의회를 거쳐 본부심의회나 특별심의회에 재심을 신청할 수 있으나, 지구심의회에서 배상신청이 각하된 신청인은 재심을 신청할 수 없다. 24년 해경간부 [O X]

3311
국가나 지방자치단체에 대한 배상신청사건을 심의하기 위하여 법무부에 본부심의회를 두고, 군인이나 군무원이 타인에게 입힌 손해에 대한 배상신청사건을 심의하기 위하여 국방부에 특별심의회를 둔다. 20년 비상기획관(하) [O X]

정답 및 해설

(O) 국가가 소속 공무원들의 조직적 관여를 통해 불법적으로 민간인을 집단 희생시키거나 장기간의 불법구금·고문 등에 의한 허위자백으로 유죄판결을 하고 사후에도 조작·은폐를 통해 진상규명을 저해하였음에도 불구하고, 그 불법행위 시점을 소멸시효의 기산점으로 삼는 것은 피해자와 가해자 보호의 균형을 도모하는 것으로 보기 어렵고, 발생한 손해의 공평·타당한 분담이라는 손해배상제도의 지도원리에도 부합하지 않는다. 그러므로 「진실·화해를 위한 과거사정리 기본법」 제2조 제1항 제3호·제4호에 규정된 사건에 「민법」 제166조 제1항, 제766조 제2항의 '객관적 기산점'이 적용되도록 하는 것은 합리적 이유가 인정되지 않는다(헌재 2018.8.30. 2014헌바148 등).

(X) 법관의 재판에 법령의 규정을 따르지 아니한 잘못이 있다 하더라도 이로써 바로 그 재판상 직무행위가 국가배상법 제2조 제1항에서 말하는 위법한 행위로 되어 국가의 손해배상책임이 발생하는 것은 아니고, 그 국가배상책임이 인정되려면 당해 법관이 위법 또는 부당한 목적을 가지고 재판을 하는 등 법관이 그에게 부여된 권한의 취지에 명백히 어긋나게 이를 행사하였다고 인정할 만한 특별한 사정이 있어야 한다고 해석함이 상당하다(대판 2001.4.24. 2000다16114). / 즉 상소심에 불복하여 구제가능하다.

(O) 특수임무수행자보상심의위원회는 관련 분야의 전문가들로 구성되고, 위원에 대한 지휘·감독 규정이 없는 등 독립성이 보장되어 위원회에서 결정되는 보상액과 법원의 그것 사이에 별다른 차이가 없게 된 점 등을 볼 때 청구인들의 재판청구권을 침해한다고 볼 수 없다(헌재 2009.4.30. 2006헌마1322).

(X) 지구심의회에서 배상신청이 기각(일부기각된 경우를 포함한다) 또는 각하된 신청인은 결정정본이 송달된 날부터 2주일 이내에 그 심의회를 거쳐 본부심의회나 특별심의회에 재심(再審)을 신청할 수 있다(국가배상법 제15조의2 제1항).

(O) 국가나 지방자치단체에 대한 배상신청사건을 심의하기 위하여 법무부에 본부심의회를 둔다. 다만, 군인이나 군무원이 타인에게 입힌 손해에 대한 배상신청사건을 심의하기 위하여 국방부에 특별심의회를 둔다(국가배상법 제10조 제1항).

| OX 문제 | 정답 및 해설 |

3312
헌법상 형사보상청구권은 국가의 형사사법절차에 내재하는 불가피한 위험에 의하여 국민의 신체의 자유에 관하여 형사사법기관의 귀책사유로 인해 피해가 발생한 경우 국가에 대하여 정당한 보상을 청구할 수 있는 권리로서, 실질적으로 국민의 재판청구권과 밀접하게 관련된 중대한 기본권이다. 24년 경찰간부, 21년 법원직 9급 [O X]

(X) 헌법상 형사보상청구권은 국가의 형사사법절차에 내재하는 불가피한 위험에 의하여 국민의 신체의 자유에 관하여 피해가 발생한 경우 형사사법기관의 귀책사유를 따지지 않고 국가에 대하여 정당한 보상을 청구할 수 있는 권리로서, 실질적으로 국민의 신체의 자유와 밀접하게 관련된 중대한 기본권이다(헌재 2022.2.24. 2018헌마998 등). / 본인의 귀책사유는 따지지만 국가기관 즉 형사사법기관의 귀책사유는 따지지 않는다고 설명드렸을 겁니다. 꼭 구별해야 하는 문제입니다.

3313
형사피고인으로서 구금되었던 자가 법률이 정한 무죄판결을 받은 경우에 국가에 대하여 물질적·정신적 피해에 대한 정당한 보상을 청구할 수 있는 권리를 보장하여 국가의 형사사법작용에 의하여 신체의 자유가 침해된 국민에게 그 구제를 인정하여 국민의 기본권 보호를 강화하는데 그 목적이 있다. 22년 소방간부 [O X]

(O) 헌법 제28조는 "형사피의자 또는 형사피고인으로서 구금되었던 자가 법률이 정하는 불기소처분을 받거나 무죄판결을 받은 때에는 법률이 정하는 바에 의하여 국가에 정당한 보상을 청구할 수 있다."고 규정함으로써, 형사피고인으로서 구금되었던 자가 법률이 정한 무죄판결을 받은 경우에 국가에 대하여 물질적·정신적 피해에 대한 정당한 보상을 청구할 수 있는 권리를 보장하고 있다. 형사보상청구권은 국가의 형사사법작용에 의하여 신체의 자유가 침해된 국민에게 그 구제를 인정하여 국민의 기본권 보호를 강화하는 데 그 목적이 있다(헌재 2010.7.29. 2008헌가4).

3314
보상청구는 무죄재판을 한 법원의 상급법원에 대하여 하여야 한다. 21년 국가직 5급 [O X]

(X) 보상청구는 무죄재판을 한 법원에 대하여 하여야 한다(형사보상 및 명예회복에 관한 법률 제7조).

3315
보상청구는 대리인을 통하여 할 수 없다. 21년 국가직 5급 [O X]

(X) 보상청구는 대리인을 통하여서도 할 수 있다(형사보상 및 명예회복에 관한 법률 제13조).

3316
무죄판결이 확정된 피고인이 구금 여부와 상관없이 재판에 들어간 비용의 보상을 법원에 청구할 수 있도록 하는 내용의 비용보상청구권의 제척기간을 무죄판결이 확정된 날부터 6개월로 규정한 구 형사소송법 해당 규정은 형사보상청구권을 제한한다. 25년 법원직 [O X]

(X) 비용보상청구 제도는 형사사법절차에 내재하는 불가피한 위험성으로 인해 손해를 입은 사람에게 그 위험에 관한 부담을 덜어주기 위해 국가의 고의나 과실 여부를 불문하고 그 손해를 보상해주는 것이다. 이는 구금되었음을 전제로 하는 헌법 제28조의 형사보상청구권이나 국가의 귀책사유를 전제로 하는 헌법 제29조의 국가배상청구권이 헌법적 차원에서 명시적으로 규정되어 보호되고 있는 것과 다르다(헌재 2015.4.30. 2014헌바408). / 따라서 형사보상청구권을 제한하지 않는다.

3317
입법자가 형사비용보상청구권을 행사할 수 있는 청구기간을 정하면서 국가배상청구권이나 형사보상청구권보다 짧은 기간만 허용하였다고 하여 이러한 차별취급이 합리적 이유 없는 자의적 차별이라 단정할 수 없다. 21년 법원행시 [O X]

(O) 형사소송법상 비용보상청구는 피고인이 지출한 비용 중 법률로 정한 일부만 보상하고 보상액 산정기준과 범위도 미리 정해져 있으며 절차도 일반 사법절차에 비하여 간편하게 되어 있다. 따라서 입법자가 비용보상청구권을 행사할 수 있는 청구기간을 정하면서 국가배상청구권이나 형사보상청구권보다 짧은 기간만 허용하였다고 하여 이러한 차별취급이 합리적 이유 없는 자의적 차별이라 단정할 수 없다(헌재 2015.4.30. 2014헌바408 등).

| OX 문제 | 정답 및 해설 |

3318
비용보상청구권의 제척기간을 무죄판결이 확정된 날부터 6개월로 제한한 구「형사소송법」은 과잉금지원칙에 위반되어 청구인의 재판청구권 및 재산권을 침해하지 않는다. 23년 경찰승진 ○ ×

(O) 이 사건 법률조항이 비용보상청구에 관한 제척기간을 규정한 것은 비용보상에 관한 국가의 채무관계를 조속히 확정하여 국가재정을 합리적으로 운영하기 위한 것으로 입법목적의 정당성 및 수단의 적합성이 인정된다(헌재 2015.4.30. 2014헌바408 등). / *최근 군사법원법상 비용보상의 경우 6개월로 제한한 부분은 위헌이라 판시하였다.*

3319
피의자와 피고인의 형사보상청구권은 건국헌법에서 처음 규정되었고, 범죄피해자구조청구권은 현행 헌법에서 처음으로 규정되었다. 21년 법원행시 ○ ×

(X) 형사보상청구권은 건국헌법 때는 피고인만 규정되어 있었다. 그러나 현행 헌법부터 피의자까지 확대되었다. 범죄피해자구조청구권은 현행 헌법에서 처음 신설되었다.

3320
입법자는 형사보상청구권의 구체적인 내용과 절차를 정함에 있어 광범위한 입법형성의 자유를 가진다. 따라서 형사보상청구권의 구체적인 내용과 절차를 정한 법률의 위헌심사에서는 그 심사기준으로 자의금지원칙이 적용된다. 22년 법무사 ○ ×

(X) 형사보상청구권이라 하여도 '법률이 정하는 바에 의하여' 행사되므로(헌법 제28조) 그 내용은 법률에 의하여 정해지는바, 이 과정에서 입법자에게 일정한 입법재량이 부여될 수 있고, 따라서 형사보상의 구체적 내용과 금액 및 절차에 관한 사항은 입법자가 정하여야 할 사항이라 할 것이다. 그러나 이러한 입법을 함에 있어서는 비록 완화된 의미일지언정 헌법 제37조 제2항의 비례의 원칙이 준수되어야 한다(헌재 2010.10.28. 2008헌마514 등).

3321
형사보상청구권에 관한 헌법 제28조에서 규정하는 '정당한 보상'은 헌법 제23조 제3항에서 재산권의 침해에 대하여 규정하는 '정당한 보상'과는 차이가 있다. 22년 법무사 ○ ×

(O) 형사보상은 형사피고인 등의 신체의 자유를 제한한 것에 대하여 사후적으로 그 손해를 보상하는 것인바, 구금으로 인하여 침해되는 가치는 객관적으로 평가하기 어려운 것이므로, 그에 대한 보상을 어떻게 할 것인지는 국가의 경제적, 사회적, 정책적 사정들을 참작하여 입법재량으로 결정할 수 있는 사항이라 할 것이다. 이러한 점에서 헌법 제28조에서 규정하는 '정당한 보상'은 헌법 제23조 제3항에서 재산권의 침해에 대하여 규정하는 '정당한 보상'과는 차이가 있다 할 것이다(헌재 2010.10.28. 2008헌마514 등).

3322
원판결의 근거가 된 가중처벌규정에 대하여 헌법재판소의 위헌결정이 있었음을 이유로 개시된 재심절차에서, 공소장의 교환적 변경을 통해 위헌결정된 가중처벌규정보다 법정형이 가벼운 처벌규정으로 적용 법조가 변경되어 피고인이 무죄판결을 받지는 않았으나 원판결보다 가벼운 형으로 유죄판결이 확정됨에 따라 원판결에 따른 구금형 집행이 재심판결에서 선고된 형을 초과하게 된 경우, 재심판결에서 선고된 형을 초과하여 집행된 구금에 대하여 보상요건을 규정하지 아니한 「형사보상 및 명예회복에 관한 법률」 제26조 제1항은 평등권을 침해한다. 24년 경찰간부 ○ ×

(O) 위헌결정된 가중처벌규정보다 법정형이 가벼운 처벌규정으로 적용법조가 변경되어 피고인이 무죄재판을 받지는 않았으나 원판결보다 가벼운 형으로 유죄판결이 확정된 경우, 재심판결에서 선고된 형을 초과하여 집행된 구금에 대하여 보상요건을 전혀 규정하지 아니한 '형사보상 및 명예회복에 관한 법률' 제26조 제1항이 평등원칙을 위반하여 청구인들의 평등권을 침해한다(헌재 2022.2.24. 2018헌마998).

| OX 문제 | 정답 및 해설 |

3323
헌법 제28조는 '불기소처분을 받거나 무죄판결을 받은 때' 구금에 대한 형사보상을 청구할 수 있는 권리를 헌법상 기본권으로 명시하고 있으므로, 외형상 형식상으로 무죄재판이 없었다면 형사사법절차에 내재하는 불가피한 위험으로 인하여 국민의 신체의 자유에 관한 피해가 발생하였다 하더라도 형사보상청구권을 인정할 수 없다. 23년 경찰승진 O X

(X) 헌법 제28조의 형사보상청구권이 국가의 형사사법작용에 의하여 신체의 자유가 침해된 국민에게 그 구제를 인정하여 국민의 기본권 보호를 강화하는 데 그 목적이 있는 점에 비추어 보면, 외형상·형식상으로 무죄재판이 없다고 하더라도 형사사법절차에 내재하는 불가피한 위험으로 인하여 국민의 신체의 자유에 관하여 피해가 발생하였다면 형사보상청구권을 인정하는 것이 타당하다(헌재 2022.2.24. 2018헌마998).

3324
무죄판결이 확정된 피고인에게 국선변호인 보수를 기준으로 소송비용의 보상을 청구할 수 있는 권리는 구금되었음을 전제로 하는 헌법 제28조의 형사보상청구권과는 달리 헌법적 차원의 권리라고 볼 수는 없고, 입법자가 입법의 목적, 국가의 경제적·사회적·정책적 사정들을 참작하여 제정하는 법률에 적용요건, 적용대상, 범위 등 구체적인 사항이 규정될 때 비로소 형성되는 법률상의 권리에 불과하다. 23년 순경 2차 O X

(O) 이 사건 법률조항이 규정하고 있는 '소송비용'의 보상은 형사사법절차에 내재된 위험에 의해 발생되는 손해를 국가가 보상한다는 취지에서 비롯된 것이다. 그러나 구금되었음을 전제로 하는 헌법 제28조의 형사보상청구권과는 달리 소송비용의 보상을 청구할 수 있는 권리는 헌법적 차원의 권리라고 볼 수는 없고, 입법자가 입법의 목적, 국가의 경제적·사회적·정책적 사정들을 참작하여 제정하는 법률에 적용요건, 적용대상, 범위 등 구체적인 사항이 규정될 때 비로소 형성되는 법률상의 권리에 불과하다(헌재 2012.3.29. 2011헌바19).

3325
피고인이 대통령긴급조치 제9호 위반으로 제1, 2심에서 유죄판결을 선고받고 상고하여 상고심에서 구속집행이 정지된 한편 대통령긴급조치 제9호가 해제됨에 따라 면소판결을 받아 확정된 다음 사망한 경우 피고인의 처는 형사보상을 청구할 수 있다. 24년 경찰간부 O X

(O) 피고인이 대통령긴급조치 제9호 위반으로 제1, 2심에서 유죄판결을 선고받고 상고하여 상고심에서 구속집행이 정지된 한편 대통령긴급조치 제9호가 해제됨에 따라 면소판결을 받아 확정된 다음 사망하였는데, 그 후 피고인의 처(妻) 甲이 형사보상을 청구한 사안에서, 甲은 대통령긴급조치 제9호 위반으로 피고인이 구금을 당한 데 대한 보상을 청구할 수 있다(대결 2013.4.18. 2011초기689).

3326
범죄행위 당시 구조피해자와 가해자 사이에 사실상의 혼인관계가 있는 경우에도 구조피해자에게 구조금을 지급한다. 20년 경찰승진 O X

(X) 범죄피해자 보호법 제19조(구조금을 지급하지 아니할 수 있는 경우) ① 범죄행위 당시 구조피해자와 가해자 사이에 다음 각 호의 어느 하나에 해당하는 친족관계가 있는 경우에는 구조금을 지급하지 아니한다. / 1. 부부(사실상의 혼인관계를 포함한다)(범죄피해자 보호법 제19조 제1항 제1호).

3327
범죄피해자구조대상이 되는 범죄피해의 범위에는 형법 제20조 또는 제21조 제1항에 따라 처벌되지 아니하는 행위, 과실에 의한 행위는 제외한다. 22년 법원직, 22년 해경간부 O X

(O) '구조대상 범죄피해'란 대한민국의 영역 안에서 또는 대한민국의 영역 밖에 있는 대한민국의 선박이나 항공기 안에서 행하여진 사람의 생명 또는 신체를 해치는 죄에 해당하는 행위(형법 제9조, 제10조 제1항, 제12조, 제22조 제1항에 따라 처벌되지 아니하는 행위를 포함하며, 같은 법 제20조 또는 제21조 제1항에 따라 처벌되지 아니하는 행위 및 과실에 의한 행위는 제외한다)로 인하여 사망하거나 장해 또는 중상해를 입은 것을 말한다(범죄피해자 보호법 제3조 제1항 제4호).

| OX 문제 | 정답 및 해설 |

3328
「범죄피해자 보호법」제17조 제2항의 유족구조금은 사람의 생명 또는 신체를 해치는 죄에 해당하는 행위로 인하여 사망한 피해자 또는 그 유족들에 대한 손해배상을 목적으로 하는 것으로서, 위 범죄행위로 인한 손해를 전보하기 위하여 지급된다는 점에서 불법행위로 인한 적극적 손해의 배상과 같은 종류의 금원이라고 봄이 타당하다. 22년 경찰승진 [O][X]

(X) 범죄피해자 보호법에 의한 범죄피해 구조금 중 위 법 제17조 제2항의 유족구조금은 사람의 생명 또는 신체를 해치는 죄에 해당하는 행위로 인하여 사망한 피해자 또는 그 유족들에 대한 손실보상을 목적으로 하는 것으로서, 위 범죄행위로 인한 손실 또는 손해를 전보하기 위하여 지급된다는 점에서 불법행위로 인한 소극적 손해의 배상과 같은 종류의 금원이라고 봄이 타당하다(대판 2017.11.9. 2017다228083).

3329
구조대상 범죄피해를 받은 사람 또는 그 유족과 가해자 사이의 관계, 그 밖의 사정을 고려하여 구조금의 전부 또는 일부를 지급하는 것이 사회통념에 위배된다고 인정될 때에는 구조금의 전부 또는 일부를 지급하지 아니한다. 23년 경찰간부 [O][X]

(X) 구조피해자 또는 그 유족과 가해자 사이의 관계, 그 밖의 사정을 고려하여 구조금의 전부 또는 일부를 지급하는 것이 사회통념에 위배된다고 인정될 때에는 구조금의 전부 또는 일부를 지급하지 아니할 수 있다(범죄피해자 보호법 제19조 제6항). / 아니한다가 아니라 아니할 수 있다.

3330
범죄피해 구조금의 지급신청은 해당 구조대상 범죄피해의 발생을 안 날부터 2년간 행사하지 아니하면 시효로 인하여 소멸된다. 23년 경찰간부 [O][X]

(X) 구조금을 받을 권리는 그 구조결정이 해당 신청인에게 송달된 날부터 2년간 행사하지 아니하면 시효로 인하여 소멸된다(범죄피해자 보호법 제31조). 안 날이 아니라 송달된 날

3331
「범죄피해자 보호법」에서 제척기간을 범죄피해가 발생한 날부터 5년으로 정하더라도, 5년이라는 기간이 지나치게 단기라든지 불합리하여 범죄피해자의 구조청구권 행사를 현저히 곤란하게 하거나 사실상 불가능하게 하는 것으로는 볼 수 없다. 24년 순경 1차, 24년 경찰간부 [O][X]

(O) 5년이라는 기간이 지나치게 단기라든지 불합리하여 범죄피해자의 구조청구권 행사를 현저히 곤란하게 하거나 사실상 불가능하게 하는 것으로는 볼 수 없다. 비록 범죄피해자 보호법 제25조가 그 신청기간을 범죄피해발생일부터 10년으로 확장하였지만, 이 역시 입법재량의 범위 내라고 할 수 있을 뿐이고, 종래 그 기간을 5년으로 정한 것 자체가 불합리하다고 보기는 어렵다고 할 것이다(헌재 2011.12.29. 2009헌마354). / 조심해야 할 것은 현행 법을 묻는 것이 아니라 구법인 제척기간이 5년이 너무 단기로 위헌으로 볼 수 없다는 의미이다.

3332
「범죄피해자 보호법」에 의하면, 유족구조금을 받을 유족의 순위는 제18조 규정에서 열거한 순서로 하며, 부모의 경우에는 친부모를 선순위로 하고 양부모를 후순위로 한다. 25년 경찰승진 [O][X]

(X) 유족구조금을 받을 유족의 순위는 제1항 각 호에 열거한 순서로 하고, 같은 항 제2호 및 제3호에 열거한 사람 사이에서는 해당 각 호에 열거한 순서로 하며, 부모의 경우에는 양부모를 선순위로 하고 친부모를 후순위로 한다(범죄피해자 보호법 제18조 제3항).

CHAPTER 06 사회적 기본권

OX 문제

3333
장해급여제도는 본질적으로 소득재분배를 위한 제도가 아니고, 손해배상 내지 손실보상적 급부인 점에 그 본질이 있는 것으로, 산업재해보상 보험이 갖는 두 가지 성격 중 사회보장적 급부로서의 성격은 상대적으로 약하고 재산권적인 보호의 필요성은 보다 강하다고 볼 수 있어 다른 사회보험수급권에 비하여 보다 엄격한 보호가 필요하다. 22년 비상기획관 [O X]

(O) 장해급여제도는 본질적으로 소득재분배를 위한 제도가 아니고, 손해배상 내지 손실보상적 급부인 점에 그 본질이 있는 것으로, 산업재해보상보험이 갖는 두 가지 성격 중 사회보장적 급부로서의 성격은 상대적으로 약하고 재산권적인 보호의 필요성은 보다 강하다고 볼 수 있어 다른 사회보험수급권에 비하여 보다 엄격한 보호가 필요하다(헌재 2009.5.28. 2005헌바20 등).

3334
지뢰피해자 및 그 유족에 대한 위로금 산정 시 사망 또는 상이를 입을 당시의 월평균임금을 기준으로 하고, 그 기준으로 산정한 위로금이 2천만 원에 이르지 아니할 경우 2천만 원을 초과하지 아니하는 범위에서 조정·지급 할 수 있도록 한 「지뢰피해자 지원에 관한 특별법」조항은 인간다운 생활을 할 권리를 침해한다고 볼 수 없다. 22년 5급 공채 [O X]

(O) 지뢰피해자 및 그 유족에 대한 위로금 산정 시 사망 또는 상이를 입을 당시의 월평균임금을 기준으로 위로금을 산정하도록 한 것은 한정된 국가재정 하에서 위로금의 취지, 국가배상청구권의 소멸시효 제도와의 균형점 모색, '지뢰피해자 지원에 관한 특별법' 시행 전 이미 국가배상을 받은 피해자 및 그 유족과의 형평성 등을 고려한 것이다(헌재 2019.12.27. 2018헌바236 등).

3335
주거환경개선사업 및 주택재개발사업의 시행으로 철거되는 주택의 소유자에 대해서는 임시수용시설의 설치 등을 사업시행자의 의무로 규정한 반면, 도시환경정비사업의 경우에는 이와 같은 규정을 두지 아니한 것은 청구인의 인간다운 생활을 할 권리를 제한한다. 22년 순경 2차 [O X]

(X) 이 사건 법률조항은 국가에 대하여 최소한의 물질적 생활을 요구할 수 있음을 내용으로 하는 인간다운 생활을 할 권리의 향유와는 관련이 없고, 이 사건 법률조항으로 인하여 거주지를 이전하여야 하는 것은 아니므로 거주이전의 자유와도 관련이 없다(헌재 2014.3.27. 2011헌바396).

3336
모든 국민은 인간다운 생활을 할 권리를 가지며 국가는 생활능력 없는 국민을 보호할 의무가 있다는 헌법의 규정은 모든 국가기관을 기속하므로, 그 기속의 의미는 적극적·형성적 활동을 하는 입법부 또는 행정부의 경우와 헌법재판에 의한 사법적 통제기능을 하는 헌법재판소에 있어서 동일하다. 21년 소방간부, 21년 법원직 9급 [O X]

(X) 모든 국민은 인간다운 생활을 할 권리를 가지며 국가는 생활능력 없는 국민을 보호할 의무가 있다는 헌법의 규정은 모든 국가기관을 기속하지만, 그 기속의 의미는 적극적·형성적 활동을 하는 입법부 또는 행정부의 경우와 헌법재판에 의한 사법적 통제기능을 하는 헌법재판소에 있어서 동일하지 아니하다(헌재 1997.5.29. 94헌마33).

OX 문제

3337
사적자치에 의해 규율되는 사인 사이의 법률관계에서 계약갱신을 요구할 수 있는 권리나 보증금을 우선하여 변제받을 수 있는 권리 등은 헌법 제34조의 인간다운 생활을 할 권리의 보호대상에 포함된다. 24년 경찰승진 [O][X]

3338
「산업재해보상보험법」상 유족급여를 수령할 수 있는 소정의 유족의 범위에 '직계혈족의 배우자'를 포함시키고 있지 않은 동법 조항은, 입법형성의 한계를 일탈하여 청구인의 인간다운 생활을 할 권리를 침해하고 있다고 보기는 어렵다. 24년 경찰 2차 [O][X]

3339
「공무원연금법」에 따른 퇴직연금일시금을 받은 사람에게 기초연금을 지급하지 아니하도록 한 「기초연금법」 및 동법 시행령 조항은 퇴직연금일시금의 액수 및 수령시점, 현존 여부 등을 고려하지 않은 채 퇴직연금일시금을 받은 사람을 무조건 기초연금 지급대상에서 제외하고 있으므로, 퇴직연금일시금 수령자의 인간다운 생활을 할 권리를 침해한다. 24년 경찰 2차 [O][X]

3340
재요양을 받는 경우에 재요양 당시의 임금을 기준으로 휴업급여를 산정하도록 한 구 「산업재해보상보험법」 제56조 제1항과 재요양 당시 임금이 없으면 최저임금액을 기준으로 휴업급여를 지급하도록 한 「산업재해보상보험법」 제56조 제2항은 근로자의 인간다운 생활을 할 권리를 침해한다. 25년 순경 1차, 24년 경찰간부 [O][X]

3341
「공무원연금법」상의 퇴직급여, 유족급여 등 각종 급여를 받을 권리인 연금수급권은 일부 재산권으로서의 성격과 사회보장 수급권의 성격이 불가분적으로 혼재되어 있으므로 입법자로서는 연금수급권의 구체적 내용을 정함에 있어 이를 전체로서 파악하여 어느 한 쪽의 요소에 보다 중점을 두어서는 아니 된다. 25년 경찰승진 [O][X]

정답 및 해설

(X) 헌법 제34조 제1항의 인간다운 생활을 할 권리는 인간의 존엄에 상응하는 최소한의 물질적인 생활의 유지에 필요한 급부를 요구할 수 있는 권리일 뿐, 사적자치에 의해 규율되는 사인 사이의 법률관계에서 계약갱신을 요구할 수 있는 권리나 보증금을 우선하여 변제받을 수 있는 권리 등은 헌법 제34조 제1항에 의한 보호대상이 아니므로, 이 사건 법률조항들이 청구인의 인간다운 생활을 할 권리를 침해한다고 볼 수 없다(헌재 2014.3.27. 2013헌바198).

(O) 산재보험법상 유족급여는 헌법 제34조의 인간다운 생활을 할 권리에 근거하여 산재보험법에 구체화된 사회보장적 성격의 보험급여로서 입법자의 광범위한 입법형성권이 인정된다. 근로자의 직계혈족의 배우자는 직접적인 혈연관계가 없고 근로자와 생계를 같이하는 경우에만 가족으로 인정되는 것이어서 가족으로서의 유대관계와 결속력이 완화되어 있고, 민법상 상속인의 범위에서도 제외되어 있으며, 다른 사회보장법에서도 유족의 범위에 포함되지 않고 있다. 따라서 이 사건 법률조항이 직계혈족의 배우자를 유족의 범위에 포함시키지 않고 있다 하더라도 그것이 입법형성의 한계를 일탈하여 청구인의 인간다운 생활을 할 권리를 침해하고 있다고 보기는 어렵다(헌재 2012.3.29. 2011헌바133).

(X) 심판대상조항은 공무원연금법에 따른 퇴직연금일시금을 지급받은 사람 및 그 배우자를 기초연금 수급권자의 범위에서 제외하고 있는바, 이는 한정된 재원으로 노인의 생활안정과 복리향상이라는 기초연금법의 목적을 달성하기 위한 것으로서 합리성이 인정되고, 국가가 기초연금제도 외에도 다양한 노인복지제도와 저소득층 노인의 노후소득 보장을 위한 기초생활보장제도를 실시하고 있으며, 퇴직공무원의 후생복지 및 재취업을 위한 사업을 실시하고 있는 점을 고려할 때 인간다운 생활을 할 권리를 침해한다고 볼 수 없다(헌재 2018.8.30. 2017헌바197 등).

(X) 재요양은 최초 상병진단 시로부터 시간적·의학적으로 단절되어 있으므로 재요양 당시의 임금 수준은 최초 상병진단 시의 임금 수준과 어느 정도 차이가 날 수밖에 없고, 휴업급여는 요양 또는 재요양을 전제로 지급되는 급여이므로 요양의 필요성 인정 여부와 상관없이 최초 진폐진단 시의 임금을 기준으로 휴업급여를 지급하는 것은 휴업급여의 본질에 부합하지 아니하며 다른 재해근로자와의 형평에도 어긋난다(헌재 2024.4.25. 2021헌바316). / 따라서 인간다운 생활을 할 권리를 침해하지 아니한다.

(X) 연금수급권에 재산권의 성격이 일부 있다 하더라도 그것은 이미 사회보장법리의 강한 영향을 받지 않을 수 없다 할 것이고, 입법자로서는 연금수급권의 구체적 내용을 정함에 있어 이를 전체로서 파악하여 어느 한 쪽의 요소에 보다 중점을 둘 수 있다 할 것이다(헌재 2009.5.28. 2008헌바107).

| OX 문제 | 정답 및 해설 |

3342
공무원에게 재해보상을 위하여 실시되는 급여의 종류로 휴업급여 또는 상병보상연금 규정을 두고 있지 않은 「공무원 재해보상법」 제8조가 인간다운 생활을 할 권리를 침해할 정도에 이르렀다고 할 수는 없다. 24년 경찰간부 [O][X]

(O) 헌법재판소는 공무원 재해보상법에서 공무원에게 휴업급여·상병보상연금 규정을 두고 있지 않다고 하여, 공무원의 인간다운 생활을 할 권리와 평등권을 침해한다고 볼 수 없다고 결정하였다(헌재 2024.2.28. 2020헌마1587).

3343
자동차사고 피해가족 중 유자녀에 대한 대출을 규정한 구 「자동차손해배상 보장법 시행령」 조항 중 '유자녀의 경우에는 생계유지 및 학업을 위한 자금의 대출' 부분은, 대출을 신청한 법정대리인이 상환의무를 부담하지 않으므로, 유자녀의 아동으로서의 인간다운 생활을 할 권리를 침해한다. 24년 경찰간부 [O][X]

(X) 유자녀에 대하여 적기에 경제적 지원을 하는 동시에 자동차 피해지원사업의 지속가능성을 확보할 필요가 있는 점 등을 고려하여 유자녀 대출 상환의무가 헌법에 위배되지 않는다고 판단하였다(헌재 2024.4.25. 2021헌마473).

3344
국가는 사회적 기본권에 의하여 제시된 국가의 의무와 과제를 언제나 국가의 현실적인 재정·경제 능력의 범위 내에서 다른 국가과제와의 조화와 우선순위결정을 통하여 이행할 수밖에 없다. 21년 법원직 9급 [O][X]

(O) 국가는 사회적 기본권에 의하여 제시된 국가의 의무와 과제를 언제나 국가의 현실적인 재정·경제능력의 범위 내에서 다른 국가과제와의 조화와 우선순위결정을 통하여 이행할 수밖에 없다. 그러므로 사회적 기본권은 입법과정이나 정책결정과정에서 사회적 기본권에 규정된 국가목표의 무조건적인 최우선적 배려가 아니라 단지 적절한 고려를 요청하는 것이다(헌재 2002.12.18. 2002헌마52).

3345
공무원연금의 재원은 개인이 부담하는 기여금과 국가 등이 부담하는 부담금 등으로 형성되므로 한정적일 수밖에 없으나, 연금의 안정적 재정 운용을 명목으로 재직기간 합산에 일정한 제한을 둔 것은 입법목적은 정당하다고 해도 그 수단까지 적절한 것은 아니다. 25년 경찰 2차 [O][X]

(X) 공무원연금의 재원은 개인이 부담하는 기여금과 국가 등이 부담하는 부담금 등으로 형성되므로 한정적일 수밖에 없어서, 연금의 안정적 재정 운용을 위하여 재직기간 합산에 일정한 제한을 둔 것은 입법목적이 정당하고 그 수단도 적절하다(헌재 2016.6.31. 2015헌바18).

3346
「사립학교법」상 명예퇴직수당은 교원이 정년까지 근무할 경우에 받게 될 장래 임금의 보전이나 퇴직 이후의 생활안정을 보장하는 사회보장적 급여가 아니라 장기근속 교원의 조기퇴직을 유도하기 위한 특별장려금이라고 할 것이다. 25년 경찰 2차 [O][X]

(O) 사립학교 교원에 대한 명예퇴직수당은 장기근속자의 조기퇴직을 유도하기 위한 특별장려금이라고 할 것이고 장기근속자의 사회복귀나 노후복지보장과 같은 사회보장과는 직접적인 관련이 있다고 보기 어렵다(헌재 2007.4.26. 2003헌마533).

| OX 문제 | 정답 및 해설 |

3347
공무원의 직무와 관련이 없는 범죄라 할지라도 고의범의 경우에는 공무원의 법령준수의무, 청렴의무, 품위유지의무 등을 위반한 것으로 볼 수 있으므로 이를 퇴직급여의 감액사유에서 제외하지 아니하더라도 헌법에 위반되지 않는다. 20년 변호사
O X

(O) 이 사건 감액조항은 공무원범죄를 예방하고 공무원이 재직 중 성실히 근무하도록 유도하기 위한 것으로서 그 입법목적은 정당하고, 수단도 적절하다. 이 사건 감액조항은 퇴직급여 등의 감액사유에서 '직무와 관련 없는 과실로 인하여 범죄를 저지른 경우' 및 '소속 상관의 정당한 직무상의 명령에 따르다가 과실로 인하여 범죄를 저지른 경우'를 제외하고, 이러한 범죄행위로 인하여 그 결과 '금고 이상의 형을 받은 경우'로 한정한 점, 감액의 범위도 국가 또는 지방자치단체의 부담 부분을 넘지 않도록 한 점 등을 고려하면 침해의 최소성도 인정된다. … 따라서 이 사건 감액조항은 청구인들의 재산권과 인간다운 생활을 할 권리를 침해하지 아니한다(헌재 2013.8.29. 2010헌바354 등).

3348
「노인장기요양보험법」은 요양급여의 실시와 그에 따른 급여비용 지급에 관한 기본적이고도 핵심적인 사항을 이미 법률로 규정하고 있으므로, '시설 급여비용의 구체적인 산정방법 및 항목 등에 관하여 필요한 사항'을 보건복지부령에 위임하였다고 하여 그 자체로 법률유보원칙에 반한다고 볼 수는 없다. 23년 경찰간부
O X

(O) 노인장기요양보험법(이하 '법'이라 한다)은 요양급여의 실시와 그에 따른 급여비용 지급에 관한 기본적이고도 핵심적인 사항을 이미 법률로 규정하고 있다. 따라서 '시설 급여비용의 구체적인 산정방법 및 항목 등에 관하여 필요한 사항'을 반드시 법률에서 직접 정해야 한다고 보기는 어렵고, 이를 보건복지부령에 위임하였다고 하여 그 자체로 법률유보원칙에 반한다고 볼 수는 없다(헌재 2021.8.31. 2019헌바73).

3349
생계급여를 지급함에 있어 자활사업 참가조건의 부과를 유예할 수 있는 대상자를 정하면서 입법자가 '대학원에 재학 중인 사람'과 '부모에게 버림받아 부모를 알 수 없는 사람'을 포함시키지 않은 것은 인간다운 생활을 보장하기 위한 조치를 취함에 있어서 국가가 실현해야 할 객관적 내용의 최소한도의 보장에 이르지 못한 것이다. 23년 경찰간부, 22년 5급 공채
O X

(X) 입법자가 이 사건 시행령조항을 제정함에 있어 '대학원에 재학 중인 사람'과 '부모에게 버림받아 부모를 알 수 없는 사람'을 조건 부과 유예의 대상자에 포함시키지 않았다고 하더라도, 그러한 사정만으로 국가가 청구인의 인간다운 생활을 보장하기 위한 조치를 취함에 있어서 국가가 실현해야 할 객관적 내용의 최소한도의 보장에도 이르지 못하였다거나 헌법상 용인될 수 있는 재량의 범위를 명백히 일탈하였다고는 보기는 어렵다(헌재 2017.11.30. 2016헌마448).

3350
공무원이거나 공무원이었던 사람이 재직 중의 사유로 금고 이상의 형을 받거나 형이 확정된 경우 퇴직급여 및 퇴직수당의 일부를 감액하여 지급함에 있어 그 이후 형의 선고의 효력을 상실하게 하는 특별사면 및 복권을 받은 경우를 달리 취급하는 규정을 두지 아니한 구 「공무원연금법」 규정은 인간다운 생활을 할 권리를 침해하지 않는다. 23년 소방간부, 22년 경찰승진, 21년 국회직 5급, 20년 변호사
O X

(O) 심판대상조항이 형의 선고의 효력을 상실하게 하는 특별사면 및 복권을 받은 경우에도 퇴직급여 등을 여전히 감액하는 것은 그 합리적인 이유가 인정되는바, 재산권 및 인간다운 생활을 할 권리를 침해한다고 볼 수 없다(헌재 2020.4.23. 2018헌바402).

| OX 문제 | 정답 및 해설 |

3351

헌법 제34조 제1항이 보장하는 인간다운 생활을 할 권리는 국가가 재정형편 등 여러 가지 상황들을 종합적으로 감안하여 법률을 통하여 구체화할 때에 비로소 인정되는 법률적 권리라고 할 것이다. 26년 경찰간부 〔O〕〔X〕

(O) 인간다운 생활을 할 권리로부터는 인간의 존엄에 상응하는 생활에 필요한 "최소한의 물질적인 생활"의 유지에 필요한 급부를 요구할 수 있는 구체적인 권리가 상황에 따라서는 직접 도출될 수 있다고 할 수는 있어도, 동 기본권이 직접 그 이상의 급부를 내용으로 하는 구체적인 권리를 발생케 한다고는 볼 수 없다고 할 것이다. 이러한 구체적 권리는 국가가 재정형편 등 여러 가지 상황들을 종합적으로 감안하여 법률을 통하여 구체화할 때에 비로소 인정되는 법률적 권리라고 할 것이다(헌재 1995.7.21. 93헌가14).

3352

퇴역연금수급권자가 정부 투자기관이나 재정지원기관에 재취업하여 급여를 지급받는 경우 퇴역연금의 전부 또는 일부의 지급을 정지할 수 있도록 하면서 지급정지의 요건 및 내용을 대통령령으로 정하도록 위임하는 규정은 포괄위임금지원칙에 위반되지 않는다. 23년 법원행시 〔O〕〔X〕

(X) 지급정지와 소득수준의 상관관계에 관하여 아무런 정함이 없이 대통령령에 포괄적으로 위임함으로써 위조항들만으로는 일정 수준 이상의 소득자만을 지급정지의 대상으로 할 것인지 여부 및 소득의 수준에 따라 지급정지율 내지 지급정지금액을 달리할 것인지 여부가 불분명할 뿐만 아니라 이와 관련한 일체의 규율을 행정부에 일임한 결과가 되어 아무리 적은 보수 또는 급여를 받는 경우에도 대통령령에서 연금지급을 정지할 수 있도록 정하거나 재취업 소득의 수준에 관계없이 지급정지율 내지 지급정지금액을 일률적으로 정하는 것이 가능하게 되었으므로, 위 조항들은 포괄위임금지원칙에 위배된다(헌재 2010.7.29. 2009헌가4).

3353

군인연금법상 퇴역연금 수급권자가 군인연금법·공무원연금법 및 사립학교교직원 연금법의 적용을 받는 군인·공무원 또는 사립학교교직원으로 임용된 경우 그 재직기간 중 해당 연금 전부의 지급을 정지하도록 하고 있는 구군인연금법은 퇴역연금 수급권자의 재산권을 침해한다. 23년 법원행시 〔O〕〔X〕

(X) 구 군인연금법과 사학연금법이 유기적이고 호환적인 체계에서 통일적으로 기능하여 근무 직역이 이동되는 경우 재직기간의 합산 및 연금액의 이체가 가능한 점 등에 비추어 볼 때, 대통령령에 규정될 내용은 퇴역연금의 전액이 지급정지될 것임을 쉽게 예측할 수 있다 할 것이다. 따라서 이 사건 정지조항이 헌법상 위임입법의 한계를 일탈하였다 할 수 없다(헌재 2007.10.25. 2005헌바68). / 이체가 되는 것을 유의

3354

공무원이 재직 중의 사유로 금고 이상의 형을 받은 경우 퇴직금을 감액하도록 2009. 12. 31. 개정된 감액조항을 2010. 1. 1.부터 적용하도록 한 구 공무원연금법 부칙은 소급입법금지의 원칙이나 신뢰보호의 원칙에 위반되지 않는다. 23년 법원행시 〔O〕〔X〕

(O) 2009. 12. 31. 개정된 이 사건 감액조항을 2010. 1. 1.부터 적용하도록 규정한 구 공무원연금법 부칙조항은 이미 발생하여 이행기에 도달한 퇴직연금수급권의 내용을 변경함이 없이 이 사건 부칙조항의 시행 이후의 법률관계, 다시 말해 장래에 이행기가 도래하는 퇴직연금수급권의 내용을 변경함에 불과하므로, 진정소급입법에는 해당하지 아니한다. 따라서 소급입법에 의한 재산권 침해는 문제될 여지가 없다(헌재 2016.6.30. 2014헌바365). / 즉 09년 개정되어 10년에 시행이니 소급입법이나 신뢰보호에 위반될 수 없다.

3355

「형의 집행 및 수용자의 처우에 관한 법률」에 의한 교도소·구치소에 수용 중인 자는 당해 법률에 의하여 생계유지의 보호를 받고 있으므로 이러한 생계유지의 보호를 받고 있는 교도소·구치소에 수용중인 자에 대하여 「국민기초생활 보장법」에 의한 중복적인 보장을 피하기 위하여 개별가구에서 제외키로 한 입법자의 판단은 인간다운 생활을 할 권리를 침해한다. 23년 소방간부 〔O〕〔X〕

(X) 생계유지의 보호를 받고 있는 교도소·구치소에 수용 중인 자에 대하여 '국민기초생활 보장법'에 의한 중복적인 보장을 피하기 위하여 개별가구에서 제외키로 한 입법자의 판단이 헌법상 용인될 수 있는 재량의 범위를 일탈하여 인간다운 생활을 할 권리를 침해한다고 볼 수 없다(헌재 2011.3.31. 2009헌마617 등).

OX 문제

3356
재혼을 유족연금수급권 상실사유로 규정한 구 「공무원연금법」 조항 중 '유족연금'에 관한 부분은 헌법에 위반되지 아니한다. 23년 소방간부 O X

3357
기초연금 수급액을 국민기초생활보장법상 이전소득에 포함시키도록 하는 구 「국민기초생활보장법 시행령」 조항은 기초연금을 함께 수급하고 있거나 장차 수급하려는 「국민기초생활보장법」상 수급자인 노인들의 인간다운 생활을 할 권리를 침해한다. 22년 법학경채 O X

3358
65세 미만의 일정한 노인성 질병이 있는 사람의 장애인 활동지원급여 신청자격을 제한하는 「장애인활동 지원에 관한 법률」 제5조 제2호 본문 중 「노인장기요양보험법」 제2조 제1호에 따른 노인 등' 가운데 '65세 미만의 자로서 치매, 뇌혈관성 질환 등 대통령령으로 정하는 노인성 질병을 가진 자'에 관한 부분은 합리적이유가 있다고 할 것이므로 평등원칙에 위반되지 않는다. 22년 순경 1차 O X

3359
'부모의 자녀에 대한 교육권'은 비록 헌법에 명문으로 규정되어 있지는 아니하지만, 이는 모든 인간이 누리는 불가침의 인권으로서 혼인과 가족생활을 보장하는 헌법 제36조 제1항, 행복추구권을 보장하는 헌법 제10조 및 "국민의 자유와 권리는 헌법에 열거되지 아니한 이유로 경시되지 아니한다."고 규정하는 헌법 제37조 제1항에서 나오는 중요한 기본권이다. 22년 법원행시, 21년 소방간부 O X

3360
서울대학교 재학생이 재학 중인 학교의 법적 형태를 법인이 아닌 공법상 영조물인 국립대학으로 유지하여 줄 것을 요구할 권리는 학생의 교육받을 권리에 포함되지 아니한다. 22년 경찰승진 O X

정답 및 해설

(O) 심판대상조항이 배우자의 재혼을 유족연금수급권 상실사유로 규정한 것은 배우자가 재혼을 통하여 새로운 부양관계를 형성함으로써 재혼 상대방 배우자를 통한 사적 부양이 가능해짐에 따라 더 이상 사망한 공무원의 유족으로서의 보호의 필요성이나 중요성을 인정하기 어렵다고 보았기 때문이다(헌재 2022.8.31. 2019헌가31).

(X) 시행령조항으로 인하여 기초연금 수급액이 '국민기초생활 보장법'상 이전소득에 포함된다는 사정만으로, 국가가 노인가구의 생계보호에 관한 입법을 전혀 하지 아니하였다거나 그 내용이 현저히 불합리하여 헌법상 용인될 수 있는 재량의 범위를 명백히 일탈하였다고 보기는 어렵다. 따라서 이 사건 시행령조항은 청구인들의 인간다운 생활을 할 권리를 침해하지 않는다(헌재 2019.12.27. 2017헌마1299).

(X) 「장애인활동법」상의 활동지원급여와 「노인장기요양보험법」상의 장기요양급여는 서로 취지를 달리하며, 급여의 내용에도 큰 차이가 있는데, 최근 수급액 편차까지 급격히 커진 상황이다. 그런데 심판대상조항에 의하여 65세 미만의 장애인 중 일정한 노인성 질병이 있는 사람은 장기요양인정을 신청할 수 있을 뿐, 일률적으로 활동지원급여 신청자격이 제한되었다. 이 결정은 심판대상의 이러한 신청자격 제한에 합리적 이유가 없어 평등원칙에 위반된다(헌재 2020.12.23. 2017헌가22).

(O) '부모의 자녀에 대한 교육권'은 비록 헌법에 명문으로 규정되어 있지 않지만, 모든 인간이 국적과 관계없이 누리는 양도할 수 없는 불가침의 인권으로서 혼인과 가족생활을 보장하는 헌법 제36조 제1항, 행복추구권을 보장하는 헌법 제10조 및 "국민의 자유와 권리는 헌법에 열거되지 아니한 이유로 경시되지 아니한다."고 규정한 헌법 제37조 제1항에서 나오는 중요한 기본권이 된다 할 것이다(헌재 2000.4.27. 98헌가16).

(O) 심판대상조항은 재학 중인 학생들이 서울대에 계속하여 재학 내지 수강하는 것을 제한하는 내용을 담고 있지 않을 뿐만 아니라, 재학 중인 학교의 법적 형태를 법인이 아닌 공법상 영조물인 국립대학으로 유지하여 줄 것을 요구할 권리는 학생의 교육받을 권리에 포함되지 아니하므로 교육을 받을 권리의 침해 가능성도 인정되지 아니한다(헌재 2014.4.24. 2011헌마612).

| OX 문제 | 정답 및 해설 |

3361
한자를 국어과목에서 분리하여 초등학교 재량에 따라 선택적으로 가르치도록 하는 것은, 국어교과의 내용으로 한자를 배우고 일정 시간 이상 필수적으로 한자교육을 받음으로써 교육적 성장과 발전을 통해 자아를 실현하고자 하는 학생들의 자유로운 인격발현권을 제한하기는 하나 학부모의 자녀교육권을 제한하는 것은 아니다. 24년 경찰승진 ⃝⃠

(X) 이 사건 한자 관련 고시는 한자를 국어과목에서 분리하여 학교 재량에 따라 선택적으로 가르치도록 하고 있으므로, 국어교과의 내용으로 한자를 배우고 일정 시간 이상 필수적으로 한자교육을 받음으로써 교육적 성장과 발전을 통해 자아를 실현하고자 하는 학생들의 자유로운 인격발현권을 제한한다. 또한 학부모는 자녀의 개성과 능력을 고려하여 자녀의 학교교육에 관한 전반적인 계획을 세우고, 자신의 인생관·사회관·교육관에 따라 자녀를 교육시킬 권리가 있는바, 이 사건 한자 관련 고시는 자녀의 올바른 성장과 발전을 위하여 한자교육이 반드시 필요하고 국어과목 시간에 이루어져야 한다고 생각하는 학부모의 자녀교육권도 제한할 수 있다(헌재 2016.11.24. 2012헌마854).

3362
교원의 지위를 포함한 교육제도 등의 법정주의를 규정하고 있는 헌법 제31조 제6항은 교원의 기본권보장 내지 지위보장뿐만 아니라 교원의 기본권을 제한하는 근거가 될 수도 있다. 24년 경찰승진 ⃝⃠

(O) 위 헌법조항을 근거로 하여 제정되는 법률에는 교원의 신분보장·경제적·사회적 지위보장 등 교원의 권리에 해당하는 사항 뿐만 아니라 국민의 교육을 받을 권리를 저해할 우려있는 행위의 금지 등 교원의 의무에 관한 사항도 당연히 규정할 수 있는 것이므로 결과적으로 교원의 기본권을 제한하는 사항까지도 규정할 수 있게 되는 것이다(헌재 1991.7.22. 89헌가106).

3363
'2021학년도 대학입학전형기본사항' 중 재외국민 특별전형 지원자격가운데 학생 부모의 해외체류요건 부분은 부모의 해외체류 가능성을 기준으로 학생의 지원자격을 인정함으로써 균등하게 교육받을 권리를 침해한다. 24년 경찰간부 ⃝⃠

(X) 전형사항은 재외국민 특별전형의 공정하고 합리적인 운영을 위해 부모의 해외체류요건을 강화한 것으로, 구 고등교육법 제34조의5 제1항(현행 고등교육법 제34조의5 제3항)에 의하여 대학입학전형기본사항은 매년 수립·공표되는 것이 예정되어 있는 점, 이 사건 전형사항은 2014년 공표된 2017학년도 대학입학전형기본사항에서부터 예고된 점, 청구인 최○○의 경우 해외에서 체류하며 수학하기 이전에 이미 이 사건 전형사항의 규정을 예상하고 준비할 시간이 있었던 점을 종합할 때, 이 사건 전형사항이 신뢰보호원칙에 반하여 청구인 최○○의 균등하게 교육받을 권리를 침해한다고 볼 수 없다(헌재 2020.3.26. 2019헌마212).

3364
헌법 제31조 제1항과 제6항은 변호사시험을 준비하는 법학전문대학원 졸업생에 대해 법학전문대학원에서의 보수교육을 시행하도록 하는 내용의 구체적이고 명시적인 입법의무를 입법자에게 부여하고 있다고 볼 수 없다. 24년 경찰간부 ⃝⃠

(O) 헌법규정만으로는 변호사시험을 준비하는 법학전문대학원 졸업생에 대해 법학전문대학원에서의 보수교육을 시행하도록 하는 내용의 구체적이고 명시적인 입법의무를 입법자에게 부여하고 있다고 볼 수 없다(헌재 2024.1.25. 2021헌마113 등).

3365
서울대학교 총장의 '2022학년도 대학 신입학생 정시모집('나'군) 안내' 중 수능 성적에 최대 2점의 교과이수 가산점을 부여하고, 2020년 2월 이전 고등학교 졸업자에게 모집단위별 지원자의 가산점 분포를 고려하여 모집단위 내 수능점수 순위에 상응하는 가산점을 부여하도록 한 부분은 균등하게 교육받을 권리를 침해하는 것이라고 볼 수 없다. 24년 경찰간부 ⃝⃠

(O) 서울대학교가 2022학년도 정시모집 수능위주전형(일반전형)에서 신입학생의 선발 및 입학전형에 관하여 대학의 자율성을 행사한 것이다(헌재 2022.3.31. 2021헌마1230).

OX 문제

3366
대학수학능력시험을 한국교육방송공사(EBS) 수능교재 및 강의와 연계하여 출제하기로 한 '2018학년도 대학수학능력시험 시행 기본계획'은 헌법 제31조 제1항의 능력에 따라 균등하게 교육을 받을 권리를 직접 제한한다고 보기는 어렵다. 22년 입법고시, 22년 해경일반, 22년 입법고시, 22년 경찰간부, 20년 경찰승진 [O X]

(O) 청구인들은 심판대상계획으로 인해 교육을 받을 권리가 침해된다고 주장하지만, 심판대상계획이 헌법 제31조 제1항의 능력에 따라 균등하게 교육을 받을 권리를 직접 제한한다고 보기는 어렵다(헌재 2018.2.22. 2017헌마691).

3367
초등학교 교육과정의 편제와 수업시간은 교육현장을 가장 잘 파악하고 교육과정에 대해 적절한 수요예측을 할 수 있는 해당 부처에서 정하도록 할 필요가 있으므로,「초·중등교육법」제23조 제2항이 교육과정의 기준과 내용에 관한 기본적인 사항을 교육부장관이 정하도록 위임한 것 자체가 교육제도 법정주의에 반한다고 보기 어렵다. 20년 경찰승진 [O X]

(O) 초등학교 교육과정의 편제와 수업시간은 교육현장을 가장 잘 파악하고 교육과정에 대해 적절한 수요예측을 할 수 있는 해당 부처에서 정하도록 할 필요가 있으므로,「초·중등교육법」제23조 제2항이 교육과정의 기준과 내용에 관한 기본적인 사항을 교육부장관이 정하도록 위임한 것 자체가 교육제도 법정주의에 반한다고 보기 어렵다(헌재 2016.2.25. 2013헌마838).

3368
자율형 사립고등학교를 후기학교로 정하여 신입생을 일반고와 동시에 선발하도록 하는 한편, 자율형 사립고등학교를 지원한 학생에게 평준화지역 후기학교에 중복지원 할 수 없도록 한 것은 학교법인의 사학운영의 자유를 침해한다. 20년 국회직 9급 [O X]

(X) 동시선발 조항이 자사고를 후기학교로 규정함으로써 과학고와 달리 취급하고, 일반고와 같이 취급하는 데에는 합리적인 이유가 있으므로 청구인 학교법인의 평등권을 침해하지 아니한다(헌재 2019.4.11. 2018헌마221). / 사안은 중복지원금지조항이 학교법인의 사학운영의 자유나 평등권을 침해하는 것이 아니라 학생 및 학부모의 평등권을 침해한다.

3369
학교폭력 가해학생에 대해 일정한 조치가 내려졌을 경우 그 조치가 적절하였는지 여부에 대해 가해학생 학부모가 의견을 제시할 수 있는 권리는 학부모의 자녀교육권의 내용에 포함되지 않는다. 20년 비상기획관(상) [O X]

(X) 학교가 학생에 대해 불이익 조치를 할 경우 해당 학생의 학부모가 의견을 제시할 권리는 자녀교육권의 일환으로 보호된다. 학교폭력예방법 제17조 제5항이 학교폭력 가해학생에 대한 조치 전에 자녀교육권의 일환으로 그 보호자에게 의견 진술의 기회를 부여하는 것처럼, 가해학생에 대해 일정한 조치가 내려졌을 경우 그 조치가 적절하였는지 여부에 대해 의견을 제시 할 수 있는 권리 또한 그 연장선상에서 학부모의 자녀교육권의 내용에 포함된다(헌재 2013.10.24. 2012헌마832).

3370
초·중등학교 교사인 청구인들이 교육과정에 따라 학생들을 가르치고 평가하여야 하는 법적인 부담이나 제약을 받는다고 하더라도 이는 헌법상 보장된 기본권에 대한 제한이라고 보기 어렵다. 21년 국가직 7급 [O X]

(O) 교사인 청구인들이 이 사건 교육과정에 따라 학생들을 가르치고 평가하여야 하는 법적인 부담이나 제한을 받는다고 하더라도 이는 헌법상 보장된 기본권에 대한 제한이라고 보기 어려워 기본권침해 가능성이 인정되지 아니한다(헌재 2021.5.27. 2018헌마1108).

3371
헌법 제31조 제1항의 교육을 받을 권리는 국민이 능력에 따라 균등하게 교육받을 것을 공권력에 의하여 부당하게 침해받지 않을 권리와, 국민이 능력에 따라 균등하게 교육받을 수 있도록 국가가 적극적으로 배려하여 줄 것을 요구할 수 있는 권리로 구성된다. 21년 법원행시 [O X]

(O) 헌법 제31조 제1항의 교육을 받을 권리는, 국민이 능력에 따라 균등하게 교육받을 것을 공권력에 의하여 부당하게 침해받지 않을 권리와, 국민이 능력에 따라 균등하게 교육받을 수 있도록 국가가 적극적으로 배려하여 줄 것을 요구할 수 있는 권리로 구성되는바, 전자는 자유권적 기본권의 성격이, 후자는 사회권적 기본권의 성격이 강하다고 할 수 있다(헌재 2008.4.24. 2007헌마1456).

| OX 문제 | 정답 및 해설 |

3372
부모는 미성년 자녀를 교육시킬 교육권을 가지지만, 자녀가 성년에 이르면 자녀 스스로 자신의 기본권 침해를 다툴 수 있으므로 이와 별도로 부모에게 자녀교육권 침해를 다툴 수 있도록 허용할 필요가 없다. 21년 법원행시 [O|X]

(O) 부모는 아직 성숙하지 못하고 인격을 닦고 있는 미성년 자녀를 교육시킬 교육권을 가지지만, 자녀가 성년에 이르면 자녀 스스로 자신의 기본권 침해를 다툴 수 있으므로 이와 별도로 부모에게 자녀교육권 침해를 다툴 수 있도록 허용할 필요가 없다(헌재 2018.2.22. 2017헌마691).

3373
교사의 교육을 할 권리는 헌법상 보장되는 기본권이라 보기 어렵다. 21년 법원행시 [O|X]

(O) 교사의 교육을 할 권리는 헌법상 보장되는 기본권이라 보기 어렵다(헌재 2009.3.26. 2007헌마359).

3374
헌법 제31조의 교육을 받을 권리는 국민이 국가에 대해 직접 특정한 교육제도나 학교시설을 요구할 수 있는 기본권이며, 자신의 교육환경을 최상 혹은 최적으로 만들기 위해 타인의 교육시설 참여기회를 제한할 것을 청구할 수 있는 기본권이기도 하다. 22년 경찰승진, 21년 지방직 7급 [O|X]

(X) 헌법 제31조 제1항에 의해서 보장되는 교육을 받을 권리는 교육영역에서의 기회균등을 내용으로 하는 것이지, 자신의 교육환경을 최상 혹은 최적으로 만들기 위해 타인의 교육시설 참여기회를 제한할 것을 청구할 수 있는 기본권은 아니다(헌재 2003.9.25. 2001헌마814).

3375
헌법 제31조 제4항에서 보장하고 있는 대학의 자율성에 따라 대학은 학생의 선발 및 전형 등 대학입시제도를 자율적으로 마련할 수 있으므로, 국립교육대학교 등이 검정고시 출신자의 수시모집 지원을 제한하는 것은 수시모집에 지원하려는 검정고시 출신자의 균등하게 교육을 받을 권리를 침해하는 것이 아니다. 22년 해경간부, 22년 변호사, 21년 지방직 7급 [O|X]

(X) 교육대학교 등 11개 대학교의 '2017학년도 신입생 수시모집 입시요강'이 검정고시로 고등학교 졸업학력을 취득한 사람들의 수시모집 지원을 제한하는 것은 교육을 받을 권리를 침해한다(헌재 2017.12.28. 2016헌마649).

3376
헌법 제31조 제1항에서 보장되는 교육의 기회균등권은 모든 국민에게 균등한 교육을 받게 하고 특히 경제적 약자가 실질적인 평등교육을 받을 수 있도록 국가에게 적극적 정책을 실현할 것을 요구하므로, 헌법 제31조 제1항으로부터 국민이 직접 실질적 평등교육을 위한 교육비를 청구할 권리가 도출된다. 21년 지방직 7급 [O|X]

(X) 실질적인 평등교육을 실현해야 할 국가의 적극적인 의무가 인정되지만, 이러한 의무조항으로부터 국민이 직접 실질적 평등교육을 위한 교육비를 청구할 권리가 도출되는 것은 아니다(헌재 2003.11.27. 2003헌바39).

3377
학습자로서의 청소년은 국가의 교육권한과 부모의 교육권의 범주와 관계없이 자신의 교육에 관하여 스스로 결정할 권리, 즉 자유롭게 교육을 받을 권리를 가지는데, 헌법재판소는 그 헌법적 보호의 근거를 헌법 제31조 제1항이 규정하는 '능력에 따라 균등하게 교육을 받을 권리'에서 찾고 있다. 25년 국회직 8급 [O|X]

(X) 헌법 제10조의 행복추구권은 일반적인 행동의 자유와 인격의 자유로운 발현권을 포함하는바, 학습자로서의 청소년은 교육을 받음에 있어서 자신의 인격, 특히 성향이나 능력을 자유롭게 발현할 수 있는 권리가 있다. 청소년은 인격의 발전을 위하여 어느 정도 부모와 학교의 교사 등 타인에 의한 결정을 필요로 하는 아직 성숙하지 못한 인격체이지만, 부모와 국가에 의한 교육의 단순한 대상이 아닌 독자적인 인격체이며, 그의 인격권은 성인과 마찬가지로 인간의 존엄성 및 행복추구권을 보장하는 헌법 제10조에 의하여 보호되어야 한다(헌재 2019.4.11. 2017헌바140). 즉 헌법 31조가 아니라 헌법 제10조가 근거이다.

| OX 문제 | 정답 및 해설 |

3378
초등학교 교육과정의 편제와 수업시간은 교육여건의 변화에 따른 시의적절한 대처가 필요하므로 교육현장을 가장 잘 파악하고 교육과정에 대해 적절한 수요 예측을 할 수 있는 해당 부처에서 정하도록 할 필요가 있으므로 초·중등교육법이 교육과정의 기준과 내용에 관한 기본적인 사항을 교육부장관이 정하도록 위임한 것은 교육제도 법정주의에 반한다고 보기 어렵다. 21년 비상기획관(하) [O][X]

(O) 초등학교 교육과정의 편제와 수업시간은 교육여건의 변화에 따른 시의적절한 대처가 필요하므로 교육현장을 가장 잘 파악하고 교육과정에 대해 적절한 수요 예측을 할 수 있는 해당 부처에서 정하도록 할 필요가 있다. 따라서 초·중등교육법 제23조 제2항이 교육과정의 기준과 내용에 관한 기본적인 사항을 교육부장관이 정하도록 위임한 것 자체가 교육제도 법정주의에 반한다고 보기 어렵다(헌재 2016.2.25. 2013헌마838).

3379
헌법 제31조 제6항의 교육제도 법정주의는 교육의 영역에서 의회유보의 원칙을 규정한 것임과 동시에 국가에 대해 학교제도에 관한 포괄적인 규율권한을 부여한 것이다. 21년 국회직 5급 [O][X]

(O) 헌법 제31조 제6항의 교육제도 법정주의는 교육 특히 학교교육의 중요성에 비추어 교육에 관한 기본정책 또는 기본방침 등 교육에 관한 기본적 사항을 국민의 대표기관인 국회가 직접 입법절차를 거쳐 제정한 형식적 의미의 법률로 규정하게 함으로써, 국민의 교육을 받을 권리가 행정기관에 의하여 자의적으로 무시되거나 침해당하지 않도록 하고, 교육의 자주성과 중립성을 유지하고자 하는 데에 그 의의가 있으므로, 교육제도 법정주의는 교육 영역에 있어서의 의회유보원칙이라 할 것이다(헌재 2013.11.28. 2011헌마282).

3380
학부모의 자녀교육권과 학생의 교육을 받을 권리에는 학교교육이라는 국가의 공교육 급부의 형성과정에 균등하게 참여할 권리로서의 참여권이 내포되어 있다. 21년 국회직 5급 [O][X]

(X) 교육받을 권리에 기초하여 교육기회 보장을 위한 국가의 적극적 행위를 요구할 수 있다고 하더라도, 이는 학교교육을 받을 권리로서 그에 필요한 교육시설 및 제도 마련을 요구할 권리이지 특정한 교육제도나 교육과정을 요구할 권리는 아니며, 학교교육이라는 국가의 공교육 급부의 형성과정에 균등하게 참여할 권리로서의 참여권이 내포되어 있다고 할 수 없다(헌재 2019.11.28. 2018헌마1153). 이러한 권리로부터 곧바로 학부모나 학생, 학부모회나 학생회의 인사 행정 등 학교 운영 참여권이 도출된다고 보기는 어렵다(헌재 2019.11.28. 2018헌마1153).

3381
헌법 제31조 제3항에 따른 의무교육 무상의 범위는 모든 학생이 의무교육을 받음에 있어서 경제적인 차별 없이 수학하는 데 반드시 필요한 비용에 한한다. 21년 국회직 5급 [O][X]

(O) 헌법 제31조 제3항에 규정된 의무교육의 무상원칙에 있어서 의무교육 무상의 범위는 원칙적으로 헌법상 교육의 기회균등을 실현하기 위해 필수불가결한 비용, 즉 모든 학생이 의무교육을 받음에 있어서 경제적인 차별 없이 수학하는 데 반드시 필요한 비용에 한한다(헌재 2012.4.24. 2010헌바164).

3382
청소년은 인격의 발전을 위하여 어느 정도 부모와 학교의 교사 등 타인에 의한 결정을 필요로 하는 아직 성숙하지 못한 인격체이므로, 국가의 교육권한과 부모의 교육권의 범주 내에서도 자신의 교육에 관하여 스스로 결정할 권리를 가지지 못한다. 25년 해경 [O][X]

(X) 헌법이 보장하는 인간의 존엄성 및 행복추구권은 국가의 교육권한과 부모의 교육권의 범주 내에서 아동에게도 자신의 교육환경에 관하여 스스로 결정할 권리, 그리고 자유롭게 문화를 향유할 권리를 부여한다고 할 것이다(헌재 2004.5.27. 2003헌가1 등).

| OX 문제 | 정답 및 해설 |

3383

의무교육 무상의 원칙은 의무교육을 위탁받은 사립학교를 설치·운영하는 학교법인이 관련 법령에 의하여 이미 부담하도록 규정되어 있는 경비까지 종국적으로 국가나 지방자치단체의 부담으로 한다는 취지는 아니다. 22년 변호사 ⓞⓧ

(O) 의무교육 등에 소요되는 경비의 재원에 관한 지방교육자치에 관한 법률 제37조, 지방교육재정교부금법 제11조 제1항은 헌법이 규정한 의무교육 무상의 원칙에 따라 경제적 능력에 관계없이 교육기회를 균등하게 보장하기 위하여 의무교육대상자의 학부모 등이 교직원의 보수 등 의무교육에 관련된 경비를 부담하지 않도록 국가와 지방자치단체에 교육재정을 형성·운영할 책임을 부여하고, 그 재원 형성의 구체적인 내용을 규정하고 있는 데 그칠 뿐, 더 나아가 의무교육을 위탁받은 *사립학교*를 설치·운영하는 학교법인 등과의 관계에서 관련 법령에 의하여 이미 학교법인이 부담하도록 규정되어 있는 경비까지 종국적으로 국가나 지방자치단체의 부담으로 한다는 취지까지 규정한 것으로 볼 수 없다(대판 2015.1.29. 2012두7387).

3384

검정고시응시자격을 제한하는 것은 국민의 교육받을 권리 중 그 의사와 능력에 따라 균등하게 교육받을 것을 국가로부터 방해받지 않을 권리를 제한하는 것이므로 그 제한에 대하여는 과잉금지원칙에 따른 심사를 받아야 한다. 22년 지방직 7급 ⓞⓧ

(O) 검정고시 응시자격을 제한하는 것은, 국민의 교육받을 권리 중 그 의사와 능력에 따라 균등하게 교육받을 것을 국가로부터 방해받지 않을 권리, 즉 자유권적 기본권을 제한하는 것이므로, 그 제한에 대하여는 헌법 제37조 제2항의 비례원칙에 의한 심사, 즉 과잉금지원칙에 따른 심사를 받아야 할 것이다(헌재 2012.5.31. 2010헌마139 등).

3385

임용기간이 만료한 대학교원에 대한 재임용거부를 재심청구의 대상으로 명시하지 않았다 하여 교원지위법정주의의 본질을 훼손하여 헌법에 합치하지 아니한다고는 볼 수 없다. 22년 법학경채 ⓞⓧ

(X) 교수의 기간임용제 자체가 헌법에 위반되는 것은 아니나, 객관적인 기준의 재임용거부 사유와 재임용에서 탈락하게 되는 교원이 자신의 입장을 진술할 수 있는 기회 그리고 재임용거부를 사전에 통지하는 규정 등이 없으며, 나아가 재임용이 거부되었을 경우 사후에 그에 대해 다툴 수 있는 제도적 장치를 전혀 마련하지 않고 있는 이 사건 법률조항은, 현대사회에서 대학교육이 갖는 중요한 기능과 그 교육을 담당하고 있는 대학교원의 신분의 부당한 박탈에 대한 최소한의 보호요청에 비추어 볼 때 헌법 제31조 제6항에서 정하고 있는 교원지위법정주의에 위반된다고 볼 수밖에 없다(헌재 2003.2.27. 2000헌바26).

3386

교육을 받을 권리가 자신의 교육환경을 최상 혹은 최적으로 만들기 위해 타인의 교육시설 참여 기회를 제한할 것을 청구할 수 있는 기본권은 아니지만 기존의 재학생들에 대한 교육환경이 상대적으로 열악해질 수 있음을 이유로 새로운 편입학자체를 하지 말도록 요구하는 것은 교육을 받을 권리의 내용으로 포섭할 수 있다. 22년 법학경채 ⓞⓧ

(X) 새로운 편입학 자체를 하지 말도록 요구하는 것은, 본래 균등한 취학기회 보장을 목표로 하는 교육을 받을 권리의 내용으로는 포섭할 수 없다고 보아야 한다(헌재 2003.9.25. 2001헌마814 등).

3387

검정고시로 고등학교 졸업학력을 취득한 사람들(검정고시출신자)의 수시모집 지원을 제한하는 내용의 국립교육대학교 수시모집 입시요강은 검정고시 출신자를 합리적인 이유 없이 차별함으로써 균등하게 교육을 받을 권리를 침해한다. 23년 순경 1차, 23년 5급 공채 ⓞⓧ

(O) 교육대학교 등 11개 대학교의 '2017학년도 신입생 수시모집 입시요강'이 검정고시로 고등학교 졸업학력을 취득한 사람들의 수시모집 지원을 제한하는 것은 교육을 받을 권리를 침해한다(헌재 2017.12.28. 2016헌마649).

| OX 문제 | 정답 및 해설 |

3388
학교폭력 가해학생에 대해서 수개의 조치를 병과하고 출석정지기간의 상한을 두지 않은 「학교폭력예방 및 대책에 관한 법률」 조항은 피해학생의 보호에만 치중하여 가해학생에 대해 무기한 내지 지나치게 장기간의 출석정지조치가 취해지는 경우 가해 학생에게 가혹한 결과가 초래될 수 있어 학교폭력 가해학생의 자유롭게 교육을 받을 권리를 침해한다. 23년 순경 1차, 22년 경찰간부 [O][X]

(X) 이 사건 징계조치 조항이 가해학생에 대하여 수개의 조치를 병과할 수 있도록 하고 출석정지조치를 취함에 있어 기간의 상한을 두고 있지 않다고 하더라도, 가해학생의 학습의 자유에 대한 제한이 입법목적 달성에 필요한 최소한의 정도를 넘는다고 볼 수 없다(헌재 2019.4.11. 2017헌바140).

3389
의무교육제도는 국민에 대하여 보호하는 자녀들을 취학시키도록 한다는 의무부과의 면보다는 국가에 대하여 인적·물적 교육시설을 정비하고 교육환경을 개선하여야 한다는 의무부과의 측면이 보다 더 중요한 의미를 갖는다. 23년 5급 공채 [O][X]

(O) 의무교육제도는 국민에 대하여 보호하는 자녀들을 취학시키도록 한다는 의무부과의 면보다는 국가에 대하여 인적·물적 교육시설을 정비하고 교육환경을 개선하여야 한다는 의무부과의 측면이 보다 더 중요한 의미를 갖게 된다 할 것이다(헌재 1991.2.11. 90헌가27).

3390
헌법 제31조 제1항의 '교육을 받을 권리'는 국가로부터 교육에 필요한 시설의 제공을 요구할 수 있는 권리 및 각자의 능력에 따라 교육시설에 입학하여 배울 수 있는 권리를 의미한다. 23년 순경 2차 [O][X]

(O) 헌법 제31조 제1항의 '교육을 받을 권리'는 국가로부터 교육에 필요한 시설의 제공을 요구할 수 있는 권리 및 각자의 능력에 따라 교육시설에 입학하여 배울 수 있는 권리를 의미한다(헌재 2013.5.30. 2011헌바227).

3391
헌법 제31조 제4항에 의해 보장되는 교육의 자주성과 전문성은 '교육기관의 자유'와 '교육의 자유'를 보장함으로써 비로소 달성할 수 있는데, '교육기관의 자유'는 교육을 담당하는 교육 기관의 교육운영에 관한 자주적인 결정권을 그 내용으로 하고, '교육의 자유'는 교육내용이나 교육방법 등에 관한 자주적인 결정권을 그 내용으로 한다. 23년 순경 2차 [O][X]

(O) 헌법 제31조 제4항에 의해 보장되는 교육의 자주성과 전문성은 '교육기관의 자유'와 '교육의 자유'를 보장함으로써 비로소 달성할 수 있는데, '교육기관의 자유'는 교육을 담당하는 교육기관의 교육운영에 관한 자주적인 결정권을 그 내용으로 하고, '교육의 자유'는 교육내용이나 교육방법 등에 관한 자주적인 결정권을 그 내용으로 한다(헌재 2013.5.30. 2011헌바227).

3392
검정고시응시자격을 제한하는 것은 국민의 교육받을 권리 중 그 의사와 능력에 따라 균등하게 교육을 받을 것을 국가로부터 방해받지 않을 권리를 제한하는 것이므로 과소보호금지의 원칙에 따른 심사를 받아야 할 것이다. 23년 경찰간부 [O][X]

(X) 검정고시 응시자격을 제한하는 것은, 국민의 교육받을 권리 중 그 의사와 능력에 따라 균등하게 교육받을 것을 국가로부터 방해받지 않을 권리, 즉 자유권적 기본권을 제한하는 것이므로, 그 제한에 대하여는 헌법 제37조 제2항의 비례원칙에 의한 심사, 즉 과잉금지원칙에 따른 심사를 받아야 할 것이다(헌재 2012.5.31. 2010헌마139 등).

| OX 문제 | 정답 및 해설 |

3393
대안교육이 학교 형태로 시행될 때 필요한 시설기준과 교육과정 등에 대한 최소한의 기준을 국가가 마련하여 학교설립인가를 받게 하는 것은 입법자의 입법재량 범위 안에 포함되는 것이므로, 학교설립인가를 받지 아니하고 학교의 명칭을 사용하거나 학생을 모집하여 시설을 사실상 학교의 형태로 운영하는 행위를 처벌하는 「초·중등 교육법」 조항은 사립학교 설립의 자유를 침해한다고 볼 수 없다. 25년 비상기획관 [O|X]

(O) 대안교육이 학교 형태로 시행될 때 필요한 시설기준과 교육과정 등에 대한 최소한의 기준을 국가가 마련하여 학교설립인가를 받게 하는 것은 입법자의 입법재량 범위 안에 포함되며, 이를 방치할 경우 생길 수 있는 사회적 폐해를 고려하여 설립인가제로써 최소한의 규제를 하는 것이므로 이 사건 법률조항은 사립학교 설립의 자유 등 기본권을 침해한다고 볼 수 없다(헌재 2020.10.29. 2019헌바374).

3394
평생교육제도의 일환으로 만들어진 고등학교학력인정의 평생교육시설은 정규학교 과정에 진학하지 못한 근로청소년·성인 등으로 하여금 고등학교학력을 취득케 하려는 목적을 가지고 있으므로, 일반적으로 중학교를 바로 졸업한 나이에 해당하는 만 16세 미만의 자에게 의무 교육이 아닌 고등학교학력인정의 평생교육시설에의 입학을 허용하지 않는 것은 교육을 받을 권리를 본질적으로 침해하는 것이다. 25년 비상기획관 [O|X]

(X) 평생교육제도의 일환으로 만들어진 고등학교학력인정의 평생교육시설은 정규 학교 과정에 진학하지 못한 근로청소년·성인 등으로 하여금 고등학교학력을 취득케 하려는 목적을 가지고 있으므로, 중학교를 바로 졸업한 학생들이 받는 불이익은 반사적이고 사실적인 것에 지나지 않는다(헌재 2011.6.30. 2010헌마503).

3395
검정고시 응시자격을 제한하는 것은, 국민의 교육받을 권리 중 그 의사와 능력에 따라 균등하게 교육받을 것을 국가로부터 방해받지 않을 권리를 제한하는 것이다. 24년 해경간부 [O|X]

(O) 검정고시 응시자격을 제한하는 것은, 국민의 교육받을 권리 중 그 의사와 능력에 따라 균등하게 교육받을 것을 국가로부터 방해받지 않을 권리, 즉 자유권적 기본권을 제한하는 것이다(헌재 2012.5.31. 2010헌마139).

3396
근로의 권리란 일할 자리에 관한 권리와 일할 환경에 관한 권리를 말하며, 후자는 건강한 작업환경 일에 대한 정당한 보수, 합리적인 근로조건의 보장 등을 요구할 수 있는 권리 등을 요구하는 바 직장변경의 횟수를 제한하고 있는 법률조항은 일할 자리에 관한 권리로서의 근로의 권리를 제한하는 것이다. 24년 경찰간부, 24년 국회직 5급, 22년 해경간부, 21년 소방간부 [O|X]

(X) 근로의 권리란 "일할 자리에 관한 권리"와 "일할 환경에 관한 권리"를 말하며, 후자는 건강한 작업환경, 일에 대한 정당한 보수, 합리적인 근로조건의 보장 등을 요구할 수 있는 권리 등을 의미하는바, 직장변경의 횟수를 제한하고 있는 이 사건 법률조항은 위와 같은 근로의 권리를 제한하는 것은 아니라 할 것이다(헌재 2011.9.29. 2007헌마1083 등). / *직장변경 횟수제한은 근로의 권리가 아니라 직업의 자유를 제한한다.*

3397
1948년 제정된 우리 헌법에 이미 근로의 권리가 명시되어 있었다. 21년 법원행시 [O|X]

(O) 모든 국민은 근로의 권리와 의무를 가진다(제헌헌법 제17조). / *건국헌법에는 직업의 자유는 명시되어 있지 않았다.*

OX 문제

3398
근로자의 평균임금을 산정할 수 없는 경우에 노동부장관이 평균임금을 정하여 고시하여야 하는 작위의무는 직접 헌법에 의하여 부여된 것은 아니나 법률이 행정입법을 당연한 전제로 규정하고 있음에도 불구하고 행정권이 그 취지에 따라 행정입법을 하지 아니함으로써 법령의 공백상태를 방치하고 있는 경우에는 행정권에 의하여 입법권이 침해되는 결과가 되는 것이므로 노동부장관의 그러한 행정입법 작위의무는 헌법적 의무라고 보아야 한다. 22년 법학경채 [O][X]

(O) 법률이 행정입법을 당연한 전제로 규정하고 있음에도 불구하고 행정권이 그 취지에 따라 행정입법을 하지 아니함으로써 법령의 공백상태를 방치하고 있는 경우에는 행정권에 의하여 입법권이 침해되는 결과가 되는 것이므로, 노동부장관의 그러한 행정입법 작위의무는 헌법적 의무라고 보아야 한다(헌재 2002.7.18. 2000헌마707).

3399
매월 1회 이상 정기적으로 지급하는 상여금 등 및 복리후생비의 일부를 새롭게 최저임금에 산입하도록 한 「최저임금법」상 산입 조항은 헌법상 용인될 수 있는 입법재량의 범위를 명백히 일탈하였다고 볼 수 없으므로 근로자들의 근로의 권리를 침해하지 아니한다. 22년 순경 2차 [O][X]

(O) '근로자의 생활 보조 또는 복리후생을 위한 성질의 임금'은 근로자의 생활을 돕거나 이를 윤택하게 하거나 그 밖에 근로자의 행복과 이익을 높이기 위하여 지급되는 임금을 의미한다고 어렵지 않게 이해할 수 있다. 따라서 이 사건 산입조항 및 부칙조항이 적법절차원칙, 명확성원칙 및 포괄위임금지원칙에 위배되어 근로자의 근로의 권리를 침해한다고 볼 수 없다(헌재 2021.12.23. 2018헌마629 등).

3400
「근로기준법」조항이 근로연도 중도퇴직자의 중도퇴직 전 근로에 대해 유급휴가를 보장하지 않음으로써 청구인의 근로의 권리를 침해하는지 여부는 이것이 현저히 불합리하여 헌법상 용인될 수 있는 재량의 범위를 명백히 일탈하고 있는지 여부에 달려 있다고 할 수 있다. 24년 해경간부 [O][X]

(O) 법률조항이 근로연도 중도퇴직자의 중도퇴직 전 근로에 대해 유급휴가를 보장하지 않음으로써 청구인의 근로의 권리를 침해하는지 여부는 이것이 현저히 불합리하여 헌법상 용인될 수 있는 재량의 범위를 명백히 일탈하고 있는지 여부에 달려 있다고 할 수 있다(헌재 2015.5.28. 2013헌마619).

3401
「교원의 노동조합 설립 및 운영 등에 관한 법률」의 적용을 받는 교원의 범위를 초·중등학교에 재직 중인 교원으로 한정하고 있는 같은 법 제2조는 전국교직원노동조합 및 해직 교원들의 단결권을 침해하지 아니한다. 24년 경찰간부 [O][X]

(O) 해직 교원에게 교원노조의 조합원 자격을 계속 유지할 수 있도록 하면, 해고의 효력을 다투는 데 기한의 제한이 없는 우리 법체계상 쟁송을 남용하거나, 개인적 해고의 부당성을 다투는 데 교원노조 활동을 이용할 우려가 있으므로, 해고된 사람의 교원노조 조합원 자격을 이 사건 법률 조항과 같이 제한하는 데는 합리적 이유가 인정된다(헌재 2015.5.28. 2013헌마671).

3402
근로자가 퇴직급여를 청구할 수 있는 권리는 헌법상 바로 도출되는 것이 아니라 「퇴직급여법」등 관련 법률이 구체적으로 정하는 바에 따라 비로소 인정될 수 있다. 22년 국회직 9급 [O][X]

(O) 근로자가 퇴직급여를 청구할 수 있는 권리도 헌법상 바로 도출되는 것이 아니라 퇴직급여법 등 관련 법률이 구체적으로 정하는 바에 따라 비로소 인정될 수 있는 것이므로 계속근로기간 1년 미만인 근로자가 퇴직급여를 청구할 수 있는 권리가 헌법 제32조 제1항에 의하여 보장된다고 보기는 어렵다(헌재 2011.7.28. 2009헌마408).

3403
공무원노동조합은 정책결정에 관한 사항이나 임용권의 행사 등 근무조건과 직접 관련이 없는 사항에 대해서는 정부측 교섭대표 및 지방자치단체의 장과 교섭하고 단체협약을 체결한다. 20년 국회직 9급 [O][X]

(X) 근무조건과 '직접' 관련되지 않는 국가 또는 지방자치단체의 정책결정이나 임용권의 행사와 같은 기관의 관리·운영에 관한 사항은 행정기관이 전권을 가지고 자신의 권한과 책임 하에 집행해야 할 사항을 교섭대상에서 배제하고 있는 공무원노조법 조항은 공무원노조의 단체교섭권에 대한 과도한 제한이라고 보기 어렵다(헌재 2013.6.27. 2012헌바16).

| OX 문제 | 정답 및 해설 |

3404
"근로조건의 기준은 인간의 존엄성을 보장하도록 법률로 정한다."라는 내용은 1948년 제헌헌법부터 계속하여 헌법에 규정되어 왔다. 25년 경찰승진 [O|X]

(X) 제헌헌법에서는 근로조건의 법정주의만 규정되어 있었고 … 제8차 개정헌법에서 인간의 존엄성이 규정되었다.

3405
헌법 제33조 제1항에서 보장하는 근로자의 단결권은 단결할 자유만을 가리킬 뿐이고 단결하지 아니할 자유, 즉 소극적 단결권은 헌법 제10조의 행복추구권에서 파생되는 일반적 행동의 자유 또는 헌법 제21조 제1항의 결사의 자유에서 근거를 찾을 수 있다. 24년 군무원 5급 [O|X]

(O) 근로자가 노동조합을 결성하지 아니할 자유나 노동조합에 가입을 강제당하지 아니할 자유, 그리고 가입한 노동조합을 탈퇴할 자유는 근로자에게 보장된 단결권의 내용에 포섭되는 권리로서가 아니라 헌법 제10조의 행복추구권에서 파생되는 일반적 행동의 자유 또는 제21조 제1항의 결사의 자유에서 그 근거를 찾을 수 있다(헌재 2005.11.24. 2002헌바95).

3406
헌법은 "여자"와 "연소자", "노인"의 근로는 특별한 보호를 받는다고 규정하고 있다. 23년 경찰승진, 20년 법원행시 [O|X]

(X) ④ 여자의 근로는 특별한 보호를 받으며, 고용·임금 및 근로조건에 있어서 부당한 차별을 받지 아니한다. ⑤ 연소자의 근로는 특별한 보호를 받는다(헌법 제32조). / 여자와 연소자의 경우에는 규정이 존재하나 노인의 경우에는 규정이 따로 존재하지 않는다.

3407
최저임금제는 법률이 정하는 바에 의하여 보장되는 것이므로, 근로자가 최저임금을 청구할 수 있는 권리가 헌법상 근로의 권리로서 바로 보장되는 것은 아니다. 21년 법무사 [O|X]

(O) 헌법 제32조 제1항 후단은 "국가는 사회적·경제적 방법으로 근로자의 고용의 증진과 적정임금의 보장에 노력하여야 하며, 법률이 정하는 바에 의하여 최저임금제를 시행하여야 한다."라고 규정하고 있어서 근로자가 최저임금을 청구할 수 있는 권리도 헌법상 바로 도출되는 것이 아니라 최저임금법 등 관련 법률이 구체적으로 정하는 바에 따라 비로소 인정될 수 있다(헌재 2012.10.25. 2011헌마307).

3408
고용노동부 고시로 사용자가 근로자에게 지급하여야 할 최저임금액을 정한 것은 불가분의 긴밀한 관계를 형성하고 있는 사용자와 근로자 사이의 상반되는 사적 이해를 조정하기 위한 것으로서, 개인의 본질적이고 핵심적인 자유 영역에 관한 것이라기보다 사회적 연관관계에 놓여 있는 경제 활동을 규제하는 사항에 해당한다고 볼 수 있으므로 그 위헌성 여부를 심사함에 있어서는 완화된 심사기준이 적용된다. 20년 법원행시 [O|X]

(O) 각 최저임금 고시 부분이 사용자가 근로자에게 지급하여야 할 최저임금액을 정한 것은 불가분의 긴밀한 관계를 형성하고 있는 사용자와 근로자 사이의 상반되는 사적 이해를 조정하기 위한 것으로서, 개인의 본질적이고 핵심적인 자유 영역에 관한 것이라기보다 사회적 연관관계에 놓여 있는 경제 활동을 규제하는 사항에 해당한다고 볼 수 있으므로 그 위헌성 여부를 심사함에 있어서는 완화된 심사기준이 적용된다(헌재 2019.12.27. 2017헌마1366).

3409
입법자가 취업보호대상자를 '국가유공자의 유가족'과 '상이군경의 유가족'에 대하여까지 넓히는 법률을 제정하였다면, 입법재량의 한계를 일탈한 것이다. 20년 법원행시 [O|X]

(X) 이러한 해석에 의할 때 전몰군경의 유가족을 제외한 국가유공자의 가족이 헌법적 근거를 지닌 보호대상에서 제외되지만, 입법자는 위 조항 및 헌법 전문(前文)에 나타난 대한민국의 건국이념 등을 고려하여 취업보호대상자를 국가유공자 등의 가족에까지 넓힐 수 있는 입법정책적 재량을 지니며, 이 사건 조항 역시 그러한 입법재량의 행사에 해당하는 것이다. 그러나 그러한 보호대상의 확대는 어디까지나 법률차원의 입법정책에 해당하며 명시적 헌법적 근거를 갖는 것은 아니다(헌재 2006.2.23. 2004헌마675). / 헌법적 근거는 없으나 그렇다고 넓히는 법률을 제정할 수 없는 것도 아니다.

| OX 문제 | 정답 및 해설 |

3410
헌법에서는 국가유공자의 유가족, 상이군경의 유가족 및 전몰군경의 유가족은 법률이 정하는 바에 의하여 우선적으로 근로의 기회를 부여받는다고 규정하고 있다. 20년 국가직 5급 [O X]

(X) 위 조항의 대상자는 조문의 문리해석대로 '국가유공자', '상이군경', 그리고 '전몰군경의 유가족'이라고 봄이 상당하다. 따라서 '국가유공자의 가족'의 경우 그러한 가산점의 부여는 헌법이 직접 요청하고 있는 것이 아니라 *입법정책으로서 채택*된 것이라 볼 것이다(헌재 2006.2.23. 2004헌마675).

3411
지방의회의원이 지방공사 직원의 직을 겸할 수 없도록 규정하고 있는「지방자치법」제35조 제1항 제5호 중 '지방공사의 직원'에 관한 부분은 지방의회의원에 당선된 지방공사 직원의 근로의 권리를 제한한다고 볼 수 없다. 24년 국회직 8급 [O X]

(O) 근로의 권리란 인간이 자신의 의사와 능력에 따라 근로관계를 형성하고, 타인의 방해를 받음이 없이 근로관계를 계속 유지하며, 근로의 기회를 얻지 못한 경우에는 국가에 대하여 근로의 기회를 제공하여 줄 것을 요구할 수 있는 권리를 의미하는 바, 이 사건 법률조항에 의하여 이러한 근로의 권리가 제한된다고 볼 수는 없고, 행복추구권은 다른 기본권에 대한 보충적 기본권으로서의 성격을 지니므로, 직업선택의 자유라는 우선적으로 적용되는 기본권이 존재하여 그 침해여부를 판단한 이상, 행복추구권 침해 여부를 독자적으로 판단하지 않기로 한다(헌재 2012.4.24. 2010헌마605). / 즉 사안은 근로의 기회를 달라는 것이 아니라 겸직을 못하게 하는 것이니 직업의 자유가 문제된다.

3412
청원경찰에 대하여 직접행동을 수반하지 않는 단결권과 단체교섭권을 인정하더라도 시설의 안전 유지에 지장이 된다고 단정할 수 없다. 21년 국회직 5급 [O X]

(O) 청원경찰에 대하여 직접행동을 수반하지 않는 단결권과 단체교섭권을 인정하더라도 경비하는 시설의 안전 유지라는 입법목적 달성에 반드시 지장이 된다고 단정할 수 없다(헌재 2017.9.28. 2015헌마653).

3413
헌법 제33조 제2항의 해석상 국가공무원이든 지방공무원이든 공무원의 경우에는 전면적으로 단체행동권이 제한되거나 부인될 가능성이 있다. 20년 경행특채 [O X]

(X) 현행 헌법 제33조 제3항에 의하면 주요방위산업체에 종사하는 근로자의 단체행동권은 법률이 정하는 바에 의하여 이를 제한하거나 인정하지 아니할 수 있다. 그러나 제33조 제2항의 공무원의 경우 공무원인 근로자는 법률이 정하는 자에 한하여 단결권·단체교섭권 및 단체행동권을 가진다고 규정하여 부인될 가능성은 주요방위산업체에 해당하는 지문이다.

3414
공항, 항만 등 국가중요시설의 경비업무를 담당하는 특수경비원에게 경비업무의 정상적인 운영을 저해하는 일체의 쟁의행위를 금지하는 「경비업법」의 해당 조항은 특수경비원의 단체행동권을 박탈하여 근로3권을 규정하고 있는 헌법 제33조 제1항에 위배된다. 22년 순경 1차, 22년 변호사 [O X]

(X) 특수경비원 업무의 강한 공공성과 특히 특수경비원은 소총과 권총 등 무기를 휴대한 상태로 근무할 수 있는 특수성 등을 감안할 때, 특수경비원의 신분이 공무원이 아닌 일반근로자라는 점에만 치중하여 특수경비원에게 근로3권 즉 단결권, 단체교섭권, 단체행동권 모두를 인정하여야 한다고 보기는 어렵고, 적어도 특수경비원에 대하여 단결권, 단체교섭권에 대한 제한은 전혀 두지 아니하면서 단체행동권 중 '경비업무의 정상적인 운영을 저해하는 일체의 쟁위행위'만을 금지하는 것은 입법목적 달성에 필요불가결한 최소한의 수단이라고 할 것이어서 … 과잉금지원칙에 위배되지 아니하므로 헌법에 위반되지 아니한다(헌재 2009.10.29. 2007헌마1359).

3415
공항·항만 등 국가중요시설의 경비업무를 담당하는 특수경비원에게 경비업무의 정상적인 운영을 저해하는 일체의 쟁의행위를 금지하는 「경비업법」해당 조항에 의한 단체행동권의 제한은 근로3권에 관한 헌법 제33조 제2항과 제3항의 개별유보조항에 의한 제한이다. 23년 경찰간부 [O X]

(X) 헌법 제33조 제1항에서는 근로자의 단결권·단체교섭권 및 단체행동권을 보장하고 있는바, 현행 헌법에서 공무원 및 법률이 정하는 주요방위산업체에 종사하는 근로자와는 달리 특수경비원에 대해서는 단체행동권 등 근로3권의 제한에 관한 개별적 제한규정을 두고 있지 않다고 하더라도, 헌법 제37조 제2항의 일반유보조항에 따른 기본권 제한의 원칙에 의하여 특수경비원의 근로3권 중 하나인 단체행동권을 제한할 수 있다(헌재 2009.10.29. 2007헌마1359). 즉 *특수경비원은 공무원도 아니며, 주요방위산업체에 종사하는 근로자도 아니다.*

| OX 문제 | 정답 및 해설 |

3416
사용자로 하여금 2년을 초과하여 기간제 근로자를 사용할 수 없도록 한 「기간제 및 단시간근로자 보호 등에 관한 법률」 조항은 근로의 권리 침해 문제를 발생시키지 않는다. 23년 경찰승진 [O][X]

(O) 헌법 제15조 직업의 자유와 제32조 근로의 권리는 국가에게 단지 사용자의 처분에 따른 직장 상실에 대하여 최소한의 보호를 제공해 줄 의무를 지울 뿐이고, 여기에서 직장 상실로부터 근로자를 보호하여 줄 것을 청구할 수 있는 권리가 나오지는 않는다. 따라서 직업의 자유, 근로의 권리 침해 문제는 이 사건에서 발생하지 않는다(헌재 2013.10.24. 2010헌마219 등).

3417
헌법 제33조 제2항이 공무원인 근로자는 '법률이 정하는 자'에 한하여 노동3권을 향유할 수 있다고 규정하고 있어, '법률이 정하는 자' 이외의 공무원은 노동3권의 주체가 되지 못하므로 노동3권이 인정됨을 전제로 하는 헌법 제37조 제2항의 과잉금지원칙은 적용될 수 없다. 24년 국회직 8급 [O][X]

(O) 헌법 제33조 제2항이 직접 '법률이 정하는 자'만이 노동3권을 향유할 수 있다고 규정하고 있어서 '법률이 정하는 자' 이외의 공무원은 노동3권의 주체가 되지 못하므로, 노동3권이 인정됨을 전제로 하는 헌법 제37조 제2항의 과잉금지원칙은 적용이 없는 것으로 보아야 할 것이다(헌재 2008.12.26. 2005헌마971 등). / *조심해야 한다. 과잉금지원칙이 적용될 수 없는 지문으로 옳은 지문이다.*

3418
헌법재판소는 소방공무원을 노동조합 가입대상에서 제외한 「공무원의 노동조합 설립 및 운영 등에 관한 법률」 조항이 소방공무원들의 단결권을 침해한다고 판단하였다. 23년 경찰승진 [O][X]

(X) 심판대상조항은 소방공무원이 그 업무의 성격상 사회공공의 안녕과 질서유지에 미치는 영향력이 크고, 그 책임 및 직무의 중요성, 신분 및 근로조건의 특수성이 인정되므로, 노동조합원으로서의 지위를 가지고 업무를 수행하는 것이 적절하지 아니하다고 보아 노동조합 가입대상에서 제외한 것이다(헌재 2008.12.26. 2006헌마462).

3419
단체행동권은 단체행동권 보장 자체만으로 헌법적 보장의 목적을 달성할 수 있는 자기 목적적인 기본권에 해당한다. 24년 법원행시 [O][X]

(X) 단체행동권은 단체행동권 보장 자체만으로 헌법적 보장의 목적을 달성할 수 있는 자기 목적적인 기본권이 아니다. 단체행동권은 국가가 직접 노사관계에 개입하여 근로자들의 근로조건을 마련하여 생활을 보장하는 대신 사회적·경제적 열위에 있는 근로자들의 협상력을 사용자와 대등하게 만들어 줌으로써 집단적인 노사관계의 자율적인 형성과 실질적인 자치를 달성하기 위하여 인정되는 기본권이다(헌재 2022.5.26. 2012헌바66).

3420
'교원의 노동조합 설립 및 운영 등에 관한 법률'의 적용을 받는 교원의 범위를 초·중등학교에 재직 중인 교원으로 한정하고 있는 '교원의 노동조합 설립 및 운영 등에 관한 법률'(2010. 3. 17. 법률 제10132호로 개정된 것) 제2조는 전국교직원노동조합 및 해직 교원들의 단결권을 침해하지 않는다. 23년 법원행시, 23년 경찰승진, 24년 경찰간부 [O][X]

(O) '교원의 노동조합 설립 및 운영 등에 관한 법률'의 적용을 받는 교원의 범위를 초·중등학교에 재직 중인 교원으로 한정하고 있는 '교원의 노동조합 설립 및 운영 등에 관한 법률' 제2조는 청구인 전국교직원노동조합 및 해직 교원들의 단결권을 침해하지 않는다(헌재 2015.5.28. 2013헌마671).

3421
단결권에는 근로자단체가 존립하고 활동할 수 있는 집단적 단결권도 포함되므로, 교원노조를 설립하거나 그에 가입하여 활동할 수 있는 자격을 초·중등학교에 재직 중인 교원으로 한정하는 것은, 해직 교원이나 실업·구직 중에 있는 교원 및 이들을 조합원으로 하여 교원노조를 조직·구성하려고 하는 교원노조의 단결권을 제한하는 것이다. 23년 변호사 [O][X]

(O) 이 사건 법률조항 단서는 교원의 노조활동이 임면권자에 의하여 부당하게 제한되는 것을 방지함으로써 교원의 노조활동을 보호하기 위한 것인데, 그 외에 일반적으로 해직 교원에게 교원노조의 조합원 자격을 계속 유지할 수 있도록 하면, 해고의 효력을 다투는 데 기한의 제한이 없는 우리 법체계상 쟁송을 남용하거나, 개인적 해고의 부당성을 다투는 데 교원노조 활동을 이용할 우려가 있으므로, 해고된 사람의 교원노조 조합원 자격을 이 사건 법률조항과 같이 제한하는 데는 합리적 이유가 인정된다(헌재 2015.5.28. 2013헌마671).

OX 문제

3422
「교원의 노동조합 설립 및 운영 등에 관한 법률」의 적용대상을 「초·중등교육법」 제19조 제1항의 교원이라고 규정함으로써 「고등교육법」에서 규율하는 대학 교원들의 단결권을 인정하지 않는 것은 그 입법목적의 정당성을 인정하기 어렵다. 23년 경찰간부, 20년 법원행시, 21년 국회직 5급, 20년 경찰승진 ☐O ☐X

3423
최저임금 산입을 위하여 임금지급 주기에 관한 취업규칙을 변경하는 경우 노동조합 또는 근로자 과반수의 동의를 받을 필요 없도록 규정한 최저임금법규정은 노동조합 및 근로자의 단체교섭권을 침해하지 않는다. 24년 법원행시, 23년 법원행시 ☐O ☐X

3424
노조전임자에 대한 급여 지원을 금지하는 것은 노조전임자나 노동조합의 단체교섭권 및 단체행동권을 침해하지 않는다. 21년 국회직 5급 ☐O ☐X

3425
사용자가 노동조합의 운영비를 원조하는 행위를 부당노동행위로 금지하는 「노동조합 및 노동관계조정법」 제81조 제4호 중 '노동조합의 운영비를 원조하는 행위'에 관한 부분은 단서에서 정한 두 가지 예외를 제외한 일체의 운영비 원조 행위를 금지함으로써 노동조합의 자주성을 저해할 위험이 없는 경우까지 금지하고 있으므로, 입법목적 달성을 위한 적합한 수단이라고 볼 수 없다. 24년 경찰간부 ☐O ☐X

3426
노동조합에 대한 단체교섭권 보장은 사회적 약자인 근로자가 사용자와의 사이에서 대등성을 확보하여 적정한 근로조건을 형성할 수 있도록 하는 수단이므로, 반드시 사업장 내 모든 노동조합에 각각 단체교섭권을 보장하여야 하는 것은 아니다. 23년 변호사 ☐O ☐X

정답 및 해설

(O) 교원노조를 설립하거나 가입하여 활동할 수 있는 자격을 초·중등교원으로 한정함으로써 교육공무원이 아닌 대학교원에 대해서는 근로기본권의 핵심인 단결권조차 전면적으로 부정한 측면에 대해서는 그 입법목적의 정당성을 인정하기 어렵고, 수단의 적합성 역시 인정할 수 없다(헌재 2018.8.30. 2015헌가38). / *대학교원의 경우 과잉금지 위배를 심사기준으로, 교육공무원의 경우 입법형성권의 범위를 일탈하였는지를 나누어 심사한다.*

(O) 사용자가 최저임금 산입을 위하여 1개월을 초과하는 주기로 지급하는 상여금 등 및 복리후생비를 총액의 변동 없이 매월 지급하는 것으로 취업규칙을 변경할 때 과반수 노동조합 또는 근로자의 과반수의 동의를 받을 필요가 없도록 하는 것은 취업규칙상 임금지급 주기의 변경을 용이하게 하여 위와 같은 입법목적의 달성에 기여하므로, 수단의 적합성도 인정된다(헌재 2021.12.23. 2018헌마629).

(O) 운영비 원조 금지와 노조전임자 급여 지원 금지는 그 금지의 취지와 규정의 내용, 예외의 인정 범위 등이 다르므로 이 사건 급여지원 금지조항에 대하여 동일하게 볼 수는 없다. 위와 같은 사정들을 종합하면 이 사건 급여지원금지조항이 침해의 최소성에 반한다고 보기는 어렵다(헌재 2022.5.26. 2019헌바341).

(O) 운영비원조금지조항은 운영비 원조 행위를 금지하면서, 근로자의 후생자금 또는 경제상의 불행 기타 재액의 방지와 구제 등을 위한 기금의 기부와 최소한의 규모의 노동조합사무소의 제공만을 예외적으로 허용하고 있다. 이처럼 운영비원조금지조항이 위 두 가지 예외에 해당하지 않지만 노동조합의 자주성을 저해할 위험이 없는 경우까지도 운영비 원조 행위를 금지하는 것은 입법목적 달성을 위한 적합한 수단이라고 볼 수 없다(헌재 2018.5.31. 2012헌바90).

(O) 노동조합에 대한 단체교섭권 보장은 사회적 약자인 근로자가 사용자와의 사이에 대등성을 확보하여 적정한 근로조건을 형성할 수 있도록 하는 수단이므로, 반드시 모든 노동조합에게 각별로 단체교섭권을 보장하여야 하는 것은 아니고, 교섭대표노동조합이 사용자와의 사이에서 노사관계의 안정과 적정한 근로조건을 형성하는 기능을 충분히 담당할 수 있다면, 그러한 기능을 할 수 있는 노동조합에 단체교섭권을 인정하는 것이 노동3권을 기본권으로 보장하는 취지에 더 부합할 수 있다(헌재 2012.4.24. 2011헌마338).

OX 문제

3427
「노동조합 및 노동관계조정법」상 「방위사업법」에 의하여 지정된 주요 방위산업체에 종사하는 근로자 중 전력, 용수 및 주로 방산물자를 생산하는 업무에 종사하는 자는 단체교섭을 할 수 없다. 23년 순경 2차 ⓞⓧ

3428
「공직선거법」이 주거지역에서의 최고출력 내지소음을 제한하는 등 대상지역에 따른 수인한도 내에서 공직선거운동에 사용되는 확성장치의 최고출력 내지 소음 규제기준을 두고 있지 않았다고 하여 국가의 기본권 보호의무를 과소하게 이행한 것은 아니다. 21년 소방간부 ⓞⓧ

3429
국민의 생명·신체의 안전이 질병 등으로부터 위협받거나 받게 될 우려가 있는 경우, 국가는 국민의 생명·신체의 안전을 보호하기 위하여 필요한 적절하고 효율적인 입법·행정상의 조치를 취함으로써 침해의 위험을 방지하고 이를 유지할 구체적이고 직접적인 의무를 진다. 22년 해경간부, 20년 국회직 8급 ⓞⓧ

3430
헌법 제35조 제1항은 환경정책에 관한 국가적 규제와 조정을 뒷받침하는 헌법적 근거가 되며 국가는 환경정책 실현을 위한 재원마련과 환경침해적 행위를 억제하고 환경보전에 적합한 행위를 유도하기 위한 수단으로 환경부담금을 부과·징수하는 방법을 선택할 수 있다. 20년 국회직 8급 ⓞⓧ

3431
일정한 경우 국가는 사인인 제3자에 의한 국민의 환경권 침해에 대해서도 적극적으로 기본권보호조치를 취할 의무를 지나 헌법재판소가 이를 심사할 때에는 국가가 국민의 기본권적 법익 보호를 위하여 적어도 효율적인 최소한의 보호조치를 취했는가 하는 이른바 '과소보호금지원칙'의 위반 여부를 기준으로 삼아야 한다. 20년 국회직 8급 ⓞⓧ

정답 및 해설

(X) 법률이 정하는 주요방위산업체에 종사하는 근로자의 단체행동권은 법률이 정하는 바에 의하여 이를 제한하거나 인정하지 아니할 수 있다(헌법 제33조 제3항). 노동조합 및 노동관계조정법 제41조에 따르면 쟁의행위가 금지되어 있다고 규정되어 있다. 따라서 교섭은 가능하나 이 노조법을 수험생들이 아는 건 거의 불가능하다. 따라서 이 문제는 헌법조문에 근거하여 단체행동은 안 되니 그럼 단체교섭은 가능할 수 있겠다로 풀어야 한다. 공무원은 근로3권이 제한받지만 주요방위산업체의 경우에는 단체행동권만이라는 걸 꼭 기억해야 한다.

(X) 선거운동의 자유를 감안하여 선거운동을 위한 확성장치를 허용할 공익적 필요성이 인정된다고 하더라도 정온한 생활환경이 보장되어야 할 주거지역에서 출근 또는 등교 이전 및 퇴근 또는 하교 이후 시간대에 확성장치의 최고출력 내지 소음을 제한하는 등 사용시간과 사용지역에 따른 수인한도 내에서 확성장치의 최고출력 내지 소음 규제기준에 관한 규정을 두지 아니한 것은, 국민이 건강하고 쾌적하게 생활할 수 있도록 노력하여야 할 국가의 기본권 보호의무를 과소하게 이행한 것으로서, 청구인의 건강하고 쾌적한 환경에서 생활할 권리의 침해를 가져온다(헌재 2019.12.27. 2018헌마730).

(X) 국민의 생명·신체의 안전이 질병 등으로부터 위협받거나 받게 될 우려가 있는 경우 국가로서는 그 위험의 원인과 정도에 따라 사회·경제적인 여건 및 재정사정 등을 감안하여 국민의 생명·신체의 안전을 보호하기에 필요한 적절하고 효율적인 입법·행정상의 조치를 취하여 그 침해의 위험을 방지하고 이를 유지할 포괄적인 의무를 진다 할 것이다(헌재 2008.12.26. 2008헌마419 등). / 즉 구체적이고 직접적인 의무를 지는 것은 아니다.

(O) 헌법 제35조 제1항은 환경정책에 관한 국가적 규제와 조정을 뒷받침하는 헌법적 근거가 되며 국가는 환경정책 실현을 위한 재원마련과 환경침해적 행위를 억제하고 환경보전에 적합한 행위를 유도하기 위한 수단으로 환경부담금을 부과·징수하는 방법을 선택할 수 있다(헌재 2007.12.27. 2006헌바25).

(O) 일정한 경우 국가는 사인인 제3자에 의한 국민의 환경권 침해에 대해서도 적극적으로 기본권 보호조치를 취할 의무를 지나, 헌법재판소가 이를 심사할 때에는 국가가 국민의 기본권적 법익 보호를 위하여 적어도 적절하고 효율적인 최소한의 보호조치를 취했는가 하는 이른바 "과소보호금지원칙"의 위반 여부를 기준으로 삼아야 한다(헌재 2008. 7.31. 2006헌마711).

| OX 문제 | 정답 및 해설 |

3432
비사업용자동차의 타인광고를 제한하는 것은, 자동차 이용 광고물의 난립을 방지하여 도시미관과 도로안전 등을 확보함으로써 국민이 안전하고 쾌적한 환경에서 생활할 수 있도록 하기 위한 것이다. 23년 소방간부 [O X]

(O) 심판대상조항이 비사업용자동차의 타인광고를 제한하는 것은, 자동차 이용 광고물의 난립을 방지하여 도시미관과 도로안전 등을 확보함으로써 국민이 안전하고 쾌적한 환경에서 생활할 수 있도록 하기 위한 것이다(헌재 2022.1.27. 2019헌마327).

3433
헌법 제35조 제1항은 환경정책에 관한 국가적 규제와 조정을 뒷받침하는 헌법적 근거가 되고, 따라서 이 규정으로부터 대기오염으로 인한 국민건강 및 환경에 대한 위해를 방지하여야 할 국가의 추상적인 의무가 도출될 수 있다. 25년 소방간부 [O X]

(O) 헌법 제35조 제1항은 환경정책에 관한 국가적 규제와 조정을 뒷받침하는 헌법적 근거로서 대기오염으로 인한 국민건강 및 환경에 대한 위해를 방지하여야 할 국가의 추상적인 의무는 도출될 수 있으나, 이로부터 청구인들이 주장하는 바와 같이 피청구인이 위 주식회사 등에게 자동차교체명령을 하여야 할 구체적이고 특정한 작위의무가 도출된다고는 볼 수 없다(헌재 2018.3.29. 2016헌마795).

3434
LPG를 연료로 사용할 수 있는 자동차 또는 그 사용자의 범위를 제한하고 있는 「액화석유가스의 안전관리 및 사업법 시행규칙」 제40조는 LPG를 운송연료로 사용할 수 있는 자동차 또는 그 사용자의 범위를 제한하는 규정일 뿐이므로 청구인들의 환경권을 제한한다고 볼 수 없다. 25년 순경 1차 [O X]

(O) 이 사건 시행규칙조항은 LPG를 운송연료로 사용할 수 있는 자동차 또는 그 사용자의 범위를 제한하는 규정일 뿐이므로, 위 청구인들의 환경권을 제한한다고 볼 수 없다(헌재 2017.12.28. 2015헌마997).

3435
일정한 경우 국민은 국가에 대하여 건강하고 쾌적한 환경에서 생활할 수 있도록 요구할 수 있는 권리가 인정되지만, '사인'인 제3자에 의한 국민의 환경권 침해에 대해서는 국가가 적극적으로 기본권 보호조치를 취할 의무를 부담하는 것은 아니다. 20년 법원행시 [O X]

(X) 헌법 제10조의 규정에 의하면, 국가는 개인이 가지는 불가침의 기본적 인권을 확인하고 이를 보장할 의무를 지고 기본권은 공동체의 객관적 가치질서로서의 성격을 가지므로, 적어도 생명·신체의 보호와 같은 중요한 기본권적 법익 침해에 대해서는 그것이 국가가 아닌 제3자로서의 사인에 의해서 유발된 것이라고 하더라도 국가가 적극적인 보호의 의무를 진다(헌재 2019.12.27. 2018헌마730).

3436
구 「동물보호법」 해당 규정이 동물장묘업 등록에 관하여 「장사 등에 관한 법률」 제17조 외에 다른 지역적 제한사유를 규정하지 않은 것은 환경권을 보호해야 하는 입법자의 의무를 과소하게 이행한 것이다. 24년 경찰간부, 23년 소방간부, 21년 국회직 8급 [O X]

(X) 동물장묘업 등록에 관하여 다른 지역적 제한사유를 규정하지 않았다는 사정만으로 청구인들의 환경권을 보호하기 위한 입법자의 의무를 과소하게 이행하였다고 평가할 수는 없다(헌재 2020.3.26. 2017헌마1281).

3437
보조금 지원을 받아 배출가스저감장치를 부착한 자동차소유자가 자동차 등록을 말소하려면 배출가스저감장치 등을 서울특별시장등에게 반납하여야 한다고 규정한 구 「수도권 대기환경개선에 관한 특별법」 규정 중 '배출가스저감장치'에 관한 부분은 지역주민의 건강을 보호하고 쾌적한 생활환경을 조성하기 위한 것이다. 23년 소방간부 [O X]

(O) 심판대상조항은 더 이상 보조금 지원 목적에 사용되지 않는 배출가스저감장치를 회수함으로써 대기환경개선에 소요되는 자원을 재활용하고 그에 투입되는 예산을 절감하며, 나아가 대기오염이 심각한 수도권지역의 대기환경을 개선하고 대기오염원을 체계적으로 관리함으로써 지역주민의 건강을 보호하고 쾌적한 생활환경을 조성하기 위한 것이다(헌재 2019.12.27. 2015헌바45).

OX 문제

3438
헌법 제35조 제1항은 "모든 사람은 건강하고 쾌적한 환경에서 생활할 권리를 침해받지 아니하며, 국가는 환경보전을 위하여 노력하여야 한다."라고 규정하고 있다. 23년 경찰간부 ☐☒

3439
환경의 보호는 국가의 의무일뿐만 아니라 모든 국민이 함께 달성하여야 할 중요한 과제라는 점을 감안하면 폐기물을 발생시키는 사업을 하는 자에게 자신의 토지를 임대하는 소유자 역시 폐기물로 인한 환경 피해가 없도록 주의하여야 할 것이다. 26년 경찰간부 ☐☒

3440
헌법 제35조 제1항은 환경정책에 관한 국가적 규제와 조정을 뒷받침하는 헌법적 근거이므로, 여기에서 대기오염으로 인한 국민건강 및 환경에 대한 위해를 방지하여야 할 국가의 구체적 작위의무가 도출된다. 24년 국회직 8급 ☐☒

3441
학교시설에서의 유해중금속 등 유해물질의 예방 및 관리 기준을 규정한 「학교보건법 시행규칙」 해당 조항에 마사토 운동장에 대한 규정을 두지 아니한 것은 과잉금지원칙에 위반하여 마사토 운동장이 설치된 고등학교에 재학 중이던 학생인 청구인의 환경권을 침해하지 아니한다. 24년 경찰간부 ☐☒

3442
우리 헌법은 1948년 제헌헌법에서 "가족의 건강은 국가의 특별한 보호를 받는다."라고 규정한 이래 1962년 제3공화국 헌법에서 "모든 국민은 보건에 관하여 국가의 보호를 받는다."라고 정하여 현행 헌법까지 이어져 오고 있다. 22년 순경 2차 ☐☒

3443
국가의 국민보건에 관한 보호의무를 명시한 헌법 제36조 제3항에 의한 권리를 헌법소원을 통하여 주장할 수 있는 자는 직접 자신의 보건이나 의료문제가 국가에 의해 보호받지 못하고 있는 의료 수혜자적 지위에 있는 국민이라고 할 것이므로, 의료시술자적 지위에 있는 안과의사가 자기 고유의 업무범위를 주장하여 다투는 경우에는 위 헌법규정을 원용할 수 없다. 22년 순경 2차 ☐☒

정답 및 해설

(X) 모든 국민은 건강하고 쾌적한 환경에서 생활할 권리를 가지며, 국가와 국민은 환경보전을 위하여 노력하여야 한다(헌법 제35조 제1항). / *국가뿐만 아니라 국민도 노력해야 한다.*

(O) 환경의 보호는 국가의 의무일 뿐만 아니라 모든 국민이 함께 달성하여야 할 중요한 과제라는 점을 감안하면, 폐기물을 발생시키는 사업을 하는 자에게 자신의 토지를 임대하는 소유자 역시 폐기물로 인한 환경 피해가 없도록 주의하여야 할 것이다. 국가가 소유자에게 이에 대한 일정한 책임을 부담시키는 것은 폐기물을 처리할 능력이 부족한 임차인과의 임대계약이 쉽게 이루어질 수 없도록 하여 환경보호에 기여할 것이고, 한편 소유자 입장에서도 자신의 토지 위에 방치된 폐기물에 대해서는 스스로 이를 처리해야 할 필요성이 있는 것이다(헌재 2010.5.27. 2007헌바53).

(X) 헌법 제35조 제1항은 환경정책에 관한 국가적 규제와 조정을 뒷받침하는 헌법적 근거로서 대기오염으로 인한 국민건강 및 환경에 대한 위해를 방지하여야 할 국가의 추상적인 의무는 도출될 수 있으나, 이로부터 청구인들이 주장하는 바와 같이 피청구인이 위 주식회사 등에게 자동차교체명령을 하여야 할 구체적이고 특정한 작위의무가 도출된다고는 볼 수 없다(헌재 2018.3.29. 2016헌마795).

(X) 심판대상조항에 마사토 운동장에 대한 기준이 도입되지 않았다는 사정만으로 국민의 환경권을 보호하기 위한 국가의 의무가 과소하게 이행되었다고 평가할 수는 없다. 따라서 심판대상조항은 청구인의 환경권을 침해하지 아니한다(헌재 2024.4.25. 2020헌마107). / *사안은 기본권 보호의무에 관한 사안으로 과잉금지가 아닌 과소보호가 그 심사기준이다.*

(O) 우리 헌법은 1948년 제헌헌법에서 "가족의 건강은 국가의 특별한 보호를 받는다."라고 규정한 이래 1962년 제3공화국 헌법에서 "모든 국민은 보건에 관하여 국가의 보호를 받는다."라고 정하여 현행 헌법까지 이어져 오고 있다.

(O) 국가의 국민보건에 관한 보호의무를 명시(明示)한 헌법 제36조 제3항에 의한 권리를 헌법소원을 통하여 주장할 수 있는 자는 직접 자신의 보건이나 의료문제가 국가에 의해 보호받지 못하고 있는 의료(醫療) 수혜자적(受惠者的) 지위에 있는 국민이라고 할 것이므로 청구인과 같은 의료시술자적(醫療施術者的) 지위에 있는 안과의사가 자기 고유의 업무범위를 주장하여 다투는 경우에는 위 헌법규정(憲法規定)을 원용할 수 없다(헌재 1993.11.25. 92헌마87).

| OX 문제 | 정답 및 해설 |

3444
무면허 의료행위를 일률적, 전면적으로 금지하고 이를 위반한 경우 그 치료결과에 관계없이 형사처벌을 받게 하는 「의료법」조항은 헌법 제10조가 규정하는 인간으로서의 존엄과 가치를 보장하고 헌법 제36조 제3항이 규정하는 국민보건에 관한 국가의 보호의무를 다하고자 하는 것으로서, 국민의 생명권, 건강권, 보건권 및 그 신체활동의 자유 등을 보장하는 규정이지, 이를 제한하는 규정이라고 할 수 없다. 22년 순경 2차

(O) 이 사건 법률조항은 헌법 제10조가 규정하는 인간으로서의 존엄과 가치를 보장하고 헌법 제36조 제3항이 규정하는 국민보건에 관한 국가의 보호의무를 다하고자 하는 것으로서, 국민의 생명권, 건강권, 보건권 및 그 신체활동의 자유 등을 보장하는 규정이지, 이를 제한하거나 침해하는 규정이라고 할 수 없다(헌재 1996.10.31. 94헌가7).

3445
의료급여 1종 수급권자에 대한 본인부담금제 및 선택병의원제를 규정한 「의료급여법」및 동 시행령, 동 시행규칙 조항은 1종 수급권자인 청구인들의 인간다운 생활을 할 권리와 보건권을 침해한다. 26년 경찰간부

(X) 이 사건 개정법령으로 인해 그 개정전보다 청구인들의 의료급여 수급권에 다소의 제한이 초래된다 하더라도 이로 인하여 국가가 실현해야 할 객관적 내용의 최소한도의 보장에도 이르지 못하였다거나 헌법상 용인될 수 있는 재량의 범위를 명백히 일탈하였다고 보기 어렵다 할 것이어서, 위 조항들로 인해 1종 수급권자인 청구인들의 인간다운 생활을 할 권리, 보건권이 침해되었다거나 국가가 사회보장, 사회복지 증진의무, 생활무능력자 보호의무 등을 위반하였다고 볼 수 없다(헌재 2009.11.26. 2007헌마734).

3446
국민의 보건에 관한 권리는 국민이 자신의 건강을 유지하는 데 필요한 국가적 급부와 배려까지 요구할 수 있는 권리를 포함하는 것은 아니다. 21년 국가직 5급

(X) 헌법 제36조 제3항이 규정하고 있는 국민의 보건에 관한 권리는 국민이 자신의 건강을 유지하는 데 필요한 국가적 급부와 배려를 요구할 수 있는 권리를 말하는 것이다(헌재 2012.2.23. 2011헌마123). / *특이하게도 급부까지 요구할 수 있다.*

3447
헌법은 제정 당시부터 평등원칙과 남녀평등을 일반적으로 천명하는 것에 덧붙여 특별히 혼인의 남녀동권(男女同權)을 헌법적 혼인질서의 기초로 선언하였다. 23년 법원행시, 22년 법원직

(O) 혼인은 남녀동권을 기본으로 하며 혼인의 순결과 가족의 건강은 국가의 특별한 보호를 받는다(제헌헌법 제20조).

3448
중혼취소청구권의 소멸사유나 제척기간을 두지 않고 언제든지 중혼을 취소할 수 있게 하는 것은 헌법 제36조 제1항의 규정에 의하여 국가에 부과된 개인의 존엄과 양성의 평등을 기초로 한 혼인과 가족생활의 유지·보장의무 이행과 직접적으로 관련되므로, 더 나아가 과잉금지원칙 위배 여부를 판단하여야 한다. 22년 법원직

(X) 이 사건 법률조항의 위헌 여부는 중혼을 취소사유로 정하면서 그 취소 청구권에 제척기간 또는 권리소멸사유를 규정하지 않은 것이 입법형성의 한계를 벗어나 현저히 부당한 것인지 여부를 심사함으로써 결정해야 할 것이다(헌재 2014.7.24. 2011헌바275). 즉 *과잉금지가 아닌 입법형성의 한계를 벗어나 현저히 부당한 것인지가 심사기준이다. 주의를 요한다.*

| OX 문제 | 정답 및 해설 |

3449
수형자의 배우자에 대해 인터넷화상접견과 스마트접견을 할 수 있도록 하고 미결수용자의 배우자에 대해서는 이를 허용하지 않는 것이 미결수용자의 배우자의 평등권을 침해하는지 여부는 헌법상 혼인과 가족생활에 대한 특별한 헌법적 보호에 비추어 볼 때, 엄격한 비례성심사를 하여야 한다. 22년 국회직 8급
[O][X]

(X) 영상통화 방식의 접견은 헌법이 명문으로 특별히 평등을 요구하는 영역에 속하지 않고, 달리 인터넷화상접견 대상자 지침조항 및 스마트접견 대상자 지침조항에 의한 중대한 기본권의 제한 역시 인정할 수 없다. 따라서 위 각 지침조항에 의한 평등권 침해 여부는 차별에 합리적 이유가 있는지를 살펴보는 방식으로 심사하는 것이 적절하다(헌재 2021.11.25. 2018헌마598). / 변호사도 아닌 배우자의 경우 엄격한 비례심사는 불필요하다.

3450
8촌 이내의 혈족 사이에서는 혼인할 수 없도록 하는 「민법」제809조 제1항은 입법목적의 달성에 필요한 범위를 넘는 과도한 제한으로서 침해의 최소성을 충족하지 못하므로 혼인의 자유를 침해한다. 23년 경찰간부, 23년 소방간부
[O][X]

(X) 금혼조항으로 인하여 상의 배우자 선택이 제한되는 범위는 친족관계 내에서도 8촌 이내의 혈족으로, 넓다고 보기 어렵다. 그에 비하여 8촌 이내 혈족 사이의 혼인을 금지함으로써 가족질서를 보호하고 유지한다는 공익은 매우 중요하다(헌재 2022.10.27. 2018헌바115). / 금지조항은 합헌 / 무효조항은 위반

3451
국가에게 혼인과 가족생활의 보호자로서 부모의 자녀양육을 지원할 헌법상 과제가 부여되어 있다 하더라도, 그로부터 곧바로 헌법이 국가에게 자녀를 양육하는 모든 병역의무 이행자들의 출퇴근 복무를 보장하여 자녀가 있는 대체복무요원들까지 합숙복무의 예외를 인정하여야 할 명시적인 입법의무를 부여하였다고 할 수는 없다. 24년 경찰 2차
[O][X]

(O) 국가에게 혼인과 가족생활의 보호자로서 부모의 자녀양육을 지원할 헌법상 과제가 부여되어 있다 하더라도, 그로부터 곧바로 헌법이 국가에게 자녀를 양육하는 모든 병역의무 이행자들의 출퇴근 복무를 보장하여 자녀가 있는 대체복무요원들까지 합숙복무의 예외를 인정하여야 할 명시적인 입법의무를 부여하였다고 할 수는 없다. 입법자는 병역의무자의 합숙의무에 관한 입법을 함에 있어 제도의 목적, 대상 병역의 복무형태와 수행업무 및 지위, 병역 인력운영 상황, 국민정서 등 제반 사정을 고려하여야 하므로, 병역의무자에 대한 출퇴근 허용 요건이나 허용 대상, 허용 기간 등을 어떻게 정할 것인지는 상당 부분 입법자의 재량에 맡겨져 있다고 보아야 한다(헌재 2024.5.30. 2021헌마117 등).

3452
헌법 제36조 제1항은 양육비 채권의 집행권원을 얻었음에도 양육비 채무자가 이를 이행하지 아니하는 경우 그 이행을 용이하게 확보하도록 하는 내용의 구체적이고 명시적인 입법의무를 부여하였다고 볼 수 없다. 25년 소방간부
[O][X]

(O) 우선 헌법 제36조 제1항은 혼인과 가족을 보호해야 한다는 국가의 일반적 과제를 규정하였을 뿐, 청구인들의 주장과 같이 양육비 채권의 집행권원을 얻었음에도 양육비 채무자가 이를 이행하지 아니하는 경우 그 이행을 용이하게 확보하도록 하는 내용의 구체적이고 명시적인 입법의무를 부여하였다고 볼 수 없다(헌재 2021.12.23. 2019헌마168).

3453
'혼인 중 여자와 남편 아닌 남자 사이에서 출생한 자녀에 대한 생부의 출생신고'를 허용하도록 규정하지 아니한 「가족관계의 등록 등에 관한 법률」조항은 혼인 외 출생자에 대한 생부의 양육권을 직접 제한한다. 25년 변호사
[O][X]

(X) 생부인 청구인들은 침해되는 기본권으로 양육권 및 가족생활의 자유도 주장하고 있다. 심판대상조항들은 출생신고에 관한 조항으로서 생부인 청구인들이 혼인 외 출생자인 청구인들을 양육하는 것을 직접 제한하지 아니한다. 아울러 생부가 생래적 혈연관계에 있는 그 자녀와 가족관계를 형성하는 것은 민법상 친생추정과 부인, 인지에 관한 규정들에 의하여 제한되는 것일 뿐, 심판대상조항들에 의하여 제한되는 것이 아니다(헌재 2023.3.23. 2021헌마975).

| OX 문제 | 정답 및 해설 |

3454
헌법 제36조 제1항은 혼인과 가족을 보호해야 한다는 국가의 일반적 과제를 규정하였을 뿐, 청구인들의 주장과 같이 양육비 채권의 집행권원을 얻었음에도 양육비 채무자가 이를 이행하지 아니하는 경우 그 이행을 용이하게 확보하도록 하는 내용의 구체적이고 명시적인 입법의무를 부여하였다고 볼 수 없다. 23년 경찰간부 [O X]

(O) 헌법 제36조 제1항은 혼인과 가족을 보호해야 한다는 국가의 일반적 과제를 규정하였을 뿐, 청구인들의 주장과 같이 양육비 채권의 집행권원을 얻었음에도 양육비 채무자가 이를 이행하지 아니하는 경우 그 이행을 용이하게 확보하도록 하는 내용의 구체적이고 명시적인 입법의무를 부여하였다고 볼 수 없다(헌재 2021.12.23. 2019헌마168).

3455
대한민국 국민으로 태어난 아동은 태어난 즉시 '출생등록될 권리'를 가지며, 이러한 권리는 '법 앞에 국민으로 인정받을 권리'로서 법률로써 제한할 수 있을 뿐이다. 23년 경찰간부 [O X]

(X) 현대사회에서 개인이 국가가 운영하는 제도를 이용하려면 주민등록과 같은 사회적 신분을 갖추어야 하고, 사회적 신분의 취득은 개인에 대한 출생신고에서부터 시작한다. 대한민국 국민으로 태어난 아동은 태어난 즉시 '출생등록될 권리'를 가진다. 이러한 권리는 '법 앞에 인간으로 인정받을 권리'로서 모든 기본권 보장의 전제가 되는 기본권이므로 법률로써도 이를 제한하거나 침해할 수 없다(대결 2020.6.8. 2020스575).

3456
「민법」 시행 이전의 "여호주가 사망하거나 출가하여 호주상속이 없이 절가된 경우, 유산은 그 절가된 가(家)의 가족이 승계하고 가족이 없을 때는 출가녀(出家女)가 승계한다."는 구 관습법이 절가된 가의 유산 귀속순위를 정함에 있어 합리적 이유 없이 출가한 여성을 그 가적에 남아 있는 가족과 차별하여 평등원칙에 위배되었다고 볼 수 없다. 23년 소방간부 [O X]

(O) 헌법재판소의 재판부가 새로 구성될 때마다 구 관습법의 위헌성에 관하여 달리 판단한다면, 구 관습법의 적용을 기초로 순차 형성된 무수한 법률관계를 불안정하게 함으로써 국가 전체의 법적 안정성이 무너지는 결과를 초래할 수도 있다. 이상과 같은 사정을 종합하여 보면, 민법 시행으로 폐지된 이 사건 관습법이 절가된 가의 유산 귀속순위를 정함에 있어 합리적 이유 없이 출가한 여성을 그 가적에 남아 있는 가족과 차별하여 평등원칙에 위배되었다고 볼 수 없다(헌재 2016.4.28. 2013헌바396).

3457
당사자 사이에 혼인의사의 합의가 없음을 원인으로 하는 혼인무효판결에 의한 가족관계등록부 정정신청으로 해당 가족관계등록부가 정정된 때, '그 혼인무효사유가 한쪽 당사자나 제3자의 범죄행위로 인한 경우'에 한정하여 등록부 재작성 신청권을 부여한 '가족관계등록부의 재작성에 관한 사무처리지침' 조항은 혼인과 가족생활을 스스로 결정하고 형성할 수 있는 자유를 제한한다. 24년 경찰간부, 24년 경찰 2차 [O X]

(X) 심판대상조항은 신분등록제도에 관한 규정일 뿐, 혼인과 가족생활을 스스로 결정하고 형성할 수 있는 자유를 제한하고 있다고 볼 수 없고, 사생활의 비밀과 자유는 개인정보자기결정권의 근거조항이며, 행복추구권이나 평등권 침해 주장은 심판대상조항이 등록부 재작성 신청권자를 한정한 것이 과도하여 개인정보자기결정권을 침해한다는 주장과 다르지 않으므로, 이에 관하여도 별도로 판단하지 않는다(헌재 2024.1.25. 2020헌마65). / 결론적으로 이는 청구인의 개인정보자기결정권을 침해하지 않는다.

3458
1991. 1. 1.부터 그 이전에 성립된 계모자 사이의 법정혈족관계를 소멸시키도록 한 「민법」 부칙 조항은 계자의 친부와 계모의 혼인에 따라 가족생활을 자유롭게 형성할 권리를 침해하지 않는다. 23년 경찰승진 [O X]

(O) 이 사건 법률조항은 계자의 친부와 계모의 혼인의사를 일률적으로 계자에 대한 입양 또는 그 대리의 의사로 간주하기는 어려우므로, 계자의 친부와 계모의 혼인에 따라 가족생활을 자유롭게 형성할 권리를 침해하지 아니하고, 또한 개인의 존엄과 양성평등에 반하는 전래의 가족제도를 개선하기 위한 입법이므로 가족제도를 보장하는 헌법 제36조 제1항에 위반된다고 볼 수도 없다(헌재 2011.2.24. 2009헌바89 등).

OX 문제

3459
헌법재판소는 원칙적으로 3년 이상 혼인 중인 부부만이 친양자 입양을 할 수 있도록 규정하여 독신자는 친양자 입양을 할 수 없도록 한 것이 독신자의 가족생활의 자유를 침해하지 않는다고 하면서, 편친 가정에 대한 사회적 편견 내지 불안감 때문에 독신자 가정에서 양육되는 자녀는 성장 과정에서 사회적으로 어려움을 겪게 될 가능성이 높다는 점을 그 근거의 하나로 제시하고 있다. 23년 경찰승진 O X

3460
부모의 자녀에 대한 교육권은 비록 헌법에 명문으로 규정되어 있지는 아니하지만, 혼인과 가족생활을 보장하는 헌법 제36조 제1항, 행복추구권을 보장하는 헌법 제10조 및 "국민의 자유와 권리는 헌법에 열거되지 아니한 이유로 경시되지 아니한다."고 규정하는 헌법 제37조 제1항에서 도출되는 기본권이다. 23년 법원행시, 20년 변호사 O X

3461
헌법에 열거되지 아니한 기본권을 새롭게 인정하려면, 그 필요성이 특별히 인정되고, 그 권리내용이 비교적 명확하여 구체적 기본권으로서의 실체 즉, 권리내용을 규범 상대방에게 요구할 힘이 있고 그 실현이 방해되는 경우 재판에 의하여 그 실현을 보장받을 수 있는 구체적 권리로서의 실질에 부합하여야 한다. 22년 소방간부 O X

정답 및 해설

(O) 독신자 가정은 기혼자 가정과 달리 기본적으로 양부 또는 양모 혼자서 양육을 담당해야 하며, 독신자를 친양자의 양친으로 하면 처음부터 편친가정을 이루게 하고 사실상 혼인 외의 자를 만드는 결과가 발생하므로, 독신자 가정은 기혼자 가정에 비하여 양자의 양육에 있어 불리할 가능성이 높다(헌재 2013.9.26. 2011헌가42).

(O) 자녀의 양육과 교육은 일차적으로 부모의 천부적인 권리인 동시에 부모에게 부과된 의무이기도 하다. '부모의 자녀에 대한 교육권'은 비록 헌법에 명문으로 규정되어 있지는 아니하지만, 이는 모든 인간이 누리는 불가침의 인권으로서 혼인과 가족생활을 보장하는 헌법 제36조 제1항, 행복추구권을 보장하는 헌법 제10조 및 "국민의 자유와 권리는 헌법에 열거되지 아니한 이유로 경시되지 아니한다."고 규정하는 헌법 제37조 제1항에서 나오는 중요한 기본권이다(헌재 2000.4.27. 98헌가16).

(O) 헌법에 열거되지 아니한 기본권을 새롭게 인정하려면, 그 필요성이 특별히 인정되고, 그 권리내용(보호영역)이 비교적 명확하여 구체적 기본권으로서의 실체 즉, 권리내용을 규범 상대방에게 요구할 힘이 있고 그 실현이 방해되는 경우 재판에 의하여 그 실현을 보장받을 수 있는 구체적 권리로서의 실질에 부합하여야 할 것이다(헌재 2009.5.28. 2007헌마369).

CHAPTER 07 국민의 의무

OX 문제

3462
병역의무는 국민 전체의 인간으로서의 존엄과 가치를 보장하기 위한 것이므로, 양심적 병역거부자의 양심의 자유가 국방의 의무보다 우월한 가치라고 할 수 없다. 20년 경찰승진

3463
납세의 의무, 국방의 의무, 근로의 의무는 제헌헌법에서부터 규정되었고, 교육을 받게 할 의무는 1962년 제3공화국 헌법에서 처음 규정되었다. 22년 순경 2차

3464
「향토예비군설치법」에 따라 예비군훈련소집에 응하여 훈련을 받는 것은 국민의 의무를 다하는 것일 뿐만 아니라 국가나 공익목적을 위하여 특별한 희생을 하는 것이므로 보상하여야 한다. 22년 순경 2차

3465
국가는 납세자가 자신과 가족의 기본적인 생계유지를 위하여 꼭 필요로 하는 소득을 제외한 잉여소득 부분에 대해서만 납세의무를 부과할 수 있는 것은 아니므로, 소득에 대한 과세는 원칙적으로 최저생계비를 초과하는 소득에 대해서만 가능하다고 볼 수는 없다. 23년 법원직 9급

3466
국군의 정치적 중립성에 관한 사항은 1960년 제3차 헌법개정을 통해 처음으로 헌법에 규정되었다. 24년 국가직 5급

정답 및 해설

(O) 병역의무는 국민 전체의 인간으로서의 존엄과 가치를 보장하기 위한 것이므로, 양심적 병역거부자의 양심의자유가 국방의 의무보다 우월한 가치라고 할 수 없다(헌재 2004.10.28. 2004헌바61).

(O) 납세의 의무, 국방의 의무, 근로의 의무는 제헌헌법에서부터 규정되었고, 교육을 받게 할 의무는 1962년 제3공화국 헌법에서 처음 규정되었다.

(X) 헌법에서 이러한 국방의 의무를 국민에게 부과하고 있는 이상 향토예비군설치법에 따라 예비군훈련소집에 응하여 훈련을 받는 것은 국민이 마땅히 하여야 할 의무를 다하는 것일 뿐, 국가나 공익목적을 위하여 특별한 희생을 하는 것이라고 할 수 없다(헌재 2003.6.26. 2002헌마484).

(X) 헌법은 국민 각자가 자신의 생활을 스스로 경제적으로 형성한다는 것을 전제로 하고 있으므로, 국가는 납세자가 자신과 가족의 기본적인 생계유지를 위하여 꼭 필요로 하는 소득을 제외한 잉여소득 부분에 대해서만 납세의무를 부과할 수 있다. 따라서 소득에 대한 과세는 원칙적으로 최저생계비를 초과하는 소득에 대해서만 가능하다. 이는 국민에게 인간다운 생활을 할 최소한의 조건을 마련해 주어야 한다는 사회국가원리의 관점에서 요청되는 것이다(헌재 2006.11.30. 2006헌마489).

(X) 국군의 정치적 중립성은 제3차가 아닌 제9차에 처음으로 도입되었다. / 국군의 중립성이 아니라 공무원의 중립성이 제3차 개정에 도입되었다.

3467

장교가 군무와 관련된 고충사항을 집단으로 진정 또는 서명하는 행위를 하는 것을 금지하고 있는 「군인의 지위 및 복무에 관한 기본법」상 조항 중 '장교'에 관한 부분은 군무와 관련된 고충사항을 집단으로 진정 또는 서명하는 행위가 구체적 위험을 발생시킬 만한 것인지, 그 목적이 공익에 반하는지, 정치적 중립성과 관련이 있는지 여부 등과 관계없이 이를 일률적으로 금지하고 있으므로 침해의 최소성에 반한다. 26년 경찰간부

(X) 심판대상조항은 군조직의 질서 및 통수체계를 확립하여 군의 전투력을 유지, 강화하고 이를 통하여 국가의 안전보장과 국토방위를 달성하기 위한 것이다. 특수한 신분과 지위에 있는 군인의 집단행위에 대하여는 보다 강화된 기본권 제한이 가능한 점, 단순한 진정 또는 서명행위라 할지라도 각종 무기와 병력을 동원할 수 있는 군대 내에서 이루어지는 집단행위는 예측하기 어려운 분열과 갈등을 조장할 수 있는 점에서 이를 금지하는 것은 헌법에 위반되지 않는다(헌재 2024.4.25. 2021헌마1258).

경찰
헌법
OX

경찰
헌법
OX

단계별기출 핵심지문

박철한 경찰헌법 OX
season 4

초판 1쇄 발행 2023년 01월 20일
2쇄 발행 2023년 05월 25일
개정 1쇄 발행 2023년 09월 20일
2쇄 발행 2023년 09월 26일
3쇄 발행 2024년 10월 15일
4쇄 발행 2024년 11월 30일
5쇄 발행 2025년 10월 02일
6쇄 발행 2026년 01월 05일

편저 박철한
발행인 공태현 **발행처** (주)법률저널
등록일자 2008년 9월 26일 **등록번호** 제15-605호
주소 151-862 서울 관악구 복은4길 50 (서림동 120-32)
대표전화 02)874-1144 **팩스** 02)876-4312
홈페이지 www.lec.co.kr
ISBN 979-11-7384-063-0 (13350)
정가 38,000원